KB205396

복 있는 사람

오직 여호와의 율법을 즐거워하여 그 율법을 주야로 묵상하는 자로다.
저는 시냇가에 심은 나무가 시절을 좇아 과실을 맺으며 그 잎사귀가 마르지 아니함 같으니
그 행사가 다 형통하리로다. (시편 1:2-3)

하나님 나라 신학으로 읽는 이사야 40-66장

하나님 나라 신학으로 읽는 이사야 40-66장

김회권 지음

복 있는 사람

하나님 나라 신학으로 읽는 이사야 40-66장

2020년 6월 29일 초판 1쇄 발행
2023년 5월 4일 초판 2쇄 발행

지은이 김회권
펴낸이 박종현

(주) 복 있는 사람
주소 서울특별시 마포구 연남동 246-21(성미산로23길 26-6)
전화 02-723-7183(편집), 7734(영업·마케팅)
팩스 02-723-7184
이메일 hismessage@naver.com
등록 1998년 1월 19일 제1-2280호

ISBN 978-89-6360-356-8 03230

이 도서의 국립중앙도서관 출판예정도서목록(CIP)은
서지정보유통지원시스템 홈페이지(http://seoji.nl.go.kr)와 국가자료공동목록시스템
(http://www.nl.go.kr/kolisnet)에서 이용하실 수 있습니다. (CIP 제어번호: 2020022409)

ⓒ 김회권 2020

일러두기

본 주석에서 빈번하게 사용되는 히브리어들과 그 의미

아니(אֲנִי), 아노키(אָנֹכִי): 1인칭 대명사다. 히브리어는 인칭대명사를 사용하지 않고 동사의 격변화/접미어 변화를 통해 인칭과 성수를 표시하는데 인칭대명사를 특별히 강조하려고 할 때 돌출시켜 사용한다. 40-66장에 인칭대명사 돌출사용이 빈번하다.

아타(אַתָּה): 2인칭 단수 남성 대명사

아트(אַתְּ): 2인칭 단수 여성 대명사

아템(אַתֶּם): 2인칭 복수 남성 대명사

후(הוּא): 3인칭 단수 남성 대명사

히(הִיא): 3인칭 단수 여성 대명사

아나흐누(אֲנַחְנוּ): 1인칭 복수 공통 대명사

헴(הֵם), 헴마(הֵמָּה): 3인칭 복수 남성 대명사

붜(וְ), 우(וּ): '그리고', '그러나', '하는 동안에' 등의 의미를 가진 접속사다. 대부분 등위접속사로 사용되지만 때로는 부대상황을 도입하는 접속사로도 사용된다. 드물게는 종속절을 이끄는 기능도 갖는다.

헨(הֵן), 힌네(הִנֵּה): '보라'를 의미하는 영탄 발어사로서 놀랍고 충격적인 상황을 보도하거나 소개할 때 화자가 쓰는 용어다.

미쉬파트(מִשְׁפָּט): 정의, 공평, 공도 등으로 번역되는 말로 사법적 절차를 통해 강자를 억제하고 견제하며 강자들에게 짓밟힌 약자들을 옹호하는 포괄적인 행위를 가리킨다. 개역개정에서는 대부분 '정의'라고 번역한다.

체데크(צֶדֶק), 츠다카(צְדָקָה): 공의 혹은 의라고 번역되는 말로서 언약적 의리를 의미한다. 언약적 돌봄 밖으로 팽개쳐진 사람들에게 언약적 의리를 베풀어 다시 언약적 혜택과 돌봄의 수혜자가 되게 하는 자애로운 행위를 의미한다. 미쉬파트의 후속 행동인 셈이다. 왕하 8장에서 수넴 여인이 7년 만에 땅을 찾으려고 할 때 엘리사의 사환 게하시가 도와준다.[1-6절] 왕이 재판을 통해 과부의 땅을 되찾아준 것은 미쉬파트이며 게하시가 도와준 행위는 체데크다. 왕의 최고사명이 미쉬파트와 체데크 집행이다.[시 72편]

고엘(גֹּאֵל): '구속자', '피붙이 보수자', '기업 무르는 자'로 번역된다.

커도쉬 이스라엘(קְדוֹשׁ יִשְׂרָאֵל): '이스라엘의 거룩한 이'The Holy One of Israel를 의미한다. 이사야가 처음 부른 하나님 호칭으로 1-39장에서는 커도쉬 이스라엘만 나오고 40-66장에는 '커도쉬 이스라엘'에 '네 구속자'(גֹּאֲלֵךְ)가 함께 붙어 쓰일 때가 많다.

에차(עֵצָה): 이사야서 전체를 관통하는 열쇠어로 도모, 모략, 계획, 뜻, 경영 등으로 번역된다.7:9: 46:10 '계획하다', '도모하다' 등을 의미하는 히브리어 동사 야아츠(יָעַץ)의 명사형이며 잠언서에서 자주 사용된다.

빠라(בָּרָא), 야차르(יָצַר), 아싸(עָשָׂה): 창세기 1-2장과 이사야에서 등장하는 하나님의 창조행위를 묘사하는 세 단어다. 빠라는 '창조하다', 야차르는 '빚다', '조성하다', 아싸는 '만들다'를 의미한다. 이 세 동사가 연속적으로 밀접하게 사용되는 경우는 창세기 1-2장과 이사야 40-43장에서만 발견된다.

와우연속법 미완료(waw consecutive imperfect): 히브리어 구문은 대부분 '등위접속사' 와우(ו)로 연결되는데, 앞 절에서 만일 완료형 동사가 사용되었다면 뒤에 따라오는 와우 이하의 절에서는 미완료형을 씀으로 앞의 완료시제를 계속 유지하게 만드는 구문법이다. 와우연속 미완료는 항상 '봐'(וַ)로 시작되며 뒤따라 나오는 동사의 첫 자음에 다게쉬 포르테(경강점)를 찍어준다.

와우연속법 완료(waw consecutive perfect): 와우연속법 미완료와는 반대로 앞의 절에서 미완료형 동사가 사용되면 와우 이하의 절에서도 이 미완료형 시제를 유지하기 위해 완료형 동사를 사용하게 하는 구문법이다. 와우연속 완료는 항상 '붸'(וְ)로 시작한다.

자주 사용하는 단어들과 그 의미

상황절(circumstantial clause): 주어가 등위접속사를 바로 뒤따라 나오는 절로서 앞 절의 상황과 동시에 벌어지는 부대상황을 묘사한다.

사역(私譯): 이미 나와 있는 번역들과 달리 주석자가 새롭게 시도하는 번역을 가리킨다.

시온(Zion): 이스라엘의 정치 및 종교적 시설들이 밀집해 있는 해발 700미터 정도의 바위산을 가리킨다. 예루살렘 혹은 이스라엘 전체를 가리키는 제유법적 표현이며 바벨론 귀환포로들은 시온을 하나님의 세계통치 거점으로 묘사한다.

이어일의어(hendiadys, 二語一義語): 밀접한 두 단어를 묶어 서로의 의미를 상승시키는 수사법을 가리킨다. 공의와 정의, 공의와 구원이 대표적인 이어일의어다.

출바벨론, 출갈대아: "바벨론에서 피하여 도망하라, 갈대아에서 피하여 도망하라"는 하나님의 긴급명령을 가리키는 표현으로 본서에서 조어된 단어다. 출애굽에 버금가는 바벨론 포로들의 귀환대장정을 의미하며 40-55장을 관통하는 주조음이다.

히브리어 맛소라 본문(Hebrew Masoretic Text): 4-6세기 경 맛소라(전통 보존자) 학자들이 히브리어 자음본문에 모음점을 첨가하여 필사한 구약 39권의 히브리어 성경을 가리킨다.

BHS: *Biblia Hebraica Stuttgartensia*의 약어로, 독일 구약학자들이 편집한 연구용 성경 제4판이다. 독일의 쉬투트가르트에서 출간되었기에 이런 이름이 붙었고, 독일어 발음에 따라 "베하에스"라고 부른다. 베하에스는 히브리어 본문 아래에 각종 사본과 역본 등을 맛소라 본문과 자세히 비교한 결과를 비평장치(apparatus)라는 이름으로 제공하고 있다.

BDB: *The Brown-Driver-Briggs Hebrew and English Lexicon*의 약어다. 브라운(Francis Brown)이 드라이버(Samuel R. Driver)와 브릭스(Charles A. Briggs)의 도움으로 편찬한 구약성서 히브리어-영어 사전을 가리킨다. 세 사람의 성의 첫 글자를 따서 BDB라고 부른다.

HALOT: *Hebrew and Aramaic Lexicon of the Old Testament Vol. I, II*. 쾰러(Ludwig Koehler), 바움가르트너(Walter Baumgartner), 리차드슨(M. E. J. Richardson), 슈탐(J. J. Stamm)이 편찬한 히브리어 대사전이다.

NRSV: New Revised Standard Version의 약어로 Revised Standard Version의 개정번역본이다. 모든 영어성경은 1611년에 발간된 킹 제임스 번역(흠정역)에서 발전된 번역본으로 이 흠정역을 개정한 번역본이 RSV이며 미국성서공회가 이것을 한 번 더 개정해 발간한 역본이 NRSV다. NIV에 비하여 학술적 번역본이다.

NIV: New International Version인데 이 또한 흠정역에서 나온 번역본으로 미국 외에 영미권의 다수 학자들(영국, 오스트레일리아, 캐나다 등의 학자들)이 번역에 참여했기에 "신 국제번역본"이라고 불린다. 현대인의 감수성에 거슬리는 표현을 순화시키려는 '경건 독서용' 번역본이다. NRSV에 비해 히브리어나 헬라어 원문에서 더 멀어진 번역이다.

NASB: New American Standard Bible의 약어로서 이 또한 흠정역에서 발전된 역본이다. 위의 두 번역본에 비해 히브리어 맛소라 본문을 존중하는 직역 위주의 번역본이다. '의미가 불확실한 구절'은 이탤릭체로 번역해 원문부식 정도를 미리 알려주는 학술용 번역이다.

Tanakh Hebrew-English Bible: 정통 유대교의 입장이 반영된 번역으로 구약성서만으로 구성되어 있다. NASB만큼이나 히브리어 본문 존중 태도를 보이고 본문 부식이 심한 곳에서는 언제든지 "의미가 불확실하다"는 난외주를 덧붙인다.

ANET: *Ancient Near Eastern Texts Relating to the Old Testament*의 약어로서 제임스 프리챠드(James B. Pritchard)가 편집한 구약성경과 연관된 고대근동의 역사, 법률, 신화, 제의 관련 문헌 선집이다.

2006년 말에 이사야 1-39장을 주석한 『성서주석 이사야 I』을 대한 기독교서회 창립 100주년 기념 성서주석 시리즈 중 하나로 출간한 후 13년 만에 『하나님 나라 신학으로 읽는 이사야 40-66장』을 출간하게 되었다. 박사학위 논문으로 1-39장을 연구한 이래로 이사야서 전체를 연구해 보고 싶은 열망이 컸기에 본서를 출간할 수 있게 되었다. 『성서주석 이사야 I』은 이사야 6장의 소명묵시를 중심으로 주전 8세기 이사야의 예언이 자신의 시대에 갖는 '당대적 의미'를 부각시키되, 아울러 이사야 1-39장이 어떤 점에서 '그리스도를 말하는 예언'인지를 해명하려고 했다. 또한 주 예수 그리스도가 하나님 우편보좌에 앉아 교회와 세상을 다스리시는 시대를 사는 그리스도인들에게 이사야서가 어떤 통찰을 제공하는지도 주목했다. 본서도 『성서주석 이사야 I』의 연구 방법과 해석 원칙을 견지하며 이사야서 후반부 스물일곱 장을 주석한다. 본서의 서론 마지막 단원은 역사비평적 연구가 어떤 점에서 '말씀의 원래 의미'를 밝히는 데 유익할 수 있는지를 논하는 단상斷想으로서 이전에 견지했던 주석 원칙에 대한 논의를 보완하고 있다.

이 책은 이사야 40-66장 맛소라 본문과 개역개정 본문을 자세히 읽고 단락 단위로 주석한다. 주전 3세기 중엽의 헬라어 번역본인 칠십인역 "이사야"는 맛소라 본문에서 상당히 자유로운 번역본이기 때문에 거의 참조하지 않았으며, 필요시 영어 역본들을 참조했다. 편의

상 각 장별로 주석하되 절 단위보다는 단락별 주석을 시도한다. 그러나 어느 한 구절도 가볍게 지나치지는 않았고 왜 각각의 구절이 그 자리에 있는지 그것이 각 장의 메시지에 어떻게 기여하는지 주목하거나 언급했다. 이 과정에서 저자는 개역개정역이 히브리어 원문의 의미를 충분히 해명하지 못한다고 판단되는 경우에 사역私譯을 시도했다.

저자는 본서를 집필하면서 세 가지를 염두에 두었다. 첫째, 본서가 이사야서를 설교하거나 이사야 성경공부반을 인도하는 목회자들이나 성경교사에게 유익한 참고서가 되기를 바랐다. 언제나 그렇듯이 주석독서가 성경 본문 정독을 대신할 수 없기에 본서는 성경 본문을 정독하는 독자들에게 도움이 되기를 바란다. 본서는 이따금씩 사역을 통해 히브리어 원문의 뜻을 언급하지만 히브리어 원전을 몰라도 이해할 수 있을 정도로 해석했다. 자주 사용된 히브리어는 특별히 마련한 '일러두기'를 참조하면 된다. 아울러 목회자들과 성경교사들의 설교와 묵상을 자극하기 위해 각 장 주석의 끝에는 메시지가 덧붙여져 있다. 각 장의 핵심 주제를 우리 시대의 영적 상황에 상관시키려는 해석학적 작업의 일환이라고 할 수 있다.

둘째, 이사야 40-66장이 1-39장의 속편임을 의식하며 주석한다. 이사야 40-66장을 제2, 3이사야의 독립된 책들이라고 보는 초기의 거친 역사비평적 연구성과들을 에누리 없이 수용하기보다는, 이사야 1-66장의 최종본문의 자기완결적 정합성, 충족성, 명료성에 비추어 해석했다. 그렇다고 해서 이사야 1-66장이 오로지 주전 8세기 예언자 이사야의 단독 문서저작이라고 보는 일부 보수적 주석가들의 견해를 받아들이는 것은 아니다. 이사야 1-39장이 겨냥한 현실, 40-55장이 상정하고 있는 현실, 56-66장이 다루는 현실이 각각 다르다는 점을 주목하되, 이사야 1-66장이 어떤 점에서 한 권의 책으로 읽히는지를 규명하면서 주석했다. 이사야서의 저자 문제(단일성 혹은 복수성

문제)와 40-66장의 저자가 자신의 이름을 주전 8세기 이사야의 이름 아래 감춘 이유에 대해서는, 본서의 끝에 있는 보설補說 2에서 자세하게 논의하고 있다. 또한 이사야 42장 메시지 끝에는 '야웨의 종'이 누구인가라는 질문에 대한 저자의 견해를 보설 1로 소개했다.

셋째, 본서는 먼저 이사야 40-66장을 주전 6-5세기 당대의 청중이나 독자를 염두에 두고 해석한다. 각 본문의 당대적인 의미가 명료하게 밝혀진 이후에는 특정 본문이 어떤 점에서 그리스도를 기다리고 예기하고 있는지, 혹은 어떤 점에서 그리스도의 신앙실천을 지도하는지를 논한다. 이사야 40-66장은 세례 요한,[40:1-6] 예수 그리스도(53장과 61장; 참조. 7:14), 그리고 사도 바울(42:1-9; 참조. 6:9-10; 49:6) 모두의 사명선언을 제공한 예언서의 최고봉이다. 쿰란문서의 이사야 전질사본[1QIsaª]의 예에서 암시되듯이,[1] 이사야서는 주전 4세기부터 메시아를 기다리던 '국가 밖의 공동체' 이스라엘 사람들에게 가장 애독되던 책 중의 하나였다. 주전 4세기 이후의 이스라엘이 이사야서를 애독한 이유는, 이사야 40-66장의 많은 예언들이 그것들을 믿음으로 영접하고 그 말씀대로 살아가기로 결단한 사람들이 나타나기를 기다리는 예언서였기 때문이다. 즉 이사야서는 하나님의 마음과 열정으로 이 예언들을 자신의 삶에 육화肉化시키려고 분투하는 사람들에게 계시되는 책으로 여겨졌던 것이다.

본격적인 주석에 앞서 이사야 40-66장의 이해를 돕기 위해 주전 6세기 말부터 주전 5세기 중반까지의 이스라엘/시온의 역사에 대한 간략한 개관을 배치했다. 이 기간 동안의 이스라엘 역사에 대한 정보는 이사야 40-66장 외에 에스라, 느헤미야, 예레미야, 에스겔, 학개, 스가랴, 말라기 등에서 어느 정도 모을 수 있다. 이 시기의 이스라엘 민족의 삶과 상황을 개관하기 위해 세 학자의 글(마틴 노트, 존 브라이트, 피터 아크로이드)을 참조했다. 그리고 이사야 40-66장이 이사야 전체에서 차지하는 비중에 대한 간략한 논의를 서론의 후반부에 배치했다.

한국의 목회자들과 성경교사들이 설교 준비나 성경공부를 인도할 때 참고할 만한 이사야 40-66장 주석서는 생각보다 많지 않다. 서구학자들의 주석들은 대부분 학자들의 관심사항에 답하려는 의도가 다분해 교회의 필요를 잘 채워주지 못한다. 영국의 구약학자 존 골딩게이[John E. Goldingay]의 이사야 40-55장 주석은 '역사적 정보'를 제공하는 데 치중하며, 이사야서를 신앙과 삶의 원칙을 담은 정경이라고 믿고 읽으려는 독자의 갈증을 충족하지 못한다. 브레바드 차일즈[Brevard S. Childs]의 2001년 이사야 주석은 이사야 1-66장을 하나의 책으로 읽는 것을 도와주지만, 목회적 관점에서 이사야서를 연구하는 목회자들이 보기에는 여전히 학문적인 성격이 강한 이사야 연구서다. 차일즈는 제2이사야[40-55장]가 제1이사야[1-39장]를 재형성하고 제3이사야[56-66장]의 내용에 결정적 영향을 미쳤다는 편집설에 의존하여 이사야서의 신학적 통일성을 주장한다. 아울러 그는 이 발전적 편집을 인정하는 것이 최종적 형태의 본문에 제시된 신학적 증거를 풍성하게 만든다고 주장한다. 결론적으로 그는 전승 단계에 대한 관심을 제쳐둔 채 최종 본문만을 해석 대상으로 삼는 "공시적"[synchronic] 해석에 대해 반대하지만 전승 단계나 편집 과정 자체를 밝히는 데 주력하는 편집사 중심의 해석에도 반대한다.[2]

오히려 차일즈의 『그리스도인의 성경으로 이사야서를 읽기 위한 분투』[3]는 어떻게 교회가 이사야서를 수용하고 사용했는지 그 사례를 제시한다. 그는 칠십인역 및 신약에 나타난 이사야서에 대해 간략히 고찰한 후에 교부 시대와 종교개혁 시대 및 오늘날에 이르기까지 교회가 이사야서를 활용해온 사례를 다룬다. 차일즈는 여기서 이사야의 신학적 증거에 초점을 맞추지만 이사야서와 다른 구약성서 자료를 연결하거나 신약의 믿음과 자주 연계하기도 한다.

존 오스왈트John N. Oswalt의 신국제구약주석NICOT『이사야 I, II』와 J. 알렉 모티어J. Alec Motyer가 쓴『이사야 주석』은 상대적으로 목회자를 위한 주석서를 표방한다. 이러한 점에서 이사야서에 대한 역사비평적 연구로부터 이사야의 정경적 권위를 지키려는 열심은 좋지만, 이들이 쓴 이사야 주석서들도 이사야 40-66장에 대한 목회적 강해 면에서는 다소 미흡하고 불충분하다. 이사야 40-66장도 무조건 주전 8세기 이사야의 예언predictions이라고 보는 교리적 관점이 얼마나 성경 본문 자체에 대한 빈곤한 이해를 초래하는지를 잘 예시하는 책들이다. 조셉 블렌킨솝Joseph Blenkinsopp의 앵커바이블『이사야 40-55장』도 문헌적, 역사비평적 연구로는 나쁘지 않지만 신학적 성찰과 목회적 강해를 제공하는 데는 별다른 관심을 보이지 않는다. 한국의 정중호 박사가 대한기독교서회 창립 100주년 기념 시리즈로 출간한 이사야 40-66장 주석인『성서주석 이사야 II』는 본문의 목회적 함의들을 무난하게 다루고 있다. 결국 본 주석서는 이런 책들의 장점들을 전제하면서도 일선 목회자들에게 좀 더 유용한 주석을 제공하기 위한 응답이라고 볼 수 있다.

이 책의 초고는 2005-2006년 1년 반에 걸쳐 일산두레교회의 새벽기도 시간 설교를 위해 준비한 원고였다. 이후 대학원에서 이사야 40-66장을 두 차례 가르쳤다. 그러나 학교의 행정일과 교수사역을 동시에 하느라 주석서 집필을 의욕만큼 진행하지 못하던 중, 마침내 2019년 3월부터 시작된 연구년 기간에 마무리할 수 있었다.

이렇게 긴 시간 준비한 원고를 바탕으로 책을 내지만 여전히 부족하다. 그래서 본서가 위에서 언급된 책들보다 더 나은 주석서라고 주장할 수는 없다. 아무리 최선을 다해도 정작 책을 출간하고 나면 그 순간부터 개정판을 생각하지 않을 수 없는 것이 성서연구의 세계이기 때문이다. 하나님 말씀은 살아 있고 운동력이 있기에 어제 본 말씀과 오늘 읽은 말씀이 다르게 해석되고 음미될 때가 한두 번이 아니다. 그럼에도 불구하고 오랫동안 숙제처럼 부담으로 짐져온 이사야 40-66장 주석서를 출간할 수 있게 되어 기쁘다.

오랫동안 본서의 출간을 격려하고 기다려준 복 있는 사람 출판사에 감사드린다. 초고를 읽고 교정을 봐준 숭실대학교 대학원 제자들인 전성현, 김윤정, 김태현의 수고에 감사드린다. 초안부터 저자 교정본까지 여러 차례 이 원고를 읽고 유익한 제안과 문제를 제기함으로써 이 책이 더욱 정확한 책이 되도록 도와준 아내 정선희의 수고에 특별히 감사드린다.

2020년 1월 하이델베르크에서 저자

김회권

서론

1. 바벨론 유배流配 전후의 역사[1]

성경은 무시간적 잠언이나 보편적으로 적용 가능한 도덕원리들만을 담은 경전이 아니라, 역사의 특정한 시공간을 순례하는 특정한 사람들에게 주신 하나님의 상황 반영적인 말씀이다. 언뜻 보기에는 본문이 암시하거나 전제한 역사적 상황들이나 사건들에 대한 참조 없이도 뜻이 통하는 것처럼 보이는 구절들도 더러 있다. '하나님은 스스로 숨어 계시는 하나님이시다',사 45:15 '악인에게는 평강이 없다'사 48:22 와 같은 구절들이다. 그러나 이런 구절들마저도 그것들이 선포된 상황을 알고 나면 그 뜻이 훨씬 더 깊이 다가온다. 따라서 본서에서 다루는 스물일곱 장의 운문을 촉발시키는 상황들을 어느 정도 알면 보다 정확한 본문해석이 가능하다.

이사야 40-66장은 선포된 역사적 배경은 다를지라도 이사야 1-39장과 유기적으로 연결된 말씀이다. 1-39장의 세계역사적 배경은 앗수르 제국이며, 40-66장의 배경은 바벨론과 페르시아(특히 56-66장)다. 39장에서 바벨론 유배가 아주 간략하게 예언되자마자 40장에서부터 바벨론 포로의 마지막 시기, 즉 바벨론 포로생활이 끝나가는 시점을 중심으로 회복과 위로의 예언을 전개한다. 주전 705년 상황을 담은 39장과 주전 538년 상황을 반영하는 40장 사이에는 160-170년 정도의 간격이 있다. 이 사이에 많은 일들이 일어났다. 주전 605년 신흥 바벨론 제국의 시리아-이스라엘 진출, 주전 597년

1차 바벨론 유배, 주전 587-586년 2차 바벨론 유배, 주전 582년 3차 바벨론 유배, 주전 562년 여호야긴 석방, 주전 538년 고레스(주전 560-530년)[2] 칙령 등이 일어났다. 이사야 40장은 고레스 칙령을 근접 미래나 근접 과거로 간주하며 선포된 예언이다. 40-66장은 주전 538년부터 주전 450년 전후 시기까지의 역사를 염두에 두고 선포된 예언들이다. 따라서 유다 멸망과 바벨론 유배 이후의 이스라엘 역사에 대한 개관이 본서를 이해하는 데 유익하다. 이 시기의 신학적 중요성에 대한 단일 저작으로 피터 아크로이드[Peter R. Ackroyd]의 『이스라엘의 포로와 회복』[Exile and Restoration]이 추천할 만하다. 아크로이드는 윈턴 토마스[D. Winton Thomas] 등 이전 신학자들의 통찰을 이어받아 '바벨론 포로기'가 얼마나 창조적인 시대였는지[3] 설득력 있게 논증하고 있다.[4]

주전 587년 예루살렘 멸망은 주전 8세기 중반부터 이미 심각하게 지적되었던 유다 왕국의 온갖 모순들의 자연스러운 결과였다. 북이스라엘 왕국 멸망이 정통성 싸움에서 유다에게 잠시 승리감을 선사했을 수도 있지만, 유다는 정확하게 북이스라엘의 멸망 궤적을 답습하고 있었다. 유다는 북이스라엘의 멸망으로부터 아무것도 배우지 못했다. 북이스라엘에 남아있던 모세-출애굽-언약 전승의 후계자들은 북이스라엘의 멸망을 보고 이스라엘 백성의 역사를 끊임없이 반복되고 점층적인 불순종의 역사로 서술했고,[신 32장] 이 점층적 불순종의 역사가 북이스라엘의 멸망 그리고 이윽고 남유다의 장래까지도 위태롭게 한다고 보았다.

남유다의 멸망의 근인根因은 하나님의 공의로운 심판집행이었지만, 그 멸망의 근인近因은 유다 왕국의 마지막 왕들의 연속적인 정치적 오판이었다. 요시야는 신흥 바벨론 제국의 북이스라엘-시리아 지역의 출병에 대비하기보다는, 신흥 바벨론 제국의 남진을 봉쇄하려는 이집트 군대와 맞서다가 므깃도 전투에서 전사했다. 그때부터 유다 왕국은 바벨론 제국의 징벌원정을 초래할 외교 대참사를 저지른다. 요시야 전사 후에 등극한 유다 왕 여호야김은 바벨론의 느부갓네살(주전 604-562년)에게 조공을 바치던 정책을 버리고(주전 602년경) 이집트로 경사^{傾斜}되다가 마침내 느부갓네살의 침략을 초래했다. 주전 602년에 결국 느부갓네살이 예루살렘을 포위하고 함락시켰다. 이 와중에 여호야김은 사망하고 그 아들 여호야긴이 즉위하였으나, 그는 가족들 및 고관들과 함께 제1차 바벨론 유배 세대의 대표가 되어 포로로 잡혀갔다(주전 598-597년). 느부갓네살은 야호야긴 대신 요시야의 막내아들인 시드기야를 왕으로 세웠으나 그 또한 예레미야의 말을 듣지 않고 이집트의 도움을 얻어 바벨론의 지배에서 벗어나려 하다가 재기불능의 국가 멸망을 자초했다(주전 587년). 다윗 왕조 단절, 예루살렘 성전과 성벽 파괴, 그리고 국가기간 요원 유배 등 재기불능의 파멸이 이스라엘을 국가 이전의 무정형 집단으로 회귀시켰다. 여기까지는 세계사에 출현한 모든 약소국의 궤적과 동일하다. 우주공간에서는 질량이 작은 별들은 큰 질량을 가진 별이나 블랙홀에 빠져 흔적도 없이 사라진다. 이처럼 한 작은 왕국이 큰 나라에게 멸망 당하는 사태에는 조금도 독특한 것이 없다. 세계사의 큰 줄거리 중 하나가 작은 약소국들이 강대국에게 망해 소멸되거나 병탄되거나 간신히 살아남은 이야기다. 유다 왕국의 멸망도 세계사에 있어서는 획기적인 사건이 아니었다. 바벨론 제국의 정복군주 느부갓네살의 치적 기록에 '예루살렘 함락'이나 '유다 왕조 멸망'은 특별히 언급될 가치도 없었다.[5] 사실상 다윗 계통의 마지막 적법계승자인 포로왕 여호야긴이 37년간의 옥살이[6] 끝에 므로닥발라단 즉위 기념으로 석방되어 ^{왕하 25:27-30} 한때 '이스라엘 회복의 희망' 상징으로 기능했을지 모르지만 다윗 왕조를 회복시킬 인물은 아니었다. 그는 끝내 가나안에 복귀하지 못했으며 다윗의 위도 계승하지 못한 채 죽었다.[7]

이처럼 가나안에서 진행된 600여 년간의 역사를 돌아볼 때, 이스라엘이 가나안 땅을 차지했다거나 왕국을 세워 정치적으로 지배했다는 사실(주전 1,200-600년)은 희미한 에피소드에 불과했다. 정치적인 실체로서 이스라엘은 끝났다. 그런데도 바벨론으로 끌려간 사람들이건, 이집트 망명자들이건,^{렘 44장} 혹은 본토에 남았던 이스라엘의 지파 구성원들이건 누구에게도 주전 586년의 삼중적(왕조, 성벽, 성전) 파멸 사태는 이스라엘 역사의 끝이 아니었다. 이스라엘의 역사는, 하나님이 창조하고 견인하고 전개하는 전 세계적 무대에서 펼쳐지는 스토리텔링의 일부였기 때문이다. 그런데 여기서 신학적 의미의 '이스라엘은 누구인가'라는 정체성 질문이 제기된다. 이 질문에 가장 치열하게 응답한 자들이 이스라엘과 유다 멸망기에 활동한 예언자들과 그들의 예언을 믿었던 자들이었다. 상비군, 영토적 단일체 등을 갖고 이스라엘을 통솔하던 왕조들이 무너지자, '진정한 이스라엘'이 부상했다. 왕들의 시대가 거^去하고 '말씀', '이상', 그리고 '약속'으로 이스라엘의 마음을 다스리는 문민통치자들인 예언자들의 시대가 도래한 것이다. 그들에게는 '이스라엘 왕조들의 소멸'이 '이스라엘의 소멸'이 아니었다. 이스라엘은 영토적, 정치적 단일체로서는 망했으나 상상과 믿음으로 존재했고, 하나님의 질책과 약속 속에서 여전히 청중으로서 '이스라엘'은 존재했다. 이스라엘의 정치적 존재성은 해체되었으나 예언자들의 언어 속에 '책망당하고, 미래를 약속받는 가상의 공동체'로서는 존재하고 있었다. 참된 이스라엘은 예언자들의 예언 속에 감춰져 있었다. 예언자들의 미래 예언을 믿는 자들이 남은 자들이었고 하박국 2:4이 말하는 '의인^{義人}'이었다. "의인은 그의 믿음으로 말미암아 살리라."

　현실 정치적으로 보자면, 주전 8세기부터 이스라엘은 일부는 앗수르로, 일부는 이집트로,⁸ 일부는 바벨론 등 열방 속으로⁹ 이산되었고,

대다수는 여전히 가나안 땅에 남아 있었다. 주전 587-586년 이래 가나안 땅에서 자치적 통치권을 발휘하는 정치적 공동체는 복원되지 못했으며, 바벨론이 망한 후 일부 포로들이 귀환해 '이스라엘'의 정체성 일부를 제도적으로 어느 정도 회복했으나 페르시아의 원격통치를 받는 소수민족, '예후다'로 존재했다. 하지만 그들과 바벨론에게 망한 숱한 소수민족들과의 가장 큰 차이는 그들을 통시적으로나 공시적으로 응집시키는 '하나의 이야기가 있음과 없음'이었다. 이민족의 압제받는 백성들은 어느 시대이건 세계 도처에 널려 있다. 그런데 이스라엘을 나머지 피압박 민족들과 결정적으로 구별하는 것은 그들의 종교 제의 속에서 실연實演되는 '신앙'이었다.

이 신앙은 종교제도로 담보되는 것이 아니라 예언자의 말과 비전 vision에 의해 지탱되었다. '하나님의 이스라엘 임재와 동행'을 상징하던 '법궤'는 바벨론 포로기 이후 페르시아의 '예후다'에게는 더 이상 영적 구심점이 아니었다. 한때는 '만군의 여호와'가 머물렀던렘 1-8장; 사 8:18 지성소의 법궤는 야웨께서 그의 이름을 두시는 곳신 12:12이라는 이름으로 에둘러 말해지기도 했다. 법궤를 안치한 솔로몬의 성전은 소화燒火되고 법궤는 유실되었다. 아마도 불탔을 것이다. 그렇지만 하나님에 대한 이스라엘의 신앙이 불탈 수는 없었다. 하나님의 심판을 예고하고 그 심판 너머에 있을 하나님의 스토리텔링 각본을 미리 알았던 예언자들이 존재하는 한, 하나님에 대한 기억과 신앙이 불타 없어질 수는 없었다. 오히려 예레미야서와 예레미야애가가 암시하듯이 폐허가 된 예루살렘 성전도 역설적으로 하나님을 생각나게 하는 하나님의 집으로 상당히 오랫동안 기능했다.[10] 예레미야 41:5에 의하면, 바벨론에 의해 예루살렘이 멸망된 후에도 북이스라엘 지파들의 남은 자들(세겜, 사마리아 사람들; 참조. 대하 30:1)이 예루살렘 성전으로 내려와 예배드리거나 기도했다. 이스라엘 지파들은 유다 왕조가 망한 후에도 "거룩한 처소" 예루살렘과의 유대를 유지하고 있었다.

예루살렘에 있는 거룩한 처소에서 예배가 보존되었듯이, 흩어진 이산민들, 포로들에게도 이스라엘 구원사와의 연결고리들은 보존되었다. 인근 족속들의 땅으로 도망간 이스라엘/유다 사람들, 이집트 거주 이스라엘/유대인 디아스포라, 주전 5세기의 이집트 군사요새 섬이었던 엘레판틴 거주 유대인들, 바벨론 귀환포로들, 그리고 바벨론 잔류민들까지 포함해 모든 지역의 이스라엘/유다 사람들은 모두 가나안 땅에서 전개된 하나님의 구원역사에 대한 기억을 갈무리하고 있었을 것이다. 마틴 노트Martin Noth가 생각했듯이, 가나안 땅에 남아있는 잔류민들의 수가 가장 많았겠지만, 그들의 활동을 증언할 기록은 남아있지 않다. 그들은 옛 전통을 고수하며 자기충족적이고 결속력이 강한 소집단을 이루며 살고 있었으나, 주전 586년부터 바벨론 포로들이 귀환할 때까지 무엇을 했는지 알 수 없다. 옛 가나안 땅에서 펼쳐진 이스라엘 역사와 전승에 대한 창조적 갈무리는 오히려 가나안 땅에서 이방 땅으로 흩어진 자들 사이에서 이뤄지고 있었다. 특히 바벨론 귀환포로들은 가나안 땅에 다시 돌아가 바벨론 유배 이전의 지나간 과거 역사, 특히 가나안 땅에서 진행된 지난 600년의 역사를 자신들의 관점으로 기록할 필요를 느꼈다. 현재 우리에게 남겨진 구약성경의 대부분도 출바벨론 가나안 복귀장정을 거친 바벨론 귀환포로들의 '관점'과 '체험'을 여러 층위에서 반영하고 있다.[11] 대표적인 본문이 '갈대아 우르 출신 아브라함'의 이야기이다.창 15:7 '갈대아인'으로 번역된 히브리어는 카스딤이다. 이 단어는 주전 6세기 느부갓네살의 통치관할 지역(유프라테스강 저지대와 티그리스강 주변)에 살던 바벨론 사람들을 지칭한다. 갈대아인이라고 번역된 이 단어 카스딤은 대부분의 경우 주전 6세기 바벨론 포로들을 대상으로 사역했던 예레미야와 에스겔 두 예언자의 글과 다니엘서에서만 나온다. 바벨론 포로들은 아브라함의 가나안 이주를 자신들의 출바벨론 가나안 복귀의 원형으로 삼았던 것이다. '갈대아' 우르를 떠나 가나안으로 갔던 바벨론 포로들도 갈대아를 떠나 가나안으로 돌아간 자들이었다. 역대기 저자는 예루살렘 멸망 직후의 진정한 이스라엘 역사는 바벨론 포로와 그 이후의 귀환에 의해 계승된다고 기술할 정도로(렘 24장 두 광주리 무화과), 바벨론 귀환포로들은 주전 6세기 후반부터 신약시대까지 세계의 열강 틈 사이에서 겨우 살아가면서도 결정적인 지도력을 발휘한다.[12]

바벨론 포로들의 초기 삶에 관한 정보는 에스겔서에 있다. 에스겔서에 따르면 바벨론 포로들은 '죄수들'이 아니라, 강제로 이주당한 이주민들처럼 보인다.[13] 그들은 일상생활에서 자유롭게 활동할 수 있었다. 그럼에도 불구하고 그들은 기껏해야 강제노동을 위해 이주당한 피정복민에 불과했다. 그들은 그들의 집단 거주지를 가졌다.^{겔 3:15} 집 짓고 정원에 식물 심고 그 열매를 누릴 수도 있었고, 서로 결혼할 수도 있었다.^{렘 29:5-6} 거주자들의 중심지, 그발 강가^{겔 1:1-3}는 유프라테스 저지대와 티그리스강이 교차하는 곳이었다. 아마도 그 지역의 관개를 책임지는 운하관리 도시였을 것이다.[14]

그들이 그곳에 살면서 앗수르나 바벨론의 여러 신전에서 드려지는 예배나 종교풍습에 광범위하게 노출되었을 개연성은 적지 않다. 비록 경제적으로 성공했을지라도 바벨론 포로민에게 바벨론은 '낯선 땅',^{시137:4} 부정한 땅^{겔 4:13} 그 이상도 이하도 아니었다. 따라서 그곳은 하나님의 이름이 거하는 땅이라고 볼 수 없다. 비록 에스겔 11:16에서 하나님 자신이 바벨론 포로들의 임시성소가 되어 주시겠다고 약속하지만 그것이 가나안 땅에서 표현되는 신앙생활은 아니었을 것이다. 그들의 경건은 그들의 고토와 결속되어 있었고, 신명기 역사가의 요구에 따라 특히 예루살렘의 거룩한 처소와 연결되어 있었다. 그래서 그들은 예루살렘을 잊지 못해 사모했다.^{시 137:5-7} 이런 상황에서 열왕기상 8:47-50의 간구가 약간의 실마리를 던져준다.

> 그들이 사로잡혀 간 땅에서 스스로 깨닫고 그 사로잡은 자의 땅에서 돌이
> 켜 주께 간구하기를 우리가 범죄하여 반역을 행하며 악을 지었나이다 하
> 며 자기를 사로잡아 간 적국의 땅에서 온 마음과 온 뜻으로 주께 돌아와
> 서 주께서 그들의 조상들에게 주신 땅 곧 주께서 택하신 성읍과 내가 주
> 의 이름을 위하여 건축한 성전 있는 쪽을 향하여 주께 기도하거든 주는
> 계신 곳 하늘에서 그들의 기도와 간구를 들으시고 그들의 일을 돌아보시
> 오며 주께 범죄한 백성을 용서하시며 주께 범한 그 모든 허물을 사하시고
> 그들을 사로잡아 간 자 앞에서 그들로 불쌍히 여김을 얻게 하사 그 사람
> 들로 그들을 불쌍히 여기게 하옵소서.

하루에 세 번씩 예루살렘 성전을 향해 창문을 열고 기도했던 다니
엘의 전범은 이 간구의 전통을 따르는 것처럼 보인다.^{단 6:10} 바벨론 포
로들이 모종의 야웨 종교활동을 펼쳤을 가능성이 크다고 보는 또 하
나의 간접 증거는 에스라 8장에 나온다. 에스라는 귀환포로들을 모
집할 때 레위인이 한 사람도 없다는 사실을 알고 가시뱌에 거하는 잇
도에게 가서 레위인 귀환민들(20명)과 느디딤 사람 220명(성전 잡역
부들)을 확보한다.^{스 8:15-20} 레위인들이 이미 그곳의 임시 성소^{겔 11:16} 같
은 곳에서 종교제의 기능을 수행하고 있었음을 암시하는 장면이다.
　이 바벨론 포로들은 자신들의 상황에 최적화된 종교적 준수사항을
부각시켰다. 옛 성전제의로부터의 단절을 보상하기 위해 안식일 제
도와 할례를 강조했다.¹⁵ 에스겔서는 야웨와 이스라엘을 하나되게 하
는 "야웨의 안식일들"을 언급한다.^{20:12-14; 22:8, 26; 23:38} 바벨론 귀환포로
들의 후손 세대의 상황(주전 450년 전후)을 반영하는 이사야 58장이
나 느헤미야 13장에도 안식일 적법 준수가 중요하게 부각되고 있다.

두 번째 표지가 할례제도다. 다만 할례제도는 이사야 52장에서 한 차례 언급되고 에스겔서에서는 언급되지 않는다. 창세기 17장에 따르면 할례는 하나님과 이스라엘의 언약적 결속을 영구적으로 기리고 기억하게 만드는 의식이다.[17:11] 창세기 2:3은 안식일을 세계 창조와 연결하고, 창세기 17:11은 할례를 하나님과 아브라함 사이에 맺어진 계약의 표지로 만든다. 주전 587년 이후 국가적 독립성과 그것의 담보물인 영토를 상실한 바벨론 포로들은, 할례가 아브라함의 땅 언약의 상속자가 되어 땅을 상속할 수 있는 종교적 자격이라고 간주했을 가능성이 있다. 이런 분투를 하던 중 바벨론을 멸망시킨 페르시아의 등장은 바벨론 포로들[16]에게 가나안으로 돌아갈 기회를 제공한다. 다니엘서 2-5장이 암시하듯이 바벨론 제국은 느부갓네살 재위 시절부터 멸망의 단초를 드러냈다.[4장] 그나마도 느부갓네살은 하나님을 두려워하던 군주로서 유대인 포로의 영적 통찰 앞에 회개하는 시늉이라도 했는데, 바벨론 제국의 마지막 왕인 벨사살은 하나님을 두려워하는 경건심이 바닥이었다. 그는 수백 명의 제국 지방장관들과 고위 관료들을 초대해 연회를 벌이며 "금, 은, 구리, 쇠, 나무, 돌로 만든 신들을 찬양"하다 예언자의 경고를 받았다.[단 5:4-5] '므네므네 데겔 우바르신'[단 5:25]이라는 예언자의 경고를 받자마자 바벨론은 망했다. 하나님께서 나라의 무게, 즉 공평과 정의의 무게를 재어보니 무게가 너무 가벼워 나라의 존속기간을 끝내기로 결정하셨다는 것이다. '우바르신'은 아람어로 '그리고 나누신다'는 뜻이다. 나라를 나누어 망하게 한다는 말이다. 그의 부친이자 데마에서 섭정 노릇하던 나보니두스[Nabonidus]도 함께 망했다.

이렇게 해서 주전 539년에 사실상 마지막 왕[17] 나보니두스와 벨사살은 마르둑과 함께 엎드러졌다.[사 46:1; 렘 50-51장] 나보니두스(주전 556-539년)는 페르시아에 패퇴당했고, 주전 522년에는 이집트까지 페르시아에게 정복당했다. 페르시아의 초대왕 고레스의 등장으로 바벨론 제국에 잡혀와 있던 각 나라의 포로민들은 해방의 희망을 갖기 시작했다.^{사 44:28, 45:1; 47장} 고레스 등장 전후에 터져 나왔을 가능성이 큰 제2이사야의 예언은 유다의 바벨론 포로들에게 희망의 불꽃을 점화시켰을 것이다.[18]

더욱 희망적인 것은 페르시아 왕조는 이전 고대근동의 패권제국들의 군주들과 달리 피정복민의 특성을 존중했다는 것이다. 페르시아의 아케메니드 왕조(주전 550-330년의 페르시아 지역을 다스린 왕조)는 자기들의 언어 외에 더 많은 공식 언어들이 지역 사정에 따라 사용되는 것을 허용했다. 그래서 시리아-가나안 전체에 걸쳐서 아람어가 공식어로 사용되었다. 전통 지역 종교에 대한 고레스의 관용정책은 다음 왕들에 의해서도 계승되었다. 고레스의 후임자인 캄비세스 왕은 애굽 침공시 이집트 신들의 신전만 붕괴시키고 애굽에게 시달리던 소수 피정복민들의 종교를 훼손하지 않았다. 주전 520년대의 페르시아 왕 다리우스도 피정복민 재래 종교를 보호하려고 더욱 애썼다. 예루살렘 성전 재건공사를 계속하도록 허락한 다리우스 칙령의 아람어 사본은 에스라 6:3-5절에 나온다.^{스 5:6-6:12}

그런데 페르시아의 유다 지역 후원에는 페르시아의 소수민족 종교관용 정책 이상의 고려가 작용했다. 예루살렘 성건 중건에 대한 페르시아의 재정적 지원은 페르시아의 국제정치적 전략에 부합한 정책에서 비롯되었다는 사실이다. 이집트와 그리스 도시 동맹으로부터 오는 위협(주전 492년경부터 시작되다가 480년경 대전 발생)[19]에 맞서는 최전방 방어선이 필요했던 페르시아는 자기방어적 정책의 일환으로 '예후다'를 지원했다. 역대기 저자에 의하면 바벨론 포로민이 이스라엘 역사의 정통계승자며, 그들만이 성전을 재건할 수 있었다. 하지만 돌아온 사람들은 선뜻 마음이 내키지 않았다. 고레스의 포고령에도 불구하고 성전 재건공사의 느린 진전에서 보이듯이 낙심시키는 상황들이 많았던 것이다.

고레스는 그의 포고령이 실행되도록 세스바살을 총독으로 임명해, 스 5:14-16 탈취된 보물을 예루살렘으로 재반송하는 책임과 성전 재건공사의 감독책임을 부여했다.[20] 그런데 성전 재건 공사는 지지부진했다.학 1:1-11 성전재건에 미온적인 사람들은 '여호와의 집을 지을 때가 아직 오지 않았다'고 말했다.학 1:2 예루살렘 주변 나라 사정들도 악화되고, 페르시아 황실 경비지원도 있었다는 사실이 성전 재건의 결정적 동인으로는 작용하지 않았다. 예루살렘 거민들 개개인도 저마다의 고통에 시달리고 있었다.학 1:9 계속된 가뭄으로학 1:10-11 흉년이 지속되었다.학 1:6 뿐만 아니라 귀환포로들의 예루살렘 성전 중건 열기를 냉각시키는 한 사건이 일어났다. 주전 522년에 캄비세스가 이집트를 정복한 것이다. 그것은 이스라엘 독립을 후원해줄 잠재적 지지 세력 상실을 의미했다. 고레스의 포고령이 반포되고 예루살렘 성전이 정초定礎된 지 16년이 경과한 주전 522년에 캄비세스는 후계자도 남기지 못하고 죽었다. 하지만 이 상황에서 종교지도자 행세를 하던 가우마타Gaumata가 왕위 찬탈을 시도했으며,[21] 같은 시기에 페르시아 각 지역에는 소요가 창궐했다. 이 짧은 시기에 역설적으로 유다의 독립희망을 점화시킬 수도 있었다. 하지만 '예후다'에게는 실망스럽게도 다리우스가 가우마타 찬탈 사태와 전국적 소요를 재빨리 진압했다. 이집트 몰락으로 이스라엘 재건을 도와줄 잠재적 외부세력에 대한 희망이 사라진 판국에 페르시아 정국마저 재빨리 정상화되어 '예후다'에게는 독립 희망(다윗의 후손 통치)이 완전히 사라져 버렸다. 이처럼 주전 538년부터 520년까지 초기의 예루살렘 회복은 만족스럽지 않았고 귀환자들의 합류도 형편없었다.슥 4:10 설상가상으로 예루살렘 성전과 성벽공사에 대한 사마리아 토착세력(산발랏)의 방해는 드셌고,스 4장;

느 6:1-14 페르시아의 왕위 교체 상황으로 인한 페르시아 왕실의 협조 부족도 성전 재건을 지체시켰다. 성전 기초공사를 본 사람들은 '빈약한 성전 구조'에 실망했다.학 2:3; 스 3:12-13 이것이 주전 538-522년 사이에 귀환포로들을 사로잡았을 의기소침(성전 공사 지연과 미온적 태도)을 어느 정도 설명해준다. 시온 회복을 위해서는 뭔가 새로운 자극이 필요한 상황이었다. 바로 이 시점에 학개와 스가랴의 예언활동이 시작되었다(주전 520-515년). 학개와 스가랴의 민족주의적 어조의 예언활동을 이해하려면 당시의 이러한 페르시아의 정정불안과 귀환포로들의 영적 침체상황을 이해해야 한다.

주전 519년 초에 스가랴가 예언을 시작했다. 스가랴 1:7-6:15에 나오는 '밤의 환상들'이 성전 재건 독려와 관련된 예언이다. 주전 8-7세기 예언자들과 달리, 스가랴와 학개는 거룩한 처소와 별도로 존재하는 하나님의 현존을 상상할 수 없었다. 에스겔의 하나님을 전혀 모르는 것 같이 성전에 집착해 그들은 물리적인 성전 재건을 촉구한다. 학개는 당시의 가뭄이나 흉년 등의 고통들을 성전 재건 지연에 대한 신적 심판이라고 예언했으며,학 1:1-11 옛 성전에 비해 새 성전이 초라해 보일지라도, 하나님 나라의 여명이 밝아오면 모든 열방이 재물을 갖고 예루살렘 성전으로 구름 떼처럼 몰려올 것이라고 예언했다.학 1:15b-2:9

학개의 집요한 설득으로 주전 520년 끝 무렵에 성전 재건공사는 재개되었다. 비슷한 시기에 스가랴는 새 성전에서 예배드리는 정화된 대제사장의 환상을 본다.슥 3:1-3 이때 즈음 포로왕 여호야긴의 손자 스룹바벨이 유다의 총독이 된다. 학개 1:1-4, 14에 의하면 그의 주 관심사는 성전 재건이다. 그런데 일부 귀환민들은 스룹바벨을 먼 시점에 이뤄질 희망, 즉 다윗 왕국의 회복희망과 연결하기 시작했다. 학개와 스가랴는 이 같은 희망을 가진 사람들에 속했다. 스룹바벨은 야웨에 의해 선택된 인장반지라고 불렸고, '야웨의 싹'이라고 불리기도 했다.^{학 2:20-23; 슥 6:12} 둘 다 '지상의 하나님 왕국 대리자'라는 의미다. 스가랴는 6:9-14에서 자신이 스룹바벨에게 씌울 왕관을 준비하라는 위임을 받았다는 취지의 말을 한다. 그러나 스룹바벨은 홀연히 사라진다. 예루살렘과 유다에 일고 있는 수상한 분위기 때문에 위험한 관리로 소환되어 교체된다.[22]

성전 공사는 지연되었다가 다리우스 즉위로 재개된다. 유프라테스 강 건너편의 총독이 성전 공사의 정당성에 이의를 제기하여 페르시아 왕실에 공개질의서를 보내게 되었다. 이 공개질의서의 작성 연대는 정확하게 알 수 없지만, 학개와 스가랴 출현 이후로 추정된다.^{스 5:1-5, 5:6-6:12} 이 공개질의서에 대한 답신이 바로 다리우스의 '성전 공사 재건' 허용이었다. 뿐만 아니라, 성전 희생제사에 드는 비용은 왕실 재원으로^{스 6:8-9} 충당해줄 것을 강조한다. 대신 예루살렘 새 성전에서 페르시아 왕의 안녕을 위한 기도가 봉헌되었다.^{스 6:10}

에스라 6:15 진술에 따르면, 재건된 성전은 주전 515년 봄, 다리우스 재위 제6년 아달월 삼일에 봉헌되었다. 이 성소는 엄격하게 말하면, 페르시아 왕실 운영 국가성소였다. 페르시아 왕 포고령으로 건축되었으며, 페르시아 왕을 위한 기도가 봉헌되었고, 희생제물 비용도 페르시아 왕실이 제공하였던 것이다. 이스라엘 옛 지파들의 실제적 구성원들은 여전히 그들의 지파 영내에 살고 있었지만 이제부터는 제사장의 지도력이 강조되기 시작했다. 제사장은 장로들의 토착 지도력을 능가하기 시작했다. 바벨론에서 돌아온 사독계 제사장들이 이 새 성전에서의 지도력을 행사해 제사장직을 독점하기 시작했다(대상 6:53 이하, 대제사장의 부친은 느부갓네살에 의해 강제 이송된 사독계 제사장). 학개, 스가랴, 역대기서의 아람어 문서들, 역대기 기록^{스 1-4장} 모두 '예수아'를 '대제사장'으로 본다.

제2성전 봉헌 후 50년간 바벨론 귀환포로 공동체에 무슨 일이 일어났는지를 알려주는 정보는 없다. 분명한 것은 성전 재건과 제사장직 정비가 옛 이스라엘의 부패한 성전체제의 갱신을 의미하지는 않았다는 사실이다. 당분간 바벨론 귀환포로들이 주도하는 이스라엘 사회에는 이스라엘을 새롭게 조직할 역량을 갖춘 지도자감이 나타나지 않았다.[23] 신명기 율법이 부분적으로 유효한 법이었으나, 국가의 법으로 격상되지는 못했다. 그렇다고 신명기 율법의 정당성이 소멸한 것은 아니었다. 다른 경쟁 성소가 다시 나타나지 않았다는 점에서 볼 때 예루살렘으로 모든 제의를 집중시키라고 요구한 신명기의 예배 단일화 요구는 엄격하게 고수되고 있었다. 그러나 예배의 각론에 관한한 신명기의 율법들은 거의 지켜지지 않았다(말 1:6-2:9 병든 제물로 제사장 직분을 더럽히는 허물 질책; 3:6-12 십일조 의무 경시하는 죄악; 3:13-18 말로 하나님께 대적하는 자들의 교만을 질책하는 하나님; 2:10-16 이방신을 섬기는 여인과 결혼해 경건한 자손을 바라는 야웨의 기대를 배반한 죄악). 이처럼 십일조 무시, 하나님에 대한 경외심이 결여된 예배, 이혼 만연 등이 말라기가 탄핵한 주요 허물과 죄들이었다. 유다 포로민의 후손 남자들과 이방여인들의 결혼이 유행하였으며, 심지어 제사장 가족 내에서도 이방 여인들과의 결혼이 문제가 되었다.[느 13:23-28] 유다의 장로들은 안식일을 소홀히 대했다.[느 13:15-22]

이러던 중 주전 450년경 페르시아가 유다를 다시 안정시키고 페르시아의 우호적 방파제로 만들어야 할 방향으로 국제정세가 전개되었다. 유프라테스 강 건너편의 바벨론 태수격인 메가비조스Megabyzos가 반反페르시아 반란을 일으키자(주전 482년경) 시리아-팔레스틴은 페르시아에게 다루기 힘든 변방 영토가 되었다. 이 지역의 변방 속주의 민심을 진정시키는 것이 페르시아 왕실의 주요 현안이 되었다. 또한 반란 기세가 상존했던 이집트를 진압하는 것도 주전 5세기 후반부 50년 동안의 페르시아 제국 핵심 관심사였다. 이집트 원정시 유다는 중요한 군수지원 요새 기능을 수행할 수 있었다. 유다는 이집트로 가는 진격로인 셈이었다. 특히 이집트와 가까운 가사^{Gaza} 등은 페르시아 군대의 주둔지였다. 그래서 유다 지역의 민원은 즉시 응답 처리되어야 했다. 아하수에로 왕은 유다 토착민 후손 출신 총독과 관리를 보내 민심을 진정시킬 필요가 있었다.[24] 존 버퀴스트(J. Berquist) 등이 자세하게 연구했듯이[25] 페르시아의 에스라, 느헤미야 파견은 이처럼 페르시아의 국제정치적 합목적성의 빛 아래서 이해되어야 한다.

주전 450-445년경 느헤미야와 에스라가 예루살렘에 왔을 때 예루살렘은 지리멸렬한 상황이었다. 이스라엘의 정체성을 보전하고 '야웨의 언약백성'으로 살아가는 데 필요한 헌법적 요강이 없어서 귀환포로들이 다시 이방인들과 통혼하며 거룩한 백성의 정체성을 상실하고 있었다. 가나안 땅에서 오래전에 전개되었던 하나님 통치의 역사를 계승할 자기인식과 사명감이 전혀 없었다. 나라 혹은 왕조 없이 페르시아의 보편 통치 하에서 '하나님 백성'으로 살아가는 좁은 길을 찾아내지 못했다. 이 상황에서 에스라가 와서 율법을 가르쳤다. 에스라의 사명은 이중적이다. 한편으로 이스라엘에게 율법을 가르치는 사명이며, 또 다른 한편으로 아하수에로 왕이 파견한 페르시아의 고위고관으로서 정치적 사명이다. 에스라 7:6-12이 이러한 이중적 사명을 언급한다. 에스라는 하늘의 하나님의 율법학자로서 '보편적인 세계통치자'이신 하나님의 율법을 가르치는 학사이자 제사장이었다. 그는 7년마다 한 번씩 열리는 초막절 율법강론^{신 31장}을 주도했고,^{느 8장} 이방여인과 결혼한 유다의 유력자들을 압박해 이방여인들을 모두 추방하게 했다.^{스 9-10장 26} 에스라는 하나님의 백성이 자기 정체성을 유지하면서도 페르시아의 서방 변방 속주민으로 살아가는 이중 노선을 가르쳤다. 다윗 왕조가 아니라 페르시아의 후원과 견인 속에 '하나님 백성'으로 살아가는 것이 '하나님의 통치'를 받는 것이라고 가르쳤다. 이스라엘이 과거 전승과의 연속성 속에 살아가는 것뿐만 아니라 동시에 현재 페르시아의 원격통치를 받는 예후다의 정체성을 견지하는 방법을 가르쳤다.[27] 에스라가 강조했던 율법은 왕조적 실체를 갖기 이전 모세 시대의 율법이었을 가능성이 크다. 토착 왕조의 견인이나 보호 없이 하나님의 거룩한 백성으로 살아가는 것, 그것은 모세오경의 비非 혹은 탈脫군주정 제사장 통치체제를 내면화시키는 것이었다. 즉 페르시아적 보편통치 아래서 에스라가 가르친 율법은, 왕국시대의 이스라엘보다 더 시원적이고 근본적인 이스라엘의 존재방식인 열두 지파 체제로 사는 데 필요한 율법이었다. 그것은 '가나안 땅을 차지하러 가는 순례 공동체'에게 필요한 성별 규정, 예배 규정, 우상숭배금지 규정들이었다.

느헤미야서는 에스라의 회중 교육이 왜 필요했는지를 보여주는 귀환포로 공동체의 지리멸렬상을 구체적으로 예시한다. 느헤미야는 인적으로나 물리적으로나 보호의 '성벽'이 무너진 예루살렘을 목도하고 두 차례의 총독 직위를 이용해 인적 및 물리적 성벽재건에 힘썼다. 느헤미야는 세스바살이 유다의 총독으로 맡았던 일보다 더 복잡한 과업을 맡았다. 느헤미야는 사회적 평탄작업에 힘썼다. 그의 개혁조치는 채무의 일괄변제[5:1-8]와 해이한 율법집행 강화였다(십일조, 안식일 준수, 이방여인과의 결혼 봉쇄). 느헤미야의 1차 총독재임 시절 후기에 약간 늦게 예루살렘으로 파송되었을 가능성이 큰 에스라에 의해 예루살렘은 성전 중심의 공동체로 거듭나기 시작했다.

2. 이사야 40-66장이 전체 이사야서에서 차지하는 자리

40-66장은 이사야서 전체가 그렇듯이 복합적이고 복잡한 책이다.

각 장의 세부내용을 분석하려고 하면 주석자의 손에 확보된 정보보다 '알지 못하는 아주 복잡하고 복합적인 쟁점들로 꼬이고 꼬인 과거'에 대한 무지와 불확실함이 훨씬 크다. 그럼에도 불구하고 이 스물일곱 장의 책을 읽고 하나님의 음성을 듣는 것이 전혀 불가능한 것은 아니다. 본 주석에서는 본문에서 '알 수 있는 것'과 참고자료들의 도움으로 얻을 유용한 정보를 통해 이사야 40-66장의 중심 메시지를 경청해보려고 한다. 이 스물일곱 장의 핵심은 온 세계열방의 통치자인 야웨 하나님의 세계변혁이며 세계구원이다. 세계구원을 위한 필수적 단계가 시온 구원이다. 시온은 '이스라엘'을 가장 이상적으로 대표하는 제유법적 대체어다. 이사야 40-66장의 반복적인 비전은 이스라엘/시온의 영적 갱신과 승귀昇貴다.[28] 시온 구원은 온 세계열방 구원을 위한 예비단계이면서 중핵이다. 이 스물일곱 장에서 '시온'은 영적 경도와 위도 속에 위치한 천상적 거점도성으로서, 유대인 국수주의를 보양하거나 격동시킬 수 없는 신학적 기표記標다. 시온은 하나님의 정의와 공의가 백퍼센트 시행되며 하나님을 아는 지식이 모든 피조물을 충일하게 채운 미래 가상현실적 영토다. 하나님의 시온 회복은 세계구원의 시작이다. 하나님께서 시온에게 요구하신 공평과 정의를 온 세계열방에게도 동일하게 요구하신다. 이사야가 말하는 새 하늘과 새 땅 창조는 시온 중심의 세계 재구성을 의미한다. 새 하늘과 새 땅에서 시온이 맡는 역할은 거의 동화 같은 상상력으로 채색되어 있다. 시온은 온 세계의 영적 종주국이다. 열방이 떼 지어 시온으로 올라가는 이유는 시온이 하나님의 공평과 정의가 백퍼센트 구현된 새 하늘과 새 땅이기 때문이다. 하나님을 아는 지식으로 가득차고 하나님의 영광이 충만히 거하는 새 하늘과 새 땅인 시온이 열방의 종주가 되는 것이 이사야의 비전이다.

이스라엘을 위한 하나님의 통치거점인 시온은 이제 세계열방 통치의 거점이 된다. 신화학적으로 말하면 '세계의 축'[軸, axis mundi]이 된다. 이렇게 이상화된 시온에 대한 영적 종주권을 인정하고 시온으로 올라오는 이방 나라나 민족들은 하나님의 세계구속에 직간접적으로 참여한다(특히 42장). 1장의 시온이 이스라엘의 영적 중심지라면, 61-66장의 시온은 열방의 인적, 물적 예물들을 끌어들이는 만민의 순례지로 격상된다. 이처럼 이사야서는 시온에 대한 야웨 하나님의 언약적 투신이 수미쌍관 구조를 이룬다. 본 주석서도 하나의 왕조가 아니라 비국가적 민간 공동체인 '시온-예루살렘에 대한 야웨 하나님의 언약적 신실성'에 주목하며 스물일곱 장을 해석한다.

이 스물일곱 장은 주전 8세기 예언자 이사야의 예언 두루마리에 포함되어 이사야서의 일부로 읽혀왔다. 그런데 널리 알려져 있듯이, 19세기 말의 독일 구약학자 베른하르트 둠[Bernhard Duhm] 이래로[29] 이 스물일곱 장은 1-39장과 다른 저자(들)의 작품으로 간주되어 왔다. '19세기말부터 등장한 역사비평적 구약연구의 최대 결실 중 하나가 이사야 40-66장의 저자가 1-39장의 저자와 다른 인물이라는 것을 밝힌 점이다'라는 주장에서 보이듯이, 오늘날까지 대다수의 이사야 연구자들에게는 이사야서의 '세 책, 세 저자 가설'은 정설처럼 수용되고 있다. 확실히 1-39장과 40-66장의 저자가 다르다고 보는 데는 상당한 이유들이 있다.[30]

첫째, 1-39장이 다루는 역사적 상황과 40-66장이 다루는 역사적 상황이 매우 다르다. 1-39장은 주전 8세기 앗수르 제국의 침략으로 몰락을 경험하거나 존재 자체가 위협받는 북이스라엘과 유다의 쇠락을 다룬다. 즉 바벨론 유배(주전 597-538년) 이전의 시기를 다룬다. 반면에 40-66장은 주전 8세기에는 존재하지도 않던 '세계제국 바벨론'이 망했다고 언급하면서, 주전 8세기 이사야 활동기보다 약 160년 이후에 등장하는 페르시아 제국을 당면한 세계질서 재편자라고 말하고 있다. 이처럼 1-39장과 40-66장 사이에는 약 160년의 간극이 존재한다. 주전 597년부터 바벨론으로 끌려간 유다의 포로들이 '석방된 상황'을 언급하는 40장과 고레스를 당면한 세계질서 재편자로 말하는 44-45장에 비추어 볼 때 이 스물일곱 장은 확실히 주전 538년 직전후^{前後} 시기와 그 이후의 역사적 상황을 다루고 있다고 보는 것이 상식적이다.

둘째, 1-39장에는 6-8장, 36-39장 등 산문형식의 글이 들어 있는데 비하여, 40-66장에는 내러티브가 전혀 없고 백퍼센트 운문으로 이루어져 있다. 문체에 큰 차이가 존재한다. 그래서 단일 저자의 저작이라고 보기 힘들다는 것이다.

셋째, 중심 어조가 너무 다르다. 1-39장은 대부분 아직 실현되지 않은 심판 예언들이며, 그 사이에 간간이 위로와 구원 신탁이 배치되어 있다. 대체로 1-39장은 하나님의 진노가 마그마처럼 비등하고 폭발 임계점으로 상승하는 과정을 보여준다. 즉 폭발 직전의 활화산 같은 하나님의 진노언어가 지배적이다. 그에 비해 40-66장에는 이미 심판과 진노가 폭발한 후의 '소강' 국면, 즉 하나님의 주체적 상황정리가 부각된다. 아직 진노의 여진이 남아있긴 하지만 대파국적 심판을 예고하는 포괄적인 심판 신탁은 없다. 오히려 비현실적일 정도로 화려한 미래회복과 구원, 그리고 이스라엘의 영적 재활복구와 승귀를 예고한다. 이런 정도의 차이만 갖고도 1-39장의 저자와 40-66장의 저자를 다르게 상정하는 것이 가능하다.

그럼에도 불구하고 40-66장의 저자/저자들은 자신의 미래회복과 구원 예언을 독자적인 이름의 예언 두루마리로 남기지 않고 주전 8세기 예언자 이사야의 예언 두루마리에 첨부했다. 독자들이 1-39장과 40-66장을 단일 저자의 예언으로 읽어주기를 기대했던 것이다.³¹ 독자들이 이사야서 1-66장 전체를 심판과 회복, 예언과 성취의 관점으로 읽기를 기대했기 때문이다. 이런 기대감을 가지고 그들은 여러 가지 편집적 배려와 장치를 통해 1-66장이 한 권의 책으로 읽힐 수 있도록 각별히 주의를 기울였다. 그러므로 우리는 분명히 주전 8세기가 아닌 상황을 다루고 있는 예언임에도 불구하고 이 스물일곱 장을 이사야 예언의 일부로 읽어야 하는 이유를 생각해볼 필요가 있다.

첫째, 이 스물일곱 장의 예언에는 독자적인 인격을 가진 예언자가 소명을 받는 장면이 없다. 40-66장의 첫 장에 한 '외치는 자'가 부름받는 장면이 간략하게 등장한다. 물론 크로스F. M. Cross 같은 학자는 40장의 '외치는 자'의 등장은 이사야 6장의 소명사화에 견줄 수 있는 장면이라고 말하며 제2이사야의 실체를 발견한 듯이 이야기한다.[32] 하지만 40:1-3은 시적인 도입구일 뿐 한 독자적 예언자의 소명사화로 발전되기에는 지나치게 소략하다. 여기서의 '화자'는 바벨론 유배가 끝난다는 소식을 알려주는 외치는 자일뿐이다. 천상의 메시지를 전달하는 이 외치는 자의 사명은 이사야 6:9-13의 사명이 종료된 이후에 시작된 사명이다. 이사야 40장 이하의 예언자는 이사야의 심판 예언이 종료되어 다 잘리고 베임을 당한 후 남겨진 그루터기가 '거룩한 씨'로 남은 상황에서 출발한다. 그의 사명은 '거룩한 씨'들이 돌아와 시온과 예루살렘을 중심으로 확장되도록 격려하고 자극하는 것이다. 그것은 이사야 4:2-4의 비전을 성취하는 사명이다 (참조. 사 37:31-32).

그 날에 여호와의 싹이 아름답고 영화로울 것이요 그 땅의 소산은 이스라엘의 피난한 자를 위하여 영화롭고 아름다울 것이며 시온에 남아 있는 자, 예루살렘에 머물러 있는 자 곧 예루살렘 안에 생존한 자 중 기록된 모든 사람은 거룩하다 칭함을 얻으리니 이는 주께서 심판하는 영과 소멸하는 영으로 시온의 딸들의 더러움을 씻기시며 예루살렘의 피를 그 중에서 청결하게 하실 때가 됨이라.

　그의 첫째 과업은 바벨론으로부터 되돌아오는 야웨의 영광이 지
나갈 대로를 평탄케 하도록 청중을 독려하는 것이다. 앞으로 전개될
스물일곱 장의 신탁은 이 '외치는 자'에게 맡겨진 신탁이다.[33] 이사야
60-66장에 부각되는 이스라엘의 영적 승귀와 세계사적 제사장 사명
수행을 향도할 자는 이사야 61장에 나오는 '야웨의 기름 부음을 받은
왕적 인물'이다. 하나님 앞에 개인적으로 등장하는 예언자적 육성은
40, 42, 48,[16절] 49, 50, 61장에 등장하며, 간간히 일인칭 단수 대명사나
복수 대명사로 표시되는 인물/인물들의 음성이다. 그리고 일인칭 복
수 대명사 '우리'에 의해 소개되는 한 고난받는 종이 있는데 그는 3인
칭으로 지칭된다. 그는 바벨론 유배라는 징벌을 당함으로써 많은 사
람들을 의롭게 하는 대속적 징벌 감수자다. 한 가지 난점은 그의 역할
과 이스라엘의 영적 정화와 재활 사이에 무슨 상관이 있는지를 명확
하게 알기 힘들다는 것이다. 확실한 것은 그가 이사야 42, 49, 50장
에 등장하는 야웨의 종의 사역을 집합적으로 완수하는 과정에서
'대속적 징벌'까지 감수하는 유례없이 특별한 야웨의 종이라는 점이
다. 그는 이방의 빛이 되기 위하여 굴욕을 당하고 곤욕을 당한다. 그
는 바벨론 유배 경험자이면서 그것의 의미를 만민을 위한 대속적 고
난 경험이라고 해석할 근거를 제공한다. 요약하자면, 외치는 자, 고난
받는 종, 그리고 야웨의 기름 부음을 받는 종들이 이스라엘의 영적 회
복과 세계사적 승귀를 성취하는 데 쓰임받는 종들이기는 하지만, 이
들이 독자적인 이사야 40-66장 전체 혹은 일부의 저자라는 증거는
없다. 40-66장의 저자/저자들은 은닉되어 있거나 암시되어 있다. 이
은닉된 최종 저자들은 자신의 예언이 주전 8세기 예언자 이사야의
시온 중심적 이스라엘 회복 예언의 당대적 파생 예언이라고 믿었다.

둘째, 이 스물일곱 장에서도 심판과 구원을 동시에 말한 주전 8세기 이사야 예언자의 음조가 유지되고 있다. 이사야적 공평과 정의, 시온의 회복과 승귀 등의 관심이 유지되고 있다. 1, 2, 4장의 시온의 미래 예언과 이사야 60-66장의 시온의 미래상은 호응하고 있다. 60-66장의 중심 주제는 시온의 영광 회복과 시온의 세계사적 향도 사명이다.

마지막으로 제국 해체적인 종말신앙이 1-66장을 관통한다. 이사야 10장, 13-14장의 바벨론과 앗수르 제국에 대한 멸망 예언은 이사야 40-45장의 열방 해체적인 예언과 호응하고 있다.

결국 이사야 1-66장의 최종 저작자는 주전 450년경(이사야 56-66장의 상황) 전후의 '골라,'the community of the returned exiles 즉 '귀환포로 공동체'의 일원이었으며, 자신의 시대가 한편으로는 이미 존재하고 있던 이사야 두루마리[8:2, 16]에 예언된 하나님의 시온 회복 열정이 분출되는 시대이면서도 또 다른 한편으로는 이사야 두루마리에 적힌 심판과 위협 예언들이 겨냥하는 패역한 시대라고 느낀 예언자였을 것이다. 1-39장의 대부분은 대파국적 심판(바벨론 유배)이라는 시한폭탄이 터질 시점을 향해 전진하는 멸망 드라마이며, 이스라엘과 유다는 돌이킬 힘도 빼앗긴 채 하나님의 대파국적 심판을 초래할 죄악들을 차곡차곡 쌓아갔다. 하나님과의 소원함과 관계 단절은 영적 무지몽매를 가져왔고, 영적 무지몽매는 엄청난 굴욕을 가져왔으나 가까스로 멸망을 피했다. 이것이 이른바 주전 701년의 앗수르 대범람 사[8:8-10] 사태다.왕하 18-19장; 사 28-39장 앗수르의 대범람으로 국가적 멸망을 간신히 모면하고도 유다 왕국은 진노의 잔을 마신 채 비틀거리다가 약 100년 후 끝내 전무후무한 대파국적 범람(바벨론)을 초래했고, 바벨론이라는 혼돈의 원시바다 아래로 침수되었다.

하지만 하나님이 예비하신 동방의 의인, 페르시아 초대왕 고레스를 통해 바벨론과 앗수르, 이집트로 흩어졌던 이스라엘은 다시 돌아온다. 이 귀환포로 중 페르시아 제국 후원을 받은 마지막 귀환포로 세대를 대표하는 에스라와 느헤미야가 페르시아 속주 '예후다'(유다의 페르시아 속주명)를 이끌었다. 그러나 약 100년 후 예후다는 다시 헬라 제국^{단 11장}의 지배 아래 들어간다. 주전 332년부터 마케도니아의 알렉산더 대왕이 페르시아를 패퇴시키고 유럽과 근동지역의 지배자가 되고 그의 사후에 헬라 제국은 네 나라로 분할되었다.[34] 이사야 40-66장은 아직 페르시아 제국이 건재할 때 저작되었으므로 늦어도 주전 332년 이전에는 저작되었을 것이다. 그러나 아무리 빨라도 주전 538년 이전에 저작되었을 가능성은 없다. 그렇다면 40-66장은 주전 450년 전후, 즉 느헤미야-에스라 활동기간 전후의 어느 시점에 이사야의 원예언서와 합해졌을 것이다. 이 과정에서 이사야 1-66장 전체가 오늘날의 모습으로 나름대로 정교한 구조를 갖게 되었을 것이다.[35] 대체로 56-66장 상황은 말라기나 느헤미야 5장, 혹은 그 유사 상황을 반영한다. 56-66장의 일부(특히 후반부)는 느헤미야와 에스라의 활동보다 더 늦은 시기에 저작되었을 가능성도 있는데 그 이유는 예루살렘 성전체제의 불경건한 다수파(돼지 제물파)와 하나님 말씀을 듣고 두려워 떠는 소수파(성전체제로부터 일시적으로 배제되고 소외된다)로 균열되는 상황은 매우 늦은 시기의 현실을 반영하는 것처럼 보이기 때문이다. 이 제의적 해이와 퇴락은 느헤미야나 말라기의 동시대 혹은 그보다는 좀 더 늦은 시대를 반영하는 듯하다.

3. 성경의 신언성神言性과 영감성과 조화되는 역사비평적 연구의 의의

성경이 무시간적으로 유효한 도덕률이나 행동교정적 지침이라면 성경 연구에 '역사'를 고려할 필요가 없다. 그런데 성경은 철저하게 시간의 흐름을 타고 살아가는 사람들이 직면했던 고유하고 특수했던 '역사적 상황'에서 선포되고 가르쳐진 하나님의 말씀이다. 따라서 성경연구는 각각의 하나님 말씀이 선포되었던 구체적인 시공간에 대한 연구부터 시작할 수밖에 없다. 성경을 무시간적으로 유효한 몇 가지 교리서로 축소시킨 로마 가톨릭교회에서는 성경 말씀을 유의미하게 들리게 만드는 '역사' 복원을 시도할 필요를 전혀 느끼지 못했다. 역설적이지만 교회전통이나 교황칙령, 혹은 확정된 신조들보다 성경이 신앙과 삶의 최고표준이라고 천명했던 종교개혁자들의 '오직 성경만으로'라는 강령 때문에 이 자기해명적이고 자증적인 성경에 대한 역사적 연구가 시작되었다. 루터나 칼빈이 주창했던 성경에 대한 문자적, 문법적 연구가 자연스럽게 역사적 연구로 귀결되었으며 16세기의 역사적 연구는 300년 만에 19세기의 역사비평적 연구로 귀결되었다. 역사비평적 연구는 성경 각 권, 그리고 각 권 안에 있는 구체적인 말씀들이 선포되거나 저작된 역사적 상황을 총체적으로 복원해 본문의 원래 의미를 찾기 위한 학문적 노력이다. 역사비평적 연구는 성경원문 연구, 성경사본 연구, 성경역본 비교, 성경의 원래 장르와 의미를 규명하기 위한 고대근동종교 문헌 연구, 성경 각 권 및 각 단락의 실제 저자/선포자 연구, 성경 각 권과 각 단락이 원래 겨냥했던 역사적 상황 연구, 성경의 저작과정/편집사 연구 등으로 구성된다. 역사비평적 연구 자체는 성경의 신언성, 영감성, 그리고 정경성을 파괴하려는 목적을 갖고 시작된 것은 아니지만, 그동안의 서구학자들의 역사비평적 연구들이 성경에 대해 그동안 교회가 보유하던 '교리적 절대화' 태도를 약화시켰던 것은 분명한 사실이다. 그럼에도 불구하고 역사비평적 연구는 성경 각 권이 원래 의도한 메시지를 한층 더 밝히 드러냈다. 앞서 언급했듯이 성경은 불교나 이슬람 경전처럼 무시간적인 가르침을 주제별로 나열한 경전이 아니라, 구체적인 역사적 상황에서 언표되고 전달된 '상황 적중적' 선포들이 쌓여서 형성된 책이다. 이미 '역사' 혹은 '상황'이라는 무대를 배경으로 하나님 말씀을 선포하고 있다. 예를 들면, 예루살렘의 벅찬 미래회복과 구원을 예언한 60-62장에 이어서 63-64장 두 장에 걸쳐서 통회자복 기도문[63:15-64:12]이 나온다. 또한 65-66장에는 격렬한 정죄와 비판 예언[65:1-7] 바로 뒤에 미래 구원과 신원[65:8-25; 66:1-24]을 기약하는 위로가 배치되어 있다. 이런 상황은 '역사'라는 특수자를 개입시키지 않고는 도저히 이해할 수 없다. 만일 엄중한 심판과 재앙 예언을 선포한 후 바로 구원과 위로를 선포했다면 그것은 예언자의 정신건강을 의심하게 만들거나, 하나님의 궁극적 의도 자체가 무엇인지를 되묻게 만드는 혼란을 초래할 것이다. 그래서 불가피하게 최종본문을 그냥 읽었을 때는 도저히 해명되지 않는 모순, 상충, 비의한 난점 등을 극복하기 위해 '역사적-문헌적' 상황을 되묻는 역사비평적 연구를 시도한다. 이런 이유 때문에 본서도 역사비평적 해석을 시도하지만, 성경의 신언성, 영감, 그리고 정경적 권위를 해치지 않는 범위 안에서 역사비평적 해석이 이뤄지고 있음을 미리 밝힌다.

그럼에도 이사야 1-66장 전체의 저자를 주전 8세기 이사야라고 보고 40-66장을 160여년 앞선 이사야의 예언이라고 읽어왔던 독자들이, 이상에서 정리한 이사야서의 복수저작 가설에 대해 불편함을 느낄 수도 있을 것이다. 그러나 성경 각 책의 신언성과 영감성은 각 책의 저자에 대한 전기적 정보의 확실성에 의존하는 것이 아님을 기억해야 한다. 구약성경 중에서 책의 저자가 명확하게 알려진 책은 거의 없다. 사무엘서의 예를 들어보자. 사무엘서의 주인공 중 한 사람이 사무엘인 것은 맞지만 사무엘상하의 저자가 사무엘이 될 수는 없다. 사무엘은 사울 재위 기간 중에 죽었는데, 다윗의 치세 후기까지 자세히 알면서 사무엘하까지 저작할 수는 없기 때문이다. 사무엘서의 저자가 누군지 몰라도 우리는 사무엘서가 하나님의 영감 받은 책임을 확신한다. 하나님의 영감을 받은 책의 기능을 사무엘서가 그대로 수행하기 때문이다. 이사야 1-66장 전체, 혹은 부분별 저자가 누군지 모른다고 해서 이사야서 본문의 신언성과 영감성, 그리고 그것의 정경적 권위가 조금도 훼손되거나 반감되지 않는다. 성경의 권위는 교회나 신학자가 성경에 부여한 영예가 아니라, 성경 그 자체의 자증성, 自證性=스스로 자기 권위 증명 영감성, 자기해석적 명료성, 교회와 신자의 건덕을 위한 규범적 권능 때문에 하나님의 말씀이라는 영예를 누린다. 그러므로 역사비평학적 성서연구를 통해 성서의 모든 저자들의 정보를 다 찾아 성경 각 책의 저자들에 대한 의심을 제기한다고 하더라도, 성경 본문의 영감성, 신언성, 신앙과 삶을 지도하는 최고 경전의 지위를 조금도 훼손하지 않는다. 다음 성경 구절들은 성경의 영감성과 신적 규범성을 증언한다.

모든 성경은 하나님의 감동으로 된 것으로 교훈과 책망과 바르게 함과 의로 교육하기에 유익하니 이는 하나님의 사람으로 온전하게 하며 모든 선한 일을 행할 능력을 갖추게 하려 함이라. 딤후 3:16-17

너는 말씀을 전파하라. 때를 얻든지 못 얻든지 항상 힘쓰라. 범사에 오래 참음과 가르침으로 경책하며 경계하며 권하라. 딤후 4:2

무엇이든지 전에 기록된 바는 우리의 교훈을 위하여 기록된 것이니 우리로 하여금 인내로 또는 성경의 위로로 소망을 가지게 함이니라. 롬 15:4

이러한 일은 우리의 본보기가 되어 우리로 하여금 그들이 악을 즐겨 한 것 같이 즐겨 하는 자가 되지 않게 하려 함이니…… 그들에게 일어난 이런 일은 본보기가 되고 또한 말세를 만난 우리를 깨우치기 위하여 기록 되었느니라. ^{고전 10:6, 11}

또 우리에게는 더 확실한 예언이 있어 어두운 데를 비추는 등불과 같으니 날이 새어 샛별이 너희 마음에 떠오르기까지 너희가 이것을 주의하는 것이 옳으니라. 먼저 알 것은 성경의 모든 예언은 사사로이 풀 것이 아니니 예언은 언제든지 사람의 뜻으로 낸 것이 아니요 오직 성령의 감동하심을 받은 사람들이 하나님께 받아 말한 것임이라. ^{벧후 1:19-21}

이상의 성경 구절들에 비추어 볼 때 이사야 1-66장의 저작자 문제에 대한 분분한 논의나 논쟁들 그 어떤 것도 이사야 본문의 신언성, 영감성, 규범성을 해치지 못한다. 이사야 1-66장 본문이 영감받은 하나님 말씀임을 입증하는 것은 저자들에 대한 완벽한 역사연구가 하는 일이 아니라 본문들 자체가 수행하는 사명이다. 이사야서는 교훈과 책망과 바르게 함과 의로 교육하기에 유익하며, 하나님의 사람으로 온전하게 하며, 모든 선한 일을 행할 능력을 갖추게 한다. 이사야서는 우리의 죄성과 패역성을 부단히 경책하며 경계하며 우리가 재기불능의 파산과 의기소침에 빠졌을 때는 위로하고 격려하며 영을 북돋운다. 이사야서는 고난 중에도 인내하게 하며 하나님의 위로를 기대하는 신앙을 장려한다. 이사야서는 "망령된 조상들의 행실을 본받지 말라"^{슥 1:4}고 경계하며 많은 부정적인 본보기를 예시한다. 이사야서는 희망의 샛별이 떠오를 때까지, 하나님의 새 하늘과 새 땅이 도래할 때까지 어둔 시기를 지내는 성도들을 견인하고 보존한다. 결국 이사야서는 그리스도 안에 있는 구원의 지혜로 우리의 시선을 이끌어 간다. 이사야서의 본문 그 자체가 하나님의 영감으로 기록된 하나님의 말씀임을 자증한다.

40장.

내 백성을 위로하라

40 ¹너희의 하나님이 이르시되 너희는 위로하라. 내 백성을 위로하라. ²너희는 예루살렘의 마음에 닿도록 말하며 그것에게 외치라. 그 노역의 때가 끝났고 그 죄악이 사함을 받았느니라. 그의 모든 죄로 말미암아 여호와의 손에서 벌을 배나 받았느니라 할지니라 하시니라. ³외치는 자의 소리여, 이르되 너희는 광야에서 여호와의 길을 예비하라. 사막에서 우리 하나님의 대로를 평탄하게 하라. ⁴골짜기마다 돋우어지며 산마다, 언덕마다 낮아지며 고르지 아니한 곳이 평탄하게 되며 험한 곳이 평지가 될 것이요 ⁵여호와의 영광이 나타나고 모든 육체가 그것을 함께 보리라. 이는 여호와의 입이 말씀하셨느니라. ⁶말하는 자의 소리여, 이르되 외치라. 대답하되 내가 무엇이라 외치리이까 하니 이르되 모든 육체는 풀이요 그의 모든 아름다움은 들의 꽃과 같으니 ⁷풀은 마르고 꽃이 시듦은 여호와의 기운이 그 위에 붊이라. 이 백성은 실로 풀이로다. ⁸풀은 마르고 꽃은 시드나 우리 하나님의 말씀은 영원히 서리라 하라. ⁹아름다운 소식을 시온에 전하는 자여, 너는 높은 산에 오르라. 아름다운 소식을 예루살렘에 전하는 자여, 너는 힘써 소리를 높이라. 두려워하지 말고 소리를 높여 유다의 성읍들에게 이르기를 너희의 하나님을 보라 하라. ¹⁰보라, 주 여호와께서 장차 강한 자로 임하실 것이요 친히 그의 팔로 다스리실 것이라. 보라, 상급이 그에게 있고 보응이 그의 앞에 있으며 ¹¹그는 목자 같이 양 떼를 먹이시며 어린 양을 그 팔로 모아 품에 안으시며 젖먹이는 암컷들을 온순히 인도하시리로다. ¹²누가 손바닥으로 바닷물을 헤아렸으며 뼘으로 하늘을 쟀으며 땅의 티끌을 되에 담아 보았으며 접시 저울로 산들을, 막대 저울로 언덕들을 달아 보았으랴. ¹³누가 여호와의 영을 지도하였으며 그의 모사가 되어 그를 가르쳤으랴. ¹⁴그가 누구와 더불어 의논하셨으며 누가 그를 교훈하였으며 그에게 정의의 길로 가르쳤으며 지식을 가르쳤으며 통달의 도를 보여 주었느냐. ¹⁵보라, 그에게는

열방이 통의 한 방울 물과 같고 저울의 작은 티끌 같으며 섬들은 떠오르는 먼지 같으리니 ¹⁶레바논은 땔감에도 부족하겠고 그 짐승들은 번제에도 부족할 것이라. ¹⁷그의 앞에는 모든 열방이 아무것도 아니라. 그는 그들을 없는 것 같이, 빈 것 같이 여기시느니라. ¹⁸그런즉 너희가 하나님을 누구와 같다 하겠으며 무슨 형상을 그에게 비기겠느냐. ¹⁹우상은 장인이 부어 만들었고 장색이 금으로 입혔고 또 은사슬을 만든 것이니라. ²⁰궁핍한 자는 거제를 드릴 때에 썩지 아니하는 나무를 택하고 지혜로운 장인을 구하여 우상을 만들어 흔들리지 아니하도록 세우느니라. ²¹너희가 알지 못하였느냐. 너희가 듣지 못하였느냐. 태초부터 너희에게 전하지 아니하였느냐. 땅의 기초가 창조될 때부터 너희가 깨닫지 못하였느냐. ²²그는 땅 위 궁창에 앉으시나니 땅에 사는 사람들은 메뚜기 같으니라. 그가 하늘을 차일 같이 펴셨으며 거주할 천막 같이 치셨고 ²³귀인들을 폐하시며 세상의 사사들을 헛되게 하시나니 ²⁴그들은 겨우 심기고 겨우 뿌려졌으며 그 줄기가 겨우 땅에 뿌리를 박자 곧 하나님이 입김을 부시니 그들은 말라 회오리바람에 불려 가는 초개 같도다. ²⁵거룩하신 이가 이르시되 그런즉 너희가 나를 누구에게 비교하여 나를 그와 동등하게 하겠느냐 하시니라. ²⁶너희는 눈을 높이 들어 누가 이 모든 것을 창조하였나 보라. 주께서는 수효대로 만상을 이끌어 내시고 그들의 모든 이름을 부르시나니 그의 권세가 크고 그의 능력이 강하므로 하나도 빠짐이 없느니라. ²⁷야곱아, 어찌하여 네가 말하며 이스라엘아, 네가 이르기를 내 길은 여호와께 숨겨졌으며 내 송사는 내 하나님에게서 벗어난다 하느냐. ²⁸너는 알지 못하였느냐. 듣지 못하였느냐. 영원하신 하나님 여호와, 땅 끝까지 창조하신 이는 피곤하지 않으시며 곤비하지 않으시며 명철이 한이 없으시며 ²⁹피곤한 자에게는 능력을 주시며 무능한 자에게는 힘을 더하시나니. ³⁰소년이라도 피곤하며 곤비하며 장정이라도 넘어지며 쓰러지되 ³¹오직 여호와를 앙망하는 자는 새 힘을 얻으리니 독수리가 날개치며 올라감 같을 것이요 달음박질하여도 곤비하지 아니하겠고 걸어가도 피곤하지 아니하리로다.

이사야 40장과 그 전후 맥락

이사야 39장은 유다 왕실의 바벨론 유배를 예고하는 예언으로 끝난다. 이사야는 약 1세기 이상 지난 후에 발생할 바벨론 제국의 유다 침략과 바벨론 유배가 히스기야의 경거망동한 바벨론 동맹정책에 대한 하나님의 심판이라고 선언했다.[39:6-7] 39장은 바벨론 유배를 먼 미래 사건으로 서술하는데, 40-66장의 서두인 40장은 '바벨론 포로살이가 이미 끝났고, 다시 야웨 하나님의 영광이 시온으로 돌아올 것'이라는 위로로 시작한다. 39장과 40장 사이에는 이미 많은 시간의 경과가 있었다. 유다 멸망은 물론이요 바벨론 유배까지 종료되었고, 바벨론 포로들이 시온으로 귀환하려는 상황이다. 확실히 이사야 40-55장은 바벨론 포로들의 귀환 전후 상황을 다루는 신탁들이다. 이 열여섯 장은 대부분 미래회복과 구원 약속으로 된 운문으로서 확정된 심판 신탁을 포함하고 있지 않다. 우상숭배의 어리석음에 대한 비판적인 쟁변은 많지만, 하나님의 백성 자체에 대한 위협이나 비판은 극도로 자제되어 있다. 이 열여섯 장의 핵심은 이스라엘의 바벨론 탈출과 시온 복귀, 그리고 다시 시온에 정착한 이스라엘의 사명 재위임 관련 신탁이다. 여기에는 아직 완성된 성전과 제의에 대한 언급이나 암시가 없다. 따라서 주전 538년부터 515년 성전 완공 직전 상황까지 바벨론 귀환포로들의 장래에 대한 낙관적 회복 신탁들이 이 열여섯 장의 핵심이다.

40장은 보다 큰 단원인 40-55장의 일부로서, 40-55장 단원의 대지大旨 안에서 잘 이해된다. 40-55장은 바벨론 포로기가 끝난 시점을 역사적 배경으로 삼고 선포된 예언적 시들이다. 우상이 헛된 피난처임을 역설하고 오로지 약속하고 성취하는 하나님만이 이스라엘 백성이 믿을 수 있는 유일한 하나님임을 역설한다. 바벨론 포로생활

뿐만 아니라 동방(북방)으로부터 한 대리자(고레스)를 일으킴으로써
44:28-45:1 바벨론 유배를 종식시킨 사건 자체도 하나님의 계획(에차) 속에 들어있음을 강조한다. 즉 바벨론 포로생활 및 귀환 둘 다 이미 과거에 하나님이 예언한 일이었고, 이제 그 하나님의 예언이 성취된다는 것을 강조한다.

40장을 둘러싼 좀 더 좁은 맥락은 40-48장 단원이다. 40장의 메시지를 구체적으로 파악하려면 좀 더 인접한 단락 전체의 주지主旨를 주목해야 한다. 40:1-48:22의 핵심 논지는 "하나님의 백성들의 구원은 역사를 주재하시는 하나님[하나님의 계획(에차)]에 의하여 성취된다"는 주장이다. 야웨께서는 이제 이스라엘과 유다의 하나님(선택신앙)일 뿐만 아니라 전 세계의 주와 하나님임을 선포하신다. 바벨론 포로로부터 이스라엘을 해방시키는 구속사적인 행위를 통하여 당신이 역사의 주임을 증명하신다. 이제 여기서 이스라엘뿐만 아니라 열방 모두 야웨 하나님을 믿도록 초청받는다. 40-48장을 주제적으로 요약하면 다음과 같다. (1) 예언과 성취 도식을 통하여[과거사 해석, 장래사 진술 능력(야웨의 예언자들과 우상/우상숭배자들의 차별)] 야웨 하나님은 역사의 기획자(계획자), 성취자, 그리고 역사의 주관자임이 밝혀진다. 긴 역사 속에서 야웨 하나님이 유일하신 참 하나님 되심을 증명하는 방법으로 야웨의 결단/계획(말씀)의 선포와 성취 도식이 강조된다. 야웨는 장래사, 과거사를 고할 수 있는 능력을 과시함으로써 바벨론 (우상)신들과 구별되며, 열국이 섬기는 우상들과 구별된다(특히 46-47장). 이사야 6:1-13에 암시된 '하나님 계획', 즉 '유다의 유력자들이 대부분 이방 땅으로 유배당하여 잘리고 베임을 당한 후에 남겨진 그루터기로 새로 시작되는 하나님 백성의 미래 시나리오'에 의하면, 바벨론 포로살이도 하나님의 계획의 일부요, 바벨론 제국이 동방(북방)에서 일어난 한 용사(고레스)에 의하여 멸망당하고 그 반사이익

으로 이스라엘 포로들이 풀려나 가나안 고토로 돌아갈 수 있게 된 것^{사 14:1-2}도 결국 야웨의 계획의 일부다.^{사 46:10} (2) 야웨 하나님은 스스로 이스라엘의 선택자, 창조자, 심판자(거룩하신 분), 그리고 구속자이심을 주장하신다. 특히 구속자 부분이 강조된다. (3) 야웨 하나님은 천지 만물의 창조주시요 왕이실 뿐만 아니라 이스라엘의 왕이시다. (4) 야웨 하나님은 어떤 우상들이나 다른 신들과 비길 수 없는 절대적으로 거룩하시고 구별되신 신이시다. 하나님은 이스라엘과 열국이 그들의 충성심을 우상에게 바치는 상황을 보시고 질투하신다. 야웨 하나님은 우상을 비웃으시고 우상숭배자가 어리석고 몽매한 우상 수준으로 전락하는 것을 경고하신다. (5) 이스라엘은 야웨 하나님의 영광을 위하여, 야웨 하나님을 찬송하고 열방의 빛이 되기 위하여 창조되었다. 이 거룩한 목적 때문에 이스라엘은 하나님의 심판과 정화의 불꽃을 통과하지 않으면 안 되었다. 그런 연후에야 이스라엘/야곱은 열방에 야웨 하나님의 창조주/왕/구속주 되심을 전파할 것이다. (6) 야웨 하나님은 거룩한 용사로서 이스라엘을 위하여 전쟁을 지휘하시며, 이스라엘은 야웨에 의하여 거룩한 전사처럼 강력하게 변화되어 능히 대적들을 칠 것이다. (7) 특히 대다수 이스라엘 백성들은 여전히 맹인이요 못 듣는 자이지만 야웨의 종으로 대표되는 일련의 개명된 남은 자들이 야웨 하나님의 기뻐하심을 입어 야웨의 뜻을 받들어 성취한다.

이상에서 살펴본 것처럼 40-48장에 등장하는 야웨의 종의 역할은 하나님이 마음속에 그리는 이상화된 이스라엘 민족이 감당할 역할이다. 즉 이상화된 이스라엘 민족의 대표자인 신정통치의 대리자들인 왕, 제사장, 예언자들의 역할이다. 그런데 그중에서 왕이 언약 공동체 이스라엘의 언약성취 의무를 대표적으로 수행한다. 그래서 야웨의 종과 이상화된 이스라엘의 왕의 역할은 동연적^{同延的}이다. 이런 점에서 볼 때 1-39장에서 다윗 계열의 이상왕이 성취하도록 기대된 모든 이상적인 역할을 야웨의 종이 감당할 것이다. (1) 그는 백성들의 언약이 되며 열방의 빛이 될 것이다(열방을 공평과 정의로 다스릴 것이다). 그는 1-39장의 이상왕보다 더 넓은 지역을 통치할 것이다. (2) 야웨의 종으로 불리는 일련의 이상화된 이스라엘 혹은 작은 공동체가 흩어졌던 이스라엘/유다의 포로들의 고토귀환을 주도할 것이다. 열국과 열방은 이스라엘 포로들을 임시로 키워주고 먹여준 양부/양모와 같은 역할을 한 셈이 될 것이다. (3) 야웨의 종은 원래 이스라엘에게 기대된 구속사적인 책임들을 거의 혼자서 집중적으로 성취할 것이다. 그는 백성들에게 미움을 받고, 사람에게 멸시를 당하는 자, 관원에게 종이 된 자의 인격으로 자신의 고난을 통하여 다른 사람들에게 하나님의 왕적 통치를 각인시킬 것이다.

주석

40장은 주제선포: 위로,[1-2절] 역사의 기획자, 성취자, 주관자 하나님: 하나님의 말씀은 성취된다,[3-8절] 왕의 기쁜 소식을 전하는 전령,[9-11절] 창조주 하나님의 배타적 위엄과 왕적 권위,[royal authority 12-17절] 우상숭배자에 대한 탄핵,[18-20절] 우상숭배의 대안, 야웨 하나님 앙망[21-31절]으로 단락이 나뉜다. 이 주제들은 40-55장에서 반복적으로 나타난다. 이 모든 주제들은 하나의 보다 더 큰 주제, 이스라엘의 왕이요 천지만물의 창조주 야웨 하나님은 신뢰할 만하고 의지할 만한 절대적으로 거룩하신 구원자 하나님임을 부각시킨다. 강대국에 의하여 고통스럽고 굴욕적인 포로생활을 거친 청중/독자들에게 야웨 하나님이 역사의 주관자이며 절대적으로 의존할 만한 창조주와 왕이라는 사실은 큰 위로가 되었을 것이다.

40장은 39장이 암시한 "바벨론 유배"가 이미 성취된 상황에서부터 시작한다. 39장은 유다에게 의존할 만한 친구요 동맹자로 다가온 바벨론을 소개한다. 히스기야 왕은 앗수르에게 대항하기 위하여 바벨론 왕(므로닥발라단)의 힘을 의지하려고 그의 사절단에게 온갖 왕궁 보화들과 무기창고 등을 속속들이 보여준다. 앗수르에 맞서는 상황에서 바벨론의 신뢰와 협조를 이끌어내기 위한 고육지책이었을 것이다. 히스기야 왕은 아하스가 앗수르 제국을 친구와 동맹자로 불러들였다가^{왕하 16:5-9} 도우러 온 앗수르에게 침략당했던 불행한 역사적 전철을 그대로 답습한다. 이사야는 유다의 동맹자요 친구로 왔던 바벨론이 불원간에 유다를 정복하러 올 것임을 예언한다. 이처럼 이사야 39장은 약 100년 후의 바벨론의 유다 침략은 히스기야의 원죄에 의하여 시작되었다고 말한다. 특히 39:6-7은 히스기야의 동맹국 의존정책이 바벨론 침략의 빌미를 제공했다고 증언한다. 바벨론의 침략을 통하여 유다는 성전 제기들과 장식물들을 잃을 것이며, 왕자들은 환관으로 강등된 채 바벨론으로 유배될 것이다. 이 예언이 끝나기가 무섭게 독자들은 40장에서 이미 바벨론 포로생활이 종료된 시점으로 인도된다.[1] 포로기 전후의 모든 예언자들과 경건한 신앙인들은 바벨론 포로생활은 하나님의 진노의 폭발사건이라고 보는 데 의견의 일치를 보인다. 이사야 42:24은 바벨론 포로생활이 하나님의 맹렬한 진노와 당신의 백성을 향한 거룩한 전쟁임을 증언한다. "야곱이 탈취를 당하게 하신 자가 누구냐. 이스라엘을 약탈자들에게 넘기신 자가 누구냐. 여호와가 아니시냐. 우리가 그에게 범죄하였도다. 그들이 그의 길로 다니기를 원하지 아니하며 그의 교훈을 순종하지 아니하였도다." 또한 에스겔서 36:20-28도 야웨의 백성인 이스라엘이 야웨의 땅을 떠나 이방 땅에서 더러운 떡을 먹으며 산다는 것 자체가 얼마나 고통스러운 징벌 경험인지를 묘사한다(특히 36:20-22). 시편 137편은 바벨론의 여러 강가에서 수로(운하) 건설 공사에 동원된^{겔 1:1-4} 시온의 백성들이 이방의 정복자들에게 당하는 괴로움과 시온을 향한 그리움을 사무치는 언어로 묘사한다. 바벨론 유배는 바벨론의 온갖 유혹적인 우상숭배 습속에 대한 무차별적 노출을 의미하였으므로 영적으로 신앙적으로 얼마나 고단한 삶을 살았겠는지를 짐작하게 한다. 결국 포로살이는 하나님이 아닌 왕, 정복자적인 거짓 왕의 통치가 얼마나 견디기 힘든, 악과 고난을 무기로 한 다스림인지를 뼈저리게 느끼도록 하는 시기였다.

그래서 1절은 "내 백성을 위로하라"는 하나님 명령으로 시작된다. 직역하면 '너희는 위로하라(나하무) 내 백성을 위로하라(나하무 암미)'다. '위로한다'는 말은 그저 부드러운 말의 수사가 아니라 심판으로 얼룩진 과거지사를 치료하는 정의와 공의 집행을 가리킨다. 위로는 이스라엘을 괴롭히고 압제한 악행자들을 심판하는 데서 시작한다. 11절이 예시하듯이 위로는 공평과 정의 집행을 통해 이뤄지는 해원^{解冤,} vindication 행위이며, 하나님에 대한 신뢰를 복원시키는 행위다. 뒤에 나오는 10-11절은 '위로' 안에 있는 악하고 강한 자에 대한 심판과 약한 자들에 대한 부드러운 포용과 회복을 묘사한다.

예언자는 이사야 1-39장에서 예루살렘을 겨냥해 분출되었던 위협적인 심판의 말을 하는 대신에 이제 '위로해야 한다'고 말한다. 1절에서 주목해야 할 또 하나의 인상적인 사실은 '위로하다'와 대구를 이루는 어구다. '위로하다'는 동사와 대구를 이루는 어구가 '마음에 와닿도록 말하라'이다. 히브리어의 답쁘루 알-렙(דַּבְּרוּ עַל־לֵב)은 '심장에 대고 말하라'를 의미한다. 대부분의 영어성경들은 '부드럽게'^{tenderly}라고 번역한다(참조 창 50:21). 그런데 문맥상 '심장에 대고 말하는 것'

은 정답고 부드럽게 말하는 것 이상을 의미한다. 오히려 그것은 '설득력 있게 말하다'와 가까운 의미다. 40:12-31(좀 더 넓게는 40-66장)은 단순히 부드러운 말이라기보다는 일종의 설득력 있는 논증이다.

이처럼 하나님의 전령은 하나님의 메시지가 백성의 심장에 잘 영접될 수 있도록 설득력 있게 말해야 한다. '너희'(야웨의 전령, 예언자들)는 '예루살렘의 마음에 닿도록 말하며(답쁘루 알-렙 예루샬라임) 그것에게 외치라.'[2] 무엇을 외쳐야 하는가? '그 노역의 때가 끝났고, 그 죄악이 사함을 받았고, 그의 모든 죄로 말미암아 여호와의 손에서 벌을 배나 받았다'는 사실을 외쳐야 한다. 핵심 메시지는 '노역의 때가 끝났다'는 것이다. 바로 이 메시지를 예루살렘의 심장에 대고 말하라는 것이다. 예루살렘이 납득하고 위로를 느낄 정도로 설득력 있고 감화력 있게 외치라는 것이다. 바벨론 포로생활이 끝나고 꿈같은 고토 귀환이 일어나서 다시금 이스라엘이 회복될 것이라는 예언은 설득력 있게 전파해야 할 메시지였다. 바벨론 포로들이 70년의 포로생활을 얼마나 괴로운 시기로 여겼는지를 알아야만 하나님의 위로 메시지를 더욱 깊이 실감할 수 있다.

2절은 바벨론 포로생활을 '노역(노예살이)의 때'라고 규정한다. 유다의 죄악으로 초래된 70년의 포로생활이 끝났다는 말은 유다의 죄악이 용서되었다는 말이다. 이 놀라운 반전에 유다 포로들의 밝은 미래가 동터온다. 이것은 주전 538년 페르시아의 창건자 고레스가 내린 칙령을 암시한다. 고레스는 바벨론 제국을 완전히 격파하고, '고레스 칙령'을 선포해 바벨론 제국에 의하여 자신의 고국을 떠난 모든 포로들—유다 포로들도 포함—이 자신의 고국으로 돌아가도록 허락한다. 예언자는 이 고레스의 칙령 사건을 새로운 제국 창건자의 우발적 판단이라고 생각하지 않고, '하나님의 대사면령'으로 해석한다. 예언자는 41-48장의 여러 곳(특히 45장)에서 고레스가 등장한 것 자체가 하나님 자신이 친히 주도면밀하게 기획한 사건임을 강조한다. 하나님이 바벨론 포로 70년간을 작정하신 사건만큼이나 고레스 등장과 활약도 절대주권적으로 기획하신 사건이라는 것이다.

적어도 다음 다섯 단락^{41:2-4; 41:25-27; 45:1-13; 46:11; 48:12-14}은 페르시아 제국의 발흥과 고레스의 바벨론 포로 고토귀환 칙령(예루살렘 성전 중건 지원)이 완전히 하나님의 절대주권적 경륜 속에서 진행되고 추진되는 일임을 밝히 증거한다.

누가 동방에서 사람을 일깨워서 공의로 그를 불러 자기 발 앞에 이르게 하였느냐.…… 이 일을 누가 행하였느냐. 누가 이루었느냐. 누가 처음부터 만대를 불러내었느냐. 나 여호와라. 처음에도 나요 나중 있을 자에게도 내가 곧 그니라.[41:2-4]

내가 한 사람을 일으켜 북방에서 오게 하며 내 이름을 부르는 자를 해 돋는 곳에서 오게 하였나니…… 내가 비로소 시온에게 너희는 이제 그들을 보라 하였노라. 내가 기쁜 소식을 전할 자를 예루살렘에 주리라.[41:25-27]

여호와께서 그의 기름 부음을 받은 고레스에게 이같이 말씀하시되 내가 그의 오른손을 붙들고 그 앞에 열국을 항복하게 하며 내가 왕들의 허리를 풀어 그 앞에 문들을 열고 성문들이 닫히지 못하게 하리라.…… 내가 나의 종 야곱, 내가 택한 자 이스라엘을 위하여 네 이름을 불러 너는 나를 알지 못하였을지라도 네게 칭호를 주었노라.…… 이스라엘의 거룩하신 이 곧 이스라엘을 지으신 여호와께서 이같이 이르시되 너희가 장래 일을 내게 물으며 또 내 아들들과 내 손으로 한 일에 관하여 내게 명령하려느냐. 내가 땅을 만들고 그 위에 사람을 창조하였으며 내가 내 손으로 하늘을 펴고 하늘의 모든 군대에게 명령하였노라. 내가 공의로 그(고레스)를 일으킨지라.[45:1-13]

내가 동쪽에서 사나운 날짐승(고레스)을 부르며 먼 나라에서 나의 뜻을 이룰 사람을 부를 것이라. 내가 말하였은즉 반드시 이룰 것이요 계획하였은즉 반드시 시행하리라.[46:11]

야곱아, 내가 부른 이스라엘아, 내게 들으라. 나는 그니 나는 처음이요 또 나는 마지막이라. 과연 내 손이 땅의 기초를 정하였고 내 오른손이 하늘을 폈나니 내가 그들을 부르면 그것들이 일제히 서느니라. 너희는 다 모여 들으라. 나 여호와가 사랑하는 자는 나의 기뻐하는 뜻을 바벨론에 행하리니 그의 팔이 갈대아인에게 임할 것이라. 그들 중에 누가 이 일들을 알게 하였느냐.[48:12-14]

여기서 우리는 역사의 기획자, 성취자, 주관자이신 하나님의 진면목을 만난다. 41:2-4은 역사의 계획자, 성취자, 곧 역사의 주관자이신 야웨 하나님을, 41:25-27은 하나님 계획을 이해할 만한 영적인 감수성을 가진 사람을 찾으시는 야웨 하나님을, 45:1-13, 46:11, 그리고 48:12-14은 이사야 14:24-27에서 언표된 하나님 계획을 집행할 사람을 언급한다. 이상의 다섯 본문들은 인류 역사의 골격이 하나님의 말씀과 성취 과정임을 보여준다. 하나님의 말씀을 중심으로 전개되는 예언과 성취 사건은 하나님의 말씀이 얼마나 신뢰할 만한가를 잘 보여준다. "보라, 전에 예언한 일이 이미 이루어졌느니라. 이제 내가 새 일을 알리노라. 그 일이 시작되기 전에라도 너희에게 이르노라."[42:9] 이제 예레미야에 의하여 예언된 70년 바벨론 포로생활[렘 25:11]은 끝나고, 하나님이 새 일을 시작하신 것이다.[3]

2절에서 또 한 가지 인상적인 사실은, 예루살렘이 그 죄로 인하여 갑절의 징벌을 받았다는 진술이다. 이스라엘이 하나님께 받은 갑절의 징벌은 이스라엘이 하나님으로부터 지근의 거리에서, 거룩하신 하나님의 직관적 감시 체제 아래서 당한 징벌이라는 의미가 있다. 레위인들은 하나님께 요제로 바쳐진 자들로서 이스라엘 전체에게 미칠 재앙을 미리 막는 방파제였다.^{민 8:6-19} "내가 이스라엘 자손 중에서 레위인을 취하여 그들을 아론과 그의 아들들에게 주어 그들로 회막에서 이스라엘 자손을 대신하여 봉사하게 하며 또 이스라엘 자손을 위하여 속죄하게 하였나니 이는 이스라엘 자손이 성소에 가까이 할 때에 그들 중에 재앙이 없게 하려 하였음이니라."^{민 8:19} 레위인 중에서 고핫 자손은 거룩한 성물을 수레에 싣지 않고 어깨로 메고 다녀야 했다. 성물은 잘못 만지면 죽음을 초래하는 심히 부담스러운 지성물^{至聖物}이었다(민 4:4-15; 삼하 6:6-8 베레스웃사의 돌격사). 그들은 가장 거룩하고 무거운 지성물을 어깨에 메고 다녀야 했다. "고핫 자손이 회막 안의 지성물에 대하여 할 일은 이러하니라.…… 그 위를 해달의 가죽으로 덮고 그 위에 순청색 보자기를 덮은 후에 그 채를 꿰고…… 홍색 보자기를 그 위에 펴고 그것을 해달의 가죽 덮개로 덮은 후에 그 채를 꿰고…… 그 채를 꿰고…… 그 채를 꿸 것이며…… 고핫 자손들이 와서 멜 것이니라. 그러나 성물은 만지지 말라. 그들이 죽으리라." 이스라엘 민족 전체가 하나님의 재앙으로부터 온 세계 만민을 보호하는 제사장 나라였다.^{출 19:6} 이스라엘이 받은 징벌은 민족이나 나라의 죄에 대한 징벌이 아니라 제사장 나라가 받는 갑절 징벌이었다. 신명기 21:17은 장자의 갑절 상속 원리를 말한다. 이스라엘은 하나님의 장자로서^{출 4:22} 제사장 나라였기에 갑절 징벌을 받았다. 그래서 하나님께서 하나님의 장자이자 제사장 나라 이스라엘을 대표하는 레위 지파 고핫 자손을 더욱 독려하고 격려하신다. "너희는 떠날지어다. 떠날지어다. 거기서 나오고 부정한 것을 만지지 말지어다. 그 가운데서 나올지어다. 여호와의 기구를 메는 자들이여, 스스로 정결하게 할지어다."^{사 52:11} 이처럼 바벨론 포로생활이 이스라엘의 죄에 대한 하나님 징벌 이상의 의미도 들어있다는 말이다. 여기서 바벨론 포로생활이 아주 초보적인 수준의 대속적인 사상을 잉태하는 계기가 되지 않았나 하는 추측이 가능하다.[4] 어쨌든 하나님이 예정하신 70년이 지나고 하나님의 통치 시대가 다시 시작된다.[52:7] 하나님의 위로는 하나님의 왕적 다스림과 돌보심과 보호를 받는 시대의 도래를 의미한다. 하나님의 백성은 이제 고토로 돌아가서 하나님의 왕적 다스림을 다시 경험하게 될 것이다.

> 그들의 이른바 그 여러 나라에서 내 거룩한 이름이 그들로 말미암아 더러워졌나니 곧 사람들이 그들을 가리켜 이르기를 이들은 여호와의 백성이라도 여호와의 땅에서 떠난 자라 하였음이라.…… 내가 너희 조상들에게 준 땅에서 너희가 거주하면서 내 백성이 되고 나는 너희 하나님이 되리라. 겔 36:20-28

역사의 기획자, 성취자, 주관자 하나님: 하나님의 말씀은 성취된다 ● 3-8절

3절에서 예언자는 천상의 전령(한 목소리)으로부터 광야에 왕의 대로를 준비하라는 명령을 듣는다. "너희는 광야에서 여호와의 길을 예비하라. 사막에서 우리 하나님의 대로를 평탄하게 하라." 3-5절은 광야와 사막에 왕의 대로, 즉 평탄한 길을 닦고 준비하라는 메시지다. 천지를 통치하시는 왕께서 당신의 백성들을 데리고 다시 가나안 고토로 돌아오실 것이기 때문이다. 왕께서 버려진 광야와 사막에 새롭게 건설된 대로를 통하여 행차하실 것이다. 왕의 마차가 지나가려면 모든 울퉁불퉁한 길은 평탄케 되어야 하고, 모든 계곡은 높아져야 한다.

"광야에서 여호와의 길을 예비하라"에서 광야는 바벨론의 포로들이 가나안 땅으로 돌아올 때 거쳐야 하는 길이다. 사막과 광야는 바벨론 귀환포로들이 고토로 복귀할 때 통과해야 한다.[43:19-20] 하나님이 가장 앞서서 지휘하시면서 이스라엘 백성을 데려오시기 때문에 평탄하지 않은 광야와 사막의 길이 평탄케 되어야 한다. 광야에서 여호와의 길을 예비하는 과정은 골짜기를 돋우고 높아진 산들을 평탄케 하는 과정이다. 이 과정에서 높은 산은 낮아져야 한다. 산처럼 높아진 육체들은 이 지상에서 천국과 방불한 삶을 살고 있다. 이미 출세하고 번영을 누리고 돈을 벌고 사회적 지위가 높은 사람들은 하나님의 영광을 귀하게 여기지 않을 가능성이 크다. 이미 자기의 신적인 영광에 도취되어서 살고 있기 때문이다. 그래서 높은 곳에서 권력과 영광을 누리는 사람들은 하나님의 영광을 볼 수 없다. 모든 육체가 여호와의 영광을 동시에 보려면 이미 산봉우리처럼 충분히 높아져서 번영을 누리고 있는 사람들이 낮춰져야 한다. 계곡과 깊은 골짜기 아래에 있는 인생들을 향해 낮아져야 한다. 가난한 사람들과 우정을 나누기 위해서 계곡 아래로 내려가야 한다. 즉 '높아진 나'는 가난한 사람을 구원하기 위해서가 아니라 가난한 사람들에 의해 구원받기 위해 내려가야 한다. 가난한 사람들이 나를 친구로 받아 주어야 구원 가능성이 열린다. 가난한 사람들이 나를 배척하면 구원받지 못한다. 이렇게 거룩한 평탄 작업이 기독교 복음이 전파되는 곳곳마다 일어나야 한다. 반면에 계곡과 골짜기 아래로 굴러떨어진 인생은 높아져야 한다. 삶의 계곡으로 전락하여 사는 사람들은 하나님을 원망하고 세상의 불의와 부조리 때문에 마음의 눈이 어두워져 하나님의 영광을 볼 수 없다. 거룩한 평탄작업이 일어나야 모든 육체의 눈에 하나님의 영광이 비친다.

6절은 하나님의 말씀의 영속적 효력과 인생의 잠정성과 한계를 대조한다. "말하는 자의 소리여, 이르되 외치라"는 하나님의 명령에 그는 "내가 무엇으로 외치리이까"라고 되묻는다.[5] 하나님의 답변이다.

"모든 육체는 풀이요 그의 모든 아름다움은 들의 꽃과 같으니." 이것은 모든 육체에게 각인될 정도로 '외쳐야 할 진리'다. 6절 하반절의 "모든 육체"는 5절의 "모든 육체"와 동일하다. 왜 모든 육체가 여호와의 영광을 보는데도 풀에 비유되는 것일까? 개역개정이 "그의 아름다움"으로 번역한 히브리어에 어느 정도 답변이 있다. 이것은 맛소라 히브리어 본문 그대로 읽으면 하스도(חַסְדּוֹ='그의 인애')다. '헤세드'(חֶסֶד)에 3인칭 남성 단수 접미어가 붙은 단어다. BHS 비평장치는 베드로전서 1:24이 이 단어(하스도)를 '영광'을 의미하는 독사(δόξα)라고 번역한 사실을 고려해서인지 하다로(הֲדָרוֹ, '그의 영광') 또는 헴도(חֶמְדּוֹ, '그의 욕망')로 읽는 역본들을 제시하고 있다. 칠십인역, 시리아 역본, 불가타 역본 모두 '영광'으로 번역하고 있다. 개역개정도 이 역본들을 따라 하다로('그의 영광')로 읽는 것처럼 보인다. '영광'을 '아름다움'으로 번역한 것이다. BDB는 헤세드의 뜻 중에 '아름다운 모습'도 있는 것처럼 말하지만, 무리한 의미확장처럼 보인다. 헤세드에 대한 역본들과 BDB의 무리한 의미영역 확장 시도와 달리 우리는 본문의 맥락 자체에 주목해서 하스도[그의 인애(חַסְדּוֹ)]로 읽는다. 저자의 원의도는 인간의 헤세드와 하나님의 헤세드를 대조하는 것이었다고 판단하는 방식으로 읽으려고 한다. 즉 현재 맛소라 본문을 그대로 따른다는 것이다. 인간의 헤세드, 즉 언약을 지키는 인간의 신실성은 덧없고 짧은 데 비하여 하나님의 헤세드는 무궁하다는 점을 강조하는 것이 문맥에 더 잘 맞기 때문이다. 호세아 6:4은 '에브라임의 인애가 아침 구름이나 쉬 없어지는 이슬 같다'고 말한다. 하나님은 제사보다 인애를 원하시지만 에브라임은 언약을 어기고 반역했다.^{호 6:6-7}

인간의 인애는 너무 쉽게 말라버리고 시드는 풀과 꽃과 같기에 하나님의 뜨거운 바람(심판)이 불면 아예 시들고 말라버린다. 7절은 지금 외치는 자의 이 소리를 듣고 있는 청중은 하나님의 바람(루아흐 엘로힘), 즉 하나님의 심판 열풍에 시들고 말라버린 존재들임을 가리킨다. 귀환포로들은 하나님의 심판 열풍, 루아흐 엘로힘에 한번 불려가고 휘날려 본 존재들이다. 8절은 이스라엘 백성의 신실하지 못한 성품, 곧 시들어버리는 가변성과 하나님 말씀의 영존성과 필연적 성취를 대조한다. 한철 피었다가 지는 들꽃 같은 인간은 역사의 긴 시간 단위 안에서 성취되는 하나님의 말씀 위력을 실감할 수 없다. 그런데 이스라엘 백성은 자신들의 피조물적인 유한성을 자각하면 할수록 하나님 말씀의 영존성과 신적 결실성(8절; 사 55:8-11, 특히 10-11절)을 깨닫는다.

8절은 그 자체로 잠언적 통찰을 던진다. 인생의 부귀영화는 들풀처럼 시들지만, 하나님 말씀은 영원히 유효하며 결국 성취된다. 이 사실이 덧없이 짧은 시간을 살다가 죽는 인생에게는 '복음'이다. 8절의 음역은 이렇다. 야베쉬 하치르 나벨 치츠 우드바르-엘로헤누 야쿰 러올람(יָבֵשׁ חָצִיר נָבֵל צִיץ וּדְבַר-אֱלֹהֵינוּ יָקוּם לְעוֹלָם). 직역하면, '풀은 마르고 꽃은 시든다. 그러나 우리 하나님의 말씀은 영원히 살아있다'이다. 둘째 소절은 히브리어 접속사 우(וְ)와 뒤따라 나오는 주어 드바르-엘로헤누(וּדְבַר-אֱלֹהֵינוּ), '우리 하나님의 말씀'으로 구성된 상황절로서, 앞의 소절과 대조되는 부대상황을 묘사한다. 따라서 접속사 '우'는 역접으로 해석해야 한다. 여기서 하나님의 '말씀'은 1-39장에서의 하나님의 결단/계획과 유사어다. 인간 역사는 하나님의 모략과 계획, 즉 에차(עֵצָה)[5:19]와 인간들과 제국들의 모략(에차)들이 각축하는 장이다.[6] 8절은 이러한 이사야의 전체 맥락 안에서 분명한 메시지를 던진다. 결국 하나님의 에차가 인간들의 에차를 무너뜨리고 반드시 '성취된다'는 것이다[46:10, "나의 뜻(에차)이 설 것이니"]. 하나님의 말씀이 역사 속에 성취되는 것을 가리켜 '말씀이 서다'라고 말한다.[사 7:7] 결국 모든 백성들은 풀이요, 그 인애(헤세드)는 들의 꽃처럼 쉽게 시들지만,

하나님의 말씀은 영존하고 성취된다. 제국들의 부귀영화와 인간들의 정치적 위세는 영속성이 없다. 하나님 말씀에 추동된 사람들의 삶은 하나님 말씀의 영속적 위력을 예증하며 든든히 선다.^{요일 2:15-17} 이렇게 잠정적으로 존재하다가 사라지는 인간은 하나님의 우주적 시간 단위 안에서 영존하며 성취되는 하나님 말씀의 위력을 실감하지도 못하고 지각하지도 못한다. 하나님의 생각과 길은 너무 높아 인지할 수 없지만, 역사의 향방을 결정하는 결정적 위력이다. 이 덧없는 인간, 인애가 쉽게 바닥나는 인간과 영원하신 하나님은 어긋나는 길을 걸을 수밖에 없다. 인애가 무궁한 하나님과 인애가 시드는 풀 같은 인간이 어떻게 만날 수 있겠는가? 그런데 시편 103:15-18은 이 어긋나는 길을 한데로 합류시키는 길이 있음을 말한다.

> 인생은 그 날이 풀과 같으며 그 영화가 들의 꽃과 같도다. 그것은 바람이 지나가면 없어지나니 그 있던 자리도 다시 알지 못하거니와 여호와의 인자하심(헤세드)은 자기를 경외하는 자에게 영원부터 영원까지 이르며 그의 의는 자손의 자손에게 이르리니 곧 그의 언약을 지키고 그의 법도를 기억하여 행하는 자에게로다.

여호와를 경외하는 자는 영원하신 하나님의 인애에 접속되어 신적 견실성을 덧입게 된다. 사막의 대로를 달리는 행차를 앞두고 예언자는 하나님 말씀의 영속적 능력과 영원성을 고취시키는 메시지를 증거해야 한다. '영원하신 하나님의 말씀이 역사적 재난과 격랑을 넘어 결국 실현될 것이다.' 꿈에도 생각지도 못했던 해방과 고토귀환의 기회가 돌연히 찾아올 때,^{시 126편} 포로들은 '아, 과연 하나님 말씀은 결국 역사 속에서 실현되고 성취되는구나'라고 깨닫게 될 것이다.

왕의 기쁜 소식을 전하는 전령 • 9-11절

9-11절은 예언자(예루살렘에게 복된 소식을 전하여 예루살렘을 복된 소식의 또 다른 전파자로 만드는 자)의 사명을 좀 더 공세적으로 묘사한다. 9절은 3절에 나온 '외치는 자'의 소리가 예루살렘과 시온에게 하나님의 시온 복귀를 알리며, '시온과 예루살렘 또한 외치는 자가 되라'고 요구하는 상황을 묘사한다. 9절 상반절의 개역개정은 히브리어 구문을 무시한 채 번역하고 있다. 시온과 예루살렘을 '외치는 자의 소식'을 듣는 대상으로 해석한다. 칠십인역도 "아름다운 소식을 전하는 자"[호 유앙겔리조메노스(ὁ εὐαγγελιζόμενος)]를 아예 남성 분사로 바꿔버림으로써 개역개정처럼 번역한다. "아름다운 소식을 시온에 전하는 자여, 너는 높은 산에 오르라. 아름다운 소식을 예루살렘에 전하는 자여, 너는 힘써 소리를 높이라." 아마도 이사야 52:7과 41:27의 영향을 받아 오역했을 것이다. "좋은 소식을 전하며 평화를 공포하며 복된 좋은 소식을 가져오며 구원을 공포하며 시온을 향하여 이르기를 네 하나님이 통치하신다 하는 자의 산을 넘는 발이 어찌 그리 아름다운가."52:7 "내가 기쁜 소식을 전할 자를 예루살렘에 주리라."41:27 확실히 이사야 41:27과 52:7에서는 '예루살렘'과 '시온'은 좋은 소식을 듣는 자다. 그런데 40:9에서는 시온은 '좋은 소식'을 듣고 또 다른 사람들에게 '좋은 소식'을 전하는 주체다.딤후 2:2

9절 상반절의 열쇠어인 히브리어 구문 '므바세레트 시온, 므바세레트 예루살렘'은 '아름다운 소식을 전하는 시온이여', '아름다운 소식을 전하는 예루살렘이여'라는 뜻이다. 그 이유는 두 가지다. 우선 문법적으로 므바세레트(מְבַשֶּׂרֶת), '좋은 소식을 전하는 자'가 여성 연계형 단수 명사다. 소식을 듣는 자가 아니라 소식을 전하는 자가 여성이라는 말이다. 시온과 예루살렘은 각각 므바세레트와 동격 관계에 있다. 이런 경우 '므바세레트 시온, 므바세레트 예루살렘'은 문법적으로 '시온의 므바세레트', '예루살렘의 므바세레트'이지만, 이 어구들은 각각 '아름다운 소식을 전하는 자 시온이여', '아름다운 소식을 전하는 자 예루살렘이여'라고 번역되어야 한다. '소식을 전하는 자'를 남성으로 번역하는 개역개정이나 칠십인역은 여기서 '므바세레트'라는 여성 연계형이 사용되었다는 사실을 간과하고 있다.

이러한 번역을 지지하는 더 결정적인 증거는 '알리-라크'(עֲלִי־לָךְ)다. '너(2인칭 여성 단수) 스스로를 위해 올라가라'다. 여성 단수 명령형과 전치사 러(לְ) 뒤에 2인칭 여성단수 접미어가 붙어있다. 라크(לָךְ)는 '너 스스로'를 위한 동작을 강조할 때 사용하는 용익用益의 여격^{dativus} ^{commodi} 러(לְ)에 2인칭 여성 단수 접미어가 붙어서 생긴 단어다. 이렇게 읽어 영어로 번역하면, 'Go up for yourself (fem), Zion, who brings the good news'가 된다. NRSV나 독일어 성경도 이런 방식으로 읽는다. 이 말은 '올라가라'는 말을 듣는 2차 전령은 여성 단수로 지칭되는 [2절, '그녀의 죄악'(עֲוֺנָהּ)]' '시온'과 '예루살렘'이라는 말이다. 제1전령은 3절에 등장하는 콜 코레(קוֹל קוֹרֵא), "외치는 자의 소리"다. 시온과 예루살렘은 이 1차 전령의 전언을 들은 후 다른 사람에게 전하는 2차 전령으로 부름받은 것이다. 시온과 예루살렘은 유다의 성읍들에게 '아름다운 소식을 전하는 여성전령' 역할을 하라는 것이다. 따라서 9절 전체를 정확하게 번역하면 이렇다.

한 높은 산 위로 너는 스스로 올라가라. 좋은 소식을 전하는 시온이여, 좋은 소식을 전하는 예루살렘이여, 네 목소리를 힘껏 높여라. 목소리를 높이고 두려워 말라. 유다의 성읍들에게 말하여라. "보라, 너희 하나님이 오신다!"

내 백성을 위로하라

이처럼 시온과 예루살렘은 2차 전령이 되어 높은 산에 올라가 힘껏 목소리를 높여야 한다. 현재는 폐허가 된 유다의 성읍들에게 이렇게 외쳐야 한다. "네가 중건되리라", "너희의 하나님을 보라"[9절] 9절 마지막 소절, "너희 하나님을 보라"는 '하나님의 임재가 시온에 감촉되고 경험될 정도로 가까이 왔다'는 의미다.

9절 중간에서 하나님이 '아름다운 소식을 전하는' 전령에게 '두려워 말라'고 타이르시는 이유가 있다. 이 아름다운 소식을 듣고 대적하는 자들, 혹은 시큰둥하거나 냉소하는 반응을 보이는 자들을 염두에 둔 권고일 수 있다. 유다의 성읍들이 이 아름다운 소식을 아름다운 소식으로 듣지 못하는 사람들의 본거지일 수도 있다. 어쩌면 당시의 기득권을 누리던 일련의 가나안 잔류파인 유다 성읍의 거민들에게 바벨론 포로들을 데리고 하나님의 영광이 앞장서서 돌아온다는 소식은 '복음'이 아니었을 수도 있다. 아니면 유다 성읍의 거민들은 오랫동안 자신들을 버려두었던 하나님에 대한 적의를 표출하는 사람들이었을 수도 있다. 그래서 하나님이 돌아오신다는 소식에 냉담한 반응을 보였을 수도 있었다. 어떤 경우에서든 현상질서를 뒤집고 새로운 세상이 도래한다는 소식을 전하는 일은 용기가 필요한 일이었다. 비록 40장 상황을 기준으로 보면 100년 후의 일이긴 하지만 느헤미야 5장은 유다의 귀인들과 장로들이 가난한 동포들의 비참한 궁핍을 기화[奇貨]로 그들의 전답을 강탈하고 그들의 인신을 구속하며 노예화했다고 신랄하게 비판한다. 이런 사태에 비추어 볼 때, 유다의 귀인들과 장로들 같은 기득권자들이 살고 있던 유다의 성읍들은 아름다운 소식을 전하는 전령을 기죽이고 위축시킬 수 있었다.

이러한 맥락에서 10절의 메시지가 선명하게 부각된다. 하나님의 임재 앞에 자기를 낮추고 구푸린 높은 산들은 다 구원을 받고 하나님의 영광을 누리게 되지만[5절] 끝까지 저항하는 자들에게 우리 하나님

주 야웨는 장차 강한 자로 임하실 것이요 친히 그 팔로 다스리실 것이다.[10절] 10절은 하나님의 강력한 행차하심을 말한다. 개역개정 본문은 "보라, 주 여호와께서 장차 강한 자로 임하실 것이요 친히 그의 팔로 다스리실 것이라. 보라, 상급이 그에게 있고 보응이 그의 앞에 있으며"이다. 개역개정은 상반절의 끝에 있는 단어, 접미어가 붙은 단어 전치사 로(לוֹ)를 생략한다. 여기서도 이 로(לוֹ)는 '그를 위하여'를 의미하는 단어로서, 용익의 여격 전치사 러(לְ)에 3인칭 남성 접미사가 붙은 것이다. 이것을 살려 사역하면 이렇다. '보라, 주 하나님께서 강력하게 오시며 그의 팔이 그를 위하여 다스리리라. 보라, 그의 일삯[스카로(שְׂכָרוֹ)][8]이 그와 함께 있고 그의 과업[퍼울라토(פְּעֻלָּתוֹ)]이 그의 앞에 있다.' 개역개정이 '상급'이라고 번역한 히브리어는 노동자가 일하고 나서 받는 '일삯'을 의미하는 단어[사카르(שָׂכָר)]다. 바벨론 제국을 무너뜨리고 그 밑에서 억눌린 바벨론 포로들을 해방시키는 이러한 정의와 공의 집행사역이 하나님께 보람과 만족을 안겨주는 일이라는 것을 의미한다. 정의와 공의 집행은 하나님이 늘 행하시는 고유행동[퍼울라(פְּעֻלָּה)]이며, 하나님의 일삯과 하나님의 행사가 하나님과 함께하고 하나님 앞에 있다는 것은, 강한 자로 나타나 정의의 팔을 휘두르는 일이야말로 하나님이 역사 속에서 늘 행하시는 고유과업이며 보람과 만족을 주는 일이라는 것이다. 이것이 바로 미쉬파트, 공평수행 사역이다. 이처럼 하나님의 공평은 신적 보복으로 나타난다. 하나님은 이제 강력한 왕으로 임하셔서 그의 대적들을 물리적/영적 힘을 갖고 격퇴하실 것이다. 야웨 하나님은 바벨론 왕(신)에게 당한 무력한 신이 아니라, 바벨론 신들과 그 하수인들을 아주 결정적으로 격파하실 것이며 제압하실 것이다.[46-47장]

이것이 전형적인 하나님의 역동적 임재의 표징이다. 이 신적 보복 예고를 듣고 하나님의 수레가 자신의 집과 전토를 지나가도록 엎드린 모든 높은 산들은 야웨의 영광을 보겠으나, 저항하고 대적하는 자들은 하나님을 "강한 자"로 대면하게 될 것이며, 하나님의 팔로 대표되는 신적 공권력을 친히 맛보게 될 것이다. 하나님은 대부분 말씀으로 다스리시지만, 팔로도 다스리신다. 하나님의 말씀 통치에 끝까지 저항하는 자들에게는 하나님의 팔이 나타난다. 사 5:25; 9:12, 17; 참조. 렘 50:28; 51:6, 11; 51:56

11절은 하나님의 강력한 행차하심이 당신의 백성에게는 지극히 자애로운 모성애를 발산하는 감미로운 행차하심이 될 것이라고 말한다. 대적들을 향하여서는 그렇게 사납고 거룩한 용사처럼 등장하지만, 당신의 백성은 선한 목자처럼 부드럽게 다스릴 것이다. 11절의 사역은 다음과 같다. '그는 목자같이 그의 양 떼를 먹이실 것이며, 그의 팔로 양 떼를 모으실 것이며, 젖먹이는 암컷들을 품안에서 인도하시리라.' 골짜기 아래 굴러 떨어진 사람들, 즉 높은 산들에 사는 사람들의 불순종과 탐욕, 무자비와 몰인정 때문에 비인간적인 삶을 강요당한 사람들에게, 우리 하나님은 선한 목자로 임하신다. 높은 산에 거하는 자들에게는 무서운 신적 보복의 도구가 되던 하나님의 팔은 이제 어린 양을 안는 사랑과 인애의 징표가 된다. 하나님은 가난하고 병든 이에게 온순한 목자로 나타나신다. 이 하나님의 마음을 완벽하게 체현하신 분이 나사렛 예수였다. 그는 스스로가 에스겔 34장이 말하는 종말에 오실 다윗의 후손, "선한 목자"임을 천명하셨다. 겔 34:7-16, 23 "나는 선한 목자라"요 10:11, 14라는 자기 계시를 앞세우며 이스라엘의 잃어버린 자들을 찾아 나선 예수님은마 10:16 굶은 지 사나흘이 된 사람들 때문에 창자가 끊어지는 아픔을 느끼셨다.마 14:14; 막 6:34; 8:2-3

41:8-10은 어린 양을 부드럽게 인도하는 목자 하나님, 영광의 왕의 고토회복 역사를 잘 보여준다. "그러나 나의 종 너 이스라엘아, 내가 택한 야곱아, 나의 벗 아브라함의 자손아, 내가 땅 끝에서부터 너

를 붙들며 땅 모퉁이에서부터 너를 부르고 네게 이르기를 너는 나의 종이라. 내가 너를 택하고 싫어하여 버리지 아니하였다 하였노라.…… 나는 네 하나님이 됨이라. 내가 너를 굳세게 하리라. 참으로 너를 도와 주리라. 참으로 나의 의로운 오른손으로 너를 붙들리라."

41:13-14 또한 강력한 용사이신 하나님과 이스라엘의 구속자이신 하나님을 잘 묘사한다. "이는 나 여호와 너의 하나님이 네 오른손을 붙들고 네게 이르기를 두려워 말라. 내가 너를 도우리라 할 것임이니라. 버러지 같은 너 야곱아, 너희 이스라엘 사람들아, 두려워하지 말라. 나 여호와가 말하노니 내가 너를 도울 것이라. 네 구속자는 이스라엘의 거룩한 이이니라."

41:17-20은 광야와 사막의 여정 속에서 당신의 어린 양 떼를 선한 목자처럼 인도하시는 하나님의 왕적인 돌보심을 잘 증거한다. "가련하고 가난한 자가 물을 구하되 물이 없어서 갈증으로 그들의 혀가 마를 때에 나 여호와가 그들에게 응답하겠고 나 이스라엘의 하나님이 그들을 버리지 아니할 것이라.…… 여호와의 손이 지은 바요 이스라엘의 거룩한 이가 이것을 창조하신 바인 줄 알며 함께 헤아리며 깨달으리라."

43:14은 직접적으로 바벨론 세력에 대한 야웨 하나님의 승리와 격파를 묘사한다. 고레스에 의한 바벨론의 패배는 야웨의 거룩한 전쟁의 일부다. "너희의 구속자요 이스라엘의 거룩한 자 여호와가 말하노라. 너희를 위하여 내가 바벨론에 사람을 보내어 모든 갈대아 사람에게 자기들이 연락하던 배를 타고 도망하여 내려가게 하리라."

이처럼 하나님은 긴 감찰의 시간을 보내신 후에 강력한 자로 나타나 악을 응징하시고 악인의 세력을 꺾으시고 악인에게 시달리던 어린 양 떼를 품어 안고 보금자리를 찾아주신다. 더 이상 하나님은 약한 자가 아니라 강력한 자로 나타나신다. 거룩한 폭력을 행사하심으

로 역사 속에 당신의 살아계심을 입증하신다. 이때 거룩한 폭력이란 악인을 제압하는 무력으로 나타난다.[9]

강한 자에게 더 강한 자로 나타나시고 약한 자에게는 온유한 어머니같이 나타나시는 하나님의 성품 때문에 하나님은 선한 목자처럼 흩어졌던 당신의 백성들을 고토로 모아들이실 것이다.[11절] 야웨는 땅 끝에서부터 당신의 흩어진 양 떼를 모으신다.[겔 34-37장] 결국 10-11절은 하나님이 역사에 개입하시는 원리를 해명한다.

바벨론은 세계 패권국가에 대한 하나님의 심판 대리자로 군림하다가 스스로 망자존대하여 하나님의 징벌을 초래한다. 그 과정에서 잔혹한 강대국에 유린당한 작은 나라를 위한 신적 신원이 이뤄진다.[사 13:1-4] 세계 패권국가 중심의 질서는 해체되고 강자와 약자의 운명이 교차점을 지나 역전된다. 바벨론이 망하자 시온에게 소생의 희망이 싹튼다. 오랫동안 버려졌던 시온과 예루살렘에 이제 야웨의 영광이 돌아온다는 아름다운 소식이 고착된 현질서를 뒤엎는다. 이방인의 말발굽 아래 유린되어 황무해졌던 땅이 이제 하나님의 영광을 모신 땅이 된다. 하나님이 역사의 중심 무대로부터 철수한 것처럼 보였던 황량한 시간이 끝나고, 황폐한 도성은 하나님의 거룩한 임재가 머무는 땅이 된다. 하나님의 임재가 철수했던 땅에 하나님의 임재가 밀물처럼 쇄도한다. 여기서 우리는 인본주의 역사가들이 포착하지 못하는 하나님의 세계통치 동선과 논리를 엿본다. 이방 주권자들과 이방 신들이 마치 역사의 중심 무대를 활보하는 것처럼 보이게 하셨다가, 즉 하나님께서 썰물처럼 빠져나가셨다가 홀연히 강한 자로 밀물처럼 행차하신다. 당신의 역동적인 임재를 철수시켰다가 어느 시점에 '하나님이 계시지 않는다', '하나님은 내 억울한 사정을 보지 않으신다'는 의심을 순식간에 날려버리신다(비교. 전 8:11; 시 37; 73). 하나님 부재와 하나님의 무관여 때문에 하나님을 의심하도록 허용하셨다가 임계점에 도달하면 즉시 당신의 현존을 드러내신다. 하나님이 이런 방식으로 역사하시기 때문에 하나님의 임재가 철수하는 썰물 시기에는 많은 무신론자가 활보한다. 갯벌이 훤히 드러나는 간조기에는 배가 입출항하지 못하듯이, 하나님의 현존과 하나님의 강력한 임재, 하나님의 돌보심과 사랑이 다 사라진 것처럼 보일 때는 하나님을 믿는 것 자체가 힘들다. 이런 때가 우상을 찾는 때이기도 하다. '바벨론 만세! 마르둑 만세!'를 부르고 투항하기 좋은 때다. 그러나 이런 때에도 하나님을 믿는 사람을 의인이라고 부르신다(합 2:4; 비교. 창 15:6). 프랑스가 히틀러에게 4년 동안 지배당할 때 수만 명의 프랑스 나치주의자들이 파리를 활보했고, 일제가 조선을 36년 동안 지배했을 때 조선 지식인들의 훼절이 끊이지 않았다. 일본의 무기공장을 견학하고 일본의 군함 건조식에 다녀온 일본견문단 지식인들은 일본이 한국을 100년 이상 지배할 것이라고 믿고 친일파가 되었다. 하나님의 임재가 철수된 간조기에도 신앙적 지조와 정절을 유지하는 사람들을 하나님은 다음 단계의 구속사에서 긴히 사용하신다.

창조주 하나님의 배타적 위엄과 왕적 권위royal authority • 12-17절

12-17절은 창조주 하나님의 위대하심 앞에 초라해지는 모든 피조물들을 열거한다. 12절은 '누가'로 시작되는 수사적 의문문들이다. 물, 하늘들, 땅의 흙, 산들, 언덕들이 차례차례 계측 대상들로 예시된 거대 피조물들이다. 큰 것에서 작은 것 순서로 나열한다. 가장 거대한 물부터 언덕들까지 모두 인간이 보기에는 거대한 것들이다. 하지만 이 거대한 피조물들이 모두 하나님의 작은 측량도구들 안에 담긴다. 12절의 첫 소절에서 바닷물을 "헤아렸다"는 말은 거대한 혼돈(바다)을 갈라 육지를 건져올린 창조사역을 암시한다.시 74:12-16 거대한 바닷물을

손바닥에 담고 하늘들을 측량하려면 하나님의 손과 손바닥은 거대한 대양보다, 하늘들보다 더 거대해야 한다. 땅의 흙들을 되에 담고[10] 산들을 접시저울ⅢⅠ秤로 달고 언덕들을 막대저울秤秤로 달아보려면 하나님의 도량형 규모는 상상을 초월할 정도로 거대해야 한다. 접시저울과 막대저울은 경동시장에서 약재의 무게를 측정할 때 쓰는 아주 작은 저울이다. 하나님은 인간의 인식능력으로 파악되지 않는 거대 존재이며, 상상 불가능한 초극대 창조주시다. 12절의 요지는 우리가 지금 누리는 거대한 우주가 무한광대하신 하나님의 정확한 측량과 계측으로 주도면밀하게 창조되었다는 것이다.

13-14절은 부정대답을 기대하는 설의법이다. "누가 여호와의 영을 지도하였으며 그의 모사가 되어 그를 가르쳤으랴. 그가 누구와 더불어 의논하셨으며 누가 그를 교훈하였으며 그에게 정의의 길로 가르쳤으며 지식을 가르쳤으며 통달의 도를 보여 주었느냐." 13절에서 '지도하다'라고 번역된 히브리어는 틱켄(תִכֵּן)인데, 이 단어는 12절의 '뼘으로 하늘을 재다'라는 어구에 나오는 '재다'와 같은 단어다. 이 단어는 '측량하다', '재다' 등의 의미를 지닌 건축용어다. 개역개정의 '지도하다'는 좀 지나친 번역이다. 개역개정은 '에트-루아흐 야웨'(אֶת־רוּחַ יְהוָה)를 틱켄의 목적어로 보기 때문에 이렇게 번역한 것처럼 보인다. 이런 경우 '누가 야웨의 영을 재겠는가'라는 번역이 어색해 보이므로 '지도하다'라고 번역했을 것이다. 또 이렇게 번역하면 뒤따라오는 소절, '그에게 알게 하다'를 의미하는 요디엔누(יוֹדִיעֶנּוּ)와 어느 정도 대구를 이루기도 한다. 그럼에도 불구하고 13절의 틱켄을 12절의 틱켄과는 다른 의미로 생각해 '지도하다'라고 번역하는 것은 아무래도 지나치다. '에트-루아흐 야웨'를 '야웨의 영과 더불어/함께'로 번역하면 틱켄의 의미를 12절과 일관성 있게 번역할 수 있다. '에트'는 직접목적어를 도입하는 불변사이기도 하지만 '함께', '더불어'를 의미하

는 전치사이기도 하기 때문이다. 이런 경우 '누가 야웨의 영과 더불어 (하늘들을) 뼘으로 재었는가'라는 번역이 가능하다. 이 번역이 뒷소절과 더 적절한 대구처럼 보이기도 한다.

14절 첫 소절, '에트-미 노아츠'(אֶת־מִי נוֹעָץ)는 "그가 누구와 더불어 의논하셨으며"라고 번역하기보다는 '그가 누구에게 자문을 받아서'라고 번역하는 것이 좋다.[11] 노아츠(נוֹעָץ)는 '모략을 짜다', '도모하다', '계획하다'를 의미하는 야아츠(יָעַץ) 동사의 3인칭 남성 단수 니팔 완료형이기 때문이다.[12] 니팔은 수동 또는 재귀로 해석할 수 있지만 여기서 재귀로 해석하는 것은 적절하지 않다. 재귀는 주어 자신이 동사의 목적어가 될 때만 가능하기 때문이다. 에트-미 노아츠(אֶת־מִי נוֹעָץ), '그가 누구에게 자문을 받아서'라는 소절 뒤에 따라 나오는 14절의 나머지 소절들은 구문상으로 모두 등위접속사로 연결되어 있으나, 의미상으로 목적격 종속절들로 봐야 한다. 개역개정은 모두 접속사(ב)를 등위접속사로 보고 있다. 봐여비네후(וַיְבִינֵהוּ, "교훈하였으며"), 봐열람므데후(וַיְלַמְּדֵהוּ, "가르쳤으며"), 요디엔누(יוֹדִיעֶנּוּ, "보여주었느냐"). 그런데 문맥을 잘 살펴보면 이 네 동사의 주어는 가상으로 설정된 하나님 옆의 한 자문관이나 모사다. 네 동사의 목적어는 하나님이다. 따라서 문맥을 고려하면 14절의 네 등위접속사절을 모두 다 에트-미 노아츠(אֶת־מִי נוֹעָץ), '그가 누구에게 자문을 받아서'라는 첫 소절의 목적격 종속절로 읽는 것이 더 낫다. 그러면 14절 전체는 다음과 같이 번역된다. '한 가상의 자문관이 그를(하나님) 분별력 있게 만들도록, 그에게(하나님) 정의의 길을 가르치도록, 그에게(하나님) 지식을 가르치도록, 그에게(하나님) 통달의 도를 알게 하도록. 그가(하나님) 누구(가상의 자문관)에게 자문을 받았는가?'

14절은 한 자문관이 왕 옆에서 왕도를 가르칠 때 긴요하게 고려되는 능력이나 미덕을 언급한다. 정의의 길[오라흐 미쉬파트(מִשְׁפָּט אֹרַח)],[13]

내 백성을 위로하라

지식[다아트(דַעַת)], 통달의 도[데렉 터부노트(דֶּרֶךְ תְּבוּנוֹת)]는 왕에게 요청되는 필수덕목이다. 하나님의 결핍을 채워준 천군천사급 자문관들이나 동급 혹은 우등급 신들이 전혀 없었다는 것이다. 13-14절은 오늘날 우리에게는 매우 낯선 질문들이다. 그러나 이사야 40장 예언이 선포되거나 읽히는 당시에는 의미 있는 질문이었다.

여기서 독자들은 하나님의 창조를 돕는 존재가 있었다는 이방종교적 사상, 혹은 창세기 1:26-27, 욥기 38:4-5 등에서 엿보이는 하나님 옆의 조력자들에 대한 언급을 부정하는 저자의 변증적 의도를 엿볼 수 있다. 마이클 S. 하이저는 『보이지 않는 세계: 성경의 초자연적 세계관 회복하기』라는 책에서 시편 82:1, 욥기 38:4-7, 신명기 32:8-9 등을 인증하며, 하나님의 세계 창조 전에 '하나님의 권속'이라는 천군 목격자가 있었다고 말한다.[14] 고대 구약성경의 저자들에게 하나님의 창조 사역의 목격자 혹은 조력자가 있었다는 암시를 가진 성경구절들은 낯설지 않았다는 것이다.[15] 마이클 하이저는 당연히 이런 구절들이 유일신 신앙을 대적하는 것이 아니라, 그것을 역동적으로 부각시키는 데 기여한다는 점을 강조한다. 그러나 바벨론 유배 기간 동안에 열방의 신들에 대한 경험을 거친 바벨론 유배 이후의 이스라엘에게는 확고부동한 신앙적 정리가 필요했을 것이다. 그래서 13-14절은 하나님은 조력자들이나 천군천사들의 도움을 받지 않고 홀로 창조하셨다는 점을 강조한다. 창조에 관련된 더 오래된 일부 구약성경 구절들을 다신교적으로 해석하지 못하게 막는 셈이다. 하나님이 페르시아의 신(아후라마즈다)의 도움으로 이스라엘을 출바벨론 시킨 것이 아니라는 것이다. 하나님에게는 모사, 공평의 길을 가르치는 전문 조력자가 없었다고 주장한다. 이 전문 자문관 비유를 좀 더 의미 있게 해석하려면 고대근동 제왕들의 통치 행태를 고려해야 한다.

고대근동에서 절대군주인 제왕들에게는 제왕들을 능가하는 모사가 있었다. 이집트의 파라오에게는 프타^{Ptah}라고 불리는 정치와 행정에 뛰어난 총리가 있었고(요셉, 창 41장), 바벨론의 느부갓네살 같은 절대군주에게도 그를 가르칠 다니엘 같은 모사가 있었다.$^{단 4장}$ 본문은 청중에게 고대근동의 제왕 통치 풍경에 빗대어 이스라엘 하나님의 세계통치를 상상하지 말라고 경고하는 것이다.

15절은 12절을 이어받는다. '보라! 열국은 물동이에서 떨어지는 한 방울 물 같고, 저울 위에 달린 먼지로 간주되도다. 보라! 섬들은 미세한 먼지처럼 들린다.'^{16} 거대한 바닷물 전체를 한 손 안에 간수하시는 하나님에게 열국은 한 방울 물에 불과하고 작은 먼지에 불과하다. 이스라엘이 두려워하는 열국은 하나님 안에서는 전혀 두려운 존재가 아니다.

16절은 이스라엘이 레바논의 목재와 짐승들에 대해 가졌던 부러움을 배경으로 삼아 레바논의 엄청난 목재는 성전 번제 때 쓸 땔감으로도 부족하겠고, 그곳의 짐승들도 번제로 쓰기에는 충분치 않다고 말한다. 17절은 15-16절을 요약한다. 모든 나라들은 하나님 앞에서 아무것도 아닌 것처럼 있으며, 그것들은 텅 빈 것보다 더 텅 빈 존재[메에페스(מֵאֶפֶס)]와 허무한 것으로 간주된다. '텅 빈 것보다 더 텅 빈 존재'는 히브리어 메에페스를 직역한 것이다. 에페스(אֶפֶס)는 없는 상태를 의미한다. 이 메에페스보다 더 극단적인 의미의 아무것도 아닌 존재는 '허무한 것'으로 창세기 1:2에 사용된 토후(תֹהוּ)다. 열방은 비존재보다 더 못한 것들이다. 하나님 앞에 존재하지 않는 것처럼 간주된다. 그러니 '두려워하지 말라'는 것이다.

이상에서 예언자는 과장법과 억양법^{抑揚法}을 구사하며 3-8절에서 자신의 영광을 밝히 드러낸 그 영광의 왕이자 하나님이 바로 천지만물의 창조주 하나님임을 드러낸다. 이스라엘의 하나님/왕은 우주에비길 수 없는 절대적으로 크시고 위대하시고 거룩하신 바로 그 하나님이시다. 어떤 보좌관이나 자문관도 하나님의 천지창조를 돕지 않았으며 비길 만한 어떤 경쟁적인 신도 없다. 따라서 이스라엘 백성은 오로지 하나님께만 전적인 순종과 신뢰를 드려야 한다. 이런 점에서 이 단락은 18-26절의 우상숭배 탄핵의 전주곡이 된다. 대양, 큰 바다, 큰 산, 땅, 이 거대한 피조물(세력, 국가, 조직)은 하나님의 가장 작은 저울(명칭과 간칭)에 달려도 오히려 가볍다. 이 통쾌한 억양법을 보라! 인간의 눈으로 보기에는 거대한 태산과 대양도 경동시장의 비싼 약재를 소량으로 달아 팔 때 쓰는 저울인 접시저울과 막대저울로 달아봐도 얼마 나가지 않는 무게를 가진 미물일 뿐이다.

이처럼 하나님의 백성은 하나님의 관점에서 당면한 문제를 과감하게 축소시킬 수 있는 거룩한 상상력이 필요하다. 우리는 우리의 문제를 하나님의 저울에 달아볼 줄 알아야 한다. 우리가 보기에는 태산 같은 문제도 하나님의 손바닥에 붙잡히면 한 점 먼지처럼 작아진다. 이스라엘을 괴롭힌 앗수르, 바벨론, 페르시아 등 열국은 한 방울의 물처럼 보잘 것 없다! 섬들은 미세한 먼지에 불과하다. 그러므로 이스라엘 백성은 이처럼 위대하고 크신, 상상을 초월할 정도로 크고 위대하신 하나님을 믿고 의존해야 한다. 강대국, 열국, 태산들, 그리고 대양들을 의지하면 안 된다. 우리 하나님의 지혜와 지식, 도모와 계획, 지혜와 명철은 한없이 크고 넓고 깊고 광활하다. 그분의 지혜와 명철의 지도를 받아야 한다. 따라서 강대국을 의존하거나 그의 힘을 의지하려는 우상숭배에 빠져서는 안 된다.

우상숭배자에 대한 탄핵 • 18-20절

18-20절은 우상숭배자들의 어리석음을 공격한다. 18절은 2인칭 복수인 "너희"라고 불리는 청중에게 힐문詰問한다. 19-20절에 비추어

볼 때 힐문을 받는 청중은 하나님을 하나님보다 열등한 존재와 비교하는 자, 곧 우상숭배에 기울어진 자들이다. 19절은 우상은 숭배대상이 아닌, 금은 세공품에 지나지 않는다고 말한다. 20절은 금은 금속 주조물 우상을 제작할 여유가 없는 '궁핍한 자'[17]는 장인匠人에게 목각 우상 제작을 의뢰하는 상황을 주목한다.[20절] 이 두 절의 함의는 바벨론에 살면서 고토로 돌아오지 않으려는 하나님의 백성은 바벨론적인 우상숭배자가 될 수 있음을 은근히 경고하는 데 있다. 바벨론에 잔류하는 자들의 사정을 고려해보면 오랫동안 정착해 안정을 찾았는데 다시 삶의 안정을 해치면서 황폐한 고향으로 역逆이주한다는 것은 커다란 모험이었을 것이다. 70년의 바벨론 타향살이 끝에 쉽게 타향살이를 정리하고 무인지경, 버려진 약속의 땅으로 돌아오는 것이 그렇게 쉬운 일이 아니었을 것이다. 결국 18-20절은 바벨론적 삶의 양식에 대한 비판이며, 출바벨론 가나안 귀환 대열에 선뜻 동조하지 않는 포로들에 대한 비판이다. 출바벨론 가나안 귀환장정 불참, 곧 바벨론 잔류는 우상숭배의 땅에 머무는 것이며 거룩한 백성의 정체성을 훼손하는 결과를 가져올 것이다(겔 36:20; 참조. 렘 50-51장).

40-49장에서 우상숭배 탄핵은 가장 빈번하게 발견되는 주제다. 우상은 무능력, 무자각, 무청취 등 총체적인 공허와 허무의 상징이다. 들을 수 없을 뿐 아니라 미래사 전망/과거사 해석 등 어떤 점에서도 전적으로 무능하다. 우상은 나무나 금으로 만든 인간 수공품이다. 우상은 우상숭배자를 어리석고 무지몽매하게 만든다. 우상은 복을 주지도 화를 내리지도 못한다. 인류의 정신사는 하나님을 버리고 배척할 때 인류가 얼마나 자주 우상숭배의 유혹에 굴복하는지를 보여준다.

적어도 다음 일곱 단락들에 피력된 우상숭배에 대한 예언자적 비판은 포로기 청중의 삶 속에 우상숭배적인 삶의 습속이 얼마나 광범위하고 심층적으로 침투되어 있는지를 보여준다. 창조주 하나님에 대한 강조는 당시 우상숭배적인 종교가 얼마나 창궐하였으며, 바벨론 땅에 살면서 이스라엘 백성들이 이런 요소들에 의하여 얼마나 그 마음이 분열되었는지를 암시한다. 다만 이 단락들이 바벨론 포로들이 실제로 이런 바벨론의 신들을 숭배했다는 점을 명시적으로 단죄하는 것으로 보이지는 않는다. 바벨론 신들에 대한 야웨의 궁극적 승리를 선언함으로써 이 단락들은 바벨론의 종교적 위세에 눌렸던 바벨론 포로들을 격려하는 데 치중하는 것처럼 보인다. 그럼에도 불구하고, 이 단락들에서 '바벨론의 신들이 우상으로 밝혀지고 더 이상 바벨론 포로들에게 아무런 지배력도 행사하지 못하는 상황이 전개되는데도 불구하고 출바벨론 가나안 귀환장정에 동참하지 않는다면 그것은 여전히 바벨론의 신들에 대한 신앙을 유지하는 것으로 오해될 수 있다'는 정도의 경고를 추론할 수 있을 것이다.[18]

섬들이 보고 두려워하며 땅 끝이 무서워 떨며 함께 모여 와서 각기 이웃을 도우며 그 형제에게 이르기를 너는 힘을 내라 하고 목공은 금장색을 격려하며 망치로 고르게 하는 자는 메질군을 격려하며 이르되 땜질이 잘된다 하니 그가 못을 단단히 박아 우상을 흔들리지 않게 하는도다.…… 나 여호와가 말하노니 너희 우상들은 소송하라.…… 혹 앞으로 올 일을 듣게 하며 뒤에 올 일을 알게 하라. 그리하면 너희가 신들인 줄 우리가 알리라. 또 복을 내리든지 재난을 내리든지 하라. 우리가 함께 보고 놀라리라. 보라, 너희는 아무것도 아니며 너희 일은 허망하며 너희를 택한 자는 가증하니라.…… 보라, 그들(우상숭배자들)은 다 헛되며 그들의 행사는 허무하며 그들이 부어 만든 우상들은 바람이요 공허한 것뿐이니라.[41:5-7, 21-24, 29]

내가 오랫동안 조용하며 잠잠하고 참았으나 내가 해산하는 여인 같이 부르짖으리니 숨이 차서 심히 헐떡일 것이라.…… 내가 이 일을 행하여 그들을 버리지 아니하리니 조각한 우상을 의지하며 부어 만든 우상을 향하여 너희는 우리의 신이라 하는 자는 물리침을 받아 크게 수치를 당하리라.^{42:14-17}

우상을 만드는 자는 다 허망하도다. 그들이 원하는 것들은 무익한 것이거늘 그것들의 증인들은 보지도 못하며 알지도 못하니 그러므로 수치를 당하리라. 신상을 만들며 무익한 우상을 부어 만든 자가 누구냐.…… 내가 그것의 절반을 불 사르고 또한 그 숯불 위에서 떡도 굽고 고기도 구워 먹었거늘. 내가 어찌 그 나머지로 가증한 물건을 만들겠으며 내가 어찌 그 나무토막 앞에 굴복하리요 말하지 아니하니 그는 재를 먹고 허탄한 마음에 미혹되어 자기의 영혼을 구원하지 못하며 나의 오른손에 거짓 것이 있지 아니하냐 하지도 못하느니라.^{44:9-20}

구원자 이스라엘의 하나님이여, 진실로 주는 스스로 숨어 계시는 하나님이시니이다. 우상을 만드는 자는 부끄러움을 당하며 욕을 받아 다 함께 수욕 중에 들어갈 것이로되…… 나는 감추어진 곳과 캄캄한 땅에서 말하지 아니하였으며 야곱 자손에게 너희가 나를 혼돈 중에서 찾으라고 이르지 아니하였노라. 나 여호와는 의를 말하고 정직한 것을 알리느니라.^{45:15-19}

벨^{Bel}은 엎드러졌고 느보^{Nebo}는 구부러졌도다. 그들의 우상들은 짐승과 가축에게 실렸으니 너희가 떠메고 다니던 그것들이 피곤한 짐승의 무거운 짐이 되었도다. 그들은 구부러졌고 그들은 일제히 엎드러졌으므로 그 짐을 구하여 내지 못하고 자기들도 잡혀 갔느니라.…… 그것을 들어 어깨에 메어다가 그의 처소에 두면 그것이 서 있고 거기에서 능히 움직이지 못하며 그에게 부르짖어도 능히 응답하지 못하며 고난에서 구하여 내지도 못하느니라.^{46:1-7}

마지막으로 45:20-25은 우상숭배에 탐닉하고 있는 열방에 대한 탄핵이 하나님에 대한 참 신앙으로 초청하는 것으로 바뀌는 과정을 보여준다.

열방 중에서 피난한 자들아…… 보라, 이 일을 예부터 듣게 한 자가 누구냐. 이전부터 그것을 알게 한 자가 누구냐. 나 여호와가 아니냐. 나 외에 다른 신이 없나니 나는 공의를 행하며 구원을 베푸는 하나님이라. 나 외에 다른 이가 없느니라. 땅의 모든 끝이여, 내게 돌이켜 구원을 받으라. 나는 하나님이라. 다른 이가 없느니라. 내가 나를 두고 맹세하기를 내 입에서 공의로운 말이 나갔은즉 돌아오지 아니하나니 내게 모든 무릎이 꿇겠고 모든 혀가 맹세하리라 하였노라. 45:20-23

우상숭배의 대안, 야웨 하나님 앙망 • 21-31절

21-31절은 우상숭배의 대안적, 대항적 삶을 제시한다. 21절은 긍정 응답을 유도하는 질문들이다. 우상들과 혼동될 수 없는 하나님에 대한 앎은 '너'라고 불리는 이스라엘에게 일찍이 알려졌다는 점을 전제한다. 창세기와 모세의 출애굽 구원 이야기 등은 이스라엘의 하나님이 고대근동의 여러 국가 신들은 물론이며 모든 지역의 신전들에서 숭배되던 우상 신들과 얼마나 다른 '거룩하신 하나님'인지 가르치고 있다. 창조주 하나님은 땅의 기초를 놓고 창조주가 되심으로 모든 헛된 신들과 절대로 구별되는 하나님이시다. 땅의 토대도 하나님의 신실하심과 권능에 기대고 있을 뿐이다. 즉 이스라엘의 하나님만이 천지만물의 토대를 놓고 창조하신 참 하나님이시라는 것이다.

22절은 회화적인 방식으로 지구 초월적인 하나님의 모습을 그린다. 22절의 사역私譯은 지구 초월적인 창조주를 좀 더 시각적으로 부각시킨다. '땅의 둥그런 원 위에 앉아계신 그 분, 땅에 사는 사람들은 메뚜기 같도다. 하늘들을 차일처럼 펼치신 분, 땅의 거민들이 거주할 천막처럼 하늘들을 펼쳐주셨다.' '둥그런 원'으로 번역된 히브리어 훅(חוּג)은 원판 같은 하늘들을 묘사할 때만 쓰는 단어다.잠 8:27; 욥 22:14; 벤시락 43:12 하나님은 지구를 하나의 장막으로 창조하신다. 지구의 모든 피조물들을 하늘들이라는 장막을 쳐서 그 안에 살게 하신다. 지구는 하나의 장막 공동체인 것이다. 높고 둥그런 천궁 위에서 내려다 보면 사람들은 메뚜기처럼 작아 보인다. 메뚜기는 모멸적인 뜻이라기보다는 메뚜기처럼 촘촘하게 무리지어 사는 인간사회를 묘사하는 직유어다. 마지막 소절의 천막은 성막을 가리킬 때 사용되는 바로 그 단어 오헬(אֹהֶל)이다. 세상 전체가 하나님이 펼쳐주신 하나님의 거대한 장막이라는 뜻도 된다. 인간은 하나님이 펼쳐주신 이 거대한 장막 아래서 다른 피조물들과 함께 살아가는 존재라는 말이다.

23절도 정관사 하(ה)가 붙은 분사형 명사로 시작된다. 상반절은 정동사가 없는 명사 문장이며, 하반절은 정동사가 있는 동사문장이다. 직역하면, '떵떵거리며 소리치는 자들을 없는 것으로 만드는 분, 땅에서 재판관 노릇하는 자들을 허무(토후)로 만드셨다'이다. '떵떵거리며 소리치는 자들'로 번역된 히브리어는 로즈님(רוֹזְנִים)이다. '무겁다'를 의미하는 상태동사 라잔(רזן)의 남성 복수 능동 분사형이다. 로즈님은 '왕들'과 함께 병렬적으로 나타나는 명사로서 '왕' 못지않은 권력을 휘두르는 지방권력 소유자들이다.삿 5:3; 시 2:2; 잠 8:15; 31:4 하나님이 땅의 재판관 노릇하는 자들을 무로 돌리시는 과정은 창조 행위의 역전이다. 하나님은 토후(허무존재)를 질료 삼아 땅을 창조하셨다. 지금 하나님이 허무로 돌리시는 땅의 재판관들은 하나님의 지상명령인 공의와 정의 통치를 거부해 약자들의 아우성과 부르짖음이 하늘에 상달케 하는 자들이다.창 18:20-21 소돔의 관원들과 고모라의 유력자들과 같은 자들이다.^{사 1:10} 이사야 24장은 '땅을 혼돈과 공허로 몰아가는 땅의 왕들'을 징벌하시는 하나님을 묘사한다.

> 보라, 여호와께서 땅을 공허하게 하시며 황폐하게 하시며 지면을 뒤집어 엎으시고 그 주민을 흩으시리니…… 땅이 온전히 공허하게 되고 온전히 황무하게 되리라. 여호와께서 이 말씀을 하셨느니라.…… 땅이 또한 그 주민 아래서 더럽게 되었으니 이는 그들이 율법을 범하며 율례를 어기며 영원한 언약을 깨뜨렸음이라.…… 땅이 깨지고 깨지며 땅이 갈라지고 갈라지며 땅이 흔들리고 흔들리며 땅이 취한 자 같이 비틀비틀하며 원두막 같이 흔들리며 그 위의 죄악이 중하므로 떨어져서 다시는 일어나지 못하리라. 그 날에 여호와께서 높은 데에서 높은 군대를 벌하시며 땅에서 땅의 왕들을 벌하시리니.^{사 24:1-21}

24절의 "그들"은 땅의 권력자들이다. 그들의 권력체계는 철옹성처럼 견고해 보이고 천년만년 위세를 부릴 것 같다. 24절의 개역개정 번역은 히브리어 원문의 부정문을 반영하지 못하고 있다. 히브리어 원문은 '진실로' 정도의 의미를 갖고 있지만 잘 사용되지 않는 부사어 아프(אף)가 이끄는 세 개의 절과 '심지어'를 의미하는 감(גם)이 이끄는 넷째 소절과 그리고 폭풍을 의미하는 스아라(סְעָרָה)가 주어로 나오는 상황절로 구성되어 있다. 히브리어 구문에는 앞의 세 소절 모두 부정문이다. 24절을 직역하면 이렇다. '진실로 그들은 심기지 않았고, 진실로 그들은 뿌려지지도 않았으며, 그들의 줄기는 땅에 뿌리를 내리지도 못했다. 심지어 그가 입김을 훅 부니 그들은 말라버렸다. 그러는 사이에 폭풍이 그들을 초개처럼 흩어버린다.' 부정어 발(בַּל)이 세 번이나 사용되고 있다. 겨우 심겼다, 겨우 뿌려졌다, 겨우 뿌리를 내렸다는 것보다 훨씬 더 강한 비유다. 보통사람의 관점에서 보면 왕들과 관원들은 땅에 깊이 뿌리를 내린 거대한 나무들처럼 견고하고 강해 보인다. 그런데 사실은 심긴 것도, 뿌려진 것도, 뿌리를 내린 것도 아닌 것이다. 그들의 권력기반은 팔레스타인에서 파종기나 생장기의 곡식이 폭풍에 휩쓸려가는 것에 비유될 정도로 지극히 취약하다. 실제로 팔레스타인의 농부가 파종하고 곡식이 어느 정도 뿌리를 내릴 즈음에 더운 바람이 불면 곡식은 시들고, 그때 살아남은 곡식은 폭풍에 의해 뿌리가 뽑혀 사라져버리는 경험에 토대를 둔 비유다. 이처럼 땅의 권력자들은 하나님의 심판 열풍과 폭풍에 의해 사라진다. 그러니 지상의 왕들과 권세 휘두르는 권력자들을 두려워할 필요가 전혀 없다.

25절은 2인칭 남성 복수 청중 '너희'에게 힐문하는 하나님을 보여준다. '이스라엘'에게 하는 책망조의 질문이다. 하나님을 지상권력자들과 비교하거나 견주지 말라는 함의가 깃든 질문이다. 하나님은 바벨론 귀환포로들의 귀환 대열을 막을 잠재적인 지상권력자들을 능히 처리하실 수 있다는 것이다.

26-28절은 자신의 권능과 지혜에 호소하여 이스라엘의 불평과 의심에 대응하는 하나님을 보여준다. 26절은 창세기 15:5-6을 생각나게 한다. 하나님이 아브라함에게 던졌을 법한 질문이다. "그를 이끌고 밖으로 나가 이르시되 하늘을 우러러 뭇별을 셀 수 있나 보라. 또 그에게 이르시되 네 자손이 이와 같으리라. 아브람이 여호와를 믿으니 여호와께서 이를 그의 의로 여기시고." 땅의 왕들과 권력자들에게 시달리고 학대를 당한 것 때문에 하늘을 쳐다보지 않게 된 이스라엘의 처지를 이해할 수 없는 것은 아니다. 하나님은, 땅의 지배자들과 유력자들에게 시달리는 자들의 유일한 희망은 천지를 창조하시며 땅을 하늘에서부터 다스리시는 하나님을 바라보는 데 있다고 설득하신다. 26절의 둘째 소절부터는 개역개정 번역이 어색하다. 사역은 이렇

다. '너희는 네 눈들을 높이 들어라. 보라, 누가 이 모든 것을 창조하였나?' 이 소절 뒤에 따라오는 소절은 명사 문장이다. 주어의 행동이 분사형으로 묘사된 문장이라는 뜻이다. '누가 창조하였나'에 대한 하나님의 답변이다. 액센트/휴지 부호를 존중해 히브리어 문장을 끊어음역하고 번역하면 이렇다.

함모치 브미스파르 츠바암(הַמּוֹצִיא בְמִסְפָּר צְבָאָם)
러쿨람 쁘쉠 이크라(לְכֻלָּם בְּשֵׁם יִקְרָא)

그들의(앞 소절의 '이것들') 대열(츠바암)을 모두 세면서 불러내시는 이,
그는 그것들 모두를 이름을 말하며 불러내신다.

메롭 오니임 붜암미츠 코아흐(מֵרֹב אוֹנִים וְאַמִּיץ כֹּחַ)
이쉬 로 네다르(אִישׁ לֹא נֶעְדָּר)

권세에 있어서 크고 능력에 있어서 강력함으로
한 존재도 빠짐이 없다.

명사 츠바암(צְבָאָם)은 창세기 2:1, "천지와 만물이 다 이루어지니라"에서 나오는 그 '만물'과 동일한 단어다. 창세기 2:1은 '콜 츠바암'이라고 되어 있어서 그것들의 '만상/만물'들을 가리킨다. 봐여쿨루 하샤마임 붜하아레츠 붜콜-츠바암(וַיְכֻלּוּ הַשָּׁמַיִם וְהָאָרֶץ וְכָל-צְבָאָם). '그리고 하늘들이 다 완성되었다. 땅과 그것들의 만상들과 함께.' 콜-츠바암(כָל-צְבָאָם)에서 '그것들의'를 의미하는 '암'은 하늘들과 땅 둘 다를 가리키는 접미어일 수도 있고, '하늘들'만을 가리키는 접미어일 수도 있으나, 후자일 가능성이 크다. 하늘의 천체, 천군, 천사 등을 구

약성경은 모두 차바(צָבָא)라고 부른다. 구약성경에서 빈번하게 불리는 하나님의 호칭은 '만군의 여호와'다. 여호와 츠바오트(יְהוָה צְבָאוֹת)의 번역어다. 차바는 하나님이 소집하면 질서정연하게 정렬하는 천군천사적 존재들 또는 천체들을 가리킨다. 하나님이 창조하셨기 때문에 하나님은 하늘의 천군천사나 천체들을 다 세실 수 있을 뿐만 아니라 이름으로 부를 정도로 친숙하게 다스리신다. 하나님의 창조대권은 과거지사이거나 태고의 업적이 아니라 지금도 행사하시는 통치권이다. 바벨론이나 고대근동에서 신으로 섬기는 천체들은 하나님이 지으신 피조물이며, 하나님이 부르시면 달려와 정렬하는 천군천사적 순종의 피조물이다.^{시 103:20-22} 하나님의 권세와 권능은 너무 강하므로 단 한 존재도 누락 없이 이름으로 불러내실 수 있다. 하나님에게 누락은 없다. 이처럼 하나님은 천체들과 만물의 수를 세실 뿐만 아니라, 이름으로 불러가며 아시는 창조주이시기에 누락도 없고, 하나님의 시선이 놓치는 피조물도 있을 수 없다.

그런데 '여기 누락된 존재가 있소'라고 소리치는 존재가 있다. 야곱/이스라엘이다. 27절은 하나님의 창조대권과 섬세한 통치를 의심하는 이스라엘의 음성이다. '나의 길은 야웨께 숨겨졌으며 내 하나님은 내 송사를 모른 체하신다.' 마지막 소절 '내 하나님은 내 송사를 모른 체하신다'는 상황절이다. '나의 길은 야웨께 숨겨졌다. 그런데도 (이런 상황인데도) 내 하나님은 내 송사를 모른 체하신다.' 이런 의미다. 이 논지는 전체적으로 욥과 같은 항변이다. "나의 정당함을 물리치신 하나님, 나의 영혼을 괴롭게 하신 전능자의 사심을 두고 맹세하노니."^{욥 27:2}

28절은 다시 하나님의 답변이다. 이번에는 2인칭 남성 단수 '너'가 청중인데 앞의 2인칭 복수 남성 대명사 '너희'와 동일인이다. 이스라엘이 마땅히 갖춰야 할 으뜸 지식, 즉 하나님을 아는 지식이 없다

내 백성을 위로하라

는 책망조의 질문이다. 창조주 하나님은 창세기의 하나님이다. 성경의 첫 책이 창세기다. 그런데 이스라엘은 이런 창조주 하나님을 알지도 못하고 듣지도 못한 것처럼 의심하고 불평한다. 창조주 하나님은 공평과 정의의 기초 위에 세상을 창조하셨기에 억울하고 원통한 일을 수리하시지 않고 올바로 신원해주시지 않으면 그것은 창조질서를 파괴하는 불의와 불법이 된다. 하나님은 하나님의 시선이 닿지 않을 것 같은 땅 끝도 창조하신 하나님이다. '끝'은 사랑받지 못한다. 끝은 말석이며 열등의 자리이며 무시당하는 자리다. 그런데 하나님에게는 끝도 끝이 아니며 중심과 같다. 이스라엘은 강대국 바벨론에 비해, 바벨론 포로들은 자신들의 정복자인 바벨론 제국의 관원들에 비해 '끝'의 존재들이었다. 그런데 '끝'도 창조하신 하나님이시다. 억울하고 원통한 일, 그것은 땅 끝에서 벌어진 일이 아니다. 심지어 그렇다고 하더라도 하나님께서는 땅 끝까지 달려가서 신원하시고 소원을 들어주신다. 하나님은 쇠락衰落하지 않으시며 지치지 않으시고 그의 명철은 찾을 길 없이 심오하기 때문이다.[28절] 하나님은 소진하는 존재가 아니라 자기충족적, 자가공급적인 하나님이시기에 지치거나 피폐해지지 않으신다. 29절은 이런 하나님이 베푸시는 선물을 말한다. "피곤한 자에게는 능력을 주시며 무능한 자에게는 힘을 더하시나니." 피곤, 무능은 어떤 맥락에서 나오는 말일까? 31절에 비추어 볼 때 바벨론 귀환포로들의 출바벨론 가나안 귀환여정에서 오는 피곤과 무능일 가능성이 있다. 1,200킬로미터 먼 여정은 젊은이들마저도 탈진시킬 수 있는 고난의 대장정이다. 30절의 하반절에는 부정사 절대형이 정동사 앞에 나와 '정녕', '반드시'라는 부사적 의미를 강조한다. '젊은이들도 기력이 약해지고 지치고 피폐해지며, 강장한 청년들[바후림(בחורים)]이라도 정녕 쓰러지고 쓰러지리라.' 30절 하반절은 바후림을 주어로 하는 상황절이다. 앞 소절과 동시적으로 발생하는 부대상황을 묘사하기 위해, 접속사 바로 뒤에 주어가 오는 상황절이다. 출바벨론 가나안 고토 귀환여정은 젊은이들이 피곤하고 곤비케 될 뿐만 아니라 강장한 청년들마저도 확실히 쓰러지는 고난의 장정이라는 것이다.

31절은 이 절박한 상황에 대한 응답이다. '야웨를 앙망하는 사람들은 그들의 힘을 갱신할 것이며, 그들은 독수리처럼 날개짓하며 비상하리라. 그들은 달려도 곤비치 아니하겠고, 걸어가도 쇠약해지지 아니하리라.' 야웨를 앙망하는 행위는 고도로 단련된 신앙 수준이다. 하나님을 아는 지식에 단련되어 우상숭배의 허무함을 예리하게 지각해야 한다.

40장의 마지막 단락은 앞으로 전개될 우상숭배 탄핵의 서론이다. 21-31절의 논지를 요약하면 다음과 같다. 첫째, 우상숭배를 피하고 참 하나님에 대한 일편단심의 신앙 안에 거하려면 창조주 하나님에 대한 깊은 이해를 가져야 한다. 창조주 하나님이 또한 역사의 주관자, 즉 역사변혁(국가의 흥망성쇠), 사회변혁(방백은 무로 전락)의 주관자임을 올바로 이해해야 한다. 역사변혁의 상수이신 하나님에 대한 바른 이해만이 우상숭배의 유혹에서 건져준다.

둘째, 하나님의 절대적으로 거룩하심, 비길 수 없음을 알아야만 우리의 나뉘지 않은 전심의 충성심을 야웨께 바칠 수 있다. 창조주 하나님이 말씀으로 온 세상만물을 창조하시고, 삼라만상의 이름을 알고 계심을 알아야 우리는 역사 안의 염세주의, 허무주의, 비관주의, 피곤과 탈진, 무기력을 극복할 수 있다. 하나님이 영원히 자생자활自生自活의 창조주이자 지혜와 명철이 한이 없으신 분이심을 알아야만 우리는 야웨 하나님만을 앙망할 수 있다.

셋째, 창조주 하나님, 역사의 주관자 하나님만을 앙망해야만 독수리가 직승 비상하듯이 힘차게 날아오를 수 있다. 바벨론 땅으로부터 가나안 땅까지의 거리는 약 1,200킬로미터에 달하기 때문에 장정이라도 피곤하여 탈진케 되는 길이다. 야웨 하나님에 대한 앙망 없이는 도저히 걸어갈 수 없는 길이다. 하나님은 걸어갈 수 없을 정도로 너무나 먼 길을 날아갈 수 있게 하신다. 신앙은 독수리처럼 날아오르는 힘을 제공한다. 우상숭배는 우리의 힘을 소진시키지만 하나님만을 앙망하는 삶은 진실로 우리의 삶을 원기왕성하게 한다. 바벨론에서 다시 가나안으로 돌아가는 그 길은 야웨 하나님에 대한 초점 잡힌 앙망에서 솟아나는 날아오르는 힘으로 답파할 수 있다. 1,200킬로미터 대장정은 소년, 장정, 젊은이의 이름으로 안 된다. 그것은 오로지 야웨 하나님에 대한 앙망함으로 완주할 수 있는 대장정이다.

그런데 이스라엘/야곱은 지금 창조주 하나님, 그들의 영광스런 왕을 충분히 모른다. 그들은 오랫동안 바벨론 포로살이에 익숙해져 있다. 하나님이 그들의 하나님임을, 그들을 얼마나 사랑하고 돌보시는 권념으로 충만한지 모른다. 그들은 자신들의 억울한 사정은 하나님께 신원되거나 수리받지 못했다고 원통해 한다. 1,200킬로미터 고토 귀환의 대장정은 영혼과 육체를 지치고 피폐케 할 과업이라고 생각하는 불평하는 비관주의자다. 그들은 그들의 마음속에 똬리를 튼 절망적인 언어에 의하여 지배당하고 있다. 그러나 예언자를 통하여 하나님께서는 이스라엘/야곱에게 감동 넘치는 약속의 말씀을 봇물처럼 터뜨리신다. 그래도 이스라엘의 상상력의 지평은 협소화되어 있고 심히 제한되어 있다. 독수리 같은 관점이 아니라 메뚜기, 지렁이 같은 관점으로 자신과 현실을 본다. 하나님의 접시저울과 막대저울에 그들의 태산 같은 근심을 달아보지 않는다. 여기서 야곱과 이스라엘의 얼어붙은 마음, 냉담해져버린 마음을 움직이려고 분투하시는 하나님의 노력을 잠깐 주목해보자. 실의와 낙담과 좌절에 멍든 이스라엘/야곱에게 향하신 하나님의 의향을 살펴보자.

야곱아, 너를 창조하신 여호와께서 지금 말씀하시느니라. 이스라엘아, 너를 지으신 이가 말씀하시느니라. 너는 두려워하지 말라. 내가 너를 구속하였고 내가 너를 지명하여 불렀나니 너는 내 것이라.…… 두려워하지 말라. 내가 너와 함께 하여 네 자손을 동쪽에서부터 오게 하며 서쪽에서부터 너를 모을 것이며 내가 북쪽에게 이르기를 내놓으라. 남쪽에게 이르기를 가두어 두지 말라. 내 아들들을 먼 곳에서 이끌며 내 딸들을 땅 끝에서 오게 하며 내 이름으로 불려지는 모든 자, 곧 내가 내 영광을 위하여 창조한 자를 오게 하라. 그를 내가 지었고 그를 내가 만들었느니라.⁴³:¹⁻⁷

너희는 이전 일(바벨론 포로살이)을 기억하지 말며 옛날 일을 생각하지 말라. 보라, 내가 새 일을 행하리니 이제 나타낼 것이라. 너희가 그것을 알지 못하겠느냐. 반드시 내가 광야에 길을, 사막에 강을 내리니 장차 들짐승, 곧 승냥이와 타조도 나를 존경할 것은 내가 광야에 물을, 사막에 강들을 내어 내 백성, 나의 택한 자에게 마시게 할 것임이라. 이 백성은 내가 나를 위하여 지었나니 나를 찬송하게 하려 함이니라.…… 나 곧 나는 나를 위하여 네 허물을 도말하는 자니 네 죄를 기억하지 아니하리라.⁴³:¹⁸⁻²⁵

나의 종 야곱, 나의 택한 이스라엘아, 이제 들으라. 너를 만들고 너를 모태에서부터 지어 낸 너를 도와줄 여호와가 이같이 말하노라. 나의 종 야곱, 내가 택한 여수룬아, 두려워하지 말라.…… 이스라엘의 왕인 여호와, 이스라엘의 구원자인 만군의 여호와가 이같이 말하노라. 나는 처음이요 나는 마지막이라.…… 너희는 두려워하지 말며 겁내지 말라. 내가 예로부터 너희에게 들게 하지 아니하였느냐. 알리지 아니하였느냐. 너희는 나의 증인이라. 나 외에 신이 있겠느냐. 과연 반석은 없나니 다른 신이 있음을 내가 알지 못하노라.⁴⁴:¹⁻⁸

야곱아, 이스라엘아, 이 일을 기억하라.…… 내가 네 허물을 빽빽한 구름 같이, 네 죄를 안개 같이 없이하였으니 너는 내게로 돌아오라. 내가 너를 구속하였음이니라.…… 네 구속자요 모태에서 너를 지은 나 여호와가 이같이 말하노라. 나는 만물을 지은 여호와라. 홀로 하늘을 폈으며 나와 함께 한 자 없이 땅을 펼쳤고 헛된 말을 하는 자의 징표를 폐하며 점치는 자를 미치게 하며 지혜로운 자들을 물리쳐 그들의 지식을 어리석게 하며 그의 종의 말을 세워 주며 그의 사자들의 계획을 성취하게 하며 예루살렘에 대하여는 이르기를 거기에 사람이 살리라 하며 유다 성읍들에 대하여는 중건될 것이라, 내가 그 황폐한 곳들을 복구시키리라 하며.^{44:21-26}

이스라엘과 야곱을 향하신 하나님의 의향과 사랑의 결단이 이러할진대 1,200킬로미터 대장정을 앞둔 이스라엘과 야곱은 자신의 다리 근력이나 의지력을 믿지 말고, 이런 위대하고 희망찬 미래설계를 가지고 다시 고토로 부르시는 야웨 하나님을 앙망해야 한다. 깊은 좌절, 절망적인 낙담에 갇힌 영혼에게, 우리 스스로 하나님 말씀을 적용할 수 있다. 하나님과 함께 날아갈 1,200킬로미터, 위대한 비상을 꿈꾸며 우리는 영혼에게 고요히 타이른다. "내 영혼아, 네가 어찌하여 낙심하며 어찌하여 내 속에서 불안해 하는가. 너는 하나님께 소망을 두라. 나는 그가 나타나 도우심으로 말미암아 내 하나님을 여전히 찬송하리로다."^{시 42:11}

메시지

본문은 바벨론 포로들에게 막 이뤄진 사죄선언을 예루살렘/시온의 가슴에 와 닿게 전하라는 천상 메시지로부터 시작한다. 여기에 암시된 청중은 지금도 '바벨론 천하'인 것으로 알고 고향 시온으로 돌아가는 일을 주저하는 사람들이다. 천상 음성은 이들을 격동시켜 가나안 고토 귀환도상에 오르라고 강권한다. 오늘 이 말씀을 메시아 도래를 위한 준비 시나리오 각본으로 간주해 역사의 공적 무대에 올린 사람은 세례 요한이었다. 그는 자신의 청중에게 하나님 나라에로의 귀환을 강력하게 독려했다.

세례 요한은 특히 1-11절로 메시아 도래를 앙망하는 것이 무엇을 의미하는지를 실감나게 예시했다. 이사야 40:1-11을 묵상하고 자신의 시대에 적용한 세례 요한의 사역은 복음서 전체에서 중요하게 소개되고 있다. 먼저 마가복음 1:1-18을 살펴보자(병행본문 마 3:1-12; 눅 3:1-9, 15-17; 요 1:19-23).

마가복음의 내용을 압축하는 주제는 하나님의 아들 예수 그리스도의 "복음"이다.[1절] 이 복음은 40:9의 "므바세레트(아름다운 소식을 전하는 자)"에서 착상된 단어였을 것이다. 세례 요한이 말한 복음[유앙겔리온(εὐαγγελίον)]의 구체적 내용은 15절에 나온다. "때가 찼고 하나님 나라가 가까이 왔으니 회개하고 복음을 믿으라"[페플레로타이 호 카이로스 카이 엥기켄 헤 바실레이아 투 데우. 메타노에이테 카이 피스튜에테 엔 토 유앙겔리오(πεπλήρωται ὁ καιρὸς καὶ ἤγγικεν ἡ βασιλεία τοῦ θεοῦ· μετανοεῖτε καὶ πιστεύετε ἐν τῷ εὐαγγελίῳ)].

구약의 대표 예언자인 엘리야를 방불케 하는 세례 요한의 선구적 활동은 "때가 찼다"(페플레로타이 호 카이로스)는 말의 의미를 예해한다. 구약의 모든 예언은 하나님의 아들 메시아의 도래에 맞춰져 있다는 말이다(막 12장 포도원 소작인 비유; 눅 10:24; 갈 4:4). 세례 요한은 하나님 나라의 도래를 준비시키는 예비사역에 집중했는데 그것은 회개의 세례를 베푸는 사역이었다. 메시아의 선구자forerunner 세례자 요한의 사명선언을 뒷받침하는 성경구절[2절]은 이사야서와 말라기서에 나온다.[말 3:1; 4:5; 사 40:3] 왜 세례 요한은 특별히 이사야서를 붙들고 자기

사명선언의 토대로 삼았을까? 요한이 받은 사명[3절]이 이사야 40-55장에 나타나는 이스라엘의 회복과 시온의 위로라는 큰 주제 속에 있기 때문일 것이다. 특히 이사야서는 시온의 영광, 이스라엘 남은 자의 구원에 대한 가장 포괄적인 예언을 담고 있어서 주전 2세기부터 남은 자들에게 베스트셀러 성경책이었다.[19]

결국 이사야 40:3이 세례 요한의 케뤼그마(하나님 나라 선포)의 토대가 되었다. 세례 요한의 선구적 활동은 네 복음서 모두 증거한다.[20] 네 복음서의 세례 요한 본문에 다소 차이가 있지만, 공통점은 세례 요한의 케뤼그마, "회개하라 천국이 가까이 왔느니라"다.[마 3:2][21] 세례 요한은 자기의 사명을 메시아의 길을 예비하는 것과 메시아의 길을 평탄케 하는 것, 즉 회개촉구 사역으로 정리한다. 구약성경 이사야 40:3에서는 "광야"가 메시아의 길이 예비되는 곳이라면, 신약성경 마가복음에서는 "외치는 자의 소리"가 들리는 곳이다. 그러나 이 두 가지는 조화가 불가능한 것이 아니다. 빈 들, 광야는 주의 길을 예비하라고 외치는 예언자의 활동공간이면서 길이 만들어지는 곳이다. 즉 광야에서 외치는 자의 소리를 듣고 회개하는 곳에 바로 길이 만들어지기 때문이다. 길을 예비하고 평탄케 한다는 말은 회개를 통해 빈부격차가 극복되고 모세와 예언자들의 이상향이었던 바로 그 언약 공동체가 회복되는 것이다.

누가복음 3:7-14이 예해하듯이 주의 길을 예비하는 것은 곧 회개다. 회개의 구체적인 표현은 옷 두 벌 가진 자가 옷 없는 자에게 한 벌 주는 행위이며, 군인들이 강포를 그치고 정한 월급으로 만족하는 것이며, 세리들이 가렴주구를 그치고 늑징하지 않는 것이다. 이런 의미의 회개는 위로부터 임하는 성령의 감화감동 없이는 불가능한 일이다. 회개 자체가 하나님의 은혜로 가능하기 때문에, 회개하는 것에서부터 이미 하나님의 구원이 임한 것이다. 요한에게 회개는 마음으로 몰래 하는 것이 아니라, 공개적으로 자기 죄를 자복하는 행위다. 회개를 공적으로 천명하기 위해 물에 몸을 담가 씻어야 했다.

이런 세례 요구의 근거는 에스겔 36:25-27이다. "맑은 물을 너희에게 뿌려서 너희로 정결하게 하되 곧 너희 모든 더러운 것에서와 모든 우상숭배에서 너희를 정결하게 할 것이며 또 새 영을 너희 속에 두고 새 마음을 너희에게 주되 너희 육신에서 굳은 마음을 제거하고 부드러운 마음을 줄 것이며 또 내 영을 너희 속에 두어 너희로 내 율례를 행하게 하리니 너희가 내 규례를 지켜 행할지라."

25절은 물세례다. 26-27절^{롬 8:4}은 영의 세례를 가리킨다. 요한은 회개의 세례, 즉 자신의 죄를 자복하면서 요단강에 침수시키는 침례식을 거행한 것이다. 죄 용서를 약속하는 요한의 세례는 청중에게 죄 씻음 받고자 하는 영적 욕구를 불러일으켰고 그것은 전국적으로 큰 반향을 일으켰다. 모든 유대 농촌지역 사람들과 모든 예루살렘 사람들이 그에게 나아왔다. 유대지방과 예루살렘 사람들까지 "다" 나와서 자기 죄를 자복하고 세례 받았다(약간 다른 양상: 요 1:19-28 심문과 조사를 위해 파송된 예루살렘 사람들). 심지어 세리와 군병들도 양심의 찔림을 경험하고 씻고 싶다(영적 갱생)는 열망을 토로할 정도였다.^{눅 3:12-14}

요한의 영적 감응력은 어디서 연유하는 것일까? 몇 가지 실마리를 찾아볼 수 있다. 첫째, 그는 거룩한 영적 혈통을 타고 태어났다. 사가랴와 엘리사벳의 제사장 가문에 태어나 나실인으로 자랐다. 둘째, 이스라엘에 나타날 때까지 오랫동안 빈 들에서 수련기간을 보냈다. 하나님의 말씀의 성취를 기다리면서 긴 기간 기다렸다. 셋째, 그의 삶은 검소하고 단순했다. 막 1:6은 요한의 메시지와 그것이 가진 엄청난 영적 감응력이 그의 '단순한 삶'과 모종의 관련이 있음을 암시한다(눅 1:80; 3:2; 참조). "요한은 낙타털 옷을 입고 허리에 가죽 띠를 띠고 메뚜기와 석청을 먹더라."²² 세례 요한은 엘리야의 야생적인 수련 생활을 하고 있었다[말 4:5-6; 마 11:12-14(특히 14절)]. 요한은 이스라엘에 나타날 때까지, 그리고 공생애 내내 고도의 절제와 청빈으로 자기를 단련했던 것이다. 거룩하신 하나님과 영통하기 위하여 자신을 비우고 비웠다. 과잉 욕망, 비릿한 욕망을 비운 영인에게 하나님의 말씀이 쩌렁쩌렁 공명을 일으키며 소통되어 마침내 온누리에 퍼져나간다. 에밀레종의 원리는 자기비움을 통한 맥놀이(공명) 원리 아닌가? 세례 요한은 하나님 말씀이 쩌렁쩌렁 울려 퍼지도록 자기를 비움으로써 에밀레종처럼 되었다. 메시아를 만나기에 앞서 이스라엘을 회개케 할 사명을 띤 엘리야^{말 4:5-6}의 사명선언에 자기를 결박한 것이다. 요한은 말라기 4장의 엘리야 사역(회개운동)을 전개할 생각으로 이사야 40:3을 붙들었다. 그는 이 말씀에 근거해 메시아 영접을 위한 예비 작업, 즉 거족적 회개운동을 진작시킨 것이다.

세례 요한의 하나님 나라 운동을 보도하는 누가복음 병행본문^{3:1-14}은 이사야 40장을 좀 더 길게 인용하며 '주의 길을 예비하고 평탄케 하는' 사역의 의미를 부연하고 예해한다. 주의 길을 예비한다는 것은 '하나님 자녀들의 자발적이고 공동체적인 평탄작업을 통해 하나님의 통치가 나타나도록 하는 회개행위'를 가리킨다. 하나님의 현존인 하나님의 영광을 볼 수 있을 정도로 의롭고 자비로운 공동체로 거듭나기 위한 자발적인 회개운동이 바로 길을 만드는 작업이라는 것이다.^{사 58:11-12 23} 마침내 요한의 회개의 세례운동으로 세리들도 하나님 나라 운동에 참여하기 시작한다(막 2:15 "예수를 추종한 세리 무리 형성"; 눅 19:1-10). 군병들도 동참한다. 요한은 세리들에게 부과된 것 외에는 거두지 말라 하고,^{13절} 군인들에게는 강탈하지 말며 거짓으로 고발하지 말라고 촉구했다. 받는 급료를 족한 줄로 알라는 말도 덧붙였다. 세례 요한은 이처럼 위대한 회개운동을 벌이면서도 자신의 자리를 이탈하지 않았다. 그는 자신이 벌이는 물세례운동의 궁극적 지향을 말한다7-8절 "나보다 능력 많으신 이"는 곧 밝혀지겠지만 나사렛 예수를 가리킨다(비교. 마 3:13-17; 요 1:29, 31). 능력은 여기서 죄 사함의 권세를 가리킨다. 예수가 요한보다 능력 많은 분이라고 소개되는 이유는 나사렛 예수가 세상 죄를 지고 가는 어린양이기 때문이다. 예수는 세상 사람들의 죄 때문에 대신 벌 받고 골고다로 올라갈 것이기 때문이다. 그는 성령으로 세례를 주시는 분이 되기 위해 세상 죄를 지고 가는 어린양의 길로 들어선 것이다. 어린양은 도살장에 끌려가는 어린양이다. 하나님이 예비하신 제단에서 번제로 바쳐지고 속죄의 피를 흘려야 하는 제물이다.

앞서 말했듯이 성령으로 세례 받는 것은 하나님의 율법준수 능력을 받는 것을 의미한다(비교. 눅 3:7-14; 4:16-20; 행 2장). 하나님의 언약백성으로 인을 치시는 세례, 하나님의 자녀와 소유된 백성 삼는 결박식이다. 율법의 요구를 능히 행할 수 있게 만드는 세례다. 에스겔 36:26-27, 예레미야 31:31-34, 요엘 2:28-32, 이사야 32:15, 시편, 스가랴 등 많은 구절들이 성령의 보편적인 사역을 예언하고 있다. 물세례는 이방인 가운데서 이방인처럼 속화되고 부정케 된 하나님의 자녀들을 언약갱신으로 초청하는 의식儀式이며, 나사렛 예수의 성령세례를 이스라엘에 공적으로 도입하기 위한 예비세례다.

예언자들의 사명을 계승하는 설교자들은 먼저 믿지 않는 자보다는 믿는 자들, 소위 선민의식에 찌든 교회 내의 낡은 신자들을 향해 복음을 선포해야 한다. 아브라함 자손이라는 선민의식에서 깨어나 위기의식을 갖고 하나님 아버지께 거룩한 전향을 하도록 촉구해야 한다. 먼저 자신을 하나님 나라 복음에 전향시킨 후, 세례 요한처럼 쩌렁쩌렁한 음성으로 맛 잃은 소금 같은 선민들의 영혼을 요단강 세례 현장으로 불러내어야 한다. 회개는 입술의 문제가 아니라, 자신이 한 시대를 병들게 만든 중심 죄악에 참여했음을 인정하는 데서 시작되는 전인적 방향전환이다. 악한 경제 정치적인 구조와 체제의 수혜자 신분을 벗어나 우애와 자비가 넘치는 세상을 만드는 일에 앞장서는 행동이다. 탐욕, 배타, 독점의 풍조가 지배하는 이 세상에서, 부당한 재테크, 부동산투기, 어음사기, 리베이트 등 각종 직업상의 불의한 소득을 뿌리 뽑고 멈추어야 한다. 하나님의 영의 추동 없이는 회개는 일어나지 않는다. 세리, 군병, 죄인들은 모두 직업상 탐욕, 배타, 독점을 일삼아 자신을 부유케 하고 다른 이웃을 허기지게 한 죄인들이었다. 이들이 회개한다는 것은 로마 제국과 분봉왕 헤롯 통치의 말단 대행자들의 파업사태를 의미하며, 곧 사회변혁을 의미했다. 이런 의미의 회개는 욕망의 반분, 소유의 나눔, 권력의 비움, 타인 것에 대한 탐심 억제를 통해 구체화된다. 개인들의 소박하고 일상적인 회개가 축적되면 사회구조가 성화되고 세상이 성스럽게 바뀐다. 작지만 매일 행하는 회개는 엄청난 사회변혁의 폭발력을 내뿜는다. 이런 회개는 의롭고 공의로운 길을 추구하기에 불의한 방법으로 얻던 소득은 더 이상 발생하지 않는다. 그래서 회개하는 자는 일시적으로 소득 감소를 경험할 수도 있다. 이런 회개가 온누리에 퍼지면 하나님 나라가 세상에 확장된다.눅 24:44-47 회개는 우애와 우정, 친절과 자비의 총량을 증가시키며 결국은 사회통합을 가져온다. 그리하여 모든 육체가 하나님의 구원을 보고 하나님의 영광을 즐기는 하나님 나라가 된다.

특히 높아진 사람들이 구원받는 길은 낮아지는 것 외에 다른 길이 없다. 높아진 자는 계곡 아래로 내려올 때 구원받는다. 높아진 사람은 가난한 사람을 통해 구원받는다. 이것이 톨스토이가 후기에 발표한 문학작품들의 핵심 사상이다. 톨스토이 문학의 마지막은 부자가 가난한 자와 우정을 나눠 구원을 찾아가는 이야기다. 지상의 모든 가난한 자들은 천국에서 부자를 구원하기 위해 보낸 천사들이라는 것이다. 잠언서는 저 깊은 골짜기 아래 하나님의 영광이 보이지 않는 곳에서 살아가는 가난한 자들을 주시하고 돌보도록 격려하는 하나님의 속마음을 다채롭게 펼쳐보인다.

흩어 구제하여도 더욱 부하게 되는 일이 있나니 과도히 아껴도 가난하게 될 뿐이니라. 구제를 좋아하는 자는 풍족하여질 것이요 남을 윤택하게 하는 자는 자기도 윤택하여지리라.^{잠 11:24-25}

이웃을 업신여기는 자는 죄를 범하는 자요 빈곤한 자(아나빔)를 불쌍히 여기는 자는 복이 있는 자니라.^{잠 14:21}...... 가난한 사람(달)을 학대하는 자는 그를 지으신 이를 멸시하는 자요 궁핍한 사람(에브욘)을 불쌍히 여기는 자는 주를 공경하는 자니라.^{잠 14:31; 마 25:40}

가난한 자(달)를 불쌍히 여기는 것은 여호와께 꾸어 드리는 것이니 그의 선행을 그에게 갚아 주시리라.^{잠 19:17}

귀를 막고 가난한 자(달)가 부르짖는 소리를 듣지 아니하면 자기가 부르짖을 때에도 들을 자가 없으리라.^{잠 21:13}

부한 자(아쉬르)와 가난한 자(라쉬)가[24] 함께 살거니와(니퍼가슈)[25] 그 모두를 지으신 이는 여호와시니라.^{잠 22:2}

가난한 자(달림)를 학대하는 가난한 자(라쉬)는 곡식을 남기지 아니하는 폭우 같으니라.^{잠 28:3}...... 가난한 자(라쉬)를 구제하는 자는 궁핍하지 아니하려니와 못 본 체하는 자에게는 저주가 크리라.^{잠 28:27}

의인은 가난한 자(달린)의 사정(딘)²⁶을 알아 주나 악인은 알아 줄 지식이 없느니라.^{잠 29:7} …… 가난한 자(라쉬)와 포학한 자(이쉬 터카킴)가 섞여 살거니와(니퍼가슈) 여호와께서는 그 모두의 눈에 '빛을 주시느니라'(메이르). 왕이 가난한 자를 성실히 신원하면 그의 왕위가 영원히 견고하리라.^{잠 29:13-14}

상해 임시정부의 지도자인 조소앙은 시민의 양심에 호소하는 계몽적 삼균주의를 주창했다. 정치와 교육과 의료, 주택 등 인간의 기본적인 생존권을 평균케 하는 삼균주의를 광복된 조국에 실현시켜야 한다는 것이다. 그는 이렇게 하면 공산당이 들어올 수 없고, 공산당의 선동을 이겨낼 수 있다고 생각했을 것이다. 그러나 정치나 정책의 힘만으로 삼균주의는 실현될 수 없다. 정치가 강제력을 가진 법에만 호소할 때 정치는 독재적 억압적 괴물이 되기 쉽다. 하나님 나라는 은혜의 주도적 역할과 성령의 감화감동에 기대어 사람들을 다스린다. 느리지만 견실한 열매를 거둔다. 따라서 기독교적 이상을 정치에 접목하려고 할 때 권력이나 법의 권능에 의존하는 것은 극도로 조심해야 한다. 하나님 나라 일꾼들은 모택동이나 스탈린처럼 절대로 폭력으로 자본가계급이나 부자들을 낮추지 말고, 은혜로 그들의 마음을 부드럽게 하여 거룩하게 평탄화 과업을 이뤄야 한다. 먼저 산마다 높아진 봉우리 계급들이 사회를 거룩한 평탄대로로 만들기 위해 스스로 자기에게 손해가 되는 제도와 관습을 만들어 가난한 사람들도 하나님의 영광을 볼 수 있게 해줘야 한다. 하나님의 은혜에 감동된 사람만이 자기에게 손해가 되는 법을 만드는 일에 찬성표를 던질 수 있다. 지난 세기에 전 세계를 피로 물들게 만든 파시즘, 나치즘, 그리고 공산주의는 모두 폭력의존적인 강제적 평탄화를 추진한 악마적인 세력들이었다. 은혜의 말씀으로 설득해 사회를 평탄화할 때 폭력과 철퇴를 휘둘러 평탄케 하려는 세력을 막을 수 있다. 하나님의 말씀을 들고 성령의 감화감동으로 추진된 자발적 평탄화만이 하나님의 영광이 빛나는 하나님 나라의 표징이 된다. 하나님 나라와 흑암의 나라를 가장 쉽게 분별하는 길은, 개인의 자유와 양심을 억압하는지 존중하는지 여부다. 그래서 하나님 나라의 통치도구는 거대한 법전, 감시, 처벌기구가 아니라 오로지 말씀과 영의 감화감동이다.

41장.

두려워하지 말라, 내가 너를 굳세게 하리라

41

¹섬들아, 내 앞에 잠잠하라. 민족들아, 힘을 새롭게 하라. 가까이 나아오라. 그리고 말하라. 우리가 서로 재판 자리에 가까이 나아가자. ²누가 동방에서 사람을 일깨워서 공의로 그를 불러 자기 발 앞에 이르게 하였느냐. 열국을 그의 앞에 넘겨 주며 그가 왕들을 다스리게 하되 그들이 그의 칼에 티끌 같게, 그의 활에 불리는 초개 같게 하매 ³그가 그들을 쫓아가서 그의 발로 가 보지 못한 길을 안전히 지났나니 ⁴이 일을 누가 행하였느냐. 누가 이루었느냐. 누가 처음부터 만대를 불러내었느냐. 나 여호와라. 처음에도 나요 나중 있을 자에게도 내가 곧 그니라. ⁵섬들이 보고 두려워하며 땅 끝이 무서워 떨며 함께 모여 와서 ⁶각기 이웃을 도우며 그 형제에게 이르기를 너는 힘을 내라 하고 목공은 금장색을 격려하며 망치로 고르게 하는 자는 메질꾼을 격려하며 이르되 땜질이 잘 된다 하니 그가 못을 단단히 박아 우상을 흔들리지 아니하게 하는도다. ⁸그러나 나의 종 너 이스라엘아, 내가 택한 야곱아, 나의 벗 아브라함의 자손아, ⁹내가 땅 끝에서부터 너를 붙들며 땅 모퉁이에서부터 너를 부르고 네게 이르기를 너는 나의 종이라, 내가 너를 택하고 싫어하여 버리지 아니하였다 하였노라. ¹⁰두려워하지 말라. 내가 너와 함께 함이라. 놀라지 말라. 나는 네 하나님이 됨이라. 내가 너를 굳세게 하리라. 참으로 너를 도와 주리라. 참으로 나의 의로운 오른손으로 너를 붙들리라. ¹¹보라, 네게 노하던 자들이 수치와 욕을 당할 것이요 너와 다투는 자들이 아무것도 아닌 것 같이 될 것이며 멸망할 것이라. ¹²네가 찾아도 너와 싸우던 자들을 만나지 못할 것이요 너를 치는 자들은 아무것도 아닌 것 같고 허무한 것 같이 되리니 ¹³이는 나 여호와 너의 하나님이 네 오른손을 붙들고 네게 이르기를 두려워하지 말라. 내가 너를 도우리라 할 것임이니라. ¹⁴버러지 같은 너 야곱아, 너희 이스라엘 사람들아, 두려워하지 말라. 나 여호와가 말하노니 내가 너를 도울 것이라. 네 구속자는 이스라엘의 거룩

한 이이니라. ¹⁵보라, 내가 너를 이가 날카로운 새 타작기로 삼으리니 네가 산들을 쳐서 부스러기를 만들 것이며 작은 산들을 겨 같이 만들 것이라. ¹⁶네가 그들을 까부른즉 바람이 그들을 날리겠고 회오리바람이 그들을 흩어 버릴 것이로되 너는 여호와로 말미암아 즐거워하겠고 이스라엘의 거룩한 이로 말미암아 자랑하리라. ¹⁷가련하고 가난한 자가 물을 구하되 물이 없어서 갈증으로 그들의 혀가 마를 때에 나 여호와가 그들에게 응답하겠고 나 이스라엘의 하나님이 그들을 버리지 아니할 것이라. ¹⁸내가 헐벗은 산에 강을 내며 골짜기 가운데에 샘이 나게 하며 광야가 못이 되게 하며 마른 땅이 샘 근원이 되게 할 것이며 ¹⁹내가 광야에는 백향목과 싯딤 나무와 화석류와 들감람나무를 심고 사막에는 잣나무와 소나무와 황양목을 함께 두리니 ²⁰무리가 보고 여호와의 손이 지으신 바요 이스라엘의 거룩한 이가 이것을 창조하신 바인 줄 알며 함께 헤아리며 깨달으리라. ²¹나 여호와가 말하노니 너희 우상들은 소송하라. 야곱의 왕이 말하노니 너희는 확실한 증거를 보이라. ²²장차 당할 일을 우리에게 진술하라. 또 이전 일이 어떠한 것도 알게 하라. 우리가 마음에 두고 그 결말을 알아보리라. 혹 앞으로 올 일을 듣게 하며 ²³뒤에 올 일을 알게 하라. 그리하면 너희가 신들인 줄 우리가 알리라. 또 복을 내리든지 재난을 내리든지 하라. 우리가 함께 보고 놀라리라. ²⁴보라, 너희는 아무것도 아니며 너희 일은 허망하며 너희를 택한 자는 가증하니라. ²⁵내가 한 사람을 일으켜 북방에서 오게 하며 내 이름을 부르는 자를 해 돋는 곳에서 오게 하였나니 그가 이르러 고관들을 석회 같이, 토기장이가 진흙을 밟음 같이 하리니 ²⁶누가 처음부터 이 일을 알게 하여 우리가 알았느냐. 누가 이전부터 알게 하여 우리가 옳다고 말하게 하였느냐. 알게 하는 자도 없고 들려 주는 자도 없고 너희 말을 듣는 자도 없도다. ²⁷내가 비로소 시온에게 너희는 이제 그들을 보라 하였노라. 내가 기쁜 소식을 전할 자를 예루살렘에 주리라. ²⁸내가 본즉 한 사람도 없으며 내가 물어도 그들 가운데에 한 말도 대답할 조언자가 없도다. ²⁹보라, 그들은 다 헛되며 그들의 행사는 허무하며 그들이 부어 만든 우상들은 바람이요 공허한 것뿐이니라.

주석

야웨는 이스라엘을 대적하고 우상을 숭배하는 열방을 도전하신다. 하나님은 근본적으로 이스라엘을 선택하시고 보호하시고 회복하시는 하나님임을 스스로 증명하신다. 자연/삼라만상도 야웨 하나님이 참 유일하신 하나님이며 역사를 창조하시는 하나님이심을 증명한다.[41:1-29] 41장은 섬들과 땅 끝을 소환하시는 하나님,[1-7절] 버려지 같은 이스라엘을 붙들고 견인하시는 하나님,[8-20절] 미래를 기획하고 예언하시는 역사의 주관자 하나님[21-29절]으로 나뉜다. 그런데 하나님은 '우상 숭배' 하는 자들 중에서 기쁜 소식을 전할 자[므바세르(מְבַשֵּׂר)]를 찾지 못해 안타까워하신다.

섬들과 땅 끝을 소환하시는 하나님 •1-7절

이 단락의 청중은 섬들[이임(אִיִּים)], 민족들[러움밈(לְאֻמִּים)], 땅 끝[크초트 하아레츠(קְצוֹת הָאָרֶץ)]이다. 원래 예언자가 이 신탁을 받을 때는 이 단어들이 특정 지역이나 사람들을 가리켰을 가능성이 있으나, 지금 문맥에서는 특정 섬들이나 민족들을 염두에 두지 않고 읽어도 된다. 섬들, 민족들, 땅 끝은 온 세계변방을 통칭하는 상투어로 봐도 된다. 특히 우상숭배자들을 총칭하는 단어들이다. '섬들'은 고립된 지역을 가리키고, 민족들을 의미하는 러움밈은 혈연과 종교관습으로 촘촘하게 결속된 공동체를 가리킨다. '땅 끝'은 이스라엘의 서쪽 끝(지중해 연안) 지역을 가리킬 뿐만 아니라 하나님과 심리적으로 먼 거리에 있는 자들의 거처이다.

1절은 그들을 재판 자리에 초청하는 하나님의 초청장이다. 섬들과 열방에게 '잠잠하며 힘을 새롭게 하여 가깝게 나아오라'고 하신다. 이 초청은 하나님과 우상 사이에 누가 역사의 주재자인가를 가려보자는 법정소환인 셈이다. 2-4절은 재판에서 심리할 내용이다. 재판[미쉬파트(מִשְׁפָּט)]의 목적은 역사를 주관하시는 신이 누군지를 밝히는 것이다. 누가 동방에서 일어난 한 사람(고레스를 가리키는 말)을 통해 역사의 격변을 추동하는가? 누가 그를 공의로 불러 자기 발 앞에 대기하게 하며 누가 열국과 열왕의 통치권을 넘겨주었는가? 누가 열왕을 그의 칼과 활에 넘겨 사정없이 패퇴하게 하였는가?²절 2절의 마지막 소절에 대한 개역개정 번역은 의역에 가깝다. 이 마지막 소절을 음역하고 직역하면 다음과 같다. 미…… 이텐 케아파르 하르보 커카쉬 니다프 카쉬토(מִי …… יִתֵּן כֶּעָפָר חַרְבּוֹ כְּקַשׁ נִדָּף קַשְׁתּוֹ). '누가 그의 칼을 먼지처럼 만들어 그의 활이 검불처럼 흩날리게 하였는가?' 여기서 아파르(먼지)는 허무한 것을 의미하며 '이텐'의 원형인 나탄(נתן) 동사는 '되게 하다', '만들다'를 의미한다. 고레스의 칼이 아주 많은 먼지처럼 적군진영에게 겨누어지고 그의 활이 초개나 검불처럼 적진을 향해 흩날리는 상황이다.

2절 상반절의 개역개정 번역도 히브리어 구문을 무시한 번역이다. 2절 상반절 히브리어 구문을 직역하면, '누가 동방에서 한 의인(혹은 의義)[1]을 일으켰으며 그를 자기 발 앞으로 불렀는가? (누가) 그에게 열국을 넘겨주며 왕들을 (왕좌에서) 끌어내리는가?' 미 헤이르 밈미즈라흐 체데크 이크라에후 러라글로 이텐 러파나브 고임 우믈라킴 요리드[2](מִי הֵעִיר מִמִּזְרָח צֶדֶק יִקְרָאֵהוּ לְרַגְלוֹ יִתֵּן לְפָנָיו גּוֹיִם וּמְלָכִים יֹרְד). 개역개정은 고레스를 암시하는 듯한 이 의인을 '공의로'라고 번역했고, 히브리어 문장에 없는 '사람'이라는 단어를 삽입시켜 번역했다.[3] 한 동방출신 이방 군주를 '의인'으로 부르는 것[4]을 곤혹스럽게 여긴 번역자의 고의적 오역으로 보인다. 이방 군주를 야웨 자신의 눈앞에 의로운 사람이라고 부르는 전통은 예레미야에게서 더 명시적으로 나타난다. 예레미야 27:5은 느부갓네살을 '의인'이라고 부른다. "나는 내 큰 능력과 나의 쳐든 팔로 땅과 지상에 있는 사람과 짐승들을 만들고 내가 보기에 옳은 사람에게 그것을 주었노라." 예레미야 27:5의 히 브리어 본문은 다음과 같다. 우느타티하 라아셰르 야샤르 브에나이 (וּנְתַתִּיהָ לַאֲשֶׁר יָשַׁר בְּעֵינָי). 우느타티하는 '주다'를 의미하는 히브리어 나탄(נתן) 동사의 와우연속법 완료다.^{waw consecutive perfect} 내 눈에 보기에 '의로운'(יָשַׁר=올바른) 사람에게 통치권을 일시적으로 위임하신다는 것이다.^{단 2:37-38; 4:32; 5:18-19} 유다 농민의 땅을 빼앗아 자유를 박탈하는 데 앞장선 유다 왕국의 악한 토착 엘리트 집단을 느부갓네살이 붕괴시 켰고, 그 결과로 땅이 가난한 사람들에게 할당되었기 때문에^{렘 52:16} 예 레미야는 그를 의로운 사람이라고 본 것이다. 그래서 하나님은 유다 토착 지배세력보다는 느부갓네살에게 통치위임을 하신다. "이제 내 가 이 모든 땅을 내 종 바벨론의 왕 느부갓네살의 손에 주고 또 들짐 승들을 그에게 주어서 섬기게 하였나니."^{렘 27:6} 역대기 저자는 예레미 야의 이런 사상을 이어받아, 바벨론 포로기 70년은 토지지배 권력자 들이 열 번이나 지키지 않고 건너뛴 안식년(가난한 자들에게 토지를 돌 려주고 부채를 청산해주는 해, 레 25:1-7)을 일괄해 지키는 의례라고 보 았다.^{대하 36:21} 한 이방 군주를 불러 그에게 통치권을 위임하는 하나님 의 섭리는 이사야 41:2-3에서도 일어난다. 이사야 44:28-45:8은 고 레스의 사역을 집약한다. 그는 야웨가 당신의 백성 이스라엘을 위해 세운 목자로서, 열방을 정복함으로써 야웨 하나님의 공의가 하늘에 서 비처럼 내리고 구원이 땅에서 돋아나도록 촉진하는 대리자다. 그 는 이런 하나님의 세계권력 재편 목적을 위해 긴요한 '의인'인 것이다.

3절은 동방에서 일어난 세계의 정복자가 전인미답의 정복지를 무 사하게 종횡무진했음을 가리킨다.^{사 45:1-2} 3절의 히브리어 구문을 음 역하면 다음과 같다. 이르더펨 야아보르 샬롬 오라흐 쁘라글라이브

두려워하지 말라, 내가 너를 굳세게 하리라

로 야보(יִרְדְּפֵם יַעֲבוֹר שָׁלוֹם אֹרַח בְּרַגְלָיו לֹא יָבוֹא). '그가 그들을 추적하며 평화를 넘어간다. 그의 발로 가보지 않은 길(로 넘어간다).' 샬롬(평화)을 개역개정은 "안전히"라는 부사로 의역한 것이다. 그러나 전체적으로 히브리어 원문의 의미를 살려서 번역했다. 그런데 평화를 의미하는 명사 샬롬을 부사로 번역하려면 샬롬 앞에 전치사 쁘(בְּ)나 전치사 러(לְ)가 있어야 한다. 히브리어 시문(특히 이사야서)에는 영어식으로 생각하면 관계대명사가 있어야 할 곳에 관계대명사나 관계사[아셰르(אֲשֶׁר)]를 생략하는 경우가 대부분이다. '그의 발로 (그가) 가보지 못한 길'이라고 번역한 개역개정은 관계대명사를 집어넣어서 번역한 셈이다.[5] 여기서 히브리어 원문을 최대한 직역하면 이렇게 번역할 수 있다. '그가 그들을 추적하며 넘어간다. 평화! 그의 발로 가보지 않은 길(로 넘어간다).' 이렇게 번역하면 하나님이 그 정복자를 공의로 불렀다는 언급과 조화가 된다. 하나님이 세운 정복자의 열방 정복의 목적이 샬롬, 즉 평화라는 것이 강조된다. 자신의 발로 가보지 못한 길로 달려가는 정복자의 목적이 샬롬이라는 것이다.

4절은 누가 이 동방의 정복군주를 일으켜 역사를 격변시키는 주도자인지 묻고 대답한다. "나 여호와라. 처음에도 나요 나중 있을 자에게도 내가 곧 그니라." 이스라엘의 하나님 야웨가 세계역사의 변화를 주도하며 만대를 불러내는 역사의 주관자시다. 5절은 야웨 하나님의 역사변혁적 기세 앞에 섬들과 땅 끝이 보이는 반응을 보도한다. 일단 그들은 두려워하며 무서워 떨며 함께 모인다. 한데 모여 두려움과 공포를 분산시키려고 한다. 그런데 이 두려움이 그들로 하여금 야웨 하나님께 돌이키게 하는 것이 아니라 우상숭배에 더욱 열정적으로 의지하게 만든다. 그들은 각기 이웃을 도우며 형제에게 우상숭배의 길에서 이탈하지 말라고 격려한다.[6절] "너는 힘을 내라." "목공은 금장색을 격려하며 망치로 고르게 하는 자는 메질꾼을 격려하며" 다음과 같이 말한다. "땜질이 잘 된다." 그들은 메질꾼이 "못을 단단히 박아 우상을 흔들리지 아니하"게 만들도록 격려한다.[7절] 자신들이 전통적으로 믿어온 우상들이 역사적 위기로부터 자신들을 구원하지 못하는데도 우상숭배자들은 어리석게도 우상숭배에 더욱 매달린다. 하나님에 대한 참된 신앙이 사라진 곳에는 유연한 사고, 전화위복의 상상력은 없어지고 자기파멸적 사고의 경직화만 발생한다.

버러지 같은 이스라엘을 붙들고 견인하시는 하나님 ● 8-20절

이 단락은 이스라엘 본토에서 추방당하여 수백 년 동안 이방 땅을 유랑하던 이스라엘 백성들에게 주시는 위로의 말씀이다. 애굽-앗수르-바벨론-페르시아로 이어지는 강대국의 틈바구니 속에서 간신히 살아남은(참조. 겔 23장) 극히 작은 무리의 이산민離散民, 디아스포라 공동체 이스라엘의 포로들에게 들려주는 약속의 말씀이다. 야곱 자손은 200년 이상 강대국들의 군홧발 아래 유린당한 상처를 안고 사는 무리다. 자신들이 하나님의 선택을 받은 백성이라는 사실은 아예 잊힌 과거일 뿐이다. 어디를 둘러보아도 그들에게 하나님의 호의와 자비의 흔적은 보이지 않았다. 강대국의 억압적 통치자들은 그들을 잔인하게 착취하고 유린했다. 강대국들은 그들에게 다투던 자요, 노하던 자요, 싸우던 자요, 치던 자들이었다. 이스라엘은 200년 이상 강대국 틈바구니에서 이처럼 학대와 멸시를 한 몸에 받고 살다가 한 마리 지렁이처럼 축소되어 버렸다. 원래는 하늘을 활강하던 기개 높은 독수리들이건만,[출 19:4; 신 32:11-12] 이제는 한 마리 지렁이가 되고 말았다. 피해의식과 악몽, 매 맞고 유린당한 기억만이 그들의 유산이었다. 이런 슬픔과 비탄 속에서 이스라엘 백성은 이제 고토로 돌아간다. 그러나 그들의 본토귀환의 길은 광야요 사막이다. 참으로 그들은 가련하고 빈핍한 자였으며 광야 여정에서 물이 없어서 쇠잔해가고 있다.

이런 상황에서 8절의 "그러나"는 야웨 하나님의 언약적 투신을 강조적으로 도입한다. 8절에서 이스라엘을 부르는 호칭은 세 가지다. "나의 종 너 이스라엘아", "내가 택한 야곱아", "나의 벗 아브라함의 자손아." 여기서 특히 주목할 단어는 "나의 벗"이다. "나의 벗"이라고 번역된 히브리어 오하비(אֹהֲבִי)는 '나를 사랑하는 자', 혹은 '나의 사랑하는 자'를 의미한다. 여기서 '사랑하다'라는 단어는 계약함의적인 용어다. 고대근동의 종주-봉신 조약에서는 봉신이 종주를 사랑할 의무를 진다. 신명기에 자주 나오는 '사랑하다'라는 동사도 같은 맥락에서 이해된다.^{신 5:10; 6:5; 10:12; 11:1, 13; 왕상 5:1-5; 대하 20:76} 하나님은 지금 아브라함의 후손들을 구원하고 다시 가나안 땅에 재정착시키려고 하는 행위를 당신께서 아브라함과 맺은 언약을 지키려는 노력의 일환이라고 말씀하시는 것이다. 하나님의 바벨론 포로 구출과 언약적 지탱은 수백 년에 걸쳐서 성취되는 아브라함 언약에 대한 하나님의 의리를 일순간에 상기시킨다.

9-16절은 몽환적인 수준의 구원 신탁이다. '두려워하지 말라', '내가 너를 붙들리라', '내가 너를 도와주리라.' 이사야 40-55장을 관통하는 감미로운 후렴구들이다. 바벨론 포로살이의 악몽과 상처를 치유하시겠다는 구원 약속이다. 먼저 9절은 땅 끝과 땅 모퉁이로 쫓겨갔던 이스라엘을 불러 하나님의 택한 백성임을 확신시킨다. 하나님은 죄악에 대한 심판으로 가나안 땅을 잃고 땅 끝으로 추방된^{신 28:36, 64} 당신의 백성을 다시 부르신다.^{왕상 8:47-48} 붙들고 확신을 주신다. "너는 나의 종이라. 내가 너를 택하고 싫어하여 버리지 아니하였다." '비록 죄를 짓고 먼 이방 땅의 난민으로 와 살지만 이스라엘 너는 내 종이며, 너를 내 백성 삼은 선택 결정은 취소되지 않았다. 내가 너를 바벨론으로 추방해 포로살이를 시킨 것은 너를 싫어했기 때문이 아니라

너를 정결케 하고 단련시키고자 함이었다.' 가나안 땅에서는 자발적으로 우상숭배를 함으로써 야훼의 격노를 일으킨 반면, 역설적으로 바벨론 포로들은 '강요된' 우상숭배에는 저항하는 법을 배웠다.^{단 3장} 하나님 한분 외에는 누구에게도 절을 하거나 경배해서는 안 된다는 것을 확실히 터득했다.^{에스더서}

10절은 9절보다 더 심화된 구원 약속이다.[7] 10절에는 구원 신탁의 전형이 나오고 하나님의 1인칭 단수 대명사(아니)도 두 번이나 반복된다. 10절을 히브리어로 음역하고 직역하면 다음과 같다.

알-티라 키 임머카-아니(אַל־תִּירָא כִּי עִמְּךָ־אָנִי)
두려워 말라. 왜냐하면 너와 함께 다른 이가 아닌 바로 내가 있기 때문이다.

알-티쉬타[8] 키 아니 엘로헤카(אַל־תִּשְׁתָּע כִּי־אָנִי אֱלֹהֶיךָ)
낙담하지 말라. 왜냐하면 다른 이가 아니라 바로 내가 네 하나님이기 때문이다.

임마츠티카[9] 아프[10]-아자르티카(אִמַּצְתִּיךָ אַף־עֲזַרְתִּיךָ)
너를 결국 강하게 하리라. 더군다나 내가 끝까지 너를 도우리라.

아프-터마크티카 삐민 치드키(אַף־תְּמַכְתִּיךָ בִּימִין צִדְקִי)
더군다나 내가 너를 내 의로운 손으로 끝내 붙들어주리라.

10절은 구원 신탁의 첫 요소인 '두려워 말라'로부터 시작되어 임재와 동행의 약속으로 점층적으로 움직인다. "내가 너와 함께 함이라." 야훼 하나님이 함께하신다는 것은 구약시대 이스라엘이 경험할 수 있는 궁극 구원이다. 10절 하반절은 "놀라지 말라"라고 말함으로써 앞으로 전개될 구원 약속이 믿기 힘들 정도로 감격적일 것임을 암시한다. 구약의 유명한 계약체결 확증 공식구문이 나온다. "나는 네하나님이 됨이라." 하나님의 임재와 보호를 의미하면서 더 구체적으로 이스라엘에게 거주할 땅을 선사해주시겠다는 말이다. 이 계약체결 공식구문이 처음 등장하는 곳은 창세기 17:7-10이다. 하나님이 아브라함에게 하나님이 되어주시겠다는 약속이 여기서 처음 나온다. 하나님은 아브라함과 그 후손에게 땅과 언약적 율법을 주심으로써 그들에게 하나님이 되어주신다. 아브라함과 그 후손은 할례를 행함으로, 즉 하나님의 율법을 세대를 넘어 지키고 준수함으로써 야웨의 백성이 된다. 하나님과 아브라함은 상호속박적 쌍무언약에 들어간다. 하나님이 아브라함에게 율법을 다 지켜 행하라고 요구하려면 땅을 주셔야 한다. 여기서 하나님이 바벨론 포로들에게 '하나님이 되어주시겠다'는 약속을 하신 것은, 가나안 고토로 바벨론 포로들을 다시불러들여 재정착시켜 주시겠다는 것을 의미한다. 하지만 가나안 복귀여정은 위험하고 고난에 가득찬 과업이 될 것이다. 그래서 하나님은 위축되기 쉬운 이스라엘을 굳세게 하고 사방에서 에워싸는 대적들의 공격으로부터 지켜 도와주실 것이라고 확약하신다. 이 다중적 약속의 백미는 10절의 마지막 소절이다. "참으로 나의 의로운 오른손으로 너를 붙들리라." 하나님의 오른손은 신적 친절과 견인사역을 담당하는 손이다.[출 15:6, 12; 시 63:8] 하나님의 오른손은 부축하고 지탱시키는 손이다. 신원하고 옹호하는 손이 의로운 오른손이다. 하나님의 신적 견인이 이스라엘을 지탱시키고 하나님의 언약 속으로 굳게 결속시키겠다는 약속이다. 하나님이 이스라엘을 다시 언약의 결속으로 초청하시겠다는 뜻이다. 또한 이스라엘을 가나안 땅으로 복귀시키겠다는 약속의 암시적 표현이다. 이스라엘은 가나안 땅 하나님이 주신 기업에 살 때 하나님의 율법과 언약을 지킬 의무를 백퍼센트 수행하며 이 과정에서 하나님께 결속되어 있음을 느낄 것이기 때문이다.

11-12절은 학대받고 유린당하던 과거의 악몽으로부터 치유를 약속하는 하나님의 구원 신탁이다. 비록 이스라엘은 하나님께 죄를 지어 이역만리로 추방되는 징벌을 받았지만 그것이 곧 이방 정복자들의 잔악한 인권유린이나 학대를 정당화하지는 않는다. 이스라엘의 정복자들은 더 큰 앙화映禍를 자초하게 된다. 이스라엘에게 노하던 자들은 수치와 욕을 당할 것이요 이스라엘과 다투는 자들은 영락하며 종국적으로 멸망할 것이다. 북이스라엘을 무너뜨리고 그의 국가 기간요원들을 포로로 잡아간 앗수르는 비참하게 멸망당했다.사 14:24-27; 30:27-33 유다를 멸망시킨 바벨론의 멸망은 더욱 비참했다.사 13-14장; 렘 50-51장 작은 나라들과 약소 민족을 괴롭힌 강대국들은 느리지만 확실한 하나님의 심판의 돌에 산산조각 나서 먼지처럼 흩어질 것이다.단 2:35-44 이스라엘이 자기를 괴롭힌 강대국을 찾아도 만나지 못할 것이다. 이스라엘을 치는 자들은 아무것도 아닌 것 같이 허무하게 몰락할 것이기 때문이다.12절 지금도 강대국들의 폭력과 무력시위가 세계를 진동하지만, 하나님 앞에 그 열강들의 군사력 과시는 곧 허무한 것으로 판명될 것이다. 공평과 정의의 하나님이 우주의 주재자요 열방의 통치자로 존재하시는 한 세계역사는 제국들의 몰락 퍼레이드가 될 수밖에 없다. 우리 하나님은 폭력숭배의 하나님이 아니라 사랑과 인애, 공평과 정의의 하나님이시기 때문이다. 작은 나라와 민족을 쳐부수고 복속시키려고 위협하는 강대국들은 반드시 쇠락하며 멸망할 것이다.

13절은 9-10절의 위로와 구원 신탁을 되풀이한다. 14절에서 처음으로 이스라엘을 아주 보잘것없는 미물에 비유하는 수사가 등장한다. 열강들에게 시달리는 긴 세월을 거치는 동안 하나님 백성의 존엄한 정체성을 잃은 이스라엘은 이제 극도의 위축감과 왜소감을 느끼는 버러지(지렁이) 수준의 존재 축소를 경험하고 있다. 두려움이 극에 달하면 몸과 정신은 마비되고 축소되어 느리게 땅위를 기어 다니는 지렁이 같은 존재로 작아진다. 바벨론 포로살이가 끝났다고 하지만 거대한 제국의 한복판에서 이리 치이고 저리 치이다가 자신의 거룩한 정체성을 잃고 무력해진 이스라엘은 두려움에 사로잡혀 있다. '밟히는 존재'가 된 것이다. 14절 마지막 소절은 이렇게 번역된다. '내가 너를 도울 것이다. 이것은 야웨의 말씀이다'[느움 아도나이(נְאֻם־יְהוָה)]. '네 구속자 이스라엘의 거룩한 자'[붸고알레크 커도시 이스라엘(וְגֹאֲלֵךְ קְדוֹשׁ יִשְׂרָאֵל)]. 이사야 40-66장에서 하나님께서 빈번하게 사용하시는 자기칭호는 '이스라엘의 거룩한 구속자'[고엘 커도쉬 이스라엘(גֹּאֵל קְדוֹשׁ יִשְׂרָאֵל)]이다. 이 구속자[고엘(גֹּאֵל)]는 이사야 1-39장에는 단 한 번도 사용되지 않은 단어다. 고엘은 피붙이의 파산한 산업을 일으켜 주기 위해 그 피붙이가 팔아버린 땅을 다시 매입해 그 친척의 땅으로 회복시켜주는 자, 즉 기업 무를 자^{룻 4장; 레 25장}를 가리킨다. 그것은 또한 동시에 피붙이 복수자를 가리킨다(신 19장 도피성까지 추격하는 피붙이 복수자). 이사야 1-39장은 아직도 가나안 땅에 거주하고 있던 이스라엘을 향해 쏟아내는 심판과 위협 예언들로 가득차 있다. 이스라엘은 아직 가나안 땅에 살고 있다. 따라서 '구속자' 야웨가 되실 필요가 없다. 그런데 40-66장(특히 40-55장)의 이스라엘은 가나안 땅 밖에 있거나 페르시아의 지배 아래 있기에 땅에 대한 자유로운 경작권을 행사하지 못했다. 이스라엘의 거룩한 자, 구속자 야웨는 이스라엘에게 기업의 땅을 되찾아주는 고엘이며, 이스라엘에게 부당한 상해를 입히고 괴롭힌 나라들을 징벌해 보복해주는 고엘이 되어주신다.

15-17절은 피붙이 복수자 '고엘'의 논리로 이해되는 야웨 하나님의 신적 보복을 암시한다. 15절에서 하나님은 이스라엘을, 산들과 작은 산들로 불리는 위세당당한 열강들과 이스라엘의 오래된 적대국

들을 쳐부술 신적 병기로 만들어주시겠다고 약속하신다. 이스라엘은 날카로운 새 타작기가 되어 산들과 작은 산들을 쳐서 부서뜨려 먼지 부스러기나 겨처럼 해체할 것이다. 그 결과 열방은 심판의 바람과 회오리바람에 흩날려 흩어져버릴 것이다.[11] 이 장엄한 판세 반전으로 인해 이스라엘은 환희에 빠질 것이다. 그들은 야웨 하나님을 인해 즐거워하며 이스라엘의 거룩한 자로 말미암아 자랑할 것이다. 약소국이나 약소민족이 강대국 틈새에서 생존하는 것이 가능한 것은 하나님의 개입과 간섭 때문이다.

17-20절은 이스라엘 백성들의 슬픈 의심과 불신앙을 일시에 치료하는 하나님의 위로요 약속이다. 이 단락은 바벨론에서 가나안 땅으로 되돌아가는 포로들의 귀환 행렬을 염두에 둔 구원 신탁이다. 아니면 가나안으로 돌아가 다시 재건을 위해 애쓰는 상황 전체를 비유한 수사로 읽힐 수도 있다. 갈증은 인간의 근원적 욕구다. 인간에게 갈증은 인간 존재의 근원적 욕구이기에 이것이 충족되지 못하면 치명적인 곤경에 빠진다. 바벨론 귀환 행렬은 도시와 성곽을 피해 가야했기에 사막과 광야 같은 험지를 통과하지 않을 수 없었을 것이다. 이 경우 갈증은 예상할 수 있는 일이다. 하나님은 이스라엘 포로들이 갈증으로 혀가 마를 상황을 먼저 언급하신다. 뒤따라 나오는 하나님의 선제적 구원 신탁은 귀환포로들의 마음속에 일던 질문들을 염두에 둔 발언이다. 하나님은 이스라엘의 갈증에 신속하게 응답할 뿐만 아니라 결코 그들을 중도에 버리지 아니하실 것이다. 그들이 민둥산을 지나고 골짜기를 통과하는 상황 모두에 대해 응답하실 것이다. 나무가 없는 민둥산 황량한 자산에 강을 열며 골짜기 가운데 샘이 나게 하며 광야로 못이 되게 하며 마른 땅으로 샘 근원이 되게 하실 것이다. 자산, 골짜기, 광야, 마른 땅 모두는 생명친화적 환경이 아니다. 그런데 하나님은 이스라엘이 통과하게 될 최악의 환경을 미리 열거하며

두려워하지 말라, 내가 너를 굳세게 하리라

이 모든 척박한 험지를 통과할 때에도 반드시 갈증으로 죽어가는 일이 없도록 하실 것이라고 약속하신다. 20절은 광야와 사막을 숲과 과목이 가득찬 농원으로 만들어주시겠다고 약속하시는 하나님의 간절한 마음을 드러낸다. 광야에는 백향목과 싯딤나무와 화석류와 들감람나무를, 사막에는 잣나무와 소나무와 황양목을 함께 심으실 것이다. 이 일곱 종류의 나무들은 거대한 수원지에서 흘러나오는 지하수를 공급받아야 숲을 이룬다. 하나님은 이스라엘의 사막과 광야 통과를 위해 아예 사막과 광야를 숲으로 만드실 것이다. 생생한 시각적 비유를 통해 이스라엘을 확신시키신다. 숲은 샘과 지하수를 통해 조성될 수 있으며 조성된 숲은 역으로 지하수를 저장하고 순환시키는 생명의 터전이다. 광야 같은 곳이 원시림이 된다는 이 환상은 입지조건이 좋지 않은 곳에 사는 모든 사람들에게 종말론적 반전을 기대하게 만든다. 이 울창한 원시림 풍경이 광야를 걸어가는 영성수련적인 교회의 모습이 될 수 있다. 하나님께 순종하기 위해 기꺼이 바벨론 포로 귀환 대열에 들어선 자들이 바로 이런 재목감들을 생산하는 원시림 공동체가 된다는 말이다.

미래를 기획하고 예언하시는 역사의 주관자 하나님 • 21-29절

21-24절은 다시 우상들과 우상숭배자들의 영적 통찰력과 예지 결핍을 부각시킨다. 우상들은 과거지사에 대한 원인론적 해석도 못하지만 장래에 일어날 일을 예견하고 준비하는 능력도 전혀 없다. 하나님은 우상들에게 자신과 법정에 나가 누가 역사의 주관자인지를 심리해보자고 다그치신다. 야곱의 왕 야웨는 "너희 우상들"에게 "확실한 증거"를 갖고 자신들이 경배 받을 신인지 아닌지 소송해보자고 다그치신다. 우상들과 하나님의 가장 큰 차이는 역사 기획, 성취, 평가 등

112

총체적인 역사 주재 능력이다. 역사 주재 능력은 국제적 세력을 재편하거나 한 나라와 민족의 흥망성쇠를 목적과 의도, 원칙과 기준에 따라 재단하여 결정하는 능력을 의미한다. 이런 역사 주재와 세계통치권은 창조주 하나님에게 속한 배타적 대권이다. 이 세상을 창조하신 하나님만이 역사의 미래와 종국을 결정하신다. 알파이신 하나님만이 오메가가 되신다. 역사를 시작하신 하나님만이 역사의 종착점 목적도 관장하신다. 역사의 시작도 하나님 나라이며 목적도 하나님 나라다. 아담 이래 인류역사는 하나님 나라의 종착점에까지 하나님과 동행할 당신의 백성을 모으시는 하나님 나라 시민 충원 과정이다. 하나님은 당신의 나라를 이 땅에 세우시기 위해 이 우주를 창조하시고 당신의 부왕적인 대리자인 인간을 창조하셨다. 인간은 단지 하나의 피조물이 아니라 물리적 세계를 하나님 뜻대로 다스리고 통치하는 버금왕으로 창조되었다. 하나님은 인간에게 당신의 언약과 계명을 밝히 보여주심으로써 당신이 그리는 하나님 나라가 어떤 모양인지를 여러 차례 알려주셨다. 공평과 정의, 사랑과 인애가 가득찬 공동체가 하나님 나라다. 하나님의 영에 감동된 사람들이 감시와 처벌 같은 외부적 강압 없이도 하나님을 경배하고 이웃을 사랑하는 것이 몸에 체득된 공동체를 원하셨다. 이 천지창조의 주재자 하나님이 야곱을 불러 먼저 야곱을 왕적으로 통치하셨다. 하나님의 통치는 언약과 율법에 대한 자발적 순종을 통해 이루어진다. 하나님은 모세와 예언자들을 통해 야곱에게 이뤄질 이상적인 공동체를 다채롭고 반복적으로 계시하셨다. 하나님은 당신의 일을 하실 때 반드시 예언자들에게 당신의 뜻을 알려주신 후에 집행하신다.^{사 6:1-13; 렘 22:18-23; 암 3:7} 그래서 하나님은 예언자들을 일으켜 장래 일을 먼저 선포하신 후에 역사하신다. 당신만이 역사 운행의 기획자요 조성자요 성취자임을 입증하기 위해 예언자들을 통한 선^先선포 후^後성취의 구조로 일하신다. 이 하나님의 예언-성취 구조^{신 18:21-22}를 염두에 두고 22-23절을 말씀하신다. 우상들은 이전 일은 물론이거니와 장차 일어날 일을 진술할 수 없다. 우상은 역사의 운행에 무관심하고 무신경하며 어떤 영향력도 발휘할 수가 없다.^{22절} 그래서 예언자는 장차 일어날 미래 일을 미리 계시할 능력이 우상에게 있다면 신으로 인정하겠다는 것이다. 복과 화를 두고 인생의 결단을 촉구하시며 인간의 결단 여부에 따라 복과 화를 분배하시는 하나님과는 달리,^{신 11:26-28; 30:15-18} 우상들은 복을 내릴 능력도 없고 재난을 내릴 권능도 없다. 만일 그런 권능을 보인다면 하나님도 놀라고 이스라엘 예언자들도 놀랄 것이다.^{23절 12} 그러나 우상들은 아무 것도 아니며 그들의 행사들은 허망하며 더 나아가 이런 우상을 숭배하는 자들은 가증한 자들이라고 판명된다.^{24절} 24절의 히브리어 구문은 2인칭 복수 대명사 아템을 독립적으로 사용한다. 24절을 직역하면, '보라, 너희야말로(아템) 아무것도 아닌 것보다 못하며 너희의 행사는 허망한 것보다 더 허망하며, 너희의 행사는¹³ 기꺼이 가증한 것을 택한다'이다. '너희'는 우상들을 가리킨다.¹⁴

우상은 '복을 내릴 테니 이렇게 해라. 이렇게 하지 않으면 저주를 내리리라'라고 말할 수 없다. 이스라엘의 하나님 야웨 외에는 당신을 믿고 경배하는 백성의 인격, 문화, 국가 경영에 당신의 성품을 반영하라고 요구한 신이 없다.

요약하면 우상과 하나님 차이는 세 가지다. 첫째, 우상들은 하나님과 달리 지난 일들이 왜 이렇게 저렇게 일어났는지 해명할 수 없다. 지나간 일들을 신학적으로 분석할 능력이 없다. 둘째, 장차 닥칠 일의 의미를 설명해줄 수 없다. 셋째, 우상들은 이 무능력 때문에 자기를 숭배하는 사람들의 행동을 개선할 수도 없고 고칠 수도 없다. 복을 내릴 수도 없고 저주를 내릴 수도 없다.¹⁵ 우상은 지나간 일을 가지고 또는 장차 닥칠 일을 가지고 인간에게 겁을 줄 수도 없고 희망을 줄 수도 없다. 따라서 우상들을 믿고 있는 사람들은 바벨론에서 팔레스타인 가나안 고토로 돌아가기를 싫어한다. 우상은 이런 영적 모험들을 지지해줄 만한 능력이 전혀 없는 존재들이기 때문이다. 우상은 변화를 싫어한다. 우상숭배자는 장차 닥칠 일을 모험적인 기대감으로 맞지 않는다. 현 상황에서 1센티미터도 이동하기를 싫어한다. 구태의연하고 인습적인 틀에 자신을 속박한다. 따라서 예언자는 우상숭배자 일반을 비난하지만, 특히 바벨론에 눌러 앉아서 가나안 땅으로 행진하는 모험에 돌입하지 않는 사람들을 우상숭배자로 고발하는 것처럼 보인다. 결국 이사야 40-55장은 바벨론에서 신봉했던 우상들과 밀착되어 젖과 꿀이 흐르는 땅으로 돌아가는 모험을 싫어하는 자들에 대한 은근한 비판어조를 유지하고 있다.

우상숭배는 고대인들만의 문제가 아니다. 오늘날 세속의 문화와 삶의 방식에 인이 박혀 기독교 신앙의 광야로 진입하기를 거부하는 사람들도 우상숭배자들이다. 현대인들에게 우상숭배와 유사한 것이 피조물 의존적인 중독이다. 중독은 지극히 자아몰입적 고립이며 현실에서 탈구^{脫臼}되어 망상으로 잠적하는 행위다. 중독은 자아의 진면목과 정직하게 조우하기보다는 '다른 자아'의 가면을 뒤집어쓰는 자기은닉이다. 중독은 약물 의존적, 영상 의존적, 피조물 의존적이다. 이런 점에서 중독은 우상숭배 현상과 같다. 그런데 기독교 신앙은 초라하지만 정직하고 볼품없는 자기와 대면하며 광야의 불모성을 받아들이는 데서 시작된다. 물이 없고 빈핍하여 실존적인 한계 상황과 부딪힐 수 있는 광야 진입 여정이 때때로 기독교 신앙의 진수를 표현하기도 한다. 기독교 신앙은 내가 가진 자원, 내가 누리는 이 삶을 그대로 유지하려는 것이 아니라, 그 틀을 깨고 새로운 창조적인 모험을 하며 광야로 진출하는 것이다. 하나님을 만나고 하나님을 전심으로 사랑하기 위해서 내 모든 재물을 버려두고 광야로 나가는 것이 기독교 신

41

앙의 표현일 때도 있다. 오늘날 우리는 안락하고 편리한 도시생활에 친숙해져 있다. 이런 경우 까를로 까레토 신부가 말한 도시의 광야로 나아가는 것이 요청된다.[16] 광야는 하나님만 의존하는 물질적인 불모지 혹은 척박한 마른 땅이다. 일찍이 고대교회의 쇠락기를 맞아 뜻있는 사람들은 광야와 사막으로 잠입해 기독교 신앙의 진수를 지켰다. 파코미우스, 안토니우스, 갑바도기아 교부들, 베네딕트 모두 자발적으로 산과 들, 광야와 사막으로 들어갔다.[17] 기독교의 위대한 힘은 도시생활을 버리고 일부러 광야와 사막으로 들어가는 결단이다. 도시생활이 기독교 신앙생활에 걸림돌이 될 수 있음을 깨닫고 4세기부터 15세기까지 많은 수도사들이 수도원으로 들어갔다. 요즘 일부 교회사가들이 '수도원에 도피한 것은 도피주의적인 신앙이다'라고 해석하지만, 반드시 그렇지만은 않다. 그들이 수도원에서 이 세상과 아무 상관없이 살았으면 도피주의지만, 그들은 특별한 방식으로 세상과 접촉과 연락을 유지했다. 그들은 수도원에 들어가서 영적 수원지를 이루었고 이 세상을 살릴 수 있는 엄청난 영적인 에너지를 비축했다.[18] 물론 수도원의 역사에는 빛뿐만 아니라 그림자 또한 있다. 수도원의 가장 큰 얼룩은 수도원 자체가 거대한 제도가 되고 권력기구가 되어 제도권 교회만큼 타락했다는 사실이다. 16세기 루터가 속했던 아우구스티누스 수도원도 세상의 제도권 교회만큼 지독한 영적 해이와 부패상을 드러냈다. 그러나 이와 같은 어두운 면에도 불구하고 수도원의 가장 큰 신앙적 기여는 세상권력과 욕망을 부인하고 가난한 그리스도의 겸비를 따르려는 각오와 결단이었다. 세상과 쉽게 짝해 살면 그리스도의 제자로 살 수 없다는 경각심을 부단히 일으킨 것이다. 중세 그리스도의 겸비영성의 최고봉을 대표한다고 여겨지는 토마스 아 켐피스의 『그리스도를 본받아』도 15세기 유럽 교회의 수도원 영성에서 나온 저작이다. 루터가 로마 교황청의 부패를 보고 경악하고 교황의 축재와 탐욕을 보고 분노할 수 있었던 것도 그가 수도원 신앙의 원류가 가난, 청빈, 그리고 겸비라는 것을 충분히 자각하고 있었기 때문이었다. 수도원 잠행은 세상으로부터 숨는 행위가 아니며, 세상으로부터 분리되겠다는 것도 아니다. 세상을 거룩하게 변화시키려는 거룩한 삼투압 현상을 일으키기 위한 전략적인 잠행이요 물러남일 뿐이다. 이런 수도원 잠행의 원조는 아브라함이다. 그는 소돔과 고모라에 살 수 있는 기회가 있었음에도 불구하고 소돔과 고모라를 버려두고 헤브론 산지에 머물렀다.^{창 13-14장: 18:1-2} 한국 기독교인들은 이런 의미의 수도원으로 잠행해 소돔과 고모라의 기운으로부터 자신을 지켜야 한다.[19] 지금 이 세상 그대로와 보조를 맞춰 사는 것으로는 기독교 신앙을 유지하지 못한다. 이 세상은 온갖 우상들로 가득차고 더러운 영들이 활개 치는 바벨론 도성과 같기 때문이다.

바벨론 도성 같은 세상은 사람들을 살인적인 경쟁에 내몰면서 생계유지를 빌미로 협박하고 겁준다. '승진하려면 어떤 모양으로든지 능력을 보여야 해. 양심이 밥 먹여주나? 하나님이 밥 먹여줘? 좀 거칠게 굴고 대범하게 영업하라고!' 이러한 세상에서 기독교인들의 순결한 양심은 상처를 입는다. 이런 세상에 대한 응전은 수도사적 경건이다. 적게 벌고 적게 쓰고 적은 칼로리를 사용하는 수도사적 경건과 절제로 단련된다면, 양심을 지키고 정신의 자유를 누리는 삶을 모색하고 실험해볼 수 있을 것이다. 다른 방식으로 살 수 있다는 것, 광야와 변두리에도 여전히 의미 있는 삶이 가능하다는 것을 상상하고 살아낼 수 있을 것이다. 확실히 하나님과 동행하여 가나안 땅으로 돌아가는 포로귀환 여정은 갈증을 유발하고 허기를 유발하는 모험이다. 그러나 인간은 빵과 물이 모자라서만이 아니라 인생의 의미를 몰라서 갈증을 느끼는 존재다. 내가 걸어가고 있는 인생행로의 마지막에 무엇이 올지를 몰라서 목이 탄다. 오히려 이 실존적인 목마름, 영적 목마름 때문에 인생이 피폐해지는 것이다. 그런데 하나님은 우리가 가나안으로 돌아가는 여정에서 혀가 마를 때 즉시 응답하겠다고 약속하신다. 신앙생활은 홀로 치는 박수가 아니라, 하나님과 합장해서 치는 박수다. 당신의 자녀가 울부짖을 때 하나님이 신적인 의사소통을 하신다(창 16장 하갈과 이스마엘). 광야에 내몰려 목이 탈 때 신적 의사소통이 실현된다. 하나님의 응답을 기대할 수 있다. 이런 기대를 갖고 광야와 사막을 걸어가는 사람들을 위해 하나님께서 자산(玆山)에 강을, 사막에 못을 내신다. 그래서 하나님 백성이 걷는 광야는 더 이상 광야가 아니다. 하나님 백성이 붙들고 있는 민둥산은 민둥산이 아니다.

25-26절은 우상에게는 없는, 하나님의 역사 기획 및 성취 능력을 부각시킨다. 하나님은 세계를 심판하기 위해 북방에서 한 사람을 일으키며 야웨 하나님의 이름을 부를 자를 해 돋는 곳에서부터 오게 하신다. 북방 출신 중에 일으킴을 받은 사람과 해 돋는 곳에서 온 야웨 이름을 부르는 자는 동일인인 것으로 보인다. 바벨론을 기준으로 보나 팔레스타인을 기준으로 보나 북방은 페르시아를 가리키며, 북방에서 일으킴을 받은 인물은 고레스를 가리키는 것처럼 보인다. 그는 하나님의 뜻을 받들어 열방의 고관들을 석회처럼 짓밟는 정복자다.[25절] 그는 토기장이가 진흙을 밟아 새 그릇을 만들 듯이 열방과 민족들을 밟는다. 토기장이 하나님을 대신하여 열방과 민족들을 밟아 창조적으로 해체한다. 그런 세계정세를 재편하는 일을 하는 자는 스스로 등장한 것이 아니다.[25절] 하나님이 주도하신다. 하나님이 주도하시는 일의 특징은 예언자로 하여금 먼저 이런 일이 있을 것을 예언하게 하신다는 데 있다. 어떤 예언자적 예고나 해설도 없이 포악한 정복의 핏빛 전쟁만 계속하고 끝났다면 그것은 하나님의 뜻을 대행한 것이라고 말할 수 있는 근거가 약한 것이다.

여기서 우리를 다소 혼란스럽게 하는 것이, 하나님의 뜻을 행하는 사람이 정복자, 유린하는 자로 등장한다는 것이다.[20] 하나님의 뜻을 행하는 사람이 도덕적 성인군자로 오지 않고 세계를 진동시키는 패권자의 이름으로 오기 때문에 혼란에 빠지기 쉽다. 우리는 도덕군자처럼 보이는 군주가 나타나야만 하나님의 뜻이 이루어진다고 생각하기 쉽다. 그런데 역사의 진행방식을 보면 반드시 그렇지 만은 않은 듯하다. 이렇게 등장한 정복자는 지역 토착 왕조들의 농민 압제를 중단시켰다. 하나님은 이처럼 국제정세를 재편성하기 위하여 정복욕이 강한 북방의 정복자를 일으키셨다는 것이다. 그렇다고 해서 이 정복자가 하나님의 도덕적 승인을 받아 세계를 정복했다는 말은 아니다. 칭기스칸(1155-1227년) 군대가 이슬람 문명에 들어가서 한 일도 바로 이런 토착 압제 왕조들(특히 바그다드의 부패한 압바스 왕조)의 멸절이었다.[21] 칭기스칸을 공포의 대왕으로 기억하는 당시 아랍 시인들의 시에는 예레미야적 자책도 피력되어 있다. 몽고의 무자비한 침략이 '알라의 징벌'이라는 것이다. 칭기스칸 군대는 이슬람 문명을 군사적으로 정복하면서 또 다른 압제적 왕조를 세우기보다는 더 넓은 지역(아프리카)까지 진출하기 위해 그냥 지나치는 수준으로 정복했다. 전쟁은 참혹했고 무자비했으나 그 후의 처리 과정에서 지속적인 압제 약탈을 일삼지는 않았다. 이슬람 국가들에 대한 침략은 몽골이 경제적 이익을 따라 일으킨 전쟁이지만 나쁜 토착 왕조 세력을 일소하는 전쟁이기도 했다. 이처럼 하나님은 때때로 하나님의 세계 경영과 통치 목적을 성취하기 위해 정복자의 모습을 띤 대행자를 일시적으로 혹은 부분적으로 쓰기도 하신다. 이것을 우리 개인의 삶에 적용하면 우리를 짓밟는 사람도 심지어 하나님이 보낸 사람일 수 있다는 것이다. '나를 유린하고 자존심을 깔아뭉개는 사람이 하나님이 보낸 사자일 수 있다'는 반전反轉의 상상력이 신앙의 세계에서는 낯설지 않다. 물론 이것이 자학적 역사관을 정당화해서는 안 된다. 다만 무섭고 두려운 가능성인 것은 사실이다.

'정복군주'를 통한 하나님의 열방 심판이라는 역설적인 방식을 통해 역사적 지각변동이 일어남을 처음부터 알게 하고 선포하고 들려준 이는 야웨 외에는 아무도 없다. 야웨 하나님 외에는 이 굉장한 역사의 세력 재편과 지각변동을 미리 알려준 신이나 신적 존재가 없었다. 예언자로 하여금 고레스의 페르시아가 북방에서 일어나서 바벨론을 부수는 것이 옳다고 말하게 한 것도 하나님이시다. 바벨론 몰락과 페르시아 융기의 국제정세가 하나님의 정의를 성취한다는 점에서 옳다고 말한 사람이 누구였는가? 바로 이스라엘 예언자라는 것이다. 그런데 이스라엘의 하나님 야웨의 예언자 외에는 이런 야웨의 계획을 전하게 하는 우상도 없었고, 설령 있다고 하더라도 그런 메시지를 듣는 자도 없었다.[26절] 우상들은 바벨론 포로들의 장래에 아무런 관심이 없었고 그들의 미래를 예고할 능력도 없었다. 그 우상들은 하나님의 계획을 듣지도 못했고 전할 수도 없었다. 더 나아가 직접적 당사자인 바벨론의 포로들도 우상숭배의 영향 아래서 야웨의 장래사 예언을 듣지 않았고, 그래서 예루살렘에 이 기쁜 소식(바벨론 유배 종료, 포로들의 귀환)을 전할 자가 아무도 없었다는 것이다.[27절] 이 기쁜 소식을 전할 우상들만 없는 것이 아니라 우상들의 메시지를 대언할 사람도 없었다. 하나님이 비로소 시온에게 "너희는 이제 그들을(우상들의 장래, 우상숭배자들의 장래) 보라" 하셨지만 시온(바벨론에 끌려온 시온의 포로들)의 응답은 없었다. "내가 기쁜 소식을 전할 자를 예루살렘에 주리라." 이 약속에도 응답이 없었다. 이 소식을 듣고 기뻐할 만한 우상이 없었을 뿐만 아니라, 이 소식을 전할 우상신의 대언자도 하나님은 찾지 못했다. 우상들이나 우상숭배자들 "가운데에" 하나님의 이 장래사(바벨론 포로귀환)에 대해 듣고 믿고 이해하며 그 예언이 더 잘 받아들여지도록 말을 보태줄 조언자가 없었다.[28절] 오로지 이 장래사는 하나님의 배타적인 기획이요 결정인 것이다. 그래서 하나님은 우상과 우상숭배의 헛됨을 결정적으로 선포하신다. "보라, 그들은 다 헛되며 그들의 행사는 허무하며 그들이 부어 만든 우상들은 바람(루아흐)이요 공허한 것(토후)뿐이니라."29절 '바람'과 '공허'는 존재감이 전혀 없는 것들이다.

전체적으로 예언자는 우상들의 역사 기획 및 변혁 능력 결여, 역사의 행로를 예고하여 준비시키는 능력의 결핍을 공격하고 있다. '너희 우상들은 절대로 역사에 대해서 예언할 능력이 없으며 따라서 역사의 행로에 대해 어떤 예언도 하지 못했다. 너희 우상들은 역사의 흥망성쇠나 영고부침을 예견할 능력도 없고, 진술할 의향도 없다.' 이 역사적 격변기야말로 역사의 주관자 하나님과 우상들이 확연히 구별되는 시간이다. 바벨론 포로들은 이 영적 개안의 순간을 영원히 잊지 못해 이사야서에 이런 기록을 남겼을 것이다. 하나님의 역사 기획 및 성취 궤적을 아는 예언자의 논리는 풀어쓰면 이렇다. '바벨론 포로들아, 북방 지평선에서 흙먼지를 일으키며 오는 저 무서운 정복군주와 그 군대를 보라. 역사를 재편성하고 땅의 정의를 관철하는 하나님의 의지를 대변하는 저 정복자를 보라.' 이것이 바벨론에서 포로생활을 하는 사람들에게는 기쁜 소식이었을 것이다. 이제 이 정복군주가 이스라엘을 억류하고 있던 바벨론을 치면 시온의 포로들에게 고국귀환의 가능성이 열리게 된다. 이것이 예루살렘에 줄 기쁜 소식이될 것이다. 마음속에 우상이 차 있으면 하나님 말씀이 선포될 때 화답할 영적 감수성이 소멸된다. 반면에 신령한 하나님의 말씀에 화답이 되면 그는 우상숭배자가 아니라 하나님과 영적으로 소통하는 영통인靈通人이 된 것이다.

하나님의 백성이 하나님의 땅으로 돌아오는 길은 멀고 험하다. 바벨론 포로들이 가나안으로 돌아가는 것은 경제적 성공이나 부귀영화를 누리기 위함이 아니다. 하나님과 맺은 언약에 속박되었기 때문이었다. 창세기 17:7-11에서 하나님은 '가나안'을 아브라함과 그 후손에게 영구적으로 차지하고 살 기업으로 주시기로 약속하셨고, 아브라함은 할례를 행함으로 이 가나안을 영구적인 거주지로 삼을 것을 약속했다. 이 쌍방속박적인 언약에 매여 하나님은 아브라함의 후손을 다시 가나안에 정착시키셔야 하고, 아브라함의 후손들은 가나안 땅으로 되돌아가 거기서 살아야 한다. 고대사회에서는 특정 지역에 살면 그 지역을 관할한다고 여겨지는 신의 지배를 받아야 하는 것이 통용된 상식이었다.^{삼상 26:19} 가나안 땅을 하나님이 아브라함에게 주신 목적은 그 땅에서 공평과 정의, 평화의 삶과 문화를 꽃피우게 하기 위함이었다. "여러 나라의 땅을 그들에게 주시며 민족들이 수고한 것을 소유로 가지게 하셨으니 이는 그들이 그의 율례를 지키고 그의 율법을 따르게 하려 하심이로다."^{시 105:44-45} 이것을 창세기 12:1-3, 18:18-19은 다음과 같이 표현한다.

> 여호와께서 아브람에게 이르시되 너는 너의 고향과 친척과 아버지의 집을 떠나 내가 네게 보여 줄 땅으로 가라. 내가 너로 큰 민족을 이루고 네게 복을 주어 네 이름을 창대하게 하리니 너는 복이 될지라. 너를 축복하는 자에게는 내가 복을 내리고 너를 저주하는 자에게는 내가 저주하리니 땅의 모든 족속이 너로 말미암아 복을 얻을 것이라 하신지라.^{창 12:1-3}

아브라함은 강대한 나라가 되고 천하 만민은 그로 말미암아 복을 받게 될 것이 아니냐. 내가 그로 그 자식과 권속에게 명하여 여호와의 도를 지켜 의와 공도를 행하게 하려고 그를 택하였나니 이는 나 여호와가 아브라함 에게 대하여 말한 일을 이루려 함이니라.^{창 18:18-19}

구약성경은 아브라함의 후손이 어떻게 천하만민에게 확장될 하나 님의 복의 중개자요 통로가 될 것인지에 초점을 맞추고 구원사를 전 개한다. 이스라엘이 천하만민의 복이 되기 위해 마련된 영적 구심점 이 바로 시온이며 예루살렘이다. 이사야 40-66장은 이스라엘이 기 필코 공의와 정의를 구현한 나라가 되어 세계만민을 끌어들이는 복 의 근원이 되어가는 과정을 시적으로 표현한다. 이 스물일곱 장은 창 세기 12:1-3의 성취과정을 생생하게 보여준다. 아브라함에게 약속 된 이 보편적인 복이 성취되기 위해서는 하나님의 율법이 준수되는 하나님의 직할통치 영토가 요청된다. 귀환포로들은 바로 이 땅으로 되돌아가 창세기 12:1-3, 18:18-19의 약속을 성취할 과업을 짊어져 야 한다. 따라서 바벨론 포로들의 귀환은 그들 자신이 스스로 고안한 프로젝트가 아니라 오로지 하나님의 원대한 구속사 성취 열심 때문 에 이뤄진 것이다.

바벨론에서 가나안으로 되돌아가는 길은 대부분 산길이거나, 황량 한 광야였다. 그들은 척박한 험지를 통과해 이스라엘로 돌아가야 한 다. 그들이 만날 가장 큰 곤경은 물이었다. 하나님의 영토로 되돌아가 는 길은 타는 목마름을 겪어야 하는 고된 여정이다.

이 점이 이사야의 예언이 오늘날 하나님의 통치를 받기 위해 분투 하는 그리스도인들에게 적실성을 갖는 부분이다. 오늘날에도 하나님 나라의 비전에 이르는 그 먼 길을 떠난 거룩한 귀환민들이 있다. 하나 님의 언약적 돌봄이 기대되는 영토로 돌아가기 위해서는 희생을 치 르고 모험을 감행해야 한다. 기득권 세력이 철옹성을 구축한 세상에서 하나님의 비전을 성취하는 과업은, 1,200킬로미터의 험준한 여정을 걸어서 마쳐야 하는 바벨론 포로들의 과업에 비길 만하다. 세상은 하나님의 자리, 하나님을 경배하고 그의 목소리에 순종할 여지를 점점 없애고 있다. 하나님의 지혜와 지식, 명철과 통찰 없이도 미래에 대비할 수 있다고 믿는 인본주의가 기승을 부리고 있다. 하나님에 대한 앎을 배제하고 인간의 데이터와 과학기술의 힘을 믿는 시대, 적자생존과 진화생물학적 원리가 유일한 문명생존 철학이 되어버린 세상에서, 하나님의 공의와 정의를 말하는 것은 엄청난 정신적 패기와 확신을 요구하는 행위다. 힘 숭배, 무력 숭배, 돈 숭배의 정글에서는 사나운 자들이 득세하는 것처럼 보인다. 극우적 민족주의, 국가주의, 최대 이윤추구에 혈안이 된 시장지배주의자들의 틈새에서, 난민을 챙기고 가난한 이웃을 돌보고, 평등과 상호존중의 미덕으로 황량한 세상을 보듬고 기도하는 사람들은 기죽어 지내기 쉽다. 하지만 미로슬라브 볼프와 라이언 맥커널리린츠의 『행동하는 기독교: 어떻게 공적 신앙을 실천할 것인가』는 전 세계에 걸쳐서 산상수훈을 실천하며 고난을 자취하는 의로운 영혼들의 분투를 증언한다.[22] 그들은 의에 주리고 목이 타들어가는 사람들이다.

그런데 우리 대부분은 이런 영웅적인 의인들이 아니라도 목이 탄다. 단순히 자연적 물이 없어 목마른 것이 아니라 살아야 하는 이유와 살아갈 힘을 얻지 못하기 때문이다. 실제로 우리 주변에는 사막과 광야 같은 가정에서 소외와 고독을 느끼는 사람도 적지 않다. 직장의 불의 때문에 억울함이 켜켜이 쌓여서 혀가 타들어가는 사람들도 있다. 오늘 본문에 나오는 갈증 해갈 약속의 말씀은 비영웅적이고 일상적인 삶의 터전에 중심이 흔들리는 사람에게도 유효한 약속이다. 또 다른 극단의 조건에 놓여있는 사람들, 너무 기름지고 윤택해 하나님을 잊고 사는 도회지의 문명인에게도 본문은 들려줄 통찰이 있다.

그들은 광야의 야생적 시간으로 피정을 떠날 필요가 있다. 그래서 그런지 하나님은 평지풍파의 환난을 일으켜 우리를 일부러 광야와 사막으로 몰아가실 때도 있다. 그런 때에도 하나님은 우리의 생수 원천이 되신다. 하나님은 우리의 안락과 편리의 영역에서 우리를 만나주시지 않고, 목이 타들어가는 광야와 사막에서 만나주실 때가 많다. 사막과 광야가 하나님의 살아계심을 확신하기가 더 쉽기 때문이다. 우리 인생이 형통할 때, 즉 우리의 혀가 마르지 않고 풍성한 샘물을 공급받을 때는, 사실 그 모든 것이 하나님의 선물인데도 우리는 배은망덕하게도 자기 손으로 그런 번영과 풍요를 이루었다고 생각한다. 우리가 아침저녁으로 밥을 먹고 식탁에서 가족과 사랑을 나누고 직장에서 소득을 벌어들이는 것도 하나님이 주신 생수의 힘으로 가능한 일인데도, 우리는 빈핍하고 가련한 한계상황에 내몰려서야 하나님을 애타게 찾는다. 그러나 하나님은 벼랑 끝에서 우리를 만나주시기 이전에 이미 항상 우리를 만나주셨다. 벼랑 끝에 내몰리기 전에도 하나님은 이미 우리를 사랑하셨기 때문이다. 벼랑 끝에 가서야 우리를 사랑하시는 것이 아니라 벼랑 끝에서도 우리를 사랑하시는 하나님이시다.

결국 41장은 공평과 정의에 대한 우리들의 목마름에 대하여 하나님께서 폭포수 같은 강물을 공급하신다는 약속이다. 하나님은 이렇게 혼란하고 방자한 시대에 당신의 백성들이 좌절하고 영적 기백이 꺾이는 것을 원하지 않으신다. 오히려 하나님께서는 당신의 백성이 목이 타고 혀가 탈 때까지 기도하도록 명령하신다. 기도는 명령이요 초청이다. 누가 기도하는가? 가련하고 빈핍한 자, 물이 없어 혀가 타들어가는 당신의 백성이다. 자산慈山과 광야에 장막을 친 당신의 백성이 기도의 명령을 받는다. 한 그루 나무도 자랄 수 없는 메마른 땅과 사막을 방랑하는 당신의 백성이 주님의 신속응답을 체험한다. 우리가 늘 불평하는 광야와 사막, 자산과 메마른 땅, 그것이 하나님의 신속응답을 경험하게 한다. 하나님은 광야와 사막의 바로 아래 은총의 도도한 저류가 흘러가게 하시는 분이시다. 간절한 기도를 통하여 우리의 거칠고 메마른 삶의 지층 속에 흐르는 하나님의 은총의 샘근원을 불러올리면 된다.[민 21:1-9] 황폐해져가는 사막 도시를 버리지 말고 하나님의 잣나무와 백향목이 자라가는 상록수 숲의 공동체로 역전시켜야 한다.[23]

42장.

내 마음에 기뻐하는 나의 종을 보라

42

¹내가 붙드는 나의 종, 내 마음에 기뻐하는 자 곧 내가 택한 사람을 보라. 내가 나의 영을 그에게 주었은즉 그가 이방에 정의를 베풀리라. ²그는 외치지 아니하며 목소리를 높이지 아니하며 그 소리를 거리에 들리게 하지 아니하며 ³상한 갈대를 꺾지 아니하며 꺼져가는 등불을 끄지 아니하고 진실로 정의를 시행할 것이며 ⁴그는 쇠하지 아니하며 낙담하지 아니하고 세상에 정의를 세우기에 이르리니 섬들이 그 교훈을 앙망하리라. ⁵하늘을 창조하여 펴시고 땅과 그 소산을 내시며 땅 위의 백성에게 호흡을 주시며 땅에 행하는 자에게 영을 주시는 하나님 여호와께서 이같이 말씀하시되 ⁶나 여호와가 의로 너를 불렀은즉 내가 네 손을 잡아 너를 보호하며 너를 세워 백성의 언약과 이방의 빛이 되게 하리니 ⁷네가 눈먼 자들의 눈을 밝히며 갇힌 자를 감옥에서 이끌어 내며 흑암에 앉은 자를 감방에서 나오게 하리라. ⁸나는 여호와이니 이는 내 이름이라. 나는 내 영광을 다른 자에게, 내 찬송을 우상에게 주지 아니하리라. ⁹보라, 전에 예언한 일이 이미 이루어졌느니라. 이제 내가 새 일을 알리노라. 그 일이 시작되기 전에라도 너희에게 이르노라. ¹⁰항해하는 자들과 바다 가운데의 만물과 섬들과 거기에 사는 사람들아, 여호와께 새 노래로 노래하며 땅 끝에서부터 찬송하라. ¹¹광야와 거기에 있는 성읍들과 게달 사람이 사는 마을들은 소리를 높이라. 셀라의 주민들은 노래하며 산 꼭대기에서 즐거이 부르라. ¹²여호와께 영광을 돌리며 섬들 중에서 그의 찬송을 전할지어다. ¹³여호와께서 용사 같이 나가시며 전사 같이 분발하여 외쳐 크게 부르시며 그 대적을 크게 치시리로다. ¹⁴내가 오랫동안 조용하며 잠잠하고 참았으나 내가 해산하는 여인 같이 부르짖으리니 숨이 차서 심히 헐떡일 것이라. ¹⁵내가 산들과 언덕들을 황폐하게 하며 그 모든 초목들을 마르게 하며 강들이 섬이 되게 하며 못들을 마르게 할 것이며 ¹⁶내가 맹인들을 그들이 알지 못하는 길로 이끌며 그들이 알지 못하

는 지름길로 인도하며 암흑이 그 앞에서 광명이 되게 하며 굽은 데를 곧게 할 것이라. 내가 이 일을 행하여 그들을 버리지 아니하리니 ¹⁷조각한 우상을 의지하며 부어 만든 우상을 향하여 너희는 우리의 신이라 하는 자는 물리침을 받아 크게 수치를 당하리라. ¹⁸너희 못 듣는 자들아, 들으라. 너희 맹인들아, 밝히 보라. ¹⁹맹인이 누구냐. 내 종이 아니냐. 누가 내가 보내는 내 사자 같이 못 듣는 자겠느냐. 누가 내게 충성된 자 같이 맹인이겠느냐. 누가 여호와의 종 같이 맹인이겠느냐. ²⁰네가 많은 것을 볼지라도 유의하지 아니하며 귀가 열려 있을지라도 듣지 아니하는도다. ²¹여호와께서 그의 의로 말미암아 기쁨으로 교훈을 크게 하며 존귀하게 하려 하셨으나 ²²이 백성이 도둑 맞으며 탈취를 당하며 다 굴 속에 잡히며 옥에 갇히도다. 노략을 당하되 구할 자가 없고 탈취를 당하되 되돌려 주라 말할 자가 없도다. ²³너희 중에 누가 이 일에 귀를 기울이겠느냐. 누가 뒤에 올 일을 삼가 듣겠느냐. ²⁴야곱이 탈취를 당하게 하신 자가 누구냐. 이스라엘을 약탈자들에게 넘기신 자가 누구냐. 여호와가 아니시냐. 우리가 그에게 범죄하였도다. 그들이 그의 길로 다니기를 원하지 아니하며 그의 교훈을 순종하지 아니하였도다. ²⁵그러므로 여호와께서 맹렬한 진노와 전쟁의 위력을 이스라엘에게 쏟아 부으시매 그 사방에서 불타오르나 깨닫지 못하며 몸이 타나 마음에 두지 아니하는도다.

주석

42장은 야웨의 마음에 드는 종과 야웨의 분노를 일으키는 영적 맹인들인 이스라엘을 대조하고 있다. 이사야 40-66장에는 하나님의 마음속에 이상화된 이스라엘과 현실의 이스라엘이 이원적으로 다뤄지고 있다. 어떤 때는 하나님의 마음속에 '이상화된 이스라엘'ideal Israel이 청중으로 나오고, 다른 때는 '현실 속의 이스라엘'real Israel이 청중으로 등장한다. 주로 야웨의 종의 노래⁴²⋅ ⁴⁹⋅ ⁵⁰⋅ ⁵³장에 나오는 야웨의 종은 이상화된 이스라엘을 대표한다. 이 이상화된 이스라엘을 대표하는 '야웨의 종'은 이스라엘(또 다른 의미의 야웨 하나님의 종)을 구원할 것이며 열방을 비출 것이다.[1] 42장은 야웨의 마음에 기뻐하는 종,[1-9절] 우상숭배자들을 혼란케 하시며 책망하시는 야웨,[10-17절] 바벨론 유배를 초래한 이스라엘의 전비前非와 영적 시력상실[18-25절]로 나뉜다.

야웨의 마음에 기뻐하는 종 • 1-9절

이사야 40-55장에 나오는 독특한 인물이 야웨의 종이다. 42, 49, 50, 53장에 각각 소개되는 야웨의 종은 그 역할의 일부는 동일하기도 하고, 또 다르기도 하다. 이 종이 누구인가에 대한 논란은 계속되고 있다. 물론 이 고난의 종 예언을 예수님이 당신의 공생애 각본으로 사용하심으로써 이 네 예언이 종말론적으로는 예수님을 가리키고 있다고 보면 논란은 마무리된다. 하지만 야웨의 종에 대한 이 말씀들이 당대적으로 어떻게 받아들여지고 이해되었는지를 묻는 질문들은 여전히 유효하다. 야웨의 종은 하나님이 장차 하실 일을 미리 알고 그것을 동시대에 알리는 전령이며, 동시에 이 메시지를 전달하는 과정에서 자신이 그 메시지에 성육신적으로 참여하는 '이상화된 이스라엘 백성'을 가리킨다. 하나님의 종이 하나님의 마음에 연락되어 알려준 하나님의 장래사에는 근접 장래사가 있고 먼 장래사가 있다. 야웨의 종이 알려준 하나님의 장래사는, 바벨론 멸망과 유다의 바벨론 포로귀환, 이스라엘의 영적 재활복구와 갱신, 갱신된 이스라엘을 통한 세계만민의 시온 초청, 하나님의 세계만민 통치 거점으로서의 시온 승화 등이다. 야웨의 종이 행하는 가장 우선적 사역은 하나님께서 행하실 새 일을 미리 동시대의 청중에게 알려주는 일이다. 40-55장의 신탁을 받은 예언자 자신이 바로 야웨의 종이다.

1절은 하나님의 인격적 위탁과 투신 대상이 된 독특한 인물을 소개한다. "내가 붙드는 나의 종, 내 마음에 기뻐하는 자 곧 내가 택한 사람을 보라."² 개역개정은 문장의 첫 자리에 나오는 발어사이자 '보라'를 의미하는 히브리어 헨(הֵן)을 마치 하나의 명령동사인 것처럼 번역한다. 부적절한 번역이다. 헨(הֵן)은 놀랍거나 주의를 요하는 상황이 발생할 때 화자가 문두에 배치하는 단어다. 하나님은 자신의 마음속에 있는 이상화된 종을 소개한다. 1절의 히브리어를 직역하면 이렇다. '보라, 나의 종. 내가 그를 붙든다. 내가 택한 자. 내 영혼이 그를 기뻐한다.' 하나님이 택한 이 종은 고대 이스라엘의 예언자들이나 왕들 같은 사명을 수행한다. 그는 야웨의 영을 받아 이방에 정의를 베푼다.¹절 이방에 정의를 베푸는 이 사역 때문에 일부 주석가들은 야웨의 종이 고레스를 가리킨다고 본다. 하지만 이것은 지나친 해석이다. 하나님은 고레스를 알지만, 고레스는 하나님을 모른다(사 45:4 "너는 나를 알지 못하였으나"). 41:2의 '동방에서 일으킴을 받은 한 사람(한 의인)'과 41:25의 '북방에서 일으킴을 받은 한 사람'은 아마도 고레스를 가리키는 것처럼 보인다. 일부 주석가들은 야웨의 종의 사역 중 '갇힌 자를 석방하는 일' 등에 비추어 이 야웨의 종을 고레스와 동일시하지만, 양자는 다른 인물이다.

두 가지 이유 때문이다. 첫째, 고레스는 하나님의 위임을 받아 해방적이고 구속적인 폭력redemptive violence을 통해 야웨의 뜻을 대행한다. 그는 정복군주로 하나님의 심판을 대행하지만, 하나님의 기쁘신 뜻을 적극 대행하는 자는 아니다. 이에 비해 야웨의 종은 정복군주와 정반대로 사역한다. 그는 상한 갈대를 꺾지 않고 꺼져가는 심지를 다시 끄지 않고 돌본다. 폭력적 정복군주는 하나님의 소극적 심판대행자이지만, 야웨의 기뻐하시는 종은 적극적인 의미로 하나님의 기쁘신 뜻을 행한다. 세속역사는 고레스 같은 자들의 업적을 나열하는 데 치중하지만, 하나님이 보시기에는 절대로 온유한 야웨의 종 같은 인물이 하나님 앞에서 역사를 이끌어가는 자다. 사랑과 인애로 하나님의 왕적 통치를 대행하는 야웨의 종이 역사의 중심이다. 고레스 같은 사람은 이 역사의 중심을 돋보이게 만드는 역사의 변방일 뿐이다. 하나님이 역사의 중심에 세우셔서 역사를 주관하실 때 사용하는 인물은 자기희생적이고 고난 감수적인 종이다. 역사 안에는 하나님의 부정적인 심판의지를 대행하는 인물들도 있고 하나님이 기뻐하시는 뜻을 적극적으로 행하는 종도 있다. 하나님의 심판의지를 대행하는 종들은 정복과 유린과 약탈을 통하여 그 일을 하지만 야웨의 종은 사랑과 온유와 희생적 섬김으로 그 일을 한다. 야웨의 종이 세상에 공의를 펼치는 길은 치유하고 다시 회복하는 사역을 통해서다.

고레스와 야웨의 종의 더 큰 차이는 자신을 부르신 하나님을 알고 하나님과 영적으로 교제하는지, 그렇지 않은지 여부에 있다. 고레스가 열방을 짓밟고 국제적인 정의를 펴는 것은 맞지만, 그는 자신의 세계정복 아젠다에 따라 행동할 뿐 스스로 하나님의 뜻을 주도면밀하게 성취한다는 의식이 없다. 야웨의 영을 받아서 이런 일을 하는 것은 더더욱 아니다. 반면에 야웨의 종은 야웨의 영을 받아 해방사역을 감당한다. 그는 누구일까? 예수님이 마태복음에서 이 본문을 자신에게 적용시키기 전까지는 이 야웨의 종은 하나님의 마음에 그려진 이상화된 종을 가리켰을 뿐이었다. 결국 야웨의 종은 이스라엘을 집체적으로 가리키나 더욱 정확하게 말하면 하나님의 마음속에 이상화되어 있는 이스라엘을 가리킨다. 가장 거룩하고 아름답게 승화된 이스라엘을 대표하는 자가 야웨의 종인 셈이다. 그는 하나님의 영으로 이방에 정의를 베푸는 왕적 사역을 감당한다. 예수님은 스스로 이 야웨의 종으로서 역할을 자임하심으로 이 예언을 성취하셨고 바울 또한 일정 정도 이 예언을 성취했다.

2절은 야웨의 종이 공의를 베푸는 방식을 묘사한다. 2절의 주어는 3인칭 남성 단수다. '그는' 고역이나 고통으로 더 이상 부르짖지 아니하며[차아크(צָעַק)], 목소리를 높이지 아니하며 그의 소리가 바깥 거리에 들리지 않는다. 2절의 주어가 야웨의 종을 가리키는지, 아니면 다른 익명의 인물을 가리키는지 분명하지 않다. 동사 차아크(צָעַק), 나싸(נָשָׂא)의 주어가 모두 3인칭 남성 단수이기 때문에 야웨의 종을 가리킬 가능성도 있다. 그러나 맥락상으로 야웨의 종이 열방을 위하여 공평(미쉬파트)를 실현하여[1절] 거리에 평화가 찾아온 상황을 묘사한다고도 볼 수 있다. 그렇다면 2절의 주어는 열방에게 시행된 정의의 수혜자를 대표하는 사람일 가능성도 있다. '외치다', '목소리를 높이다'는 보통 정의가 사라진 곳에서 나타나는 행동들이기 때문이다. 이렇게 보면 2절은 야웨의 종이 '정의'를 시행한 결과를 말하는 것일 가능성이 크다. 이러한 맥락에서 2절은 이렇게 번역될 수 있다. 야웨의 종이 정의를 집행하자, '아무도 부르짖지 않고 아무도 목소리를 높여 거리에 들리게 하지 않는다.' 2절의 주어는 영어로 말하면 부정대명사 '누구는', 혹은 '혹자'(영어 one, 독일어 man)인 셈이다.

그런데 3절의 주어는 다시 야웨의 종이다. 야웨의 종이 아주 섬세하게 정의를 행한다. 그는 상한 갈대를 꺾지 아니하며 꺼져가는 등불을 끄지 아니하고 진실을 위해 정의[미쉬파트(מִשְׁפָּט)]를 시행할 것이다. 하나님의 영을 받은 야웨의 종은 부드럽지만 집요하게 이 세상이 안정되도록 정의를 시행한다. 개역개정이 "진실로 정의를 시행할 것이며"라고 번역한 히브리어 구문은 레에메트 요치 미쉬파트(לֶאֱמֶת יוֹצִיא מִשְׁפָּט)다. 레에메트(לֶאֱמֶת)는 "진실로"라는 부사로 번역되기보다는 "진실을 위하여" 또는 "신실함을 위하여"라고 번역되어야 한다. 에메트(אֱמֶת)는 정의(미쉬파트)가 시행될 때 사회가 맺는 열매로서 평화로운 인간관계로 인해 공동체가 안정되어 견고해지는 상태다. 특히 강자가 견제되고 약자가 위로를 받게 되는 사법적 정의가 활성화되어 사회적 결속력과 연대가 강해져 '흔들리지 않는 상태'를 이룬 것을 에메트(אֱמֶת)라고 부른다. 그렇게 되기 위해서는 상한 갈대와 꺼져가는 심지로 불리는 사회적 최약자층에 대한 정의 시행이 필요하다. 상한 갈대는 여러 가지 이유로 삶이 망가지고 살림살이나 건강 등의 토대가 파괴되거나 손상된 개인이나 집단을 가리킨다. 상한 갈대는 여러 종류의 폭력이나 악한 세력에 희생당하여 삶의 의지가 꺾여버린 사람들이다. 요약하면 상한 갈대는 정의롭지 못한 세상에서 상처받은 사람들이다.

꺼져가는 심지도 같은 의미다. 기름이 모자라 심지가 타서 더 이상 빛을 내지 못하는 개인 혹은 공동체다. 인간은 '기름이 공급돼야 빛을 밝히는 심지'다. 꺼져가는 심지는 자신의 생명력을 꽃피우지 못하고 쇠락해가는 존재를 가리킨다. 야웨의 영을 받은 종은 이런 사회적 최약자들을 공평(정의)의 수혜자로 대우한다. 아마도 상한 갈대나 꺼져가는 심지가, 야웨의 종이 나타나 정의를 집행하기 전까지는 거리에서 부르짖고 목소리를 높였던 사람이었을 것이다.[2절] 2절에 나오는 "부르짖다", "목소리를 높여 거리에서 들리게 하다"라는 두 동사의 주어가 3인칭 단수이지만 내용상은 정의를 베풀어달라고 호소하는 사람들을 가리킨다고 보는 것이 문맥과 더 잘 어울린다. 야웨의 종이 공의를 베푸니 외치는 사람이 더 이상 외치지 않고, 야웨의 종이 공의를 베풀기 때문에 상한 갈대들이 다시는 거리에서 시위하지 않는다는 것이다. 이런 해석을 정당화하는 것이 "외치다" 혹은 "부르짖다"라고 번역된 히브리어 동사 차아크(צָעַק)의 용례다. 이 "부르짖다"는 말은 압제받는 백성이 정의를 호소하기 위해 내지르는 아우성을 가리키는 전문용어다. 아브라함의 후손이 이집트에서 못살겠다고 아우성칠 때,[출 2:23] 소돔의 가난한 자들이 못살겠다고 외칠 때(창 18:20; 창 4:10 아벨의 부르짖음), 사사기에서 이스라엘이 이민족의 압제 때문에 못살겠다고 아우성칠 때[삿 6:7] '차아크' 동사가 사용된다.

야웨의 기뻐하심을 입은 종은 세상에 정의(미쉬파트)를 세울 때까지 쇠하지 아니하며 낙담하지 아니한다. 야웨의 영을 받은 야웨의 종은 쇠하지 않으며 낙담하지 않으며 세상에 정의를 세울 때까지 집요하게 견고하다. 쇠락과 낙담은 모든 선한 일을 하는 사람에게 찾아오는 위기다.^{갈 6:9} 이 세상은 선을 행하기에 매우 고단하고 어려운 세상이다. 불의한 세상에서 세상에 정의를 세우는 일은 불의로 기득권을 누리는 자들의 철옹성 같은 저항으로 심히 어렵다. 악을 행하는 사람에게는 낙담이 없고 피곤이 찾아오지 않지만, 선을 행하는 사람에게는 정의와 선을 실천하는 것을 중단시킬 정도의 낙담과 쇠락이 찾아온다.^{갈 6:9} 하나님의 영에 사로잡힌 사람만이 쇠락과 낙담을 극복하고 세상에 정의를 세우는 일에 지속적으로 투신할 수 있다. 이 지속적인 정의 확장이 이뤄지면 온 세상의 끝에까지 그 혜택이 돌아가기 마련이다. 상한 갈대를 싸매고 꺼져가는 심지를 다시 돋우는 메시아적인 정의가 온 세상에 퍼지면 섬처럼 고립된 사람들도 메시아의 교훈을 앙망한다. 그 결과 섬들마저도 그의 교훈을 앙망하게 될 것이다.^{4절}

작은 쇠붙이 파편들이 큰 자석에 끌려가듯이 정의의 결핍으로 고생하는 모든 섬 같이 고립된 개인들도 메시아적 교훈에 견인되어 간다. 자비롭고 공의로운 영적 지도자가 서 있는 곳에 많은 사람들이 몰려오듯이, 섬들이 예수 그리스도의 교훈을 앙망하기에 이른다. 예수님은 이 이사야 본문을 보시고 '여기 내 삶의 로드맵이 있다'라고 말씀하시면서 이 말씀대로 살기로 작정하셨다. 신적 동정심과 긍휼이 많은 사람은 거대한 자석이 되어, 인생의 중심이 붕괴돼서 망가진 사람들을 한데 모은다. 힘들고 병들고 부서지고 망가진 사람들에게 신적 동정심을 쏟아붓고도 지배하지 않는 사람, 사랑하지만 군림하지 않는 사람이 섬들이 앙망하는 교훈을 가진 사람이다.

5절은 창조주 하나님의 규칙적 사역을 말한다. 하늘을 창조하여

퍼시고 땅과 그 소산을 내시는 창조주 하나님은 땅에 사는 백성에게 호흡을 주시며 땅에 행하는 자에게 영을 주신다. 호흡과 영은 대구를 이룬다. 하나님의 숨결이 인간을 영적 존재로 만든다. 인간에게는 물리적인 생명을 유지하도록 물리적 양식이 필요하지만, 하나님의 형상대로 살아가기 위해서는 하나님의 영, 숨결이 필요하다. 창세기 2:6-7은 아담을 흙으로 만드신 후 아담의 코에 생기를 고취하자마자 인간이 생령, 혹은 생물 '네페쉬 하야'(נֶפֶשׁ חַיָּה)가 되었다고 증언한다.^{창 2:7, 19} 하나님이 고취하는 생기는 인간으로 하여금 하나님을 향해 살도록 추동한다. 하나님의 영에 사로잡힌 예언자들이 하나님을 향해, 하나님을 의식하며, 하나님을 위해 살아갈 수 있게 하는 능력이 바로 하나님의 숨결, 영이다. 이스라엘을 부르시고 당신의 백성 삼으신 하나님은 한 부족신이 아니라 천지를 창조하신 하나님이시다.

6절은 이 보편적인 하나님이 지금 당신이 기뻐하시는 종을 부르신 이유를 말한다. 하나님이 당신의 종을 부르시는 근거는 당신의 의, 체데크(צֶדֶק)다. 이 의는 하나님이 이스라엘을 당신의 언약백성으로 존속시키기 위해 이스라엘의 불의를 상쇄하는 하나님의 압도적인 친절이요 신실함이다.^{사 46:12-13} 이스라엘은 불의를 범하여 하나님의 언약적 요구로부터 스스로 벗어나 언약적 보호를 받을 수 없는 무소속 백성이 되어버렸다. 하나님의 언약 요구에 따라 살 의무를 포기한 열방처럼 변질되었다. 그런데 하나님이 당신의 압도적인 친절과 신실함으로 이스라엘의 불의를 상쇄하고, 절장보단^{絶長補短}의 원리로 당신이 기뻐하는 종을 앞세워 이스라엘을 다시 언약적 관계로 부르신다. 하나님은 당신의 종을 언약적 의리에 근거해 불러 손을 잡으며 보호하신다. 그 이유는 백성의 언약[버리트 암(בְּרִית עָם)]이 되게 하고, 열방을 위한 빛[오르 고임(אוֹר גּוֹיִם)]으로 삼으시기 위함이다. 백성의 언약이라는 말은 '종'이 이스라엘 백성의 언약중보자라는 의미다. 야웨

내 마음에 기뻐하는 나의 종을 보라

의 종은 이스라엘 백성을 하나님의 언약백성 신분으로 재활복구시키는 통로가 되며 언약백성이 된 이스라엘을 대표해 열방에게 하나님을 계시하는 빛이 될 것이다. 하나님의 마음속에 있는 이상화된 종은 1차적으로는 이상화된 바벨론 포로들이다. 그들은 하나님의 출바벨론 계획을 공감하며 그것에 적극적으로 응답하는 포로들이다. 이들이 이스라엘 열두 지파를 대표하여 하나님과 언약을 지키고 지탱하는 중보자 공동체가 될 사람들이다. 하나님은 지금 이미 열방 속에 살고 있는 바벨론 포로들에게 이스라엘 열두 지파의 언약대표자가 될 뿐만 아니라 열방에게 이스라엘의 하나님이 온 세계의 유일무이하신 참 하나님임을 증거하는 빛, 즉 증인으로 활약해줄 것을 촉구하고 기대하시는 것이다. 같은 하나님의 기대가 49:8에도 나온다. "내가 장차 너를 보호하여 너를 백성의 언약으로 삼으며."

7절은 야웨의 종이 행할 사역을 묘사한다. 7절은 부정사로 시작되기에 독립문장이 될 수 없고, 6절을 이어받는다. 7절은 하나님이 야웨의 종을 백성의 언약이요 열방의 빛으로 삼으시는 목적을 말한다. 7절에 나오는 부정사구에 묘사된 그런 구체적인 행위를 함으로써 야웨의 기뻐하는 종은 백성의 언약이 되고 열방의 빛이 된다. 7절의 히브리어 음역은 이렇다. 리프코아흐 에나임 이브로트 르호치 밈마스게르 아씨르 밉베트 켈레 요쉬베 호쉐크(לִפְקֹחַ עֵינַיִם עִוְרוֹת לְהוֹצִיא מִמַּסְגֵּר אַסִּיר מִבֵּית כֶּלֶא יֹשְׁבֵי חֹשֶׁךְ). 직역하면 다음과 같다. '눈먼 자들의 눈들을 열어줌으로써, 갇힌 자를 깊은 감옥에서 나오게 함으로써, 그리고 흑암에 앉은 자들을 감옥에서 (나오게 함으로써).' '눈먼 자들과 갇힌 자'의 대구를 고려해볼 때 이들은 '바벨론이라는 깊은 감옥에 갇혀 하나님의 은총의 빛을 보지 못해 눈이 멀게 된 자', 즉 바벨론 포로들을 가리킨다. 바벨론 포로들은 자신들을 눈먼 자들과 갇힌 자로 파악하며 원래 야웨의 종으로 부름받았지만 누적된 불순종으로 눈이 멀어버린 이스라엘 백성^{사 6:9}을 대표하는 표본집단이라고 생각하고 있다.^{42:18-19} 그들은 눈이 멀어 보지 못해 결국 바벨론 유배를 당했지만 그 유배생활을 통해 더욱 눈이 멀어버렸다. 하나님의 종임에도 지금은 눈먼 자다. 그래서 이사야 전체에 걸쳐서 하나님의 백성은 눈을 갖고도 보지 못하는 백성으로 묘사된다.^{사 6:9-10} '갇힌 자'도 여전히 이스라엘 하나님 백성을 대표하는 바벨론 포로들을 가리킨다.^{42:22} 하나님의 이상화된 종은 나머지 눈먼 동포들의 눈을 열고 바벨론이라는 깊은 감옥으로부터 구출해내야 한다. 한편, 이차적으로는 '눈먼 자와 갇힌 자'는 열방을 가리킬 수도 있다. 열방은 우상에 빠져 영적 시력을 잃은 자요 우상에 속박된 갇힌 자들이며 하나님의 구원을 앙망하고 기다리는 자들이기 때문이다. 그러나 당면한 맥락에서는 눈먼 자들과 갇힌 자는 바벨론 포로들이다.

결국 7절에서 예언자는 이사야 6장의 이사야 사역을 상쇄하는 사명을 받는다. 이사야는 눈을 어둡게 하고 마음을 둔하게 만들어 하나님의 대파국적 심판의 명분을 쌓았다. 그런데 바벨론 포로 귀환기의 이사야 계열의 이 후대 예언자는 눈을 열고 감옥에서 풀어주는 사역자다. 7절이 말하는 사역은 예언자적 사역이면서 동시에 왕적 사역이다. 이 사역은 이사야 9장의 이상적 다윗 계열의 왕에게 기대되었던 사역이다.^{사 9:2} 이상적인 다윗 자손은 흑암에 행하던 백성과 사망의 그늘진 땅에 거주하던 자들에게 큰 빛이 되었다. 이사야 61:1도 주 야웨의 영을 받은 왕적 예언자의 사역 중 하나가 "갇힌 자에게 놓임을 선포하는" 사역이라고 말한다. 이사야 61장의 칠십인역은 이 왕적 예언자의 사역에 '눈먼 자들의 눈을 밝히는' 사역을 포함시킨다.

그러나 이런 이상적인 야웨의 종은 누군가가 이 말씀에 백퍼센트 응답하기까지는 하나님의 마음에만 존재하는 인물이다. 비록 바벨론 포로들이 이 신탁의 첫 청중이었지만 그들이 바로 이 야웨의 종과 동일시될 수는 없다. 이 예언에 백퍼센트 응답하고 순종하는 인물이 등장할 때까지 이사야 42장의 야웨의 종 드라마는 무대에 올리기 전의 희곡작품과 같다. 하나님의 예언은 현실에 있는 인물에 대한 묘사가 아니라 장차 나타날 인물에 대한 하나님의 신적 동경이요 열망 피력이기 때문이다. 나사렛 예수가 등장하고 바울이 와서 이 말씀에 순복할 때까지 이 본문은 먼지 속에 감춰져 있었다. 나사렛 예수는 백성의 언약이 되고 열방의 빛이 된 야웨의 기뻐하는 종이요, 바울은 이 사실을 온 세상에 알린 또 다른 의미의 야웨의 기뻐하는 종이다. 마태복음 11:5에서는 '시각장애인의 시력을 회복하게 하는 사역'이 메시아 예수의 으뜸 사역 중 하나임을 말한다. 사도 바울은 자신의 이방인 사역^{엡 1:18}을 이사야 42장에 따라 기획하고 설정했다.[3]

8절은 하나님의 단호한 자기 존엄과 영광 수호의지를 말한다. "여호와"를 당신의 이름이라고 강조하는 맥락은 출애굽기 34:6-7이다. "여호와께서 그의 앞으로 지나시며 선포하시되 여호와라, 여호와라, 자비롭고 은혜롭고 노하기를 더디하고 인자와 진실이 많은 하나님이라. 인자를 천 대까지 베풀며 악과 과실과 죄를 용서하리라. 그러나 벌을 면제하지는 아니하고 아버지의 악행을 자손 삼사 대까지 보응하리라." 범죄한 이스라엘을 다시 언약백성으로 회복시켜주시는 언약갱신의 자리에서 당신의 이름을 반포하신다. 이스라엘은 자신의 죄로 소멸될 위기에 처할 때마다 자신들의 하나님의 이름이 여호와임을 강조했다.^{시 103:1, 8} 하나님이 범죄하여 열국 중에 흩어진 이스라엘을 다시 언약백성으로 부르시는 이유는 하나님이 자기 이름과 영예를 지키기 위함이다. 하나님은 당신의 이름을 위하여 불의한 우리 죄인을 의의 길로 인도하신다.^{시 23:3} 하나님의 영광이자 찬송은 이스라엘 백성을 가리킨다.^{사 43:21; 60:1} 하나님의 이름으로 불리는 이스라엘을 다른 자들, 우상에게 넘겨버려 우상숭배자로 살도록 내버려두시지 않겠다는 의미다.

9절은 이스라엘에 대한 하나님의 특별대우를 말한다. 당신의 영광이요 찬송이 되도록 부르신 이스라엘에게 하나님은 역사적 변동과 전망을 식별하도록 미리 말씀해주신다. 주전 8세기 이사야가 예언한 일, 곧 시온의 회복, 이스라엘의 회복이 이뤄졌다. 이제 하나님께서 새 일을 행하실 것이기 때문에 행하시기 전에 이스라엘에게 미리 알려주신다.

우상숭배자들을 혼란케 하시며 책망하시는 야웨 • 10-17절

이 단락은 야웨의 종이 열방을 향해 펼친 정의 확장 사역의 결과를 말한다. 청중은 항해하는 자들, 바다의 만물, 섬들과 그 주민들이다. 예언자는 그들로 하여금 야웨께 새 노래를 불러 찬양하도록 초청한다. 광야와 그 성읍들, 게달 사람들의 마을, 셀라의 주민들도 야웨를 찬양하는 대열에 서도록 초청한다.^{10-11절} 특별히 셀라의 주민들은 산꼭대기에서 즐거이 노래를 부르라고 초청받는다. 그들 모두는 여호와께 영광을 돌리라는 초청을 받으며, 섬들도 특별히 하나님에게 바칠 찬송을 전달할 사명을 수행하도록 부름받는다. 외진 변방에 사는 자들도 야웨의 종이 전한 메시지에 영향을 받고 응답할 것이라는 예언이다. 야웨의 종이 전하는 메시지는 이제 이스라엘의 경계를 넘어 멀리 있는 섬들, 산간지 주민들에게까지 영향을 미친다.

앞서 언급한 바와 같이 역사 속에 '하나님 뜻'을 성취하는 두 종류의 인물이 있는데, 하나는 심판을 대행하는 부정적인 하나님 대리자다. 그의 일은 굳이 하나님의 인품을 닮지 않아도 되는 일이다. 하나님의 성품을 닮지 않아도 하나님의 뜻을 대행할 수 있다. 낡은 집을 파괴할 때는 어떻게 파괴할 것인지 지시받지 않는 것처럼, 그는 상대

내 마음에 기뻐하는 나의 종을 보라

적 자율성을 갖고 하나님의 심판을 집행한다. 그러나 새 집을 지으려고 할 때는 설계 단계에서부터 그 집에 살 사람에게 면밀하게 점검받아야 한다. 집을 짓는 데는 파괴적이고 부정적인 역할이 아니라 창조적인 역할이 요청된다. 1절에서 하나님이 소개하는 '내가 붙드는 나의 종, 내 마음에 기뻐하는 나의 택한 사람'은 하나님과 창조적인 교감을 통해 일하는 종이다. 거짓되고 낡은 기초를 허무는 역할을 하는 것은 고레스 같은 사람의 일이다. 그러나 하나님의 성품을 반영하면서 하나님을 모방하는 자의 일은 새로운 집을 짓는 일이다. 그 집을 짓는 일은 고레스와 같이 파괴적 심판 대행자로서 하나님 뜻을 행하는 사람이 아니라, 하나님의 성품과 의지를 대변하는 야웨의 기뻐하심을 받는 종의 몫이다. 섬들이 그의 교훈을 앙망할 만큼 야웨의 종의 일은 전 세계적인 파급 효과가 있다. 고레스라는 페르시아의 초대 왕은 섬들을 경악시키며 정복하는 짓밟고 유린하는 왕이었다.

하나님께서 오랫동안 준비하고 길러왔던 하나님이 소개하는 "나의 종, 내 마음에 기뻐하는 종"은 연약한 갈대를 꺾지 아니하고 다시 세우는 종이다. 하나님께서 아브라함으로부터 예수님까지 이스라엘 민족을 1,500년 동안 경영하시면서 전 세계 만민에게 보급할 만한 품종을 위해 육종사업을 벌였는데, 전 세계 모든 땅에 심겼으면 좋겠다는 품종이 바로 예수 그리스도시다. 아브라함에서부터 예수님까지 1,500년 동안 하나님은 전 세계 만민의 땅에 퍼져 나가야 할 인물, 품종을 개발하신 것이다. 그 품종 개발의 절정에 '내가 붙드는 나의 종, 내 마음에 기뻐하는 나의 택한 사람'이 등장한다. 그는 정복하되 사랑으로 정복한다. 고레스 왕처럼 그도 전 세계 만방으로 달려간다. 다만 온유와 사랑으로 우리 마음을 무장해제시키려 달려간다. 그 결과 세계의 모든 변방 거민들까지도 야웨의 통치를 즐겁게 환호하며 영접한다.

13절은 전사와 용사 같은 야웨의 면모를 부각시킨다. 야웨는 '분발하여 외쳐 크게 부르시며 대적을 크게 치신다.' 10-12절[14절]까지는 하나님이 역사의 전면에서 활동하시지 않는 모습을 전제하고 있다. 광야의 백성들, 게달 장막에 거하는 자들, 섬과 해변 거민들은 역사 속에 등장하는 폭력적 세력들 때문에 피난하고 숨는 주변인들이다. 그들은 산꼭대기 은신처 같은 거주지에 살며 강자들이 전횡하는 역사의 격변이 잠잠해지기를 기다리고 있다. 이런 시기에 사람들은 하나님의 전능하심을 의심하기 쉽고 우상숭배나 허무주의에 빠지기 쉽다. 아울러 이 시기는 인간들이 도덕적 영적 책임감을 심화시킬 때다. 하나님만을 믿고 하나님 나라만을 열망하도록 촉구 받는다.

이에 반하여 13-17절은 하나님께서 당신의 살아계심과 전능하심을 역동적으로 격렬하게 표출하시는 양상을 묘사한다. 하나님은 거룩한 폭력을 구사하시며 누적된 국제관계의 불균형과 인간 사회의 여러 가지 굽은 것들(불의와 불법), 인간의 우상숭배 상황을 혁파하신다. 하나님은 옥동자를 해산하는 임산부처럼 거친 숨을 몰아쉬며 새로운 역사를 창조하신다. 혁명적인 방법으로 역사를 갱신하신다. 이런 때 사람들은 하나님의 전능하심을 경험할 수 있다. 그러나 이런 하나님의 전능성에 대한 과도한 의존은 인간의 도덕적 주체성과 역사적 책임감을 약화시킬 수도 있다. 전능하신 하나님은 이 세상에서 활동하는 인간 행동의 가치를 극대화하기 위하여 전능성을 억제하신다. 하나님은 역사 속에 창궐하는 악을 즉각 일망타진하지 않고, 인간이 그 악과 싸울 수 있는 패기와 담력을 기르도록, 악과 유혹을 이기기 위해 사투를 벌이도록 내버려두신다. 일종의 백신vaccine 요법이다. 하나님의 전능하심은 인간의 도덕적 책임과 주체성을 손상시키지 않는 한도 안에서 조용하게 표출되는 전능하심이다. 하나님의 권능이 만민에게 훤히 보이는 방식으로 과시될 때가 있고 억제되고 비활성화될 때가 있다. 밀물과 썰물 원리와 비슷하다.

바닷가에 사는 사람들은 15일 만에 찾아오는 조금과 월삭 원리를 목격하고, 하루에 두 번씩 밀물과 썰물이 교차되는 것도 경험으로 안다. 썰물이 되면 바닷속에 있는 길들이 드러난다. 바다 아래에도 산과 계곡이 있고 언덕과 평지가 있다. 그런데 밀물이 되면 우리에게 속살을 드러내었던 모든 바닷속 땅이 물에 잠겨서 보이지 않게 된다. 마찬가지로 역사 안에는 하나님 임재의 밀물과 썰물이 교차되고 있다. 하나님이 역사를 주관한다고 느끼게 만드는 하나님의 역동적인 임재가 밀물처럼 몰려올 때가 있고, 하나님의 역동적인 현존이 썰물처럼 빠져나갈 때도 있다. 전자는 신적 전능의 과시기이며, 후자는 신적 전능의 억제기다. 밀물과 썰물은 대칭적으로 열두 시간마다 한 번씩 교체된다. 그러나 하나님의 전능하심과 무능하심은 비대칭적으로 교체된다. 다시 말해 열두 시간 동안 하나님이 일하시고 그 다음 열두 시간 동안 은닉하시는 것이 아니라, 400년 동안 자기를 감추시고 40년 동안 공공연히 일하시는 방식으로 역사를 주관하실 수 있다는 것이다.

그렇다면 역사 속에서 하나님의 역동적인 일하심, 공평과 정의를 세우시는 하나님의 무서운 기개가 은닉되고 감추어지는 이유가 어디에 있을까? 왜 하나님은 우리로부터 당신의 역동적 임재를 철수시키실까? 왜 하나님은 당신의 공의를 속 시원하게 드러내야 할 순간에 숨으신 것처럼, 안 계시는 것처럼 보이게 만들어, 우리로 하여금 초조하게 하고 도덕적 각성에 이르게 하실까? 하나님의 역사변혁에 공감하고 동참할 동역자를 찾기 위함이다. 예를 들면 히브리 노예들이 왜 400년 동안 노예생활을 했는가? 이유는 여러 가지일 수 있으나, 분명한 것은 모세가 나타날 때까지 출애굽은 이뤄지지 않았다는 것이다. 하나님께서 모세가 등장할 때까지 400년 동안 이스라엘 백성과 거리를 두시면서 멀리서 지켜보셨다. 하나님께서는 모세에게 비로소 당신의 속마음을 털어놓고 그의 마음을 얻은 후 400년 만에 이스라엘 백성에게 나타나셔서 '내가 너희의 하나님이요 너희는 내 백성이다'^{출 3:6-14}라고 선언하신다. 400년 동안은 당신의 임재를 썰물처럼 철수시켰다가 모세가 등장할 때 즈음에 당신의 역동적인 임재를 드러내신 것이다. 용사와 전사처럼 무섭게 분노하시고 당신의 대적들을 크게 쳐부수신다.

이처럼 역동적이고 권능이 크신 하나님이 왜 당신의 전능하심과 역사 속의 공의로운 심판을 오랫동안 참으시는가? 14절에 어느 정도 대답이 나온다. "내가 오랫동안 조용하며 잠잠하고 참았으나 내가 해산하는 여인 같이 부르짖으리니 숨이 차서 심히 헐떡일 것이라." 하나님은 새 역사를 잉태하기 위해서 임산부처럼 오랫동안 기다리신 것이다. 아이를 밴 임산부처럼 280일을 채워갈 때쯤 하나님은 가쁜 숨을 몰아쉬며 새 역사를, 아름다운 아이를 낳는다. 그럼에도 불구하고 인간은 수백 년 단위로 교체되는 신적 임재와 신적 은닉의 주기를 훤히 파악하지 못한다.⁴ 인간의 수명은 100년이 채 안되기 때문이다. 인간은 자신의 수명을 기준으로 조급하고 근시안적 시간관을 갖는다. 자신이 설정한 시간 안에 하나님의 살아계심이 나타나지 않으면 '하나님은 없다'고 결론을 내려버린다. 그러나 성경의 하나님은 결코 인간의 시간에 인과적으로 포착되는 단순한 하나님이 아니시다. 당신의 공의로운 팔을 펼쳐 보이시지 않는 순간에도 '오랫동안 조용하며 잠잠하여 참고 감찰하고'^{사 18:4} 계신다.⁵ 그러다가 때가 되면 반드시 공의로운 심판자로 나타나신다. 오랫동안 조용히 잠잠하게 감찰하고 계신 때는 하나님의 능력이 음^陰의 기운으로 갈무리되어 있는 시기다. 그 시기가 지나면 하나님은 양의 기운으로 당신의 존재를 드러내신다. 해산하는 여인 같이 부르짖으며, 아이를 출산하듯이 오랫동안 감찰하신 바를 밝히 드러내신다. 이때는 하나님의 능력이 양^陽의 기운으로 표출되는 순간이다.

개인의 생애도 마찬가지로 설명할 수 있다. 때로는 하나님이 은혜를 폭포수처럼 쏟아부어 주실 때가 있다. 반대로 오랫동안 나 혼자 살아가야 할 만큼 하나님 말씀이 오지 않는 때가 있다. 강력하게 지시해주는 영적 지도자를 만날 때가 있고, 강력하게 지시해주는 친구나 동역자도 없이 나침반도 없이 밤길을 걸어가야 하는 순간도 있다. 우리는 이것을 역동적 임재하심과 은닉적 임재하심으로 나눌 수 있다. 하나님이 숨어 있는 때에도 하나님은 우리를 떠나시지 않는다. 하나님의 은닉 순간에는 비상한 신뢰와 신앙이 요청된다. 이사야 45:15이 말하듯이, '하나님은 숨어 계시지만', 우리를 아예 떠나신 것이 아니다. 하나님의 은닉적 임재를 오판하면 하나님의 역동적 임재의 순간에 낭패와 수치를 당하게 된다. 주전 597년부터 주전 539년까지 하나님은 이스라엘에게 상대적으로 은닉하셨다. 주전 538년 고레스 칙령을 기점으로 하나님은 당신의 역동적 임재를 드러내셨다. 우리는 이 은닉적 임재와 역동적 임재 모두에서 하나님을 신뢰하고 신앙하며 동행하는 법을 배워야 한다. 특히 하나님이 종적을 감추신 것처럼 우리 주변이 불모지처럼 황량하게 메말라갈 때에도 하나님을 신뢰하는 법을 배우고 익혀야 한다. 그렇다면 왜 하나님은 당신의 임재를 감추실까?

가시적 임재를 드러내지 않는 은닉적 임재 기간 동안 하나님은 세 가지 일이 일어나기를 기대하신다. 첫째, 인간의 영적 성찰과 도덕적 성숙이다. 이때 우리의 죄악에 대해 차분하게 성찰하기를 기대하신다. 하나님의 가시적 임재의 순간을 귀하게 여기지 않고 보냈던 지난날의 타성적 신앙을 비판적으로 검토하게 하신다. 둘째, 하나님이 역사의 주관자임을 믿고 하나님을 오래 참으면서 신뢰하고 앙망하는 연습을 하는 것이다. 셋째, 하나님의 의로운 백성이 악의 피해자가 되고 무질서와 혼돈세력의 피해자가 되게 함으로써, 하나님 나라에 대한 열망을 심화시키는 것이다.

15절은 하나님의 역동적 임재의 또 다른 양상을 말한다. 하나님은 "산들과 언덕들을 황폐하게 하며 그 초목들을 마르게 하며 강들이 섬이 되게 하며 못들을 마르게" 하신다.[6] 41:18과 정반대 사역이다. 41:18에서는 헐벗은 산에 강을 내며 광야가 못이 되게 하시는 하나님이, 여기서는 강들이 섬이 되게 하며 못들을 마르게 하신다. 운명과 운세의 대역전이 일어난다는 말이다. 큰 산과 작은 산들, 강들은 부요와 번영의 상징이다. 한때 위세당당한 산 같은 자들을 굴욕에 처하게 하신다. 한때 부유한 나라를 가난하게 하신다.

16절은 맹인들의 앞길을 인도하시는 하나님의 사역을 말한다. "맹인들을 그들이 알지 못하는 길로 이끌며 그들이 알지 못하는 지름길로 인도하"시는 사역은 현실질서의 반전反轉을 초래한다. 하나님께서 역동적 임재를 드러내시면 맹인이 오히려 지름길을 따라 움직인다. 하나님이 그동안 집에 갇혀 스스로 한 발도 움직일 수 없던 맹인으로 하여금 천하를 주유하게 하신다. 16절 하반절은 맹인들이 이렇게 자신들이 알지도 못하는 곳을 다니며, 그것도 지름길을 찾아 움직일 수 있는 이유를 말한다. '하나님이 그들 앞에 있는 암흑이 광명이 되게 하며 맹인들 앞에 있는 굽은 길을 곧게 펴주시기' 때문이다. 이런 하나님의 특별대우를 받는 맹인들은 누구인가? 18-19절에 암시되어 있다. 바로 이스라엘 백성이다. 특별히 출바벨론하여 가나안 땅으로 되돌아가는 귀환여정에 돌입한 귀환포로들이다. 하나님에게는 흑암이나 빛이나 동일하다.[시 139:11-14]

하나님의 역동적 임재가 거두어졌을 때는 맹인으로 사는 것이 낫다. 하나님이 역사를 포기한 것처럼 보일 때는 맹인으로 살아가는 것이 유리하다. 하나님의 역동적 임재가 보이지 않을 때는 영혼에 자신감의 지방질 대신 하나님 임재에 대한 굶주림이 생기기 때문이다. 이런 때는 하나님의 손길에 의지해 천천히 걷는 것이 더 안전하다. 눈을 감은 자는 방황하는 법이 없다. 눈을 떠서 뭔가를 본다고 하는 자가 자기 길로 가다가 길을 잃는 법이다. 하나님이 은닉한 시간에는 맹인으로 지내다가 하나님의 인도를 경험하는 것이 행복하다.^{요 9:39-41} 맹인으로 지내는 동안에 하나님의 역동적 임재가 나타나면 '흑암이 광명이 되고, 굽은 길이 직선주로가 되기' 때문이다. 이것이 바로 새 하늘과 새 땅의 질서다. 새 하늘과 새 땅에서는 낡은 세상의 창조적인 재주형과 전복^{順覆}이 일어난다. 이런 창조적인 역주행을 통해서라도 하나님은 맹인들을 버리지 않을 것임을 확약하신다.^{16절}

그런데 우상숭배자들에게는 큰 수치가 임할 것이다. 하나님이 역동적 임재를 철수해 칠흑 같은 어둠이 지배하면 평소에 우상에 마음을 빼앗겼던 사람들은 하나님 대신 우상에 더욱 매달리게 된다. 모세가 40일 동안 시내산 봉우리 구름 아래 속으로 잠적했을 때 산 아래 이스라엘 회중은 방황하기 시작했다. 그들은 금송아지 우상을 제작해 야웨 하나님이라고 경배하는 우상숭배에 빠졌다.^{출 32:4} 강력한 영도자 여호수아가 죽자, 사사 시대의 우상숭배가 시작되었다. 열두 지파를 통일하던 여호수아가 죽자 그가 생존했을 때는 일치단결한 이스라엘 백성이 분열을 거듭하며 지리멸렬에 빠졌다.^{삿 1:1} 하나님의 역동적인 임재가 내 영혼을 지배할 때는 우상숭배에 대한 유혹이 전혀 발생하지 않는다. 그런데 하나님 말씀을 통해 영혼이 하나님에 대한 두려움으로 적절하게 채워지지 않을 때 금송아지 우상숭배의 유혹에 빠지고 만다.

18절은 "너희 못 듣는 자들"과 "맹인들"을 부름으로써 시작된다. 이 단락은 하나님의 심판을 통해 하나님의 역동적 임재를 경험했던 이스라엘의 과거 심판을 회고한다. 동시에 지금 하나님의 손에 이끌려 가나안 고토로 돌아오는 여정에 들어선 이스라엘의 영적 무감각과 완매함을 힐책한다. 18절의 화자는 "들으라", 그리고 "밝히 보라"고 말한다. 아직도 바벨론 귀환포로 대다수는 역사의 대격변이 시작된 것을 알아차리지 못하고 있다. 예언자를 통해 들려오는 하나님의 위로와 회복의 약속을 듣지 않고 역사의 대변동을 밝히 보지 못하고 있다. 여전히 바벨론의 우상숭배적 습속에 인이 박혀 움직이지 않는다. 바벨론은 우상을 향해 '너희는 우리의 신이다'라고 소리치는 우상숭배의 땅인데, 야웨의 백성은 마치 듣지 못하고 보지 못하는 자처럼 미동도 하지 않는다. 19절은 이 맹인을 네 부류로 정리한다. 하나님이 '나의 종'이라 불러주는 이스라엘, 하나님의 사자로 불리는 예언자,[7] 하나님께 충성스럽다는 의인들, 야웨의 종이 바로 맹인이라는 것이다. 하나님의 설의법 문장들이 하나님의 실망과 놀람을 강조한다. 이스라엘에 대한 하나님의 이 같은 실망은 바벨론 포로살이를 초래한 오래된 조상 세대의 죄악을 상기시키는 표현이면서 동시에 주전 538년 전후에 바벨론 잔류파 포로들에 대한 하나님의 좌절감과 실망의 표출이기도 하다.

'못 듣는 자와 맹인' 주제는 이사야 전체를 관통하고 묶어주는 몇 안 되는 중심 주제 중 하나다. 이사야 6:9에서 이 주제가 처음 나온다. 어떤 상태가 되어야 하나님 말씀을 들을수록 귀가 들리지 않을 수 있고, 볼수록 총명을 잃을 수 있을까? 보면 볼수록 총명의 눈이 열리고 귀가 열리는 것이 마땅하다. 그런데 하나님 말씀을 들을수록 혼돈이 심화되고 하나님 말씀을 들을수록 총명이 흐려지며 영적 안력이 약해져 마땅히 들어야 할 말을 못 듣고 못 보게 된다는 것이다. 이 기막힌 역설을 이해하려면 이사야 6:8-9로 돌아가야 한다. "내가 또 주의 목소리를 들으니 주께서 이르시되 내가 누구를 보내며 누가 우리를 위하여 갈꼬 하시니. 그 때에 내가 이르되 내가 여기 있나이다. 나를 보내소서 하였더니 여호와께서 이르시되 가서 이 백성에게 이르기를 너희가 듣기는 들어도 깨닫지 못할 것이요 보기는 보아도 알지 못하리라 하여 이 백성의 마음을 둔하게 하며 그들의 귀가 막히고 그들의 눈이 감기게 하라." 이사야의 설교를 들을수록 백성의 영적 청력과 시력이 망가진다는 것이다. 원래 예언자 이사야는 그들의 눈과 귀를 열어주려 설교를 하는데, 설교를 하면 할수록 백성의 영적 시야가 흐려지고, 귀가 어두워진다. 이렇게 된 이유를 이사야 29:13은 이렇게 말한다. "주께서 이르시되 이 백성이 입으로는 나를 가까이 하며 입술로는 나를 공경하나 그들의 마음은 내게서 멀리 떠났나니." 입술로는 하나님을 공경하나 마음으로 멀고 하나님의 기대와는 전혀 다른 삶을 살기 때문이다. 하나님의 법도가 가르치는 삶과 상당히 이격된 삶을 살면서도 입술이 하나님께 가깝게 되면 영적 혼돈과 무지몽매가 일어난다. 입술과 삶의 차이에서 큰 괴리가 발생하기 때문이다. 입술로는 하나님과 친근하나 내 삶과 내 존재가 하나님과 너무 멀리 떨어져 있으면 내가 듣는 그 하나님 말씀이 나를 실족시키고 나를 영적으로 무감각하게 만들며, 마침내 멸망이 눈앞에 왔음에도 알아차리지 못하게 만든다. 최고의 위험한 시기를 영적 태평성대로 착각하게 만든다. 영적 각성을 최고 수준으로 유지해야 할 시간을 영적 안일로 탕진하는 것이다. 영적 무지몽매의 가장 큰 문제는 위험이 눈앞에 왔는데도 그것이 위험이라고 생각하지 못하는 것이다. 기도할 때가 왔고 내가 우리 자녀를 붙들고 통곡을 해야 할 때가 왔는데도 통곡할 힘이 남아있지 않고 통곡할 때가 왔다는 것을 믿지 못하는 사람이 바로 듣지 못하는 자요 보지 못하는 자다. 듣지 못하는 것과 보지 못하는 것은 하나님이 심판하신 결과로 생긴 징벌적 장애상태다. "대저 여호와께서 깊이 잠들게 하는 영을 너희에게 부어 주사 너희의 눈을 감기셨음이니 그가 선지자들과 너희의 지도자인 선견자들을 덮으셨음이라. 그러므로 모든 계시가 너희에게는 봉한 책의 말처럼 되었으니 그것을 글 아는 자에게 주며 이르기를 그대에게 청하노니 이를 읽으라 하면 그가 대답하기를 그것이 봉해졌으니 나는 못 읽겠노라 할 것이요."사 29:10-11 결과적으로 이사야의 설교는 사람들의 눈을 뜨게 만드는 설교가 아니라 눈을 돌이킬 수 없게 감기게 하는 설교가 됐다. 못 듣는 자와 맹인이 당한 재난의 본질은 위험이 당도했음에도 위험의 사태의 본질을 알지 못하고 마침내 파산하고 마는 것이다.

18-19절은 바로 15-16절에서 앞서 언급된 '맹인' 주제를 이어받는다. 그런데 놀라운 것은, 앞에서는 맹인이 하나님의 인도를 받아서 구원받는 장면이 나오지만, 이어서 그가 암흑천지를 헤매는 장면이 나온다는 것이다. 이것은 과거회상기법flash back이다. 비참한 맹인이 하나님의 구원을 받는 장면에서 이 사람이 원래 어떻게 맹인이 되었는가를 플래시 백 기법으로, 즉 갑자기 과거 맹인 되던 순간을 비춰주는 것이다. 16절에서 하나님의 인도를 받고 길을 걷는 이 맹인의 옛 모습이 18-19절이다. 그런데 16절의 맹인 모습에는 18-19절의 모습이 어느 정도 남아있는 것으로 보인다. 이사야 6:8-9, 29:13, 42:18-19의 말씀을 종합해보면 '누적된 불순종이 하나님 말씀을 깨닫지 못하는 맹인이 되게 했으며, 누적된 불순종이 못 듣는 자를 만들었다'는 사실을 깨닫게 된다. 일상생활에서 이루어지는 불순종은 사람들로 하여금 하나님 말씀의 사태를 깨닫지 못하게 만들고 내 앞에 움직이는 영적 물체가 무엇인지, 이것이 나에게 우호적인 일인지 나쁜 일

인지를 감지하지 못하게 한다. 누적된 불순종에 찌든 자만이 맹인과 못 듣는 자가 된다. 누적된 불순종은 하나님의 인도를 상실하는 치명적 영적 완매頑昧를 초래한다.

20절은 이스라엘의 영적 지각장애가 과거지사만이 아니라 오늘날에도 여전히 문제가 되고 있다는 인상을 준다. "네가 많은 것을 볼지라도[8] 유의하지 아니하며[9] 귀가 열려 있을지라도 듣지 아니하는도다." 이것은 분명 과거의 이스라엘에게 있었던 영적 완매와 무지몽매, 무감각을 가리킨다. 그러면서도 동시에 이 말은, 이사야 42장의 말씀을 전하는 예언자의 말을 경청하지 않고 바벨론 멸망과 고레스 등장으로 가나안 고토로 되돌아갈 기회가 왔다는 소식을 듣고도 무감동한 채 무반응으로 일관하는 청중을 질타하는 맥락이다.

21절은 이스라엘에 두신 하나님의 고귀한 의향을 말한다. 당신의 의(츠다카)로 말미암아 기쁨으로 교훈(토라)을 크게 하여 그것을[10] 영광스럽게 하려고 하셨다. 당신의 백성 이스라엘을 존귀하게 만들려고 하셨으나 그들은 듣지 못했고 보지 못했다. 22절은 하나님의 의향이 좌절된 결과를 말한다. 결과적으로 그는 도둑맞고 탈취당한 '백성'사 6:9이 되어버렸다. 22절의 둘째 소절의 맛소라 본문은 말이 통하지 않는다. 하페아흐 바후림 쿨람(הָפֵחַ בַּחוּרִים כֻּלָּם). 그대로 번역하면 '젊은이들 모두 갇혔다'이다. BHS 비평장치의 권고에 따라 일부 본문을 수정하면 뜻이 통한다. 후파후 쁘호림[11] 쿨람(הֻפְּחוּ בְּחוֹרִים כֻּלָּם). 직역하면 '그들 모두 구덩이들에 갇혔다'이다. 하나님의 의향을 좌절시킨 결과 이스라엘은 도둑맞으며 탈취를 당하고 옥에 갇히며 노략질당하고 말았다. 즉 바벨론 유배가 시작되었다. 이스라엘 백성이 누적된 불순종으로 도둑맞고 탈취를 당하며 동포들을 다 잃고 캄캄한 굴속에 잡히며 감옥에 갇혔지만 아무도 구해줄 자가 없는 상태, 즉 그들에게 '돌아오라' 혹은 '원래의 보금자리로 돌아가라'고 말할 자도 없는[뭐

엔 오메르 하샵(וְאֵין־אֹמֵר הָשֵׁב)] 채로 70년이 흘러갔다.

23절은 이스라엘이 왜 도둑맞고 탈취당해 감옥에 갇히게 되었는지를 깨닫는 자(혹은 깨닫게 하는 자)가 있는지 묻는다. '이 일'은 이스라엘의 멸망과 바벨론 유배의 과정을 설명하는 이사야 예언에 귀를 기울여야 이해가 되는 일이다. '이 일', 즉 못 듣고 못 보는 이스라엘이 탈취당해 바벨론 유배의 감옥에 투옥된 채 70년을 보낸 이 과거 지사의 의미를 아는 자만이 '뒤에 올 일'에 대한 해석도 할 수 있다.

24절은 야곱의 탈취와 이스라엘의 약탈자 양도를 주도하신 분이 하나님임을 아는 자가 그런 탈취와 약탈자 손아귀로 양도된 사태가 일어나게 된 원인을 알 수 있다고 말한다. 하나님의 백성에게 하나님의 말씀을 가지고 크게 존귀케 됨을 얻으려 하는 거룩한 정체성이 사라지면, 하나님의 백성은 더 이상 존재 의미가 없어져서 강대국의 도적질과 노략질 대상으로 전락해버린다. "우리가 그에게 범죄하였도다." 하나님은 이 죄책 고백을 하는 자만이 바벨론 유배가 끝나고 가나안 고토로 되돌아가는 것의 의미를 깨닫게 된다고 말씀하신다. 24절 마지막 소절은 왜 오래전 이스라엘이 바벨론에게 탈취당하고 속박되었는지를 다시 요약한다. "그들이 그의 길로 다니기를 원하지 아니하며 그의 교훈을 순종하지 아니하였도다." 이 죄책 고백이 에스라 9장, 느헤미야 9장, 그리고 다니엘 9장의 구국 회개기도문의 핵심이다. 오래되고 누적된 불순종이 이스라엘 자신을 하나님의 심판 처분에 투척해버렸다.

25절은 하나님의 최후 응답을 말한다. "그러므로 여호와께서 맹렬한 진노와 전쟁의 위력을 이스라엘에게 쏟아 부으시매 그 사방에서 불타오르나 깨닫지 못하며 몸이 타나 마음에 두지 아니하는도다." 신명기 28:63의 위협이 성취된 것이다. "여호와께서 너희에게 선을 행하시고 너희를 번성하게 하시기를 기뻐하시던 것 같이 이제는 여호

내 마음에 기뻐하는 나의 종을 보라

와께서 너희를 망하게 하시며 멸하시기를 기뻐하시리니 너희가 들어가 차지할 땅에서 뽑힐 것이요."^{신 28:63}

25절은 가나안 고토에 살던 이스라엘이 왜 바벨론 포로로 전락했는지를 과거회상기법으로 진술한다. 이스라엘의 멸망과 바벨론 유배는 단지 우상숭배 때문이 아니라, 우상숭배가 나라를 멸망시킬 것이라는 하나님의 무서운 경고와 위협을 묵살하고 목전에 당도한 위험을 알아차리지 못한 영적 완매함 때문임을 부각시킨다. 42장을 전한 예언자가 보기에 현재 바벨론 포로들 중 상당수가 이런 영적 무지몽매와 완매를 드러내며, 하나님이 조성하신 은혜와 구원의 계획에 호응하지 않는다. 그래서 오래전 조상들의 치명적 죄악과 허물을 상기시킨다.

메시지

이사야 42:1은 예수님께서 요단강에서 세례를 받으시고 올라오실 때 받은 말씀이다. 예수님이 요단강에서 세례를 받으신 후 강에서 올라오실 때 시편 2:7과 이사야 42:1 두 가지 말씀을 받으셨다. "너는 내 사랑하는 아들이라. 내가 너를 기뻐하노라."^{막 1:11} 앞 소절은 다윗의 후손 왕이 다윗의 보좌 위에 등극할 때 하나님이 제사장이나 예언자를 통해 들려주시는 신탁이다. 뒷소절은 이사야 42:1 이다. '내가 너를 기뻐한다.' 예수님의 정체성을 이중적으로 규정하는 소명의 말씀들이다. 예수님은 사무엘하 7:12-16과 시편 2:7이 예언한 다윗의 후손 왕이면서 이사야가 말하는 야웨의 기뻐하는 종으로 부르심을 받은 것이다. 시편 2:7은 다윗의 후손 왕이 왕위에 등극할 때 받는 고정된 신탁이다. '나는 너를 낳았다. 너는 내 아들이라'라는 선언은 다윗 계열의 왕에게 공평과 정의 수행의 임무를 수여하는 의식의 일부였다.^{시 72편}

예수님이 어떤 자의식을 갖고 갈릴리 공생애를 기획하시고 시작했는 지를 알려면 이 요단 수세시에 받았던 시편 2:7과 이사야 42:1의 의미를 깊이 생각해야 한다.

죄 없는 예수님은 왕이시기에, 당신의 백성을 모으시려고 당신 백성의 죄를 뒤집어쓰고 요단강 아래에 자신을 침수시키셨다. 세리와 창녀와 죄인들이 자신의 몸을 던졌던 요단강 속에 우리 주 예수께서도 몸을 던져서 그들의 죄를 뒤집어쓰기로 작정하셨다. 그들의 왕이셨기 때문에 그들을 구원해 다스리시기 위하여 그들의 징벌 자리에 대신 서셨던 것이다.

또한 예수님은 야웨의 기뻐하심을 입은 종이었기에 야웨의 뜻에 따라 자원해 이 요단강 세례를 받으셨다. 야웨 하나님은 죄 없는 자가 세상 죄를 지고 갈 수 있는 원리를 아셨기에, 죄 없는 하나님의 어린양이 만민의 불순종을 상쇄하고도 남을 순종을 바치기를 요구하셨고 기대하셨다.

예수님은 종이 되심으로 왕이 되셨다. 왕이 되시기 위해 종이 되셨다.^{막 10:42-45} 왕은 누구인가? 통치자다. 무엇으로 통치하는가? 세상의 모든 군왕들은 거대한 관료조직과 상비군 등 무장병력과 강압적 행정체계를 보유한 채 억압적으로 다스린다. 그런데 하나님은 진리와 감동으로 가르치신다. 하나님은 당신의 유익이 아니라 우리 인간의 유익을 위해 우리를 다스리신다. 예수님은 죄인들을 다스리기 위해 구원하신다. 아울러 구원하시기 위해 다스리신다. 왕이란 존재는 백성들의 고혈을 빨고 생명을 강탈하는 자가 아니라 자신이 다스릴 백성을 위해 목숨을 바치는 자다. 백성이 죄악의 원시충동으로부터 벗어나도록 해방시켜주는 자가 왕이다. 예수님은 이스라엘 공동체의 죄를 뒤집어쓰기 위하여 물에 침수하여 죽음에 이르는 결단을 하셨다. 이런 결단을 하자 하나님이 들려주신 말씀이, '너는 내 마음에 기뻐하는 자다. 너는 내 사랑하는 아들이다'라는 음성이었다. 이 하나님의 선언은 헤롯왕이나 빌라도에게는 들릴 수 없는 말이다. 세계를 강압적으로 지배하는 세상 권력자들에게 하나님은 결코 '너는 내 사랑하는 아들이다'라고 말씀하시지 않는다.

이처럼 시편 2:7과 이사야 42:1의 말씀으로 부르심 받은 예수님은 이중정체성을 갖게 되었다. 시편 2:7은 예수님을 공평과 정의를 행할 왕으로 부르시는 하나님의 소명을 강조하고, 이사야 42:1은 예수님을 상한 갈대와 꺼져가는 심지 같은 인생들을 다시 소생시키기 위해 무한정의를 집행하실 종의 과업을 강조한다. 언뜻 보면 왕과 종은 쉽게 조화될 수 없는 두 가지 면모요 역할이다. 그런데 이 둘이 하나라고 보는 것이 하나님이요 성경의 관점이다. 여기서 우리는 무엇을 깨달을 수 있는가? '왕이 곧 종이다.' '종이 곧 왕이다.' 마가복음 10:42-45은 정확하게 이 진리를 선포하고 있다.

예수께서 불러다가 이르시되 이방인의 집권자들이 그들을 임의로 주관하고 그 고관들이 그들에게 권세를 부리는 줄을 너희가 알거니와 너희 중에는 그렇지 않을지니 너희 중에 누구든지 크고자 하는 자는 너희를 섬기는 자가 되고 너희 중에 누구든지 으뜸이 되고자 하는 자는 모든 사람의 종이 되어야 하리라. 인자가 온 것은 섬김을 받으려 함이 아니라 도리어 섬기려 하고 자기 목숨을 많은 사람의 대속물로 주려 함이니라.

무릇 왕은 종이 되어야 하며, 종 된 자만이 왕이 될 수 있다는 말이다. 이러한 호환원리가 예수님의 사역을 관통하고 있다. 종에서 왕으로 가는 길이 열리고 왕에서 종으로 가는 대로가 열린다. 예수님의 공생애에는 왕적인 면모와 종의 면모가 조화롭게 호환되고 있다.

학자들은 42:1-9, 49:1-7(6), 50:4-11, 그리고 52:13-53:12를 흔히 "종의 노래"servant songs라고 부른다. 둠Bernhard Duhm 이래로 학자들은 이 네 본문을 제2이사야에게서 분리시켜 제2이사야가 아닌 다른 예언자(저자)의 저작이라고 보는 경향을 보였다. 주로 기독교 진영의 주석가들은 이 네 노래가 메시아를 예언하는 시라고 보고, 가능하면 이스라엘을 대표하는 바벨론 포로들과 이 노래들을 분리시켜 왔다. 본 주석서에서는 네 노래를 이사야 40-66장, 더 구체적으로는 40-55장의 맥락과의 유기적 연관성에 주목해 해석한다. 이 네 노래들은 1차적으로는 하나님의 마음속에 이상화된 이스라엘의 사명을 제고하는 예언들이라고 본다. 하나님이 당신의 이상화된 백성, 즉 종에게 기대하는 사명이 이 네 노래들에 그려져 있다. 현실의 바벨론 포로들에게 들려진 예언이지만 이 노래가 그리는 야웨의 종은 현실의 바벨론 포로들이 아니다. 하나님의 마음속에 존재하는 이상화된 바벨론 포로들이다. 하나님이 바벨론 포로들에게 기대했던 모든 이상적 자질과 영적 자질들을 체현해준 이상화된 포로들이다. 요약하면 이 네 노래는 하나님이 바벨론 포로들에게 투사시킨 최고치 기대와 희망의 극시劇詩다. 나중에 밝혀지겠지만 53:1의 "우리"의 참회에서 드러나듯이, 이 야웨의 종에 대한 이러한 하나님의 기대와 희망에 부응한 자들은 극히 희소했다. 이 야웨의 종의 노래들에 그려진 하나님의 최고치 이스라엘에 대한 하나님의 기대는 500여년 후 나사렛 예수에게서 충족되었다. 나사렛 예수가 이 고난받는 종의 예언들을 자신을 위한 말씀으로 받아 그것들이 메시아 예언 본문으로 격상되었지만(특히 53장), 적어도 네 종의 노래들의 당대 청중이 바벨론 포로들이었다는 사실은 변함이 없다.

확실히 40-55장 안에서도 이 네 본문의 위상은 독특하다. 53장을 제외하고는 1인칭 화자인 야웨의 종이 이야기를 주도한다. 42:1-9은 야웨의 기뻐하심을 입은 종, 야웨의 뜻을 세상에 펼치는 종을 소개한다. 49:1-7과 50:4-11은 야웨의 뜻을 펼치기 위하여 스스로 고난을 자취하는 종을 소개한다. 이사야 52:13-53:12은 이스라엘 동포뿐만 아니라 열방과 열왕까지 놀라게 하면서 야웨의 구원을 선포하는 종을 소개한다. 40-55장 안에서 야웨의 '종'은 한편으로는 '포로살이를 경험한 이스라엘'을 가리키면서, 또 다른 한편으로는 열왕과 열국을 위하여 대속적 고난을 받은 한 특별한 종(집단, 개인)을 가리킨다. 각각의 본문에 등장하는 종은 하나님의 마음속에 있는 이상화된 이스라엘인데, 하나님의 거룩한 백성으로 살기 위해서 혹은 살아가다가 고난을 자초한 자들이다. 가나안 잔류민과 애굽 및 기타 지역으로 도피한 이스라엘 사람들과 달리, 바벨론 포로들 중에는 이 네 노래에 등장하는 '야웨의 종'의 길에 상응하는 길을 부분적으로나마 걸었던 이들이 있었다. 따라서 부분적으로는 바벨론 포로들이 바로 이 야웨의 종이다. 그렇지만 궁극적으로는 네 본문이 그리는 '야웨의 종'은 아직 역사 속에 등장하지 않았으며, 하나님이 역사 속으로 불러내실 이상화된 '미래 이스라엘'이다. 이 이상화된 이스라엘, 야웨의 종은 바벨론 유배라는 신앙의 용광로에서 단련된 인격이다. 열방까지 야웨 하나님의 은혜와 죄 용서의 수혜자가 된 것은 야웨의 종이 겪은 바벨론 유배와 그것에 수반된 고난 때문이었다. 이런 점에서 바벨론 유배는 하나님의 인류구속사의 도정에서 큰 영적 도약을 성취했다.

당시의 세계의 중심이었던 바벨론에 끌려간 이스라엘 포로들이 겪은 고난과 뒤이은 하나님의 신원(伸冤)은 온 세계 열방이 이스라엘에게 일어난 하나님의 구원의 이차적 수혜자가 될 길을 열어주었다. 야웨의 종의 사역은 바벨론 유배가 남긴 신학적 깨달음들을 집약하고 있다. 그 깨달음은 네 가지다.

첫째, '하나님은 세계 열방의 하나님이시며, 주(主)이자 왕이시다'라는 깨달음이다. 둘째, 이스라엘은 비특권화, 세속화의 경험을 강요당하면서 한 차원 더 깊게 하나님과 자신의 관계를 깨달았다. 세계 한복판에 내동댕이쳐지는 경험을 함으로써 이스라엘은 선택과 계약신학의 진면목을 실제적으로 깨닫게 되었다. 셋째, 이스라엘의 바벨론 포로살이는 야웨의 종의 대속적인 고난을 통하여 구속사적 가치를 가지는 사건이었다. 야웨의 종이라고 일컬어지는 사람의 굴욕적 고난과 그의 뒤이은 회복과 승귀는 열방과 열왕을 소스라치게 할 뿐만 아니라 이스라엘의 나머지 백성들의 양심을 찌름으로써 죄책 고백과 속죄의 효과를 가져왔다. 바벨론 포로 혹은 이상적인 하나님의 종이 70년 동안 당한 고난은 세계 열방이 하나님께로 돌아오게 하는 데 필요한 고난이었다는 점에서 대속적 고난으로 해석될 수 있다. 마지막으로, 이스라엘은 바벨론 포로살이의 굴욕적 경험과 70년만의 귀환이라는 구원대사를 겪으면서 야웨 하나님만이 온 세계 열방의 유일무이한 하나님임을 확신하게 되었다. 바벨론의 신들(벨과 느보)은 야웨 하나님의 적수가 전혀 못되며, 이스라엘 백성들의 일편단심의 충성심을 요구할 자격과 권리가 전혀 없음을 각성하게 되었다.

다음으로 '야웨의 종'의 노래 시리즈를 40-55장의 근접 맥락 안에서 더 잘 이해하기 위해서는, 40-55장에서 하나님이 이스라엘을 부르시는 다양한 칭호를 분석할 필요가 있다. 아래 인용되고 인증되는 이사야 본문들은, '야웨의 종'이 이스라엘을 가리키는 용어일 뿐만 아니라 전체 이스라엘을 대표하되 구분된 특별한 개인 또는 공동체, 즉 이상화된 이스라엘을 가리키는 용어임을 보여준다.

1. 41:8-9은 이스라엘/야곱을 야웨의 "택한 종"으로 규정한다.

그러나 나의 종 너 이스라엘아, 나의 택한 야곱아, 나의 벗 아브라함의 자손아, 내가 땅 끝에서부터 너를 붙들며 땅 모퉁이에서부터 너를 부르고 네게 이르기를 너는 나의 종이라. 내가 너를 택하고 싫어하여 버리지 아니하였다 하였노라.

야웨는 당신의 택함을 받은 종을 땅 모퉁이에서부터 부르며, 당신의 선택 자체를 무효화하지 않는다. 바벨론 포로살이, 이방 땅에서 보낸 70년이 이스라엘과 하나님 야웨와의 계약관계를 과연 무효화하였는가라는 질문에 본문은 단연코 "아니오"라고 말한다. 포로살이를 경험한 이스라엘 백성은 여전히 야웨 하나님의 종이다.

2. 42:1-7은 이스라엘/야곱을 야웨 하나님의 종이라는 일반적 관점에서 한 단계 더 진전된 관계를 말한다.

내가 붙드는 나의 종, 내 마음에 기뻐하는 자 곧 내가 택한 사람을 보라. 내가 나의 영을 그에게 주었은즉 그가 이방에 정의를 베풀리라. 그는 외치지 아니하며 목소리를 높이지 아니하며 그 소리를 거리에 들리게 하지 아니하며 상한 갈대를 꺾지 아니하며 꺼져가는 등불을 끄지 아니하고 진실로 정의를 시행할 것이며 그는 쇠하지 아니하며 낙담하지 아니하고 세상에 정의를 세우기에 이르리니 섬들이 그 교훈을 앙망하리라. 하늘을 창조하여 펴시고 땅과 그 소산을 내시며 땅 위의 백성에게 호흡을 주시며 땅에 행하는 자에게 영을 주시는 하나님 여호와께서 이같이 말씀하시되 나 여호와가 의로 너를 불렀은즉 내가 네 손을 잡아 너를 보호하며 너를 세워 백성의 언약과 이방의 빛이 되게 하리니 네가 눈먼 자들의 눈을 밝히며 갇힌 자를 감옥에서 이끌어 내며 흑암에 앉은 자를 감방에서 나오게 하리라.

본문은 야웨의 특별한 종(개인)을 말한다. 그래서 앞의 본문과는 분명한 차이가 있다. 그러나 앞의 본문과의 공통점은, 하나님의 종 야곱과 야웨의 기뻐하심을 입은 종 둘 다 '하나님의 붙드심'을 받고 '택함'을 받는다는 점이다. 또한 본문의 야웨의 기뻐하심을 입은 종은 고난받는 종은 아니다. 오히려 9, 11장의 다윗왕적인 이상왕에 근접하는 인물이다. 그는 이스라엘의 경계를 넘어 이방인들에게 공의를 베풀며 세상에 공의를 세우는 왕적인 존재다. 그러면서 그는 백성들과 하나님을 중개하는 언약의 머리(다윗왕적인 역할)임과 동시에 이방의 빛이다.[1, 4, 6절] 요약하자면, 42:1-7의 야웨의 종은 왕적인 존재로서 특정한 개인을 가리키는 것처럼(다윗왕적 이상왕) 보인다. 그의 주요 사명은 온 세상에 공의를 세우는 것으로서, 맹인의 눈을 밝히며 갇힌 자를 자유롭게 하는 사역을 감당하는 것이다.[61:1-4] 그러나 이 왕적 인물로서의 야웨의 종은 고난받는 종으로서 부각되지는 않는다.

3. 42:18-19은 매우 부정적인 맥락에서 야웨의 종을 언급한다(6:9-10의 이스라엘 백성=바벨론 유배를 겪지 않으면 눈을 뜰 수 없는 몽매한 백성들).

너희 못 듣는 자들아, 들으라. 너희 맹인들아, 밝히 보라. 맹인이 누구냐. 내 종이 아니냐. 누가 내가 보내는 내 사자 같이 못 듣는 자겠느냐. 누가 내게 충성된 자 같이 맹인이겠느냐. 누가 여호와의 종 같이 맹인이겠느냐.

본문에서는 야웨의 종이 맹인들이며, 못 듣는 자다. 그들은 "많은 것을 볼지라도 유의치 아니하며 귀는 밝을지라도 듣지 아니하는도다."[20절] 그들은 여전히 6:9-10이 선언한 영적 완매상태에 빠져 있는 것처럼 보인다. 야웨의 종은 야웨의 기뻐하심을 입은 종도 있지만 아직도 영적 몽매상태에 갇혀 하나님의 계획을 알지 못하는 종도 있다. 이 맹인과 못 듣는 자 같은 종들은 야웨의 고난받는 종의 굴욕적 고난을 보고 그의 종국적인 회복과 승귀를 목격하면서 나중에 참회하는 회중의 일부가 된다(53장의 "우리").

4. 43:8-10, 43:14-21, 44:1-8, 45:4-8, 그리고 45:20-22은 이스라엘과 고레스가 야웨 하나님이 온 세계의 유일무이한 하나님임을 선포하는 증인으로 자리매김됨을 보여준다.

43:8-10에서도 마찬가지로 이스라엘은 맹인이요 듣지 못하는 자로 지칭되지만 결국 열방과 민족들 앞에서 자신들 안에 일어난 엄청난 하나님의 심판과 구원의 대사를 간증할 증인/종으로 소환된다. 못 듣는 자요 맹인인 이스라엘 백성(우물 안 개구리)을 세계 한복판에 집어던져 넣음으로써(민족들과 열방에게 노출시킴으로써) 영적인 눈과 귀를 열어준다.

눈이 있어도 보지 못하고 귀가 있어도 듣지 못하는 백성을 이끌어 내라. 열방은 모였으며 민족들이 회집하였는데 그들 중에 누가 이 일을 알려 주며 이전 일들을 우리에게 들려 주겠느냐. 그들이 그들의 증인을 세워서 자기들의 옳음을 나타내고 듣는 자들이 옳다고 말하게 하여 보라. 나 여호와가 말하노라. 너희는 나의 증인, 나의 종으로 택함을 입었나니.

그러면 이스라엘은 어떠한 진실을 증거해야 할 증인이자 종으로 부름받았는가? 그들은 바벨론 포로살이의 창발자도, 그것을 끝내어 고토로 돌아가게 하는 구원 대사의 주체도 하나님임을 알고 인정하고 믿으며, 오로지 야웨 하나님만을 유일하신 하나님으로 선포하는 일에 부름받았다. "나의 전에 지음을 받은 신이 없었느니라. 나의 후에도 없으리라. 나 곧 나는 여호와라. 나 외에 구원자가 없느니라. 내가 알려 주었으며 구원하였으며 보였고 너희 중에 다른 신이 없었나니 그러므로 너희는 나의 증인이요 나는 하나님이니라. 여호와의 말씀이니라."43:10b-12

세계열방과 민족들은 아무리 많이 모여도 이 세계사의 중심 사건들(제국의 흥망성쇠)을 창조하시며 주장하시는 하나님이 누구인지 전혀 모른다. 열방은 자신들의 증인들을 세워 자신이 믿는 바가 옳다는 것을 증명할 수 없다. 아무도(민족들과 열방이 세운 어떤 증인들도) 이스라엘이 바벨론에게 포로로 잡혀가서 70년간 포로살이를 하고, 그 오만한 세계제국이 멸망하고 다른 제국의 건설자(고레스)가 등장하며, 그로 인하여 바벨론으로 유배당한 이스라엘이 고토로 귀환하게 된 사건들의 시종 경과를 설득력 있게 설명하지 못한다. 야웨 하나님이 세우신 증인과 종만이 이런 세계사적인 변혁의 의미를 설명할 수 있으며 이 세계사적 흥망성쇠의 주도자가 야웨 하나님임을 강력하게 증거할 수 있다. 야웨의 종/증인은 그의 증거를 통하여 오로지 야웨 하나님만이 세계와 역사의 주관자요 왕임을 증거해야 한다.

이와 관련하여 43:14-21에서 이스라엘(바벨론 포로들)은 자신들의 정복자요 압제자인 바벨론의 몰락을 목격하면서, 야웨 하나님이 그들의 거룩하신 자요 창조자요 왕임을 깨닫도록 기대된다. 동시에 자신들이 여전히 야웨의 택함 받은 백성이요 야웨의 언약 백성임을 깨닫게 된다.

너희의 구속자요 이스라엘의 거룩한 이 여호와가 말하노라. 너희를 위하여 내가 바벨론에 사람을 보내어 모든 갈대아 사람에게 자기들이 연락하던 배를 타고 도망하여 내려가게 하리라. 나는 여호와 너희의 거룩한 이요 이스라엘의 창조자요 너희의 왕이니라.…… 내 백성, 내가 택한 자에게 마시게 할 것임이라. 이 백성은 내가 나를 위하여 지었나니 나를 찬송하게 하려 함이니라.

또한 44:1-8도, 바벨론 포로살이로부터의 해방, 고토 귀환, 귀환 포로 공동체의 번성과 성장 경험이 이스라엘 스스로에게 야웨의 종임을, 즉 야웨만이 그들의 왕, 나아가서 온 세계의 왕임을 각인시켰고, 그러한 각인(계약관계에 대한 확증된 신념)이 이스라엘로 하여금 "야웨 하나님 외에 다른 신이 없다"는 유일신앙적 확신을 배태하였음을 보여준다.[1]

나의 종 야곱, 내가 택한 이스라엘아, 이제 들으라. 너를 만들고 너를 모태에서부터 지어 낸 너를 도와 줄 여호와가 이같이 말하노라. 나의 종 야곱, 내가 택한 여수룬아, 두려워하지 말라.…… 한 사람은 이르기를 나는 여호와께 속하였다 할 것이며 또 한 사람은 야곱의 이름으로 자기를 부를 것이며 또 다른 사람은 자기가 여호와께 속하였음을 그의 손으로 기록하고 이스라엘의 이름으로 존귀히 여김을 받으리라. 이스라엘의 왕인 여호와, 이스라엘의 구원자인 만군의 여호와가 이같이 말하노라.…… 너희는 두려워하지 말며 겁내지 말라. 내가 예로부터 너희에게 듣게 하지 아니하였느냐. 알리지 아니하였느냐. 너희는 나의 증인이라. 나 외에 신이 있겠느냐. 과연 반석은 없나니 다른 신이 있음을 내가 알지 못하노라.

45:4-6에 의하면 고레스를 일으켜 세계제국의 건설자요 정복자가

되게 함으로써 야웨 하나님 자신이 유일하신 하나님임을 온 세계에 선포하신다. 고레스를 일으켜 바벨론 제국을 몰락시킴으로써 "해 뜨는 곳에서든지 지는 곳에서든지" 야웨 밖에 다른 신이 없는 줄을 온 세상 백성들로 알게 하실 것이다.

> 내가 나의 종 야곱, 내가 택한 자 이스라엘을 위하여 네(고레스) 이름을 불러 너는 나를 알지 못하였을지라도 네게 칭호를 주었노라. 나는 여호와라. 나 외에 다른 이가 없나니 나 밖에 신이 없느니라. 너는 나를 알지 못하였을지라도 나는 네 띠를 동일 것이요 해 뜨는 곳에서든지 지는 곳에서든지 나 밖에 다른 이가 없는 줄을 알게 하리라. 나는 여호와라. 다른 이가 없느니라(참조 45:12-13).

45:20-22도 예언과 성취도식을 통하여 야웨 하나님이 세계 유일의 절대적인 신임을 증명하신다. 여기에서 한 가지 덧붙여진 것은, 야웨 하나님이 세계열방에 의하여 유일하신 하나님으로 인정받을 수 있는 이유는 그가 "공의를 행하며 구원을 베푸는 하나님"이기 때문이다: "나 외에 다른 신이 없나니 나는 공의를 행하며 구원을 베푸는 하나님이라. 나 외에 다른 이가 없느니라."45:21 공의를 통한 이스라엘/열방 구원은, 하나님의 의로우심으로 인한 세상 구원을 말한다. 세상 사람들에게 구원을 받기 위한 어떤 도덕적 윤리적 자질을 요구하는 것이 아니다. 하나님 자신의 신적 자비와 친절을 통하여 세상을 구원하신다. 세상 사람들은 하나님의 공의와 구원을 앙망하기만 하면 된다. 마침내 세상에 공의를 베풀고 공의를 실행함으로써 하나님은 세계열방으로부터 경배 받고 신앙의 대상이 될 하나님으로 자신을 드러내신다. 그래서 그는 45:22-25에서 열방 백성들을 향하여 자신을 믿고 구원을 받도록 초청한다.

땅의 모든 끝이여, 내게로 돌이켜 구원을 받으라. 나는 하나님이라. 다른 이가 없느니라. 내가 나를 두고 맹세하기를 내 입에서 공의로운 말이 나갔은즉 돌아오지 아니하나니 내게 모든 무릎이 꿇겠고 모든 혀가 맹세하리라 하였노라. 내게 대한 어떤 자의 말에 공의와 힘은 여호와께만 있나니 사람들이 그에게로 나아갈 것이라. 무릇 그에게 노하는 자는 부끄러움을 당하리라. 그러나 이스라엘 자손은 다 여호와로 말미암아 의롭다 함을 얻고 자랑하리라 하느니라.

5. 49:1-7, 50:4-11은 야웨의 특별한 종, 고난받는 종에 대하여 말한다.

여기서 말하는 야웨의 종은 한편으로는 이스라엘을 지칭하면서,[49:1-5] 다른 한편으로는 이스라엘의 남은 자를 돌아오게 하고 야곱의 지파들을 일으킬 특별한 종[49:6-7; 50:4-11]을 가리킨다. 한 가지 중요한 사실은, 이 두 본문들에서는 "야웨의 종"이 고난을 겪는다는 것이다.[49:7; 50:6-9] 이 두 본문들에 의하면, "야웨의 특별한 종"(고난받는 종)은 한편으로는 이스라엘을 대표하면서 다른 한편으로는 나머지 이스라엘 동포들을 위하여 특별히 고난과 굴욕적인 압제를 당한 개인을 가리킨다고 볼 수 있다. 야웨의 특별한 종, 고난당한 종을 통한 하나님의 구원은 열방, 섬들, 땅 끝의 사람들을 모두 포괄하는 구원이다.

섬들아, 내게 들으라. 먼 곳 백성들아, 귀를 기울이라. 여호와께서 태에서부터 나를 부르셨고 내 어머니의 복중에서부터 내 이름을 기억하셨으며 내 입을 날카로운 칼 같이 만드시고 나를 그의 손 그늘에 숨기시며 나를 갈고 닦은 화살로 만드사 그의 화살통에 감추시고 내게 이르시되 너는 나의 종이요 내 영광을 네 속에 나타낼 이스라엘이라 하셨느니라.…… 이제 여호와께서 말씀하시나니 그는 태에서부터 나를 그의 종으로 지으신 이시요 야곱을 그에게로 돌아오게 하시는 이시니 이스라엘이 그에게로 모이는도다. 그러므로 내가 여호와 보시기에 영화롭게 되었으며 나의 하나님은 나의 힘이 되셨도다. 그가 이르시되 네가 나의 종이 되어 야곱의 지파들을 일으키며 이스라엘 중에 보전된 자를 돌아오게 할 것은 매우 쉬운 일이라. 내가 또 너를 이방의 빛으로 삼아 나의 구원을 베풀어서 땅 끝까지 이르게 하리라. 이스라엘의 구속자 이스라엘의 거룩한 이이신 여호와께서 사람에게 멸시를 당하는 자, 백성에게 미움을 받는 자, 관원들에게 종이 된 자에게 이같이 이르시되 왕들이 보고 일어서며 고관들이 경배하리니 이는 이스라엘의 거룩하신 이 신실하신 여호와 그가 너를 택하였음이니라(53장과 유사).

야웨는 당신의 종이 이스라엘 백성에 의하여 어떻게 배척당할 것인지와 또 어떤 방식으로 이방 나라 왕들과 백성들에게 빛이 될 것인지를 묘사한다. 이스라엘과 이방 나라들은 야웨의 종을 통하여 야웨께 돌아올 것이다.[49:1-26] 백성에게 미움을 당하는 자, 관원에게 종이 된 자가 열왕과 방백들이 야웨 하나님께 경배하도록 이끈다.

주 여호와께서 학자들의 혀를 내게 주사 나로 곤고한 자를 말로 어떻게 도와 줄 줄을 알게 하시고 아침마다 깨우치시되 나의 귀를 깨우치사 학자들 같이 알아듣게 하시도다. 주 여호와께서 나의 귀를 여셨으므로 내가 거역하지도 아니하며 뒤로 물러가지도 아니하며…… 보라, 불을 피우고 횃불을 둘러 띤 자여, 너희가 다 너희의 불꽃 가운데로 걸어가며 너희가 피운 횃불 가운데로 걸어갈지어다. 너희가 내 손에서 얻을 것이 이것이라. 너희가 고통이 있는 곳에 누우리라.[50:4-11]

야웨는 당신의 종이 배척당하는 동안에 시온의 아들딸들이 믿음으로 걸어갈 것을 권고하신다.[50:1-11] 야웨의 종은 아침마다 순종을 배우고 익힌다. 그는 학자처럼 말로 어떻게 곤핍한 사람들을 위로하는 지를 배운다. 그는 하나님 앞에서 자신의 뺨을 때리는 사람에게 어떻게 자신의 등과 뺨을 맡기는지 배운다. 고난의 종은 아침마다 말씀에 귀를 열어놓고 듣는 훈련을 거친 사람들 중에서 선발된다. 그러나 50:4-11에서는 왜 야웨의 종이 뺨을 맞고 수염을 뽑히는지 그이유를 알 수 없다.

야웨의 특별한 종이 고난을 통하여 혹은 고난을 거친 후에 열왕과 열방에게 구원을 선포한다는 점에서, 이 두 본문은 이사야 52:12-53:12을 이해하는 데 통찰의 빛을 던져주는 직접적인 맥락을 제공한다. 왜냐하면 52:13-53:12에서 야웨의 특별한 종은 한편으로는 포로생활을 거친 이스라엘과 동일시되지만(야웨의 선택받은 종), 다른 한편으로는 대다수의 나머지 이스라엘 동포들과는 구별되는 "특별한 의미의 종"인데, 자신의 "고난"을 통하여 많은 사람들을 의롭게 하고 그들에게 야웨의 구원을 선포하는 종이기 때문이다.

6. 52:13-53:12은 이스라엘 대속적이고 열방 대속적인 고난의 종을 말한다.

'종의 사역' 성격에 비추어 볼 때 이사야 42장에서 처음 소개된 야웨의 종은 이사야 53장에서 그 정체를 온전히 드러낸다. 야웨께서 기뻐하신 그 뜻은 야웨의 종이 대속적인 고난과 죽음을 통해 많은 사람을 의롭게 하고 열방과 열왕을 이스라엘의 하나님께 경배하도록 이끄는 것이다. 이런 점에서 이사야 53장에 나오는 종은 앞에 나온 야웨의 종이 행하는 사역들의 최종적 열매다. 그런데 대속적인 고난 사상을 담은 이사야 52:13-53:12은 성서 전체에서도 혁신적인 대속사상을 담고 있지만 고대근동의 어떤 종교문서들에서도 이사야 53장과 견줄 수 있는 대속사상을 담은 병행문서 *parallel texts* 가 발견되지 않았다.[2]

53장은 참으로 아무에게도 알려지지 않고 전파되지 않은 기이한 메시지를 담고 있다.[절] 53장은 바벨론 포로살이에 대한 가장 심오한 해석을 담고 있다. 바벨론 포로살이는 의심의 여지없이 그들의 죄악에 대한 하나님의 공변된 심판이자 징벌이었다. 동시에 바벨론 포로들은 그들 자신의 죄 때문만이 아니라 이스라엘 민족 전체를 대신해 벌받는 선택된 징벌감수자들이었다. 그들은 모두 자신의 죄값 외에 자신이 대표하는 민족 전체의 죄값까지 치러야 했다. 바벨론 포로들은 갑절의 징벌을 받았다. 그들이 받은 고난은 이런 의미에서 애매한 고난이었다. 아주 초보적인 대신적 징벌감수론이 생기는 순간이었다. 여기서 바벨론 포로살이는 포로들 자신의 죄악에 대한 징벌 이상의 의미를 갖는다는 신학적 착상이 가능해졌을 것이다.

바벨론 유배기간이 길어지면 길수록 바벨론 유배가 포로들의 죄악에 대한 징벌 이상의 의미를 갖고 있다는 사실이 강조되었을 것이다. 오히려 자신들은 이스라엘 민족 전체의 징벌을 대신 받았다는 대속적인 고난사상이 부각되었을 것이다. 특히 이런 사상은 바벨론 포로 세대 중 청소년 세대나 바벨론 포로의 2-3세대가 당한 고난에 대한 해석에서 착상되었을 것이다. 바벨론 포로 1세대 중 기성세대는 자신들의 죄악으로 인해 바벨론 포로살이가 초래되었다고 생각하는 징벌 세대였다. 그들은 시편 44:14-22이 묘사하는 고난의 감수자들이었다. "주께서 우리를 뭇 백성 중에 이야기거리가 되게 하시며 민족 중에서 머리 흔듦을 당하게 하셨나이다.…… 우리가 우리 하나님의 이름을 잊어버렸거나 우리 손을 이방 신에게 향하여 폈더면 하나님이 이를 알아내지 아니하셨으리이까.…… 우리가 종일 주를 위하여 죽임을 당하게 되며 도살할 양 같이 여김을 받았나이다." 그런데 다니엘과 세 친구들이 당한 고난은 우상숭배로 인한 징벌로 초래된 고난이 아니라 우상숭배를 거부하고 유일하신 하나님만을 믿으려다가 자초한 고난이었다. 49:7, 50:5-9, 53장이 말하는 고난은, 우상의 제국 바벨론에서 참되고 유일하신 하나님께만 충성을 바치는 과정에서 초래된 고난이었다. 에스더와 모르드개가 당한 고난, 다니엘의 외경들인 「수산나 이야기」,[13장] 「아사랴의 기도와 세 젊은이의 노래」(단 3장의 외경 첨가부분, 단 3:23-24 사이에 삽입)의 주인공들이 당한 고난은 확실히 바벨론 포로들이 하나님에 대한 일편단심을 지키는 과정에서 초래된 고난들이다. 그것들은 우상숭배에 대한 징벌로 인한 고난이 아니라 하나님의 자녀다운 정결을 지키며(「수산나 이야기」), 우상숭배를 강요하는 제국의 현실에 맞서는 과정(「아사랴의 기도와 세 청년의 노래」)에서 자초한 고난이다. 이런 점에서 '이상화된 이스라엘'인 야웨의 종이 당하는 고난은 만민에게 유일하신 참된 하나님을 선포하고 가르치려는 제사장적인 사명수행 과정에서 자초한 고난이다. 그런 점에서 대속적인 고난이 된다.

이러한 대속사상은, 앗수르의 유배나 바벨론 유배가 이스라엘/유다의 죄악에 대한 하나님의 분노에 찬 응징이었다고 해석하는 1-39장의 입장에 비하여 분명히 진전된 신학적 입장이다. 아마도 이사야의 후계자들(자신들이 이사야의 이름 아래 묻혀도 된다고 생각한 사람들)의 신학적 기여는 바로 대속적 고난사상이라고 볼 수 있을 것이다.

요약

이 네 편의 종의 노래는 자연스럽게 연결되는 기승전결의 서사구조 안에 잘 끼워 맞춰지지 않을지도 모른다. 따라서 이 네 편의 종의 노래를 응집성이 있고 유기적인 서사구조를 가진 드라마로 해석하지 않고, 각각을 독립적이고 병렬적인 예언시로 해석해도 무방하다. 다만 예수님이 이 네 편의 노래를 자신의 메시아적 사역에 각각 다양한 방식으로 상관시켰기 때문에 우리는 이 네 본문을 서사적 전진감을 가진 드라마로 읽을 수 있는 실마리를 얻게 되었다.[3] 이스라엘/야곱을 야웨의 종이라고 지칭하는 구절들을 살펴본 결과 우리는 야웨의 "종"의 정체성과 사역에 대한 다음과 같은 잠정적이고 예비적인 이해에 이를 수 있다.[4]

야웨의 종의 최종사역은 42장에서 시작되어 53장에서 절정에 이른다. 야웨의 종이 펼치는 정의와 공의 집행사역은 온 열방까지 구원한다.[42, 49장] 그런데 야웨의 종은 이 과정에서 곤욕과 고난을 자초한다. 야웨의 종이 펼치는 공의와 정의 구현사역은 관원들의 방해와 열방의 도전을 초래한다.[50장] 이 야웨의 종은 자신의 굴욕적 낮아짐과 종국적인 승귀와 존귀케 됨(열방을 두 번씩 경악시킴으로써)을 통하여 온 세상에 하나님의 구원을 공포한다. 그는 이스라엘과 열방에게 하나님의 구원과 회복(치료)이 임하게 한다(참조 49:1-57:21). 이스라엘과 열방을 구원하실 하나님의 계획은, 자신의 죄와 상관없이 강요된 고난과 부조리한 고통을 묵묵히 감내하는 고난의 종의 순종을 통해서만 실현된다.

53장에서 계시된 대속적 고난사상은 세계종교사에 유례가 없는 진실로 성경적인 사상이다. 고난의 종은 비록 대다수의 이스라엘 동포들에게는 거절당하고 배척당하겠지만-그렇게 하지 말라는 명령을 받았음에도 불구하고 이스라엘 백성은 야웨의 고난의 종을 배척한다-열방에게는 각성과 깨달음, 희망과 구원의 빛이 될 것이다. 하나님께서 세계만방에 흩어진 당신의 백성을 끌어 모을 뿐만 아니라, 야웨의 특별한 종의 굴욕과 존귀케 됨에 연루된 모든 열방 백성들에게 구원의 소식이 전파될 것이다. '참회하는 이스라엘 동포'인 '우리'를 통하여 열방 백성들에게도 야웨 하나님만이 오로지 구원과 공의의 주시며 그 분만이 참 유일하신 하나님임을 알게 될 것이다.

43장.

나는 여호와라, 나 외에 구원자가 없느니라

43 ¹야곱아, 너를 창조하신 여호와께서 지금 말씀하시느니라. 이스라엘아, 너를 지으신 이가 말씀하시느니라. 너는 두려워하지 말라. 내가 너를 구속하였고 내가 너를 지명하여 불렀나니 너는 내 것이라. ²네가 물 가운데로 지날 때에 내가 너와 함께 할 것이라. 강을 건널 때에 물이 너를 침몰하지 못할 것이며 네가 불 가운데로 지날 때에 타지도 아니할 것이요 불꽃이 너를 사르지도 못하리니 ³대저 나는 여호와 네 하나님이요 이스라엘의 거룩한 이요 네 구원자임이라. 내가 애굽을 너의 속량물로, 구스와 스바를 너를 대신하여 주었노라. ⁴네가 내 눈에 보배롭고 존귀하며 내가 너를 사랑하였은즉 내가 네 대신 사람들을 내어 주며 백성들이 네 생명을 대신하리니 ⁵두려워하지 말라. 내가 너와 함께 하여 네 자손을 동쪽에서부터 오게 하며 서쪽에서부터 너를 모을 것이며 ⁶내가 북쪽에게 이르기를 내놓으라. 남쪽에게 이르기를 가두어 두지 말라. 내 아들들을 먼 곳에서 이끌며 내 딸들을 땅 끝에서 오게 하며 ⁷내 이름으로 불려지는 모든 자 곧 내가 내 영광을 위하여 창조한 자를 오게 하라. 그를 내가 지었고 그를 내가 만들었느니라. ⁸눈이 있어도 보지 못하고 귀가 있어도 듣지 못하는 백성을 이끌어 내라. ⁹열방은 모였으며 민족들이 회집하였는데 그들 중에 누가 이 일을 알려 주며 이전 일들을 우리에게 들려 주겠느냐. 그들이 그들의 증인을 세워서 자기들의 옳음을 나타내고 듣는 자들이 옳다고 말하게 하여 보라. ¹⁰나 여호와가 말하노라. 너희는 나의 증인, 나의 종으로 택함을 입었나니 이는 너희가 나를 알고 믿으며 내가 그인 줄 깨닫게 하려 함이라. 나의 전에 지음을 받은 신이 없었느니라. 나의 후에도 없으리라. ¹¹나 곧 나는 여호와라. 나 외에 구원자가 없느니라. ¹²내가 알려 주었으며 구원하였으며 보였고 너희 중에 다른 신이 없었나니 그러므로 너희는 나의 증인이요 나는 하나님이니라. 여호와의 말씀이니라. ¹³과연 태초로부터 나는 그이니 내 손에서 건질 자가 없

나는 여호와라· 나 외에 구원자가 없느니라

도다. 내가 행하리니 누가 막으리요. ¹⁴너희의 구속자요 이스라엘의 거룩한 이 여호와가 말하노라. 너희를 위하여 내가 바벨론에 사람을 보내어 모든 갈대아 사람에게 자기들이 연락하던 배를 타고 도망하여 내려가게 하리라. ¹⁵나는 여호와 너희의 거룩한 이요 이스라엘의 창조자요 너희의 왕이니라. ¹⁶나 여호와가 이같이 말하노라. 바다 가운데에 길을, 큰 물 가운데에 지름길을 내고 ¹⁷병거와 말과 군대의 용사를 이끌어 내어 그들이 일시에 엎드러져 일어나지 못하고 소멸하기를 꺼져가는 등불 같게 하였느니라. ¹⁸너희는 이전 일을 기억하지 말며 옛날 일을 생각하지 말라. ¹⁹보라, 내가 새 일을 행하리니 이제 나타낼 것이라. 너희가 그것을 알지 못하겠느냐. 반드시 내가 광야에 길을 사막에 강을 내리니. ²⁰장차 들짐승 곧 승냥이와 타조도 나를 존경할 것은 내가 광야에 물을, 사막에 강들을 내어 내 백성 내가 택한 자에게 마시게 할 것임이라. ²¹이 백성은 내가 나를 위하여 지었나니 나를 찬송하게 하려 함이니라. ²²그러나 야곱아, 너는 나를 부르지 아니하였고 이스라엘아, 너는 나를 괴롭게 여겼으며 ²³네 번제의 양을 내게로 가져오지 아니하였고 네 제물로 나를 공경하지 아니하였느니라. 나는 제물로 말미암아 너를 수고롭게 하지 아니하였고 유향으로 말미암아 너를 괴롭게 하지 아니하였거늘 ²⁴너는 나를 위하여 돈으로 향품을 사지 아니하며 희생의 기름으로 나를 흡족하게 하지 아니하고 네 죄짐으로 나를 수고롭게 하며 네 죄악으로 나를 괴롭게 하였느니라. ²⁵나 곧 나는 나를 위하여 네 허물을 도말하는 자니 네 죄를 기억하지 아니하리라. ²⁶너는 나에게 기억이 나게 하라. 우리가 함께 변론하자. 너는 말하여 네가 의로움을 나타내라. ²⁷네 시조가 범죄하였고 너의 교사들이 나를 배반하였나니 ²⁸그러므로 내가 성소의 어른들을 욕되게 하며 야곱이 진멸 당하도록 내어 주며 이스라엘이 비방거리가 되게 하리라.

주석

43장의 핵심은 붕괴되는 바벨론으로부터 가나안 고토로 이스라엘을 불러모으시는 하나님의 출바벨론 프로젝트다. 하나님은 이제 '이스라엘'이라고 불리는 선택되고 예비된 백성을 위하여 구원과 회복의 역사를 시작하실 것이다. 따라서 이스라엘의 거룩하신 자^{the Holy One of Israel}
이자 구속자^{Redeemer}이신 하나님은 찬양받아야 마땅하다.^{40:1-31} 43장은
열방에 흩어진 포로들을 가나안 고토로 불러모으시는 야웨,^{1-13절} 출애
굽의 기억을 잊게 할 만큼 장엄한 하나님의 출바벨론 구원역사,^{14-21절}
출바벨론 대역사를 일으키시는 하나님의 내적 논리^{22-30절}로 나뉜다.
하나님이 앞장서서 이스라엘의 죄와 허물을 도말하심으로 포로들의
고토 귀환을 기획하고 성취하신다.

열방에 흩어진 포로들을 가나안 고토로 불러모으시는 야웨 • 1-13절

1절은 이스라엘에 대한 애정이 깃든 하나님의 언약확증적인 호칭으
로 시작한다. "야곱아", "이스라엘아." 하나님은 유리방황하는 아람인
이었던 아브라함(창 12:1-4 하란을 떠난 아브람; 20:13 아브라함을 방황
하게 하시는 하나님; 신 26:5 "내 조상은 방랑하는 아람 사람으로서")을 불
러 별처럼 허다하게 번성한 이스라엘을 창조하셨다. 창세기 10-11장
이 증거하듯 이스라엘은 자연발생적 인종 분화과정에서 형성된 민
족 공동체가 아니라 하나님의 부름에 응답한 믿음 공동체였다. 이 땅
에 하나님의 통치를 구현하고 매개하기 위해 하나님의 부왕^{副王}적인
대리자로 살기 위해 하나님께서 특별히 창조한 공동체였다. 이때 사
용된 동사, 창조하다[빠라(בָּרָא)], 짓다[야차르(יָצַר)]는 창세기 1-2장에
사용된 천지만물 창조사역을 묘사하는 바로 그 단어들이다. 43장의
신탁은 이스라엘을 창조하시고 지으신 이가 발설하신 말씀들이자 약
속들이다. 하나님이 창조주 자격을 걸고 하시는 약속들은 '절대적으
로 확실히 성취된다.' 따라서 이스라엘은 예언자를 통해 들린 그 희망
찬 약속의 성취 여부를 의심해서도, 두려워해서도 안 된다. 비록 죄로
인해 바벨론에 팔려서 노예가 되었지만 하나님이 이제 이스라엘, "너

를" 구속하셨다[그알티카(גְּאַלְתִּיךָ)]. '구속하다'는 동사는 피붙이의 파산한 살림살이를 다시 회복시켜주는 의리 있는 행동을 말하며, 그 의리 있게 행동하는 친족을 '구속자'(고엘)라고 부른다(또한 41:14). 룻기에서 '기업 무르는 자'로 불리는 의리 있고 인정 많은 피붙이가 바로 고엘이다. 보아스가 나오미와 룻의 고엘이 되어 나오미의 몰락한 가문과 그 땅을 되살려주었다.^{룻 4장} 하나님은 이스라엘을 구속하셨을 뿐만 아니라 '이스라엘'의 이름으로 다시 불러주었다. 이스라엘은 하나님의 택한 백성에게 붙여진 명예로운 이름이다. 하나님과 사람으로 더불어 겨루어 이긴 사람이라는 뜻의 이스라엘^{창 32:28}은 이 세상에서 그들이 누리는 최고의 영예다. 하나님은 바벨론 포로들에게 '이스라엘'이라는 이름을 붙여 다시 그들을 성민과 선민으로 재선택해주신 것이다.^{슿 8:15} '바벨론 포로들'이 이스라엘 열두 지파를 대신하는 이스라엘로 불리게 될 것이다. 여기서 바벨론 포로들의 아주 승화된 자기이해가 싹튼다. 이제 바벨론 포로들은 유다의 두 지파를 대표하는 것이 아니라 열두 지파를 대표하는 남은 자들이다.^{사 6:13}

1절의 마지막 소절은 하나님의 강력한 언약적 투신을 다시 강조한다. "너는 내 것이라"[리-아타(לִי־אָתָּה)]. 이는 '아타'(אַתָּה)라는 2인칭 남성 대명사가 돌출적으로 사용된 도치구문으로, '내게 속한 너 자신'이라는 뜻이다. 2절은 물과 불이라는 극한의 위험상황을 설정해 바벨론 귀환포로들에 대한 하나님의 언약적 투신과 애착을 강조한다. '물 가운데' 베푸시는 구원은 창세기 1, 6장, 출애굽기 14-15장, 여호수아 5장, 이사야 8장 등을 동시다발적으로 연상시킨다(또한 시 46:1-4; 사 8:8-10; 17:12-14). 이 모든 구절들은 물의 파괴적 위험으로부터 당신의 백성을 구출하시는 하나님의 구조활동을 다룬다. 물로부터 구원받는 최초의 경험은 사실 뭍의 창조사역이다.^{창 1:9} 창세기 1장의 창조는 우주적 혼돈이라는 큰 심연^{abysmal waters}을 배경으로 실행된다.

하나님은 땅과 하늘을 깊은 우주적 심연, 거대 바다에서 건져올림으로써 지금 우리가 누리는 이 세상을 창조하셨다. 창조는 깊은 심연에서 뭍을 건져올린 사건이었다. 물과 뭍이 뒤엉켜 있는 상태인 혼돈混沌에서 육지를 건져내는 행동이 창조였다. 본문 1절의 창조 관련 소절을 풀어쓰면 이렇다. '야곱아, 너를 절망의 심연 속에 침수시켰던 그 악한 상황으로부터 너를 건져올리신 여호와께서 이제 말씀하시느니라.' 이 구절은 출애굽기 14-15장을 생각나게 한다. 이스라엘 민족이 경험했던 멸절 위기는 홍해 바다에 잠겨 익사할 위기였다. 출애굽기 14장에서는 하나님이 홍해의 죽음의 물결에서 이스라엘을 건져올렸다. 이스라엘 민족의 존립 근거가 되는 출애굽 구원의 핵심은 홍해에서 건져올림을 받은 사건이며, 가나안 땅을 차지하게 된 결정적인 구원완성 사건은 요단강에서 건져올림을 받은 사건이다.수 5장 이 두 번의 건져올림을 통해 이스라엘이 창조되고 형성되었다. 결국 땅을 원시 바다에서 건져올린 사건과 이스라엘 민족을 죽음의 물결이 넘실거리는 홍해의 물 한복판에서 건져올린 사건은 동일한 사건이다. 1절에 사용된 '창조하다'에 해당하는 히브리어 동사 빠라(בָּרָא)는 '아무것도 없는 상황을 의미하는 무에서 유를 창조한다'는 개념이라기보다는, 하나님께 충분히 다스림을 받지 못해 제멋대로 활동하는 무질서와 혼돈상황에서 질서와 아름다움을 드러내는 변환을 가리키는 개념이다. 흑암에 쌓인 심연이라는 세력으로부터 견고한 땅과 하늘을 창조하신 하나님이, 바벨론이라는 세계제국의 심연으로부터 바벨론 포로들을 건져내심으로써 이스라엘을 재창조하신다. 여기서 출애굽기 14장이 묘사하는 홍해도강 구원경험을 상기시키는 목적은 출애굽의 하나님이 출바벨론의 하나님이 되실 것이라는 기대감을 고조시키기 위함이다. '야곱아, 이스라엘아, 내가 너를 민족적인 전멸 위험에서 건져준 하나님이기 때문에 이번에도 출바벨론 구원을 베풀

것이다. 나의 출바벨론 구원이 너희를 향한 나의 항구적인 목적, 호의, 친절, 사랑을 드러내지 않겠는가?' 2절은 이런 정도의 위로말씀이다. 이스라엘이 물 가운데로 지날 때 하나님이 함께하시고 강을 건널 때 이스라엘이 침몰당하지 않은 이 원초적인 경험을 감미롭게 회상시킨 후, 예언자는 이제 불 가운데 지나는 상황을 설정해 하나님의 구원의지를 확증한다.

불 또한 이스라엘을 전멸시키는 거대 위기다. 다니엘 3장은 바벨론의 우상숭배를 거절한 유다의 청년포로들에게 닥친 환난을 보도한다. 바벨론 포로들이 우상숭배를 거절하기 때문에 초래되는 어떤 환난 불꽃도 그들을 태우거나 사르지 못한다. 그 이유는 불꽃과 불 가운데 하나님이 함께 계시기 때문이다. 신들의 아들 같은 이가 미사엘, 아사랴, 하나냐와 함께 불꽃 가운데로 걸어다니고 있었으므로 그들은 타지 않았다(비교. 단 3:25).

3절은 하나님이 이스라엘과 야곱에게 이토록 확실한 구원과 보호를 약속하시는 이유를 설명한다. "대저"라고 번역된 히브리어는 키(כִּי)다. '왜냐하면', 혹은 '진실로' 둘 중 하나로 번역될 수 있다. 여기서는 '왜냐하면'으로 번역하는 것이 좋다. 왜냐하면 하나님은 이스라엘 하나님 야웨이기 때문이다. 3절 히브리어 문장은 이러하다. 아니 아도나이 엘로헤카 커도쉬 이스라엘 모쉬에카(אֲנִי יְהוָה אֱלֹהֶיךָ קְדוֹשׁ יִשְׂרָאֵל מוֹשִׁיעֶךָ). '아니'(אֲנִי)는 1인칭 단수 대명사로 돌출적으로 사용되어 강조하는 말이다. '다른 자가 아닌 나 자신이야말로 네 하나님 야웨이기 때문이다. 나는 이스라엘 죄악에 대한 진노보다 이스라엘에 대한 언약적 사랑과 의리가 비대칭적이고 불균형적으로 길고 지속적인 하나님이다'(출 34:6-8)라는 의미다. '야웨'라는 이름은 이스라엘의 죄에 의해 쉽게 끊어질 수 없는 언약적 결속과 책임감으로 이스라엘을 보호하고 구원하실 약속을 상기시킨다. 하나님이 왜 이스라엘을 선택하여 불합리할 정도로, 혹은 거의 맹목적으로 이토록 사랑해 주시는지는 신비에 둘러싸여 있다. 분명한 것은 이스라엘의 매력 때문이 아니라는 것이다. 이스라엘은 오히려 초라함과 영성^{靈性}한 신세 때문에 하나님의 택함을 받았다. "여호와께서 너희를 기뻐하시고 너희를 택하심은 너희가 다른 민족보다 수효가 많기 때문이 아니니라. 너희는 오히려 모든 민족 중에 가장 적으니라."^{신 7:7} 우리 하나님이 이스라엘에게, 혹은 이토록 보잘 것 없는 나에게 이렇게 잘 해주시는지 그 속 깊은 이유는 다 알 수 없다. 다만 대답 같지 않은 대답만이 들려올 뿐이다. '내가 너를 택하였고, 내가 너를 기뻐하고, 내가 너를 사랑한다.' 우리 안에 하나님의 자비와 애정을 촉발시킬 수 있는 매력이 없는데 하나님의 엄청난 사랑과 이유를 따질 수 없는 일방적인 호의가 우리 인생을 붙들고 계신다.

하나님은 이스라엘이 비록 자기 죄로 곤경에 처했을 때에도 이스라엘의 구원자로 활동하신다. 출애굽기 14장에서 이스라엘을 건져내기 위해 하나님은 애굽과 구스와 스바를 이스라엘 대신에 혼돈의 물결에 내주었다. 이스라엘을 추격하던 애굽 군대와 아마도 동맹세력이었을 구스와 스바가 혼돈의 물결에 빠져서 대속물(코페르)이 되었다.[1]

4절도 3절의 마지막 소절의 생각을 이어받는다. 이스라엘은 하나님의 눈에 보배롭고 존귀한 존재로 보인다. 그래서 하나님은 다른 민족들을 희생시켜서라도 이스라엘을 건져내실 결단을 하신다. 바벨론 제국에서 오랜 포로생활로 지치고 피폐해진 포로들이 무슨 이유로 그리 보배롭고 존귀한 백성으로 보였을까? 하나님의 사랑은 자연과학적 원리를 초월하는 초법칙적인 우발성과 무근거적인 하나님 자유의 열매다. 하나님의 사랑은 겉으로 보기에는 아무리 으깨지고 망가진 포로들처럼 보여도 이들을 보배롭고 존귀하게 보는 상상력의 작동이다. 우리가 아무리 초라하고 너덜너덜해진 헌옷처럼 부서진 포로 같은 자들이라도 하나님의 눈에는 보배롭고 존귀한 존재다. 우리가 스스로를 영적으로 수준 낮은 시대에 수준 낮은 신자라고 비판할 수 있지만, 분명한 것은 우리만큼 많은 사랑을 받은 이들이 세상에 많지 않다는 사실이다. 스스로를 하나님 앞에서 더 옳은 백성으로 살지 못한 것을 한탄하고 있는 사람도 하나님 앞에는 보배롭고 존귀한 자녀다. 하나님의 보배롭고 존귀하고 택함 받은 자녀이기 때문에 오히려 우리 스스로에 대해 가혹할 정도로 반성하는 힘이 생긴다. 분명한 사실은 우주의 중심에서부터 쏟아지는 하나님의 사랑 열정이 지금 우리의 인생을 이렇게 생기 있게 붙들고 있다는 사실이다. 바로 이러한 이유로 5절은 '두려워 말라'는 친숙한 구원 신탁으로 시작한다. 두려움은 약자가 강자 앞에서, 의롭지 못한 자가 의롭고 거룩한 자 앞에서 느끼는 위축감이다. '두려워 말라'고 명하신 하나님은 당신의 다음 계획을 일러주신다. 5-6절의 요지는 이렇다. '바벨론 귀환포로들아, 너희는 극히 적은 소수에 불과하다고 해서 두려워하지 말라. 내가 너희와 함께한다. 내가 함께하면 너희가 두려워할 필요가 없다. 네 자손들을 동서남북 사방으로부터 모아 너희의 귀환 대열에 동참시켜 줄 것이다.' 특히 6절은 하나님의 명령을 가상적으로 말한다. 북쪽에게 '내 자녀들을 내놓으라'고, 남쪽에게 '내 자녀들을 가두어 두지 말라'고 말씀하신다. 이렇게 해서 하나님은 당신의 아들들을 먼 곳에서 이끌어 모으며, 당신의 딸들을 땅 끝에서부터 찾아 모으실 것이다. 하나님은 열국 가운데 흩어져 이산과 유랑의 운명을 지고 사는 하나님의 자녀들을 광범위하게 찾아 모으실 것이다. 이 하나님의 근원적 사랑이 바로 집을 나가 아버지와 먼 곳에서 온갖 재산을 탕진해버린 탕자를 집으로 돌아오게 만드는 영적 구심력이다. 그래서 동서남북 산지 사방에 흩어진 당신의 자녀들을 약속의 땅으로 불러주신다.

개역개정은 7절 "내 이름으로 불려지는 모든 자 곧 내가 내 영광을 위하여 창조한 자를 오게 하라. 그를 내가 지었고 그를 내가 만들었느니라"의 히브리어 구문의 강조점을 부각시키지 못한다. 히브리어 구문을 직역하면 이렇다. '내 이름으로 불리는 모든 각각의 사람! 내 영광을 위해 내가 그를 창조했고[쁘라티브(בְּרָאתִיו)] 내가 그를 지었으며[여차르티브(יְצַרְתִּיו)] 진실로 그를 만들었다[아씨티브(עֲשִׂיתִיו)].' 여기에는 창세기 1-2장의 창조기사에 나오는 세 동사, 빠라(בָּרָא), 야차르(יָצַר), 아싸(עָשָׂה)가 한꺼번에 사용되고 있다. 하나님이 이토록 이스라엘, 아니 전 인류를 구원하시려고 하는 까닭은 당신이 직접 당신의 영광을 위하여 창조하셨기 때문이다. 이는 하나님이 인간을 창조하지 않았을 때는 충분히 영광 받지 못했기 때문에, 즉 결핍 때문에 인간을 창조하셨다는 뜻이 아니다. 인간을 창조하신 것은 하나님의 형상을 따라 지음 받은 인간이 당신의 영광을 발출하는 반사체가 되어 하나님과의 교제에 들어오게 하시려는 목적 때문이다. 인간이 하나님 영광을 바라고 즐거워하며 반사함으로 하나님과 교제에 이르면 하나님 당신은 영광을 받으신다고 느끼신다.

8-13절은 이러한 장엄한 하나님의 미래회복 계획을 듣고도 반응하지 못하는 이스라엘 포로들에 대한 질책이다. 8절은 다시 '보지 못하고 듣지 못하는 백성'에 대해 말한다. 하나님의 종 이스라엘이 왜 맹인이 되고 못 듣는 자가 되었는가? 눈이 있어도 보지 못하는 맹인이 되었고, 귀가 있어도 듣지 못하는 자가 된 이유는 그들이 섬기는 우상을 닮아가기 때문이다. 비일Gregory K. Beale이 잘 지적했듯이, 우상숭배자는 자신이 섬기는 우상을 닮아가기 마련이다.[2] 그들이 섬기는 우상이 바로 못 듣는 자요 맹인이기 때문에 이스라엘은 영적 지각력과 시청력을 상실한 것이다. 인간은 자신이 섬기는 자를 본받게 되어 있다. 탐욕의 신을 섬기면 탐욕적인 자가 되고, 정결과 정직의 신을 섬

기면 정직한 자가 될 수밖에 없다. 결국 바벨론에 잔류하며 출바벨론 모험에 동참하지 않는 자들은 영적 맹인이요 못 듣는 자다. 그들이 우상을 숭배했기 때문에 듣지 못하고 보지 못하고 말도 못하는 우상처럼 되었다. 종합적인 사태파악 능력이나 역사변동을 알아차릴 능력이 파탄났다. 영적 지각력이 혼미케 되었다. 하나님께서는 이런 영적 지각력 파탄을 당한 당신의 종들을 열방과 민족들이 모여 있는 회의장으로 '끌어내라'고 명하신다. 열방과 민족들이 지금 누가 참 역사의 주관자요 참 하나님인지를 밝히는 법정 공방을 벌이기 위해 모였다. 하나님은 만국회의의 현장에서 당신의 역사 주재권(기획, 성취자)을 증언하도록 당신의 증인 이스라엘을 불러내신다. 열국과 만민은 자신들의 증인을 세워 자신들이 섬기는 신들이 알려준 방식으로 역사의 지각 변동을 해명해보라고 요구받는다. 청중이 옳다고 간주할 수준으로 이전 일과 장래 일의 원인과 목적, 그리고 결과를 조리 있게 해명해야 한다. 하나님은 당신의 종 이스라엘로 하여금 열국과 만민들 앞에서 바벨론 제국의 융기와 쇠락, 고레스의 등장과 바벨론 포로들의 본토귀환과 같은 역사적 변동을 기승전결 혹은 원인과 결과 등의 구조로 해명해보라고 요청하신다. 왜냐하면 하나님께서 이스라엘을 하나님의 증인이요 종으로 선택했기 때문이다. 하나님은 당신의 증인이요 종인 이스라엘에게 이 모든 역사적 격변의 총기획자요 성취자인 하나님의 역사 주재권을 깨닫게 하려고 유도하신다.

여기서 하나님이 당신의 역사 주재권을 논증하는 귀납적 방식을 주목할 가치가 있다. 어떤 신이 역사를 주관하는 참 하나님인가 하는 기준 조건이 제시되었다. 참 하나님은 먼저 역사 속에 자신이 성취할 바를 예언자를 통해 미리 진술하게 하고, 그 다음 그 계획대로 집행하며, 마지막으로 자신이 예언자를 통하여 이전에 예언한 바가 성취되었다고 조리 있게 진술하는 증인을 내세워야 한다. 이것이 역사를 주관하시고 세계를 통치하시는 참 하나님으로 인정받을 조건이 된다. 이 장면에서 하나님은 열국과 만민을 모아놓고 '참 하나님 논증 대회'를 개최하고 있다. 세상의 모든 민족들이 모였다. 그런데 어떤 민족의 종교와 역사에도 자기 계획을 먼저 선포하고 계획대로 역사를 성취했다고 마침표를 찍는 신이 없다. 자신을 역사변동의 기획자이며 성취자라고 스스로 밝힌 신은 이스라엘 역사 외에 어디에도 나타나지 않았다. 당연하게도 그런 신을 대변하는 예언자도 없었다. 우리가 추적할 수 있는 가장 오래된 기록은 6천 년 전의 것으로, 대체로 주전 4,000년대 기록들이다. 수메르의 쐐기문자, 이집트의 상형문자, 중국의 갑골문자 등이 주전 4,000-2,000년대 기록이며, 그 이전의 문자기록은 남아있지 않다.[3] 그러나 주전 40세기 기록은 당시 기준으로 2-3천 년 전 일들을 기록하고 언급하고 있으니 인류의 기록문화는 최장 10,000년에 조금 못 미친다고 볼 수 있다. 이토록 긴 기간에 걸쳐 생성된 어떠한 종교 문서에도 '내가 계획을 세우고 집행을 하고 예언자를 세웠다'라는 신의 주장이 나오지 않는다. 고대근동의 어떤 나라들에도 이사야, 예레미야, 에스겔 같은 예언자가 일어난 일은 없고, 자기 백성과 함께 우는 예언자도 없으며, 당신의 거룩한 성품을 반영해 공평과 정의를 행하지 못했다고 분노하는 인격적인 신도 없다. 오직 이스라엘의 하나님만이 인간의 역사 동선을 따라 희노애락을 나누고 예언자를 파송해 당신의 역사 주재권을 옹호하게 하신다. 다른 고대근동의 신들은 자신의 복지나 신전 관리 등과 관련된 불평을 터뜨리는 익살스러운 신들이다(마리 문서의 다곤, 아트라하시스의 여러 신들). '어떻게 내 제사를 이따위로 섬기는가?' '나에게 바친 제물이 나쁘다.' 다니엘서의 외경(다니엘서 14장)인 「벨과 용*Bel and the Dragon*」에 나오듯이 고대의 신들에게 바치는 제사는 일종의 연극이었다. 제사장들이 신의 이름으로 일종의 연극을 한 것이다. 다니엘은 이

나는 여호와라 나 외에 구원자가 없느니라

러한 기만적인 제사연극에 속아 넘어가는 고레스를 경각시킨다. 이처럼 우주적인 관심사를 가지고 하나님의 육성을 그대로 예언한 영적 중개자들은 이스라엘의 예언자 밖에 없다. 장래사를 먼저 고한 후에 '역사를 이렇게 성취할 것이니, 그에 따라 예비할지어다'라고 명령하고, 자기의 백성들이 그것을 친히 확인하도록 도와주시는 하나님만이 참 하나님이다. '역사의 토판에 찍힌 이 큰 보폭의 발자국이 과연 하나님의 발자국이 맞구나' 하고 생각하게 만드는 하나님은 이스라엘의 하나님이시다. 이스라엘의 역사 속에서 신실하게 일정한 보폭으로 뚜벅뚜벅 걸어가신 엄청난 존재가 계신데, 이 거대한 보폭의 주인이 바로 하나님이다. 이스라엘 역사 안에 찍힌 큰 하나님의 족적들을 증거하는 이들이 바로 '이전 일을 해석하고 장래사를 미리 예고하는 예언자들'이다.

그런데 하나님이 역사를 주재하신 흔적은 비단 이스라엘 역사에만 발견되는 것이 아니다. 세계 모든 나라와 민족의 역사 속에도 하나님의 발자국이 남아있다. 다만 이스라엘 역사에서만큼 선명하게 찍힌 발자국은 없다. 이스라엘 역사 안에 찍힌 하나님의 발자국들(예언자들)이 가장 선명하기 때문에 이스라엘 역사를 잘 보면 다른 나라 역사에 찍힌 하나님의 발자국들도 복원할 수 있다. 우리가 구약성경을 열심히 읽는 것은 대한민국의 역사 속에 찍힌 하나님의 큰 발자국들을 발견해보기 위함이다.[4] 우리가 아브라함의 생애를 공부하는 이유는 아브라함처럼 자기 인생을 설명할 수 있는 패러다임을 얻고자 함이다. 민족들과 열방이 모여 누가 역사를 주재하는 참 하나님인가를 밝히는 법정 공방을 벌일 때 야웨 하나님 외에는 자신의 역사 주재권을 입증할 신이 없다. '이스라엘의 하나님 야웨 외에 누가 과연 우리에게 이전 일을 보였으며, 증인을 세워서 자기의 옳음을 증명한 신이 있었느냐? 나 밖에 없다.' 이 사실을 열방과 만국회의에 증언할 사명은 오로지 이스라엘에게 위탁되었다.

이처럼 하나님은 당신의 종이라 불리는 이스라엘이 하나님을 알고 믿고 역사의 주재권을 갖고 이런 역사변화를 주도하는 분이 자신들을 부르신 하나님임을 깨닫기를 원하신 것이다. 하나님은 당신의 백성이 당신 외에 다른 신들에게 충성을 바치는 우상숭배를 극력으로 막으신다. 야웨 하나님 이전에도, 이후에도 이스라엘의 경배를 받을 신은 존재하지 않았다. 그런 신이 창조된 적이 없다.¹⁰절 이스라엘은 하나님의 증인이요 종으로 택함을 입었기 때문에 하나님을 알고 믿으며 역사의 추동자가 하나님임을 마땅히 깨달아야 한다. 그들은 하나님 전에 지음을 받은 신이 없고, 하나님 후에 새로 등장한 신도 없으며, 오로지 여호와 하나님 외에 구원자가 없다는 사실을 증거해야 한다. 그리하여 '오로지 하나님 야웨 한분만이 이스라엘의 구원자이시다'¹¹절라는 사실을 밝혀야 한다. '아노키 야웨'(אָנֹכִי יְהוָה). 나 야웨만 존재한다. 따라서 이스라엘이 다른 신들에게 마음을 빼앗겨서는 안 된다.

12절도 11절의 '아노키 야웨'(אָנֹכִי יְהוָה) 문장을 이어 1인칭 대명사 '아노키'를 돌출적으로 사용하고 있다. '다른 신이 아니라 바로 내가 (아노키) 이런 역사의 변동경과를 알려주었으며[힉가드티(הִגַּדְתִּי)], 구원하였으며[호샤티(הוֹשַׁעְתִּי)], 듣게 했다'[히쉬마티(הִשְׁמַעְתִּי)]. 개역개정은 '듣게 했다'(히쉬마티)를 '보였고'라고 번역했는데 이것은 오역이다. 하나님은 '듣게 하신다.' 하나님은 역사의 대변동을 일으키실 뿐만 아니라, 그것의 의미를 해명하고 이스라엘과 열방으로 하여금 듣게 하여 납득시키는 일까지도 주도하신다. 이 일은 역사를 주재하는 신만이 할 수 있는 일들이다. 열국과 만민이 믿는 신들 중에 어떤 신도 이런 능력을 갖지 못한다.⁵ 그런 신들은 이름으로만 존재할 뿐 실체가 없다. 역사의 기획과 성취, 그리고 그것의 해석을 관장하는 하나님의 배타적 신적 대권은 이스라엘 하나님 야웨에게만 있다. 이스라엘은 이 진리의 증인이다. 12절의 하반절은 2인칭 남성 복수 대명사 아템(אַתֶּם)으로 시작된다. 2인칭 남성 복수 대명사의 돌출적 사용은 상반절의 아노키 야웨[6]와 대구를 이룬다. '나는 야웨이며, 다른 이들이 아니라 바로 너희가 내 증인이 되어야 한다.' 사도행전 1:8의 증인사명 부여는 이사야의 증인사명 문맥의 계승이다. 이사야 40-55장이 그토록 자주 말하는 증인사명을 완성하는 사람들은 신약시대의 사도들이다. 이스라엘은 무엇을 증거하는 증인인가? 하나님의 창조부터 이스라엘의 창조, 파송, 그리고 세계구속의 장엄한 드라마의 증인이다. 이스라엘은 창세기부터 시작하는 하나님의 세계구속의 드라마에 주인공으로 등용되었을 뿐만 아니라 이 드라마의 의미를 세계 만민에게 증언해야 할 증인으로 부름받은 것이다. 이스라엘은 예언과 성취의 큰 틀 안에서 진행되고 기승전결의 방향으로 흘러가는 역사를 기획하고 그것을 성취하는 분이 바로 천지의 창조자이자 이스라엘의 창조자인 야웨 하나님임을 증거해야 한다. 9-12절은, 이사야 5:19의 말로 하나님께 대드는 완악한 이스라엘 백성에 대한 하나님의 질책을 담고 있다. "그들(완악한 이스라엘 백성)이 이르기를 그는 자기의 일을 속속히 이루어 우리에게 보게 할 것이며 이스라엘의 거룩한 이는 자기의 계획을 속히 이루어 우리가 알게 할 것이라 하는도다."[사 5:19] 하나님은 이사야 46:10에서 이렇게 응답하신다. "내가 시초부터 종말을 알리며 아직 이루지 아니한 일을 옛적부터 보이고 이르기를 나의 뜻이 설 것이니 내가 나의 모든 기뻐하는 것을 이루리라 하였노라."

13절은 8-13절 단락의 결론이다. 하나님은 태초부터 역사를 기획하고 주관하고 성취하신 하나님이다. 하나님이 계획하고 작정하신 일은 좌절되거나 폐기될 수 없다. 이스라엘을 구원하시려는 계획은 이런 역사 주재대권을 가진 하나님이 세우신 계획이다. 하나님의 역사 주재대권을 방해할 자는 없다.[13절] 이스라엘이 만국회의와 열방

회집의 자리에서 증언해야 할 진리는 야웨 하나님의 창조주 되심, 역사의 주재자 되심, 그리고 이스라엘의 하나님 되심이다. 기독교 신앙은 증인의 증언에 달려있다. 하나님이 역사 속에 살아계심을 증명하는 증언은 과학자들이 어떤 과학적 가설이 실험과 관찰들을 통해 진리임을 입증하는 증언과는 다르다. 우리 하나님의 살아계심은 삶, 문화, 역사의 전 과정을 통해 입증된다. 만민과 열방이 다 모여 있는 법정에서, 야웨의 역사 주재권을 알고 믿고 신뢰하며 그 신앙을 삶으로 살아내는 증인들의 법적 변론을 통해 증언된다. 하나님께서 살아계심을 증명하는 곳이 과학실험실이 아니라 법정이라는 사실이 갖는 함의는 적지 않다.[7]

법정에서는 진실 되고 확실한 증언일수록 채택될 가능성이 크다. 하나님의 살아계심과 살아계시지 않음은 증인의 입에 달려있다고 할 수 있다. 만일 증인의 입에서 하나님과 관련하여 일관성도 없고 조야하고 횡설수설한 증언이 나온다면 '하나님은 존재하지 않는다'는 배심원 판결을 받을 가능성이 크다. 그런데 증인들이 제출한 증언이 일관되게 진실할 뿐 아니라 배심원단을 설득할 만큼 충분히 합리적이며 신빙성이 클 때, 만민과 열방으로 구성된 배심원들은 '이 증언이 참되고 진실하구나. 이 증언을 제출한 증인들 또한 참되고 진실하구나. 그러므로 그들이 말하는 하나님도 참으로 진실하구나'라고 판단하게 된다. 하나님이 살아계시고 역사의 주체가 되신다는 이 놀라운 진리가 인간의 허약한 입술과 허약한 삶에 달려있다는 사실이 놀랍다. 이 사실은 우리 인간의 삶과 행동이 얼마나 엄청난 의미와 가치를 갖게 되는지를 보여준다.

오늘날 예수 그리스도의 살아계심과 부활하심을 효과적으로 증언해줄 증인이 얼마나 간절히 요청되는가? 우리가 예수님이 사흘 만에 부활하셨다는 사실을 아무런 감동 없이 '예수님은 사흘 만에 부활하셨습니다. 예수님은 죽은 자 가운데 부활하셨습니다'라는 문장들로 읊조린다고 사람들이 믿겠는가? 예수님이 사흘 만에 부활하셨음을 총체적으로 설득력 있게 말할 수 있는 사람은 어떤 사람일까? 죽음을 무서워하지 않는 사람이 예수님이 죽음에서 부활하셨다는 사실을 설득력 있게 증언할 가능성이 크다. 죽음 자체를 가볍게 여기고 십자가의 처참한 굴욕, 배신, 냉대 등 예수님의 십자가에 동반된 모든 쓰라리고 부정적인 것들을 아무것도 아닌 것처럼 감수하는 사람들이 예수 부활의 신실한 증인으로 인정받을 것이다. 이런 사람을 보면 국외자들은 '저 사람은 정말 예수님의 부활하신 것을 믿을 뿐만 아니라 자신이 부활할 것도 믿는구나'라고 생각할 것이다. '너는 예루살렘과 온 유대와 사마리아와 땅 끝까지 이르러 내 증인이 되리라'는 사도행전의 증인사명은 증인의 삶과 그것에서 우러난 신실한 증언에 의해 성취된다. 십자가의 모든 굴욕적 죽음과 낭패를 기꺼이 감수하며 십자가야말로 부활로 가는 관문이라고 믿고 그 믿음대로 사는 것이 십자가에 달려 죽으셨다가 다시 사신 예수를 증언하는 길이다. 이 외에는 달리 예수의 증인이 될 수 없다. 이런 총체적인 삶을 동원한 증언으로 법정 공방을 벌여야 사람들을 설복시킬 수 있다.

하나님에 대한 증언은 역사 기획과 성취, 그리고 그 결과를 조리 정연하게 해명하는 증언이어야 한다. 소박하고 순진한 기독교인들은 모든 사람이 우리가 말로 이야기할 때 믿어야 한다고 주장하면서 일종의 토마스 아퀴나스 식으로 전도하려고 한다. 우주의 모든 운동 및 작용의 원인을 상정하며 자신은 움직이지 않으면서 만물을 움직이는 부동不動의 동자動者개념the Unmoving Mover에 호소하는 우주론적 증명, 모든 피조물의 목적을 정해주는 최고목적인인 하나님을 상정하는 목적론적 증명, 모든 우연적 존재를 존재케 하는 필연적 존재인 신을 상정하는 존재론적 증명으로 궁극적인 존재자이며 만물의 운동자인 하나님이 존재하시고 역사를 주재하신다는 것을 입증하려고 한다. 아퀴나스는 이런 방식으로 신의 존재를 증명하여 중세 사람들을 설득시키려고 했다. 그런데 말의 논리로 신 존재 증명론을 펴려는 이런 호기豪氣는 오늘날 받아들여지지 않는다(『신학대전』 1부 2문 3항의 "하나님에게 이르는 다섯 가지 길"). 토마스 아퀴나스 방식의 신 존재 증명으로는 부족하고 불충분하다. 하나님은 소크라데스와 플라톤, 그리고 아리스토텔레스의 이성적 추론방법이 아니라, 아브라함과 이삭과 야곱의 증언방식으로 당신의 살아계심이 논증되게 하셨다. 세 세대에 걸쳐서 약속된 하나님의 말씀이 현실 속에서 성취되는 이야기를 통해 하나님은 '살아계신 하나님'으로 인정받으신다. 그래서 하나님은 아리스토텔레스와 플라톤과 소크라테스의 하나님이 아니라, 아브라함의 하나님, 이삭의 하나님, 야곱의 하나님이다. 삶 속에 하나님의 기도 응답을 경험하고 하나님적인 가치를 점점 모방해가는 사람들을 통해 하나님은 당신의 살아계심이 논증되고 옹호되기를 원하신다.

출애굽의 기억을 잊게 할 만큼 장엄한 하나님의 출바벨론 구원역사 • 14-21절

이 단락은 이전 일(출애굽과 홍해도강 구원)을 망각하게 할 정도로 장엄한 출바벨론 구원을 기획하시는 하나님의 열심을 다룬다. 39:6-7에서 "바벨론"("모두 바벨론으로 옮긴 바 되고…… 바벨론 왕궁의 환관이 되리라")이 언급된 후 처음으로 "바벨론"을 언급한다. 바벨론의 멸망을 틈타 당신의 백성을 출바벨론 시켜주실 계획을 말씀하신다.

14절은 하나님의 자기소개를 다룬다. 왜 하나님이 이렇게 이스라엘에게 장엄한 구원을 베푸시는지 그 이유를 말한다. 야웨 하나님은 이스라엘의 구속자요 거룩한 자이시기 때문이다. 이스라엘의 피붙이 복수자 고엘이며 동시에 파산한 친족 이스라엘에게 기업의 땅을 회복시켜주는 고엘, 기업 무를 자이시기 때문이다. 또한 야웨 하나님은 당신의 거룩한 백성을 기준삼아 온 열방을 거룩하게 하시려고 이스라엘을 선택하신 하나님이시기 때문이다. 출애굽기 19:6("너희가 내게 대하여 제사장 나라가 되며 거룩한 백성이 되리라. 너는 이 말을 이스라엘 자손에게 전할지니라"), 레위기 10:3, 11:44-45, 19:2, 그리고 22:32-33은 거룩하신 하나님이 이스라엘을 거룩하게 하시는 하나님임을 밝힌다. 특히 레위기 10:3은 거룩하신 하나님의 이스라엘에 대한 성별화 의도를 명시적으로 말한다. "나는 나를 가까이 하는 자 중에서 내 거룩함을 나타내겠고 온 백성 앞에서 내 영광을 나타내리라." 히브리어 구문을 음역하면 이렇다. 비커로바이 엑카데쉬 뷔알-퍼네 콜-하암 엑카베드(בִּקְרֹבַי אֶקָּדֵשׁ וְעַל־פְּנֵי כָל־הָעָם אֶכָּבֵד). 직역하면 '나를 가까이하는 자 안에서, 내가 거룩히 여김을 받으며, 그리고 모든 백성 앞에서는 내가 영화롭게 될 것이다'이다. 하나님을 가까이 하는 제사장이 하나님이 얼마나 두려우시고 정결하신 분인지 알고^{참 1:13} 철저하게 삼갈 때 하나님은 거룩하게 여김을 받으신다고 느끼신다는 것이다.

레위기 22:32-33은 이 점을 더욱 분명하게 밝힌다. "너희는 내 성호를 속되게 하지 말라. 나는 이스라엘 자손 중에서 거룩하게 함을 받을 것이니라. 나는 너희를 거룩하게 하는 여호와요 너희의 하나님이 되려고 너희를 애굽 땅에서 인도하여 낸 자니 나는 여호와이니라." 하나님은 이스라엘을 당신의 백성으로 삼기 위하여 이스라엘을 출애굽 시키신 하나님이다. 하나님은 당신의 백성 중에서 거룩히 여김을 받으시기를 원하신다. 그러기 위해서는 이스라엘이 하나님을 경외하고 극도로 삼가며 그의 계명과 율법을 준행하여야 한다. 이스라엘 백성이 열국의 어떤 백성들과도 질적으로 다른 거룩한 백성이 되어야 한다.

'거룩'은 더 고등한 목적을 위하여 전체로부터 분리된 상태다. 거룩의 반대는 '속됨'인데 그것은 무리 전체와 하나가 되어 독특성을 갖지 못하는 하향평준화를 의미한다. 하나님은 인간이 모시고 섬기는 여러 잡신들과 거룩하게 구별되기를 원하신다. 여러 신들 중 하나로 하나님이 오해되거나 축소되어 소개되기를 원하시지 않는다. 하나님의 성호, 거룩한 이름을 속되게 하지 말라고 그렇게 호소하시는 이유는 하나님이 여러 잡신들과는 전혀 다른 거룩하신 하나님이시기 때문이다. 어떻게 하나님의 성호를 거룩하게 할 것인가? 이스라엘 백성이 거룩한 백성이 되어야 하나님을 거룩하게 모시며 하나님의 이름을 거룩하게 할 수 있다.겔 36:20, 25-26 이스라엘은 인근 가나안이나 애굽의 종교습속과 접촉하여 스스로 속된 나라가 되지 말아야 한다.[8]

이처럼 "이스라엘의 거룩한 이"(커도쉬 이스라엘)는 이스라엘을 열방 중에 특별히 구별해 열방을 하나님께 이끄는 중보자가 되게 하실 의향을 가지고 계신다. 그래서 하나님은 이사야서에서 당신을 "이스라엘의 거룩한 이"라고 말씀하신다. 이 용어는 이사야 5장에서 처음으로 등장한다. "이스라엘의 거룩한 이는 자기의 계획을 속히 이루어 우리가 알게 할 것이라."19절 이사야서 전체는 이스라엘의 거룩한 이가 세운 계획이 성취되는 과정이다. 그 계획은 이스라엘에 대한 굴욕적 심판, 정화, 갱신, 사명과 영광 회복으로 이어지는 기승전결 구조를 갖고 있다. 이사야 1-39장이 굴욕적 심판을 다룬다면 40-66장은 정화, 갱신, 그리고 사명 및 영광 회복을 다룬다.

14절의 둘째 소절은 하나님께서 이스라엘을 위하여 바벨론에 침략군을 보내시려는 계획을 말한다. 히브리어 원문은 직역하면 이렇다. '내가 바벨론에 대항해 보내었다. 그들 존귀한 자들 모두를 내려가게 하며 갈대아인들(카스딤)은 연락의 배들 안에'다. 쉴라흐티 바벨라(שִׁלַּחְתִּי בְבָבֶלָה). '쉴라흐'(שִׁלַּח)는 '보내다'를 의미하는 단순동사(칼형) 샬라흐(שָׁלַח)의 강세능동형(피엘)이다. 여기서 하나님은 피엘형을 사용하신다. 이런 경우 '화살을 쏘다', '뭔가 부정적인 것을 보낸다'는 의미가 부각된다. '바벨라'는 방향의 접미사(ה)가 붙어 '바벨론 쪽으로'라는 의미다. 하나님께서 바벨론에 무엇을 보내셨는지는 생략되어 있다. 하지만 뭔가 부정적인 것을 보내셨다. 메대-페르시아 연합침략군이 곧 들이닥친다는 소문이나 전갈을 보냈을 수도 있고, 아니면 메대-페르시아 연합군을 보냈다고도 볼 수 있다. 또는 하나님의 사자 혹은 전염병 같은 재앙을 보냈을 수도 있다. 이스라엘 백성을 억류하던 강대국 바벨론에게 하나님께서 불길한 소식 혹은 재앙을 보내자 바벨론의 귀족들이 움직였다.

개역개정은 14절의 셋째 소절의 히브리어 구문 일부를 생략하고 넷째 소절을 번역할 때 추가하고 있다. 현재의 맛소라 본문의 셋째 소절을 직역하면, '내가 강력한 자들 모두(혹은 '귀족들 모두')를 내려가게 할 것이다'이다. 넷째 소절을 현대 맛소라 본문 그대로 직역하면, '갈대아 사람들로 말하자면 그들의 즐거운 노래들이 배들 안에'다. 개역개정은 이 둘을 합해 "갈대아 사람에게 자기들이 연락宴樂하던 배를 타고 도망하여 내려가게 하리라"라고 번역한다. 개역개정에 따르면 귀족들이 어딘가로 '내려갈 수밖에 없고' 모든 갈대아 사람들도 '자기들이 연락하던 배', 즉 호화유람선을 타고 '도망하여 내려가는' 상황이 닥칠 것이다.[9]

이처럼 하나님이 이스라엘 백성들을 억류하고 70년 동안 내어주지 않던 바벨론을 해체시키신다. 하나님이 보내신 연속적 재난들, 하나님이 보낸 수많은 나라들과 민족들이 바벨론에 대항해 일어남으로써 바벨론이 무너져 내린다. 한 강대국이 붕괴될 때는 그동안 그 강대국을 튼튼하게 떠받치고 있던 것처럼 보였던 요인들이 오히려

192

강대국을 멸망시키는 원인으로 작동한다. 세계만민에게 주권자 노릇을 하며 초강대국 구실을 하며 하나님의 백성 이스라엘을 억류하던 강대국 바벨론이, 하나님이 보내신 연쇄적인 재난이나 침략군 때문에 망하여 도망가는 상황이 전개된다. 15절은 다시금 14절의 첫 소절을 후렴구처럼 반복한다. 15절의 히브리어 음역은 이렇다. 아니 아도나이 커도쉬켐 뽀레 이스라엘 말크켐(אֲנִי יְהוָה קְדוֹשְׁכֶם בּוֹרֵא יִשְׂרָאֵל מַלְכְּכֶם). 1인칭 단수 대명사 아니(אֲנִי)는 '다른 이가 아닌 나 야웨가 너희의 거룩한 이(너희를 열방 중에 방치할 수 없는 이), 이스라엘의 창조자, 너희의 왕이다.' 에스겔 36:20-28이 이스라엘을 거룩하게 하시는 하나님의 의도를 잘 보여준다.

> 그들이 이른바 그 여러 나라에서 내 거룩한 이름이 그들로 말미암아 더러워졌나니 곧 사람들이 그들을 가리켜 이르기를 이들은 여호와의 백성이라도 여호와의 땅에서 떠난 자라 하였음이라.…… 맑은 물을 너희에게 뿌려서 너희로 정결하게 하되 곧 너희 모든 더러운 것에서와 모든 우상숭배에서 너희를 정결하게 할 것이며 또 새 영을 너희 속에 두고 새 마음을 너희에게 주되 너희 육신에서 굳은 마음을 제거하고 부드러운 마음을 줄 것이며 또 내 영을 너희 속에 두어 너희로 내 율례를 행하게 하리니 너희가 내 규례를 지켜 행할지라. 내가 너희 조상들에게 준 땅에서 너희가 거주하면서 내 백성이 되고 나는 너희 하나님이 되리라.

여기서 하나님이 '이스라엘의 거룩한 자'^{사 43:15}라고 불리는 이유가 밝혀진다. "나는 여호와 너희의 거룩한 이"라는 말은 하나님이 열방 중에 더럽혀진 이스라엘을 가나안 고토로 복귀시켜 하나님의 율례와 계명을 지키는 백성으로 삼아주시겠다는 뜻이다. 이스라엘의 창조자 하나님은 이스라엘을 노예신분에서 해방시켜 언약백성으로 창조하는 하나님을 뜻한다. '창조했다'는 말의 의미는 이스라엘을 혼돈의 바다^{출 14-15장} 홍해에서 건져내었다는 뜻이다. 이스라엘의 창조가 곧 이스라엘 구원행위다. 이스라엘의 창조자라는 표현은 이스라엘의 구원자라는 표현과 동일한 의미다. 한국어의 '창조'라는 단어를 생각하면 '없는 것을 창조하다' 혹은 '생각한 바를 실제로 공작하다' 등의 개념을 떠올리는데, 히브리어 동사 빠라(בָּרָא)는 '어떤 것을 분리하다' 혹은 '~으로부터 무엇을 건져내다'라는 표현과 유사하다. 어둠의 심연으로부터 땅을 건져내는 것, 이것이 창조다. 하나님이 땅과 하늘을 창조하셨다고 할 때 그것은 혼돈의 원시바다를 갈라서 땅과 하늘로 분할했다는 말이다. 이스라엘을 창조한, 즉 구원한 하나님만이 이스라엘을 다스릴 자격이 있다. 구원은 통치를 위한 수단이기 때문이다. 하나님이 파라오의 세력으로부터 히브리 노예들을 구원하신 목적은 그들을 세세무궁토록 다스리기 위함이다.^{출 15:18; 시 74:12}

16-17절은 이스라엘을 창조하는 과정을 회고한다. 16절에서 하나님은 당신의 출애굽 홍해도강 구원역사가 이스라엘의 창조행위임을 강조한다. '바다 가운데에 길을, 큰 물 가운데 지름길을 내었다'는 언급은 출애굽기 14장의 출애굽 홍해도강 사건을 지칭한다. 히브리 노예들이 이집트 철병거의 추격에 쫓겨 홍해에 뛰어들었는데, 홍해 가운데 마른 길이 열렸다. 홍해의 큰 물결이 이스라엘 백성들을 모두 침수시켜서 죽게 만들어야 하는데, 오히려 바닷물이 이스라엘 백성을 건지기 위해서 갈라져버렸다. 하나님은 바닷물이 갈라진 그 자리에 마른 땅이 나타나게 하시고, 그 마른 땅을 이스라엘 백성이 지나가게 하셨다. 이스라엘 백성들은 실제로는 물에 빠져 죽을 신세였는데 야웨 하나님이 그들을 건져주신 것이다. 이스라엘을 창조했다는 표현에 이어 반복해서 바닷물이 나오는 이유가 바로 이러한 창조방식 때문이다. 우리 하나님은 바다 가운데 마른 길을 내셔서 그 길로 다니

게 하시는 하나님이다. 깊은 홍해에 함몰된 우리를 위해서도 그 심연 가운데 길을 내신다. 우리를 건져내신 분은 우리의 왕이 되신다. 창조주 하나님이 우리를 구원하신 목적이 무엇인가? '통치', 우리를 다스리기 위해서이다. 70년 바벨론 포로생활을 하는 노예들의 입장에서 보면 홍해 같은 심연은 바벨론 세력이었다.

17절도 출애굽 홍해도강 구원 경험을 회고한다. 하나님이 "병거와 말과 군대의 용사를 이끌어내어 그들이 일시에 엎드러져 일어나지 못하게" 하신 사건은 바로 홍해의 파라오 군대가 물에 빠지는 상황을 가리킨다. 하나님은 이 파라오의 군대들이 '꺼져가는 등불처럼 소멸되도록' 하셨다. 이런 출애굽의 장엄한 구원을 일으키신 하나님은 이 출애굽 구원을 무색하게 할 출바벨론을 기획하신다. "너희는 이전 일을 기억하지 말며 옛날 일을 생각하지 말라"는 18절은 현재 바벨론에서 일어나는 새로운 구원은 옛날 것을 생각나지 않게 할 정도로 엄청난 구원이라는 의미다. 제2의 출애굽은 제1의 출애굽을 망각하게 만들 만큼 엄청나다. 그런데 우리의 옛일은 곧잘 우리의 전진을 가로막는다. 옛날은 하나님과의 미래동역을 방해하는 수치심, 죄책감, 그리고 하나님의 가혹한 심판에 대한 앙금일 수도 있다. 다른 한편, 옛날은 우리가 한때 누렸던 은혜와 구원의 기억이기도 하다. 옛날에 경험한 구원이 오히려 우리의 상상력을 제한하기도 한다. 혹은 옛 일은 이스라엘 조상들의 출애굽 여정에 대한 고단한 기억일 수도 있다. 따라서 옛날 출애굽 대장정과 광야 방황시절의 고통에 대한 기억에 사로잡히지 말라는 것이기도 하다. 바벨론에서 이스라엘 고토까지는 1,200킬로미터나 되는 먼 거리다. 이 먼 거리를 걸어 다시 고토로 돌아가는 것은 고단하고 지치는 무거운 과업이다. 그런데 하나님은 이 고토 귀환의 대장정을 과거를 능히 잊게 만들 정도로 새 은혜, 새 구원을 경험하는 구원대사로 만드실 것이다.

19-20절은 하나님이 일으키실 새 일을 시적으로 묘사한다. 이 두 절은 '왜 이전 일과 옛 일을 기억하지 말라'고 하는지 그 이유를 제시한다. 19절은 이제 곧 경험하게 될 바벨론 포로들의 귀환여정은 차원이 전혀 다른 신적 임재와 보호와 동행이 제공될 것이라고 선언한다. 광야와 사막에서 신적 임재와 보호를 제공하시겠다는 약속이다. 광야에는 길이 보이지 않고, 사막에서는 강이 보이지 않는다. 그런데 하나님은 광야에 길을 내고 사막에 강들[너하로트(נְהָרוֹת)]¹⁰을 내게 하겠다고 약속하신다. 이스라엘과 동행하시는 하나님은 광야와 사막 같은 자연조건을 통제하고 주장하시는 창조주 하나님이시기에 이런 약속이 가능하다. 하나님을 신뢰하는 법을 체득하는 훈련장이 바로 길 없는 광야이며, 강 없는 사막이다. 이런 훈련을 교과서적으로 받은 인물이 믿음의 조상 아브라함이다. 하나님의 말씀을 좇아 고향과 친척과 아버지 집을 떠나온 아브라함과 사라는 가는 곳마다 지뢰밭 같은 위험을 만났다. 가나안 땅에 기근이 왔다. 기근을 피해 이집트로 내려갔더니, 아내의 순결을 빼앗길 위기에 처했다. 아브라함과 사라의 믿음 행로는 평탄치 않았다. 길 끊어진 광야와 물 없는 사막이었다. 가나안 고토를 향해 믿음과 순종의 걸음을 걸었는데 아브라함과 사라 앞에는 왜 길 없는 광야와 물 없는 광야가 나타났을까? 아브라함을 믿음의 사람으로 훈련시키기 위함이었다. 그래서 창세기 20:13은 자신의 아내 사라를 이방인들에게 자기 누이라고 속이며 목숨을 연명하는 이 계책은 임기응변술이 아니라 주도면밀한 생존전략이었다고 말한다. 자기 아내를 누이라고 속여서라도 목숨을 유지하기로 한 이유는 하나님께서 자신을 아버지 집을 떠나 두루 방황하게 하셨기 때문이라고 말한다. 13절의 "두루 다니게 하실 때"라는 개역개정 번역은 '방황하게 하다'를 에둘러 표현한 완곡어법이다. 직역하면, "방황하게 하실 때"다. 카아쉐르 히트우 오티 엘로힘 밉베트 아비(כַּאֲשֶׁר הִתְעוּ אֹתִי אֱלֹהִים מִבֵּית אָבִי]

אָבִי). '히트우'는 히브리어 타아(תָּעָה) 동사의 히필(사역)형으로, '방황하게 하셨다'는 뜻이다. 하나님이 총론만 주시고 각론을 주시지 않는 바람에 아브라함이 심히 헤맸다는 의미다. 우리 성도들에게 주시는 하나님의 명령 대부분은 총론적이다. 그 총론을 일상생활에서 각론으로 풀어 적용하는 것은 우리의 몫이다. 하나님은 아브라함에게 '내가 지시하는 땅'으로 가라고 했지, 지명을 언급하지는 않았다. 하나님이 지시하시는 땅은 한 군데가 아니라 여러 군데이기 때문이다. 하나님과 아브라함의 소통과 교제가 오래 지속될 것을 암시한다. 갈대아 우르에서 처음 하나님의 명령을 들었을 때^{창 15:7} 하나님이 지시하시는 땅은 하란이었고, 하란에서 들은 '하나님이 지시하시는 땅'은 가나안(세겜, 창 12:6-7)이었다. 가나안에 들어가서는 세겜, 헤브론, 브엘세바, 모리야 산의 순서로 하나님이 지시하시는 땅이 바뀌었다. 이처럼 하나님은 당신의 총론을 듣고 우리 각자가 각론을 추론해서 그 길을 따라가도록 이끄신다. 따라서 하나님이 인도하는 길이 길 없는 광야와 물 없는 사막 같을 때가 있다. 우리의 믿음을 연단시키려는 선한 목적을 이루기 위한 방황연습이라고 생각해야 하지만, 이런 순간들은 늘 고독하고 불안한 시간이다. '하나님은 사랑이 많으시다. 하나님은 나에게 가나안 고토로 돌아가라고 명하셨다. 그런데 하나님이 인도하시는 순종의 행로를 따라가니 길 없는 광야가 나오고 목 타는 사막이 나온다. 왜 이럴까? 내가 혹시 하나님 음성을 잘못 해석한 것은 아닐까? 내가 다시 바벨론으로 돌아가야 하는가? 가나안 고토는 너무 멀고 내가 70년 동안 살던 바벨론 땅은 어느새 고향처럼 포근하고 감미로운 기억의 처소인데 되돌아가야 할까?' 이런저런 잡념이 끼어들 수가 있다. 이런 때 우리가 퇴행의 잡념에 빠져 뒷걸음질 쳐서는 안 된다. 뒤로 물러나 침륜에 빠지면 안 된다.^{히 10:39} 하나님이 반드시 광야에 길을, 사막에 강을 내실 것을 믿고 기다려야 한다. 하나님이 함께하

시는 광야는 더 이상 광야가 아니며 하나님이 동행하는 사막은 아무리 타는 목마름이 경험될지라도 더 이상 우리를 목이 타 죽게 만드는 사막일 수 없다. 하나님의 기이한 새 일이 일어날 것이다. 하나님의 새 일은 나의 경험과 지식, 통념의 경계 밖에서 일어나는 기이한 일이다.

신앙 행로는 인간적으로 잔머리 굴리는 정신적 유희가 아니라, 험악한 광야를 강인한 정신으로 돌파하고 전진하는 것이다. 하나님의 뜻에 순종하다가 만나는 광야는 반드시 길을 감추고 있으며, 하나님의 뜻에 복종하다가 만나는 광야는 반드시 강을 품고 있다. 영적 상상력은 거칠고 고통스런 역경을 배경으로 두드러진다. 우리의 엄혹한 현실은 하나님을 믿는 신앙의 위력을 말하기 좋은 때다. 우리가 광야를 보고 사막을 걷다가 지쳐서 뒷걸음치지 않으면 반드시 하나님의 기이한 일, 새 일을 만날 것이다.

하나님의 택한 백성 이스라엘에게 마침내 광야에 길이 나고 사막에 강이 터진다. 온 세계 만민이 보는 앞에서 우리가 하나님의 사랑받는 자녀임이 밝히 드러난다. 그런데 우리에게 임한 이 하나님의 기이한 새 일, 새 구원은 우리 자신은 물론이요 우리 주변의 미물들에게까지 혜택을 미친다. 승냥이(탄님)와 타조 같은 야생동물(타조의 딸들, 버노트 야아나)도 하나님의 기이한 새 일의 수혜자가 된다. 승냥이와 타조는 문명 밖 광야에서 사는 야생동물들이다. 그들도 하나님을 공경할 것이다. 왜냐하면 하나님께서 광야에 물들을 사막에 강들을 내어 당신의 백성으로 하여금 마시게 할 때, 그 해갈의 은혜에 초청받기 때문이다. 하나님의 은혜는 넓고 광활해 승냥이와 타조급 인생도 소생시킨다. 은혜 받고 소생된 승냥이와 타조급 인생도 하나님을 영화롭게 할 것이다. 이 야생동물들은 이방인들을 상징할 수도 있고, 또 하나님과 멀리 떨어져 있다고 스스로 생각하는 미미한 자들을 가리킬 수도 있다. 하나님이 당신의 백성, 당신의 택한 자를 마시게 하는 그 새 일이 보편적인 구원이 된다는 뜻이다. 하나님의 교회가 부흥하면 주변 사람들이 덕을 보고 영적 해갈을 한다. 하나님의 택한 자, 하나님의 백성은 광야와 사막을 두려워하지 말아야 한다. 하나님은 당신의 백성이 사막에서 목이 타 죽게 내버려두지 않기 때문이다.

21절은 하나님께서 당신의 백성, 택한 자에게 기이한 방식으로 물을 풍족하게 하시는 이유를 말한다. 하나님을 찬양하는 백성 삼기 위함이다. 하나님은 왜 찬양받기를 원하실까? 하나님 자신의 기분을 상승시키기 위함이 아니다. 오히려 피조물이 하나님의 영광에 동참하는 길은 하나님을 찬양하는 길밖에 없기 때문이다. 하나님을 찬양하는 사람만이 하나님과 하나님 아닌 것을 분별할 수 있다. 찬양은 감사가 넘쳐 산문 같은 언어가 시와 노래로 변할 때 터져 나온다. 찬양은 하나님의 성품과 하신 일을 인정하고 고마워하여 시적 감탄이 온몸에서 용솟음치는 현상이다. 찬양은 하나님의 공의와 자비를 노래하는 것이다. 하나님은 하나님을 위하여, 즉 열방 앞에서 하나님 당신을 찬양하는 사명을 수행하도록 이스라엘을 창조하시고 구원하시고 다스리신다. 하나님은 이스라엘이 찬송할 때 그들의 찬양을 보좌 삼아 앉으신다.^{시 22:1} 신앙은 눈에 보이는 현실을 꿰뚫어보는 상상력이다. 믿음은 보지 못하는 것을 미리 보는 상상력이다. 히브리서 11:1의 헬라어 본문을 직역해보면 이런 뜻이다. 에스틴 데 피스티스 엘피조메논 휘포스타시스, 프라그마톤 엘렝코스 우 블레포메논(Ἔστιν δὲ πίστις ἐλπιζομένων ὑπόστασις, πραγμάτων ἔλεγχος οὐ βλεπομένων). 믿음은 '실상'(휘포스타시스)의 소망함이며(엘피조메논), 확신(엘렝코스)은 보이지 않는 것(우 블레포메논)의 실체(프라그마톤)다. 실상은 광야의 길, 사막의 강을 의미한다. 하나님을 믿는다는 것은 하나님이 약속하신 길과 강을 마치 실체로 존재하는 것처럼 앞서서 소망하는 것이다. 광야의 길이나 사막의 강은 아직 보이지 않는 것, '우 블레포메논'이다. 그런데 보이지 않는 것을 실제로 존재하는 것처럼 간주하는 것이 하나님을 믿는 것이다. 광야와 사막 자체를 아무리 들여다봐도 길이나 강이 생길 것 같지 않은데, 그 약속을 주신 하나님의 무궁한 능력과 신적 신실성에 비추어 볼 때 '이미 존재하는 실체, 프라그마톤'으로 만져진다는 것이다. 이처럼 하나님을 믿는다는 것은 하나님이 알려주신 바 그대로 하나님의 목적과 능력, 성품과 지혜를 믿는 것이다. 우리의 신체적 감각에 의존해서는 보이지 않는 영역에서 기이하게 일하시는 하나님의 능력과 신실하심에 근거하여 보이지 않는 것을 확신하는 것이 기독교 신앙이다. 이는 곧 믿음이 고도의 영적 상상력이라는 뜻이다.

출바벨론 대역사를 일으키시는 하나님의 내적 논리 • 22-28절

이 단락은 출바벨론 대역사를 일으키는 논리를 말한다. 이스라엘이 충분히 회개했기 때문이거나 혹은 하나님이 이스라엘에게 당신의 분노를 다 쏟아냈기 때문에 출바벨론을 추진하시는 것이 아니다. 하나님이 이스라엘을 부르신 목적 그 자체를 성취하기 위해, 즉 순전히 하나님의 목적을 위해 이스라엘을 다시 가나안 고토로 불러들이신다.

22-24절은 이스라엘의 제사가 하나님의 진노를 누그러뜨린 것도 아니요 하나님의 마음을 얻은 것도 아님을 분명히 한다. 오히려 바벨론에 와 있는 이스라엘과 야곱은 하나님을 부르지도 않았을 뿐만 아니라 하나님을 귀찮고 성가신 존재로 여겼다. 하나님의 이런저런 율법 준행의 요구에 대해 짜증을 내거나 배척하는 태도를 취했다. 바벨론 포로들은 하나님의 법도와 계명대로 사는 것을 고역으로 여겼다.22절

23-24절은 바벨론 유배기간 동안에 이스라엘이 정상적 의미의 제사행위를 통해 하나님을 공경하거나 예배하지 못했음을 암시한다.

하나님은 번제, 예물, 그리고 유향 봉헌물 등 어떤 요구도 하지 않았다. 이런 제사를 빌미로 이스라엘을 수고롭게 만들지도 않았고 괴롭히지도 않았다. 이 단락은 25절에 비추어볼 때 이스라엘이 바벨론 유배를 초래했던 원죄, 즉 가나안 땅에서 자행했던 거짓된 예배 행태를 회상하는 말씀으로 보인다.[11] 23-24절이 말하는 그 죄는 바벨론 포로들이 다 청산하고 다시는 기억하지 말아야 할 죄악인 것이다. 이렇게 볼 때 이사야 1:11-14이 22-24절의 의도를 잘 드러내고 있다.

여호와께서 말씀하시되 너희의 무수한 제물이 내게 무엇이 유익하뇨. 나는 숫양의 번제와 살진 짐승의 기름에 배불렀고 나는 수송아지나 어린 양이나 숫염소의 피를 기뻐하지 아니하노라. 너희가 내 앞에 보이러 오니 이것을 누가 너희에게 요구하였느냐. 내 마당만 밟을 뿐이니라. 헛된 제물을 다시 가져오지 말라. 분향은 내가 가증히 여기는 바요 월삭과 안식일과 대회로 모이는 것도 그러하니 성회와 아울러 악을 행하는 것을 내가 견디지 못하겠노라. 내 마음이 너희의 월삭과 정한 절기를 싫어하나니 그것이 내게 무거운 짐이라. 내가 지기에 곤비하였느니라.

이처럼 오히려 이스라엘이 그들의 죄짐으로 하나님을 수고롭게 하며 괴롭게 했다. 인간의 죄가 하나님을 수고롭게 하고 괴롭게 한다는 사실이 신비롭고 당혹스럽다. 이 거대한 우주를 창조하신 하나님이 수천억 수조 개의 별들 중 먼지 같이 작은 지구에서 소립자 같은 인간들이 저지른 죄에 대해 반응을 보이시는 것이 이해되지 않는다. 소립자 같은 인간의 죄악이 무한 광대한 우주의 창조자이신 하나님을 괴롭게 한다는 것은 상상할 수 없다. 그런데도 하나님은 자주 당신의 인격적인 호소요 명령인 율법을 의도적으로, 반복적으로 배척하는 인간의 행위가 당신의 눈과 귀, 그리고 마음을 찌르고 공격하는 행위임을 밝히신다.^{사 1:14; 3:8; 7:13} 우리가 범죄하여 하나님 명예를 연속적으로 더럽히면 하나님을 괴롭게 한다. 하나님의 인격이 인간의 죄와 불순종으로 손상당하는 것 같은 고통을 느끼신다.

왜 인간의 죄가 하나님을 수고롭고 괴롭게 하는가? 죄는 하나님의 인격적 현존을 묵살하고 경멸하는 행위이기 때문이다. 죄는 하나님을 지치고 괴롭게 만든다. 인간이 죄를 지으면 그 죄짐이 인간의 양심에 실리는 짐이 되기 이전에 하나님의 거룩한 성품에 실리는 짐이 된다. 인간의 죄가 하나님께 짐이 된다는 사실은 에너지 불변의 법칙으로 설명할 수 있다. 죄 짓는 행위는 에너지 발출행위다. 이 죄를 지을 때 발출된 에너지는 어디에 가 있나? 하나님의 마음에 가 있다. 하나님은 인간이 방출하는 에너지(지적, 감정적, 의지적 에너지)의 최종적인 집적장소다. 그래서 우리가 죄를 지으면 죄의 기억이 하나님 마음에 짐이 된다. 하나님이 정하신 법칙과 율법이 위반되면 그 사실이 하나님께 통보되고, 하나님은 당신의 통치에 저항하고 반역하는 이 피조물의 행위를 긴장 가운데 지켜본다. 이것은 자녀를 양육해본 부모들에게는 금세 이해되는 논리다. 자녀의 모든 불순종은 부모의 마음속에 짐으로 남아있지, 광활한 우주 속으로 사라져 버리지 않는다. 마찬가지로 하나님 자녀의 불순종은 하나님 아버지에게 짐이 된다. 그래서 인간은 그 범하는 죄악으로 하나님을 수고롭게 하고 괴롭게 한다. 우리가 믿는 하나님은 괴로움을 당하실 수 있을 정도로 인격적인 하나님이시다. 인격적인 하나님이시기 때문에 인격적 존재의 행동(반역과 순종)에 의해 영향을 받으신다. 아리스토텔레스 같은 그리스의 철학자들은 하나님은 인간적 감수성으로 상처받을 수 없는 "부동不動의 동자動者"라고 주장했다. 그리스 철학자들은 '하나님이 참 하나님다우려면 인간의 죄 때문에 영향을 받는 존재가 되어서는 안 된다'고 가르쳤는데, 이런 사상은 성경에는 낯선 사고다. 성경의 하나님은 인간의 죄 때문에 상처를 받는 하나님이 되기로 작정하신 인격적인 하나님이시다. 플라톤과 아리스토텔레스는 이 세상을 창조하고 인간의 하나님이 되어 상처받을 만큼 인간을 사랑하기로 작정한 하나님을 알지 못한다. 이에 반해 성경의 하나님은 인간의 행동 때문에 영향을 받는 하나님이시다. 전능하시지만 인간을 사랑하셔서 인간의 영향을 받을 정도로 겸손한 하나님이다. 하나님은 전능으로 인간을 제압하는 방식이 아니라, 인간의 사랑을 호소하고 인간의 도움과 협조를 요청하는 방식으로 죄인들을 사랑하신다.

따라서 출바벨론은 이스라엘의 선제적 회개와 참회, 자발적 갱신에 의해서가 아니라, 하나님 자신 안에 자가自家 생성된 하나님의 무한 인애와 사랑에 의해 기획되고 추동된다. 실로 죄는 바벨론 포로들의 인간성의 일부가 되어 제2의 천성이 되었다. 25절은 거룩하신 하나님 안에 있는 자기반전적 성품에 근거해 죄와 허물을 도말하시는 하나님의 행동을 설명한다. 좀 더 쉽게 번역된 새번역 성경은 이렇게 읽는다. "그러나 나는 네 죄를 용서하는 하나님이다. 내가 너를 용서한 것은 너 때문이 아니다. 나의 거룩한 이름을 속되게 하지 않으려고 그렇게 한 것일 뿐이다. 내가 더 이상 너의 죄를 기억하지 않겠다." 인간이 죄에서 돌이켰다고 그 돌이킴에 대한 공로로 죄를 용서해주는 것이 아니라 그 반대다. 하나님 자신이 먼저 용서해주신 후에 인간의 돌이킴이 있을 것을 기대하신다. 결국 하나님은 세상과 이스라엘을 창조하신 목적, 즉 온 세계에 하나님의 영광이 가득차게 될 그 오메가 포인트를 위해 이스라엘의 허물을 도말하고 죄를 기억하지 아니하신다. 이스라엘의 죄를 주님의 등 뒤로 투척해버리신다.사 38:17 하나님은 우주의 창조자로서 우주에 있는 반역의 기운을 몰아내실 책임이 있다. 인간의 반역의 기운이 피조물 세계를 안개처럼 가득 채우면 하나님은 스스로 온전히 하나님답지 못하다고 느끼시고 불편해하시며 안

나는 여호와라, 나 외에 구원자가 없느니라

식을 누리지 못하는 인격적인 하나님이기 때문이다. 하나님의 죄 용서는 단지 인간을 행복하게 하려는 것이 아니라, 하나님이 하나님답게 존재하시려고 행하시는 일이다. 방을 깨끗하게 하는 명성을 가진 주부, 요리를 완벽하게 하는 명성을 가진 주부, 이런 주부들은 그 명성, 그 이름을 유지하기 위해서 깨끗하지 못한 방과 공존할 수 없고, 형편없이 맛없는 요리와 공존할 수 없다. 이처럼 하나님이 진짜 하나님다우시려면 죄와 공존하실 수 없다. 죄를 바꾸어서 의를 만들어야 한다. 하나님 자신의 내적 성품의 일관성을 견지하기 위해 죄를 이기고 극복하셔야 한다. 하나님 자신이 죄를 이기시는 과정에 어부지리, 제3자적인 혜택이 있는데 인간이 바로 그 수혜자다. 하나님은 원칙적으로 피조물인 죄인에 대해 자동적으로 불타는 자비를 느끼시는 분이 아니다. 만일 그렇다면 하나님은 도덕적 기준이 없는 하나님으로 오해받을 것이다. 하나님은 살인을 하고 도둑질을 한 강도떼를 보고 '그럼에도 불구하고 너무 사랑스럽다'라고 말씀하시는 분이 아니다. 만일 그렇게 하신다면 인간과 우주의 피조물을 큰 혼란에 빠뜨리시게 된다. 우리 인간이 무엇을 미워하고 무엇을 싫어해야 할 것인지, 무엇을 좋아해야 할 것인지에 대한 판단력을 허물어뜨리기 때문에 하나님은 그렇게 하시지 않는다. 분명히 죄와 반역을 싫어하신다. 그래서 하나님 자신을 위하여 우주에 하나님 자신을 불순종하는 의지가 살아있지 않도록 우주를 깨끗이 소제하시고 정돈하신다.

예수님이 하나님 보좌 우편에 앉으셔서 하시는 일은 두 가지다.[히 1:3] "이는 하나님의 영광의 광채시요 그 본체의 형상이시라. 그의 능력의 말씀으로 만물을 붙드시며 죄를 정결하게 하는 일을 하시고 높은 곳에 계신 지극히 크신 이의 우편에 앉으셨느니라." 먼저 예수님은 그의 능력의 말씀으로 만물을 지탱시키는 일을 행하신다. 이 말은 매우 강력하고 역동적인 창조질서 유지 의지다. 혼돈의 바닷물이 몰려와 창조세계를 침수시키려고 할 때 '더 이상 넘치지 말지어다'^{시 74:12-17; 욥 38:10-11}라는 명령을 발하신다. 우리 인간의 윤리와 도덕의 방파제가 죄악의 혼돈 바닷물에 빠질 때, 반윤리와 반도덕적 무질서가 인간의 질서정연한 세상을 완전히 삼키지 못하도록 명령하신다. '더 이상 넘치지 말지어다. 혼돈의 원시 물결아, 네 자리로 돌아갈지어다.' 이것이 능력의 말씀으로 지금 만물을 지탱하시는 그리스도의 사역이다. 인간의 죄와 불순종이 더 이상 창조질서를 침범하지 못하게 '멈춰 설지어다'라고 명령하면서 이 세상을 지탱하시는 것이다.

둘째로 하나님의 우편보좌에 앉으신 그리스도는 죄를 정결케 하신다. 반역의 기운을 소거하신다. 이것이 바로 높은 곳에 계신, 지극히 크신 이의 우편에 앉으신 하나님의 아들이 매일 매순간 수행하시는 사역이다. 이처럼 자기 이름을 위하여 우리의 영혼을 소생시키시고 자기 이름을 위하여 의의 길로 인도하신다. 하나님 자신이 온전히 하나님다우시려면 죄와 공존하실 수가 없다. 그런데 죄를 그냥 없앨 수 없고, 죄 없는 누군가가 그 죄를 뒤집어쓰고 순종해야만 죄가 소거되고 없어진다. 피조물들의 많은 불순종으로 죄가 우주에 버섯처럼 솟아나면 그것을 소거시키는 것은 죄 없는 자가 부조리한 고난을 감수하면서까지 하나님 아버지께 감미로운 순종을 드리는 길밖에 없다. 죄는 순종과 불순종의 등가교환으로만 없어진다. 많은 불순종자가 죄와 불순종과 반역으로 이 땅을 황폐케 하여 사람이 살 수 없게 만들었을 때, 예수님은 순종의 피를 흘려 반역과 불순종과 맞선다. 불순종자들과 맞서서 죄를 정결케 하려면 가장 정결하고 죄가 없는 독생자가 순종해야 한다. 아버지 하나님은 죄 없는 하나님의 아들이 불순종하는 자들의 죄를 대신 짊어지기를 원하셨다. 이 부르심에 나사렛 예수가 순종했다. 우리가 알고 있는 이 세상은 인간의 지속적인 순종으로 유지되는 우주요, 그런 점에서 일정한 조건 아래에서만 안

나는 여호와라 나 외에 구원자가 없느니라

정적으로 유지되는 우주이다. 이 우주는 우리가 끊임없이 하나님께 순종을 드려야만 안전한 세상으로 작동하도록 설계되고 창조되었다. 그리스도와 그리스도인의 순종이 창조질서를 유지하고 지탱시킨다. 하나님의 아들의 순종을 통해 하나님은 허물을 도말하고 죄를 기억하지 않기로 결단하셨다. 하나님은 죄에 대한 극도의 분노를 발하시지만, 하나님 안에서 스스로 돌이키는 거룩하신 하나님이시기 때문이다.^{사 57:15; 호 11:8-9}

26절은 이스라엘에게 반론 기회를 제공하는 하나님의 의도를 드러낸다. 하즈키레니 니샤프타 야하드 쌉페르 아타 르마안 티츠다크 (הַזְכִּירֵנִי נִשָּׁפְטָה יָחַד סַפֵּר אַתָּה לְמַעַן תִּצְדָּק). 직역하면, '우리가 서로 함께 판단해보도록 나로 하여금 기억하게 하라. 다른 이가 아니라 네가 의롭다는 것을 드러내기 위해 자세히 진술해보라.' 2인칭 단수 대명사 아타(אַתָּה)가 돌출적으로 사용된다는 점에서 청중인 이스라엘의 능동적 행동을 기대하게 만드는 구문이다. 쌉페르(סַפֵּר)는 싸파르 (סָפַר)의 피엘형으로 '자세히 진술하다'를 의미한다. 이스라엘은 자신들의 하나님 앞에 '스스로 의롭다'는 것을 증명하기 위해 자세히 진술하라는 요청을 받는다. 이스라엘이 하나님께 의롭게 행동했다는 것을 자세히 말해 하나님으로 하여금 기억나게 해보라는 것이다. 이 논쟁은 이사야 1:18의 법정논쟁 문맥을 이어받는다. 쉽게 풀어쓰면 이런 뜻이다. '나에게 상기시키고 싶은 일이 있느냐? 함께 판가름해보자. 네가 옳다는 것을 나에게 증명하여 보여라. 너는 나로 기억이 나게 하고 서로 변론하자.' 이는 무엇을 의미하는가? '네가 나에게 기소할 것이 있느냐? 네가 나에게 고발할 것이 있느냐? 그것을 한번 가지고 와보아라.' 이런 뜻이다. 이 논쟁의 목적은 하나님께서 용서하셔야 하는 이유를 확신시키려는 것이다. 야웨가 이스라엘의 죄를 용서하실 수밖에 없는 하나님이신 이유를 확신시키려고 벌이시는 논쟁이다. 그 목적은 이스라엘의 죄를 확실하게 용서하겠다는 의지를 부각시키는 데 있다. 논쟁의 끝에 복을 주시려는 복된 논쟁인 셈이다. 하나님은 인간의 도덕적 개선 때문에 감동을 받아 용서하시는 분이 아니다. 하나님은 도덕적 개선의 마지막 지점에 비로소 복을 주는 그런 하나님이 아니라, 대부분 하나님의 구원은 논리적으로 설명되지 않을 만큼 갑작스럽게 다가온다. 우리는 진노에서 중간 전환과정이 없이 바로 용서로 급전(急轉)하는 하나님의 사랑이 작동하는 그 신비에 소스라치게 놀란다. 뒤이어 나오는 27절에 비추어 볼 때, 26절은 이스라엘의 바벨론 포로들 중에는 바벨론 유배와 국가 멸망이 아무 죄도 없는 하나님의 자녀에게 퍼부은 부당하고 불의한 징벌이라는 피해의식을 가진 사람들이 있었음을 암시한다. 그래서 하나님이 그런 자들에게 자기의 의로움을 드러내보라고 다그치신다. 이때 이스라엘이 스스로 의로움을 드러낼 수 없는 상황, 즉 침묵 가운데 27절이 뒤따라 나온다. "네 시조[아비카 하리숀(אָבִיךָ הָרִאשׁוֹן)]가 내게 범죄하였고, 너의 교사들[멀리체카(מְלִיצֶיךָ)][12]이 나를 배반하였나니." "네 시조"는 아브라함을 가리킬 수도 있고 열두 지파의 사실상의 조상인 이스라엘, 야곱을 가리킬 수도 있다. '시조'는 아브라함이 이사야 40-66장에서 긍정적인 맥락에서 언급되는 상황임에 비추어 볼 때 여기서는 야곱을 가리키는 말로 해석하는 것이 나을 듯하다(사 58:14; 63:16; 또한 호 12:2-7). 아니면 호세아 6-13장이 고발하듯이 애굽에 있을 때부터 하나님을 배역하던 광야세대를 가리키는 말일 수도 있다. 어떻게 해석하든 의미상에는 큰 차이가 없다. 이스라엘 민족의 오랜 역사 속에 쌓였던 죄와 허물이 이스라엘이 진멸당하는 재앙을 초래했다는 사실이다.

26-28절 상황은 과거의 바벨론 유배를 초래한 하나님의 심판과 징벌의 정당성을 의심하는 일부 바벨론 포로들 혹은 이스라엘의 남

은 자들과 벌이는 논쟁 맥락에서 이해될 수 있다. 하나님의 답변은 정당한 심판이었다는 것이다. '네 시조', 즉 '너의 아버지', '너의 비방자들'(혹은 너의 교사들)이 '내게 반역을 범했다.' '범죄하다'를 의미하는 하타(חָטָא)와 '배반하다'를 의미하는 파샤(פָּשַׁע) 둘 다 의도적으로 하나님의 율법과 계명을 배척하고 부정하는 악행을 가리킨다. 하나님의 율법과 계명을 지키다가 약간 부족을 드러낸 것이 아니라 정반대 방향의 행위를 지속적으로 행하는 것을 의미한다. 바벨론 포로살이를 초래한 바벨론 포로들의 조상들은 하나님이 보여주신 이상적인 공동체 생활과 문화를 창조하지 않고 하나님이 싫어하는 세상을 만들었다. 그래서 하나님은 예루살렘 '성소의 관원들', 싸레 코데쉬(שָׂרֵי קֹדֶשׁ)를 욕되게 하고, 야곱이 진멸당해 이스라엘이 세상의 비방거리가 되도록 내버려두셨다. '성소의 어른들'로 번역된 싸레 코데쉬는 '거룩의 방백들', 즉 성전의 고위성직자들과 행정관을 가리킨다고 보는 것이 더 낫다. '코데쉬'라는 절대형 명사는 형용사 역할을 하는 것으로 보는 것이 자연스럽다. 결국 28절은 이스라엘이 멸망당하는 원인이 시조(아버지), 교사(비방자들), 그리고 성소의 지도자들의 반역과 범죄 때문임을 강조한다. 이스라엘이 가나안 땅을 잃고 이산과 유랑의 운명으로 굴러 떨어진 것은 그들의 죄악 때문임이 분명하다.

메시지

우리는 43:1에서 하나님께 창조된 것은 하나님께 구원받은 것임을 깨닫는다. 이스라엘은 홍해에서 구원받았는데, 그것은 오합지졸 같은 노예 신분에서 하나님의 언약백성으로 재창조되는 사건이었다. 이스라엘이 하나님의 언약백성으로 거듭 태어나는 것, 그것은 창조사건이자 구원사건이다. 하나님께 창조된 사건은 하나님의 생명왕국에 초청받은 사건이다. 이 세상에 태어난 것 자체가 하나님이 지키고 보호해주시는 언약적 결속으로 초청받은 사건이다. 태어났다는 것 자체가, 위대한 우주의 왕이 베푸는 파티에 참여할 수 있는 초청장을 받고 연미복을 제공받은 사건이다. 그런데도 이 세상에 태어난 것이 하나님의 구원에 초대받은 경사慶事라고 느끼지 못하게 만드는 것들이 많이 있다. 히틀러 치하의 독일에 태어나거나 스탈린 치하의 소련에 태어나는 것은 경사가 아니라 흉사다. 핵전쟁이 한창인 세상에 태어나는 것도 경사가 아니다. 이러한 세상은 창조주의 자애로운 얼굴을 보여주는 빛의 향연이 아니라, 창조의 반대, 혼돈으로 퇴행하고 있는 것처럼 보이기 때문이다. 인간의 죄 때문에 원래 모습(태어난 모든 사람에게 공평하고 자애로운 은혜를 제공하는 모습)이 심하게 훼손된 세상 자체가 하나님을 믿고 사랑하는 것을 불가능하게 만든다. 땅이 다시 원시 바다에 잠겨버리는 혼돈混沌 상황에서는 하나님을 경배하고 믿을 수 없다. 그래서 태어나자마자 혼돈의 물결에 돌멩이처럼 가라앉는 사람들은 하나님의 복과 사랑을 경험하지 못하고 자신의 인생이 기뻐할 경사가 아니라 저주 경험이라고 생각하기 쉽다. 인생을 살면서 '이 세상에 태어난 것을 축하합니다, 환영합니다'라는 따뜻한 영접인사를 받은 적 없다고 느끼는 사람, 사는 것 자체가 너무 고달파 태어나지 않았으면 좋겠다고 생각하는 자포자기적 영혼, 나를 창조하신 하나님의 솜씨가 낙제점이라고 탄식하는 영혼에게 하나님은 당신을 혼돈에서 건져올리는 창조주 하나님으로 나타나주셔야 한다.

2018년 레바논의 여성영화감독 나딘 라바키가 감독한 영화, 「가버나움」은 베이루트의 난민촌에서 버려진 듯이 살아가는 12세 시리아 난민 소년 자인Zayin의 고난에 찬 삶을 추적하는 영화다. 자인은 자신의 어린 누이를 아내로 데려가 죽게 만든 남자를 칼로 찔러 소년원에 갇혀 다시는 웃을 수 없는 아이로 자라간다. 자신의 인생을 망가뜨린

책임이 부모에게 있다고 믿는 자인은 자신의 부모를 법정에 고발한다. 부모의 죄목은 '자신을 태어나게 한 죄'다. 자인의 부모는 법정에서 항변한다. '자신들도 태어나자마자 자인 같은 혹독한 세상살이로 집어던져졌다'는 것이다. 판사는 부모에게 유죄선고를 할 수 없었다. 다만 부모에게 자인이 자유의사로 외국으로 나가는 것을 방해할 친권은 포기하게 만든다. 영화의 마지막은 스웨덴으로 이민 가는 길이 열린 자인이 여권사진을 찍을 때 '처음으로 웃는' 장면이다. 이 세상은 베이루트의 절망적 난민촌처럼 인간존엄을 박탈당한 채 살아가는 사람들로 가득차 있다. 바벨론 포로들은 자책감, 하나님에 대한 원망, 조상들과 지도자들에 대한 저주와 원망, 바벨론 포로 감독자들의 무관심과 표독스러운 학대 아래 70년을 보낸 자들이다. 더 이상 사람답게 살아갈 희망조차 남아 있지 않을 때에 하나님의 예기치 않은 '구원'이 찾아왔다. 그러나 그들은 아직도 하나님의 따뜻한 구원은 실감하지 못한 채, 가나안으로 돌아가는 여정의 참혹함을 걱정한다. 하나님의 눈부신 구원 약속도 참혹한 현실의 무게를 가볍게 하지 못했다.

이처럼 세상은 창조와 혼돈의 극단 사이에서 표류하고 있다. 한쪽 끝에는 하나님의 통치가 위력을 발휘하지 못하는 창조 이전의 혼돈이 있고, 다른 한쪽에는 창조의 밝은 빛이 있다. 하나님은 우리에게 창조주의 능력을 믿고 혼돈 극복적이고 혼돈 탈출적인 모험을 감행하라고 요구하신다. 혼돈으로부터 이 세상을 창조하신 하나님을 믿고 혼돈에서 창조로 옮겨갈 희망을 붙들고 험한 세상을 이겨내며 살아가자고 설득하신다.^{골 1:13-14} 우리가 극단적으로 혼돈 상태에 있다 하더라도 하나님을 믿으면 혼돈 상태를 초월할 수 있다고 말씀하신다. 우리 하나님은 어둠과 혼돈으로부터, 다시 말해 난지도와 같은 쓰레기 산 위에 궁전을 만들려는 창조주시다. 창조는 상상의 질서를 먼저 생각 속에 오래 잉태한 후에 실행하는 노동이다. 최악의 재료를 가지고 최선을 만들어내는 것이 하나님의 창조다. 그렇기 때문에 지금 우리가 처해있는 상황이 혼돈스럽고 희망의 빛이 꺼져버린 절망의 끝자락이라도 그것을 대반전 시킬 수 있는 하나님이 계시다는 것이 위로요 희망이다. 바벨론 포로들도 혼돈의 바다에서 건져올리시는 하나님이시기 때문에, 우리 또한 역경의 혼돈에서 능히 구해내실 수 있다. 노예집단을 원천적인 죽음물결로부터 건져올려 하나님의 언약백성, "이스라엘"로 창조해주셨듯이, 혼돈이라는 막강한 질료를 갖고 우리를 재창조해주신다. 죄로 인해 가산을 탕진하고 병든 몸을 안고 감옥에 갇힌 사람에게도 재창조의 기회는 있다.

이스라엘에게 원시적 혼돈의 바다는 하나님의 선한 창조를 누리지 못하게 만드는 바벨론 같은 강대국이었다. 중소기업을 운영하는 사업가에게는 대기업 갑질과 관료들의 부당한 요구들, 신뢰를 깨는 무역파트너들이 바벨론 같은 혼돈 바다일 것이다. 아무리 고되게 일해도 다 갚을 수 없는 채무를 진 채무자에게는 채권자들의 전화 독촉이 혼돈의 바다일 것이다. 내전으로 집과 직장을 버리고 유럽으로 몰려드는 시리아 난민들, 죽음의 물결에 어린 딸을 안고 헤엄치다가 죽은 멕시코인 젊은 아빠에게는, 폭력과 부정부패가 만연한 조국이 혼돈의 바다 바벨론일 것이다. 우리나라 청소년들에게는 내신성적과 대학입시 경쟁이, 청년들에게는 취업경쟁이 하나님의 선한 창조를 누리지 못하게 만드는 혼돈의 바다일 것이다. 이처럼 혼돈의 물결에 온몸이 부서지도록 타격당하는 사람들의 삶의 터전이 하나님의 음성이 크게 들려야 할 자리다. 이런 혼돈의 물결에 휩쓸려 갈 때 능히 돌파할 수 있는 강인한 믿음의 상상력이 요구된다. 빛나는 업적을 거두지 못하면 무시당하는 세상에서 무시당하는 이 경험을 받아들이고 상대화시키면 이 세상에서 굴욕당하는 것을 견딜 수 있다. 입시 실패와 취업 실패 등 이 모든 것들이 근본적으로 우리 영혼의 가치를 파괴할 수 없다는 것을 안다면, 어둠의 세력을 이길 수 있다. 이런 혼돈 물결이 쇄도하더라도 끊임없이 웃고 일어서는 낙관적인 신앙, 하나님과 세상에 대한 끊임없는 긍정적 기대, 친절하고 온유한 마음씨로 맞서면 살 길이 열린다. 남들이 '비참해서 어떻게 사나' 하는데도 낙관하고 웃으면서 밝은 태양을 맞이하면서 기도드릴 수 있는 사람은 이미 세상을 이긴 사람이다. 좋은 점수를 받기 위해 살인적인 경쟁에서 승리하는 것, 그것이 구원이 아니라, 혼돈의 물결 가운데서도 하나님과 함께하는 경험이 진정한 구원이다. 세상에는 넘어지는 일이 있고 깨어지는 일이 있고 파산이 있다. 욕을 먹고 굴욕당하고 추방당하고 낙방통지서를 받는 등 이런 모든 것들은 분명 혼돈의 경험이다. 그러나 이 혼돈의 자리는 세상에서 우리를 구원하시기 위해서 하나님이 우리를 단련하는 은도가니와 같다. 은도가니의 뜨거운 불꽃은 우리를 사르지 않고 우리의 생명가치를 하나도 손상시키지 않고 정금 같이 단련할 뿐이다. 역설적이게도 진지하게 하나님을 부르는 자리는, 창조의 복을 누리는 곳이 아니라 창조의 선한 복과 은혜를 누리지 못하는 혼돈 아래 허우적거리는 고통의 현장일 때가 많다.

직장에서 해고되어도 남편을 끝까지 믿어주고 위로하는 아내가 있다면, 당장은 직장을 잃었지만 돌파할 길이 있다고 믿는 신앙이 있다면, 하나님의 새 창조와 구원을 기대할 수 있다. 직장에서 해고되지 않으려고 발버둥치다가 병에 걸리는 것보다, 해고 사태를 극복할 수 있는 견인불발적이고 백절불굴적인 신앙을 갖는 것이 훨씬 낫다. 우리는 '물과 불 가운데 지날 때에 내가 너와 함께한다'는 하나님의 약속을 믿을 수 있는 상상력이 필요하다. 선하고 자애로우시고 공평하신 하나님에 대한 신앙이 없으면 우리의 정신과 생의 의지라는 척추는 부러지기 쉽다. 우리가 극단의 고난과 화염 속에 집어던져졌을 때, 하나님의 함께하심을 경험한다면, 그때 오히려 생의 의지가 단련될 수 있고, 우리가 불과 물 속에 허우적거릴 때 하나님과 나만의 영원히 끊어지지 않는 동아줄 같은 신뢰가 생길 수 있다.

나는 여호와라. 나 외에 구원자가 없느니라

44장.

우상을 비웃으시는 이스라엘의 창조자요 구속자인 야훼 하나님

44

¹나의 종 야곱, 내가 택한 이스라엘아, 이제 들으라. ²너를 만들고 너를 모태에서부터 지어 낸 너를 도와 줄 여호와가 이같이 말하노라. 나의 종 야곱, 내가 택한 여수룬아, 두려워하지 말라. ³나는 목마른 자에게 물을 주며 마른 땅에 시내가 흐르게 하며 나의 영을 네 자손에게, 나의 복을 네 후손에게 부어 주리니 ⁴그들이 풀 가운데에서 솟아나기를 시냇가의 버들 같이 할 것이라. ⁵한 사람은 이르기를 나는 여호와께 속하였다 할 것이며 또 한 사람은 야곱의 이름으로 자기를 부를 것이며 또 다른 사람은 자기가 여호와께 속하였음을 그의 손으로 기록하고 이스라엘의 이름으로 존귀히 여김을 받으리라. ⁶이스라엘의 왕인 여호와, 이스라엘의 구원자인 만군의 여호와가 이같이 말하노라. 나는 처음이요 나는 마지막이라. 나 외에 다른 신이 없느니라. ⁷내가 영원한 백성을 세운 이후로 나처럼 외치며 알리며 나에게 설명할 자가 누구냐. 있거든 될 일과 장차 올 일을 그들에게 알릴지어다. ⁸너희는 두려워하지 말며 겁내지 말라. 내가 예로부터 너희에게 듣게 하지 아니하였느냐. 알리지 아니하였느냐. 너희는 나의 증인이라. 나 외에 신이 있겠느냐. 과연 반석은 없나니 다른 신이 있음을 내가 알지 못하노라. ⁹우상을 만드는 자는 다 허망하도다. 그들이 원하는 것들은 무익한 것이거늘 그것들의 증인들은 보지도 못하며 알지도 못하니 그러므로 수치를 당하리라. ¹⁰신상을 만들며 무익한 우상을 부어 만든 자가 누구냐. ¹¹보라, 그와 같은 무리들이 다 수치를 당할 것이라. 그 대장장이들은 사람일 뿐이라. 그들이 다 모여 서서 두려워하며 함께 수치를 당할 것이니라. ¹²철공은 철로 연장을 만들고 숯불로 일하며 망치를 가지고 그것을 만들며 그의 힘센 팔로 그 일을 하나 배가 고프면 기운이 없고 물을 마시지 아니하면 피로하니라. ¹³목공은 줄을 늘여 재고 붓으로 긋고 대패로 밀고 곡선자로 그어 사람의 아름다움을 따라 사람의 모양을 만들어 집에 두게 하며 ¹⁴그는 자기를 위하여

백향목을 베며 디르사 나무와 상수리나무를 취하며 숲의 나무들 가운데에서 자기를 위하여 한 나무를 정하며 나무를 심고 비를 맞고 자라게도 하느니라. ¹⁵ 이 나무는 사람이 땔감을 삼는 것이거늘 그가 그것을 가지고 자기 몸을 덥게도 하고 불을 피워 떡을 굽기도 하고 신상을 만들어 경배하며 우상을 만들고 그 앞에 엎드리기도 하는구나. ¹⁶ 그 중의 절반은 불에 사르고 그 절반으로는 고기를 구워 먹고 배불리며 또 몸을 덥게 하여 이르기를 아하 따뜻하다, 내가 불을 보았구나 하면서 ¹⁷ 그 나머지로 신상 곧 자기의 우상을 만들고 그 앞에 엎드려 경배하며 그것에게 기도하여 이르기를 너는 나의 신이니 나를 구원하라 하는도다. ¹⁸ 그들이 알지도 못하고 깨닫지도 못함은 그들의 눈이 가려서 보지 못하며 그들의 마음이 어두워져서 깨닫지 못함이니라. ¹⁹ 마음에 생각도 없고 지식도 없고 총명도 없으므로 내가 그것의 절반을 불 사르고 또한 그 숯불 위에서 떡도 굽고 고기도 구워 먹었거늘 내가 어찌 그 나머지로 가증한 물건을 만들겠으며 내가 어찌 그 나무 토막 앞에 굴복하리요 말하지 아니하니 ²⁰ 그는 재를 먹고 허탄한 마음에 미혹되어 자기의 영혼을 구원하지 못하며 나의 오른손에 거짓 것이 있지 아니하냐 하지도 못하느니라. ²¹ 야곱아, 이스라엘아, 이 일을 기억하라. 너는 내 종이니라. 내가 너를 지었으니 너는 내 종이니라. 이스라엘아, 너는 나에게 잊혀지지 아니하리라. ²² 내가 네 허물을 빽빽한 구름 같이 네 죄를 안개 같이 없이하였으니 너는 내게로 돌아오라. 내가 너를 구속하였음이니라. ²³ 여호와께서 이 일을 행하셨으니 하늘아, 노래할지어다. 땅의 깊은 곳들아, 높이 부를지어다. 산들아, 숲과 그 가운데의 모든 나무들아, 소리내어 노래할지어다. 여호와께서 야곱을 구속하셨으니 이스라엘 중에 자기의 영광을 나타내실 것임이로다. ²⁴ 네 구속자요 모태에서 너를 지은 나 여호와가 이같이 말하노라. 나는 만물을 지은 여호와라. 홀로 하늘을 폈으며 나와 함께 한 자 없이 땅을 펼쳤고 ²⁵ 헛된 말을 하는 자들의 징표를 폐하며 점 치는 자들을 미치게 하며 지혜로운 자들을 물리쳐 그들의 지식을 어리석게 하며 ²⁶ 그의 종의 말을 세워 주며 그의 사자들의 계획을 성취하게 하며 예루살렘에 대하여는 이르기를 거기에 사람이 살리라 하며 유다 성읍들에 대하여는 중건될 것이라. 내가 그 황폐한 곳들을 복구시키리라 하며 ²⁷ 깊음에 대하여는 이르기를 마르라. 내가 네 강물들을 마르게 하리라 하며 ²⁸ 고레스에 대하여는 이르기를 내 목자라. 그가 나의 모든 기쁨을 성취하리라 하며 예루살렘에 대하여는 이르기를 중 건되리라 하며 성전에 대하여는 네 기초가 놓여지리라 하는 자니라.

주석

44장은 43장의 주제를 부분적으로 심화시킨다. 44장은 이스라엘의 왕 여호와, 이스라엘의 구원자 만군의 여호와,[1-8절] 우상을 닮아가는 우상숭배자들의 어리석음,[9-20절] 예루살렘과 유다의 중건과 회복을 약 속하시는 하나님[21-28절]으로 나뉜다. 본문은 하나님께서 베푸는 구원 의 확실성, 죄를 도말하시는 구원의 확실성, 새로운 자기 정체성을 찾 아가는 하나님 백성의 미래를 다룬다.

이스라엘의 왕 여호와, 이스라엘의 구원자 만군의 여호와 •1-8절

44

우상을 비웃으시는 이스라엘의 창조자요 구속자인 야웨 하나님

1절은 '나의 종 야곱, 나의 택한 이스라엘아'라고 다정하게 부르시 는 하나님의 부르심으로 시작한다. 하나님은 만민 중에서 한 민족 을 택해 만민이 들어야 할 메시지를 매개하게 하신다. 하나님의 종 과 택함 받은 자가 주의해야 할 것은 듣는 것이다. "들으라"는 이해하 고 납득하라는 말이다. 하나님이 자신에게 주신 말씀, 계명, 율법의 의미와 목적을 이해하고 수용하여 그것을 먼저 자신에게 적용해 실 천해보고 그 결과를 만민에게 알려주는 것이 종으로서 야곱의 사명 이다. 하나님의 종은 굴종을 강요당하는 종이 아니라, 자발적 순종으 로 하나님의 뜻을 수행하는 영예로운 수종자다. 핵심은 하나님의 뜻 을 이해하고 납득하고 공감한 후에 자발적으로 순종하는 것이다. 예 수 그리스도와 바울은 하나님의 종(둘로스)이라는 자의식을 가졌다. [막 10:41-45; 롬 1:1-3] 하나님의 종은 복종의 화신이며 전달과 성취의 대리자

다. 종은 주인이 바라는 바를 스스로 이해하고 공감하면서 행한다. 여기서 말하는 종과 주인의 관계는 고대사회의 노예제도에서 기대되는 수준을 훨씬 뛰어넘는 관계다. 노예제도에서 기대되는 종은 주인의 명령을 따라 행하는 자다. 하지만 하나님의 종과 하나님 사이는 매우 인격적이며 자유의사에 의해 추동되는 교감이 흐른다. 하나님의 종이 바치는 순종은 고도의 심사숙고와 매 순간의 자원^{自願}을 동반해서 이루어지는 결단이다. 그러므로 굴종과 전혀 다른 자유민의 자발적 헌신이 바로 종의 순종이다.

그렇다면 하나님의 종은 어떻게 하나님께 복종하는가? 하나님은 여러 가지 방식으로 당신의 기쁘신 뜻을 알려주시며 순종을 기대하시고 유도하신다. 먼저 하나님 말씀인 성경을 통해서, 설교를 통해서, 꿈을 통해서, 영적 멘토와 동역자를 통해서, 환경적 여건을 통해서 우리에게 당신의 기뻐하시는 뜻을 알려주신다.^{롬 12:1-3} 물론 하나님의 명령이 뇌성과 벼락과 천둥을 동반하여 올 수 있겠지만, 그보다는 깊은 기도 속에 영음을 통하여 들려올 때가 많다. 열왕기상 19:12이 말하는 "세미한 소리"를 통해 하나님의 뜻이 전달된다. "세미한 소리"의 히브리어는 콜 드마마 다카(קוֹל דְּמָמָה דַקָּה)다. 영어로는 'the sound of silence', '침묵의 소리'로 번역된다. 하나님의 말씀은 결코 강요하지 않는 음성이다. 하나님은 우리 양심의 지극한 자원성을 불러일으키기 위해 침묵에 가까운 소리로 우리에게 말씀하신다. 하나님의 명령이 이런 방식으로 우리에게 온다. 어떤 사람이 하나님의 음성을 들을 수 있겠는가? 하나님께 순종하고자 하는 사람이 욕심을 비우고 고도의 진공상태를 창조할 때, 비로소 하나님의 뜻이 전달된다.^{삼상 3:1-14;} ^{왕상 19:12; 사 5:9; 50:4-5} '하나님, 제가 혈과 육으로부터 비롯된 욕망을 충족시키는 데 일생을 바치고 싶지 않습니다. 제 짧은 인생을 의미 있는 일에 바치고 싶습니다. 제가 여기 있습니다.' 하나님이 우리를 당신의 종으로 부르셨다고 할 때 그것은 무서운 책임과 무거운 영광이 동시에 약속된 것이다. 야곱, 즉 이스라엘은 창세기 32장에서 이런 의미로 하나님의 종으로 택함을 받았다.

2절은 이스라엘과 하나님의 오래된 언약관계를 언급한다. 하나님은 이스라엘을 모태에서부터 만들고 빚으셨다. 하나님은 스스로를 '모태로부터 너를 만든 자[오세카(עֹשֶׂךָ)], 너를 빚은 자'[요체르카(יֹצֶרְךָ)]라고 소개하신다. 모태에서부터 하나님은 당신의 종으로 쓰실 사람의 뼈대framework를 탄탄히 짜주신다. 하나님의 말씀을 짊어지고 갈 내적 강인성을 심어주신다. 성냥갑으로 집을 짓는 것과 철근으로 집을 짓는 것은 차이가 난다. 성냥갑으로 지은 집은 망치로 내리치면 금방 뼈대가 무너진다. 정신의 골격이 약한 사람들은 외부에서 충격이 오면 금방 무너진다. 그런데 정확하게 대칭과 균형을 이루면서 있는 구조물은 웬만한 외부의 타격이 가해져도 쉽게 무너지지 않는다. 이사야 26:3에 '심지가 견고한 자를 절대 평강으로 지키신다'는 말이 있는데 그 말은 심지가 굳은 사람, 하나님을 향한 일편단심의 신뢰가 철골 구조물처럼 강한 사람에게 평강에 평강을 더한다는 뜻이다. '모태 시점 창조'에 근거한 하나님의 구원 신탁은 하나님의 무한책임을 강조한다. '이스라엘아, 네 인생의 알파 시점에 너를 만들고 빚었기 때문에 네 인생의 오메가 시점까지 내가 끌고 간다'라는 뜻이다. 알파와 오메가 사이에 인생의 흥망성쇠가 있을 수 있다. 그 중간 지점에 불행한 에피소드가 끼어있을 수 있다. 매 맞고 바벨론 포로로 70년 동안 이역만리에 잡혀간 일은 불행한 에피소드요 역사의 공백이다. 인생에는 누구나 바벨론 포로생활과 같은 공백, 함몰된 지점이 있을 수 있다. 그런 것들에도 불구하고 알파에서 내 인생을 시작하신 하나님이 오메가까지 인도하실 것이며 내게 두신 당신의 뜻을 성취하실 것이다. 따라서 '바벨론 포로 70년의 역사는 너희 이스라엘 역

44

우상을 비웃으시는 이스라엘의 창조자요 구속자인 야웨 하나님

사에서 잠시 괴롭고 답답한 불행한 에피소드는 될지언정 내가 너희를 향하여 이루고자 하는 뜻, 즉 마지막 지점에까지 너희 인생을 붙들고 가려는 나의 의지에는 전혀 영향을 끼치지 못한다'고 말씀하시는 것이다. 그래서 하나님은 뒤이어 '나의 종 야곱, 나의 택한 여수룬아, 두려워 말라'라고 말씀하실 수 있다. 인간은 실로 여러 가지 두려움에 사로잡혀 산다. 우리의 숨은 죄가 탄로날까 두렵고 우리의 직장이 없어질까 두렵고 우리의 건강이 무서운 질병으로 타격당할까 두렵다. 우리 자녀들이 잘못될까 두렵고 우리의 직장동료와 상사가 나를 싫어할까 두렵다. 그런데 이 지구에서 우리 인생을 시작하도록 선물을 주신 분이 누군가? 누가 우리를 모태에서 만들고 빚었는가? 하나님이시다. 하나님은 우리를 '여수룬'이라고 부르신다. '의로운 자'라는 뜻이다. 이스라엘을 부르는 시적 호칭이다.^{신 32:15; 33:5, 26} 하나님께 신실한 사람, 혹은 하나님의 언약적 신실함에 붙들려 사는 사람이라는 뜻이다. 하나님의 손에 붙들려 사는 여수룬 인생은 하나님이 아닌 피조물들을 두려워할 필요가 없다.

3절은 이 '두려움'이 바벨론 귀환포로들이 귀환여정에 대해서 갖는 두려움임을 암시한다. 목마른 자에게 물, 마른 땅에 시내, 그리고 "나의 영"과 "나의 복"이 대구^{對句}를 이루고 있다. 하나님은 그 옛날 출애굽의 대장정 시절에 당신의 백성으로 하여금 사막을 통과하게 하셨다. 하지만 그때 하나님께서는 그들을 목마르게 아니하셨고 그들을 위해 바위에서 물이 흘러나게 하셨다(출 17장 르비딤 반석). 바위를 쪼개어 물을 내시는 하나님이 출애굽의 하나님이다.^{사 48:21} 그런데 이 출애굽의 하나님을 잊어버리게 만들 만큼 놀라운 하나님이 출바벨론의 하나님이다. 출바벨론의 하나님은 생명의 물, 영혼을 소생시키는 영과 복으로 이 귀환여정을 친히 향도하실 것이다. 사막을 통과하다가 여호와의 충만한 복을 경험한 사람들은 그 후손에게까지 여호와의 영이 복으로 상속된다. 사막을 통과하면서 인생의 부침과 근심 속에 던져져본 자의 후손에게 여호와의 성신을 부어주시고 복을 주신다. 하나님의 영과 복을 충만하게 경험하면 하나님과의 언약적 결속감이 전례 없이 강화되고 심화된다. 야웨의 영과 복을 받은 사람들과 그 후손들은 '시냇가의 버들'처럼 번성할 것이다.^{시 1:3-4} 이 번성을 경험한 이스라엘과 그 후손들은 자신과 하나님이 얼마나 가까워졌는지를 저마다 간증하게 될 것이다. '여호와께 속했다. 나 자신' [라도나이 아니(לַֽיהוָ֖ה אָ֑נִי)], 혹은 '나는 야곱의 이름으로 불린다.'[1] '나는 나 자신이 여호와께 속하였음을 손으로 기록한다', 혹은 '나는 이스라엘의 이름으로 존귀히 여김을 받는다.'[2] 하나님의 영이 창조하는 열매는 하나님과의 언약적 결속감이다. 하나님의 영과 복은 같이 온다. 여기서 우리가 한 가지 주의할 점이 있다. 우리가 받은 복이 여호와의 영과 함께 온 복인지 아닌지 분별해야 한다는 것이다. 우리와 하나님 사이의 언약적 유대와 결속을 강화시키는 것만이 하나님이 주신 복이기 때문이다.

6절은 하나님께서 이스라엘을 지으시고 가나안 고토 귀환을 주도하시며 그들에게 복을 주어 언약적 결속을 갱신해주시는 이유에 대하여 궁극적 논리를 제시한다. 첫째, 야웨는 '이스라엘의 왕'이시기 때문이다. 하나님은 이스라엘을 다스리기 위해 창조하셨다. 창조의 목적은 다스림이다. 하나님은 이스라엘을 다스리기 위해 언약을 갱신해서라도 당신을 붙좇게 하신다. 둘째, 만군의 여호와는 이스라엘의 구속자이시기 때문이다. 이스라엘은 바벨론의 포로로 잡혀가 억류되어 있다. 하나님은 이스라엘의 구속자, 고엘로서 반드시 당신의 백성을 해방시켜주셔야 한다. 셋째, 야웨 하나님은 처음이요 마지막이며 다른 모든 신들을 비존재로 만드는 유일하신 하나님이기 때문이다. 야웨 하나님은 당신이 이스라엘을 창조하시고 종으로 택하여 부르신 목적을 성취해야 하는 초지일관의 하나님이요 기획과 성취의 일관성을 유지해야 하는 하나님이다. 하나님의 핵심 주장은, '이스라엘의 하나님 야웨 외에 역사를 주도하고 섭리하고 관장하는 다른 신적 존재가 없다. 따라서 우상에게 충성을 바쳐서는 안 된다'는 것이다. 하나님이 '처음이요 마지막'이라는 이 선언은 추상적인 철학 명제가 아니다. 하나님에 대한 신앙과 경배로 초청하는 호소문이다. '내 인생의 출발점에 계셨고, 내 인생의 완성점에도 계심으로써 내 인생 과정에 있었던 모든 부침들에도 불구하고 결국은 나를 향한 당신의 뜻과 계획을 완성하시는 하나님'이라는 뜻이다. 이런 하나님께 미래를 의탁하고 하나님의 미래 비전을 믿자는 것이다.

7절에서 이사야 41:22, 43:9의 주제를 다시 거론한다. '나 외에 어떤 다른 신도 역사적 변동을 기획하고, 그것을 예언자들을 통해 미리 예고하며, 그 예고대로 역사를 주관하고, 예고한 바를 성취할 수 없다.' 이스라엘 백성이 바벨론에서 70년의 포로생활을 하기 전에 하나님은 이스라엘 백성의 바벨론 유수를 이미 예언하셨다. 하나님처럼 미래의 일에 대해 미리 말해주고, 미리 대비케 하는 신은 어디에도 없다. '어떤 신도 나처럼 장래의 일[오티요트 봐아쉐르 타보나(אֹתִיּוֹת וַאֲשֶׁר תָּבֹאנָה)]에 대해서 미리 주도면밀한 계획을 진술하고[약기두(יַגִּידוּ)], 그 계획대로 관철해 나가는 신이 없었다.' 하나님의 역사 주재는 '영원의 백성'(암-올람)이라고 불리는 이스라엘을 언약백성으로 삼으신 이후부터 분명해졌다.[3] 그러므로 우상숭배에 빠져서 앞날을 알지 못하는 사람들은 두려워할지 몰라도 야웨의 종이자 택한 백성 이스라엘은 두려워 말아야 한다는 것이다. 하나님처럼 역사 기획, 예언, 그리고 성취의 방식으로 역사를 주재하는 신은 없다.

8절은 다시 '두려워하지 말라'는 구원 신탁의 되풀이다.[4] 8절이 말하는 '두려워하지 말아야 할 이유'도 6-7절에서 나온 이유와 동일하다. 하나님의 구원은 임기응변이 아니라 이스라엘을 택하신 목적을 성취하기 위하여 주도면밀한 기획 속에 이뤄지는 구원이기 때문이다. 옛적부터 하나님의 역사 주재권, 세상에 대한 통치권, 그리고 세상을 향해 이스라엘이 행하여야 할 사명 등에 대해서는 예언자들을 통해 미리 듣게 했고 알게 하셨다. 하나님은 이스라엘이 하나님의 역사주재권, 참 하나님 되심, 이 세상의 창조주 되심과 왕 되심을 세상 만민이 모인 곳에서 증언하여야 하는 증인으로 부름받았음을 옛적부터 알려주셨고, 듣게 하셨다. 세상에 대한 하나님의 통치권과 역사를 주관하시는 능력에 맞설 자도 없고, 이스라엘에 대한 하나님의 계획을 좌절시킬 어떤 신도 없다. 이스라엘이 의지하여할 어떤 다른 신, 반석도 없다(참조. 신 32:4, 30). 신명기 32:7-10은 이스라엘이 어떤 연유로 야웨 하나님의 기업백성이 되었는지를 말한다. 이 단락의 '다른 신 부재' 주장은 이사야 41-44장의 '다른 신 부재' 주장과 같은 맥락에서 제기된다.

옛날을 기억하라. 역대의 연대를 생각하라. 네 아버지에게 물으라. 그가 네게 설명할 것이요 네 어른들에게 물으라. 그들이 네게 말하리로다. 지극히 높으신 자가 민족들에게 기업을 주실 때에 인종을 나누실 때에 이스라엘 자손의 수효대로 백성들의 경계를 정하셨도다. 여호와의 분깃은 자기 백성이라. 야곱은 그가 택하신 기업이로다. 여호와께서 그를 황무지에서, 짐승이 부르짖는 광야에서 만나시고 호위하시며 보호하시며 자기의 눈동자 같이 지키셨도다. 마치 독수리가 자기의 보금자리를 어지럽게 하며 자기의 새끼 위에 너풀거리며 그의 날개를 펴서 새끼를 받으며 그의 날개 위에 그것을 업는 것 같이 여호와께서 홀로 그를 인도하셨고 그와 함께 한 다른 신이 없었도다.

출바벨론의 여정을 이끄는 하나님은 바벨론 포로들을 사로잡고 있는 문제가 두려움임을 간파하시고 수차례 '두려워 말라'는 구원확약을 주신다. 귀환여정에서 닥칠 위험에 대한 두려움, 자신을 지켜줄 조국도 없는 가나안으로 돌아가서 맞이하게 될 상황에 대한 두려움, 다시 강한 외적들의 침략으로 멸망당하게 될지도 모른다는 두려움이 바벨론 포로들의 귀환대열 동참을 주저하게 만든다. 70년 동안 말없이 계시다가 갑자기 나타나서 가나안 고토로 돌아가자고 설득하는 야웨를 과연 믿을 수 있을까? 이런 두려움과 염려가 바벨론 포로들의 속마음이었을 것이다. 바로 이런 두려움에 포박당한 이스라엘에게 하나님은 여러 가지 논리와 자신의 성품을 건 구원 약속으로 다가가신다. 한치 앞도 볼 수 없는 안개 길을 간다 할지라도 '너희는 나의 증인이다.' 이스라엘은 '야웨 하나님의 참 하나님 되심'을 증언해야 한다. 우상과 전혀 다른 거룩하신 하나님의 사랑, 공의, 언약갱신의 은혜, 무궁한 인애 등으로 자신들을 단련하신 하나님에 대해 만민들이 모인 법정에서 증언해야 한다. 이 사명 때문에 이스라엘은 가나안 고토로 되돌아가야 한다. 흥망성쇠의 역사 속에 계시면서, 때로는 그 역사를 초월하시면서, 죄악으로 인해 심판당해 휴지조각처럼 구겨져 버린 인생들을 결국 오메가까지 끌어가시는 하나님의 놀라운 역사를 증거하라는 것이다. 역사 속에서 이스라엘을 등에 업고, 손으로 붙들며, 숱한 역사의 난관들(출애굽, 가나안 정착, 사사 시대, 통일왕국 시대, 분열왕국 시대, 바벨론 유배 등)을 통해 이스라엘을 지탱해주셨던 하나님의 동행 역사를 세계만민에게 증거해야 한다. 야웨의 증인인 이스라엘이 이 세상에 증거해야 할 가장 중요한 진실은 '나 외에 다른 신이 없다'는 것이다. 우상숭배를 수없이 해본 이스라엘의 증언이니 경청할 가치가 있다. 우상숭배를 해보고 심판도 당한 끝에 마침내 이스라엘이 야웨의 증인으로서 증언한 내용이 바로 구약성경이다. 구약성경은 하나님이 이스라엘을 등에 업고 손으로 붙들고 동행하신 동행의 역사를 증언한 책이다. 성경 외에는 어떠한 책도 일인칭 화자로 '나는 이런저런 하나님이다'라고 말씀하시는 하나님이 등장하지 않는다. 따라서 '나 외에 신이 있겠느냐'라는 하나님의 질문은 이스라엘의 강한 부정답변을 기대하는 질문이다. 이스라엘과 온 인류가 의지할 다른 신이 이 세상에 없다. 이스라엘의 하나님 야웨만이 이스라엘의 반석이요 온 세상만민의 반석임을 이스라엘은 증언해야 한다. 이 증언사명 때문에 이스라엘은 선교지향적 제사장 나라요 거룩한 백성으로 살아야 한다.

우상을 닮아가는 우상숭배자들의 어리석음 ●9-20절

우상숭배에 대한 비판은 이미 40:18-19과 41:6-7에 간략하게 나왔지만, 이 단락에서는 우상숭배가 어리석은 행위인 이유를 자세하게 밝힌다. 9절은 우상 제작자들(곧 우상숭배자들)의 허망함을 비판한다. 그들이 원하는 우상들은 무익하며, 우상들을 믿고 숭배하는 자들 역시 우상을 닮아보지도 못하고 알지도 못한다. '보다', '알다'라는 인지, 지각동사의 목적어가 무엇일까? 역사 속에 활동하시는 하나님의 궤적이다. 우상 제작자들과 숭배자들은 동시에 우상의 신적 능력과 위엄을 증언하는 증인이다. 그러나 이 우상숭배자들은 자신들이 섬기는 신들이 역사를 주재하거나 그 시종을 주관하고 있다는 어떤 증언도 하지 못한다. 그들은 급변하는 역사에 대처할 방법을 알 수도 없다. 결과적으로 그들 모두는 수치를 당하게 된다. 우상 제작자들과 우상숭배자들, 증인들은 43:9에 모인 열방과 민족들을 가리키는 것처럼 보인다. 좀 더 좁게 말하면 바벨론 사람들 혹은 바벨론 잔류를 결정한 이스라엘 포로들을 가리키는 말일 수도 있다. 아크로이드는 실

제로 바벨론 포로들이 정복자 바벨론의 종교수용자가 되었을 가능성을 다음과 같이 지적한다.[5]

제2이사야에서 이방 종교에 맞선 저항과 야웨의 유일성과 절대성이라는 논쟁적인 진술을 찾아볼 수 있다. 이것은 실제 유일신론에 대한 첫 진술이 아니라, 바벨론이 자신들의 신들에 대하여 주장한 것과 유대인이 바벨론의 신을 수용한 것에 맞서는 것이다. 이사야 44:9 이하의 논쟁은 숭배 대상인 신들의 속성을 나타내는 것이 아니라, 형상의 어리석음에 맞서고 있는 것임이 분명하다. 마찬가지로 제2이사야의 다른 곳에서 나무와 돌에 지나지 않다고 조롱당한 바벨론 신들은 에스겔 20:32에서 찾아볼 수 있다. 이 점에서 미래의 희망을 찾지 못한 자들의 절박한 모습을 보게 되고, 열방의 길로 동화되는 것에 의존하게 됨을 보게 된다. 이런 생각에 대한 예언자의 단호한 거부는 경험의 실제 상황을 매우 분명하게 증언하는 것이다.

10절은 십계명의 제2계명을 정면으로 위반하며 신상을 만들며 무익한 우상을 부어 만든 자들의 정체를 캐묻는다. 그들은 대장장이들이다.[11절] 그냥 사람일 뿐인 존재들이다. 그들이 곧 다 모여 서서 두려워하며 함께 수치를 당할 것이다. 하나님의 우상 파괴가 임박했기 때문이다. 인간들(기술자-목공기술자, 금은세공업자들)이 만든 수공예물을 신이라고 생각하는 우상숭배자들의 말로는 비참하다. 현실에서 살아가는 데 아무런 힘도 발휘하지 못하는 허망한 우상을 숭배하지만 우상들은 고난의 파도가 밀려올 때 아무런 도움을 줄 수 없다. 로마 제국의 숱한 우상들이 로마 제국의 몰락을 보면서도 로마인들을 전혀 지켜주지 못했다. 로마 제국이 가장 존귀하게 섬겼던 주피터, 마르스, 유노 신은 로마 제국이 왜 망하는지도 설명하지 못하고 로마 멸망과 함께 역사의 하치장으로 사라졌다.

12-17절은 단지 우상숭배자가 아니라 우상 제작자들의 어리석음과 허망함에 더욱 가중치를 두고 그들을 조롱하고 야유한다. 우상들이 허망하고 무익하며 우상숭배자들도 허망하고 어리석다. 그리고 우상을 신이라고 증언하는 증인들 역시 보지도 못하고 알지도 못한다(참조. 43:8 눈이 있어도 보지 못하고 귀가 있어도 듣지 못하는 백성). 우상 제작자들은 목공과 금은세공업자 조합원들이었으며, 이들은 고대사회에서 상당한 영향력을 가졌다. 그들의 직업적 자긍심은 나무나 철로 된 우상 조형물을 신이라고 믿는 미신에 바탕을 둔다. 그래서 허망하다.

12절은 우상 제작의 주도자라고 볼 수 있는 철공이 한갓 인간임을 강조한다. 철공이 철로 연장을 만들고 숯불로 일하며 망치를 가지고 우상을 만들며 그의 힘센 팔로 그 일을 하나 배가 고프면 기운이 없고 물을 마시지 아니하면 피로한 존재, 연약한 인간이라는 것이다. 우상 제작자는 자기도 구원하지 못하는 노동으로 쉽게 탈진하는 연약한 피조물이다. 13절은 목공의 어리석음과 기괴한 임기응변을 조롱한다. 우상을 만들 때 사용하는 모본模本이 사람임이 드러난다. 목공은 줄을 늘여 재고 붓으로 긋고 대패로 밀고 곡선자로 그어 사람의 아름다움을 따라 사람의 모양을 만들어 집에 안치한다.[13절] 그는 나무를 깎아서 철을 입히고 자기가 만든 우상의 인형을 벽 속에 감추어 둔다. 벽이란 고대 이스라엘 집에 우상을 새겨 넣은 그릇들이나 휴대용 우상 부조물 등을 세워 놓는 움푹 파인 곳을 가리킨다. 오늘날 현대 가옥에서 화분을 놓는 움푹 파인 등받이 같은 곳 위에 고대 사람들은 집집마다 우상을 세워놓았다.

14절은 목공이 우상을 제작하는 나무들을 아무 원리도 없이 실용적, 다목적으로 사용하는 점을 조롱한다. 우상 제작자들이 선호하여 심어 재배하는 나무들은 백향목, 디르사나무, 상수리나무, 그리고 숲의 나무들이다. 앞의 세 나무는 뭔가 의도적으로 선택한 나무들이라는 인상을 준다. 그런데 마지막으로 언급되는 숲의 나무는 이런 세 나무가 없는 경우에는 숲에 자라는 아무 나무라도 우상 제작에 사용한다는 의미다. 15절은 이 세 종류의 나무를 비롯해 우상 제작자들이 우상 제작에 사용하는 나무들이 사실상 땔감용 나무들이라고 말하며 비웃는다. 목공은 방이나 몸을 데우거나 요리할 때 사용하는 화목火木으로 쓰는 나무들을 갖고 '신상을 만들어 경배하며 우상을 만들고 그 앞에 엎드린다.' 나무의 절반은 난방용과 요리 화목으로 사용하며 "아하 따뜻하다. 내가 불을 보았구나"라고 말하면서[16절] 나머지 절반으로 신상 곧 자기의 우상을 만들고 그 앞에 엎드려 경배하며 기도한다. "너는 나의 신이니 나를 구원하라."[17절]

이 얼마나 우스꽝스럽고 어리석은 행위인가? 그런데 "너는 나의 신이니 나를 구원하라"고 금은세공으로 단장해 꾸민 나무 공작물을 보고 구원해 달라고 외치는 것이 우상숭배다. 하나님을 배제한 채 '나를 구원해줄 것으로 믿기 때문에 내가 힘을 쏟아 예배하는 것'이 바로 우상숭배다. 우상숭배는 하나님이 아닌 예배 대상을 향해 '너는 나의 신이니 나를 구원하라' 하고 비는 것이다. 유한한 정치지도자에게 구원을 확약해 달라고 소리치는 행위 역시 우상숭배이다. 십자군 전쟁을 벌였던 중세의 왕들과 교황들은 하나님을 위한다는 명분, 기독교도를 보호한다는 명분으로 이슬람 세력과 전쟁을 벌였다. 여덟 차례 십자군 전쟁을 벌였던 중세의 왕들은 '예루살렘을 되찾는 것이 예수님의 간절한 뜻'이라고 믿었다. '예루살렘을 찾아야 새 하늘, 새 땅이 열리는데 투르크인들이 성지 예루살렘을 차지하고 있다. 하나님 나라가 오려면 기독교 십자군이 투르크인과 싸워 예루살렘을 회복해야 한다. 하나님을 대신해서 투르크인에게 빼앗긴 이스라엘 땅을 되찾아 새 예루살렘이 들어설 부지를 확보해야 하겠다.' 이런 오도된 신념은 우상숭배에 가까운 광신이다. 중세의 성물숭배, 성지숭배는 우상숭배의 일종으로 볼 수 있다. 중세의 많은 경건한 영주들이 예수님이 입으셨던 옷과 예수님의 피를 받아냈던 성배를 찾으려고 분투했는데, 그것은 우상숭배 열정이다. 예수님의 피를 받아냈던 그 성배가 숭배된 이유는 사람들이 성배를 만지면 병이 낫는다고 믿었기 때문이었다. 성물에 대한 숭배, 특정한 장소에 대한 집착, 이런 것들은 우상숭배다. 특정 장소와 사물을 향해 '너는 우리의 신이니 우리를 구원하라'고 요구하는 것은, 하나님께 바쳐져야 할 인간의 마음을 우상에게로 기울이는 우상숭배다.

아무리 우상숭배자들이 소리쳐도 우상은 인간을 구원하지 못한다. 우상은 영적 총명과 지각력과 예측력을 갖고 과거에 일어난 사건들을 해명할 능력이 없으며 미래로부터 올 일을 예측할 권능도 없기 때문이다. 우리 하나님만이 역사를 기획하고 추동하기 때문에 앞으로 닥칠 역사적 사건들을 선용할 지혜와 통찰력을 주신다. 하나님은 28절에서 이렇게 말씀하시는 셈이다. '앞으로 고레스라는 사람이 나타나서 이렇게 저렇게 역사를 격동시킬 텐데, 이 역사를 격동시키는 과정에서 이스라엘이 해방될 것이다. 이스라엘 백성은 고레스가 일어나 바벨론을 항복시키는 그 틈새를 이용하여 바벨론 땅에서 빠져나와 이스라엘 땅으로 가라.' 우상은 미래에 대해서 어떠한 인지력과 총명한 예지력도 없기 때문에 이렇게 역사적인 격변 속에서 살 길을 제시하지 못한다. 그런데 하나님은 개인과 공동체와 국가의 미래에 관해 무엇이 살 길인지를 제시하고 그 길을 가도록 독려하는 분이시다. 아무것도 모르는 채로 당신의 백성을 역사적 격변의 현장에 밀어넣지 않으신다. 하나님은 반드시 예언자를 통하여 미리 살 길을 알려주신다. '어떤 역사적 격변기, 역사적 공백기에 너희가 운신의 폭을 넓혀서 마침내 가나안 땅으로 돌아가라. 돌아가서 가나안 땅에 역사를 재건하고 중단된 민족 역사를 이어가라.' 우상을 숭배하는 사람들은 이 역사적인 예측을 듣지 못했기 때문에 망하고 있는 바벨론에게 엄청나게 공을 들인다. 바벨론 우상숭배자들은 고레스라고 하는 새로운 세기의 패권자가 고대근동의 역사를 좌우하게 될 상황을 전혀 감지하지 못한다.

그런데 기독교 신앙도 우상숭배의 양상을 띨 수 있다는 점이 우리를 긴장시킨다. 하나님을 믿는다고 우상숭배의 위험에서 벗어난 것은 아니다. 아무리 하나님을 믿는다고 해도 '하나님'을 섬긴다는 이름으로 우상을 섬길 가능성이 있다. 자신의 욕망을 채우기 위해 하나님께 뭔가를 강요하고 조작하려고 하면 이때의 하나님은 참된 하나님이 아니고 우상화된 신적 존재일 가능성이 크다. 우리가 믿는 하나님이 우리에게 영향을 미치면, 그 하나님은 우상이 아니다. 기도할 때마다 우리의 상상력을 뛰어넘는 새로운 생각이 우리를 사로잡아 하나님께 순복시키면 하나님은 우리의 경배를 받으시는 중이다. 그런데 어떤 사람이 '기도 중에' 자신의 욕망과 죄악된 생각을 하나님의 뜻이라고 확신하며 만민이 보기에 악한 일인데도 그것이 하나님의 뜻이라고 강변한다면, 그런 사람에게 '하나님'은 우상화된 신에 지나지 않는다. 내 자아가 내가 숭배하는 존재보다 크면 나는 우상숭배자다. 우상은 내 상상력의 피조물이니 내가 우상보다 큰 것은 당연하다. 이런 경우 내 자아가 신을 창조하고 우상을 창조한다. 하지만 참된 하나님 경외자의 경우에는 하나님이 믿는 자에게 선한 영향을 끼치신다. 그래서 참된 신앙인은 하나님 말씀의 영향을 받거나, 하나님 말씀의 지시를 받는다. 자신의 욕망 충족을 기도의 이름으로 신에게 강요하고 있다면, 그런 신은 내 욕망의 투사물이며 우상이다.

하나님이 우리 인생의 주인이라면, 우리의 인생에 간섭하시는 하나님의 손길을 느낄 가능성이 많다. 그러나 하나님이 우리를 돕지 못하신다면 우리는 스스로가 하나님이 되어서 스스로를 구원해야 한다. 우상숭배와 참된 하나님 경외를 구별하는 좋은 방법은 기도 응답이다. 내가 하나님께 나에게 영향을 끼쳐 달라고, 빛을 달라고, 살 길을 제시해 달라고 기도했는데 하나님 쪽에서 아무런 응답이 없을 뿐만 아니라 응답이 없는 이유를 알려주지도 않는다면, 나는 살아계신 하나님이 아니라 내가 스스로 만든 신을 섬기고 있을 가능성이 농후하다. 그런데 내가 하나님께 기도했는데 저 우주의 중심보좌에서 음파 에너지가 오듯이 하나님의 선한 임재가 나에게 영향을 끼치고, 그 결과 생각지도 못한 행동으로 살 길을 찾아가고, 마치 자동항법장치가 있는 새처럼 살 길을 찾아가는 일이 일어난다면, 나는 하나님의 영향을 받는 존재, 하나님의 예배자일 가능성이 크다.

18-20절은 왜 우상 제작자들의 우상숭배가 어리석고 모순된 행동인지를 더욱 날카롭게 조롱한다. 18절은 우상숭배자들의 영적 무지 몽매 상태를 진단한다. 우상 제작자들 곧 우상숭배자들은 알지도 못하고 깨닫지도 못한다. 누가 참 하나님이며 누가 우상인지 분별하지 못한다. 누구에게 경배해야 할지 알지도 못하고 깨닫지 못한다. 그들의 눈이 가려져 보지 못하며 그들의 마음이 어두워져서 깨닫지 못한다. 그들은 성찰하고 사유하는 능력이 결여된 자들이다. "마음에 생각도 없고 지식도 없고 총명도 없다." 그래서 "내가 어찌 그 나무토막 앞에 굴복하리요"라고 말하지 않는다. 나무토막을 두고 경배하며 자기를 구원해 달라고 비는 자신의 행동의 어리석음을 스스로 깨닫지 못한다.[19절] 우상숭배자는 화목火木으로 불을 지피다가 생긴 재를 먹고 정신이 흐려졌다. 허탄한 마음에 미혹되어 자기의 영혼을 구원하지 못하는 우상을 경배하는 수준까지 정신이 망가졌다. 스스로 "'나의 오른손에' 있는 이것이 '거짓 것'이 아니냐?" 말하며 성찰하지도 못한다.

실제로 고대 메소포타미아나 시리아, 가나안 일대의 민간주택 터에서 이러한 우상이 많이 발견되고 있다. 인간은 왜 우상을 숭배할까? 우상偶像은 사람의 짝을 의미하는 우偶와 모양 상像의 합성어다. 사람 인人 변에 어리석을 우禺의 합성으로 '짝'을 의미하는 우偶자가 된다. 사람은 사람인데 짝으로서의 사람이 우偶의 의미다. 사람들과 한데 섞여 군중심리의 지배를 받아서 분별력이 사라진 사람을 가리켜 우偶라고 한다. 우상숭배의 가장 큰 이유는 인간존재의 근본구조 때문일 것이다. 인간은 자기의 온 마음, 뜻, 그리고 힘을 다해 하나님을 예배하는 존재로 창조되었다. 참 하나님을 예배하지 못하는 곳에는 우상숭배가 자리잡게 되어 있다. 인간정신의 구조상 인간은 일단 예배 대상을 찾으면 그것을 향해 정력을 결집시킨다. 인간이 뭔가를 숭배하면 일시적으로 힘을 얻는다. 그래서 스스로 에너지를 발출하며 살기 위해 인간은 숭배 대상을 찾는다. 연예인이나 스포츠 스타를 열광적으로 추종하고 응원하고 흠모하는 팬들은 스스로를 위해 그렇게 한다. 자기가 숭배하는 대상의 인스타그램이나 페이스을 방문하고 자신과 그 숭배 대상과의 정신적 유대 관계를 확인하고 안도하며 심지어 행복감을 느끼기까지 한다.[6] 그래서 하나님이 예배되지 못하는 곳에는 반드시 하나님 유사품이 등장하게 된다. 예배의 대상이 없이도 열정을 모아 불사르며 사는 사람은 매우 드물다. 모든 사람은 어떤 가치를 지향하거나 숭배한다. 그러므로 열정을 모아서 보람 있는 삶을 살고자 애쓰는 사람이 하나님을 예배하지 않는다면 하나님 유사품을 예배하게 마련이다.

그렇다면 나무나 돌로 새겨진 불상에 절하는 것이 우상숭배일까? 쉽게 생각하면 그렇다. 그런데 불상이나 마리아 부조상을 숭배하는 것과 고대 예언자들이 이야기했던 우상숭배는 두 가지 점에서 차이가 난다. 우리가 불교를 우상이라고 쉽게 말할 수 없는 것이, 불교도들이 궁극적으로 숭배하는 것이 과연 부처상이냐를 따져 물어야 하기 때문이다. 통속적 불교도들이 돌이나 나무 혹은 청동으로 된 부처상을 향해 절을 하지만, 원시불교나 정통불교에서는 부처 자체도 숭배해서는 안 된다고 가르친다. 따라서 불교를 가나안과 메소포타미아의 우상숭배와 마찬가지라고 속단하는 것은 지나치다. 불교는 자비의 무한한 가치를 숭배한다. 고통 극복을 위한 자기수양, 집착과 욕망 근절을 강조한다. 따라서 불교도들의 부처숭배는 고대 메소포타미아나 가나안에서 만연해 예언자들에게 혹독한 비난을 받았던 우상숭배와 다르다. 불교가 도구적으로는 불법佛法을 형상화한 우상을 섬기지만 그것이 고대 가나안의 가증스러운 우상숭배는 아니다. 물론 어떤 가치를 나무 또는 구리, 쇠붙이의 형상으로 숭배하는 그 자체는 보이지 않지만 살아계신 영이신 하나님을 예배하는 것에 비해서 현저하게 맹목적인 종교가 될 가능성이 높은 것은 사실이다. 그러나 이 경우가 우상숭배로 보일지라도 그것은 성경이 단죄하던 고대중근동의 우상숭배와는 다르다는 점을 유의해야 할 것이다.

만일 누군가가 탐욕, 육욕, 음욕, 극단적인 개인주의, 사회적 불의와 불평등 등 반기독교적인 악덕을 예찬하고 섬기면서 그것들을 나무나 금속으로 된 우상에 덧씌우고 그 우상에게 절을 한다면 어떨까? 그것은 성경이 비난하는 우상숭배다. 오히려 기독교인들 중 '무조건 믿으면 천국 간다'고 말하거나 '교회에 충성만 하면 천국 가는가 보다'라고 생각하면서 실제 삶에서 악행을 일삼는다면, 그는 심각한 구원 우상숭배주의자, 우상화된 신을 숭배하는 자라고 봐야 할 것이다. 불교의 고승들은 부처석불이나 청동불상 같은 것은 아무것도 아니라고 툭툭 차기도 하고 집어 던지기도 한다. 그럴 때 그들은 '우리는 돌부처에게 절하는 것이 아니라 돌부처 너머에 있는 불법에 절을 한다'고 말하며 자신들의 행동의 의미를 해명한다. 진정한 우상숭배자의 특징은 영적 지각력을 상실하는 것이다. 영적 지각력을 상실했다는 것은 주변에 일어나고 있는 보편적 정의의 질서에 눈을 감는 자가 된다는 것이다. 그래서 '우상을 만드는 자는 다 허망하도다. 그들의 기뻐하는 우상은 무익한 것이어늘'이라는 예언자의 질책이 나온다. 우상숭배자들은 영적 지각력의 온전한 상실자로서 자신들이 섬기는 우상을 닮았다. 돈을 섬기면 돈을 닮게 되고, 탐욕을 섬기면 탐욕의 화신^{化身}으로 변하게 된다. 숭배하는 자는 숭배받는 자(가치와 이념)를 자기 안에 복제하기 때문이다.

예루살렘과 유다의 중건과 회복을 약속하시는 하나님 •21-28절

21절은 즈카르-엘레(זְכָר־אֵלֶּה)로 시작된다. '기억하라, 이것들을!' 여기서 '이것들은' 하나님과 야곱의 이전 관계, 현재 상황, 그리고 미래 의무를 가리킨다. 과거에 속한 사실부터 보자. 이스라엘은 야웨의 종이다. "너는 내 종이니라." 이 소절의 히브리어 구문을 음역하고 번역하면 이렇다. 압디-아타(עַבְדִּי־אָתָּה). '내 종, 다른 이가 아니라 네가 바로!' 2인칭 단수 대명사 아타가 돌출적으로 사용된 도치구문이다. '내 종'이 먼저 나온다. 중간소절, "내가 너를 지었으니 너는 내 종이니라"에 의해 첫 소절의 의미가 강화되고 있다. 이스라엘이 야웨의 종이 된 연유는 하나님이 이스라엘을 빚으셨기 때문이다. 하나님은 이스라엘의 조상 야곱의 신앙과 품성을 단련하고 믿음의 조상으로 빚으셨듯이 이스라엘 민족 전체를 출애굽 구원-시내산 언약체결-광야 인도-가나안 정착-통일 이스라엘-바벨론 유배 등 역사의 모든 순간마다 창조하시고 빚어주셨다. 이스라엘 역사 자체, 특히 초기역사가 이스라엘이 야웨의 종으로 지어지는 과정이다. 야웨가 빚고 지은 이스라엘은 야웨의 심복백성이 되었다. 셋째 소절도 음역하고 직역하면 이렇다. 에베드-리 아타(עַבְדִּי־אַתָּה). '내게 속한 종, 다른 이가 아닌 바로 너!' 이것이 이스라엘이 기억해야 할 진실 중 첫째 항목이다. 이스라엘이 기억해야 할 또 다른 진실은, '이스라엘이 야웨의 종이라는 이 사실은 취소될 수 없으며 이스라엘은 야웨 하나님께 잊혀질 수 없다'는 것이다.

21절 넷째 소절의 맛소라 본문은 다소 어색해 보인다. 개역개정은 "이스라엘아, 너는 나에게 잊혀지지 아니하리라"라고 번역한다. 마지막에 있는 동사 틴나쉐니(תִנָּשֵׁנִי)는 동사 나샤(נָשָׁה)의 니팔형 미완료 2인칭 남성 단수에 1인칭 목적 접미어로 구성되어 있다. 니팔형 대부분은 수동의 의미를 갖지만 여기서는 재귀적 뉘앙스를 갖는 것으로 보인다. '너는 나와 관련해서 잊혀지지 않을 것이다.' 개역개정도 수동형 니팔로 번역하되 목적 접미어를 '나에게'라는 부사격으로 번역해 의미는 통하게 만들고 있다. 하지만 이 또한 어색한 번역임이 틀림없다. 그래서 고대역본들과 일부 영어성경들(NEB, REB)도 칼 능동형(티쉐니)으로 본문을 고친다(비평장치 참조). '이스라엘아, 나를 잊지 말라.' 손쉬운 해결책이지만 선뜻 받아들이기가 쉽지 않다. 맛소라 본문이 더 어려운 읽기를 제시하기 때문이다. 어려운 읽기가 원본에 더 가깝다고 보는 본문비평의 원칙 때문에 어려운 맛소라 본문을 배척하기가 힘들다. 그래서인지 영어성경 대부분은 맛소라 본문을 고치지 않고 개역개정처럼 번역한다(NASB, NRSV). 그런 경우 이 소절은 하나님이 자신을 잊어버렸다고 불평하는 야곱사 40:27에 대한 하나님의 적절한 응답으로 간주될 수 있다. 그러나 어떻게 번역하더라도 21절의 대지에는 변동이 없다.

21절의 대지는 70년의 바벨론 유배기간은 이스라엘이 야웨 하나님께 망각되고 상실된 시간이 아니었다는 것이다. 사실 한 민족이 70년 동안 이역만리 먼 나라에 가서 포로생활을 했다면 그 나라는 세계사

우상을 비웃으시는 이스라엘의 창조자요 구속자인 야웨 하나님

에서 잊혀진 것이라고 보는 것이 정상이다. 한 민족이 70년 동안 자기 국토를 유린당하고 빼앗긴 채 먼 나라에 유배당해 있다면 그 나라 역사는 사실상 끝났다고 볼 수 있다. 그런데 이스라엘에게는 그렇지 않다. 하나님과 이스라엘이 맺은 언약의 원초적 복원력이 이스라엘을 다시금 하나님의 언약백성으로 재활복구시키기 때문이다.

22절은 이스라엘이 기억해야 할 현재상황과 그것으로부터 도출된 미래 구원과 회복 약속이다. 하나님은 이스라엘의 허물과 죄를 없애신다. 빽빽한 구름 같이, 안개 같이 허물과 죄가 사라지게 하셨다. 이것이 현재상황이다. 이스라엘은 이제 죄와 허물을 용서받았다. 용서받았다는 증거는 죄와 허물로 잃은 가나안을 회복하는 것이다. 이스라엘이 허물과 죄를 용서받고 언약백성의 신분을 회복했으니 이제 가나안으로 되돌아가는 것은 자연스러운 일이다. 가나안 땅은 하나님과 이스라엘 사이에 작동하는 쌍방속박적 언약의 보증물이기 때문이다. "너는 내게로 돌아오라. 내가 너를 구속하였음이니라." 이 문장의 히브리어 구문을 음역하면, 슈바 엘라이 키 그알티카(שׁוּבָה אֵלַי כִּי גְאַלְתִּיךָ)다. '돌아오라. 내게로. 내가 너를 구속했기 때문이다.' 이것이 이스라엘이 기억해야 할 진실이다.[신 30:4-8] 이제 야웨 하나님께 돌아가야 한다. 그러기 위해 출바벨론해 가나안으로 돌아가야 한다.

23절은 여호와께서 이스라엘의 죄를 용서하시고 다시 가나안으로 이끌어가시는 출바벨론 대사[시 126:1-4]를 축하하기 위해, 이스라엘이 기소당할 때 불리한 증언을 했던 땅과 하늘을 다시 부른다. 하나님의 출바벨론 구원대사는 높은 하늘과 땅의 가장 아래까지 찬양할 일이다. 산들과 숲과 그 가운데의 모든 나무들도 소리내어 노래할 일이다. 하나님의 구원대사는 산천초목과 천지가 함께 소리 높여 찬양할 우주적 대경사다. 하나님의 종 이스라엘의 죄 용서와 회복, 그리고 가나안 복귀는 우주적 대경사다. 이제 하나님이 야곱을 구속하셨으니 이스라엘 중에 하나님은 당신의 거룩한 현존을 나타내실 것이다. 이사야 60장[60:1, 7, 21]이 이스라엘과 야곱 중에 자기 영광을 나타내실 하나님의 미래를 말한다. 하나님의 영광은 우상으로 가득찬 예루살렘을 70년 동안 떠났다가[겔 8:4-6; 9:3; 10:4, 18; 11:23; 44:4] 다시 가나안 고토, 예루살렘 성전으로 돌아오실 것이다.[사 40:5] 하나님의 영광은 범접할 수 없게 만드는 하나님의 거룩한 성품이 방출하는 엄청난 빛이며 에너지 파동이다. 하나님의 영광은 이스라엘에게 당신의 거룩한 현존을 밀도 높게 분여分與한다. 거룩한 현존은 공평과 정의, 정결과 인애 등 하나님의 성품의 인격적 자질들을 이스라엘 백성에게 분여한다.[사 5:16]

24절은 다시 야웨 하나님과 이스라엘의 언약관계를 진술하며, 이스라엘의 하나님이 바로 천지만물의 창조자이심을 강조한다. 하나님이 이스라엘의 구속자의 자격으로 잃었던 기업을 회복시켜주시고, 이스라엘에게 불의를 행한 자들에게 피붙이 복수법의 논리를 동원해 바벨론을 응징하신다. 그런데 이스라엘을 지은 하나님은 먼저는 만물을 짓고 홀로 하늘을 펴신 창조주이시다. 이때 야웨 하나님의 창조를 돕고 자문해준 어떤 신들이나 신적 존재도 없다. 함께한 공동창조자 없이 홀로 땅을 펼치셨다. 하나님만이 땅과 하늘의 미래와 운명을 결정하실 수 있다. 따라서 미래의 향방을 알아보려고 헛된 말을 하는 자들이나 점치는 자들, 그리고 지혜로운 자들의 지식을 다 어리석게 하신다. 우상을 숭배하는 사람들은 영적 총명이 흐려져 앞으로 무슨 일이 일어날지 모른다. 아마도 25절에 나오는 일련의 영적 중개인들[7]은, 이스라엘의 예언자(이사야 40-55장의 예언자)의 역사적 격변상황과 미래에 대한 해석이나 예측과는 다른 말들을 했을 가능성이 크다. 그들은 "헛된 말을 하는 자들", "점치는 자들", 그리고 "지혜로운 자들"로 불린다. 아마도 그들은 바벨론의 멸망을 믿지 않았으며 페르시아의 강력한 등장도 예견하지 못했을 것이다. 바벨론 포로들 중 일부는

우상을 비웃으시는 이스라엘의 창조자요 구속자인 야웨 하나님

이런 세 부류의 영적 중개자들의 말을 듣고 출바벨론 대열에 동참하지 않았을 것이다.

26절은 이런 상황에서 자신의 예언자들의 말을 확증해주시는 야웨 하나님의 역사 주재권을 다시 강조한다. 하나님은 당신의 종의 말을 세워주며 그의 사자들의 계획[8]을 성취하게 하신다. 그들은 당시의 상황에 비추어 볼 때는 비현실적인 미래 예측자들로 보였을 것이다. 그들은 '곧 예루살렘에 사람이 살며 유다 성읍들이 중건될 것이다. 하나님께서 그 황폐한 곳들을 복구시킬 것이다'라고 말했다. 이런 소수파의 의견이 동시대의 대다수 사람들에게 환영받지 못했을 상황에서, 하나님은 이 거룩한 비주류의 예언이 성취되는 방향으로 역사변동을 주도하신다. 27절의 깊음과 강물은 아마도 바벨론 포로들의 귀환여정에 놓여있는 장애물을 가리킬 것이다. 깊음은 바닷물보다 더 깊은 육지 아래 있는 물의 근원적 집결지를 가리킨다. 바닷물보다 더 깊은 곳에 있는 물에 대하여는 "마르라"고 명하시고, 그것에서 발원한 "강물들을 마르게 하리라"고 말씀하신다. 강물들에 붙어있는 2인칭 단수 대명사 접미어는 여성 단수 명사인 '깊음'을 의미하는 출라(צוּלָה)를 가리킨다. 마른 땅은 이스라엘이 출애굽시 홍해를 건널 때 생긴 육로를 가리킨다. 이스라엘을 침수시킨 큰 깊은 물들과 강들은 바벨론 포로들이 거주하던 지역의 운하들을 가리킬 수도 있다. 바벨론 포로들이 이 운하들을 중심으로 경제적 거점을 형성하고 재산을 모았을 가능성이 크다.[9] 그래서 하나님은 바벨론 포로들의 귀환 대열을 방해하는 깊음과 그 강물들을 마르게 하여 그들이 바벨론을 떠날 수밖에 없게 만들겠다는 의지를 표명한 것이다. 아마도 이 바벨론 운하들 중심의 경제권을 고레스를 통해 공격하게 하시겠다는 의향을 이렇게 에둘러 표현한 것일 수도 있다.

28절은 처음으로 고레스를 언급한다. 고레스에 대한 하나님의 소개가 충격적이다. "내 목자라. 그가 나의 모든 기쁨을 성취하리라." 그는 '예루살렘이 중건되리라. 성전아! 네 기초가 놓여지리라'고 말하는 자다. 고레스가 성취하는 야웨의 기쁘신 뜻이 예루살렘 중건과 성전 중건이다. 고레스는 26절에서 야웨의 미래 구원을 예고한 예언자의 예언을 성취하는 자다.^{대하 36:22-23; 스 1:1-3} 하나님은 예언자를 통해 예루살렘과 유다 성읍들의 중건을 예언하시고 고레스를 통해 실제로 그 예언을 집행하신다. 예언자는 하나님의 택한 백성 가운데서 일어나지만 예언의 성취자는 세상 만민 중에서 택함 받은 자다. 이처럼 하나님의 복구, 재활, 실행 프로그램은 두 단계에 걸쳐 이뤄진다. 첫 단계에는 예언자가 나타나 하나님의 계획을 선포한다. '내 종의 말', '내 사자들의 모략'(계획, 에차)이 미리 선포된다. 다음에는 집행자가 일어난다. 항상 예언과 성취의 두 단계에 걸쳐 하나님의 구원역사가 일어난다. 하나님의 역사가 성취되기 전에 하나님의 중심 뜻을 붙들고 말로 확정짓는 예언단계는 불확실성이 아직 남아있다. 그러나 행동으로 확정짓는 성취단계는 불확실성이 사라진다. 이 두 단계가 하나님의 역사의 구성요소다.

그래서 하나님의 예언자가 분단으로 갈가리 찢겨진 우리 민족의 황무지를 향하여 '통일의 젖이 흐를지어다. 평화의 꿀이 흐를지어다. 155마일 비무장 휴전선 일대가 세계만민의 평화공원이 될지어다. 세계 분쟁조정국 사무실이 들어설지어다. 오랜 세월 분단된 한반도에 분단과 지역갈등을 해결하는 평화의 사무국이 열릴지어다'라고 말하는 것부터가 중요하다. 이런 환상을 품는 것이 예언의 생성에 필요조건이 된다. 우리 민족은 분단과 적대의 세월을 오랫동안 보내왔기 때문에, 만일 우리 겨레가 평화로운 겨레연합과 국가적 통합을 이룰 수 있다면 그것은 온 세계만민이 기뻐하는 경사가 될 것이다. 우리 겨레는 그때 분단과 적대의 문제로 고달픔을 안고 있는 나라들에게 예언적 전망을 나눌 수 있을 것이다. 하나님은 당신의 재건역사, 회복역사가 일어날 때 먼저 예언자를 통하여 역사 환경을 일으키신다. 우상을 숭배하는 사람들은, 우상 자체가 영적 총명과 지각이 없듯이, 그들도 전후좌우를 구별하지 못하며 역사의 긴 미래에 대한 안목도 없고 역사의 진행방향도 알지 못한다. 하지만 하나님의 종들은 지금 역사가 어떻게 물꼬를 찾아가는지를 알고 있다. 그래서 역사의 물꼬를 알고 언어적 선포를 먼저 개시한다. 언어적 말씀의 선포 이후에 행동이 일어난다. 그런 방식으로 역사가 진행된다. 그러므로 우리는 '분단의 철책선아, 사라질지어다! 남남갈등의 긴 역사적 불행아, 사라질지어다! 지역감정으로 한 시대를 풍미했던 지도자들을 과거의 박물관으로 보내고, 남남갈등과 남북분단의 적대적 분단을 이용하여 지도력을 가졌던 모든 패역의 시대를 청산하고, 지역과 민족을 통합하고 한 겨레를 안고 가는 큰 경륜의 지도자가 나올지어다'라고 말해야 한다. '이제 우리 민족이 세계만민에게 수출해서 돈을 벌고, 그 번 돈으로 물질적 향락과 욕망을 추구하려는 졸부근성을 버리고 세계평균 시민의 고통에 동참하며, 세계만민과 함께 공존을 추구하되 특히 제3세계 국가를 도와주지만 지배하지 않는 예수 그리스도와 같은 자비로운 국가가 될지어다'라고 말해야 한다. 우리는 우리나라에 대해 계속해서 그렇게 명령을 내려야 한다. 그 명령을 앞서서 실천하고, 공평과 정의가 강물처럼 흐르는 나라에 대한 전망을 계속 전해야 한다. 사람들이 그 말을 듣고 우리가 그런 나라가 되어야 할 것에 대해 계속 생각하게 만들어야 한다. 이것이 예언활동이다.

예언활동이라 함은 우리가 하나님의 의지를 앞서서 성취하여, 하나님이 우리 민족에게 나타나면 좋겠다고 생각하시는 현상에 대한 블루프린트를 시적인 운율과 산문적인 내재율에 담아 계속 말하는 행동이다. 예루살렘 성전재건 예언이 선포된 해는 주전 538년이었다. 그런데 예루살렘 성전 중건이 완성된 해는 주전 515년이다. 실제로 완성되는 데 23년이 걸렸다. 그 사이에 성전공사가 진행되다 중단되었다. 복구하는 성전이 옛날 솔로몬의 성전에 비해 너무 초라하므로 사람들이 열심을 내지 않고 성전공사에 바쳤던 금은을 자기 집을 공사하는 데 빼돌렸다. 그러면서 귀환포로들은 변명을 일삼았다. '지금은 때가 아니다. 성전은 하나님의 때에 재건해야 하는데 지금은 그때가 아니다'학 2장라고 했다. 그러자 스가랴와 학개가 일어나서 지금은 때가 아니라고 말하며 성전공사에 열심을 내지 않는 사람들을 질책하면서 성전터를 향하여 계속 '중건될지어다. 재건될지어다'라고 예언했다. 또 황폐한 예루살렘에는 사람이 살지 않으려 했기 때문에 예루살렘에 살고자 하는 사람들을 격려하고 축복하는 말을 계속했다. 그래서 결국 예루살렘이 다시 회복되었다. 주전 538년의 예언 '유다 성읍들은 중건될 것이며 성전터는 회복될 것이다'가 성취된 것이다. 이처럼 하나님의 실행을 몇 발 앞서가는 예언자들의 예언 행보가 역사를 향도한다. 이것은 단순히 언어의 마술적 힘에 호소하는 것이 아니다. 하나님은 당신의 마음을 먼저 그 종들에게 주신 후에 그 말을 퍼뜨리고 그 말이 거대한 힘을 일으켜서 예언에 묘사된 세상을 만들어가도록 영적 추동력을 제공하신다. 이처럼 예언자는 여론을 주도해가는 자다. 우리는 우리 민족에 대한 하나님의 선한 모략을 앞서서 선포해야 한다. '중건될지어다.' 예언자는 강물을 보고 '나의 백성 이스라엘이 지나갈 터이니 깊은 강물아, 길을 낼지어다' 라고 소리쳐야 한다.

메시지

미국 신약학자 그레고리 비일은『예배자인가, 우상숭배자인가We Become

What We Worship 』라는 책에서 신구약 성경 전체에 나타나는 우상숭배 현상을 분석한다. 예배자는 예배 대상이 되는 존재처럼 동화되어 자신이 섬기는 우상과 함께 파멸한다는 것이 이 책의 중심 논지다. 시편 135:18("그것[우상]을 만든 자와 그것을 의지하는 자가 다 그것과 같으리로다")과 이사야 44:9-11에 나오는 성경진리를 논증하는 책이다. '우상들을 숭배하는 자들은 실로 우상들처럼 변한다.' 비일은 반복적으로 강조한다. "우리는 우리가 숭배하는 존재를 닮게 된다. 우상을 닮아서 망하든지 하나님을 닮아 회복되든지."[10] 우리는 필시 숭배대상자를 닮는다. 비일은 하나님께서 인간을 창조하셨을 때, 인간이 필시 누군가를 반영하는 존재로 만드셨는데 하나님을 반영하지 못하는 경우 피조물 중 어떤 존재를 반영하도록 만드셨다는 점을 강조한다.[11]

비일은 이사야 6장이 거룩하신 하나님과 우상의 차이를 드러내는 심오한 본문이라고 본다. 특히 6:8-13에서 위에서 묘사한 우상숭배자들의 총체적 인지능력 파탄을 묘사한다. 하나님에게 '이 백성'이라고 불리는 일단의 청중은, 이사야 5:12, 19에서 야웨 하나님의 심판예고 행동을 전혀 주목하지 않고 묵살하며 온갖 종류의 죄악을 더욱 대담하게 자행한다. 이사야의 청중은 이사야 5장에서 여러 차례 '화' 선언을 들은 자들, 주님의 포도원을 망쳐버린 자들이었다. 그들은 공평과 정의를 파괴한 자들이며 하나님의 언약을 내팽개친 자들이었다. 그들은 하나님의 역사하심을 볼 안목, 하나님 음성을 들을 감청력을 상실해 이사야의 책망을 들을수록 마음이 돌이킬 수 없이 완악해지는 자들이었다. 이사야 44:9-11에 비추어볼 때 영적 시력, 감청력, 이해력을 다 잃어버린 이사야의 청중은 이사야 41-45장과 시편 115:4-8이 반복적으로 묘사한 우상숭배자들이었다.[12] "그들의 우상들은 은과 금이요 사람이 손으로 만든 것이라. 입이 있어도 말하지 못하며 눈이 있어도 보지 못하며 귀가 있어도 듣지 못하며 코가 있어도 냄새 맡지 못하며 손이 있어도 만지지 못하며 발이 있어도 걷지 못하며 목구멍이 있어도 작은 소리조차 내지 못하느니라. 우상들을 만드는 자들과 그것을 의지하는 자들이 다 그와 같으리로다." 우상숭배자들과 우상은 시각, 청각, 언어표현 능력이 없거나 박탈된 자들이다.

이사야의 청중이 우상숭배자라는 사실은 영적 감청력과 시력상실 외에도 6:13의 '상수리나무'[엘라(אֵלָה)]라는 단어에서 추론할 수 있다. "그 중에 십분의 일이 아직 남아 있을지라도 이것도 황폐하게 될 것이나 밤나무와 상수리나무가 베임을 당하여도 그 그루터기는 남아 있는 것 같이 거룩한 씨가 이 땅의 그루터기니라 하시더라."[13] 상수리나무는 이사야서 전체에서 여기 외에 이사야 1:30-31에 단 한 번 언급되는 나무다. "너희는 잎사귀 마른 상수리나무 같을 것이요 물 없는 동산 같으리니 강한 자는 삼오라기 같고 그의 행위는 불티 같아서 함께 탈 것이나 끌 사람이 없으리라." 구약 예언서, 특히 호세아, 예레미야 등에서 잘 제시되는 바와 같이 상수리나무는 바알 숭배와 관련된다. 이사야 청중의 우상숭배가 상수리나무와 관련된 바알 우상숭배임을 알 수 있다.

성경이 정죄하는 우상숭배는 불상이나 돌제단 앞에서 소박한 구원과 행복을 갈구하는 그런 종류의 개인행복 추구형 우상숭배가 아니다. 일본, 인도, 네팔, 인도네시아, 동남아 국가들에 가보면 가정집에 작은 예배처나 신상 거치소가 있다. 그들이 우상이나 신상 앞에 비는 것은 '지켜 달라, 해로운 세력으로부터 보호해 달라, 자신이 마음먹고 추진하는 일이 잘되게 해달라' 등의 개인적 차원의 소원들이다. 아이를 낳지 못하는 여인이 속리산 법주사에 가서 삼천배를 하고 아이를 낳았다는 전설도 이런 과정에서 생겨난다. 대개 이런 우상들이나 신상들 앞에서 드려지는 기도는 기도하는 사람에게 영향을 끼친다. 때로는 내가 비는 소원이 다른 사람의 소원과 충돌하는 것조차 고려하

우상을 비웃으시는 이스라엘의 창조자요 구속자인 야웨 하나님

지 않는 개인적 소원피력들이다. 우찌무라 간조도 이런 소박한 우상 숭배 가정에서 태어나 네 명의 신들에게 아침저녁으로 기도하러 다 니느라 피곤한 소년시절을 보냈다. 그러나 이런 형태의 소박한 종교 나 신상숭배를 옳다고 볼 수는 없을지언정 성경이 정죄하는 우상숭 배와 동일시해서는 안 된다. 고통과 불행에서 구원해 달라고 간구하 는 것은 인간의 본성이다.

성경이 정죄하는 우상숭배는 타인의 행복과 권리를 파괴하기까지 자아의 욕망을 극대화하는 우상숭배다. 바알과 아세라 숭배처럼 공 공연히 사회경제적 함의를 갖는 우상숭배가 정죄된다. 이사야 44:9-11이 묘사하는 이런 우스꽝스러워 보이는 우상숭배는 보기보다는 훨씬 중대한 사회경제적 함의가 있었다. 우상 제작 혹은 우상 종교제 의와 관련되는 사업은 신전 수입의 큰 몫이었다. 따라서 우상 제작자 들과 우상 제작의뢰자들 모두 지켜야 할 정치경제적 이익이나 기득 권이 있었다. 아합과 이세벨이 바알과 아세라를 숭배한다는 것은 이 스라엘 자유농민의 행복과 생존권이 위협당한다는 뜻이다. 바알과 아세라는 왕실이나 지주들이 땅을 독점하고 나머지 동포들을 소작인 노예로 내몰아도 책망하기는커녕 오히려 번영과 부를 가져올 수 있 다면 토지 집중, 권력 집중도 개의치 않는다고 말한다. 이것이 우상숭 배의 무서운 단면이다.

오늘날 빠지기 쉬운 우상숭배는, 기독교의 이름으로 하나님 예배 의 형식을 갖추면서 자행하는 우상숭배다. 하나님을 섬기면서도 돈 을 숭배하거나 교회 재산을 사취하거나, 종교권력을 탐하거나 신앙 적 영향력을 남용하는 행위가 있다면, 그것이야말로 바알과 아세라 숭배에 버금가는 우상숭배다. 비일은 오늘날 우리에게 가까운 곳에 있는 우상숭배들을 예시한다. 너무나 많은 교회가 오늘날 시장 중 심으로 움직이며, 우상숭배적인 자아실현을 위한 소비자들의 욕구

를 채워주려고 한다.[14] 소비자 중심의 교회, 호객 행위적인 기복 설교
는 대부분의 교회가 범하는 우상숭배적 형태인 맘몬숭배, 권력숭배
와 공존하기 쉽다.

동남아 일대의 가정집에 차려진 신상에게 음식을 바치고 기도하는
종교제의보다 우리가 더욱 깨어 감찰해야 하는 우상숭배는, 공동체
를 파괴할 정도의 탐심숭배다.[골 3:5] 뉴욕이나 런던, 서울이나 파리 같
은 최첨단 대도시에서 원시적 형상이나 우상 앞에서 절하는 사람들
은 많지 않다. 현대화된 대도시의 우상숭배자들은 자아의 욕망을 충
족시키기 위해 시장을 조작하거나 회계장부를 조작한다. 이들은 자
신의 탐욕을 충족시키기 위해 자신의 권력과 정보를 이용하는 맘몬
우상숭배자들이다.

우상숭배와 결정적으로 다른 하나님 예배는 거룩성, 역사성, 공공
성을 지닌다. 하나님을 경배하는 자들은 하나님의 거룩하신 영광 앞
에 전율하고 소스라쳐 놀라 경배한다. 거룩하신 하나님을 두려워하
고 삼가는 마음은, 자발적으로 자기욕망을 축소하고 부인하는 마음
이다. 하나님이 정한 율법을 지킬 이유를 쉽게 납득하고 전심으로 받
든다. 하나님 경배의 가장 큰 결과는 자기부인, 자기욕망 극복이다.
하나님 예배는 예배자를 하나님의 마음을 닮고 하나님의 율법에 민
감하도록 변화시킨다. 참다운 하나님 예배자들은 이웃의 생존권, 행
복, 권리, 자유에 훨씬 민감하다. 그 결과 공공성이 나온다. 하나님을
진심으로 사랑하는 사람에게는 이웃을 자기 몸처럼 사랑할 실천력
이 생긴다. 하나님 예배자들은 기승전결식 드라마적 구조에 따라 역
사를 예언으로 기획하고 인간 대리자들을 통해 그 기획을 성취하시
는 하나님이 역사의 주재자이심을 확신한다. 예언과 성취의 구조를
갖고 역사를 당신의 뜻대로 주형해가는 하나님을 경배하는 자들은
역사의 향방에 비상한 관심을 기울인다. 우상숭배자들에게는 공공성

과 역사성은 물론이요 자기욕망을 무로 돌리고 해체하게 만드는 절대 타자 경험이 없다. 우상숭배 때문에 영적 인지능력과 시청력을 상실한 이스라엘은 포로기가 끝나갈 즈음에도 영적 감청력과 지각력을 회복하지 못하고 있다.

바벨론 포로들의 귀환상황을 반영하는 신명기의 모압언약은, 그들이 우상숭배자들에게 나타난 영적 감청력과 지각력 결손상황에서 완전히 벗어나지 못했음을 암시한다.[15] '오늘날까지 여호와께서 너희에게 아는 마음, 보는 눈, 듣는 귀를 주시지 않았다.'^{신 29:4} 바벨론 포로들의 귀환시기에 선포된 이사야 40-45장에 우상숭배를 규탄하는 예언이 많이 등장하는 것은 우연이 아니다.

45장.

창조의 하나님, 구속의 하나님

45

¹ 여호와께서 그의 기름 부음을 받은 고레스에게 이같이 말씀하시되 내가 그의 오른손을 붙들고 그 앞에 열국을 항복하게 하며 내가 왕들의 허리를 풀어 그 앞에 문들을 열고 성문들이 닫히지 못하게 하리라. ² 내가 너보다 앞서 가서 험한 곳을 평탄하게 하며 놋문을 쳐서 부수며 쇠빗장을 꺾고 ³ 네게 흑암 중의 보화와 은밀한 곳에 숨은 재물을 주어 네 이름을 부르는 자가 나 여호와 이스라엘의 하나님인 줄을 네가 알게 하리라. ⁴ 내가 나의 종 야곱, 내가 택한 자 이스라엘 곧 너를 위하여 네 이름을 불러 너는 나를 알지 못하였을지라도 네게 칭호를 주었노라. ⁵ 나는 여호와라. 나 외에 다른 이가 없나니 나 밖에 신이 없느니라. 너는 나를 알지 못하였을지라도 나는 네 띠를 동일 것이요 ⁶ 해 뜨는 곳에서든지 지는 곳에서든지 나 밖에 다른 이가 없는 줄을 알게 하리라. 나는 여호와라. 다른 이가 없느니라. ⁷ 나는 빛도 짓고 어둠도 창조하며 나는 평안도 짓고 환난도 창조하나니 나는 여호와라. 이 모든 일들을 행하는 자니라 하였노라. ⁸ 하늘이여, 위로부터 공의를 뿌리며 구름이여, 의를 부을지어다. 땅이여, 열려서 구원을 싹트게 하고 공의도 함께 움돋게 할지어다. 나 여호와가 이 일을 창조하였느니라. ⁹ 질그릇 조각 중 한 조각 같은 자가 자기를 지으신 이와 더불어 다툴진대 화 있을진저. 진흙이 토기장이에게 너는 무엇을 만드느냐. 또는 네가 만든 것이 그는 손이 없다 말할 수 있겠느냐. ¹⁰ 아버지에게는 무엇을 낳았소 하고 묻고 어머니에게는 무엇을 낳으려고 해산의 수고를 하였소 하고 묻는 자는 화 있을진저. ¹¹ 이스라엘의 거룩하신 이 곧 이스라엘을 지으신 여호와께서 이같이 이르시되 너희가 장래 일을 내게 물으며 또 내 아들들과 내 손으로 한 일에 관하여 내게 명령하려느냐. ¹² 내가 땅을 만들고 그 위에 사람을 창조하였으며 내가 내 손으로 하늘을 펴고 하늘의 모든 군대에게 명령하였노라. ¹³ 내가 공의로 그를 일으킨지라. 그의 모든 길을 곧게 하리니 그가 나

창조의 하나님, 구속의 하나님

의 성읍을 건축할 것이며 사로잡힌 내 백성을 값이나 갚음이 없이 놓으리라. 만군의 여호와의 말이니라 하셨느니라. ¹⁴여호와께서 이같이 말씀하시되 애굽의 소득과 구스가 무역한 것과 스바의 장대한 남자들이 네게로 건너와서 네게 속할 것이요 그들이 너를 따를 것이라. 사슬에 매여 건너와서 네게 굴복하고 간구하기를 하나님이 과연 네게 계시고 그 외에는 다른 하나님이 없다 하리라 하시니라. ¹⁵구원자 이스라엘의 하나님이여, 진실로 주는 스스로 숨어 계시는 하나님이시니이다. ¹⁶우상을 만드는 자는 부끄러움을 당하며 욕을 받아 다 함께 수욕 중에 들어갈 것이로되 ¹⁷이스라엘은 여호와께 구원을 받아 영원한 구원을 얻으리니 너희가 영원히 부끄러움을 당하거나 욕을 받지 아니하리로다. ¹⁸대저 여호와께서 이같이 말씀하시되 하늘을 창조하신 이 그는 하나님이시니 그가 땅을 지으시고 그것을 만드셨으며 그것을 견고하게 하시되 혼돈하게 창조하지 아니하시고 사람이 거주하게 그것을 지으셨으니 나는 여호와라. 나 외에 다른 이가 없느니라. ¹⁹나는 감추어진 곳과 캄캄한 땅에서 말하지 아니하였으며 야곱 자손에게 너희가 나를 혼돈 중에서 찾으라고 이르지 아니하였노라. 나 여호와는 의를 말하고 정직한 것을 알리느니라. ²⁰열방 중에서 피난한 자들아, 너희는 모여 오라. 함께 가까이 나아오라. 나무 우상을 가지고 다니며 구원하지 못하는 신에게 기도하는 자들은 무지한 자들이니라. ²¹너희는 알리며 진술하고 또 함께 의논하여 보라. 이 일을 옛부터 듣게 한 자가 누구냐. 이전부터 그것을 알게 한 자가 누구냐. 나 여호와가 아니냐. 나 외에 다른 신이 없나니 나는 공의를 행하며 구원을 베푸는 하나님이라. 나 외에 다른 이가 없느니라. ²²땅의 모든 끝이여, 내게로 돌이켜 구원을 받으라. 나는 하나님이라. 다른 이가 없느니라. ²³내가 나를 두고 맹세하기를 내 입에서 공의로운 말이 나갔은즉 돌아오지 아니하나니 내게 모든 무릎이 꿇겠고 모든 혀가 맹세하리라 하였노라. ²⁴내게 대한 어떤 자의 말에 공의와 힘은 여호와께만 있나니 사람들이 그에게로 나아갈 것이라. 무릇 그에게 노하는 자는 부끄러움을 당하리라. 그러나 ²⁵이스라엘 자손은 다 여호와로 말미암아 의롭다 함을 얻고 자랑하리라 하느니라.

사

주석

45장은 창조주이자 구속자이신 야웨 하나님의 역사 주재권을 다룬다. 하나님께서는 역사를 주관하시는 대권을 구체화하기 위해 이방 군주까지 사용하신다. 페르시아 군주 고레스를 이스라엘 백성을 돌보는 목자로 임명하고, 열방에 대한 하나님의 보복을 실행하는 대행자로 임명하신다. 이것이 하나님께서 역사를 주관하신다는 증거로 제시된다. 야웨는 역사와 삼라만상의 창조주이므로 새로운 역사를 창조하실 때 당신의 주권적 자유를 행사하신다. 열방은 삼라만상과 역사의 창조주인 야웨의 백성 이스라엘에게 절하게 될 날이 올 것이며, 오히려 구원받기 위하여 야웨를 찾지 않으면 안 되는 날이 올 것이다. 45장에서 처음으로 공의(체데크)가 하나님의 이스라엘 회복과 구원 계획의 핵심 관심사임이 드러난다. 45장은 고레스를 통해 공의를 세우시는 하나님,[1-8절] 세계만민(우상숭배자)을 하나님께 복속시키는 이스라엘,[9-19절] 땅의 모든 끝에 사는 만민까지 구원 잔치에 초청하시는 하나님[20-25절]으로 나뉜다.

고레스를 통해 공의를 세우시는 하나님 • 1-8절

이 단락은 하나님이 단지 이스라엘의 하나님만이 아니라, 세계만민의 역사를 주관하시는 보편적인 세계 통치자임을 분명히 말한다. 급진적인 신선한 보편주의다. 1절에서 하나님이 고레스를 부르는 호칭에서부터 충격적이다. 히브리어 마쉬아흐(מָשִׁיחַ)는 우리말로 '메시아', '기름 부음을 받은 자', 즉 야웨의 대리자라는 뜻이다. 다윗 계열의 왕이나 예언자에게 붙여지는 이 거룩한 호칭이 이방 군주에게 붙여진다. 44:28의 '목자' 칭호는 고대근동의 모든 군주들이나 제국의 정복자들이 신들에게서 부여받은 호칭이다(렘 3:15; 겔 34장; 슥 10:2; 11:16; 13:7; 약간 다른 의미의 목자 용례. 렘 17:16; 50:6). 함무라비도 자신의 법전에서 자신이 마르둑에 의해 '목자'로 부름받았다고 주장한다. 그런데 마쉬아흐는 오로지 다윗 계열의 왕들에게만 사용된 성경적인 호칭이다. 야웨의 성전을 짓고 관리하는 제의적 역할까지 감당하는 왕에게 '기름 부음을 받은 자'라는 호칭이 사용되었다. 그러니까 고레스는 야웨의 성전을 중건하는 역할을 맡는다는 점에서 다윗왕 계열의 왕인 셈이다.[1] 고레스는 이방 군주 중에서 하나님에게 특별히 위임받은 사명자인 것이다. 일찍이 이사야가 앗수르를 가리켜 야웨의 손에 있는 분노의 몽둥이라고 부른 적이 있고,[사 10:5] 예레미야가 느부갓네살을 가리켜 '야웨의 눈에 보기에 옳은 사람'[렘 27:5]이라고 부른 적이 있으나, 1절에서처럼 충격적인 하나님의 사명 위임은 아니었다. 하나님이 열국을 항복시켜 공의를 온 세상에 움돋게 하고 확장시키려는 하나님의 의도[45:8]를 성취할 인물로 고레스를 택했다는 것이다. 하나님은 고레스의 세계정복을 돕고 촉진하고 이끌어주신다. 고레스의 오른손을 붙들어 열국이 그 앞에 항복하게 하며 여러 왕들이 허리를 풀어 문들을 열고 그에게 항복하게 만들어주시겠다고 약속하신다. 고레스는 활짝 열린 성문들을 통과해 전쟁 없이 나라들을 항복시킨다.[1절 2] 뿐만 아니라 하나님은 고레스보다 앞서 가서 고레스의 군대가 행진하기에 편하도록 험한 곳[3]을 평탄하게 하며 저항할 만한 나라들의 놋문을 쳐서 부수며 쇠빗장을 꺾어주시겠다고 약속하신다.[2절] 약탈을 도와주시겠다는 의미다. 3절은 고레스가 피를 묻히지도 않은 채 어둠 속에 감춰지고 숨겨진 열국의 보화와 재물들을 약탈하게 해주시겠다고 하신 것이다. 각 토착 왕들과 왕조들이 가지고 있는 것들을 약탈하여 그들로부터 핍박받은 사람들에게 모두 나누어주라는 명령이 암시되어 있다. 그래야 고레스가 정의의 사도 역할을 맡았다는 말이 성립된다.[8절] 고레스의 순조롭고 형통한 열국 정복과 약탈은 '하나님의 오른손에 붙들린 채' 행하는 사역이다. 하나님이 고레스를 이렇게 선대하는 까닭은 고레스로 하여금 자신을 세계의 정복자로 세우신 분이 이스라엘의 하나님임을 깨닫게 하시기 위함이었다. 고레스의 이름을 불러가며 그의 세계정복을 도와주시는 분이 바로 이스라엘의 하나님이라는 것이다. 예언자는 이스라엘 포로들의 고토 귀환을 허락하는 고레스의 칙령 반포와 예루살렘 성전 재건을 위한 고레스의 기부가, 자신을 세계의 패권군주로 등극시킨 이스라엘 하나님 야웨의 은혜에 대한 보은報恩행동이라고 보려는 의중을 드러낸다.

4절은 고레스에 대한 하나님의 전례 없는 선대와 후의의 목적을 말한다. 야웨 하나님이 고레스를 선대하신 이유는 당신의 종 야곱, 하나님께서 택한 자 이스라엘을 위하시기 때문이었다. 이스라엘의 미래에 선한 영향을 끼치고자 하나님은 고레스라는 제삼자를 매개자로 사용하신다. 비록 고레스는 하나님을 개인적으로 알지 못하였을지라도 하나님은 고레스의 이름을 불러가며 그를 당신의 '메시아'라고 부르기까지 하신다. 하나님은 이스라엘의 하나님이지만, 궁극적으로 이스라엘이 대표하는 온 세계만민의 하나님이시다. 고레스가 권력을 잡는 모든 과정에 매개적으로 관여하셨다는 말이면서, 동시에 고레스 자신의 인간 됨됨이 조성에도 관여하셨다는 뜻이다. 하나님이 의도적으로 행한다고 알려진 모든 행동들은 매개적으로, 그리고 간접적으로 이뤄지며, 심지어 인간들의 인과관계 추리능력으로는 파악하기 힘들 만큼 미세하고 복잡한 요인들이 시차를 두고 작동한 결과다. 예를 들면, 고레스의 인간 됨됨이(군인다운 용감성과 지도력), 그의 가문, 그의 초급장교 시절의 공적, 그에게 모여든 병사들의 비상한 충성심, 강력한 군주 등장을 기다리는 고대 페르시아의 정치적 수요 등이 복합적으로 결합되어 오늘날의 고레스가 되었다는 것이다. 하나님은 인간의 자유의지를 해치지 않으면서 이 모든 과정을 예의주시하며, 고레스의 왕위 등극을 유도하고 정복군주로서의 그의 야심을 격동시키셨다. 그리고 바벨론 제국의 피정복 강제이주 정책의 폐해를 보고 유다인 포로 같은 피압박 이주민들의 고국 귀환정책을 착안하게 하셨다. 이처럼 하나님이 당신의 메시아로 고레스를 불렀다는 것은 아주 복잡한 과정을 관장하셨다는 말이다.

5절은 고레스를 들어 세계열방을 정복하게 하시는 궁극적인 이유는, 고레스에게 '이스라엘의 하나님이 유일무이한 참 하나님임을 깨닫도록 하기 위함'이라고 말한다. 5절 상반절을 음역하면, 아니 아도 나이 뷔엔 오드 줄라티 엔 엘로힘(אֲנִי יְהוָה וְאֵין עוֹד זוּלָתִי אֵין אֱלֹהִים)이다. '다른 이가 아니라 나 자신은 야웨. 옆에 아무도 없다. 나를 제외하고는 어떤 다른 신도 없다.' 하나님의 최고 관심은 이스라엘의 하나님 야웨 외에 다른 신이 없다는 사실을 온 인류가 깨닫는 것이다. 43-44장에서는 온 세계 열방회의에서 '야웨 하나님만이 유일하신 참 하나님이며 세계를 통치하시는 왕'임을 증언해야 할 사명이 원래는 이스라엘에게 위탁되었다. 그런데 이스라엘의 이 사명 수행은 지지부진했다. 그래서 이번에는 야웨 하나님께서 자신을 몰랐던 고레스의 허리띠를 동여매며,^{5절 하반절} 해 뜨는 곳에서든지 지는 곳에서든지 고레스의 패권이 미치게 하심으로써,^{6절} '당신만이 온 세계의 유일하신 참 하나님'임을 선포하려고 하신다. "해 뜨는 곳에서든지 지는 곳에서든지"는 동쪽 끝과 서쪽 끝을 가리키는 비유어이며 정복 가능한 세계의 전부를 의미한다. 고대근동의 정복군주의 전쟁 기록문서에도 "해 뜨는 곳부터 해 지는 데까지"라는 어구가 등장한다. 이 표현은 전형적으로 모든 고대의 정복군주가 자신의 세계정복 야심을 드러낼 때 사용한 어구였다. 당시에 알려진 모든 세계를 상대로 전개된 고레스의 종횡무진 정복활동은 '이스라엘의 하나님 야웨만이 참다운 하나님이요 역사의 주관자임'을 알리는 활동이다. 예언자는 이 신적 목적이 고레스에게 알려지기를 바라는 것보다 오히려 바벨론 포로들에게 더 잘 알려지기를 원한다. 해 뜨는 곳부터 지는 곳까지는 고레스의 패권이 미치는 범위이면서 하나님의 통치권이 미치는 범위다. 즉 이 세상 모든 곳을 통치하시는 하나님은 이스라엘의 하나님 야웨 밖에 없음을 강조하기 위함이다. 하나님만 세계를 통치하신다. 하나님은 당신의 신적 대권을 누구와도 나눌 수 없다. 그런데 하나님의 세계통치권은 공의(체데크)의 무한 확산을 기도企圖한다.사 9:7; 11:4-9 공의는 계약적 함의를 갖는 단어다. 모든 나라 모든 민족이 하나님의 피조물이므로 하나님께 언약적 의리를 실천하는 공동체로 재창조되어야 한다. 나라와 나라끼리, 민족과 민족끼리 언약적 유대, 공의를 구현해야 한다는 것이다.

7절은 하나님의 역사 주재 원리를 말한다. 빛과 어둠의 교체, 평안과 환난의 교체를 말한다. 바벨론 포로로 잡혀온 것은 어둠이요 환난이었다. 그러나 고레스를 통한 해방과 가나안 고토 귀환은 빛이요 평안이다. 하나님이 세계를 창조하실 때 빛만 있는 세상을 창조하신 것이 아니다. 하나님이 지으신 첫 창조에도 평안은 있었지만 환난과 고통도 있었다. 하나님은 어둠만 가득찬 원시우주를 빛으로 갈라 빛과 어둠이 순환적으로 공존하는 창조세계를 만드셨다. 환난과 고통도 하나님의 피조물이다. 하나님께서는 바벨론의 느부갓네살을 통하여 환난을 창조하시고 고레스를 통하여 평안을 창조하신다. 느부갓네살과 같은 황폐한 파괴자가 우리의 인생을 어둠과 환난으로 몰아갈 수 있다. 그러나 또한 하나님은 고레스를 통하여 빛과 평안을 창조하실 수 있다. 의외의 인물, 의외의 장소, 의외의 시점에 고레스 같은 해방자가 하나님의 구원을 대리하여 베푸는 자가 될 수 있다.

8절은 7절이 말한 이 모든 일들(빛과 어둠, 평안과 환난)을 통해 하나님이 궁극적으로 성취하는 일을 묘사한다. 8절에서 개역개정은 히브리어 체데크와 츠다카를 각각 '의'와 '공의'로 다르게 번역하는데, 사실 같은 단어다. 의義는 하나님의 언약적 돌보심과 의리 있는 보호행위를 의미한다. 여러 가지 이유로 하나님의 언약적 복과 혜택을 빼앗긴 약한 자들을 언약 공동체로 다시 회복시켜 언약적 보호를 누리도록 베푸는 선제적인 친절을 가리킨다. 땅과 하늘이 하나님의 언약적 돌보심 아래 있을 때 의와 구원을 산출한다. 의와 구원 역시 거의 같은 단어다.^{사 46:12-13} 8절의 첫 소절은 다음과 같이 번역된다. '하늘이여, 위로부터 뿌릴지어다. 구름이여, 의를 부을지어다. 땅을 열어 그것들이(하늘들과 구름들) 구원을 싹트게 하고 공의도 함께 움돋게 하도록!' 앞의 두 개의 명령문 뒤에 따라오는 소절[뵈이프루-에샤(וְיִפְרוּ־יֶשַׁע)] 은 구문론적으로 목적절로 해석하는 것이 더 낫다. 그런데 이프루 (וְיִפְרוּ)는 파라(פָּרָה) 동사(열매 맺다)의 3인칭 남성 복수 미완료다. 앞의 두 명령형 문장의 남성 명사는 샤마임(하늘, שָׁמַיִם)과 쉬하킴(구름들, שְׁחָקִים)이다. 따라서 이프루(וְיִפְרוּ)의 주어는 '하늘들과 구름들'이거나 '구름들'이다. 그래서 "땅이 열려서 구원을 맺게 하고"라는 개역개정 번역은 이 소절의 섬세한 뉘앙스를 살리지 못한다. 하늘들에서 내리는 의는 비를 가리키는 은유다. 비가 내려 땅을 여는 것이다. '하늘이여'와 '구름들이여'는 호격으로 번역하는 것이 좋으나 '땅이여'는 호격이 아니라 '구름들'을 주어로 하는 파타흐(פָּתַח) 동사의 목적어로 보는 것이 더 낫다. 구름들(구체적으로 구름에서 생기는 비)이 땅을 열어 구원을 결실하도록[뵈이프루-에샤(וְיִפְרוּ־יֶשַׁע)] 명하는 상황이다. 시편 72편도 하나님의 언약적 돌보심이 약속의 땅에 임할 때, 즉 하나님의 의(체데크)를 구현한 왕이 등극하면 단비가 땅을 적셔 곡물을 풍성하게 산출한다고 말한다. "의로 말미암아 산들이 백성에게 평강을 주며 작은 산들도 그리하리로다."^{시 72:3} "산 꼭대기의 땅에도 곡식이 풍성하고 그것의 열매가 레바논 같이 흔들리며 성에 있는 자가 땅의 풀 같이 왕성하리로다."^{시 72:16}

세계만민을 하나님께 복속시키는 이스라엘 • 9-19절

9-13절은 고레스를 일으켜 이스라엘을 구원하시는 하나님의 구원 방식에 대한 의심이나 반대 목소리를 염두에 둔 논쟁 신탁이다. 하나님은 바벨론 포로들 중 일부가 하나님의 구원방식을 두고 문제제기를 한다고 보신다. "질그릇 조각 중 한 조각 같은 자"는 아마도 하나님이 지으신 이스라엘 백성 중 한 사람(집단)을 지칭할 것이다. 그 논쟁적인 이스라엘 사람이 자기를 지으신 하나님과 더불어 다투는 형국이다. 하나님은 이런 상황을 불쾌하게 여기시며 "화 있을진저"라고 선언하신다. 그것은 진흙이 토기장이에게 "당신은 무엇을 만드느냐?" 또는 "당신이 만든 것에는 손이 없다"라고 항의하는 것과 같다. 작품이 제작자에게 "당신이 만든 작품에는 손이 없소"라고 말할 수 있느냐는 물음이다. 이는 이스라엘이 자신의 창조자 하나님께서 자신들을 결함 있는 토기로 만든 토기장이라고 불평하는 문맥이다.^{렘 18-19장} 질그릇 한 조각 혹은 진흙으로 불리는 바벨론 포로들 중 일부는 확실히 하나님에 대한 불평과 불만을 품은 것처럼 보인다. 왜냐하면 이 가상적인 질문들은 하나님의 이스라엘 구원계획, 시점, 방법 등에 대한 불평과 저항을 표출하고 있는 것처럼 보이기 때문이다.

10절은 더 심한 가시 돋친 질문들이다. 바벨론 포로들 중 일부는 하나님께 '도대체 우리를 출바벨론 시켜 가나안으로 복귀시켜 무엇을 이루기를 원하느냐'고 항의한 것처럼 보인다. 자신을 낳고 길러준 아버지에게 "무엇을 낳았소"라고 묻고 어머니에게 "무엇을 낳으려고 해산의 수고를 하였소"라고 질문하는 것은 부모로서 최악의 모

창조의 하나님, 구속의 하나님

욕이다. 인생이 망가지고 꼬인 자녀들은 이와 같은 불효막심한 질문들을 부모에게 퍼붓는다. 이스라엘 백성이 하나님에 대해서 마치 패륜아 불효자식이 부모에게 하듯 이런 불손한 언사를 가감 없이 토해 내고 있다.

여기서 잠시 바벨론 포로의 입장에서 이 상황을 정리해볼 필요가 있다. 70년 동안 포로로 방치되어 있던 이스라엘 백성이 70년 만에 갑자기 아버지 노릇을 하는 야웨 하나님을 보고 이렇게 반발할 수도 있었을 것이다. '지금 도대체 당신이 바벨론에서 우리를 끌고 어디로 가겠다는 겁니까?' 바벨론에 터를 잡고 이제 살만한 사람들이 예언자가 몇 마디 외친다고 무엇을 믿고 가겠는가? 바벨론 포로들에게 역사의 혼이 서려있고 약속이 걸려있는 고토 가나안 땅으로 다시 돌아가자고 말했을 때 과연 몇 사람이나 호응했을까? 적어도 열광적인 호응은 없었던 것처럼 보인다. 제사장들과 레위인들도 상당히 오랫동안 바벨론에 남아있었다. 에스라 8:15에 보면 에스라의 요청에 따라 여러 명의 족장이 가시뱌 지방에 사는 족장 잇도에게 부탁해 성전 잡역부들인 느디님 사람들을 데려가려고 애쓰는 장면이 있다. 유대인들의 전설에 따르면 바벨론에서 돌아온 유대인 포로들의 숫자는 14만 4천 명이라고 한다. 열두 지파 가운데 만이천 명씩 나왔다는 뜻이다.[4]

결국 10절에서 이스라엘이 부모 되신 하나님께 토한 이 모욕적이고 냉소적인 말은 실상 바벨론 포로들의 자조적이고 자기모멸적인 언어이기도 했다. 예언자가 바벨론 포로생활을 끝내고 가나안 고토로 돌아가자고 처음으로 설득했을 때 바벨론 포로들 중에 상당수의 사람들이 억울하고 원통한 감정을 토로했던 적이 있다. '버려지 같은 너 야곱아!'[사 41:14] '어찌하여 너는 네 사정은 하나님께 숨겨졌으며 네 억울함은 수리하심을 받지 못했다고 하느냐? 너는 땅 끝까지 창조하신 자 명철이 한이 없으신 자, 달려가도 피곤치 않고 뛰어가도 곤비치 않는 창조주 하나님을 알지 못하느냐?'^{사 40:27-28} 이런 논쟁이 오고간 것을 고려해볼 때, 가나안으로 돌아가자는 하나님(예언자)의 초청 언어가 바벨론 포로들에게 환영받지 못했다는 것을 미루어 짐작할 수 있다. 이스라엘 백성은 하나님이 보낸 예언자의 몇 마디 말을 따라 1,200킬로나 되는 거리를 걸어가 가나안 땅으로 돌아갈 마음이 없었다.

이런 상황에서 하나님은 고레스를 일으켜 바벨론 포로들을 출바벨론 시키려는 당신의 계획 자체를 조롱하는 자들을 질책하고 계신다. "화 있을진저"라는 선언은 하나님에 대한 지배층 기득권자들의 조직적이고 체계적인 죄악을 규탄할 때 사용하던 강한 비난이다. 이사야 5:8, 11, 18, 20, 21과 이사야 10:2의 화^禍 선언들은 하나님의 근본계명을 위반하는 지배층들의 악행을 겨냥해 선포되었다. 땅과 가옥의 독점, 고아와 과부의 생존권 위협, 하나님의 역사 속 공의 집행에 대한 저항, 하나님에 대한 망자존대^{妄自尊大} 등을 규탄하는 위협들이다. 지금 바벨론 포로들 중에도 이런 화 선언을 초래할 만큼 조직적이고 체계적인 저항이 있다. 아마도 그들은 바벨론 잔류파이거나⁵ 출바벨론 가나안 귀환에 미온적인 반응을 보이는 자들일 것이다. 이런 추정을 가능케 하는 실마리가 11절이다. 이스라엘의 거룩하신 이 곧 이스라엘을 지으신 여호와께서 설계한 계획을 배척하고 자기들의 계획을 고집하는 자들에게 다음과 같이 말씀하신다. 개역개정은 11절 하반절을 "너희가 장래 일을 내게 물으며 또 내 아들들과 내 손으로 한 일에 관하여 내게 명령하려느냐?"라고 의문문으로 번역하는데 이것은 BHS 비평장치의 제안을 따른 결과다. BHS 비평장치는 11절의 셋째 소절인 하오티요트 쉬알루니(שְׁאֵלוּנִי הָאֹתִיּוֹת)를 하오티 티쉬알루니(תִשְׁאֵלוּנִי הַאֹתִי)로 고쳐 읽을 것을 제안한다. BHS 비평장치는 '장래일'로 번역된 히브리어 하오티요트(הָאֹתִיּוֹת)에 있는 하(הַ)를 의문사로 보고 있다. 수정된 본문, 하오티 티쉬알루니(הֲאֹתִי תְשָׁאָלוּנִי)는 '너희가 내게 묻느냐'라는 의미가 된다. 현재 맛소라 본문을 그대로 두고 읽으면 '그들이 장래 일에 관해 내게 캐물었다' 정도의 의미가 된다. 어떻게 번역하든 의미상에는 큰 차이가 없다. 그런데 우리는 현재 본문을 그대로 두고 해석하는 편을 취한다. 하오티요트(הָאֹתִיּוֹת)는 '오다'를 의미하는 히브리어 동사 아타(אָתָה)의 여성 복수 분사형 오티요트(אֹתִיּוֹת)에 정관사(הַ)가 붙어서 생긴 단어다. '올 일들'이라는 뜻이다. 이렇게 번역해도 11절 하반절의 논지는 잘 살릴 수 있다. 11절의 사역은 이렇다. "이스라엘의 거룩하신 이 곧 그의 조성자인 여호와께서 이같이 이르시되 '너희가 내 아들들과 관련된 장래 일들(오티요트)을 내게 따져 묻고, 내 손의 행사에 관해서는 너희가 (아예) 내게 명령하는구나!' 여기서 힐문당하는 청중이 하나님에게 감히 명령하는 영역은 '내 손의 행사'다. 하나님께 도전하는 일단의 이스라엘 사람들이 '장차 일들에 관하여 하나님께 따져 물으며('항의하며'에 가까운 의미) 하나님의 아들들과 하나님이 손으로 하시는 일에 관해서는 아예 명령하고 있다!' 이 대적자들은 이스라엘 자손들의 장래가 어떻게 될 것인지에 대하여 하나님께 묻지 않았거나 건성으로 묻는 척하면서 이스라엘 자손들에 대한 하나님의 계획과 하나님이 친히 행하신 일에 대해 명령하려는 듯이 반발하고 있다(테차우니, you commanded me). '명령하다'는 단어는 차바(צָוָה) 동사의 능동강세형(피엘)으로 인간이 하나님을 향해 할 수 있는 동작을 묘사할 때는 절대로 쓸 수 없는 말이다. 차바의 강세능동(피엘) 2인칭 남성 복수 미완료형이 사용된다는 점은 이 대적자들의 저항 기세가 자못 심각한 것임을 추측케 한다. 요약하면 이 대적자들은 하나님께서 고레스를 일으켜 이스라엘의 출바벨론을 기획한 것 등에 대해 시비를 걸고 있는 것이다.

12절은 하나님의 창조주권에 근거한 하나님의 대답을 제시한다.

'다른 이가 아니라 내가[아노키(אָנֹכִי)] 땅을 만들고 그 위에 사람을 창조하였으며 내가[아니(אֲנִי)] 내 손으로 하늘을 펴고 하늘의 모든 군대에게 명령하였노라.' 12절은 창세기 2:1을 상기시킨다. "천지와 만물이 다 이루어지니라"(봐여쿨루 하샤마임 붜하아레츠 붜콜-츠바암). 개역개정 번역은 원문을 흐리는 번역이다. "만물"로 번역된 단어 차바(צָבָא)는 군대, 혹은 천군天軍으로 번역되어야 한다(BDB, p. 839). 시편 103:20-22은 하나님의 통치와 명령을 수행하는 세 대리자들을 언급한다. 야웨의 말씀을 행하는 천사[말아크(מַלְאָךְ)], 야웨의 기쁘신 뜻을 받드는 수종자들[므샤르타이브(מְשָׁרְתָיו), his attendants]인 천군[차바(צָבָא)], 그리고 피조물들[마아싸이브(מַעֲשָׂיו), 수공노동 피조물]이 바로 야웨의 만유통치를 실행하는 대리자들이다.시 103:19 그중에서도 차바(천군)의 역할은 야웨의 기쁘신 뜻을 행하는 수종자들이다. 따라서 12절은 창세기 2:1(콜-츠바암, '천군')과 시편 103:20("여호와의 천사들")에 비추어볼 때 하나님이 얼마든지 당신이 만드신 피조물을 사용하실 수 있다는 점을 강조한다. 고레스는 하나님이 쓰시는 차바 중 하나다. 결국 12절은 하나님의 천지창조 대권을 상기시킨다. 사람을 창조하고 그에게 특정한 사명을 맡기며 당신이 만든 군대[하늘의 모든 군대(콜-츠바암)]를 부리고 명령하는 것은 창조주 하나님의 고유 권한이다. 12절에서 1인칭 대명사 '아노키', '아니'가 각각 한 번씩 사용되고 있는 점은 이런 해석을 더욱 지지한다.

13절에도 하나님을 가리키는 1인칭 대명사 '아노키'가 독립적으로 사용된다. 그런데 갑자기 '그를'이 등장한다. 문맥상 1절의 고레스를 가리키는 것으로 봐야 한다. 13절의 히브리어 구문을 직역해보면 하나님의 의도가 보다 더 분명하게 감지된다. '다른 이가 아닌 내가(1인칭 대명사 돌출 사용) 그를 공의로 일으켰다. 그리고 그의 모든 길들을 내가 곧게 할 것이다. 다른 이가 아닌 그가[3인칭 남성 대명사

후(הוא)가 독립적으로 사용] 내 성읍을 건축할 것이며 내 사로잡힌 자[갈루티(גָּלוּתִי)]를 값 없이, 그리고 갚음 없이 풀어줄 것이다. 만군의 야웨가 말씀하신다.' 하나님이 고레스를 일으키신 이유가 분명하다. 예루살렘 중건과 바벨론 포로석방을 위해서다. 공의로 일으켰다는 말은 하나님이 당신의 백성들과 열국 백성들에게 언약적 돌보심과 신적 친절을 베풀려는 마음으로 고레스를 세계패권 군주로 세우셨다는 것이다. 고레스는 단지 자신의 정복욕을 채우는 존재가 아니라 하나님의 공의(체데크)를 실행하는 인물이라는 것이다.[45:8] 하나님 자녀들이 자기 안에 넘치는 조롱과 어쩔 수 없는 무능력 때문에 1센티미터도 전진하지 못할 때 하나님은 고레스라는 예기치 않은 인물을 불러들여서 하나님의 의가 비처럼 쏟아지게 하신다. 이스라엘은 고레스를 통해 의, 즉 하나님의 계약적 친밀함이 비처럼 쏟아지는 것을 경험하게 될 것이다.

14절은 모호하다. '네게'라는 2인칭 여성 단수 접미어(알라이크, 라크, 아하라이크, 엘라이크, 엘라이크, 바크)가 누구를 가리키는지 분명하지 않다. 2인칭 여성 단수는 갈루티(גָּלוּתִי), '나의 사로잡힌 자', 혹은 '나의 성읍'이다. 14절의 청중은 예루살렘 성읍이나 사로잡힌 자, 즉 바벨론 귀환포로 공동체라고 보는 것이 문맥상 타당하다. 그런데 애굽의 소득과 구스의 무역 열매, 스바의 장대한 남자들이 이스라엘에 속하고 야웨 하나님에 대한 신앙고백을 바치는 상황이 어떻게 가능한지는 확정하기가 어렵다(참조. 사 19:16-25). 중건된 예루살렘이 국제적으로 부상해서 야웨 하나님에 대한 신앙을 애굽 지역에까지 퍼뜨린 결과를 말하는 것처럼 보인다. 애굽과 스바, 그리고 구스가 이스라엘에게 군사적으로 굴복한 상황에서 '야웨 하나님 외에 다른 신이 없다'고 고백하는 상황은 상상하기 어렵지 않다. 고레스의 해방선언으로 중건된 예루살렘과 회복된 이스라엘은 애굽의 소득과 구스의 무역 성과를 누릴 뿐만 아니라 스바의 장대한 남자들을 예루살렘으로 귀순시킬 정도로 강대해질 것이다. 애굽, 구스, 스바가 이스라엘에게 속할 뿐만 아니라 이스라엘을 따를 것이다.^{사 19:16-25; 습 3:10} 심지어 그들은 전쟁포로 신세로 전락해 사슬에 매인 채 이스라엘로 건너와서 굴복하고 선처를 간구하는 처지가 된다. 그들이 이스라엘에게 굴복하고 간청한 끝에 중대한 영적 진리에 도달한다. "하나님이 과연 네게 계시고" 이스라엘의 야웨 외에는 "다른 하나님이 없다." 한때 이스라엘을 지배하고 멸시하였던 원수들이 언젠가 이스라엘에게 와서 '네게 과연 하나님이 계시다. 네가 믿는 하나님 외에는 다른 하나님이 없다'라고 말할 날이 온다는 것이다. 이 예언이 터져 나올 때 이집트, 구스, 스바 사람들은 이스라엘 사람들이 감히 올려다 볼 수 없는 높은 번영을 구가하는 큰 나라였다. 특히 스바의 키 큰 사람들은 욥의 자녀들을 파괴하고 죽인 자들이다. 그들은 이스라엘 사람들에게 공포감을 불러일으키는 장대한 족속이었다. 이스라엘의 남쪽 국경을 그렇게 많이 침탈했던 스바 사람이 사슬에 매여 와서 "이스라엘의 발 앞에 엎드려서 '과연 하나님이 당신과 함께 계십니다'라고 말하는 날"이 온다. 이 큰 나라들이 세계 열강들의 각축 속에서 약해지고 약해져서 나라를 구성할 만한 인적 자원도 바닥난 이스라엘에게 와서 '야웨 하나님에 대한 신앙'을 고백하고 이스라엘과 연합한다는 것은 현실에서는 상상하기 힘들다. 그래서 미래에 일어날 일을 말하는 예언에서만 착상되는 논리다.

15절 또한 어려운 구절이다. 일단 화자가 누구인지 명확하지 않다. 14절의 주어가 애굽, 구스, 스바 사람인지 예언자(45장의 신탁을 수납한 자)인지 분명하지 않다. 화자가 밝혀진다고 하더라도 이 절 자체가 무엇을 말하는지 종잡기 어렵다. 하나님의 신적 은닉을 찬양하는 맥락인지 하나님의 신묘막측한 역사 주재 방식을 이해하지 못한 답답함을 토로하는 맥락인지 알기 힘들다. 14절과 연결시켜 읽으면 화자가 14절의 주어인 애굽, 구스, 스바 사람들인 것 같다. 이런 경우 "이스라엘의 하나님! 다른 이가 아닌 당신은(2인칭 남성 대명사 아타 돌출사용), 우리의 구원자입니다"라는 뜻이 된다. 자신들이 이제야 참 하나님을 찾게 된 감격을 토로하는 셈이다. 그들이 보기에 숨어 계신 하나님은 자신들이 익히 알고 있는 신적 권능과 권세를 동반한 채 인간사를 마음대로 주장하는 절대자의 모습을 감춘 하나님이라는 말이다. '숨어 계시다'라는 말은 하나님이 자기 존재를 드러내는 방식이 '오묘하고 온유하고 겸허하다'는 뜻이다. 연약한 이스라엘 백성 배후에서 이스라엘과 언약을 맺어 활동하시는 모습이 고대인들의 관점에서 볼 때 신의 통속적 전능과 권세를 감추고 있는 것처럼 보인다는 뜻이다.

만일 이 절의 화자가 이스라엘이라면 '구원자 이스라엘의 하나님 당신은 진실로 이제까지 스스로를 숨겨오셨습니다'라는 뜻이 된다. '70년 바벨론 유배 동안 당신은 우리에게 예언자를 보내주시지도 않았고, 당신의 돌보심도 보여주지 않았습니다. 당신은 구원자로서의 당신 모습을 감추셨습니다. 이제야 당신은 고레스를 통해 구원자의 면모를 드러내십니다.' 이렇게 볼 수 있는 이유는 19절 때문이다. 19절은 15절에 대한 답변이 되는 셈이다. 하나님의 은닉은 신적 불쾌감과 분노의 냉정하고 가혹한 표현이다. 하나님이 스스로를 숨기면 인간은 우상숭배에 빠지게 된다. 하나님의 현존이 철수한 곳에 창궐하는 것이 우상숭배다. 이스라엘의 바벨론 유배 동안 하나님이 신적 은닉을 하는 동안에 이스라엘은 바벨론 우상들에게 경사되었고 결과적으로 이 우상숭배자들은 출바벨론 가나안 고토귀환 대열에 동참할 의사가 없다는 반응을 보인다. 전체적으로 이 두 번째 방식으로 15절을 해석하는 것이 낫다. 15절의 주어를 애굽, 구스, 스바 사람들로 지정하면 그 의미를 충분히 해명할 수 없기 때문이다. 15절의 화자를 이스라엘로 볼 때는, 16절 이하의 문맥과 나름대로 잘 어울리는 방식으로 하나님의 은닉을 설명할 수 있다. 실제로 바벨론 포로들 중 하나님의 은닉을 견디지 못하고 우상숭배로 달아난 자들이 많았다.[6] 바벨론 포로기 연구의 대가인 영국의 구약학자 피터 아크로이드는 이 점을 잘 밝혔다. 아크로이드에 따르면, 야웨의 유일성과 절대성을 강력하게 변증하는 제2이사야의 여러 구절들은, 바벨론이 자신들의 신들에 대해 주장한 것을 무효화하고 동시에 바벨론의 종교에 쉽게 순응하는 유다의 동료 포로들의 영적 일탈을 경계하기 위한 것이었다.[7]

바벨론 포로들이 정복자의 종교를 수용했을 가능성에 비추어보면 하나님의 은닉에 관한 15절의 숨은 뜻이 드러난다. '이렇게 위대한 구원 역사를 일으키시는 하나님이, 이런 위대한 꿈을 가진 하나님이 왜 70년 동안 자신을 감추고 계셨습니까?' 이런 의미가 15절 안에 숨어 있다. 이스라엘의 하나님은 우상숭배에 탐닉한 당신의 백성에게 자신을 숨기시는 하나님이다. 인간의 윤리적, 도덕적 상상력이 꽃피도록 하나님은 당신을 숨기신다. 숨어 계신 하나님을 찾는 과정은 인간의 윤리적 도덕적 주체의식이 만개하는 과정이 되기도 한다. 하나님은 믿는 자들이 역사 안에 범람하는 악을 주체적으로 해결하는데 전력투구할 기회를 갖도록 당신을 은닉하신다. 만일 하나님이 숨어 계시지 않고 역사의 전면에 나오셔서 악인을 직접 처단하면, 우리는 하나님의 무서운 징벌과 심판권능 때문에 하나님께 굴종하는 노예가 될 수 있다. 다행히도 하나님은 인간이 이 땅의 역사에 주인 노릇을 하면서 살도록 우리를 위하여 당신을 은닉하신다.

그런데 역설적이게도 이 거룩한 목적을 지닌 신적 은닉의 시간이 우상숭배가 만연해지는 순간이 되기도 한다. 모세가 시내산 회중을 떠나 40일을 비웠을 때 아론과 회중은 금송아지를 만들었다. 영적인 지도력 공백이 생길 때 우상을 부어 만들고자 하는 욕구에 시달리게 된다. 쩌렁쩌렁 울려 퍼지는 하나님의 말씀이 더 이상 들려오지 않을 때 우상을 만들어 섬겨야 달래지는 불안이 있다. 아론과 이스라엘 백성처럼 우상을 만드는 자는 모두 한결같이 부끄러움을 당할 것이며 수치를 당할 것이다. 그러나 숨어 계신 하나님을 끝까지 믿고 기대하는 이스라엘은 안전할 것이며 이스라엘의 구원은 영원할 것이다. '그러므로 너 이스라엘 사람들아, 눈에 보이는 우상에 절하면서 우상이 주는 안정감에 마음을 무장해제당하지 말고, 숨어 계신 하나님, 역사의 중심 무대로부터 철수한 것처럼 보이는 하나님, 은밀한 곳에 숨어 계신 하나님을 믿고 긴장감을 유지할지어다.' 이것이 15절의 실천적인 함의다.

16절은 다시 우상 제작자, 즉 우상숭배자들의 수치스러운 종말을 말한다. 바벨론 사람들과 그들에게 동조하며 바벨론 잔류를 결심한 이스라엘 사람들은 부끄러움을 당하며 다함께 수욕 중에 들어갈 것이다. 17절은 우상 제작자들의 비참한 결말과 다른 미래를 보장받는 이스라엘에 대해 말한다. 우상 제작자들인 바벨론 사람들과 그들의 동조자들은 수치스러운 종말을 맞겠지만, 이스라엘은 여호와께 구원을 받아 영원한 구원을 얻을 것이다. 이스라엘은 영원히 부끄러움을 당하거나 욕을 받지 아니할 것이다. 18절은 이스라엘의 밝은 미래를 보장하시는 야웨의 논리를 말한다. 18절의 첫 접속사 '대저'는 히브리어 이유 접속사 '왜냐하면'[키(כִּי)]이다. 왜냐하면 여호와께서 이같이 말씀하셨기 때문이다. '하늘들의 창조자(뽀레 샤마임), 다른 이가 아니라 그[3인칭 남성 대명사 후(הוּא)]야말로 땅의 조성자(요체르 하아레츠)와 그것의 창조자이시기 때문이다. 다른 이가 아닌 바로 그[3인칭 남성 대명사 후(הוּא)]가 그것을 견고하게 하셨고 그것이 혼돈으로 퇴행하지 않도록 창조하셨고 그것을 거주지[쉐베트(שֶׁבֶת)]로 만드셨

266

기 때문이다.' 하나님의 창조활동을 묘사하는 히브리어 세 동사가 여기에 다 동원되고 있다(빠라, 아싸, 야차르). 여기서 중요한 사실은 이 세상이 혼돈으로 퇴행하지 않고(로-토후) 거주지(쉐베트)가 되도록 창조했다는 점이다. 토후(תהו=formless)와 보후(בהו=void, unsuitable for living)는 인간이 거주하기 힘든 조건, 물과 뭍이 뒤엉킨 상황을 가리킨다. 바벨론은 거대한 원시혼돈의 세계, 토후와 보후의 영역이다. 이스라엘을 침수시키는 원시 혼돈물결이다. 하나님은 바벨론이라는 거대 원시 혼돈에서 이스라엘을 건져내 분리시키신다. 이스라엘의 새로운 정체성을 창조하시기 위해서다. 최초의 창조는 혼돈의 바다에서 피조물 친화적인 거주지 땅을 창조하는 것이었다. 이번에도 원시 혼돈의 물결인 바벨론에서 이스라엘을 건져올려 땅, 쉐베트를 선사하신다. 따라서 출바벨론하여 가나안 고토, 쉐베트(거주지)로 돌아가는 것까지 이루어져야 이스라엘을 창조하시는 사역이 완전하게 된다. 우상숭배자들은 수치와 굴욕으로 휩쓸려갈 것이지만 출바벨론 대열에 동참하는 이스라엘은 창조주 하나님이 조성하시고 창조하신 쉐베트 가나안 고토로 돌아갈 것이다. 이것이 이스라엘이 받을 영원한 구원[17절]이다. 영원한 구원[터슈아트 올라밈(תְּשׁוּעַת עוֹלָמִים)]은 무시간적이고 타계적인 구원이 아니라 하나님이 지으신 견고한 땅에서 오랫동안 하나님의 언약적 돌보심을 받으며 사는 것을 가리킨다. 이 모든 하나님의 약속은 절대로 확실하게 성취된다. 이 약속의 원천이 바로 창조주 하나님이시기 때문이다. 하늘과 땅의 운명과 장래를 주재하시는 하나님이 이스라엘의 미래를 능히 보장하실 수 있다. 그래서 18절의 마지막 소절은 앞의 모든 말을 확증하는 하나님의 자기선언이다. '다른 이가 아니라 나 자신이 바로 야웨다. 더 이상 다른 이는 없다.'

19절도 어렵다. 전후 구절과의 맥락을 찾아내기가 어려울 뿐만 아

창조의 하나님, 구속의 하나님

니라 각각의 단어들이 무슨 상황을 말하는지 분별하기도 어렵다. 화자는 하나님이며 청중은 야곱 자손이다. 대구법으로 되어 있는 이 절을 분해하면 이렇다. 정동사를 가진 문장 셋과 두 개의 분사 문장으로 구성된다. 첫째, 둘째 소절의 정동사와 마지막 분사 문장의 분사도 '발화發話' 행위를 가리키는 동사들인 점이 주목할 만하다.

(야곱 자손에게) 나는 감추어진 곳에서 말하지 않았다.
어둠의 땅의 처소에서 말하지 아니했다. 야곱 자손에게.
너희는(야곱 자손) 나를 헛되이 찾았다.

다른 이가 아닌 나 야웨는 공의를 말해오고 있으며,
공평을 낱낱이 알려오고 있다.

19절의 첫 소절은 아무래도 15절에 대한 하나님의 응답처럼 들린다. 하나님의 은닉상황에서 우상숭배가 창궐했다는 이스라엘의 자체 진단에 대한 하나님의 응답이다. '나는 감춰진 곳, 어둠의 땅에서 말한 것이 아니라 명명백백하게 나의 의향과 의도를 일관되게 야곱 자손에게 말했다. 그런데도 너희는 나를 감춰진 곳, 어둠의 땅에서 말하는 것처럼 간주하고 나를 찾되 허무한 방식으로 찾았다.' 찾아도 야웨를 만날 수 없는 방식으로 찾는 것이, 헛되이 찾는 것이다. 이사야 1:11-15이 야웨를 헛되이 찾는 모습이다.

여호와께서 말씀하시되 너희의 무수한 제물이 내게 무엇이 유익하뇨. 나는 숫양의 번제와 살진 짐승의 기름에 배불렀고 나는 수송아지나 어린 양이나 숫염소의 피를 기뻐하지 아니하노라. 너희가 내 앞에 보이러 오니 이것을 누가 너희에게 요구하였느냐. 내 마당만 밟을 뿐이니라. 헛된 제물을 다시 가져오지 말라. 분향은 내가 가증히 여기는 바요 월삭과 안식일과 대회로 모이는 것도 그러하니 성회와 아울러 악을 행하는 것을 내가 견디지 못하겠노라. 내 마음이 너희의 월삭과 정한 절기를 싫어하나니 그것이 내게 무거운 짐이라. 내가 지기에 곤비하였느니라. 너희가 손을 펼 때에 내가 내 눈을 너희에게서 가리고 너희가 많이 기도할지라도 내가 듣지 아니하리니 이는 너희의 손에 피가 가득함이라.

하나님을 헛되이 찾는 곳에서는 종교와 사회정의가 다른 궤적을 따라간다. 화려한 종교제의들은 공평과 정의 실천의 의무를 저버리는 자들이 자신들의 악행을 감추기 위한 위장술이 되기 쉽다. 하나님을 입술로는 공경하나 마음으로 하나님의 계명을 배척하는 것이 하나님을 헛되이 찾는 것이다. 이런 헛된 방식으로 야웨를 구하는 악행이 이스라엘을 자기파멸적 기만으로 몰아가 마침내 이스라엘을 멸망시켰다. 이스라엘은 하나님이 마치 감춰진 곳, 어둠의 땅에서 비의적인 방법으로 자기들에게 말씀하신 것처럼 오해하며 하나님의 성품에 거스르는 방식으로 하나님을 찾았고, 그 결과 공평과 공의가 고갈된 사회로 전락했었다. 하나님은 공의를 말하고 공평을 낱낱이 가르쳐 주시는 사역을 통해 당신의 현존을 드러내신다.

땅의 모든 끝에 사는 만민까지 구원 잔치에 초청하시는 하나님 • 20-25절

이 단락의 청중은 "열방 중에서 피난한 자들", "땅의 모든 끝"인데 이 두 집단이 가리키는 대상이 누구인지 분명하지 않다. 열방 중에 야웨께 귀의하는 애굽, 구스, 스바 사람들을 가리키는지, 아니면 열방 중에 흩어진 유대인 이산민들과 포로들을 가리키는지 분명하지 않다. 다만 앞 단락의 애굽, 구스, 스바 사람들을 생각하면 전자의 해석이

더 적합해 보인다. 그렇다고 해서 유다의 이산민들과 열방 중 거주민들, 바벨론 포로들과 같은 사람들이 이 신탁의 예상 청중 명단에서 누락되어야 한다는 말은 아니다. 중요한 점은 이스라엘이 바벨론 유배를 거치고 다시 가나안 고토로 돌아가는 일련의 사건은 열방에게 이스라엘 하나님의 역사 주재권을 각인시키는 결과를 낳았다는 사실이다. 이스라엘 하나님의 국제적 명성이 높아졌다. 그래서 이제 하나님의 사역범위가 이스라엘 백성의 범위를 넘어서서 열방으로 확장되었다. 이스라엘 민족이 바벨론 포로생활을 하지 않았다면 이스라엘 민족은 영원히 이 진리(하나님의 보편적 세계통치권과 만유지배권)를 깨닫지 못했을 것이다. 하나님께선 이스라엘의 하나님일 뿐만 아니라 열방의 하나님도 되시며, 하나님의 구원 목표는 이스라엘뿐만 아니라 온 열방의 피난한 자들까지 포함하고 있음을 알지 못했을 것이다. 이스라엘 민족은 70년 동안 바벨론 포로생활을 감수하면서 자신들이 이 세상에 하나님의 더 큰 목적을 위해 집어 던져진 존재임을 깨달았다. 이 광활한 세상 한복판에 뿌리 뽑힌 채 집어던져져 본 후에야 이스라엘은 하나님이 아닌 우상을 숭배하는 것이 얼마나 위태롭고 위험한 일인가를 깨달았다. 그들은 하나님을 찾지 못하면 우상을 대안으로 품고 다닐 수밖에 없다는 것을 깨달았다.

이스라엘은 70년 동안 우상숭배의 어리석음을 마음에 각인될 만큼 뼈저리게 배웠다. 그들은 열방 중에서 야웨 하나님께 피난한 귀의 자들, 개종자들을 얻기에 이르렀다. 하나님은 열방 중에서 피난한 자들을 당신께 가까이 나아오라고 초청하신다.^{20절 상반절} 열방 중 피난한 자들은, 아직도 나무 우상을 가지고 다니며 구원하지 못하는 신에게 기도하는 나머지 무지한 열방 백성들과 구별된다. 전자는 구원을, 후자는 수치를 당하게 될 것이다. 무지한 열방 백성들이 휴대한 신상들은 목각으로 된 신상들이었다. 고대근동의 우상숭배자들은 바알과 아세라와 마르둑 신의 목각 인형을 들고 다녔다. 우리가 하나님을 알지 못하면 남는 대안은 우상을 섬기는 것 이상이 될 수 없다. 믿는 자들이 참 하나님을 보여주지 않으면 사람들은 우상에 빠질 수밖에 없다. 우리 인생을 운반하고 계시고 우리 인생을 들고 다니시는 하나님(사 46:3 내게 업힌 너희여)을 올바로 증거하지 않으면, 373장 찬송처럼 "어떤 사람 우상 앞에 사랑 얻기 위하여 소리칠" 수밖에 없다.

21절은 열방의 피난한 자들을 회집시키는 목적을 말한다. 이스라엘 하나님의 역사 기획과 성취를 알리고 진술하며 또 함께 의논하여 보도록 그들을 초청하신다. 바벨론 멸망과 고레스 등장이라는 거대한 역사 변동을 옛적부터 듣게 하고 이전부터 알게 한 자가 바로 이스라엘의 하나님 야웨임을 깨닫도록 하기 위함이다. 그들이 이스라엘의 하나님 야웨 외에는 "다른 신"이 없으며, 하나님의 역사적 동선은 "공의를 행하며 구원을 베푸는" 일이며, 역사 속에서 약자를 부축하고 강한 자들을 억제하고 해체시키는 광대한 형평작업을 추진하시는 분은 오로지 이스라엘 하나님 야웨 외에 다른 신이 없다는 것을 확신시켜 주시기 위함이다. 이 세상의 어떤 신도 이렇게 간단하게 자신의 역사 속 동선을 진술하지 않는다. '나는 강한 자들로부터 약한 자를 건져내는 공의(체데크)를 행하며 구원을 베푸는 활동을 통해 내 존재를 입증한다.'시 89:13-14; 103:6-7; 사 5:16; 33:5; 렘 9:24; 22:15-16 아브라함 요슈아 헤셸이 지적한 것처럼 공평(미쉬파트)과 정의(체데크)가 역사의 모든 순간에 등률적으로 실현되지는 않았지만, 역사의 모든 순간에는 하나님의 공평과 정의라는 관심이 작동하고 있다.[8] 야웨는 특정 인종을 편애하시는 분이 아니다. 선민을 애호하고 만민을 버리는 하나님이 아니다. 공평과 정의를 행하는 백성이 야웨의 백성이요 언약동반자다.

22절이 말하듯이 하나님은 모든 땅의 사람들을 돌이켜 구원받도록 초청하신다. 22절 상반절의 히브리어 구문은 하나님의 만민초청

의지를 부각시킨다. 직역하면 '땅의 모든 끝들이여[콜-아프세-아레츠 (כָּל־אַפְסֵי־אָרֶץ)], 내게로 돌이키라[퍼누-엘라이(פְּנוּ־אֵלַי)]. 너희가 구원을 받도록'[봐히바쉬우(וְהִוָּשְׁעוּ)]이다. 하나님은 아브라함을 처음 부르실 때부터 그의 부르심의 목적을 천명하셨다.^{창 12:2-3} 땅의 모든 족속들이 아브라함을 통해 복을 받는 것이다. 이스라엘을 선민, 제사장 나라, 거룩한 백성으로 부르신 그 순간에, 하나님은 '온 세계가 하나님께 속했다'는 근본 사실을 천명하신다.^{출 19:4} 창조주 하나님은 당신이 지으신 모든 세계가 당신의 구원을 받기를 원하신다.^{딤전 2:4} 야웨는 유일무이하신 하나님, 땅의 모든 끝에 사는 사람들의 삶에 신경을 쓰시는 창조주 하나님이시기 때문이다.

23절은 하나님의 자기맹세문이다. 백퍼센트 성취될 말이 하나님의 자기맹세다. 하나님의 입에서 발출된 공의로운 말은 반드시 실현되고 성취된다. 허공 중에 흩어져 하나님께 아무런 열매도 맺지 못한 채 돌아가지 않는다.^{사 55:10-11} 세상에 전파되고 알려진 하나님의 공의로운 말은 반드시 선교적 열매를 맺게 될 것이다. 그 결과 "내게 모든 무릎이 꿇겠고 모든 혀가 맹세"할 것이다.^{빌 2:10-11} 24절은 하나님에 대한 사람들의 앎이 상식처럼 확산되는 상황을 말한다. "공의와 힘은 여호와께만 있나니 사람들이 그에게로 나아갈 것이라. 무릇 그에게 노하는 자는 부끄러움을 당하리라." 이스라엘의 예언자들이 그토록 외치고 가르쳤던 하나님을 아는 지식이 보통 사람들에게도 퍼진다. 하나님께 노하는 자는 부끄러움을 당할 것이라는 진리가 공리로 받아들여진다. 이런 상황에서 우상 대신에 역사를 주재하는 참 하나님을 믿는 이스라엘 자손은 모두 여호와로 말미암아 의롭다 함을 얻고 자랑할 것이다.^{25절}

메시지

고레스라는 인물의 맹활약은 이 세계 어느 곳도 하나님의 통치에서 벗어난 곳이 없다는 것을 보여준다. 하나님은 아무 나라의 아무 왕이라도 당신의 목적을 위해 자유롭게 징발하실 수 있다. 하나님의 구원은 종종 '제3대리자'의 매개활동을 통해 구현될 때가 있다. 하나님은 당신의 백성을 구원하는 데 하나님 백성과 전혀 상관이 없는 제3의 인물을 징발해 하나님 역사를 진척시키신다. 하나님은 하나님 백성이 자기 스스로를 구원하지 못할 때, 제3의 인물을 통하여 구원하신다. 우리나라가 일제로부터 해방되는 역사에도 제3의 인물을 통한 구원이 일어났다. 우리 겨레는 순전히 우리 힘으로 일본으로부터의 해방을 쟁취하지 못했다. 물론 북한에서는 아직도 자신들의 무장독립투쟁의 결과로 민족해방의 위업을 쟁취했다고 주장한다. 역사가들이 인정하듯이 김일성과 그를 따르던 중대 병력 수준의 무력을 가진 사람들이 1938년부터 1945년까지 7년 동안 조국 해방투쟁을 했던 것은 사실이다. 그러나 김일성 휘하의 부대는 해방 직전까지 소련의 88여단에 배속되어 해방되기 전 몇 년 동안에는 무장독립투쟁 자체를 하지 못했다. 남한의 역사가들의 일부도 의열단의 투쟁과 상해임시정부의 무장 광복군의 버마 전선 투입, 국내 진공작전 수행 등을 근거로 우리 조국의 해방을 위한 겨레의 주체적인 노력을 높이 평가하고 있다. 하지만 그것으로 우리나라의 해방을 설명하기에는 불충분하다. 남한에서는 실제로 무장독립투쟁을 한 독립운동가들이 해방 후 정부 수립에 크게 역할을 하지 못했다. 간단하게 말하면 우리나라의 해방에는 미국과 소련의 도움이 컸다. 루스벨트와 스탈린이 일시적으로 고레스 역할을 한 것이다. 그러나 이사야가 고레스를 도덕적으로나 영적으로 숭고한 성자라고 말하지 않았듯이 우리도 제2차 세계대전

창조의 하나님, 구속의 하나님

연합군의 지도자들을 영적으로나 도덕적으로 영웅이라고 볼 필요는 없다. 하나님의 절대주권적인 역사 운행을 강조할 뿐이다.

개인, 가정, 크고 작은 공동체의 역사에서도 고레스 급의 인물이 나타나서 자신도 모르게 하나님의 구원을 베풀 때가 있다. 고레스 같은 하나님의 종이 불의한 토착왕국들을 정복하는 과정에서 최약자 농민들에게 해방이 주어지기도 한다. 각 나라에서 민중을 괴롭히는 나쁜 토착 왕조와 관료층, 지배층을 고레스가 없애버림으로써 민중에게 일시적으로나마 해방이 온다. 이런 점에서 고레스는 체데크의 세계적 확산에 이바지하는 역할을 한 셈이다. 다소 논란이 있을 수 있으나 세계역사상 알렉산더, 칭기즈칸, 나폴레옹 등도 부분적으로 이런 역할을 했던 인물들이라고 말할 수 있다. 이런 견해가 폭력을 휘두른 모든 세계사적 정복자들을 교조적으로 미화하거나 정당화할 수는 없지만, 하나님은 세계 위에 군림하며 각축하는 염소와 양들의 전쟁을 이용해 당신의 세계 심판을 집행하신다(단 2장 네 나라; 단 7장 네 짐승; 단 11장 양과 염소의 상쟁).

아무튼 페르시아의 정복군주를 '야웨의 기름 부음을 받은 자 메시아'라고 부르는 고대 이스라엘 예언자의 상상력은 위대하다. 예언자들에게 이런 엄청난 발상을 촉발시킨 하나님의 자유로운 영은 더욱 위대하다.[9] 페르시아의 초대왕 고레스는 페르시아를 창건하자마자 주전 538년에 이스라엘 백성을 본토 가나안 땅으로 돌아가라고 칙령을 내렸다. 검은 직립 원통형 돌에 새겨진 고레스 칙령은 아직도 루브르 박물관에 있다. 고레스는 바벨론 포로들에게 아주 긍정적인 평가를 받았다. 하나님은 교회를 통해서만 일하시지 않고 고레스 급 제3의 대리자, 즉 교회 바깥 인물을 통해서도 일하신다. 고레스는 하나님이 쓰시는 의외적인 인물이다. 고레스처럼 하나님께 쓰임받은 것에 대해 겸손한 두려움을 가져야 한다. 교회 안에서 하나님의 마음에

드는 종이 없을 때는 돌들로도 마음에 드는 종을 만드실 수 있고, 돌들로도 아브라함의 후손을 대신하실 수 있다는 사실을 우리는 겸손하게 받아들여야 한다.

하나님은 고레스 같은 의외의 인물을 기습적으로 등장시켜 당신의 자녀를 구원하시는 하나님이시다. 하나님은 항상 숨어 계신 분이 아니시다. 하나님은 기도하는 사람에게 헛되이 나를 찾으라고 말씀하시지 않는다. '나는 반드시 응답한다. 나는 야곱 자손에게 헛되이 나를 찾으라고 말하지 않았다. 나는 기도하는 바를 반드시 응답해주는 하나님이다.' 이런 확신을 주신다. 하나님은 땅을 헛되이 창조하지 않으시고 바벨론 포로들에게 보금자리를 주셨듯이, 땅 끝의 이산민처럼 겨우 존재하는 자들을 위해 보금자리를 마련하신다.

인간은 이 세상에 던져진 존재다. 이 세상에 던져졌을 뿐만 아니라 동시에 하나님이 숨어 계신 것처럼 보이는 세상에서 하나님을 찾으며 필사적으로 갈망하는 존재다. 하나님을 믿든지 우상을 믿는지 둘 중에 하나를 택하지 않으면 안 될 만큼 세상은 공허하고 고달프고 무의미하다. 그러나 우리는 우리의 우상을 짊어지고 다닐 필요가 없다. 하나님은 믿는 자를 들고 다니시기 때문이다.

이 세상에 무신론자란 없다. 거짓 신을 믿는 사람들과 참 신을 믿는 사람들이 있을 뿐이다. 오늘날 사람들은 기독교인과 비기독교인으로 구분되지 않는다. 예수님을 우상처럼 믿는 자들과 예수님께 복종하는 사람들로 나뉜다. 교회 다녀도 예수님을 부적처럼 들고 다니는 사람이 있고, 예수님에 의하여 들림받고 다니는 사람이 있다. 예수님께 명령받고 사는 사람들은 예수님을 믿는 사람들이지만, 예수님을 이용하는 사람들은 예수님을 우상처럼 대하며 섬기는 자들이다. 자기욕망투사적인 기도를 하며 예수님이 만든 표적의 떡만요 6:26 먹는 것과 예수님을 먹는 사람은 다르다. 예수님은 자신의 오병이어 표적을 통해 떡을 먹고 배부른 사람들이 당신이 이 세상에 온 참 뜻을 알려고 하지 않고 떡을 먹고 배를 채우려는 군중을 물리치며 자신의 살과 피를 먹고 마시라고 도전하셨다.[요 6:35-51] 예수님의 살과 피를 먹는 행위는 하나님의 뜻을 행하러 오신 생명떡 되시는 예수님의 순전한 하나님 경외, 하나님 앞에서의 자기부인, 그리고 죽기까지 순종하는 예수님의 십자가 길을 받아들이고 따르는 것을 의미한다. 예수님의 살과 피를 먹는 자는 자신의 생명을 하나님과 이웃을 위해 양식으로 내어주는 자다. 이처럼 예수님의 살과 피를 먹고 마시는 제자들이 점점 희소해지고 있다. 그러나 하나님은 이런 세상에서도 당신의 구원역사를 계속 행하신다. 당신은 고레스라는 제3자의 모습 속에 당신을 숨겨 가면서도 일하신다. 십자가의 길을 따르는 현장에 내몰려서 세상 사람들에게는 잘 안 보이지만 하나님의 백성은 어둠과 혼돈 천지인 세상에서도 새로운 세상을 창조하시는 하나님의 음성을 듣고 반응한다. 어둠과 혼돈을 향해 하나님이 발한 창조명령은 헛되지 않다. 하지만 현실에서는 예수님께 들림 받고 예수님께 이끌림 받는 사람들은 소수이기 때문에 기독교인이 거의 없는 것처럼 보인다. 만일 오늘 당장 소수의 사람들이라도 진정으로 예수를 믿고 어둠과 혼돈에 내몰린 상황에서도 하나님의 창조명령에 응답한다면 이 세상은 매일 아침 기독교인들의 체제전복적인 결단들을 보도하는 신문기사로 난리가 날 것이다. 그런데 현실의 기독교인들은 새처럼 가볍게 살지 못하고 무거운 욕망을 붙들고 사느라 축 처진 화초처럼 고개가 꺾여 있다. 탐욕을 끊고 가난하고 고독한 자가 되기로 결단하면 하나님의 충만한 채움이 있다. 이 하나님의 충만한 채움을 기다리는 동안에 맛보는 고독이 무서워 창고에 가득 쌓으려고만 한다. 맘몬숭배다. 누가복음 12장에 나오는 어리석은 부자는 자기를 능히 구원하지 못하는 맘몬에게 절하는 자다. 어리석은 부자는 넓은 "곳간을 헐고 더 크게 짓고" 자신의 "모든 곡식과 물건을 거기 쌓아 두"며 자신의 영혼을 이렇게 달랜다. "영혼아, 여러 해 쓸 물건을 많이 쌓아 두었으니 평안히 쉬고 먹고 마시고 즐거워하자."^{눅 12:18-19} 그러나 하나님은 한순간에 자기만족적인 어리석은 부자의 영혼을 당신의 심판보좌로 소환하실 수 있다.^{눅 12:20}

창조의 하나님·구속의 하나님

46장.

하나님의 기뻐하신 뜻이 이뤄지리라

46 ¹벨은 엎드러졌고 느보는 구부러졌도다. 그들의 우상들은 짐승과 가축에게 실렸으니 너희가 떠메고 다니던 그것들이 피곤한 짐승의 무거운 짐이 되었도다. ²그들은 구부러졌고 그들은 일제히 엎드러졌으므로 그 짐을 구하여 내지 못하고 자기들도 잡혀 갔느니라. ³야곱의 집이여, 이스라엘 집에 남은 모든 자여, 내게 들을지어다. 배에서 태어남으로부터 내게 안겼고 태에서 남으로부터 내게 업힌 너희여, ⁴너희가 노년에 이르기까지 내가 그리하겠고 백발이 되기까지 내가 너희를 품을 것이라. 내가 지었은즉 내가 업을 것이요 내가 품고 구하여 내리라. ⁵너희가 나를 누구에게 비기며 누구와 짝하며 누구와 비교하여 서로 같다 하겠느냐. ⁶사람들이 주머니에서 금을 쏟아 내며 은을 저울에 달아 도금장이에게 주고 그것으로 신을 만들게 하고 그것에게 엎드려 경배하며 ⁷그것을 들어 어깨에 메어다가 그의 처소에 두면 그것이 서 있고 거기에서 능히 움직이지 못하며 그에게 부르짖어도 능히 응답하지 못하며 고난에서 구하여 내지도 못하느니라. ⁸너희 패역한 자들아, 이 일을 기억하고 장부가 되라. 이 일을 마음에 두라. ⁹너희는 옛적 일을 기억하라. 나는 하나님이라. 나 외에 다른 이가 없느니라. 나는 하나님이라. 나 같은 이가 없느니라. ¹⁰내가 시초부터 종말을 알리며 아직 이루지 아니한 일을 옛적부터 보이고 이르기를 나의 뜻이 설 것이니 내가 나의 모든 기뻐하는 것을 이루리라 하였노라. ¹¹내가 동쪽에서 사나운 날짐승을 부르며 먼 나라에서 나의 뜻을 이룰 사람을 부를 것이라. 내가 말하였은즉 반드시 이룰 것이요 계획하였은즉 반드시 시행하리라. ¹²마음이 완악하여 공의에서 멀리 떠난 너희여, 내게 들으라. ¹³내가 나의 공의를 가깝게 할 것인즉 그것이 멀지 아니하나니 나의 구원이 지체하지 아니할 것이라. 내가 나의 영광인 이스라엘을 위하여 구원을 시온에 베풀리라.

46

하나님의 기뻐하신 뜻이 이뤄지리라

279

주석

46장은 우상숭배국 바벨론의 멸망과 하나님의 백성 이스라엘의 미래 구원을 대조한다. 1-7절은 고난으로부터 자기를 믿는 자들을 구원하는 능력을 전혀 발휘하지 못하는 바벨론의 우상들과 이스라엘을 고난 중에 업고 품으며 결국 구원해내시는 야웨 하나님을 대조하고 있다. 8-13절은 태초부터 종말까지 역사는 하나님의 계획(에차)과 인간들의 야심이 충돌하는 현장임을 말하고, 역사 속에 끝까지 성취되는 것은 하나님의 뜻임을 강조한다. 이 단락의 마지막 12-13절은 이런 하나님의 장엄한 구원계획을 듣고도 냉담하게 반응하는 이스라엘 포로들을 질책하고 있다. 하나님의 공의[츠다카(צְדָקָה)]와 하나님의 구원[터슈아(תְּשׁוּעָה)], 그리고 하나님의 영광[티프에레트(תִּפְאֶרֶת)]이 시온에 나타날 것을 약속하며, '마음을 단단히 먹고 있지만 아직은 하나님의 의로운 돌보심을 충분히 받지 못한 당신의 백성'을 가까이 오도록 초청하신다.

고난에서 구원하지도 못하는 바벨론 우상들 •1-7절

이 단락의 청중은 "야곱의 집"³절이다. 구체적으로 "이스라엘 집의 남은 모든 자"들이다(참조. 사 10:20-23). 바벨론의 우상숭배자들은 극한 곤경에서 자신들이 믿는 우상들로부터 전혀 도움을 받지 못한다. 1절 벨¹과 느보는 바벨론의 신이다(외경 다니엘 14장 벨과 용). 바벨론 제국의 주신主神이 마르둑인데, 마르둑의 다른 이름이 벨이다. 벨은 다니엘의 바벨론 이름 벨드사살과 다니엘 5장에 나오는 바벨론 황제 벨사살에 붙어 있는 신의 이름이다. 벨은 바벨론 만신전의 수위권을 가진 신으로 바벨론 제국 개국 초기부터 주신으로 숭배된 신이다. 셈어

'바알'의 아카드어 동등어가 벨/벨루다. 느보는 마르둑 신의 아들('나부'라고 불리기도 한다)인데, 바벨론에서 16킬로미터 떨어진 도시 보르시파의 주신으로서 지혜, 작문, 운명서판들을 관장하는 신이다. 한마디로 왕조의 운명을 관장하는 신이다. 이 신의 이름은 느부갓네살, 나보니두스 등에게 붙어 있다. 특히 바벨론 제국의 말기에 등장한 나보니두스의 이름에 붙어있는 이 신은 바벨론 제국 개국초기에 주신으로 숭배된 벨과 더불어 바벨론 제국이 끝까지 의지하던 주신이었다.[2] 그런데 이 두 주신이 엎드려졌고, 정복자에게 머리를 조아리며 항복하는 자세로 구부러졌다. 벨과 느보가 엎드려졌고 구부러졌다는 것은 비유적 표현이지만, 이 신상들이 처한 상황을 문자적으로 묘사한 표현이기도 하다. 이것들의 형상은 철제로 만들어졌다. 철, 금, 은으로 제작했기 때문에 엎드러지고 구부러질 수 있다. 다니엘서 3장이 말하는 시날 평지에 높다랗게 세워진 금신상을 생각해보면 된다. 바벨론 제국을 지탱하던 한 쌍인 두 주신이 몰락했다.

1절 하반절은 아마도 이 바벨론 제국의 신상들을 정복자들이 전리품으로 취급해 수레로 실어가는 장면을 묘사하는 것처럼 보인다.[3] 바벨론 사람들이 떠메고 다니던 그 우상들은 피곤한 짐승의 무거운 짐이 되었다. 고대사회의 전쟁에서 정복자들은 정복당한 나라의 신전에 들어가 신상의 목을 내리친다. 신상의 목을 치고 신전의 상징물을 깨부수는데도 신들이 아무 반응이 없으면 그 나라를 완전히 정복해도 좋다는 사인sign이 내려온 것으로 해석한다. 사무엘상 5-6장은 블레셋에게 빼앗긴 야웨의 법궤가 블레셋의 도시들에게 일으킨 재앙들(삼상 5:11, "온 성읍이 사망의 환난을 당함이라") 때문에 블레셋 족속이 두려움 속에서 야웨의 언약궤를 이스라엘 진영으로 다시 돌려보내는 장면을 보도한다. 이것은 아주 이례적인 경우다. 고레스가 바벨론 신전에 들어가 벨과 느보를 끌어내 타격하고 손상하며 굴욕적인 항복

하나님의 기뻐하신 뜻이 이뤄지리라

자세를 강요해도 두 신들은 반응이 없었다.

2절 상반절은 1절을 반복한다. 두 신은 일제히 엎드려졌다. 여러 신상들이 동시다발적으로 엎드려졌다. 신들은 자신의 신상이 정복자의 수레에 실려가는 것을 보고도 구하지 못했고, 자신들도 잡혀간 셈이 되었다. 그래서 그들은 자신들은 물론이요 그들을 믿고 있던 자들을 구원하지도 못한 채, 짐짝이 되어서 짐승만 수고롭게 한다. 신상들이 얼마나 무거웠으면 짐승이 끌고가기에 벅찼을까? 2절의 마지막 소절, '신들 자신들도 잡혀갔다'는 진술은 신들의 존재를 인정하는 말이라기보다는 조롱과 야유의 말이다.

3-6절은 야곱의 집, 곧 이스라엘 집에 남은 모든 자들에게 직접 호소하는 하나님 말씀이다. 하나님은 먼저 들으라고 하신다. "내게 들을지어다." 이스라엘은 무엇을 들어야 하는가? 3절은 이스라엘이 시내산에서 언약백성으로 태어남으로부터 하나님께 안겼고 하나님께 업힌 하나님의 아들임을 상기시킨다.^{출 19:4} 하나님은 독수리가 새끼를 업듯이 이스라엘을 업고 출애굽하셨다. "업힌 경험"은 독수리의 날개에 태움을 받고 출애굽하며 광야 40년 동안 하나님께 인도받는 경험을 총칭한다. 4절은 하나님의 1인칭 대명사 아니(אֲנִי)를 모두 다섯 번이나 독립적으로 사용하고 있다.

너희가 노년에 이르기까지 '내가'(아니) 그리하겠고[직역하면 '내가 그이니라'(1인칭 단수 대명사 '아니' + 3인칭 남성 단수 대명사 '후')], 백발이 되기까지 '내가'(아니) 너희를 품을 것이라. '내가'(아니) 지었은즉 '내가'(아니) 업을 것이요 '내가'(아니) 품고 구하여 내리라.

하나님의 의지를 강조하는 구문이다. "야곱의 집"과 "이스라엘 집에 남은 모든 자"들은^{3절} 하나님의 등에 업힌 이스라엘의 미래 또한 하나님의 등에 업히는 날을 볼 것이다. 하나님은 이스라엘이 노년에 이르기까지, 백발이 되기까지 이스라엘을 품고 업어주실 것이다. 하나님이 이스라엘을 지으셨기 때문이다. 그래서 하나님은 이스라엘을 업을 것이요 품고 구하여낼 것이다. 하나님을 따라 출바벨론의 고국 귀환 대열에 동참해도 된다는 말이다.

5절은 자신들을 섬겼던 사람들을 환난과 고통에서 구해내지 못한 바벨론의 우상들과 달리 이스라엘의 야웨는 거룩한 하나님임을 강조한다. 하나님은 비길 수 없는 거룩한 하나님, 누구와 견주거나 비교할 수 없는 하나님이다. 6절은 다시 우상들의 무능력과 무생명을 야유한다. 우상들은 사람들이 금과 은을 도금장이에게 맡겨 만든 공작물에 불과하다. 사람들은 우상들을 경배하지만 우상들은 정작 자신들을 믿는 사람들을 구원하지 못하는 무생물이다. 우상은 사람들이 들어 어깨에 메어다가 그의 처소에 두면 그대로 서 있고 거기에서 능히 움직이지 못하는 무생물이다. 그래서 아무리 그 우상에게 부르짖어도 우상은 능히 응답하지 못하며 고난에서 자기를 믿는 자를 구하지 못하는 무능력자다.^{7절}

오로지 하나님의 뜻이 성취되리라 • 8-13절

8절은 "너희 패역한 자들아"라는 질책으로 시작한다. 그런데 개역개정 번역은 어색하다. 8절의 히브리어 구문을 직역하면 이렇다. '너희는 기억하라-이것을. 그리고 너희가 대장부처럼 행동할 수 있기 위해서!⁴ 패역한 자들을 마음에 두어라.' 이런 경우에 '패역한 자들'[포쉐임(פשׁעים)]을 호격으로 번역하는 것은 어색하다. 청중은 여전히 3절의 '야곱의 집, 이스라엘 집에 남은 모든 자들'로 보는 것이 좋다. 이들은 지금 하나님께 돌이키고 있는 중이거나 돌이키도록 초청받는 자들이다. 이들은 이전의 바벨론 유배를 초래했던 패역한 자들을 마음에 두고 그들을 본받지 말라는 의미로 '마음에 두라'는 명령을 받는다. 따라서 '너희 패역한 자들아'라는 번역은 일단 무리한 번역이라고 생각된다. 8절이 말하는 '마음에 두어야 할 대상'은 "패역한 자들"[5]이다. "야곱의 집"(벧-야콥), 혹은 "모든 이스라엘의 남은 자들"[콜-쉐에리트 벧 이스라엘(כָּל-שְׁאֵרִית בֵּית יִשְׂרָאֵל), 3절]이 마음에 두어야 할 자들은 바벨론 유배를 초래한 패역한 조상 세대이며, 언약을 깨뜨려 나라를 망하게 한 자들, 즉 "패역한 자들"이다. '패역하다'를 의미하는 동사 파샤(פָּשַׁע)는 계약함의적인 용어다. 하나님과 이스라엘 사이에 맺은 언약을 파기하는 이스라엘의 치명적인 영적 이탈을 가리킬 때 사용하는 말이다. 구체적으로는 십계명의 1-4계명을 어기는 공동체적 언약파기 행위를 의미한다. 이 단어는 이사야서를 여는 첫 동사이기도 했다.[1:2; 1:28] 하나님의 말씀과 권면에 귀를 닫고 자기파멸을 완성해가는 완악한 자들이 패역한 자들이다. 여기서 "패역한 자들"은 과거나 현재의 우상숭배자들을 지칭한다. 현재 문맥을 고려하면 더 구체적으로는 바벨론의 우상숭배에 빠져 하나님의 출바벨론 프로젝트에 아직도 동참할 의사가 없는 포로들을 일차적으로 가리키는 말이다. 그런데 그들은 이전 패역자들, 바벨론 유배를 초래한 그 패역자들을 생각하면서 본받지 말아야 한다!

이런 맥락에서 기억해야 할 '이 일'은 뒤따라 나오는 '대장부가 되라'는 권면과 모종의 관련이 있다. '이 일'은 1-7절의 내용이다. '바벨론은 망했다. 하나님은 바벨론 우상들과 전혀 다른 비길 데 없는 유일무이한 이스라엘의 하나님이다. 자기들을 믿는 자들을 구하지 못하는 무능한 우상들과 달리, 하나님은 이스라엘을 업고 품에 안아 멸망할 바벨론에서 구출해내실 것이다.' '대장부가 되라'는 말은 이런 믿음직스러운 하나님을 믿고 두려워하지 말고 출바벨론의 대장정에 동참하라는 것이다. 옛날 혹은 당대의 패역한 자들을 생각하고 그들을 반면교사로 삼아 하나님을 따라 나서라는 것이다.

9절은 '옛적 일을 기억하라'고 요청받는다. '옛적 일'로 번역된 히브리어는 리쇼노트(ראשׁנות)다. 머리를 의미하는 로쉬(ראשׁ)에서 파생된 리숀(ראשׁון)의 여성 복수형으로 '처음 일들'이라는 뜻이다. 이스라엘과 하나님의 언약을 체결할 시점에서 '일어난 일들'을 가리킨다. 구체적으로는 하나님이 이스라엘에게 베푸신 위대한 구원대사들을 가리킨다. 야웨가 이스라엘의 유일무이한 하나님이 되심을 밝히 드러낸 구원대사들을 기억하라는 것이다. 여기서 말하는 리쇼노트는 43:18에서 말하는 "기억하지 말아야 할" 대상으로서의 옛일이 아니라, 야웨 하나님이 이스라엘의 유일무이한 하나님임을 선포하고 입증한 출애굽 시대의 구원대사들이다.

10절은 하나님이 이스라엘의 유일무이한 하나님임을 다시금 강조한다. 하나님은 이전 예언에서 당신과 우상들의 결정적인 차이가 당신 야웨만이 역사기획, 예고, 성취의 대권을 가졌다는 점이라는 사실을 여러 차례 강조했다. 10절은 이 주제의 반복이다. 여기서 다시 이사야 5:19에 처음 등장하는 이사야서 전체의 중심 관통어인 에차(도모, 모략)가 사용된다.[6] 이 구절은 이사야서 1-66장 전체에 걸쳐서 성취되는 하나님의 계획을 말한다. 하나님은 이스라엘의 바벨론 유배와 그것의 결말, 즉 시초와 종말을 일찍이 이사야 1-39장의 예언자를 통해서 알렸고 오로지 하나님 당신의 뜻(에차)만이 성취될 것이라고 말했다.

특히 이사야 14:26-27은 야웨 하나님의 뜻이 당시의 패권국가의 앗수르 제국이나 바벨론 제국의 뜻을 압도하고 무효화하면서 역사 속에 성취된다는 것을 선언하는 대표적인 구절이다. "이것이 온 세계를 향하여 정한 '경영'(에차)이며 이것이 열방을 향하여 편 '손'이라 하셨나니 만군의 여호와께서 '경영하셨은즉'[야아츠(יָעַץ)] 누가 능히 그것을 폐하며 그의 손을 펴셨은즉 누가 능히 그것을 돌이키랴." 앗수르와 바벨론 강대국을 향한 하나님의 계획은 그 강대국을 향해 손(권능)을 펼치시는 것이다. 하나님은 아직 일어나지도 않은 일들을 미리 보여주고 항상 말씀하셨다[오메르(אֹמֵר)]. '나의 계획이 설 것이며 내 모든 기쁨을 내가 행하리라'[아차티 타쿰 뷔콜-헤프치 에에쎄(עֲצָתִי תָקוּם וְכָל־חֶפְצִי אֶעֱשֶׂה)]. 이스라엘을 창조하신 하나님의 궁극 계획은 이스라엘을 온 세계 열방에 증인으로 세워 당신이 이 세계의 유일무이한 하나님임을 증언하게 하는 일이다. 그런데 이 증인을 단련시키는 과정의 일부가 이스라엘을 열방 중에 흩어 굴욕을 당하게 하신 후 언약갱신을 통해 재창조하시는 것이다. 이스라엘을 괴롭힌 열국은 반드시 심판하실 계획을 갖고 계신다.[28:29] 하나님의 에차는 변증법적이다. 이스라엘을 하나님의 선민으로 교육시켜서 야웨 하나님의 증인으로 사용하시겠다는 것이 하나님의 우선적 계획이다. 이스라엘을 통해 온 세상에 복을 주시려는 것이 하나님의 궁극 계획이다. 이 우선 계획과 궁극 계획을 이루기 위해 열방을 한편으로는 이스라엘을 징벌하는 심판자로 삼으시고 또 다른 한편으로는 양부와 양모로 삼아, 이스라엘을 징계하시기도 하고 보살피시기도 하는 것이 중간계획이다. 10절의 핵심 요지는 이사야서에 등장하는 모든 단위의 인간적 혹은 국가적 계획(에차)들을 넘어서 마침내 하나님의 에차만이 역사 속에서 실현되고 성취된다는 것이다.

11절은 이스라엘을 압제한 강대국을 심판하실 야웨 하나님의 계획을 말한다. 11절은 '부르다'를 의미하는 카라(קָרָא) 동사의 능동 단수 분사형[코레(קֹרֵא)]으로 시작된다. 10절의 "말하다"에 해당하는 아마르 동사의 분사 오메르[말하는 자, 말하고 있다(אֹמֵר)]와 병행을 이룬다. '동쪽에서 사나운 새를, 먼 땅으로부터 한 사람을 부르리라. 내 계획(에차티)을 진실로 말했으므로 내가 그것을 성취하겠고, 내가 조성했으므로 진실로 내가 행할 것이다.' 구문상으로는 동쪽에서 온 사나운 날짐승 혹은 먼 나라에서 온 사람이 하나님의 뜻을 이룬다는 말은 없다. 하나님의 계획을 이루는 주체는 하나님이시다. 1인칭 미완료 두 동사[아비엔나(אֲבִיאֶנָּה), 에에쎈나(אֶעֱשֶׂנָּה)]의 목적어는 3인칭 여성 단수인 에차(עֵצָה)다. 하나님이 친히 당신의 에차를 성취하신다. 다만 이 에차의 성취 과정에서 인간 대리자를 사용하신다. 따라서 동쪽에서 온 사나운 날짐승, 혹은 먼 나라에서 온 한 사람은 하나님의 뜻을 이루는 데 부분적으로 사용된다. 이 사나운 날짐승과 먼 나라에서 온 사람은 이스라엘(유다)을 멸망시킨 느부갓네살이 될 수도 있고 바벨론을 멸망시킬 고레스가 될 수도 있다. 그런데 문맥상으로는 고레스로 보는 것이 더 좋다. 하나님이 곧 성취하실 일은 '체데크'와 '구원'이기 때문이다. 하나님은 고레스가 바벨론에게 사나운 날짐승이 되게 하실 것이다. 고레스가 바벨론의 벨과 느보를 쓰러뜨려 수레에 싣고 갈 것이다. 12-13절은 야웨 하나님의 에차의 진전된 단계를 말한다.

12절의 청중은 "마음이 완악하여 공의에서 멀리 떠난 너희"다. 개역개정은 8절의 "너희 패역한 자들아"와 대구를 이루는 번역을 하고 있다. 그런데 "마음이 완악한"이라고 번역된 압비레 렙(אַבִּירֵי לֵב)은 달리 번역될 수 있다. '마음의 장부들'이라고 번역 가능하다. '마음을 강하고 담대하게 먹은 자들'이라는 뜻이다. 그들은 의義, 체데크에서 스스로 멀리 떠난 자들이라기보다는 하나님의 신적 친절 혹은 언약적 돌봄에서 멀어진 자들[하르호킴(הָרְחוֹקִים)]이다. 하나님은 여기서 청중의 죄를 기억나게 하시는 것이 아니라 하나님의 언약적 돌보심을 오랫동안 받지 못한 당신의 자녀들을 동정하는 마음을 표현하신다. '마음의 장부들'이라고 부르는 이유는 '마음을 강하고 담대하게 먹고 야웨의 출바벨론 대장정에 동참하기로 작정했기' 때문이다. 12절의 개역개정, "마음이 완악하여 공의에서 멀리 떠난 너희여"라는 표현은 8절 ("너희 패역한 자들아…… 이 일을 마음에 두라")을 무리하게 번역하여 대구를 만드는 과정에서 나온 무리한 번역으로 보인다. 결국 히브리어 문맥을 자세히 검토해볼 때, '(오랫동안) 의를 누리는 데서 소외된 마음의 장부들이여'라고 번역하는 것이 더 적절하다. 그래야 13절의 하나님의 임박한 구원 약속이 이해가 된다. 13절은 격려와 구원의 확신을 주려고 하는 하나님의 마음을 부각시키고 있기 때문이다. 하나님은 마음의 장부들에게 당신에게 '청종하라'고 요청하신다. 13절은 마음의 장부들이 들어야 할 내용이다. 감동적인 구원 신탁이다. 그런데 이 감동적인 구원 신탁이 '마음이 완악한 자들'에게 주시는 구원 신탁이라면 너무 돌연스럽게 들린다. 반면에 마음의 장부들, 이스라엘의 남은 자들[사 10:20-22]에게 주시는 구원 신탁으로는 자연스럽게 들린다. 하나님의 의[치드카티(צִדְקָתִי)]가 이스라엘에게 가깝게 다가가며 하나님의 구원은 지체하지 않을 것이다. 하나님이 시온에 구원을 베풀며 이스라엘을 위하여 영광을 베푸실 것이다. 시온과 이스라엘 모두가 야웨의 미래회복과 구원을 함께 누릴 날이 곧 온다. 13절의 마지막 소절은 이사야 4:2-6이 그리는 미래 구원과 회복 시나리오를 생각나게 한다. 하나님의 언약적 돌보심은 이스라엘과 시온의 구원이 되며 영광이 될 것이다. 하나님은 당신의 언약적 결속력을 과시하기 위해 이스라엘을 업고 품고 안아 구출할 것이다. 시온에는 구원이, 이스라엘에는 영광이 나타날 것이다. 이어지는 장들은 시온에게 베푸실 구원과 이스라엘에게 주실 영광을 다채롭게 묘사한다.

메시지

하나님께 바쳐져야 할 충성심을 나누어 가지려고 경쟁하는 벨과 느보는 하나님이 다스리시는 세상에서는 쓰러지고 엎드러지게 되어 있다. 바벨론은 이미 주전 539년에 고레스에게 점령당했다. 그런데 왜 예언자는 이미 멸망한 바벨론을 비판하는가? 바벨론 포로들이 아직도 바벨론 제국이 건재할 것처럼 믿고 바벨론을 떠나려고 하지 않았기 때문일 것이다. 바벨론 포로들이 아직도 바벨론의 신들을 믿고 있었기 때문이다. 바벨론의 신들에 대한 공격은 바벨론 땅에 잔류하려고 하는 이스라엘 포로들의 장래가 암담할 것임을 말하는 셈이다. 바벨론의 신들은 쓰러졌고 다시 일어나지 못한다는 말은 바벨론 땅에 남을 사람들이 벨과 느보의 신세가 될 것을 예고하는 것이다.

역사는 하나님을 대신한 우상들이 고꾸라지고 엎드러지는 우상파괴와 척결의 기억들로 점철되어 있다. 우리 민족도 우상숭배에서 자유롭지 못하다. 남북한 모두 우상숭배의 폐해에 시달리고 있다. 북한 동포에게 김씨 세습 정권과 그들이 자랑하는 민족수호의 보검 핵무기는 벨과 느보다. 북한 정권이 핵무장력을 신성시하고 핵무기가 나라를 지키는 보검이라고 생각하지만, 하나님은 우상숭배의 끝을 비참하게 하신다. 오늘날 남한 국민들의 우상은 무엇인가? 돈 숭배다. 사람들은 돈에게 쾌락을 사고 지위를 사고 존경을 사는 만능의 힘이 있다고 믿는다. 시장지배적인 기업과 재벌을 우상시하고 정의와 법치를 가볍게 여기는 남한 엘리트들은 맘몬의 우상에게 절하는 자들이다. 한 나라나 기업이나 망할 때 돈이 없어서 망하는 것처럼 보이지만 더 근본적으로는 공평과 정의, 인애와 우애, 신뢰와 사랑이 없어서 망한다. 망하는 기업들의 경우 회계부정이 있고 주가조작이 있고 경영자들의 비리가 누적되어 있고 근로자들의 해이와 노동윤리의 붕괴가 있다. 지금은 드높게 솟아 만민의 절을 받지만, 벨과 느보처럼 제국의 우상들은 반드시 철두철미하게 무너진다. 하나님 앞에서 자고(自高)하고 높아진 모든 것들은 무너진다.사 2:12-21 하나님 앞에서 하나님께

46

로 바쳐져야 할 충성심을 나누어 가지려고 경쟁하는 모든 것들은 벨과 느보처럼 무너지고 고꾸라진다.

오늘날 물신숭배에 탐닉한 그리스도인들은 바벨론 왕조가 망했지만 가나안 고토로 돌아가는 것을 주저하는 바벨론 잔류파들과 같다. 바벨론에서 번영을 누리는 잔류파 사람들을 격동시켜 출바벨론 대장정에 동참시키려고 예언자가 바벨론 멸망 현실을 반복해서 예언할 수밖에 없었듯이, 우리는 물신숭배, 고도소비사회에 미래가 없다고 반복적으로 외쳐야 한다. 약자를 희생시켜 누리는 강자의 번영은 사상누각임을 외치고 외쳐야 한다. 바벨론 시대가 아니라 새롭게 열린 가나안 귀환대열에 동참해야 한다. 이것이 회개다. 물론 가나안 땅은 눈물이 기다리고 있는 땅이다.[시 126:5-6] 그래도 눈물을 요구하는 땅을 피하기 위해 바벨론에 잔류해서는 안 된다. 비록 쇠락 중일지라도 한때 세계문명과 세계통치권력의 중심지였던 바벨론이 우리 본성에는 맞지만, 하나님이 버리는 땅에는 미래가 없다. 성경에는 아무 생각 없이 사는 대중에게 천국이 그저 선물로 주어졌다고 말하는 본문은 하나도 없다. 고도의 긴장을 가지고 결단하는 사람들이 '천국에 들어간다'고 말한다. 예수님의 복음을 받아들이는 데도 비장한 결단이 필요하다고 말하고 있다. 성경 어디에도 인간의 도덕적 해이 상태나 기회주의적 처신을 정당화하는 구절은 없다. 모든 성경구절은 이 세상을 과감하게 부정하고 이 세상의 가치를 상대화시키며 하나님 나라의 가치를 땅에서 실현하도록 격려하는 말씀들이다. 열두 사도 중에서 제 명대로 살다간 사람은 아무도 없다. 칼에 찔려 죽거나 교수형을 당하거나 참수형을 당했다. 심지어 5세기까지는 주교가 되려는 사람은 재산을 전부 다 팔았다. 주교가 됐다는 말은 빈털터리가 되었다는 말이었다. 가톨릭 추기경들이 쓰는 진홍색 모자는 순교대기자들이 쓰는 모자였다. 영어로 '추기경'은 카디널[cardinal]인데, 그것은 '붉은 색 피'를 머금은 심장(카르디온)을 가리킨다. 카디널은 그리스어로 심장을 뜻하는 카르디온, 즉 붉은색 순교자의 피를 가득 담은 심장을 의미한다. 진홍색 모자를 씌운다는 말은 이 모자를 쓴 사람이 다음 차례에 순교당한다는 뜻이었다. 성직자부터 진홍색 핏빛 모자를 쓰고 예수님의 죽음을 자기 몸에 지고 다녀야 한다. 오늘날 한국교회에게 바벨론은 돈, 욕망충족, 권력과시의 세계다. 무조건 교세를 키우려하고 인적 재정적 규모가 커지는 권력축적형 교회를 만들려고 한다. 그러한 돈 중심의 교회는 이익을 탐하는 하이에나들이 점령하게 되어 있다. 성직자의 부패와 평신도의 타락, 교회지도자들의 교만과 그들에게 고분고분한 평신도의 태만은 짝을 이룬다. 이들이 십자가의 도를 배반하고 예수님의 이름을 공공연히 더럽힌다. 특히 느슨하고 몽롱한 정신의 평신도들이 부패하고 타락한 성직자를 먹여 살린다. 우상을 숭배하는 신자들은 우상숭배, 헛것 숭배를 가르치는 목사를 선호하게 되어 있다. 우상숭배는 자기 욕심과 탐욕 숭배이기 때문이다.

47장.

하나님에 대항하는 교만의 화신 바벨론아, 흑암으로 들어가라

47

¹ 처녀 딸 바벨론이여, 내려와서 티끌에 앉으라. 딸 갈대아여, 보좌가 없어졌으니 땅에 앉으라. 네가 다시는 곱고 아리땁다 일컬음을 받지 못할 것임이라. ² 맷돌을 가지고 가루를 갈고 너울을 벗으며 치마를 걷어 다리를 드러내고 강을 건너라. ³ 네 속살이 드러나고 네 부끄러운 것이 보일 것이라. 내가 보복하되 사람을 아끼지 아니하리라. ⁴ 우리의 구원자는 그의 이름이 만군의 여호와 이스라엘의 거룩한 이시니라. ⁵ 딸 갈대아여, 잠잠히 앉으라. 흑암으로 들어가라. 네가 다시는 여러 왕국의 여주인이라 일컬음을 받지 못하리라. ⁶ 전에 내가 내 백성에게 노하여 내 기업을 욕되게 하여 그들을 네 손에 넘겨 주었거늘 네가 그들을 긍휼히 여기지 아니하고 늙은이에게 네 멍에를 심히 무겁게 메우며 ⁷ 말하기를 내가 영영히 여주인이 되리라 하고 이 일을 네 마음에 두지도 아니하며 그들의 종말도 생각하지 아니하였도다. ⁸ 그러므로 사치하고 평안히 지내며 마음에 이르기를 나뿐이라. 나 외에 다른 이가 없도다. 나는 과부로 지내지도 아니하며 자녀를 잃어버리는 일도 모르리라 하는 자여, 너는 이제 들을지어다. ⁹ 한 날에 갑자기 자녀를 잃으며 과부가 되는 이 두 가지 일이 네게 임할 것이라. 네가 무수한 주술과 많은 주문을 빌릴지라도 이 일이 온전히 네게 임하리라. ¹⁰ 네가 네악을 의지하고 스스로 이르기를 나를 보는 자가 없다 하나니 네 지혜와 네 지식이 너를 유혹하였음이라. 네 마음에 이르기를 나뿐이라. 나 외에 다른 이가 없다 하였으므로 ¹¹ 재앙이 네게 임하리라. 그러나 네가 그 근원을 알지 못할 것이며 손해가 네게 이르리라. 그러나 이를 물리칠 능력이 없을 것이며 파멸이 홀연히 네게 임하리라. 그러나 네가 알지 못할 것이니라. ¹² 이제 너는 젊어서부터 힘쓰던 주문과 많은 주술을 가지고 맞서 보라. 혹시 유익을 얻을 수 있을는지, 혹시 놀라게 할 수 있을는지. ¹³ 네가 많은 계략으로 말미암아 피곤하게 되었도다. 하늘을 살피는 자와 별을 보는 자와 초하룻날에

하나님에 대항하는 교만의 화신 바벨론아, 흑암으로 들어가라

예고하는 자들에게 일어나 네게 임할 그 일에서 너를 구원하게 하여 보라. ¹⁴ 보라, 그들은 초개 같아서 불에 타리니 그 불꽃의 세력에서 스스로 구원하지 못할 것이라. 이 불은 덥게 할 숯불이 아니요 그 앞에 앉을 만한 불도 아니니라. ¹⁵ 네가 같이 힘쓰던 자들이 네게 이같이 되리니 어려서부터 너와 함께 장사하던 자들이 각기 제 길로 흩어지고 너를 구원할 자가 없으리라.

주석

47장은 바벨론의 멸망을 확증하는 심판 신탁이다. 바벨론의 속마음을 1인칭 담화형식으로 인용하는 예언자는 바벨론의 멸망 원인이 하나님께 대항한 오만임을 역설한다. 46장에서 야웨는 예정하신 때에 당신의 방법대로 바벨론 포로들을 구원하심으로써 자신이 바벨론의 신보다 훨씬 더 우월하심을 드러내셨다. 47장에서 야웨는, 바벨론은 오만과 권력남용으로 그리고 이스라엘에 대한 과도한 학대와 압제행위로 인하여 몰락할 것임을 확증하신다. 바벨론과 갈대아인들이 믿었던 신들은 야웨의 손으로부터 바벨론을 구출할 수 없다. 47장은 바벨론의 멸망 원인,^{1-7절} 무능하기 짝이 없는 바벨론의 신들과 영매술^{8-15절}로 나뉜다.

바벨론의 멸망 원인 •1-7절

이사야 13-14장, 예레미야 50-51장(에스겔서에만 바벨론 심판 신탁이 없다), 이사야 46-47장이 바벨론의 멸망을 자세히 묘사한다. 이 장들에서 공통적으로 지적되는 바벨론의 악행은 하나님의 보좌에 대항하며 오만하게 대들고 열국을 유린하고 특히 하나님 백성을 압제하고 능욕한 일이었다. 1절은 앞장 46:1의 주제를 심화시킨다. 46:1이 바벨론의 신들이 몰락했음을 이야기한다면, 47:1은 바벨론 자체의 멸망을 말한다. 처녀 딸 바벨론은 바벨론 도성을 가리킨다. '딸'이라고 번역된 히브리어 '바트'는 '도성'을 상징한다. 인간의 도성은 신에게 딸, 신부 같은 역할을 맡는다. 따라서 고대사회에서는 도성을 딸이라고 표현했다. 바벨론은 뻬뚤라트 바트-바벨(בְּתוּלַת בַּת-בָּבֶל)로서 '처녀 딸'이라고 불린다. 아직 쇠락하기에는 젊은 도성이라는 말이다. 바벨론 제국은 노화가 진척된 결과 자연사한 것이 아니라 처녀의 때에 망한 것이다. 처녀의 때에 망하는 도성은 하나님께 심판받아 망한 도성이다. 주전 605년 제국의 위용을 갖추었다가 주전 539년에 망했으니 70년도 채 못 되어 망한 셈이다. 그래서 바벨론은 요절당한 처녀처럼 이제 내려와 티끌에 앉아야 한다. 티끌은 항복한 장군이나 군주가 앉는 곳이다. 바벨론 제국의 핵심 구성원들인 갈대아는 이제 보좌를 빼앗겼으니 땅에 내려앉아야 할 것이다. 바벨론에 대해 "다시는 곱고 아리땁다"고 말하는 사람은 없을 것이다. 1절의 문법적 청중은 바벨론과 갈대아이지만, 맥락상 실제 청중은 야곱의 집, 이스라엘의 모든 남아있는 자들, 즉 바벨론 포로들이다. 1절의 함의는 예레미야 50:2-8과 51:44-48에 언표되어 있다.

너희는 나라들 가운데에 전파하라. 공포하라. 깃발을 세우라. 숨김이 없이 공포하여 이르라. 바벨론이 함락되고 벨이 수치를 당하며 므로닥이 부스러지며 그 신상들은 수치를 당하며 우상들은 부스러진다 하라.…… 너희는 바벨론 가운데에서 도망하라. 갈대아 사람의 땅에서 나오라. 양 떼에 앞서가는 숫염소 같이 하라. 렘 50:2-8

내가 벨을 바벨론에서 벌하고 그가 삼킨 것을 그의 입에서 끌어내리니 민족들이 다시는 그에게로 몰려가지 아니하겠고 바벨론 성벽은 무너졌도다. 나의 백성아, 너희는 그 중에서 나와 각기 여호와의 진노를 피하라.…… 하늘과 땅과 그 안에 있는 모든 것이 바벨론으로 말미암아 기뻐 노래하리니 이는 파멸시키는 자가 북쪽에서 그에게 옴이라. 여호와의 말씀이니라.렘 51:44-48

바벨론 멸망 선언의 함의는 이스라엘의 남은 자들, 즉 바벨론 포로들의 출바벨론을 촉구하는 데 있다. 숱하게 반복되는 이 출바벨론 독려는 역설적으로 출바벨론 대장정에 대한 바벨론 포로들의 소극적인 호응을 암시한다.

2-3절에서 하나님은 바벨론과 갈대아에게 모든 예의범절을 생략하고 최소 생존 식량만 가진 채 강을 건너 탈출하라고 야유한다. 맷돌을 가지고 가루를 갈고 너울을 벗으며 치마를 걷어 다리를 드러내고 강을 건너는 상황은 분초를 다투며 황급하게 도망치는 상황이다.2절 처녀 딸 바벨론의 위신을 손상하는 행동도 피할 길이 없다. 처녀 딸 바벨론의 속살이 드러나고 부끄러운 성기 부분이 노출되는 것도 불가피하다.3절 이것이 바로 하나님이 바벨론에 대해 보복하시는 현장이다. 하나님은 바벨론 사람들을 향해 혹독한 보복을 집행하시되 사람을 아끼지 아니하실 것이다. 4절은 바벨론의 굴욕적 곤경과 전혀 다른 이스라엘의 안도감과 구원 감격이다. 이스라엘의 구원자는 만군의 여호와 이스라엘의 거룩한 이시다. 만군의 여호와는 땅과 하늘의 모든 피조물들을 당신의 뜻대로 부리고 사용하시는 절대자시다. 제국의 흥망성쇠를 결정하시는 하나님이시다.

5절은 1절의 주제를 이어받는다. 딸 갈대아는 잠잠히 내려앉되 흑암으로 들어갈 것이며, 다시는 여러 왕국의 여주인, 즉 종주국이라 일컬음을 받지 못할 것이다. 6절은 야웨 하나님이 한때는 바벨론의 세계심판 대리자로서의 역할을 부여한 사실을 언급한다.

나는 내 큰 능력과 나의 펴든 팔로 땅과 지상에 있는 사람과 짐승들을 만들고 내가 보기에 옳은 사람에게 그것을 주었노라. 이제 내가 이 모든 땅을 내 종 바벨론의 왕 느부갓네살의 손에 주고 또 들짐승들을 그에게 주어서 섬기게 하였나니 모든 나라가 그와 그의 아들과 손자를 그 땅의 기한이 이르기까지 섬기리라. 또한 많은 나라들과 큰 왕들이 그 자신을 섬기리라. 렘 27:5-7

위 예레미야 인용 단락은 6절 상반절을 지지한다. "전에 내가 내 백성에게 노하여 내 기업을 욕되게 하여 그들을 네 손에 넘겨주었거늘." 그러나 바벨론은 과거의 앗수르 제국이 북이스라엘에 대해 그러했듯이 사 10:5-6, 7-19 하나님이 맡기신 위임사항을 뛰어넘어 잔악한 정복과 약탈을 자행했다. 바벨론은 하나님의 백성을 긍휼히 여기지 아니하였고 특히 늙은이에게 심히 무거운 멍에를 메우며 오만하게 말했다.6절 "내가 영영히 여주인이 되리라."7절 영원히 이스라엘의 종주국이 되리라고 자만했다. 바벨론은 하나님의 심판을 마음에 두지도 아니하며 그들의 종말도 생각하지 않았다.7절

무능하기 짝이 없는 바벨론의 신들과 영매술 ●8-15절

이 단락은 철저하게 버림받은 바벨론의 비참한 몰락을 자세히 묘사한다. 바벨론의 망자존대妄自尊大를 표현하는 문장이 "나뿐이라. 나 외에 다른 이가 없도다"이다. 이 단락에서는 이 문장을 두 차례나 반복함으로써 바벨론의 자기파멸적 오만을 조롱한다. 8절은 "사치하고 평안히 지내며 마음에 이르기를 나뿐이라. 나 외에 다른 이가 없도다"라고 자랑하던 바벨론이 졸지에 자녀를 잃은 과부로 전락할 것을 예고한다. 바벨론은 멸망의 순간이 목전에 왔는데도 "나는 과부로 지내

지도 아니하며 자녀를 잃어버리는 일도 모르리라"고 자랑한다. 이런 바벨론을 향해 하나님은 "너는 이제 들을지어다"라고 다급하게 경고하신다. 히브리어 구문에는 '이제 너는 이것을 들을지어다'라는 구절이 문두에 온다. "이것"은 9절 이하에 나오는 황망한 멸망이다. 바벨론은 "한 날에 갑자기 자녀를 잃으며 과부"가 된다. 과부는 어떤 신의 도움과 구원도 받지 못하는 나라 혹은 도성을 가리킨다. 자녀는 도성의 거주민들을 가리킨다. 바벨론은 백성을 다 잃고 자신을 지켜줄 신도 갖지 못한 과부로 전락한다. 바벨론은 아무리 무수한 주술과 많은 주문을 빌릴지라도 이 두 가지 일이 전면적으로 일어나는 것을 막을 수가 없다.^{9절}

10절은 악을 의지하는 자는 어떤 초월의 힘, 신의 권능이나 호의를 덧입을 수 없다는 사실을 암시한다. 바벨론은 자신의 악을 의지하고 "나를 보는 자가 없다"고 자위했지만 그것은 자기 꾀에 스스로 빠진 결과를 초래했다. 바벨론이 자랑하던 지혜와 지식이 바벨론의 자기 파멸적 오만을 악화시켰다. 바벨론을 유혹해, 스스로 "나뿐이라. 나 외에 다른 이가 없다"라는 천상천하 유아독존적 교만에 빠지게 했다.^{10절} 천상천하 유아독존적 오만이 과연 허세인지 참인지를 검증하는 계기는 재앙이다. 그러나 재앙이 바벨론에 임하면 바벨론은 정작 그 재앙의 근원이 무엇인지 알지 못할 것이며 그러는 사이에 막대한 손해가 발생할 것이다.^{11절} 그럼에도 바벨론은 이 재앙과 그것이 초래한 막대한 손해를 물리칠 능력이 없다.^{11절} 11절의 둘째 소절의 개역개정에서 '근원'이라고 번역된 히브리어는 샤흐라흐(שַׁחְרָהּ)다. 이 단어는 '그것의 새벽' 혹은 '그것을 일찍 찾다' 정도의 의미다. 개역개정은 '새벽'의 의미를 전의시켜 '근원'이라는 개념을 이끌어내는데 다소 무리한 시도다. 하지만 개역개정은 난외주에 "술법으로 그것을 물리칠 줄을 알지 못할 것이며"라는 대안 번역을 제시한다. 이것은 샤하르의 마지막 자음 레쉬 대신에 달렛을 넣어 샤하드(שָׁחַד)로 읽을 때 가능한 번역이다. 샤하드는 '팔아버리다', '떼내버리다'라는 의미를 갖기에 위의 난외주 대안 번역이 가능하다.[2] 고대 메소포타미아에는 예고된 재앙을 무효화시키는 남부르부Namburbû 의식이 널리 행해졌다.[3] 11절의 두 표현('물리칠 줄 알지 못한다', '물리칠 능력이 없을 것이며')은 남부르부 의식을 조롱하는 말일 것이다. 예고된 재앙을 알고도 물리칠 능력이 없는 바벨론에게 국가 멸망은 홀연히 임하는 재앙으로 경험될 것이다. 하지만 바벨론은 그것마저도 눈치채지 못할 것이다.[11절] 예고된 재앙을 알고 그것을 물리치려고 애를 썼는데 물리치지 못한 상황과 홀연히 임한 재앙을 눈치채지 못한다는 말은 일견 상충되는 듯이 보인다. 하지만 더 깊이 생각해보면 이 두 표현은 상충되는 것이 아니라, 바벨론 제국이 동원할 수 있는 영매술들이 얼마나 무기력하고 초라한가를 강조한다. 바벨론에게 국가 멸망의 재앙은 예고된 재앙이면서도 홀연히 임한 재앙이었다. 바벨론 제국의 왕실은 제국의 멸망을 불가피한 사실로 받아들이면서도 그 멸망 시점을 예측하지 못했기 때문이다. 다니엘 2-4장은 바벨론 제국의 전성기를 이끌었던 느부갓네살에게 유다의 젊은 포로가 예고하는 제국의 암울한 미래상을 다채롭게 보여준다. 그런데 바벨론 제국의 마지막 왕 벨사살은 '메네 메네 데겔 우바르신'이라는 하나님의 심판 메시지가 벽면에 나타날 때까지 제국의 모든 고위 관리들을 거느리고 흥청망청한 연회에 탐닉했다.[단 5:25-26] 벨사살의 입장에서 볼 때는 국가 멸망은 홀연히 임한 재앙이었다.

12-13절은 바벨론이 자랑하는 최고의 국방 안보력, 즉 하늘세계를 살펴 재앙을 피해가는 영매술의 철저한 파탄을 조롱한다. 하나님은 바벨론이 건국 초기부터 힘쓰던 주문과 많은 주술을 가지고(단 2:2 박수, 술객, 점쟁이, 갈대아 술사; 5:7 술객, 갈대아 술사, 점쟁이, 왕의 지혜

자들) 쇄도하는 재앙과 한번 맞서 보라고 조롱한다.[12절] 혹시 유익을 얻을 수 있을는지, 혹시 적들을 놀라게 할 수 있을는지 시험해보라는 것이다.[12절] 나라를 살려보려고 애써 짜낸 도모와 많은 계략으로 말미암아 이미 피곤하게 된 바벨론은 스스로 붕괴될 것이다.[13절] 예언자는 그래도 마지막 한 가지 희망이 남아있는 것처럼 야유한다. "하늘을 살피는 자와 별을 보는 자와 초하룻날에 예고하는 자들에게" 다음과 같이 말해보라는 것이다. '일어나 우리 바벨론에게 임할 그 대파국적 재앙에서 우리를 구원하라.'[13절] 천문 관측관, 궁중 점술가(초하룻날 예고자)도 속수무책일 뿐이다. 실망스럽게도 "그들은 초개 같아서 불에 타리니 그 불꽃의 세력에서 스스로 구원하지 못할 것이라." 야웨 하나님이 페르시아를 통해 지핀 "이 불은 덥게 할 숯불이 아니요 그 앞에 앉을 만한 불도 아니기" 때문이다.[14절] 44:16에서도 유사한 취지의 조롱이 발견된다. 바벨론과 같이 힘쓰던 자들은 오히려 태우는 불처럼 위협하고 손상을 가하며 바벨론 개국초기부터 바벨론과 무역하던 자들도 바벨론을 전혀 도와주지 못할 것이다.[15절] "각기 제 길로 흩어지고" 끝내 바벨론을 "구원할 자가 없을 것이다."[15절]

메시지

이사야 46-48장은 예레미야 50-51장과의 밀접한 관련 속에서 읽어야 한다. 46-48장만 읽어서는 왜 하나님이 출바벨론 출갈대아 결단을 강하게 반복적으로 촉구하시는지 실감하기가 어렵다. 사실상 예레미야서의 마지막 장면은 의미심장한 예언으로 끝난다.[51:59-64] 바벨론 제국이 바벨론 포로들에게 얼마나 잔혹했는지를 말하는 50-51장의 마지막 단락에 예레미야의 쪽지 편지가 언급된다는 것은 중요한 함의다. 예레미야는 한편으로는 바벨론 포로들에게 장기 정착 채비를 하고 바벨론 제국의 정변에 휩쓸리지 말고 포로 공동체를 이루고 살 것을 말한다.[29:1-14] 바벨론 포로들 사이에 아합과 시드기야라는 거짓 예언자들이 일어나 포로생활이 2년 안에 끝나니 시온으로 복귀할 준비를 하자고 설득한 상황에서,[렘 29:16-23] 예레미야는 유다의 포로들에게 자중하고 70년 장기유배에 대비하라고 권고한다. 아울러 마지막 왕 시드기야에게 바벨론에게 저항하지 말고 멍에를 메고 나라 멸절의 참화를 피하라고 조언한다. 그러나 유다 왕실과 지배층은 예레미야를 바벨론 앞잡이[렘 37:13]라고, 혹은 그의 서기이자[렘 32:12; 36:4-5] '바벨론 앞잡이'라고 의심받는 바룩에게 속아서 말도 안되는 충고를 왕에게 했다고 격분한다.[렘 43:3] 심지어 예레미야는 하나님께서 느부갓네살에게 하나님의 세계심판 대리자의 역할을 맡겼다고 보았고,[렘 27:5] 느부갓네살이 유다의 지배층들을 유배시키자 비로소 빈천한 농민들에게 땅과 포도원이 맡겨지고 엄청난 수확이 있다고 증언한다.[렘 40:7, 10; 왕하 25:12] 느부갓네살이 유다의 빈천한 농민들에게 땅을 되찾아주었다고 말하는 셈이다.

그러나 바벨론 포로들이 바벨론에서 당하는 학대와 곤경들에 대한 소식을 들으며 예레미야는 바벨론 제국의 몰락을 예언하는 책을 써서 시드기야와 함께 바벨론으로 유배되는 병참감 스라야에게 준다. 그 책이 예레미야 50-51장이며 그 끝은 이렇다.[렘 51:62-64]

말하기를 여호와여, 주께서 이 곳에 대하여 말씀하시기를 이 땅을 멸하여 사람이나 짐승이 거기에 살지 못하게 하고 영원한 폐허가 되리라 하셨나이다 하라 하니라. 너는 이 책 읽기를 다한 후에 책에 돌을 매어 유브라데 강 속에 던지며 말하기를 바벨론이 나의 재난(내가 초래한 재난) 때문에 이같이 몰락하여 다시 일어서지 못하리니 그들이 피폐하리라 하라 하니라. 예레미야의 말이 이에 끝나니라.

편지의 요지는 바벨론의 멸망은 '하나님께서 당신의 백성을 신원하시기 위해 바벨론에 가한 재난'이며 하나님을 향한 바벨론의 도발과 악행 때문에 초래되었다는 것이다. 이사야서는 바벨론 제국이 유다의 포로들에게 얼마나 가혹한 학대와 압제를 행했는지를 거의 묘사하지 않는 데 비해, 예레미야서는 바벨론 포로들의 육성을 채증探證한 것처럼 생생하고 자세하게 바벨론에 대한 적의와 복수요청심리를 말해준다. 따라서 예레미야 50-51장을 알아야 이사야 46-48장 출바벨론 출갈대아 강령의 의미를 훨씬 더 선명하게 이해할 수 있다. 예레미야 50-51장은 이사야 46-48장에서 왜 긴급한 출바벨론 출갈대아 명령이 반복적으로 선포되는지 배경을 제공한다.

예레미야 50:6-10은 "바벨론에서 도망하라. 갈대아 땅에서 나오라"는 강령이다. "너희는 양 떼에 앞서가는 숫염소 같이 바벨론 가운데에서 도망하라. 갈대아 사람의 땅에서 나오라."[8절] 모험을 무릅쓰고 용감하게 나오라는 것이다. 50:11-16은 바벨론의 임박한 멸망과 황폐화를 말한다. 여호와께서 바벨론이 이스라엘게 행한 대로 보복하시고 그가 행한 대로 갚으시는 과정이다.[15절] 50:17-20은 바벨론 멸망이 이스라엘의 귀환 기회가 된다고 말한다.[사 14:1-2] 하나님께서 바벨론의 왕과 그 땅을 벌하시겠지만 이스라엘과 유다의 남은 자를 용서하실 것이다. 예레미야 50:21-46은 바벨론을 심판하실 하나님의 심판 대리자들의 바벨론 침략과 노략을 묘사한다. 하나님의 손에 들렸던 세계의 망치[23절] 바벨론이 하나님의 망치에 산산조각난다. 그 틈새에서 하나님은 이스라엘에게 구원을 베푸신다. 다만 이런 멸망 중인 바벨론에 잔류하는 자가 아니라 도망하는 자가 구원을 받는다. "바벨론 땅에서 도피한 자의 소리여, 시온에서 우리 하나님 여호와의 보복하시는 것, 그의 성전의 보복하시는 것을 선포하는 소리로다."[렘 50:28] 그런데 이런 와중에서도 바벨론은 이스라엘 자손과 유다 자손을 억류하며 놓아주지 않아 "이스라엘 자손과 유다 자손이 함께 학대를 받는" 사태가 발생한다.렘 50:33 이때 이스라엘과 유다의 구원자는 그들 때문에 바벨론과 싸우시고 이스라엘 땅에는 평안함을 주고 바벨론 주민은 불안하게 하신다.렘 50:34

예레미야 51:1-14도 앞 단락의 주제를 이어받되 하나님의 심판을 집행하는 제3의 대리자(메대-페르시아)의 바벨론 침략상황을 자세히 묘사한다. 이번에도 제3자에 의한 바벨론 침략이, 이스라엘과 유다에게 행한 바벨론의 악행을 징벌하고 심판하는 과정임을 강조하신다. 여기서 유다와 이스라엘의 전비前非에 대해서도 언급하시지만 하나님께서 바벨론을 멸망시키듯이 당신의 백성을 진멸하시지는 않을 것임을 밝히신다. "이스라엘과 유다가 이스라엘의 거룩하신 이를 거역하므로 죄과가 땅에 가득하나 그의 하나님 만군의 여호와에게 버림받은 홀아비는 아니니라."렘 51:5 다만 야웨의 진멸심판을 피하려면 바벨론과 운명 공동체가 되어서는 안 된다. 출바벨론 해야 한다. "바벨론 가운데서 도망하여 나와서 각기 생명을 구원하고 그의 죄악으로 말미암아 끊어짐을 보지 말지어다."렘51:6 유다와 이스라엘의 희망은 출바벨론하여 고향으로 돌아가는 길 밖에 없다.렘 51:9 만일 롯의 아내처럼 멸망당하는 바벨론에 잔류하면 바벨론과 같이 망할 수가 있음을 경고하신다.렘 50:40 예레미야 51:10은 아예 시온 복귀를 기정사실화한다. "여호와께서 우리 공의를 드러내셨으니 오라 시온에서 우리 하나님 여호와의 일을 선포하자."

예레미야 51:15-19은 이사야 41-45장에 빈번하게 등장하는 우상 조롱 신탁이다. 51:20-24은 한때 여호와의 철퇴였던 바벨론이 분쇄될 것을 예고한다. "너희 눈 앞에서 그들이 시온에서 모든 악을 행한 대로 내가 바벨론과 갈대아 모든 주민에게 갚으리라."렘 51:24 예레미야 51:33-35은 하나님과 이스라엘의 완전 일체화를 말한다.

만군의 여호와 이스라엘의 하나님께서 이와 같이 말씀하시되 딸 바벨론은 때가 이른 타작 마당과 같은지라. 멀지 않아 추수 때가 이르리라 하시도다. 바벨론의 느부갓네살 왕이 나를 먹으며 나를 멸하며 나를 빈 그릇이 되게 하며 큰 뱀 같이 나를 삼키며 나의 좋은 음식으로 그 배를 채우고 나를 쫓아내었으니 내가 받은 폭행과 내 육체에 대한 학대가 바벨론에 돌아가기를 원한다고 시온 주민이 말할 것이요 내 피 흘린 죄가 갈대아 주민에게로 돌아가기를 원한다고 예루살렘이 말하리라.

이 단락에서 하나님은 당신의 백성이 겪은 고통에 함께하신다. 하나님의 성육신적 고통 참여다. 구약성경 전체에서 여기만큼 하나님의 성육신적 인간 고통 참여를 과격하게 묘사한 데가 없다. 하나님은 시온의 1인칭 하소연을 그대로 듣고 피력하신다. 특히 34-35절("나를 먹으며 나를 멸하며…… 내 피 흘린 죄가 갈대아 주민에게로 돌아가기를 원한다")은 하나님이 이스라엘의 피붙이 복수자가 되는 내적 논리를 드러낸다. 형식상으로는 시온 주민의 말이지만 내용으로는 하나님이 듣고 마음에 간수하신 말이다. 시온과 예루살렘의 고통에 백퍼센트 참여했음을 암시한다. 하나님은 이 시온과 예루살렘의 동해보복 간청을 접수하신다. 예레미야 51:64에서는 바벨론에게 닥치는 모든 파괴와 몰락은 하나님께서 당신의 백성에게 행한 바벨론의 악행을 비례적으로 응징하기 위해 '다른 이가 아닌 하나님 자신, 내가 초래하는 재난'[5]이라고 말한다. 바벨론의 멸망과 그 자세한 이유 제시는 바벨론에서 이미 성공의 발판을 마련한 유대인들을 바벨론으로부터 떼어놓기 위함이었다. 그러나 출갈대아, 출바벨론에 대한 호응이 적었기 때문에, 바벨론은 우상숭배의 땅이며, 바벨론은 망할 것이고, 흔적도 없이 사라져 야생동물의 거처로 전락할 것임을 강조한 것이다. 이러한 바벨론 폭망 상황에 대한 자세한 묘사와 예언의 실제적 목적은

'하나님의 진노가 집중적으로 퍼부어지는 바벨론에 애착을 갖고 살지 말고 즉시 피해 빠져나오도록' 설득하는 데 있다. "나의 백성아, 너희는 그 중에서 나와 각기 여호와의 진노를 피하라."^{렘 51:45} 바벨론 잔류파 사람들은 하나님의 진노에도 불구하고 소돔성을 향해 고개를 돌려 소금 기둥이 되어버린 롯의 아내 신세가 될 것이다.^{창 19:26}

예레미야 51:46은 출바벨론 가나안 복귀여정이 줄 두려움을 진정시키려는 말씀이다. "너희 마음을 나약하게 말며 이 땅에서 들리는 소문으로 말미암아 두려워하지 말라." 예레미야 51:50은 또 다시 출바벨론 가나안 복귀대열 동참을 호소하는 말씀이다. "칼을 피한 자들이여, 멈추지 말고 걸어가라. 먼 곳에서 여호와를 생각하며 예루살렘을 너희 마음에 두라." 예레미야 51:51은 적극적으로 외국인들이 거룩한 성전을 농단하고 있음을 말하며 귀환하기로 작정한 포로들의 마음에 주인의식을 진작시킨다. "외국인이 여호와의 거룩한 성전에 들어가므로 우리가 책망을 들으며 수치를 당하여 모욕이 우리 얼굴을 덮었느니라." 예레미야 51:56은 바벨론에 혹시 피난처가 있지 않을까 궁리하며 머뭇거리는 포로들에게 다시금 단호한 출바벨론 결단을 촉구한다. "곧 멸망시키는 자가 바벨론에 이르렀음이라. 그 용사들이 사로잡히고 그들의 활이 꺾이도다. 여호와는 보복의 하나님이시니 반드시 보응하시리로다." 이처럼 긴 반^反바벨론 멸망예언 신탁이 시드기야 왕의 병참감 스라야가 바벨론에 갈 때 가져간 예레미야의 두루마리다. 이사야 46-48장의 출바벨론 출갈대아 결단을 한 포로들은 스라야의 두루마리 예언을 믿은 사람들이었을 것이다.

이상에서 살펴본 것처럼 우리는 하나님의 망치로 산산조각 날 바벨론 제국의 그늘 아래서 평화를 갈망해서는 안 된다. 바벨론은 요한계시록에 따르면 하나님의 백성의 순결을 오염시키는 가장 화려하고 강력한 유혹의 도성으로 형상화된다. 요한계시록 18장은 출바벨론 결단장이다. 오늘날 신약시대의 성도들이 어서 빠져나와야 할 큰 성 바벨론은 돈, 쾌락, 국제적 무역과 상거래, 사치와 음란의 수도, 더러운 영들의 본거지다. 계시록 18장의 바벨론 모습을 구체적으로 살펴보자. "무너졌도다. 무너졌도다. 큰 성 바벨론이여, 귀신의 처소와 각종 더러운 영이 모이는 곳과 각종 더럽고 가증한 새들이 모이는 곳이 되었도다. 그 음행의 진노의 포도주로 말미암아 만국이 무너졌으며 또 땅의 왕들이 그와 더불어 음행하였으며 땅의 상인들도 그 사치의 세력으로 치부하였도다 하더라."2-3절; 렘 51:41, 44-45 귀신과 더러운 영의 활극장이면서 왕들과 땅의 상인들의 음행, 만취, 사치와 치부가 극에 달한 곳이다. 바벨론은 자신도 타락하면서 남도 타락시키는 음녀다. 그 죄는 하늘에 사무쳤고 불의한 일은 하나님의 법정에 상달되었다.5절 12-13절은 바벨론이 치부하기 위해 거래하는 상품 목록을 나열한다. 전부 사치품이며 죄악된 쾌락을 충족시키는 상품들이다. 그런데 그중에는 "사람의 영혼들"14절도 있다. 계시록 18:24은 계시록 18:5에 언급된 바벨론의 죄와 불의가 무엇인지 암시한다. "선지자들과 성도들과 및 땅 위에서 죽임을 당한 모든 자의 피가 그 성 중에서 발견되었느니라." 바벨론은 의인 학살의 도성이다. 하나님의 거룩한 백성을 죽이는 도시다. 종말의 하나님은 이사야 46-48장, 예레미야 50-51장의 음성을 증폭시켜 간곡하게 호소하신다. "내 백성아, 거기서 나와 그의 죄에 참여하지 말고 그가 받을 재앙들을 받지 말라."계 18:4

그런데 이 거대한 음녀 바벨론은 누가 만드는가? 왕처럼 살고 싶고 큰 배를 굴리고 막대한 무역업으로 위세를 부리고 싶은 욕망을 가진 평범한 사람들이 바벨론을 구축한다. 하나님은 큰 음녀 바벨론과 엮여서라도 부유하고 사치스럽게 살고자하는 하나님의 백성들에게 오늘도 출갈대아 출바벨론을 호소하신다.

48장.

바벨론에서 나와서 갈대아인들을 피하라

48 ¹야곱의 집이여, 이를 들을지어다, 너희는 이스라엘의 이름으로 일컬음을 받으며 유다의 허리에서 나왔으며 여호와의 이름으로 맹세하며 이스라엘의 하나님을 기념하면서도 진실이 없고 공의가 없도다. ²그들은 거룩한 성 출신이라고 스스로 부르며 이스라엘의 하나님을 의지한다 하며 그의 이름이 만군의 여호와라고 하나 ³내가 예로부터 처음 일들을 알게 하였고 내 입에서 그것들이 나갔으며 또 내가 그것들을 듣게 하였고 내가 홀연히 행하여 그 일들이 이루어졌느니라. ⁴내가 알거니와 너는 완고하며 네 목은 쇠의 힘줄이요 네 이마는 놋이라. ⁵그러므로 내가 이 일을 예로부터 네게 알게 하였고 일이 이루어지기 전에 그것을 네게 듣게 하였느니라. 그것을 네가 듣게 하여 네가 이것을 내 신이 행한 바요 내가 새긴 신상과 부어 만든 신상이 명령한 바라 말하지 못하게 하였느니라. ⁶네가 들었으니 이 모든 것을 보라. 너희가 선전하지 아니하겠느냐. 이제부터 내가 새 일 곧 네가 알지 못하던 은비한 일을 네게 듣게 하노니 ⁷이 일들은 지금 창조된 것이요 옛 것이 아니라. 오늘 이전에는 네가 듣지 못하였으니 이는 네가 말하기를 내가 이미 알았노라 하지 못하게 하려 함이라. ⁸네가 과연 듣지도 못하였고 알지도 못하였으며 네 귀가 옛적부터 열리지 못하였나니 이는 네가 정녕 배신하여 모태에서부터 네가 배역한 자라 불린 줄을 내가 알았음이라. ⁹내 이름을 위하여 내가 노하기를 더디 할 것이며 내 영광을 위하여 내가 참고 너를 멸절하지 아니하리라. ¹⁰보라, 내가 너를 연단하였으나 은처럼 하지 아니하고 너를 고난의 풀무 불에서 택하였노라. ¹¹나는 나를 위하며 나를 위하여 이를 이룰 것이라. 어찌 내 이름을 욕되게 하리요. 내 영광을 다른 자에게 주지 아니하리라. ¹²야곱아, 내가 부른 이스라엘아, 내게 들으라. 나는 그니 나는 처음이요 또 나는 마지막이라. ¹³과연 내 손이 땅의 기초를 정하였고 내 오른손이 하늘을 폈나니 내가 그들을 부르면 그것들이 일제히 서느니

라. ¹⁴너희는 다 모여 들으라. 나 여호와가 사랑하는 자는 나의 기뻐하는 뜻을 바벨론에 행하리니 그의 팔이 갈대아인에게 임할 것이라. 그들 중에 누가 이 일들을 알게 하였느냐. ¹⁵나 곧 내가 말하였고 또 내가 그를 부르며 그를 인도하였나니 그 길이 형통하리라. ¹⁶너희는 내게 가까이 나아와 이것을 들으라. 내가 처음부터 비밀히 말하지 아니하였나니 그것이 있을 때부터 내가 거기에 있었노라 하셨느니라. 이제는 주 여호와께서 나와 그의 영을 보내셨느니라. ¹⁷너희의 구속자시요 이스라엘의 거룩하신 이이신 여호와께서 이르시되 나는 네게 유익하도록 가르치고 너를 마땅히 행할 길로 인도하는 네 하나님 여호와라. ¹⁸네가 나의 명령에 주의하였더라면 네 평강이 강과 같았겠고 네 공의가 바다 물결 같았을 것이며 ¹⁹네 자손이 모래 같았겠고 네 몸의 소생이 모래 알 같아서 그의 이름이 내 앞에서 끊어지지 아니하였겠고 없어지지 아니하였으리라 하셨느니라. ²⁰너희는 바벨론에서 나와서 갈대아인을 피하고 즐거운 소리로 이를 알게 하여 들려주며 땅 끝까지 반포하여 이르기를 여호와께서 그의 종 야곱을 구속하셨다 하라. ²¹여호와께서 그들을 사막으로 통과하게 하시던 때에 그들이 목마르지 아니하게 하시되 그들을 위하여 바위에서 물이 흘러나게 하시며 바위를 쪼개사 물이 솟아나게 하셨느니라. ²²여호와께서 말씀하시되 악인에게는 평강이 없다 하셨느니라.

주석

야웨께서는 이스라엘 백성에게 당신의 이전 예언들이 얼마나 위대하게 성취되었으며 얼마나 신실하게 실현되었는지를 주목하고 상고해 보도록 촉구하신다. 야웨는 곧 심판받아 멸망할 바벨론으로부터 도망칠 것을 촉구하신다. 48장은 하나님이 당신의 사랑하는 자를 통해 행하시는 새 일,¹⁻¹⁶절 출바벨론, 출갈대아 여정을 향도하시는 하나님¹⁷⁻²²절으로 나뉜다. 48장에서 가장 특이한 사실은, 40장 이후의 예언을 대언한 예언자의 존재가 처음으로 1인칭으로 언급되고 있다는 점이다. "주 여호와께서 나와 그의 영을 보내셨느니라." 이 16절은 바벨론 포로들 가운데 활동한 포로기 예언자의 존재(소위 제2이사야)를 입증하는 실마리로 간주되기도 한다.[1] 1인칭 예언자가 등장하는 48장은, 출바벨론, 출갈대아 귀환 대열을 향도한 예언자(혹은 '나'라고 지칭되는 예언자적 동아리)가 바벨론 포로들 중에 활동했고 실존했음을 암시한다. 학자들은 이 예언자를 주전 8세기 예루살렘의 예언자와 구별해서 바벨론의 이사야, 혹은 제2이사야라고 부르기도 한다.

하나님이 당신의 사랑하는 자를 통해 행하시는 새 일 • 1-16절

이 단락의 청중은 바벨론에 남아있는 야곱의 집,[20절] 즉 바벨론 포로들이다. 동일한 청중에게 같은 주제의 말씀이 반복적으로 선포되고 있다. 1절은 청중을 가리켜 "야곱의 집"이라고 말한다. 유다의 포로들에게 야곱의 집, 즉 북이스라엘 지파들을 가리키는 데 거의 배타적으로 사용되었던 칭호가 사용되고 있다. 이것은 바벨론 포로들이 남아있는 이스라엘의 대표자이기 때문이다. 이미 앞에서 바벨론 포로들에게 '이스라엘'로 불리는 특권을 주시는[44:5] 하나님에 대한 언급이 나왔다. 그 주제가 다시 반복된다. 실제로는 유다의 바벨론 포로들이 "이스라엘"이라는 이름으로 불린다. 그들은 사실 "유다의 허리[2]에서 나왔으며", "여호와의 이름으로 맹세하며 이스라엘의 하나님을 기념"한다. 그러나 그들은 하나님의 이름으로 맹세하고 이스라엘의 하나님을 기억하면서도 "진실이 없고 공의가 없는 채로" 그렇게 한다. 에메트(אֱמֶת)와 츠다카(צְדָקָה) 앞에 전치사 쁘(בְּ)가 있다. 이 전치사는 맹세행위와 기념행위를 묘사하는 부사적 표현이다. 하나님을 향한 일편단심으로 하나님께 붙어있지 않으면서도 그들은 맹세하고 기념한다. 에메트는 언약적 항구여일성, 진실성을 가리키고, 공의(츠다카)는 하나님과 언약 공동체 동료 구성원에 대한 성실한 언약 의무이행을

바벨론에서 나와서 갈대아인들을 피하라

가리킨다. 실제로 본문의 청중은 서로에 대한 언약적 상호부축과 견인이 부족하다. 인애와 우애로 견결하게 결속되지 못하고 있다. '야곱의 집'이라는 말 안에는 포로들이 가문별로 결집되어 공동체를 이루어 살고 있었음을 암시한다(스 2:59=느 7:61). '집'은 혈족적 유대와 우애가 지탱하는 기초공동체다. '집'은 인애와 우애, 언약적 상호돌봄을 실천해야 하는 세포적 연합체다. 그런데 야곱의 집, 유다의 허리 출신들에게는 이스라엘과 하나님을 묶어주는 토대적 미덕인 신실성과 서로를 결속시켜주는 사회적 우애가 없다.

2절은 '거룩한 성 예루살렘' 출신이라고 자랑하며 신앙을 자랑하는 예루살렘 출신 포로들이 사실 영적으로 빈껍데기 같은 존재라는 점을 지적한다. 아마도 예루살렘 출신 포로들은 스스로를 구별하며 자신의 출신을 자랑했던 것으로 보인다. 그들은 "이스라엘의 하나님을 의지한다"고 자랑하며 자신들은 '그 이름 만군의 여호와'에 의해 견인되고 있다고 말한다. 2절의 접속사 키(כִּי) 이하에 나오는 문장은 예루살렘 출신 바벨론 포로들이 하나님의 이름을 맹세하고 하나님을 기념하는 구체적인 양태를 묘사한다. 접속사 키(כִּי) 이하를 직역하면 이렇다. '거룩한 도성으로부터 나온 자들이라고 그들은 불리고[니크라우(נִקְרָאוּ)] 이스라엘의 하나님 그 이름 만군의 야웨에 의해 그들은 견인된다[니스마쿠(נִסְמָכוּ)].' '불리고'와 '견인된다'는 '부르다', '의지하다(견인하다)'를 각각 의미하는 동사 카라(קָרָא)와 사마크(סָמַךְ)의 3인칭 복수 미완료 니팔형(수동)이다. 자신의 삶의 불의함을 은폐하기 위해 하나님의 명의를 도용한다.

3절은 다소 어렵다. 이스라엘의 야웨 하나님은 당신의 역사 주재권을 과시함으로써 이스라엘과 온 세계에 대한 당신의 통치권을 정초한다. 예언자는 여기서 하나님의 예지와 선견, 그리고 역사변동적 기획과 그것의 예고사역을 강조한다. 3절이 말하는 '처음 일'이 무엇

312

을 가리키는지는 분명하지 않다. 유사한 주제를 다루는 문맥과 비교해 보면 '처음 일'은 바벨론 포로들 중심으로 상정되는 처음 일이다. 그것은 아마도 일차적으로는 이스라엘의 바벨론 유수를 가리키는 말일 것이다. 2차적으로는 바벨론 멸망과 고레스 등장으로 인해 실현될 바벨론 포로들의 귀환을 가리킬 수도 있다. '처음 일들'을 알게 하였고, 그 '처음 일들'은 하나님의 입에서 발설된 말씀들에 의해 기획되고 예고되고 성취되었다. 하나님은 그 처음 일들의 기획과 성취사실을 바벨론 포로들에게 "듣게" 했다. 3절 셋째 소절의 개역개정은 "내가 그것들을 듣게 하였고"인데 잘못된 번역이다. '내가 그들로 하여금 듣게 했다'이다. 그들은 바벨론 포로들을 가리킨다. 3절 넷째 소절은 '홀연히 내가 행했다'이며 마지막 넷째 소절은 '그 일들이 실현되었다'이다. 아마도 그 처음 일들이 "홀연히" 행하여 이뤄졌다는 언급에 비추어 볼 때, 바벨론 멸망과 이스라엘 포로들의 귀환 결정을 가리키는 것으로 보인다. 바벨론 포로들은 바벨론의 멸망을 원하지 않았기 때문에, 혹은 바벨론의 번영과 견고성에 신뢰를 보내고 있었기 때문에 그들의 눈에 볼 때 바벨론 멸망은 '홀연히' 발생한 일이었을 것이다. 유다의 멸망과 바벨론 유배에 대한 예고는 오랫동안에 걸쳐 이뤄졌고 유다의 멸망 또한 홀연히 일어난 일이 아니었다. 하나님은 바벨론 멸망과 고레스 등장, 그리고 바벨론 포로들의 고토귀환 결정 등 일련의 역사적 격변이 순식간에 돌연히 일어나는 것처럼 보인다는 것을 어느 정도 인정하시는 것처럼 보인다. 그러나 하나님의 본심은 이런 사건들이 우발적으로 일어난 일이 아니라 하나님의 기획과 계획 속에 이뤄진 일임을 강조하는 것이다. 이 강조의 함의는 바벨론 포로들이 하나님의 약속을 믿고 출바벨론 가나안 고토귀환 대열에 동참하라는 것이다.

4-5절은 바벨론에 남아 있으려고 하는 포로들을 겨냥한 질책이다.

4절은 부정사 연계형 밋다티(מִדַּעְתִּי), 즉 '내 지식에 비추어 볼 때'다. 뒤따라 나오는 접속사 키(כִּי)는 '알다'의 목적어를 구성하는 접속사다. 키 접속사 이하 문장은 2인칭 단수 대명사가 독립적으로 사용된 도치구문이다. 직역하면 이러한 의미다. '완고하다. 다른 이가 아니라 바로 네가. 쇠힘줄이다, 네 목은. 놋이다, 네 이마'라는 사실을 아는 '내 지식에 비추어.' 이스라엘 백성의 집요한 특징은 완매하다는 것이다. 완매하다는 것은 완고하고 폐쇄적이라는 말이다. 영적인 이해력이 약하거나 하나님 말씀을 듣고 청종하는 데 굼뜨다는 말이기도 하다. 여기서 '쇠힘줄 목'과 '놋 이마'는 유연성이 전혀 없는 치명적 경직성과 고집불통 성향을 은유한다. 이스라엘 역사의 초창기부터 하나님께서는 이스라엘을 향해 목이 곧은 백성이라고 비난하셨다.^{출 32:9; 33:5} '목이 곧은 백성'은 우상 제작과 우상숭배를 통해 야웨의 진노를 촉발시키는 뒤틀린 성향을 강조하는 어구다. 목이 곧은 상황을 구체적으로 보면 쇠힘줄 목과 놋 이마다. 하나님께 목을 꺾어 경배하는 어린 양 같은 모습이 전혀 없다는 뜻이다. 놋 이마는 하나님의 진노를 두려워하지 않고 자기파멸적인 길을 일주하는 습성을 가리킨다. 4절의 '너'는 바벨론 유배를 초래한 그 옛날 이스라엘을 가리키면서도 지금 바벨론에 살고 있는 우상숭배적 삶에 젖어있는 포로들을 가리킨다.

5절은 '그리고' 혹은 '그러므로'를 의미하는 접속사 뷔(וָ)로 시작한다. 5절은 3절의 생각을 이어받아 되풀이한다. 4절은 일종의 삽입문장 같은 기능을 한다. 4절의 완고한 '너'와 5절에서 아직도 우상숭배 중인 '너'는 동일 인물이다. 하나님이 예언자를 세워^{16절} 이 바벨론 유수의 끝과 출바벨론 가나안 고토귀환 계획을 바벨론 포로들에게 일이 이루어지기 전에 미리 듣게 해준 목적은, 바벨론 포로들로 하여금 "이것을 내 신이 행한 바요 내가 새긴 신상과 부어 만든 신상이 명령한 바라 말하지 못하게" 하기 위함이었다. 5절의 개역개정 번역도 어색한 번역이다. 직역하면 이렇다. "그리고 내가 이 일을 예로부터 네게 자세히 알려주었고 네가 '내 우상이 그것들을 행했고 내 신상과 내 부어 만든 신상이 그것들을 명령했다'고 말하지 못하도록 하기 위해 내가 일이 이뤄지기 전에 너로 듣게 했다." 개역개정은 "네가 듣게 하여"[히쉬마티카(הִשְׁמַעְתִּיךָ)]를 불필요하게 두 번 반복했다.

6절은 하나님의 역사변동 계획을 들은 바벨론 포로들에게 하나님의 계획을 선전하는 사명을 맡기실 하나님의 의향을 말한다. 지금 듣는 이 하나님의 새 일은 이전에는 들어보지 못한 은밀하게 감춰진 하나님의 계획이다. 7절은 이 일들은 지금 창조된 것임을 강조한다. 이전에는 이스라엘 포로들이 듣지 못한 새 일이라는 것이다. 따라서 이스라엘은 '내가 이미 알았다'고 말할 수 없다. 하나님은 이런 방자한 언동을 미연에 막으시려 이제 일들이 일어나기 임박한 시점에서야 알려주신다.

8절은 이스라엘에 대한 하나님의 앙금 혹은 구원舊怨이 느껴지는 말이다. '바벨론 포로 공동체 너는 과연 듣지도 못하였고 알지도 못한다.' 8절 하반절이 하나님의 속마음을 드러낸다. '네 귀가 옛적부터 열리지 못하였나니 이는 네가 정녕 배신하여 모태에서부터 네가 배역한 자라 불린 줄을 내가 알았음이라.' 바벨론 포로들이 하나님의 말씀을 깨닫고 응답하는 데 치명적인 어려움을 겪고 있음을 암시한다. '네 귀가 옛적부터 하나님 말씀을 듣고 받아들이는 데 굼뜨다. 이스라엘의 귀가 옛적부터 열리지 못했다.' 이것은 자연적인 장애를 가리키는 말이 아니라 의도적인 불청종을 가리킨다. 이스라엘의 모태시절은 출애굽기 19-24장과 32장이 묘사하는 바 시내산 언약체결 시점을 지칭한다. '네가 정녕 배신했다'는 것을 '나는 안다'라고 말씀하신다. 8절의 마지막 소절인 키(왜냐하면)는 이스라엘의 귀가 옛적부터 하나님을 향해 열리지 않은 의도적 불순종의 귀였다고 판단하시는 이유를 제시한다. 한글 음역은 이렇다. 키 야다티 빠고드 팁고드 우포쉐아 밉베텐 코라 라크(כִּי יָדַעְתִּי בָּגוֹד תִּבְגּוֹד וּפֹשֵׁעַ מִבֶּטֶן קֹרָא לָךְ). 직역하면 이렇다. "왜냐하면 나는 네가 정녕 배반하였고, '배역자'라는 칭호가 모태에서부터 네게 대하여 붙여져 불려졌다는 것을 알기 때문이다." '정녕'이라는 부사어는 '배반하다'를 의미하는 히브리어 동사빠가드(בָּגַד)의 부정사 절대형으로 정동사 앞에 사용된 부정사 절대형의 부사적 용법 관례 때문에 '정녕', '확실히'로 번역된다. 이스라엘의 배반이 우발적인 사건이 아니라 의도적이었다는 뜻이다. 다음 소절은 '반역하다'를 의미하는 '파샤'(פֹשֵׁעַ)의 능동 분사형이다. 계속 습관적으로 하나님께 반역하는 자는 포쉐아(פֹשֵׁעַ)다. 코라(קֹרָא)는 카라(קֹרָא) 동사의 푸알(강세수동형)이다. 주어는 3인칭 이스라엘이다. 이것은 호세아 9:7을 생각나게 한다. "그들은 아담처럼 언약을 어기고 거기에서 나를 반역하였느니라." 반역은 하나님과 맺은 언약을 의도적으로 공공연히 위반하고 파기하는 악행이다. 이스라엘은 모태 안에서부터 하나님을 배반하여 능동 분사형으로 표현된다. 이처럼 하나님은 이스라엘이 태어난 날 모태적 순간에 하나님을 배반한 것을 '아셨다'는 것이다. 하나님의 언약율법 석비를 받은 바로 그 순간부터 이스라엘은 하나님을 배반했다. 모태에서부터 이스라엘은 '배역한 자'라고 불리는 것은 무리가 아니다. 이 모태 시점의 반역사건은 출애굽기 32장의 시내산 금송아지 제작 및 숭배사건을 가리키는 것이 틀림없다. 이 추론을 지지하는 것이 9절이다.

9절은 하나님의 이름 문제를 다룬다. 출애굽기 32:6-8에 나오는 야웨 하나님의 이름 계시 장면이다. 하나님의 이름은 신적 항구여일성, 인간의 배반과 변덕을 이겨내는 신적 일관성을 가리킨다. 출애굽기 32장에서 하나님은 당신의 이름을 위하여, 즉 당신의 신적 초지 일관성과 신실성을 지키기 위하여 멸절적 수준의 진노를 폭발시키지 않으신다. "내가 노하기를 더디 할 것이며 내 영광을 위하여 내가 참고 너를 멸절하지 아니하리라." 이 결단 때문에 모태에서부터 반역한 이스라엘은 살아남았다. 하나님은 반역한 이스라엘을 일단 용서하시고 다시 언약을 세워주셨다.^{출 34:10}

10절은 태어날 때부터 반역자요 배역자인 이스라엘의 태생적 성향을 해체하고 새로운 성향을 주형하기 위한 하나님의 연단을 말한다. 여기서 고난의 풀무는 먼저 이집트의 노예살이를 가리키고 2차적으로 바벨론 포로살이를 가리킨다. 이집트 노예살이가 고난과 고통의 각인을 남겼을지라도 이스라엘을 은과 같이 하나님께 보배로운 귀금속 같은 존재로 만든 것은 아니었다. 그래서 출애굽한 후에 이스라엘은 다시 반역했다. 마찬가지로 바벨론 포로살이 경험 그 자체가 이스라엘의 반역을 근절시킬 정도의 영적 정화를 가져다준 것은 아니었다. 바벨론 유배도 하나님이 마련하신 또 다른 고난의 풀무였지만 그것 또한 이스라엘을 은처럼 귀금속이 되게 하지 못했다. 하나님은 이스라엘을 은 연단시 사용되는 온도보다 더 뜨거운 불꽃에 집어던져 고난을 맛보게 하셨지만 이스라엘의 영적 갱생이 이뤄지지는 않았다.[3] 이 고난의 풀무마저도 이스라엘 안에 우상숭배적 습속을 영원히 근절시키는 데는 역부족이었다는 것이다(비교. 신 4:20; 왕상 8:51; 렘 11:4). 출바벨론 또한 출애굽과 마찬가지로 하나님께서 이스라엘을 '풀무 불꽃'에서 선택하신 사건이다. 정상적으로 기대되는 결과는, 우상숭배적 성향의 근절이었다. 하지만 이스라엘은 여전히 불순물이 뒤섞인 존재다.

11절은 하나님이 이스라엘을 다시 선택하신 이유를 말한다. 하나님 자신, 당신의 명예와 신적 초지일관성을 지키기 위해 이스라엘을 선택하신다. 11절의 "나를 위하여"라는 어구의 반복은 히브리어 본문을 곧이곧대로 번역한 것이다. 이런 방식의 중복은 히브리어 구문에서 아주 희귀하다. 하나님의 역사변동은 하나님의 하나님 되심을 입증하기 위한 일임을 강조한다. 이스라엘의 연단과 선택은 하나님 자신을 위한 일이다. 하나님의 본심은 11절 마지막 소절에 나타난다. "어찌 내 이름을 욕되게 하리요. 내 영광을 다른 자에게 주지 아니하리라." 하나님의 이름은 일관된 성품과 행동으로 얻은 명성을 의미한다. 하나님은 이스라엘의 하나님이요 스스로 있는 자 야웨다. 출애굽기 34:6-8에서 계시된 하나님의 이름은 비대칭적으로 긴 진노 억제와 풍성한 긍휼 베풂으로 정의된다. 진노의 잠정성과 긍휼의 무궁성이 하나님 이름의 핵심 요소다. 하나님의 영광은 은혜와 진리다. 하나님의 인격에서 방사되는 빛은 하나님의 은혜와 사랑, 그리고 인간의 죄를 초극하는 신적 항구여일성이다. 하나님의 구속사는 하나님께서 절대주권적으로 당신 이름을 영화롭게 하고 당신의 신적 영광을 다른 자들(우상들)에게 넘겨주지 않으시겠다는 결심에 의해 추동된다. 여기서도 '다른 자'는 우상을 암시한다. 하나님은 이스라엘에게 알려진 그 성품의 일관성 즉 이름을 살리기 위해 이스라엘이 우상숭배에 빠지는 것을 허용할 수 없다. 하나님의 영광을 다른 자, 즉 우상에게 준다는 말은 하나님의 영광의 반사체인 이스라엘이 우상에게 절하는 상황을 말한다. 이스라엘이 우상에게 절하는 상황이 바로 하나님의 이름을 욕되게 하는 것이며 하나님의 영광을 하나님이 아닌 다른 자에게 주는 것이다. 거룩하신 하나님의 백성이 자기 땅을 떠나 열방 중에 흩어져 살면서 거룩을 상실하는 것, 당신의 이름으로 불리는 이스라엘이 열등하고 무능한 우상에게 절하는 것, 그리고 이스라엘이 야웨의 언약백성의 정체성을 잃는 것이,[겔 36:20-22] 하나님의 이름을 더럽히는 것이다.

12절은 하나님의 진정성 넘치는 호소다. '야곱아, 나에 의해 부름받은 이스라엘아'라는 어구는 하나님의 다정한 호칭이다. 이스라엘을 '머코라이'(מְקֹרָאִי)라고 부르는 점이 특이하다. 머코라이는 '부르다'를 의미하는 동사 카라(קָרָא)의 강세수동(푸알) 남성 단수 분사형이다. 12절의 다음 소절들에는 1인칭 단수 대명사 아니(אֲנִי)가 세 차례나 반복되고 있다. '나는 그다.' 이 소절은 다음 소절들에 의해 그 뜻이 해명된다. '나는 처음이요 또 나는 마지막이라.' 13절에 비추어 볼 때 '처음이다'라는 말은 창조주 하나님이라는 뜻이다. 마지막은 창조를 완성하실 하나님을 의미한다. 창조의 완성은 온 세계에 하나님을 아는 지식이 가득차는 상황을 만드는 것이다. 하나님의 영광이 온 땅을 가득 채우는 것이다(사 6:3 "여호와여, 그의 영광이 온 땅에 충만하도다"; 사 11:9 "물이 바다를 덮음 같이 여호와를 아는 지식이 세상에 충만할 것임이니라"). "나는 마지막"이라는 말은 이스라엘을 부르신 목적을 반드시 성취하실 것을 의미한다. 하나님이 천지만물을 창조하신 목적과 이스라엘을 창조하신 목적을 공히 반드시 이루실 것이다.

결국 12절의 논지는, 하나님은 특정한 목적을 기획하시고 그 목적을 완성하시는 분이시라는 것이다. 목적을 성취할 때까지 처음 계획을 포기하지 않을 것을 강조하는 말이다. 더욱 구체적으로는 이스라엘을 결코 포기하지 않겠다는 말이다. 야웨 하나님이 이스라엘의 알파가 되시기 때문이다. "나는 처음이요 또 나는 마지막이라"는 것은 천지만물을 창조하신 목적도 하나님께 있고 그 목적의 성취도 하나님께 있다는 뜻이다. 바벨론 포로들의 관점에서 보면 하나님께서 이스라엘에게 두신 목적을 성취하기 위해 제2의 출애굽을 수행하시겠다는 의미다. '바벨론 갈대아인의 깊은 바다에서 이스라엘을 건져내겠다.' 이스라엘의 하나님께서 "나는 처음이요 또 나는 마지막이라"고 선언하실 때 하나님은 이스라엘에게, '내가 너를 선택했다면 너를 선택한 목적을 반드시 이룰 것이다. 70년 바벨론 유배라는 비극적 역사의 공백기를 헛되지 않게 만들어주겠다. 너희가 70년간 바벨론 포로생활을 했지만 내가 너희 이스라엘 민족을 향하여 품었던 목적은 절대로 취소되지 않았다'라고 말씀하시는 셈이다. 이스라엘의 창조목적은 처음부터 공공연히 계시되었다. "세계가 다 내게 속하였나니 너희가 내 말을 잘 듣고 내 언약을 지키면 너희는 열국 중에서 내 소유가 되겠고 너희가 내게 대하여 제사장 나라가 되며 거룩한 백성이 되리라. 너는 이 말을 이스라엘 자손에게 고할지니라."^{출 19:5-6} 이처럼 이스라엘의 창조목적은 모세 이전 아브라함 때부터 진술되었다. "아브라함은 강대한 나라가 되고 천하 만민은 그로 말미암아 복을 받게 될 것이 아니냐. 내가 그로 그 자식과 권속에게 명하여 여호와의 도를 지켜 공의와 정의를 행하게 하려고 그를 택하였나니 이는 나 여호와가 아브라함에게 대하여 말한 일을 이루려 함이니라."^{창 18:18-19}

하나님이 천지만물을 창조하실 때 품은 계획에 대해서도 마찬가지다. 이 세상 만물을 창조하신 그 최초의 순간에 품은 하나님의 목적도 변개되지 않는다. 하나님의 천지만물 창조목적은 천지만물이 여호와의 영광으로 가득차는 것이었다.^{사 6:3; 합 2:14} 하나님의 성령은 피조물이 하나님을 아는 지식으로 가득찰 때까지 이 세상을 떠나지 않으신다. 하나님은 이 세상에 오는 피조물과 이 세상 안에 있는 피조물과 영적 피조물들이 예수를 주라고 시인할 때까지 이 역사를 결코 끝장내지 않으신다. 모든 무릎이 예수께 꿇고 모든 입술이 예수를 주라고 고백할 때까지 역사는 쉼 없이 흘러가게 되어있다.

13절은 창조주 하나님의 통치에 순복하는 만물을 보여준다. 하나님의 손이 땅의 기초를 정하였고 하나님의 오른손이 하늘을 폈다. 하나님이 땅과 하늘들을 부르시면 "그것들이 일제히" 일어선다. 명령을 들을 자세로 시립^{侍立}한다. 이스라엘의 태도와 대조되는 태도다. 땅과 하늘들은 하나님의 부르심에 이렇게 적극적으로 호응하는데 이스라엘은 귀를 닫아놓고 있다.

그래서 14절에서 하나님은 이스라엘을 향해 "다 모여 들으라"고 호소하신다. 이스라엘이 듣고 납득해야 할 내용은 "나 여호와가 사랑하는 자는 나의 기뻐하는 뜻을 바벨론에 행하리니 그의 팔이 갈대아인에게 임할 것이라"는 메시지다. 개역개정은 "그들 중에 누가 이 일들을 알게 하였느냐"가 14절의 끝에 나오지만, 히브리어 구문에 따르면 "나 여호와가 사랑하는 자는 나의 기뻐하는 뜻을 바벨론에 행하리니 그의 팔이 갈대아인에게 임할 것이라"는 문장 앞에 나온다. 14절을 번역하면 이렇다. '너희는 다 모여라. 그리고 들으라. 그들 중에 누가 이 일들을 자세히 알려주겠느냐. 여호와, 그를 사랑하는 자가 그의 기뻐하심을 바벨론에 대해 행하리라. 그의 팔이 갈대아인들(에게).' 이스라엘(바벨론 포로들) 중에는 '야웨, 그의 사랑하는 자가 바벨론에 대항해 할 일들을 아무도 알아차리지 못하며, 따라서 자세히 설명할 자가 없다는 말이다. 14절이 말하는 '야웨의 사랑하는 자'(יְהוָה אֲהֵבוֹ)는 '야웨를 사랑하는 자'가 아니라 야웨의 사랑을 받는 자, 즉 '고레스'를 가리키는 것처럼 보인다.[44:28] 44-45장과 이후에 나오는 구절들에 비추어볼 때 고레스가 여기서 말하는 하나님이 사랑하시는 자이며, 바벨론에 대항하여 야웨의 기뻐하시는 뜻을 성취할 자다. 그는 야웨의 팔이 되어 갈대아인들을 칠 것이다. "그의 팔"은 야웨의 팔, 즉 야웨의 팔과 동격인 고레스를 가리키는 말인지, 아니면 고레스의 팔(권능행사)을 가리키는지 분명하지 않다. 어떻게 해석하든 전체적인 의미는 동일하다. 14절의 대지를 쉽게 풀면 이렇다. '너희는 내게 가까이 나아와 이 말을 들으라. 내가 나의 비밀을 예언자들에게 하나님의 종들에게 먼저 알려주지 않고 일을 한 적이 있느냐? 잘 들어보아라. 너희 주변에 예언자가 있지 않았느냐? 예언자가 항상 외쳤던 그 길로 역사가 진행되지 않았느냐?'

15절은 1인칭 단수 대명사 아니(אֲנִי)가 두 번 사용되고 있다. 하나

바
벨
론
에
서
나
와
서
갈
대
아
인
들
을
피
하
라

님 자신이 고레스가 행할 일을 말씀하셨고, 또 하나님이 말씀하신 바를 성취할 자로 고레스를 부르며 그를 인도하셨다. 고레스의 세계정복, 특히 바벨론 정복이 형통하도록 인도하셨다. 따라서 바벨론 포로들은 바벨론 멸망과 고레스 등장 배후에 계신 하나님을 인정해야 한다. 16절은 다시금 이스라엘에게 이해하고 청종하도록 호소하신다. "너희는 내게 가까이 나아와 이것을 들으라." "들으라"고 호소하신다. 바벨론 멸망과 고레스 등장은 하나님이 처음부터 몰래 발설한 말씀이 아니었다. 그러니까 바벨론 포로들은 이 하나님의 역사변혁적 주도권을 인정하고 받아들여야 한다. 16절 중간의 명사 문장 "그것이 있을 때부터 내가 거기에 있었노라"는 히브리어 구문 '메에트 헤요타흐 샴 아니'(מֵעֵת הֱיוֹתָהּ שָׁם אָנִי)를 번역한 것이다. '그것(3인칭 여성 단수 접미어)이 존재하게 된 때부터 나는 거기에 있었다.' 그런데 '그것'은 무엇을 가리키는가? 3인칭 여성 단수인 '그것'은 14절에 나오는 남성 지시대명사 '엘레'(אֵלֶּה)와는 다른 무엇인가를 가리킨다고 봐야 한다. 그렇다면 '그것'은 무엇을 가리키는가?

첫째, 여성형으로 표시되는 '이스라엘'을 가리킨다고 보는 것이다. '이스라엘이 존재하던 순간부터 나는 거기 있었다'라는 정도의 의미로 파악하는 것이다. 둘째, 그것은 문맥상 16절의 둘째 소절인 "이것을 들으라"라는 문장에 있는 "이것"일 수도 있다. "이것"은 3인칭 여성 단수 대명사 조트(זֹאת)다. 이 경우의 "이것"은 하나님이 고레스를 통해 바벨론에 대해 행하실 일을 가리키는 것으로 보인다. 그렇다면 '메에트 헤요타흐 샴 아니'(מֵעֵת הֱיוֹתָהּ שָׁם אָנִי)는 '바벨론 멸망 계획이 착상될 때부터 나는 거기에 있었다' 정도의 의미가 된다. 셋째, 히브리어 구문 '메에트 헤요타흐 샴 아니'에서 1인칭 단수 대명사 '아니'를 하나님이 아니라 예언자 자신으로 보는 것이다. 16절의 마지막 소절 "이제는 주 여호와께서 나와 그의 영을 보내셨느니라"에 나오는 "나"

와 동일인으로 보는 것이다.[4] 이런 경우 '이 바벨론 정복계획이 착상되는(그것) 그때부터 나는 거기에[하나님의 천상 어전회의 석상사 6:1-13] 있었다' 정도의 의미가 된다. 이 해석의 장점은 바로 뒤따라 나오는 마지막 소절과의 연결이 자연스럽다는 점이다. 어떻게 해석해도 완전히 만족스럽지 못하다. 그러나 이 소절의 의미가 명확하게 밝혀지지 않아도 16절의 대지 파악이 불가능한 것은 아니다.

이런 불완전한 추론에도 불구하고 우리는 셋째 해석을 취하고자 한다. 16절의 마지막 소절에 나오는 "나"는 예언자를 가리키는 것이 분명하고, 예언자 자신이 하나님의 바벨론 멸망과 고레스 등장 계획을 착상하실 때 그 현장에 있었다고 말하는 것이 16절의 대지를 가장 자연스럽게 부각시키기 때문이다. "이제"는 바로 앞 소절 '메에트'와 호응한다. 16절의 마지막 소절의 문두에 나오는 "이제"는 예언자 자신이 파송되는 전환점을 말한다. 하나님께서 하나님의 바벨론 멸망계획이 착상되는 과정에 참여한 "나"를 그의 영과 더불어, 즉 그의 영으로 가득 채워 "나"를 보내셨다는 것이다. 이 1인칭 화자가 소위 학자들이 말하는 바벨론의 이사야, 제2이사야일 가능성이 크다. 그는 아마도 바로 이사야 40:3의 그 "외치는 자"일 것이다. 왜냐하면 그 "외치는 자"와 지금 16절의 1인칭 화자인 "나"의 메시지가 동일하기 때문이다. '바벨론 포로살이가 끝났다. 이제 가나안 고토로 돌아갈 때다. 이 고토귀환 대장정을 향도하시는 분은 야웨 하나님이시다. 바벨론에 잔류하려고 하는 모든 이스라엘 포로들은 귀를 열고 외치는 자를 통해 전해지는 하나님의 말씀을 영접하라.' 이제까지 선포된 예언 메시지는 바로 위의 내용이다.

또 하나의 가능성은 이 1인칭 화자를 하나님의 마음에 감응하는 바벨론 포로 공동체, 즉 야웨의 종으로 보는 것이다. 1인칭 화자를 특수한 개인이 아니라 바벨론 포로 중에서 하나님의 출바벨론, 출갈대아 가나안 고토귀환 계획에 깊이 공명하고 응답하는 소수의 공동체로 보자는 것이다. 이렇게 보면, 49장, 50장에서 1인칭으로 등장하는 야웨의 종과 48장 16절의 1인칭 화자는 동일시된다.

요약하면 16절의 1인칭 화자는 출바벨론, 출갈대아 가나안 고토귀환에 공감하는 한 예언자이거나 그가 대표하는 공동체를 가리킨다. 혹은 그 공동체는 바벨론 포로의 일원이면서도 이상적인 이스라엘, 즉 하나님 마음에 상상되는 이상화된 이스라엘이라고 볼 수 있다. 하나님의 마음에 공감하는 대언자는 이사야 61장에서 다시 1인칭 화자로 등장한다. 그는 왕적인 지도자 혹은 제사장적인 지도자로서 하나님의 공평과 정의통치, 즉 이사야 9, 11장에서 상상되던 이상적인 공동체를 이룬다. 이 왕적 혹은 제사장적인 인물의 지도력은 전 세계 만민 앞에서 과시된다.

출바벨론, 출갈대아 여정을 향도하시는 하나님 • 17-22절

17절은 하나님의 실망감을 드러낸다. 하나님은 이스라엘의 '고엘'이다. 기업 무르는 자, 피붙이 복수자이시다. "이스라엘의 거룩하신 이"(커도쉬 이스라엘)는 이사야 1-39장에 등장하는 하나님의 빈번한 자기호칭이다. 구속자는 40장 이하에서부터 나온다. 하나님은 당신이 이스라엘을 가르치려고 애썼으나 좌절당했음을 말한다. 17절의 둘째 소절을 음역하면 이렇다. 아니 아도나이 엘로헤카 믈람메드카(אֲנִי יְהוָה אֱלֹהֶיךָ מְלַמֶּדְךָ). '다른 이가 아닌 나, 네 하나님 여호와가 줄곧 너를 가르쳐왔다.' 믈람메드카(מְלַמֶּדְךָ)는 라마드(לָמַד) 동사의 강세능동(피엘) 분사형에 2인칭 남성 단수 목적어 접미어가 붙은 단어다. 줄곧 이스라엘을 면전에 앉혀놓고 가르쳐온 하나님의 사역을 강조한다.[5] 하나님의 율법과 가르침은 이스라엘 사람 개개인에게 유익할 뿐만 아

니라 국가 공동체 전체의 번영을 위해 유익하다. 따라서 이스라엘은 하나님이 가르치신 그 길을 따라 마땅히 걸어가야 한다. '길을 걷다'는 야웨의 율법을 따라 사는 삶을 가리킨다.^{시 1:1} 길은 사회를 구성하는 인간이면 마땅히 행할 삶의 지침들이다. 이 지침들을 따라 걸어야 사람을 만나고 공동체를 이룰 수 있다. 18절에서 보듯이 이 지침들은 공평과 정의와 관련된 지침들이다.

18절은 가정법이다. 가정법을 도입하는 히브리어 불변화사 루(לוא)로 시작된다. 이 가정법은 바벨론 포로들의 공동체에 대한 실망감의 피력일 수도 있고, 오래전 바벨론 유배를 초래하였던 시절의 죄악된 공동체 모습에 대한 실망감의 피력일 수도 있다. 하나님의 명령들[미츠보트(מְצִוֹת)]은 귀를 쫑긋 세워 마음을 기울여[카샵(קֶשֶׁב)] 들어야 하는 말씀이다(대조. 사 50:4-5). 하나님의 명령은 개개인의 행동을 고치려는 세부적인 윤리강령 그 이상이며, 이스라엘 공동체의 헌법 같은 핵심 조문이다. 주로 강자를 겨냥한 엄중한 금지계명들이다. 그 내용들은 십계명 1-4계명처럼 한 사회의 유력자나 강자들을 주로 겨냥한 율법들을 가리킨다. 이 명령들은 지배층의 경제와 정치권력을 억제하고 하나님의 가난한 백성을 부축하여 그들을 언약 공동체 안에 머물도록 배려하라고 명하고 있다. 이렇게 해석할 수 있는 근거가 18절의 둘째 소절에 나오는 "공의"(츠다카, 치드코트)다. 츠다카는 하나님과 맺은 언약에 충실한 행동을 가리킨다. 이 공의는 이웃사랑, 형제사랑의 의무를 포함한다. 이스라엘의 법은 단순히 금지조항만으로 구성되어 있지 않고, 적극적인 언약 공동체 결속을 촉진하는 사랑 실천의무를 포함한다. 하나님의 명령 중 가장 중요한 것은 땅과 생존권 관련 명령이다. 지배층과 사회적 유력자들은 이런 하나님의 명령을 위반하기 쉬운 존재들이다. 이들은 공동체의 평화를 깨기 쉬운 자들이다. 평화는 공동체 전체가 누리는 사회적 건강이다. 공동체 구성원 사이에 나눠지는 우애와 친절이다. 하나님의 명령이 창조하려고 하는 것은 평화와 공의다. 이사야 11:1-9절은 시온산에 넘치는 몽환적인 평화를 그린다. 이사야 2:1-4은 세계만민 가운데 넘치는 평강을 그린다. 전쟁용 살상무기를 생산용 농기구로 바꾸며 더 이상 이웃을 약탈하는 포식자국가로 살지 않겠다고 다짐하며 전쟁 연습도 포기한다. 더 이상 나라와 나라가 서로를 치려는 전쟁은 없다. 미래에는 세계만민이 시온산으로 몰려와 야웨의 토라를 배우고 야웨의 율법을 학습할 것이기 때문이다. 이사야서는 시온산이 국내적인 평강은 물론이요 전 세계만민의 평강을 가르치는 평화학교가 될 것이라고 내다본다. 특히 강자와 유력자들, 지배층이 하나님의 명령을 자세히 주의하고 마음을 다하여 지키면 그 공동체에는 강 같은 평강이 흘러넘칠 것이다. 하나님은 이스라엘과 맺은 언약의 틀 안에서 행동하는 언약속박적인 하나님이다. 하나님은 절대자요 초월자적인 우주의 왕이시지만, 이스라엘과 맺은 언약으로 공평과 정의를 실행하시는 하나님, 즉 공평과 정의로 이 세상을 다스리기로 약속하신 하나님이시다. 하나님은 언약에 매여있는 겸손한 절대자다. 하나님이 당신의 언약에 충실한 경우 그것은 하나님의 의(체데크)가 되며, 이스라엘이 하나님께 언약적 의무를 수행하고 이웃에게 언약적 의리를 다 수행하면 그것은 이스라엘의 의가 될 것이다.^{신 6:25} 하나님은 이스라엘에게 "너는 말하여 네가 의로움을 나타내라"^{사 43:26}고 말씀하신다. 야웨의 명령을 무시하고 배척하기 쉬운 지배층 집단부터 야웨의 명령들을 전심으로 지키면, 이스라엘 백성이 하나님께 보여드리는 언약적 의리(체데크)는 바다 물결 같았을 것이다. 그런데 사실은 그렇지 못했다. 19절은 이스라엘이 하나님의 명령들에 전심으로 순종했더라면 받게 될 복을 가정법적인 맥락에서 말한다. "네 자손이 모래 같았겠고 네 몸의 소생이 모래 알 같아서 그의 이름이 내 앞에서 끊어지지 아니하였겠고 없어지지 아니하였으리라." 이는 일찍이 아브라함에게 주신 약속 성취를 말한다.^{창 12:2; 17:6; 22:17} 고대 사회인들의 머릿속에서는 자식의 수가 많은 큰 공동체는 번영의 상징이었다. 그런데 지금은 이스라엘 자손의 숫자가 아주 적어졌다는 것을 암시한다. "이스라엘"이라는 이름이 끊어진 것처럼 보인다. 사실상 "이스라엘"이 하나님 앞에서 끊어진 것처럼 보일 정도로 영락했다는 말이다. '국가'로서의 이스라엘 '공동체'가 없어졌다는 말일 수도 있다. 바벨론 포로들은 이스라엘 백성의 일원이었으나 그들은 국가로서의 '이스라엘'을 대표할 수는 없었기 때문이다.

20절은 하나님의 본심을 드러낸다. 48장 전체의 논지는 바로 출바벨론, 출갈대아다. 바벨론 포로들은 큰 환호성으로 '야웨께서 그의 종 야곱을 구속하셨다'는 소식을 전파해야 한다. 땅 끝까지 이 소식이 퍼져나가도록 전파해야 한다. 그러기 위해서 바벨론 포로들은 '먼저 바벨론에서 빠져나오고, 바벨론으로부터 피해야' 한다. 21절은 벌써 출바벨론, 출갈대아 가나안 고토귀환 대장정 상황을 어떻게 돌파할지에 관해 말한다. 고대근동 지도를 보면 바벨론에서 가나안 고토로 가는 여정은 산악 지역, 사막 지역, 그리고 평지 지역을 거쳐야 한다는 것을 알 수 있다. 평지 지역은 대도시가 발달한 지역으로 이미 주권을 갖고 통치하는 기득권 세력들이 자리잡고 있기 때문에 평지를 통과하는 경우 현지인들에게 약탈과 공격을 당할 위험이 크다. 대신 도시 지역을 멀리 우회하여 산길과 사막을 선택하면 생존 자체의 가능성이 희박해진다. 아마도 출바벨론 귀환포로들은 후자를 선택했을 것이다. 그들은 도시들에 접근했더라도 도시 중심을 통과하지는 못했을 것이며 도시 지역 외곽을 스쳐 지나가는 행로를 선택했을 것이다.

21절은 43:19-22의 주제를 되풀이한다. 바벨론 귀환포로들이 아마도 사막과 광야를 지날 때에 겪게 될 곤경을 가장 걱정했음을 알

수 있다. 21절은 출애굽 여정 때의 구속사를 회고하는 형식을 취했지만 출바벨론 여정에도 동일한 하나님의 강권적인 구원이 있을 것임을 암시한다. 바위에서 물이 흘러나게 하시며 심지어 바위를 쪼개어 물이 솟아나게 하실 것이다(출 17:6; 민 20:11; 참조. 사 35:6; 49:10). 22절은 잠언적 경구다. "악인에게는 평강이 없다." 잠언은 아무런 맥락 없이도 이해된다. 그런데 여기에서 '악인'은 아마도 하나님의 명령들을 전심으로 지키지 않는 자를 가리킬 것이며, 구체적으로는 바벨론 잔류 포로들을 가리킬 수도 있고 바벨론 압제자들을 가리킬 수도 있다. 그런 점에서 22절은 단순한 잠언이 아니라 여전히 출바벨론 대열에 동참하지 않는 자들에 대한 경고로 들린다.

메시지

48장도 여호와께서 70년 동안 바벨론 포로생활하던 이스라엘 백성을 가나안 고토로 돌아오도록 격려하는 본문이다. 입장을 바꿔 생각해보면 70년 이상 이미 외국에서 정착하여 산 사람들이 하나님의 약속을 믿고 정들었던 제2의 고향을 떠나 또 다시 황무지와 폐허로 바뀐 땅으로 돌아간다는 것은 상상력과 모험을 요청하는 일이었다. 이미 완성되어 있는 나라에 가는 것이 아니라 눈물로 씨를 뿌리러 가는 것이었기 때문이다. 실제로 바벨론 포로들에게 고향땅으로 돌아가라고 했을 때 얼마나 많은 사람이 거기에 열광적으로 응답했을까? 전후 맥락으로 볼 때 아마도 소수였을 것이다. 유대인들의 전설에 의하면 14만4천 명이 돌아왔다. 열두 지파에서 각각 1만2천 명씩만 왔다는 뜻이다. 이것은 전설일 뿐 실제로는 그보다도 적은 수가 돌아왔을 가능성이 크다. 그렇게 많은 사람들이 돌아오지 않았을 가능성이 큰데 아마도 경제적인 이유 때문이었을 것이다. 바벨론 포로들은 바벨론의 물류와 교통의 중심지요 종교적인 중심 도시였던 니푸르 근처에 집단촌을 이루어 살았다. 그들은 유배 초기에 비해 이미 바벨론에 어느 정도 뿌리를 내려 나름대로 생활의 안정을 누렸을 것이다. 다만 소수의 포로들이 야웨 하나님에 대한 충성을 유지하고 살았지만,[6] 대부분은 바벨론의 종교와 문화에 적응하고 동화되었을 것이다.

이는 에스라 8장을 통해 어느 정도 짐작할 수 있다. 주전 450년대의 상황(고레스 칙령 후 100년이 지난 시점)을 반영하는 에스라 8장 분위기를 보면 돌아가려는 분위기가 그렇게 자연스럽게 형성된 것이 아님을 알 수 있다. 가나안 땅으로 돌아가는 것 자체가 하나님의 섭리를 믿지 않고 이스라엘에게 위탁된 세계사적 사명을 믿지 않으면 불가능한 일이었기 때문이다. 이런 가운데서도 소수의 포로들이 돌아왔다.

누가 가나안 땅으로 돌아왔을까? 놀랍게도 처음(주전 538년 상황)과 달리 고레스 칙령이 선포되고 약 80년이 지난 후, 즉 느헤미야와 에스라 시대에는 바벨론에서 상당한 부를 축적한 사람들이 돌아왔다. 초기에는 유력 왕족이나 제사장적인 지도자들이 주로 돌아왔다. 페르시아 정부가 지명한 사람들이 주축을 이루었다(세스바살). 주로 왕조나 성전 기능을 회복시키는 데 관심이 큰 인물들이 1차 귀환 대열에 참여했다. 그런데 약 80년 후(주전 450년 전후)에 돌아온 포로들 중에는 페르시아 제국 치세 하에(주전 538-450년) 상거래나 무역을 통해서 상당한 부를 축적한 유다의 포로들도 있었다. 에스라-느헤미야 시대 때 합류한 귀환포로들 중에는 어느 정도 경제적 성공을 이룬 사람들도 있었다. 주전 450년경 전후에 작성되었을 것으로 추청되는 페르시아 시대의 「무라슈 문서」에 따르면 유대인 교포 2-3세들이 상업과 경제 영역에서 비약적 두각을 나타냈다. 주전 450년경 전후에 무라슈 가문이 운영하던 기업체 장부에 독특한 이름, 즉 유대인의 이름을 가진 사람들이 900여명 이상 언급된다. 에스라-느헤미야가 활동하던 시대와 비슷한 시대를 반영하는 이 「무라슈 문서」에 유대인들의 이름이 채권자, 투자자, 혹은 토지 소유자 이름으로 많이 나타난다는 것은 의미심장하다. 이 성공한 교포 3세들이 에스라-느헤미야와 함께 돌아왔다. 경제적으로 번성한 유대인 교포 3세들이 바벨론과 페르시아에서 맺었던 인맥을 총동원하여 성전과 성벽 중건 공사에 막대한 기여를 했을 것이다. 이렇게 상당한 부를 획득했던 무역상과 무역중개상들과 국제적인 감각을 익힌 교포 3세들이 가나안에 돌아오는 것 또한 자연스러운 일이 아니다. 따라서 이들의 귀환을 이사야 40-55장의 영향으로 설명하는 것도 전혀 무리는 아닐 것이다. 그들 중 일부의 사람들에게는 가나안 고토 복귀가 이사야 40장 이하의 예언을 선포하던 예언자들의 영향 아래 일어난 초자연적인 이주였을 것이다. 여기서 한 가지 질문이 떠오른다. 온 세계가 넓은 의미에서 하나님의 통치 아래 있는 '하나님의 통치관할 영역'^{출 19:5; 시 24:1}인데 왜 하나님은 이스라엘로 하여금 굳이 가나안 땅으로 돌아가라고 말씀하시는가? 하나님의 백성이 현 상황에서 세계 속에 흩어져 살면 안 되는 이유가 무엇인가? 세 가지 답변이 가능하다.

첫째, 가나안이 하나님이 주신 약속의 땅, 기업이기 때문이다.^{창 12:1; 13:15-17; 15:7-8; 17:8; 26:3; 28:4} 이스라엘은 하나님의 약속으로 선사된 이 땅에서 하나님의 성민으로 성장하여 열방에 대한 제사장 나라 사명을 수행해야 한다. 하나님은 이스라엘 백성을 하나님이 주신 기업의 땅에서 일정한 수준까지 교육하고 단련하여 열방향도적인 제사장 나라로 파송하실 의향을 가지고 계셨지만, 이스라엘은 아직 열방에 파송될 단계로 자라지 못했다. 일정기간 하나님의 특별한 언약적 돌봄이 있는 땅에서 이스라엘에게 하나님을 믿고 경배하는 공동체 생활, 국가 생활을 연습시켜야 했다. 고대사회는 각기 자율적인 통치관할 지역을 가진다고 믿어지는 신들이 활동하던 사회였다. 모압에서는 그모스, 암몬에서는 밀곰, 블레셋에서는 다곤신이 숭배되었다. 그래서 다윗이 사울에게 쫓겨 블레셋으로 피신하면서 하는 하소연이 인상적이다. '주의 종을 주의 기업의 땅에서 쫓아내시면 다른 신을 믿도록 강요하는 셈입니다.'^{삼상 26:19} 모세오경의 급진적인 평등지향성은 정의와 공의의 야웨 하나님의 땅에서만 허용되고 실험될 수 있었지 다른 나라 영토에서는 적용 자체가 불가능했다. 고대 이스라엘 사람들에게 가나안 고토는 야웨 하나님이 주신 기업의 땅이었다. 백퍼센트 하나님 율법대로 살 수 있는 충분한 여건이 마련된 땅이 바로 기업의 땅이었다. 야웨의 백성이 야웨의 기업을 떠나면 이방신을 섬겨야 하고 그 결과 더럽혀지는 것이 일반적으로 기대되는 일이었다.^{삼상 26:19; 단 1:8} 그래서 예언자들은 바벨론 유배 시대가 이스라엘이 열방 속에 파묻혀 거룩성을 상실한 시대라고 기억했다.^{겔 36:22} 바벨론은 벨과 느보 등 각종 우상들이 숭배를 강요하며 하나님 백성의 영적 순결을 위협하는 땅이었다.^{사 46:1; 단 1:8} 하나님 백성들은 마땅히 고레스 칙령^{스 1:1}을 따라 하나님의 땅으로 되돌아가야 했다. 그런데 바벨론 포로들 대다수는 고레스 칙령으로 가나안 고토로 돌아갈 기회를 받았으나 적어도 처음에는 선뜻 돌아가려고 하지 않았다. 가나안 고토로 돌아가는 길 자체가 험했기 때문이요, 돌아가서 만나게 될 엄혹한 현실이 무서웠기 때문이었다. 바벨론 포로들의 귀환여정은 즐겁고 유쾌하고 설레는 일이 아니라 무거운 의무였다. 이런 음울하고 낙담되는 상황에서 우리 하나님은 가나안으로 돌아가는 바벨론 포로들에게 신적 격려와 보증을 주신다.

둘째 이유는 47장 메시지에서 살펴보았듯이, 바벨론 포로들이 살고 있는 땅은 여전히 우상숭배의 땅이었기 때문이다. 이사야 40-48장 전체가 바벨론을 우상숭배, 주술 등이 지배하는 땅이라고 암시 또는 명시한다. 바벨론 포로들이 거주하던 곳에서 멀지 않았던 니푸르, 에사길라 등은 바벨론 마르둑 종교가 가장 활발하던 곳이다. 고대사회의 사회생활, 상거래, 정치적 입신출세 등은 반드시 그 사회의 주력 종교제의에 대한 필수적 참여와 승인을 요구했다. 다니엘 1-6장이 보여주듯이, 바벨론식 개명, 바벨론 종교제의 참여 등은 강압적으로 요구되거나 사회적으로 장려되었다. 안식일 준수, 할례, 정결음식법 등은 바벨론 포로들을 바벨론에 동화시키는 데 장애가 되었을 것이다. 이 경우 바벨론의 사회생활에 적응한 포로들은 일정량 타협할 수밖에 없었을 것이다.

셋째, 바벨론은 이제 하나님의 심판의 팔에 망할 장망성이기 때문이다(사 48:14, "나의 기뻐하는 뜻을 바벨론에 행하리니"). 갈대아는 잠잠해질 것이며 더 이상 세상 왕국들의 여주인이라고 칭하지 않을 것이다. 바벨론은 이제 흑암으로 들어갈 것이다.사 47:5 하나님은 이런 바벨론이 당신의 백성의 영적 순결을 회복불능 수준으로 오염시키는 것을 막기 위해 바벨론을 떠나라고 명하신다. "너희는 바벨론에서 나와서 갈대아인을 피하라."사 48:20 이스라엘의 조상 아브라함이 바로 갈대아 우르에서 나온 출바벨론의 원조다.[7] 바벨론 포로들은 아브라함의 발자취를 따라 출바벨론해서 하나님이 지시하는 가나안 고토로 되돌아가야 한다. 이 가나안 고토 복귀여정은 전례 없이 놀랍고 기이한 은혜가 향도하는 여정이 될 것이다.

오늘날 그리스도인들은 기독교적 가치와 미덕을 법과 제도 속에 관철시키려는 기백을 잃고 '바벨론의 수혜자'가 되기 위해 순응적인 태도로 세상을 살아간다. '가나안'이라는 이상적인 공동체의 비전을 이루려고 분투하기보다는 세상 적응과 순응에 정신이 없다. 출바벨론 출갈대아는 언뜻 소극적 도피주의처럼 보인다. 오늘날 우리는 구약의 바벨론 포로들처럼 특정 영토로 돌아가는 공간적 이주를 통해 하나님 나라의 가치와 덕을 구현할 수는 없다. 정신적 출바벨론 출갈대아가 우선 시도될 수 있다. 출바벨론은 제국주의, 패권주의에 대한 거부다. 승자독식의 폭력숭배, 군력숭배, 호화와 사치숭배, 상거래를 통한 무한이익추구숭배, 쾌락과 방탕과 유흥숭배 및 선지자들과 거룩한 성도를 희생시키는 정의혐오 분위기를 급진적으로 배척하고 보이콧해야 한다. 가장 조용하고도 무서운 출바벨론 출갈대아는 수도사적 절제로 고도소비주의 배척, 극단편리와 안락주의 배척, 약자모멸적 강자숭배적 사회풍토를 지속적으로 배척하는 것이다. 리 호이나키Lee Hoinacki는 『정의의 길로 비틀거리며 가다Stumbling toward Justice』에서 세상의 거대구조화된 불의, 무자비에 대한 조용한 배척, 보이콧이 얼마나 위력적인 효력을 갖는지를 예증하고 있다.

또한 19세기 영국 클래팜 성공회 교회Holy Trinity Church를 다니던 20대 초반의 청년들이 40년 동안 우정을 다지며 노예무역제도와 노예제도를 불법화하는 입법운동을 전개하는 과정을 공부해보면, 작고 일상적인 불의배척, 죄악된 주류문화배척이 얼마나 사회적 파급력이 큰지를 깨닫게 된다. 바벨론과 갈대아는 그렇게 쉽게 죽지 않는다. 아직도 숱한 성도들의 영혼을 냉각시키고 오염시킨다. 하나님의 영이 내주하는 성도는 자신의 일상생활과 직장에서 그리스도의 통치와 공존할 수 없는 관행과 관습과 날카롭게 충돌하기 마련이다. 이때 우리는 출갈대아, 출바벨론적 비타협적 불복종을 감행해야 한다.

49장.

이방의 빛 이스라엘

49

¹ 섬들아, 내게 들으라. 먼 곳 백성들아, 귀를 기울이라. 여호와께서 태에서부터 나를 부르셨고 내 어머니의 복중에서부터 내 이름을 기억하셨으며 ² 내 입을 날카로운 칼 같이 만드시고 나를 그의 손 그늘에 숨기시며 나를 갈고 닦은 화살로 만드사 그의 화살통에 감추시고 ³ 내게 이르시되 너는 나의 종이요 내 영광을 네 속에 나타낼 이스라엘이라 하셨느니라. ⁴ 그러나 나는 말하기를 내가 헛되이 수고하였으며 무익하게 공연히 내 힘을 다하였다 하였도다. 참으로 나에 대한 판단이 여호와께 있고 나의 보응이 나의 하나님께 있느니라. ⁵ 이제 여호와께서 말씀하시나니 그는 태에서부터 나를 그의 종으로 지으신 이시요 야곱을 그에게로 돌아오게 하시는 이시니 이스라엘이 그에게로 모이는도다. 그러므로 내가 여호와 보시기에 영화롭게 되었으며 나의 하나님은 나의 힘이 되셨도다. ⁶ 그가 이르시되 네가 나의 종이 되어 야곱의 지파들을 일으키며 이스라엘 중에 보전된 자를 돌아오게 할 것은 매우 쉬운 일이라. 내가 또 너를 이방의 빛으로 삼아 나의 구원을 베풀어서 땅 끝까지 이르게 하리라. ⁷ 이스라엘의 구속자 이스라엘의 거룩한 이이신 여호와께서 사람에게 멸시를 당하는 자, 백성에게 미움을 받는 자, 관원들에게 종이 된 자에게 이같이 이르시되 왕들이 보고 일어서며 고관들이 경배하리니 이는 이스라엘의 거룩하신 이 신실하신 여호와 그가 너를 택하였음이니라. ⁸ 여호와께서 이같이 이르시되 은혜의 때에 내가 네게 응답하였고 구원의 날에 내가 너를 도왔도다. 내가 장차 너를 보호하여 너를 백성의 언약으로 삼으며 나라를 일으켜 그들에게 그 황무하였던 땅을 기업으로 상속하게 하리라. ⁹ 내가 잡혀 있는 자에게 이르기를 나오라 하며 흑암에 있는 자에게 나타나라 하리라. 그들이 길에서 먹겠고 모든 헐벗은 산에도 그들의 풀밭이 있을 것인즉 ¹⁰ 그들이 주리거나 목마르지 아니할 것이며 더위와 볕이 그들을 상하지 아니하리니 이는 그들을 긍휼히 여기는 이가

이방의 빛 이스라엘

그들을 이끌되 샘물 근원으로 인도할 것임이라. ¹¹ 내가 나의 모든 산을 길로 삼고 나의 대로를 돋우리니 ¹² 어떤 사람은 먼 곳에서, 어떤 사람은 북쪽과 서쪽에서, 어떤 사람은 시님 땅에서 오리라. ¹³ 하늘이여, 노래하라. 땅이여, 기뻐하라. 산들이여, 즐거이 노래하라. 여호와께서 그의 백성을 위로하셨은즉 그의 고난당한 자를 긍휼히 여기실 것임이라. ¹⁴ 오직 시온이 이르기를 여호와께서 나를 버리시며 주께서 나를 잊으셨다 하였거니와 ¹⁵ 여인이 어찌 그 젖 먹는 자식을 잊겠으며 자기 태에서 난 아들을 긍휼히 여기지 않겠느냐. 그들은 혹시 잊을지라도 나는 너를 잊지 아니할 것이라. ¹⁶ 내가 너를 내 손바닥에 새겼고 너의 성벽이 항상 내 앞에 있나니 ¹⁷ 네 자녀들은 빨리 걸으며 너를 헐며 너를 황폐하게 하던 자들은 너를 떠나가리라. ¹⁸ 네 눈을 들어 사방을 보라. 그들이 다 모여 네게로 오느니라. 나 여호와가 이르노라. 내가 나의 삶으로 맹세하노니 네가 반드시 그 모든 무리를 장식처럼 몸에 차며 그것을 띠기를 신부처럼 할 것이라. ¹⁹ 이는 네 황폐하고 적막한 곳들과 네 파멸을 당하였던 땅이 이제는 주민이 많아 좁게 될 것이며 너를 삼켰던 자들이 멀리 떠날 것이니라. ²⁰ 자식을 잃었을 때에 낳은 자녀가 후일에 네 귀에 말하기를 이곳이 내게 좁으니 넓혀서 내가 거주하게 하라 하리니 ²¹ 그 때에 네가 네 마음에 이르기를 누가 나를 위하여 이들을 낳았는고. 나는 자녀를 잃고 외로워졌으며 사로잡혀 유리하였거늘 이들을 누가 양육하였는고. 나는 홀로 남았거늘 이들은 어디서 생겼는고 하리라. ²² 주 여호와가 이같이 이르노라. 내가 뭇 나라를 향하여 나의 손을 들고 민족들을 향하여 나의 기치를 세울 것이라. 그들이 네 아들들을 품에 안고 네 딸들을 어깨에 메고 올 것이며 ²³ 왕들은 네 양부가 되며 왕비들은 네 유모가 될 것이며 그들이 얼굴을 땅에 대고 네게 절하고 네 발의 티끌을 핥을 것이니 네가 나를 여호와인 줄을 알리라. 나를 바라는 자는 수치를 당하지 아니하리라. ²⁴ 용사가 빼앗은 것을 어떻게 도로 빼앗으며 승리자에게 사로잡힌 자를 어떻게 건져낼 수 있으랴. ²⁵ 여호와가 이같이 말하노라. 용사의 포로도 빼앗을 것이요 두려운 자의 빼앗은 것도 건져낼 것이니 이는 내가 너를 대적하는 자를 대적하고 네 자녀를 내가 구원할 것임이라. ²⁶ 내가 너를 억압하는 자들에게 자기의 살을 먹게 하며 새 술에 취함 같이 자기의 피에 취하게 하리니 모든 육체가 나 여호와는 네 구원자요 네 구속자요 야곱의 전능자인 줄 알리라.

49장은 이스라엘의 사명 재위임과 시온의 회복을 좀 더 실감나게 다룬다. 49장의 특이점은 48:16에서 나오는 1인칭 화자 예언자의 1인칭 문장이 다시 나온다는 것이다. 그런데 1인칭 화자 예언자는 어느 순간에 이스라엘 민족 전체와 동일시되기도 한다. 하나님의 마음속에 있던 이상화된 이스라엘 사람이 바로 1인칭 화자 예언자다. 49장은 이방의 빛 이스라엘의 사명,[1-7절] 하나님의 절대주권적인 시온 회복의 열심,[8-13절] 시온의 회복을 의심하는 회의주의자들과 토론하시고 설복시키려고 애쓰시는 야웨 하나님[14-26절]으로 나뉜다.

이방의 빛 이스라엘의 사명 • 1-7절

이 단락은 야웨의 종의 노래[42:1-9]의 주제와 어느 정도 병렬적이면서 이 주제를 확장적으로 계승하고 있다. 42:1-9과는 달리 이 단락은 야웨의 종이 고난과 멸시를 겪는 존재임을 가리키고 있다는 점에서 차이를 보인다. 야웨의 종이 겪는 고난에 대한 묘사는 세 번째 종의 노래를 담은 이사야 50:4-10에서 좀 더 진전되며 마지막 종의 노래인 이사야 53장에서 절정을 이룬다.

1절의 화자는 하나님의 증인, 1인칭 나, 야웨의 종 이스라엘이다. 청중은 섬들, 먼 곳 백성들이다. 이들은 이미 42:10-12에 언급된 적 있다. 섬들과 거기 사는 사람들은 광야에 사는 사람들과 땅 끝에 사는 사람들과 동일시된다. 이스라엘의 사역의 범위는 섬들과 거기 사는 사람들, 광야에 사는 사람들과 땅 끝에 사는 사람들, 즉 온 세계 전체로 확장된다. 1인칭 화자는 자신이 태에서부터 하나님의 부름을 받았다고 주장한다. 이 화자는 개인 예언자일 수도 있고 이스라엘 민족 공동체를 총칭할 수도 있다. 야웨의 종은 개인 예언자이면서 동시에 이상화된 바벨론 포로들이다. 야웨의 종은 섬들과 먼 곳 백성들에게까지 하나님의 메시지를 증거해야 한다.

섬들과 먼 곳 백성들이 귀를 기울여 들어야 하는 소식은 이스라엘과 하나님의 독특한 언약관계다. 사도행전 1:8은 승천하시는 예수님의 관심이 땅 끝에 사는 사람들까지도 복음을 듣는 것에 있음을 분명히 밝힌다. 하나님의 말씀은 온누리에 온기를 방출하듯이 땅 끝 백성에게까지 영향을 미친다. 왜 그러한가? 선민 이스라엘 하나님은 곧 온 열방의 하나님이시기 때문이다. 하나님 나라는 원방에 있는 사람들에게까지 영향을 미치기 때문에, 섬들과 원방 백성들이 하나님 말씀대로 사는 종의 메시지를 듣는 청취자가 된다. 3절이 '나'의 정체성을 분명히 밝힌다. '나'는 이상적인 이스라엘이다. 여호와께서 태에서부터 '나' 이스라엘을 부르셨고 어머니의 복중에서부터 내 이름을 기억하셨다. 이 예언자는 제사장 가문 혹은 예언자의 가문에서 태어났을 가능성이 크다. '태'와 '복'은 어머니의 산고를 생각나게 한다. 2절은 예언자의 양육과정을 말한다. 하나님께서 예언자의 입을 날카로운 칼 같이 만드신 후에 하나님 당신의 손 그늘에 숨기시며 예언자를 갈고 닦은 화살로 만드사 그의 화살통에 감추셨다. 하나님이 날카로운 구변으로 무장하고 단련된 예언자를 양성한 후에 일정기간 동안 숨기셨다. 손 그늘은 권능의 그늘을 의미하고 화살통은 발사되기 전의 화살들이 보관되는 통이다. 하나님은 일정 기간 숙려의 시간을 거친 후에 당신의 예언자를 화살처럼 격발하시고 당신의 권능을 드러낼 도구로 사용하신다. 예언자의 입은 날카로운 칼이며 과녁에 명중하는 화살인데 한동안 하나님의 손 그늘 아래 은닉되어 있다. 결정적인 시간에 격발될 화살이요 휘둘러질 칼이기 때문이다. 예언자의 언어는 악하고 부패한 지배층의 가슴에 명중한 화살이며, 부패하

고 타락한 권력자들의 거짓과 불의를 베어내는 마광한 칼이다. 미가
서 3:8과 히브리서 4:12은 예언자적인 언어의 위력을 증언한다. "오
직 나는 여호와의 영으로 말미암아 능력과 정의와 용기로 충만해져
서 야곱의 허물과 이스라엘의 죄를 그들에게 보이리라."^{미 3:8} "하나님
의 말씀은 살아 있고 활력이 있어 좌우에 날선 어떤 검보다도 예리하
여 혼과 영과 및 관절과 골수를 찔러 쪼개기까지 하며 또 마음의 생
각과 뜻을 판단"한다.^{히 4:12}

　3절은 1인칭 화자인 '나'의 정체를 명백하게 밝힌다. "너는 나의 종
이요 내 영광을 네 속에 나타낼 이스라엘이라." "너는 내 종이요"는
히브리어 구문으로 압디-아타(עַבְדִּי־אַתָּה)다. '내 종. 다른 이가 아닌
네가.' 2인칭 단수 대명사 아타(אַתָּה)가 독립적으로 사용된 강조구문
이다. '다른 이가 아니라 바로 네가 내 종이다'라는 의미다. 비록 바벨
론의 포로로 끌려와 살고 있지만 이스라엘을 지으실 때 하나님이 품
은 뜻은 요지부동이다. 이스라엘은 야웨의 종이요 하나님의 영광을
나타낼 자다. 3절의 마지막 소절은 직역하면, '나는 네 안에서 영화롭
게 될 것이다'이다. 하나님의 거룩하고 공의로운 성품이 이스라엘 안
에 나타날 것이다. 하나님의 영광은 분광기를 통과하면 공평과 정의,
자비와 인애로 분광^{分光}된다. 이렇게 될 때 열방은 놀라서 다음과 같
이 소리치게 된다. "너희는 지켜 행하라. 이것이 여러 민족 앞에서 너
희의 지혜요 너희의 지식이라. 그들이 이 모든 규례를 듣고 이르기를
이 큰 나라 사람은 과연 지혜와 지식이 있는 백성이로다 하리라."^{신 4:6}

　4절은 '나' 즉 '이스라엘'의 독백이다. 하나님께서 이스라엘을 다시
불러 종의 사명으로 재위임하시기 전에 이스라엘이 스스로 한 고백
이다. 4절 둘째, 셋째 소절을 직역하면 이렇다. '헛된 것[리크(רִיק)]을
위해 내가 수고하였으며, 공허한[토후(תֹהוּ)] 것과 허무[헤벨(הֶבֶל)]로
끝날 일을 위해 내 힘을 소진했다.' 다소 어려운 구절이다. 헛된 것, 공

허, 허무가 각각 무엇을 가리키는지 분명하지 않다. 뭔가 애를 썼는데 그 결과가 헛된 것, 공허한 것, 허무한 것이 되어 버렸다는 말이다. 바벨론 포로들이 바벨론에서 뭔가를 이루기 위해 전력을 경주했던 것이 바벨론 멸망과 가나안 고토귀환으로 인해 물거품이 되었다는 의미일 수도 있고, 혹은 자신들에게 아무런 유익을 끼치지 못했던 우상숭배에 몰두했던 과거를 자책하는 말일 수도 있다. 아니면 바벨론 포로들 자신들이 스스로 바벨론 포로살이를 끝내려고 애를 썼는데 이루지 못한 상황을 의미할 수도 있다. 4절 하반절에 대한 '나에 대한 판단'과 '보응' 언급을 볼 때 이 세 번째 해석이 더 타당해 보인다. 4절 상반절에서 바벨론 포로들은 스스로 바벨론 유배기간이 아무 유익도 없이 힘을 쏟은 기간임을 인정하는 셈이다. '지나간 내 인생은 헛된 노력의 시간이었다. 지나간 나의 시절은 열흘 갈이 1천 주가 있던 포도원에서 5리터의 포도주만 생산하는 생산성이 없는 시절이었다(사 5:10, "열흘 갈이 포도원에 겨우 포도주 한 바트가 나겠고 한 호멜의 종자를 뿌려도 간신히 한 에바가 나리라"). 정의를 세우고 보응하는 일이 내게는 불가능함을 깨닫는다. 이제 나는 내 억울함을 풀어주는 일이 하나님께 있고[사 40:27] 나를 위해 거룩하게 복수해 주시고 나의 원수들을 제압해 주시는 그 일이 나의 하나님께 있다는 것을 안다.'

4절 하반절의 '나에 대한 판단'은 '나를 위해 내려주신 하나님의 공평한 판결'을 의미한다. '나를 위해 공평을 찾아주시는 것은 하나님과 함께함이며 나를 위한 보응도 하나님과 함께함이다.' 하나님만이 이스라엘을 공평하게 판단하시고 이스라엘이 애쓰고 수고한 것을 아신다는 말이다. '보응'이라고 번역된 히브리어 퍼울라(פְּעֻלָּה)는 '임금', '보상', '수고' 등을 의미한다. 4절의 첫 두 소절에서 이스라엘이 스스로 한 고백에 대한 대답이다. 이스라엘은 공연히 수고한 것이 아니다. 하나님은 이스라엘의 수고를 기억하시며 이스라엘의 원통함을 풀어

주실 것이기 때문이다.

5절은 하나님이 이스라엘을 공평하게 판단하신 결과를 말한다. 바벨론 유수가 끝난 이 시점에 여호와께서 야곱과 이스라엘을 재선택하신다. 하나님은 태에서부터 이스라엘을 지으셨고, 그의 종으로 삼기 위해 야곱을 그에게로 돌아오게 하시겠다고 말씀하신다. 그 결과 이스라엘이 하나님께로 모이고 여호와 보시기에 영화롭게 될 것이다. 이스라엘은 "나의 하나님은 나의 힘이 되셨도다"라고 고백할 정도로 믿음을 회복한다.

6절은 히브리어 본문이 어렵다. 먼저 개역개정을 보자. "그가 이르시되 네가 나의 종이 되어 야곱의 지파들을 일으키며 이스라엘 중에 보전된 자를 돌아오게 할 것은 매우 쉬운 일이라. 내가 또 너를 이방의 빛으로 삼아 나의 구원을 베풀어서 땅 끝까지 이르게 하리라." 여기서 문제가 되는 것은 첫 소절이다. 개역개정은 '야웨의 종'이 야곱의 지파들을 일으키며 이스라엘의 보전된 자들을 돌아오게 하는 주체(주어)로 본다. 개역개정은 야웨의 종이 하기에는 벅찬 일을 그에게 맡기는 방식으로 번역한다. 이사야 40-66장이나 다른 예언에서 야곱의 지파들을 일으키며 이스라엘의 남은 자들을 돌아오게 하는 주체는 항상 하나님이다. 이 배타적인 신적 과업이 인간에게 부여된 적이 없다. 따라서 개역개정 번역은 무리한 번역이다. 이 소절의 히브리어 구문을 음역하고 직역하면 이렇다. 나켈 미흐요트카 리 에베드 러하킴 에트-쉬브테 야콥 운초레 이스라엘 러하쉽(נָקֵל מִהְיוֹתְךָ לִי עֶבֶד לְהָקִים אֶת־שִׁבְטֵי יַעֲקֹב וּנְצִירֵי יִשְׂרָאֵל לְהָשִׁיב). 나켈(נָקֵל)은 '가볍다'를 의미하는 상태동사 칼랄(קָלַל)의 3인칭 남성 단수 완료 니팔형이다. 미흐요트카(מִהְיוֹתְךָ)에서 미(מ)는 비교급 전치사 민(מִן)에서 마지막 자음이 탈락된 경우다. 이런 경우 뒤따라오는 자음을 중복시켜 중복점(다게시 포르테)을 찍어주고 마지막 자음 눈(נ)은 사라진다. 그런데 뒤따라오는 자음이 후음인 경우에는 중복점을 찍을 수 없기에 미(מ)로 남았다. 이런 경우 '무엇보다 무엇이 더 가볍다'는 의미가 된다. '미' 이하의 문장이 말하는 내용보다 더 가볍고 쉬운 일이 뭔가가 중요하다. 이런 경우 이 나켈 동사의 주어가 무엇인지가 중요하다. 현재의 구문으로 볼 때 나켈 동사의 주어는 비인칭 가주어 it이며 그것의 진짜 주어를 찾아야 한다. 현재 진짜 주어가 될 수 있는 유일한 단어는 러하킴 부정사구와 러하쉽 부정사구 밖에 없다. 이런 구문은 매우 드물지만 이렇게 해석하는 것이 개역개정보다 더 문맥에 잘 어울리는 번역이라고 판단된다.

이상의 논의를 요약해 번역하면 이렇다. '네가 내게 종이 되어 주는 것보다 내가 야곱의 지파들을 일으키고 이스라엘의 보전된 자들을 돌아오게 하는 것이 더 가볍다(쉽다).' 도대체 무슨 말인가? 이스라엘이 하나님께 종이 되어 존재하고 살아가는 그 일이 야곱의 지파들을 일으켜 고토로 되돌아오게 하는 외적인 과업보다 더 중대하고 어려운 과제다. 이스라엘이 하나님의 종으로 존재하고 행동하는 일이 바벨론 포로들의 귀환보다 더 중요하다는 것이다. 이스라엘이 야웨의 종으로 존재하고 산다는 것, 이것이 언약의 중대사요 핵심이지 이스라엘의 남은 자들이 고토로 되돌아오는 것은 이 중대한 사안의 주변이요 변수다. 야곱 지파들이 일어나고 이스라엘의 남은 자들이 고토로 돌아오는 이 모든 것들에도 불구하고 이스라엘이 야웨의 종의 길에서 벗어나면 바벨론 포로귀환이나 고토복귀도 아무 의미가 없다. 이렇게 보면 '야웨의 종이 되어 야곱의 지파들을 일으키며 이스라엘 중에 보전된 자를 돌아오게 할 것이며 이것은 매우 쉬운 일이라'고 해석하는 것은 받아들이기가 어려운 제안이다.' 이스라엘이 야웨의 종으로 존재하고 행동하는 것, 이스라엘의 정체성이 더욱 중대한 주제다. 이런 야웨의 종이 된 이스라엘에게 하나님은 열방들의 빛이 되게 하시고 그 결과 이스라엘에게 하나님의 구원('나의 구원')이 땅 끝까지 확산되게 하실 것이다. 이스라엘을 "이방의 빛으로 삼는" 목적이 이스라엘에게 임한 하나님의 구원이 땅 끝까지 이르게 하기 위함이다.

7절은 야웨께서 택하신 종인 이스라엘을 이방의 빛으로 삼는 중간 과정에서 전개되는 한 장면을 보여준다. 이스라엘은 이방인의 빛으로 활약하는 과정에서 외인들의 멸시와 미움을 초래한다. 그래서 이스라엘의 구속자 이스라엘의 거룩한 자 여호와께서 사람에게 멸시를 당하는 자,[1] 백성에게 미움을 받는 자, 관원들에게 종이 된 당신의 종 이스라엘에게 다음과 같이 말씀하신다. 사람에게 멸시를 당하고, 백성[고이(גּוֹי)]에게 미움[머타엡(מְתָעֵב)]]²을 받으며 이방관원들[모쉘림(מֹשְׁלִים)]의 종[에베드(עֶבֶד)]]이 된 바벨론 포로들에게 들려주시는 하나님의 말씀은 그들의 운세를 완전히 역전시킨다. '열방의 왕들이 반전된 네 운세를 보고 이스라엘을 주목하고 열방의 고관들이 일어서서 그들에게 경배할 것이다'(공경의 기립 사례: 창 19:1; 23:7; 33:10; 레 19:32; 삼상 20:41; 25:41; 욥 29:8). '이스라엘의 거룩하신 이 신실하신 여호와 그가 너를 택하였기 때문이다.' 7절은 52:13-15의 주제와 연결된다. 야웨의 종이 당한 상처를 보고 오해했던 열왕과 나라들이 야웨의 종이 가진 상처와 그가 당한 곤욕을 이해하게 되면서 경악한다. 7절은 관원들에게 미움을 받는 것은 바벨론 포로들이 사실상 열방의 빛으로 살다가 자초한 고난일 수도 있음을 암시한다.

하나님의 절대주권적인 시온 회복의 열심 •8-13절

이 단락은 동서남북 세계만방에서 가나안 고토로 돌아오는 이스라엘의 귀환여정을 생생하게 그린다. 8절은 하나님의 언약적 투신을 되풀이해 강조한다. 지금은 아무 공로 없이 죄와 허물을 용서받는 때이며, 예기치 않는 구원이 쇄도하는 때다. 바벨론 유수가 끝나는 데 바벨론 포로들의 도덕적, 영적 갱신과 회개가 기여한 것은 전혀 없다. 하나님의 은혜의 때와 구원의 날은 이스라엘 밖에서 온 것이다. 하나님이 바벨론 포로들과 열방에 흩어진 당신의 백성을 불러 모으시는 이유는 더 크고 원대한 하나님의 구원계획을 이루기 위함이다. 하나님은 먼저 세 가지를 약속하신다. 첫째, 아무런 군대나 국가조직도 없이 가나안 땅으로 돌아가 정착하게 될 귀환포로들을 미래에도 보호하실 것이다. 둘째, 바벨론 귀환포로들을 이스라엘을 대표하며 하나님과 언약을 맺는 대표자, 즉 백성의 언약으로 삼아주실 것이다(참조. 42:6). 이스라엘과 맺은 하나님의 언약들은 바벨론 귀환포로들에게 상속될 것이다. 셋째, 가나안 땅을 기업으로 다시 상속하게 하실 것이다. 여기 마지막 소절에 개역개정이 '나라'라고 번역한 히브리어 에레츠(אֶרֶץ)는 '나라'라고 번역될 수 없는 단어다. 마치 가나안 땅에 왕과 관료조직 등이 갖춰진 정치적 결사체를 세워주실 것이라는 약속처럼 들린다. 히브리어 원문에 따르면 하나님께서 한 '땅'을 일으켜 줄 것이라고 약속하신다. '땅을 일으키다'라는 구문은 구약성경에서 여기 외에는 사용되지 않는 표현이다. 하킴(הָקִים)이라는 동사 다음에 나오는 빈번한 명사 목적어는 언약을 의미하는 버리트(בְּרִית) 등이다. 원래 저자는 여기서 하킴 에레츠(הָקִים אֶרֶץ)를 통해 하킴 버리트 에트-에레츠(הָקִים בְּרִית אֶת-אֶרֶץ) 정도의 의미, 즉 '땅과 언약을 세워'를 의도한 것으로 보인다. 하킴 에레츠의 의미가 불명확해도 전체 맥락의 의미는 분명하다. 하나님은 가나안 귀환에 동참한 이스라엘의 남은 자들로 하여금 오랫동안 황폐케 된 가나안 땅을 나할라, 즉 기업基業의 땅으로 상속하게 하실 것이다(참조. 사 57:13; 58:12). 그런데 한 번 더 생각해보면 이 황무지 상속 약속은 고통의 상속이다. 세상에 황무지를 상속하기 위해 1,200킬로미터를 가는 사람들이 어디 있을까? '새벽부터 눈물의 씨를 뿌리는 자 기쁨으로 단을 얻으리로 다'라고 노래하던 시편 126편은 이런 역설적 상황을 반영하고 있다. 이런 황무지를 상속하러 1,200킬로미터 대장정을 떠나는 귀환포로들에게 하나님이 '네가 황무지를 상속하고 눈물로 씨를 뿌리는 그 과제는 너에게 너무나 혹독한 고난을 안겨줄 것이므로 내가 응답하겠고 내가 도와주겠다'라고 말씀하신 것이다.

9절은 가나안 귀환장정에 참여하게 될 바벨론 포로들의 가장 당면한 근심과 염려에 대한 하나님의 선제적인 응답을 말한다. "잡혀 있는 자"에게 "나오라"고 명하며 "흑암에 있는 자에게 나타나라"고 말씀하시는 하나님은 그들의 근본 필요를 충족시켜 주실 것이다. 바벨론 포로들이 과연 아직도 자신들을 "잡혀있는 자들"이며 "흑암에 있는 자들"이라고 생각했는지는 모른다. 그들은 번영한 바벨론-페르시아 세계 속에서 세계중심지 거민으로서의 자부심을 느꼈는지도 모른다. 그러나 예언자는 그들을 다소 부정적인 어조로 묘사한다. 바벨론은 세계를 혼란에 빠뜨리는 영들의 암약지이며 우상숭배가 흥왕하는 땅이기에, 예언자는 바벨론을 하나님의 백성을 억류하는 어둠의 땅이라고 본다.

오늘날 예언 사역은 원방과 북방과 원근 각처에서 세속의 영에 붙잡혀있는 사람들을 설득하여 하나님 나라, 즉 하나님의 통치권으로 돌아가자고 격려하는 사역이다. 하나님 나라로 가는 길은 순간 공간이동이나 순간 탈출이 아니라 새로운 공동체적 삶을 창조하는 운동이다. 하나님 나라 운동은 오래 황폐했던 땅에 눈물의 씨를 뿌리고 그 땅을 기경하는 데서 시작된다. 오래 황폐했던 땅은 바벨론의 더러운 영들이 둥지를 튼 인간의 마음이다. 하나님 나라로 들어가는 행위는 나의 이기심을 보존한 채 어떤 지복至福의 세상으로 이주하는 것이 아니다. 특수회원만 출입이 허용되는 사파리 사교클럽으로 들어가는 것과 같은 것이 아니다. 오히려 눈물의 씨를 뿌리고 대로를 북돋우고 골짜기를 메워 모든 육체가 하나님의 영광을 보고 즐거워하는, 이상적이면서도 현실적인 공동체의 삶으로 들어가는 것이다. 이웃을 사랑하는 자에게 천국의 보상이 주어지는 것이 아니라 이웃을 사랑하는 그 상태가 바로 천국이다. 형제자매를 사랑하기 위해서 나의 욕망을 유보할 수 있는 자유, 그 자체가 천국이다. 이런 나라는 하나님의 영에 추동되는 사람들의 마음, 곧 상상 속에 있다. 하나님 나라는 믿음 안에서 상상된 나라다. 이렇게 상상 속에 존재하는 하나님 나라를 현실로 불러내는 것이 오늘 우리에게 '가나안으로 되돌아가는 회개 여정'이다. 하나님이 가나안 땅으로 돌아가려고 결단한 자들에게 주시는 미래는 몽환적일 정도로 눈부시다. 이사야 40-66장 전체가 바벨론을 떠나 비록 지금은 황무지이지만, 장차 새 하늘과 새 땅이 들어설 가나안으로 되돌아가려는 사람들을 위해 제공되는 몽환적인 비전이다. 하나님이 주시는 이런 몽환적인 비전에는 마취 효과가 있기 때문에 마르크스는 기독교를 아편이라고 비난했다. 이런 비판은 일리 있으나 이런 마취적 비전 때문에 극한 현실을 돌파한 사례가 무수히 많다.

9절 하반절은 황무지를 상속하러 가는 귀환포로들에게 생존 걱정의 짐을 덜어주는 약속이다. "그들이 길에서 먹겠고 모든 헐벗은 산에도 그들의 풀밭이 있을 것"이다. 그들이 몰고 오는 가축 떼에게도 초장이 제공될 것이다. 따라서 사람들이나 가축 모두 "주리거나 목마르지 아니할 것이며 더위와 볕이 그들을 상하지 아니"할 것이다. 10절 하반절은 사람이나 가축이 주리거나 목마르지 않게 될 이유를 말한다. 10절 하반절의 첫 소절은 하나님을 피엘 분사형으로 묘사한다. 10절 하반절 첫 소절을 음역하면 이렇다. 키 머라하맘 여나하겜……여나할렘(ינהלם ……כִּי־מְרַחֲמָם יְנַהֲגֵם). 번역하면, '왜냐하면 그들을 일

사

관되게 긍휼히 여기시는 이가 바로 그들을 인도하시는 분이며, (샘물 근원으로) 인도하시는 분이기 때문이다.' 10절 하반절의 마지막 소절에 있는 또 하나의 피엘 분사형 여나할렘(יְנַהֲלֵם)까지 모두 세 개의 피엘 능동 분사 남성 단수가 연속적으로 사용되고 있다. 피엘 능동 분사는 행동의 집요성과 지속성을 강조하는 서술 기법이다. 하나님이 이스라엘을 긍휼히 여기는 것은 하나님의 일관된 성품이라는 것이다. 그들을 긍휼히 여기는 이, 곧 야웨 하나님이 그들을 "샘물 근원으로 인도할 것"이기 때문에 바벨론 귀환포로들은 조금도 두려워할 필요가 없다.

10절은 43:19-20의 약속을 되풀이한다. 11절은 40:3-4의 주제, '길과 여정' 주제를 되풀이한다. 예언자는 지금 가나안 땅에 돌아오는 그 길을 시적 과장법으로 말한다. 바벨론 포로들이 살던 땅에서 가나안 땅으로 돌아오는 길은 1,200킬로미터였다. 이 1,200킬로미터의 길은 상상할 수 없는 고된 길이었다. 하나님이 이렇게 영감 넘치는 시적 과장으로 그들을 격동하시는 것을 보면 바벨론 포로들이 얼마나 가나안 땅으로 돌아가는 데 미온적이었는지를 알 수 있다. 하나님은 자신의 모든 산을 귀환포로들이 다닐 길로 삼고, 낮은 곳, 움푹 빠진 협곡을 돋우어 자신의 대로로 만들어주실 것이다. 산등성이 길은 시야가 확보된 안전한 길일지 몰라도 물을 찾기가 힘들고, 산 아래 골짜기 길은 물을 찾기에는 유리하지만 계곡을 오르내리는 일은 몹시 고생스럽다. 그래서 하나님은 골짜기를 돋우어 대로를 만들어주신다.

이런 여건을 조성하신 하나님의 선제적 준비에 응답하여 바벨론 포로들은 원근 각처에서 호응하며 가나안으로 되돌아올 것이다. "어떤 사람은 먼 곳에서, 어떤 사람은 북쪽과 서쪽에서, 어떤 사람은 시님 땅에서 오리라."[12절] 시님은 앗수르 제국의 동쪽 끝 지역을 가리킨다.[3] 앗수르의 북동쪽 국경을 이루는 코카서스 산맥 너머에 있는 땅이다. 시님은 주전 721년에 앗수르에 멸망당한 북이스라엘 왕국의 지배층 사람들이 유배당해 간 곳으로 추정된다. 바벨론 포로들의 귀환 대열에 훨씬 오래전에 유배당했던 북이스라엘 사람들의 후손들도 동참했을 가능성을 암시한다.

예레미야 50:4-5도 이런 상황을 반영한다. "여호와의 말씀이니라. 그 날 그 때에 이스라엘 자손이 돌아오며 유다 자손도 함께 돌아오되 그들이 울면서 그 길을 가며 그의 하나님 여호와께 구할 것이며 그들이 그 얼굴을 시온으로 향하여 그 길을 물으며 말하기를 너희는 오라. 잊을 수 없는 영원한 언약으로 여호와와 연합하라 하리라." 이 두 경우는 바벨론 포로들의 귀환 대열에 북이스라엘 지파 출신 앗수르 포로들도 합류했음을 보여준다. 이런 거족적인 호응을 보고 하나님이 세우신 증인들인 하늘, 땅, 산들이 함께 즐거워한다. 가나안의 하늘, 땅, 산들이 가나안에 정착하게 될 귀환민들을 환호하며 영접한다. 이런 전 피조물적인 지지와 환호는 하나님께서 일으키신 위로와 긍휼 사역에 대한 응답이기도 하다. "여호와께서 그의 백성을 위로하셨은 즉 그의 고난당한 자를 긍휼히 여기실 것임이라."13절

시온의 회복을 의심하는 회의주의자들과 토론하시고 설복시키려고 애쓰시는 야웨 하나님 ●14-26절

이 단락은 하나님의 눈부신 약속을 의심하며 아직도 불평하는 일부 바벨론 포로들을 겨냥해서 당신의 구원 약속을 믿게 하려고 애쓰시는 하나님을 보여준다. 14절의 히브리어 구문은 와우연속 미완료를 도입하는 서사 진전을 가리키는 병렬접속사 붜(וְ)로 시작하지만 영어 성경(NRSV)이나 칠십인역처럼[데(δὲ)] '역접'접속사로 번역하는 것이 좋다. 문맥상으로는 앞 소절의 상황과 긴장을 이루는 대립적인 상

황 전개를 말하기 때문이다(예. 출 40:34-35와 레 1:1의 와우연속 미완료 도입 접속사 뷔). "그러나 시온은 말했다. '여호와께서 나를 버리시며 주께서 나를 잊으셨다.'" 여기서 중요한 점은 불평하는 주어가 시온이라는 점이다. 이 '시온'은 본토에 남아있는 이스라엘 백성 또는 디아스포라로 흩어졌던 이스라엘 백성을 모두 포함하는 집체적 명사다. 시온의 입장에서 볼 때 70년 동안 하나님이 이스라엘 백성을 모른 체하시다가 70년 만에 나타나 다시 아버지 하나님 노릇을 하시겠다는 것이 실감나지 않을 수도 있었을 것이다. 만일 부모가 친권을 포기하고 7년 동안이나 자녀들을 떠났다가 갑자기 나타나서 친권을 행사한다고 하면, 자녀 입장에서는 얼마나 부자연스럽고 당혹스러울까? 시온의 불평은 하나님의 자녀들에게 흔히 나타나는 불평이다. 하나님이 마치 세상의 법칙에 우리를 맡겨 놓고 방치한 것처럼 보일 때가 있다. 그때 우리는 '여호와께서 우리를 버리셨다'라고 불평할 수 있다.

그러나 하나님은 후퇴하지 않으신다. 15절은 시온을 향한 하나님의 애타는 마음을 대조법을 통해 표현한다. '여인이 자기 태에서 자신의 젖을 먹고 자라는 아들을 잊고 긍휼히 여기지 않을 수 있을지라도,' '하나님은 결코 이스라엘을 잊지 아니하실 것이다.' 이 언질은 2인칭 청자인 시온에게 확약으로 주신다. 하나님은 시온을 잊지 않으실 것이다. 시온에 대한 하나님의 애착과 투신은 모성애 수준을 훨씬 뛰어넘는다는 것이다.

16절은 하나님이 시온을 잊지 않는 이유를 말한다. '하나님은 시온을 당신의 손바닥에 새겼고 시온의 성벽이 항상 하나님 앞에 견고하게 서있게 하시기 때문이다.' 지금은 시온이 황폐케 한 자들의 손아귀에서 유린당하고 학대를 당했지만 시온의 자녀들이 빨리 걸어 시온에 복귀하면 시온을 헐며 황폐하게 하던 자들(주로 에돔 등 인근 족속)

이방의 빛 이스라엘

은 속히 시온을 떠나게 될 것이다.^{17절}

18절은 사방에서 시온으로 몰려오는 귀환민들의 대열을 묘사한다. 18절 중간에는 하나님의 자기맹세가 나온다. 하나님의 자기맹세로 언표된 예언은 백퍼센트 현실이 된다. 시온은 쇄도하는 귀환민들을 귀금속처럼 몸에 차서 어느 새 신부처럼 단장될 것이다. 고대사회에서는 자신의 수호신으로부터 버림받은 도성을 과부라고 묘사하고 다시 신의 선택을 받은 도성을 신의 신부라고 생각했다. 사방에서 몰려오는 귀환민들로 인해 시온은 다시 하나님의 신부처럼 곱게 단장될 것이다. 19절은 한 도성이 신부가 된다는 말의 의미를 풀이하고 있다. "황폐하고 적막한 곳들"과 "파멸을 당하였던 땅이 이제는 주민이 많아 좁게" 되는 상황이 바로 신부처럼 단장되는 것이다. 시온이 다시 하나님의 신부처럼 단장되면 자연스럽게 시온을 삼켰던 자들은 "멀리 떠날 것"이다.

20절은 온 세계에서 몰려온 귀환민들 때문에 시온의 거주지가 확장될 미래상황을 상정한다. 자식을 잃었을 때에, 즉 시온의 중심 거민들이 바벨론으로 유배당한 후에 태어난 자녀들이 후일에 시온에게 "이곳이 내게 좁으니 넓혀서 내가 거주하게 하라"고 말할 날이 올 것이다.

21절은 이런 놀라운 미래 반전에 직면해 놀라는 시온의 혼잣말을 보도한다. 시온은 쇄도하는 귀환민들을 보고서 놀라 이렇게 말할 것이다. "누가 나를 위하여 이들을 낳았는고. 나는 자녀를 잃고 외로워졌으며 사로잡혀 유리하였거늘(렘 1:1, '예루살렘이 유배되었다') 이들을 누가 양육하였는고. 나는 홀로 남았거늘 이들은 어디서 생겼는고." 홀로 남겨진 과부 신세를 면치 못했던 시온에 엄청난 자녀들이 쇄도하여 시온은 감격할 것이다. 22절은 시온의 인구증가와 번영의 원인을 말한다. "주 여호와가······ 뭇 나라를 향하여······ 나의 손을 들고 민족들을 향하여…… 기치를 세울 것이라." 뭇 나라와 민족들이 시온의 "아들들을 품에 안고, 딸들을 어깨에 메고" 오게 하셨기 때문이다.

23절은 뭇 나라의 왕들이 어떻게 하나님의 조력자가 되어 시온의 회복에 일조했는지를 말한다. 뭇 나라의 "왕들"은 시온 자녀들의 "양부"가 되며, 그들의 "왕비들"은 시온 자녀들을 젖 먹여 키우는 "유모"가 될 것이다. "뭇 나라의 왕들과 왕비들이 얼굴을 땅에 대고 시온에게 절하고 시온의 발 티끌을 핥을 것이다." 이러한 운세 대전환을 통해 시온은 이 모든 역사적 반전의 배후 주재자가 여호와인 줄을 알게 될 것이다. 이처럼 야웨 하나님을 바라는 자는 수치를 당하지 아니할 것이다.

24-25절은 전쟁의 일반 관례를 뒤집는 야웨 하나님의 강권적인 역사 개입을 말한다. 보통 전쟁에서는 전쟁을 이긴 용사가 빼앗아 갔던 것을 도로 빼앗으며 승리자[4]에게 사로잡힌 자를 다시 구출할 길이 없다.[24절] 한번 전리품이 되고 약탈품이 되고 전쟁포로가 되면 끝이다. 더군다나 70년 동안 바벨론의 포로생활을 했던 백성들을 되찾아 오는 일은 희귀한 일이다. 그런데 하나님은 이 전쟁 관례를 손쉽게 극복하신다. 여호와 하나님은 바벨론으로부터 시온의 포로들을 다시 빼앗아내실 것이다. 두려운 자 바벨론이 빼앗은 것, 유다의 포로들도 건져내실 것이다. 하나님은 시온을 대적하는 자를 대적하고 시온의 자녀를 구원하실 것이다.[25절] 하나님은 시온을 "억압하는 자들에게 자기의 살을 먹게 하며 새 술에 취함 같이 자기의 피에 취하게 하"실 것이다.[26절] 자기의 고기를 먹고 자기의 피를 마시는 것은 극단적인 가난과 가뭄을 만난 상황에서만 일어나는 일이다. 구약성경에는 인육을 먹었다는 기록이 여러 차례 나온다.[렘 19:9] 심지어 포위당한 성안에서 자녀를 삶아먹었다는 기록도 있다.[왕하 6:29] 신명기 28장은 예루살렘이 외적에게 포위당했을 때 극단적 궁핍에 직면해 인육을 먹게 될

것이라고 예언하고 있다.^{신 28:53, 55; 57; 애가 2:20; 4:10} 새 술에 취함 같이 자기의 피에 취한다는 말도 같은 말이다. 문자적으로는 그런 뜻인데, 또 다른 숨은 의미가 여기에 의도되어 있을 수 있다. 즉 이스라엘의 대적자 나라들 안에서 형제자매의 살을 뜯어먹고 살 수밖에 없는 골육 상쟁적 내전이 일어난다는 뜻이다. 이스라엘 민족을 대적한다는 말은 우주의 중심 진리이신 하나님을 대적한다는 말이다. 이처럼 하나님이 이스라엘을 황폐케 한 대적국가를 가혹하게 심판하는 이유는, '모든 육체가 여호와는 시온의 구원자요 시온의 구속자요 야곱의 전능자인 줄 알도록 하기 위함'이다.^{26절} 이스라엘 민족을 대적하는 자를 하나님께서 대적하시는 것을 본 천하 만민은 마침내 이스라엘의 하나님이 온 세계열방까지도 다스리시는 하나님임을 깨닫게 될 것이다. '아하, 이스라엘 민족을 편드시는 하나님, 이스라엘 민족을 구원하시는 하나님이 살아계시는구나.' 이스라엘을 심판하신 후에 마침내 용서하시고 위로하시고 구원하시는 이스라엘의 하나님께 무릎 꿇고 항복하며 손들고 나오는 것이 열방과 뭇 나라에게도 구원임을 깨닫게 될 것이다. 열방이 무릎을 꿇고 항복하게 되는 이스라엘은 정치적 군사적 공동체인 이스라엘이 아니라, 하나님께 순종하기 위해 자기 목숨을 버린 예수님이 대표하는 이스라엘이다. 이런 이스라엘에게 항복하는 것은 겉으로 볼 때는 굴욕이지만 사실은 구원이다.

메시지

이사야 42:1-9, 49:1-7, 50:4-9, 그리고 53장은 종의 노래를 담고 있다. 언뜻 보면 병렬적이고 독립적인 '종의 노래'처럼 읽히지만 느슨하게나마 서사적인 전진이 보인다. 42:1-9은 야웨의 종이 공평과 정의를 시행해 모든 사람들에게 하나님의 통치 혜택을 확장하는 이야기를 담는다. 49:1-7은 이 주제를 이어받으면서(특히 6절) 한 가지 주제를 덧붙인다. 야웨의 종은 고난의 종이라는 것이다. 그는 하나님의 구원을 땅 끝까지 확산하는 좋은 일을 감당할 사람인데, 지금은 사람에게 멸시를 당하고 백성에게 미움을 받고 관원들에게 종처럼 부림을 당한다. 그런데 이 고난은 이방 왕들과 고관들이 이 야웨의 종을 경배하게 될 서막이다. 왕들과 고관들은, 이스라엘의 거룩하고 신실하신 여호와가 '이스라엘'을 당신의 종으로 선택했음을 보고 놀라 경배할 것이다. 50:4-9은 야웨의 종이 고난과 박해를 감수해가면서도 야웨의 음성에 순종하게 되는 늠름한 기백을 노래한다. 야웨의 종은 관원들과 왕들에게 수염을 뽑히고 빰을 맞으면서도 하나님이 주신 흑암의 길을 받아들인다. 53장은 49:7과 50:6의 '왕들과 고관 앞에서의 고난, 모욕, 박해' 모티브를 확장시켜 기승전결의 드라마를 완성한다. 53장은 앞에서 나온 세 편의 "종의 노래"를 서사적으로 마무리하는 종장終章이다. 기起는 종의 몰락과 곤경이다. 승承은 종의 신비한 죽음이다. 전轉은 종의 부활이다. 결結은 종의 모욕, 고난, 죽음을 통해 치료, 화해, 의화義化가 일어나는 것이다. 종의 노래들 안에 흐르는 이 드라마적 서사구조를 유대교 학자들은 아직도 외면하고 있다. 주전 400년부터 예수님이 오실 때까지 나타난 수많은 외경과 위경 문서 어디에서도, 이사야의 종의 노래들 안에 온 세상에 이스라엘 하나님의 구원을 전파할 메시아의 비밀이 있다는 사실을 언급하지 않는다. 이 네 편의 종의 노래에 나오는 '종'은, 아브라함부터 이 예언시가 등장할 당시까지 이스라엘 역사에 등장했던 모든 이상적인 하나님의 종들의 면모를 모자이크처럼 한데 모은 것이다. 이 종들 안에 아브라함, 욥, 모세, 사무엘, 다윗, 엘리야, 이사야, 아모스, 미가, 호세아, 예레미야, 그리고 바벨론 포로들 중 이 종의 길을 묵묵히 따르던 사람들의 품성적 면모와 사역적 면모가 종합되어 있다. 더 나

이방의 빛 이스라엘

아가 미래에 올 모든 야웨의 종들이 걸어가야 할 표준적인 순종 동선이 여기에 모두 나와있다. 네 종의 노래는 과거 회고적이면서 또한 미래의 종들을 소환하고 불러내는 예언적 노래다. 하나님의 마음속에 있는 이상적인 종의 도를 걸어가야 할 사람을 현실 속에 창조하는 노래다. 이 노래에 완벽하게 응답하신 예수님이 등장하자 네 노래는 메시아의 노래가 되었다.

이 네 본문을 읽으면 예수님이 왜, 그리고 무슨 마음으로 '고난받는 종의 길'을 걸어가셨는지를 알 수 있다. 예수님은 이 네 본문을 자신을 위해 하나님이 준비하신 드라마 각본으로 읽고 그 길을 걸어가려고 일생 동안 일관되게 애쓰셨다. 우리가 하나님 말씀을 하나님 말씀이라고 입증하는 방법은 한 가지 밖에 없다. 말씀에 순종하는 것, 삶으로 살아내는 것, 성육신이다. 말씀이 육신이 되게 하는 것이다. 신앙과 신학은 관념적인 말씀 연구가 아니라 성육신에서 시작된다. 기독교 신앙과 신학은, 하나님의 말씀을 구름 너머 천상의 형이상학적 영역에 가두어 두지 않고 육신을 입은 성례전으로 변화시킨다. 성례전은 영적인 진리를 육체로 체현하는 것이다. 새 언약을 위해 찢어진 예수님의 육체와 흘려진 예수님의 피를 빵과 포도주가 매개하듯이 교회와 그리스도인들은 하나님의 사랑을 육체적으로 표현하기 위해 자신의 살과 피를 타인의 양식으로 내놓는다. 이처럼 하나님의 고결하고 거룩한 사랑의 진리를 일상생활의 구체적인 행동으로 체현하는 것이 성례전이다. 예수님이 오신 후로 하나님을 천상의 천궁에서 찾으려는 형이상학적 신학은 발붙일 곳이 없다. 예수님에게 신학과 신앙은 드라마적 기승전결 구조를 가진 일생에 걸친 순종, 성육신이었다. 그동안 신학은 말싸움, 논쟁, 논리 등의 연료를 태우며 달려간 기관차였다. 그러나 나사렛 예수님의 신학은 하나님의 영광을 운반하는 메르카바 같은 민첩한 순종이었고, 진실하고도 영광을 감춘 채 전진하는 어린양의 실천이었다.

'성경이 하나님의 말씀이다'라는 진실을 증명하는 가장 강력하고 효과적인 방법은 그 말씀대로 인생을 실험하고 그 말씀에 순종하여 그 말씀이 내게 하나님 말씀이 되었음을 입증하는 것이다. 내가 믿는 것을 삶으로써 증명하는 것이다. 하나님 말씀이 열왕과 고관들을 경악시키는 방법은, 내가 삶으로 표현한 하나님의 말씀을 통해 그들이 구원을 받는 길밖에 없다.

이사야 42, 49, 50, 53장은 예수님이 이를 자신의 인생을 위한 각본으로 믿기 전까지는 별다른 주목을 받지 못한 말씀이었다. 어느 누구도 이 본문들이 메시아의 길을 기록해놓았다고 믿지 않았다. 아브라함부터 시작된 이스라엘의 역사 1,500년 동안 이스라엘 사람들에게 이사야 42, 49, 50, 53장이 '메시아 예언'이라고 해석된 적은 한 번도 없었다. 먼지가 자욱이 끼어 있는 찰스 디킨스의 각본과 같은 이사야 본문들을 무대에 올린 분은 예수님이다. 요한 세바스찬 바흐의 악보를 멘델스존이 알아보기 전까지 바흐는 무명의 음악가였고, 그의 곡들은 무대에 자주 올려지지 않았다. 멘델스존에 의해 비로소 바흐의 음악은 기독교 고전이 되고 세계인의 명작으로 승격되었다.

마찬가지로 예수님이 이 종의 노래들 안에 담긴 기승전결의 각본을 자신을 위한 하나님의 말씀이라고 믿고[시 40:6-8; 히 10:7-9] 그대로 살아내기 전까지는 이 종의 노래들은 마땅히 존중받아야 할 만큼 존중받지 못했다. 많은 신학자들이 성경이 영감 받은 진리임을 말로 증명하려고 매우 애쓰지만, 우리가 성경이 하나님의 말씀이라는 주장만 가지고는 별다른 효력을 발휘하지 못한다. 그러나 하나님 말씀 한 구절이라도 일생에 걸친 치열한 실천을 통해 '성육화된 말씀'이 될 때, 그러한 말씀 실천으로 영위된 삶이 '하나님 말씀이 과연 진리다'라는 믿음을 불러일으키는 유효한 증언이 될 것이다. 성경 말씀을 진지하게

이 방 의 빛 이 스 라 엘

믿고 그렇게 살아낸 특별한 개인의 삶 속에 보편적인 하나님의 진리가 드러나게 될 것이기 때문이다. 49:1은 야웨의 종의 태내 피택被擇을 말한다. '내가 태에서부터 나옴으로부터 나를 부르셨고, 어머니 복중에서 나옴으로부터 내 이름을 말씀하셨다.' 마태복음 1장 전체가 이 말씀을 예수님께 적용한다. 마태복음이 예수님의 탄생 정황을 다룬 기사를 자세하게 덧붙인 이유는 바로 이 구절 때문이다. 예수님이 태어날 때 천사의 수태고지가 있었고 복중에서부터 구별되었다는 것을 입증하려고 한 것이다. 하나님은 예수님을 나사렛 오지에 오랫동안 감추셨다가 당신의 적들을 향한 날카로운 칼, 마광한 화살처럼[49:2] 단련하여 사용하셨다. 예수님은 이스라엘 당국자들과 싸울 때 말씀으로 싸웠다. 예수님은 말씀을 통하여 이스라엘의 거짓된 제사장들과 종교권력자들의 기초를 허물어버렸다.

더 나아가 이사야 42, 49, 50, 53장을 연속적으로 읽으신 예수님은, 흩어진 이스라엘을 가나안 고토, 하나님 나라로 불러 모으는 일이 자기의 사명이라고 생각하셨다.[요 11:52] 예수님 당시 열두 지파는 베드로전서 1:1이 말하듯이 온 세계에 흩어져 있었다. 예수님은 먼저 이스라엘 열두 지파를 끌어 모으는 상징적인 행위로 열두 제자를 모으셨다.[눅 6:12] 예수님의 열두 제자 선택과 사도 임명은 메시아적 행위였다. 예수님 당시 가나안 땅에는 열두 지파체제가 더 이상 작동하지 않았다. 그럼에도 불구하고 예수님은 열두 지파 시절의 이스라엘을 회복하길 원하셨다(마 19:28). 원근 각지에서 제자들을 불러모아 그들이 이스라엘을 대표해 이방의 빛이 되게 하셨다.

이사야 49장은 열방이 하나님께 돌아오는 모습을 고대 종주-봉신 관계의 유비에 터하여 묘사한다. 49장이 선포되었을 때 이스라엘 민족의 이산민 대부분은 앗수르, 애굽, 바벨론 이 세 나라에 흩어져 있었다. 하나님께서 때가 되어 흩어졌던 이스라엘 백성을 모으시려고

"시온으로 돌아오라"는 기치를 세우면, 그동안 이스라엘 백성들을 붙잡아 억류했던 열왕과 왕비들은 이스라엘의 양부모처럼 이스라엘을 품에 안고 어깨에 메고 올 것이다. 이때 그 신호를 보고 함께 오는 열왕과 왕비들은 단순히 오는 것이 아니라 항복당한 자세로 시온으로 온다.[시 2] 얼굴을 땅에 대고 절하고 시온의 발 티끌을 핥는다. 이것은 항복당한 왕이 하는 예의다. 남한산성에서 농성전을 하던 인조가 삼전도에서 청나라 태종에게 세 번 무릎을 꿇고 아홉 번이나 머리를 땅에 댔다. 완전한 항복이었다. 고대근동에서는 이보다 더 굴욕적인 항복의식이 있었다. 대개 정복자의 군홧발이 항복한 왕의 목을 밟았다. '네 원수로 네 발등상 되게 하기까지'라는 시편 110:1의 어구는 이런 상황을 묘사한다. 정복당한 원수의 목이 정복자 왕의 발을 놓는 받침대가 되었다는 것이다.

구약은 예수님의 메시아적 통치를 이러한 종주-봉신의 예로 설명한다. 그런데 중요한 것은 이 예언이 유대인 국가에게는 단 한 차례도 실현된 적이 없다는 것이다. 오로지 이스라엘의 대표자이자 참 이스라엘인 예수님에게서 실현되었다. 하나님께서 열왕과 왕비들을 순복시켜 예수 그리스도를 주라고 시인하게 만들어 모든 이름을 예수의 무릎 앞에 꿇게 만드셨다.[빌 2:11; 행 2:32-34] '굴복한다', '얼굴을 티끌에 댄다'는 말은 굴욕감을 주는 부정적인 이미지인데, 예수님께 굴복하고 예수님 앞에서 얼굴을 땅에 대는 행위는 긍정적인 의미를 드러낸다. 예수님께 항복하는 자의 굴복은 죄와 죽음의 권세로부터 해방되는 항복이기 때문이다. 그것은 복된 항복이다. 우리를 굴복시키는 왕이 도덕적으로 패악하고 황폐한 왕이라면 그런 왕에게 절하는 것이 굴욕감을 안겨주고 자기파괴를 초래할 것이다. 하지만 우리를 다스려주실 그 왕이 겸손한 왕이시고, 자기를 위해 권력을 모으는 왕이 아니라 백성들을 위해 자기 생명의 피를 쏟는 왕이라면, 그 왕에게 굴복하는 것은 오히려 구원이다. 예수 그리스도가 우리로 하여금 무릎을 꿇게 하는 것은 겉으로 보면 항복을 받아내는 통과의례이지만 실은 우리를 구원하는 통과의례다. 누구에게 무릎을 꿇을 것인지가 중요한 이유가 여기에 있다.

앞서 말했듯이 이 본문은 특정 국가의 국가주의나 국수주의를 정당화하는 선전문으로 읽혀서는 안 된다. 예수님 없이 이 열방의 항복 예언을 문자적으로 성취하려고 하면 제국주의가 된다. 이스라엘 최장수 총리가 된 베냐민 네타냐후는 우파정당 리쿠드 당 중심의 연정을 이끌며 이 예언을 그대로 성취시키기 위해 끊임없이 부국강병의 길을 추구한다. '이스라엘은 유대인의 나라'라는 시대착오적인 헌법을 부르짖고 있다. 그러나 네타냐후가 추구하는 '강대국' 이스라엘은 하나님의 마음에 있는 이상화된 이스라엘의 길보다는 고대근동의 바벨론이나 앗수르의 길을 추구하는 것처럼 보인다. 이 예언은 궁극적으로 참 이스라엘인 나사렛 예수 안에서 성취된다. 지상의 왕들과 왕비들이 예수님께 무릎을 꿇으면 그들이 다스리는 국민이 행복해진다. 예수님께 항복하면 살상용 창과 칼은 평화의 농기구가 된다. 예수님께 항복하는 일은 세계평화를 도모하는 일이다.

49장은 이스라엘에게 항복하지 않는 나라의 미래를 비관적으로 본다. 즉 예수님께 항복하지 않고 대적하는 자들의 말로는 비참하다는 것이다. 하나님 사랑과 이웃 사랑을 위해 자기 목숨을 바치신 예수님을 대적하는 자들은 자기파괴적 내란을 자초한다. 자기 살을 뜯어먹고 자기 민족 공동체 내에 내전과 내란을 불러일으키는 죄를 촉발시킨다. 예수님께 항복하고 예수님께 무릎 꿇을 때, 골육상쟁의 삶으로부터 구원받아 이웃 사랑의 삶으로 들어가게 된다.

50장.

굴욕적 고난 가운데에서도 순종하는 야웨의 종

50

¹ 나 여호와가 이같이 말하노라. 내가 너희의 어미를 내보낸 이혼 증서가 어디 있느냐. 내가 어느 채주에게 너희를 팔았느냐. 보라, 너희는 너희의 죄악으로 말미암아 팔렸고 너희의 어미는 너희의 배역함으로 말미암아 내보냄을 받았느니라. ² 내가 왔어도 사람이 없었으며 내가 불러도 대답하는 자가 없었음은 어찌 됨이냐. 내 손이 어찌 짧아 구속하지 못하겠느냐. 내게 어찌 건질 능력이 없겠느냐. 보라, 내가 꾸짖어 바다를 마르게 하며 강들을 사막이 되게 하며 물이 없어졌으므로 그 물고기들이 악취를 내며 갈하여 죽으리라. ³ 내가 흑암으로 하늘을 입히며 굵은 베로 덮느니라. ⁴ 주 여호와께서 학자들의 혀를 내게 주사 나로 곤고한 자를 말로 어떻게 도와 줄 줄을 알게 하시고 아침마다 깨우치시되 나의 귀를 깨우치사 학자들 같이 알아듣게 하시도다. ⁵ 주 여호와께서 나의 귀를 여셨으므로 내가 거역하지도 아니하며 뒤로 물러가지도 아니하며 ⁶ 나를 때리는 자들에게 내 등을 맡기며 나의 수염을 뽑는 자들에게 나의 뺨을 맡기며 모욕과 침 뱉음을 당하여도 내 얼굴을 가리지 아니하였느니라. ⁷ 주 여호와께서 나를 도우시므로 내가 부끄러워하지 아니하고 내 얼굴을 부싯돌 같이 굳게 하였으므로 내가 수치를 당하지 아니할 줄 아노라. ⁸ 나를 의롭다 하시는 이가 가까이 계시니 나와 다툴 자가 누구냐. 나와 함께 설지어다. 나의 대적이 누구냐. 내게 가까이 나아올지어다. ⁹ 보라, 주 여호와께서 나를 도우시리니 나를 정죄할 자 누구냐. 보라, 그들은 다 옷과 같이 해어지며 좀이 그들을 먹으리라. ¹⁰ 너희 중에 여호와를 경외하며 그의 종의 목소리를 청종하는 자가 누구냐. 흑암 중에 행하여 빛이 없는 자라도 여호와의 이름을 의뢰하며 자기 하나님께 의지할지어다. ¹¹ 보라, 불을 피우고 횃불을 둘러 띤 자여, 너희가 다 너희의 불꽃 가운데로 걸어가며 너희가 피운 횃불 가운데로 걸어갈지어다. 너희가 내 손에서 얻을 것이 이것이라. 너희가 고통이 있는 곳에 누우리라.

굴욕적 고난 가운데에서도 순종하는 야웨의 종

주석

50장은 42장, 49장의 중심 인물인 "야웨의 종"의 내면 고백을 보도한다. 48:16부터 나오는 1인칭 화자 "나"는 하나님의 마음속에 있는 이상화된 이스라엘이다. 좁게는 하나님의 출바벨론 가나안 고토귀환 계획에 믿음으로 호응하는 소수의 바벨론 포로 공동체다. 하나님에게 남아있는 이스라엘의 대표자는 바벨론 포로들이다. 이들이 야웨의 종이다. 이들은 시온으로 불리는 하나님의 담론상대이기도 하다. 더 나아가서 야웨의 종은 이 소수의 출바벨론 포로들에게 주신 하나님의 뜻을 대언하고 매개하는 예언자를 가리킨다. 그를 바벨론의 이사야, 혹은 제2이사야라고 부를 수 있을 것이다. 50장은 하나님의 확고부동한 출바벨론 해방 의지,¹⁻³절 야웨의 종이 보여주는 견인불발적 신앙,⁴⁻⁹절 흑암 중에서도 하나님과 동행하라¹⁰⁻¹¹절로 나뉜다.

하나님의 확고부동한 출바벨론 해방 의지 • 1-3절

50장은 이사야서에 등장하는 야웨의 종의 노래 4부작⁴²⁺⁴⁹⁺⁵⁰⁺⁵³장 중 셋째 노래다. 1-3절은 야웨 하나님이 하나님의 백성들을 이방 제국의 포로로 넘겨주시게 된 배경을 말한다. 이 세 절은 실제로 바벨론 포로들 중에는 야웨 하나님이 특별히 아무런 죄도 없는 자신들을 바벨론 포로로 내보냈다는 불평을 터뜨리는 자들이 있었음을 시사한다. 1-2절은 책망조의 질문들로 구성되어 있다. 이미 하나님께 제기된 불평들과 항변들을 겨냥한 수사의문문들이다. 1절은 시온이 이혼당한 여인처럼 버림받은 이유를 말한다. 하나님이 시온/이스라엘에게서 당신의 아내 된 특권을 공연히 빼앗은 것이 아니다. 하나님은 공연히 당신의 아내를 소박 맞혀 이혼하지 않았고 이유 없이 당신의

362

자녀들을 채주에게 팔아넘기지 않았다. 하나님의 부당한 처사였다는 바벨론 포로들의 불평에 대한 하나님의 답변은 직설적이고 단호하다. 당신의 백성을 바벨론 제국의 포로로 넘겨주신 이유는 그들의 죄악 때문이었다. 그들이 하나님의 언약을 배반하고 하나님 백성답게 살 의향이 없었으며 하나님의 율법과 언약으로 나라를 지켜갈 의지가 없었기에 하나님이 방치하셨고, 그 결과 이스라엘은 강대한 제국의 노예백성으로 전락했다.[1절] 1절이 말하는 국가 멸망을 초래한 죄악과 배역은, 나라 전체의 공동체성을 완전히 부서뜨릴 정도의 구조화된 죄악을 가리킨다. 바벨론 포로들을 포함한 청중인 '너희의 죄악 때문에' 시온(이스라엘)은 더 이상 남편 되신 하나님의 보호와 사랑을 받지 못하는 이혼녀가 되어버린 것이다. '이혼당한 시온'은 더 이상 하나님의 보호를 받지 못해 거민의 대부분을 잃어버려 더 이상 아이를 낳지 못하는 여인을 가리킨다. 이혼당한 시온에는 자녀들이 태어나지 않아서 황폐함이 가득하다.

하나님은 시온이 이혼당할 위기, 즉 중차대한 국가 멸망 위기를 이스라엘이 모면하도록 돕기 위해 선제적 조치를 취하셨다. 이스라엘을 도우려고 중보자를 세워 당신의 속마음을 나누고자 하셨다. 하나님은 그 사태를 막기 위하여 하나님의 마음을 소통시켜 백성들의 마음을 돌이키려고 하셨으나 하나님께 응답한 예언자가 없었다.[2절] 하나님의 마음으로 이스라엘을 책망하고 멸망으로 치닫는 운명을 피하게 할 예언자적 중보자가 없었다.[겔 22:30] '대답할 사람이 없다'라는 말은 책임질 사람이 없다는 말이다. 하나님과 영적으로 소통하고 하나님의 애타는 마음을 대변할 사람이 없는 사회는 멸망으로 가는 도상에 있다. 결국 유다의 바벨론 유배와 국가적 멸망은 하나님의 능력 부족 때문이 아니었다. 자신의 조국이 멸망으로 가는 길을 막아서며 무섭게 책망하고 동시대의 동포들로 하여금 돌이키게 할 말씀의 종이 없었기 때문이었다. 결코 하나님의 손이 짧았거나 구원능력이 모자라 바벨론 유배가 일어나게 된 것이 아니다(또한 59:1). 예언자가 나타나 하나님의 구원역사를 매개해주지 않아서 망했다. 또한 바벨론 유배에서도 이스라엘을 속량해주시려고 했으나 이 원대한 구속 계획에 호응하는 자들이 없었다. 하나님의 마음을 대변하는 예언자적 중보자 부재가 바벨론 유수를 더 일찍 끝내지 못하게 했다. 구약성경 전체에 걸쳐서 확인되는 것은 쓰실 만한 중보자가 나타나기 전까지는 구원역사가 진척되지 않는다는 점이다. 모세가 나타나기 전까지 출애굽은 일어나지 않았다. 왜 하나님께서 400년 동안이나 이스라엘 백성들을 노예로 살게 하셨을까? '하나님의 섭리 때문에' 혹은 '하나님께서 400년간의 이집트 체류를 처음부터 작정하셨기 때문에'^{창 15:13-16} 그렇게 된 것이다'라고 대답하는 것은 숙명론으로 기울어지는 것이다. '모세가 400년 만에 나타났기 때문이다'라고 대답하는 것이 좀 더 책임 있는 대답이다. 즉 하나님의 마음을 품고 출애굽을 꿈꾸는 하나님의 동역자가 없었기 때문이라고 대답해야 한다. 하나님의 비전에 능동적으로 응답하는 사람들의 역할과 책임을 강조하는 것이 성경의 관점이기 때문이다. 노예살이라는 흑암도 인간 편에서 능동적으로 극복할 수 있는 여지가 있었다는 쪽으로 해석해야만 인간의 책임을 물을 수 있다. 한 나라의 국력은 하나님께 응답할 만한 중보적 대언자가 얼마나 있는가에 달려 있다. 하나님의 능력은 절대적 상수다. 이 절대상수인 하나님을 역사변혁의 자리로 연루시키는 것이 기도와 간구, 순종과 신뢰다. 하나님이 홍해를 마르게 하시려면 홍해에 먼저 뛰어드는 순종이 필요하다. 그래야 바다를 마르게 하고 강들을 사막으로 변케 하시는 창조주 하나님을 만난다. "보라, 내가 꾸짖어 바다를 마르게 하며 강들을 사막이 되게 하며 물이 없어졌으므로 그 물고기들이 악취를 내며 갈하여 죽으리라." 이 선언을 쉽게 풀이하면, '나는 혼돈의 물결도 꾸짖어서 육지를 만들어 내는 창조주 하나님이고, 흑암을 빛나는 궁창으로 감싸버리는 하나님이다. 흑암도 빛으로 감쌀 수 있는 능력이 있다. 그런데 나의 능력을 매개하고 이 땅에 펼치려는 응답자가 필요하다. 나 하나님의 능력은 하나님의 마음에 합한 사람을 통하여 매개되기 때문이다'라는 뜻이다. '흑암을 궁창의 빛으로 둘러싸고 혼돈의 물결을 꾸짖고 책망하여 뭍이 드러나라고 소리치시는 하나님 마음'에 응답하는 사람이 있어야 구원역사가 일어난다. 세계제국은 바다와 강들이다. 이스라엘의 하나님은 세계제국 한복판에 하나님 백성이 걸어갈 마른 길을 내시는 하나님이다. 이런 엄청난 권능을 가지신 하나님과 영적으로 소통하고 그 하나님의 마음을 대변할 예언자가 없었기에 하나님은 당신의 구원능력을 충분히 드러내주지 않으셨다.

결국 바벨론 포로들 중 일부가 제기한 의심스러운 문제제기, 즉 '하나님이 공연히 우리를 팔았다'는 주장에 대한 하나님의 대답은 이렇게 직설적이다. '내가 너희를 공연히 팔지 않았다.' 누가 하나님과 맺은 이스라엘의 계약관계를 해체했는가? 이스라엘 사람들 자신이다. 예레미야 5:1을 보라. "너희는 예루살렘 거리로 빨리 다니며 그 넓은 거리에서 찾아보고 알라. 너희가 만일 정의를 행하며 진리를 구하는 자를 한 사람이라도 찾으면 내가 이 성읍을 용서하리라." '이 예루살렘 성을 멸망시켜서는 안 됩니다'라고 아우성치는 의인 한 사람이 없는 예루살렘은 무너졌다. "이 땅을 위하여 성을 쌓으며 성 무너진 데를 막아서서 나로 멸하지 못하게 할 사람을 내가 그 가운데에서 찾다가 찾지 못하였으므로."겔 22:30 하나님은 예루살렘 성을 멸망시키기로 작정하신다. 이처럼 하나님 앞에서 능동적 책임감을 가지고 하나님의 심판을 유예시킬 만한 중보자를 찾지 못해 하나님께서 분노를 쏟아부으셨다는 것이다.

이 단락은 야웨 하나님의 종이 야웨 하나님께 직접 배우고 깨우침을
받아 예언자로 자라가는 과정을 말한다. 예언자에게 학자들의 혀와
학자들의 귀를 주신 하나님을 말한다. 본문에 등장하는 주인공 "나"
(제2이사야)는 바로 그런 예언자 부재의 시대에 야웨 하나님께 배우
고 응답하는 예언자였다. 하나님의 구원은 먼저 하나님께 가르침을
받는 자들(학자들, 림무딤)의 혀를 통해 오는 위로에서 시작된다. 4절
은 예언자가 탄생되는 과정을 보여준다. 예언자는 주 여호와께서 학
자들의 혀를 주사 곤고한 자를 말로 어떻게 도와줄 줄¹을 알게 하시
고 아침마다 깨우치시되 자신의 귀를 깨우치사 학자들 같이 알아듣
게 하셨다고 고백한다. 말로 곤고한 자들을 위로하는 방법을 가르치
는 이 신적 교육은 운문으로 하나님의 말씀을 대언하는 것을 가르치
는 전문적인 교육을 의미할 수도 있다. "학자들"[림무딤(לִמּוּדִים)]은 하
나님께 먼저 가르침을 받는 자들이다. 이들이 하나님께 가르침을 받
는 목적이 곤고한 자들을 말로 도와주는 데 있다. 말이 어떻게 곤고
한 자들을 지탱할 수 있을까? 말은 현실을 이기고 해석할 상상력을
불러일으키기 때문이다. 흑암 중에 있는 자들에게 흑암 너머에 있는
희망을 말하는 것이 말로 곤고한 자들을 돕는 것이다. 사람들은 말
에 큰 영향을 받는 존재다. 마음 곤고한 자들은 살 소망이 끊어진 자
들이다. 예언자의 말은 그들에게 원기를 북돋우는 상상력의 자양분
이다. 마음이 곤고한 자들은 꺼져가는 심지요 상한 갈대인데, 그들
을 일단 신적 영감으로 가득찬 예언으로 지탱시키고 부축할 예언자
가 필요하다.

　그런데 예언자가 하나님의 마음을 대변하여 말하기 위해서는 먼
저 배워야 하는데 그것도 아침마다 하나님께 귀를 열고 배워야 한다.

하나님께서 학자들의 귀를 열고 깨우쳐주신다. 하나님 말씀의 내적 논리를 터득하고 체득하도록 깨우쳐주신다. 하나님께서 예언자의 귀를 깨우쳐서 넣어주시는 말은 약자와 곤고한 자들을 괴롭히는 권력자들, 압제자들을 질책하고 꾸짖고 연약한 자를 부축하는 말이다. 하나님께서 예언자의 귀에 넣어주시는 말은 매우 비판적이고 추상 같은 책망이나 권계의 말이기에 예언자 자신은 정작 이런 권력자 질책 과업 앞에 위축될 가능성이 크다. 권력자 질책은 하나님의 신적 추동을 거역하거나 뒤로 물러나고 싶을 정도로 무서운 과업이다. 바다를 꾸짖고 강들을 마르게 할 정도의 강력한 예언자적 규탄언어는 박해를 자초하는 말이다. 그럼에도 불구하고 주 여호와께서 예언자의 귀를 여셨으므로 예언자는 거역하지도 아니하며 뒤로 물러가지도 아니한다.

6절은 아마도 이런 상황을 반영할 것이다. 예언자는 자신을 때리는 자들에게 등을 맡기며 수염을 뽑는 자들에게 뺨을 맡기며 모욕과 침 뱉음을 당해도 얼굴을 가리지 않는다. 질책 받은 어둠의 세상 주관자들은 예언자를 때리고 수염을 뽑고 뺨을 때리고 모욕하고 침을 뱉는다. 정확하게 예수님이 빌라도 법정에서 당하신 곤경 그대로다.[마 26:67-68]

7-9절은 이런 예언자의 견인불발적 영성의 동력이 어디에서 나오는지를 말한다. 박해 상황에서도 하나님께 배운 예언자는 초지일관 견인불발의 기백을 드러낸다. 그는 곤욕을 당해도 무너질 정도로 수치를 당하지 않는다.[7절] 하나님의 철저한 신적 엄호, 위로, 동행과 안보하심 때문이다. 주 여호와께서 예언자를 도우시므로 예언자는 얼굴을 부싯돌 같이 굳게 하여 견딘다. 냉정함을 유지하고 일관성을 유지한다는 말이다. 야웨께서 도와주시므로 이 모욕적인 상황에서도 재기불능의 수치를 당하는 상황으로 내몰리지 않는다.

8절은 예언자의 신적 견인불발의 더 깊은 원천을 말한다. "나를 의롭다 하시는 이가 가까이 계시니 나와 다툴 자가 누구냐. 나와 함께 설지어다. 나의 대적이 누구냐. 내게 가까이 나아올지어다"(비교. 롬 8:31-39). 하나님은 당신의 패역한 백성을 당신의 압도적인 신실함으로 신실하게 부축해주심으로 이스라엘 자신도 하나님께 결속될 힘을 얻게 하셨다. 이것이 의롭게 만드는 행위다. 하나님의 압도적인 신실함에 감동된 이스라엘도 이제는 하나님께 의리와 신실함을 드러낼 힘을 갖게 된다. 하나님의 의가 이스라엘을 의롭게 하신 것이다. 큰 자석에 붙어있는 작은 쇠붙이들도 한동안 시간이 지나면 일시적으로 자성磁性과 자력을 갖는다. 더 작은 쇠붙이들을 끌어당긴다. 이처럼 하나님께서 의롭다 하시는 확언을 주시기에 야웨의 종은 불의하게 모욕당하고 곤경을 당하는 것을 견딜 수 있다. 반면에 신적 엄호와 안보를 맛보는 야웨의 종과 달리 그의 대적들은 몰락하게 될 것이다. 야웨의 종은 야웨의 도우심으로 의롭게 되고 야웨의 종을 정죄하는 자들은 '다 옷과 같이 해어지며 좀에게 먹힐 것이다.'9절

흑암 중에서도 하나님과 동행하라 • 10-11절

10절은 참된 신앙의 위력은 흑암을 배경으로 발출된다는 점을 말한다. 10절에는 빛과 어둠이 대조되고 있다. '빛이 없는 자라도', '흑암 중에 행하여.' 이것은 이사야 9:1을 생각나게 한다. 9:1에서 흑암 중에 있는 사람, 빛이 없는 사람은 앗수르 제국에게 병탄당한 갈릴리 지역 사람들을 가리킨다. 이사야 8:22-9:2은 이런 사람들이 처한 상황을 좀 더 자세하게 묘사한다. "땅을 굽어보아도 환난과 흑암과 고통의 흑암뿐이리니 그들이 심한 흑암 가운데로 쫓겨 들어가리라. 전에 고통받던 자들에게는 흑암이 없으리로다. 옛적에는 여호와께서 스불론

땅과 납달리 땅으로 멸시를 당하게 하셨더니 후에는 해변 길과 요단 저쪽 이방의 갈릴리를 영화롭게 하셨느니라. 흑암에 행하던 백성이 큰 빛을 보고 사망의 그늘진 땅에 거주하던 자에게 빛이 비치도다.”[2]

그런데 바벨론 포로들은 아직도 이 오래된 이사야 9장의 예언이 성취되지 않은 가운데에 있다. 그래서 제2이사야는 이 오래된 이사야의 예언에 호응하고 공명하고 있다. 이 포로기의 예언자는 ‘흑암에 행하던 백성’이나 ‘사망의 그늘진 땅에 거하던 자’라 할지라도 하나님의 궁극적인 구원을 기대하고 앙망하라고 권면한다. 10절의 ‘흑암 중에 다니는 사람’은 아마도 바벨론 제국의 그림자에 포획된 사람들을 가리킬 것이다. 그들 중 일부는 빛이 없는 가운데 여호와의 종의 목소리를 청종하면서도 아직 흑암 중에 다니고 있다. 그래도 그들은 하나님의 약속이 성취되기 전의 불확실함 속에서도 ‘여호와의 이름을 의뢰하며 여호와의 이름을 부르면서 여호와의 이름에 온 힘을 다 바쳐서 하나님의 신실함에 의지하려고’ 애쓴다. 하나님은 스스로 숨으시는 하나님이시다.[사 45:15] 바벨론 포로들은 흑암 중에 행하여 이사야 9:2의 약속을 기다리지만 아직 빛이 비쳐오지 않는 불확실성에 매여 있다. 여호와가 보내신 메시아, 여호와의 종의 목소리를 청종하는데도 불구하고 흑암 중에 행하고 빛이 없는 상황에서 여호와의 이름을 부르고 여호와를 의뢰한다는 말은 무엇일까? ‘하나님이 한 번도 나를 실망시키지 않으셨고, 이런 위기의 순간에 하나님이 결코 나를 흑암 중에 영원히 모른 체하지 않으실 것이라고 믿는’ 것이다. 누군가의 이름을 의뢰한다는 말은 그 사람의 누적되고 축적된 행동의 힘을 믿는다는 뜻이다. 우리 하나님은 흑암 중에 하나님 백성이 부르짖고 외치게 만드셨다가 때가 되면 구원해주시는 신실한 행동을 무수하게 많이 하셨다. 이것을 믿는 것이 여호와의 이름을 믿는 것이다. 과학적 법칙보다 더 신실한 것이 여호와의 이름이다. 하나님의 신실함을 믿는 것이 그의 이름을 믿고 의지하는 것이다. 그런데도 어떤 사람들은 이런 흑암으로 스스로 들어가지 않고 밝은 빛 가운데에만 거하려고 하는 사람이 있다. 이것은 모험도 없고 성장도 없는 유형의 신앙인에게 나타나는 폐단이다. 이런 기회주의 처신보다는 흑암 중에서라도 야웨 하나님의 이름을 믿는 것이 빛을 만나는 첩경이다. 결국 여호와를 경외하며 그의 종의 목소리를 청종하는 자는 흑암 중에 행하여 빛이 없는 순간에도 여호와의 이름을 의뢰하며 자기 하나님께 의지하는 사람이다. 그들은 아무것도 보이지 않는 흑암천지에서도 예언자를 통해 나오는 하나님의 음성을 청종하며 야웨를 의뢰하며 의지한다. 흑암 중에 행하여 빛이 없는 자는 마음이 곤고한 자다. 이들을 지탱시키고 부축할 자가 바로 예언자요, 예언자적 공동체이며 중보자다.

이들은 스스로 불꽃을 피워서 그 불꽃의 인도를 받으며 불꽃 가운데서 생존의 길을 모색하는 사람과 대조된다.[11절] 11절은 흑암 중에서 야웨를 의지하는 길을 선택하지 않는 자들의 행로를 보여준다. "불을 피우고 횃불을 둘러 띤 자"들은 바벨론 종교행사나 의식에 참여하는 자들을 가리키는 것처럼 보인다. 바벨론 포로생활에서 이스라엘 본토로 돌아가는 사람들은 여호와를 의뢰하는 사람들, 여호와의 말을 청종하는 사람들이라면, "불을 피우고 횃불을 둘러 띤 자"들은 가나안 땅에 돌아가 봤자 흑암 중에 있고 모든 것이 파괴되어 있다고 믿고 하나님의 출바벨론 계획을 배척하는 자들을 가리킬 것이다. 그들은 바벨론 종교의식에 참여하는 바벨론 포로들, 즉 바벨론의 번영에 안주하고 이스라엘 본토에 돌아가지 않으려는 사람들이다. 그런데 '너희가 내 손에서 얻을 것이 이것이라. 너희가 슬픔 중에 누우리라.' 그들의 결국은 그들의 피운 "불꽃 가운데로 걸어가며" 그들이 "피운 횃불 가운데로 걸어" 가는 것이다. 하나님 의뢰의 길 대신 다른 길을 선택한 자들이 하나님의 손에서 얻을 분깃은 "고통이 있는 곳에" 눕게 되는 것이다.[11절] 바벨론의 멸망과 함께 바벨론에 기댄 모든 사람들에게 고통이 닥칠 것이다. 누가 멸망시켰는가? 고레스의 페르시아 제국이 바벨론을 완전히 쑥밭으로 만들어 놓았다. 가나안 땅에 돌아가지 않은 모든 이스라엘 포로들은 돈과 생명을 잃고 고통을 당할 것이다. 횃불을 띠고 스스로 불을 밝히려는 자들은 고통에 빠지게 된다.

메시지

이사야 50장은 신앙과 신학이 국력임을 선언한다. 하나님에 대한 순전한 순종이 국력이라는 것이다. 한 나라가 존망지추의 위기에 빠졌을 때 살 길을 제시하는 것이 하나님의 영에 사로잡힌 예언자적 중보자들이다. 나라의 장래를 직관하고 통찰하는 능력이 신학적인 통찰력이다. 결국 하나님께 응답할 수 있는 사람, 즉 우주의 중심에서 쏟아지는 메시지를 받아서 시대의 징조를 분석해내고 그것을 통해 오늘 우리가 어떻게 살아야 되는지 말해줄 수 있는 사람이 몇 명 있는가가 한 나라의 장래를 결정한다. 거시경제학자, 미시경제학자, 통계학자, 공학자들만으로는 나라의 장래를 도모할 수 없다. 한때는 줄기세포 재배 원천기술을 발견했다고 호언한 과학자를 두고 대한민국을 50년 동안 먹여 살릴 인물이라고 환호했다. 그 이전에는 자동차, 반도체, 조선업이 우리나라의 미래 먹거리라고 말하기도 했다. 그런데 이런 주장들은 피상적인 관점이다. 우리나라에 하나님과 마음이 맞는 중보자가 몇 사람이 있는가가 더 중요하다. 하나님과 소통하면서 하나님의 메시지를 이 시대의 언어로 매개해 사람들의 심령에 울림을 주고 순종을 일으킬 사람이 몇 명이 있는가가 더 중요한 문제다.

지금 우리나라는 흑암 중에 행하여 빛이 없는 자들로 가득차 있다.

하늘묵시가 없는 곳에 사람들은 방자하게 행하고 권력자들은 권력남용과 부패를 일삼는다. 그들이 주도하는 악한 정치경제는 최약자들에게 치명상을 입힌다. 노동자들을 쉽게 해고하고 청년들에게 임금을 주지 않고 부려먹는 파라오들, 이들을 방치하는 입법자들, 정치가들, 사법지도자들 모두가 예언자적 탄핵을 받아야 마땅하다. 그런데 하나님의 마음과 소통하는 데 실패한 한국교회에는 약자들을 부축하고 위로하며 강한 자들의 권력남용을 질책할 만한 예언자들이 거의 없다. 우리나라가 이렇게 엉망진창에 빠진 것의 궁극적 원인은 야웨의 종이 없었기 때문이다. 바다를 꾸짖고 강들을 마르게 할 하나님의 종이 없는 세상은 흑암세상이다.

그런데 스스로 신적 영광과 권능을 휘두르는 바벨론 제국 같은 정부나 교회에는 하나님의 마음과 영적으로 소통하는 중보자가 일어날 수 없다. 교황청 같은 종교권력체나 교황청을 닮아가는 한국의 초대형 교회 강단에서는 하나님의 속마음에 충분히 공감하고 소통하는 중보자의 메시지가 전해질 수가 없다. 하나님 앞에서 권력, 재력, 기타 인간적 재능과 매력으로 자체 발광하는 자들 중에서는 하나님의 마음에 공명하는 예언자들은 나타나지 않는다. 바벨론에게 멸망당한 유다 왕국에는 하나님의 역사변혁 권능을 매개할 예언자가 없었고, 지금 망하고 있는 바벨론 제국의 왕실에도 거짓된 영매들은 넘쳤지만 하나님을 두려워하게 만드는 다니엘 같은 종이 없었다. 하나님은 유다 멸망의 원인이 하나님과의 영적 공명능력, 하나님을 두려워하고 삼가는 능력, 하나님 앞에 위축되어 자기를 쳐서 복종시키는 예언자적 영성의 부재 때문이라고 말씀하시는 것이다.

지금 우리 시대에는 천문학적 돈을 버는 연예인, 스포츠 스타, 벤처기업가들이 국위 선양의 한류를 주도한다고 칭찬받는다. 그런데 역사의 긴 관점에서 보면, 이 기독교 신앙이 왕성하게 꽃핀 나라에서 세계사를 향도하는 사상, 철학, 신학, 예술 등 인문이 발달한다. 지금 우리나라에 가장 필요한 인재, 나라의 장래를 도모할 인재는 신령한 인재다. 아침마다 하나님 말씀을 깨우치는 사람, 하나님과 우주적 공명상태를 유지하는 인물이다. 학자의 혀를 가지고 말로 사람의 영혼을 일깨워주고 아침마다 하나님께 응답하는 인물이다. 그는 하나님의 말씀을 날것 그대로 이 땅에 전하다가 매를 얻어맞고, 진리 안에서 거룩한 충돌을 경험한다. 말로 곤핍한 영혼을 위로하는 이 메시아적 인물은 본문 안에서 수욕과 핍박을 당하다 붙들려 부당한 재판을 받는다. 그는 불의한 죄인으로 붙잡혀 재판장에 끌려왔다. 하나님의 음성에 응답하는 종은 가끔 지상에서 수난을 당하고 부당한 재판에 연루되고 희생을 당한다. 그러나 그는 하나님의 구원을 이 땅에 매개하기 위해 고난을 감수한다. 그는 진리를 전파하다가 모욕을 당하고 수염을 뽑히고 침 뱉음을 당해도 꿋꿋이 고난 감수의 길을 홀로 걸어간다.

공관복음서의 예수님은 정확하게 이 곤욕과 수치의 길을 한 걸음 한 걸음 걸어가셨다. 예수님 한분의 발걸음이 로마 제국 수십 군단의 보무당당한 행진보다 더 영원히 세계사의 향방을 바꾸었다. 그런데 이사야 50장의 종의 노래는 예수님만 한 번 성취하면 그 효력이 끝나는 말씀인가? 그렇지 않다. 예수님 후에 정확하게 이사야 50:4-9를 예수님처럼 이해했던 사람이 바로 사도 바울이었다. 그는 이사야 42장에서 자신의 사명을 위한 각본을 발견했다. 고난이 절정에 달할 때 사도 바울은 50:8-9의 견인불발적 기상을 과시했다. 로마서 8:31, 33-34 상반절은 이사야 50:8-9을 인증하고 있다. "하나님이 우리를 위하시면 누가 우리를 대적하리요.[31절] 누가 능히 하나님께서 택하신 자들을 고발하리요.[33절] 누가 정죄하리요."[34절] 사도 바울은 하나님과 깊은 연합을 맛보며 로마 제국의 심장부까지 뚜벅 뚜벅 홀로 걸어갔다. 사도 바울 이후에도 이사야 50:4-9의 길을 걸어간 종들이 뒤따랐다. 사보나롤라는 피렌체 광장으로, 얀 후스는 콘스탄츠 의회로, 루터는 보름스 제국의회로 홀로 걸어갔다. 2,000년 교회사를 돌이켜 보면 이사야 50:4-9의 세미한 초청에 응답하고 공명한 종들이 기라성처럼 빛나고 있다.^{단 12:2-3}

요약하면 이사야서의 "종의 노래들"은 예수님이나 바울 사도에게 적용되고 시효가 끝난 말씀이 아니라, 오늘 우리에게 여전히 경청될 만한 하나님 말씀이라는 것이다. 50:4-9은 수많은 작은 예수들과 바울들을 불러내고 창조해내는 말씀이다. 아무도 예수님의 대속적 죽음을 모방할 수는 없지만, 하나님 말씀에 순종하기 위해 고난을 자취하는 종들에게는 아직도 이사야서의 종의 노래는 열려 있다.

51장.

진노의 잔을 다 마신 예루살렘이여, 깰지어다, 일어설지어다

51

¹ 의를 따르며 여호와를 찾아 구하는 너희는 내게 들을지어다. 너희를 떠낸 반석과 너희를 파낸 우묵한 구덩이를 생각하여 보라. ² 너희의 조상 아브라함과 너희를 낳은 사라를 생각하여 보라. 아브라함이 혼자 있을 때에 내가 그를 부르고 그에게 복을 주어 창성하게 하였느니라. ³ 나 여호와가 시온의 모든 황폐한 곳들을 위로하여 그 사막을 에덴 같게, 그 광야를 여호와의 동산 같게 하였나니 그 가운데에 기뻐함과 즐거워함과 감사함과 창화하는 소리가 있으리라. ⁴ 내 백성이여, 내게 주의하라. 내 나라여, 내게 귀를 기울이라. 이는 율법이 내게서부터 나갈 것임이라. 내가 내 공의를 만민의 빛으로 세우리라. ⁵ 내 공의가 가깝고 내 구원이 나갔은즉 내 팔이 만민을 심판하리니 섬들이 나를 앙망하여 내 팔에 의지하리라. ⁶ 너희는 하늘로 눈을 들며 그 아래의 땅을 살피라. 하늘이 연기 같이 사라지고 땅이 옷 같이 해어지며 거기에 사는 자들이 하루살이 같이 죽으려니와 나의 구원은 영원히 있고 나의 공의는 폐하여지지 아니하리라. ⁷ 의를 아는 자들아, 마음에 내 율법이 있는 백성들아, 너희는 내게 듣고 그들의 비방을 두려워하지 말라. 그들의 비방에 놀라지 말라. ⁸ 옷 같이 좀이 그들을 먹을 것이며 양털 같이 좀벌레가 그들을 먹을 것이나 나의 공의는 영원히 있겠고 나의 구원은 세세에 미치리라. ⁹ 여호와의 팔이여, 깨소서. 깨소서. 능력을 베푸소서. 옛날 옛시대에 깨신 것 같이 하소서. 라합을 저미시고 용을 찌르신 이가 어찌 주가 아니시며 ¹⁰ 바다를, 넓고 깊은 물을 말리시고 바다 깊은 곳에 길을 내어 구속 받은 자들을 건너게 하신 이가 어찌 주가 아니시니이까. ¹¹ 여호와께 구속 받은 자들이 돌아와 노래하며 시온으로 돌아오니 영원한 기쁨이 그들의 머리 위에 있고 슬픔과 탄식이 달아나리이다. ¹² 이르시되 너희를 위로하는 자는 나 곧 나이니라. 너는 어떠한 자이기에 죽을 사람을 두려워하며 풀 같이 될 사람의 아들을 두려워하느냐. ¹³ 하늘을 펴고 땅의 기초를

정하고 너를 지은 자 여호와를 어찌하여 잊어버렸느냐. 너를 멸하려고 준비하는 저 학대자의 분노를 어찌하여 항상 종일 두려워하느냐. 학대자의 분노가 어디 있느냐. ¹⁴결박된 포로가 속히 놓일 것이니 죽지도 아니할 것이요 구덩이로 내려가지도 아니할 것이며 그의 양식이 부족하지도 아니하리라. ¹⁵나는 네 하나님 여호와라. 바다를 휘저어서 그 물결을 뒤흔들게 하는 자이니 그의 이름은 만군의 여호와니라. ¹⁶내가 내 말을 네 입에 두고 내 손 그늘로 너를 덮었나니 이는 내가 하늘을 펴며 땅의 기초를 정하며 시온에게 이르기를 너는 내 백성이라 말하기 위함이니라. ¹⁷여호와의 손에서 그의 분노의 잔을 마신 예루살렘이여, 깰지어다. 깰지어다. 일어설지어다. 네가 이미 비틀걸음 치게 하는 큰 잔을 마셔 다 비웠도다. ¹⁸네가 낳은 모든 아들 중에 너를 인도할 자가 없고 네가 양육한 모든 아들 중에 그 손으로 너를 이끌 자도 없도다. ¹⁹이 두 가지 일이 네게 닥쳤으니 누가 너를 위하여 슬퍼하랴. 곧 황폐와 멸망이요 기근과 칼이라. 누가 너를 위로하랴. ²⁰네 아들들이 곤비하여 그물에 걸린 영양 같이 온 거리 모퉁이에 누웠으니 그들에게 여호와의 분노와 네 하나님의 견책이 가득하도다. ²¹그러므로 너 곤고하며 포도주가 아니라도 취한 자여, 이 말을 들으라. ²²네 주 여호와, 그의 백성의 억울함을 풀어 주시는 네 하나님이 이같이 말씀하시되 보라, 내가 비틀걸음 치게 하는 잔 곧 나의 분노의 큰 잔을 네 손에서 거두어서 네가 다시는 마시지 못하게 하고 ²³그 잔을 너를 괴롭게 하던 자들의 손에 두리라. 그들은 일찍이 네게 이르기를 엎드리라. 우리가 넘어가리라 하던 자들이라. 너를 넘어가려는 그들에게 네가 네 허리를 땅과 같게, 길거리와 같게 하였느니라 하시니라.

주석

51장은 이스라엘을 소생시키고 만민을 구원하는 하나님의 팔을 노래한다. 하나님의 팔은 악행자들에게는 심판의 팔이며 연약한 자들에게는 위로와 구원의 팔이다. 51장을 관통하는 열쇠어는 의(체데크), 공의(미쉬파트), 구원(터슈아)이다.[1] 이사야 1-66장 전체를 관통하는 세 중심 단어 중 '구원'은 1-39장에는 드물게 나오는 데 비해 40-66장에 집중적으로 나타난다. 51장은 아브라함의 후손 이스라엘에 대한 하나님의 언약적 의리,[1-8절] 출바벨론 가나안 귀환약속을 반드시 성취하실 하나님의 태초의 창조권능,[9-16절] 하나님의 진노의 잔을 다 마신 시온과 장차 진노의 잔을 마셔야 할 열방의 반전된 운명[17-23절]으로 나뉜다.

아브라함의 후손 이스라엘에 대한 하나님의 언약적 의리 •1-8절

1절의 청중인 2인칭 남성 복수 대명사는 50:10에 나오는 '너희'를 이어받는다. 흑암 중에 행하면서도 하나님을 의지하지만 아직도 빛을 보지 못한 채 사는 자들이다. 세상에는 빛이 없기 때문에 캄캄한 흑암 중에 하나님의 이름을 필사적으로 믿어야 하는 가련한 사람이 있고, 여호와의 빛이 오기를 기다리지 않고 스스로 횃불을 밝혀서 살아가는 사람이 있다. 횃불을 밝혀서 발광체처럼 살며 자기 구원을 이루는 사람들은 슬픔 중에 몰락하고 고통으로 굴러 떨어진다. 1절의 청중은 여호와의 이름을 의뢰하지만 흑암 중에 헤매는 사람들이다. 이사야 8:22이 묘사하듯이 흑암 속으로 쫓겨 들어간 사람들이다. '흑암 속으로 쫓겨 들어'가는 경험은 스스로 흑암을 선택한 것이 아니라 흑암이라는 압도적인 현실로 어쩔 수 없이 휩쓸려[머누다흐(מֻנָּדַח)][2] 들어가는 경험이다. 1절은 그런 가운데 흑암 중에 행하면서도 하나님을 의지하는 사람들이 성장하고 있음을 보여준다. '의를 좇으며 여호와를 찾아 구하는 너희는 나를 들을지어다.' 그들은 하나님 음성이 들리는 가청권에 아직도 머물고 있다. 그들은 하나님의 음성에 감동을 받는다. 하나님의 말씀을 공적으로 올바르게 대언하는 사람들의 목소리에 감동받는다. 하나님의 목소리를 청종하며 말씀대로 순종하는 예언자의 권고가 잘 들리는 사람, 그는 복된 사람이다.

여기서 우리가 깨닫는 한 가지 진실은 '의(체데크)를 좇으며 여호와를 찾아 구하는' 능동적인 신앙 모험이 흑암을 돌파하는 데 도움이 된다는 점이다. '의를 좇으며 여호와를 찾아 구하는' 방식으로 하나님을 적극적으로 찾아야 하는 순간이 있다. 가만히 있어도 하나님이 도와주는 순간이 있는 반면에, 숨바꼭질을 한다고 느낄 만큼 하나님이 캄캄한 흑암 속에 숨어 있는 신적 은닉 순간도 있다. 하나님이 얼굴을 은닉하면 흑암이 천지에 가득차게 된다. 왜 하나님은 자신을 가끔 은닉시키실까? 인간의 능동적 분투를 강력하게 요청하기 위함이다. 이런 때일수록 '의를 좇으며' '여호와를 찾아 구하여야' 한다.

'의를 좇는다'는 말은 창세기 15:6에서처럼 캄캄한 밤하늘의 영롱한 별을 보면서 여호와를 믿기로 결단했던 아브라함의 발자취를 따르는 것이다. 2절에서 아브라함 이야기가 왜 나오는가? '의'를 설명하기 위해서다. 저자는 창세기 15:6을 생각하고 있다. 캄캄한 밤하늘의 별 하나에 하나님의 신실한 행동 하나를 연결하면서 아브라함은 하나님을 믿었다. 흑암의 불확실성 속에서도 하나님을 믿었다. 우리도 아브라함처럼 캄캄한 밤에 빛나는 하늘의 약속만을 믿어야 할 때가 있다. 캄캄한 밤하늘의 별처럼 멀리서 빛나는 약속 외에는 믿을 것이 없는 시간에는, 별들이 바로 하나님의 신실성을 확언하는 증인이 된다.

어두운 밤하늘의 별에 하나님의 신실한 행동을 연결하면서 사는 사람이 '빛이 없는 자라도 여호와의 이름을 의뢰'하는 사람이며, 의를 좇는 사람이다. 이들은 하나님이 은닉된 상황에서도 하나님을 찾아 구하는 사람이다. 하나님께서 자신을 감추실 때는 우리 안에 하나님을 찾을 힘 또한 제공하신다. 하나님이 은닉된 상황을 견디고, 캄캄한 하늘에서 여호와를 찾아 구하는 아브라함적인 고독과 창조적인 서스펜스를 견디는 사람에게 하나님의 음성이 들린다. '의를 좇으며 여호와를 찾아 구하는 너희여, 내 음성을 들을지어다'라는 강권적인 초청이 바로 이런 사람에게 임한다. 이 상황에서 의를 좇으며 여호와를 찾아 구하는 원형적인 삶을 살았던 아브라함을 생각해 보라는 권고는 자연스럽다. '너희를 떠낸 반석과 너희를 파낸 우묵한 구덩이를 생각하여 보라.' 즉 현재 이스라엘 포로들이 바벨론으로 사로잡혀감으로써 아브라함이라는 반석에 생긴 움푹 파인 곳'을 생각해 보라는 것이다. 가나안 땅은 지금 바벨론 포로들이 파여져 떨어져 나왔기에 움푹 파인 우묵한 구덩이가 있다. 바벨론 포로들은 아브라함의 발자취를 따라 의를 구하고 하나님을 찾아 그 움푹 파인 곳, 원래 자리로 되돌아가야 한다는 것이다. '너희 조상 아브라함은 75세가 되도록 아이를 낳지 못해 인생이 함몰되어버린, 희망이 없는 사람이 아니었느냐?' 아브라함이 혈혈단신으로 있을 때의 상황이, 아브라함의 후손이 바다의 모래와 하늘의 뭇별처럼 번성하리라는 창세기 15:5의 약속과 비교되고 있다. 돌이켜보면 아브라함도 출갈대아, 출바벨론의 여정에서 하나님의 세심한 인도를 받고 가나안 땅에 들어왔다.^{창 15:7} 하박국 2:4이 말하듯이 하나님을 믿는, 하나님에 의해 의롭게 된 자들은 의를 따르며 여호와를 찾아 구한다.^{1절} 그들은 야웨를 청종하라고 요구받는다. 자신들의 신앙뿌리인 아브라함과 사라를 생각하여 보라고 요구받는다. 아브라함과 사라는 바벨론 포로들이 속한 더 근원적인 모집단의 중핵이자 반석이다. 바벨론 포로들의 조상인 아브라함과 사라가 홀로 있을 때에 하나님이 아브라함을 불러 복을 주어 창성하게 하셨듯이, 반드시 소수의 바벨론 귀환포로들도 하늘의 별처럼 번성하게 하실 것이다(2절). '혼자 있는 아브라함을 부르시고 그에게 복을 주어 번성하게 하신' 하나님이 바벨론 포로들을 번성케 하지 못하겠는가? 이 말씀은 스스로를 혈혈단신이라고 느끼는 모든 사람에게 들려주는 말씀이다. 하나님은 고독에 몸서리치는 혈혈단신으로 있는 사람을 주목했다가 그 사람에게 복을 주셔서 번성하게 만들어 믿음과 의의 전범典範을 만드신다.

1-2절의 요지를 쉽게 풀면 이런 뜻이다. '너희가 지금 혈혈단신으로 있느냐? 너희가 바벨론 포로생활 70년을 끝내고 가나안 땅으로 돌아가는 그 길은 아브라함의 고독이 엄습하는 시간이다. 너희 주변에 아무도 없다. 또한 돌아가 봤자 가나안은 황폐한 가운데에 있고 시온은 황무지로 변해 있다. 황무지가 되어 있는 시온으로 내가 너희를 데려가려 한다. 너희는 아마 절대 고독을 느낄 것이고, 하나님을 믿는 사람임에도 불구하고 너희에게는 빛이 없다. 맞다. 그렇지만 캄캄한 밤하늘에 별을 보면서 하나님의 신실한 행동 하나하나를 헤아렸던 아브라함처럼 그렇게 의를 좇기를 바란다.' 이런 논지를 앞세워 하나님은 바벨론 포로들의 귀환을 격려하고 독려하신다.

3절은 시온에 대한 하나님의 언약적 의리(체데크)를 강조한다. 바벨론 포로들이 가장 걱정하던 황폐케 된 시온 재건 문제는 하나님이 반드시 친히 추진하실 것임을 말씀하신다. 하나님은 시온이 당한 원통한 일을 해원하실 것이다. 모든 황폐한 곳을 위로하신다. 바벨론 군대의 약탈과 침략으로, 또는 인근 여러 부족들의 노략질로 광야와 사막처럼 변해버린 시온을 하나님이 위로하신다. 광야와 사막은 비유법이다. 많은 인구가 살던 시온이 적막해졌다는 말이다. 광야와 사막은 희락과 감사와 창화하는 축제의 환호성 없는 퇴락한 도성을 가리킨다. 하나님은 시온광야를 에덴 같게 하고 시온사막을 여호와의 동산 같게 하심으로써 그 가운데 기뻐함과 즐거워함과 감사함과 창화하는 소리를 회복시켜 주실 것이다. 슬픔과 애통과 적막이 흐르는 장소를 축제의 장소로 만들어 주실 것이다.

4절은 시온에 대한 하나님의 원대한 계획을 말한다. "내 백성이여,

내게 주의하라. 내 나라여, 내게 귀를 기울이라. 이는 율법이 내게서 부터 나갈 것임이라. 내가 내 공의(미쉬파트)를 만민의 빛으로 세우리라." '내 백성이여, 내게 주의하라'는 호소는 하나님 당신의 마음에 친밀한 백성에게만 하시는 호소다. 하나님 말씀이 친밀하고 자세하게 깨달아지는 사람, 하나님과의 계약의 친밀성 속에 사는 사람만이 하나님께 주의하며 귀를 기울일 수 있다. '내 백성이여'와 '내 나라여'가 대구를 이룬다. 암(עַם)과 러옴(לְאֹם)이 대구를 이룬다. '암'과 '러옴' 둘 다 지리적으로나 정신적으로 촘촘하게 결속된 공동체를 의미한다. 바벨론 귀환포로들은 가나안 고토로 돌아가 '암'과 '러옴'을 이룰 것이 암시되어 있다. 하나님께 주의하고 하나님께 귀를 기울여서 하나님 말씀이 귀에 쏙쏙 들어오는 사람들의 공동체가 '암'과 '러옴'이다. 현재 우리 안에서 하나님의 말씀이 순종되고 있다면 그곳이 바로 하나님 나라다. 하나님 나라는 개성과 자유, 차이 나는 능력과 특질을 가진 다양한 사람들이 '암'과 '러옴'을 이루며 사는 평화와 우애 공동체다. '내 백성이여, 내게 주의하라. 내 나라여, 내게 귀를 기울이라'는 하나님의 간절한 호소가 마음에 메아리치고 있는 사람은 하나님의 명령이 들리는 영토 안에 머무는 사람, 곧 하나님 나라에 들어간 사람이다. 좀 더 구체적으로 말하면 이사야 같은 하나님의 종을 통하여 선포된 하나님의 명령에 '화답하고 순종한다'면 '그는 이미 하나님 영토에 들어와 있는 사람이다.' 하나님 백성이 하나님께 주의하며 귀를 기울여야 하는 이유는 세계만민을 살릴 율법이 하나님에게서부터 나오기 때문이다. 하나님은 당신의 의로운 율법과 그것을 뒷받침하는 공의를 만민의 빛으로 세울 것이기 때문이다.[사 2:1-4]

4절에서 말하는 '공의'는 다른 이사야서 구절들[3]에서와는 달리 여기서는 미쉬파트가 사용되었다. 미쉬파트는 불의한 강자를 사법적으로 견제하고 억울하게 눌리고 빼앗긴 약자를 재판을 통해 신원하는 행위를 가리킨다. 하나님이 시온을 회복하시려는 이유는 시온에서 실현된 하나님의 공의(미쉬파트)를 세계만민의 빛으로 세워 비추시려는 더 원대한 목적 때문이다. 부당한 강자의 견제와 억제, 부당하게 억눌린 약자의 옹호와 회복을 통해 국제관계를 새롭게 재편하며 각 나라의 토착사회 질서를 재편하실 것이다. 미쉬파트의 핵심은 우주적 공평과 균형 회복이다. 체데크는 법적 정의를 초과하는 언약적 의리와 친절을 의미한다. 체데크는 한 사회의 구성원이 하나님의 언약적 돌봄 아래 머물도록, 즉 하나님의 사랑과 공의, 정의와 인애를 의심하지 않도록 부축하고 격려하는 인격적 돌봄을 의미한다. 미쉬파트는 체데크를 실천하는 첫 단계이자 예비단계다. 하나님의 우주 자체가 미쉬파트와 체데크, 즉 공평과 정의의 기초 위에 창조되었기 때문에,[시 89:14; 97:2; 99:4] 한 공동체의 미쉬파트와 체데크가 무너지면 우주 전체의 안정성이 위협당한다. 거대한 건물이 붕괴되는 데는 모든 기둥이 다 무너질 필요가 없다. 중심 기둥이 무너지면 건물 전체가 무너진다. 중심 기둥은 제일 밑에 있는 주초다. 미쉬파트와 체데크는 우주의 중심 기둥이다. 고대 이스라엘에서 이스라엘 사회를 안정되게 유지했던 핵심 구성원들은, 하나님과 각각 언약을 맺은 언약 당사자인 자작자경 자유농민들이었다. 자유농민들의 경작지를 보장하는 것이 미쉬파트와 체데크의 핵심이었다. 땅은 자유, 인권, 평화, 우애의 토대였다.

지금 신약의 중심 개념처럼 보이는 해외선교의 뿌리는 이사야 40-66장에 있다. 해외선교는 구약 예언자들의 오랜 이상이었다. 참된 해외선교란 하나님의 공의(체데크)가 나가고 하나님의 구원이 보편적으로 확산되는 것이다. 하나님을 아는 지식이 물이 바다를 덮는 것처럼 세상에 확산되는 것이다. 미쉬파트와 체데크를 행하는 것이 하나님을 아는 지식의 핵심이다.[렘 22:15-16] 하나님의 공의는 악한 나라와 민족들을 심판하고 약하고 미천한 족속들을 소생시키는 공평통치를 의미한다. 기독교복음은 만민을 심판하는 하나님의 복음이기 때문에 우상숭배적인 토착사회에 복음이 들어가면 사회의 지배질서가 바뀌어버린다(행 19장 에베소).[4] 결국 복음 전파는 만민 심판사역이다. 복음전파는 만민을 심판하는 하나님의 팔이 나타나는 사역이다. 일부다처제 사회에 복음을 가지고 가서 일부일처제를 가르치면 곧바로 일부다처제 사회를 대표하는 추장이 일부일처제를 하나님의 율법이라고 가르치는 선교사를 싫어하고 배척한다. 엄청난 토지를 가지고 있는 지주들 중심의 토지독점 체제 사회에 희년의 복음, 즉 공평과 정의의 복음을 전하면 토착지주 중심의 사회가 감당하지 못한다. 복음이 전파되는 순간 불의한 토착사회에 대한 심판이 임한다. 기독교가 왜 세계 만민 종교가 되어야 하는가? 기독교는 미신종교와 우상숭배가 주지 못하는 공의(체데크)와 정의(미쉬파트)를 전파하고 확산시키는 종교이기 때문이다. 이 세상의 가난하고 병든 자, 난민, 장애인 등 정상적인 생존경쟁에서 한참 불리하고 불운한 사람들에게 하나님의 사랑과 자비, 정의와 공의가 경험될 때까지 하나님은 안식하시지 않으신다. 하나님의 사랑, 자비, 공평과 정의가 온 세상에 충만히 퍼져야 하나님은 안식에 들어가신다.

5절도 하나님의 공의(미쉬파트)의 보편적 사역을 말한다. 하나님께서 악한 자에 대한 재판(공평통치)을 종결하신 후에 당신의 구원을 선포하실 것이다. 하나님의 팔이 만민을 심판하면 강한 자들에게 학대받고 압제당하던 섬들이 하나님을 앙망하며 하나님의 팔에 의지하게 될 것이다.

6절은 천지개벽급 세계변혁을 암시한다. 하늘과 땅에 엄청난 변동이 일어난다. "하늘이 연기 같이 사라지고 땅이 옷 같이 해어지며 거기에 사는 자들이 하루살이 같이 죽으려니와." 하늘이 연기 같이 사라진다는 말은 천체 변화를 말한다. 아울러 그동안 하늘처럼 군림했던, 형이상학적 세계를 관장했던 토착왕국인 지배세력이 스스로 붕괴된다는 뜻이다. 하늘처럼 군림했던 토착종교가 빛을 잃어버리고, 하늘적인 존재, 왕족과 귀족과 지배층이 붕괴되어버린다. '땅이 옷 같이 해어지는' 상황은 복음의 변혁적 동력 앞에서 지배세력이 부식된다는 말이다. 하나님의 공의의 빛이 들어가면 땅의 질서들이 좀먹는 것처럼 되고 낡아져 해체된다. 그럼에도 하나님의 '구원은 영원히 있고' 하나님의 '공의는 폐하여지지 않을 것이다.' 여기서 말하는 공의는 미쉬파트가 아니고 츠다카/체데크다. 츠다카/체데크는 악행자들 아래 신음하던 약자들을 건져내어 소생시키는 회복과 치유사역을 말한다. 그래서 체데크/츠다카는 '구원'(터슈아)과 함께 이어일의어^{二語一義語}를 구성한다.^{사 46:13} 약자들을 괴롭히는 악행자들에게 미쉬파트를 집행하고 나면 그들에게 시달렸던 자들에게 구원(터슈아)과 츠다카(공의, 언약적 돌봄)가 임하기 마련이다.

7절은 3인칭 복수인 "그들"의 비방을 두려워하지 말고 놀라지 말라고 타이르신다. "그들"은 바벨론 귀환포로들을 두렵게 할 자들이다. 구체적으로는 6절에 나오는 '옷 같이 해어진 땅에 사는 자들'이다. 에스라-느헤미야 시대의 사마리아의 산발랏, 암몬 사람 도비야, 아라비아 사람 게셈 같은 자들을 가리킨다. 그들은 세력과 권력을 쥐고 있었으나 하나님의 율법을 잊고 어기고 사는 자들이다.^{스 4장; 느 2-6장} 그러나 바벨론 귀환포로들은 의를 알고 하나님의 율법을 마음에 새겨 두고 있는 자들이다. 하나님의 율법에 대해 누적된 순종을 할수록 비방과 대적의 두려움을 이길 능력도 그만큼 커진다. 하나님의 공의를 아는 자들은 하나님의 공의를 실천하고 경험한 자들이다. 이들을 비방하고 훼방하는 자들은 좀벌레에 의해 갉아 먹히는 옷이나 양털 같은 존재들이다.^{8절} 이들의 덧없는 존재감에 비해 하나님의 공의는 영원히 있고 하나님의 구원은 세세무궁토록 이어질 것이다.

출바벨론 가나안 귀환약속을 반드시 성취하실 하나님의 태초의 창조권능 • 9-16절

이 단락은 시온이 하나님 백성이 되는 운명은 천지창조질서의 일부임을 암시하며 시온에 대한 하나님의 언약적 투신과 의리는 창조주 하나님의 절대주권적 결정임을 강조한다. 바벨론 포로들은 학대자들의 분노에 트라우마를 안고 산다. 9절은 태고적 창조를 위한 혼돈과 수와의 전투(카오스캄프chaoskampf)를 상기시키는 운문적 단편이다. "여호와의 팔이여, 깨소서. 깨소서. 능력을 베푸소서. 옛날 옛시대에 깨신 것 같이 하소서. 라합을 저미시고 용을 찌르신 이가 어찌 주가 아니시며." 여기서 주목할 단어는 라합(사 30:7; 시 87:4에서는 이집트를 가리키는 은유)과 용이다. 용은 히브리어 탄닌(תַּנִּין)을 번역한 말이다. 탄닌은 창세기 1:21에 나오는 '큰 바다 짐승'을 가리키며 욥기 40-41장에서는 리워야단[41:1]과 베헤못[40:15]으로 개별화되어 언급된다. 이 탄닌은 언제든지 땅의 평화를 위협할 수 있는, 즉 창조질서를 무효화할 수 있는 괴력을 가진 수생괴수들이다. 하나님이 물과 뭍을 분리해 피조물들에게 땅을 거주지로 선사하신 창조사건은 이 거대한 괴수들로부터 피조물을 구원하신 사건이다. 지금 바벨론 제국은 태초의 창조 지점에 하나님께 제압당해 유폐되었던 라합과 탄닌 같은 패배한 괴수로 전락한다는 것이다. 예언자는 하나님으로 하여금 태고적 창조의 권능을 발휘해 바다괴수 같은 바벨론으로부터 이스라엘을 건져 달라고 강청하는 셈이다.

이처럼 9-10절은 시 74:12-17과 이사야 27장, 욥기 38장(또한 욥 26:12)과 시편 104편 등과 더불어 하나님의 창조를 혼돈의 물을 관장하는 괴수들과의 전투를 통한 창조라고 본다.[5] 창세기 1장의 창조는

51

진노의 잔을 다 마신 예루살렘이여 깰지어다 일어설지어다

하나님의 절대주권적 명령창조인데, 창세기 1장 창조기사는 창조신 앙의 발전도상에서 볼 때 가장 후대에 발전된 창조신앙을 대변한다. 창세기 1장은 하나님의 절대적 단독명령 창조신앙을 창조신앙의 전 범이라고 선언하는 셈이다. 그러나 창세기 1:9에서 '하늘들 아래의 물 들[함마임(הַמַּיִם)]은 한 곳으로 모일지어다'[익카부(יִקָּוּ)][6]라고 명령하 는 데서 암시되듯이, 창세기 1장도 고대의 혼돈바다를 배경삼아 이뤄 진 창조 자체를 완전히 숨기지는 못한다. 바벨론 문명의 창세기 설화 를 담고 있는 「에누마 엘리쉬」나 가나안의 바알신화에서 발견되는 혼 돈과의 전투를 통한 창조설화를 9절은 유일하신 하나님을 변증하는 맥락에서 단편적으로 인증하는 셈이다. 이처럼 초기 구약성서 본문 들에는 혼돈괴수와의 전투를 통해 바다 위에 땅을 세워 인간의 거주 지를 창조하신 하나님의 창조사역을 승인하는 경향이 남아있다.[7] 9절 은 바로 그런 혼돈과의 전투를 거친 창조를 암시하는 시적 단편증언 이다. 하나님의 가장 위대한 전능의 발출은 태초에 발현되었다. 여호 와의 팔은 창조 이래 자발적 비활성화 상태 혹은 동면 상태에 들어 간 것처럼 묘사된다. 하나님은 당신의 창조명령에 순복하는 만물의 순종에 창조질서의 운행을 맡겨두셨기에 팔을 휘두르실 필요가 없 다. 그런데 태초에 하나님이 진압해 유폐시켰던 혼돈괴수가 역사의 중간기에 감옥을 탈출해 역사적 국가나 집단의 몸을 숙주 삼아 용서 될 수 없는 근본악을 자행하는 경우에는, 하나님의 창조시 과시된 팔 이 움직일 수 있다. 바벨론 포로들을 건져내어 시온으로 데리고 가는 데는 창조시 발휘되었던 하나님의 최고권능이 나타날 필요가 있다. 그래서 예언자는 비활성화 상태 혹은 자발적 동면상태에 빠져있던 야웨의 권능을 활성화시켜 달라고 호소한다. "여호와의 팔이" 깨어 나 창조질서를 갱신할 수준의 능력을 베풀어 달라고 강청한다. 옛날, 즉 태초의 창조 시점에 활성화시켰던 그 팔의 권능을 지금 역사의 중간기에도 보여 달라는 것이다. 욥기 40-41장이 암시하듯이 하나님은 태초의 혼돈괴수 라합을 저미시고 용을 찌르신 후에 승리를 거두고 지금 피조물이 누리는 이 생명친화적인 우주를 창조하셨다. 태초의 천지창조의 핵심은 피조물의 보금자리 땅의 창조였다. 태초 시점의 창조주 권능에 대한 9절의 호소는 현실에서는 하나님의 권능, 팔이 나타나지 않고 있음을 암시한다. "어찌 주가 아니시며"라는 9절의 마지막 애가는 현실에서는 하나님의 권능이 잘 경험되지 않고 있음을 의미한다. 태초 시점의 극대권능을 기억하고 그것이 나타나기를 애원하는 상황은, 항상 애가를 불러일으키는 엄혹한 현실이다. 9절의 아우성은 바다 깊은 물을 통과하는 것 같은 거친 현실에 처한 사람들의 아우성이다. 이 절은 바벨론 포로들이 갇혀 있는 바벨론 제국은 혼돈의 바다처럼 강력했다는 암시이기도 하다.

10절은 태초의 땅/물 창조 정경을 생각나게 하면서도 동시에 출애굽기 14-15장을 생각나게 한다. "바다를, 넓고 깊은 물을 말리시고 바다 깊은 곳에 길을 내어 구속 받은 자들을 건너게 하신 이가 어찌 주가 아니시니이까?" 태초에 땅을 창조하신 그 하나님이 오래전 라합과 용으로 상징되는 애굽 세력을 저미시고 히브리 노예들을 홍해 한복판으로 건너게 하신 하나님임을 말한다. 예언자는 지금 하나님이 바로 홍해를 갈라 히브리 노예들을 구속하신 그 역사를 재현시켜 달라고 강청한다. 10절의 마지막 "어찌 주가 아니시니이까"라는 질문도 애가형 질문이다. 이런 출애굽의 하나님이 지금 우리 시대에 나타나주셔야 한다는 것이다. 11절은 시온의 포로들로 하여금 바다 깊은 곳, 곧 태초의 혼돈괴수 같은 바벨론을 통과해 가나안으로 돌아가게 하실 하나님의 구원이 일으킬 효과를 말한다. "여호와께 구속 받은 자들이 돌아와 노래하며 시온으로 돌아오니 영원한 기쁨이 그들의 머리 위에 있고 슬픔과 탄식이 달아나리이다." 시온으로 돌아가는

진노의 잔을 다 마신 예루살렘이여, 깨지어다, 일어설지어다

길은 위험한 혼돈물결을 통과하는 것이지만^{사 43:1} 일단 시온으로 돌아가면 몽환적인 미래가 펼쳐진다. 영원한 기쁨을 누릴 것이다. 슬픔과 탄식은 달아날 것이다.

12절은 이런 환상적인 미래가 펼쳐지는 이유를 말한다. 이 절은 1인칭 단수 대명사 아노키(אָנֹכִי)로 시작하며 강조적 3인칭 남성 대명사 후(הוּא)가 사용되고 있다.[8] 첫 소절을 음역하면 이렇다. 아노키 아노키 후 므나헴켐(אָנֹכִי אָנֹכִי הוּא מְנַחֶמְכֶם). 직역하면, '나, 나. 정녕 그가 너희의 위로자다'이다. 3인칭 남성 단수 대명사가 중간에 삽입되어 주어 역할을 하는 이런 문장은 예외적인 방법으로 주어 아노키를 강조하는 구문이다. '너희의 위로자'[므나헴켐(מְנַחֶמְכֶם)]는 '위로하다'를 의미하는 히브리어 동사 나함(נחם)의 남성 단수 강세능동 분사형에 2인칭 남성 복수 접미어가 붙어 만들어졌다. '하나님은 습관적으로 너희(시온)를 위로해 오시는 분'이라는 함의가 이 단어에 내포되어 있다. 즉 시온을 위로하는 것이 야웨 하나님의 고유과업이라는 것이다. '다른 이가 아니라 나 야웨 그는 너희를 위로하는 일을 고유과업으로 알고 있다' 정도의 의미다. 이 거침없는 하나님의 자기소개는 바벨론 포로들의 얼어붙은 마음 때문이다. 그들은 여전히 죽을 사람을 두려워하며 풀 같이 될 사람의 아들을 두려워한다. '너는 어떠한 자이기에'[미-아트(מִי־אַתְּ)]라는 수사의문법은 이스라엘이 자기 정체성을 아직도 자각하지 못하고 있음을 암시한다. '너는 아브라함의 자손이다. 너는 절대권능을 가지신 창조주 하나님 야웨의 백성이다.' 13절은 하나님의 창조주 되심을 생생하게 다시 상기시킨다. "하늘을 펴고 땅의 기초를 정하고 너를 지은 자 여호와"다. 하늘과 땅을 창조하신 하나님이 이스라엘을 지으셨다. 이스라엘은 하늘과 땅과 같은 영구적인 신분으로 하나님 백성의 지위를 누린다. 그런데 그런 이스라엘이 자신을 지으신 여호와를 어찌하여 잊어버렸느냐는 것이다. 이런 절대권능 창조주 하나님의 보호와 견인, 부축과 동행하심 약속의 엄호를 받는 시온이 어찌하여 자신을 '멸하려고 준비하는 학대자의 분노를 항상 종일 두려워하느냐'고 다그치신다. 하나님은 당신의 위엄에 찬 이스라엘 엄호와 보호 의지를 과시함으로써 학대자의 분노가 어디 있느냐고 물으신다.

14절은 바벨론 포로들의 장래 안전을 절대적으로 보증하시는 하나님의 확약을 말한다. 곧 풀려날 포로가 "죽지도 아니할 것이요 구덩이로 내려가지도 아니할 것이며 양식이 부족하지도 아니"할 것이다. 15절은 이 확약의 근거를 말한다. 15절은 1인칭 대명사 아노키를 앞세운 상황절로 시작한다. '다른 이가 아니라 나 여호와 너의 하나님'은 바다를 휘저어 그 물결을 뒤흔드는 자다. 앞의 "휘젓다"는 동사에는 분사형[로가(רֹגַע)]이 사용된다. 창조행위는 바닷물을 휘젓고 물결을 뒤흔들어 뭍을 드러내는 사건이다. 혼돈물결 같은 바벨론을 휘저어 마른 땅이 드러나게 해 바벨론 포로들이 지나가게 하실 수 있다는 말이다. 이런 이스라엘의 하나님 이름은 '만군의 여호와'다. 만군을 부리는 야웨 하나님이시다. 시편 103:19-22에서 엿보이듯 만군은 하나님이 천지를 창조하실 때 함께 창조하신 피조물로서 하나님의 뜻을 신속하게 수행하는 수종자들이다. 하나님의 창조행위는 만군의 수종자들과 대리자들을 통해 매개되기도 한다. 지상의 어떤 강대한 나라도 만군을 부리시는 하나님에 맞설 수 없다.

16절은 하나님의 이스라엘 사명위임을 말한다. 하나님은 모세와 예레미야에게 하셨던 것처럼, 야웨의 종 이스라엘의 입에 당신의 말씀을 맡기신다. 하나님은 당신의 손 그늘로 당신의 종 이스라엘을 덮으신다.^{사 49:29} 신적 절대 안전보장을 제공하신다. 이렇게 하시는 이유는 시온에게 다시금 하나님의 백성임을 각인시키기 위함이다. 하나님은 하늘을 펴고 땅의 기초를 정하며 그 가운데 시온, 즉 이스라엘 백성을 세우셨다. 시온이 하나님의 백성이 된 것 자체가 하나님의 천지창조질서의 일부다.[렘 31:35-36; 33:20-21] 창조주 하나님이 하늘을 펴며 땅의 기초를 정하는 그 상황에서 시온에게 "너는 내 백성이라"고 말씀하셨다는 것이다. 이 확신을 심어주기 위해 하나님께서는 이스라엘의 입에 당신의 말씀을 두고 그를 당신의 손 그늘로 덮어주신다.

진노의 잔을 다 마신 시온과 장차 진노의 잔을 마셔야 할 열방의 반전된 운명
● 17-23절

이 단락은 "깨어나라"는 앞 단락의 주제를 이어받는다. 앞 단락에서 깨어나라고 요구받는 대상은 여호와의 팔이었다.[9절] 9절의 히브리어를 음역하면 이렇다. 우리 우리 리버쉬-오즈 즈로아 아도나이(עוּרִי עוּרִי לִבְשִׁי-עֹז זְרוֹעַ יְהוָה). 그런데 이번에는 깨어나야 할 존재는 하나님이 아니라 예루살렘이다. 17절은 예루살렘이 심판의 잔을 마시고 비틀거리는 상태에 있음을 암시한다. "여호와의 손에서 그의 분노의 잔을 마신 예루살렘이여, 깰지어다. 깰지어다. 일어설지어다." 이 중에서 "예루살렘이여, 깰지어다. 깰지어다. 일어설지어다"를 음역하면 이렇다. 히트오르리 히트오르리 쿠미 예루살라임(הִתְעוֹרְרִי הִתְעוֹרְרִי קוּמִי יְרוּשָׁלָ͏ם). 히트오르리(הִתְעוֹרְרִי)는 '일어나다'를 의미하는 동사 우르(עוּר)의 강세재귀형(히트파엘)의 변형인 히트폴렐형[hithpolel] 2인칭 여성 단수다. 재귀동사라는 말이 중요하다. 재귀동사는 주어가 자신을 목적어 삼아 뭔가를 행하는 상황을 묘사하는 동사다. 예루살렘은 스스로에게 어떤 동작을 해야 한다. 스스로를 깨워서 일어나야 한다는 말이다. 예루살렘은 더 이상 하나님의 심판 아래 있는 자처럼 비틀거려서는 안 된다. 예루살렘은 이미 하나님이 내려주신 심판의 잔, 즉 "비틀걸음치게 하는 큰 잔을 마셔 다 비웠"기 때문이다(사 40:2 '복역의 때

392

가 끝났다'). 예수님이 겟세마네의 기도에서 언급한 진노의 잔이 여기서 비롯된다(막 10:39 "내가 마시는 잔"; 눅 22:42 "아버지여, 만일 아버지의 뜻이거든 이 잔을 내게서 옮기시옵소서"). '진노의 잔'은 이사야 51장, 예레미야 25:15, 51:7, 에스겔 23:31-34 등에 나타나는 말이다. 진노의 잔은 심판의 잔이다. 심판의 잔을 마신다는 개념은 심판을 당해 비틀거리는 혼미상태에 빠지는 것까지 포함한다. 시온은 공평과 정의를 상실한 도읍으로, 하나님이 내리신 진노의 잔을 받아 마시고 70년 동안 비틀거리고 뒷걸음질치고 무기력하게 살았다. 그 결과 시온은 인재 기근, 지도자 기근을 초래했다.

18절은 진노의 잔을 마신 시온에는 미래를 인도할 자가 없고, 시온을 하나님께로 이끌어갈 지도자가 태어나거나 양육되지 못했음을 보도한다. 이것은 유다 왕국이 바벨론에게 멸망당하던 시점에 대한 회상으로 들린다. 진노의 잔을 마시고 비틀거리던 세대는 좋은 아이를 낳지 못해서 지도자감을 얻지 못했다. 그래서 황폐와 멸망 상태에 이르렀고, 기근과 칼, 이 두 가지 재앙이 닥쳤을 때 난국을 돌파할 지도자가 없었다. 몰락하고 멸망하는 시온을 위해 슬퍼하거나 위로할 자마저도 없었다(19절).[10] 시온의 미래를 책임질 시온의 아들들이 곤비하여 그물에 걸린 영양같이 온 거리 모퉁이에 드러누웠다. 아버지 세대가 포도주를 마시고 비틀거렸는데 이 비틀거림이 아들 세대에게 이어졌다. 여기서 아마도 에스겔 18:2이 말하는 속담이 생겼는지도 모른다. "아버지가 신 포도를 먹었으므로 그의 아들의 이가 시다." 아무튼 진노의 잔을 마신 기성세대의 비틀거림이 자녀세대에게로 그대로 대물림되었다. 그 결과 청년들이 무기력하게 거리에 쓰러졌다(비교. 암 8:11-14).[11] 맹수에 찢긴 영양처럼 청년들이 거리에 누워 있다. 전사했다는 말의 완곡어법일 수도 있다. 아들 세대에게 닥친 이 굴욕적인 패배와 무기력증은 여호와의 분노와 하나님의 견책이 시온을 얼마나 철저하게 타격했는지를 보여준다.[20절] 그런데 이 하나님의 견책과 분노에 타격당한 시온은 그 충격에서 벗어나지 못하고 있다. 아직도 하나님의 위로와 구속 의지를 실감하지 못해 받아들이기를 주저한다.

그래서 21절은 시온을 가리켜 "곤고하며 포도주가 아니라도 취한 자"라고 말한다. 이런 시온을 향해 하나님은 "이 말을 들으라"고 간절하게 간청하신다. 이 말은 22절 이하에 다시 되풀이된다. 22절에서 예언자가 화자話者가 되어 말한다. 당신의 백성의 억울함을 풀어주시는 이스라엘의 하나님 여호와께서 말씀하신다. "보라, 내가 비틀걸음 치게 하는 잔 곧 나의 분노의 큰 잔을 네 손에서 거두어서 네가 다시는 마시지 못하게" 할 것이다. 대신 그 분노의 잔을 시온을 괴롭게 하던 자들의 손에 쥐어 줄 것이다.[23절] 그들은 일찍이 시온에게 "엎드리라 우리가 넘어가리라"고 말했던 자들이다. 그때 시온은 그녀를 밟고 넘어가려는 그들에게 허리를 펴서 땅과 같게, 길거리와 같게 해주었다.[23절] 시온은 그들에게 유린당했다.

메시지

하나님은 예언자적 쟁변을 통해서는 도저히 죄악과 허물을 고칠 수 없는 임계점에 도달하면, 천재지변이나 제3의 심판대행자들을 통해 이스라엘을 심판하셨다. 이때의 심판은 나라가 망하는 대파국적 심판이다. 이 심판의 직전 예후가, 국가지배층이 진노의 잔을 마시고 비틀거리는 영적 아노미현상이다. 유다 왕국이나 북이스라엘 왕국의 말기는 진노의 잔을 마시고 비틀거리는 현상이 무엇인지를 실감하게 보여주었다. 진노의 잔에 취하면 지금 나라 안팎에서 벌어지고 있는 사태의 본질, 임박한 위기의 본질, 내란이나 전쟁의 임박성 등을 정확

394

하게 판단하고 대처할 능력이 소멸된다. 북왕국은 앗수르의 압도적인 공격을 예상하면서도 자신을 도와줄 힘과 의지도 없는 이집트와 동맹을 구축하려다가 앗수르의 단 한번 가격에 쓰러졌다. 약 135년 후 똑같은 일이 유다 왕국에게 벌어졌다. 이집트를 믿고 바벨론의 종주권 행사를 거부하다가 망했다. 바벨론 제국과 전쟁을 감수하고서라도 바벨론의 멍에를 거부하려고 하다가 나라 전체가 망했다. 이처럼 진노의 포도주는 나라의 중심 세력의 판단력을 파탄시켜 나라의 멸망을 가속화시킨다.

예수님은 갈릴리에서 자라셨기 때문에 갈릴리 농민들이 로마의 무리한 통치로 얼마나 고생하는지를 친숙하게 아셨다. 또한 이 갈릴리 농민들의 원통함을 연료삼아 로마 주둔군과 항쟁해보려는 군사 항쟁적 모험주의가 갈릴리를 유령처럼 배회하는 전통에도 친숙하셨다. 그런데도 예수님은 로마 제국에 대한 반감을 고취하는 말씀은 자제하셨고, 심지어 세례 요한에 비하면 헤롯 분봉왕들의 토착적 지배에 대해서도 저항적 언어를 거의 분출하지 않으셨다. 정치지배자들에 대한 비난은 직접적이라기보다는 간접적이었다. 마가복음 10:35-40이 예수님이 로마 제국이나 헤롯 분봉왕들의 통치 행태를 비판한 가장 명시적인 발언일 것이다. 여기서 예수님은 소위 집권자들이 백성을 강압적으로 그리고 권력남용에 가까운 폭정을 일삼는 것을 빗대어 세상 권세자들의 길과 전혀 다른 '예수 제자도', 즉 종의 제자도를 가르치셨다. 으뜸이 되려는 자는 가장 작은 자가 되어야 한다는 가르침, 이것이 헤롯 체제나 로마 제국주의에 대한 가장 급진적인 비판이었다.

이처럼 로마 제국이나 헤롯 분봉왕 체제에 대한 노골적인 비판은 삼가는 대신, 예수님은 성전 권력자들, 그들을 뒷받침하고 그들에게 기생하는 율법학자, 서기관, 장로들, 사두개파 등 종교권력을 행사하는 자들을 가열차게 비난하셨다. 이들을 질책하고 비판하는 예수님의 행동과 발언은 당신의 생명을 걸어놓고 하신 말씀들이다. 예수님의 마태복음 23장 일곱 가지 화禍선언은 당신 자신을 바리새인과 서기관들의 영구적인 적으로 만들었고, 마가복음 11장의 성전 청소 사건15-25절은 성전 권력자들(사두개인들)이 예수님을 죽여야겠다는 결심을 굳히게 만들었다. 유월절에 모여든 군중의 열광적인 환호와 지지는 빌라도 총독에게 예수가 반란을 일으킬 잠재성이 아주 강한 인물이라고 믿도록 몰아갔다. 이들 모두에게 나사렛 예수는 공존하기 힘든 거룩한 존재였다. 그들 모두에게 나사렛 예수를 해치울 적기는 유월절 축제기간이었다.

유대인들은 먼저 가야바의 제안에 따라, 대對로마항쟁 열기 혹은 로마에 대한 반감이 고조되는 유월절 기간에 예수를 '유대인의 왕'으로 만들어 로마 제국 총독의 불안을 먼저 촉발시킨 후 총독으로 하여금 그를 십자가에 못 박게 하는 계책을 짰다. 유대의 자치세력 대표들은 예수를 지지하고 환호하는 군중의 민족주의 열기에 응답하고자 예수를 희생시키는 대신 그 군중이 좋아할 바라바('로마에게는 강도'라는 죄수가 된 자)를 석방해 달라고 요청했다. 이것은 일석이조 전술이었다. 예수를 죽이고 그를 열광적으로 지지하는 유월절 군중의 환심을 사는 전술이었다. 바라바를 끼워 넣어 유월절 예수 환호 군중과 나사렛 예수를 분리시키는 데 성공했다. 성전 체제의 당국자들과 그들을 추종하는 자들은 로마항쟁 분위기를 고조시키기보다는 유대민족 세력의 대표자들(성전 당국자들, 바리새인, 율법학자, 장로)만 공격하는 나사렛 예수를 빌라도에 넘겨주고, 로마에 대한 항쟁에 가담했을 가능성이 컸던 '강도' 바라바를 사면해 달라고 요청함으로써 유대군중의 민족주의 열기도 어느 정도 가라앉혔다. 유대교 지도자들의 이 정교한 이해타산에 의해 예수님은 '유대인의 왕'이 되어 로마 제국의 대표자에 의해 '십자가 처형'을 당하신다. 바로 이 예수님의 십자가 죽음 때문에 유대 군중의 민란이 가라앉았고 민란이 초래했을 민족 전멸의 화는 미연에 방지되었다.

예수님이 하나님 앞에서 마신 진노의 잔은 인류구원의 잔이기 이전에 민족전멸을 미리 막은 잔이었다. 하나님은 예수님이 마신 진노의 잔으로 로마와의 항쟁을 통한 이스라엘 전멸 시나리오의 실현을 막았다. 예수님께서 마가복음 13장이나 마태복음 24장에서 자세히 묘사한 종말에 예루살렘에 임할 심판은 주후 66-70년에 일어난 유대전쟁, 좀 더 멀리는 주후 135년에 일어난 바르-코크바의 반란항쟁에서 상당히 실행되고 성취되었다.

예수님께 로마에 대한 적개심 고취를 통한 로마 축출 항쟁보다 더 중요하고 긴급한 항쟁은, 이스라엘의 자기갱신, 회개, 그리고 하나님의 공평과 정의에 입각한 언약백성다움의 회복이었다. 자기의 옛 자아와의 항쟁이며 자기의 현체제에 대한 급진적인 쇄신을 위한 영적 갱신투쟁이었다. 그런데 유대 동포들은 자신들이 아브라함의 후손이라는 선민의식에 빠져 자신들의 허위의식 위에 임한 하나님의 진노의 실체를 자각하지 못하고 있었다. 예수님 당시의 시온은 아벨로부터 스가랴의 피까지 억울하게 죽임당한 선지자들의 핏값을 치러야 할 위태로운 상황에 처해 있었다.[마 23:35-39] 이 무서운 심판 징후를 세례 요한은 이렇게 표현했다.[마 3:10-12]

이미 도끼가 나무 뿌리에 놓였으니 좋은 열매를 맺지 아니하는 나무마다 찍혀 불에 던져지리라. 나는 너희로 회개하게 하기 위하여 물로 세례를 베풀거니와 내 뒤에 오시는 이는 나보다 능력이 많으시니 나는 그의 신을 들기도 감당하지 못하겠노라. 그는 성령과 불로 너희에게 세례를 베푸실 것이요 손에 키를 들고 자기의 타작 마당을 정하게 하사 알곡은 모아 곳간에 들이고 쭉정이는 꺼지지 않는 불에 태우시리라.

세례 요한도 감지한 임박한 심판을 예수님은 명시적으로 말씀하셨다. '주검이 있는 곳에 독수리(로마군단의 독수리 문장)가 몰려온다.'마 24:28 예수님은 자기성찰적 회개보다는 위선과 외식으로 가난한 동포들을 벼랑 끝으로 내모는 유대 토착 지배세력의 죄를 징치하시려는 하나님의 진노를 감지하셨다. 유대인들의 고난 문제를 로마 제국 탓으로 돌리는 타자 정죄신학, 이방인 혐오신학을 보양하는 당시의 예루살렘 성전체제의 자기폐쇄적 종교성의 치명적 위험성을 간파하셨다. '지금 유대인들이 회개하여 스스로 환골탈태하지 않으면 로마와의 항쟁 촉발로 이스라엘 전체의 멸절이 초래될 것'을 아신 것이다. 이런 구체적이고 임박한 하나님의 심판을 알고 예수님은 그 심판을 당신 자신에게 전가시켜 스스로 소거시키려고 하신 것이다. 이스라엘의 누적된 불순종에 대한 하나님의 심판폭탄이 자신에게 투척되기를 유도하셨다. 예수님은 유대인들의 하나님에 대한 완악한 불순종과 불경건의 극단적인 표현이 하나님의 아들인 자신을 살해하는 농부들의 죄악으로 드러날 것을 아셨다.막 12:1-12 로마에 대한 분노와 적개심을 폭발시키는 것은 자기 죄를 감추는 위선이요 외식임을 간파하셨다. 그래서 예수님은 '회개하여 하나님의 복음을 믿고 산상수훈의 급진적인 실천으로, 로마 제국은 감히 다스릴 엄두도 못내는 거룩한 백성의 정체성을 되찾으라'고 촉구하신 것이다. 이것이 회개하라는 요구의 의미다. 세례 요한은 누가복음 3:11-14에서 회개의 합당한 열매를 예시한다.

옷 두 벌 있는 자는 옷 없는 자에게 나눠 줄 것이요 먹을 것이 있는 자도 그렇게 할 것이니라 하고 세리들도 세례를 받고자 하여 와서 이르되 선생이여, 우리는 무엇을 하리이까 하매 이르되 부과된 것 외에는 거두지 말라 하고 군인들도 물어 이르되 우리는 무엇을 하리이까 하매 이르되 사람에게서 강탈하지 말며 거짓으로 고발하지 말고 받는 급료를 족한 줄로 알라 하니라.

로마 제국의 압제적 지배와 수탈을 돕는 자들부터 회개하면 하나님 나라가 현실이 된다는 것이다. 요한과 예수님은 둘 다 이스라엘 내부의 로마 제국적 동포학대와 약탈을 즉각 멈추는 '회개'를 요청한 것이다. 그런데 유대인 지배층들과 유력자들은 로마 제국적 약탈을 모방하는 자신들의 삶과 관습을 급진적으로 변화시키려고 하기보다는 현 질서를 유지하며 굳이 탓한다면 로마의 탓이라는 식으로 현실을 호도했다. 세례 요한과 나사렛 예수 둘 다 이런 유대 사회를 향한 하나님의 심판 징후를 포착했다.

바로 이런 복잡한 판국에 예수님은 자신을 하나님의 어린양으로 드리신다. 예수님 자신이 하나님의 진노를 받아내는 제물이 되어 민족 전멸의 심판을 소거掃去시키실 결단을 하신다. 하나님의 진노의 폭풍을 먼저 받아 심판 위력을 약화시키거나 무효화시키겠다는 것이다. 예수님께서 예루살렘에 임박한 심판을 스스로 혼자 감당하겠다는 것은 로마 제국을 향한 유대 군중의 항쟁 분위기를 분산시키겠다는 것이다.

이 진노의 잔을 스스로 마시겠다는 예수님의 의지, 즉 자발적인 심판 감수 의지를 정확하게 읽어낸 사람이 기이하게도 바로 대제사장 가야바였다.요 11:47-53; 참조. 요18:14; 19:12 그는 예수님이 자기를 향한 거짓증거들과 부당한 재판에 항의하기보다는 스스로 죽음을 받아들일 것이라는 인상을 받고 이렇게 예측했다.

이에 대제사장들과 바리새인들이 공회를 모으고 이르되 이 사람이 많은 표적을 행하니 우리가 어떻게 하겠느냐. 만일 그를 이대로 두면 모든 사람이 그를 믿을 것이요 그리고 로마인들이 와서 우리 땅과 민족을 빼앗아 가리라 하니 그중의 한 사람 그 해의 대제사장인 가야바가 그들에게 말하되 너희가 아무것도 알지 못하는도다. 한 사람이 백성을 위하여 죽어서 온 민족이 망하지 않게 되는 것이 너희에게 유익한 줄을 생각하지 아니하는도다 하였으니 이 말은 스스로 함이 아니요 그 해의 대제사장이므로 예수께서 그 민족을 위하시고 또 그 민족만 위할 뿐 아니라 흩어진 하나님의 자녀를 모아 하나가 되게 하기 위하여 죽으실 것을 미리 말함이러라.

과연 예수님의 죽음은 갈릴리 주변의 민족주의적인 대로마 항쟁 분위기를 일시에 소거시키는 효과가 있었다. '한 사람이 죽어서 로마 제국이 우리 민족을 집단으로 학살하는 일이 발생하지 않도록 하는 것이 좋다'는 가야바의 말은 정곡을 찌르는 계책이었다. 나사렛 예수가 희생양이 되어 죽는 것이 우리 민족의 살길이 된다는 것이다. 이 가야바의 정치공학적 해석이 절묘하게 예수의 십자가 죽음의 의미를 포착했다. 예수님의 십자가 처형 시점에는 로마 제국과 맞서 항쟁하려는 기운이 갈릴리로부터 예루살렘으로 결집되고 있었다. 그런데 로마 제국에 맞서 항쟁하려던 기운이 예수 그리스도가 죽음으로써 꺾였다. 로마 제국이 이스라엘 백성에게 강요할 굴욕적 고통, 신학적으로 말하자면 하나님의 이름으로 강요된 진노의 잔을 예수님이 받아 마셨기 때문이다. 결국 예수님은 유대민족 전멸의 심판을 당신 자신의 죽음으로 막아내셨다.

주후 70년에 로마 제국이 시온을 초토화시켰을 때 예수님이 진노의 잔을 '내 대신 받았다'고 믿은 사람들은 물리적 시온이나 돌로 된 성전을 지키기 위해 로마 항쟁의 선봉에 서지 않았다. 예수의 제자들은 새 율법인 산상수훈을 가르치던 갈릴리의 그 산으로 몰려갔다. 이것은 그들이 로마와 군사적으로 항쟁하는 대신에 갈릴리로 피신했다는 것을 시사한다.^{마 28:7} 예루살렘 중심의 이스라엘은 로마 항쟁으로 대량으로 파괴되었고 갈릴리 예수가 대표한 이스라엘이 살아남았다. 예수님은 십자가에서 죽고 부활, 승천하심으로 당신의 피로 용서받은 이스라엘을 모으셨다. "내가 땅에서 들리면 모든 사람을 내게로 이끌겠노라 하시니."^{요 12:32} 이런 예수님의 십자가 죽음의 의미를 이해하지 못한 유대인들은 로마와의 전쟁을 통해서라도 나라를 되찾는 것이 '하나님의 구원'이라고 믿을 수밖에 없었다. 결과적으로 강력한 민족주의적 열정으로 가득찬 유대인들이 66년에 로마 제국과의 전쟁을 일으켰고 그 전쟁은 예루살렘을 초토화시켰다. 유대인들은 거의 전멸당하고 그때부터 2,000년 유랑의 길에 올랐다.

만일 유대인들이 예수 그리스도가 마셨던 진노의 잔을 보고 스스로 회개하여 민족갱생의 길을 찾았다면 로마와의 항쟁이라는 외통수를 취하지 않았을 것이다. '나무 뿌리에 놓인 도끼'를 의식하며 거룩한 하나님 백성으로 환골탈태하기 위해 세례 요한과 예수님의 급진적인 회개메시지를 영접했더라면 유대인들은 전멸 대신에 새 언약의 시대에 들어갈 수 있었을 것이다. 예수님은 이스라엘 나라의 회복이 아니라 새 언약의 시대를 열어 형제자매 우애가 지탱하는 완전히 새로운 공동체를 창조하려고 하셨다. 서로 사랑하며 서로 발을 씻어주는 자비와 긍휼이 넘치는 이스라엘은 로마의 지배를 받기에는 너무나 고상하고 거룩한 공동체가 될 것이었다. 그런데 유대인 주류 세력들과 유력자들은 예수님의 회개 촉구 메시지와 하나님 나라 복음 영접 촉구 메시지를 거부하고 그를 로마 제국의 공권력에 넘겨주었다. 로마 제국에게 반역을 일으키려고 하는 '유대인의 왕'이라는 혐의를 덧씌워 죽게 했다. 여기서 예수님의 십자가 죽음이 비롯되었다.

예수님의 십자가 죽음의 근원적인 이유는 예수님의 하나님 나라 복음 영접, 회개 촉구 메시지였다. 이스라엘을 새 언약 공동체로 산파하시려는 예수님의 하나님 나라 운동이 유대 당국자들의 분노와 시기, 질투와 두려움을 촉발시켰다. 예수님의 십자가 죽음의 당면한 이유는 로마 제국이 이스라엘을 정치적으로 지배하는 현실이었다. 예수님의 하나님 나라 운동은 유대인 당국자들의 분노를 샀을 뿐만 아니라 장차 로마인들의 분노를 촉발시킬 가연성이 있었다. 그래서 로마의 총독 빌라도의 사형 판결을 초래했다. 예수님이 로마 제국에게서 받은 십자가의 죽음은 자신의 죄에 대한 심판이 아니라 이스라엘의 완악함, 회개 거부 때문에 초래된 죽음이었다. 예수님이 받아 마신 진노의 잔, 즉 십자가의 죽음은 회개를 거부하고 로마 제국의 당국자에게 그를 반란자의 혐의를 덧씌워 넘겨준 유대인들의 악행 때문에 초래된 죽음이었다. 그런 점에서 나중에 회개한 이스라엘은 '나사렛 예수가 우리를 대신하여 진노의 잔을 마셨고' 그 진노의 잔은 우리를 '새 언약으로 결속된 새 이스라엘'눅 22:20로 산파하려는 용서의 잔이었다는 것을 깨달았다. 예수님을 십자가의 죽음에 넘겨준 완악했던 이스라엘이 예수님이 죽음으로 넘겨지는 이 과정을 자세히 이해했더라면 하나님의 용서를 기대할 수 있었고 참된 의미의 나라를 회복할 기회를 얻었을 것이다. 그들은 하나님의 새 언약 백성이 되었을 것이다. 그렇다면 그들은 로마를 향해 항쟁 대오를 형성하지 않았을 것이며, 따라서 로마 제국도 유대인들을 그렇게 처참하게 초토화시키는 않았을 것이다.

예수님이 마신 잔의 사죄효력을 맛보지 못한 사람들은 아직도 자기를 멸망시킬 위험을 초래하는 중이다. 지금도 여호와의 손에서 그 분노의 잔을 마신 자들은 그 옛날 예루살렘처럼 영적으로 휘청거리게 된다. 하나님이 내리는 진노의 잔을 마시면 영적으로 비틀거리고 정상적인 보행을 하지 못한다. 하나님이 내리시는 진노의 잔을 스스로 마시는 것은 최악의 재앙을 초래하는 일이다. 한국교회가 하나님의 성령에 취하지 않고 한국교회를 비틀거리게 만드는 진노의 잔을 받아 마시는 것처럼 보인다. 하나님의 심판 아래 있는 경우에는 영적 비틀거림이 한국교회를 지배하게 된다. 비틀거리게 된다는 말은 영적 지도력을 올바로 행사하지 못하는 상황을 의미한다. 대형교회일수록, 기독교인이 대규모로 모이는 곳일수록 진리의 힘이 아니라 권력의 힘으로 우리 예수님을 대신하려고 하는 패착을 거듭한다.

52장.

시온이여, 깰지어다, 깰지어다

52

¹ 시온이여, 깰지어다. 깰지어다. 네 힘을 낼지어다. 거룩한 성 예루살렘이여, 네 아름다운 옷을 입을지어다. 이제부터 할례 받지 아니한 자와 부정한 자가 다시는 네게로 들어옴이 없을 것임이라. ² 너는 티끌을 털어 버릴지어다. 예루살렘이여, 일어나 앉을지어다. 사로잡힌 딸 시온이여, 네 목의 줄을 스스로 풀지어다. ³ 여호와께서 이와 같이 말씀하시되 너희가 값 없이 팔렸으니 돈 없이 속량되리라. ⁴ 주 여호와께서 이와 같이 말씀하시되 내 백성이 전에 애굽에 내려가서 거기에 거류하였고 앗수르인은 공연히 그들을 압박하였도다. ⁵ 그러므로 이제 여호와께서 말씀하시되 내 백성이 까닭 없이 잡혀갔으니 내가 여기서 어떻게 하랴. 여호와께서 말씀하시되 그들을 관할하는 자들이 떠들며 내 이름을 항상 종일토록 더럽히도다. ⁶ 그러므로 내 백성은 내 이름을 알리라. 그러므로 그 날에는 그들이 이 말을 하는 자가 나인 줄을 알리라. 내가 여기 있느니라. ⁷ 좋은 소식을 전하며 평화를 공포하며 복된 좋은 소식을 가져오며 구원을 공포하며 시온을 향하여 이르기를 네 하나님이 통치하신다 하는 자의 산을 넘는 발이 어찌 그리 아름다운가. ⁸ 네 파수꾼들의 소리로다. 그들이 소리를 높여 일제히 노래하니 이는 여호와께서 시온으로 돌아오실 때에 그들의 눈이 마주 보리로다. ⁹ 너 예루살렘의 황폐한 곳들아, 기쁜 소리를 내어 함께 노래할지어다. 이는 여호와께서 그의 백성을 위로하셨고 예루살렘을 구속하셨음이라. ¹⁰ 여호와께서 열방의 목전에서 그의 거룩한 팔을 나타내셨으므로 땅 끝까지도 모두 우리 하나님의 구원을 보았도다. ¹¹ 너희는 떠날지어다. 떠날지어다. 거기서 나오고 부정한 것을 만지지 말지어다. 그 가운데에서 나올지어다. 여호와의 기구를 메는 자들이여, 스스로 정결하게 할지어다. ¹² 여호와께서 너희 앞에서 행하시며 이스라엘의 하나님이 너희 뒤에서 호위하시리니 너희가 황급히 나오지 아니하며 도망하듯 다니지 아니하리라. ¹³ 보라, 내 종이 형통하리니 받

시온이여, 깰지어다. 깰지어다

들어 높이 들려서 지극히 존귀하게 되리라. ¹⁴ 전에는 그의 모양이 타인보다 상하였고 그의 모습이 사람들보다 상하였으므로 많은 사람이 그에 대하여 놀랐거니와 ¹⁵ 그가 나라들을 놀라게 할 것이며 왕들은 그로 말미암아 그들의 입을 봉하리니 이는 그들이 아직 그들에게 전파되지 아니한 것을 볼 것이요 아직 듣지 못한 것을 깨달을 것임이라.

주석

52장은 하나님의 깨어남을 호소하던 예언자의 호소가 시온의 깨어남에 대한 호소로 바뀌는 상황을 말한다. 52장은 1-6절, 7-12절, 13-15절로 나뉜다. 1-6절은 51:17-23의 주제를 이어받는다. 52장은 시온이여, 깰지어다, 깰지어다,^{1-6절} 아름다운 소식을 전하는 자의 고귀한 달음박질,^{7-12절} 열왕과 열국을 경악시키는 얼굴 상한 야웨의 종^{13-15절}으로 이루어져 있다.

시온이여, 깰지어다, 깰지어다 •1-6절

'지금 시온에는 바벨론 포로들의 포로살이를 끝낼 해방의 소리가 멀리서 오고 있다. 여호와의 팔이 깨어나는 시간은 시온도 깨어나야 할 시간이다. 그런데 바벨론 사람들이 놓아준다고 바벨론 포로생활이 끝나는 것이 아니라 스스로 노예근성을 혁파하려고 애써야 끝난다.' 1절의 첫 소절은 시온의 영적 각성을 촉구하는 명령으로 시작된다. "시온이여, 깰지어다. 깰지어다." 힘을 내고 아름다운 옷을 입고 거룩한 도성답게 자기를 성별시켜야 한다. 시온은 심판받은 자의 무기력증, 영적 동면상태에서 스스로 깨어나야 한다. '야웨의 팔이여, 깨어나소서'라고 소리치는 시온은 스스로도 깨어나야 한다. 그래야 하나님의 결정적인 구원이 역사 속에 활성화된다. 해방과 구원을 위해 스스로 준비되지 않고 스스로 주체적 각성을 이루지 못한 사람들에게 해방과 속량이 나타날 수 없다. 그래서 시온은 깨어나야 하며 "힘을" 내어야 한다. "힘을 낼지어다"라고 번역된 히브리어 구문[리브쉬-우 제크(עֻזֵּךְ לִבְשִׁי)]은 직역하면 '힘을 옷 입으라'다. 또한 거룩한 성 시 온은 '아름다움의 옷들'을 입어야 한다[리브쉬 빅데 티프아르테크(לִבְשִׁי בִּגְדֵי תִפְאַרְתֵּךְ)]. 시온이 입을 옷은 힘이요 아름다움이다. 시온이 드러 내야 할 힘은 군사력이 아니라 아름다움이다. 아름다운 옷들은 거룩 한 제사장의 의복들이다. 옷은 정체성이다. 시온은 제사장적 정체성 을 드러내는 아름다운 옷을 입어야 한다. 구체적으로 공평과 정의, 성 결과 정결의 옷을 입어야 한다. 시온의 정체성은 공동체적 삶, 즉 시 온이 입은 옷에 의해 드러난다(참조. 롬 13:14). 시온이 이렇게 스스로 를 거룩하게 단장해야만 "할례 받지 아니한 자와 부정한 자가 다시는" 시온을 침략하거나 정복할 수 없다. 시온은 지금 자신이 영광스러운 하나님의 신부요 백성임을 자각하고 그것에 맞게 행동해야 한다. 자 신의 거룩한 정체성과 사명에 눈을 떠야 한다. 시온의 힘은 자신이 하 나님의 신부요 하나님의 언약백성임을 깨닫는 데서부터 나온다. 야 곱 가족이 세겜에서 헷 족속과 뒤섞여 살 때 그들의 옷을 입고 그 이 방인들의 풍습을 따랐다. 그러다가 그의 딸 디나가 하몰의 아들 세겜 에게 성폭행을 당하고, 그의 아들들은 세겜 남자들을 학살하는 만행 을 저질렀다. 그 참상 이후에 야곱은 이방의 옷을 벗어 땅에 파묻고 벧엘로 올라간다.^{창 35:1-4} 1절의 요지를 쉽게 풀면 이런 말이다. '시온 아, 너는 하나님 백성답게 공공연히 살지어다. 하나님 자녀답게 아름 다운 옷을 입을지어다. 시온이 스스로 거룩한 도성으로 변화되어야 할례 받지 못하는 자와 부정한 자가 거기로 들어오지 못할 것이다.'

1절의 마지막 소절, 할례 받지 못한 자와 부정한 자가 "들어온다"는 말은 단순한 상거래나 교역, 혹은 외교관계를 지칭한다기보다는 군사적 침입을 말한다. 혹은 그것까지는 아닐지라도 예루살렘의 기능과 성격을 좌우하고 관할할 정도의 영향력을 행사하는 것을 가리킨다. 느헤미야 13장에는 제사장 엘리아십이 암몬 사람 도비야와 깊이 연결되어 있으며 그에게 심지어 성전의 큰 방 하나를 제공했다는 기록이 있다.⁴⁻⁵절 아닥사스다 왕 재위 32년에 느헤미야는 이 사실을 알고 도비야가 차지한 방의 세간을 다 들어내 던지고 그 방의 원래 기능(소제물과 유향 저장창고)을 회복했다.⁷⁻⁹절 느헤미야 13:16에는 두로의 수산물 무역업자가 아예 예루살렘에 거주하며 유다의 귀족들과 결탁해 안식일에 수산물을 파는 장면이 나온다. 같은 장 23절에는 유다 사람들이 아스돗, 암몬, 모압 여인들과 결혼해 이방인들의 예루살렘 출입이 잦을 수밖에 없는 상황을 만들었음을 보여준다. 따라서 할례 받지 못한 자, 부정한 자는 단순한 이방인이 아니라 안식일을 어기거나 이스라엘의 정체성을 훼손할 정도로 예루살렘에서 세력을 휘두르는 이방인들을 가리킨다. 따라서 1-2절은 외국인 혐오증(제노포비아)을 정당화하는 본문이 아니다. 54-56장에는 이런 분위기와는 달리 외국인들에 대해 문호를 개방하는 보편주의적인 개방성을 강조하는 말씀들이 다수 있다.⁵⁴:¹⁻³; ⁵⁵:⁵; ⁵⁶:¹⁻⁸

2절은 1절의 "깨어나라"는 호소의 부연 설명이다. 예루살렘은 지금 얼굴을 티끌에 대고 항복한 자세로 압제자에게 등을 굽히고 있다. 여전히 목에 줄을 매고 있다. 그들에게 항복을 강요하고 목줄을 메어준 정복국가 바벨론은 지금 쇠락일로를 걷고 있는데도 아직도 예루살렘은 항복한 나라처럼 굴종의 운명을 뿌리치지 못하고 있다. 이런 상황에서 예언자는 "예루살렘이여, 일어나 앉을지어다. 사로잡힌 딸 시온이여, 네 목의 줄을 스스로 풀지어다"라고 말한다. 2절은 바벨론 귀환포로들이 예루살렘에 복귀해 정착한 지 얼마 되지 않은 상황을 말한다. 이 예언이 선포될 당시 예루살렘은 거룩한 도성이 아니라 국제 상거래 중심지로 기능했다. 따라서 많은 국제 무역상이 예루살렘을 출입하며 왕래했을 것이다. 예루살렘에는 할례 받지 못한 블레셋 사람과 시돈 사람과 두로 상인들도 많았을 것이다. 그래서 예언자는 다음과 같이 책망하는 셈이다. '시온이여, 네가 국제 상거래가 활발하게 일어나는 무역 도시로 존재하지 말고 거룩하고 영광스러운 정체성을 찾을지어다. 너는 거룩하고 영광스러운 옷을 입어야 한다. 예루살렘, 너는 국제 상거래 도시가 아니라 거룩한 도시로 존재하도록 세워졌기 때문에 거룩한 백성으로 살지어다.' 이사야 1:21, 26이 말하던 그 옛날의 명성을 되찾으라는 것이다. '공평과 정의가 충만하던 그 거룩한 성 시온으로 돌아갈지어다. 돈 벌어서 경제적 번영을 이룬 도시로 머물지 말고 거룩한 성 예루살렘의 정체성을 회복할지어다.' 더 나아가 이제 시온은 바벨론의 종주권 아래 굽실거릴 필요가 없다. '예루살렘이여, 일어나 하나님의 다스림을 받는 공의와 정의의 공동체가 될지어다. 이 세상에 지배를 당하는 자가 되지 말고 이 세상을 하나님의 가치로 통솔하는 공동체적인 지도력을 발휘하라.'

3절은 시온과 예루살렘이 자유민의 기백을 되찾아 과시해야 하는 이유를 말한다. 아무 값도 받지 못하고 팔린 시온이 돈 없이 속량될 것이기 때문이다. 4절은 하나님이 당신의 백성에 대한 애굽과 앗수르의 '공연한 압박'에 자극을 받아 이스라엘을 속량하기로 결단하는 과정을 짧게 보도한다(참조. 신 32:27, 30의 유사한 논리). 하나님의 백성이 전에 야곱의 시대에 애굽에 내려가서 거기에 거류하였는데 그것은 죄로 인해 당신의 백성을 매각한 것이 아니었다. 애굽 노예시장에 당신의 자녀들을 파신 것이 아니다. 또한 주전 721년에 앗수르 제국은 북이스라엘을 하나님이 허락하신 위임의 한계를 넘어 압박하고 멸망시켰다.^{사 10:7} 하나님은 앗수르로 하여금 북이스라엘을 징계하는 수준의 공격을 의도하셨지만 앗수르는 당신의 백성들을 멸망시키고 일부를 강제로 이주시켰다. 앗수르 제국의 침략이 이스라엘의 죄악에 대한 하나님의 징벌적 분노를 대변한 것은 맞지만, 앗수르 제국이 북이스라엘을 멸망시키고 유린한 것은 하나님의 원래 의도는 아니었다.

5절은 북이스라엘이 앗수르로 잡혀간 것은 "까닭 없이 잡혀"간 것이라고 보는 하나님의 입장을 말한다. 이 민망한 상황에서 하나님은 당신의 백성을 위임 범위를 벗어나 압제하고 유린하는 대적을 징벌하지 않을 수 없다. "내가 여기서 어떻게 하랴"는 하나님의 불가피한 개입이 임박함을 암시한다. 여호와께서는 당신의 백성 이스라엘을 "관할하는 자들이 떠들며" 당신의 이름을 "항상 종일토록" 더럽히는 사태를 좌시하지 않을 것이다.^{5절} '네 하나님은 죽었다. 네 하나님은 앗수르의 신들보다 열등하다.' 이런 모욕을 듣고 하나님은 당신의 명예를 회복하기로 작정하신다. 6절은 이 대적자들에 대한 하나님의 심판이 집행될 것임을 가리킨다. "그러므로"는 '하나님의 이름을 더럽히는 대적을 심판해 당신의 살아계심을 공공연히 드러내실' 하나님의 의지를 강조한다. 하나님이 당신의 대적자이자 당신의 백성을 압제하는 자들을 징치하는 모습을 본 이스라엘 백성은 하나님이 이스라엘과 언약을 맺었을 때 알려주신 그 이름, 야웨 하나님의 이름을 자각하게 될 것이다. 앗수르와 바벨론 같은 강대국의 몰락 배후에는 이스라엘을 구하시려고 심판하신 하나님 야웨의 행적이 있음을 깨닫게 될 것이다. 하나님의 이름을 '안다'는 것은 특정한 역사적 변동과 흥망성쇠 사태가 하나님의 성품을 반영하고 하나님의 의지를 드러내고 있다는 것을 깨닫게 된다는 의미다. 하나님의 공공연한 역사 개입과 대적 심판을 본 후에야 이스라엘은 역사적 변동의 주관자가 이스라엘의 하나님 야웨인 줄 깨닫게 될 것이다. 바벨론의 멸망과 바벨론 포로들의 출바벨론 가나안 고토귀환 장정의 주동자가 하나님이며, 예

410

언자를 통해 이런 메시지를 선포하게 하신 분도 하나님임을 깨닫게 될 것이다. 하나님은 마치 섬기는 종이나 된 것처럼 힌네니(הִנֵּנִי), '내가 여기 있다'라는 겸양법을 구사하신다. 힌네니는 예언자들이나 하나님의 종이 자신을 하나님의 존전에 부복시킬 때, 즉 하나님의 말씀과 명령을 수납할 태세를 갖출 때 하는 말이다. 그런데 여기에서는 하나님이 마치 이스라엘의 유익을 위해 이스라엘의 기도와 아우성에 응답할 준비태세를 갖춘 것처럼 말씀하신다.

아름다운 소식을 전하는 자의 고귀한 달음박질 • 7-12절

이 단락은 출바벨론 귀환 대열을 생생하게 묘사한다. 마치 제2의 출애굽 장정인 것처럼 묘사된다. 출애굽 때에 레위인(고핫 자손)들이 성막을 메고 선두 대열을 이루고 광야행진을 향도했듯이, 이번에도 거룩한 기구를 메는 자들이 바벨론 포로귀환 대열을 향도한다. 7절은 바벨론발 좋은 소식이 산을 넘어 예루살렘에 도착해 처음으로 성문 망루에서 보초를 서던 레위인들에게 전달되는 과정을 묘사한다. 좋은 소식은 복된 소식이다. 복된 소식의 내용은 시온에 평화와 구원이 도래했다는 메시지다. 예언자는 바벨론에서 시온으로 달려온 전령의 발들이 산들 위에서 얼마나 아름다운지를 시적 영탄 도치구문으로 표현한다(비교. 사 40:9 "아름다운 소식을 시온에 전하는 자여, 너는 높은 산에 오르라"). 좋은 소식을 전하는 예언자의 발이 아름다운 발이라고 찬양되는 이유는 시온이 정말 오랫동안 간절하게 기다리는 소식을 전하기 때문이다. 좋은 소식을 시온에 전하는 자의 메시지는 그만큼 감동적이기 때문이다. '네 하나님이 통치하신다.' 말라크 엘로하이크(מָלַךְ אֱלֹהָיִךְ). 직역하면 '네 하나님이 왕이 되셨다.' 그동안 버려졌던 시온의 슬퍼하는 자들이 그토록 바라던 복음이다. 바벨론 유배 기간

시온이여, 깰지어다, 깰지어다

내내 시온은 이방인들의 관할 아래 있었기 때문이다. 그래서 할례 받지 못한 자들과 부정한 자들이 시온에서 활보했다. 하나님의 통치를 대행하는 제사장이나 예언자, 왕도 없었다. 그 대신 바벨론과 결탁된 시돈과 두로 상인들, 에돔 족속과 모압 족속과 암몬 족속과 아라비아 족속 등이 시온성을 국제 상거래 도시로 만들었다. 이 외부 세력들과 결탁되어 예루살렘을 좌우하는 자들 중 일부가 바벨론 포로로 잡혀가지 않은 채 그 땅에 남아있었던 이스라엘의 토착세력들이었다.^{스 4:9} 에스라 4장과 느헤미야 6장이 각각 언급하는 사마리아의 산발랏 같은 자들^{스 4:17; 느 4:2-7; 6:1}에게는 '말라크 엘로하이크'라는 선언이 위협이 되었을 것이다. 신약성경에서 복된 소식, 유앙겔리온이 악한 종교 권력자들과 헤롯 왕가에게는 위협이 되었던 것과 같은 이치다. '때가 차서 하나님 나라가 가까이 왔다. 회개하고 복음(유앙겔리온)을 믿으라.'^{막 1:15} 가이사와 헤롯 왕조, 그리고 악한 종교 권력자들에게 하나님 나라를 외친 것 자체는 그들을 두렵게 만든 선전포고였고, 이 선언 안에 나사렛 예수의 운명은 이미 결정되었다. 악한 정사와 권세의 연합세력에 의한 철저한 배척과 저항의 감수가 나사렛 예수의 운명이었다.

8절은 아름다운 발을 가진 복음 전파의 전령을 맞이하는 예루살렘 분위기를 묘사한다. 시온의 파수꾼들이 이 복된 전령의 복된 소식을 듣고 "소리를 높여 일제히 노래"한다. 그들이 여호와께서 시온으로 돌아오실 때에 두 눈으로 이 감동적인 광경을 정면으로 볼 것이기 때문이다. 에스겔 8-11장은 예루살렘 성전을 떠나는 여호와의 영광의 이탈동선을 추적한다. 하나님은 예루살렘 성전을 떠나 바벨론 포로들 공동체 한복판에서 임시성소가 되어주신다.^{겔 11:16} 바벨론 포로들은 난민 공동체 안에서도 야웨를 믿고 예배하고 찬양했다. 에스겔은 포로민 공동체의 영적 지도자였고 음악으로 예배를 인도하는 자였다.^{겔 33:32} 에스겔은 제사장 의복과 두발을 한 채 난민들의 제사장으로 27년 이상 사역했고, 그는 환상 중에서 여호와의 영광이 언젠가 예루살렘 성전으로 되돌아갈 날을 미리 내다보았다.^{겔 44:4; 사 40:5} 이 여호와의 영광이 예루살렘에 복귀하는 장면을 가장 먼저 보는 자들이 망루에 올라가 보초 서는 파수꾼들이다. 망대에 올라 역사의 형세를 주도면밀하게 살피며 밤이 언제 끝날 것인지를 기다리는 파수꾼이 먼저 동터오는 햇살을 만나면서 "아침이 왔다"라고 말한다.^{사 21:11-12} 파수꾼들은 민첩한 국제정세 관측자들이다. 그들은 애타는 조바심으로 하나님의 역사 변동을 감지하고 그것을 알리는 자들이다. 그래서 그들은 야웨의 영광이 시온으로 복귀하는 장면을 처음으로 목격하고 환호성을 지른다.

9절에서 예언자는 예루살렘의 황폐한 곳들을 불러 파수꾼들의 기쁨에 공명하고 동참하라고 말한다. 황폐한 성읍들도 야웨 하나님의 가나안 복귀를 인해 기쁜 소리를 내어 함께 노래해야 한다. 여호와께서 그의 백성을 위로하셨고 예루살렘을 구속하셨기 때문이다. 10절은 시온을 위한 하나님의 위로와 속량이 국제적으로 목격되고 인정된 공공연한 사건이라고 말한다. 여호와께서 열방의 목전에서 그의 거룩한 팔을 나타내셨으므로 땅 끝의 사람들까지도 하나님의 이스라엘 구원을 보았다. 유대인 포로들을 억류하던 바벨론은 페르시아의 고레스에게 멸망당했으며, 바벨론을 멸망시킨 고레스가 유대인 포로들을 풀어서 고토 이스라엘로 돌아가게 했다. 뿐만 아니라 고레스가 예루살렘 성전을 재건하도록 물적 지원까지 한다는 사실 또한 공공연히 알려진 사건이다.

11절의 무대는 다시 바벨론이다. 이제 청중은 바벨론에 남아있는 포로들이다. 이들은 7-10절의 가나안 귀환 대열에 참여하도록 독려 받는 자들이다. 11절의 내용을 보건대 구체적으로 레위인들이 11-12절의 청중일 가능성이 크다. "너희는 떠날지어다. 떠날지어다.

거기서 나오고 부정한 것을 만지지 말지어다. 그 가운데에서 나올지 어다. 여호와의 기구를 메는 자들이여, 스스로 정결하게 할지어다." 레위인들, 특히 고핫 자손은 하나님의 거룩한 성막, 법궤 등 성물들을 메고 운반하는 성직자들이다.[민 4:1-20] 바벨론 포로들 중 레위인들을 겨냥해서 출바벨론 출갈대아를 요청하는 상황이다. 에스라 8:15-20 에는 레위인들이 어떤 이유에서였는지 출바벨론 가나안 귀환에 열광적인 반응을 보이지 않았음을 암시하는 정황이 나온다. 그래서 이 두 절은 레위인들을 특정해서 명령하는 하나님의 음성을 들려준다. 출애굽 대열의 선두였던 레위인들이 이번에도 선두가 되어 달라는 것이다. 그러나 12절은 출바벨론이 출애굽과 다른 면이 있음을 알려준다. 이번에도 여호와께서 레위인들보다 앞에서 행하시며 뒤에서 호위하시겠지만, 이번 출바벨론에서는 바벨론 포로들이 황급히 도망치듯 나오지 않게 하실 것이다. 이 점은 출바벨론 가나안 귀환이 여러 차례에 걸쳐서 점진적으로 진행될 가능성을 내다보는 말씀이다.

열왕과 열국을 경악시키는 얼굴 상한 야웨의 종 • 13-15절

이 단락은 앞 단락과는 자연스럽게 연결되지 않는다. 오히려 49:7 과 연결되며 53장과 자연스럽게 연결된다. 그런데 전체적으로 53장 은 앞과 뒷장인 52장과 54장과도 각각 자연스럽게 연결되지 않는다. 52:13-53:12은 42, 49, 50장에 등장하는 야웨의 종 관련 예언과 밀접하다. 이 마지막 종의 노래는 앞의 종의 노래들에 비해 훨씬 더 자세하고 생동감 있게 야웨의 종을 부각시키되, 그가 당하는 고난의 경지와 그것이 성취한 보편적 구원을 강조한다. 우리는 이 단락 전체를 자세히 사역해 봄으로써 이 마지막 종의 노래가 이사야서 안에서 갖는 의미와 신구약성경 전체에서 차지하는 비중을 살펴보려고 한다. **414**

13 보라, 내 종이 지혜롭게 행하리니 (받들어 높이 들려서)¹ 지극히 존귀하
게 되리라,

14 많은 사람들이 그를² 보고 경악하였던 것처럼-그의 얼굴이 어떤 사람
보다 더 망가졌고³ 그의 외모는 사람의 모습 이하로 (망가졌도다⁴)⁵

15 이번에는 그가 많은 나라들에게 뿌릴 것이라.⁶ 왕들은 그들의 입을 봉
하리라. 왜냐하면 그들이 그들에게 아직 전파되지 않은 것을 볼 것이
요 아직 듣지 못한 것을 깨닫게 될 것이기 때문이다.

12절과 잘 연결되지 않는 13절의 문자적 의미는 '야웨의 종은 지
혜롭게 처신함으로써[야스킬(יַשְׂכִּיל)/사칼(שָׂכַל)] 마침내 지극히 존귀
케 될 것이다'이다. '지혜롭게 행하다^to act wisely'라고 번역되는 야스킬
(יַשְׂכִּיל)은 메시아적 왕의 통치행위를 묘사할 때 사용되는 동사다[렘
3:15; 23:5; 삼상 18:14, 15; 왕상 2:3; 왕하 18:7; 시 101:2; 칠십인역(쉬네
세이, συνήσει)]. 굳이 12절과 연결시키자면 '내 종'은 성막의 도구들을
메고 다니는 레위 제사장들을 의미하며, 넓게 보면 열방에 대해 제사
장 역할을 부여받은 이스라엘이다. 그런데 이스라엘의 대표자는 바
벨론 포로들이다.^사 44:5 결국 바벨론 포로들이 지혜롭게 처신하여 높
이 받들려서 지극히 존귀하게 될 것이다. 개역개정이 "형통하리니"라
고 번역한 히브리어 야스킬은 '지혜롭게 행하다', 혹은 '멀리 내다보
는 안목으로 행동한다^farseeing'를 의미하기도 한다. 문맥에 맞게 해석하
면 야스킬은 '실제적인 목적을 염두에 두고 멀리 내다보고 행동하다'
는 뜻이다. 야웨의 종은 자신의 바벨론 유배 기간 동안 당한 곤경과
곤욕이 가져올 장기적 유익을 생각한다는 것이다. 이방인 관원과 열
왕 앞에서 굴욕당하고 상처를 입는 이 곤경은 단기적으로는 이해할
수 없고 흑역사처럼 보일지 몰라도 장기적인 관점에서 보면 뭔가 중
요한 목적을 성취한다는 것이다.

시온이여, 깰지어다, 깰지어다

13절은 야웨의 종이 이전에 당한 극심한 고난과 그것이 불러일으킨 반응을 말한다. 바벨론 포로들은 타인과 보통 사람들보다 훨씬 상한 모습이었고 많은 사람들이 그가 당한 상처의 중대함에 놀랐다. 그런데 14절은 야웨의 종이 이미 놀란 사람들을 한 번 더 격렬하게 경악시키는 반전을 말한다. 그렇게 심하게 손상당한 야웨의 종이 그렇게 눈부시게 재활되고 회복된 모습을 보고 나라들은 놀라고 왕들은 입을 봉할 수밖에 없다. 그들은 아직까지 한 번도 전파되지 않은 장면을 볼 것이며 한 번도 들어본 적이 없는 진리를 깨닫게 될 것이다. '많은 나라들'과 '왕들'은 야웨의 종이 회복불능 수준의 치명상을 입었던 것을 아는 자들이다. 그들은 야웨의 종 얼굴이 상하고 비참하게 짓이겨져 아무도 알아볼 수 없을 정도로 망가진 것을 본 자들이다. 많은 나라들과 왕들은 그의 박해와 압제에 직간접적으로 연루된 자들이거나 목격자들이다. 49:7도 비슷한 사상을 증거한다. "사람에게 멸시를 당하는 자, 백성에게 미움을 받는 자, 관원들에게 종이 된 자"를 "왕들이 보고 일어서며 고관들이 경배할 것이다.…… 이스라엘의 거룩하신 이 신실하신 여호와 그가 너를 택하였음이니라." 이처럼 많은 나라들과 왕들은 경이롭게 역전된 야웨의 종의 운명을 보고 경악을 금치 못할 것이다.

15절의 첫 소절은 그가 많은 나라들에게 뭔가를 뿌리는 상황을 말한다. 무엇을 뿌려서 열왕이 자신들의 입을 가렸는지를 밝히기 힘들다. 여기서 약간의 상상력이 필요하다. 고난의 종이 흘린 피가 많은 나라들에게 뿌려져 속죄의 효과를 가져왔기 때문에 많은 나라들과 열왕이 고난의 종의 정체를 알아보고 놀랐다는 것이다. 야웨의 종이 걸어간 이 비극적인 전락과 그것을 다 잊게 만드는 경이로운 반전은 많은 나라들과 열왕에게는 한 번도 들어보지 못한(전혀 알려지지 않은) 일이다. 그들은 이런 전무후무한 선고난 후영화의 드라마를 목격

사

416

하며 두 가지를 깨닫는다. 첫째, 바벨론 포로들은 자신의 죄악 때문에 와서 고난당하는 것이 아니라, 열방과 열왕에게 하나님을 아는 지식을 가르치고 전파하며 그들을 의롭게 하려는 거룩한 목적 때문에 고난과 굴욕을 당했다. 둘째, 바벨론 포로들의 굴욕과 영화의 반전드라마는 이스라엘의 하나님이 온 세계의 유일무이한 하나님 되심을 전파하기 위해 전 세계만민을 겨냥한 선교용 드라마였다. 그들에게 야웨의 종, 구체적으로 바벨론 포로들의 비인간적인 굴욕과 낮아짐과 그 후에 덧입은 존귀와 영화는 도저히 상상할 수 없는 하나님의 기습적인 구원의 드라마였다.

요약하면, 52:15과 49:7에 비추어 볼 때 '처음에는 심하게 매 맞고 손상당했다가 나중에는 열왕과 열방을 경악시킬 정도로 회복되는' 이 야웨의 종은 일차적으로 바벨론 포로들이며 궁극적으로는 '이상화된 이스라엘'임이 분명하다. 궁극적으로 이상화된 이스라엘은 종말의 메시아 예수 그리스도가 오실 때까지 역사 속에 출현하지 않았다. 예수 그리스도가 52:13-53:12에서 자신의 메시아의 길을 찾았을 때, 그것은 철두철미 자신을 이상화된 이스라엘, 즉 이스라엘 민족의 언약대표자로 간주했다는 사실을 의미한다. 이상화된 이스라엘인 예수 그리스도가 고난받는 종의 각본을 1차적으로 역사의 무대에 실연했다. 이사야 59:20-21(롬 11:26-27)이 예언하듯이 지금 완악해진 이스라엘이 종말에 눈이 열리고 귀가 열리면 이 고난받는 종의 예언은 2차적으로 이스라엘에게 적용할 수 있다. 또한 메시아를 배척했던 모든 이방인들도 열왕과 열방의 뒤늦은 참회와 회개 대열에 동참할 수 있다.

메시지

인간에게는 뿌리 깊은 노예근성이 있어서 쉽게 벗어나지를 못한다. 그래서 아무리 위대한 해방의 선물을 받아도 이내 노예근성이 되살 아난다. 이스라엘 백성들이 스스로 목의 줄을 끌러서 참 자유백성이 되려고 했을까? 아니면 모세한테 끌려 나갔을까? 사실상 하나님이 이집트에 퍼부은 연속적인 재앙들이 아니었다면, 아마도 히브리 노 예들은 애굽에 천년만년 눌러앉았을 것이다. 그들은 광야의 거친 음 식에 싫증을 내며 이집트 노예생활을 그리워했다. "그들 중에 섞여 사 는 다른 인종들이 탐욕을 품으매 이스라엘 자손도 다시 울며 이르되 누가 우리에게 고기를 주어 먹게 하랴. 우리가 애굽에 있을 때는 값 없이 생선과 오이와 참외와 부추와 파와 마늘들을 먹은 것이 생각나 거늘 이제는 우리의 기력이 다하여 이 만나 외에는 보이는 것이 아무 것도 없도다."^{민 11:4-6} 이스라엘 백성의 노예근성은 참으로 끈질겼다. 모세와 여호수아, 출애굽의 두 영도자가 죽자 사사 시대는 제2의 노 예상태였다. 이스라엘 백성이 자주민이 되기로 스스로 결심하지 않 으면 애굽에 있는 사람이 가나안 땅에 간다고 저절로 자유백성이 되 는 것은 아니다.

　자유 백성이 되기 위해서는 '네 목의 줄을 스스로 풀지어다. 이렇 게 풀지어다'라고 소리쳐야 한다. 모든 그리스도인들은 독립적인 구 원의 확신에 이를 만큼 바른 교리를 붙들고 굳센 자유인이 되어야 한 다. 먼저 스스로 목의 줄을 끊기 위하여 죄와 싸우고 노예의 속박상태 와 싸울 수 있는 굳센 자주인이 되어야 한다.

　결국 1-2절의 메시지를 지금 우리 신약시대의 신자들에게 적용하 면 이런 뜻이 된다. '교회여, 교회여, 교회답게 살지어다. 그래야만이 교회 안에 할례 받지 못한 자들과 부정한 자들이 교회를 사통팔달 맘

418

몬 시장터로 삼지 못할 것이다. 교회는 거룩한 백성들 공동체가 될지어다. 교회여, 눈을 뜰지어다. 뜰지어다.' 마찬가지로 이렇게 정결케 된 교회는 음녀 바벨론의 더러운 영들에게 굴복할 필요가 없다.^{계 18장} '교회여, 너는 티끌에 진토 즉 굴욕과 수치를 당하지 말고 일어나 영적 통치권을 회복할지어다. 이 지구의 미래와 후손세대의 행복마저 무너뜨리는 소비주의와 물신숭배주의의 바벨론 정신에 포로로 잡혀간 교회여, 자본주의의 포로생활 끈을 끊어버릴 지어다.' 마르틴 루터는 1520년에『교회의 바벨론 유수^{Von der Babylonischen Gefangenschaft der Kirche}』라는 책을 썼다. 마르틴 루터는 당시의 로마 가톨릭 교회가 일곱 가지 성례전(유아세례, 견진, 세례, 서임, 혼배, 고해, 종부)의 포로가 되었다고 비판했다. 그는 로마 가톨릭교회가 일곱 가지 성례전을 통과하면 다 구원받는다는 미신을 조장하고 있다고 보았다. 유아세례부터 종부성사까지 일곱 가지 성례전이 기독교인의 구원여정을 향도하고 견인해 마침내 천국에 이르게 한다는 미신에 교회가 사로잡혔다고 보았다. 오늘날 우리 교회는 자본주의의 영에 사로잡혀 있다. 이런 시대에 예언자는 교회에게 호소하여야 한다. '교회여, 얼굴을 티끌에 대고 자본주의의 영에 굴복하지 말고 스스로 주류이념의 목줄을 벗어버리라.' 특히 한국교회 신자들은 스스로 평신도라는 굴레에 자신을 묶어두고 교회 일에 방관자가 되지 말아야 한다. 오늘날 한국교회의 일탈, 특히 지도자들의 일탈에는 병든 평신도들의 노예근성이 크게 작용하고 있다. 교회를 크게 성장시킨 교회 창립목사를 왕처럼 모시며, 그가 주는 교회의 경제적인 이익을 배당받으려고 한다. 노예근성에 찌든 신자들은 스스로 자유민이 되어 하나님께 예배를 드리기보다는, 목회자가 주도하는 예배에 방관자 또는 관람객이 되어 참여하고 주일예배 참석 외에 아무런 관심도 갖지 않는다. 이런 태만한 노예근성을 가진 신자들은 자신들의 목회자에게 일방적으로 받으려고만 하지 목회자의 영적 안전과 쇄신을 위해 중보기도도 하지 않는다. 그들은 최악의 의미로 모든 것을 믿고, 그 위에 목사를 믿어버린다.

이런 노예근성이 체질화된 신자들이 모이는 곳에는 사사기 9장의 요담 우화에서 나오는 아비멜렉급 목회자가 등장한다. 나무 나라에서 누가 왕이 되는지를 보여주는 슬픈 우화다. 사사 기드온의 아들은 이복형 아비멜렉이 왕이 되려는 야심으로 70명의 이복형제들을 학살하는 만행에서 살아남은 후, '왕이 되려는 아비멜렉의 야심'을 조롱한다.[9:8-15] 하루는 나무들이 나가서 기름을 부어 자신들 위에 왕을 세우려고 면접대회를 연다. 나무 나라의 왕 후보로 초청받은 나무는 감람나무, 무화과나무, 포도나무였다. 그런데 그들은 모두 나무 위에 왕으로 군림하는 것을 각기 다른 이유를 들어 싫어했다. 감람나무는 이렇게 변명했다. "나의 기름은 하나님과 사람을 영화롭게 하나니 내가 어찌 그것을 버리고 가서 나무들 위에 우쭐대리요." 무화과나무는 "나의 단 것과 나의 아름다운 열매를 내가 어찌 버리고 가서 나무들 위에 우쭐대리요"라고 말하며 왕이 되기를 거절했다. 끝으로 포도나무는 "하나님과 사람을 기쁘게 하는 내 포도주를 내가 어찌 버리고 가서 나무들 위에 우쭐대리요"라고 말하며 왕이 되기를 거절했다. 그러자 나무들이 최악의 왕을 세웠다. "모든 나무가 가시나무에게 이르되 너는 와서 우리 위에 왕이 되라"고 요구했다. 그러자 가시나무가 이렇게 왕위 수락 강론을 한다. "만일 너희가 참으로 내게 기름을 부어 너희 위에 왕으로 삼겠거든 와서 내 그늘에 피하라. 그리하지 아니하면 불이 가시나무에서 나와서 레바논의 백향목을 사를 것이니라."

지금 우리나라에는 신자들의 노예근성을 악용한 가시나무급 왕들이 권력을 남용하는 우화의 시대가 도래한 것 같다. '자유'는 자유의 멍에를 메겠다고 결심하는 사람에게 주어지는 면류관이다. 남이 무상으로 주는 자유는 자유가 아니다. 모든 신자들은 "깰지어다. 깰지어다. 티끌을 털어 버릴지어다."

최근 일본의 대^對한국 반도체 소재부품 수출 규제와 이에 따른 갖가지 경제적 공격을 보면 자유와 독립이 무엇인지 다시 생각하게 된다. 일본은 한국경제의 중심을 무너뜨릴 정도의 고급 반도체 소재부품의 한국 수출을 봉쇄하려고 경제교역 시 우대하는 국가목록에서 한국을 제외하려고 한다. 자유무역이 이름뿐인 현실이 되어가고 있다. 대통령과 장관, 기업총수들이 비상사태라고 소리치고 있다. 일본의 표변은 적어도 수출로 국부를 증가시켜온 나라의 부와 행복이 얼마나 타국과 타국의 소비자들에게 일방적으로 의존해 왔는지를 고통스럽게 일깨워주고 있다. 자신의 나라 국부의 창출을 수입과 수출에 두는 무역 중심의 상업국가는 언제나 자유를 잃을 수가 있다. 타인의 구매력에 의존하는 상업, 무역 등이 주도하는 사회는 결정적인 순간에 자유를 잃게 된다는 사실을 일본정부가 일깨워주고 있다. 한 나라의 자존과 독립은 식량의 자체 조달과 기본권, 인권을 충족시키는 생활 기반을 스스로 충당할 때 지켜진다. 자유무역이나 해외시장 지배력에서 만들어진 부유한 삶이 사상누각임을 깨닫고 참된 자유와 참된 독립을 회복해야 한다.

하나님이 주신 근본자유는 강대국의 호의, 우리 물건을 한없이 사줄 막연한 시장에 있지 않고, 하나님이 주신 땅에 대한 성실한 청지기 사명을 수행함으로써 향유된다. 인간의 근본적 자유 확보에는 인간의 공동체적 삶을 지탱시키는 농업, 생명살림, 그리고 사회구성원들 사이에 오고가는 정의감, 우애, 연대가 필요하다. 그런데 이것들은 수입 대상이 아니다. 우리나라가 이런 자유를 지키는 영적 도덕적 근본토대가 튼튼하다면 외환보유고가 약간 내려가도 든든하다. 일본의 전범기업이 강제 징용한 한국노동자들에게 위자료, 배상금을 물어줘야 한다는 한국대법원 판결을 국가 간의 신뢰 위반이라고 비난하는 아베 주도의 일본이 하나님을 두려워하는 날이 올 것이다. 그 사이에 우리나라는 자유무역, 수출, 타인의 구매력에 의존하는 상업 중심의 부 획득으로 부자로 살려는 노예근성을 버려야만 진짜 해방과 자유를 누릴 수 있다. 참 자유와 해방은 부유하지 않고도 살 수 있는 여유이며 철학적, 영적 주체성이다. 하나님이 주신 구원은 노예근성에는 담길 수 없다. 인간의 해방과 자주를 향한 능동적 각성이 중요한 이유는, 하나님의 모든 구원과 선물은 이런 주체적 각성을 이룬 자에게 향유될 수 있기 때문이다. 우리가 우리에게 남겨진 노예 상태를 떨쳐내지 않으면 하나님의 구원을 충분히 맛보지 못한다.

53장.

그가 찔림은 우리의 허물을 인함이요-고난받는 종의 노래

53

¹우리가 전한 것을 누가 믿었느냐. 여호와의 팔이 누구에게 나타났느냐. ²그는 주 앞에서 자라나기를 연한 순 같고 마른 땅에서 나온 뿌리 같아서 고운 모양도 없고 풍채도 없은즉 우리가 보기에 흠모할 만한 아름다운 것이 없도다. ³그는 멸시를 받아 사람들에게 버림 받았으며 간고를 많이 겪었으며 질고를 아는 자라. 마치 사람들이 그에게서 얼굴을 가리는 것 같이 멸시를 당하였고 우리도 그를 귀히 여기지 아니하였도다. ⁴그는 실로 우리의 질고를 지고 우리의 슬픔을 당하였거늘 우리는 생각하기를 그는 징벌을 받아 하나님께 맞으며 고난을 당한다 하였노라. ⁵그가 찔림은 우리의 허물 때문이요 그가 상함은 우리의 죄악 때문이라. 그가 징계를 받으므로 우리는 평화를 누리고 그가 채찍에 맞으므로 우리는 나음을 받았도다. ⁶우리는 다 양 같아서 그릇 행하여 각기 제 길로 갔거늘 여호와께서는 우리 모두의 죄악을 그에게 담당시키셨도다. ⁷그가 곤욕을 당하여 괴로울 때에도 그의 입을 열지 아니하였음이여. 마치 도수장으로 끌려가는 어린 양과 털 깎는 자 앞에 잠잠한 양 같이 그의 입을 열지 아니하였도다. ⁸그는 곤욕과 심문을 당하고 끌려갔으나 그 세대 중에 누가 생각하기를 그가 살아 있는 자들의 땅에서 끊어짐은 마땅히 형벌 받을 내 백성의 허물 때문이라 하였으리요. ⁹그는 강포를 행하지 아니하였고 그의 입에 거짓이 없었으나 그의 무덤이 악인들과 함께 있었으며 그가 죽은 후에 부자와 함께 있었도다. ¹⁰여호와께서 그에게 상함을 받게 하시기를 원하사 질고를 당하게 하셨은즉 그의 영혼을 속건제물로 드리기에 이르면 그가 씨를 보게 되며 그의 날은 길 것이요 또 그의 손으로 여호와께서 기뻐하시는 뜻을 성취하리로다. ¹¹그가 자기 영혼의 수고한 것을 보고 만족하게 여길 것이라. 나의 의로운 종이 자기 지식으로 많은 사람을 의롭게 하며 또 그들의 죄악을 친히 담당하리로다. ¹²그러므로 내가 그에게 존귀한 자와 함께 몫을 받게 하며 강한 자와 함

께 탈취한 것을 나누게 하리니 이는 그가 자기 영혼을 버려 사망에 이르게 하며 범죄자 중 하나로 헤아림을 받았음이니라. 그러나 그가 많은 사람의 죄를 담당하며 범죄자를 위하여 기도하였느니라.

주석[1]

53장은 두 단락으로 구분된다. 아무에게도 전파되지 않은 메시지-대속적인 고난을 감수한 야웨의 종을 보고 돌이켜 참회하는 "우리"[1-11상반절]와, 고난받는 종의 사역에 대한 하나님의 총론적 평가[11하반절-12절]로 나뉜다.[2] 51장의 진노의 잔은 예수님의 겟세마네 기도의 진노의 잔 강청에서 실연實演되고, 52:13-53:12은 주님의 십자가의 길에서 실연된다. 53장의 히브리어 본문은 부식이 심한 편이다. 개역개정이나 기타 역본들도 자유로운 추측을 통해 부식된 부분의 단어들과 글자들을 복원하려고 한다. 53장 주석은 개역개정보다는 저자의 사역私譯을 중심으로 진행할 것이다. 당연히 필요시 개역개정이나 기타 역본도 참조할 것이다. 이 사역에서는 '동사'의 주어를 세심하게 주목하며 인칭대명사 접미어, 목적어를 부각시키고자 했다. 또한 현재의 히브리어 본문에 누락된 부분은 괄호로 처리했다.

아무에게도 전파되지 않은 메시지-대속적인 고난을 겪은 야웨의 종을 보고 돌이켜 참회하는 "우리" • 1-11상반절

1 누가 우리의[3] 들은 것을 믿겠는가? 야웨의 팔이 누구에게 나타났던가? **2** 그는 우리[4] 앞에서 연한 순 같이 자랐고 마른 땅의 싹 같았다. 고운 모양도 없고 풍채도 없었다. 우리가 그를 보았으나 외견상 흠모할 만한 것이 없었다. **3** 그는 사람들에게 멸시를 받고 사람들이기를 그쳤

다[5]: 슬픔의 사람, 질고를 달고 다닌[6] 사람.[7] 마치 사람들이 피하여 자신들을 가릴 정도로 기피되었던[8] 사람처럼, 그는 멸시를 당하였고 우리도 그를 귀히 여기지 아니하였다. **4** 진실로 그는 우리의 질고를 지고 우리의 슬픔을 지고 갔거늘 그러나 우리는[9] 그가 하나님께 징벌을 받아서 맞으며 고난을 당한다고 생각했다. **5** 그러나 그는 우리의 죄악 때문에 찔렸으며 우리의 죄책 때문에 짓이겨졌다. 우리에게 평화를 가져다 준 징벌은[10] 그에게 가해졌고 채찍에 맞은 그의 상처로 인하여 치료가[11] 우리에게 임했다. **6** 우리는 다 양 같아서 그릇 행하여 각기 제 길로 갔거늘 야웨께서는 우리 모두의 죄악을 그에게 짐 지우셨다. **7** 그가 압제를 당했다. 그러나 그는 굴욕적인 고난을 당하였을 때에도 입을 열지 않는다.[12] 마치 도살장으로 끌려가는 어린 양 같고 털 깎는 자 앞에 잠잠한 양 같았다. (입을 열지 않는다.)[13] **8** 그는 압제적[14] 재판으로 끌려갔으니 누가 그의 세대를 생각하는가? 왜냐하면 그가 산 자의 땅에서 끊어졌으며 그들[15]의 패역한 죄악 때문에 타격이 그에게[16] [가해졌다]. **9** 그의 무덤이 악인들 옆에 주어졌고 죽을 때 부자 옆에 [묻혔다]. 그는 강포를 행치 아니하였고 그 입에 궤사가 없었기 때문이다.[17] **10** 야웨께서 그를 짓이기고 그가 질고를 당하는 것을 기뻐하셨다. 만일 그의 영혼이 속건제물로 드려지면[18] 그가 그 씨를 볼 것이며 그의 날들을 장구하게 하리라. 야웨의 기쁘신 뜻이 그의 손으로 성취되리라. **11a** 자기 영혼의 고통으로부터 그가 보리라. 그의 앎 안에서 그가 만족하리라.[19]

고난받는 종의 사역에 대한 하나님의 총론적 평가 • 11하반절-12절

11b 나의 의로운 종이 많은 사람들을 의롭게 하리라. 그가 친히 그들의 죄악을 담당하리라. **12** 이러므로 내가 그로 많은 사람들 가운데 한

몫을 차지하게 하리라. 그래서 그는 강한 자들과 함께 노략품을 나누리라. 왜냐하면 그는 자기 영혼을 사망에 이르도록 쏟았고 범죄자 중 하나로 헤아림을 입었기 때문이다. 그러나 그 자신은[20] 많은 사람들의 죄를 지며 범죄자를 위하여 기도했다.

본문은 고난의 종이 감당하는 자기희생적 사역, 그가 겪는 배척과 승귀[昇貴]의 과정을 변증법적인 용어로 진술한다. 야웨의 종은 결국 자신이 받은 고난을 통하여 그를 배척하던 사람들마저 구원한다. 그의 의로운 지식으로 많은 사람을 구원한다.[52:13-53:12] 야웨의 종의 굴욕적 고난은 더욱 더 경이롭고 영화로운 승귀에 의하여 능히 상쇄된다. 어떤 점에서 본문은 이사야서 예언들의 절정이라고 볼 수 있다. 야웨의 고난받는 종의 사역을 통하여 비로소, 시온에 대한 야웨 하나님의 계약적 사랑과 투신, 세계열방까지 포함하는 세계구원 계획, 그리고 야웨 하나님이 절대적으로 높이 들린 보좌 위에 앉아계신 우주적 대주재요 온 세계의 왕이심이 세계만민에게 선포되기 때문이다.

52:13-15에서 화자[話者]는 야웨 하나님이고(나의 종), 53:1-11a에서 화자는 "우리"이며, 그리고 53:11b에서 다시 화자는 야웨 하나님(나의 의로운 종)이다. "우리"는 야웨의 고난받는 종을 제외한 나머지 이스라엘 백성을 가리킨다. 고난받은 종이 바벨론 포로들이라면, 참회하는 "우리"는 바벨론으로 끌려갔지만 자신들의 고난의 의미를 전혀 깨닫지 못했던 포로들이거나, 아예 포로로 잡혀가지 않고 본토에 남아있던 이스라엘 백성을 가리킨다고 볼 수 있다. 특히 가나안 땅에 있던 비[非]유배파 이스라엘 백성 일각에서 바벨론 포로들의 고난을 뒤늦게 깨닫고 '이렇게 고귀하게' 해석해주었을 가능성도 배제할 수 없다. 처음에는 가나안 땅에 남아 있던 다른 사람들처럼 이들도 바벨론 포로들의 유배가 그들 자신의 죄에 대한 징벌로 받은 고난이

라고 생각했을 수도 있다. 그런데 어느 순간에 이 비유배파 중 영적인 눈이 열린 사람들이 이런 '우리'의 마음으로 참회적 예언시를 지었을 수도 있다.

또는 53장이 실제상황이 아니라고 보는 입장이 있다. 실제로는 가나안 땅에 남아있던 비유배파 이스라엘이 바벨론 포로들의 유배 경험을 굴욕으로만 알고 부정적으로 보는 것을 보신 하나님께서, 비유배파 이스라엘이 바벨론 귀환포로들을 어떤 사람으로 바라보아야 하며 그들의 포로살이 고난이 어떤 구속사적 의의가 있는지를 가르치기 위해 이런 가상적 참회시문을 짓게 하셨을 가능성도 배제할 수 없다. 어떻게 해석하든 '우리'는 처음에는 고난의 종이 겪는 고난을 오해했다가 뒤늦게 그 참된 의미를 깨닫는 '회개'의 사람들이다. '우리'가 처음에는 이스라엘 내부인으로 보였지만 나중에는 뭇나라와 열왕도 포함하는 것처럼 보인다.

53:1-11a에는 '참회하는 우리'[21]로 대표되는 화자가 등장한다. 내용상 "우리"는 엄청난 굴욕적 고난으로 짓이겨진 야웨의 종의 속사정을 알아차리지 못했다. 그들은 그가 자신들의 죄책을 대신 짊어지는 과정에서 그토록 잔혹한 압제와 고난을 당했다는 것을 미처 깨닫지 못했다.

1절은 52:15의 주제를 이어받되 일종의 애가형 질문으로 시작한다. '누가 우리의[22] 들은 것을 믿겠는가? 야웨의 팔이 뉘게 나타났던가?' 개역개정은 '우리가 들은 것을'을 "우리가 전한 것을"이라고 번역하고 '믿게 하겠는가'를 "믿었는가"로 번역한다. 히브리어 쉬무아(שְׁמוּעָה)는 '들은 소문'이라는 뜻이다. 52:15은 이 '들은 소문'은 전무후무한 일이어서 아무도 믿지 않을 것이라고 생각한다. 헤에민(הֶאֱמִין)은 '믿다', '믿게 하다' 둘 다를 가리킨다. 이처럼 화자, "우리"는 야웨의 종이 지극히 존귀케 된 사건을 목격하면서 그가 처음으로 굴욕당한 시점을 참회하듯이 회상한다. 야웨의 고난받는 종이 겪은 참혹한 고난의 비밀을 아무도 믿지 않았던 시점으로 돌아간다. 야웨의 팔(심판과 구원의 팔)에 의하여 심판당하기도 하고 구원을 받기도 한 야웨의 종의 기막힌 고난의 비밀을 누가 과연 이해하고 믿었던가? 이사야 1-39장 전체에서 '야웨의 편 손'은 보통 하나님의 심판행위를 상징한다.[5:25; 9:12] 그러나 또 다른 한편 야웨의 편 손은 은총과 회복의 손을 의미하기도 한다(11:11, "다시 손을 펴사"). 이사야서에서 야웨의 팔은 두 가지 행위를 다 집행하는 도구인 셈이다. 이사야 40:10에서의 야웨의 강한 팔은 당신의 대적을 치시는 '거룩한 전쟁 행위'를 대표하고 동시에 당신의 흩어진 백성들을 어린 양처럼 안아 들이시는 회복과 왕적 돌보심을 대표한다. 특별한 순종의 주인공이자 굴욕적 고난의 감수자인 그 종에게 나타난 야웨의 '팔의 역사役事'는 감춰져 있다. 51:5-9과 52:10에서 '야웨의 팔'은 만민을 심판하는 도구다. 야웨의 특별한 종, 고난받는 종에게 나타난 심판은 만민의 양심을 찌르는 심판인 셈이다. 그러나 아무도 이 진실을 알아차리지 못한다. 마치 나사렛 예수가 짊어진 그 수치스런 십자가가 하나님의 팔의 나타남임을 아무도 알아차리지 못했듯이, 야웨의 팔이 '나타났다'라는 표현은 "복음에는 하나님의 의가 나타났다"[갈라(נִגְלָה)]라는 선언을 예기케 한다.[23] 야웨의 팔이 그렇게 명백하게 나타나도 여전히 세상 사람들의 눈에 감춰져 있는 것이 또한 하나님의 '심판과 구원' 행위이기도 하다.[5:12, 19; 28:21; 29:9-12] 특히 이스라엘 백성은 야웨의 종인데도 야웨의 팔의 역사를 알아차리지 못하고 영적인 몽매상태에 빠져 있었다.[6:9-10]

이처럼 야웨의 팔이 갖는 이중적 의미에도 불구하고 적어도 1절에 나오는 '야웨의 팔'은 심판의 팔로 보는 것이 문맥에 더 잘 맞다. '누구에게 하나님의 심판의 팔이 나타났는가?' 바벨론으로 끌려간 포로들에게 나타났다. 여기까지는 비유배파나 열방과 열왕 모두의 판

단이 맞다.신 28:37

2절은 왜 아무도 야웨의 고난받는 종의 그 굴욕적인 낮아짐의 진상을 이해하지 못했는지를 설명한다. '그는 우리 앞에서 연한 순 같이 자랐고 마른 땅의 싹 같았다. 고운 모양도 없고 풍채도 없었다. 우리가 그를 보았으나 외견상 흠모할 만한 것이 없었다.' 야웨의 종은 백향목처럼 혹은 잣나무처럼 쭉쭉 자란 풍채 좋은 거목이 아니었다. 간신히 자라는 사막의 떨기나무처럼, 아주 연한 순처럼 점진적으로 조금씩 자라기 때문이었다. 그가 자라는 토양 자체가 흠모할 만한 아름다운 곳이 아니다. 2절은 바벨론 포로들의 초기 바벨론 정착을 말하는 것처럼 보인다. 재목감이 나올 수 없는 난민들에 불과했다는 것이다. 바벨론 포로들은 마른 땅의 연한 순, 즉 생존 자체가 불확실한 동아리였다. 고운 모양, 풍채, 흠모할 만한 어떤 것도 없는 무리였다.[24]

3절은 이런 비관적인 평가를 강화시켜주는 야웨의 종에 대한 관찰이다. '그는 사람들에게 멸시를 받고 사람들이기를 그쳤다: 슬픔의 사람, 질고를 달고 다닌 사람. 마치 사람들이 피하여 자신들을 가릴 정도로 기피되었던 사람처럼, 그는 멸시를 당하였고 우리도 그를 귀히 여기지 아니했다.' 그의 얼굴이 타인보다 더 상해 보였기 때문이다.52:14 경건한 사람일지라도 이 참혹한 재난의 사람으로부터 시선을 돌릴 수밖에 없을 것이다. 왜 사람들은 시선을 돌리고 얼굴을 가리는가? 레위기 13:45에 의하면 이런 얼굴 가리는 행위는 문둥병자와 같은 불결한(당시의 기준으로 볼 때) 사람을 대하는 태도와 같다. 짓이겨진 그 얼굴은 나병환자와 거의 흡사하여 사람들은 야웨의 고난받는 종을 외면한다. 슬픔과 질고의 사람. 사람 되기를 그친 사람. 화려한 외양을 추구하는 사람들인 '우리'에게 야웨의 종은 외면당했다. 사태의 진상을 알지 못하고 피상적인 현실 인식에 머무는 사람들은 역사 속에 혹은 특정한 사건 속에 역사하시는 하나님의 일을 알아차리지 못한다.

4-6절은 야웨의 종이 겪은 고난의 대속적인 성격을 분명하게 드러낸다. 그런데도 사람들은(우리) 야웨의 종이 특별히 당한 그 굴욕적인 고난이 그 자신의 죄에 대한 응분의 징벌이라고 생각했다. 3절에서 이미 야웨의 종이 당한 질고[홀리(חֳלִי)]와 슬픔[마크오보트(מַכְאֹבוֹת)]의 정체를 보고 우리는 4절에서 놀라며 깨닫는다. '진실로 그는 우리의 질고[할라예누(חֳלָיֵנוּ)]를 지고 우리의 슬픔을 지고 갔거늘 그러나 우리는 그가 하나님께 징벌을 받아서 맞으며 고난을 당한다고 생각했다.' 4c절은 1인칭 복수 대명사 아나흐누(אֲנַחְנוּ)가 강조적으로 사용된다. '우리야말로/우리로서는' 그가 하나님께 벌 받고 있다고 생각했다. 그것은 바로 우리 자신이 당해야 할 질고와 슬픔이었다. 대속적 고난은 대속당한 사람들의 마음속에 영원한 도덕적 부채를 남긴다. 야웨의 고난받는 종이 받은 찔린 상처를 보고 우리는 양심의 찔림을 맛본다. 찔림의 공명현상은 치료를 가져오고 회복을 가져온다. 여기서 '질병을 진다'와 '슬픔을 지고 간다'는 표현이 중요하다. 죄로 인한 고통(징벌 효과)은 짐이라는 것이다. 죄와 그 결과 당하는 심판의 고통도 절대로 그 자체로 소멸되지 않는다. 누군가가 그것을 다른 데로 옮겨놓을 수 있을 뿐이다(겔 18:19; 민 14:33; 레 5:1; 20:17; 참조. 레 16장 아사셀 염소). 그래서 우리는 야웨의 종이 "우리"의 고통의 짐을 대신 져 줌으로써 "우리"가 고통과 질고로부터 풀려나게 되었다는 것을 깨닫는다. 바벨론 포로들의 핵심 구성원들이 제사장과 레위인이었기 때문에 이런 제사신학 용어가 53장에서 빈번하게 사용되는 것일 수도 있다. 제사장과 레위인들이 고난받는 종으로 간주될 수 있는 이유는 52:11 때문이다. "여호와의 기구를 메는 자들"은 거룩하신 하나님께 가까이에서 언제든지 징벌을 받을 수 있었다. 바벨론 포로들의 고난은 열방을 대표한 제사장 나라 이스라엘의 정체성에서 오는 고난

인 것이다. 마치 아사셀 염소[25]가 이스라엘의 모든 죄를 지고 죽음의 광야로 보내지듯이, 바벨론 포로들이 이스라엘이 당한 징벌을 감수하며 바벨론으로 보내졌다.

야웨의 고난받는 종이 자신이 당한 고통과 질고를 통하여 다른 사람을 치료하고 회복시킨다는 사상은 세계종교사에 유비가 없다. 야웨의 종이 당한 질고와 고통은 그의 메시아적 동정심의 근원이 된다. 나사렛 예수의 동정심의 근원은 그가 우리의 질고와 슬픔을 지고 가는 분이기 때문이다.[벧전 2:24]

그런데도 "우리"는 그가 하나님에게 자신의 죄 때문에 징벌을 당한다고 생각했다: '그가 하나님께 징벌을 받아서 맞으며 고난을 당한다고 생각했다.'[4절] 4절의 마지막 절에는 '매 맞다'[무케(מֻכֵּה)]라는 말이 가장 먼저 나온다. '무케'는 죄인이 자신의 죄 때문에 받는 징벌을 가리키는 말이다.[시 73:14; 왕하 15:5] 이스라엘 백성, "우리"가 야웨의 종이 당하는 굴욕적 고난을 보면서 그것이 죄에 대한 하나님의 공변된 보응이라고 생각하는 점은 옳았다. 그러나 그들은 그것이 그 자신의 죄에 대한 징벌이라고 생각했다는 점에서 틀렸다(고전 15:3, "우리 죄를 위하여"). 성경의 대체적인 생각은 굴욕적 고난은 일단 죄에 대한 응보적 대가와 벌이라고 보는 것이다. 그러나 죄 없는 이의 고난은 대속의 힘이 있다고 보는 것도 성경적인 생각이다. 따라서 야웨의 종이 당하는 그 엄청난 비인간적인 고난과 굴욕적 대우는 두 가지 사실 중 하나일 수밖에 없다: 야웨의 종은 자신의 죄악 때문에 벌을 당하거나(그런 경우 그의 무죄함과 의로움은 의심되어야 한다) 아니면 다른 사람들을 위한 대속적인 징벌을 당하는 것이다.

4c절에서 1인칭 복수 대명사 아나흐누(אֲנַחְנוּ)가 강조적으로 사용되듯이, 5a절에서도 3인칭 단수 대명사 후(הוּא=야웨의 종)가 강조적으로 사용된다. '그러나 그는 우리의 죄악 때문에 찔렸으며 우리의 죄

그가 찔림은 우리의 허물을 인함이요-고난받는 종의 노래

책 때문에 짓이겨졌다.' 야웨의 고난의 종이 당한 징벌(찔림)은 하나님의 공의를 만족시켰고 그것은 죄인에 대한 하나님의 진노를 해소시킨다. 그가 대신 찔리는 고통을 감수하였기에 개개인에게는 하나님과의 평화가 시작된다.롬 5:1 하나님과의 평화는 하나님에 대한 적개심의 소멸이요 불순종 의지의 분쇄다. 야웨의 종이 받은 찔림, 상함, 그리고 징벌은 하나님이 죄에 대하여 품는 미워하는 마음을 대표한다.롬 8:6-7 야웨의 종이 받은 상처로 치료된 "우리"는, 이사야 6:10에서 하나님의 눈 감기심과 귀 막으심 때문에 회개도 할 수 없었고 그리하여 "치료"도 받지 못했던 바로 "이 백성"의 일부였다. 하나님께서 허락하시지 않았던 그 치료가 야웨의 종의 대속적인 고통과 상처에 의하여 "우리"에게 임한다. 여기서 이사야 6장의 '원심판'과 '원징벌'의 효력이 끝나고 이제 눈이 열리는 치료로 역전된다. 심판과 징벌은 그 자체가 구원의 효력을 발생시키지 못한다. 야웨의 종이 자취한 대속적이고 자발적인 고난이 죄 사함, 즉 구원을 발생시킨다.

결국 6절이 고발하는 것처럼 '우리는 다 양 같아서 그릇 행하여 각기 제 길로 갔거늘 야웨께서는 우리 모두의 죄악을 그에게 짐지우셨다.' '우리는 다 양 같아서 그릇 행하여 각기 제 길로 갔다.' 한 사람도 예외 없이 우리는 그릇 행했다.시 14; 롬 3:16-20 '그릇 행하여 제 길로 간 양'은 하나님의 초장을 떠나 유리방황하는 이스라엘이다. 그들이 어디에 있건 상관이 없다(참조 겔 34장; 시 119:176). 왜 포로로 끌려오게 되었는가? 누구 한 사람의 잘못이 아니었다. 우리 각자가 다 그릇 행하여 제 길로 간 결과였다.42:24 53장은 바벨론 포로생활이 대부분 지도층의 잘못 때문이라는 당대의 비난보다 더 성숙한 신학적 반성을 보여준다. 바벨론 포로생활은 이스라엘 백성들, 즉 우리 각자의 잘못을 깨우치게 한다. 우리 모두가 오류를 범했다는 생각은 참으로 성숙한 생각이다. 이런 점에서 우리 각자가 하나님께 매 맞고 징벌을 당하여야 한다. 그러나 우리 같은 죄인이 매 맞고 고통당하는 사건은 어떤 대속적-구속적 효력도 내지 못한다. 오직 야웨의 기뻐하심을 입은 종, 죄 없는 종이 고통을 감수해야 거기에 대속적-구속적 효력이 발생한다. 그래서 야웨께서는 우리 모두의 죄악을 오로지 야웨의 길만 추구해온 당신의 종에게 지우셨다. 야웨의 종은 바벨론 포로살이(흩어진 양 떼) 중인 하나님의 백성들을 바른 길로 인도하기 위하여 거룩한 상처를 입는다. 양 떼가 흩어져 고생하는 것은 왕적 돌봄을 받지 못한 상태, 구원의 결핍을 의미하기도 한다(왕상 22:17; 참조. 민 27:17; 렘 50:6 "내 백성은 잃어버린 양 떼로다"). 그는 왕적인 돌봄을 받지 못하여 상처를 입고 병든 양 떼를, 자신이 받은 대속적 상처를 통하여 치유하고 쉴만한 목장으로 모아들이는 지도자다. 이런 점에서 야웨의 특별한 그 종, 고난의 종은 "선한 목자다."요 10:10, 11, 14 선한 목자는 양들을 위하여 자기 목숨을 버린다. 선한 목자의 희생과 자기 버림을 통하여 각기 제 길로 가버린 양 떼를 찾아 모으는 것이 하나님의 기뻐하시는 뜻이었다. 그리하여 우리 각 사람은 야웨의 종이 맞은 신적 타격과 채찍질을 생각할 때마다 우리 양심을 향한 하나님의 아픈 호소를 듣는다. 결국 하나님께서 당신의 기뻐하심을 입은 종, 자신이 당한 고난을 통해서라도 당신의 뜻을 이루려는 종을 통하여 회개할 줄도 모르는 죄인들에게 회개와 치료의 길을 열어놓으셨다.

7절은 야웨의 종이 굴욕적인 고난을 감수하는 태도를 묘사한다. '그가 압제를 당했다. 그러나 그가 굴욕적인 고난을 당하였을 때에도 입을 열지 않는다. 마치 도살장으로 끌려가는 어린 양 같고 털 깎는 자 앞에 잠잠한 양 같았다[입을 열지 않는다].' 그는 오래 참는 마음으로 온유하게 굴욕적인 심판을 받아들인다. 야웨의 종의 고난 감수 태도는 이 고통이 자신이 스스로 원해서 받는 고통인 것처럼 믿게 만든다. 7b절은 상황절이다. 대명사 후(הוא)와 접속사 와우(ו)가 결합된

그가 찔림은 우리의 허물을 인함이요-고난받는 종의 노래

붜후(אֵֶהוּ)는 역접 등위 접속사 '그러나'로 이해해야 한다. '그가 압제를 당했다. 그러나 그가 굴욕적인 고난을 당하였을 때에도 입을 열지 않는다.' 즉 야웨의 종은 아주 침착하고 온유한 태도로 굴욕적인 고난을 당한다. 얼마나 온유한가? 그는 마치 도살장으로 끌려가는 어린 양 같고 털 깎는 자 앞에 잠잠한 양 같았다. 유월절 어린 양처럼 순종적이다(참조 출 12:3; 요 1:29, 36; 행 8:32-35; 벧전 1:19). 본문 바로 앞의 '종의 노래'인 50:5-8은 무엇이 야웨의 고난받는 종의 자발적인 순종, 능동적이고 온유한 순종을 가능케 하였는지에 대한 대답을 들려준다. 야웨의 고난받는 종의 깊은 내적인 확신, 즉 하나님의 함께하심에 대한 확신이 그런 능동적이고 유순한 순종을 가능케 하였음을 알 수 있다. '주 여호와께서 종의 귀를 여셨기 때문에 여호와의 종은 거역하지도 아니하며 뒤로 물러가지도 않고 박해자들의 드세지는 박해도 견딜 수 있었다.' 하나님의 도우심에 힘입어 종은 부끄러워하지 않고 얼굴을 부싯돌 같이 굳게 할 수 있었다. 지금 자신이 정죄를 당하지만 그 정죄의 이유는 자신이 오히려 '의롭기 때문'임을 확신했다.

8-10절은 야웨의 종이 대속적 고통과 징벌 감수를 통하여 성취한 구원의 보다 더 포괄적인 효력과 자신이 받을 상급(그의 영혼의 고투의 보상)을 다룬다. 여기서 우리는 그의 외견상 아주 수동적으로 보이는 순종, 그러나 사실상 아주 능동적인 순종에 대한 하나님의 보상을 발견한다. 52:13-15에서 언급된 '엄청난 존귀'의 실체를 본다. 그는 말할 수 없이 위대한 세대(후손)를 보장받는다. 그는 부자들의 묘실에 매장된다. 엄청난 수의 후손을 보고 땅에서 장구할 날을 누릴 것이다. 그리고 결국 야웨의 기쁘신 뜻이 그의 손 안에서 이뤄질 것이다.

8절은 바벨론의 포로로 끌려가는 이스라엘 백성들을 연상시킨다. '그는 압제적 재판으로 끌려갔으니 누가 그의 세대를 생각하는가? 왜냐하면 그가 산 자의 땅에서 끊어졌으며 그들의 패역한 죄악 때문에 타격이 그에게 [가해졌다].' 야웨의 종은 일반적인 의미에서 '야웨의 종'인 이스라엘 백성의 경험을 자신의 것으로 삼는다. 하나의 흔적도 남기지 못하고 1,200킬로미터나 되는 먼 바벨론으로 유배당하는 이스라엘 백성들은 이제 산 자의 땅에서 끊어졌다고 생각되었을 것이다. 그러나 이스라엘 백성의 바벨론 포로살이는 하나님의 계획이었다.사 42:24 그것은 하나님의 공변된 보응이요 징벌이었다(참조. 52:4 "앗수르인은 공연히 그들을 압박하였도다"²⁶). 그러나 야웨의 종이 끌려간 것은 압제적 재판의 결과였다. '그는 압제적 재판으로 끌려갔다.' 야웨의 의로운 종의 관점에서 보면 바벨론 포로살이는 압제적 재판의 결과일 수 있다(40:2, 갑절의 징벌). 어쨌든 이 압제적 재판으로 야웨의 종은 씨를 남기지 못할 줄 알았다.

'누가 그의 세대(대물림)를 생각하는가?' 칠십인역은 이 절을 '누가 그의 후손을 생각할 수 있는가'라고 번역하면서, 고난받는 야웨의 종은 이제 족보를 잇지 못하여 산 자의 땅에서 완전히 끊어질 줄 알았던 자들의 생각이 오해였음을 부각시킨다. 즉, 누가 야웨의 종을 통하여 엄청난 후손이 생길 줄을 알았을까(10절; 54:1-4; 참조 요 12:24). 8b절에 대한 저자의 사역은 개역개정과 다르고 NIV와 유사하다. 개역개정은 "그 세대 중에 누가 생각하기를 그가 살아 있는 자들의 땅에서 끊어짐은 마땅히 형벌 받을 내 백성의 허물 때문이라 하였으리요"라고 번역한다. 그런데 이것은 히브리어 구문 에트-도로 미 여쇼헤 아흐(אֶת־דּוֹרוֹ מִי יְשׂוֹחֵחַ)를 이탈한 번역이다. NIV의 번역은 "Who can speak of his descendants?"다. '누가 그의 후손들에 대해 말할 수 있겠는가'의 의미다. 우리는 NIV와 유사하면서 약간 다른 번역을 제시한다. 도로(דּוֹרוֹ)를 '후손'이 아니라 '세대'²⁷라고 번역한다. 도르(דּוֹר)는 대물림되는 후손계보generation를 의미한다고 보기 때문이다. 개역개정에 의하면 8b절이 '생각한다'에 해당하는 시흐(שִׂיחַ)라는 동사의 목

그가 찔림은 우리의 허물을 인함이요 - 고난받는 종의 노래

적절이 된다. 그 경우 키(כִּי)는 단순 접속사^{that}로 간주된다. 그러나 저자 사역에 의하면 '키'는 이유 접속사(왜냐하면)로 간주되어야 한다. '우리들 중' 아무도 그의 세대(후손 대물림)를 생각하지 못했다. '우리가 보기에는' 그가 산 자의 땅에서 끊어졌으며-그들의 패역한 죄악 때문에(이것은 우리가 당시에는 깨닫지 못한 진실)-그가 타격을 입었기 때문이다. '그래서 우리는 그의 후손 대물림을 생각하지 못했다.' 여기서 산 자의 땅에서 끊어짐[니거자르 메에레츠 하임(נִגְזַר מֵאֶרֶץ חַיִּים)]은 자연적인 죽음을 가리키지 않으며 격렬한 재앙으로 인한 때 이른 죽음을 의미한다(사 38장의 히스기야의 기도; 시 88:6; 애 3:54). 야웨의 종은 재난스러운 죽음을 당했다. 그가 당한 찔림과 매 맞음은 그의 때 이르고 재난스러운 죽음으로 귀결되었다. 그의 죽음은 그의 굴욕적 고난의 완성이다. 이런 상황에서 '종은 이제 산 자의 땅에서 끊어져 후손을 기대할 수 없다!'는 예상은 자연스럽다. 하지만 전혀 다른 일이 일어난다.

10절 중간은 야웨의 종이 그의 씨를 본다고 말한다. '만일 그의 영혼이 속건제물로 드려지면 그가 그 씨를 볼 것이며 그의 날들을 장구하게 하리라.' 후손을 통해 오히려 그의 날은 장구해질 것이다. 결국 야웨의 종을 통하여 생성된 세대는 아브라함의 약속의 성취를 의미할 수 있다.^{창 13:16} 이제 그의 죽음이 구원의 효력을 가질 길이 열린다. 바벨론 포로들의 후손들이 번성해서 조상의 날들을 장구하게 하는 역할을 떠맡는다. 비유배파나 이집트 망명파들보다 바벨론 포로들의 후손들이 더욱 번성해 그 조상들의 날들을 장구하게 만든다는 것이다.

9절에서 우리는 이미 부당한 재판을 통하여 야웨의 종이 죽임을 당한 것을 확인한다. '그의 무덤이 악인들 옆에 주어졌고 죽을 때 부자 옆에 [묻혔다]. 그는 강포를 행치 아니하였고 그 입에 궤사가 없었기 때문이다.' 그의 무덤의 위치는 그의 죽음이 갖는 대속적 성격을 잘 드러낸다. 고대 이스라엘 사회에서는 악인을 수치스럽게 매장했다. 한 사람이 죽어 매장되는 방식은 그가 살아온 삶에 대한 평가를 의미했다. 개역개정 9절은 다음과 같다. "그는 강포를 행하지 아니하였고 그의 입에 거짓이 없었으나 그의 무덤이 악인들과 함께 있었으며 그가 죽은 후에 부자와 함께 있었도다." 야웨의 기뻐하심을 입은 종이 악인들과 함께 매장된 것, 즉 불명예스러운 죽음은 그가 뒤집어 쓴 누명의 완성이다. 특히 하나님께 신성모독죄를 범한 죄인은 죽임을 당한 채 하루 종일 나무 위에 매달려 있다가 아주 수치스럽게 매장되었다.[신 21:23] 법정에서 재판을 받아 사형선고를 받은 죄인들은 죽어서도 자기 조상들의 묘지에 묻히지 못한다. 죽어서도 가문에서 축출된다. 야웨의 종은 사법적인 심판을 거쳐서 격렬하고 비참하게 죽고 수치스럽게 매장된다. 그러나 또 다른 역설이 끼어든다. 악인들과 함께 묻힐 그가 부자들과 함께 묻힌다. 그는 강포를 행하지 아니하였고 그 입에 궤사가 없었기에, 즉 의로운 죽음을 죽었기 때문에 그 묘실이 부자의 묘실 옆에 마련되었다. 이런 해석은 구문론적으로는 정당화될 수 없을지도 모른다.

구문론적으로 좀 더 정확한 해석은 '그는 죽을 때 악인처럼 대우받아 죽어서 악인들과 함께 묻혔다. 그러나 또 한편 부자와 함께 죽는다. 그는 어떤 강포도 행하지 않고 궤사도 없었기 때문이다'이다. 이와 비슷하게 헹스텐베르크는 "사람들은 그에게 악인의 무덤을 주었지만 하나님께서는 그에게 부자의 묘실을 주신다"라고 해석한다.[28] '부자와 함께 묻힌다'라는 이 마지막 절은 야웨의 종의 운명이 역전될 가능성을 암시한다. 그래서 그는 강한 자와 함께 노략품을 나눌 것이다.[12절] 이 기이한 역설은 악인들처럼 죽고 악인들처럼 매장당할 운명이었던 나사렛 예수가 아리마대 사람이었던 부자 요셉의 묘실에 묻

힘으로써 실현된다.[마 27:57-61 29]

　10절은 이런 반전이 일어난 이유를 말한다. '야웨께서 그를 짓이기고 그가 질고를 당하는 것을 기뻐하셨다. 만일 그의 영혼이 속건제물로 드려지면 그가 그 씨를 볼 것이며 그의 날들을 장구하게 하리라. 야웨의 기쁘신 뜻이 그의 손으로 성취되리라.'[10절] 10절은 '야웨께서 기뻐하셨다'[아도나이 하페츠(יְהוָה חָפֵץ)]에서 시작하여 '야웨의 기뻐하신 뜻'[헤페츠 아도나이(חֵפֶץ יְהוָה)]이 주어인 소절로 끝난다. 야웨의 고난받는 종이 질고를 당한 것, 그가 대속적인 고통과 죽음을 당한 것은 이스라엘 백성의 죄악된 불순종 의지 때문만이 아니었다. 오히려 그를 그토록 잔혹한 고통과 죽음으로 몰아간 것은 야웨 하나님의 기쁘신 뜻이었다. 여기서 인상적인 것은 종의 영혼이 속건제물로 드려진다는 발상이다. 속죄제물과 더불어 속건제물은 보상, 대속의 필요성을 일깨우는 제물이다(참조. 롬 8:3; 고후 5:21). 속건제물은 하나님과의 평화를 가져오고 후손들의 세대 계승을 가능케 한다. 하나님과의 평화는 번성의 축복을 가져온다. 번성은 곧 후손의 번성(8절 "세대")과 장수를 통하여 경험된다. 야웨의 종이 자신의 영혼을 속건제물로 드려 하나님과의 화평을 경험한다. 후손 번성을 통하여 그는 하나님의 축복을 경험한다. 후손들은 12절이 말하는 야웨의 종이 사람들 가운데 차지하는 몫이다. 야웨의 종이 스스로 고통을 자취하고 스스로 무리의 징벌과 죄책을 뒤집어 쓴 것은 속건제물이 죄를 뒤집어쓰는 것과 같은 행동이다. 땅에서 장수하는 것도 후손의 번성만큼이나 큰 하나님의 축복이며 사실은 동일한 축복의 양면이다. 어떻게 지상에서 사는 날을 장구하게 할 수 있는가? 후손들을 통하여 그 날을 장구하게 할 수 있다. 야웨의 종의 대속적 고난과 죽음은 후손의 번성을 통한 날의 장구함을 가져온다. 야웨의 종이 받는 보상과 축복은 다른 모든 사람들에게 하나님의 뜻에 복종하는 삶의 종국이 어떠

사

한지를 잘 보여준다. 결국 야웨의 종의 대속적 고난과 죽음을 통하여 많은 사람들을 의롭게 하고 하나님과의 화평을 누리게 하려는 하나님의 뜻은 완벽하게 실현되었다. 야웨의 종의 순종(손)을 통하여[10절] 하나님 아버지의 기쁘신 뜻은 성취된다.

결국 '자기 영혼의 고통으로부터' 야웨의 종이 '볼 것이며' 그의 앎 안에서 그가 만족할 것이다. 이사야 1-39장에서 문제가 된 상황 중에 하나는 하나님의 백성들이 '보기는 보아도 깨닫지 못하는' 상황이었다.[사 6:9] 그런데 눈이 감겨진 이스라엘 백성들과는 달리 야웨의 종은 자기 영혼의 고통을 통하여 '본다.' 그런데 무엇을 본다는 말인가? '본다'는 동사의 목적어가 누락되어 있다. 그러나 문맥상 우리는 10절의 '본다'의 목적어 '후손/씨'를 생각할 수 있다. '그의 앎으로 그는 만족한다'는 뒤의 절과 관련시켜 보면 우리는 야웨의 종 자신이 자신의 영적 고투-대속적 고난과 죽음-의 결과를 미리 내다보고 만족하게 여길 것임을 안다. '자기 영혼의 고통으로부터 그가 보리라. 그의 앎 안에서 그가 만족하리라.' 이것이 11a절의 요지다.

11하반절-12절은 고난받는 종의 사역에 대한 야웨 하나님의 총론적 평가를 담고 있다. 특히 11하반절-12절은 다시 야웨 하나님 자신이 화자로 등장하여 당신의 고난받는 종의 사역에 대한 총론적인 평가를 내린다. 그것은 '참회하는 우리'에 의하여 선포된 내용을 재확증하는 평가다. 11하반절은 다시 한 번 야웨의 의로운 종이 많은 사람들(열방 백성과 열왕)의 죄를 담당함으로써 그들을 의롭게 할 것임을 증거한다. '나의 의로운 종이 많은 사람들을 의롭게 하리라. 그가 친히 그들의 죄악을 담당하리라.' 여기서 '많은 사람들'은 '우리'와 함께 열방과 열왕도 포함한다.[49:7] 야웨의 종의 대속적 죽음과 고난이 가져온 구원의 범위는 열방 백성과 열왕까지 포함한다.[30]

마침내 그는 전쟁의 승자가 전리품을 차지하듯이 사람들 가운데

한 몫을 차지할 것이며 강한 자들이 노략물을 나누듯이 전리품을 나눌 것이다. '이러므로 내가 그로 많은 사람들 가운데 한 몫을 차지하게 하리라. 그래서 그는 강한 자들과 함께 노략품을 나누리라. 왜냐하면 그는 자기 영혼을 사망에 이르도록 쏟았고 범죄자 중 하나로 헤아림을 입었기 때문이다. 그러나 그 자신은 많은 사람들의 죄를 지며 범죄자를 위하여 기도했다.' 고난의 종이 승리자가 된 이유는 자신이 하나님 앞에 철저하게 복종하는 과정에서 자기 영혼을 죽음에 이르도록 쏟았고 범죄자들 중 하나로 오해받으면서도 하나님께 극한의 순종을 드렸기 때문이었다. 세상 전쟁의 승리자는 폭력을 사용해 타자를 제압하고 무력화시키지만 야웨의 종은 자신의 영혼을 죽음에 내어놓기까지 굴욕적인 고난을 견딤으로써 승리한다. 보통 전쟁의 경우에는 패배자가 감수해야 하는 굴욕이 야웨의 종에게는 이기는 전략이라는 점이 역설적이다. 범죄자처럼 대접받았던 야웨의 종은 실상 범죄자를 위하여 중보기도를 했다! 그는 사람들 가운데 한 몫을 차지할 뿐만 아니라 강한 자들과 함께 노략물을 나눌 자격과 권리를 가진 승리자로 선포되었다. 그는 영혼을 죽음에 이르도록 내어준 순종의 왕이며 자기부인의 주±요 왕이다. '그가 기도했다'는 말은 그가 실상 대제사장이었음을 증명한다.^{요 17장; 히 2장과 4장; 히 9:24} 그가 왜 죄인들을 동정하며 죄인들을 위하여 기꺼이 자신의 목숨을 내어주었는지를 알게 된다. 그는 실상 죄인들을 위하여 기도하는 대제사장이었기 때문이었다.^{히 8-10장} '기도했다'는 구절은 53장의 고난받는 종의 고난을 집체적으로 경험했던 포로들이 제사장들과 그들의 후손이었음을 암시하는 구절일 수도 있다.

요약하면 고난의 종이 행하는 일, 세상 죄를 지고 세상 죄를 소멸시키는 길은 세상의 정복자와 패권자들이 가는 길과 정반대임을 보여준다. 종은 연한 순 같이 자라서 세상 사람들의 질고를 지고 그들의 슬픔을 진다. 세상 사람들 모두의 죄악을 짊어진다. 이 과정에서 종은 굴욕적인 고난을 당하나 입을 열지 않는다. 그는 자신의 영혼을 속건 제물로 드리면서 그의 후손을 얻게 되고 결국 그의 날들을 장구하게 한다. 그는 자기 영혼의 고투로부터 많은 사람의 죄를 친히 담당함으로써 그들을 의롭게 한다. 그는 자기 영혼을 죽음에 이르도록 쏟으며 많은 사람의 죄를 지며 중보기도한다.

여기서 한 가지 인상적인 사실이 주목을 끈다. 고난받는 종이 받은 고난들은 대체로 단순과거시제로 표현되는데 비해, 그가 영화롭게 되는 사건들은 미래시제로 표현되고 있다는 점이다. 이것은 본문이 실제로 일어난 하나의 사건을 묘사한다기보다는, 하나의 무시간적인 신학사상을 천명하는 예언이라고 볼 수 있다는 뜻이다. 즉 모든 시대의 모든 사람들을 야웨의 고난받은 종의 대속적 고난과 죽음의 수혜자가 되도록 초대한다. 본문은 역사적으로 누가 과연 야웨의 종인가하는 관심보다, 야웨의 종이 어떤 방법으로 그의 동포들과 열방 백성들과 열왕을 구원하는가에 더욱 초점이 맞춰져 있다. 오히려 본문을 특정한 역사적 맥락에 고정시키기보다는 하나의 신학이념(사상)을 드러내기 위하여 인위적으로 설정된 신학적 드라마라고 보는 편이 낫다. 이 대속적인 고난과 죽음을 통한 구원이라는 신학사상이 배태되는 데 결정적인 신학적-역사적 계기를 제공한 것은 바벨론 포로생활임이 틀림없다. 그러나 당대의 역사 속에서 이 대속적 고난과 죽음을 축자적으로 성취한 인물이나 집단을 찾으려는 시도는 비생산적인 논쟁만을 불러일으킬 수 있을 것이다. 오히려 우리는 '누가 과연 야웨의 종인가'하는 문제는, 이 본문을 당신 자신의 사역의 각본인 것처럼 순종한 나사렛 예수 그리스도가 출현할 때까지는 완전한 오리무중 가운데 빠져 있었다고 보아야 할 것이다. 모세, 예레미야, 욥 등이 야웨의 고난의 종의 후보자로 떠오르기도 하였으나, 누구도 본문에 묘사된 것과 정확하게 똑같은 고난의 종은 아니었다. 그렇다면 이사야 52-53장은 대속적인 고난과 죽음이라는 신학사상을 선포하기 위한 하나님의 신학적 드라마다. 연출은 야웨 하나님 아버지, 주인공은 야웨의 고난의 종과 그를 박해한 이스라엘 동포들, 열방 백성과 열왕이다. 본문은 한때는 그릇되게 행하고 그릇되게 생각했다가 이제는 돌이켜 사태의 진상을 깨닫게 된 경악한 양심, 회복된 양심의 자서전적 고백이다.

결론적으로 이제까지의 해석을 요약해보면, 여러 비평가들이 53장의 '고난의 종'을 특정한 역사적 맥락 및 인물과 결속시키고자 노력했음에도 불구하고, 화자인 "우리"가 반추하고 있는 이 신학적 드라마는 특정 역사적 사건이나 인물을 반추하거나 회상하는 것이 아니라는 것이다. 본문은 오히려 아직 실현되지 못한 하나의 신학적 이상 (대속적 고난과 죽음의 구원 효력)을 담고 있으며, 그런 대속적 신학 사상을 배태시킬 만큼 절박한 도덕적 상황을 그리고 있다.[31] 한때는 잘못 생각했다가 지금은 돌이켜 사태의 진상을 알고 자책하면서 회한에 빠진 한 경악한 양심의 역사를 여기서 본다. 부조리하고 애매모호한 고난을 통하여 하나님의 구원사가 이뤄지고 있음을 깨달은 양심의 절절한 고백이 본문의 신학적 드라마의 중심 대사다. 나사렛 예수가 올 때까지는 그것은 어디까지나 오래된 각본이었다. 한 번도 무대에 올린 적이 없는 고상하고 아름다운 신학사상을 담은 각본이었다. 나사렛 예수 그리스도가 와서야 이사야 52-53장의 신학 각본은 역사의 무대에 올려지고, 본문은 비로소 온전한 의미를 드러내었다. 이사야 52-53장은 바벨론 포로기에 산출된 모든 신학의 금자탑이자, 구약에서 신약으로 넘어가는 결정적인 전기를 마련했다. 그동안 구약 예언서에서는 죄와 벌, 심판과 응징, 순종과 축복의 이분법적 구도만이 주도적으로 작용했다. 자신의 죄 때문에 벌 받는 백성들과 개인들, 자신들의 의와 순종 때문에 축복을 받는 그런 개인들이나 공동체 이야기가 구약성경 이야기의 주종이었다. 그러나 이사야 52-53장에 와서야 전혀 다른 인물이 등장한다. 자신의 죄가 아니라 다른 사람의 죄 때문에 징벌을 받는 인물이 등장한다. 더 나아가서 그 다른 사람들 때문에 받은 징벌은 대속과 속죄의 효과(양심 세척과 정화)를 낸다. 중보자 사상이 등장하며 이제 죄와 벌의 냉엄한 논리는 중보자의 논리에 의하여 초극된다.

메시지

매 맞음과 상처를 통하여 치유가 임한다는 이 역설적인 진리가 나사렛 예수의 수치스럽고 고통스러운 십자가 죽으심에서 결정적으로 증명되었다. 우리의 죄가 하나님의 징벌과 매 맞음을 초래한다는 의식이 없다면 구원의 의미와 치료의 의미도 사라지고 말 것이다. 현대인들은 하나님의 말씀에 의하여 자신의 행동을 평가하기보다는 시대의 풍조와 관습에 의하여 자신의 행동을 평가한다. 대부분 사람들은 각자를 그런대로 착하고 의로운 사람이라고 생각한다. 우리의 죄가 누군가의 대속적인 고난과 징벌을 통하여 해결될 수 있다는 생각은 근거 없는 자기 의로 가득찬 현대인들에게 낯선 생각일 수 있다. '누군가가 내 대신 벌 받아줌으로 내가 구원받는다'는 기독교는 유대교에게 배척을 받고 이슬람에게도 배척받는다. 모든 인간의 행동을 연기緣起와 업보業報로 설명하는 힌두교-불교에게도 조롱당한다. 그런데 하나님은 각자에게 죄책을 묻고 심문해서 구원할 방법을 찾지 못했다. 하나님이 생각하신 인간구원은 하나님의 전적 은혜로 가능한 구원이다. 이 하나님의 전적 은혜에 의한 구원이 하나님의 독생자의 대속적 죽음과 징벌감수를 통한 구원이었다. 하나님은 당신의 심장에 있는 아들, 독생자 예수의 죽음과 고난을 보고 인간의 죄를 도말하시기로 작정하셨다. 이것은 하나님이 갑자기 고안해내신 인류구원 방책이 아니었다. 천지를 창조한 순간부터 아니 천지가 생기기 전부터 ^{엡 1:4} 하나님은 이런 전적 은혜에 의한 구원을 생각하셨다. 모세오경부터 예언자, 시편의 글이 하나님의 마음에 있는 이스라엘, 이상화된 이스라엘을 대표하는 그리스도의 고난이 인류를 구원의 영광으로 인도할 길임을 한결같이 가리키고 있다.^{요 5:38-39, 46} 모세와 맺은 시내산 언약의 효력이 다해 이스라엘이 가나안 땅을 잃고 열방 가운데 뿔뿔이 흩어졌을 때, 하나님은 새 언약을 주시며 이스라엘의 남은 자를 다시 가나안 고토로 불러들이실 날을 약속하신다.

그것이 예레미야와 에스겔이 오래전에 꿈꾸었던 새 언약이다.^{렘 31:31-34; 겔 36:25-28} 그런데 새 언약의 수혜자가 되려면 53장의 "우리"처럼 '자기 죄과에서 떠나야 하고, 후회하고 뉘우치는 자'가 되어야 한다. 종말에 시온에 오실 구속자도 "자기 죄과를 떠나는 자에게 임하"신다.^{사 59:20; 롬 11:26-27} 나사렛 예수는 잡히시던 밤 최후의 만찬에서 자신이 흘리는 피가 '새 언약'의 체결현장에서 흘리는 언약의 피임을 선포하신다.^{눅 22:20}

나사렛 예수는 '죄 없는 자의 고난, 매 맞음과 상처를 통하여 죄 있는 자에게 치유가 임한다는 이 역설적 진리'를 육화시킨 야웨의 고난받는 종이다. 그는 이사야 52-53장의 신학 드라마 각본을 역사의 무대에 올렸다. 그는 오랫동안 신비에 싸여있던 이사야 52-53장을 계시의 밝은 태양 아래로 끄집어낸다.³² 그는 바벨론 포로들의 유배지에 함께 붙잡혀간 하나님의 마음, 하나님 아버지의 심장이었다. 그는 70년 동안 고난받는 당신의 백성과 함께했다. 바벨론 포로들은 에스라 9장, 다니엘 9장, 느헤미야 9장을 통해 자신들의 죄악은 물론이요 조상 대대로 누적된 이스라엘의 죄악을 자신의 죄악으로 여기고 참

446

회개기도를 바쳤고, 이스라엘의 회복을 위한 중보기도를 바쳤다. 하나님의 아들 나사렛 예수는 죄를 범해 징벌 받고 유배지로 끌려가는 모든 자들의 행렬에 있다. 그는 죄를 범하고 매 맞으며 유배지로 떠나는 아들들의 행렬 한가운데 선 아버지 하나님의 마음이다(렘 8:18-19 "내 마음이 병들었도다. 딸 내 백성이 심히 먼 땅에서 부르짖는 소리로다"; 8:21 "딸 내 백성이 상하였으므로 나도 상하여").

하나님의 아들 예수는 철두철미 이스라엘의 고난과 굴욕의 운명을 자기의 것으로 받으셨고 매를 맞고 죽음의 땅으로 끌려갔다. 나사렛 예수의 굴욕적 죽음과 부당한 재판, 그의 부활과 승천은 이사야 52-53장의 거의 축자적 성취요 실현이다. 신약성경은 나사렛 예수가 메시아임을 증명하는 결정적인 사실이 그의 굴욕적인 낮아짐과 그의 부활/승천 사건이라고 말한다. 그는 죄악된 백성들이 겪는 고난에 선동참하신 후에 하나님 아버지께 들림받아 영광에 이른다.^{요 3:13-} ^{14; 8:32; 12:32} 선고난 후영광의 궤적을 걸어갔던 이스라엘의 대표자 바벨론 포로들의 굴욕과 승귀를 당신이 온전히 재현하셨다. 주전 538년 이후 이스라엘 역사는 바벨론 포로들의 후손들이 주도한 역사이며 선고난 후영광의 논리를 체득한 자들이 주도한 역사다. 대물림도 못하고 산 자의 땅에서 끊어질 줄 알았던 바벨론 포로들의 후손이 그리스도가 겪을 선고난 후영광의 길을 걸어갔다. 그들이 메시아 예수를 대망한 '이스라엘'이었다.

많은 신약성서 구절들은 '예수 그리스도가 구약성경의 모든 예언들을 성취하는 종말의 메시아'라는 관점에서 구약을 해석한다. 특히 누가복음 24:25-44은 구약의 핵심이 '그리스도가 먼저 굴욕적 고난을 받고 자기 영광에 들어간다'였다고 주장한다. 다른 말로 말하면 이상화된 이스라엘이 먼저 굴욕을 당한 후에 영화롭게 된다는 것이다. 누가복음 24:26-27, 44은 구약성경 전체가 그리스도의 굴욕적 고난과 죽음(영생)에 대하여 증거한다고 선언한다. "그리스도가 이런 고난을 받고 자기의 영광에 들어가야 할 것이 아니냐 하시고 이에 모세와 및 모든 선지자의 글로 시작하여 모든 성경에 쓴바 자기에 관한 것을 자세히 설명하시니라.…… 곧 모세의 율법과 선지자의 글과 시편에 나를 가리켜 기록된 모든 것이 이루어져야 하리라."

이 논리를 한층 더 심화시킨 사도 바울은 고전 15:3-4에서 그리스도의 대속적 죽음("우리를 위하여")과 삼일 만의 부활사건 둘 다 구약성경에 의하여 증거된 것이라고 말한다. "내가 받은 것을 먼저 너희에게 전하였노니 이는 성경대로 그리스도께서 우리 죄를 위하여 죽으시고 장사 지낸 바 되셨다가 성경대로 사흘 만에 다시 살아나사." 사도 베드로는 나사렛 예수의 죽음과 그의 부활이 그가 그리스도임을 결정적으로 증명한 사건이라고 해석한다.행 2:22-34 나사렛 예수는 자신을 공공연히 메시아라고 선전하지는 않았지만, 사도들은 '예수 그리스도의 굴욕적 고난과 부활 승천'이라는 드라마를 직접 목격하고 그가 하나님의 아들이자 구약성경이 그토록 다양한 방법과 다양한 시기에 걸쳐서 예언해온 하나님의 인자, 메시아임을(참조. 단 7:13; 막 10:41-45) 확증하기에 이르렀다. 예수님은 '인자'를 3인칭으로 묘사했으나 사도들은 예수님이 곧 '다시 오실 인자'마 26:66-68라고 고백했다.[33]

나사렛 예수는 이사야 52:13-53:12을 그의 수난주간의 마지막 날 재판을 받을 때 어떻게 행동할 것인지를 가르쳐주신 하나님 아버지의 각본으로 받아들였다.막 8:31; 9:31; 10:34 이 본문은 예수님의 순종 때문에 메시아 예언 본문이 되었다. 예수님은 메시아가 될 다윗의 후손으로 태어나셨지만, 동시에 메시아 예언에 대한 순종을 통하여 메시아로 성장하셨다. 예수님은 구약성경의 메시아 예언들을 하나님의 살아있는 말씀으로 온전히 영접하셨다. 구약 예언 말씀에 대한 메시아적 순종을 통하여 예언은 현실이 되고 진리가 된다. 말씀에 대한 순종이 말씀의 권위를 높인다. 순종된 말씀만이 구원을 발생시키는 힘이 있다.

불행한 사실은 한 개인이나 공동체가 죄를 지었을 때 그 죄의 결과를 누군가가 대신 짊어지지 않으면 그 개인이나 공동체는 점점 무거운 죄의 지배력 아래 빠져들게 된다는 것이다. 공동체 구성원들이 죄를 지었는데 그 죄를 대신 짊어지는 사람이 없는 공동체는 누적된 죄 때문에 멸망당할 수밖에 없다. 불순종하는 사람들이 정의와 공평 원칙을 훼손하면 그들이 속한 공동체는 존립 자체가 불가능한 임계점에 도달한다. 그런데도 공동체가 망하지 않는 이유는 하나님의 뜻에 묵묵히 순종하는 어린 양들이 있기 때문이다. 그래도 한 사회가 사람이 살만한 공동체라고 느껴지는 이유는, 각기 제 길로 가는 일탈한 양들의 죄악을 상쇄하고도 남을 만큼 순종을 드리는 하나님의 어린 양들이 있기 때문이다.

한국사회를 병들게 하는 죄악과 악행들의 문제를 예수님의 어깨에 다시 지워서는 안 된다. 하나님께 진노와 심판의 대상이 되게 만드는 죄악들을 지고 가는 죄 없는 어린 양의 책임을 이제는 우리 스스로가 져야 한다. 국토, 도시, 역세권 개발 등에 대한 정보를 미리 알아 부동산 투기를 일삼는 공무원들 틈에서, 그런 정보를 알고도 불의한 축재를 생각하지 않는 공무원이 한국사회의 중심 죄악을 지고 가는 어린 양이다. 권력남용을 하지 않고 자기가 누리는 권력을 두려워하는 고위 공무원이 하나님의 어린 양이다. 온갖 불법과 관행, 탈세와 분식회계, 배임과 공금유용이 많은 기업세계에서 '돈'에 대한 탐욕을 이긴 기업인이 하나님의 어린 양이다. 하나님이 맡긴 양무리를 위해 생명을 바쳐 헌신하고 교회가 부흥하여도 자신의 기득권을 주장하지 않고, 심지어 아들이 훌륭한 목사라도 세습하지 않고 요순 임금처럼 덕

그가 찔림은 우리의 허물을 인함이요─고난받는 종의 노래

있는 사람을 널리 찾는 목사가 하나님의 어린 양이다. 이처럼 하나님의 어린 양은 시대의 중심 죄악에 동참하지 않을 뿐만 아니라 그 죄악들의 폐해를 스스로 안고 가는 자다. 불의하고 부당한 방식으로 부자가 되는 시대에 정직하고 정의롭게 살다가 가난과 굴욕을 면치 못하더라도 정직과 정의의 길로 가는 것이 어린 양의 길이다. 현세에는 아무 대가를 바라지 않고 자기를 은닉한 채 무수한 선을 행하는 사람은 하나님의 어린 양이다. 하나님의 어린 양은 팔당 수원지를 청정수로 채우는 청결한 백두대간의 샘 근원이다.

따라서 예수님을 향하여 대한민국의 중심 죄악들을 지고 가달라고 간청하는 것은 온당치 않다. 그것은 미신이다. 오히려 예수님은 우리를 통하여 당신의 순종이 재현되기를 바라신다. 예수님의 은혜로 의롭게 된 사람들이 자발적인 고난을 통하여 많은 사람을 의롭게 만드는 것이 예수님께 의지하는 삶이다. 지금 대한민국 공동체를 파괴하는 죄악들을 소거하려면, 예수님의 영에 사로잡힌 그리스도인들이 이 죄악들을 묵묵히 감수하고 지고 가야한다. 불순종하는 무리의 죄악을 대신 짊어지고 공동체를 하나님 앞에 지탱하는 어린 양들이 필요하다. 역사에는 억울하고 비통한 고난을 감수하면서 상대방이 저지른 죄를 지고 가는 사람들이 있어왔다. 요셉, 모세, 욥, 예레미야 등이 예수님이 지신 십자가를 희미하게 경험했던 인물들이다. 그들 각각이 하나님께 지극히 감미롭게 순종했지만 산 자의 땅에서 끊어진 이유는, 그들이 하나님께 순결한 순종을 바쳤고 바로 그 이유 때문에 불순종한 시대에 의해 배척당했기 때문이다. 그들의 비타협적인 하나님 사랑과 하나님에 대한 순종 때문에 그들은 스스로 죽음을 자초했다. 그래도 세상은 이런 비타협적 태도로 하나님께 순종한 고난의 종들 때문에 양심의 각성과 정화를 맛본다. 역사의 중심 줄기는 고레스 같은 정복자가 아니라 세상 죄를 지고 가는 어린 양들, 당대에는

450

자기 죄 때문에 산 자의 땅에서 끊어진 자처럼 보이다가 후에는 사람들의 기억 속에서 시성되는 고난의 종들이다. 인류가 걸어가야 할 마땅한 지향점은 하나님 나라의 편린을 보여준 사람들, 곧 하나님 나라의 이상을 위해 몸 바친 사람들이다. 하나님 나라가 어떤 이름으로 불려도 인류역사 내내 인간과 피조물들이 쏟아내는 아우성^{롬 8:20-23}은 단 하나다. '사랑을 달라'는 외침이다. 사랑의 큰 우산 아래 공의, 정의, 진실, 인애, 평화, 희락, 정직, 충성, 오래 참음, 양선, 자비 등 성령의 열매가 있다. 하나님이 세상을 창조하시고 인간을 만드신 그 원동력의 알파가 사랑이며, 인류역사를 허락하여 시간을 주신 목적 자체도 사랑이다. 하나님은 알파와 오메가, 태초사랑과 종말사랑으로 인류와 지구, 그리고 우주를 지탱하고 계신다.

그가 찔림은 우리의 허물을 인함이요 ─ 고난받는 종의 노래

54장.

하나님의 무궁한 긍휼로 회복되는 영광스러운 예루살렘

54

¹ 잉태하지 못하며 출산하지 못한 너는 노래할지어다. 산고를 겪지 못한 너는 외쳐 노래할지어다. 이는 홀로 된 여인의 자식이 남편 있는 자의 자식보다 많음이라. 여호와께서 말씀하셨느니라. ² 네 장막터를 넓히며 네 처소의 휘장을 아끼지 말고 널리 펴되 너의 줄을 길게 하며 너의 말뚝을 견고히 할지어다. ³ 이는 네가 좌우로 퍼지며 네 자손은 열방을 얻으며 황폐한 성읍들을 사람 살 곳이 되게 할 것임이라. ⁴ 두려워하지 말라. 네가 수치를 당하지 아니하리라. 놀라지 말라. 네가 부끄러움을 보지 아니하리라. 네가 네 젊었을 때의 수치를 잊겠고 과부 때의 치욕을 다시 기억함이 없으리니 ⁵ 이는 너를 지으신 이가 네 남편이시라. 그의 이름은 만군의 여호와이시며 네 구속자는 이스라엘의 거룩한 이시라. 그는 온 땅의 하나님이라 일컬음을 받으실 것이라. ⁶ 여호와께서 너를 부르시되 마치 버림을 받아 마음에 근심하는 아내 곧 어릴 때에 아내가 되었다가 버림을 받은 자에게 함과 같이 하실 것임이라. 네 하나님께서 말씀하셨느니라. ⁷ 내가 잠시 너를 버렸으나 큰 긍휼로 너를 모을 것이요 ⁸ 내가 넘치는 진노로 내 얼굴을 네게서 잠시 가렸으나 영원한 자비로 너를 긍휼히 여기리라. 네 구속자 여호와께서 말씀하셨느니라. ⁹ 이는 내게 노아의 홍수와 같도다. 내가 다시는 노아의 홍수로 땅 위에 범람하지 못하게 하리라 맹세한 것 같이 내가 네게 노하지 아니하며 너를 책망하지 아니하기로 맹세하였노니 ¹⁰ 산들이 떠나며 언덕들은 옮겨질지라도 나의 자비는 네게서 떠나지 아니하며 나의 화평의 언약은 흔들리지 아니하리라. 너를 긍휼히 여기시는 여호와께서 말씀하셨느니라. ¹¹ 너 곤고하며 광풍에 요동하여 안위를 받지 못한 자여, 보라, 내가 화려한 채색으로 네 돌 사이에 더하며 청옥으로 네 기초를 쌓으며 ¹² 홍보석으로 네 성벽을 지으며 석류석으로 네 성문을 만들고 네 지경을 다 보석으로 꾸밀 것이며 ¹³ 네 모든 자녀는 여호와의 교훈을 받을 것이니 네 자녀에게는 큰 평안이 있을

하나님의 무궁한 긍휼로 회복되는 영광스러운 예루살렘

것이며 14 너는 공의로 설 것이며 학대가 네게서 멀어질 것인즉 네가 두려워하지 아니할 것이며 공포도 네게 가까이하지 못할 것이라. 15 보라, 그들이 분쟁을 일으킬지라도 나로 말미암지 아니한 것이니 누구든지 너와 분쟁을 일으키는 자는 너로 말미암아 패망하리라. 16 보라, 숯불을 불어서 자기가 쓸 만한 연장을 제조하는 장인도 내가 창조하였고 파괴하며 진멸하는 자도 내가 창조하였은즉 17 너를 치려고 제조된 모든 연장이 쓸모가 없을 것이라. 일어나 너를 대적하여 송사하는 모든 혀는 네게 정죄를 당하리니 이는 여호와의 종들의 기업이요 이는 그들이 내게서 얻은 공의니라. 여호와의 말씀이니라.

주석

54장은 예루살렘의 회복과 인구 증가,1-4절 시온을 향한 하나님의 무궁한 자비,5-10절 그리고 하나님의 공평과 정의로 재건될 예루살렘의 난공불락적 평화11-17절로 나뉜다.

예루살렘의 회복과 인구 증가 •1-4절

이 단락은 바벨론 귀환포로들의 고토복귀로 예루살렘의 인구가 증가하고 거주지가 확장될 것을 예고한다. 1절의 "잉태하지 못하며 출산하지 못한 너"는 하나님과의 언약적 의리를 깨고 우상숭배를 해서 하나님께 버림받았던 예루살렘 도성이다. 고대근동에서 모든 도성은 신의 신부였기에 야웨 하나님이 떠나버린 도성 예루살렘은 홀로된 여인이요 잉태하지 못하고 출산하지 못한 여인이었다. 고대사회에서는 하나님의 복 주심으로 인구 증가가 일어난다고 보았기 때문에, 하나님이 버린 황무한 도성 예루살렘의 인구는 줄어들었을 것이다. 그런데 70년 동안 잉태하지 못하고 출산하지 못한 시온이 이제 아이를 낳게 될 것이다. 산고를 겪어본 지 오랜 여인의 태에서 자녀들이 태어날 것이다. 그래서 "홀로 된 여인(예루살렘)의 자식"이 남편 있는 자의 자식보다 많아질 것이다. 예루살렘 거민들의 대다수가 바벨론으로 끌려가 몰락하고 황폐케 된 예루살렘이 하나님의 영광이 복귀함으로 강력한 출산력을 회복할 것이다. 이러한 경사는 소리 높여 노래할 일이다. 그래서 '소리 높여 노래하라'는 야웨 하나님의 명령이다. 경사를 만났을 때 소리 높여 노래하는 것이 경사의 효력을 오래 유지하는 길이다. 소리 높여 하나님의 구원대사를 노래하는 것은 거룩한 성무聖務일과이기도 하다.

2절은 새롭게 태어날 자녀들(귀환포로들과 그들이 낳게 될 자녀들)을 위해 거주지를 확장하라고 명한다. 장막터를 넓히며 처소의 휘장을 널리 펴되 줄을 길게 하며 말뚝을 견고히 박아야 한다. 넓은 장막터 위에 아주 크고 안전한 장막을 펼치라는 것이다. 비유적으로 말하면, 이방인들과 신낭이 상한 자까지 받아들이는 개방적인 사회가 되라는 말이다.사 56장 더 나아가 세계 열방의 순례자들과 야웨 예배자들, 토라 유학생들까지 영접할 준비를 해야 한다.사 2:1-4; 60-62장 3절은 이런 거주지 경계 확장을 명하는 이유를 말한다. 시온의 자녀들이 좌우로 퍼지며 열방을 얻으며 황폐한 성읍들을 사람 살 곳이 되게 할 것이기 때문이다.3절 역대상 9장은 이스라엘의 포로귀환자들 대열에 에브라임 지파와 므낫세 지파도 있다고 말한다.3절 예루살렘에 여러 지파 사람들이 다 몰려와 살았던 것으로 보인다. 누가복음 2장에는 아셀 지파 바누엘의 딸 84세였던 안나가 예루살렘에 살면서 주야로 오랫동안 성전에서 기도했다고 말하는 증언이 있다.37절

4절은 예루살렘을 다시 안심시키는 구원 신탁이다. "두려워하지 말라"는 하나님이 이스라엘을 안심시키는 전형적 구원 신탁이다. 예루살렘은 더 이상 이방인들에게 수치를 당하지 않을 것이므로 당황하지 말아야 한다. 더 이상 하나님이 시온을 버려 과부가 되게 하지

않으실 것이다. 젊은 날 과부가 되었던 수치스러운 과거를 더 이상 생각나지 않게 하실 것이다. 예루살렘은 다시 하나님의 신부가 되었기 때문이다. 고대사회에서는 결혼한 여인에게 닥칠 최대 수치는 남편에게 버림받는 것이었다. 잉태치 못하고 생산치 못하는 것은 결혼한 여인이 겪을 수 있는 가장 큰 수치였다. 남편이 없는 여인이 아무리 구로(劬勞)하는 수고를 해도 아이는 생기지 않는다. 그런데 이제는 홀로 된 여인, 한때 과부였던 예루살렘의 자녀들은 남편 있는 여인(자기가 섬기는 신에게 버림받지 않은 도성)의 자식보다 많아진다. 하나님이 시온을 당신의 신부로 다시 영접하셨기 때문이다. 시온은 '태어나는' 자녀들로 환호성을 지를 것이다.

시온을 향한 하나님의 무궁한 자비 • 5-10절

이 단락은 하나님과 이스라엘의 언약관계를 확증하는 단락이다. 5절은 이스라엘과 하나님의 언약관계를 혼인 메타포로 설명한다. '이스라엘'을 지으신 이는 남편 되신 만군의 여호와이시다. 언제 이스라엘을 창조하셨는가? 야웨 하나님은 출애굽 구원과 시내산 언약을 통해 오합지졸 노예들을 하나님과 언약으로 묶인 언약백성으로 창조하셨다. 이 시내산 언약은 부부의 혼인으로 설명될 수 있을 정도로 깊은 사랑의 결속이었다.[호 2:14-22] 하나님의 선제적 사랑으로 이 혼인계약이 시작되었지만 신부된 이스라엘도 남편 되신 야웨 하나님께 충절을 지킬 의무를 받아들였다. 이 혼인언약은 쌍방에게 의무를 지우는 쌍방속박적 언약이었다. 그런데 이스라엘은 아내 된 자의 의무를 저버려 바벨론의 포로로 잡혀갔다. 예언자 호세아와 예레미야는 이 혼인 메타포를 통해 북이스라엘과 남유다의 멸망을 설명했다.[렘 2:21-25, 32-34; 3:1-5; 호 3:1-5] 하나님은 이스라엘을 지으신 남편일 뿐만 아니라 다른 이름도 갖고 계신다. 이스라엘의 고엘, 구속자, 그리고 이스라엘의 거룩한 자(커도쉬 이스라엘)이다. 이스라엘의 거룩한 자 하나님은 이스라엘만의 하나님이 아니라 온 땅의 하나님이다. 이사야 6:3에서 스랍천사들은 다음과 같이 교창^{交唱}한다. "서로 불러 이르되 거룩하다. 거룩하다. 거룩하다. 만군의 여호와여, 그의 영광이 온 땅에 충만하도다 하더라." 여기서 이스라엘을 만민 가운데서 거룩하게 구별하시는 하나님은 실상 온 땅을 다스리시는 보편적인 하나님이시다. 그래서 이스라엘의 하나님은 열국의 흥망성쇠를 관장하신다. 거룩하시기에 죄와 불의, 허물과 악을 반드시 심판하신다. 야웨의 영광이 온 땅에 퍼지는 상황 자체가 온 땅을 정결케 하고 거룩하게 변화시키는 심판상황이다.[1] 그래서 이사야 13-27장은 온 세계를 심판하시는 하나님을 보여준다.

확실히 거룩하신 하나님은 죄와 불의를 참지 않으신다. 하지만 동시에 죄로 인해 망가진 당신의 언약백성을 향해 스스로 돌이키시는 자기반전의 하나님이시다. 이사야 57:15과 호세아 11:8-9은 거룩하신 하나님 안에 있는 자기반전적 전향을 증언한다.

지극히 존귀하며 영원히 거하시며 거룩하다 이름하는 이가 이와 같이 말씀하시되 내가 높고 거룩한 곳에 있으며 또한 통회하고 마음이 겸손한 자와 함께 있나니 이는 겸손한 자의 영을 소생시키며 통회하는 자의 마음을 소생시키려 함이라.^{사 57:15}

에브라임이여, 내가 어찌 너를 놓겠느냐. 이스라엘이여, 내가 어찌 너를 버리겠느냐. 내가 어찌 너를 아드마 같이 놓겠느냐. 어찌 너를 스보임 같이 두겠느냐. 내 마음이 내 속에서 돌이키어 나의 긍휼이 온전히 불붙듯 하도다. 내가 나의 맹렬한 진노를 나타내지 아니하며 내가 다시는 에브라임을 멸하지 아니하리니 이는 내가 하나님이요 사람이 아님이라. 네 가운데 있는 거룩한 이니 진노함으로 네게 임하지 아니하리라. 호 11:8-9

이처럼 진노를 극한으로 표출하신 하나님이 스스로 돌이켜 긍휼을 베푸신다. 그 이유가 이스라엘의 하나님은 거룩하신 하나님이시기 때문이다. 거룩하신 하나님은 죄를 배척하고 죄인을 멀리 이격시키는 하나님이시지만 동시에 죄인을 불쌍히 여기시고 갱생시키는 데까지 자기초극적인 하나님이시다. 거룩하신 하나님은 단선적인 인과응보의 논리로 죄인을 다루시지 않고, 아주 복합적이고 변증법적인 논리로 죄인을 징벌하시고 재활복구시키신다. 하나님의 거룩 안에 있는 이 신묘한 자기반전 때문에 속되고 허물 많은 피조물은 다시 소생의 기회를 얻는다. 하나님의 자기반전적 전향은 하나님 안에 있는 비길 데 없이 독특하고 고유한 하나님의 성품이다. 그런데 하나님의 이 거룩한 사랑을 받은 이스라엘의 반응이 중요하다. 이스라엘이 이제는 거룩한 백성으로 변함으로써 하나님의 거룩한 사랑에 의리 있게 응답해야 한다. 에스겔 선지자는 거룩하신 하나님은 죄악된 이스라엘을 용서하신다는 증거로 가나안 복귀를 허락하신다고 말한다. 이 가나안 복귀 후에 이스라엘이 의당 보여야 할 언약적 의리는 거룩한 백성에로의 변화다.

그러므로 주 여호와께서 이같이 말씀하셨느니라. 내가 이제 내 거룩한 이름을 위하여 열심을 내어 야곱의 사로잡힌 자를 돌아오게 하며 이스라엘 온 족속에게 사랑을 베풀지라. 그들이 그 땅에 평안히 거주하고 두렵게 할 자가 없게 될 때에 부끄러움을 품고 내게 범한 죄를 뉘우치리니 내가 그들을 만민 중에서 돌아오게 하고 적국 중에서 모아 내어 많은 민족이 보는 데에서 그들로 말미암아 나의 거룩함을 나타낼 때라. 겔 39:25-27

6절은 하나님의 바벨론 포로들의 귀환과 시온의 위로를 설명하는 과정에서 이혼당한 아내를 되찾아오는 남편의 마음에 빗대어 하나님의 행동을 설명한다. 여호와께서 어릴 때에 야웨의 아내가 되었다가 버림을 받은 이스라엘을 다시금 아내의 지위로 회복시켜주신다. 이것은 신명기 24:1-4의 이혼 규정을 어기는 행위다. "사람이 아내를 맞이하여 데려온 후에 그에게 수치 되는 일이 있음을 발견하고 그를 기뻐하지 아니하면 이혼 증서를 써서 그의 손에 주고 그를 자기 집에서 내보낼 것이요…… 그 여자는 이미 몸을 더럽혔은즉 그를 내보낸 전남편이 그를 다시 아내로 맞이하지 말지니 이 일은 여호와 앞에 가증한 것이라. 너는 네 하나님 여호와께서 네게 기업으로 주시는 땅을 범죄하게 하지 말지니라." 특히 4절에 따르면 이미 몸을 더럽힌 전처를 다시 맞아 아내로 삼는 것은 하나님의 성품에 어긋나는 일이다. 그런데 하나님은 자기모순적인 딜레마를 감수하면서까지 율법조문의 문자보다 더 크고 깊은 하나님의 자기초극적 거룩의 용서 원리에 입각해 정절을 버렸던 이스라엘을 다시 아내로 맞아들이신다. 7절은 하나님이 이스라엘 민족을 잠시 버리셨지만, 큰 긍휼로 다시 이스라엘의 이산민들을 가나안 고토로 모아들이실 것임을 강조한다.

8절도 같은 논리를 이어받는다. 하나님은 넘치는 진노로 당신의 얼굴을 이스라엘로부터 잠시 가리셨으나 영원한 자비로 이스라엘을 긍휼히 여기신다.^{사 8:17} "이제 야곱의 집에 대하여 얼굴을 가리시는 여호와를 나는 기다리며 그를 바라보리라." 이스라엘을 긍휼로 모으시는 것은 이스라엘의 고엘(לאֵג), 피붙이 기업 무를 자인 여호와께서 언표하신 의지다. 9절은 노아 홍수 후에 피조물에게 언표하신 창조질서 보존언약과 같은 수준의 언약이다. "여호와께서 그 향기를 받으시고 그 중심에 이르시되 내가 다시는 사람으로 말미암아 땅을 저주하지 아니하리니 이는 사람의 마음이 계획하는 바가 어려서부터 악함이라.

내가 전에 행한 것 같이 모든 생물을 다시 멸하지 아니하리니."^{창 8:21}

창세기 8:21의 맹세처럼 하나님께서는 이스라엘에게 "노하지 아니하며", "책망하지 아니하기로 맹세하"셨다. 10절은 천지개벽 수준의 대변동에도 이스라엘과 맺은 언약은 불변하며 견고하다는 점을 강조한다. "산들이 떠나며 언덕들은 옮겨질지라도 나의 자비는 네게서 떠나지 아니하며 나의 화평의 언약은 흔들리지 아니하리라"(비교. 시 46:1-3). 이 언약은 화평의 언약이다. 이런 무궁한 긍휼은 이스라엘 민족 자체의 매력에 의해 추동된 것이 아니라 하나님의 성품 안에 있는 자기초극적이고 자기갱신적인 사랑의 구심력이다. 이 영원한 화평언약은 이스라엘을 긍휼히 여기시는 여호와께서 친히 말씀하신 확약이다. 노아에게는 이 화평의 언약을 무지개 표징으로 세워주셨다.

내가 너희와 언약을 세우리니 다시는 모든 생물을 홍수로 멸하지 아니할 것이라. 땅을 멸할 홍수가 다시 있지 아니하리라. 하나님이 이르시되 내가 나와 너희와 및 너희와 함께 하는 모든 생물 사이에 대대로 영원히 세우는 언약의 증거는 이것이니라. 내가 내 무지개를 구름 속에 두었나니 이것이 나와 세상 사이의 언약의 증거니라. 내가 나와 너희와 및 육체를 가진 모든 생물 사이의 내 언약을 기억하리니 다시는 물이 모든 육체를 멸하는 홍수가 되지 아니할지라.······ 하나님이 노아에게 또 이르시되 내가 나와 땅에 있는 모든 생물 사이에 세운 언약의 증거가 이것이라 하셨더라.^{창 9:11-17}

하나님의 공평과 정의로 재건될 예루살렘의 난공불락적 평화 ● 11-17절

이 단락은 이스라엘의 눈부신 미래를 약속하시는 하나님의 말씀이다. 시적 과장법이 여기저기서 보인다. 11절의 청중은 "너 곤고하며 광풍에 요동하여 안위를 받지 못한 자"다. 주변의 열강들에게 이리저리 시달리며 고난을 겪으면서도 하나님의 신원을 받지 못한 이스라엘을 가리킨다. 구체적으로는 이스라엘을 대표하는 예루살렘을 가리킨다. 11절 하반절부터 나오는 성벽, 성문 등의 용어를 볼 때 예루살렘이 더 직접적인 청중이라고 봐도 된다. 일단 예루살렘은 하나님의 위로[나함(נחם)]를 받지 못해 바닷물이 위아래로 흔들리듯이 흔들리는 곤고한 자다. '광풍'이라는 말은 히브리어 문장에 없다. 싸아르(סער)라는 동사는 산들이 바닷물에 의해 위아래로 요동치는 상황을 묘사할 때 쓰는 단어다.욘 1:11 이런 기초가 약한 구조물 같은 예루살렘을 하나님은 보석으로 재건하실 계획이다. 11절 하반절부터 12절이 하나님의 이스라엘 재건에 사용될 보석류를 열거한다. "보라, 내가"라는 히브리어 구문은 하나님의 1인칭 단수 대명사 아노키(אנכי)를 독립적으로 사용함으로써 하나님의 주권적 의지를 강조한다. 하나님은 화려한 채색으로 이스라엘의 돌 사이에 더하며 청옥으로 기초를 쌓을 것이며11절 하반절 홍보석으로 예루살렘 성벽을 지으며 석류석으로 예루살렘 성문을 만들고 예루살렘의 주변 지경을 다 보석으로 꾸밀 것이다.12절 머지않아 예루살렘은 이 희귀한 보석들로 재건되어 몽환적인 도시처럼 변화된다. 여기서 언급되는 보석류는 예루살렘의 사회적 견고성을 떠받칠 예루살렘 거민들의 고귀한 덕성과 미덕을 가리키는 은유다. 이렇게 견고한 보석들로 재건되는 예루살렘은 다시는 스스로 붕괴되지 않는 언약적 의리로 재건될 예루살렘을 암시한다.

13절은 예루살렘의 성곽 기초와 성문, 성벽이 보석으로 단장되는 이유를 말한다. 이렇게 단장되고 재건된 예루살렘의 모든 자녀는 여호와의 가르침을 받는 학자들[림무데 아도나이(למודי יהוה)]이 되며, 자녀 세대가 야웨의 제자들이 되는 것은 장차 이 자녀들에게 큰 평화가 있을 것을 의미한다. 이사야 50:4-5에서 림무딤(למודים)은 '학자들'로 번역된다. 아침마다 야웨의 말씀에 귀를 열어놓고 곤고한 자들을 말로 위로하는 법을 배우고 불의에 맞서는 용기를 함양하는 것이 야웨의 림무딤의 미덕이다. 예루살렘의 장래는 아침마다 야웨의 토라를 배우고 야웨의 말씀을 듣고 깨우치는 야웨의 제자들(לִמּוּדֵי יְהוָה)인 미래세대에게 달려있다. 야웨의 제자가 되면 그들은 샬롬을 성취한다. 야웨에게 배우는 자는 하나님 전심사랑과 이웃사랑을 체득하기에 거주민들 사이에는 샬롬, 평강이 크게 증대될 것이 명약관화 明若觀火하다.

14절은 예루살렘에 뿌리내릴 평화를 좀 더 부연한다. 예루살렘은 거민들 사이에 오고가는 언약적 의리와 친절인 츠다카[공의(צְדָקָה)]로 견고하게 세워질 것이다. '설 것이다'라고 번역된 히브리어 단어 틸코나니(תִּכּוֹנָנִי)는 '서다'를 의미하는 히브리어 쿤(כּוּן)의 니팔 2인칭 여성 단수형으로 수동형으로 번역되는 것이 더 낫다. '너는 견고하게 세워질 것이다.' 공동체의 토대가 견고하게 세워진다는 말이다. 예루살렘의 토목공학적 안정성은 거민들 사이에 실천되는 언약적 의리와 친절행위로 확보된다. 특히 강자들이 약자들에게 행하는 언약적 의리를 강조할 때 츠다카라고 말한다. 이렇게 견고한 츠다카로 사회공동체적 토대가 확보된 곳에서는 두 가지가 사라질 것이다. 강자가 약자를 괴롭히는 사회정치경제적 학대 행위와 외부로부터 오는 전쟁 및 침략공포가 사라질 것이다. 그 결과 예루살렘은 두려워하지 않고 평강을 누리게 될 것이다.

15절은 예루살렘을 도발하고 대적하는 가상의 적들을 상정하고 있다. 만일 어떤 자가 일어나 예루살렘에 대해 분쟁을 일으킬지라도 그것이 하나님이 의도하신 분쟁이 아니라면 그 분쟁을 일으키는 자는 누구든지 예루살렘으로 말미암아 패망할 것이다. 15절 상반절의 히브리어 구문은 '분쟁을 일으키다'를 의미하는 동사의 절대형 부정사가 정동사 앞에 배치되어 있다. 히브리어를 음역하면 이렇다. 헨 고르 야구르(הֵן גּוֹר יָגוּר). '보라, 어떤 자가 정녕 분쟁을 도발해오면' 정도의 의미다. 절대형 부정사는 정동사를 강조한다. 분쟁을 걸어올 의도가 확실한 자가 도발해오는 상황을 상정한다. 에스겔 38-39장의 곡과 마곡은 스스로 하나님을 대적하기 위해 하나님 백성의 도성인 예루살렘을 도발했다가 세계 만민이 보는 앞에서 대패한다. 곡과 마곡의 이스라엘 도발은 이스라엘에 대한 하나님 당신의 언약적 보호 의지를 만천하에 알리고 당신의 영광과 권능을 온 세상에게 선포하는 계기가 된다. "구름이 땅을 덮음 같이 내 백성 이스라엘을 치러 오리라. 곡아, 끝 날에 내가 너를 이끌어다가 내 땅을 치게 하리니 이는 내가 너로 말미암아 이방 사람의 눈 앞에서 내 거룩함을 나타내어 그들이 다 나를 알게 하려 함이라."^{겔 38:16}

16-17절은 예루살렘의 난공불락적 지위를 확증한다. 16절은 숯불을 달구어 연장(무기)을 제조하는 장인이나 그 연장을 파괴하는 장인도 다 하나님의 창조주권 아래 있음을 말한다. 연장을 제조하는 장인과 연장을 파괴하고 진멸하는 장인은 하나님의 절대주권으로 예루살렘을 건축하고 파괴하는 데 동원된 이방 군주들 혹은 외국 세력을 은유한다. 예언자는 여기서 고레스를 통해 예루살렘을 건축하셨던 하나님의 의도를 대항해 예루살렘을 파괴하려는 어떤 미래의 파괴적 장인(외부세력, 예. 겔 38-39장의 곡과 마곡)을 염두에 두고 말한다. 하나님의 절대주권이 어떤 파괴적 장인의 의도도 압도한다는 것이다. 17절에 비추어볼 때 여기서 연장은 '무기'를 암시하는 단어다. 연장이나 연장을 갖고 예루살렘을 공격하는 행위 자체가 무위로 끝난다. 하나님이 예루살렘을 지키시기 때문이다. 17절은 16절의 의미를 부연한다. 예루살렘을 치려고 제조된 모든 무기는 쓸모가 없을 것이다. 그 무기가 날카롭게 벼린 혀라고 할지라도 무의미하다. 예루살렘

을 대적해 치려고 일어나는 모든 혀를 정죄한다. 그것이 공평을 위한 길이다. 개역개정에는 '송사한다'라는 단어를 17절 번역에 추가했으나 히브리어 본문은 그렇게까지 번역될 말은 없다. 또한 개역개정이 '정죄를 당하리니'라는 수동태로 번역한 것도 문제가 된다. 먼저 "너를 대적하여 송사하는 모든 혀는 네게 정죄를 당하리니"라고 번역된 히브리어 문장을 보자. 음역하면 이렇다. 뷔콜-라숀 타쿰-이타크 람미쉬파트 타르쉬이(וְכָל־לָשׁוֹן תָּקוּם־אִתָּךְ לַמִּשְׁפָּט תַּרְשִׁיעִי). 직역하면, '그러나 어떤 혀라도 네게 대하여 일어서면 공평을 위해서(람미쉬파트) 너는 정죄할 것이다.' 아무 연고 없이 예루살렘에 대해 도발하는 혀를 예루살렘이 정죄하는 것은 옳다. 공평을 위하는 일이기 때문이다. 여기서 미쉬파트를 17절에 나오는 츠다카와 병렬적으로 읽어야 한다. 미쉬파트가 재판을 의미하는 경우가 있지만 이 문맥에서는 공평과 정의의 실천의 관점에서 봐야 한다. 예루살렘에 대해 공연히 말로 도발하는 자들을 예루살렘은 정죄할 것인데 그것이 결과적으로 공평을 위하는 일이라는 것이다. 17절 마지막 소절은 예루살렘이 난공불락적 성읍이 되는 이유는 예루살렘 자신의 공평과 정의실천 때문임을 말한다. 하나님이 예루살렘을 이토록 안보하는 이유는 예루살렘이 여호와의 종들의 기업이요 그 기업은 그들이 하나님께로부터 선사받은 언약적 의리의 담보물이기 때문이다. 하나님은 당신과 이스라엘 사이의 언약을 지탱시키기 위해 예루살렘을 재건해주셨다. 이것이 하나님 편에서 이스라엘에게 베풀어주신 언약적 의리, 곧 츠다카다. 예루살렘의 재건은 하나님이 바벨론 귀환포로들에게 먼저 베풀어주신 선제적인 언약적 의리, 곧 선물이다. 이제 예루살렘은 하나님께 인간의 언약적 의리를 보여주어야 한다. 이사야 5:1-7은 하나님이 이스라엘과 유다에게 기대하는 언약적 의리 또한 공평과 정의임을 말한다. "무릇 만군의 여호와의 포도원은 이스라엘 족속이요 그가 기뻐하시는 나무는 유다 사람이라. 그들에게 정의를 바라셨더니 도리어 포학이요 그들에게 공의를 바라셨더니 도리어 부르짖음이었도다." 17절 마지막 소절은 이 모든 눈부신 약속이 인간의 허황된 약속이 아니라 "여호와의 말씀"임을 강조한다.

메시지

54장의 인상적인 메시지는 신적 진노의 잠정성과 영원한 자비의 대비다. 이 영원한 자비의 혜택으로 예루살렘은 환상적일 정도로 아름다운 도성으로 변화될 것이다. 이 본문은 교회와 그리스도인에게 적용되는 말이기도 하지만 이스라엘에게 일차적으로 더욱 적실하게 적용된다. 그런데 '이스라엘은 더 이상 하나님 백성이 아니다. 교회가 이스라엘을 대체했기 때문이다. 따라서 구약의 이스라엘에게 약속된 하나님 말씀들은 모조리 교회에 적용되는 약속들이다'라고 믿는 사람들은 이런 본문을 교회와 그리스도인들에게만 적용하려고 한다. 이러한 입장을 대체주의 입장(supersessionism 혹은 replacement theology)이라고 말한다. 교회가 '이스라엘을 대체했다'(supercede 혹은 replace)고 보는 입장이다. 이런 입장을 믿는 사람들은 로마서 9-11장이나 히브리서 6장을 근거로 삼는다. '하나님과 이스라엘과 맺은 언약은 더 이상 존재하지 않는다. 이스라엘적 선민주의는 교회적 만민주의/보편주의로 전환되었기 때문'이라는 것이다.

그런데 1948년에 건국된 이스라엘의 존재가 국제적으로 부각되고 그중에서 메시아를 믿는 메시아닉 유대인들[2]이 등장하면서 이사야서 40-66장에 나오는 '이스라엘의 미래회복과 구원'에 관한 예언들이 비상한 주목을 받기 시작했다. 반복된 죄와 허물로 수없이 심판받고 망가진 전前역사를 가진 '실제 이스라엘 민족'이 아니고는 이사야 40-66장의 화려한 미래 구원과 회복약속들은 특별히 상관성이 없어 보이기 때문이다. 그래서 1948년 이래 로마교황청이나 세계개신교회 신학 진영에서도 이 대체주의 입장을 보완하거나(가톨릭) 수정하고(개신교) 있다. 특히 미국 장로교PCA를 제외한 감독교회, 루터교회, 연합감리교회 등 개신교 주류교단들이 반反대체주의신학을 수용했다.[3] 예를 들면 멘토인 칼 바르트Karl Barth와는 대조적으로 폴 밴 뷰런Paul van Buren은 철저한 반교체주의 입장을 발전시켰다. "하나님의 선택이라는 실재에 의해 역사 속에 고정된 유대 백성들의 존재는 그들의 불충성에도 불구하고 그들의 신실함 속에서 이방 교회만큼이나 견고하고 확실하다."[4] '교회와 새 언약은 하나님과 이스라엘이 맺은 언약을 폐기하지 않으며, 이스라엘은 여전히 하나님의 백성이며 종말에 거족적인 개종을 통해 그리스도를 영접할 것이다.' 이런 수정된 입장을 반反대체주의anti-supersessionism라고 부른다. 미국의 구약학자 월터 브루그만이 이런 반대체주의 입장을 취하며, 유대인들의 성서신학 참여가 활성화됨에 따라 더욱 많은 학자들이 이런 수정된 입장을 취하는 중이다. 유대교 신학자들은 여전히 이 입장도 반대하며 이스라엘은 여전히 하나님의 백성임을 주장하고 교황청과 WCC세계교회협의회에 대해 '유대인에게 선교하지 말 것'을 강력하게 촉구한다. 그들은 이스라엘은 예수 그리스도의 십자가의 보혈로 구원받지 않고 하나님이 정하신 율법의 길을 따름으로 구원을 받게 될 것이라고 주장한다. 설령 예수님을 보고 모방해서 구원받을지언정 그의 대속적 죽음의 속죄력 덕분에 구원받는 일은 결코 없다고 주장한다.[5] '각자가 각각 하나님의 율법에 대한 순종으로 구원을 받는다.' 이것이 정통유대교의 입장이다.

이 중간에 로버트 치숌Robert Chisholm이나 크레이그 블레이징Craig A. Blaising 같은 온건한 비대체주의자들이 서 있다. 이들은 온건한 세대주의로 경사되기도 하지만 대체로 그리스도 중심의 구속사 전통을 유지하는 학자들이다. 대럴 L. 보크Darrel L. Bock & 미치 글레이저Mitch Glaser 외 공저, 『이스라엘 민족, 영토, 그리고 미래』[6]에서 로버트 치솜과 크레이그 블레이징은 종말에 이스라엘 민족이 메시아 예수를 영접하고 영토적 이스라엘과 예루살렘도 종말에 세계열방 향도사명을 수행할 것이라는 주장을 펴고 있다. 이사야 40-66장에 나오는 이스라엘의 미래회복과 구원, 열방 향도 지도력 발휘는 반드시 성취될 것이라고 주장한다. 그래야만 이스라엘에 대한 하나님의 무궁한 자비 약속의 의미가 궁극적으로 해명된다고 말한다.[7]

치솜은 "선지서의 이스라엘"[8]이라는 글에서 이스라엘의 장래에 대한 다섯 개의 예언적 환상은 모두 성취될 것이라고 주장한다.[9] 이 예언적 환상의 온전한 성취 여부는 이스라엘의 회개에 달려 있지만, 여전히 성취될 여지가 있다는 것이다. 그의 주장은 간단하게 이렇게 요약된다. 종말에 '유대 민족은 집단 회개를 할 것이고, 하나님의 용서를 체험할 것이며, 새 언약을 통해 하나님의 동역자들이 될 것이다. 그러면 성령님의 선물을 받아 하나님께서 요구하시는 바에 순종할 수 있게 될 것이다. 자주 분열되어온 이스라엘 백성은 메시아 안에서 다시 하나가 될 것인데, 그분께서 시온에서 통치하시며 안보를 보장해주실 것이다. 시온에는 새로운 성전이 서서 하나님의 백성들로 하여금 주께서 다시 그들 가운데 거하심을 떠올리게 할 것이다.[10] 앗시리아와 같이 강력한 나라들을 포함한 이방인들은 시온으로 와서 유일하신 참 하나님을 경배할 것이요, 이 모든 것을 가능하게 하신 고난의 종-왕 메시아의 희생적 사역을 축하할 것이다.'

블레이징도 "이스라엘과 성경해석학"[11]이라는 글에서 유사한 주장을 편다. 그는 성경에 대한 대체주의 접근이 채택하는 모형론적 해석이 어떻게 이스라엘에 대한 국가적이며 영토적인 약속들을 거부하고, 대신 그것들이 예수님 안에서와 그로 인해 교회 안에서 성취되었다는 영적 해석을 내세웠는지를 비판적으로 검토한다. 그는 유대인과 이스라엘 영토에 대해 말하는 본문을 포함하여 하나님의 모든 약속들이 참으로 성취되는 것을 믿는 '통전적' 성경해석을 그 대안으로 제시한다. 그는 대체주의자들은 전형적으로 히브리서에 주장된 옛 언약에서 새 언약으로의 진전을 수용한 나머지, 이 진전이 하나님께서 이스라엘에게 주셨던 구체적인 국가적 영토적 약속까지 폐기하는 것을 의미한다고 판단하는 오류를 범했다고 주장한다. 블레이징은 히브리서의 말씀은 명확하게 새 언약에 대한 예레미야 31장의 예언을 인용함으로써, 이스라엘과 맺은 언약의 폐기를 말한 것이 아니라 오히려 주님께서 "이스라엘 집과 유다 집과 더불어 맺을 새 언약"을 성취하실 것히 8:8임을 확약하셨다는 사실을 강조한다. 히브리서 8:12에 인용된 이 예언의 마지막 선포, 즉 "내가 그들(문맥상으로 볼 때 이스라엘과 유다)의 불의를 긍휼히 여기고, 그들의 죄를 다시 기억하지 아니하리라"는 말씀의 요지는 "이스라엘이 주님 앞에서 영원한 나라가 되리라"(참조. 렘 31:35-37)에서 설명된다는 것이다. 새 언약의 약속들이 성취된 것을 한편으로 확인하면서, 그 새 언약의 중심 내용인 '이스라엘에 대한 국가적 존재의 미래'를 부인하는 것은 일관성이 결여된 주장이라는 것이다. 블레이징은 이스라엘에 대한 국가적, 영토적 약속은 아브라함으로부터 예레미야가 예언한 새 언약에 이르기까지 언약 약속의 구성적 특성이기 때문에, 이사야 40-66장, 에스겔, 예레미야에 담긴 '공동체 이스라엘'의 시온 결집, 영적 쇄신과 열방 향도 지도력 발휘 등에 대한 예언을 교회에게 손쉽게 적용해서는 안 된다고 주장한다. 어떤 민족교회나 세계교회도 이스라엘을 제쳐놓고 이사야서 40-66장에 자주 반복되는 '영원한 자비로 구속한다'는 약속의 수혜자가 될 수 없다는 것이다. 하나님의 진노를 수차례 겪고 멸망을 자초한 죄악을 범해 만신창이가 된 이스라엘에게 1차적으로 '살아있는 예언'이라는 것이다. 만일 구약성경의 중심 줄거리를 구성하는 이런 언약들을 '그리스도화' 내지 영적으로 해석하거나, 어떤 식으로든 수정하여 결국 앞서 이스라엘에게 하셨던 국가적, 영토적 약속들을 하나님이 스스로 파기하려 하신다고 주장한다면, 그것은 궁극적으로 하나님의 신실하심에 의문을 제기하는 것과 같기 때문이라는 것이다. 그리스도 안에 약속된 것들이 '예'가 된다^{고후 1:20}는 것은 이스라엘에 관련된 약속들도 성취될 것이라는 것이다.[12]

우리는 블레이징이나 치솜의 입장에 동의하더라도 이들의 주장이 갖는 함의를 우려해서 약간의 수정을 하지 않을 수 없다. 무엇보다 이 미래회복과 구원 약속을 현실로 만드는 것은 하나님만이 아니라 이 예언을 수용하고 그 예언의 길대로 순종하는 이스라엘의 책임이라는 점을 강조해야 한다. 따라서 이스라엘에 대한 하나님의 약속이 살아있으니 이스라엘이 존중받아야 하고 심지어 대^對아랍 강경정책도 이스라엘의 영토적 안전보장에 대한 하나님의 약속이 성취되는 과정이니 존중하자는 극단적인 세대주의자들처럼 주장해서는 안 된다. "13퍼센트의 아랍계 이스라엘인과 그 외 여러 민족들을 모두 무시하고 '이스라엘은 유대인들을 위한 국가다'라는 유대인 국가법을 지지해야 한다." 혹은 "기독교 국가인 대한민국은 장차 세계향도 국가가 될 이스라엘과 친해야 한다. 무조건 친이스라엘 국가가 되어야 하나님께 보호받는다. 따라서 우리는 태극기와 성조기와 함께 다윗의 별이 그려진 이스라엘 국기를 들고 광화문 광장으로 달려가야 한다"와 같은 주장에 동의해서는 안 된다. 이사야 40-66장 어디에서도 이스라엘을 함부로 대하면 하나님이 벌주신다는 내용은 없다. 고토로 귀환한 이스라엘이 예수님의 심장으로 공평과 정의를 선제적으로 구현하는 나라로 환골탈태하는 일이 우선시될 때 하나님은 예루살렘 성벽을 견고한 보석으로 꾸미시고 단장하실 것이다. 이스라엘이 이사야 40-66장의 이상적인 나라, 열방 향도국가가 되려면 휘장을 널리 펴며, 말뚝을 견고하게 박아야 한다. "네 장막터를 넓히며 네 처소의 휘장을 아끼지 말고 널리 펴되 너의 줄을 길게 하며 너의 말뚝을 견고히 할지어다. 이는 네가 좌우로 퍼지며 네 자손은 열방을 얻으며 황폐한 성읍들을 사람 살 곳이 되게 할 것임이라." 열방을 얻는다는 말은 정복한다는 말이 아니라 이스라엘이 친 크고 견고한 장막 안으로 영접한다는 말이다. 지금 네타냐후 총리가 주도하는 이스라엘의 팔레스타인 강경책은 이사야 40-66장의 약속을 영구폐기하게 만드는 행태들이다.[13]

『이스라엘 민족, 영토, 그리고 미래』에 추천 서문을 쓴 조엘 로젠버그는 시온주의자이지만, 교회는 이스라엘을 끌어안고 동시에 이스라엘을 미워하는 모든 아랍인, 터키인, 쿠르드인도 무조건적인 예수님 사랑으로 끌어안아야 하는 막중한 선교사명을 부여받았다는 사실을 강조한다. 이스라엘을 사랑하는 자들은 팔레스타인들을 또한 돌봐야 하며 그들의 복을 빌어주며 지원하고 격려해줄 방법을 찾아야 한다고 말한다. 또한 1999-2003년에 이스라엘 국회의 대변인을 역임했고 이스라엘에서 태어나 최초의 국회의장을 역임했던 아브라함 부르그Avraham Burg는 『시온주의의 종말』에서 "유대인들이 신무기와 컴퓨터 보안장치, 미사일 요격미사일의 선구자가 되고자 했다면 지난 2천 년간 살아남지 못했을 것이다"라고 갈파했다.[14] 아브라함 부르그는 '장군은 죽은 적의 시체를 헤아리지만 시인은 얼마나 많은 생명이 죽었는지 세어 본다. 장군만 가득하고 적의 죽은 생명을 슬퍼해줄 시인이 없다면 결국 그 사회는 몰락할 수밖에 없다.[15] 디아스포라의 삶을 종결 짓고 대지에 뿌리를 내리기 위해서는 군사력 증강보다는 가족과 친구, 나무와 바람, 가축과 논밭과 같은 민중의 일상의 평화를 끊임없이 상상하고 기억하려는 시적 저항이 우선되어야 한다'라고 말한다. 이사야 54장에 약속된 이 화려한 미래 구원 약속이 폐기되었다고 주장하는 대체주의자들을 진정으로 극복하는 길은, 현재 이스라엘이 열방을 자녀처럼 영접하고 그들에게 삶의 터전을 제공하기 위해 장막터를 넓히는 것이다. 생각과 동정심의 장막터를 넓혀야 한다. 팔레스타인을 높은 장벽으로 감금하고 그들에게 손쉽게 총질하지 말고, 객, 고아, 과부, 유리하는 빈민을 이스라엘의 장막터로 영접하여야 한다. 이것이 참된 의미로 열방을 얻는 길이다. 이런 비전을 제시한 책이 이스라엘의 비판적 지성인인 일란 파페의『팔레스타인 현대사: 하나의 땅, 두 민족』이다. 그는 시온주의적 이스라엘 민족주의와 팔레스타인의 대항서사 둘 다를 거부하고, 이스라엘과 팔레스타인이 각각 어린이, 여성, 민중, 노동자 등 약한 자들을 위한 나라가 될 때 격조 높은 공존이 가능하다고 본다. 민족주의적 대항서사는 엘리트의 이익일 뿐 가난하고 연약한 사람들은 국가의 경계 없이 평화롭게 살 수 있었다고 보고, 이스라엘 국가가 들어서기 전의 팔레스타인은 그런 공존이 존재했다고 본다. 그러나 유대인들은 아직도 마음이 강팍해 아랍인들과의 평화공존을 외치는 동족 엘리트들을 죽여버리거나 파문해버린다(1995년에 암살된 노벨평화상 수상자 이차아크 라빈 총리와 이스라엘-팔레스타인 연합국가안을 제안하다가 파문당한 한나 아렌트).[16]

55장.

만민의 인도자와 명령자로 세우심을 받은 다윗

55

¹ 오호라, 너희 모든 목마른 자들아, 물로 나아오라. 돈 없는 자도 오라. 너희는 와서 사 먹되 돈 없이 값 없이 와서 포도주와 젖을 사라. ² 너희가 어찌하여 양식이 아닌 것을 위하여 은을 달아 주며 배부르게 하지 못할 것을 위하여 수고하느냐. 내게 듣고 들을지어다. 그리하면 너희가 좋은 것을 먹을 것이며 너희 자신들이 기름진 것으로 즐거움을 얻으리라. ³ 너희는 귀를 기울이고 내게로 나아와 들으라. 그리하면 너희의 영혼이 살리라. 내가 너희를 위하여 영원한 언약을 맺으리니 곧 다윗에게 허락한 확실한 은혜이니라. ⁴ 보라, 내가 그를 만민에게 증인으로 세웠고 만민의 인도자와 명령자로 삼았나니 ⁵ 보라, 네가 알지 못하는 나라를 네가 부를 것이며 너를 알지 못하는 나라가 네게로 달려올 것은 여호와 네 하나님 곧 이스라엘의 거룩하신 이로 말미암음이니라. 이는 그가 너를 영화롭게 하였느니라. ⁶ 너희는 여호와를 만날 만한 때에 찾으라. 가까이 계실 때에 그를 부르라. ⁷ 악인은 그의 길을, 불의한 자는 그의 생각을 버리고 여호와께로 돌아오라. 그리하면 그가 긍휼히 여기시리라. 우리 하나님께로 돌아오라. 그가 너그럽게 용서하시리라. ⁸ 이는 내 생각이 너희의 생각과 다르며 내 길은 너희의 길과 다름이니라. 여호와의 말씀이니라. ⁹ 이는 하늘이 땅보다 높음 같이 내 길은 너희의 길보다 높으며 내 생각은 너희의 생각보다 높음이니라. ¹⁰ 이는 비와 눈이 하늘로부터 내려서 그리로 되돌아가지 아니하고 땅을 적셔서 소출이 나게 하며 싹이 나게 하여 파종하는 자에게는 종자를 주며 먹는 자에게는 양식을 줌과 같이 ¹¹ 내 입에서 나가는 말도 이와 같이 헛되이 내게로 되돌아오지 아니하고 나의 기뻐하는 뜻을 이루며 내가 보낸 일에 형통함이니라. ¹² 너희는 기쁨으로 나아가며 평안히 인도함을 받을 것이요 산들과 언덕들이 너희 앞에서 노래를 발하고 들의 모든 나무가 손뼉을 칠 것이며 ¹³ 잣나무는 가시나무를 대신하여 나며 화석류는 찔레를 대신하여 날 것이라. 이것이

여호와의 기념이 되며 영영한 표징이 되어 끊어지지 아니하리라.

주석

55장은 앞장 54장과 뒷장 56장과 다소 독립적으로 존재하는 구원신탁을 담고 있다. 이 장은 다윗과 다윗언약을 '영원히 유효한' 언약으로 승화시키고 그 언약의 수혜자도 만민으로 확장된다. 55장은 만민의 인도자와 명령자로 세움 받은 다윗[1-5절]과 야웨의 말씀이 역사 속에 반드시 성취된다는 진리를 확증하는 말씀[6-13절]으로 구성되어 있다.

만민의 인도자와 명령자로 세움 받은 다윗 • 1-5절

본문의 화자는 하나님인데 청중이 누군지는 분명하지 않다. 2절에 비추어볼 때 이전의 본문들에서 비판받던 우상숭배자들일 가능성이 있다. 이 우상숭배자들은 바벨론에 잔류하며 가나안 고토귀환에 미온적인 반응을 보이는 사람들이었을 것이다. 그들은 가나안 고토귀환에는 장래가 없다고 생각하며 제2이사야를 통해 선포된 하나님의 말씀이 현실에서 성취될 가능성을 의심하는 자들이었을 것이다.

  1절은 애가형 영탄발어사로 시작된다. '오호라'[호이(הוֹי)]는 개탄스럽거나 안타까운 상황을 도입할 때 사용되는 발어사다. 이사야 5장과 9장에서 다섯 차례 정도 사용되는데 모두 다 하나님의 단죄를 받는 자들이 하는 행동을 묘사할 때 사용되었다. "모든 목마른 자들"과 '돈을 우상에게 써버린 후 돈이 없어진 자들'이 청중이다. 하나님은 이들에게 물, 포도주와 젖을 무상으로 가져가라고 초청하신다. 물, 포도주, 젖은 사막과 광야를 통과하는 모든 여행객들에게 필수 음식이다. 언뜻 보면 '목마른 자들', '돈 없는 자들'은 하나님의 단죄를 받는

사

사람들이라기보다는 민망한 동정심을 불러일으키는 사람들처럼 보인다. 그런데 2절에 보면 이들은 단지 가난한 자들이 아니다. 양식이 아닌 것을 위하여 은을 지불하며 배부르게 하지 못할 것을 위해 수고했던 자들이다. 이들은 무기력하고 소극적인 의미의 어리석은 자가 아니라, 적극적이고 능동적인 의미의 어리석은 자들이다. 2절에서 하나님은 무익한 양식을 사느라고 재산을 탕진한 어리석은 자들에게 호소하신다. "내게 듣고 들을지어다." 히브리어 구문으로는 '듣다'[샤마(שָׁמַע)]라는 동사의 정동사 2인칭 남성 복수 명령형(שִׁמְעוּ)과 뒤따라오는 부정사 절대형(שָׁמוֹעַ) 순서로 배치되어 있다. 부정사 절대형이 정동사 뒤에 배치되면 '지속적으로'라는 부사의 의미를 갖는다. '너희는 지속적으로 내게 들으라'는 의미가 된다. 하나님을 지속적으로 '들어야 산다.' 왜 하나님의 말씀을 지속적으로 들어야 살 수 있는가? '사람은 빵만으로 살 수 없고 하나님의 입에서 나오는 모든 말씀으로 살아가기 때문이다.'^{신 8:3; 마 4:4} 하나님을 지속적으로 경청하면 좋은 것을 먹고 기름진 것으로 즐거움을 얻을 것이다. 인간은 자신을 창조한 창조주의 입에서 나오는 모든 말씀으로 부조리한 상황이나 사태를 이겨낼 수 있다. 살 소망이 끊어질 정도로 비관적인 현실에 처해서도 하나님께 듣는 말씀은 그것을 재해석할 수 있는 상상력을 준다. 하나님의 말씀은 원기를 북돋우는 좋은 것, 기름진 음식이다. 하나님 말씀은 듣는 각 사람에게 최적화된 말씀이기에 원기를 북돋운다. 이처럼 인간은 하나님 말씀을 듣고 원기를 얻지 못하면 본질적으로 영적 기갈에 시달리는 존재다. 이 목마름과 배고픔 때문에 인간은 또 다시 하나님께 듣고 원기를 회복하는 예배의 리듬을 내면화시킨다. 하나님께서는 굶주리고 목마른 사람들에게 한없이 관대하시다.

3절은 2절 하반절을 이어받는다. 인간이 산다는 것은 영혼이 산다는 것이다. 아무리 영양학적으로 좋은 음식을 많이 섭취해도 '사는 것처럼 생기 있게 살지 못하는' 사람도 많다. 인간은 창조주 하나님께 귀를 기울이고 하나님께 나아와 들으면 영혼이 살아난다. 유발 하라리는『호모 데우스』에서 '인간에게 영혼은 없다'고 소리친다.[1] 진화론 신봉자인 그는 인간은 오랜 기간에 걸쳐 부분기능이 모여 전체 유기체로 진화된 존재이기에, 진화의 단계를 거치지 않은 영혼이 갑자기 진화하는 신체기관의 체계 속에 끼어들 여지가 없다고 주장한다. 점차로 진화해온 요소들인 모든 신체기관들이 자율적으로 작동하는 복합적 알고리즘 체제인 인간 몸에 진화를 거치지 않는 영혼이라는 독립적 실체가 들어설 여지가 없다는 것이다. 인간의 모든 행동, 소망, 생각은 신경화학적, 생물학적, 기계공학적 알고리즘으로 설명되기에 영혼의 실재를 상정할 필요가 없다는 것이다. 칸트는『순수이성비판』에서 자연과학적 이성으로는 영혼의 실재 여부를 입증할 수도 없고 반증할 수도 없다는 중간 입장을 취했으나, 최첨단 진화생물학과 인공두뇌공학자들과 그들의 추종자들은 아예 인간에게 영혼이 없다고 단언한다. 인간은 외부에서 온 반응의 총체일 뿐 초월적인 하나님과 교신하는 영적 교신기능을 갖고 있지 않다는 것이다. 하라리는 종교와 신을, 언어를 가진 인간이 강력한 상상력에 의해 창조한 허구질서라고 정의한다. 하라리의 주장은 자연과학의 업적에 도취된 인간의 자기확신일 뿐이다. 아무리 하나님의 존재를 부인해도 인간은 하나님의 창조질서와 원칙을 벗어날 수 없다. 하나님은 인간에게 하나님의 존재를 부정하는 온갖 복잡한 논리체계를 가공할 자유의 여지를 수여하셨다. 창조주 하나님을 부정하고 의심하는 사유도 하나님이 내장하신 알고리즘의 일부다. 하나님은 이 모든 알고리즘의 설계자이며 이 알고리즘에 사랑의 암호를 내장해 두셨다. 사랑은 진화론적인 의미에서 유전자들 자체의 생존전략이 아니라 하나님의 명령이다.

인간의 모든 행동, 문화창조, 갈등, 사랑 등 복합적인 삶은, 그 궁극이 사랑이신 창조주 하나님을 향해 가깝게 가거나 멀어지는 하나님 의식적, 하나님 반영적인 행동양상들이다. 그래서 인간은 하나님을 향해 살 때, '사는 것처럼' 산다. 산다는 것 자체가 하나님과 교제하면서 산다는 것이다. 산다는 것은 죄악의 충동과 위협에 시달리지 않고 하나님이 주신 자유 안에서 하나님과 이웃을 자유롭게 사랑하는 활동의 총칭이다. 인간은 하나님과의 영적 교제 속에 살 때 가장 행복하다고 느끼도록 창조되어 있다. 하나님과 등지고 원수가 되면 만민과 등을 지고 원수가 되고 하나님과 화목하면 만민과 화목할 수 있게 된다.

하나님을 향해 영혼이 소생한 사람들에게 하나님은 영원한 인격적 결속인 영생을 선사하신다. 그것이 바로 영원한 언약이다. 영원한 언약은 인간이 어떤 수단을 쓰더라도 해체할 수 없는 언약이다. 하나님의 압도적인 은혜가 주도하고 지탱시키는 비대칭적인 쌍무언약이기 때문이다. 이 언약은 시내산 언약과 달리 언약을 위반해도 징계를 받을지언정 하나님의 절대적인 사랑은 변함이 없다는 것을 확증하는 언약이다. 이 언약은 최초로 다윗을 통해 베푸신 언약이다. 삼하 7:12-16 영원한 언약[버리트 올람(בְּרִית עוֹלָם)]과 다윗에게 주신 확실한 인애(의리, 헤세드)는 동일체를 가리킨다. "다윗에게 허락한 확실한 은혜"라고 번역된 히브리어는, 하스데 다윗 한네에마님(חַסְדֵי דָוִד הַנֶּאֱמָנִים)이다. 직역하면 '확실한 다윗의 인애들'이다. "내가 네 앞에서 물러나게 한 사울에게서 내 은총을 빼앗은 것처럼 그에게서 빼앗지는 아니하리라"(삼하 7:15). 개역개정에서 "은혜"라고 번역된 히브리어는 헤세드(חֶסֶד)다. 언약 당사자가 언약을 지키기 위해 의무 이상으로 친절하고 선도적인 행동을 할 때 그것을 인애라고 한다.

4절은 다윗언약의 범위가 보편적으로 확장될 가능성을 말한다.

'보라'[헨(הֵן)]는 하나님이 준비한 새로운 일들이 일어나는 상황을 알리는 주의전환용 발어사다. 4절의 '그'는 다윗이다. 하나님은 그를 만민에게 야웨 하나님의 세계통치 대권을 증거하는 증인[에드 르움밈(עֵד לְאֻמִּים)]으로 세웠고, 만민을 하나님께로 이끄는 통솔자[나기드(נָגִיד)]요 명령자[므차베(מְצַוֵּה)]로 삼으셨다. 다윗의 역할이 이스라엘 통일 왕국의 군주가 아니라, 만민을 하나님께로 이끄는 통솔자로 바뀐다. 이때 다윗은 '역사적 다윗'을 가리키기보다는 신학적으로 승화된, 이상화된 왕의 전범典範으로서의 다윗을 가리킨다. 에스겔 34장이 말하듯이 여기서 말하는 '다윗'은 주전 1000년경 살다가 죽은 다윗이 아니라 미래의 다윗 후손을 가리킨다. 다윗이 시성諡聖된 이유는 다윗의 통치가 공평과 정의의 통치였다는 예언자들의 믿음 때문이었다. 다윗은 사무엘하 8:15에서 온 이스라엘을 공평과 정의로 통치했다는 명성을 얻은 이래, 열왕기 시대에는 모든 군주들을 평가할 때 기준이 되는 이상화된 성군으로 승화된다. "요시야가 여호와 보시기에 정직히 행하여 그의 조상 다윗의 모든 길로 행하고 좌우로 치우치지 아니하였더라"(왕하 22:2). 이사야 9장과 11장은 이미 다윗을 이상적인 군주로 시성하고 있다. 호세아 3:5, 아모스 9:11-14, 예레미야 30:9, 33:21, 에스겔 34장 등 여러 예언서 본문들은 북이스라엘 지파들이 다시 가나안 고토로 돌아와 이스라엘의 일부가 되는 통로는 다윗에게 베푼 인애의 언약 때문임을 명시하거나 암시한다. 다윗의 기치 아래 시온은 북이스라엘 지파들뿐만 아니라 열국을 하나님께로 인도한다. "그날에 이새의 뿌리에서 한 싹이 나서 만민의 기치로 설 것이요 열방이 그에게로 돌아오리니 그가 거한 곳이 영화로우리라"(사 11:10). 다윗은 공평과 정의의 통치군주를 가리키므로 공평과 정의의 통치자가 열국을 하나님께로 인도한다는 말이다. 이제 이스라엘을 다스릴 왕은 민족주의적 이념에 사로잡혀서는 안 된다. 만민을 통치할 우주적 도량과 정의, 공의와 자비를 육화시켜야 한다. 다윗을 잇는 이스라엘의 이상왕은 열방에게 야웨의 위대하심과 유일하신 참 하나님 되심을 증언하며 그들을 야웨께로 이끄는 제사장적인 왕이어야 한다.^{시 18:50; 22:27}

5절의 청중 '너'는 이스라엘이다. 다윗의 영도력 때문에 이스라엘을 알지 못하는 나라가 이스라엘을 부르며 달려올 것이다. 이스라엘이 열국의 중심이 되어 열국을 불러들일 것이다. 이런 이스라엘의 영적 구심력은 이스라엘의 하나님, 이스라엘의 거룩한 자로 인해 형성된다. 하나님이 이스라엘을 '영화롭게 하셨기' 때문에 열국은 이스라엘에게 모여들 것이다. '영화롭게 한다'는 것은 군사력이나 경제력의 증대를 의미하는 것이 아니라 하나님 사랑과 이웃 사랑의 모범 때문에, 즉 이스라엘에 넘치는 평화 때문에 열국에게 제사장적 지도력을 발휘하게 하신다는 말이다. 이스라엘이 영화롭게 되는 구체적인 예는 이사야 2:2-3의 환상이 실현되는 것이다. "말일에 여호와의 전의 산이 모든 산 꼭대기에 굳게 설 것이요 모든 작은 산 위에 뛰어나리니 만방이 그리로 모여들 것이라. 많은 백성이 가며 이르기를 오라. 우리가 여호와의 산에 오르며 야곱의 하나님의 전에 이르자. 그가 그의 길을 우리에게 가르치실 것이라. 우리가 그 길로 행하리라 하리니 이는 율법이 시온에서부터 나올 것이요 여호와의 말씀이 예루살렘에서부터 나올 것임이니라."^{사 66:20; 사 45:14; 49:12}

이사야 11:10도 같은 미래를 예언하고 있다. "그 날에 이새의 뿌리에서 한 싹이 나서 만민의 기치로 설 것이요 열방이 그에게로 돌아오리니 그가 거한 곳이 영화로우리라."^{사 49:22; 요 12:32}

이 단락은 이사야 40-54장을 관통하는 출바벨론 가나안 고토귀환 예언들과의 명시적인 관련성이 상대적으로 적어 보인다. 40-55장 전체의 결론으로서 잠언적 성격을 띤 말씀이다. 군이 하나의 주제를 뽑자면 하나님 말씀의 필연적 성취와 실현이다. 40-54장 전체의 예언이 역사 속에서 반드시 성취된다는 것이다. 그렇지만 대체로 이 단락에 속한 각각의 구절은 그 자체로 떼어내도 말이 통하는 독립적인 잠언들로 여겨질 정도로 느슨하게 연결되어 있다. 6-9절은 회개의 중요성과 회개하는 자들을 위한 하나님 용서의 확실성을 말한다. 10-11절은 하나님 말씀의 역사적 성취를 강조하고, 12-13절은 가나안으로 복귀하는 귀환포로들을 반기는 자연들의 열띤 호응을 말한다. 6절과 12절의 청중인 "너희"는 이전 장들에서 자주 등장했던 바벨론 귀환포로들이다. 이렇게 본다면 이 단락의 목적은 가나안으로 돌아가는 포로들에게 이전 장들에서 선포된 하나님의 출바벨론 가나안 복귀 주도 관련 예언들이 반드시 성취될 것임을 확신시키는 데 있다고 볼 수 있다. 이런 의미에서 55장은, 바벨론 포로들에게 가나안 땅 이스라엘 원래 본토로 돌아가라고 격려하는 40-54장의 모든 예언들을 총괄적으로 마무리하는 예언으로 간주될 수 있다.

6절에서 예언자는 바벨론 포로들에게 하나님이 은혜의 밀물을 보낼 때 가나안 복귀의 배를 띄우라고 격려한다. 출바벨론 가나안 복귀 여정에 동참하는 이때는 여호와께서 당신을 만날 수 있도록 기회를 주신 때다. 포로들은 수동적인 자세로 은혜를 받는 데 그치지 말고 적극적으로 하나님을 찾아야 한다. 지금은 하나님이 바벨론 포로들에게 가까이 와 계실 때이니 하나님을 부르라는 것이다. 하나님을 찾고 부르는 일은 한가하고 산만한 영의 소유자들에게는 불가능하다. 영적 기운이 집중되어 있지 않으면 하나님을 향하여 도와달라고 소리칠 힘이 생기지 않는다. 여호와께서 가까이 계실 때 여호와를 부르고 찾을 능력은 인간이 동원해야 한다. 하나님은 우리 인생에 영적 만조기와 간조기를 신비한 리듬에 따라 교대로 허락하신다. 다시 말해서 나의 도덕성과 상관없이 부흥의 물결이 찾아올 수가 있다. 하나님을 부르기만 하면 만나주시는 때가 있다. 바로 지금 70년 포로생활을 끝내가는 바벨론 포로들에게 이런 영적 만조기가 시작된 것이다. 70년 바벨론 포로생활을 끝내고 가나안 땅으로 돌아가려고 하는 이스라엘 동포들에게 하나님은 밀물처럼 다가왔다. 그때는 하나님을 찾고 부르기만 하면 하나님은 인도자가 되시고 깃발이 되신다. 그런데 여호와를 찾고 부르는 일에 전제조건이 7절에 나온다. 악인은 그 길을, 불의한 자는 그 생각을 버려야 된다. 하나님과 영적 소통이 일어날 만큼 하나님의 가슴에 타전될 만큼 우리의 진정성이 용솟음쳐야 한다. 하나님을 부를 때 우리의 외침이 하나님 가슴에 타전되려면 악한 길을 버리고 악한 생각을 버려야 한다. 하나님과의 영적인 사통팔달 대로가 열리려면 우리 기존의 삶의 방식을 버려야 될 때가 있고, 우리의 어떤 세계관 관념을 포기해야 할 때가 있다. 그럴 때 여호와께서는 비록 우리가 우리의 죄로 초래한 징벌과 환난 가운데 있을지라도 우리를 불쌍히 여겨주신다.

8-9절은 하나님의 용서에 대한 확신이 없는 자들에게 주어진 부가적 권면이다. 바벨론 포로들은 지금 바벨론에 잔류해서 사는 것이 좋은 일이라고 생각할지 모른다. 그것은 그들의 길과 생각, 곧 악인들의 길과 생각인데 이 문맥에서는 '그들'은 바벨론 잔류파를 가리킨다. 그들에게는 하나님의 예언들은 너무나 먼 미래에 관한 것들이요 현실에서는 당장 바벨론에서 정착해 사는 바벨론적 삶의 방식이 고수해야 할 가치처럼 느껴진다. 이런 상황에서 8-9절의 의미가 분명

해진다. '너희를 출바벨론 가나안 고토귀환에 초청하는 이유는 지금 너희의 생각으로는 이해가 안 될 것이다. 너희가 추구하는 현상유지적 바벨론 잔류 방침과는 어긋날 것이다. 그러나 기억하라. 내 생각은 너희 생각과 다르며 내 길은 너희 길과 다르다.' 특히 9절이 의미심장하다. '하늘이 땅보다 높음 같이 하나님의 길은 너희 바벨론 포로들이 추구하는 길보다 높으며 하나님의 생각은 너희 바벨론 잔류파의 생각보다 높기 때문이다.' 그런데 현실에서는 하나님이 예언자를 통하여 제시하는 살 길은 배척당할 가능성이 크다. 아마 지금 바벨론 포로들에게 예언자를 통해서 제시된 40-54장의 비전은 너무 높고 우활^{迂闊}해서 오히려 현실주의적 실감을 주지 못했을 수 있다. 너무 고상한 하나님의 길보다 그들은 비록 악한 길이라고 비판받는 길일지라도 자신들의 현실주의 노선을 선택했을 수도 있다. 이런 배척과 외면 속에서도 예언자들은 하나님의 길과 하나님의 생각이 지상 현실에서 성취될 것임을 설득하고 있다.

10-11절은 하나님 말씀이 너무 고상하고 우활해서 현실적 성취가능성이 없다고 의심하는 자들의 마음을 정면으로 겨냥하고 있다. 예언자들은 인간의 근시안적인 악한 길과 생각 대신에 하나님 생각과 하나님의 길을 지상역사 속에 스며들어 결실할 수 있게 만드는 길이 있다고 믿는다. 그것은 하나님 말씀을 영접하고 순종하고 기다리는 것이다. 마치 하늘의 눈과 비를 대지가 받아 영접하고 머금었다가 마침내 초목을 결실하게 만드는 원리와 같은 원리다. 10절은 농사와 초목 결실의 예를 들며 하나님의 고상하고 높은 생각이 어떻게 결실하는지를 보여준다. 비와 눈이 하늘에서 내려서 땅을 적시고 움이 돋게 하고 싹이 나게 하며 결실하게 하며 종자와 파종 종자를 다시 씨를 뿌린 농민에게 돌려준다. 하늘에서 내린 비와 눈은 그 과목과 채소가 맺은 열매를 수고한 농부에게 다시 돌려준 후에, 수증기가 되어 하

늘로 올라간다. 마찬가지로 하나님 입에서 나온 말씀도 반드시 하나님 의도와 목적을 성취한 후에 다시 하나님께로 되돌아간다. 일종의 포물선 운동이다. 비와 눈이 하늘에서 내려와 땅을 적시고 곡식과 초목을 결실케 하고 인간 공동체를 이롭게 만들었다가 하나님께로 다시 올라가듯이, '이처럼 예언자를 통하여 선포되는 하나님의 말씀도 반드시 역사 속에 성취되리라.'

11절은 10절을 부연한다. '예언자를 통해 내 입에서 나간 말은 나의 뜻을 이루며 나의 명하여 보낸 일을 형통하게 한 후에 반드시 나에게로 돌아온다.' 하나님의 가슴에서 쏟아진 하나님 말씀을 우리 가슴으로 듣고 감동받고 순종하면 좋은 밭에 뿌려진 씨앗처럼 반드시 결실한다.^{막 4:20} 구원받은 백성은 하나님의 말씀을 가슴으로 받고 감동하며 순종한다. 여기서 30, 60, 100배의 결실이 일어난다. 구원받지 못한 백성에게는 하나님이 순종의 부담을 주지 않으신다. 하나님이 자기 백성에게만 순종의 부담을 안겨주신다. 내가 구원을 받았다는 증거는 감미롭고도 자발적인 순종의 부담 속에 현재 내가 살고 있는 것이다. 하나님은 구원받은 성도에게만 그 말씀이 결실되도록 하시기 때문이다. 구원받은 성도는 하나님의 말씀을 비와 눈처럼 받아 마시다가 시절을 좋아 과실을 맺는 나무와 같다. 그래서 구원받은 성도의 삶은 열매로 반드시 나타난다.^{시 1:3; 갈 5:22-23} 거룩하고도 자발적인 순종으로 그 생애를 채워가는 사람들의 삶 속에는 세상이 줄 수도 없고 이해할 수도 없는 열매가 맺힌다. 그 열매는 성령의 열매다.

12-13절은 하나님의 말씀을 믿고 출바벨론 가나안 복귀대열에 나선 사람들을 위한 축복의 말씀이다. 모든 초목들이 가나안으로 돌아오는 포로들을 환영한다. 출바벨론 귀환포로들은 기쁨으로 나아가며 평안히 인도함을 받을 것이요, 산들과 언덕들이 그들의 귀환을 즐겁게 환영하며 노래를 발하고 들의 모든 나무가 손뼉을 칠 것이다.^{12절}

'산들과 작은 산들이 너희 바벨론 포로들 앞에서 노래를 발하고 들의 모든 나무가 손바닥을 칠 것이며 자연과 산들이 너희를 위해 행진곡을 불러줄 것이다.' 또한 하나님의 은총이 다시 다스리는 가나안 땅에는 식물군락지형이 바뀔 것이다. 잣나무는 가시나무를 대신하여 나며 화석류는 찔레를 대신하여 날 것이다. 이 초목들의 군락지 변화는 야웨 하나님이 다스리는 땅의 표징이 되며 기념[셈(שֵׁם)]이 될 것이다. '기념'이라고 번역된 히브리어 단어는 '이름'이기도 한다. 이름은 현존이자 영예다. 그 땅의 변화가 하나님의 명예와 영광이 된다는 의미다. 더 나아가 이런 초목들의 교체가 바벨론 포로들을 기뻐하며 환영하시는 하나님을 기념하는 영원한 표징[오트 올람(אוֹת עוֹלָם)]이 될 것이다. 잣나무는 성전을 지을 때 사용된 목재이며 가시나무와 찔레는 저주받은 땅에서 자라는 초목이다. 가시나무 덤불에서 잣나무 숲으로 바뀌는 과정이 말씀에 순종하는 사람에게 일어난다. 창세기 17:11, 13에서는 할례가 '언약의 표징'이며 '영원한 언약'으로 불린다. 이런 산천초목의 변화는 땅에 일어나는 할례인 셈이다. 바벨론 포로들이 귀환해서 가나안 땅에 사는 것, 그리고 그들의 귀환을 환영하여 초목군락지가 교체가 되는 것은 하나님의 이름이 새겨지는 일이며 하나님의 영원한 표징이 일어나는 일과 같다. 또한 노아 홍수 이후에 하나님께서 모든 생물들을 다시는 물로 멸하지 않으시겠다는 약속으로 언약의 무지개를 주시는데, 그것도 영원한 표징이다(창 9:11-17, 특히 13절 오트 버리트). 이처럼 표징(오트)은 하나님의 임재와 보호 의무 등을 함의한다. 창 4:15; 9:12-13; 출 4:8-9; 7:3; 12:13

메시지

'산다'는 것은 생화학적 활동이지만, 성경에서 말하는 '산다'는 생물학적 생명연장과는 다르다. '산다'는 '반드시 언약적 관계에서 의미 있는 역할과 참여'를 통해 인정받는 행위를 포함한다. 하나님은 당신이 창조한 피조물을 보고 '좋다'고 만족감을 피력하시고, 인간이 중심이 되어 움직이는 피조세계의 활동상을 보면서 '심히 기뻐하셨다.' 하나님은 피조물 의존적이 아니라 자존하는 하나님이시지만, 당신의 생명호흡으로 기동하는 피조물을 보시고 기뻐하셨다. "여호와 하나님이 땅의 흙으로 사람을 지으시고 생기를 그 코에 불어넣으시니 사람이 생령이 되니라"^{창 2:7} 생령이라고 번역된 히브리어는 네페쉬 하야(נֶפֶשׁ חַיָּה)다. 네페쉬는 목구멍이라는 신체기관을 가리키는 명사이면서 욕망, 사람을 의미하기도 한다. 네페쉬는 숨을 들이쉬는 기관, 음식을 섭취하는 기관이다. 그것이 전의되어 음식, 공기를 받아들이고자 하는 욕망을 표현하는 말이 되었다. 여기서 인간은 공기흡입적이고 음식섭취적인 목구멍(욕망)으로 살아가는 존재라는 말이 성립된다. 인간은 자가발전으로 생명력을 창조하지 못하고 목구멍으로 산소를 마시거나 음식을 섭취하여야 사는 존재다.

이사야 55:3 상반절은 인간을 살게 하는 힘이 무엇인지를 다시금 성찰하게 한다. "너희는 귀를 기울이고 내게로 나아와 들으라. 그리하면 너희의 영혼이 살리라." 하나님께 귀를 기울여 하나님 말씀을 들어야 영혼이 산다는 것이다. 영혼은 생화학적 영양섭취로만으로는 살아나지 못한다. 하나님의 생명호흡을 흡입하고 섭취하여야 산다. 이스라엘은 가나안 고토로 돌아가는 여정에서 행로에 기진맥진할 수 있다. 목마르고 굶주릴 위험성이 있다. 하나님은 이런 그들에게 물, 포도주, 젖을 무상으로 받으라고 말씀하신다. 양식 아닌 것, 즉 우상에게 은금을 달아주지 말고 하나님께 나와서 하나님의 말씀을 듣고 사명진작을 하라고 하신다. 인간은 영혼이다. 인간은 외적 조건이 아무리 화려하고 풍요롭게 갖춰져도 기쁨이 없으면 영혼이 죽는다. 기쁨은 하나님이 주신 사명을 성취할 때 받는 선물이다. 하나님도 당신의 창조사역을 종료하셨을 때 기뻐하셨다. 특히 사람이 하나님의 형상을 구현하며 에덴을 통치하는 것과 땅을 정복하고 다스리는 모습을 보신 하나님이 심히 기뻐하셨다. 하나님은 창조의 수고를 통해 힘을 쏟으셨지만, 그 수고의 결과 때문에 기쁨을 얻으셨다. 마찬가지로 하나님은, 인간이 하나님이 맡긴 사명을 잘 감당할 때 기쁨을 느끼도록 설계하셨다. 인간은 하나님이 주신 사명을 성취하기 위해 일할 때 힘과 생명을 소진하지만 그 결과로 인해 기쁨을 얻는다. 노동으로 쏟은 생명력을 되채우고도 남는 생명력이 바로 희락, 기쁨이다. 인간이 하나님께 가서 하나님 말씀을 들어야 할 이유는, 창조주 하나님이 나에게 주신 사명이 무엇인지를 듣기 위함이요 깨닫기 위함이다. 하나님은 바벨론 포로들에게 왜 그 고단한 출바벨론 가나안 복귀장정을 감당해야 하는지를 들려주시려고 가까이 오라고 말씀하신다. 하나님께 귀 기울여 가까이 간 사람은 사명의 대장정을 능히 답파할 수 있다. 아무리 고된 여정이라도 영혼을 살리는 사명의 여정이 된다. 인간은 진정으로 사명을 일깨우는 양식, 곧 영적 양식을 먹어야 산다. 하나님께 전심으로 귀를 기울이면 영혼이 사는 이유는, 하나님의 입에서 나오는 말씀은 우리에게 사명을 일깨우기 때문이며 죄로 인해 질곡에 빠진 영혼을 해방시키는 죄 사함의 확신을 주기 때문이다. 하나님 말씀은 또한 절망의 덫에 빠진 사람을 탈출케 하는 영감어린 상상력을 준다. 자신의 존엄을 손상당한 영혼들에게는 하나님의 피조물로서 누릴 수 있는 영적 특권을 회복시켜준다.

예수님은 갈릴리에서 하나님 말씀을 가르치며 엄청난 인파를 몰고 다니셨다. 예수님의 말씀에는 권세 있는 자의 말씀같이 순종을 불러 일으키는 권능이 있었다. 예수님은 더 풍성한 삶, 영생을 주시려고 말씀을 가르치셨다.요 5:38-39, 46 예수님의 말씀은 육이 아니라 영이요 생명이었다. 그래서 예수님에게 영생을 찾는 무리가 쇄도했다. 그러나 그들 중에는 영혼을 살리는 양식이 아니라 먹고 또 배고프게 되는 썩을 양식을 찾으려는 자들도 섞여 있었다. 그들은 예수님을 이용하려는 자들이다. 떡 다섯 덩이와 물고기 두 마리로 오천 명을 배부르게 하신 후 예수님은 자신을 "억지로" 왕 삼으려는 무리로부터 자신을 급히 숨기셨다.^{요 6:26-38} 그러나 이튿날 무리는 가버나움 회당에서 말씀을 가르치던 예수님을 찾아온다. 그때 예수님이 영생을 주는 양식과 썩는 양식을 날카롭게 구분하신다. 무리는 자신의 배부름을 위하여 예수님을 왕으로 삼으려고 한다. 예수님의 권능으로 만들어진 떡을 먹고 배불렀기 때문에 예수님을 왕으로 삼으려는 사람들은 예수님 자신을 주^主로 모시는 것이 아니라 자신의 배를 주로 섬기는 사람들이다. 예수님은 군중이 예수님 자신이 누구인가에 대한 관심은 없고 자신들의 욕망을 충족시키기 때문에 예수님 자신을 필사적으로 찾는 것을 간파하셨다.

예수님은 무리가 자신의 표적이나 권능에 치중하지 말고 자신이 누구인지 정확하게 알고 자신이 하나님께로부터 파송된 하나님의 아들임을 믿어주기를 기대하신다. 표적^{sign}은 물리적-자연적 사건이나 물건을 가지고 영적인 사건/실체를 가리키는 것이다. 예수님이 행하신 표적의 핵심은 두 가지다. 첫째, 예수님이 하늘에서 내려온 산 떡이다. 둘째, 하늘에서 내려온 산 떡의 정체는 하나님의 보내신 뜻을 성취하는 복종의 화신이다. 예수님은 살리는 떡이요, 영이요, 말씀이다.^{사 55:10-11} 예수님 자신이야말로 당신을 보내신 하나님의 뜻을 행하는 데 목숨을 거는 복종의 화신이다. 이처럼 하나님의 뜻을 행하는 삶이 하나님의 생명력을 공급받는 삶이다. 영생은 하나님의 생명력을 공급받는 삶이요 하나님을 알고 친밀하게 교제하는 삶이다. 인간은 하나님의 말씀을 순종할 때 힘을 방출하도록 창조되었다. 하나님의 말씀에 순종하면 할수록 힘과 원기를 공급받도록 설계되어 있다. 하나님 말씀에 대한 믿음과 순종을 하나님의 말씀을 먹는 행위라고 말한다. 예수님의 넘치는 원기와 에너지는 하나님의 말씀을 행하려는 의지와 행하는 순종에서 비롯되었다.요 4:34; 6:38

예수님은 군중의 관심이 떡이나 배부름이 아니라, 예수님 자신과 예수님 자신의 주장에 집중되기를 바라신다. 예수님은 썩을 양식을 위하여 일하지 말고, 영생하도록 있는 양식을 위하여 일하라고 명령하신다. 영생하도록 있는 양식을 위한 일은 하나님께서 보내신 자를 믿는 것이다. 예수님이 하나님이 파송하신 하나님의 아들임을 믿는 것이 영생을 위한 일이다. 예수님은 철두철미한 복종을 통하여 하나님의 뜻을 준행하시고 영원한 '살리는 떡'이 되셨다. 예수님의 살은 십자가에서 찢어진 떡덩이요, 예수님의 피는 우리를 위하여 흘려진 보혈의 잔이다. 실로 예수님은 오병이어의 표적을 통하여 자신의 초자연적인 권능을 과시하기를 원하시지 않았다. 오히려 무리가 그 오병이어의 권능을 맛본 후 예수님 자신의 정체와 사명을 밝혀 깨닫기를 원하셨다. 우리는 예수님의 주는 떡을 먹는 수준에서 벗어나 예수님의 살을 먹고 피를 마시는 교회가 되기를 열망해야 한다.

56장.

이방인들을 환영하는 예루살렘 성전, 만민의 기도처

56

¹ 여호와께서 이와 같이 말씀하시기를 너희는 정의를 지키며 의를 행하라. 이는 나의 구원이 가까이 왔고 나의 공의가 나타날 것임이라 하셨도다. ² 안식일을 지켜 더럽히지 아니하며 그의 손을 금하여 모든 악을 행하지 아니하여야 하나니 이와 같이 하는 사람, 이와 같이 굳게 잡는 사람은 복이 있느니라. ³ 여호와께 연합한 이방인은 말하기를 여호와께서 나를 그의 백성 중에서 반드시 갈라내시리라 하지 말며 고자도 말하기를 나는 마른 나무라 하지 말라. ⁴ 여호와께서 이와 같이 말씀하시기를 나의 안식일을 지키며 내가 기뻐하는 일을 선택하며 나의 언약을 굳게 잡는 고자들에게는 ⁵ 내가 내 집에서, 내 성 안에서 아들이나 딸보다 나은 기념물과 이름을 그들에게 주며 영원한 이름을 주어 끊어지지 아니하게 할 것이며 ⁶ 또 여호와와 연합하여 그를 섬기며 여호와의 이름을 사랑하며 그의 종이 되며 안식일을 지켜 더럽히지 아니하며 나의 언약을 굳게 지키는 이방인마다 ⁷ 내가 곧 그들을 나의 성산으로 인도하여 기도하는 내 집에서 그들을 기쁘게 할 것이며 그들의 번제와 희생을 나의 제단에서 기꺼이 받게 되리니 이는 내 집은 만민이 기도하는 집이라 일컬음이 될 것임이라. ⁸ 이스라엘의 쫓겨난 자를 모으시는 주 여호와가 말하노니 내가 이미 모은 백성 외에 또 모아 그에게 속하게 하리라 하셨느니라. ⁹ 들의 모든 짐승들아, 숲 가운데의 모든 짐승들아, 와서 먹으라. ¹⁰ 이스라엘의 파수꾼들은 맹인이요 다 무지하며 벙어리 개들이라. 짖지 못하며 다 꿈꾸는 자들이요 누워 있는 자들이요 잠자기를 좋아하는 자들이니 ¹¹ 이 개들은 탐욕이 심하여 족한 줄을 알지 못하는 자들이요 그들은 몰지각한 목자들이라 다 제 길로 돌아가며 사람마다 자기 이익만 추구하며 ¹² 오라, 내가 포도주를 가져오리라. 우리가 독주를 잔뜩 마시자. 내일도 오늘 같이 크게 넘치리라 하느니라.

이방인들을 환영하는 예루살렘 성전: 만민의 기도처

이사야 56-66장의 신학적-역사적 정황

학자들이 이사야 56-66장을 이사야 40-55장과 구분하는 이유들 중 하나는, 각 단원이 전제하고 있는 역사적-신학적 정황이 상당히 다르기 때문이다. 40-55장은 주전 538년 전후의 역사적 상황을 반영하거나 전제한다. 고레스가 일어나 바벨론 제국을 무너뜨리고 페르시아 제국을 건설하면서, 바벨론에 의해 유배당한 소수민족들을 자기 고국으로 돌려보낸다. 이것이 고레스의 칙령인데 40-55장의 역사적 배경을 제공한다. 고레스 칙령은 40-55장의 예언들을 분출시킨 하나의 역사적 분기점인 것이다. 40-55장은 왜 바벨론 제국이 고레스에게 망하게 되었는지, 왜 바벨론 포로들은 고토로 돌아가서 새로운 시온 재건에 이바지해야 하는지, 왜 바벨론에 눌러앉아 있는 삶이 우상숭배적인 삶이 될 수밖에 없는지를 다룬다. 대체로 40-55장은 하나님의 영광스럽고 희망에 찬 시온 재건 프로그램을 믿는 사람에게 다가올 감동적이고 희망에 찬 미래상을 제시한다. 청중은 바벨론에 아직 살고 있거나 아니면 이제 막 가나안 고토로 돌아가려는 사람 혹은 이미 귀국 도상에 있는 사람들이다.

반면에 56-66장은 이미 가나안으로 돌아가서 정착하여 살고 있는 귀환포로 공동체의 삶을 배경으로 선포된다. 56-66장 안에는 성전 예배가 이미 시행되고 있으며 안식일 제도와 희생제사 등이 이미 실행되고 있다. 56:8에 의하면 야웨는 이미 이스라엘의 쫓겨난 자를 모았지만, 하나님은 이미 모은 본 백성 이스라엘 외에 또 다른 사람들(이방인과 아직도 돌아오지 않은 이스라엘 사람들)도 모아 먼저 돌아온 귀환포로 공동체[the golah (גּוֹלָה) community=the assembly of the returned exiles]는 [5장]에게 속하게 할 것이다. 그러므로 56-66장은, 40-55장을 기준으로 삼을 때 적어도 한 세대 정도 이상의 시간이 흘러간 후의 역사적 상황을 전제한다. 즉 주전 500년 전후부터-450년(에스라-느헤미야 시대 직전 혹은 동시대) 사이, 혹은 그보다 약간 늦은 시대를 전제한다.

이런 추정을 가능케 하는 실마리들이 56-66장 안에서 많이 발견된다. 이 열한 장에는 구체적인 신앙적-신학적 쟁점들이 소개되고 있으며, 현실에서 이뤄지고 있는 시온 회복 프로젝트[58:12]에 대한 소수 비주류파의 불만이 여기저기서 노정되고 있다. 또한 공동체 전체의 영적 타락 혹은 느슨함에 대한 예언자적 질타가 빈번하게 들리고 있으며 고토귀환의 삶에 대한 장밋빛 기대가 잿빛 좌절감으로 점차 바뀌어 간다는 환멸감도 드리워져 있다. 그러는 과정에서 귀환포로 공동체 안에서는 시온 재건 및 회복 프로젝트를 둘러싸고 내부 분열과 파쟁이 일어났던 것처럼 보인다.[1] 56-66장 안에는 바벨론 포로들 중 가장 순결하고 가장 포괄적인 시온 회복 및 재건 프로젝트를 가진 사람들이었으나 주류 공동체로부터 배척당하는 소수 쇄신파의 입장이 보다 두드러진다. 40-55장 안에는 소수파-다수파, 거룩파-비거룩파, 묵시적 이상주의파-현실적 교권주의파[2]의 구분이 두드러지지 않는다. 오직 구분이 있다면 우상숭배자와 야웨를 앙망하는 자 차이 정도만 드러난다.[3] 이에 비해 56-66장 안에는 분명히 공동체의 주류 구성원들에 대한 비주류 구성원들의 비판과 단죄의 목소리가 간헐적으로 들려온다. 또한 하나님의 율법을 진정으로 지키지 않는 집단에 대한 경건파의 탄식과 비난이 들려온다. 물론 이런 구분이 크게 두드러지지 않고 모든 귀환포로 공동체들이 하나님의 영광된 미래에 참여할 수 있을 것처럼 확신하는 본문들도 상당수 있다(60-62장에는 이런 구분이 비교적 희석되어 있다). 따라서 56-66장을 이해하기 위해 귀환포로 공동체 내부의 파쟁과 갈등을 하나의 지배적인 해석의 틀(사회학적 해석)로 고정시킬 필요는 없다. 이런 구분은 어디까지나 이사야서 신학의 발전과정을 좀 더 쉽게 이해하도록 돕는 잠정적인 해석의 틀로서 기능한다.

그럼에도 불구하고 우리는 40-55장에 비하여 56-66장 안에는 예언을 산출한 공동체(소수파인 듯=배척당하는 쪽)와 그들과 대립하는 주류 재건파(이방인에게 배타적) 사이에 긴장이 유지되고 있음을 외면하기는 어려울 것 같다.[4] 다음과 같은 본문들이 56-66장의 예언자가 자신의 경쟁세력으로 느끼는 사람들을 대상으로 선포한 예언들을 담고 있다.

무당의 자식, 간음자와 음녀의 자식들아, 너희는 가까이 오라. 너희가 누구를 희롱하느냐. 누구를 향하여 입을 크게 벌리며 혀를 내미느냐. 너희는 패역의 자식, 거짓의 후손이 아니냐.…… 네가 부르짖을 때에 네가 모은 우상들에게 너를 구원하게 하라.[5] 그것은 다 바람에 날려 가겠고 기운에 불려갈 것이로되 나를 의뢰하는 자는 땅을 차지하겠고 나의 거룩한 산을 기업으로 얻으리라.[57:3-13]

그러나 악인은 평온함을 얻지 못하고 그 물이 진흙과 더러운 것을 늘 솟쳐내는 요동하는 바다와 같으니라. 내 하나님의 말씀에 악인에게는 평강이 없다 하셨느니라.[57:20-21 6]

여호와의 말씀이니라. 구속자가 시온에 임하며 야곱 가운데서 죄과를 떠나는 자에게 임하리라.[59:20]

여호와의 말씀으로 말미암아 떠는 자들아, 그의 말씀을 들을지어다. 이르시되 너희 형제가 너희를 미워하며 내 이름으로 말미암아 너희를 쫓아내며 이르기를 여호와께서는 영광을 나타내사 너희 기쁨을 우리에게 보이

494

시기를 원하노라 하였으나 그들은 수치를 당하리라 하셨느니라. 떠드는 소리가 성읍에서부터 들려오며 목소리가 성전에서부터 들리니 이는 여호와께서 그 원수에게 보응하시는 목소리로다.⁶⁶:⁵⁻⁶

여기서 무당의 자식들(바람에 사라질 운명의 소유자들)과 우상숭배 자들은 분명히 야웨를 의뢰하여 영원히 땅을 기업으로 차지할 사람 들과 구별된다. 우상숭배자들은 아마도 정결한 야웨 신봉자들을 희 롱하였던 것처럼 보인다.⁵⁷:⁴

여호와께서 이와 같이 말씀하시되 포도송이에는 즙이 있으므로 사람들 이 말하기를 그것을 상하지 말라. 거기 복이 있느니라 하나니 나도 내 종 들을 위하여 그와 같이 행하여 다 멸하지 아니하고 내가 야곱에게서 씨를 내며 유다에게서 나의 산들을 기업으로 얻을 자를 내리니 내가 택한 자가 이를 기업으로 얻을 것이요 나의 종들이 거기에 살 것이라. 사론은 양 떼 의 우리가 되겠고 아골 골짜기는 소 떼의 눕는 곳이 되어 나를 찾은 내 백 성의 소유가 되려니와 오직 나 여호와를 버리며 나의 성산을 잊고 갓에게 상을 베풀어 놓으며 므니에게 섞은 술을 가득히 붓는 너희여…… 이러므 로 주 여호와께서 이와 같이 말씀하시니라. 보라, 나의 종들은 먹을 것이 로되 너희는 주릴 것이니라. 보라, 나의 종들은 마실 것이로되 너희는 갈 할 것이니라. 보라, 나의 종들은 기뻐할 것이로되 너희는 수치를 당할 것 이니라. 보라, 나의 종들은 마음이 즐거우므로 노래할 것이로되 너희는 마음이 슬프므로 울며 심령이 상하므로 통곡할 것이며 또 너희가 남겨 놓 은 이름은 내가 택한 자의 저줏거리가 될 것이니라.…… 내 종들은 다른 이름으로 부르리라.⁶⁵:⁸⁻¹⁵

여호와께서 이와 같이 말씀하시되 하늘은 나의 보좌요 땅은 나의 발판이니 너희가 나를 위하여 무슨 집을 지으랴. 나의 안식할 처소가 어디랴. 나 여호와가 말하노라. 내 손이 이 모든 것을 지었으므로 그들이 생겼느니라. 무릇 마음이 가난하고 심령에 통회하며 내 말을 듣고 떠는 자 그 사람은 내가 돌보려니와 소를 잡아 드리는 것은 살인함과 다름이 없고 어린 양으로 제사드리는 것은 개의 목을 꺾음과 다름이 없이 하며 드리는 예물은 돼지의 피와 다름이 없고 분향하는 것은 우상을 찬송함과 다름이 없이 행하는 그들은 자기의 길을 택하며 그들의 마음은 가증한 것을 기뻐한즉. 66:1-3

이 단락에서는 돌로 된 성전에 대한 신학적 상대화 작업이 이뤄지고 있다. 그것은 성전과 성전예배에 대한 부정적인 신학적 평가를 담고 있다. 66:1-2은 열왕기상 8:27("하나님이 참으로 땅에 거하시리이까. 하늘과 하늘들의 하늘이라도 주를 용납하지 못하겠거든 하물며 내가 건축한 이 성전이오리이까")을 되울리고 있다. 성전 희생제물을 드리면서 악행을 범하는 사람들은 실상 우상숭배자들과 다름이 없으며, 이들은 명백하게 "가난하고 심령에 통회하며 나의 말을 인하여 떠는 자", 그 사람과 구별되고 있다.

이상의 인용단락들 중 적어도 두 단락, 즉 65:8-15과 66:5-6은 확실히 귀환포로 공동체들 사이에 있었던 시온 회복 및 재건 프로그램의 성격이 무엇이 되어야 하는지에 대한 논쟁이 있었음을 강력하게 시사한다.[7] 56-66장 전체 예언의 중심 주장은, 시온 재건 및 회복 프로그램은 물리적 재건 및 중건이 아니라 인적 재건(공평과 정의에 입각한 가난한 자, 이방인, 병든 자의 치료와 회복)을 중심으로 이뤄져야 한다는 것이다. 이런 견해는 1-39장의 이사야의 입장을 계승한다. 일찍이 이사야는 시온의 안전보장은 야훼 하나님이 시온에 현존한다는 사실 자체라고 강조했다. 그리고 야훼의 현존을 확보하는 유일한 길은 시온 거민들의 공평과 정의의 실행이다(1:21-26; 33:14-15; 참조. 시 15:1-5). 공평과 정의는 고아와 과부와 같은 가장 연약한 사회구성 원들을 돌보고 배려하는 정치요 일상적인 삶이다.[8]

주석

56장은 56-66장이라는 보다 큰 단원의 일부다. 56-66장은 40-55 장의 주제를 이어받고 반복하지만(우상숭배 규탄), 40-55장에 비해 1-39장의 예언자적 탄핵어조에 가까울 정도로 위협적인 언어가 훨 씬 더 부각되고 있다. 이 열한 장에서는 이미 집행된 심판, 아직도 근 절되지 못한 죄악, 악행, 공평과 정의 부재, 영광스러운 미래회복과 구원이 병렬적으로 배치되어 있다. 각 장이 다루는 상황은 역사적으 로나 주제적으로나 계기적繼紀的이지 않다. 각 장에서 보이는 하나님 의 시온 회복 열정도 이스라엘의 회개에 등비례한 것이 아니다. 그러 나 가장 두드러진 것은 시온의 영적 자력과 영도력, 그리고 영화로운 변모다. 이 점에서 1장의 시온의 미래상과 수미쌍관 구조를 이룬다. 미래의 회복된 시온은 정결케 된 제사장과 레위인이 제의적 지도력 을 발휘해온 세계 열방 족속들을 예루살렘으로 향도하는 것을 목격 할 것이다. 그럼에도 불구하고 이사야 66장이 상상하는 미래는 악과 불의가 완전히 소제된 시온이 아니라 여전히 패역한 자들이 변방에 존재하는 현실적인 시온이다.

　56장이 속한 근접의 맥락을 구성하는 56-59장은, 흡사 주전 8세 기 예루살렘의 선지자 이사야 예언의 계승처럼 들린다. 56장은 이미 재건된 성전에서 예배가 드려지고 안식일 준수가 기대되는 상황을 전제한다. 예루살렘 성전은 주전 515년 중건되었다. 다리오 왕 제육 년 아달월 삼일에 이스라엘 자손과 제사장들과 레위 사람들과 기타 사로잡혔던 자의 자손이 성전을 봉헌했다.스 6:15-16 8절이 이 상황을 집약한다. "이스라엘의 쫓겨난 자를 모으는 주 여호와가 말하노니 내가 이미 모은 백성 외에 또 모아 그에게 속하게 하리라 하셨느니라." 이미 주전 538년 제1차 포로귀환이 일어났지만, 아직도 하나님은 포로들을 고국으로 귀환시킬 계획을 갖고 계신다. 주전 450년경에 에스라, 느헤미야가 각각 제2, 3차 포로귀환을 주도한 것을 볼 때, 56장은 515년부터 450년 사이에 예루살렘과 유다에서 전개되던 영적 해이와 안식일 훼방 사태를 다룬다고 보면 된다. 이런 상황에서 56장은 개방적 보편주의를 주창한다.

56장은 이방인들과 고자마저도 품은 개방적인 성전 공동체[1-8절]와 게으르고 악한 이스라엘의 파수꾼들[9-12절]로 나뉜다. 이 두 단락의 주제적 연관성, 어조와 정서의 연속성을 찾기는 쉽지 않다. 9-12절은 57장의 첫 단락[1-13절]과 함께 읽는 것이 나아 보인다. 구약성경, 특히 예언서를 읽을 때 장 구분을 지나치게 의식해서는 안 되는 이유가 여기에 있다.

이방인들과 고자마저도 품은 개방적인 성전 공동체 • 1-8절

1절은 전형적인 사자 양식 구문, '코 아마르 아도나이'(כֹּה אָמַר יְהוָה)로 시작한다. '여호와께서 이같이 말씀하셨다.' 뒤이어 나오는 말씀은 예언자 개인 의견이 아니라 하나님의 메시지라는 것이다. "정의를 지키며 의를 행하라." 쉬머루 미쉬파트 봐아쑤 츠다카(שִׁמְרוּ מִשְׁפָּט וַעֲשׂוּ צְדָקָה). 정의, 미쉬파트는 강력한 자들의 욕망범람을 억제하는 사법적 견제와 억제를 가리킨다. 주로 고아와 과부의 땅을 보호하기 위해 지주들의 지계표 변경들을 금지하거나 억제하는 사법적 판결이다. '의'라고 번역된 츠다카(צְדָקָה)는 한 계약당사자가 또 다른 계약당사

498

자의 불우한 처지를 도와 언약관계 안에 머물도록 해주는 초과적 친절과 의리 실천을 가리킨다. 즉 언약 당사자가 스스로 언약관계를 유지하려고 애를 쓰거나 다른 언약 공동체 구성원이 언약관계 안에 머무는 것들 돕기 위해 애쓰는 집요하고 신실한 충성행위를 '의'라고 한다. 개역개정에서는 대부분의 경우 미쉬파트를 '정의'라고 번역하고 츠다카를 '공의'라고 번역하는데 부적절한 번역이다. 미쉬파트를 '공평'이라고 번역하고 츠다카/체데크를 '의'라고 번역했던 개역한글이 더 낫다. 그런데 개역개정이 무슨 이유에서였는지 여기서는 츠다카를 다시 '의'라고 번역한다.[9] 미쉬파트와 츠다카/체데크는 이어일의어^{二語一義語} 표현방식으로 잘 나타난다. 이어일의어는 밀접한 두 단어를 한 단어처럼 사용하는 어법이다. 미쉬파트는 대개 고아와 과부를 위한 사법적 형평판결이므로 결국 약자들에게 베푸는 언약적 친절과 의리 실천이 되기에 이와 같은 이어일의어법이 어색하지 않다. 이사야 1:17, 5:7에 따르면 이스라엘과 유다의 멸망은 공평과 정의 배척 때문이라고 말한다. 하나님이 아무리 바벨론에서 포로들을 석방시켜 가나안 땅에 복귀시켜 주어도 공평을 지키고 언약적 의리를 실천하지 않으면 하나님의 구원은 백약무효가 된다. 히브리 노예들을 출애굽시켜 형제자매적 우애와 사랑을 실천하도록 가나안 땅을 선물로 주셨는데, 즉 구원을 선사하셨는데, 이스라엘과 유다는 공평과 정의의 열매를 맺는 대신에 포학과 부르짖음(원통의 하소연)의 열매를 맺었다.^{사 5:7 10} 따라서 이스라엘 편에서 공평을 유지하고 정의를 실천하는 것이 하나님의 구원을 지키는 길이다. 그런 점에서 1절 하반절의 논리가 납득된다. 이스라엘이 공평을 유지하고 의리를 실천하여야 하나님의 구원이 가깝고 하나님의 공의가 나타날 것이기 때문이다. 하나님의 구원(예수아)과 하나님의 공의(츠다카) 또한 이어일의어법으로 자주 사용된다.^{사 46:13} 하나님이 이스라엘에게 기대하시는 정의와 의는 원래 하나님이 이스라엘을 창조하실 때, 즉 애굽의 노예살이에서 건지실 때 베푸신 그 신적 정의와 의에 응답하는 정의와 의다. 지금 하나님께서 '정의를 유지하고 의를 실천하라'고 요구하시는 것은, 하나님의 선제적인 정의와 의에 대한 응답을 하라는 것이다. 이스라엘의 이런 응답에 더하여 하나님의 구원과 공의가 나타날 것이다.

2절은 공평과 정의 위반이 안식일 준수와 관련되어 있다는 암시를 준다. 2절의 개역개정 번역은 어색한 번역이다. 2절의 히브리어 문장을 음역하면 이렇다. 아쉐레 에노쉬 야아세-조트 우벤-아담 야하지크 빠흐 쇼메르 샵바트 메할러로 뷔쇼메르 야도 메아쏘트 콜-라 (אַשְׁרֵי אֱנוֹשׁ יַעֲשֶׂה-זֹּאת וּבֶן-אָדָם יַחֲזִיק בָּהּ שֹׁמֵר שַׁבָּת מֵחַלְּלוֹ וְשֹׁמֵר יָדוֹ מֵעֲשׂוֹת כָּל-רָע). 첫째, 둘째 소절은 대구를 이룬다. 일단 이 구문은 도치구문이며 영탄구문이다. '복되도다. 이것을 행하는 사람과 그것을 굳게 붙드는 인자여! 안식일을 더럽히지 않고 지키는 자, 그리고 어떤 종류의 개별적인 악도 행하지 않도록 그의 손을 지키는 자여'다. '사람'을 의미하는 에노쉬(אֱנוֹשׁ)와 '인자'를 의미하는 벤-아담(בֶן-אָדָם)이 대구를 이루며, 야아세-조트(יַעֲשֶׂה-זֹּאת: 3인칭 여성 단수인 이것을 행하는)와 야하지크 빠흐(יַחֲזִיק בָּהּ: 3인칭 여성 단수인 그것을 붙드는)가 대구를 이룬다. 또한 안식일을 더럽히지 않고 지키는 자, 그리고 어떤 종류의 개별적인 악도 행하지 않도록 그의 손을 지키는 자여!' 두 소절 모두에서 쇼메르가 사용된다. 1절 하반절을 해석할 때 중요한 것은 '이것'이 무엇을 가리키는지를 아는 것이다. 문맥에 비추어 볼 때 '이것'은 여성 단수 명사를 가리킨다. 1절에서 여성 단수 명사는 츠다카다. 즉 언약적 의리를 지키고 지탱하는 자가 복되다는 것이다. 야하지크 빠흐(יַחֲזִיק בָּהּ)에서 빠흐(בָּהּ)는 전치사 בְּ(בְּ)+여성 단수 접미사 흐(ה)로 구분된다. 여성 단수 접미사인 흐 또한 츠다카를 가리킨다. 결국 의를 행하고 그것을 붙들고 있는 자는 복되다. 구체적으로 안식일

500

을 더럽히지 않고 거룩하게 지키는 것이며 더 구체적으로 손을 금하며 어떤 악한 일도 하지 못하게 하는 것이다. 이사야 58:13은 안식일을 범하는 정황을 말하며, 느헤미야 13장 또한 유다의 귀인들이 안식일을 더럽히는 일화를 소개한다.

> 만일 안식일에 네 발을 금하여 내 성일에 오락을 행하지 아니하고 안식일을 일컬어 즐거운 날이라, 여호와의 성일을 존귀한 날이라 하여 이를 존귀하게 여기고 네 길로 행하지 아니하며 네 오락을 구하지 아니하며 사사로운 말을 하지 아니하면. 사 58:13

> 그 때에 내가 본즉 유다에서 어떤 사람이 안식일에 술틀을 밟고 곡식단을 나귀에 실어 운반하며 포도주와 포도와 무화과와 여러 가지 짐을 지고 안식일에 예루살렘에 들어와서 음식물을 팔기로 그 날에 내가 경계하였고 또 두로 사람이 예루살렘에 살며 물고기와 각양 물건을 가져다가 안식일에 예루살렘에서도 유다 자손에게 팔기로 내가 유다의 모든 귀인들을 꾸짖어 그들에게 이르기를 너희가 어찌 이 악을 행하여 안식일을 범하느냐. 너희 조상들이 이같이 행하지 아니하였느냐. 그래서 우리 하나님이 이 모든 재앙을 우리와 이 성읍에 내리신 것이 아니냐. 그럼에도 불구하고 너희가 안식일을 범하여 진노가 이스라엘에게 더욱 심하게 임하도록 하는도다 하고. 느 13:15-18

3-8절은 이스라엘의 참된 정체성이 안식일 준수 여부에 달려 있다고 말할 정도로 안식일 준수를 강조한다. 이 단락은 신명기 23:1-3의 야웨의 총회참여 규정을 염두에 두고, 고환이 상한 자와 이방인 일부의 총회 참여 금지 규정을 다소 완화하는 것처럼 보인다. "고환이 상한 자나 음경이 잘린 자는 여호와의 총회에 들어오지 못하리

라.…… 암몬 사람과 모압 사람은 여호와의 총회에 들어오지 못하리니 그들에게 속한 자는 십 대뿐 아니라 영원히 여호와의 총회에 들어오지 못하리라." 3절은 이방인과 고자라도 하나님의 백성이 될 수 있다고 말한다. 여호와께 연합한 이방인은 여호와께서 나를 당신의 백성 중에서 반드시 갈라내시리라고 말하지 말며, 고자도 "나는 마른 나무"라고 말해서는 안 된다. 그들이 안식일을 지키기만 한다면. 4-5절은 고자에게 확장된 하나님 백성의 지위를 말한다. 안식일을 지키며 하나님이 기뻐하는 일을 선택하며 하나님의 언약을 굳게 잡는 고자들에게는, 하나님은 당신의 성전과 당신의 성 예루살렘에서 안식일을 범하는 하나님의 본 백성보다 더 나은 기념물과 이름을 주신다. 하나님은 그들에게 영원한 이름을 주어 끊어지지 않게 하실 것이다. 기념물과 이름을 주는 행위가 무엇을 의미하는지는 분명하지 않으나, 하나님께 제사를 드릴 수 있는 합법적인 자격을 부여하며 성전의 모든 절기축제 등에 참여할 수 있는 자격을 의미하는 것 같다.

6-7절은 이방인에게 동일한 은전을 베푸는 하나님의 방침을 말한다. 여호와와 연합해 여호와를 섬기며 사랑하여 그의 종이 되며 안식일을 지켜 더럽히지 않으며 야웨의 언약을 굳게 지키는 모든 이방인들도 하나님의 성산으로 인도하실 것이며 그들을 여호와의 성산에서 기쁘게 영접하실 것이다. 그들의 번제와 희생을 하나님의 제단에서 기꺼이 받으실 것이다. 그 이유는 이제 중건된 성전은, 즉 하나님의 집은 "만민이 기도하는 집"이라고 일컬음을 받게 될 것이기 때문이다.

8절은 하나님의 추가적인 바벨론 포로 고토귀환 계획이 있음을 말한다. 이스라엘의 쫓겨난 자를 모으시는 주[11] 여호와께서는 이미 가나안 고토로 모아들인 당신의 백성 외에 또 더 모아 당신의 백성에게 속하게 하실 것이다.[12] 여기서 더 불러 모으실 백성 중에는 이방인들도 포함될 것이라는 점이 암시되고 있다. 이방인의 성전과 성산

502

출입 허용과 성전 제사 참여 허용은, 할례 받지 못한 자들과 부정한 자들의 예루살렘 출입과 활보를 개탄하던 52:1의 논조에 비하여, 56장 당시의 상황이 상당히 이방인 친화적인 분위기로 변화되고 있음을 짐작케 한다.

주전 450년대의 가나안 상황을 반영하는 에스라-느헤미야서에 두드러진 이방인에 대한 배타적 태도와 비교해보면, 56:1-7은 소수파 의견처럼 들리는 예언이다. 이 단락은 이스라엘의 회복된 성전예배에 과연 이방인들과 고자 같은 사람들이 참여할 수 있느냐 마느냐의 논쟁상황을 염두에 둔 예언처럼 들린다. 점차 밝혀지겠지만 에스라-느헤미야서에 비해 56-66장의 태도는 국제주의적-포용주의적이다. 여기에서는 이방인과 고자라도 안식일을 지키고 야웨의 언약(이방을 인도하는 빛으로서의 언약)을 지키며 야웨께 연합한 사람들이야말로, 혈통으로는 이스라엘 백성이지만 안식일을 더럽히고 야웨의 율례를 깨뜨리는 사람들보다 더욱 더 온전한 의미에서 '야웨의 백성'이 될 수 있기 때문이다.

게으르고 악한 이스라엘의 파수꾼들 • 9-12절

이 단락에서는 다소 돌연스럽게 장면이 전환된다. 왜 갑자기 이스라엘의 파수꾼들이 비난을 받고 있는지 불분명하다. 57장에 나오는 '악한 자들, 무당의 자식, 간음자와 음녀의 자식들'이 특정인을 가리키는지 여부도 불분명하다. 파수꾼들은 보통 예언자들을 가리키는 말이다. 에스겔 3:17-19에 파수꾼이 등장한다. "인자야, 내가 너를 이스라엘 족속의 파수꾼으로 세웠으니 너는 내 입의 말을 듣고 나를 대신하여 그들을 깨우치라. 가령 내가 악인에게 말하기를 너는 꼭 죽으리라 할 때에 네가 깨우치지 아니하거나 말로 악인에게 일러서 그의 악한 길을 떠나 생명을 구원하게 하지 아니하면 그 악인은 그의 죄악 중에서 죽으려니와 내가 그의 피 값을 네 손에서 찾을 것이고 네가 악인을 깨우치되 그가 그의 악한 마음과 악한 행위에서 돌이키지 아니하면 그는 그의 죄악 중에서 죽으려니와 너는 네 생명을 보존하리라." 파수꾼은 한 공동체에 닥친 위기나 재앙을 미리 통보받아 자신의 공동체를 회개시키는 사명을 수행하는 자다. 그는 시대의 중심 죄악들과 악행자들과 쟁변을 하면서까지 위기와 재앙을 경고한다. 그런데 바벨론 귀환포로들이 가나안 땅에 돌아간 후에는 과연 이런 의미의 예언자들이 얼마나 많이 있었는지 알기 힘들다. 바벨론 귀환포로들의 귀환 이래 학개, 스가랴, 말라기가 예언자로 활동했다. 말라기 외에는 그 시대의 지배세력들의 중심 죄악을 규탄하며 질책한 예언자는 없다. 학개가 부분적으로 성전 재건에 미온적인 사람들을 책망하긴 하지만 이사야 56장의 이 맥락과 같은 그런 가혹한 비난 어조는 보이지 않는다.

이사야 21장에 나오는 파수꾼은 실제 파수꾼을 가리킨다. 52:8과 62:6의 파수꾼도 비유적인 의미가 아니라 문자적 의미 그대로 파수꾼이다. 그런데 여기에서만 파수꾼은 예언자를 가리키는 비유어로 사용된다. 9절은 들의 모든 짐승들과 숲 가운데의 모든 짐승들이 와서 "먹으라"고 초청을 받는다. 무엇을 먹으라는 것인지 불분명하다. 들짐승과 숲의 모든 짐승도 비유어로 이해해야 할 수도 있다. 그런데 원래 들짐승이 와서 곡식을 다 먹고 가는 것을 막고 곡식밭을 보호하라고 파수꾼을 세워두는데, 현재 이스라엘의 파수꾼들은 심히 태만하고 불충스럽다.

10절에 따르면 이스라엘의 파수꾼들은 맹인이요 다 무지하며 벙어리 개들이라 짖지 못한다. 그들은 헛된 일을 꿈꾸는 자들이요,[13] 일하기보다는 누워 빈둥거리며 잠자기를 좋아하는 게으른 자들이다.

양 떼를 보호하고 곡식밭을 보호해야 할 개들이 이렇게 게으르고 태만하니 들짐승들이 공격해 와도 막을 수가 없다. 11절은 이 개들, 이 스라엘의 파수꾼들의 정체를 드러낸다. 그들은 탐욕이 심하여 족한 줄을 알지 못하는 자들이요 몰지각한 목자들이다. 그들은 각각 제 길로 돌아가며 자기 이익만 추구하며 자신들이 맡은 양 떼를 내팽개치고 있다. 아마도 이들은 영적 행정적 지도자들을 가리킬 것이다. 12절은 그들의 개탄스러운 쾌락주의를 고발한다. 이 악한 목자들은 포도주와 독주를 잔뜩 마시며 방탕하게 사는 자들이다. 이런 예언자적인 비난과 규탄은 바벨론 유배를 초래한 유다 왕국의 지배층의 죄악들을 겨냥했다. 이 정죄와 비난 예언은 바벨론 이전 시대에 선포된 예언의 재사용일 수도 있고, 바벨론 유수를 마치고 돌아온 이스라엘이 과거로부터 하나도 배우지 못하고 다시 이전의 죄악에 빠졌다고도 볼 수 있다.

메시지

예언서 말씀을 읽을 때 그 본문이 겨냥하는 종교적, 역사적 상황을 모르면 독자들은 예언서에 서로 상충하는 어조의 말들이 한데 뒤섞여 있다는 인상을 받는다. 특히 이사야서는 방대하고 복잡한 책이므로 어떤 쟁점에 대한 상이한 입장이 여실하게 드러날 때가 있다. 대표적인 것이 이방인에 대한 태도다. 52:1은 예루살렘의 거룩성을 강조하면서 '할례 받지 아니한 자'와 '부정한 자'는 예루살렘에 들어올 수 없다고 단언한다. 그 외 다수의 본문에서 이방인은 성전을 관할하며 농단하는 자들로 묘사되거나 이방 나라들은 곧 원수와 동일시되기도 한다.[63:18; 64:2] 이처럼 부정적으로 묘사되는 이방인/이방 나라들도 있는 반면에, 이방 나라의 왕과 왕비가 이스라엘을 보양하는 유모로 묘사되기도 하고, 예루살렘 성전으로 순례하는 미래의 개종자들처럼 묘사되기도 한다. 이사야 40-66장의 이방인에 대한 태도를 한 가지로 규정하기는 어렵다. 각 본문이 선포되거나 저작될 당시의 상황을 고려하여야 한다. 대체로 우호적이고 온정적인 분위기에서 언급되는 이방인은 '나라' 단위가 아니라 '개인' 단위의 이방인이며, 이미 개종을 생각하면서 성전예배에 참여하려는 사람들이다. 또는 이스라엘에게 정치적으로 복속된 이방인들의 경우는 성전에 고용되기도 했다. 솔로몬 성전의 잡역부들인 물 긷는 자와 장작 패는 자들은 스스로 이스라엘에게 복속된 기브온 족속 출신들이었다.^{수 9:21-27; 스 8:17-20} 이들은 에스라가 귀환포로들을 이끌고 가나안으로 돌아올 때 220명이나 따라 들어왔다.

구약성서는 처음부터 선민(성민)-만민 분리 도식을 취하지 않으며, 지지하지도 않는다. 창세기 1장부터 하나님은 천지만물의 창조주이며 온 세계를 돌보시는 분으로 선포된다. 그래서 창세기 12:1-3은 아브라함을 부르신 하나님의 궁극 목적이 만민이 '복을 얻도록 하기 위함'이라고 선언한다. 선민을 부르실 때 하나님은 만민을 염두에 두신 것이다. 출애굽기 19:5-6은 '온 세계가 다 하나님께 속했지만 이스라엘은 특별한 차원에서 하나님께 속한 백성'임을 선언한다. 이스라엘은 하나님의 특별 소속 백성, 거룩한 백성, 그리고 제사장 나라다. 이것은 만민을 무시하고 멸시할 어떤 정당성도 주지 않는다. 그래서 구약성경의 이스라엘은 대체로 이방인을 영접하고 포용하는 입장을 취하고 누구든지 야웨의 그늘로 피난한 이방인들을 박대하지 않았다. 신명기 율법은 '객'을 영접하라고 수차례 반복하여 말하며, 심지어 도망친 노예들을 영접하라고 권고한다. 객은 히브리어로 게르(גר)로서 여러 가지 이유로 자신이 살던 터전을 떠나 유리방황하는 난민이다.^{신 24:17-21; 26:13} 기근, 전쟁, 기후 등 여러 가지 이유로 난민이 되었는데 이스라엘은 이런 난민들에게 문호를 연 나라다. 객은 초막절 등 절기에도 초청받았고 재판에서도 부당한 차별대우를 받지 않았다.^{신 16:14; 27:19}

그러나 하나님은 이스라엘의 영적 영향력이나 비중이 이방인에게 휘둘리지 않고 거룩한 삼투압 작용으로 이방인들에게 감화를 줄 수 있을 만큼 자랄 때까지 분리의 거룩 영성을 숱하게 가르치고 훈련시키셨다. 이스라엘의 특권 의식을 고취시키기 위한 것이 아니라 책임 의식을 고취시키기 위한 훈련이었다. 이스라엘과 만민/이방인의 분리는 전략적이고 잠정적이었다. 이처럼 성전의 거룩성은 잠정적인 분리를 의미하지 궁극적 차별을 영속화하지 않는다. 거룩한 삼투압으로 이스라엘의 영적 영향력이 이방인들에게 선한 영향력을 미치는 때는 이방인들은 경계대상이 아니다. 반대로 이방인들이 이스라엘의 정체성을 훼손하려고 할 때는 이스라엘은 이방인들에게 저항한다. 이제 예루살렘 성전은 한때는 출입금지 되었던 이방인들과 고자들 (고환이 상한 자들)까지 출입할 수 있도록 문호를 개방해야 한다. 56장은 분리의 거룩함이 아니라 거룩한 삼투압 작용으로 감화시킬 능력으로 단련된 거룩성을 말한다. 성도들의 거룩이 피하고 구별하고 분리하는 거룩에 머물러서는 안 된다. 이방인과 고자 등 한때는 성전 출입이 금지된 사람들에게 문을 여시는 하나님을 따라 매우 유연성 있는 거룩 영성을 구현해야 한다. 하나님의 거룩의 궁극 목적은 하나되게 함이요 연합과 평화에 있지 영구적 분리와 적대에 있지 않다. 오늘날 그리스도인들이 교회에 다니지 않는 사람을 불신자라고 불러서는 안 된다. 하나님에게 언제나 환영받는 잠재적인 신자라는 마음으로 비신자들을 대해야 한다.

57장.

거룩하신 하나님의 두 마음 두 얼굴

57

¹의인이 죽을지라도 마음에 두는 자가 없고 진실한 이들이 거두어 감을 당할지라도 깨닫는 자가 없도다. 의인들은 악한 자들 앞에서 불리어가도다. ²그들은 평안에 들어갔나니 바른 길로 가는 자들은 그들의 침상에서 편히 쉬리라. ³무당의 자식, 간음자와 음녀의 자식들아, 너희는 가까이 오라. ⁴너희가 누구를 희롱하느냐. 누구를 향하여 입을 크게 벌리며 혀를 내미느냐. 너희는 패역의 자식, 거짓의 후손이 아니냐. ⁵너희가 상수리나무 사이 모든 푸른 나무 아래에서 음욕을 피우며 골짜기 가운데 바위 틈에서 자녀를 도살하는도다. ⁶골짜기 가운데 매끄러운 돌들 중에 네 몫이 있으니 그것들이 곧 네가 제비 뽑아 얻은 것이라. 또한 네가 전제와 예물을 그것들에게 드리니 내가 어찌 위로를 받겠느냐. ⁷네가 높고 높은 산 위에 네 침상을 베풀었고 네가 또 거기에 올라가서 제사를 드렸으며 ⁸네가 또 네 기념표를 문과 문설주 뒤에 두었으며 네가 나를 떠나 벗고 올라가서 네 침상을 넓히고 그들과 언약하며 또 네가 그들의 침상을 사랑하여 그 벌거벗은 것을 보았으며 ⁹네가 기름을 가지고 몰렉에게 나아가되 향품을 더하였으며 네가 또 사신을 먼 곳에 보내고 스올에까지 내려가게 하였으며 ¹⁰네가 길이 멀어서 피곤할지라도 헛되다 말하지 아니함은 네 힘이 살아났으므로 쇠약하여지지 아니함이라. ¹¹네가 누구를 두려워하며 누구로 말미암아 놀랐기에 거짓을 말하며 나를 생각하지 아니하며 이를 마음에 두지 아니하였느냐. 네가 나를 경외하지 아니함은 내가 오랫동안 잠잠했기 때문이 아니냐. ¹²네 공의를 내가 보이리라. 네가 행한 일이 네게 무익하니라. ¹³네가 부르짖을 때에 네가 모은 우상들에게 너를 구원하게 하라. 그것들은 다 바람에 날려 가겠고 기운에 불려갈 것이로되 나를 의뢰하는 자는 땅을 차지하겠고 나의 거룩한 산을 기업으로 얻으리라. ¹⁴그가 말하기를 돋우고 돋우어 길을 수축하여 내 백성의 길에서 거치는 것을 제하여 버리라 하리라. ¹⁵지극히 존귀하며 영원히

거룩하신 하나님의 두 마음 두 얼굴

거하시며 거룩하다 이름하는 이가 이와 같이 말씀하시되 내가 높고 거룩한 곳에 있으며 또한 통회하고 마음이 겸손한 자와 함께 있나니 이는 겸손한 자의 영을 소생시키며 통회하는 자의 마음을 소생시키려 함이라. ¹⁶ 내가 영원히 다투지 아니하며 내가 끊임없이 노하지 아니할 것은 내가 지은 그의 영과 혼이 내 앞에서 피곤할까 함이라. ¹⁷ 그의 탐심의 죄악으로 말미암아 내가 노하여 그를 쳤으며 또 내 얼굴을 가리고 노하였으나 그가 아직도 패역하여 자기 마음의 길로 걸어가도다. ¹⁸ 내가 그의 길을 보았은즉 그를 고쳐 줄 것이라. 그를 인도하며 그와 그를 슬퍼하는 자들에게 위로를 다시 얻게 하리라. ¹⁹ 입술의 열매를 창조하는 자 여호와가 말하노라. 먼 데 있는 자에게든지 가까운 데 있는 자에게든지 평강이 있을지어다. 평강이 있을지어다. 내가 그를 고치리라 하셨느니라. ²⁰ 그러나 악인은 평온함을 얻지 못하고 그 물이 진흙과 더러운 것을 늘 솟구쳐 내는 요동하는 바다와 같으니라. ²¹ 내 하나님의 말씀에 악인에게는 평강이 없다 하셨느니라.

주석

57장은 몰렉 숭배에 빠진 우상숭배자들을 비난하시는 하나님^{1-14절}과 거룩하신 하나님의 본마음^{15-21절}으로 나뉜다. 57장 전반부는 이사야 1-39장 수준의 격렬한 정죄 신탁이다. 후반부는 이스라엘과 유다를 멸망으로 몰아간 죄악들로 인해 궤멸당한 당신의 백성을 재활복구시키시는 하나님의 마음을 말한다. 14절만이 57장을 40-55장의 주제, 즉 바벨론 포로들의 가나안 복귀와 연결시킨다.

몰렉 숭배에 빠진 우상숭배자들을 비난하시는 하나님 ●1-14절

이 단락은 어렵다. 의인 및 진실한 이와 무당의 자식, 간음자와 음녀의 자식, 패역의 자식, 거짓의 후손이 날카롭게 대조된다. 이 단락은 바벨론 포로로 잡혀갔다 온 사람들과 바벨론으로 유배당하지 않고

가나안 땅에 남아있던 자들을 대조하며, 바벨론 포로들을 박대하고
대적하는 땅에 남아있는 자들을 비판한다.

1절의 의인과 거두어감을 당한 이들은 바벨론 포로들을 지칭하는
것처럼 보인다. 하나님께 충성을 다하다가 고난을 받아 죽은 의인을
보고도^{사 53장} 그 의인의 죽음이 무엇을 의미하는지를 곰곰이 생각하
는 자도 없고, 인애의 사람들(진실한 이들)이 '거두어 감'을 당할지라
도 깨닫는 자가 없다. 여기서 '거두어감을 당한다'는 의미가 무엇인지
를 정확하게 파악하기는 힘들다(참조. 마 24:40-41). 다만 1절의 마지
막 소절, "의인들은 악한 자들 앞에서 불리어" 가는 상황에서 유추해
볼 수 있다. 이 상황은 유다의 왕족, 귀족, 제사장, 그리고 기능공 등
유력시민들이 바벨론으로 유배당하는 장면을 묘사하는 듯하다. 하지
만 겉보기와는 다르게 유배된 포로들은 유대 땅에 남아있는 자들과
반대로 재앙이 아니라 평안에 들어갔다.^{렘 29:11-14} 그들은 바른 길로 가
는 자들이었고 그들의 침상에서 편히 쉬게 될 것이다. 바벨론 포로로
잡혀간 자들이 오히려 의로운 자들이요 인애의 사람들이다(렘 24장
두 광주리의 무화과 비유).

3-13절의 전반부는 이사야 1-39장의 어떤 심판과 정죄 신탁에
비해도 손색이 없을 정도로 가혹하고 신랄하다. 여기서 중요한 것이
'자식'이다. 몰렉숭배에 몰두해서 나라를 절단 내고 애굽으로 사신을
보냈던 자들^{사 28:18; 57:9}은 애굽과 결탁해서 바벨론의 느부갓네살과 전
쟁을 강행하려던 자들이다.^{렘 44장} 지금 이 단락은 유다 멸망 직전의 상
황에서 나라를 멸망으로 몰아간 우상숭배자들을 규탄하는 상황인지,
혹은 그들의 후손이 다시 몰렉숭배에 빠져있는 상황을 겨냥한 것인
지 분명하지 않다. 바벨론 귀환포로들이 가나안 땅에 들어오기 전부
터 가나안 땅에 남아있던 자들이 자녀들을 도살하여 몰렉에게 바친
다는 것은 이해할 수 없다. 아마도 예언자가 유다를 멸망으로 몰아간

조상세대의 죄악을 상기시키는 동시에 귀환포로들이 가나안에 돌아왔을 때에 가나안 땅에 남아있는 자들이 바로 이 민족멸망을 초래한 악독한 우상숭배자들의 악행을 답습하고 있다고 비난하는 듯하다.

3절은 죽은 자와 교통하는 데 치중하는 영매인 무당의 자식, 간음자와 음녀의 자식들을 청중으로 한 말씀이다. 이사야 8:21-22에 비추어 보면 국가적 위기상황에서 죽은 자와 교통하여 액운을 피해보려는 영매술이 동원되었을 가능성이 있다(삼상 28장 엔돌의 무녀). 지금 비난받고 있는 자들은 하나님의 토라, 예언자들을 통해 들려온 하나님의 살아있는 음성 대신에, 죽은 자의 영, 우상의 입을 통해 오는 말을 경청하려는 자들의 후손이다. 하나님은 이들에게 "가까이 오라"고 명하신다. 토론과 논쟁을 통해서라도 시시비비를 가려주시기 위함이다. 4절은 그들이 하나님과 바벨론 포로들을 향해서 비방과 조롱의 말을 했음을 암시한다. '희롱하다', '입을 크게 벌리다', '혀를 내밀다' 등은 모두 오만하고 도발적인 적대행위를 점층적으로 묘사한다. 하나님은 단도직입적으로 그들을 "패역의 자식, 거짓의 후손"이라고 선언하신다. 그들은 유다와 이스라엘을 멸망케 했던 조상의 후손들이다. 5절은 그들의 충격적인 악행을 고발한다. 아마도 상수리나무 사이, 모든 푸른 나무 아래에서 음욕을 피우며 골짜기 가운데 바위틈에서 자녀를 도살하는 행위는 몰렉숭배를 가리킬 것이다. 몰렉숭배는 주전 8-7세기 예언자들에게 격렬하게 단죄된 우상숭배의 형태다. 바벨론 포로기 이전의 유다와 이스라엘에서의 몰렉숭배는 주로 왕실이 개입된 준^準국가종교의례 수준이었다(참고. 렘 32:35). 6절의 골짜기는 힌놈의 아들 골짜기를 가리킨다. 패역의 자식, 거짓의 후손들은 조상들이 범하던 몰렉우상숭배의 본거지인 바위틈에서 자기 분깃을 챙기라는 것이다. 우상숭배용 바위제단이 그들이 제비뽑아 얻은 분깃[헬렉(חֵלֶק)]이다. 이런 우상숭배를 하면서도 하나님의 마음을 얻으려는 그들의 악행이 어찌 하나님의 마음을 위로할 수 있겠는가? '너희의 악한 우상숭배'로 인해 "내가 어찌 위로를 받겠느냐?" 하나님의 애통한 마음이다. 헬렉이라는 단어의 사용과 13절의 '땅을 차지한다'는 말이 나오는 것에 비추어볼 때, '땅' 점유의 문제가 57장의 숨겨진 쟁점일 가능성이 크다. 몰렉숭배자의 후손들로 불리는 자들이 바벨론 귀환포로들의 정착을 방해하는 듯한 인상을 준다.^{스 4장; 느 4장}

7-10절은 무당의 자식, 패역의 자식, 거짓의 후손들이 조상들로부터 이어받은 가증스러운 몰렉숭배를 자세히 묘사한다. 그들은 "높고 높은 산 위에 침상을 펴고" 올라가서 제사를 드렸다.^{7절} 그들은 "또 기념표를 문과 문설주 뒤에 두었으며" 하나님을 "버리고 떠나 벗고 올라가서…… 침상을 넓히고 그들과 언약하며" 또 "그들의 침상을 사랑하여 그 벌거벗은 것을 보았"다.^{8절} 여기서 "그들"이 누구를 가리키는지 분명치 않다. 문맥상 "그들"은 6절에 나오는 "매끄러운 돌들", 즉 제물들을 바치는 데 사용하는 바위들이다. 그것은 몰렉에게 바치는 제물들을 받는 반석이기에 결국 몰렉 우상들을 가리킨다고 볼 수 있다.

9절은 무당의 자식, 거짓의 후손들이 몰렉에게 기름과 향품을 바치며, 또 몰렉이 중개한다고 여겨지는 지하세계에까지, 즉 먼 곳까지 사신을 보내고 스올에까지 사신을 파견하는 행태를 고발한다. 여기서 사신을 보낸 먼 곳과 스올이 어디를 가리키는지 분명하지 않다. 이사야 28:18은 죽음과 언약하고 스올과 맹약을 하는 유다 왕실의 악행을 고발한다. 28장에서 음부와 죽음의 세력은 이집트를 가리켰다. 바벨론 포로 이후 시기에 이런 몰렉숭배가 예후다에서 자행되었을 가능성은 낮다. 그렇다면 이 몰렉숭배는 주전 6-5세기의 가나안 땅에서 만연한 우상숭배제의라기보다는, 8-7세기의 가나안 땅에서 득세했던 우상숭배였을 가능성이 크다. 어쨌든 이사야 57장의 예언자가 활동하던 시대의 악인들은 이전 몰렉숭배자들의 후손이라는 단죄를 받고 있었음은 분명하다. 몰렉숭배를 자행하는 무당의 자식들과 거짓의 후손들은, 그들의 조상들처럼 몰렉숭배가 아마 죽은 자들의 영들과 교통하게 만듦으로써 당면한 액운厄運과 앙화殃禍를 피하는 데 도움이 된다고 생각했을 것이다.

10절은 먼 곳, 즉 스올까지 가는 사신의 길이 멀어서 피곤할지라도 이 악행자들은 "헛되다"고 말하지 않고, 자신들의 힘이 살아났고 쇠약해지지 않았다고 믿었다. 몰렉숭배자들에게도 확신을 심어주는 일시적 기운회복이 있었던 것처럼 보인다. 몰렉숭배가 효험이 있다고 생각했을 수 있다. 11절은 예언자에게 비난당하고 있는 악행자들의 몰렉숭배가 두려움, 놀라움의 상황에서 이뤄졌음을 짐작케 한다. 두렵고 당혹스러운 일이 일어났는데도 하나님이 오랫동안 잠잠했기 때문에 그들은 극단적인 우상숭배로 기울어졌다. 하나님이 아닌 헛된 것들을 두려워하고 그것들로 인해 놀라는 자들은 거짓을 말하며 하나님을 생각하거나 마음에 두지 않는다. 그들은 하나님이 침묵하시고 얼굴을 가리시는 순간이 자신들의 죄가 창궐하는 시간이라고 성찰하지 못하고 오히려 우상숭배에 빠진다. 하나님은 악행자들의 죄를 보고도 즉각 징벌하지 않고 "오랫동안 잠잠"하신다. 하나님의 시간은 인간의 협소하고 조급한 시간관으로는 이해하기 힘들다. 인간의 조급한 시간단위로 계산하면 하나님은 마치 아무 일도 하시지 않는 것처럼 보인다. 하나님의 시침이 움직이는 모습은 인간의 육안으로는 관찰되지 않는다.

12절은 하나님의 1인칭 대명사 아니(אֲנִי)로 시작한다. 다른 이가 아니라 하나님이 친히 이 우상숭배자들이 스스로 자랑하는 공의(체데크, 츠다카)와 행위[마아세(מַעֲשֶׂה)]를 낱낱이 진술하신다. 그 결과는 그들의 '공의'와 '행위'가 그들 자신에게 어떤 유익도 가져오지 못한다는 것이다. 우상숭배는 아무리 그럴듯한 공의처럼 보이고 뭔가 대단한 일처럼 보여도 열매를 맺지 못한다. 13절은 어떤 점에서 우상숭배가 무익한지를 설명한다. 우상들은 자신들을 숭배하는 자들을 돕지 못한다. 그들이 구원해 달라고 부르짖을 때에 아우성을 쳐도 그들이 집에 모아들인 우상들은 다 바람에 날려 가고 기운에 불려갈 것이다.^{시 1:4} 그러나 하나님을 의뢰하는 자는 심판의 바람에도 불구하고 물가에 심긴 나무처럼 견고하며 마침내 땅을 차지하겠고, 하나님의 거룩한 산을 기업으로 얻을 것이다. 14절은 다시 출바벨론 가나안 귀환 주제를 끄집어낸다. 하나님은 낮은 골짜기를 "돋우고 돋우어 길을 수축하여" 당신의 "백성의 길에서 거치는 것을 제하여 버리"실 것이다.^{사 40:4; 49:11}

거룩하신 하나님의 본마음 •15-21절

이 단락은 하나님께서 심판과 징벌로 온 세상에 흩어버리신 당신의 백성 이스라엘을 다시 가나안 땅에 모아들이시는 이유를 하나님의 성품에 근거해 설명한다. 하나님은 죄와 불의를 참지 못하고 죄인이 당신의 명의를 도용해 사용하는 패역을 참아보지 못한다. 하나님은 초월적 이격과 충돌을 통해서라도 당신의 거룩하신 영광을 지키신다. 거룩하신 하나님이 잘 계시된 현장이 출애굽기 3장, 19장, 24장의 시내산 현현 장면, 그리고 출애굽기 19장과 24장을 해석한 히브리서 12:18-29과 이사야 6장의 소명사화이다.

하나님이 이르시되 이리로 가까이 오지 말라. 네가 선 곳은 거룩한 땅이니 네 발에서 신을 벗으라.^{출 3:5}

너는 백성을 위하여 주위에 경계를 정하고 이르기를 너희는 삼가 산에 오르거나 그 경계를 침범하지 말지니 산을 침범하는 자는 반드시 죽임을 당할 것이라.…… 또 여호와에게 가까이 하는 제사장들에게 그 몸을 성결히 하게 하라. 나 여호와가 그들을 칠까 하노라.…… 여호와께서 그에게 이르시되 가라. 너는 내려가서 아론과 함께 올라오고 제사장들과 백성에게는 경계를 넘어 나 여호와에게로 올라오지 못하게 하라. 내가 그들을 칠까 하노라.^{출 19:12-24}

너 모세만 여호와께 가까이 나아오고 그들은 가까이 나아오지 말며 백성은 너와 함께 올라오지 말지니라.^{출 24:2}

스랍들이…… 서로 불러 이르되 거룩하다. 거룩하다. 거룩하다. 만군의 여호와여, 그의 영광이 온 땅에 충만하도다 하더라.…… 그 때에 내가 말하되 화로다. 나여, 망하게 되었도다. 나는 입술이 부정한 사람이요 나는 입술이 부정한 백성 중에 거주하면서 만군의 여호와이신 왕을 뵈었음이로다 하였더라.^{사 6:2-5}

너희는 만질 수 있고 불이 붙는 산과 침침함과 흑암과 폭풍과 나팔 소리와 말하는 소리가 있는 곳에 이른 것이 아니라. 그 소리를 듣는 자들은 더 말씀하지 아니하시기를 구하였으니 이는 짐승이라도 그 산에 들어가면 돌로 침을 당하리라 하신 명령을 그들이 견디지 못함이라. 그 보이는 바가 이렇듯 무섭기로 모세도 이르되 내가 심히 두렵고 떨린다 하였느니라.…… 그러므로 우리가 흔들리지 않는 나라를 받았은즉 은혜를 받자. 이로 말미암아 경건함과 두려움으로 하나님을 기쁘시게 섬길지니 우리 하나님은 소멸하는 불이심이라.^{히 12:18-29}

이처럼 거룩하신 하나님은 "눈이 정결하시므로 악을 차마 보지 못하시며 패역을 차마 보지 못하"신다.할 1:13 실로 하나님은 "높고 거룩한 곳에" 계신다. 그런데 "지극히 존귀하며 영원히 거하시며 거룩하다"고 불리시는 하나님은 당신의 자기반전적 성품을 갖고 계신다. "또한 통회하고 마음이 겸손한 자와 함께 있나니 이는 겸손한 자의 영을 소생시키며 통회하는 자의 마음을 소생시키려" 하시는 것이다.15절 하나님은 죄로 인해 심판받아 망가진 이스라엘을 보고 스스로 돌이키신다. 자신의 죄를 통회하면서 마음이 낮춰진 자의 영을 소생시키신다. 하나님의 죄에 대한 징벌의 마음은 죄 지을 수밖에 없는 피조물적 연약성에 대한 무한 책임적 긍휼에 거룩하게 길항된다. 다니엘 9장, 에스라 9장, 느헤미야 9장의 기도문은 바벨론 포로들이 드린 통회기도의 전형들이다. 하나님의 자기반전을 일으키는 인간의 진실한 회개 통회 고백들이다. 하나님은 당신의 자녀가 비록 자기 죄로 인해 초래된 형벌이지만 열국에게 학대와 유린을 당하며 온갖 곤욕을 당할 때 당신도 곤욕을 당한다고 느끼신다. 호세아 11:8-9은 이런 하나님의 자기반전적인 성품을 잘 보여준다(렘 9:7; 31:20; 참조. 신 32:35-36).

에브라임이여, 내가 어찌 너를 놓겠느냐. 이스라엘이여, 내가 어찌 너를 버리겠느냐. 내가 어찌 너를 아드마 같이 놓겠느냐. 어찌 너를 스보임 같이 두겠느냐. 내 마음이 내 속에서 돌이키어 나의 긍휼이 온전히 불붙듯 하도다. 내가 나의 맹렬한 진노를 나타내지 아니하며 내가 다시는 에브라임을 멸하지 아니하리니 이는 내가 하나님이요 사람이 아님이라. 네 가운데 있는 거룩한 이니 진노함으로 네게 임하지 아니하리라.

거룩하신 하나님은 인간의 죄악에 대한 분노가 아무리 커도 당신의 성품을 바꾸지 못하신다. 하나님의 거룩성 안에서는 이러한 선순환적 결단이 이뤄진다. 그래서 당신의 심판에 의해 부서진 인간을 다시 사랑하시고 용서하신다. 거룩하신 하나님은 피조물이나 기타 어떤 다른 존재로 인해 당신의 신적 성품의 일관성이 깨뜨려지는 것을 허용하지 않으신다. 거룩하신 하나님은 언제나 동일하신 하나님이다. 하나님의 모든 행동의 근본 동기는, 모든 피조물이 하나님의 영광을 반사하도록, 특히 인간이 하나님의 형상을 체현하도록 하려는 것이다. 이것이 하나님의 사랑이다. 하나님의 사랑은 피조물이 하나님의 사랑을 받고 감득하고 반응하도록 만드는 아주 역동적인 에너지다.

16절은 창조주 하나님의 근본긍휼과 절대사랑을 말한다. 하나님의 근본긍휼과 절대사랑은 인간과 피조물의 어떤 악행과 만행에도 감소되지 않는 절대상수로서의 긍휼과 사랑이다. 하나님은 인간의 체질이 진토임을 아시고 죄악된 행동 하나 하나에 대해 건별로 징벌하거나 초과 징벌 하시지 않는다.^{시 103:14} 하나님은 절대로 감소되지 않고 변하지 않는 자가출원적 사랑으로 가득차 있다. 그래서 창조주 하나님은 이스라엘이 피조물의 연약함에 매인 존재라는 것을 아시고 당신의 백성과 "영원히 다투지 아니하며", "끊임없이" 노하시지는 않는다. 하나님이 지으신 이스라엘의 영과 혼이 하나님의 쉼 없는 진노 앞에서 피곤하고 쇠패할까 염려하시기 때문이다. 하나님은 당신의 진노와 심판으로 인간이 부서져 재기불능으로 망가질 것을 걱정하시고 진노의 시효를 정해두셨다.

그런데 17절에는 더욱 경악스러운 반전이 일어난다. 하나님은 탐심의 죄악으로 악을 행한 이스라엘에게 당신의 얼굴을 가리고 심판하실 정도로 노하셨지만, 이스라엘은 아직도 패역하여 자기 마음의 길로 걸어가고 있다. 바벨론 귀환포로들이나 가나안 땅에 남아있는 이스라엘 백성 모두가 하나님의 진노어린 심판이 가져다주는 유익을 맛보지 못하고 있다. 영적 정화와 쇄신이 이뤄지지 않고 있다. 아직도 패역하여 자기 마음대로 살고 있다. 18절은 하나님의 절대사랑이 작용하는 방식을 말한다. 하나님은 이스라엘의 길을 주목하고 고쳐주시기로 결정하시며 그를 인도하신다. 그리고 "그와 그를 슬퍼하는 자들에게 위로를 다시 얻게" 하신다. 19절은 이사야 55:10-11을 생각나게 만드는 입술의 열매를 언급한다. 입술의 열매는 하나님의 입, 즉 예언자의 입에서 나온 모든 예언의 성취를 가리킨다. 하나님은 당신이 예언자를 통해 발출하신 모든 예언을 성취시키신다. 입술의 열매를 창조하신다. 하나님은 "먼 데 있는 자에게든지 가까운 데 있는 자에게든지 평강이 있을지어다. 평강이 있을지어다"라고 선언하신다. 먼 데 있는 자는 바벨론 포로들 같이 가나안 본토에서 멀리 떨어져 사는 자들이며, 가까운 자들은 가나안 고토에 남아서 시온의 위로를 기다리는 자들을 가리킨다. 둘 다에게 하나님은 평강을 약속하신다. "평강"은 영적으로나 육적으로나 병든 상태를 치료함으로써 온다. 하나님은 이스라엘을 고쳐주심으로써 평강을 보장하신다. 이스라엘의 질병은 패역, 우상숭배다. 자기에게 해를 끼칠 우상에게 절하는 것이 이스라엘의 만성질환이다. 하나님은 이스라엘에게 하나님에게만 전심으로 붙어있는 언약적 충절을 가르쳐주심으로 이스라엘의 고질병을 고쳐주실 것이다.

20-21절은 하나님의 고쳐주심을 거절하고 자기 마음의 길을 따라가는 악인의 결말을 말한다. 20절은 악인들을 주어로 하는 상황절이다. 19절과 병렬적인 상황을 서술한다. 19절의 마지막 소절은 '내가 그를 고칠 것이다'[우러파티브(וּרְפָאתִיו)]이다. 20절 첫 소절은 '반면에 악인들은 바다처럼 계속적으로 격동케 될 것이다'이다. '격동케되다'를 의미하는 히브리어는 니거라쉬(נִגְרָשׁ)다. 가라쉬(גָּרַשׁ) 동사의 니팔(수동) 남성 단수 분사형이다. 분사는 일회적 행위가 아니라 고착적인 행위를 묘사한다. 악인이 바닷물처럼 격동하는 것은 고착적인 성향이다. 악인은 '바다', 즉 자신 밖의 더 압도적인 힘에 의해 심하게

요동치게 될 것이라는 뜻이다. 이런 이유 때문에 하나님과 등을 진 악인은 중심을 잃고 방황하느라고 평온함을 얻지 못하고, 바다가 아래로부터 진흙과 더러운 것을 늘 위로 솟구쳐 내는 것처럼,[21절] 자기 안에 있는 불결함과 오염된 성향들과 행동들을 밖으로 드러낸다. 아래위로 요동하는 바다 같은 악인들[러샤임(רְשָׁעִים)]에게는 샬롬이 없다. 샬롬은 하나님이 주시는 선물이기 때문이다.

메시지

인류의 역사는 인류가 섬겨온 신들의 역사라고 할 만큼 숱하게 많은 신들이 역사 속에 명멸했다. 그리스-로마 문명은 신들을 향한 경건심의 발로로 숱한 신전들을 지어 바쳤다. 오늘날까지 그리스 전역에는 화강암으로 지어진 거대한 신전들의 폐허가 남아있다. 그리스-로마 문명의 신들의 특징은 도덕적 엄정성의 결여였다. 뭐든지 할 수 있는 능력을 휘두르는 면에서는 인간을 능가했으나 대체로 욕망과 야심, 경쟁심과 권력욕 등 근원적 충동성을 다루는 데에는 인간보다 탁월하지 못했다. 그리스-로마의 신들 중 누구도 '나의 특정한 성품을 닮으라'고 요구하지 않는다. '나의 절제력을 닮아라', '나의 의협심을 모방하라'고 말하지 않는다. 숱한 도시국가들의 각축과 상쟁을 경험한 그리스나 로마에서 정의로운 신의 우월적 존재를 상정하기는 어려웠을 것이다. 물론 철학자들이 경험했다는 신들의 경우는 좀 다르다. 파르메니데스나 소크라테스가 경험했다고 하는 신 혹은 여신은 그들에게 철학적 진리를 계시했다고 언급되기도 한다. 어떤 점에서 그런 신들은 올림포스산의 신들과는 약간 달랐다. 그러나 그런 개인에게 나타나 뭔가를 계시하는 여신/신들은 사회의 공공질서에 대한 신탁을 계시하지는 않았다. 대신 특정 철학원리를 계시했다고 주장된다. 파편화된 도시국가들이 대립하던 그리스-로마 문명의 신들은 예외 없이 한 가지 닮은 점이 있다. 한 사회를 공의와 정의 위에 세우겠다는 야심을 드러낸 적이 없다는 점에서 그들은 다 동류다. 최고신 제우스나 헤라를 포함해 모든 그리스-로마 문명의 신들에게 정의와 공의는 궁극적 관심이 아니었으며, 굳이 이런 주제에 관심을 가진 신들이 있다면 그들은 주변적인 신들이었다. 그리스-로마의 신들은 힘 숭배를 부추기는 신들이었고, 전쟁의 승리를 예언하거나 뒤늦게 축복하는 신들이었다.

반면에 고대근동과 이집트에서 숭배된 신들은 한 왕조나 제국의 통치체제나 정치권력을 정당화하는 신들이었다. 대부분 고대중근동의 최고신은 공평과 정의에 대한 관심이 많았다. 이집트의 태양신이나 메소포타미아의 샤마쉬(태양신)는 정의의 신이었다. 파라오의 포고령이나 고대근동의 비석들이나 법전에는 정의와 평화를 온누리에 확산시키라는 신의 사명을 받는 제왕의 모습들이 나타난다. 함무라비는 마르둑 신의 대리자로 정의를 온누리에 펼칠 사명을 신으로부터 받았다. 이쉬타르 여신으로부터 앗수르의 통치권을 받는 사르곤은 정의의 통치권을 행사할 사명감을 의식하고 있다. 그런데 신들이 정의와 공의를 말할 때에도 그것이 자신의 성품, 존재 자체의 요구이기 때문에 정의와 공의를 행하라고 명령하지는 않는다. 함무라비나 사르곤 같은 인물들이 신과 조우할 때에도 신의 영광에 두려워 전율하는 충격적인 경험은 하지 못한다. 그들은 신을 두려워한다. 나라가 멸망하고 자신의 운명이 절단날 것을 두려워하거나 자신의 왕국에 재난이 닥칠 것을 두려워한다는 점에서 신들을 두려워한다. 그러나 그들 중 어떤 제왕이나 군주도 자기에게 나타나 통치대권을 위임한 신들을 만나는 장면에서 자신을 죽이려고 돌격하는 신적 돌격을 경험한 적은 없다.[출 4:23-24] 그들 중 누구도 자신을 부른 신으로부터 '나는

거룩하신 하나님의 두 마음 두 얼굴

비길 수 없이 독특한 유일무이한 신이다. 나는 거룩하다. 내 성품을 모방하여라. 너희의 정치, 경제, 문화, 가정생활, 음식문화 등 모든 면에서 나의 성품을 드러내라'는 요구를 받은 적이 없다. 이 세상에 존재했고 지금도 존재하고 있는 숱한 신들 중 아무도, '자신이 유일무이한 하나님이요 나머지 모든 다른 민족들의 신들은 헛것이요 우상이다'라고 선언하지 않았다. 오로지 이스라엘의 하나님만이 자신의 거룩한 성품을 만족시키는 국가생활, 가족생활, 국제관계, 음식문화, 경제사회체제를 구축하라고 요구하신다. 사실 문명사적인 차원에서 볼 때 구약성경이 인류에게 준 가장 위대한 선물은 '거룩하신 하나님'을 인류에게 알려준 공헌이다.

구약성경의 위대한 문명사적 공헌은 모세의 업적이기도 하다. 모세가 이룬 가장 위대한 역사적 업적은 '거룩하신 하나님'을 인류에게 알려준 일이다. 인간의 자기중심성을 근원부터 거룩하게 해체하는 거룩하신 하나님이 역사의 주관자임을 선포한 일이다. 모세는 이념을 궁리하여 철학교설을 펼친 학자는 아니다. 그는 우주와 역사를 관통하는 무시간적인 진리를 선포하지 않았다. 대신에 그는 인간을 무섭게 위축시키는 거룩하신 하나님이 이 세상을 창조하고 역사를 기획하고 이 과정에서 인간을 동반자로 부르신다는 것을 계시로 알았다. 이 거룩하신 하나님이 인간에게 거룩을 요구하신다. 거룩한 인간은 하나님 앞에 자기를 무한소로 축소시키고 부인하는 경외심으로 가득찬 인간이다. 이런 거룩하신 하나님의 지근至近에서 연단 받고 담금질 된 민족이 이스라엘이다. 이스라엘은 시간의 속된 파도에 떠밀려 영원하신 하나님의 반석과 숱하게 부딪혀 보고, '하나님이라는 거대한 반석에 상처를 입은 파도요 하나님의 거룩한 화염에 화상을 입어 낙인찍힌 민족'이 되었다. 그 민족이 산출한 인류사의 가장 위대한 유산이 바로 성경이다. 이 성경의 하나님은 모든 인간존재를 위축시켜 겸손하게 만들어 마침내 하나님 안에서 하나되게 만드신다. 이 거대한 만유회복계획의 첫 단계가 거룩한 한 백성의 창조다. 그래서 이스라엘에게만 유독 이렇게 급진적인 요구를 하신다.

나는 여호와 너희의 하나님이라. 내가 거룩하니 너희도 몸을 구별하여 거룩하게 하고 땅에 기는 길짐승으로 말미암아 스스로 더럽히지 말라. 나는 너희의 하나님이 되려고 너희를 애굽 땅에서 인도하여 낸 여호와라. 내가 거룩하니 너희도 거룩할지어다.^{레 11:44-45}

거룩하신 하나님은 이집트나 가나안에서 신봉되는 그런 신들과는 완전히 다른 하나님이라는 것이다. 이 유일하고 비길 데 없이 홀로 존재하시는 거룩하신 하나님의 가장 큰 명령은 다른 신들을 하나님과 병렬적으로 혹은 겸하여 섬기지 말라는 것이다. 둘째 명령은 하나님을 금속이나 나무로 제작하는 축소주의적 표현을 절대금지하신 것이다. 셋째 명령은 절대로 하나님의 명의를 남용하지 말라는 것이다. 즉 거짓말을 제작해 유포하거나 자신의 거짓과 악을 감추기 위한 일시적 피난처로 하나님 이름을 언급해 맹세하는 것을 금지하신 것이다. 넷째 명령은 안식일을 지켜 일주일에 하루는 반드시 노동하는 인간과 가축의 쉼을 보장하라는 것이다. 거룩하신 하나님은 이런 배타적 명령들을 통해 인간에게 다가오시지만, 이 배타성의 궁극 목적은 하나님 자신이 어떤 하나님인가를 알려주시기 위함이다. 거룩하신 하나님은 자신을 숭배하는 자들을 무조건 후원하거나 편들어 주는 신이 아니다. 마리문서에 나오는 마리의 신 다곤은 부단하게 자신의 신전을 허술하게 관리하는 자들의 근무태만을 지적한다. 거룩하신 하나님은 자신을 만족시키려고 바치는 동물희생제사보다는 고아와 과부를 홀대하고 모멸하는 불의한 재판을 바로 잡는 것을 더욱 큰 제사로 보신다. 이처럼 모세가 알려준 거룩하신 하나님은 왕실후원 신, 국가후원 신의 차원을 훨씬 넘는 요구를 하신다. 이 거룩하신 하나님을 모세만큼 무섭게 조우한 사람이 이사야였다. 그는 항상 하나님을 '이스라엘의 거룩한 이(커도쉬 이스라엘)'라고 부른다. 이사야는 성전에서 예배드리는 중 거룩하신 하나님을 만나 옛 자아의 죽음을 경험하는 전율에 휩싸인다. 거룩하신 하나님은 인간이 당신의 영광에 노출되어 죽는 것을 막기 위해 가까이 오지 말라고 위협하신다. 죄인이 아무런 준비 없이 하나님의 신성구역에 침범하면 하나님은 충돌하시고 돌격하신다. 시내산 구름 아래 정상은 하나님의 영광이 머무는 곳이다. 이곳에 접근하면 하나님은 충돌하시고 돌격하신다. 성전 지성소 또한 신성구역이다. 이 신성구역으로 무단침입 하는 자는 충돌당해 죽는다. 아론의 두 아들 나답과 아비후는 하나님이 금지한 이상한 불을 들고 성소에 접근했다가 즉각 돌격당했다.레 10:1-2 하나님께서 나답과 아비후를 돌격사 시킨 후에 그 이유를 다음과 같이 말씀하신다. "나는 나를 가까이 하는 자 중에서 내 거룩함을 나타내겠고 온 백성 앞에서 내 영광을 나타내리라."레 10:3 하나님은 제사장에게 거룩히 여김을 받은 후에야 온 백성 앞에 영광을 나타내려고 하신 것이다. 하나님을 가까이에서 모시는 목회자들이 하나님을 거룩히 여기지 아니하면 온 백성에게 나타나는 하나님의 영광을 가리는 셈이다. 이처럼 하나님의 거룩한 돌격은 당신의 영예, 이름, 권능, 지혜 모든 신적인 것들을 인간들이 농단하는 것을 막으시는 행위다. 한 나라가 십계명 1-4계명을 지속적으로 위반하는 행위는 지성소에 난입하는 것과 같다. 이사야는 예배 도중에 자신도 모르게 지성소에 난입한 자처럼 지극히 높이 들린 보좌에 앉으신 영광의 하나님을 뵙고 '자신은 죽었다'고 선언했다. 왜냐하면 두 천사의 거룩 삼창 교창을 들었기 때문이다. '거룩하다. 거룩하다. 거룩하다. 만군의 여호와여!' 하나님께 가장 가까이 서서 섬기면서도 하나님의 거룩하심에 전율하면서 얼굴을 가리는 스랍천사들의 예배자세를 보고 소스라치게 놀랐다. 하나님의 거룩한 영광에 전율하는 것이 경건이요 예배의 토대다. 거룩하신 하나님을 만난 모든 예언자들은 이사야적 절망과 해체를 맛보았다. 그들 모두는 한결같이 하나님의 거룩한 존전 앞에 제대로 몸을 가누지 못했다. 예레미야, 에스겔, 다니엘 등 모든 예언자들은 거룩하신 하나님 앞에 불려갔을 때 실신하거나 사색이 되었다. 그들 모두는 '나는 입술이 부정한 백성 중에 사는 입술이 부정한 자입니다. 이제 나 자신은 죽었습니다'라고 선언했던 이사야적인 존재 해체를 맛보았다. 자신의 죄성, 불결과 부정에 절망하여 죽게 된 통절의 회개자에게 하나님은 부젓가락으로 입을 정결케 하심으로 죄를 사하신다. 이것이 이사야 57:15의 의미다. "지극히 존귀하며 영원히 거하시며 거룩하다 이름하는 이가 이와 같이 말씀하시되 내가 높고 거룩한 곳에 있으며 또한 통회하고 마음이 겸손한 자와 함께 있나니 이는 겸손한 자의 영을 소생시키며 통회하는 자의 마음을 소생시키려 함이라." 이런 거룩하신 하나님을 알고 몸서리치게 두려워 떨어본 자, 죄를 배척하고 돌격하시는 하나님의 무서운 거룩성을 사무치게 이해하고 공명한 사람에게 예수님의 십자가 죄 사함이 복음으로 다가온다. 거룩하신 하나님을 알면 알수록 죄용서 받은 감격이 증폭되고 죄를 미워하고 배척하는 힘이 커진다. 거룩하신 하나님 앞에 두려워 떨고 삼가는 것이 경건의 능력이다. 거룩하신 하나님 앞에 자신감이 위축되고 내가 틀렸을 수도 있다는 자기성찰적 의심이 드는 것도 경건이다. 거룩하신 하나님 앞에 욕망을 십자가에 못 박을 용기를 내는 자들만이 거룩하신 하나님과 통하는 영의 사람들이다.

반면에 하나님의 이름으로 온갖 악행을 일삼는 자들과 그들의 추종자들은 하나님의 이름을 도용하는 것이며 신성구역을 침범하는 자

거룩하신 하나님의 두 마을 두 얼굴

들이다. 거룩하신 하나님은 당신의 거룩한 영광에 노출된 자신의 죄악 때문에 통회하고 마음이 으깨어진 자들을 소생시키시지만, 교회를 사적 축재나 세습왕조적 권력 추구의 수단으로 삼는 허물들과 악행들과는 충돌하신다. 때가 되면 당신의 이름을 위하여 거룩한 충돌을 일으키실 것이며, 만일 이 명백한 악행들이 묵과된다면 좀 더 기다렸다가 일망타진하실 것이다. 거룩하신 하나님은 권력을 남용하는 목회자들이나 거룩하신 하나님의 이름을 권력 과시의 수단으로 이용하는 권력지향적인 교회 편이 아니라, 하나님 당신의 거룩한 이름을 수호하시기 위해 그러한 교회를 대적하고 바람에 나는 겨처럼 흩어버리실 수도 있는 거룩하신 분이시다. 지금 한국교회에는 하나님을 두려워하는 자들이 거룩하신 하나님의 전율케 하시는 현존을 증언해야 한다. 하나님을 두려워하는 자, 하나님의 거룩한 눈빛 아래 자기해체를 경험한 자는 복이 있다. 하나님을 두려워하는 능력의 상실은 우상숭배의 마지막 단계다. "그들의 목구멍은 열린 무덤이요 그 혀로는 속임을 일삼으며 그 입술에는 독사의 독이 있고 그 입에는 저주와 악독이 가득하고 그 발은 피 흘리는 데 빠른지라. 파멸과 고생이 그 길에 있어 평강의 길을 알지 못하였고 그들의 눈앞에 하나님을 두려워함이 없느니라 함과 같으니라."롬 3:13-18 거룩하신 하나님을 모르는 자들이 전하는 죄 사함의 복음은 거짓복음이다. 우리의 죄악된 옛 자아를 십자가에 못 박으시는 거룩하신 하나님의 죄 배척의 열정을 모르면 죄 사함과 용서의 감격을 누릴 수 없기 때문이다.

58장.

오래 황폐된 곳을 재건하고
역대의 파괴된 기초를 중건하는 세대

58

¹크게 외치라. 목소리를 아끼지 말라. 네 목소리를 나팔 같이 높여 내 백성에게 그들의 허물을, 야곱의 집에 그들의 죄를 알리라. ²그들이 날마다 나를 찾아 나의 길 알기를 즐거워함이 마치 공의를 행하여 그의 하나님의 규례를 저버리지 아니하는 나라 같아서 의로운 판단을 내게 구하며 하나님과 가까이 하기를 즐거워하는도다. ³우리가 금식하되 어찌하여 주께서 보지 아니하시오며 우리가 마음을 괴롭게 하되 어찌하여 주께서 알아 주지 아니하시나이까. 보라, 너희가 금식하는 날에 오락을 구하며 온갖 일을 시키는도다. ⁴보라, 너희가 금식하면서 논쟁하며 다투며 악한 주먹으로 치는도다. 너희가 오늘 금식하는 것은 너희의 목소리를 상달하게 하려는 것이 아니니라. ⁵이것이 어찌 내가 기뻐하는 금식이 되겠으며 이것이 어찌 사람이 자기의 마음을 괴롭게 하는 날이 되겠느냐. 그의 머리를 갈대 같이 숙이고 굵은 베와 재를 펴는 것을 어찌 금식이라 하겠으며 여호와께 열납될 날이라 하겠느냐. ⁶내가 기뻐하는 금식은 흉악의 결박을 풀어 주며 멍에의 줄을 끌러 주며 압제 당하는 자를 자유하게 하며 모든 멍에를 꺾는 것이 아니겠느냐. ⁷또 주린 자에게 네 양식을 나누어 주며 유리하는 빈민을 집에 들이며 헐벗은 자를 보면 입히며 또 네 골육을 피하여 스스로 숨지 아니하는 것이 아니겠느냐. ⁸그리하면 네 빛이 새벽 같이 비칠 것이며 네 치유가 급속할 것이며 네 공의가 네 앞에 행하고 여호와의 영광이 네 뒤에 호위하리니 ⁹네가 부를 때에는 나 여호와가 응답하겠고 네가 부르짖을 때에는 내가 여기 있다 하리라. 만일 네가 너희 중에서 멍에와 손가락질과 허망한 말을 제하여 버리고 ¹⁰주린 자에게 네 심정이 동하며 괴로워하는 자의 심정을 만족하게 하면 네 빛이 흑암 중에서 떠올라 네 어둠이 낮과 같이 될 것이며 ¹¹여호와가 너를 항상 인도하여 메마른 곳에서도 네 영혼을 만족하게 하며 네 뼈를 견고하게 하리니 너는 물 댄 동산 같겠고 물이 끊어지지 아니하는

오래 황폐된 곳을 재건하고 역대의 파괴된 기초를 중건하는 세대

샘 같을 것이라. ¹²네게서 날 자들이 오래 황폐된 곳들을 다시 세울 것이며 너는 역대의 파괴된 기초를 쌓으리니 너를 일컬어 무너진 데를 보수하는 자라 할 것이며 길을 수축하여 거할 곳이 되게 하는 자라 하리라. ¹³만일 안식일에 네 발을 금하여 내 성일에 오락을 행하지 아니하고 안식일을 일컬어 즐거운 날이라, 여호와의 성일을 존귀한 날이라 하여 이를 존귀하게 여기고 네 길로 행하지 아니하며 네 오락을 구하지 아니하며 사사로운 말을 하지 아니하면 ¹⁴네가 여호와 안에서 즐거움을 얻을 것이라. 내가 너를 땅의 높은 곳에 올리고 네 조상 야곱의 기업으로 기르리라. 여호와의 입의 말씀이니라.

주석

58장은 종교적 위선과 허례의식보다 더 중요한 공의 실천¹⁻¹²절과 안식일을 축성祝聖하는 자들에게 약속된 상급¹³⁻¹⁴절으로 나뉜다. 40-55장에는 출바벨론 가나안 복귀파와 바벨론 잔류파(우상숭배자들로 정죄당하는 자들), 하나님의 약속을 믿는 자들과 의심하는 자들을 은근히 구분하고 있는데 비해, 56장부터는 명시적으로 흑백 이원론 같은 간결하고 급진적인 어조로 이스라엘 백성을 양분하고 있다. 이 구분은 뒤로 갈수록 더욱 날카로워져 가며 66장 끝날 때까지 유지된다. 56장은 안식일을 잘 지키는 이스라엘 사람과 여호와께 연합해 안식일을 축성하는 이방인 대對 탐욕적이고 몰지각한 이스라엘 목자들과 파수꾼들을 대조하고 있다. 57장은 의인, 인애의 사람들과 무당의 자식, 간음자와 음녀의 자식, 패역의 자식과 거짓의 후손들을 대조하고 있다. 하나님을 의뢰하는 의인과 쉼 없이 악의 퇴적물을 위로 솟구쳐 올리는 요동치는 악인의 대조가 격렬하게 이뤄진다. 58장은 57장의 악인들과 하나님의 백성, 즉 야곱의 집을 구분하고 있다.

1절의 청자는 예언자다. 예언자의 당면과업은 57장에 나오는 우상숭배자들, 몰렉숭배자들, 온갖 오명을 가진 악인들의 죄를 이스라엘 백성에게 야곱의 집에 크게 외치고 나팔을 불어 경각시키는 일이다. 이 악인들을 이스라엘 백성에게서 떼어내려는 의도다. 그들의 허물과 죄를 널리 알려야 하나님의 백성이 혼동하지 않을 것이기 때문이다. 이 악인들, 우상숭배자들의 죄와 허물은 나팔소리처럼 큰 목소리로 고발해야 할 만큼 중차대하다. 예언자의 가장 고통스러운 숙명은 야웨의 영으로 가득차 시대의 주류세력들의 죄악과 허물을 들추어내는 일이다. "오직 나는 여호와의 영으로 말미암아 능력과 정의와 용기로 충만해져서 야곱의 허물과 이스라엘의 죄를 그들에게 보이리라."미 3:8 지배층이나 사회유력층의 죄악 규탄이나 폭로는 야웨의 영으로 말미암아 능력과 정의와 용기로 충만해져야 할 수 있는 일이다.

2절은 하나님이 비판하시는 악인, "그들"은 단지 무종교인이 아니라 지나친 종교인임을 가리킨다. "그들"은 날마다 하나님의 뜻을 구하며 하나님이 주신 길 알기를 즐거워한다. 공의(체데크)를 행하여 하나님의 규례를 저버리지 아니하는 족속 같이 행동한다. 하나님의 의로운 판단을 구하며 하나님과 가까이 하는 것을 즐거워한다. 이보다 더 종교적일 수가 없다. 그들은 한 걸음 더 나간다. 3절은 그들이 금식 경건을 실천하는 자들임을 보여준다. 이렇게 종교적으로 풍성하게 자기를 표현하면서도 실제로는 악을 범하고 하나님을 배척하는 것이 가능하다. 우리가 실로 종교행위를 두려워해야 하는 이유가 여기에 있다. 그들은 마음을 괴롭게 하고 금식까지 하면서 하나님의 주목을 끌고자 하지만 좌절감을 느낀다. 왜냐하면 하나님이 그들의 금식을 거들떠보지도 않으시기 때문이다. 그들은 하나님께 항의한다.

"어찌하여 주께서 알아 주지 아니하시나이까?" 3절 마지막 소절은 하나님의 신속한 답변을 말한다. "보라, 너희가 금식하는 날에 오락을 구하며 온갖 일을 시키는도다." 3-4절 각각에서 문장을 이끄는 영탄사 "보라"는 놀랍고 예상을 빗나가는 일을 언급할 때 쓰는 장면전환용 발어사다. "보라" 이하의 문장은 발화자와 청중 모두에게 놀랍고 충격적인 상황을 도입한다. 4절은 하나님이 그들의 금식을 무시하는 이유의 일부를 말한다. '보라, 너희는 몰상식하게도 금식하면서 소송하며 다투며 악한 주먹으로 서로를 친다.' 논쟁이라고 번역된 히브리어 립(ריב)은 단지 말싸움으로서의 논쟁이 아니라 법정소송 수준의 갈등을 말한다. 다툼으로 번역된 히브리어 마차(מַצָּה)는 아주 근접해 위협적인 언동을 주고받는 정도의 밀착된 싸움을 의미한다. '주먹으로 치는 행동'은 마차(מַצָּה)가 진전된 물리적 폭력을 동반한 다툼이다. 이런 적대적 갈등을 수반하는 금식을 하면서도 이것이 하나님께 열납되기를 기대하는 것은 무리라는 것이다. 금식의 근본은 회개, 참회, 자기부인, 자기양도다. 자기주장적 다툼을 벌이며 이웃을 제압하려는 호전성은 금식과 극단의 대척점에 있다. 따라서 이런 모순적인 금식은 자신들의 목소리가 하나님께 상달되는 것을 촉진하는 것이 아니라 오히려 막는다.4절 하나님은 하나님처럼 텅 비워진 자, 유순하고 겸손한 자의 신음에는 응답하시지만 호전적인 자기주장으로 가득 찬 자들의 오만한 금식은 아예 배척하신다. 그런 금식은 하나님의 성품에 대한 거부이자 도발이다. 5절은 하나님이 받지 않으시는 허례의식적 금식을 말한다. 머리를 갈대 같이 숙이고 굵은 베와 재를 펴는 것이 금식이 아니다. 금식일은 자신의 허물과 과오를 뉘우치고 통회하며 마음을 괴롭게 하는 날이다. 이런 진정성 있는 통회와 통절이 동반된 금식일이 여호와께 열납될 날이다. 6절은 하나님이 기뻐하는 금식을 말한다. 먼저 금식은 밥을 굶는 것이 아니라 자신의 탐욕을 감금하고 억제하는 행위다. 무슨 연유에서였는지 몰라도 흉악의 결박에 매여있는 불우한 이웃을 풀어주며 그들을 옭아맨 멍에의 줄을 끌러주며 압제 당하는 자를 자유하게 하며 모든 멍에를 꺾는 것이다. 여기서 우리는 금식을 자랑하는 자들이 사회적 약자들을 정치경제적으로 억압하는 지배층이거나 유력자들임을 알 수 있다. 느헤미야 5장이 말하는 유다의 귀인들과 장로들을 생각나게 한다.

그 때에 백성들이 그들의 아내와 함께 크게 부르짖어 그들의 형제인 유다 사람들을 원망하는데 어떤 사람은 말하기를 우리와 우리 자녀가 많으니 양식을 얻어 먹고 살아야 하겠다 하고. 어떤 사람은 말하기를 우리가 밭과 포도원과 집이라도 저당 잡히고 이 흉년에 곡식을 얻자 하고. 어떤 사람은 말하기를 우리는 밭과 포도원으로 돈을 빚내서 왕에게 세금을 바쳤도다. 우리 육체도 우리 형제의 육체와 같고 우리 자녀도 그들의 자녀와 같거늘 이제 우리 자녀를 종으로 파는도다. 우리 딸 중에 벌써 종된 자가 있고 우리의 밭과 포도원이 이미 남의 것이 되었으나 우리에게는 아무런 힘이 없도다 하더라. 내가 백성의 부르짖음과 이런 말을 듣고 크게 노하였으나 깊이 생각하고 귀족들과 민장들을 꾸짖어 그들에게 이르기를 너희가 각기 형제에게 높은 이자를 취하는도다.…… 우리의 대적 이방 사람의 비방을 생각하고 우리 하나님을 경외하는 가운데 행할 것이 아니냐.느 5:1-9

느헤미야 5장은 흉년, 과중한 세금 등으로 자유민들이 채무노예로 전락하는 장면을 보여준다. 이사야 58장에서 비난받고 있는 악인들은 여러 가지 이유로 흉악의 결박, 멍에에 묶인 가난한 동포들을 압제하던 자였다. 그들은 히브리 동포를 노예로 부리더라도 6년의 노예 살이를 마치면 7년째에는 그에게 먹고 살 수 있는 경제적 토대를 제공하고 해방시켜 줘야 했다.출 21, 23장; 레 25장; 렘 34장 그들은 부유한 유력자들로서 여러 가지 이유로 파산하여 집 없이 유리방황하는 동포들, 형제자매를 환대하여 언약 공동체 안에 머물도록 친절을 베풀어야 했다. 하나님께서는 부자들의 재산 안에 가난한 자들의 몫을 할당해 두고 계신다. 그래서 부유한 동포는 가난한 이웃을 부축하고 긴급구조할 언약적 의무를 지고 있다. 7절은 바로 이런 긴급한 빈민들의 삶을 부축하고 도와줘야 할 언약적 의리를 말한다.

참된 금식은 신적 동정심의 무한방출이다. 주린 자에게 양식을 나누어주며 유리하는 빈민을 집에 들이며 헐벗은 자를 보면 입히며 또 골육을 피하여 스스로 숨지 않고 앞장서서 도와주는 것이다. 성경 종교의 절정은 하나님을 향한 경건이 반드시 이웃사랑을 통해서 표현되어야 한다는 것이다. 하나님께 가장 빨리 응답받는 방법은 우리 주변의 빈민들, 억압당하는 사람들의 아우성에 응답하는 삶이다. 이웃의 불행과 고통을 돌보는 일과 상관없는 종교행위 그 자체는 인간들의 자기만족적인 허무주의 이상도 이하도 아니다.

8절은 참된 금식의 효력을 말한다. 사회경제적으로 곤경에 처한 동포들을 자비와 사랑으로 돌보는 행동을 유발하는 금식을 한 경우에는 악한 자들에게도 희망이 있다. 참된 금식을 통해 이웃을 사랑하고 돌본 사람은 빛을 회복한다. 그들에게 빛이 새벽같이 비친다. 그들의 선행과 자비 실천이 빛이 되어 새벽을 열게 된다. 새로운 시대를 연다. 한때 어둠의 세력이었던 그들이 빛이 되어 새벽을 동트게 만드는 선의 선봉대가 된다. 그런 경우에 악행자들, 우상숭배자들의 만성질환은 급속하게 치료되며, 그들의 언약적 의리실천과 자애로움이 그들 앞에서 향도가 되고 그들의 뒤에는 야웨의 영광이 호위하게 될 것이다. 9절은 바로 이 상황이 하나님과 영적 소통이 회복되는 때임을 강조한다. 사회적 자비와 긍휼을 실천하면서 하나님을 부르면 여호와께서 응답하시고 부르짖을 때에는 '내가 여기 있다'고 응답하신다.

감미롭고 견고한 영적 소통이 회복된 것이다.

9절 하반절부터 12절까지에서 예언자는 7-9절 상반절 단락의 논리를 점층적으로 확장한다. 특히 9절 하반절부터 10절 상반절까지 문장은 '만일'을 의미하는 접속사 임(םא)에 의해 도입되는 조건절이다. 10절 하반절이 주절인 셈이다. 만일 하나님의 백성, 야곱의 집 사람들이 "멍에와 손가락질과 허망한 말을 제하여 버리고,"⁹절 하반절 "주린 자"를 향해 마음을 열고 "괴로워하는 자의 심정을 만족하게 한다면" 흑암 천지였던 세상은 완전히 쇄신될 것이다. 그들의 "빛이 흑암 중에서 떠올라" 그들을 한때 포박했던 "어둠이 낮"처럼 밝아질 것이다.¹⁰절 하반절 이렇게 급진적으로 사회적인 자비와 긍휼을 대방출하여 생존의 위기로 내몰린 동포들을 영접하고 부축하면, 이번에는 하나님이 이런 사회적 자비와 긍휼을 실천하는 사람들을 "항상 인도하여 메마른 곳에서도" 그들의 "영혼을 만족하게 하며" 그들의 "뼈를 견고하게 하"실 것이다.¹¹절 그들은 과연 "물 댄 동산 같겠고 물이 끊어지지 아니하는 샘 같을 것"이다.

1-2절에서는 "그들"로 지칭되던 악한 우상숭배자들이 4-12절에서는 2인칭 남성 복수 "너희" 혹은 2인칭 남성 단수인 "너"로 불린다. 결국 "그들"이 처음에는 "하나님의 백성" 혹은 "야곱의 집"과 다른 어떤 집단을 가리키는 말처럼 보였으나, 4-12절에서는 아예 "이스라엘 공동체 전체"를 가리키는 말로 보인다. 결정적으로 12절이 이런 추정을 뒷받침한다. 그렇다면 58장 전체가 이스라엘 공동체의 특정한 집단에 대한 이야기가 아니라 이스라엘 민족 전체에게 하시는 말씀이라고 할 수 있다.

12절은 사회적 자비와 긍휼 실천을 통해 하나님과 영적 소통이 회복된 사람들에게서 나올 자 혹은 태어날 자들의 사명을 적시한다. 사회적 자비와 이웃을 사랑하는 데 급진적인 순종을 하는 사람들 중에서,' 오래 황폐된 곳들을 다시 세우며 오랫동안에 걸쳐 파괴된 성과 성전의 토대를 쌓는 자들이 나올 것이다. 그런 경우 그런 사람들은 '폐허 보수자' 혹은 '주거용 길을 수축하는 자'라고 불릴 것이다. 이 '폐허 중건자'와 '거주용 길을 수축한 자들'은 성전 재건의 토대를 놓은 스룹바벨과 여호수아, 학개와 스가랴의 대의명분에 동조한 자들이었거나, 에스라와 느헤미야와 함께 예루살렘 성벽을 재건하는 일에 기여했던 사람들일 것이다.

안식일을 축성(祝聖)하는 자들에게 약속된 상급 • 13-14절

이 단락은 앞 단락과도, 뒤에 이어지는 이사야 59:1-8과도 연결이 자연스럽지 않다. 56:2-6의 안식일 주제를 이어받는 인상이 든다. 다만 안식일을 위반하는 자들에 대한 경고와 비판이 대부분이었던 56:2-6에 비해 여기서는 안식일을 정당하게 축성하는 자들에게 임할 복이 강조된다. 13-14절도 '만일'을 의미하는 히브리어 임(אם)으로 시작되는 조건절이다. '만일'을 의미하는 '임'이 종속절^{13절}을 도입하고 '그러면'을 의미하는 히브리어 아즈(אז)가 주절^{14절}을 도입한다 (8절, 9절 각각의 상반절도 '아즈'가 도입하는 주절). 만일 이스라엘이 안식일에 발을 금해 오락을 자제하고 안식일을 즐거운 날, 존귀한 날이라고 여겨 존귀하게 여겨 자기 길을 따라가지 않고 오락도 추구하지 않고 사사로운 말을 자제하면, 14절에 약속된 복을 누리게 될 것이다. 즉 안식일을 축성하는 자들은 하나님 안에서 즐거움을 얻을 것이며 ² 하나님은 그들을 "땅의 높은 곳에 올리고" 그들의 조상 "야곱의 기업으로 기르"실 것이다. "땅의 높은 곳에 올리고"라는 어구는 신명기 32:13을 상기시킨다. "여호와께서 그가 땅의 높은 곳을 타고 다니게 하시며 밭의 소산을 먹게 하시며 반석에서 꿀을, 굳은 반석에서 기름

을 빠르게 하시며" 땅의 높은 곳까지 경작지가 되게 해주셔서 먹을 것
이 풍성하게 해주시겠다는 약속이다. "네 조상 야곱의 기업으로 기르
리라"고 번역된 히브리어 구문은 직역하면 '내가 너로 하여금 네 조
상 야곱의 기업을 먹게 하리라'[하아칼티카(הַאֲכַלְתִּ֔יךָ)]다. 야곱이 상속
받은 땅을 먹게 한다는 말은 야곱이 상속받은 땅, 주로 북지파의 땅
을 경작해서 거기서 나는 식량을 먹게 해주시겠다는 약속이다. 바벨
론 귀환포로들이 사실상 북이스라엘 열 지파가 경작하던 땅을 상속
해서 그 땅의 소출을 먹고 살게 해주시겠다는 것이다. 당시의 상황으
로 볼 때 상당히 실현되기 어려운 약속으로 들린다. 그래서 하나님
께서는 이 상황을 고려해 14절의 끝 문장에 다음과 같은 확약을 덧
붙이신다. '이 약속들은 실현 가능성이 없어보일지라도 반드시 성취
된다. 왜냐하면 여호와의 입이 말씀하셨기 때문이다.' 이것이 14절의
신적 확약의 취지다.

안식일이 왜 그렇게 중요한가? 안식일은 영적, 사회경제적, 종교적
가치가 합류하는 곳이기 때문이다. 안식일은 하나님을 향한 이스라
엘의 사랑과 경외가 이웃사랑과 사회적 자비로 표현되는 날이다. 안
식일 제도 때문에 구약성경의 신앙과 신학은 형이상학으로 증발할
수 없었다. 하나님을 향한 기도와 금식, 하나님을 경외하는 참된 예배,
이 모든 것들이 불우하고 불행한 동포들과 이웃들에 대한 아주 급진
적이고 구체적인 사랑, 우애, 부조로 표현되어야 했다.

메시지

58:1-11은 귀환포로 공동체의 영적 진지성의 어두운 단면을 보여준
다. 그들은 금식과 마음을 괴롭게 함으로 하나님의 인정을 받으려고
했다. 하지만 본문에 소개되는 금식하는 경건한 자들은 경건의 모양

오래 황폐된 곳을 재건하고 역대의 파괴된 기초를 중건하는 세대

은 있으나 경건의 능력을 부인하는 자들이다. 금식기도와 참회기도의 영적인 효험을 느끼지 못하자 그들은 불평한다. '야웨께서 왜 우리의 금식을 보지 않으며 우리의 참회기도를 열납하지 않으시는가?' 그들은 날마다 하나님을 찾아서 하나님을 알고 그의 의를 행하는 것을 즐기는 나라처럼 보이려고 노력한다. 여기서 '나라'[고이(גוי)]라는 단어는 이 금식 주체가 나라를 대표하는 지도층 인사들임을 암시한다. 그들은 외견상으로 하나님의 규례를 지킬 뿐만 아니라, 의로운 판단을 구하고 하나님과 가까이 하기를 구하는 사람들이다. 그러나 그들은 금식하지만 금식의 참 정신-욕망부인과 해체, 가난한 자 피억압자들을 자유하게 하는 너그러움과 자비-을 배척하고 있다. 그들은 메시아적 종과는 달리 금식의 참 정신을 배척하고 있다. 그들은 자기부인의 금식수행을 통하여 "흉악의 결박을 풀어주며 멍에의 줄을 끌러주며 압제 당하는 자를 자유하게 하며 모든 멍에를 꺾어주어야"[58:6] 하는데도, 그러한 사회경제적 자비를 실천하지 않았다. 아마도 58:6-9은 7년에 한 번씩 돌아오는 면제년[신 15장]에 의당 풀어주어야 할 히브리 동포 노예들을 풀어주지 않는 것에 대한 비판일 것이다. 이스라엘 유력자들은 이스라엘의 하나님 야웨의 공평과 의의 요구에 따라 동시대의 가난하고 주린 자들을 언약 공동체적 연대의식에 입각해 돌봐주어야 했지만, 이런 일을 거부하고 있다. 이사야 58장은 이런 귀환포로 공동체의 사회지도층 인사들의 불순종과 일탈이 하나님의 치료를 지연시키고 있다고 본다.[58:8] 현재 그들의 금식은 아무런 응답을 받지 못한다. 하나님께 열납되지 않는 자가당착적 경건의 외양일뿐이다.

성경의 하나님 담론은 형이상학이 아니라 정치경제학에 가깝다. 서구 기독교는 참된 사회적 자비로 나타나는 경건 대신에 종교행위 자체의 효력을 믿는 사효론事效論적 성례에 치중하다가 쇠락했다. 사효론은 성례전이나 거룩한 성사聖事 자체의 효력을 믿는 이론이다. 예를 들면 세례와 같은 성례를 집행하는 사람들에게 효력이 달려있는 것이 아니라, 세례라는 성사 자체에 효력이 있다고 믿는 이론이다. 5세기 라틴 교부였던 성 아우구스티누스가 도나투스 논쟁 때 확정한 교리로서, 중세 가톨릭교회를 거쳐 서방교회의 주류이론이 되었다. 배교한 주교들의 세례나 성사는 효력이 없다고 하는 도나투스의 인효론人效論에 반대해, 아우구스티누스는 사효론事效論을 주창하여 이것이 가톨릭교회의 성례전 신학의 기초가 되었다.[3] 인효론을 주장했을 때 이미 고위 성직자군에 진입한 배교자들이나 배교자들을 지지하는 동료 사제들의 처지가 위태로워질 것에 대한 염려 때문에 가톨릭교회는 교조적 사효론을 취했다. 이 결정은 중세 기간 내내 타락한 사제들의 성례집행의 효력을 정당화하는 결과를 가져왔다. 그러나 이 결정은 구약성경의 제의관과 충돌한다.

구약성경은 사효론보다는 인효론에 가까운 입장을 갖고 있다. 금식의 효력은 금식의 절차와 규칙을 따르는 데 있지 않고 금식하는 자의 삶, 인격, 품성에 달려 있다. 하나님은 신적 동정심, 환난상휼정신의 무한방출과 실천이 금식의 본질적 의미라고 말씀하신다. 금식은 자신의 과오와 허물을 뉘우치고 쇄신되기를 열망하는 자들의 자기비움이기에 그 비워진 자리에 이웃의 행복권에 대한 존중이 깃든다. 서구의 비판적 지성인들이 기독교를 플라톤 유의 종교형이상학이라고 배척한 이유는, 주류 기독교가 하나님의 현존을 구름 너머 초월의 자리에서 찾았기 때문이다. 하나님은 분열되고 상처난 공동체 최약자들의 생존위기에 마음을 쏟는다. 하나님은 유리하는 빈민들과 흉악의 결박과 멍에의 줄에 매인 자들의 처지에 와계신다. 하나님은 급진적으로 사회 최약자 편이시다. 하나님 담론은 추상적인 형이상학의 사변이 아니라 하나님 나라 정치학의 실사구시적 담론이다.

종교적 위선에다 주먹다짐으로 공동체 구성원들끼리 폭력을 행사하는 공동체는 오랫동안 무너졌던 사회의 토대를 재건하는 데 쓰임 받지 못한다. 귀환포로들의 첫 과업은 역대에 파괴된 기초를 재건하는 것인데, 그들의 위선과 사회적 난폭성과 호전성은 그들의 재건자로서의 자격을 박탈한다. 그 안에서 자라는 새싹 세대들을 아주 잔혹하고 호전적인 사람들로 만들어버린다. 위선, 폭력, 무자비, 쾌락주의가 득세하는 사회는 청소년들의 꿈을 앗아가는 사회다. 오랫동안 파괴된 예의범절과 도덕의 기초를 다시 놓고, 공직자들과 기업가들의 지도력, 교사들과 성직자들의 무너진 지도력을 새롭게 구축하기 위해서는 새로운 인재들을 발굴하고 양육해야 한다.

어떤 공동체에서 이런 인재들이 발굴되고 양육될 수 있을까? 첫째, 사회적 자비를 실천하는 공동체다. 유리하는 빈민을 먹이고 입히며, 흉악의 결박과 압제의 멍에에 묶인 자들을 풀어주는 자비로운 사회가 인재의 산실이 된다. 둘째, 가까운 골육지친과 이웃들의 곤경을 보고 피하지 않는 사회가 인재양성의 본거지가 된다(적선지가 필유여경積善之家 必有餘慶). 이것이 부서진 항아리 같은 공동체를 치유하는 길이다. 부서진 공동체는 아픈 몸과 같이 그 안에 속한 모든 구성원들을 부서지게 만들고 병들게 만든다. 이런 부서진 공동체를 치유하기 위하여 유복한 구성원들은 신적 자비를 베풀어 공동체를 치유해야 한다. 그러면 야웨 하나님의 영광이 그 공동체(사회, 가정, 개인)의 뒤에서 호위할 것이다. 하나님의 위로부터 내리는 복이 이런 공동체를 크게 윤택하게 한다. 주린 자에게 심정을 동하며 괴로워하는 자에게 신적 자비를 베푸는 공동체는 은총의 강물이 끊어지지 않는 옥토가 될 것이다. 이런 옥토 같은 땅에 인재들이 원시림을 이루듯이 일어난다. 이런 공동체가 누리는 가장 큰 복은 당대의 번영이 아니라 후손들이 받는 복이다. 신적 자비로 가득찬 공동체는 하나님과 영적인 교통이 활발하고 마음이 괴로운 자들과도 진정으로 교감하며, 마침내 오랫동안 파괴된 기초들, 버려진 황무지들을 재건하는 공동체로 일어난다.

우리 겨레는 1905년(러일 전쟁 후 일본에 의한 외교권 박탈=을사늑약) 이래 100년간 역대의 파괴된 기초를 재건하지 못하여, 원통함과 증오심으로 가득찬 겨레 분열, 지역 분열, 계층 분열을 겪어오고 있다. 누가 이 역대의 파괴된 기초를 다시 쌓을 수 있을까? 하나님과 영적인 교통을 나누고 이 땅에 가장 괴롭고 가련한 사람들의 마음에 공명하는 중보자 지향적인 교회 공동체가 이 일에 적임자다. 한국교회가 우리 겨레의 역사, 역대에 파괴된 기초인 분단체제를 해소하고 그리스도의 보혈로 골육상쟁의 비극을 끝낼 세대를 길러내려면, 지금부터 급진적으로 사회적 자비심을 발양하고 진작해야 한다.

59장.

시온에 임하시는 이스라엘의 구속자

59

¹ 여호와의 손이 짧아 구원하지 못하심도 아니요 귀가 둔하여 듣지 못하심도 아니라. ² 오직 너희 죄악이 너희와 너희 하나님 사이를 갈라 놓았고 너희 죄가 그의 얼굴을 가리어서 너희에게서 듣지 않으시게 함이니라. ³ 이는 너희 손이 피에, 너희 손가락이 죄악에 더러워졌으며 너희 입술은 거짓을 말하며 너희 혀는 악독을 냄이라. ⁴ 공의대로 소송하는 자도 없고 진실하게 판결하는 자도 없으며 허망한 것을 의뢰하며 거짓을 말하며 악행을 잉태하여 죄악을 낳으며 ⁵ 독사의 알을 품으며 거미줄을 짜나니 그 알을 먹는 자는 죽을 것이요 그 알이 밟힌즉 터져서 독사가 나올 것이니라. ⁶ 그 짠 것으로는 옷을 이룰 수 없을 것이요 그 행위로는 자기를 가릴 수 없을 것이며 그 행위는 죄악의 행위라. 그 손에는 포악한 행동이 있으며 ⁷ 그 발은 행악하기에 빠르고 무죄한 피를 흘리기에 신속하며 그 생각은 악한 생각이라. 황폐와 파멸이 그 길에 있으며 ⁸ 그들은 평강의 길을 알지 못하며 그들이 행하는 곳에는 정의가 없으며 굽은 길을 스스로 만드나니 무릇 이 길을 밟는 자는 평강을 알지 못하느니라. ⁹ 그러므로 정의가 우리에게서 멀고 공의가 우리에게 미치지 못한즉 우리가 빛을 바라나 어둠뿐이요 밝은 것을 바라나 캄캄한 가운데에 행하므로 ¹⁰ 우리가 맹인 같이 담을 더듬으며 눈 없는 자 같이 두루 더듬으며 낮에도 황혼 때 같이 넘어지니 우리는 강장한 자 중에서도 죽은 자 같은지라. ¹¹ 우리가 곰 같이 부르짖으며 비둘기 같이 슬피 울며 정의를 바라나 없고 구원을 바라나 우리에게서 멀도다. ¹² 이는 우리의 허물이 주의 앞에 심히 많으며 우리의 죄가 우리를 쳐서 증언하오니 이는 우리의 허물이 우리와 함께 있음이니라. 우리의 죄악을 우리가 아나이다. ¹³ 우리가 여호와를 배반하고 속였으며 우리 하나님을 따르는 데에서 돌이켜 포학과 패역을 말하며 거짓말을 마음에 잉태하여 낳으니 ¹⁴ 정의가 뒤로 물리침이 되고 공의가 멀리 섰으며 성실이 거리에 엎드러지고 정직이 나

시온에 임하시는 이스라엘의 구속자

타나지 못하는도다. ¹⁵성실이 없어지므로 악을 떠나는 자가 탈취를 당하는도다. 여호와께서 이를 살피시고 그 정의가 없는 것을 기뻐하지 아니하시고 ¹⁶사람이 없음을 보시며 중재자가 없음을 이상히 여기셨으므로 자기 팔로 스스로 구원을 베푸시며 자기의 공의를 스스로 의지하사 ¹⁷공의를 갑옷으로 삼으시며 구원을 자기의 머리에 써서 투구로 삼으시며 보복을 속옷으로 삼으시며 열심을 입어 겉옷으로 삼으시고 ¹⁸그들의 행위대로 갚으시되 그 원수에게 분노하시며 그 원수에게 보응하시며 섬들에게 보복하실 것이라. ¹⁹서쪽에서 여호와의 이름을 두려워하겠고 해 돋는 쪽에서 그의 영광을 두려워할 것은 여호와께서 그 기운에 몰려 급히 흐르는 강물 같이 오실 것임이로다. ²⁰여호와의 말씀이니라. 구속자가 시온에 임하며 야곱의 자손 가운데에서 죄과를 떠나는 자에게 임하리라. ²¹여호와께서 이르시되 내가 그들과 세운 나의 언약이 이러하니 곧 네 위에 있는 나의 영과 네 입에 둔 나의 말이 이제부터 영원하도록 네 입에서와 네 후손의 입에서와 네 후손의 후손의 입에서 떠나지 아니하리라 하시니라. 여호와의 말씀이니라.

주석

59장은 패역무도한 악인들의 악행에 대한 무서운 단죄¹⁻⁸절와 통회자복하는 이스라엘을 대표하는 "우리"⁹⁻¹³절 그리고 정의와 성실을 회복하려고 역사 속에 친히 등장하시는 하나님¹⁴⁻²¹절으로 나뉜다.

패역무도한 악인들의 악행에 대한 무서운 단죄 •1-8절

이 단락은 과연 바벨론 귀환포로들이 가나안에 복귀한 이후 발생한 상황에 대한 예언자적 단죄인지 의심스러울 정도로, 이사야 1-39장이나 아모스, 호세아, 예레미야, 에스겔 수준의 정죄 신탁이다. 특정한 상황을 염두에 두었다기보다는 이스라엘 공동체를 망하게 만드는 전형적인 죄와 악행들을 고발한다. 공동체의 연대와 평강, 즉 샬롬을 파괴하는 전형적인 죄들을 예거하며 비난한다. 1절에 비추어 볼 때 이 단락은 바벨론 포로기 이전의 이스라엘 혹은 유다의 총체적인 죄악상을 고발하는 것처럼 보인다. 분위기상 이사야 1장의 어조를 이어받는다는 인상을 준다. 9-13절은 이런 죄악을 인해 심판받아 바벨론 유배를 경험한 귀환포로들의 회개기도문처럼 읽힌다.

1절은 하나님의 구원을 경험하지 못한 상황을 상정한다. 하나님께 드린 구원요청 기도가 결국 응답되지 못했음을 전제한다. 하나님과 이스라엘 사회의 영적 소통 단절은 하나님 탓이 아니다. 2절은 그 소통 단절의 원인이 청중 "너희"의 죄악이라고 단언한다. 죄 가운데서나 우상을 품고서는 기도의 응답을 기대할 수 없다. 죄악이 하나님과 이스라엘을 갈라놓았고 이스라엘의 죄가 하나님으로 하여금 당신의 얼굴을 가리어서 기도를 듣지 않게 만든다. 죄는 하나님과 정서적으로 낯설어지고 불화에 이르게 하는 힘이다. 죄는 하나님을 따라 돌아가는 인간의 영혼을 저 우주광야로 표류하게 만드는 궤도 교란의 우주적인 힘이다. 기도는 하나님의 성품에 공감될 때 응답된다.

그런데 "너희"라고 불리는 이스라엘은 손에 피를 묻힌 채, 손가락을 죄악에 더럽힌 채 손을 들고 기도한다. 그리고 이스라엘의 기도하는 입술은 거짓을 말하며 혀는 악독을 발설한다. 지금 "너희"라고 불리는 이스라엘은 기도의 영성과 정반대의 모습을 하고 하나님의 거룩한 이름을 부른다. 이사야 1:15의 분위기를 상기시킨다. "너희가 손을 펼 때에 내가 내 눈을 너희에게서 가리고 너희가 많이 기도할지라도 내가 듣지 아니하리니 이는 너희의 손에 피가 가득함이라." 종교행위 혹은 거룩한 성례전이 정의와 공평을 깨뜨린 죄를 대속하거나 면책해주지 못한다. 기도는 중요하지만 악인의 도피처가 되어서는 안 된다. 기도보다 더 중요한 곳은 법정재판이다. 하나님의 관심은 고딕식 첨탑의 기도실이 아니라 법정재판이나 시장의 거리에서 이뤄지는

시온에 임하시는 이스라엘의 구속자

상거래에 더 기울어져 있다. 기독교신학은 형이상학이 아니라 정치경제학에 더 가깝다. 사회정의나 공평에 무관심한 사람들이 기도에만 전력투구한다고 하나님이 응답하실 리가 없고 무너져가는 공동체를 회생시킬 방책도 구할 수 없다. 하나님과의 소통은 법정의 정의를 실현하는 데서부터 시작된다.

4-8절은 하나님과의 영적 소통을 원천봉쇄하는 중대한 악행들의 고전적 목록이다. 이런 악행을 한 사람이 자행했다기보다는, 멸망당하기 전의 공동체에 버섯처럼 만연한 죄악들을 열거한 것이다(비교. 렘 5:1). 일단 사법정의의 부패와 붕괴가 공동체의 연대를 파괴하고 붕괴시키는 치명적 죄악이다. 사법정의의 붕괴는 척추파괴에 해당되는 치명상이다. 4절의 히브리어 구문을 음역하고 직역하면 이렇다. 엔-코레 브체데크 붜엔 니쉬파트 뻬에무나 바토아흐 알-토후 붜다뻬르-샤베 하로 아말 붜홀레드 아붼(אֵין־קֹרֵא בְצֶדֶק וְאֵין נִשְׁפָּט בֶּאֱמוּנָה בָּטוֹחַ עַל־תֹּהוּ וְדַבֶּר־שָׁוְא הָרוֹ עָמָל וְהוֹלֵיד אָוֶן). '의리 안에서 부르는 자 없고, 진실 안에서 재판받는 자 없다. 헛된 것 의뢰하기와 거짓을 말하기, 악행을 잉태하기, 그리고 죄악을 잉태하기.' 코레(קֹרֵא)는 '말하다'를 의미하는 카라(קֹרֵא) 동사의 남성 단수 능동 분사이며 니쉬파트(נִשְׁפָּט)는 '재판하다'를 의미하는 샤파트(שָׁפַט) 동사의 남성 단수 니팔(수동) 분사형이다. 바토아흐(בָּטוֹחַ), 다뻬르(דַבֶּר), 하로(הָרוֹ), 홀레드(הוֹלֵיד)는 모두 부정사 절대형이다. 결국 4절은 정동사가 하나도 없는 문장이다. 누가 이런 악행을 하는지 주어가 특정되어 있지 않고, 죄악된 행위들이 이미 관행(부정사 절대형으로 표현)이 된 것처럼 나열되고 있다. 여기서 중요한 것은 거짓 신뢰, 악행 잉태, 죄악 출생이 유기체적인 생장生長을 거쳐 생물 같은 힘을 가진다는 것이다.

무엇을 믿느냐가 참으로 중요하다는 점이 눈에 띈다. 거짓[토후(תֹּהוּ)]을 믿으면 죄악을 산출할 수밖에 없다. 토후는 우상을 가리킬 때가 많다. 하나님은 천지를 창조하실 때 토후에다가 빛과 질서를 창조해 덮으셨다. 토후를 생명공동체로 덮고 극복하셨다. 그런데 "너희"로 불리는 이스라엘 백성은 하나님을 믿는 것이 아니라, 정의와 공평이 들어서기 이전의 우주적 무질서와 혼돈을 믿고 악행을 최고로 만개시킨 악행자들이다.

5절은 출생 메타포를 좀 더 구체적으로 동원한다. 5절의 주어는 3인칭 복수 남성이다. 5절을 직역하면 이렇다. '그들이 독사의 알을 품으며 거미의 줄들을 짠다. 그 알을 먹는 자는 죽을 것이다. 그리고 밟혀 터진 것, 한 마리 독사가 터져 나올 것이다.' 독사의 알을 품는 것과 거미줄을 짜는 행위가 서로 무슨 관계가 있는지를 밝혀야 이 비유의 신랄함을 더욱 잘 음미할 수 있을 것이다. 두 행위는 병렬적인 행위인가, 아니면 같은 행동을 다르게 표현한 것인가? 병렬적인 비유다. 독사의 알을 품는 행위와 거미줄을 쳐 옷감을 만들려는 행위는 다르지만 둘 다 그 결과가 악하거나 허무한 것을 표현한다. 거미줄 비유는 6절에 다시 나온다. 독사의 알을 품는 것은 모종의 악한 생각이나 사상을 품고 부화할 때까지 기다리는 행위다. '그들'이 누군지는 모르나 공동체를 망하게 만드는 주동자들은 독사의 알을 품는다. 사람을 죽일 수 있는 치명적인 독을 가진 독사로 부화할 알을 품는 행위는 공동체를 파괴할 잠재성이 있는 행동을 누적적으로 행한다는 말이다. 독사의 알이 어느 순간에 터지면 그 안에서 독사가 나온다. 악한 생각을 어느 기간 동안 품고 있으면 그것이 악한 행동으로 동력을 얻어 공동체를 파괴하고 치사량이 넘는 독을 퍼뜨린다.

6절은 악인들이 거미줄을 짜듯 여러 가지 생각들을 짜고 기획하는 모습을 묘사한다. 그들은 씨줄과 날줄처럼 이리저리 꼬아 옷감을 만들 기세를 과시한다. 그러나 거미줄로 짠 것으로는 옷을 만들 수가 없고 그것으로는 자기들의 악한 행위를 가릴 수도 없다. 왜냐하면 그들

시온에 임하시는 이스라엘의 구속자

의 죄악은 공공연히 드러나고 알려진 행위이며 그들의 손으로는 포악한 행동이 명백하게 자행되기에 감출 수가 없기 때문이다. 손은 포학한 행동을 대리하는 중추다. 그런데 7절은 발 또한 이스라엘 악행자들의 악을 아주 민첩하게 대행한다고 말한다. 그들의 '발은 행악하기에 빠르고 무죄한 피를 흘리기에 신속하다.' 그들의 생각은 '악한 생각'이며 결국 그들의 행로에는 "황폐와 파멸"이 가로막고 있다. 공동체의 멸망과 폐허화다. 이상의 누적된 악행들이 가중되고 누적되면 공동체는 황폐와 파멸로 치닫게 마련이다. 모든 나라, 민족, 국가의 멸망에는 이런 명백한 악행들이 누적되어 공동체 해체에 이르는 과정이다. 8절은 이 점을 명백하게 밝힌다. 공동체를 황폐와 파멸로 몰아가는 그들은 "평강의 길"을 알지 못한다. "그들이 행하는 곳에는 정의가 없으며 굽은 길을 스스로" 만들기 때문이다. 정의의 대로 대신 사악과 불의의 굽은 길을 만들고 그 길을 밟는 자는 영원히 평강을 알지 못한다. 정의와 공의가 없는 곳에는 평화(샬롬)가 정착될 수 없기 때문이다. 이사야 32:12-17은 평화와 공평, 정의의 아름다운 연대를 이렇게 표현한다.

그들은 좋은 밭으로 인하여 열매 많은 포도나무로 인하여 가슴을 치게 될 것이니라. 내 백성의 땅에 가시와 찔레가 나며 희락의 성읍, 기뻐하는 모든 집에 나리니 대저 궁전이 폐한 바 되며 인구 많던 성읍이 적막하며 오벨과 망대가 영원히 굴혈이 되며 들나귀가 즐기는 곳과 양 떼의 초장이 되려니와 마침내 위에서부터 영을 우리에게 부어 주시리니 광야가 아름다운 밭이 되며 아름다운 밭을 숲으로 여기게 되리라. 그 때에 정의(미쉬파트)가 광야에 거하며 공의(츠다카)가 아름다운 밭에 거하리니 공의(츠다카)의 열매는 화평(샬롬)이요 공의(츠다카)의 결과는 영원한 평안과 안전이라.

사도 바울은 로마서 3:13-17에서 이사야 59:5-8을 자유롭게 인용하고 있다.

그들의 목구멍은 열린 무덤이요 그 혀로는 속임을 일삼으며 그 입술에는 독사의 독이 있고 그 입에는 저주와 악독이 가득하고 그 발은 피 흘리는 데 빠른지라. 파멸과 고생이 그 길에 있어 평강의 길을 알지 못하였고.

사도 바울은 이스라엘에게 가해진 이 단죄가 타락한 인간성 전체에 대한 단죄라고 본 것이다. 하나님과 등지고 불화상태에 빠진 개인은 공동체를 파괴하고 붕괴시키며 이웃과의 평화를 손상시키는 방향으로 행동하는 원시적 충동에 휘둘린다. 이것이 바로 죄의 자기주장 의지이며, 타인의 행복을 손상시킬 정도로 욕망을 과잉 충족시키려는 무정형적 혼돈물결이다. 창조 이전의 원시바다처럼 우리 인간 안에 있는 잔존하는 원시혼돈의 힘은 율법의 요구와 명령을 정면으로 맞서며 제방을 넘어 민가를 덮치는 파괴적인 홍수로 나타난다.

통회자복하는 이스라엘을 대표하는 "우리" • 9-13절

이 단락은 이사야서 전체에서 매우 드물게 나타나는 기도문이다. 예레미야서에는 자주 보이는 이런 장르의 기도문이 이사야서에서는 여기에 처음 나온다. 이사야서 뒷부분으로 갈수록 예언의 자연스러운 연결을 방해하는 이런 예전적인 참회기도문[63:15-19; 64:5-12]이 가끔씩 배치되어 있다. 9-13절을 빼고 8절에서 14절로 넘어가도 자연스럽게 읽힌다. 어떤 점에서 9-13절은 1-8절의 죄악을 참회하고 뉘우치면서 자신들이 속한 공동체의 멸망을 막아보려고 발버둥친 사람들의 기도문으로 보인다. 혹은 바벨론 유배를 초래한 이전 죄악들[1-8절]

을 뉘우치는 통회자복 기도문으로 보일 수도 있다. 전자의 방식으로 읽는 경우 한 가지 문제점이 있다. 이와 같은 가증스러운 죄악이 과연 바벨론 귀환포로들이 가나안 땅에 복귀한 이후에도 자행되었을까 하는 의심이다. 그보다는 1-8절의 죄악이 바벨론 유배를 초래한 이전의 죄악이라고 보는 것이 나을 것이다. 이런 경우에 "우리"는, 바벨론 유배나 민족멸망을 막아보려고 기도와 강청으로 발버둥쳤으나 끝내 구원을 맛보지 못하고 바벨론 유배를 당한 의인들이라고 볼 수 있다. 그렇다면 이 단락의 화자 일인칭 복수 "우리"와 이사야 53장에 등장한 "우리"는 같은 집단이다. "우리"는 여기서 뒤늦게 뉘우치고 회개하는 공동체다.

9절은 1-8절이 말하는 죄악들이 초래한 "황폐와 파멸"을 겪었거나 지금도 겪고 있는 세대의 음성을 반영한다. 1-8절의 악행으로 "정의가" **우리**에게서 멀어져 갔고 "공의(츠다카)"도 '우리를 후견하며 뒤따라 주지 않게 되었다.' "우리가 빛을 바라나 어둠뿐이요 밝은 것을 바라나 캄캄한 가운데에 행"한다. 화자인 "우리"는 지금도 캄캄함 가운데 걸어가고 있다. 10절은 "우리" 참회고백자들의 곤경을 더욱 생생하게 묘사한다. 그들은 "맹인 같이 담을 더듬으며 눈 없는 자 같이 두루 더듬으며 낮에도 황혼 때 같이 넘어"진다. "우리는 강장한 자 중에서도 죽은 자 같"다. 빛은 하나님의 구원이다. "우리"는 아직도 암흑천지를 헤매고 있다.

11절은 아무리 부르짖어도 하나님의 응답을 받지 못하는 상황을 묘사한다. "곰 같이 부르짖으며 비둘기 같이 슬피 울며 정의(미쉬파트)를 바라"도 '아무것도 없다.' "슬피 울며"라고 번역된 히브리어는 하가(הָגָה) 동사의 절대형 부정사(הָגֹה)의 1인칭 공통 복수 미완료형이다[네흐게(נֶהְגֶּה)]. 하가 동사는 '낮은 목소리로 읊조리다', '음송하다', '신음하면서 읽다'를 의미한다. 부정사 절대형이 정동사보다 앞에 오

550

는 경우 '정녕'이라는 부사적 의미를 가지며 정동사를 보완해준다. '정녕 읊조리듯이 호소한다' 정도의 의미가 된다. 비둘기는 작은 새다. 이렇게 진정성 있게 정의를 바라도 정의는 없고 구원[예슈아(יְשׁוּעָה)] 을 바라도 요원하다. 공동체를 파멸로 몰아간 죄악들을 아무리 구슬 프게 호소하고 애원해도 쉽게 용서되지 못한다. 12절에서 기도하는 "우리"는 자신들에게 정의와 구원이 요원한 이유에 대해 스스로 깨닫 는다. "우리의 허물이 주의 앞에 심히 많으며 우리의 죄가 우리를 쳐 서 증언하오니 이는 우리의 허물이 우리와 함께 있기" 때문이다. 이 죄책 고백자들은 지체되는 구원과 정의를 자신의 누적된 죄악 탓으 로 돌린다. "우리의 죄악을 우리가 아나이다." 13절은 이상의 통회자 복 기도를 요약한다. 13절 전체는 정동사도 없고 주어 "우리"도 없다. 모두 다 부정사 절대형으로 표현된다. "여호와를 거슬러 배반하기['배 반하다'를 의미하는 파샤(פָּשַׁע)의 절대형 부정사 파쇼아(פָּשׁוֹעַ)]와 속이기 ['속이다'를 의미하는 카하쉬(כָּחַשׁ)의 부정사 절대형 카헤쉬(כַּחֵשׁ)], 우리 하나님을 따르는 데에서 돌이켜 포학과 패역을 말하며 거짓말을 마 음에 잉태하기." 하나님을 인격적으로 배반하고 속이기, 하나님을 따 르기보다는 포학[오세크(עֹשֶׁק), 압제]을 말하기[다쁘르(피엘 동사의 부 정사 절대형)], 패역을 잉태하기['잉태하다'를 의미하는 하라(הָרָה)의 부 정사 절대형 호로(הֹרוֹ)], 마음속으로부터 거짓의 말들을 발설하기[하가 (הָגָה) 동사의 부정사 절대형 하고(הָגוֹ)]가 그들의 주요 악행 목록이다. '포학을 말하기'와 '거짓의 말들을 발설하기'가 중대한 범죄가 되는 이유는 사회적 유력자들은 주로 말로 먼저 강탈하고 압제하고 말로 먼저 약자를 유린하고 억압하기 때문이다. 권력자들의 말은 단순히 말이 아니라 무서운 폭력살상무기다. 권력의 자리에 있는 자들에게 는 특히 거짓의 말들이 무서운 살인병기가 된다. 열왕기상 21장에서 이스라엘 자유농민 나봇의 포도원을 강탈한 아합과 이세벨은 거짓의

시온에 임하시는 이스라엘의 구속자

말들을 먼저 발설해 나봇을 죽인다.

정의와 성실을 회복하려고 역사 속에 친히 등장하시는 하나님 ● 14-21절

이 단락은 통회자복하는 소수의 중보기도도 국가 멸망을 막지 못했음을 보여준다. 14절은 거짓의 말들을 잉태하고 발설한 그 결과를 보여준다. "정의가 뒤로 물리침이 되고 공의가 멀리 섰으며 성실이 거리에 엎드러지고 정직이 나타나지 못하는도다." 이사야 1:21을 생각나게 한다. "신실하던 성읍이 어찌하여 창기가 되었는고. 정의가 거기에 충만하였고 공의가 그 가운데에 거하였더니 이제는 살인자들뿐이로다." 거리에서 성실이 엎드러지는 사회는 그 자체로 망한 사회다. 사회를 망하게 하는 것은 단순한 재화와 물량의 결핍이 아니라 정의와 성실의 소멸이다. 정의[미쉬파트(מִשְׁפָּט)], 공의[츠다카(צְדָקָה)], 성실[에메트(אֱמֶת)], 정직[너코하(נְכֹחַ)]은 한 공동체를 평화롭게 결속시키는 토대 덕목이다. 사회생활의 중심인 거리에서 이런 공적 도덕이나 가치가 파괴되면 그런 사회는 희망이 없다. 15절은 기초적인 문명지탱 가치가 사라지면 어떤 무질서가 발생하는지를 보여준다. 공동체를 지탱하는 모든 공적인 미덕들과 사회적 규약들이 붕괴된 사회에서는, 즉 성실이라는 공중미덕이 사라지고 나면 악을 떠나는 자가 오히려 탈취를 당하는 가치전복이 일어난다. 이것이 하나님이 지으신 선한 창조질서를 완전히 전복시키고 혼돈으로 몰아넣는 악행이다. 바로 이 상황이 하나님의 가시적 역사주재가 드러나는 시점이다. 15절 하반절은 의인이 탈취당하는 이 사태를 하나님이 예의주시하고 계심을 말한다. 히브리어 구문은 "정의가 없는 것을 기뻐하지 아니하시고"가 아니라, '정의가 없는 그 상황이 야웨를 불쾌하게 했다'로 번역되어야 한다. 16절에도 하나님을 주어로 하는 지각동사들이 나온다.

하나님의 마음으로 이 상황을 타개할 '사람이 없음을 보시며', 그리고 '중재자가 없음을 이상히 여기셨'다. 그래서 '그의 팔이 하나님을 위해 구원하셨고, 그의 공의가 그의 의지가 되었다.' 하나님의 팔은 물리력을 가리키고 하나님의 공의는 언약백성을 당신의 언약 안에 묶어두기 위해 선제적으로 추가적으로 베푸시는 언약적 의리와 친절 행위를 가리킨다.

17절은 이스라엘을 위한 하나님의 구원이 어떤 토대 위에서 일어나는지를 보여준다. 하나님은 공의(츠다카)를 갑옷으로 삼으시며, 구원(예슈아)을 투구로 삼으시고, 보복[나캄(נָקָם)]을 속옷으로 삼으시며, 열심[키나(קִנְאָה)]을 입어 겉옷으로 삼으시고, 당신의 원수들을 일망타진하시는 용사로 나타나신다. 사도 바울이 에베소서 6장에서 일부 인용하기도 한 이 구절은 하나님의 이스라엘 구원을 위해 동원되는 네 가지 논리를 제시한다. 츠다카는 하나님이 이스라엘을 언약백성으로 부축하고 지탱하기 위해 선제적으로 초과하여 베푸는 언약적 의리다. 하나님의 역동적인 역사 출현의 목적이 이스라엘과 맺은 언약을 유지하는 것이다. 이스라엘은 인류를 대표하는 거룩한 백성이다. 이스라엘이 인류에게 하나님을 증언할 사명을 띠고 있기 때문이다.

구원은 하나님이 당신의 백성을 다스리시기 위해 자유하게 하는 것이다. 이스라엘의 구원은 땅이라는 보금자리에 정착하는 것에서 실질적으로 실현된다. 보복은 이스라엘 안에서 약자를 압제한 유력자들을 공공연히 심판하여 세력을 빼앗는 것이다. 더 나아가 이스라엘을 압제한 열강대적들을 심판하는 것이다.^{사 13-14장; 렘 50-51장} 열심(키나)은 이스라엘이 우상이나 강력한 열방대적들에게 마음을 빼앗기지 않도록 이스라엘의 일편단심 충성을 얻으려는 마음이다. 혹은 이방 대적들이 하나님의 명예나 이름을 더럽힐 때 당신의 거룩한 이름

시온에 임하시는 이스라엘의 구속자

을 지키기 위해 대적들의 오판을 분쇄하는 데서 하나님의 열심^{zeal}이 나타난다.^{사 9:7}

18절은 하나님의 보복이 이방 나라들을 겨냥하고 있음을 보여준다. 하나님은 "그들의 행위대로 갚으시되[여샬렘(יְשַׁלֵּם)] 원수들에게 분노하시며, 원수들에게 보응[거물(גְּמוּל)]하시며, 섬들에게 보복[여샬렘(יְשַׁלֵּם)]하실 것"이다. 개역개정과 달리 히브리어 본문은 '원수'가 아니라 '원수들'에게 되갚아주신다. 균형을 잡는 보복을 쉴렘(שִׁלֵּם)이라고 한다. 강자가 약자에게 빼앗은 재산, 집, 전토 등을 다시 강자에게서 빼앗아 되돌려주는 회복적 보복이 쉴렘(שִׁלֵּם)이다. 쉴렘은 '평화롭다'를 의미하는 샬렘(שָׁלֵם) 동사의 능동강세형이다. '섬들'마저도 여샬렘(יְשַׁלֵּם)의 대상이 된다는 말은 이 섬들이 이스라엘에게 상당한 해를 끼쳤음을 암시한다. 이런 신적 균형보복의 결과는 약자마저도 느끼는 '평화'다.

19절은 하나님의 공공연하고 역동적인 임재가 역사 속에 나타나자 일어난 주변 나라들의 반응을 말한다. "서쪽에서 여호와의 이름을 두려워하겠고 해 돋는 쪽에서 그의 영광을 두려워할 것"이다. 그 이유는 여호와께서 "급히 흐르는 강물 같이 오실 것"이기 때문이다. 평소에는 건천^{乾川}으로 있다가 우기가 되면 급류가 흐르는 와디^{wadi}처럼 야웨 하나님은 역사의 중간기에는 오랫동안 잠잠하셨다가 갑자기 역동적으로 임하신다. 20절은 이 하나님의 무섭고 역동적인 역사 주재를 보면서 이스라엘에게 일어난 반응을 보도한다. 열국 심판은 이스라엘에게 구원의 기회가 된다. "구속자가 시온에 임하며 야곱의 자손 가운데에서 죄과를 떠나는 자에게 임하리라." 로마서 11:26에 인용된 이 구절은 구속자가 이스라엘 자손에게 임하더라도 거룩한 하나님의 등장을 보고 죄과를 떠난 자에게 임한다는 점을 강조한다.¹ 개역개정과 달리 "여호와의 말씀이니라"는 20절의 문두에 오지 않고 끝에

온다. 14절부터 20절까지는 하나님의 말씀(느움-아도나이)이라는 점을 확증하는 예언자적인 종결서명 어구다.

21절은 20절과 자연스럽게 연결되기보다는 60:1과 더 자연스럽게 연결된다. 21절은 1인칭 단수 대명사 아니(אֲנִי)로 시작되는 상황절이다. 자기 죄과를 떠나는 시온 거민들에게 구속자가 임하는 상황은 하나님이 영원한 언약을 마련하신다는 의미다. 하나님은 이스라엘 자손 중에 그 죄과를 떠난 자들, "그들"과 세운 언약의 무시간적 유효성을 말한다. "네 위에 있는 나의 영과 네 입에 둔 나의 말이 이제부터 영원하도록 네 입에서와 네 후손의 입에서와 네 후손의 후손의 입에서 떠나지 아니하리라." 이 약속은 21절의 독립적인 1인칭 대명사 아니, "나"이신 하나님의 확증이다. 영원한 언약은, 하나님의 영과 말씀이 세대를 넘어 이스라엘 자손에게 있게 될 것이라는 내용이다. 21절은 예레미야와 에스겔이 각각 말하는 새 언약과 일맥상통하는 영원히 유효한 언약, 즉 신약시대의 도래를 내다보고 있다.

> 여호와의 말씀이니라. 보라, 날이 이르리니 내가 이스라엘 집과 유다 집에 새 언약을 맺으리라. 이 언약은 내가 그들의 조상들의 손을 잡고 애굽 땅에서 인도하여 내던 날에 맺은 것과 같지 아니할 것은 내가 그들의 남편이 되었어도 그들이 내 언약을 깨뜨렸음이라. 여호와의 말씀이니라. 그러나 그 날 후에 내가 이스라엘 집과 맺을 언약은 이러하니 곧 내가 나의 법을 그들의 속에 두며 그들의 마음에 기록하여 나는 그들의 하나님이 되고 그들은 내 백성이 될 것이라. 여호와의 말씀이니라.렘 31:31-33

> 내가 너희를 여러 나라 가운데에서 인도하여 내고 여러 민족 가운데에서 모아 데리고 고국 땅에 들어가서 맑은 물을 너희에게 뿌려서 너희로 정결하게 하되 곧 너희 모든 더러운 것에서와 모든 우상숭배에서 너희를 정

결하게 할 것이며 또 새 영을 너희 속에 두고 새 마음을 너희에게 주되 너희 육신에서 굳은 마음을 제거하고 부드러운 마음을 줄 것이며 또 내 영을 너희 속에 두어 너희로 내 율례를 행하게 하리니 너희가 내 규례를 지켜 행할지라. 내가 너희 조상들에게 준 땅에서 너희가 거주하면서 내 백성이 되고 나는 너희 하나님이 되리라.^{겔 36:24-28}

21절의 약속은 결국 하나님께서 시온에 임하여 죄과를 떠나는 야곱의 자손에게 새 언약 시대의 혜택을 누리게 해주시겠다는 것이다. "죄과를 떠나는 자"라는 히브리어 어구는 샤베 페샤 쁘아아콥(שָׁבֵי פֶּשַׁע בְּיַעֲקֹב)이다. '야곱 안에서 페샤로부터 돌이킨 자들'이라는 말이다. 샤베(שָׁבֵי)는 '돌이키다'를 의미하는 히브리어 슙(שׁוּב)의 능동 분사 남성 복수 연계형이다. 페샤(פֶּשַׁע)는 십계명 1-4계명과 쉐마를 정면으로 공공연히 위반하는 중대 죄악을 가리킨다. 페샤는 이사야 40-66장에서 반복적으로 사용되는 단어로서 하나님과 맺은 언약을 파기하는 공공연하고 명백한 공동체 파괴 악행을 가리킨다. 새 언약 시대는 페샤로부터 돌이킨 자들에게 열린다는 말이다. 이 놀라운 약속을 확증하는 하나님의 봉인이 59장을 마무리한다. 느움 아도나이(נְאֻם יְהוָה). '이것은 여호와의 발설이다.' 반드시 성취된다는 것이다. 사도 바울은 로마서 11:26-27에서 이 약속이 아직도 이스라엘에게 유효하다고 확언한다. "그리하여 온 이스라엘이 구원을 받으리라. 기록된 바 구원자가 시온에서 오사 야곱에게서 경건하지 않은 것을 돌이키시겠고 내가 그들의 죄를 없이 할 때에 그들에게 이루어질 내 언약이 이것이라 함과 같으니라." 로마서 11:26-27에서는 페샤에서 돌이키는 자들의 책임보다는 하나님의 주도적 역할이 부각된다. 하나님이 돌이키게 하실 것이며 죄를 없애 주실 것이다. 하나님의 영과 하나님의 말씀은 페샤에서 돌이킨 이스라엘과 그 후손들에게서 영원히 떠나지 않을 것이며 이것은 곧 인류에게 복음이 된다. 이스라엘이 하나님의 영과 말씀으로 사로잡힐 때 제사장적 영도력을 발휘해 만민을 시온으로 초청할 것이기 때문이다.

메시지

하나님은 역사에서 심판하시는가? 고대근동이나 고대 지중해 문명권, 그리고 동아시아 및 인도 등 세계 전역의 고대 문명에서는 '신의 심판'을 당연시했다. 그리스의 서사시 작가 호메로스의 『일리아스』와 『오디세이아』는 주전 12세기경에 발생했을 것으로 추정되는 트로이 전쟁을 다룬 드라마적 서사시다. 여기에서 전쟁에 이르게 되는 인간들 사이의 갈등과 분쟁은 그 배후에 있는 신들의 알력과 갈등이라는 보다 근본적인 갈등의 반영물이다. 고대 문명, 아니 중세 문명까지만 거슬러 올라가도 이 세상 인간의 행동과 집단의 행위를 심판하는 초월적 심판자가 존재한다는 것을 의심하지 않았다. 조선시대에는 가뭄과 흉년이 들면 왕들의 유감표명을 담은 포고령이 나오고, 왕이 스스로 근신하면서 전국의 사찰과 사당들에서 기우제를 올려달라고 요청했다. 10세기경 바이킹 족들이 영국 해안을 연례적으로 습격하자 영국의 모든 교회들에서는 이사야, 예레미야 등의 예언서를 읽으며 자신들의 죄악을 징치하는 하나님의 징벌이 임했다고 통회자복했다. 그러나 18세기 이후 계몽주의, 19세기 산업혁명, 20세기 전자정보혁명, 21세기 생물학과 컴퓨터통신기술이 주도하는 4차 산업혁명 등을 거치면서 바야흐로 자기운명을 스스로 통제할 수 있다는 인간의 자신감이 급격하게 상승하고 있다. 특히 생을 마치고 죽음으로 넘어가는 길목이 바로 종교가 가장 위력을 발휘하는 지점인데, 이 지점마저도 기술혁신이 자기영역으로 삼으려고 한다. 지금은 컴퓨터 조작으로 증강현실^{augmented reality}을 이용해 세상을 떠난 배우자와 산책하던 길을 여전히 걷는 것처럼 느끼게 해줄 수도 있는 시대다. 홀로 남겨진 배우자가 이전에 배우자와 함께 다니던 산책길로 들어서면 죽었던 배우자가 홀로그램의 화상이 되어 나타나는 일이 가능해진 것이다. 죽음이 주는 비장하고 처연한 이별감은 약화되고 현실보다 더 실감나는 가상현실 속에서 죽음으로 갈라진 이들과 여전히 일상을 같이할 수 있다. 유발 하라리가 『호모 데우스』의 "인본주의 혁명" 편에서 말하듯이, 옛날 제우스나 바알이 휘두른다고 믿어졌던 강수 능력을 오늘날에는 과학기술의 힘으로 보통 사람들도 신에게 기도하지 않고도 누릴 수 있을 것이라고 믿는다. 신이 존재한다 하더라도, 지금과 같은 인간의 신적인 자연통제능력과 생명통제능력에 대한 극단적 신뢰가 지배하는 세상에서는 신이 별로 할 일이 없다는 것이다. '신은 오래전에 죽었다'고 선언되었는데 여전히 구약성경 예언서를 붙들고 하나님의 역사적 심판을 논하는 것은 인본주의자들에게는 시대착오처럼 보일지도 모른다. 이제껏 안일한 이원론에 기대어 죽음 저편의 일을 갖고 현세의 인간들에게 영향을 미치던 이원론 종교, 즉 형이상학 의존 종교는 확실히 호소력을 상실하게 될 것이다. 그런데 성경의 하나님은 당신의 활동을 죽음 저편, 사후세계의 어느 좌표에 설정하는 분이 아니라, 지상의 현실 속에 좌표를 두고 행동하신다는 진실을 기억해야 한다.

인본주의적이고 실증주의적 역사 연구에서도 인정하는 몇 가지 명제가 있다. 첫째, 역사연구의 핵심은 역사적 사건들이나 사변들의 발생 원인을 분석하고 평가하는 것이다. 둘째, 역사적 사건들의 발생 원인은 복수일 수 있으나, 가장 중요한 원인부터 덜 중요한 원인이 있을 수 있다. 셋째, 역사적 변동을 일으키는 가장 궁극적이고 중요한 원인은 사회경제적 불평등이요 차별이다. 수백만 명의 농민이 3년간

연속 가뭄이나 기타 재난으로 굶주리게 되면 반드시 1789년 프랑스 대혁명급 사태가 일어난다. 절대왕정의 힘, 상비군, 거대관료조직의 위세도 굶주린 민중의 살아야겠다는 혁명의지 앞에서는 지푸라기처럼 가볍다. 넷째, 역사의 발전을 추동하는 근원적인 힘은 약자의 아우성이다. 단지 약자가 아니라 자기 스스로 더 정의롭고 공평한 대우를 받아야겠다고 자기암시적 결의를 다진 민중의 운명개척 의지가 역사를 더 인간답고 공정한 단계로 전진시키는 원동력이다.[2] 이 네 가지를 요약하면 '역사는 사회적 최약자가 수긍할 때까지 정의(미쉬파트)와 공의(츠다카)가 확장되는 과정으로 진보하고 있다'는 것이다. 정의와 공의는 사회적인 연대와 사랑, 우애와 협력을 의미한다. 인간 공동체가 세포적 연합체로 자율적이고 자유롭게 협력하고 연대하고 사랑하고 교제하는 것이 역사가 지향하는 궁극 지점이다.

　바로 이 지점에서 하나님이 등장한다. 20만 년 전에 출현하고 7만 년 전에 인지혁명을 이루고 2만 년 전에 농업혁명을 이루었다고 하는 이 호모 사피엔스의 후예들이 도대체 어떠한 목적으로 정의와 공의를 이처럼 줄기차게 추구하게 되었는지에 관한 물음에서다. 성경은 창조주 하나님이 인간에게 하나님의 형상을 심어주었기 때문이라고 주장한다. 하나님의 형상은 사랑이신 하나님을 닮고 싶게 만드는 근원적인 힘이다. 인간의 질료는 흙이고 생물적인 무정형의 에너지이지만, 하나님의 형상이라는 내재화된 규제프로그램이 작동하기에 정의와 공의라는 사회적 연대와 우애가치를 줄기차게 추구할 수밖에 없는 것이다. 하나님이 인간의 유전자 속에 공평과 정의에 대한 집요한 추구를 하도록 유전자적 정보를 심어주신 것이다. 진화론과 무신론, 인본주의 역사가들도 하나님의 활동공간을 없앨 수 없다. 진화론자들은 정의와 공의 추구가 인간의 자기보존에 유익하므로 진화하고 진보해왔다고 대답하지만, 성경은 하나님의 형상대로 지음 받았기 때문이라고 말씀한다. 따라서 인간은 차별, 불의, 학대를 당하면 저항하고, 더 나은 삶의 조건을 추구하는 데 발분력發憤力을 발휘하는 존재라고 선언하고 있다. 결국 한 나라의 지배층이 정의와 공의를 파괴하면, 하나님의 진노를 초래해 나라가 망한다는 것이 성경의 하나님 원인론적 역사설명이다. '하나님'이라는 용어에 불편함을 가진 사람들을 위해 사회과학적으로 설명하자면, '만일 한 나라의 지배층이 정의와 공의를 파괴하면, 그 나라를 떠받치는 최하층민들을 멸실케 하는 자기파괴를 초래해 나라 전체가 망한다'고 말할 수 있다. 좀 단순화시켜 말하면 하나님 원인론적 역사해설과 거의 같은 말이 하나님의 근본성품인 정의와 공의 중심의 역사적 사건해석이다. 하나님이 아닌 다른 신들을 숭배하는 우상숭배는, '연약한 공동체 구성원들(고아와 과부 등)을 돌보라'는 하나님의 명령을 배척하고 최약자층의 아우성을 들을 귀를 영구적으로 막기에, 지배층의 우상숭배는 국방력의 쇠퇴를 의미했으며 궁극적으로 최약자층의 멸실은 물론 지배층마저 멸망시켰다. 그래서 나라가 멸망한다. 그러므로 우상숭배 때문에 나라가 망했다고 하는 신학적 주장은, 인격적인 하나님의 근본성품인 정의와 공의를 파괴한 나머지 나라를 떠받치는 기층민중을 해체시켜 나라가 망했다고 보는 사회과학적 해석과 궤를 같이 한다.

예언자 아모스, 호세아, 이사야, 미가, 예레미야, 제2, 3이사야 등은 바로 지배층의 정의와 공의 파괴가 하나님의 진노를 초래했다고 말한다. 하나님의 진노는 유다와 북이스라엘이 해체되는 극단 심판을 말한다. 앗수르나 바벨론, 페르시아는 1,000킬로미터 이상 떨어진 작은 나라들인 이 두 나라의 왕조를 멸절시키는 것보다 가능하면 왕조를 온존시켜 조공을 받거나 국경외방 수비세력으로 활용하는 것이 나았을 것이다. 병자호란에서 승리한 청나라 태종이 인조를 그대로 왕위에 앉혀놓고 돌아가서 조공을 받는 것이 청나라에게 유리했다. 인조를 폐위시키고 아예 조선을 망하게 하면 조선반도는 무정부주의 상황이 되고 청나라에게 내란이 일어난 셈이 되므로 청나라에게 하나도 유리할 게 없었기 때문이다. 마찬가지로 메소포타미아의 강대국이 그 먼 거리를 달려 유다와 이스라엘을 침략한 것은 나라를 멸망시키려는 것이 아니라, 반역 기운을 진정시켜 온순한 봉신국가로 만들려는 목적 때문이었다. 그리고 이것이 또한 모든 약소국들이 강대국 앞에 살아남는 유일한 길이었다. 그런데 오늘 본문의 '우리'는 하나님의 심판으로 참혹한 환난을 자초했다고 고백한다. '우리'가 묘사하는 환난은 왕조 멸망으로 인한 환난이다. 그러면 유다의 왕실은 왜 메소포타미아의 침략강대국의 봉신명에를 지는 대신에 전쟁을 꾀하다가 망했을까? 그릇된 상황판단 때문이었다. 이 왕실 지배층들이 자신들의 정의와 공의의 파괴 때문에 온 재난이 아니라 단순히 강대국의 침략으로 인한 약소국의 불가피한 환난이라고 생각했기 때문이었다. 주로 이렇게 믿은 왕실의 지배층들은 이사야 22장에 나오는 히스기야 왕의 궁내대신 셉나 같은 자와 유다 왕 시드기야 때의 친애굽 반바벨론 항쟁파 궁중관료들이다. 이들은 여차하면 이집트 수입산 전차를 타고 이집트로 도망하거나^{사 30:16} 망명하면 된다고 생각한 자들이다.^{렘 44:11-14} 그들은 예언자 이사야와 예레미야와는 달리 유다에 대한 앗수르 제국의 침략이나 바벨론 제국의 침략을 유다 왕국의 지배층에 대한 하나님의 징벌과정이라고 믿지 않았다. 그들은 역사 속에 작동하는 인격적인 하나님의 심판을 믿으려고 하지 않았다. 그들은 하나님의 형상에 따라 지음 받았기에 동물처럼 학대당하거나 비인간적 처우를 받으면 반드시 저항하는 인간의 본질을 깨닫지 못했다. 앗수르 제국과 바벨론 제국이 수십만 대군을 거느리고 그토록 먼 나라인 유다를 침략하고 유린하는 것은 유다 왕국에 자행된 누적된 악행들 때문에 신음하던 최약자층 민중의 아우성에 대한 하나님의

시온에 임하시는 이스라엘의 구속자

응답임을 알지 못했다. 반면에 예언자들은 불의와 불법이 있는 곳에는 항상 하나님의 형상을 따라 지음 받은 인간의 저항이 있고, 이 저항에 대한 하나님의 응답은 자체 내부혁명(왕조 교체)이나 외적의 침략으로 인한 압제적인 토착 왕조의 교체 또는 약화의 형태로 이뤄지고 있음을 명확하게 깨달았다.

59장은 하나님 원인론적 역사 해석의 좋은 본보기가 된다. 59장은 유다의 역사 속에서 집행된 하나님의 심판에 대한 신앙고백이다. 2-8절은 지배층의 죄악 백태를 묘사한다. 4절, 7절, 그리고 8절이 하나님 원인론적 역사 해설을 위한 토대구절이 된다. "공의대로 소송하는 자도 없고 진실하게 판결하는 자도 없으며 허망한 것을 의뢰하며 거짓을 말하며 악행을 잉태하여 죄악을 낳으며…… 그 행위는 죄악의 행위라. 그 손에는 포악한 행동이 있으며…… 그 발은 행악하기에 빠르고 무죄한 피를 흘리기에 신속하며 그 생각은 악한 생각이라. 황폐와 파멸이 그 길에 있으며 그들은 평강의 길을 알지 못하며 그들이 행하는 곳에는 정의가 없으며 굽은 길을 스스로 만드나니 무릇 이 길을 밟는 자는 평강을 알지 못하느니라." ^{7-8절}

13-14절은 이 정의와 공의 배척과 거부가 인격적인 하나님에 대한 반역과 패역의 귀결점임을 말한다. "우리가 여호와를 배반하고 속였으며 우리 하나님을 따르는 데에서 돌이켜 포학과 패역을 말하며 거짓말을 마음에 잉태하여 낳으니 정의가 뒤로 물리침이 되고 공의가 멀리 섰으며 성실이 거리에 엎드러지고 정직이 나타나지 못하는도다." 이런 세상에 임하는 하나님의 심판은 "그 기운에 몰려 급히 흐르는 강물 같이" 쇄도한다. ^{사 8-10장; 28:15-17} 하나님은 최약자층의 눈물과 아우성에 계시다가도 잔혹하게 쇄도하는 급한 침략자의 무장대열 속에 계신다. 하나님은 역사의 주관자이시다. 세계의 모든 역사는 똑같은 방향으로 전진한다. 역사는 정의와 공의를 확장하려는 하나님의

활동무대다. 하나님은 사랑이시다. 그것은 공의와 정의에 대한 하나님의 애타는 추구에서 드러난다. 예언자들은 이 진리를 증명하려고 안달하지 않는다. 장엄하게 선포하고 계시한다.

60장.

의롭게 된 내 백성이 영원히 땅을 차지하리라

60

¹ 일어나라. 빛을 발하라. 이는 네 빛이 이르렀고 여호와의 영광이 네 위에 임하였음이니라. ² 보라, 어둠이 땅을 덮을 것이며 캄캄함이 만민을 가리려니와 오직 여호와께서 네 위에 임하실 것이며 그의 영광이 네 위에 나타나리니 ³ 나라들은 네 빛으로, 왕들은 비치는 네 광명으로 나아오리라. ⁴ 네 눈을 들어 사방을 보라. 무리가 다 모여 네게로 오느니라. 네 아들들은 먼 곳에서 오겠고 네 딸들은 안기어 올 것이라. ⁵ 그 때에 네가 보고 기쁜 빛을 내며 네 마음이 놀라고 또 화창하리니 이는 바다의 부가 네게로 돌아오며 이방 나라들의 재물이 네게로 옴이라. ⁶ 허다한 낙타, 미디안과 에바의 어린 낙타가 네 가운데에 가득할 것이며 스바 사람들은 다 금과 유향을 가지고 와서 여호와의 찬송을 전파할 것이며 ⁷ 게달의 양 무리는 다 네게로 모일 것이요 느바욧의 숫양은 네게 공급되고 내 제단에 올라 기꺼이 받음이 되리니 내가 내 영광의 집을 영화롭게 하리라. ⁸ 저 구름 같이, 비둘기들이 그 보금자리로 날아가는 것 같이 날아오는 자들이 누구냐. ⁹ 곧 섬들이 나를 앙망하고 다시스의 배들이 먼저 이르되 먼 곳에서 네 자손과 그들의 은금을 아울러 싣고 와서 네 하나님 여호와의 이름에 드리려 하며 이스라엘의 거룩한 이에게 드리려 하는 자들이라. 이는 내가 너를 영화롭게 하였음이라. ¹⁰ 내가 노하여 너를 쳤으나 이제는 나의 은혜로 너를 불쌍히 여겼은즉 이방인들이 네 성벽을 쌓을 것이요 그들의 왕들이 너를 섬길 것이며 ¹¹ 네 성문이 항상 열려 주야로 닫히지 아니하리니 이는 사람들이 네게로 이방 나라들의 재물을 가져오며 그들의 왕들을 포로로 이끌어 옴이라. ¹² 너를 섬기지 아니하는 백성과 나라는 파멸하리니 그 백성들은 반드시 진멸되리라. ¹³ 레바논의 영광 곧 잣나무와 소나무와 황양목이 함께 네게 이르러 내 거룩한 곳을 아름답게 할 것이며 내가 나의 발 둘 곳을 영화롭게 할 것이라. ¹⁴ 너를 괴롭히던 자의 자손이 몸을 굽혀 네게 나아오며 너를 멸시하던 모든 자가 네 발

아래에 엎드려 너를 일컬어 여호와의 성읍이라, 이스라엘의 거룩한 이의 시온이라 하리라. ¹⁵ 전에는 네가 버림을 당하며 미움을 당하였으므로 네게로 가는 자가 없었으나 이제는 내가 너를 영원한 아름다움과 대대의 기쁨이 되게 하리니 ¹⁶ 네가 이방 나라들의 젖을 빨며 뭇 왕의 젖을 빨고 나 여호와는 네 구원자, 네 구속자, 야곱의 전능자인 줄 알리라. ¹⁷ 내가 금을 가지고 놋을 대신하며 은을 가지고 철을 대신하며 놋으로 나무를 대신하며 철로 돌을 대신하며 화평을 세워 관원으로 삼으며 공의를 세워 감독으로 삼으리니 ¹⁸ 다시는 강포한 일이 네 땅에 들리지 않을 것이요 황폐와 파멸이 네 국경 안에 다시 없을 것이며 네가 네 성벽을 구원이라, 네 성문을 찬송이라 부를 것이라. ¹⁹ 다시는 낮에 해가 네 빛이 되지 아니하며 달도 네게 빛을 비추지 않을 것이요 오직 여호와가 네게 영원한 빛이 되며 네 하나님이 네 영광이 되리니 ²⁰ 다시는 네 해가 지지 아니하며 네 달이 물러가지 아니할 것은 여호와가 네 영원한 빛이 되고 네 슬픔의 날이 끝날 것임이라. ²¹ 네 백성이 다 의롭게 되어 영원히 땅을 차지하리니 그들은 내가 심은 가지요 내가 손으로 만든 것으로서 나의 영광을 나타낼 것인즉 ²² 그 작은 자가 천 명을 이루겠고 그 약한 자가 강국을 이룰 것이라. 때가 되면 나 여호와가 속히 이루리라.

주석

60장은 이스라엘의 영화로운 미래를 다룬다. 60장은 열방의 거룩한 종주宗主국가로 부상하는 이스라엘^{1-9절}과 하나님의 세계통치의 거점인 이스라엘^{10-22절}로 나뉜다.

열방의 거룩한 종주宗主국가로 부상하는 이스라엘 ● 1-9절

이 단락은 예루살렘과 시온이 세계의 영적 중심지가 될 것이며 야웨 하나님은 온 세계만민에게 경배를 받는 하나님이 될 것을 예고한다. 여기서는 앞선 장들에서와는 달리 귀환포로 공동체 내의 분파가 아니라 이스라엘과 만민 사이에 구별이 이뤄진다. 1절의 청중은 '하나님과의 영원한 언약에 매여있는 이스라엘'이다. 특히 59:21에서 언급된 사람들, 즉 하나님과의 영원한 언약에 결속된 사람들이다. 하나님의 영과 말씀이 그 안에 늘 충만하며 하나님과의 언약적 결속이 부단히 지속되는 사람들이다. 그들은 이제 '일어나 빛을 발하라'는 명을 받는다. 일어나 빛을 발해야 하는 이유가 1절 하반절에 나온다. 이스라엘의 빛, 즉 여호와의 영광이 이스라엘 위에 임하였기 때문이다. 자신 위에 임한 하나님의 영광을 반사하라는 것이다. 스스로 발광체가 되라는 것이 아니라 하나님 영광의 반사체가 되라는 것이다. 야웨의 영광은 하나님의 영과 말씀이 그 안에 내주하는 사람들 안에 임한다. 하나님의 영광은 하나님의 인격적 현존체다. 이스라엘에게 하나님의 영광이 나타난다는 것은 감히 하나님께서 당신의 거룩한 명의와 현존을 이스라엘에게 위탁하고 대리하게 한다는 말이다. 하나님의 영광은 성전 지성소에, 시내산 정상의 흑암과 흑운 중에 임했다. 하나님의 영광은 그것을 본 죄악된 인간에게 '화禍'가 될 정도로 충돌적이고 돌격적인 파동력이다. 이사야는 영광 중에 계신 하나님을 보고 '자신은 이제 죽었다'고 선언했다. 모세는 하나님의 영광을 둘러싼 구름 속에 올라가서도 두려워 떨었고 이스라엘 백성은 멀리서도 두려워 떨었다.신 5:26 그런데 하나님의 초월적인 이격離隔을 확보하는 바로 그 영광이 이제 하나님과 마음으로 결속된 이스라엘에게 임한다. 그 영광은 미쉬파트와 츠다카를 통해 분광된다. 즉 시온이 미쉬파트와 츠다카가 가득찬 공동체로 변화되리라는 것이다.마 5:14-17 하나님의 영광이 임한 이스라엘을 중심에 두고 모든 주변 사방은 어둠에 뒤덮이게 된다. '보라'는 영탄적인 상황을 도입하는 발어사다. 이스라엘에게 부여된 영광이 얼마나 초월적인지 상상하기도 쉽지 않다. 선민과 만민은 마치 빛과 어둠처럼 구분된다.2절 그런데 이방인에게 임한 어둠은 빛의 대적자로서의 어둠이 아니다. 어둠(호쉐크)과 캄캄함(아라펠)은 하나님의 영광을 둘러싸는 외피다. 신명기 4:10-12은 어둠과 캄캄함이 하나님의 빛과 대적하는 의미의 어둠이 아니라 빛을 에워싼 외피라는 점을 분명히 한다.

네가 호렙 산에서 네 하나님 여호와 앞에 섰던 날에 여호와께서 내게 이르시기를 나에게 백성을 모으라. 내가 그들에게 내 말을 들려주어 그들이 세상에 사는 날 동안 나를 경외함을 배우게 하며 그 자녀에게 가르치게 하리라 하시매 너희가 가까이 나아와서 산 아래에 서니 그 산에 불이 붙어 불길이 충천하고 어둠(호쉐크)과 구름(아난)과 흑암(아라펠)이 덮였는데 여호와께서 불길 중에서 너희에게 말씀하시되 음성뿐이므로 너희가 그 말소리만 듣고 형상은 보지 못하였느니라.

선민 이스라엘이 하나님의 영광을 반사하는 존재라면 만민은 하나님의 영광을 둘러싸는 외피 역할을 한다. 만민은 선민 이스라엘에 비하여 이차적으로 하나님의 통치 수혜자가 된다는 말이다. 2절 하반절은 '네 위에 그의 영광이 나타난다'라고 번역되면 원문의 의미를 더욱 잘 살릴 수 있다. '네 위에'가 강조된다.

이렇게 이해할 때 3-9절이 명료하게 이해된다. 3절은 나라들이 이스라엘에게 임한 하나님의 빛에 이끌리고 왕들은 이스라엘에게 비치는 신적 광명을 보고 걸어온다. 이사야 2:1-4의 광경을 생각나게 한다. 3절을 직역하면 이렇다. '나라들은 네 빛으로 걸어오고, 왕들은 네 빛의 광명으로.' 3절의 하반절은 불완전 문장으로서 정동사가 없다. 4절은 열국과 열왕이 사방에서 몰려올 때 그냥 오는 것이 아니라 이스라엘 자손들을 안고 데리고 오는 모습을 그린다. 열국과 열왕이 열국 중에 흩어졌던 이스라엘 자손들을 안고 혹은 데리고 시온으로 몰려오는 상황은 이스라엘에게 엄청난 기쁨이 된다. 본토에 정착한 이스라엘은 이 장면을 보고 기뻐 놀랄 것이며 노래할 것이다. 4절 하반절은 그 이유를 말한다. 흩어졌던 자녀들이 돌아오면서 동시에 "바다의 풍부와 열방의 재물"이 예루살렘으로 함께 몰려오기 때문이다. 이스라엘이 종주국가가 되었다는 말이다. 6-7절은 예루살렘으로 몰려오는 열방의 재물들을 예거한다. 허다한 낙타, 미디안과 에바의 어린 낙타가 이스라엘 예루살렘에 가득할 것이며 스바 사람들은 다 금과 유향을 가지고 와서 여호와의 찬송을 전파할 것이다. 게달의 양 무리와 느바욧의 숫양은 제물로 공급되고 하나님의 제단에 올라 기꺼이 열납될 것이다. 하나님은 열방에서 봉헌된 예물을 열납함으로써 예루살렘 성전을 열방 가운데서 영화롭게 할 것이다. 결국 다윗과 솔로몬 시대처럼 인근 족속들(미디안, 에바, 스바, 게달, 느바욧, 다시스)이 조공예물을 바치듯이 왕께 바치는 예물들인 금과 유향, 그리고 양무리를 야웨께 바치며 경배한다. 그들은 온 세계를 향하여 야웨를 찬송한다. 그들 모두는 야웨의 영광의 집(성전)을 영화롭게 하는 데 쓰임받을 것이다.

8절은 가나안 본토로 돌아오는 이산민들의 대열을 보고 감동하시는 하나님의 마음을 드러낸다. 구름 같이, 보금자리로 날아가는 비둘기같이 돌아오는 귀향민들을 보고 놀라시는 하나님이다. 9절은 그들의 정체를 밝힌다. 여호와를 앙망하는 섬들의 거민들이 다시스의 배들을 빌려 먼 곳에서 이스라엘 귀향민 자손과 그들의 은금을 아울러 싣고 와서 하나님 여호와의 이름에 봉헌하려는 순례대열이다. 결국 섬들과 열국은 원방에서 이스라엘의 흩어진 자손들과 은금을 싣고 와서 야웨 하나님, 이스라엘의 거룩한 이(커도쉬 이스라엘)께 자신들을 드린다. 어떻게 이스라엘이 열방을 흡인하는 중심이 되었는가? 9절 마지막 소절은 대답한다. '하나님께서 이스라엘을 영화롭게 하셨기 때문이다.' 결국 1-9절은 이스라엘 민족과 재건된 성전의 영광스러운 미래를 말하되 이스라엘을 종주국으로 만민을 종주국을 순례하고 알현하는 봉신들로 배치한다.

하나님의 세계통치의 거점인 이스라엘 • 10-22절

이 단락에는 이스라엘의 격상된 지위에 대한 과장적인 묘사가 나온다. 신학적이라기보다는 제국주의적 이데올로기로 오해받을 수 있는 수준의 자아도취적인 흥분이 분출되고 있다. 10절은 하나님의 죄 사함이 이스라엘의 국제정치적 위상을 격상시켰다고 말한다. 이방인들은 이스라엘이 자기 죄악으로 인해 굴욕적 심판을 당했다가 하나님의 긍휼과 죄 사함을 받고 재기하는 과정을 지켜보았다.^{사 52:13-53:12} 이스라엘은 이제 하나님 때문에 열방과 열왕의 종주가 된다. "이방인들이 네 성벽을 쌓을 것이요 그들의 왕들이 너를 섬길 것이다." 이것은 고레스 칙령과 에스라 4장, 느헤미야 6장에 나오는 페르시아의 아닥사스다, 다리오, 아하수에로 등이 예루살렘 성전과 성벽 재건을 위해 물심양면으로 지원해준 상황을 가리킨다. 스룹바벨과 여호수아, 에스라와 느헤미야 등 모든 포로귀환 지도자들은 한결같이 페르시아 왕실의 후원을 받아 예루살렘 재활복구 프로젝트를 추진했다. 당시의 기준으로 세계 최강의 나라가 하나님의 섭리로 이스라엘의 후원자가 된 것이다. 11절은 다소 비현실적인 미래를 말한다. '예루살렘 성문이 항상 열려 주야로 닫히지 아니할 것이다.' "사람들이" 예루살렘으로 "이방 나라들의 재물을 가져오며 그들의 왕들을 포로로 이끌어" 올 것이기 때문이다. 이스라엘의 예언자가 갖는 비전이 당대의 국제정치 체제에 어느 정도 영향을 받고 있음을 볼 수 있다. 바벨론 포로들이나 이후의 페르시아에 살던 유대인들(예를 들면 모르드개나 에스더)은 당시의 최강대국인 바벨론이나 페르시아에 몰려오는 공물들과 봉신들의 끊임없는 종주 알현대열을 보았을 가능성이 크다. 본문의 말씀을 전하는 예언자 자신도 이런 장면을 목격했을 가능성이 있다. 11절은 시편 2편의 시온의 왕 송축 시편을 생각나게 한다. 특히 12절은 더욱 공통점을 두드러지게 한다.

> 내가 여호와의 명령을 전하노라. 여호와께서 내게 이르시되 너는 내 아들이라. 오늘 내가 너를 낳았도다. 내게 구하라. 내가 이방 나라를 네 유업으로 주리니 네 소유가 땅 끝까지 이르리로다. 네가 철장으로 그들을 깨뜨림이여 질그릇 같이 부수리라 하시도다. 그런즉 군왕들아, 너희는 지혜를 얻으며 세상의 재판관들아, 너희는 교훈을 받을지어다. 여호와를 경외함으로 섬기고 떨며 즐거워할지어다. 그의 아들에게 입맞추라. 그렇지 아니하면 진노하심으로 너희가 길에서 망하리니 그의 진노가 급하심이라. 여호와께 피하는 모든 사람은 다 복이 있도다.^{시 2:7-12}

"너를 섬기지 아니하는 백성과 나라는 파멸하리니 그 백성들은 반드시 진멸되리라"는 시편 2:12을 생각나게 한다. 이것은 아무리 해석을 잘 해도 당시의 고대근동의 종주-봉신국가의 위력威力 정치를 닮았다. 예언자의 상상력이 당대의 정치적 메타포에 영향을 받은 것이다. 구약성경의 율법이나 관습은 오늘날 기준으로 볼 때 가장 승화되고 진보된 윤리적 감수성을 반영하지는 못하는 면이 있다.[1]

13절은 예루살렘 성전 건축에 사용될 고급 목재에 대해 말한다. 레바논의 영광 곧 잣나무와 소나무와 황양목이 하나님의 거룩한 곳, 성전을 아름답게 꾸미는 데 사용될 것이다. 하나님은 당신의 발을 둘 좌대^{겔 43:7}를 영화롭게 하실 것이다. 결국 옛날 다윗과 솔로몬 재위시에 이스라엘이 두로왕 히람에게 레바논의 고급 목재와 석공들을 수입하

던 시절을 생각나게 한다.^{왕상 5:7-18}

14절은 이스라엘의 정복국들이나 종주국들과 이스라엘의 운명이 뒤바뀐 것을 말한다. 이전에 이스라엘을 괴롭히던 자(애굽 등)의 자손이 몸을 굽혀 예루살렘에게 나아오며 예루살렘을 멸시하던 모든 자가 예루살렘의 발 아래에 엎드려, '당신은 여호와의 성읍이며, 이스라엘의 거룩한 이의 시온입니다'라고 말할 것이다. 15절도 같은 주제를 다룬다. 전에는 버림받고 미움을 받아 아무도 찾아오지 않던 예루살렘을 하나님께서는 "영원한 아름다움과 대대의 기쁨이 되게" 하실 것이다.

16절은 9절의 주제를 이어받는다. 예루살렘에 열방의 재물이 모여든다는 것이다. 하나님을 예배하러 오는 열방이 그들의 은금보화를 싸들고 예루살렘 성전을 찾아온다. 이 예루살렘의 영적 구심력과 흡인력을 비유적으로 표현하면, 예루살렘이 "이방 나라들의 젖을 빨며 뭇 왕의 젖을" 빠는 것이다. 이 모든 역전은 하나님 덕분이다. 이스라엘의 국제적 위상 격상의 배후는 이스라엘의 구원자, 구속자, 야곱의 전능자이시다. 열방과 열왕도 이 사실을 깨닫고 있다.

17절은 59:17과 같은 우의적인 표현으로 예루살렘의 견고한 안정성을 말한다. 하나님께서 금으로 놋을, 은으로 철을, 놋으로 나무를, 철로 돌을 대신하며 예루살렘 성전과 성벽을 고급스럽게 단장할 것인데, 화평을 세워 관원으로 삼으며 공의를 감독으로 삼을 것이다. 화평(샬롬)과 공의(츠다카)가 예루살렘 성전과 성벽 중건을 주재하고 감독하게 하시겠다는 것이다. 샬롬을 육화시킨 관원과 의의 화신인 감독자들이 예루살렘 중건 프로젝트의 책임자들이 된다. 그 결과가 18절에 나온다. "다시는 강포한 일이 네 땅에 들리지 않을 것이요 황폐[쇼드(שד)]와 파멸[쉐베르(שֶׁבֶר)]이 네 국경 안에 다시 없을 것이다." 이 상황은 59:7-8이 묘사한 음울한 몰락의 역전이다. "그 발은 행악하기에 빠르고 무죄한 피를 흘리기에 신속하며 그 생각은 악한 생각이라. 황폐[쇼드(שֹׁד)]와 파멸[쉐베르(שֶׁבֶר)]이 그 길에 있으며 그들은 평강의 길을 알지 못하며 그들이 행하는 곳에는 정의가 없으며 굽은 길을 스스로 만드나니 무릇 이 길을 밟는 자는 평강을 알지 못하느니라."

59:7과 60:18이 말하는 황폐와 파멸은 정확하게 말하면 강포(폭력적 유린) 행위와 공동체 파괴를 가리킨다. 쇼드는 위력과 폭력으로 약자의 것을 빼앗고 강탈하는 악행을 가리키고, 쉐베르는 공동체가 산산조각으로 부서져 해체되는 것을 가리킨다. 한 사회의 토목공학적 구조에서 하층민들이 부서지면 공동체 전체가 부서져 내리게 되어있다. 약자들이 강자의 폭력으로 무너지고 붕괴되면 공동체는 산산조각으로 해체되어버린다. 그런데 샬롬의 화신들, 언약적 의리의 화신들이 공무원으로 섬기니 다시는 쇼드와 쉐베르가 일어나지 않는다. 그 결과 예루살렘 성벽은 구원, 성문은 찬송이라 불린다. 늠름하게 지어진 예루살렘 성벽은 그 안에 있는 사람에게 구원의 안도감을 고취하고, 성문을 출입하는 사람들은 성문 앞 광장에서 더 이상 약자들의 아우성(차아크)을 듣지 않고, 예루살렘에 넘치는 화평과 구원, 공평과 정의를 찬양하게 된다. 평강, 구원, 언약적 의리와 친절이 하수처럼 흘러내리는 예루살렘은 첫 창조질서의 순환적 성격도 초극한다. 19절은 창세기 1장의 낮과 밤의 대칭적 순환도 극복하는 예루살렘의 몽환적 구원을 묘사한다. "다시는 낮에 해가 네 빛이 되지 아니하며 달도 네게 빛을 비추지 않을 것"이다. 왜냐하면 여호와가 예루살렘의 "영원한 빛이 되며" 하나님이 "예루살렘의 영광"이 될 것이기 때문이다. 하나님이 해와 달을 대신한다. 그래서 20절은 다시는 예루살렘의 해(하나님)가 지지 아니하며 달(하나님)이 물러가지 아니할 것이라고 말한다. 여호와가 예루살렘의 영원한 빛이 되고 그 슬픔의 날

이 끝날 것이기 때문이다(또한 사 30:26). 21절은 이런 몽환적 구원의 절정을 말한다. 예루살렘의 백성이 다 의롭게 되어 영원히 땅을 차지할 것이다. 그들은 하나님이 심은 가지요 친히 그 손으로 만든 것으로서 하나님의 영광을 나타낼 자들이기 때문이다. 그 날에는 예루살렘의 아무리 작은 자도 천 명을 이루겠고, 약한 자가 강국[고이 아춤(גוֹי עָצוּם)]을 이룰 것이다. 여기서 아주 우회적이지만 시온이 독립적인 정치 공동체, 즉 왕조를 이룰 수 있다는 희망을 피력한다.^{창 12:2; 18:18-19} 그런데 이 몽환적 구원은 미래에 속한 일이다. 그러나 때가 되면 "나 여호와가 속히 이루리라." '나 여호와'에는 1인칭 단수 대명사 아니(אֲנִי)가 사용된다. "하나님은 속히 이룰 것이다"라는 이 마지막 소절은 페르시아의 속주 예후다가 독립국가로 발돋움하고 싶은 열망을 숨기지 않는다. 그러나 이런 눈부신 구원의 약속도 듣는 자가 믿음으로 화답해야 하고 그 일이 이뤄질 수 있도록 기도하고 노력해야 한다.^{겔 36:37}

주 여호와께서 이같이 말씀하셨느니라. 내가 너희를 모든 죄악에서 정결하게 하는 날에 성읍들에 사람이 거주하게 하며 황폐한 것이 건축되게 할 것인즉 전에는 지나가는 자의 눈에 황폐하게 보이던 그 황폐한 땅이 장차 경작이 될지라. 사람이 이르기를 이 땅이 황폐하더니 이제는 에덴 동산 같이 되었고 황량하고 적막하고 무너진 성읍들에 성벽과 주민이 있다 하리니 너희 사방에 남은 이방 사람이 나 여호와가 무너진 곳을 건축하며 황폐한 자리에 심은 줄을 알리라. 나 여호와가 말하였으니 이루리라. 주 여호와께서 이같이 말씀하셨느니라. 그래도 이스라엘 족속이 이같이 자기들에게 이루어 주기를 내게 구하여야 할지라.^{겔 36:33-37}

60-62장은 정교한 해석이 필요한 장들이다. 피상적으로 읽으면 국수주의적 선민사상이 이 장들의 중심 주제처럼 보인다. 게다가 이스라엘과 이방인의 관계를 너무 위계적으로 묘사한 부분이 많이 나오는데다가 오해하기 쉬운 구절들도 더러 발견되기 때문이다. 특히 60장 1-2절, 12절은 현대의 평등주의 이념과 가치에 비하면 낙후된 선민의식처럼 보인다.

> 일어나라. 빛을 발하라. 이는 네 빛이 이르렀고 여호와의 영광이 네 위에 임하였음이니라. 보라, 어둠이 땅을 덮을 것이며 캄캄함이 만민을 가리려니와 오직 여호와께서 네 위에 임하실 것이며 그의 영광이 네 위에 나타나리니⋯⋯ 너를 섬기지 아니하는 백성과 나라는 파멸하리니 그 백성들은 반드시 진멸되리라.

그래서 이런 성경구절들은 정확하게 해석되어야 한다. 그렇다면 이런 성경구절을 제대로만 해석하면 이사야의 원의도, 혹은 하나님의 원의도를 밝히 드러낼 수 있을까? 그렇지는 않다. 아무리 정확하게 해석해도 이 장들 안에 자기복무적 호기豪氣가 슬며시 느껴지는 것은 부인할 길이 없다. 60-62장을 통해 신약성서의 산상수훈적 윤리나 자기희생적 십자가의 원수사랑을 끄집어낼 수 없다. 구속사의 단계에 있어서 더 밝고 충분한 구원 계시를 기다려야 한다. 구약성서를 아무리 읽어도 예수님처럼 읽어서 산상수훈을 뽑아낼 수는 없다. 『하나님의 통치와 예수 따름의 윤리』라는 책에서 저자들은 산상수훈의 구약적 출처가 이사야 61장이라는 점을 자세히 논증한다.[2] 이는 어느 정도 일리 있는 논지다. 그러나 산상수훈에는 이사야 61장이 꿈꾸는 것 이상이 있다. 이사야 61장을 읽고 해석하는 예수님에게 한량없이 부어주신 하나님의 성령의 요인을 고려해야 산상수훈의 본질을 더 정확하게 이해할 수 있다. 하나님이 예수님께 주신 한량없는 성령의 조명과 하나님 아버지의 가르쳐주심이라는 독특한 가내수공업적 교육의 결과, 예수님은 이사야 61장에서 산상수훈의 위대한 비전을 착상하셨다. 겉으로 보기에는 많은 차별과 장벽을 정당화하고 온존시키는 것처럼 보이는 구약성서의 여러 구절들에도 불구하고, 예수님은 형제와 형제 바깥, 심지어 원수까지도 사랑하라는 이 산상수훈의 요구가 구약성서에 나타난 하나님 아버지의 본뜻이라고 보았다. 그래서 구약성서는 계시의 궁극적 빛이신 예수님의 심장으로 읽어야 된다. 예수님의 심장은 하나님 아버지의 심장에 닿아 있다. 예수님은 하나님 아버지의 품속에 있는 본마음을 갖고 구약의 문자들을 하나님의 영으로 해석하신 것이다. 이것이 예수님이 가르쳐주신 '하나님 본마음 해석학'이다. 예수님이 가르쳐주신 '하나님 본마음 해석학'에 따르면 신명기 24:1-4의 아내 이혼증서 규정은 하나님의 본마음을 백퍼센트 반영하지 못한다. 유대인 남자들의 마음이 완악해서, 즉 자기 아내를 쉽게 버리고 다른 여자를 아내로 취하는 죄성이 너무 완강해 타협책으로 주신 법이다. 원래 하나님 본마음은 간음한 연고 외에는 결코 하나님이 짝지어주신 부부는 이혼해서는 안 되고 남편이 이혼증서 한 장 써주고 아내를 쉽게 이혼시켜 내보내서도 안 된다. 그런데도 유대인 남자들이 너무 쉽게 아내를 버리고 다른 여자를 아내로 맞아들이는 죄성이 강해 이혼 절차를 어렵게 만들기 위해 하나님께서 이혼증서법을 만들어주셨다는 것이다. 그러나 이 이혼증서법은 하나님의 본마음이 반영된 것이 아니다.^{막 10:5} 마찬가지로 종과 노예에 관한 법도 마찬가지다. 이방인과 유대인의 구분을 말하는 규정들도 시대적 특수요구 때문에 만들어졌지만 하나님의 궁극적 본마음이 드러난 법들은 아니라는 것이다. 이사야 25:7은 모든 민족과 열방이 자신들의 정체성을 표시하는 가리개와 덮개를 제하고 온 인류적 화합 잔치를 벌이시는 하나님의 종말론적 잔치를 그린다. 이것이 하나님의 본마음이다. 이런 하나님의 본마음은 예수님 안에(요 3:16+마 5-7장의 산상수훈) 나타났고, 그것은 갈라디아서 3:23-28(특히 28절)에 드러난다.

> 믿음이 오기 전에 우리는 율법 아래에 매인 바 되고 계시될 믿음의 때까지 갇혔느니라. 이같이 율법이 우리를 그리스도께로 인도하는 초등교사가 되어 우리로 하여금 믿음으로 말미암아 의롭다 함을 얻게 하려 함이라. 믿음이 온 후로는 우리가 초등교사 아래에 있지 아니하도다. 너희가 다 믿음으로 말미암아 그리스도 예수 안에서 하나님의 아들이 되었으니 누구든지 그리스도와 합하기 위하여 세례를 받은 자는 그리스도로 옷 입었느니라. 너희는 유대인이나 헬라인이나 종이나 자유인이나 남자나 여자나 다 그리스도 예수 안에서 하나이니라.

이런 본마음을 가진 하나님이 구약성서에는 당대의 도덕감과 윤리의식 수준에 맞추어 당신의 계시를 불충분하게 담을 수밖에 없었다. 그래서 우리는 하나님 아버지 품에 계신 독생자의 마음, 즉 하나님의 본마음이 반영된 성경구절에 악센트를 두고 하나님의 본마음을 덜 드러내는 보조적 비유나 표현 수단에는 일정 정도 희석과정을 거쳐야 한다. 이사야 34장, 시편 137편, 에스겔 35장, 오바댜서의 에돔 저주 구절들을 읽고 원수사랑의 가르침을 뽑아낼 수는 없다. 일반 독자들이 이런 본문을 읽고 산상수훈의 하나님을 착상하거나 하나님의 원수계명을 상상할 수는 없다. 아무리 구약성서를 철저하게 공부해도 아브라함의 하나님, 이삭의 하나님, 야곱의 하나님에 대한 문자적 묘사에 치중해서는 예수님이 계시하신 넓고 크신, 만유를 포용하고 만민을 영접하는 탕자의 아버지 같은 하나님을 상상해낼 수가 없다. 예수님은 구약성서의 문자에 매이지 않고 하나님의 영에 사로잡혀 문자의 독소조항 요소들을 여과시키셨다. 요약하면 구약은 하나님의 궁극적인 본마음이 다 반영된 책은 아니며, 시대속박적인 한계 안에서 하나님의 최선의 의지를 드러낸 책이라는 것이다. 이것은 구약의 권위를 깎아내리는 것이 아니라 구약을 예수님의 발 아래, 모세와 예언자들을 예수님 발 아래 부복한 종들로 본다는 것이다.

그럼에도 불구하고 우리는 이 세 구절에 대한 정교한 해석학적 작업을 시도해 먼저 이 세 절의 참된 의도를 살펴볼 필요가 있다. 이스라엘과 이방인의 관계를 규정하는 이 세 구절들은 현대인의 감수성에는 맞지 않는 고대근동의 종주-봉신 조약이라는 불평등조약의 빛 아래서 해석되어야 한다. 이스라엘과 이방인의 관계는 빛과 어둠이라는 양극적 대척점으로 표현되어 있다. 그러나 앞서 주석에서 서술한 것처럼 이 어둠과 캄캄함은 빛의 반대나 대척이 아니라 빛을 싸는 외피, 하나님의 영광을 싸고 있는 외피를 가리킨다. 이방인은 빛의 반대자, 대척자가 아니라 하나님의 영광이 방출하는 빛을 싸는 이차적 덮개이며 곧 빛에 의해 하나님께 인도될 사람들이다. 그래야 60-62장의 이방인의 보조적 역할, 이차적 구원수혜 자격을 이해할 수 있다. 이방은 빛인 이스라엘로 모여들어 이스라엘에 비친 신적 영광의 이차적 수혜자가 되고, 하나님께 이스라엘을 보조하고 돕고 보양하는 특별사명을 부여받는다. 그래서 선교학 중에 이방인을 빛의 원수나 대적으로 여기는 입장도 있지만(땅밟기, power encounter 등의 호전적 선교 전략), 원래 각 나라와 문명 속에 주어진 하나님의 진리를 완전케 하고 부분적으로 알려진 진리를 백퍼센트 성취시키는 것이라고 믿는 '성취주의적 선교학'도 있다. 이 후자의 선교학에 따라 선교 사역을 감당한 선교사들이 남긴 글들은 이방인들의 문화와 종교 속에 계시의 빛을 밖에서 싸는 외피 정도의 진리를 갈무리한 측면이 있음을 인정한다. 왈벗 뵐만의 『만민과 선민』, 크리스토퍼 J. H. 라이트의 『하나님의 선교』, 『하나님 백성의 선교』, 스탠리 존스의 『인도의 길을 걷고 있는 예수』, 돈 리처드슨의 『화해의 아이』, 그리고 더 멀리는 마테오리치의 『천주실의』 등이 '성취주의적 선교학'의 전통을 따른다. 19세기 우리 나라에 온 선교사들 대부분이 이런 입장을 견지했다.³ 비록 「언더우드의 기도문」⁴이라는 기도문이 조선을 암흑천지라고 묘사했고 일부 선교사들이 조선의 비문명적 야만성을 논평한 적이 있지만, 대부분의 조선 선교사들은 이미 조선 안에 하나님을 아는 지식이 희미하게 작동한다는 것을 믿었다. 이런 성취주의적 선교학 전통은 세 가지 주장을 전개한다. 첫째, 하나님은 세계만민 가운데 하나님을 아는 지식을 허락하셨다. 비록 희미하고 불완전하지만 모든 사람에게는 하나님에 대한 이해가 있다. 우상들을 섬기는 종교성, 알지 못하는 신에게 바쳐진 제단 등에서 보여지듯이 비록 우상숭배의 형태로 나타나더라도 하나님에 대한 갈망은 작동한다[행 14:15-17(특히 17절의 '하나님의 자기증언'); 17:22 데이시다이모네스테루스('종교성 많은', δεισιδαιμονεστέρους)]. 둘째, 기독교복음 선교의 중심 과업은 이미 존재하는 하나님 지식을 발판으로 그리스도 예수 안에 나타난 완전한 구원을 전하는 것이다. 셋째, 모든 문화와 문명 안에는 반기독교적 요소와 기독교적 요소가 공존하므로 이방인의 문화와 문명 전체를 '어둠', '암흑천지'라고 매도하는 것은 창조신학이나 구속사신학 어디에서도 정당한 입장이 아니다. 이 성취주의적 선교학을 지지하는 성경구절은 대단히 많지만 사도행전 17장 몇 구절이 인용될 수 있다[24-28절(특히 27절)].

우주와 그 가운데 있는 만물을 지으신 하나님께서는 천지의 주재시니 손으로 지은 전에 계시지 아니하시고 또 무엇이 부족한 것처럼 사람의 손으로 섬김을 받으시는 것이 아니니 이는 만민에게 생명과 호흡과 만물을 친히 주시는 이심이라. 인류의 모든 족속을 한 혈통으로 만드사 온 땅에 살게 하시고 그들의 연대를 정하시며 거주의 경계를 한정하셨으니 이는 사람으로 혹 하나님을 더듬어 찾아 발견하게 하려 하심이로되 그는 우리 각 사람에게서 멀리 계시지 아니하도다. 우리가 그를 힘입어 살며 기동하며 존재하느니라. 너희 시인 중 어떤 사람들의 말과 같이 우리가 그의 소생이라 하니.

결국 이사야는 이방인들을 이차적으로 구원에 참여할 하나님의 백성이라고 간주한다. 하나님의 보복대상이 되는 잔악한 이방 족속들과 달리 보통 이방인들은 예루살렘 성전에 제사하려고 오며 시온의 종주권을 인정하고 순복한다. 이들은 하나님의 영광을 직접 받아 반사하는 빛인 이스라엘을 둘러싸는 영적 봉신들인 셈이다. 또 하나의 정교한 해석이 요청되는 구절은 12절이다. 이 절은 고대근동의 종주-봉신 조약에 있는 징벌조항, 즉 '봉신이 종주에게 반역하면 그 반역하는 '왕조'를 분쇄한다'는 조항을 반영한다. 이 원리로 하나님은 북이스라엘과 남유다 왕국을 분쇄하셨다. 두 왕실의 왕들이 모두 종주이신 야웨를 배반하고 우상들을 섬겼기 때문이다. 이사야 60장의 시온/이스라엘은 공평과 정의가 완전히 구현된 이상주의적 종주국이다. 봉신에게 압제를 가하거나 무거운 조공을 강요하는 종주가 아니다. 이처럼 정의와 공의로 봉신을 대하는데도 봉신이 종주인 시온에게 공연히 반역을 하면 징벌한다는 의미다. 12절은 특정 국가 이스라엘의 정치적 헤게모니를 지지하거나 정당화하는 구절이 아니라 하나의 원리를 선포한다. 즉, 공평과 정의의 통치를 배반하는 자를 징벌한다는 것이다. 이사야 59장 강해에서 자세하게 설명했듯이 하나님의 공평과 정의 통치, 즉 하나님의 종주권을 부인하고 배척하는 나라는 자체의 모순으로 붕괴되고 진멸된다. 12절의 맥락은 시편 2편이다. 여기서 하나님은 공평과 정의의 왕 메시아를 세워 열방을 통치하게 하신다. 그런데 하나님의 공평과 정의 통치를 배척하는 세상의 군왕들과 관원들이 여호와와 그의 기름 부음 받은 자를 대적할 때, 메시아의 공평과 정의 통치를 배척할 때, 하나님이 세우신 메시아 하나님의 아들은 철장으로 그들을 깨뜨리고 부술 것이다.^{단 2:35-44} 하나님을 두려워하지 않는 세상의 군왕들과 세상의 토착정부의 재판관들을 공평과 정의의 화신인 하나님의 아들이 징벌한다. 결국 시편 2:11-12과 이사야 60:11-12은 같은 메시지를 담고 있다. "여호와를 경외함으로 섬기고 떨며 즐거워할지어다. 그의 아들에게 입맞추라. 그렇지 아니하면 진노하심으로 너희가 길에서 망하리니 그의 진노가 급하심이라." 이사야 60:12은 여호와 하나님을 두려워하지 않고 하나님의 공평과 정의 통치를 배척하는 자들에 대한 경고인 셈이다. '하나님의 공평과 정의 통치에 저항하는 자들은 망한다'는 것이다. 따라서 이 구절은 결코 어떤 특정 시대의 이스라엘 국가, 로마교황청, 혹은 교회 기구의 현실정치적 종주권과 그에 따른 징벌권을 정당화는 데 동원되어서는 안 된다.

61장.

주 여호와의 영이 내게 임하셨으니

61

¹주 여호와의 영이 내게 내리셨으니 이는 여호와께서 내게 기름을 부으사 가난한 자에게 아름다운 소식을 전하게 하려 하심이라. 나를 보내사 마음이 상한 자를 고치며 포로된 자에게 자유를, 갇힌 자에게 놓임을 선포하며 ²여호와의 은혜의 해와 우리 하나님의 보복의 날을 선포하여 모든 슬픈 자를 위로하되 ³무릇 시온에서 슬퍼하는 자에게 화관을 주어 그 재를 대신하며 기쁨의 기름으로 그 슬픔을 대신하며 찬송의 옷으로 그 근심을 대신하시고 그들이 의의 나무 곧 여호와께서 심으신 그 영광을 나타낼 자라 일컬음을 받게 하려 하심이라. ⁴그들은 오래 황폐하였던 곳을 다시 쌓을 것이며 옛부터 무너진 곳을 다시 일으킬 것이며 황폐한 성읍 곧 대대로 무너져 있던 것들을 중수할 것이며 ⁵외인은 서서 너희 양 떼를 칠 것이요 이방 사람은 너희 농부와 포도원지기가 될 것이나 ⁶오직 너희는 여호와의 제사장이라 일컬음을 받을 것이라. 사람들이 너희를 우리 하나님의 봉사자라 할 것이며 너희가 이방 나라들의 재물을 먹으며 그들의 영광을 얻어 자랑할 것이니라. ⁷너희가 수치 대신에 보상을 배나 얻으며 능욕 대신에 몫으로 말미암아 즐거워할 것이라 그리하여 그들의 땅에서 갑절이나 얻고 영원한 기쁨이 있으리라. ⁸무릇 나 여호와는 정의를 사랑하며 불의의 강탈을 미워하여 성실히 그들에게 갚아 주고 그들과 영원한 언약을 맺을 것이라. ⁹그들의 자손을 뭇 나라 가운데에, 그들의 후손을 만민 가운데에 알리리니 무릇 이를 보는 자가 그들은 여호와께 복 받은 자손이라 인정하리라. ¹⁰내가 여호와로 말미암아 크게 기뻐하며 내 영혼이 나의 하나님으로 말미암아 즐거워하리니 이는 그가 구원의 옷을 내게 입히시며 공의의 겉옷을 내게 더하심이 신랑이 사모를 쓰며 신부가 자기 보석으로 단장함 같게 하셨음이라. ¹¹땅이 싹을 내며 동산이 거기 뿌린 것을 움돋게 함 같이 주 여호와께서 공의와 찬송을 모든 나라 앞에 솟아나게 하시리라.

주석[1]

61장은 이스라엘의 회복된 운명과 영광스러운 미래를 노래하는 60-62장의 한 부분으로서 56-66장에 흐르고 있는 공동체 내의 파쟁의식이나 분파의식에 대해서 직접적으로 말하지 않는다. 그래서 이런 점에서 60-62장은 56-66장의 나머지 부분보다는 40-55장에 좀 더 가깝다. 60-62장의 메시지는 이스라엘 백성 전체를 회복 대상으로 삼는 순수한 회복 약속을 부각시킨다.[62:10-12와 40:8-11; 52:7-10] 이 약속은 죄 사함의 은총에 기반한다.[60:10b와 40:1-12; 44:22; 54:7-8] 40-55장에서처럼, 60-62장에서도 시온의 자녀들이 열방과 열국으로부터 모여들 것을 약속한다.[60:4, 9와 43:5-7; 49:12, 18, 22] 그리고 열국의 재물들이 시온으로 몰려들 것도 약속한다.[60:5-7, 16과 45:14] 심지어 이방인 왕들도 야웨를 경배하는 데 참여할 것이다.[60:10-11과 49:7b, 23] 예루살렘은 유례없이-물리적으로도 아주 화려하게-영광스럽게 중건되고 새롭게 단장될 것이다.[60:13, 17과 54:11-12] 이스라엘은 마침내 오래전 조상들에게 주신 야웨의 약속이 성취되는 것을 발견할 것이다.[60:22와 49:19-21; 54:1-3] 그리고 그들은 야웨의 영원한 언약을 향유할 것이다.[61:8과 54:10; 55:3] 그렇게 풍성하게 축복을 받은 후에 이스라엘은 '이방의 빛이 되라'는 하나님의 사명을 수행하게 될 것이다.[60:3과 49:6]

60-62장(40-55장도 함께)은 56-66장과 다음 몇 가지 면에서 다른 점들을 보인다. 첫째, 40-55장과 60-62장에서는 과장적일 정도의 풍성한 구원 약속들이 지배적인 주제를 이루는 데 비해, 56-66장에서는 40-55장에서 약속된 구원이 여전히 실현되지 않는 이유를 설명하려는 예언들이 더러 발견된다. 둘째, 40-55장과 60-62장에서 야웨의 심판은 과거지사였는데, 56-66장에서는 여전히 미래시제로 표현된 심판이 부각된다. 회복에 앞서서 또 한 차례의 정결화 심

판(가나안에 돌아온 귀환포로 공동체를 다시 한 번 정결케 하는 심판)이 있을 것임을 암시한다. 셋째, 60-62장은 청중(시온과 예루살렘)을 구분하지 않는 데 비해 56-66장에서는 하나님의 구원과 복된 미래가 일부의 사람들에게만 약속된다.

또 다른 한편 60-62장은 40-55장과도 몇 가지 점에서 뚜렷한 차이점을 가진다. 첫째, 40-55장에서는 야웨의 구원역사가 구체적인 역사적 인물이나 국가를 통하여 중개되는 데 비하여, 60-62장은 하나님의 구원이 비매개적으로 이뤄진다. 야웨의 구원이 메대나 페르시아와 같은 중개자들을 통하여 매개되지 않고 야웨 자신의 팔에 의하여 실현된다. 시온과 예루살렘에게 임할 구원은 거의 비현실적일 만큼 환상적이고 천지개벽적인 변화를 가져온다. 둘째, 40-55장과는 달리 60-62장은 땅을 차지하는 문제에 관심을 보인다.[60:21; 61:7] 셋째, 40-55장에서와는 달리 60-62장에서는 열방의 신들에 대한 논쟁적 예언들이 발견되지 않는다.

결국 40-55장과의 유사성, 56-66장과의 차별성에도 불구하고, 60-62장은 귀환포로 공동체가 세계열방에 대하여 갖는 선교사명을 좀 더 진지하게 다룬다는 점에서 56-66장의 나머지 부분과 맥을 같이 한다.[2] 56-66장의 신학적 지평은 열방과 세계이며 이제 귀환포로 공동체는 바벨론 유배로부터의 해방경험이 아니라 시온 재건 과정을 통하여 야웨 하나님의 의와 구원을 증거해야 한다.

먼저 60-62장을 개관함으로써 61:1-11의 메시지를 유기적으로 이해해보려고 한다.[3] 60장은 재건된 성전이 열방과 열왕의 순례지가 될 것을 예언한다. 62장은 시온의 공의가 빛 같이, 예루살렘의 구원이 횃불처럼 타오르기까지 예루살렘을 위하여 쉬지 않는 하나님의 열심과 이 하나님의 구원 열심을 대변하는 파수꾼들의 영적 분투를 기록한다.[62:1-6] 60장이나 62장 둘 다 이스라엘의 역전된 운명과 미래의 영광을 말하지만, 어떻게 해서 이스라엘이 공평과 정의가 충만한 공동체가 되어 열국의 존경을 받으며 열국을 향도할 지도자적 공동체가 될 것인지에 대해서는 말하고 있지 않다.

그런데 61장은 어떤 인물에 의하여 어떻게 이스라엘이 세계만민을 향도하는 공동체가 될 것인지를 말해준다. 61장은 메시아적 종의 사역을 통한 시온 재건을 다룬다. 이 메시아적 종은 제도적인 재건보다는 귀환포로 공동체의 영적 치료와 회복을 우선시한다. 그의 시온 회복은 영적 쇄신에서 시작된다. 영적 쇄신은 이스라엘의 공동체적 계약정신을 회복시키고 이를 통해 이스라엘 정체성을 회복하는 데로 이어진다. 갱신된 이스라엘은 자기의 사명을 진작시키고 열방 및 열국에게 야웨의 왕 되심과 유일무이한 하나님 되심을 전파한다. 그 결과 열방은 이스라엘을 야웨께 선택받고 복 받은 민족으로 인정하며 마침내 열방도 야웨께 경배하러 시온으로 올라온다.^{사 2:1-4}

61장이 말하는 시온 재건 및 회복의 핵심은 가난한 자, 눈먼 자, 갇힌 자[채무노예(느 5장)], 마음 상한 자에게 치료와 회복의 해(희년)를 선포하는 것이다. 61장에는 이미 가나안 복귀 후 시작된 정착생활이 상당히 오랫동안 진척되어야 생길 수 있는 사태가 반영되어 있다. 그것도 부정적인 결과들(마음 상한 자, 눈먼 자, 포로된 자 등)이 더 두드러진다. 61장이 그 자체로는 귀환포로 공동체 구성원들 간에 있었을 가능성이 있는 논쟁적인 분위기를 부각시키지는 않는다. 그것의 초점은 시온 재건을 주도할 왕적인 인물의 사명선언이다. 52:13-53:12의 야웨의 고난받는 종과 같은 특정 개인이 이번에는 일인칭 화자로 등장한다.[4] 야웨의 기름 부음을 받은 종^{61:1}이 자신의 사명이라고 규정한 사역들은, 실제로 주전 450년 전후의 귀환포로 공동체의 가라앉은 영적 분위기를 갱신하며 다시 한 번 시온 회복에 대한 하나님의 열심을 일깨운다. 이런 점에서 61:1-11은 40-55장에서 두드러지게

묘사된 영적 패기를 다시금 북돋운다.[5]

61장은 야웨의 기름 부음을 받은 메시아의 사명: 의義의 참나무 공동체 창조,[1-3절] 구원받은 백성들의 사명: 제사장 나라,[4-7절] 시온 회복의 원천: 신적 1인칭 화자,[8-9절] 메시아의 희열과 희망[10-11절]으로 나뉜다. 10-11절은 열방이 보는 앞에서 귀환포로 공동체 안에 구원[예샤(יֵשַׁע)]과 공의[츠다카(צְדָקָה)]와 찬송[터힐라(תְּהִלָּה)]이 움돋아나는 미래를 꿈꾼다. 전체적으로 61장은, 60:15-22에 묘사된 승화되고 변화된 예루살렘 공동체 분위기를 한층 더 심화시킨다. 화평 관원과 공의 감독이 주도하는 예루살렘 회복역사의 절정은 야웨의 영으로 가득찬 왕적인 예언자를 통해 성취된다.

야웨의 기름 부음을 받은 메시아의 사명: 의義의 참나무 공동체 창조 ●1-3절

51:1-3과 53:11-12은 신적 1인칭 화자를 소개하는 데 비하여, 50:4-9과 본문은 예언자적인 1인칭 화자를 등장시킨다. 본문의 "나"는 이사야 11:1-9의 야웨의 영으로 가득찬 메시아적 인물의 또 다른 자아처럼 보인다. 11:1-9에서 3인칭으로 소개된 메시아적 인물이 본문에서는 1인칭 화자로 나타났다고 볼 수 있을 것이다. "나"는 그의 사역의 본질과 근원을 미루어볼 때 기름 부음을 받은 다윗왕적 인물이다. 메시아의 사역은 인격적이고 치유적이며 동시에 치유와 회복을 통해 이스라엘 민족 전체가 존귀케 될 희망을 점화시킨다.[6] 1-3절은 시온 재건의 첫 단계는 치료와 회복에서부터 시작된다는 사실을 보여준다. 1절 상반절에서 메시아는 자신의 사역 원천을 야웨의 영이라고 주장한다. '주 야웨의 영이 내 위에 머물러 있다. 야웨께서 내게 기름을 부으셨기 때문이다.' '기름 붓다'를 의미하는 히브리어는 마샤흐(מָשַׁח)다. 여기서 마시아흐(מָשִׁיחַ), '기름 부음을 받은

자'를 의미하는 히브리어 '메시아'라는 단어가 나왔다. 메시아는 대왕의 명령을 위임받아 통치하는 버금왕을 의미한다. 야웨가 기름 부어 (성령) 세워진 메시아인 "나"는 야웨의 영에 사로잡힌 하나님의 부왕이다. 메시아 위에 쏟아부어진 영은 메시아에게 섬겨야 할 사람들을 보여준다. '가난한 사람들에게 아름다운 소식을 전하고 마음이 상한 사람들을 싸매도록 나를 보내셨다. 몸이 저당잡힌 사람들[7]에게 빚 탕감의 자유[8]를, 갇힌 사람들[9]에게 석방[10]을 전파하며.' 개역개정은 이 모든 사람들을 단수로 번역하지만 히브리어 본문은 모두 복수로 표현한다. 가난한 자들, 마음이 상한 자들, 포로된 자들, 갇힌 자들,[1절] 모든 슬퍼하는 자들,[2절] 시온에서 슬퍼하는 자들.[3절] 복수로 표현된 히브리어 구문은 '시온이 뭔가 크게 잘못되었다'는 느낌을 갖게 한다. '이 사람들이 누군가? 왜 시온에 이토록 부서지고 망가진 사람들이 많을까?' 이런 질문들을 하게 만든다. 이들은 바벨론 포로생활을 끝내고 고토로 귀환한 사람들이지만 시온이 공평과 정의가 확립되지 못해 아우성치는 사람들이다. 이 사람들은 가나안 고토로 돌아와 부당하고 불의한 사회구조 때문에 '가난하게 된' 사람들일 것이다. 가난한 사람들은 마음이 상한 자들, 몸이 저당 잡힌 사람들, 그리고 갇힌 사람들과 거의 같은 처지에 있는 사람들일 것이다. 네 부류의 사람들을 예거하는 것은 각각 다른 집단을 가리킬 수도 있고, 동일한 집단의 네 가지 곤경을 말하는 것일 수도 있다. 고대사회에서 가난한 사람들은 '땅'이 없는 사람들을 가리키는 가장 빈번한 대용어였다. 생존 토대인 땅이 없는 사람들은 생계를 위해 빚을 내야 하고, 빚이 누적되면 채무노예가 되거나 감옥에 갇힌다. 그런데 이 가난한 사람들은 단지 땅만 없는 사람이 아니라 마음이 상한 사람들이기도 하다. 마음이 상한 사람들은 이사야 59장, 63-64장의 통회자복 기도를 통해 자신들의 죄와 허물들을 뉘우치고 통회하는 사람들이다. '마음이 상한 자들'

이라고 번역된 히브리어는 니쉬버레-렙(נִשְׁבְּרֵי־לֵב)인데 '마음과 관련해 부서진 자들'이라는 말이다. 시편 51:17에 나온다(히브리어 성경은 19절). 이 절을 사역私譯하면 이렇다. '하나님의 희생제물들, 상한 심령(루아흐 니쉬바라), 상하고 으깨어진 마음(렙-니쉬바르 뭐니드케), 하나님 내치지 않으시리.'[11] 마음이 상한 사람들은 2절에 나오는 '시온의 슬퍼하는 자들'이기도 하다. 이처럼 메시아는 이미 고토로 돌아와 정착한 귀환포로 공동체 안에 발생된 모순의 결과로 가난해지고 그들의 참상을 자신들의 죄 때문이라고 뉘우치는 사람들을 자신의 사역 대상으로 삼는다.

2절은 야웨의 종이 펼칠 사역은 악한 자들과 몰지각한 지도자들에 대한 하나님의 심판을 포함하는 위로임을 암시한다. '야웨의 은총의 해와 우리 하나님의 신원伸寃의 날을 전파하며, 슬퍼하는 모든 사람들을 위로하며' 여기서 "신원"이라고 번역된 나캄(נָקָם)은 뒷소절의 "위로하다"를 의미하는 나함(נחם)과 유사하게 발음되어 어희작용wordplay을 일으킨다. 개역개정은 좀 더 노골적으로 '보복'이라고 번역한다. 가난한 사람들, 빚 때문에 인신이 저당 잡힌 사람들에게는 야웨의 은총의 해(면제년 혹은 희년)는 구원을 의미하면서, 또한 그런 채무노예를 면제년이나 희년이 되어도 풀어주지 않고 억류한 사람들에 대한 원한을 풀어주는 신원의 해가 되기 때문이다. 59:9-15a은 면제년(희년)과 같은 야웨의 계약강령이 준수되지 않는 사회가 앓고 있는 병을 잘 고발한다. 이 단락은 공평, 의, 정직, 성실의 소멸을 슬퍼하는 '우리'(메시아적 종들, 곧 56-66장의 예언을 산출한 종들)의 참회의 기도문이다. 정의(공평, 미쉬파트)가 사라지고 공의(의, 츠다카)가 사라지게 만든 자신들의 죄악과 허물을 통회자복한다. '공평이 우리에게서 멀고 의가 우리에게 미치지 못한다.'[9절] '공평이 뒤로 물리침이 되고 의가 멀리 섰으며 성실이 거리에 엎드러지고 정직이 들어가지 못한

다.'14절 '성실이 없어지므로 악을 떠나는 자가 탈취를 당한다.'15절 상반절

그런데도 메시아의 사역이 펼쳐지던 시대는 왕성한 종교활동과 사회정의와 우애의 결핍이 공존하던 시대였다. 58:3-5은 금식을 통하여 야웨의 돌보심과 인정을 받으려는 사회 유력자들의 불평을 증언한다. '우리가 금식하되 어찌하여 주께서 보지 아니하시오며 우리가 마음을 괴롭게 하되 어찌하여 주께서 알아 주지 아니하시나이까.'3절 그런데 그들은 금식하는 날에도 오락을 찾아 얻으며 종들에게 온갖 일을 시키며 서로 다투며 싸우며 악한 주먹으로 친다.4절 12 공평과 정의는 사라지고 위선적인 경건이 판을 친다. 집 없이 유리방황하는 빈민을 집에 들이고, 굶주린 이웃 동포들을 먹이는 신적 친절과 자비 실천은 없는데 종교적 표현은 왕성하다. 공평과 자비의 결핍은 집 없이 유리방황하는 빈민들을 양산할 수밖에 없다.58:4; 59:1-8 귀환포로 공동체가 다시 해체되기 시작했다. 이런 상황에서 40-55장의 장밋빛 시온 회복 프로그램은 공염불에 지나지 않는다. 메시아적 종은 40-55장의 시온 재건 및 회복의 관건은 시온에서 '슬퍼하는 자들'13을 위로하는 데서 시작됨을 안다.

이러한 어그러지고 패역한 시대를 배경으로 메시아는 '가난한 자들'[아나빔(עֲנָוִים)]에게 복음을 전하고 마음 상한 자들을 고치고 몸이 갇힌 채무노예들의 해방을 선언한다. 그래서 메시아적 종을 통하여 귀환포로 공동체에 치료가 임한다[58:8 "그리하면 네 빛이 새벽 같이 비칠 것이며 네 치유(평강=샬롬)가 급속할 것이며"]. 그는 시온을 회복하고 재건할 주체 세력은 가난하고 헐벗은 동포들에게 신적 친절과 자비를 베푸는 사람들, 올바른 법 집행과 사회경제적인 정의를 실행하는 사람들 가운데서 나온다고 본다. 진정한 시온 재건 주체들은 자신들의 공동체 안에서 공평, 의, 정직, 그리고 성실의 소멸을 슬퍼하며 참회하는 사람들이다.59:9-15 메시아는 이처럼 의에 주리고 목마른 그들

을 새로운 시온, 공평과 정의 위에 재건될 시온 건설의 주체 세력으로 초청한다.

결국 1-2절은 야웨의 영이 임한 사람은 어떤 공생애를 시작할 수밖에 없는지를 보여준다. 야웨 하나님은 '시온의 의가 빛 같이, 예루살렘의 구원이 횃불 같이 나타날 때까지 쉬지 않고'⁶²:¹ 당신의 영을 보내실 것이다. 오늘날에도 진정한 하나님의 성령 경험은 가난한 자, 마음 상한 자, 인신이 저당 잡힌 자, 갇힌 자, 슬퍼하는 사람들을 위로하고 치료하는 데서 시작된다. 메시아적 종은 시대적 열정과 영적 감수성을 겸비하고 있다. 그는 어쩌면 부조리한 사회에 하나님의 은총과 신원의 해를 선포하지만, 또한 마음이 상한 자, 슬퍼하는 자, 인신이 저당 잡힌 자들을 위로하고 지탱하고 치료한다. 무릇 하나님의 성령이 임한 사람들은 가난한 자, 마음 상한 자, 인신이 저당 잡힌 자, 갇힌 자, 슬퍼하는 사람들을 외면한 채 사회 상층부 사람들에게로 직행할 수 없다. 메시아는 이런 어그러진 시대에 파송받은 왕적인 예언자다. 이렇게 공평과 정의가 사라진 시대를 고쳐보려는 중재자가 없는 것을 보신 야웨께서 친히 자기 팔로 구원하시고 신원하신다.⁵⁹:¹⁵⁻¹⁸ 메시아의 사역을 통하여 '야웨의 팔'의 역사가 실현된다(참조. 사 53:1).

3절은 야웨의 팔이 일으킨 구원의 효과를 열거한다. 야웨의 팔이 된 메시아는 시온의 영락을 슬퍼하는 자들¹⁴에게 재 대신에 화관¹⁵을 주며 슬픔 대신에 희락의 기름을 주며, 허약한 영 대신에 찬송의 옷¹⁶을 입혀줌으로써 그들을 북돋운다. 이렇게 회복된 시온의 애통자들은 야웨의 영광을 나타내도록 야웨께서 친히 심으신 의의 참나무들이라고 불린다.³ᵃ 야웨의 팔이 나타나 신원이 실현되자 시온에서 슬퍼하는 자에게 운명 역전이 일어난다. 여기서 '슬퍼하다'는 말은, 59:15a-19과 63:15-64:12의 참회고백 기도문에서 잘 드러나듯이 자신들의 죄악을 회개하고 뉘우치는 행위를 의미한다.¹⁷ 왜 한때는 당신의 맹렬한 화염으로 진노의 불을 뿜었던 이스라엘의 거룩한 자가 이제 자비로운 용서의 선포자가 되셨는가? 57:15-16이 답변한다. '야웨 하나님은 비록 지존무상하고 거룩하신 하나님이지만, 통회하고 마음이 겸손한 자와 함께하고 겸손한 자의 영을 소성케 하는 분'이기 때문에 시온의 슬퍼하는 자를 위로하신다. 비록 탐심의 죄악을 인하여 노하여 당신의 백성들을 치고 당신의 얼굴을 가렸으나 하나님은 끝내 돌이켜 그들의 비참한 사정을 보고 고쳐주고 자신들의 영락한 처지를 슬퍼하는 자들을 위로하신다.[57:17-18] 하나님은 전에는 버림을 당하여 재를 뒤집어쓴 채 슬픔과 낙심 속에 있던 시온의 애통하는 자들을 희락의 기름으로 치료하시고 찬송의 옷으로 덧입히실 것이다. 저항할 수 없는 기쁨의 환호성과 찬송[시 126편]이 시온의 슬퍼하는 자를 일으켜 세울 것이다. 이런 하나님의 신적 친절(의)과 구원을 덧입은 시온의 슬퍼하는 자들은 영적 갱신을 겪는다. 그들은 의의 참나무들이 된다.[3절] 한때 상수리나무는 우상숭배의 처소(사 1:29; 참조. 6:13)였는데, 이제는 의의 상수리나무가 된다. 상수리나무 자체의 상징성이 변화되었다. '마침내 그들은 야웨의 영광을 나타내도록 야웨께서 친히 심으신 의의 참나무들[엘레 하체데크(אֵילֵי הַצֶּדֶק)]이라고 불리리라.'

하나님의 신적 친절과 자비를 덧입은 증인이 될 뿐만 아니라 스스로 의로운 삶을 사는 공동체로 거듭 태어난다는 것이다.[60:15] 특히 여기서 주목할 단어는 3절의 "심다"라는 동사다. 이 동사는 히브리 노예들의 첫 가나안 정착[사 5:2; 시 80:8] 또는 귀환포로들의 가나안 고토 정착을 가리키는 용어다.[렘 1:10-12] 귀환포로 공동체가 하나님의 말할 수 없이 큰 은혜와 위로를 경험하는 것은, 그들을 의의 참나무들로 성장하도록 야웨께서 친히 심으셨기 때문이다. 60:20은 의롭게 된 백성들, 즉 의의 참나무들로 심겨진(재정착된) 귀환 포로들이 "다 의롭게 되어 영영히 땅을 차지할 것임을" 선포한다. 그들은 야웨께서 다시 바벨론에서 꺾꽂이해서 심은 가지다. 그 가지들은 야웨의 손에 의하여 만들어진 공동체에서 열방 중에 야웨의 영광을 나타낼 공동체로 자랄 것이다.[60:21]

구원받은 백성들의 사명: 제사장 나라 • 4-7절

4절은 메시아의 사역에 의하여 소성케 된 귀환포로 공동체 구성원들이 시온 재건의 주체로 부름받고 있음을 증거한다. "그래서 그들은 오래 황폐하였던 곳을 다시 쌓을 것이며 무너진 지 오래된 곳을 다시 일으킬 것이다. 그들은 황폐한 성읍 곧 대대로 무너져 있던 곳들을 재건할 것이다"(참조. 58:12). 인적, 영적 치료와 중건이 먼저 이뤄진 후[1-3절]에야 귀환포로들은 오랫동안 황폐하였던 성벽들을 다시 쌓을 것이며 무너진 곳을 다시 일으키며 폐허가 되어버린 예루살렘 성읍들을 중건할 것이다. 영적 중건이 물리적 중건에 앞선다는 말이다. 하나님의 치료와 구원을 실존적으로 경험한 사람들이 결국 공동체 회복을 주도한다. 그들은 또한 길을 수축하여 이스라엘 백성의 길에서 거치는 것을 제거할 것이다(57:14; 58:12; 61:4; 참조 40:2-3). 이것은 공평과 정의 실행을 통하여 높은 곳을 낮추며 낮은 곳을 돋우는 작업을 내포한다. 결국 메시아의 사역을 통하여 소성케 된 귀환포로들이 예루살렘 성벽 공사를 주도한다.[느 5-10장] 모든 거대한 공동체 재건 프로그램도 상처받은 개인들을 치료하는 일이 아니면 인간적인 이데올로기에 불과하다. 개인의 마음 성벽이 중건될 때에야 국가 공동체의 성벽도 건설될 수 있다.

5-7절은 회복된 시온 공동체가 세계열방에 대하여 갖는 우월적 지위를 말한다. 세계 한복판에 집어던져져 본 경험을 한 귀환포로 공동

체가 열방에 대하여 우월적인 지위를 누리게 될 것이다. 단, 그 전제 조건은 열방의 모범이 될 만큼 하나님께 우월적으로 순종하고 책임을 져야 한다는 것이다. 5-7절에서는 확실히 이방인들의 보조적 역할이 부각된다. '이방인들은 서서 너희 양 떼를 먹일 것이요 이방인들의 자손들은 너희 농부와 포도원지기가 될 것이나.'[5절] 이방인들은 빛인 이스라엘의 대적자들이 아니라 빛을 외곽에서 싸고 도는 구름과 흑암이다. 이방인들은 레위 지파를 제사장으로 섬겼던 고대 이스라엘의 '세속 지파'들이 되어 귀환포로 공동체를 먹여 살리는 농부들이요 포도원 지기가 된다. 이 말은 이방인들에 대한 이스라엘의 영적 종교적 지배를 의미하기보다는 영역과 역할의 구분을 강조하는 말일 것이다. 6절은 2인칭 복수 대명사 너희(아템)로 시작된다(상황절). '다른 이가 아니라 너희야말로[18] 야웨의 제사장들이라 불릴 것이다. 너희에 대하여 우리 하나님을 섬기는 사람들이라고 말해질 것이다. 너희는 열방의 재물을 먹으며 그들의 풍요를[19] 먹고 배부르리라.'[60:3-7, 16; 출 19:5-6; 롬 15:16[20]

회복된 이스라엘은 열방[과 열방의 제물들(제물은 제물 드리는 자와 동일시)]을 하나님께 인도하고 그들을 하나님의 제단에 바치는 역할을 하는 사람들이다. 여기서 제사장과 레위인들 역할을 맡은 이스라엘이 열방의 재물을 먹고 그들의 풍요를 먹고 배부르게 된다는 말의 구체적 의미가 드러난다. 이제 새로 시작된 성전예배는 엄청난 양의 이방인들의 제물과 예물로 넘쳐날 것이다. 레위인들과 제사장들의 복지는 크게 좋아질 것이다. 5-6절과 마찬가지로 제사장 공동체인 이스라엘과 열방의 관계를 다루는 몇 구절들을 찾아보면 5-6절이 규정하는 이스라엘-열방 관계를 좀 더 잘 이해할 수 있을 것이다.

네가 이방 나라들의 젖을 빨며 뭇 왕의 젖을 빨고 나 여호와는 네 구원자, 네 구속자, 야곱의 전능자인줄 알리라[참조 49:23(열왕은 양부, 왕비는 유모)].^{60:16}

나라들은 네 빛으로, 왕들은 비치는 네 광명으로 나아오리라. 네 눈을 들어 사방을 보라. 무리가 다 모여 네게로 오느니라. 네 아들들은 먼 곳에서 오겠고 네 딸들은 안기어 올 것이라. 그 때에 네가 보고 기쁜 빛을 내며 네 마음이 놀라고 또 화창하리니 이는 바다의 부가 네게로 돌아오며 이방 나라들의 재물이 네게로 옴이라. 허다한 낙타, 미디안과 에바의 어린 낙타가 네 가운데에 가득할 것이며 스바 사람들은 다 금과 유향을 가지고 와서 여호와의 찬송을 전파할 것이며 게달의 양 무리는 다 네게로 모일 것이요 느바욧의 숫양은 네게 공급되고 내 제단에 올라 기꺼이 받음이 되리니 내가 내 영광의 집을 영화롭게 하리라.^{60:3-7}

나 여호와가 말하노라. 이스라엘 자손이 예물을 깨끗한 그릇에 담아 여호와의 집에 드림 같이 그들이 너희 모든 형제를 뭇 나라에서 나의 성산 예루살렘으로 말과 수레와 교자와 노새와 낙타에 태워다가 여호와께 예물로 드릴 것이요 나는 그 가운데에서 택하여 제사장과 레위인을 삼으리라. 여호와의 말이니라.^{66:20-21}

여기서는 열방이 흩어진 이스라엘 포로들을 고토로 데리고 올 뿐만 아니라 돌아온 이스라엘 동포 출신들 중에서 제사장과 레위인으로 선임될 것이 선포된다.²¹

이는 사람들이 네게로 이방 나라들의 재물을 가져오며 그들의 왕들을 포로로 이끌어 옴이라.^{60:11}

61

주 여호와의 영이 내게 임하셨으니

이상에서 살펴보았듯이 열방은 바벨론 포로들을 통해 세계적으로 알려진 야웨 하나님을 인정하고 시온으로 몰려오도록 예정되어 있다. 야웨 하나님께 제물을 바치는 열방은 하나님이 주신 구원에 참여하는 것이다. 고대 이스라엘의 세속지파가 레위지파를 통해 중개된 복을 누리는 방식으로 열방도 이스라엘을 통해 매개된 복을 누릴 것은 분명한데 어떤 복을 받는지에 대한 언급은 누락되어 있다. 그래서 이방인이 누릴 복을 이해하려면 고대 이스라엘 사회에서의 레위인들/제사장들과 세속적 지파들의 상호의존 관계에 대한 전(前)이해를 가져야 한다. 레위인들과 다른 세속지파들의 상호의존을 알게 되면 5-6절이-언뜻 보기와는 달리-영적 제국주의를 옹호하는 구절들로 해석될 수 없는 이유를 알게 된다.

첫째, 레위인들과 제사장들은 어떤 특정한 영토를 갖지 않고(신 18:1-8; 10:6-9 참조) 전국적으로 흩어진 성읍과 촌락들에 체류자의 신분으로 붙어 살았다.[22] 그들은 다양한 축제 절기들에 초청받을 때 (예. 14:29; 16:11, 14) 백성에 의해 드려진 예물들 및 드려진 희생제물들[3-5절과 8절]에 의해 생계를 꾸려간다. 이스라엘의 종교적 혹은 제의적 지도력은 야웨에 의해 레위지파에게 할당되었다(10:8; 27:9, 14; 31:9-13; 33:8-11 참조). 레위지파의 책임은 '야웨의 이름으로 서서 섬기는 일'이었다.[10:8; 18:5] 이 지파의 구성원들이 하나님을 섬기고 예배하는 일에 있어서 이스라엘 공동체를 지도하는(21:5 참조) 제사장들이 된다. 백성들에 대한 교육(33:10; 31:9-13 참조)과 사법행정[17:9; 21:5] 기능들이 또한 레위인들/제사장들에게 할당되었다.

둘째, 레위인들은 모든 다른 이스라엘 동포들의 형제들로 소개되며 그러므로 그들이 비록 어떤 특정한 영토나 지파들의 몫인 기업을 소유하지 못한다 할지라도 하나님께서 주신 좋은 땅에서 나는 모든 양식들과 혜택들을 누릴 수 있다. 땅을 기업으로 받는 대신에 '레위

지파의 기업'은 야웨이시고 곧 백성들에 의해 드려진 예물들과 의무적 납부금들/헌물들이다.

셋째, 레위인/제사장의 번성은 의존적으로 실현된다. 레위인은 다른 형제 지파들이 소유하는 어떤 사유재산도 갖고 있지 않다는 점에서, 세속적 지파들보다 야웨에 대하여 훨씬 더 의존적이다. 그의 번영은 하나님께 제의적 예물들을 매일 바치는 그의 동포들의 계속적 순종이라는 일상적 요인에 의존하고 있다. 실제로 세속적 지파들 또한 어떤 의미에서 의존적으로만 번영할 수 있다. 레위인/제사장들의 영적 사역의 결과 세속지파들이 유지되고, 세속지파의 번성은 레위인들의 축복과 영적 지도에 의존하고 있다. 이런 점에서 양자는 상호의존적이다.

마찬가지로 이스라엘과 열방은 상호의존적이다. 한쪽이 다른 쪽에 대한 종교적 지배를 정당화할 수 없다. 이스라엘은 열방에 대하여 영적 교육과 양육의 사명을 감당하여야 한다. 이런 전제가 충족될 때 열방의 재물이 예루살렘 성전으로 몰려올 것이다. 이사야 2:1-4은 야웨의 율법을 배우러 오는 열방의 행렬을 묘사한다. 레위인/제사장들은 열방에게 토라를 가르쳐서 세계평화를 도모하는 신성한 영적 인도자와 선생이다.

7절은 제사장 나라인 이스라엘이 받을 복과 갑절의 몫(장자의 몫)을 말한다. '수치[23]와 능욕[24] 대신에 그들은 그들의 몫을 인하여 즐거워할 것이다. 그리하여 그들의 땅에서 그들은 갑절을 차지할 것이며 영원한 기쁨이 그들에게 있을 것이다.' 야웨를 의뢰하는 귀환포로들은 제사장/레위인으로서 시온과 예루살렘을 기업의 땅으로 차지하겠고 야웨의 거룩한 산을 기업으로 얻을 것이다.[57:13] 이제 열방 한복판에서 당한 수치와 능욕[52:13-15] 대신에 이스라엘은 갑절의 징벌[사 40:2]에 걸맞은 갑절의 기업/땅을 얻을 것이다. 돌아간 고토에서 그들은 영원한 희락을 누릴 것이다. 시온에서 슬퍼하던 그들이 이제는 열방이 보는 앞에서 기뻐할 것이다.

시온 회복의 원천: 신적 1인칭 화자 • 8-9절[25]

하나님께서 한때는 심판하시고 파괴하셨다가 이제 다시 회복하시고 중건하시는 근거가 무엇인가? 심판과 구원을 하나의 원리로 설명할 수 있는가? 8-9절은 시온 재건과 회복의 원천이 무엇인지를 밝힌다. 시온에 대한 야웨의 계약적 신실성이 바로 시온 재건과 회복의 원천이다. 1-66장 이사야서 전체에서 드러나는 시온에 대한 야웨의 계약적 투신의 실체는 시온을 정의와 공의 위에 건설하는 것이었다.[1:21-16; 5:16; 28:16-17; 32:1-8; 33:14-15] 8절은 이스라엘이 고토에 돌아와서 갑절의 몫을 받고 야웨의 거룩한 산을 기업으로 받게 되는 국운회복은 야웨가 공평을 사랑하고 불의에 의한 강탈행위를 증오하기 때문임을 말한다. '나 야웨는 정의를 사랑하며 불의한[26] 강탈행위를 증오하며 나는 진실함으로 그들의 행위들을 갚아 주고 그들과 영원한 언약을 세울 것이기 때문이다.' 시온과 맺은 언약이 '영원한 언약'으로 격상되는 것은 시온의 영적 자질 고양을 전제한다. 시온이 야웨의 언약 당사자로 남아 있으려면, 정의(공평, 미쉬파트)와 공의(의, 츠다카)를 실현해야 할 사명은 피할 수 없는 최우선 과업이다. 이스라엘 귀환 공동체가 고토를 다시 상속하기 위한 조건이 공평과 정의가 주도하는 공동체가 되는 것이다. 야웨 자신이 바로 시온을 공평과 정의로 재건하려는 절대 주권적인 열심의 소유자시다. '여호와께서 이같이 말씀하시되 너희는 공평을 지키며 의를 행하라. 나의 구원이 가까이 왔고 나의 의가 쉬 나타날 것임이라.'[56:1]

요약하자면 미쉬파트는 법률적인 하한선을 지키도록 촉구하는 하나님의 요구다. 츠다카는 미쉬파트를 초월하고 초과하는, 상황 요구에 따른 적절한 신적 자비와 친절을 가리킨다. 츠다카는 계약 당사자들의 쌍방적인 의무를 초과하는 언약적 의리를 의미하기도 한다. 이 단어가 하나님께 사용될 때는 하나님의 구원과 거의 동일시된다. 사 46:12-13 미쉬파트와 츠다카는 이스라엘을 계약 공동체로 창조하는 하나님의 원초적인 구원행위다. 하나님께서 애굽을 공평으로 심판하시고 의로서 이스라엘을 출애굽 해방시켰다. 이스라엘 자체의 존재 근거는 하나님의 정의(미쉬파트)와 공의(츠다카)다. 따라서 정의와 공의는 계약 공동체 구성원들이 하나님과 이웃에게 실행해야 하는 신앙적 의무들이다. 특히 공동체의 가장 연약하고 주변화된 지체들에 의하여 정의와 공의가 경험될 때, 그것은 비로소 하나님에 의하여 인정받는 수준의 정의와 공의가 된다. 신 10:18; 시 10:18; 렘 5:28; 사 5:16

시온을 미쉬파트와 츠다카 위에 세우시려고 하는 하나님의 계약적 투신은 완성된 예루살렘 성벽(귀환 공동체)의 안전보장을 위하여 취하는 조치를 보면 알 수 있다.

내가 금을 가지고 놋을 대신하며 은을 가지고 철을 대신하며 놋으로 나무를 대신하며 철로 돌을 대신하며 화평을 세워 관원으로 삼으며 공의를 세워 감독으로 삼으리니 다시는 강포한 일이 네 땅에 들리지 않을 것이요 황폐와 파멸이 네 국경 안에 다시 없을 것이며 네가 네 성벽을 구원이라, 네 성문을 찬송이라 부를 것이라. 60:17-18

60:17-18은 시온(귀환포로 공동체)을 공평과 정의 위에 다시 세우시려는 하나님의 열망을 드러낸다. 그러나 본문의 메시아적인 종의 사역이 선포되는 당시의 귀환포로 공동체는 영적으로 무책임한 지도자들, 즉 맹인 파수꾼, 탐욕적이면서도 짖지 않는 개, 게으르고 술

에 취한 지도자들에 의하여 내적인 활력을 잃어가고 있었던 것처럼 보인다(56:9-11; 참조 5:12). 귀환포로 공동체의 지도층 인사들과 유력자들은 59:1-8에서는 아예 평강(치료)의 길을 알지 못하는 악인들로 단죄된다.

특히 59:3-8은 메시아가 돌파해야 할 불의한 사회상, 폭력과 거짓으로 얼룩진 귀환포로 공동체의 영적 일탈상태를 잘 보여준다. 유다 사회의 거민들은 손에 피를 묻히고 손가락은 죄악에 쩔었다. 그들은 거짓된 입술과 악독한 혀로 이웃을 죽이고 피를 흘린 악행자들이다. 재판관들 중 공의대로 소송하는 자도 없고 진리대로 판결하는 자도 없다. 유력자들의 강포한 행습이 누적되어 무죄한 피를 흘리기에 신속하다. 그들의 죄악의 사상은 황폐와 파멸을 초래한다. 그들의 행위에는 공의가 없으며 샬롬을 파괴하는 굽은 길을 스스로 만들어 그 길을 걷는다.

이런 참혹할 정도의 불의한 현실 앞에서 메시아는 공의를 사랑하며 불의한 강탈행위를 미워하며 행위대로 진실하게 갚아주는 하나님의 공평과 정의를 구현해내도록 위임받는다. 야웨는 원래 다윗과 맺은 언약인 '영원한 언약'을 귀환포로 공동체에게 확장한다. 영원한 언약은 다윗과 그의 후손이 하나님의 왕적 다스림^{사 9, 11, 32장}을 지상에서 구현할 의무를 규정하는 언약이었다.^{삼하 7:12-16} 그런데 이제 귀환포로 공동체 구성원 전체가 다윗 언약의 당사자가 되어 하나님의 왕적 통치를 지상에 실현하도록 부름받는다. 귀환포로 공동체 전체가 다윗왕적인 사명을 상속받은 것이다(벧전 2:5-9 왕 같은 제사장으로서의 그리스도인). 결국 8절의 마지막 소절에서 귀환포로 공동체 전체를 영원한 언약의 당사자로 불러 세움으로써, 하나님은 귀환포로 공동체 구성원들 각 사람에게 정의와 공의를 실행해야 하는 의무를 부과하신다.^{42:1-7} 그렇다면 이사야 61장이 말하는 '나'는 바로 다윗의 공평과 정의 사명을 상속받은 귀환포로 공동체를 대표하는 집단인격인 셈이다.

결국 정의와 공의로 건설된 시온의 재건 주체들은 열방 중에 알려지게 될 것이다.[9절] 9절은 열방에 대한 시온의 영도력 발휘의 원천이 정의와 공의 실천임을 말한다.[사 1:26] '그들의 자손이 열방 중에, 그들의 후손이 만민 중에 알려지도록 하기 위하여. 그들을 보는 모든 사람들이 그들이야말로 야웨께 복 받은 자손인 것을 인정하리라.'[60:14] 그들이 새롭게 건설된 시온을 보고 '시온 귀환 포로들'이야말로[3인칭 복수 대명사(הם) 사용] 야웨께 복 받은 민족임을 인정하게 된다.'

시온이 하나님께 복 받은 모습을 보여주지 않고는 열방이 하나님께 돌아올 수 없을 것이다. 시온이 정의와 공의를 철저하게 구현하지 않고는 복을 받을 수 없고 열방에게 복과 구원을 중개할 수도 없다. 결국 시온의 열방 영도력은, 열방이 놀랄 정도로 시온이 정의와 공의를 실천하기 때문인 것이다.[창 18:18-19] 결국 시온이 정의와 공의를 파괴해 망하여 열방의 조롱거리가 되었다가 정의와 공의를 구현해내자, 지난 긴 세월 내내 이스라엘을 조롱하고 능멸하던 열방[신 28장]은 이스라엘의 정체를 알아보고 칭찬하기 시작한다. 완전히 역전된 운명이다. 60:14은 시온과 열방의 뒤바뀐 운명을 다음과 같이 말한다. '너를 괴롭게 하던 자의 자손이 몸을 굽혀 네게 나아오며 너를 멸시하던 모든 자가 네 발 아래 엎드리어 너를 일컬어 여호와의 성읍이라, 이스라엘의 거룩한 자의 시온이라 하리라.'[27]

메시아의 희열과 희망 • 10-11절

그래서 10-11절에서 역전된 이스라엘의 운명을 보고 메시아적 종은 환호성과 희열의 외침을 터뜨린다. 10절은 결혼 이미지를 사용하여 이스라엘과 야웨 하나님의 영적 재결합을 묘사한다(또한 62:4-5). '내가 여호와로 인하여 정녕 기뻐하며 내 영혼이 나의 하나님으로 인하여 즐거워하리라. 왜냐하면 그가 구원의 옷으로 내게 입히시며 의의 겉옷으로 나를 덮으시기 때문이다. 마치 신랑이 사모紗帽를 쓰며[28] 신부가 자기 보물로 단장함 같이.' 야웨 하나님은 시온을 신랑 혹은 신부처럼 단장시키고 시온과 결혼해 주듯이 그녀를 극진히 사랑해 주신다. 예루살렘에는 우는 소리와 부르짖는 소리가 그 가운데서 다시는 들리지 아니할 것이다.[65:19] 11절은 이스라엘과 하나님의 혼인적 연합이 열방에게 끼칠 선교적 효과를 말한다. '땅이 싹이 나오게 하며 동산이 거기 뿌린 것을 움돋게 하는 것처럼 주 야웨께서 의와 찬송을 열방 앞에 움돋게 하시리라'(참조. 사 32:16-17). 이스라엘은 바알 같은 우상과의 결합이 아니라 야웨와의 연합을 통해 이스라엘 땅에 '의와 찬송'이 움돋게 할 수 있다. 이스라엘이 하나님과 혼인언약적 친밀성을 누려야 온 세계가 그 가운데서 싹트는 의와 찬송의 수혜자가 될 수 있다. 호세아 2:16-20은 이스라엘이 하나님과의 혼인언약적 연합이 가져오는 의와 찬송을 보다 생동감 있게 보여준다.

여호와께서 이르시되 그 날에 네가 나를 내 남편이라 일컫고 다시는 내 바알이라 일컫지 아니하리라. 내가 바알들의 이름을 그의 입에서 제거하여 다시는 그의 이름을 기억하여 부르는 일이 없게 하리라. 그 날에는 내가 그들을 위하여 들짐승과 공중의 새와 땅의 곤충과 더불어 언약을 맺으며 또 이 땅에서 활과 칼을 꺾어 전쟁을 없이하고 그들로 평안히 눕게 하리라. 내가 네게 장가 들어 영원히 살되 공의와 정의와 은총과 긍휼히 여김으로 네게 장가 들며 진실함으로 네게 장가 들리니 네가 여호와를 알리라.

이스라엘이 하나님과의 혼인언약적 친밀성을 누리면 나타나는 사회적 미덕들과 가치들은 공의(체데크), 정의(미쉬파트), 은총(인애=헤세드), 긍휼(라하밈), 진실(에무나)이다. 이 다섯 가지 미덕은 야웨 하나님을 친밀하게 알 때 사회적으로 결실되는 열매들이다.^{사 11:1-9; 렘 9:24;} ^{22:15-16; 호 4:6; 6:6} 이 미덕들이 이스라엘 사회를 촘촘한 상호부조적인 우애 공동체로 결속시키며 마침내 연약한 자들을 부축하는 사회적 친절과 돌봄이 헌법적 가치로 격상된다. 이것이 바로 새 하늘과 새 땅의 시작이다.^{65:17}

앞서 언급했듯이 56-66장에는 40-55장의 장밋빛 예언들이 성취되지 않는 현실에 대한 의구심과 불만이 노정되고 있다. 이에 대하여 56-66장은 대체적으로 40-55장의 장밋빛 약속들이 지연되는 이유를 귀환포로 공동체의 영적 도덕적 신앙적인 실패 탓으로 돌리고 있다.^{58장} 본문은 귀환포로 공동체의 영적 치유와 회복을 수행하는 메시아의 부드러운 사역이 시온 중건의 핵심임을 보여준다. 그는 귀환포로 공동체 내부의 분열을 극복하고 귀환포로 공동체를 열방에 대하여서 제사장 나라요, 의의 참나무요, 의와 찬송이 돋아나는 공동체로 갱신시키는 일을 자신의 사명으로 삼는다.

메시지

하나님의 영, 오순절의 성령, 요한복음 14-16장에 나오는 보혜사 성령, 에베소 5장의 성령, 이 영들은 모두 같은 하나님의 영일까? 아니면 각각 다른 실체일까? 많은 그리스도인들이 하나님의 영에 대한 혼란된 이해로 인해 어려움을 겪는다. 단언컨대 하나님의 영은 구름 위를 떠다니는 형이상학적 실체가 아니다. 인간의 마음과 몸에 생화학적이고 정신적인 영향을 끼치는 인격이시다. 구약 예언자들과 예수님과 사도들의 행동을 추동하는 영은 같은 하나님의 영, 성령이다. 하나님의 영은 병든 세상을 고치는 창조와 회복의 영이다. 하나님의 영으로 충만한 사람의 가장 큰 특징은 하나님을 두려워하는 경건한 위축감이다. 하나님을 두려워하는 마음과 경건한 희락 때문에 자기욕망의 거룩한 승화가 일어난다. 바로 이런 상황에서 하나님의 자비심, 공평과 정의감이 하나님의 영에 충만한 사람을 사로잡는다. 그럴 때 이사야 61:1-4의 사역에 참여하게 된다.

그런데 오늘날 하나님의 영을 받았다고 하는 그리스도인들이나 성령 역사가 왕성하게 일어난다고 주장하는 교회들이, 하나님의 영의 궁극 관심인 정의와 공의를 배반하는 일을 행하기도 하고 참여하기도 한다. 소위 성령 충만한 목회자들이 교세를 자랑하며 종교적 호기심을 충족시키는 수준의 쇼맨십으로 인기를 누리기도 하고 심지어 교회 부흥회를 주도하는 일에 나서기도 한다. 그들은 대부분 자신들의 영성부흥집회나 교회 사역을 사도행전 오순절의 영과 사도 바울의 서신들에 표현된 영의 역사에 비추어 정당화한다. 이들의 최고 관심 본문은 사도행전 2-5장이다. 이 세 장은 베드로의 오순절 집회와 그 이후에 이어지는 성령 대역사를 자세히 기록하고 있다. 소위 성령 충만한 목회자들은 개종자가 3천 명^{행 2:41} 또는 5천 명이 된다^{행 4:4}거나, 기도했더니 옥문이 열린다거나 병이 낫는 등 극적인 사건들을 주로 성령의 역사 현장이라고 강조하는 경향이 있다. 그리고 그들은 바울서신이 말한 성령의 열매 본문은 외면하지만 성령의 은사에 관한 본문은 지나치게 주목한다. 소위 성령 충만한 사람들의 특징은 방언, 신유 기도 능력, 그리고 청중 동원 능력에 있다고 주장한다. 그들 자신은 구약 예언자들을 사로잡은 하나님의 영과 다른 오순절 성령을 받았다고 한다. 이제는 죄악을 규탄하고 고발하는 예언자들의 영의 시대가 아니라, 십자가에 달린 하나님의 아들에게 진노를 다 쏟으신 아버지께서 보내신 보혜사 성령의 시대라는 것이다. 약간만 더 나아가면 위험할 수도 있는 이런 생각들이 한국교회 일각에 퍼져있다.

당연히 모든 성령 충만한 목회자들이 이처럼 오도된 성령관을 갖고 있는 것은 아니다. 별세신학을 강조했던 고 이중표 목사는 사도행전 오순절 보혜사 성령의 역사와 예언자들의 성령 역사가 다 같은 하나님의 역사임을 강조했다. 더 일찍이 고 대천덕 신부는 누가복음 4:18-20의 성령 충만과 사도행전의 성령 충만이 동일하며 예언자들의 하나님 영 충만과 사도들의 영 충만은 동일함을 일관성 있게 잘 지적했다. 대천덕 신부는 순복음신학의 성령론 토대가 된 자신의 조부이자 드와이트 L. 무디의 동역자였던 르우벤 아처 토레이Reuben Archer Torrey 1세의 성령론을 비판적으로 보완하며 예언자적 성령 역사와 사도들의 성령 역사가 동일한 하나님의 영이 촉진하는 역사라는 점을 강조했다.[29] 오늘날 예언자적 영성을 배척하고 보혜사 오순절의 성령에 충만하다고 하는 사람들의 결정적인 성경 오독이 사도행전 2-5장의 오독에서 드러난다.

사도행전 2-5장에서 오순절 성령이 행하시는 가장 위대한 사역은 가난한 자들을 더 이상 없게 만드는 강력한 아가페 공동체, 형제우애 공동체의 창조다. 즉 교회 창조다. 기사와 표적도 이 놀라운 성령의 코이노니아 창조에 기여한다.[2:41]

> 믿는 사람이 다 함께 있어 모든 물건을 서로 통용하고 또 재산과 소유를 팔아 각 사람의 필요를 따라 나눠 주며 날마다 마음을 같이하여 성전에 모이기를 힘쓰고 집에서 떡을 떼며 기쁨과 순전한 마음으로 음식을 먹고 하나님을 찬미하며 또 온 백성에게 칭송을 받으니 주께서 구원 받는 사람을 날마다 더하게 하시니라.[2:44-45]

주 여호와의 영이 내게 임하셨으니

믿는 무리가 한마음과 한 뜻이 되어 모든 물건을 서로 통용하고 자기 재물을 조금이라도 자기 것이라 하는 이가 하나도 없더라. 사도들이 큰 권능으로 주 예수의 부활을 증언하니 무리가 큰 은혜를 받아 그 중에 가난한 사람이 없으니 이는 밭과 집 있는 자는 팔아 그 판 것의 값을 가져다가 사도들의 발 앞에 두매 그들이 각 사람의 필요를 따라 나누어 줌이라.[4:32-35]

인간이 자발적으로 실현할 수 있는 최고의 우애와 사랑 공동체, 이상적인 세상이 태어난 것이다. 오순절 성령의 역사는 물질과 마음을 전적으로 자발적으로 나누는 예배 공동체, 하나님 경외 공동체의 탄생으로 결실되었다. 사도행전 4:32-35은 오순절 성령 역사가 예언자들의 오랜 이상, 즉 가난한 자들이 더 이상 없는 세상을 만들었음을 증언한다. 이런 성령의 역사가 활발한 곳에는 인간 정부의 강압적 통치가 줄어든다. 자신의 재산을 남에게 빼앗기지 않으려고 하는 시민들의 요구에 따라 큰 권력체인 국가가 생겼다. 국가는 감시와 처벌로 사유 재산, 생명, 안전을 예측불가의 모든 상황으로부터 지켜주려는 기관으로 탄생되었다. 그런데 이런 국가는 '모든 개인은 저마다 자기 생명과 재산을 지키는 데 최고의 관심을 둔다'는 전제 아래 작동한다. 오순절 성령을 받은 사람들은 이런 세속정부의 규제와 규율을 초월하는 이웃사랑과 우애를 실천하기에 하나님 나라에 들어간 사람들이라고 볼 수 있다. 하나님 나라는 감시와 처벌 같은 외부적 감독과 강압적 명령에 의하지 않고도 모든 형법, 민법, 상법 등의 조항들을 초과하는 인류애를 실천하는 공동체이기 때문이다. 사랑은 율법의 완성이다. 오순절 성령이 역사하는 곳에는 온갖 강압적 법체제로 유지되는 국가는 더 이상 필요 없게 된다.[롬 13:8-10] 사도행전 5:1-11은 아나니아와 삽비라의 중대한 일탈을 보도한다. 그들은 오순절의 영에 충분히 감화받지 않고 성령의 감화감동으로 전재산을 바치는 사람들이 누리는 구원과 칭찬을 탐했다. 지극히 진실하고 자발적인 성령 감화에 의한 하나님 나라에 난입하려고 한 것이다. 아나니아와 삽비라는 하나님의 영의 의도에 거짓으로 맞섰다. 성령의 역사를 훼방했다. "누구든지 성령을 모독하는 자는 영원히 사하심을 얻지 못하고 영원히 죄가 되느니라."^{막 3:29} 아나니아와 삽비라는 주의 영을 시험하려고 하다가 징벌을 당했다.^{행 5:9} 사도행전 2-5장은 이사야 61장에 나타난 메시아 사역의 확장적 계승이다. 이사야 61장의 그 메시아에게 임한 하나님의 영이 바로 오순절에 임한 하나님의 영, 오순절의 성령이다. 이 오순절의 성령이 사도들과 바울을 추동시켜 땅 끝까지 나아가 하나님 아들의 정의와 공의, 사랑과 우애의 복음을 전하게 하셨다.

잘 알려져 있듯이 나사렛 예수는 이사야 61장에서 산상수훈의 큰 골격을 이끌어냈고, 61:1-4로 메시아 사역을 개시했다. 나사렛 예수는 61:1-3에 언급된 사람들이 모여 사는 갈릴리에서부터 메시아 공생애를 시작하셨다. 그가 나사렛 회당에서 이사야 61:1-4을 읽고 당신의 메시아적 공생애를 시작함으로써, 61:1-4은 엄청난 구원에너지를 방출하셨다. 52:13-53:12에서처럼 본문의 메시아는 나사렛 예수가 이 말씀을 자신의 공생애 사역의 강령으로 삼기까지는 하나님의 속마음, 속생각의 표현이었을 뿐이었다. 예수님이 이 말씀에 아멘으로 응답하므로 이 말씀은 메시아 취임설교의 텍스트가 되었다. 그는 세상의 마지막에 등장할 이상적 왕도를 시범으로 보여주셨기 때문에 무리가 인산인해를 이루며 왕이 되어줄 것을 강청했다. 그는 세상 왕이 아니라 공기처럼 자신을 감추고 숨기는 왕이었다. 부재를 통해 임재를 드러내는 왕이었다. 성령으로 우리 마음속에 지극한 자발성을 창조해 하나님의 법을 이웃사랑의 법을 준행하도록 감동만 하시고 당신은 지상적 권력을 쟁취하거나 취하지 않으셨다. 나사렛 예수는 온 인류가 목 놓아 기다려온 바로 그 이상왕이었다. 그가 갈릴리 농민들 사이에서 일으킨 하나님 나라 운동은 착취자와 피착취자가 하나되어 사랑을 나누는 운동이었다. 예수님 안에서 초식동물의 포식자 사자는 풀을 먹는 사자로 식성변이를 일으켰다. 삭개오는 거룩한 돌연변이를 일으켜 정직한 세리가 되었고, 가버나움의 세리 마태는 사도가 되었다. 악한 먹이사슬은 붕괴되었다. 암소와 곰이 친구가 되었고 젖 먹는 아이가 독사의 굴에 손을 넣어도 물리지 않는 세상이 되었다. 이리와 어린 양은 함께 초장 위를 뒹구는 사이가 되었다. 만민의 만민에 대한 이리 상태가 해소된 것이다. 나사렛 예수가 삼켜버린 적의와 악의 때문에 나사렛 예수의 몸은 신적 저주와 징벌이 임했으나, 예수를 믿는 사람들에게는 치유와 화목, 구원이 일어났다. 성령은 여호와를 경외하게 하는 영이며, 지혜와 총명 모략과 재능의 영이며(통치 기술의 필수 요소), 공의로 가난한 자를 옹호하고 정직으로 세상 빈핍한 자를 자애롭게 돌보며 재판 행위를 통해 악인을 견제하고 소멸시키는 영이다. 이처럼 영접되고 순종되어진 하나님의 말씀은 인생과 역사를 바꾸는 힘을 낸다.

나사렛 예수가 이 말씀을 육화시키고 사도행전의 사도들이 이 말씀을 체현했다고 이 예언의 효력이 다 끝난 것은 아니다. 이 말씀은 이미 성취된 예언이 아니다. 어둠과 모순의 역사는 언제든지 야웨 하나님의 영에 충만한 메시아적 종들을 요청하기 때문이다. 지금 우리나라에는 공동체를 다계층화시키는 분열의 세력들이 암약한다. 사회를 양극화하고 지역, 이념, 인종 등으로 구분해 차별적으로 약자들을 괴롭히는 자들이 맹활약한다. 반면에 상처를 싸매고 치료하는 하나님의 영에 사로잡힌 자들은 극히 희소하다. 목회자들은 온 세상을 향한 목회자가 아니라 자신의 교회로 찾아온 종교적 관심자들의 이익을 지키는 초라한 당파적 사기업 종사자처럼 보인다. 상대적으로 부유층 지역의 목회자들은 교인들의 정치적, 경제적 이익을 보호하기 위해 설교 강단을 이용한다. 아파트 값이 떨어지지 않도록 공공연히 기도한다. 산 자의 땅에서 끊어진 자처럼 살아가는 사람들을 다시 한 번 생명의 잔치로 초청하는 일에 투신된 보편적 공교회의 목회자가 참으로 희소하다.

공교회의 목회자들에게는 나사렛 회당에서 이사야 61:1-4을 읽고 하나님 나라의 구원역사를 시작하신 예수님의 위엄이 있다. 그들은 자기 교회에 모여든 교인들의 이익을 수호하기보다는, 하나님의 마음에 있는 가난한 자들에게 복음을 전파하고 약하고 병든 자들을 치유하고 권세 있는 말씀으로 악인들을 질책한다. 그들에게는 하나님의 거룩한 영이 역사하기 때문이다. 참된 하나님의 영, 성령은 반드시 한 사회의 가난한 자들, 공평과 정의의 결핍으로 고난당하는 사람들을 찾아간다. 성령은 교회 안에 현존하시지만 교회의 직제나 기구에 속박되는 영이 아니고 교회를 초월하며 교회를 하나님의 마음이 쏠리는 쪽으로 이끄신다. 성령은 교회를 통해 교회 밖 세상을 갱신하기를 원하시고, 교회는 세상을 향한 성령의 변혁적인 공격의 전위부대가 된다. 성령의 역사는 이렇게 공공연하게 공적이기에 정의와 공평, 우애 넘치는 세상을 만드는 데 관심이 없는 그리스도인들에게는 매우 낯설다. 우리는 모든 영들을 시험하되 그리스도의 성육신적 사역을 부정하고 거부하는 영들을 의심하여야 한다. 하나님의 영, 성령의 방향은 탈육신, 탈정치경제, 탈세상이 아니라 성육신이며, 세상의 가장 낮은 곳부터 침투한다. 2,000년 교회사의 모든 건전한 성령 운동은 자아를 거듭나게 하는 인격변화 운동이면서 동시에 세상변혁적이고 세계갱신적인 운동이다.[30]

62장.

시온의 의가 빛 같이, 예루살렘의 구원이 횃불 같이
나타날 때까지 나는 쉬지 아니하리라

62

¹나는 시온의 의가 빛 같이 예루살렘의 구원이 횃불 같이 나타나도록 시온을 위하여 잠잠하지 아니하며 예루살렘을 위하여 쉬지 아니할 것인즉 ²이방 나라들이 네 공의를, 뭇 왕이 다 네 영광을 볼 것이요 너는 여호와의 입으로 정하실 새 이름으로 일컬음이 될 것이며 ³너는 또 여호와의 손의 아름다운 관, 네 하나님의 손의 왕관이 될 것이라. ⁴다시는 너를 버림 받은 자라 부르지 아니하며 다시는 네 땅을 황무지라 부르지 아니하고 오직 너를 헵시바라 하며 네 땅을 뿔라라 하리니 이는 여호와께서 너를 기뻐하실 것이며 네 땅이 결혼한 것처럼 될 것임이라. ⁵마치 청년이 처녀와 결혼함 같이 네 아들들이 너를 취하겠고 신랑이 신부를 기뻐함 같이 네 하나님이 너를 기뻐하시리라. ⁶예루살렘이여, 내가 너의 성벽 위에 파수꾼을 세우고 그들로 하여금 주야로 계속 잠잠하지 않게 하였느니라. 너희 여호와로 기억하시게 하는 자들아, 너희는 쉬지 말며 또 여호와께서 예루살렘을 세워 세상에서 찬송을 받게 하시기까지 그로 쉬지 못하시게 하라. ⁸여호와께서 그 오른손, 그 능력의 팔로 맹세하시되 내가 다시는 네 곡식을 네 원수들에게 양식으로 주지 아니하겠고 네가 수고하여 얻은 포도주를 이방인이 마시지 못하게 할 것인즉 ⁹오직 추수한 자가 그것을 먹고 나 여호와를 찬송할 것이요 거둔 자가 그것을 나의 성소 뜰에서 마시리라 하셨느니라. ¹⁰성문으로 나아가라. 나아가라. 백성이 올 길을 닦으라. 큰 길을 수축하고 수축하라. 돌을 제하라. 만민을 위하여 기치를 들라. ¹¹여호와께서 땅 끝까지 선포하시되 너희는 딸 시온에게 이르라. 보라, 네 구원이 이르렀느니라. 보라, 상급이 그에게 있고 보응이 그 앞에 있느니라 하셨느니라. ¹²사람들이 너를 일컬어 거룩한 백성이라. 여호와께서 구속하신 자라 하겠고 또 너를 일컬어 찾은 바 된 자요 버림 받지 아니한 성읍이라 하리라.

주석

62장은 시온과 예루살렘을 위하여 쉬지 않고 지켜보실 하나님의 경성과, 시온을 위해 주야로 쉬지 않는 파수꾼의 경성을 다룬다. 62장은 하나님이 경성하여 지켜주시는 거룩한 성 예루살렘1-5절과 예루살렘을 위해 세우신 파수꾼의 경성6-12절으로 나뉜다. 시편 127:1을 떠오르게 하는 예언이다. "여호와께서 집을 세우지 아니하시면 세우는 자의 수고가 헛되며 여호와께서 성을 지키지 아니하시면 파수꾼의 깨어 있음이 헛되도다."

하나님이 경성하여 지켜주시는 거룩한 성 예루살렘 • 1-5절

이 단락은 시온의 공의가 빛 같이, 예루살렘의 구원이 횃불처럼 타오르기까지 예루살렘을 위하여 쉬지 않으시는 하나님의 경성과 열심을 다룬다. 1절의 "나"는 하나님을 가리킬 수도 있고 6절에 나오는 인간 파수꾼을 가리킬 수도 있다. 관점에 따라 이 단락의 전체 의미는 약간 달라질 수 있다. 여기서는 "나"를 하나님이라고 생각하면서 이 단락을 해석한다. 하나님의 최고 관심은 '시온의 의가 빛 같이, 예루살렘의 구원이 횃불 같이 나타나는 것'이다. 이를 위해 하나님은 시온을 위하여 잠잠하지 않으시고 예루살렘을 위하여 쉬지 아니할 것이다. 하나님은 자기다짐을 하신다. 하나님이 그동안에도 당신의 구원 사역을 태만하게 하신 것도 아닌데 이 말은 무엇을 의미하는 것일까? 이 말을 들은 예루살렘의 반응은 무엇이어야 하는가? 이 하나님의 자기다짐의 본질은 시온과 예루살렘의 자기분발을 진작시키려는 데 있다. 하나님은 이사야의 중심 주제인 체데크(צֶדֶק)와 예수아(יְשׁוּעָה)가 시온에 뿌리내릴 때까지 예언자들을 보내어 감찰하고 감독하시겠다는 것이다. 시온은 하나님의 세계통치 거점이다.^{시 89:14; 97:2; 98:9; 99:4; 103:6;} ^{사 5:7; 9:6-7; 11:1-5; 28:17; 32:1} 하나님 직할통치 영역으로서 공평과 정의가 공동체 생활의 토대가 되어야 한다. 언약적 의리인 체데크가 뿌리를 내려야 구원(예수아)이 결실된다. 이렇게 시온과 예루살렘이 의와 구원의 반석 위에서 건설되어야 하는 이유는 2절에 나온다. 하나님의 영광은 정의와 공의를 통해 분광된다.

2절은 이방 나라들과 뭇 왕이 예루살렘으로 몰려오는 이유를 암시한다. 이방 나라들이 시온의 공의(체데크)를, 뭇 왕이 시온의 영광을 볼 것이기 때문이다. 의와 구원이 뿌리내린 시온은 여호와의 입으로 정하실 새 이름으로 일컬음 받게 될 것이다. 3절은 시온의 특별한 영예를 말한다. 시온은 "여호와의 손의 아름다운 관"이 될 것이다. 하나님의 세계통치의 거점, 중심지가 된다는 것이다.

4-5절은 61:10-11의 주제를 이어받아 야웨와 이스라엘 사이의 영적 결합을 노래한다. 4절은 예루살렘과 시온이 얻게 될 새 이름을 말한다. 다시는 "버림 받은 여자"[여성 분사 아주바(עֲזוּבָה)]라고 불리지 않을 것이다. "황무지[쉬마마(שְׁמָמָה)=여성 명사]라고 불리는 대신 오히려 "헵시바(חֶפְצִי־בָהּ)"('내 기쁨이 그녀에게'), "뿔라(בְּעוּלָה)"('혼인된 여자')라고 불릴 것이다. 남편의 사랑을 충분히 누리는 아내가 된다는 것이다. 시온은 바벨론 유배 동안 하나님께 버림받은 과부처럼, 남편의 사랑을 잃어버린 여자처럼 황폐케 되었으나, 다시 하나님이 남편이 되어 예루살렘 도성을 품에 안았기 때문이다. 마치 남편이 정혼한 아내를 품에 안고 기뻐하듯이 하나님은 예루살렘을 기뻐하실 것이다. 그 결과 예루살렘 땅은 결혼한 것처럼 풍요롭고 기름진 땅이 될 것이다. 바알과 아세라 종교에 의탁해 땅의 풍요를 누려보겠다고 반역했던 지난 날들을 후회하게 만들 하나님과의 연합을 기대하라는 것이다.

시온의 의가 빛 같이, 예루살렘의 구원이 횃불 같이 나타날 때까지 나는 쉬지 아니하리라

5절은 4절의 주제를 이어받는다. "마치 청년이 처녀와 결혼함 같이" 예루살렘에 귀환한 포로들이 하나님 대신으로 시온과 예루살렘을 아내처럼 취하겠고 황무한 땅에 생기가 돌게 할 것이다.[1] 여기서 다소 혼란이 발생한다. '야웨께서 시온을 아내로 취하신다'는 것이 이사야 40-66장의 핵심 사상인데 왜 여기서 '너의 자녀들이 너를 취하겠다'는 표현이 등장할까? '취한다'는 말이 '아내로 맞는다'는 의미일까? 그렇다면 추가적인 설명이 요청된다. 5절 둘째 소절의 히브리어를 음역하고 직역하면 이렇다. 이브알루크 바나이크(יִבְעָלוּךְ בָּנָיִךְ). 여기서 사용된 동사 바알(בָּעַל)은 '누구의 주인이 되다', '남편이 되다'의 의미를 갖는다. 따라서 '너의 자녀들이 너(시온)의 남편이 되며 주인이 된다'는 의미다. 야웨가 시온을 아내로 맞아들이고 친히 남편이 되어주신다는 약속이 이사야 40-66장의 중심음처럼 울리고 있는데 (특히 54:5-7) 왜 여기서는 시온의 자녀들이 시온을 아내처럼 취한다고 할까? BHS 비평장치도 이 상황에 문제의식을 갖고 사본이나 역본 지지도 없이 바나이크를 보나이크(בֹּנַיִךְ), '너의 건축자'로 수정해 볼 것을 제안한다.[2] 시편 147:2도 야웨를 예루살렘의 건축자라고 부른다는 점에서 어느 정도 일리가 있는 수정 제안이다. 그러나 대부분의 사본 혹은 역본들이 맛소라 본문을 그대로 따른다. 따라서 현재 맛소라 본문을 그대로 두고 뜻이 통하도록 해석해야 한다. 이때 한 가지 해결 방법은 '취한다'는 동사를 '차지한다'라고 해석하는 길이다.[3] 남편 되신 하나님이 시온의 정절을 요구한다는 점에서 시온은 야웨의 신부이면서 동시에 이스라엘 자녀들, 즉 시온의 자녀들 또한 야웨의 신부다. 시온의 자녀들이 시온을 취하는 행위는 시온에게 아내의 정절을 요구하는 남편으로서의 행동을 의미하는 것이 아니라, 시온을 차지하여 하나님의 신부 공동체로서 시온을 건설할 책임을 맡는다는 것을 의미한다. 5절 하반절은 다시 남편 되신 야웨 하나님이 아내 되

614

는 시온을 기뻐하는 상황을 말한다. 신랑이 신부를 기뻐함 같이 하나님이 예루살렘을 기뻐하실 것이다.

예루살렘을 위해 세우신 파수꾼의 경성 • 6-12절

이 단락은 하나님의 구원의 열심을 대변해야 할 파수꾼들의 경성 사명을 기록한다. 앞 단락은 시온의 의가 빛처럼, 예루살렘의 구원이 횃불처럼 활활 타오를 때까지 쉬지 않고 일하실 하나님의 자기다짐을 말하고, 하나님이 세우신 파수꾼의 영적 분투를 기대한다. 6절에서 하나님은 예루살렘 성벽 위에 파수꾼을 세우고 그 목적을 진술하신다. 파수꾼의 사명은 시온을 위해 주야로 계속 잠잠하지 않고 여호와 하나님으로 하여금 시온을 부단히 기억하시게 하는 일이다.[4] 파수꾼들도 하나님처럼 쉬지 말며 이 과업에 충실해야 한다. 어떤 목적이 성취될 때까지? 7절이 답을 준다. 시온의 의가 빛나고, 예루살렘의 구원이 횃불처럼 타올라 여호와께서 온 세상 만민에게 찬송을 받으실 때까지다. 그 순간까지 파수꾼들은 쉬지 않고 시온의 공평과 정의가 구현될 때까지 영적으로 지도하고 감독해야 한다. 이런 파수꾼은 56:10-12에서 비난받는 파수꾼들과는 전혀 다른 유의 파수꾼이다. 당연히 파수꾼의 경성함은 하나님의 경성함에 대한 응답이다. 8절은 파수꾼을 경성시키는 더 근원적 토대를 말한다. 예루살렘을 지키는 하나님의 자기다짐이다. "여호와께서 그 오른손, 그 능력의 팔로 맹세하"신다.[8절] "내가 다시는" 예루살렘의 "곡식을" 그의 "원수들에게 양식으로 주지 아니하겠고", 예루살렘이 "수고하여 얻은 포도주를 이방인이 마시지 못하게 할" 것이다. 이민족의 약탈이 다시는 예루살렘을 괴롭게 하지 못하게 할 것이다. 9절은 하나님의 공평 원칙을 천명한다. "오직 추수한 자"가 스스로 수확한 음식을 먹고 "여호와를 찬송

시온의 의가 빛 같이 예루살렘의 구원이 횃불 같이 나타날 때까지 나는 쉬지 아니하리라

할 것"이며, 곡식을 거둔 그 자가 하나님의 "성소 뜰에서" 마실 것이다. 강포와 약탈은 사라질 것이다.

10절은 의와 구원을 사회생활로 체화시킨 시온이 세계만민을 향도하게 될 상황을 말한다. 파수꾼들은 이제 성문으로 나아가 백성[암(עָם)]이 올 길을 닦고 큰 길을 수축해 돌을 제하여야 한다. 이제 열국의 만민[암밈(עַמִּים)]을 위하여 기치를 들어야 한다. 이제 시온은 바벨론 포로들에게만 돌아가야 할 본토가 아니라 세계만민이 돌아와야 할 본향이 될 것이다. 열방과 만민은 하나님의 의와 구원이 구현된 시온에 와서, '아. 이제 고향에 돌아왔다'는 안도감을 느낄 것이다. 11절은 시온 구원이 열방에게 무슨 의미가 있는지를 말한다. 시온에게 일어난 구원과 의는 온 열방이 들어야 할 복음이다. 하나님의 관심은 땅 끝에 사는 사람들에게까지 확장된다. 땅 끝에 사는 사람들까지 들어야 할 내용은 시온에 일어난 엄청난 변화를 보고 하나님이 살아계시며 이스라엘을 신원하셨다는 소식이다. 그들 모두 시온에게 공공연히 하나님의 구원이 임한 것을 선언하고 인정할 것이다. "너희는 딸 시온에게 이르라. 보라, 네 구원이 이르렀느니라. 보라, 상급이 그에게 있고 보응이 그 앞에 있느니라." 12절은 만민이 시온에게 임한 구원을 보고 내린 결론이다. '이스라엘은 거룩한 백성이다. 여호와께서 구속하신 자다.' '예루살렘 너는 찾은 바 된 자요 버림받지 아니한 성읍이다.'

이처럼 의와 구원으로 중건된 시온은 이제 만민을 위한 깃발이 된다.[10절] 예루살렘은 공의를 실현하는 공동체가 되어 열방의 존경을 받으며 열방의 기준이 될 것이다. 시온은 공평과 정의를 실현함으로써 거룩하신 하나님의 참 백성임을 증명할 것이며 마침내 시온 백성들은 '야웨의 거룩한 백성'으로 인정받게 될 것이다.[12절]

메시지

성경과 기독교가 제시하는 담론은 형이상학적 담론이 아니라 자신이 추수한 곡식을 두려움 없이 즐기는 지극히 상식적인 정의를 세우는 데 주력하는 정치경제학적 담론에 가깝다. 성경과 기독교는 이 땅에서 이상적인 공동체를 형성하려는 노력들을 지지하고 격려한다. 성경의 하나님은 물자가 희소하고 악행을 범해도 즉각 징벌이 이뤄지지 않는 이 유예된 시간 안에, 서로 사랑하고 협력하고 약자를 부축하고 강자를 견제하는 이상사회를 이루어보라고 명한다. 교회는 각 시대에 그 시대의 한계 안에서 하나님 나라와 가장 닮은 사회를 이루려고 분투해왔다. 사도 바울이 그레코-로마 문명권에서 구축한 교회 에클레시아는 당시의 그레코-로마의 도시 에클레시아를 대체하고 대신하는 대안 공동체였다.[5] 국가주의적 구원종교를 신봉했던 로마 제국이 세계적 정복국가로 탈바꿈하자, 로마 제국은 공화정의 이상을 상실하고 강자의 약탈과 포식이 횡행하는 글로벌 약탈국가가 되었다. 로마 제국이 약탈과 정복으로 확보한 이민족의 나라들을 내부 식민지로 삼아 제국의 생명을 연명하려는 파편화의 시대에, 바울의 에클레시아가 등장했다. 바울은 국가에 의지하여 혹은 폴리스에 편승해 구원을 받으려던 시대에 각각의 결단과 믿음으로 자발적으로 결성된 결사체 교회를 대안사회로 내세웠다. 교회는 길드나 회당, 전통 신전체제의 종교제의 참여자들보다 훨씬 더 차별 철폐적이었고 개방적인 횡적 연대망이었다. 여자, 어린이, 해방노예, 노예, 퇴역군인, 고아, 과부 등 주변으로 밀려난 모든 사람들에게 편안한 종말론적 난민촌이었다. '나그네와 행인'[벧전 2:11] 같은 무소속성의 사람들로 에클레시아를 구성했다. 바울의 에클레시아는 국가가 구원의 방편이 될 수 없고 도시 폴리스가 더 이상 구원의 방주가 될 수 없는 시대의 방주였다. 바울은 이 교회(에클레시아)를 당시 기준으로 볼 때 평등하고 급진적인 국제 친교와 환대가 작동하는 글로벌 시민 네트워크로 결성한 것이다. 부유한 도시의 사람이 기근을 만난 도시의 사람들을 위해 부조금을 보내는 로마 공화정의 이상을 실현하는 에클레시아를 꿈꾼 것이다. 바울은 상비군, 관료조직, 왕조를 가진 국가들의 연합이 아니라, 비무장 민간조직인 교회가 온 세계의 핵심 공동체로 기능하는 미래를 꿈꾸었다. 주후 1세기의 그리스-로마 문명권 중 바울만큼 포괄적인 이상사회에 대한 비전을 가진 자는 아무도 없었다.

6세기부터는 행정력을 갖춘 가톨릭교회와 수도원으로 기능이 분리되며 로마 제국의 국가적 돌봄 밖에 있던 사람들이 교회의 품으로 돌아왔다. 16세기 종교개혁은 중세 봉건제도가 무너지고 중세체제가 줄 수 없는 구원을 갈망하던 시민계급의 이상사회 비전을 제시했다. 중세의 왕이나 영주의 통제권이 덜 미치는 모든 도시지역에는 기동성 넘치고 국경을 이동하는 신흥 상공인들의 종교인 프로테스탄트가 뿌리를 내렸다. 개신교회는 당대의 도시생활과 신앙생활을 이상적으로 조화시키려는 노력의 산물이었다.[6]

산업혁명기의 비인간화된 노동, 무자비한 이윤추구, 가난한 노동자들의 양산으로 사회연대성이 약화되던 시기에 대안사회를 꿈꾸던 사람들이 있었다. 독일의 빌헬름 봐이틀링,[7] 영국의 로버트 오웬, 프랑스의 생시몽, 푸리에 등은 칼 마르크스의 『공산당 선언』에서 '공상적 사회주의자'라고 지칭되면서 비판을 받았다. 그러나 이들은 정도의 차이는 있지만 모두 기독교적 자발성과 우애를 바탕으로 사회적 연대가 숨 쉬는 세상을 꿈꾸었다. 계급투쟁에 의한 자본가 계급의 전복과 투쟁을 과학적 사회주의라고 명하던 공산주의자들의 실험은 인류에 대한 전례 없는 내부학살로 신망을 상실했지만, 공상적 사회주의자들이라고 비난받던 기독교사상가들의 사상은 나중에 크로포트

618

킨이나 바쿠닌 등의 무정부주의 사상가들에게도 일정 정도 계승되었고, 톨스토이, 도스토예프스키, 마하트마 간디에게도 영향을 미쳤다. 기독교는 항상 자신의 시대에 하나님 나라와 가장 닮은 근사치적 사회를 꿈꾸는 상상력의 산실이다. 이처럼 정통교회는 각 시대가 꿈꿀 수 있는 이상사회를 잉태하고 그것을 위해 실험하는 교회였다.

물론 교회사의 불행한 한 길목에는 전문사제들이 기독교인들의 관심을 땅과 성문 앞 광장의 정의담론에서 벗어나 희미한 형이상학적 신비담론으로 기울어지게 한 흐름들이 있다. 그러나 정통 기독교는 형이상학적 영역 혹은 내세구원이나 아주 완벽한 인간이 되려는 자기수련적 분투보다는, 이 땅에서 하나님의 통치가 관철되도록 하는 일에 각별히 신경을 썼다. 구약이나 신약 둘 다에서 하나님의 최고 관심은 지금 이 땅에서부터 개인뿐만 아니라 인간의 모든 공동체에 의와 구원이 뿌리내리도록 하는 것이다. 하나님은 만유회복과 구원을 위해 이스라엘을 선택했고 그중에서도 시온을 택하셨다. 1절의 화자인 '나'는 신적인 자아를 가리킬 수도 있고 예언자를 가리킬 수도 있다. 시온의 의가 해처럼 빛날 때까지 하나님(하나님이 세운 예언자)은 쉬지 않고 일하시고 경성하신다. 이스라엘의 역사는 하나님이 세우신 파수꾼의 쉬지 않는 경각과 경성 진작의 역사다. 하나님은 비무장 문민지식인인 예언자를 세워 당대의 최고권력자들의 비리를 고발하고 질정케 하고 경고하고 위협하도록 했다. 하나님이 세우신 파수꾼의 사명은 전파하는 데 있지 않고 그 전파된 하나님 말씀대로 청중이 순종하는 것까지 책임지고 감독하는 것이었다. 에스겔서는 파수꾼의 사명이 얼마나 위험천만하고 고단한 일인지를 보여준다.[3:17-19]

인자야, 내가 너를 이스라엘 족속의 파수꾼으로 세웠으니 너는 내 입의 말을 듣고 나를 대신하여 그들을 깨우치라. 가령 내가 악인에게 말하기를 너는 꼭 죽으리라 할 때에 네가 깨우치지 아니하거나 말로 악인에게 일러서 그의 악한 길을 떠나 생명을 구원하게 하지 아니하면 그 악인은 그의 죄악 중에서 죽으려니와 내가 그의 피 값을 네 손에서 찾을 것이고 네가 악인을 깨우치되 그가 그의 악한 마음과 악한 행위에서 돌이키지 아니하면 그는 그의 죄악 중에서 죽으려니와 너는 네 생명을 보존하리라.

구약 이스라엘 역사는 하나님의 의와 영광이 나타나도록 쉬지 않고 외치고 경성한 파수꾼들의 희생과 수난의 역사였다. "의인 아벨의 피로부터 성전과 제단 사이에서 너희가 죽인 바라갸의 아들 사가랴의 피까지 땅 위에서 흘린 의로운 피가 다 너희에게 돌아가리라." 마 23:35 예수님은 당시의 예루살렘을 이렇게 묘사하신다. "예루살렘아, 예루살렘아, 선지자들을 죽이고 네게 파송된 자들을 돌로 치는 자여, 암탉이 그 새끼를 날개 아래에 모음 같이 내가 네 자녀를 모으려 한 일이 몇 번이더냐. 그러나 너희가 원하지 아니하였도다. 보라, 너희 집이 황폐하여 버려진 바 되리라." 마 23:37-38 결국 이스라엘의 역사는 두 갈래 중 하나를 선택해야 했다. 파수꾼의 외침, 경고, 비난을 듣고 회개하여 하나님의 의와 구원이 나타나게 하든지, 아니면 하나님께 버림받아 황무지가 되든지 둘 중 하나였다. 사 62:4

『역사란 무엇인가』의 저자 에드워드 H. 카Edward H. Carr는, '역사란 과거와 현재의 부단한 대화이면서 동시에 과거와 미래의 대화'라고 규정한다. 역사가는 과거의 사실로부터 일련의 교훈을 도출하는 데 그 근거가 이상적 미래사회에 대한 선이해라고 말한다. 미래사회가 어떻게 되어야 하는가에 대한 전망을 가질 때 과거의 사료로부터 의미심장한 교훈이 도출된다. 카에 따르면 역사를 배우는 이유는, 현재에 비추어 과거에 대한 이해를 촉진하고 과거에 비추어 현재에 대한 이해를 깊게 하며 과거와 현재의 대화를 통해 미래를 위한 교훈을 획득하기 위한 것이다.

카는 이 책 5장 '역사의 진보'에서 역사 서술에 있어서 과거에 대한 어떤 건설적인 견해를 가지고 있지 않으면 신비주의나 냉소주의에 빠지게 된다는 견해를 피력한다.[8] 카는 여기서 역사의 의미는 종말론적으로 하나님의 뜻이 관철되는 것이라고 믿으며 역사의 의미가 내세관 같은 데에 있다고 믿는 기독교 역사가(니콜라이 베르자예프, 라인홀드 니버, 아놀드 토인비 등)들을 신비주의자로 힐난하는 한편, 동시에 역사에는 특별한 의미가 없으며 원리적으로 이해하기 힘든 사건들의 연속이라고 믿는 역사 냉소주의자도 비판한다. 특히 예수님의 재림을 통한 역사의 완성을 너무 신봉한 나머지 역사진보의 중간 단계를 설정하지 않고 종말론적인 태도만 견지하는 기독교 역사관에 대한 카의 비판은, 서구 기독교 유신론의 역사관 이해가 얼마나 빈곤한지를 새삼 일깨워준다. 물론 카의 기독교 역사관 이해는 불충분하고 정확하지도 않으나, 그동안의 주류적, 타계주의적 기독교 역사관의 불철저한 역사의식을 질타하는 목소리로는 들을 수 있다. 카는 기독교-유대 역사관이 목적론이긴 하지만 충분히 역사 내적인 진보목표를 제공하지 못해 종말론적인 신비주의로 흘러갔다고 비판하며, 역사진보의 목표를 역사 내적인 현실 목표로 설정하는 세속적인 의미의 목적론적 역사관을 주창한다. 카는 5장 끝 부분에서 역사 내적인 진보의 목적을 설정한 기독교 역사가 알렉시스 토크빌Alexis de Tocqueville의 견해를 긍정적으로 평가한다. 토크빌은 신학적인 역사관을 견지했지만, '평등 확산'을 역사의 진보기준이라고 말했다는 점에서 카의 주목을 끌었다.

만일 우리 시대 사람들이 평등의 점차적이고 진보적인 발전이라는 것이 동시에 역사의 과거요 미래라는 것을 깨달을 수 있게 된다면, 이 한 가지

발견만으로도 그 발전에는 신의 뜻이라고 하는 신성한 성격이 부여될 수 있을 것이다.[9]

세속적인 역사가 카는 기독교 종말론을 소박할 정도로 간략하게 사회과학적 용어로 치환했던 토크빌을 어느 정도 인정했다. 토크빌이 시간폐기적인 종말에만 집착한 것이 아니라 역사를 이끄는 추동력인 평등에 대한 열망을 기독교적 관점으로 부각시켰기 때문에 카는 이 점을 인정했던 것이다. 이처럼 역사의 알파요 오메가인 그리스도를 믿는 기독교 역사가들은 역사의 의미를 시간폐기적 종말이라는 특정 시점과 관련시켜 추구할 것이 아니라, 종말에 완성될 하나님 나라를 지향하는 보편역사의 방향 설정에도 모종의 영향을 끼쳐야 한다. 기독교 종말론의 본질은 시간의 폐기로서의 종말이 아니라 역사를 통해 완성될 목적이 있음을 강조하는 데 있다. 그 목적은 하나님의 공평, 정의, 자유, 평화가 구현되는 하나님 나라다. 이런 관점의 종말론을 살리려면 오늘날의 주류 이데올로기인 신자유주의 글로벌 시장 전체주의 체제 너머에 도래할 이상적인 인류사회에 대한 비전을 제시할 수 있어야 한다. 즉 보다 더 기독교적으로 이상적인 세계체제를 기획하고 구상해 세상 사람들에게 제시할 수 있어야 한다. 카는 역사 자체의 방향 감각, 즉 역사의 진보를 믿고 받아들이는 사람들만이 역사를 쓸 수 있다고 주장한다. 그는 역사의 끝을 집착하는 신학자들의 종말론적인 풍조를 비판하며 역사의 외부에서 역사의 목표를 설정하는 과오를 되풀이해서는 안 된다고 말한다. 역사의 끝만 바라보면서 역사의 중간 목표를 설정하고 그것에 도달하려고 노력하지 않는 복음적 기독교인들은 카의 비판과 경고를 귀 기울여 들을 필요가 있다.

기독교회는 역사종결적인 종말에 일어날 일들에 지나치게 매몰되어 역사의 끝만 바라보지 말고, 역사의 중간 목표도 설정해 인류역사의 진보를 견인하는 현실 변혁적 지성을 키워야 한다. 하나님 나라는 유기체적으로 자라고 점차적으로 자라는 나무다. 하나님 나라에 근사치적으로 접근하는 사회를 건설하기 위해 우리 각자는 동시대에 두신 하나님의 뜻을 이루려고[행 13:36] 노력해야 한다. 칼 헨리가 『복음주의자의 불편한 양심』[10]에서 비판하듯이, 복음주의 기독청년들이 전천년설적 재림신앙에 매몰되어 현실의 중요 과제를 포기하고 외면한다면 세상의 모든 공적 영역은 세상 사람들의 독무대가 될 것이다.

시온의 의가 빛 같이, 예루살렘의 구원이 횃불 같이 나타날 때까지 나는 쉬지 아니하리라

63장.

만민을 심판하여 선민을 신원하시는 하나님

63 ¹에돔에서 오는 이 누구며 붉은 옷을 입고 보스라에서 오는 이 누구냐. 그의 화려한 의복 큰 능력으로 걷는 이가 누구냐. 그는 나이니 공의를 말하는 이요 구원하는 능력을 가진 이니라. ²어찌하여 네 의복이 붉으며 네 옷이 포도즙틀을 밟는 자 같으냐. ³만민 가운데 나와 함께 한 자가 없이 내가 홀로 포도즙틀을 밟았는데 내가 노함으로 말미암아 무리를 밟았고 분함으로 말미암아 짓밟았으므로 그들의 선혈이 내 옷에 튀어 내 의복을 다 더럽혔음이니 ⁴이는 내 원수 갚는 날이 내 마음에 있고 내가 구속할 해가 왔으나 ⁵내가 본즉 도와 주는 자도 없고 붙들어 주는 자도 없으므로 이상하게 여겨 내 팔이 나를 구원하며 내 분이 나를 붙들었음이라. ⁶내가 노함으로 말미암아 만민을 밟았으며 내가 분함으로 말미암아 그들을 취하게 하고 그들의 선혈이 땅에 쏟아지게 하였느니라. ⁷내가 여호와께서 우리에게 베푸신 모든 자비와 그의 찬송을 말하며 그의 사랑을 따라 그의 많은 자비를 따라 이스라엘 집에 베푸신 큰 은총을 말하리라. ⁸그가 말씀하시되 그들은 실로 나의 백성이요 거짓을 행하지 아니하는 자녀라 하시고 그들의 구원자가 되사 ⁹그들의 모든 환난에 동참하사 자기 앞의 사자로 하여금 그들을 구원하시며 그의 사랑과 그의 자비로 그들을 구원하시고 옛적 모든 날에 그들을 드시며 안으셨으나 ¹⁰그들이 반역하여 주의 성령을 근심하게 하였으므로 그가 돌이켜 그들의 대적이 되사 친히 그들을 치셨더니 ¹¹백성이 옛적 모세의 때를 기억하여 이르되 백성과 양 떼의 목자를 바다에서 올라오게 하신 이가 이제 어디 계시냐. 그들 가운데에 성령을 두신 이가 이제 어디 계시냐. ¹²그의 영광의 팔이 모세의 오른손을 이끄시며 그의 이름을 영원하게 하려 하사 그들 앞에서 물을 갈라지게 하시고 ¹³그들을 깊음으로 인도하시되 광야에 있는 말 같이 넘어지지 않게 하신 이가 이제 어디 계시냐. ¹⁴여호와의 영이 그들을 골짜기로 내려가는 가축 같이 편히 쉬게 하셨도다. 주께서

이와 같이 주의 백성을 인도하사 이름을 영화롭게 하셨나이다 하였느니라. ¹⁵주여, 하늘에서 굽어 살피시며 주의 거룩하고 영화로운 처소에서 보옵소서. 주의 열성과 주의 능하신 행동이 이제 어디 있나이까. 주께서 베푸시던 간곡한 자비와 사랑이 내게 그쳤나이다. ¹⁶주는 우리 아버지시라. 아브라함은 우리를 모르고 이스라엘은 우리를 인정하지 아니할지라도 여호와여, 주는 우리의 아버지시라. 옛날부터 주의 이름을 우리의 구속자라 하셨거늘 ¹⁷여호와여, 어찌하여 우리로 주의 길에서 떠나게 하시며 우리의 마음을 완고하게 하사 주를 경외하지 않게 하시나이까. 원하건대 주의 종들 곧 주의 기업인 지파들을 위하사 돌아오시옵소서. ¹⁸주의 거룩한 백성이 땅을 차지한 지 오래지 아니하여서 우리의 원수가 주의 성소를 유린하였사오니 ¹⁹우리는 주의 다스림을 받지 못하는 자 같으며 주의 이름으로 일컬음을 받지 못하는 자 같이 되었나이다.

주석

63장은 에돔과 만민에 대해 보복하시는 하나님,^{1-6절} 이스라엘을 위로하고 편안한 곳으로 인도하시는 하나님,^{7-14절} 다시 자비와 사랑을 강청하는 애가^{15-19절}로 나뉜다. 15-19절은 64:1-12과 자기완결적인 단락을 구성한다고 볼 수 있다.

에돔과 만민에 대해 보복하시는 하나님 • 1-6절

이 단락은 느닷없이 에돔에 대한 보복심판을 다룬다. 심판자 하나님에 대한 묘사가 선정적일 정도로 낯설다. 이 단락은 구약을 비판하는 사람들이 대표적으로 꺼내드는 본문 중 하나이기도 하다. 그러나이 단락은 주전 6세기 이후부터 축적된 유다에 대한 에돔의 만행, 그리고 역사적으로 누적된 구원^{舊怨}을 배경으로 착상된 예언임을 알아야 한다.

1절은 에돔을 징벌하고 심판하고 돌아오시는 전사 야웨를 묘사하는 데 놀람을 자아내는 질문으로 시작한다. 붉은 옷을 입고 에돔의 수도격인 보스라에서 오는 그는 "화려한 의복 큰 능력으로" 걸어오고 있다. "화려한 의복 큰 능력으로" 부분의 개역개정 번역은 어색하고, 한국어 문법에도 어긋난다. 화려한 의복과 큰 능력 사이에 아무런 접속사도 없고, 둘의 관계를 동격으로 볼 근거도 제시하지 않는다. "그의 화려한 의복 큰 능력으로 걷는 이가 누구냐"의 히브리어 구문을 직역하면 이렇다. '이는 그의 옷차림으로 장엄해졌다! 그의 힘의 묵직함으로 걷고 있는 자.' 앞 소절의 마지막 단어인 '그의 옷차림'에 해당되는 히브리어 뻴러부쇼(בִּלְבֻשׁוֹ) 위에 자켑카톤이라는 수직쌍점 악센트가 붙어있다. 세미콜론 정도의 기능을 하는 이 악센트는 뒤따라 나오는 '걸어오고 있는'을 의미하는 초에(צֹעֶה)와 끊어 읽어야 한다는 의미다. 이처럼 한국어 번역도 히브리어 구문에서처럼 의복과 큰 권능 사이에는 분명히 접사가 있어야 한다. 하나님은 포도주 틀을 밟은 자처럼 피가 흥건히 적셔진 옷을 입고 예루살렘으로 돌아오신다. 이런 자신의 행차를 묘사한 후에 하나님은 '이 유혈낭자한 전사가 누군지 알아보라'고 독자/청중에게 질문한다.

하나님은 자신의 정체를 알아보라고 질문한 후에 스스로 대답하신다. "그는 나이니 공의를 말하는 이요 구원하는 능력을 가진 이니라." 히브리어 원어 문장을 음역하고 직역하면 이렇다. 아니 므다뻬르 뻬츠다카 랍 러호쉬아(אֲנִי מְדַבֵּר בִּצְדָקָה רַב לְהוֹשִׁיעַ). '다른 이가 아닌 내가 바로 공의 안에서 말하는 자이며 구원하기에 크다.' 에돔에 대한 유혈낭자한 유린이 이스라엘을 위해 공의를 선포하고 구원을 베푸는 행위임을 암시한다.

3절은 에돔 심판이 이스라엘을 까닭 없이 유린하고 약탈한 만민에 대한 심판의 일환임을 말씀한다. 하나님은 만민을 심판하는 데 조력

만민을 심판하여 선민을 신원하시는 하나님

자가 없어 홀로 포도즙 틀을 밟듯이 노함으로 말미암아 무리를 밟았고 분함으로 유린했다고 말한다. 그 과정에서 그들의 선혈이 당신의 옷에 튀어 다 더럽혀졌다는 것이다.² 4절은 에돔 및 무리 정벌이 하나님이 오랫동안 기다렸다가 실행한 심판임을 말한다. 당신의 백성을 학대하고 약탈한 원수를 갚을 생각을 오랫동안 품다가 실행에 옮겼다는 것이다.

4절 하반절은 하나님의 원수를 갚는 날이 바로 이스라엘을 위해 피붙이 복수(고엘)를 실행하는 날임을 강조한다. 민수기 35:19-27과 신명기 19:6-12은 피붙이 복수의 정당성을 말하고 있다. 두 단락 다 우연이나 사고를 가장해 어떤 사람이 날카로운 철연장이나 돌로 이웃을 죽인 사실이 밝혀지면 죽임을 당한 사람의 피붙이 복수자가 그 살인자를 찾아가 죽일 수 있도록 허용한다.^{민 35:19} 이 피붙이 보복자를 민수기는 고엘 핫담(הַדָּם גֹּאֵל), '그 피의 복수자'라고 부른다. 도피성 제도에 관한 규정을 말하는 이 두 단락은 도피성으로 피할 수 없는 고의적 살인자를 징벌하는 것을 정당화하고 있다. 피를 흥건히 적시기까지 에돔에 대해 보복하시는 하나님 이미지는 이런 피붙이 복수법의 논리로 이해될 수 있다는 뜻이다.

5절은 왜 하나님 혼자 보복심판을 집행하실 수밖에 없는지를 말한다. 하나님 당신을 도와주는 자도 없고 붙들어 주는 자도 없으므로 이상하게 여겨 하나님이 스스로 당신의 팔로 당신의 심판을 집행했다는 것이다. 하나님의 팔이 하나님을 구원했다는 것은 하나님의 공의로운 심판과업을 성취하게 해 하나님의 정의를 만족시켰다는 것이다. 하나님의 분노가 하나님을 붙들어 진노어린 보복을 완수하실 수 있었다는 것이다.

6절은 앞의 절들을 집약한다. "내가 노함으로 말미암아 만민을 밟았으며 내가 분함으로 말미암아 그들을 취하게 하고 그들의 선혈이 땅에 쏟아지게 하였느니라." 하나님의 진노는 현대인들에게 굉장히 낯설다. 심지어 하나님 진노 본문들은 구약에 대한 편견과 혐오감을 안겨준다. 주후 140년대의 로마의 기독교인 마르시온 이래로 분노는 감정 통제에 실패한 미성숙한 인간도덕, 열등한 품성으로 폄하되었다. 그러나 아브라함 요슈아 헤셸은 『예언자들』에서 하나님의 진노를 재정의했다. 하나님의 진노는 하나님의 공의와 정의에 대한 표현이며 완벽하게 통제된 감정으로 우발적 분출 열정이 아니라는 점을 자세히 밝혔다. 이 책 1부 6, 7, 10장은 하나님의 진노에 대한 아주 설득력 있는 논의를 제공한다.[3] 하나님의 진노는 이성적 사유의 결핍이 아니라 공평과 정의의 파괴 사태를 아주 세밀하게 관찰하고 심리한 심사숙고의 산물이며, 공평과 정의의 붕괴로 부서지고 으깨어진 피해자들을 구원하기 위한 지극히 이성적인 판단의 산물이라는 것이다. 하나님의 진노는 이 세상을 창조하실 때 세웠던 공평과 정의를 복원시키는 의지적인 행동이다.

이스라엘을 위로하고 편안한 곳으로 인도하신 하나님 ●7-14절

이 단락은 에돔과 만민에 대한 보복적 심판과 달리 당신의 백성을 끝내 구원하시고 가나안으로 복귀시키는 하나님의 헤세드를 노래한다. 7절의 '나'는 앞 단락의 1-5절의 '나'와 동일인일 수도 있다.

　7절의 화자인 1인칭 대명사 "나"는, 지난 역사 속에 이스라엘을 극한의 멸절위기에서 고비마다 구출하시고 구원해주신 역사를 잘 알고 있다. 시편 103-106, 135-136편 등 구속사 낭독 시편들에서 보이는 것처럼 예언자는 여호와께서 '우리' 즉 바벨론 귀환 공동체 중심으로 재편된 예루살렘 공동체에게 베푸신 모든 자비(레헴)와 찬송할 만한 구원공적, 선 등을 망라한 야웨의 인애를 말한 것이다. 7절의 히브리어 구문을 개역개정은 구문을 무시하고 번역했다. 직역하면 이렇다. '야웨의 인애들: 나는 찬양받을 만한 행적을 진술하리라. 야웨가 우리에게 베풀어주신 모든 것들에 따라, 그가 이스라엘 집을 위해 그들에게 베풀어주신 큰 선한 일에 따라, 그리고 그의 긍휼들과 그의 인애들을 따라.' 히브리어 문장 첫 두 단어, '하스데 아도나이'(야웨의 인애들)는 표제어로 간주하면 된다. 진술하다(아즈키르)의 목적어는 터힐로트 아도나이(야웨의 찬양) 밖에 없다. 나머지 모든 것들은 찬양받을 만한 야웨의 공적들을 구성하는 개별적인 요소들이다. 그 개별적 구성요소들은 툽, 레헴, 헤세드가 있다. 툽(선한 일), 레헴, 헤세드는 하나님의 언약적 초지일관성과 신실성에서 나오는 친절이며 호의다. 하나님이 발동하신 툽, 레헴, 헤세드 때문에 이스라엘은 하나님의 언약백성 지위를 영원히 박탈당하지 않았다.

8절은 하나님이 베푸신 인애로 이스라엘을 다시 재활복구하신 하나님의 결단을 말한다. 하나님은 이스라엘에 대해 "실로 나의 백성이요 거짓을 행하지 아니하는 자녀라 하시고 그들의 구원자가 되"어 주셨고 "그들의 모든 환난에 동참하사 자기 앞의 사자로[4] 하여금 그들을 구원하시며 그의 사랑과 그의 자비로 그들을 구원하"셨다.[9절] 이런 구원은 출애굽 시절에 보여준 구원이었다. 하나님은 출애굽과 광야 시절 내내 이스라엘 백성을 드시며 안으셨다. 그러나 반전이 일어난다. 10절은 이스라엘이 가나안 땅에 정착하고 나서부터 하나님과 멀어져간 역사를 압축적으로 말한다.[신 32장] 하나님의 인도로 가나안 땅에 들어갔던 이스라엘은 하나님께 반역하여 주의 성령을 근심하게 했다. 그래서 이번에는 하나님이 돌이켜 그들의 대적이 되사 친히 그들을 치셨다. 그 결과 유다와 이스라엘 둘 다 망했고 열국 중에 흩어졌다. 바벨론 유배는 하나님이 치신 결과였다. 그래서 바벨론 포로들은 바벨론 유배 기간 내내 지속적으로 11-13절과 같은 애가형 기도를 드렸다. 놀라운 사실은 바벨론 포로들이 하나님의 구원을 강청하는 데 모세의 출애굽 구원대사를 상기하고 언급한다는 사실이다. 다만 모세의 출애굽 구원대사에 비하여 출바벨론 가나안 귀환장정은 하나님의 강력하고 극적인 개입을 맛보지 못한다고 생각한다. 11-13절은 아마도 귀환포로들이 모세의 때처럼 가시적인 하나님의 표적을 기대하면서 가나안에 돌아가 땅을 차지하려고 했는데 그것이 좌절된 데에 대한 아쉬움을 표출하는 맥락일 것이다. 가나안에 귀환해 정착한 백성은 "옛적 모세의 때를 기억하여 이르되 백성과 양 떼의 목자를 바다에서 올라오게 하신 이가 이제 어디 계시냐. 그들 가운데에 성령을 두신 이가 이제 어디 계시냐"고 묻는다. 그들은 모세적 영도자 부재를 아쉬워하는 것처럼 보인다. 여기서 말하는 양 떼의 목자는 모세다. 모세는 하나님의 성령, 즉 거룩한 현존을 모신 이스라엘 백성의 지도자였다. 하나님의 현존, 그의 성령이 이스라엘 백성 가운데 거하셨던 시절의 지도자였다. 모세는 이스라엘을 홍해바다를 육지처럼 걸어서 출애굽을 성취한 지도자다. 이처럼 귀환포로들이 모세를 이토록 그리워하는 이유는 현실이 그만큼 고달프고 엄혹했기 때문이다. 모세적 영도자를 그리워하는 시대는 앞에는 홍해바다 같은 깊음(터홈), 혼돈의 물결이 가로막고, 뒤에서는 파라오 같은 절대강자의 추적이 계속되는 때다. 12절도 마찬가지다. 하나님의 영광의 팔이 모세의 오른손을 이끄시며 하나님의 이름(혹은 모세의 이름)이 영원히 기억될 만큼 위대한 표적을 성취했다. 야웨께서 모세의 손에 든 지팡이를 통해 대적들 앞에서 물이 갈라지게 하셨다.^{출 14-15장} 이 애가 기도의 주인공들은 모세적 영도력이 없으면 돌파할 수 없는 근원적 절망 상황에 처해 있다. 13절의 "깊음"이라는 단어는 창세기 1:2에 나오는 바로 그 단어이며 출애굽기 15:5의 "깊은 물이 그들을 덮으니"에 사용된 바로 그 "깊은 물"이다. 출애굽의 이스라엘은 깊은 물인 홍해를

만민을 심판하여 선민을 신원하시는 하나님

통과해 광야로 들어갔다. 출바벨론 포로들도 깊은 물인 바벨론을 통과해 광야를 거쳐 이스라엘 고토로 되돌아왔다. 그런데 출애굽 노예들인 모세의 회중은 넘어지지 않는 말처럼 광야를 잘 통과했는데 자신들은 그렇지 못하다는 것이다. 이처럼 귀환포로들은 모세의 때를 재현시키듯이 출바벨론 가나안 복귀를 강청했으나 현실은 모세적 중보자가 없어 이방대적들을 가시적으로 징벌하고 굴복시키는 하나님의 권능도 나타나지 않는다. 그런데 이런 그들의 아우성과 애통의 호소에 하나님이 마침내 응답하셨다.

14절은 야웨가 베푼 인애의 절정이다. "여호와의 영이 그들을 골짜기로 내려가는 가축 같이 편히 쉬게 하셨도다. 주께서 이와 같이 주의 백성을 인도하사 이름을 영화롭게 하셨나이다." 여기서 골짜기로 번역된 히브리어는 비쿼아(בִּקְעָה)다. 양 떼가 맹수들의 시선에서 벗어난 안전지대로서 골짜기 평지에 형성된 초장을 가리킨다[신 8:7; 수 11:17; 시 104:8; 사 41:18; 겔 3:22 ('들'로 번역)]. 골짜기 평야는 가축들의 쉼터다. 하나님은 당신의 백성을 마침내 안전한 목초지로 인도하셨고 이스라엘은 하나님이 인도하시고 함께하시는 백성이라는 이름, 즉 명성을 얻게 하셨다. 이스라엘의 이름을 영화롭게 하시는 상황은 60-62장에 자세히 묘사되어 있다.

다시 자비와 사랑을 강청하는 애가 ●15-19절

이 단락은 앞 단락과 자연스럽게 연결되지 않는다. 너무 돌연스러운 애가가 터져나온다. 이 애가는 63:19에서 끝나지 않고 64:12까지 이어진다. 도대체 이 애가의 발상지가 어디일까? '우리'는 절박한 곤경에 처해 있다. 바벨론 포로시절에 드린 애가 기도의 일부인 것처럼 들린다. 애가 장르에서 배우는 중요한 교훈은 운명주의에 대한 맞섬의 중요성이다. 하나님께서 우리에게 닥친 곤경의 현실을 운명이나 팔자처럼 껴안고 살아가라고 허락하신 것이 아니라는 것이다. 하나님은 비현실 같은 곤경을 애가와 탄식, 아우성치는 중보기도로 돌파하도록 기대하신다. 참 현실이 오기 전에 우리의 영적 감식 능력을 테스트하고 계신다. 본문의 예언자는 자신의 동시대에 펼쳐진 거짓 현실을 분석하고 고발하고 극복하려고 노력한다. 하나님께 부르짖고 자신의 영혼에게 압박한다.

15-19절은 황폐해진 성전을 바라보면서 부르짖는 기도다. 15절은 여호와 하나님을 멀리 하늘에 계시다고 믿고 부른다. 하늘은 땅의 현실을 감찰하고 판단하시기에 적합한 초월적 시좌다. 전지적 시좌다. '주의 거룩하고 영화로운 처소, 천상의 보좌에서 아래를 살펴보옵소서.' 지상 예루살렘은 더 이상 당신의 보좌가 아니라는 함의가 있다. 예루살렘은 이방인들의 활무대가 되었다. 그런데 예언자는 묻는다. "(그 옛날 모세의 때에 보여주셨던) 주의 열성과 주의 능하신 행동이 이제 어디 있나이까. 주께서 베푸시던 간곡한 자비와 사랑이 내게 그쳤나이다." 지금은 주님의 긍휼과 사랑이 더 이상 작동하지 않는다. 그래도 이스라엘은 애가형 기도를 그치지 않는다. 왜 그럴까? 15절의 마지막 소절에 대답이 보인다. 이 소절의 히브리어 구문을 직역하면 이렇다. '당신의 창자들의 격동과 당신의 자궁적 돌봄들(자비들), 그것들이 내게 억제되고 있습니다.' 창자의 격동은 애가 끊어지는 수준의 격렬하고 참된 공감과 동일시다. 마가복음 6:34의 예수님께서 무리를 보시고 품은 마음이 창자 격동의 사랑이다. "큰 무리를 보시고 그 목자 없는 양 같음으로 인하여 불쌍히 여기사." 여기서 "불쌍히 여기사"라는 단어는 에스플랑크니스데($\dot{\epsilon}\sigma\pi\lambda\alpha\gamma\chi\nu\acute{\iota}\sigma\theta\eta$)다. 이 동사는 '스플랑크니조마이'($\sigma\pi\lambda\alpha\gamma\chi\nu\acute{\iota}\zeta o\mu\alpha\iota$)라는 부정과거 디포넌트 3인칭 단수형인데 이 동사는 '창자'를 의미하는 스플랑크논($\sigma\pi\lambda\acute{\alpha}\gamma\chi\nu o\nu$)에서 파

생된 동사다. 창자격동적인 사랑은 격한 공감과 체휼을 동반한 사랑이다. 또한 긍휼을 의미하는 원래 히브리어는 '자궁'을 의미하는 레헴(רֶחֶם)이다. 긍휼은 엄마의 자궁이 태아를 부드럽게 대하고 감싸고 보호하는 극도의 친밀한 접촉과 돌봄을 의미한다. 태아는 자궁의 보호 속에서 자라 인간이 된다. 예언자는 지금 창자격동적 사랑과 자궁적 사랑을 하나님께 기대한다. 하나님은 이스라엘을 낳고 기르신 어버이로서 창자격동적 사랑과 자궁적 돌봄으로 이스라엘을 성년에 이르도록 길러주셨다. 그런데 지금은 이스라엘에게 품고 계신 하나님 아버지의 애타는 사랑과 긍휼이 억제되고 있다. 이스라엘은 이 사실을 안다. 그래서 자신을 향한 하나님의 근본적 사랑과 긍휼을 믿고 있지만 그것이 억제되고 있을 뿐임을 알기 때문에 이스라엘은 애가형 기도를 통해 하나님의 애끓는 자비가 격동되기를 강청한다.

16절은 조상들과 아버지 하나님을 비교한다. 자신들의 조상 아브라함과 이스라엘(야곱)은 자신들을 모르고 인정하지 아니할지라도 하나님은 자신들을 알아봐 달라는 것이다. "여호와여, 주는 우리의 아버지시라. 옛날부터 주의 이름은 우리의 구속자"입니다. '우리 조상들이 우리 아버지가 아니라 하나님이 우리 아버지입니다.' 아타 아도나이 아비누(אַתָּה יְהוָה אָבִינוּ). '다른 이가 아니라 당신 자신이 바로 우리의 아버지입니다.' 17절은 야웨 아버지 하나님에 대한 기대가 좌절된 상황을 말한다. 애가의 의문사, 람마(לָמָה)가 등장한다. 왜? '여호와여, 왜 당신은 우리로 하여금 당신의 길에서 떠나게 하시며,⁵ 우리의 마음을 완고하게 하사 주를 경외하지 않게 하십니까?' 굉장히 도발적인 불평이다. 자신들의 완악함, 일탈도 하나님 탓으로 돌린다. 하나님이 적시에 적극적으로 도와주시지 않고 구원해주시지 않은 상황에서 이스라엘 귀환포로들 중 일부가 야웨 신앙에서 일탈하는 상황을 말하는 것처럼 들린다.

17절의 마지막 간구는 정상적이다. "원하건대 주의 종들 곧 주의 기업인 지파들을 위하사 돌아오시옵소서." "돌아오시옵소서"라고 번역된 히브리어 슙(שוב)은 바벨론 포로들에게 무겁게 각인된 단어다. 바벨론 포로들의 귀환 전후를 반영한 신명기 30장에는 이 단어가 절묘하게 배치되어 있다. '돌이키다', '회개하다'의 뜻을 가진 이 단어의 주어는 대개 이스라엘인데 17절에서와 마찬가지로 신명기 30장에도 하나님이 이 단어의 주어로 나타난다. "네 하나님 여호와께서 마음을 돌이키시고 너를 긍휼히 여기사 포로에서 돌아오게 하시되 네 하나님 여호와께서 흩으신 그 모든 백성 중에서 너를 모으시리니."[3절] 이때 사용되는 슙(שוב)은 '포로상태를 원래대로 회복시킨다'는 의미에 가깝다. 그러나 하나님도 돌이키시는 분임을 드러내는 것은 맞다. 하나님의 돌이킴을 더욱 선명하게 부각시키는 구절은 호세아 11:8이다. "에브라임이여, 내가 어찌 너를 놓겠느냐. 이스라엘이여, 내가 어찌 너를 버리겠느냐. 내가 어찌 너를 아드마 같이 놓겠느냐. 어찌 너를 스보임 같이 두겠느냐. 내 마음이 내 속에서 돌이키어 나의 긍휼이 온전히 불붙듯 하도다." 이때 사용되는 히브리어 단어는 슙(שוב)보다 더 강력하고 의도적인 마음 고쳐먹기를 가리키는 하파크(הָפַךְ)다. 하파크는 '전복하다', '뒤집다' 등을 가리키는 말이다. 호세아 11:8에는 이 단어의 주어가 '내 마음'(하나님 마음)이다. 하나님의 마음이 전복되어 진노에서 긍휼로 급격하게 기울어진다는 말이다. 이상에서 알 수 있는 것은, 성경의 하나님은 인간의 곤경에 직면해 '마음의 전복'을 경험하시는 인격적 하나님이라는 것이다. 당신의 백성이 처한 참혹한 곤경이 하나님의 마음을 전복시키고 돌이키게 만든다.

18절은 애가가 터져나오게 만든 상황이다. '지금 주의 거룩한 백성이 바벨론에서 돌아와 땅을 차지한 지 오래지 아니하여서 우리의 원수가 주의 성소를 유린하였습니다.' 이것이 정확하게 언제 상황인지

가늠하기가 쉽지 않다. 이 상황이 바벨론 유배 이전의 상황을 말한다면 지금 바벨론 귀환포로들의 입에서 나오기 힘든 애가다. 그렇다면 느헤미야 1장에서 느헤미야의 동생 하나니가 느헤미야에게 전해준 상황이다. "내 형제들 가운데 하나인 하나니가 두어 사람과 함께 유다에서 내게 이르렀기로 내가 그 사로잡힘을 면하고 남아 있는 유다와 예루살렘 사람들의 형편을 물은즉 그들이 내게 이르되 사로잡힘을 면하고 남아 있는 자들이 그 지방 거기에서 큰 환난을 당하고 능욕을 받으며 예루살렘 성은 허물어지고 성문들은 불탔다 하는지라." 느 1:2-3 주전 450년경 상황이다.

19절은 단도직입적으로 사태의 본질을 말한다. "우리는 주의 다스림을 받지 못하는 자 같으며 주의 이름으로 일컬음을 받지 못하는 자 같이 되었나이다." 주전 450년경 전후의 상황, 즉 예루살렘 성벽 중건이 이뤄지기 전의 어떤 시점의 상황을 말하는 것처럼 보인다. 이 단락의 요지는 60-62장의 약속이 실상 이뤄지지 않았다고 불평하는 것으로 간주될 수도 있다. 이 세 장의 중심 주장이 '예루살렘이 여호와의 이름으로 불릴 것이다'라는 것인데, 63:19은 바로 이 중심 예언을 부정하는 셈이다. 60-62장의 과장된 미래비전이 무색할 정도로 현실은 참담하다. 이 참담한 현실을 배경으로 60-62장의 초현실주의적 몽환이 전개된 것이다. 이사야 40-55장, 60-62장의 장밋빛 예언은 전혀 실현되고 있지 않다는 불평과 애가가 당시의 현실을 더 정확하게 반영한다. 그런데 이런 애가형 기도문은 64장 전체를 관통하기까지 계속된다.

메시지

'63장에 등장하는 에돔에 대한 하나님의 복수심판은 십자가에 달려   636

모든 인류의 죄를 지신 하나님의 아들을 보내신 하나님의 보편적 사랑과 도저히 조화하기 힘들다.' '구약의 하나님은 잔혹하고 보복적이고 마음이 옹졸하다.' '구약의 야웨나 무시로 벼락을 쳐서 자신이 미워하는 자들을 징벌하는 제우스나 다를 바가 없다.' '야웨는 분노조절 장애를 앓고 있다.' 확실히 우리는 구약의 하나님에 대한 이런 비판들과 비난들의 이면에 깔린 불편한 마음을 어느 정도는 이해할 수 있다. 구약성경의 하나님에게서 풍기는 보복의 이미지는 모든 그리스도인들의 윤리적 감수성에 다소 긴장을 불러일으킨다. 그러나 이 피상적 인상비평으로는 구약의 하나님이 진노를 터뜨리는 내적 논리와 일관성을 포착할 수 없다. 그래서 정교한 해석학이 요청된다. 확실히 이사야 56-66장에서는 종종 야웨 하나님이 거칠고 사나운 전사 이미지로 그려진다. 특히 63:5-6은 당신의 백성 이스라엘을 위하여 만민을 유린하는 잔혹한 전사, 야웨의 무자비한 심판을 다룬다. 그런데 이 본문은 에돔이 무슨 악행으로 하나님의 가혹한 보복을 초래했는지를 말하지 않는다. 본문은 귀환포로 공동체 안의 대적들을 향한 신원이자 응징을 다루는 것처럼 보인다. 하나님의 보복심판은 고대근동의 동해동량보복 법칙의 기계적 적용처럼 보인다. 에돔에 대한 이사야의 저주 신탁의 참 의미가 무엇인지를 관련 구약 본문들을 함께 살펴봄으로써 좀 더 숙고해볼 필요가 있다. 저주받고 징벌을 감내하여야 하는 '에돔'의 정체를 봐야 한다는 것이다. 먼저 구약성경에 있는 에돔에 대한 대표적인 저주 본문들이나 심판 신탁들을 검토해 보자.

대표적인 반反에돔 예언서는 오바댜서다. 이 책은 오직 한 장짜리 짧은 예언서이지만 에돔에 대한 격렬한 심판과 저주를 담고 있다. 이 외에도 에돔은 다른 여러 곳에서도 비난받고 있다. 아마 단일 부족/혹은 족속으로는 에돔만큼 다채롭게 여러 곳에서 심판과 저주 예언을 촉발시킨 족속은 없을 것이다. 시편 137:7과 이사야 34장, 63장,

그리고 에스겔 35장이 한결같이 에돔을 극도로 혐오하고 비난하는 본문들이다. 먼저 이사야 34:5의 에돔 심판 신탁은 자극적일 정도로 회화적이다. "여호와의 칼이 하늘에서 족하게 마셨은즉. 보라, 이것이 에돔 위에 내리며 진멸하시기로 한 백성 위에 내려 그를 심판할 것이라. 여호와의 칼이 피 곧 어린 양과 염소의 피에 만족하고 기름 곧 콩팥 기름으로 윤택하니 이는 여호와를 위한 희생이 보스라에 있고 큰 살육이 에돔 땅에 있음이라." 먼저 오바댜 1-14절을 살펴보자.

주 여호와께서 에돔에 대하여 이와 같이 말씀하시니라. 우리가 여호와께로 말미암아 소식을 들었나니 곧 사자가 나라들 가운데에 보내심을 받고 이르기를 너희는 일어날지어다. 우리가 일어나서 그와 싸우자 하는 것이니라.…… 드만아, 네 용사들이 놀랄 것이라. 이로 말미암아 에서의 산에 있는 사람은 다 죽임을 당하여 멸절되리라. 네가 네 형제 야곱에게 행한 포학으로 말미암아 부끄러움을 당하고 영원히 멸절되리라. 네가 멀리 섰던 날 곧 이방인이 그의 재물을 빼앗아 가며 외국인이 그의 성문에 들어가서 예루살렘을 얻기 위하여 제비 뽑던 날에 너도 그들 중 한 사람 같았느니라. 네가 형제의 날 곧 그 재앙의 날에 방관할 것이 아니며 유다 자손이 패망하는 날에 기뻐할 것이 아니며 그 고난의 날에 네가 입을 크게 벌릴 것이 아니며 내 백성이 환난을 당하는 날에 네가 그 성문에 들어가지 않을 것이며 환난을 당하는 날에 네가 그 고난을 방관하지 않을 것이며 환난을 당하는 날에 네가 그 재물에 손을 대지 않을 것이며 네 거리에 서서 그 도망하는 자를 막지 않을 것이며 고난의 날에 그 남은 자를 대적에게 넘기지 않을 것이니라.

아모스 1:11-12도 마찬가지로 에돔에게 위협적이다. "여호와께서 이와 같이 말씀하시되 에돔의 서너 가지 죄로 말미암아 내가 그 벌을 돌이키지 아니하리니 이는 그가 칼로 그의 형제를 쫓아가며 긍휼을 버리며 항상 맹렬히 화를 내며 분을 끝없이 품었음이라. 내가 데만에 불을 보내리니 보스라의 궁궐들을 사르리라."

에스겔 35장도 에돔에 관한 저주 예언을 담고 있다. "주 여호와께서 이같이 말씀하시되 세일 산아, 내가 너를 대적하여 내 손을 네 위에 펴서 네가 황무지와 공포의 대상이 되게 할지라."[3절] 에스겔 35:5-7, 9은 이스라엘에 대한 에돔의 오랜 적개심을 말한다.

> 네가 옛날부터 한을 품고 이스라엘 족속의 환난 때 곧 죄악의 마지막 때에 칼의 위력에 그들을 넘겼도다. 그러므로 주 여호와의 말씀이니라. 내가 나의 삶을 두고 맹세하노니 내가 너에게 피를 만나게 한즉 피가 너를 따르리라. 네가 피를 미워하지 아니하였은즉 피가 너를 따르리라. 내가 세일 산이 황무지와 폐허가 되게 하여 그 위에 왕래하는 자를 다 끊을지라.…… 너를 영원히 황폐하게 하여 네 성읍들에 다시는 거주하는 자가 없게 하리니 내가 여호와인 줄을 너희가 알리라.

앞서 주석했듯이 반反에돔 신탁 중에서 이사야 63:1-6은 구약성경 중 가장 잔혹한 하나님 이미지를 보여준다. 에돔과 보스라에서 "오는 이"는 이스라엘을 위해 공의를 말하고 구원하는 능력을 가진 신적 자아다. 이 신적 자아인 "나"는 포도주 틀을 밟은 농부처럼 만민을 쳐 죽이고 보복을 집행하는 과정에서 묻은 피로 뒤엉킨 옷을 입고 귀환하고 있다.

이상의 모든 성경구절들은 에서Esau 족속에 대한 처절한 심판 및 재앙 간청 신탁이다. 에돔은 이스라엘의 지근 족속이면서도 긴 시간 동안 원한과 증오를 불러일으켰다. 에돔이 가혹한 심판 신탁을 촉발시키는 가장 큰 이유는 외국 군대가 유다와 이스라엘을 정복하고 유린

만민을 심판하여 선민을 신원하시는 하나님

할 때 에돔이 그들의 부역자가 되어 엄청난 이득을 누렸기 때문이다. 에돔은 앗수르가 이스라엘을 침략할 때도 앗수르의 앞잡이가 되었고, 바벨론이 유다를 침략할 때도 바벨론의 복심이 되어서 유다 침략을 도왔다. 에돔은 전란의 화를 당한 유다를 철저하게 약탈했다. 에스겔 35:10이 암시하듯이("네가 말하기를 이 두 민족과 두 땅은 다 내 것이며 내 기업이 되리라 하였도다. 그러나 여호와께서 거기에 계셨느니라.") 이런 과정을 통해 에돔 사람이 이스라엘과 유다의 땅을 차지했다. 바벨론 유배기간 동안 유다 땅을 제일 많이 차지한 족속이 에돔이었다. 에스겔 35:11-12은 에돔의 악행에 대한 하나님의 응답이다. "내가 나의 삶을 두고 맹세하노니 네가 그들을 미워하여 노하며 질투한 대로 내가 네게 행하여 너를 심판할 때에 그들이 나를 알게 하리라. 네가 이스라엘 산들을 가리켜 말하기를 저 산들이 황폐하였으므로 우리에게 넘겨주어서 삼키게 되었다 하여 욕하는 모든 말을 나 여호와가 들은 줄을 네가 알리로다."

결국 에돔 심판 신탁의 진의를 알려면 오바댜서, 에스겔 35-36장과 이사야 34, 63장 모두가, 주전 6세기까지 이어지는 에돔의 유다 도발과 약탈, 그리고 땅 편취 상황을 반영하고 있다는 점을 염두에 두어야 한다. 에돔에 대한 극단적 혐오감정 분출과 심판 신탁은 에돔의 극악무도한 악행에 대한 대응적이고 파생적인 행동이었다. 위에서 인용된 에돔의 만행은 당시 고대근동 기준으로 볼 때 동해동량보복의 법칙도 적용되지 않는 만행이다. 고대 셈족의 보복법에는 비무장 행인이나 도망치거나 쫓기는 사람을 공격하면 일곱 배의 벌을 받게 되어 있었다. 농경민이 비무장 이동형 유목민을 공격해 해를 입히면 일곱 배의 징벌을 초래할 수 있다는 것이다.[6] 그래서 하나님은 유리하는 유목민인 가인을 죽이는 자는 동해동량이 아니라 일곱 배 징벌을 받을 것이라고 경고하신다.^{창 4:15}

640

에돔이 이렇게 극단적인 혐오 및 저주 신탁을 받게 된 이유는 비무장 히브리 노예들, 비무장 피난민들(앗수르나 바벨론이 유다와 이스라엘을 침략할 때 발생하는 피난민들)을 약탈한 죄악 때문이었다. 에돔의 죄악은 이 단회적 약탈을 영구적으로 유지하기 위해 이스라엘과 유다의 땅을 차지하고 주인 행세를 한 것이다. 결국 하나님과 이스라엘에게 미움을 받게 된 가장 큰 이유는 바벨론 귀환포로들이 이런 두 가지 악행을 범례적으로 기억하여 에돔을 타자화함으로써 자기정체성을 강화하려고 했던 시도와 관련이 있다. 에돔에 대한 이스라엘의 극단적 타자화를 다룬 책 *Violence, Otherness and Identity in Isaiah 63:1-6*에서 도미니크 S. 이루다야라즈^{Dominic S. Irudayaraj}는 에돔에 대한 심판 예언이 빈번한 이유를 제시한다.[7] 유다의 바벨론 유배 동안에 이스라엘과 유다의 많은 땅을 차지했던 주전 6-5세기 상황이 에돔에 대한 극혐적 심판 신탁의 빈번한 분출을 설명한다는 것이다. 특히 이사야 63:1-6의 잔혹하고 폭력적인 하나님 이미지 이면에는 에돔의 유다 땅에 대한 점령과 병합상황이 있다는 것이다. 저자는 이 본문에서 제3이사야 시대에 존재하던 예후다(귀환포로 공동체 중심의 주변화된 소수)와 바벨론 유수 동안에 유다의 노른자 땅을 사실상 다 차지하고 유다의 재난을 이용해 유다의 생존터전을 가로 챈 에돔 사이의 극한 갈등을 읽어낸다. 저자는 이런 반反에돔 본문들이, 유다의 귀환포로들의 '사회적 정체성 읽기'^{social identity reading} 과정을 반영하는 가운데 유래했다고 본다. 그는 이 사회적 정체성 형성 중심의 독법을 통해 에돔이 이스라엘의 근린近隣이지만 또한 얼마나 철저하게 타자화되었는가를 보여준다. 저자는 여기서 에돔에 대한 하나님의 적의를 읽어내기보다는 소수파였던 귀환포로들의 에돔 타자화 시도를 읽어낸다. 예후다의 유대인들은 자신들의 불행한 역사를 악용해 자신들의 고향과 조국을 잠식한 에돔을 극단적으로 타자화함으로써 문학적으로 혹은 심리적인 차원에서 신적 보복 대상으로 삼았다고 본다. 자신들에게 가장 적대적인 만민을 대표하는 에돔과 그 수도격인 보스라에 대한 하나님의 신적 응징과 유린 환상을 통하여 귀환포로들이 자신들의 정체성을 형성했다는 것이다. 제3이사야 공동체는 이런 강력한 회복적이고 응징적인 심판을 집행하는 하나님의 능동적인 구속을 통해 하나님의 언약백성으로서의 자신들의 정체성을 다시 회복할 수 있을 것이라는 희망을 찾았다는 것이다.

그런데 한 가지 인상적인 사실은 에돔에 대한 예언서 본문들의 악마적 타자화 경향에 비해 모세오경의 에돔 관련 본문은 다소 결이 다르다. 모세오경은 에돔을 '형제' 혹은 '친족'임을 부각시킨다. 대표적으로 창세기 32장이나 신명기 2장, 신명기 23:7-8은 에돔에 대한 형제적 우의와 의리를 강조하고 미워하지 말라고 말한다. 야웨의 총회에 입회할 수 있는 자격을 논하는 신명기 법전에서 에돔에 대한 적의는 해소된다. "너는 에돔 사람을 미워하지 말라. 그는 네 형제임이니라.…… 그들의 삼사 대 후손은 여호와의 총회에 들어올 수 있느니라."^{신 23:7-8} 또한 신명기는 에돔이 거주하는 세일산 일대의 영토는 하나님이 에돔에게 주신 기업이기 때문에 침략해서 빼앗지 말라고 명한다.^{2:4-12} 신명기는 에돔(에서)을 이스라엘의 동족 혹은 형제라고 말함으로써 에돔에 대한 일방적 적의를 품지 않기를 기대한다. 무엇보다도 창세기 25-32장은 야곱과 에서의 갈등을 다소 중립적으로 다루되 에서와 야곱 중 미안한 마음으로 용서를 구해야 할 사람은 야곱임을 천명한다. 야곱 족속과 에서 족속의 갈등을 풀 일차적인 책임이 야곱에게 있다고 말함으로써 에돔에 대한 예언서 본문들의 일방적 에돔 타자화를 상대화하고 있다. 에돔에 대한 극단적 타자화는 에돔의 악행에 대한 반사적 응답 이상의 차원이 있음을 지적하는 학자들도 있다.

64장.

통회자복 애가—여호와여, 너무 분노하지 마시오며
죄악을 영원히 기억하지 마시옵소서

64

¹ 원하건대 주는 하늘을 가르고 강림하시고 주 앞에서 산들이 진동하기를 ² 불이 섶을 사르며 불이 물을 끓임 같게 하사 주의 원수들이 주의 이름을 알게 하시며 이방 나라들로 주 앞에서 떨게 하옵소서. ³ 주께서 강림하사 우리가 생각하지 못한 두려운 일을 행하시던 그 때에 산들이 주 앞에서 진동하였사오니 ⁴ 주 외에는 자기를 앙망하는 자를 위하여 이런 일을 행한 신을 옛부터 들은 자도 없고 귀로 들은 자도 없고 눈으로 본 자도 없었나이다. ⁵ 주께서 기쁘게 공의를 행하는 자와 주의 길에서 주를 기억하는 자를 선대하시거늘 우리가 범죄하므로 주께서 진노하셨사오며 이 현상이 이미 오래 되었사오니 우리가 어찌 구원을 얻을 수 있으리이까. ⁶ 무릇 우리는 다 부정한 자 같아서 우리의 의는 다 더러운 옷 같으며 우리는 다 잎사귀 같이 시들므로 우리의 죄악이 바람 같이 우리를 몰아가나이다. ⁷ 주의 이름을 부르는 자가 없으며 스스로 분발하여 주를 붙잡는 자가 없사오니 이는 주께서 우리에게 얼굴을 숨기시며 우리의 죄악으로 말미암아 우리가 소멸되게 하셨음이니이다. ⁸ 그러나 여호와여, 이제 주는 우리 아버지시니이다. 우리는 진흙이요 주는 토기장이시니 우리는 다 주의 손으로 지으신 것이니이다. ⁹ 여호와여, 너무 분노하지 마시오며 죄악을 영원히 기억하지 마시옵소서. 구하오니 보시옵소서. 보시옵소서. 우리는 다 주의 백성이니이다. ¹⁰ 주의 거룩한 성읍들이 광야가 되었으며 시온이 광야가 되었으며 예루살렘이 황폐하였나이다. ¹¹ 우리 조상들이 주를 찬송하던 우리의 거룩하고 아름다운 성전이 불에 탔으며 우리가 즐거워하던 곳이 다 황폐하였나이다. ¹² 여호와여, 일이 이러하거늘 주께서 아직도 가만히 계시려 하시나이까. 주께서 아직도 잠잠하시고 우리에게 심한 괴로움을 받게 하시려나이까.

주석

64장은 63:15-19에 연이어 오는 애가형 탄원 기도문이다. 64장은 현실 타개와 돌파를 위해 하나님의 초월적인 개입을 강청하는 기도: 하늘을 가르시고 강림하시옵소서^{1-7절}와 하나님, 제발 황폐한 예루살렘을 보시옵소서^{8-12절}로 나뉜다. 64장은 예레미야애가의 일부처럼, 폐허가 된 예루살렘에 남아 70년 동안 애타게 기도했던 하나님의 자녀들의 기도처럼 보인다. 성전이 불타고 예루살렘 성벽이 무너진 시점부터 계속되던 기도처럼 보인다. 지금 60-62장에서 절정에 도달한 미래회복과 예루살렘의 영화는 이런 애타는 회복강청 기도에 대한 응답인 것으로 읽는다.

현실 타개와 돌파를 위해 하나님의 초월적인 개입을 강청하는 기도: 하늘을 가르시고 강림하시옵소서 • 1-7절

이 단락은 예언자 자신의 동시대인들이 불의한 백성임을 고백하면서도 하나님의 초월적인 개입을 간구하는 기도다. 1절은 히브리어 성경에서는 63:19의 일부로 배치되어 있다. 개역개정의 2절이 히브리어 성경의 1절인 셈이다. 개역개정의 1절이 63:19의 일부가 된다고 해도 전체 문맥의 의미는 동일하다. 히브리어 성경 63:19을 번역하면 이렇게 된다. '우리는 오래 되었습니다. 당신은 그들을 다스리지 않습니다. 그들에 관해서 말하면 당신의 이름으로 불리지 않습니다. 오! 당신이 하늘을 찢고 내려오시기를! 당신 때문에 산들이 전율하도록!' 여기서 히브리어에 아주 드문 가정법 불변사[루(לוּא)]가 사용되고 있다. 당연히 현실은 하늘을 찢고 내려오실 가능성이 전혀 없는 상황이다. 1절은 자신의 현실을 정상적으로 개선할 가망이 없을 때, 힘

646

의 비대칭성이 너무 커서 도저히 역사적 차원의 힘을 동원해서는 현실의 굴레를 벗어날 수 없을 때 드리는 묵시문학적 강청이다. 인간에게 맡겨준 땅의 관리와 통치사명을 회수할 정도로 악이 극에 달할 때만 기대할 수 있는 시나리오가 하나님이 직접 하늘을 가르고 강림하시는 것이다. 출애굽기 7-12장, 19-24장이 바로 하늘을 가르고 지상에 강림하신 사건이다. 하나님이 하늘을 가르고 시내산에 강림하셨을 때 하나님 앞에서 산들이 진동했다.^{출 19:18; 삿 5:5; 시 68:8; 합 3:6} 예언자는 바로 역사종결적인 종말에 있을 시나리오를 열망한다.

2절은 이스라엘의 하나님께서 당신을 역동적으로 드러내시기를 강청하는 예언자의 청원이다. 불이 섶을 사르며 물을 끓게 하듯이 이스라엘의 원수이자 여호와 하나님의 원수들을 놀라게 해 주의 이름을 알게 하시며 이방 나라들로 주 앞에서 떨게 해달라고 강청한다. 주의 이름은 이스라엘의 하나님이라는 뜻이다. 창조, 출애굽, 가나안 정복까지 이르는 모든 구원대사를 통해 알려진 그 하나님의 행적이 바로 하나님의 이름이며, 이스라엘의 하나님이 바로 본문의 예언자가 대적들에게 알려지기를 원하는 바로 그 하나님의 이름이다. 여기서 하나님의 이름은 세상의 불의와 부정을 폐기하는 하나님의 정의와 공의 사역과 거의 같은 말이다. 하나님의 이름, 즉 세상의 강력한 불법의 세력을 타격하시고, 불의한 자에게 억류된 약자들을 구출해주셨던 그 혁혁한 명성을 대적들에게 똑똑히 알려 달라는 것이다. 천지를 창조하신 하나님이 이스라엘을 창조하신 바로 그 하나님임을 만천하에 공포해 이스라엘을 괴롭히고 학대하던 이방 나라들이 주님의 강렬한 출현 앞에 벌벌 떠는 모습을 연출해 달라는 것이다.

3절은 다시 출애굽 구원과 시내산 강림, 광야행진 시절의 구원사를 상기시키며, 열국을 진동시켜 굴복시켜 달라고 간청한다. 주께서 강림하사 이스라엘이 생각하지 못한 두려운 일을 행하시던 그 때에 산들이 주 앞에서 진동하였듯이 지금 바로 이 순간에도 산들처럼 강력한 나라들을 전율시켜 달라는 것이다. 4절에서 이스라엘은 이런 주님의 역동적인 강림이 이스라엘에게 허락된 특권임을 고백한다. 이스라엘의 하나님 야웨 외에는 어떤 다른 신도 자기를 앙망하는 자를 위하여 이런 역동적 강림을 통해 역사의 악을 일망타진하는 일은 없었다. 이런 일을 행한 신을 옛부터 들은 자도 없고 귀로 들은 자도 없고 눈으로 본 자도 없었다.

5절은 하나님의 신속한 강림을 강청하게 만든 그 위급한 상황 자체는 자신들의 죄악 때문임을 고백하는 이스라엘의 육성을 담고 있다. 여호와께서 "기쁘게 공의를 행하는 자와 주의 길에서 주를 기억하는 자를 선대하시"지만, 자신들이 범죄하여 오늘날 같은 주님의 진노가 발했음을 인정한다. 그러면서 예언자는 자신들의 죄악이 진노를 촉발시킨 상황이 이미 오래 되었는데도 상황이 개선될 여지가 없다는 점 때문에, 이스라엘이 스스로 자신들이 구원받을 가능성이 거의 없다고 의심하는 상황에 내몰리고 있다고 말한다. "우리가 어찌 구원을 얻을 수 있으리이까."[1]

6절은 이스라엘의 전면적인 죄책 고백이며 죄에 대한 심판의 위력이 얼마나 강한지를 말한다. "무릇 우리는 다 부정한 자 같아서 우리의 의는 다 더러운 옷 같으며 우리는 다 잎사귀 같이 시들므로 우리의 죄악이 바람 같이 우리를 몰아가나이다." 부정한 자는 하나님의 성소에 출입할 수 없는 자다. 하나님이 그토록 나타나기를 바랐던 의(츠다카)는 이스라엘에서 해진 옷처럼 누더기가 되었다. 마른 땅에 있는 초목들의 잎처럼 시온은 광야에서 시들고 있다. 아직 가나안 땅에 심겨지지 못한 상태. 시편 1:4에서처럼 이스라엘은 바람에 나는 겨처럼 정처 없이 흩어지고 부서진다. 6절에 비추어 볼 때 이 참회기도는 아직도 가나안 땅 밖에 있을 때 드린 기도임을 알 수 있다.

7절은 이런 심판을 경험하는 중에도 이스라엘의 마음이 더욱 완악해져가는 상황을 말한다. "주의 이름을 부르는 자"가 없으며 "스스로 분발하여 주를 붙잡는 자"가 없다. "우리"라고 불리는 예언자 공동체에는 참다운 의미의 신앙인이 멸종되어가고 있다. 주의 이름을 부르는 자는 기도하는 자이며, 주를 붙잡는 자는 중보하는 자다. 하나님과 소통을 유지하고 하나님께 도고禱告할 영의 사람들이 사라지는 사회는 망해가는 사회다. 이토록 영적으로 황폐해진 이유가 무엇일까? 예언자는 하나님의 은닉 때문이라고 말한다. "주께서 우리에게 얼굴을 숨기시며 우리의 죄악으로 말미암아 우리가 소멸되게 하셨음이니이다."[2]

7절(BHS는 6절)의 마지막 소절의 히브리어 구문을 직역하면 이런 뜻이다. '당신은 우리를 우리의 죄악의 손아귀에서 녹여버렸습니다.' 봐터무게누 쁘야드-아보네누(וַתְּמוּגֵנוּ בְּיַד־עֲוֹנֵנוּ). '터무게누'는 '녹다'를 의미하는 자동사 무그(מוּג)의 칼동사 2인칭 남성 단수형에 1인칭 복수 목적 접미어가 붙어 있는 단어다. 자동사에 목적어 접미사가 붙는 것은 문법에 어긋난다. 그래서 BHS 비평장치는 역본들의 사례를 들어 두 가지 고쳐 읽기를 제안한다. 그중 하나가 이사야 쿰란 사본과 몇몇 중세 사본이 취하는 노선인데 폴렐형으로 고쳐 읽는 것으로, 봐터무게누(וַתְּמוּגֵנוּ)를 봐터목거누(וַתְּמוֹגְגֵנוּ)로 고치는 제안이다. 또 다른 수정은 칠십인역과 시리아역, 타르굼이 취하는 길인데, 이 경우는 아예 무그(מוּג) 동사를 '넘겨주다'를 의미하는 마겐 동사(מָגֵן)로 바꿔 읽는 것이다. 그러면 미겐 동사의 2인칭 남성 단수 피엘형인 봐터막그네누(וַתְּמַגְּנֵנוּ)가 된다. 둘 다 가능하지만, 여기서는 전자를 선호한다. 둘째 제안은 자음 자체를 고쳐 읽는 모험에 의지하기 때문이다. 그러나 둘 중 어떤 수정을 따라가도 7절의 대지에는 큰 변동이 없다. '하나님이 아무리 회개를 촉구해도 회개하지 못할 때 당신의 자녀들을 부끄러운 죄악에 유기해 버리신다'는 것이다. 주님이 얼굴을 숨기는 것은 신적 유기遺棄의 징후다.

주님의 얼굴 숨기심은 '지금 당신의 백성에게서 벌어지고 있는 일들을 더 이상 참고 볼 수 없을 때,' 즉 심히 역겹고 가증스러운 우상숭배가 극에 도달할 때, 공평과 의가 무너져 더 이상 공동체 존립이 힘들 때에 일어난다. 하나님의 얼굴 은닉은 예언자적 소통도 제사장적 소통도 다 끊어지게 만든다. 그런데 이 신적 은닉은 인간의 죄악 때문이다. 결국 이스라엘은 자신의 죄악으로 스스로 소멸되어가는 과정에 있음을 직고한다. 죄는 자기주장이자 탐욕의 대방출이다. 죄는 하나님이 정한 평화와 의의 질서를 무너뜨리는 의도적인 도발이다. 죄는 하나님을 향한 지속적인 인격도발이며 하나님의 거룩한 신성구역 침범이다. 죄는 하나님에 대한 두려움을 앗아가고 하나님에 대한 경배와 외경심을 파괴하고 결과적으로 공동체 구성원에 대한 존중과 배려심을 마르게 한다. 죄는 공동체 구성원들 사이의 신뢰와 우애의 결속을 파괴하고 사람과 사람 사이의 세포적 연합을 망가뜨린다. 죄는 공동체를 소멸시킨다.

하나님, 제발 황폐한 예루살렘을 보시옵소서 • 8-12절

이 단락은 다시금 하나님의 거룩한 분발을 촉구하는 기도문이다. 예언자는 자신의 민족을 토기장이인 하나님의 손에 맡긴다. 하나님의 응답과 개입을 다급히 요청하는 이 간절한 기도문은 응답을 받지 못한 채 끝나는 듯하다. 이런 간절하고 다급한 기도가 쌓이고 쌓여서 마침내 하나님의 응답이 선포된다. "내가 새 하늘과 새 땅을 창조하노라."사 65:17

8절(맛소라 본문으로는 7절)은 더욱 다급한 목소리로 애가를 도입한다. 8절의 접속사 "그러나"는 '그러니' 혹은 '그러므로'로 바꾸는 것이 문맥상 적당하다. '우리가 소멸 직전에 있습니다. 그러니 여호와여'라고 읽는 것이 자연스럽다. 예언자는 하나님을 두 번씩 2인칭 단수 대명사로 부른다. 자신의 공동체는 1인칭 복수 대명사로 한 번 표현한다. 직역하면 이렇다. '이제 여호와여, 우리 아버지, 당신은(아타). 우리는(아나흐누) 진흙. 그리고 당신은(아타) 우리를 빚으셨습니다[요츠레누(יֹצְרֵנוּ)]. 그리고 당신의 작품, 우리는 다.' 이사야 40-49장에서 자주 반복되는 주제를 이어받는다. 하나님은 이스라엘을 진흙으로 아담을 빚듯이 수공예 작품처럼 정성스럽게 만드셨다.^{렘 18장} 예언자는 야웨 하나님에게 창조주로서의 무한책임을 지도록 압박한다. 9절은 예언자 자신의 공동체의 죄악을 인정하되 하나님의 과잉 진노를 거두어 달라는 강청이다. 애가 장르는 하나님이 지나친 진노와 심판을 하신다는 인상을 주는 구절들을 포함하고 있다(애가 시편들과 예레미야애가). 개역개정은 9절의 히브리어 본문을 지나치게 산문으로 바꾸어놓았다. 직역하면 이렇다. '여호와여, 지나치게 분노하지 마옵소서. 영원히는 기억하지 마옵소서 죄악을. 아, 제발 하감하소서. 우리 다 당신의 백성을!' '하감하다'라고 번역한 히브리어 동사는 '보다'를 의미하는 나바트(נָבַט)의 사역형(히필) 2인칭 명령형이다. 사역형으로 사용되는 이 동사는 '주의 깊게 보다'^{pay attention to}를 의미할 때가 있다. 하나님의 용서는 죄를 영원히는 기억하지 않을 능력에서 나온다. 우리 인간은 '나에게 해를 끼친 이웃의 죄'를 영원히 기억하려는 경향이 있다. 하나님의 사랑은 죄를 기억하되 어느 정도 시간이 지나면 죄를 망각한 것처럼 당신의 기억도 쇄신시키시고 우리 자체도 갱신시켜주신다. 여기서 히스기야의 기도^{사 38:17}가 가슴에 와닿는다. "보옵소서. 내게 큰 고통을 더하신 것은 내게 평안을 주려 하심이라. 주께서 내 영혼을 사랑하사 멸망의 구덩이에서 건지셨고 내 모든 죄

통회자복 애가-여호와여, 너무 분노하지 마시오며 죄악을 영원히 기억하지 마시옵소서

를 주의 등 뒤에 던지셨나이다." 죄인의 희망은 우리 하나님이 우리의 모든 죄를 주의 등 뒤로 투척해 망각해주심에서 비롯된다.

10절(맛소라 본문 9절)은 주님께서 눈여겨 봐주셔야 할 참상을 나열한다. '주의 거룩한 성읍들이 광야가 되었으며 시온도 광야가 되었으며 예루살렘이 황폐[쉬마마(שְׁמָמָה)]가 되었다.' 문명이 사라진 광야가 되었다. 주의 거룩한 성읍들은 세겜, 벧엘, 예루살렘, 실로, 길갈 등 한때는 하나님의 구원대사에 선용되었던 거룩한 성읍들을 가리킨다. 10절은 미가서 3:9-12을 생각나게 한다. "야곱 족속의 우두머리들과 이스라엘 족속의 통치자들 곧 정의를 미워하고 정직한 것을 굽게 하는 자들아, 원하노니 이 말을 들을지어다. 시온을 피로, 예루살렘을 죄악으로 건축하는도다.······ 이러므로 너희로 말미암아 시온은 갈아엎은 밭이 되고 예루살렘은 무더기가 되고 성전의 산은 수풀의 높은 곳이 되리라." 특히 미가서 3:12이 10절과 호응한다.

11절은 성전 소화燒火를 보도한다. 조상들이 주를 찬송하던 거룩하고 아름다운 성전이 불에 탔으며, 이스라엘이 자랑하던 모든 것들[마하만데누(מְחֲמַדֵּינוּ)]이 폐허[호르바(חָרְבָּה)]가 되었다. 성전에 대한 하나님의 애착을 불러일으키려는 의도가 보인다. 그러나 하나님은 우상숭배가 가득찬 성전을 기꺼이 스스로 더럽히고 돌무더기로 변하게 하시는 거룩한 하나님이시다. 12절은 항변과 탄식이다. "여호와여, 일이 이러하거늘 주께서 아직도 가만히 계시려 하시나이까. 주께서 아직도 잠잠하시고 우리에게 심한 괴로움을 받게 하시려나이까." 하나님은 당신의 백성의 곤경에도 신적 억제와 침묵으로 일관하신다. 이 항변과 탄식은 응답받을까? 65장이 이 애가에 대한 응답이다.

메시지

64장은 참으로 통절한 참회기도문이자 애가다. 예언자는 하나님의 무궁한 자비와 진노의 잠정성에 기대어 황폐한 예루살렘을 회복시켜 달라고 간구한다. 에스라 9장, 느헤미야 9장, 다니엘 9장에서 동일한 구국참회기도가 나온다. 그런데 이사야 64장이 가장 은밀한 감정을 드러내는 애가형 기도다. 비록 자신들의 죄로 인해 나라가 엉망이 되고 성전이 불타 원수들의 농단이 이뤄지고 있지만 하나님의 자비를 강청한다. 성경의 가장 위대한 영감 중 하나는 이렇게 만신창이가 되고 죄로 인해 초래된 환난으로 재기불능의 파국에 처했으면서도 하나님의 무한자비를 믿는 신앙의 복원력이다. 비록 자신의 죄 때문에 초래된 환난징벌이라 할지라도 예언자는 하나님의 무궁한 자비에 기대어 회복을 간구한다. 우리는 통회자복과 회복의 강청기도에서 세 가지를 배운다.

첫째, 자신의 죄악이 초래한 환난고통을 대면하고 고통을 당할 때마다 죄를 미워할 힘을 길러야 한다. 죄로 인한 심판이 고통스러운 이유는 고통이 죄를 배척할 힘을 길러주기 때문이다. 물론 성령이 충만하면 죄를 이길 수 있고 정욕과 탐심을 이길 수 있다. 성령은 거룩한 진리의 영, 성결의 영이기에 성령이 임하면 하나님을 두려워하는 위축감이 찾아오고 전에 행하던 죄가 즐거워할 수 없는 혐오대상이 된다. 고통은 성령의 충만만큼 죄를 이길 힘을 주지는 못하지만 조건반사 수준의 죄를 배척할 능력을 제공한다.

둘째, 예언자는 원수들이 하나님의 이름을 모른 채 주님의 기업 이스라엘을 농단하고 유린하는 사태가 하나님의 명예와 관련된 문제임을 상기시키며 하나님의 직접 개입을 요청한다. 하늘을 가르고 진동하던 무시무시한 하나님의 강림은 출애굽의 하나님을 지칭한다. 우

통회자복 애가 여호와여 너무 분노하지 마시오며 죄악을 영원히 기억하지 마시옵소서

리가 하나님의 옛 구원대사를 잘 알아야 하는 이유가 여기에 있다. 성경의 구원대사 뿐만 아니라 교회사에 나타난 하나님의 구원대사를 기억하고 있어야 하며, 그 전범에 입각해 구원대사를 다시 일으켜 달라고 기도해야 한다. 산들을 진동시키고 땅을 떨게 하듯이 이방 나라들을 전율로 몰아가 달라는 기도는 정말 거대한 열강들 틈새에서 존재감을 잃은 사람들만 이해할 수 있는 기도다. 지금 한반도의 분단 체제를 틀어쥐고 있는 이방 나라들이 주님 앞에 떨게 해달라고 간구해야 한다. 인간 지도자들의 변덕이나 이해타산에 우리 겨레의 앞날을 맡겨서는 안 된다. 평화애호적인 기독교인들의 기도는 너무 약해 보인다. 우리는 하늘을 가르고 산을 진동시키며 역사의 물줄기를 급격하게 틀어주셨던 출애굽의 하나님, 출바벨론의 하나님을 믿고 간청해야 한다.

셋째, 우리는 죄를 고백하고 용서를 구하는 기도를 해야 하지만, 동시에 하나님의 역사 개입을 위해 강청하는 기도를 쉬지 말아야 한다. '주님의 진노가 이미 오래 되었습니다. 우리가 스스로 의로워져 민족 화해를 이룰 수가 없습니다. 하나님, 저희들의 허무한 의에 의지하기에는 현실은 너무 엄혹합니다. 지금 우리를 그냥 내버려두시면 우리는 다 잎사귀 같이 시들기 때문에 우리의 죄악이 바람 같이 우리를 몰아갑니다.' 이렇게 간구해야 한다. '우리의 죄악으로 흩어지고 소멸'되는 중차대한 위기의 순간에 우리는 창조주 하나님의 무한책임에 호소해야 한다. 우리를 창조하신 하나님을 부르며, 우리에게 무한 책임적인 창조주가 되어 달라고 간구해야 한다. 8절은 이 진실을 잘 드러낸다. "그러나 여호와여, 이제 주는 우리 아버지시니이다. 우리는 진흙이요 주는 토기장이시니 우리는 다 주의 손으로 지으신 것이니이다." '우리가 죄를 지어 주님의 분노를 샀으나 우리는 다 주의 백성입니다. 이 사실은 변함이 없습니다.' 창조주 하나님은 우리가 먼지뿐임을 아신다.^{시 103:14} '시온이 광야가 되었으며 예루살렘이 황폐하였으며, 거룩하고 아름다운 성전이 불에 탔습니다. 이런 극한 참상을 보고도 주께서 아직도 가만히 계시려 하시나이까? 주께서 아직도 잠잠하시고 우리에게 심한 괴로움을 받게 하려고 하십니까?' 이처럼 애가 기도는 인간에 대한 하나님의 창조주로서의 무한 책임적 신실성에 호소하여 드려져야 한다. 그런데 이 참혹한 애가 기도 자체가 하나님의 영에 격동된 사람만이 드리는 기도임을 고려해보면, 하나님은 당신의 백성들이 이런 대파국적 몰락을 운명으로 받아들이고 뒷걸음치기보다는 항변하듯이 회복시켜 달라고 강청하기를 기대하신다.

놀라운 사실은 이런 애가형 기도는 평소에 하나님과 보냈던 감미로운 옛 기억을 가진 사람들만이 드릴 수 있다는 것이다. 하나님과 보낸 시간이 단 한순간도 감미롭지 않았다면 이러한 애가형 기도 자체를 드릴 수 없다. 하나님을 사랑하고 하나님의 거룩하신 영광을 흠모하는 사람들만이, 하나님의 이름으로 불리는 백성이 초토화되고 산산조각날 때 애통의 눈물이 흐르는 법이다. 이 기도를 드린 자들은 '시온에서 슬퍼하는 자들'로 불린다. 바벨론 포로들의 귀환과 시온의 재건과 회복은 70년 내내 드려진 애가형 기도에 대한 응답일 수도 있다.^{겔 36:37}

오늘날 소수의 성도들은 한국교회를 보며 숨죽이며 탄식하며 이런 애가형 기도를 드리고 있을 것이다. 그러나 맘모스처럼 비대한 주류 교회 예배당 강단에서 울려 퍼지는 설교는 철없는 유아기 수준의 자기복무적 구원담론, 교회이익 수호담론, 껍데기만 남아있는 타종교 멸시-기독교 우월주의 담론들이다. 나라가 붕괴되고 공동체성이 무너져 날마다 집단자살을 감행하며 생을 끊는 이 살벌한 대한민국 사회를 놓고 애달프게 우는 사람이 많지 않다. 2,500만 북한동포는 20세기에 양식이 모자라 굶어죽었고, 남한의 부유한 동포들은 북한의 아사와 기아에 공명하지도 못하고 북한정권을 저주하기만 했다. 공산당마저도 감화감동시킬 성령의 코이노니아 복음을 갖고도 미워하고 증오하는 데 열을 내고 원수를 무장해제시키는 사랑이 없다. 경쾌한 확신과 자기만족감만 가득찬 교회는 결코 이사야 64장을 이해할 수 없다. 무너지고 붕괴되고 황폐케 된 것이 무엇인지를 아는 몰락 경험자, 진노 경험자들은 64장의 애가를 어느 정도 이해할 수 있다. 지금 한국교회나 사회에는 애가형 탄식기도, 자복기도, 강청기도가 회복되어야 한다.

65장.

새 하늘과 새 땅을 창조하시는 여호와 하나님

65

^{1} 나는 나를 구하지 아니하던 자에게 물음을 받았으며 나를 찾지 아니하던 자에게 찾아냄이 되었으며 내 이름을 부르지 아니하던 나라에 내가 여기 있노라, 내가 여기 있노라 하였노라. ^{2} 내가 종일 손을 펴서 자기 생각을 따라 옳지 않은 길을 걸어가는 패역한 백성들을 불렀나니 ^{3} 곧 동산에서 제사하며 벽돌 위에서 분향하여 내 앞에서 항상 내 노를 일으키는 백성이라. ^{4} 그들이 무덤 사이에 앉으며 은밀한 처소에서 밤을 지내며 돼지고기를 먹으며 가증한 것들의 국을 그릇에 담으면서 ^{5} 사람에게 이르기를 너는 네 자리에 서 있고 내게 가까이 하지 말라. 나는 너보다 거룩함이라 하나니 이런 자들은 내 코의 연기요 종일 타는 불이로다. ^{6} 보라, 이것이 내 앞에 기록되었으니 내가 잠잠하지 아니하고 반드시 보응하되 그들의 품에 보응하리라. ^{7} 너희의 죄악과 너희 조상들의 죄악은 한 가지니 그들이 산 위에서 분향하며 작은 산 위에서 나를 능욕하였음이라. 그러므로 내가 먼저 그들의 행위를 헤아리고 그들의 품에 보응하리라. 여호와가 말하였느니라. ^{8} 여호와께서 이와 같이 말씀하시되 포도송이에는 즙이 있으므로 사람들이 말하기를 그것을 상하지 말라. 거기 복이 있느니라 하나니 나도 내 종들을 위하여 그와 같이 행하여 다 멸하지 아니하고 ^{9} 내가 야곱에게서 씨를 내며 유다에게서 나의 산들을 기업으로 얻을 자를 내리니 내가 택한 자가 이를 기업으로 얻을 것이요 나의 종들이 거기에 살 것이라. ^{10} 사론은 양 떼의 우리가 되겠고 아골 골짜기는 소 떼가 눕는 곳이 되어 나를 찾은 내 백성의 소유가 되려니와 ^{11} 오직 나 여호와를 버리며 나의 성산을 잊고 갓에게 상을 베풀며 므니에게 섞은 술을 가득히 붓는 너희여, ^{12} 내가 너희를 칼에 붙일 것인즉 다 구푸리고 죽임을 당하리니 이는 내가 불러도 너희가 대답하지 아니하며 내가 말하여도 듣지 아니하고 나의 눈에 악을 행하였으며 내가 즐겨하지 아니하는 일을 택하였음이니라. ^{13} 이러므로 주 여호와께서 이와 같이 말씀하

65

새 하늘과 새 땅을 창조하시는 여호와 하나님

시니라. 보라, 나의 종들은 먹을 것이로되 너희는 주릴 것이니라. 보라, 나의 종들은 마실 것이로되 너희는 갈할 것이니라. 보라, 나의 종들은 기뻐할 것이로되 너희는 수치를 당할 것이니라. ¹⁴보라, 나의 종들은 마음이 즐거우므로 노래할 것이로되 너희는 마음이 슬프므로 울며 심령이 상하므로 통곡할 것이며 ¹⁵또 너희가 남겨 놓은 이름은 내가 택한 자의 저줏거리가 될 것이니라. 주 여호와 내가 너를 죽이고 내 종들은 다른 이름으로 부르리라. ¹⁶이러므로 땅에서 자기를 위하여 복을 구하는 자는 진리의 하나님을 향하여 복을 구할 것이요 땅에서 맹세하는 자는 진리의 하나님으로 맹세하리니 이는 이전 환난이 잊어졌고 내 눈 앞에 숨겨졌음이라. ¹⁷보라, 내가 새 하늘과 새 땅을 창조하나니 이전 것은 기억되거나 마음에 생각나지 아니할 것이라. ¹⁸너희는 내가 창조하는 것으로 말미암아 영원히 기뻐하며 즐거워할지니라. 보라, 내가 예루살렘을 즐거운 성으로 창조하며 그 백성을 기쁨으로 삼고 ¹⁹내가 예루살렘을 즐거워하며 나의 백성을 기뻐하리니 우는 소리와 부르짖는 소리가 그 가운데에서 다시는 들리지 아니할 것이며 ²⁰거기는 날 수가 많지 못하여 죽는 어린이와 수한이 차지 못한 노인이 다시는 없을 것이라. 곧 백 세에 죽는 자를 젊은이라 하겠고 백 세가 못되어 죽는 자는 저주 받은 자이리라. ²¹그들이 가옥을 건축하고 그 안에 살겠고 포도나무를 심고 열매를 먹을 것이며 ²²그들이 건축한 데에 타인이 살지 아니할 것이며 그들이 심은 것을 타인이 먹지 아니하리니 이는 내 백성의 수한이 나무의 수한과 같겠고 내가 택한 자가 그 손으로 일한 것을 길이 누릴 것이며 ²³그들의 수고가 헛되지 않겠고 그들이 생산한 것이 재난을 당하지 아니하리니 그들은 여호와의 복된 자의 자손이요 그들의 후손도 그들과 같을 것임이라. ²⁴그들이 부르기 전에 내가 응답하겠고 그들이 말을 마치기 전에 내가 들을 것이며 ²⁵이리와 어린 양이 함께 먹을 것이며 사자가 소처럼 짚을 먹을 것이며 뱀은 흙을 양식으로 삼을 것이니 나의 성산에서는 해함도 없겠고 상함도 없으리라. 여호와께서 말씀하시니라.

주석

65장은 패역한 백성을 징벌하실 수밖에 없는 하나님,[1-7절] 하나님의 종들과 우상숭배자들의 갈라지는 행로,[8-16절] 그리고 예루살렘을 새롭게 창조하겠다고 결심하는 하나님의 약속[17-25]으로 나뉜다. "너" 혹은 "너희"는 화자인 하나님께 직접적으로 단죄당하는 청중으로서 자신들을 다른 사람들보다 더 거룩하다고 말하지만 실상 우상숭배자 외에 다름 아닌 자들이다.

패역한 백성을 징벌하실 수밖에 없는 하나님 •1-7절

1-3절은 하나님의 1인칭 독백이다. 1-3절에 반복되는 단어는 '나라'와 '백성'이다. 1절에 나오는 '나라'와 2절에 나오는 '백성'은 동일 집단이며, 3절의 '백성'도 1-2절의 '나라'와 '백성'과 같은 실체다. 문맥상 이스라엘을 가리킨다. 1절은 이스라엘 백성이 하지 않는 행동이 세 가지라고 말한다. 구하지 않고[샤알(שָׁאַל)], 찾지 않고[빠카쉬(בָּקַשׁ)], 하나님 이름을 부르지[카라 쁘쉠(קָרָא בְשֵׁם)] 않는다. 샤알(שָׁאַל)은 하나님의 뜻을 구체적으로 묻는 행위, 바카쉬(בָּקַשׁ)는 전심으로 하나님을 찾는 행위, 카라 쁘쉠(קָרָא בְשֵׁם)은 하나님의 임재와 현존을 간구하는 행위다. 이 세 가지 행동은 이스라엘이 의당 하나님께 대하여 행해야 할 것들이다. 그런데 이스라엘은 하나님과의 영적 소통에 전심을 기울이지 않는다. 대신 이스라엘은 두 가지를 행한다. 2-3절이 이스라엘이 적극 행하는 행동 두 가지를 적시한다. 자기 생각을 따라 옳지 않은 길을 걸어가고 하나님을 격동시킨다. 개역개정은 3절 히브리어 문장에 없는 단어 '노'를 추가했는데 불필요한 추가다.

　구하지도 않고, 전심으로 하나님을 찾지도 않고, 하나님의 이름을 부르지도 않는 백성에 대한 하나님의 응답은 상상을 초월한다. 1절의 니드라쉬티(נִדְרַשְׁתִּי)는 '나는 찾은 바 되었다'라는 뜻이다. 이스라엘이 구하던 바를 결국 제공하는 하나님이 되었다는 말이다. 니므체티(נִמְצֵאתִי)는 '나는 발견되었다'는 뜻이다. 이스라엘이 만나려던 하나님이 이스라엘에게 나타났다는 말이다. 힌네니(הִנֵּנִי)는 '내가 여기 있다'는 다정한 말이다. 하나님이 어디 계시냐고 항의하고 불평하던 자들에게 '내가 여기 있다'라고 말씀하신다. 이렇게 비호감적인 백성에게 하나님은 인간의 비례적 정의감을 깨뜨리는 파격적인 친절과 호의를 베푸신 것이다. 하나님이 이스라엘에게 나타나신 것을 이스라엘의 능동적인 하나님 추구가 아니라 하나님의 기습적인 출현의지 때문이었다.

2절은 하나님 편에서 이스라엘을 하루 종일 불렀다고 말한다. 하나님이 "종일 손을 펴서 자기 생각을 따라 옳지 않은 길을 걸어가는 패역한 백성"을 불렀다. '패역한 백성'은 암 쏘레르(עַם סוֹרֵר)다. 쏘레르(סוֹרֵר)는 '패역하다, 반역하다, 체결된 언약이나 조약을 정면으로 위반하다'를 의미하는 싸라르(סָרַר) 동사의 단수 능동 분사다. 이스라엘은 반역이나 패역에 익숙한 백성이라는 뜻이다. 2절의 "옳지 않은 길"은 '선하지 않은 길'[하데레크 로-토브(הַדֶּרֶךְ לֹא-טוֹב)]로 번역하는 것이 낫다. 이스라엘은 지금 자기에게 유익하지 않은 길, 선이 되지 않는 길을 걸어간다는 것이다. 하나님이 오히려 이스라엘을 하루 종일 부르는 상황이다. 3절은 어떤 점에서 이스라엘이 암 쏘레르(עַם סוֹרֵר), '패역하는 백성'이라고 불리는지를 예증한다.

패역한 백성은 "동산에서 제사하며 벽돌 위에서 분향하여 내 앞에서 항상 내 노를 일으키는 백성"이다. 개역개정은 3절 하반절을 어색하게 번역한다. 정확하게 번역하면 이렇다. '동산에서 제사하며 벽돌 위에서 분향함으로써 항상 내 얼굴에 거슬리게 나를 격동시키는 백성'이다. '항상'이라는 단어에서 엿보이듯이 이 기괴한 동산 제사와 벽돌 위 분향은 성전에서 매일 드려지는 상번제 제사를 모방하는 제사였던 것으로 보인다. 그럴수록 이 동산 제사와 벽돌 위 분향은 '항상' 하나님의 얼굴에 격분을 일으키며 하나님을 격렬하게 자극한다. 이 동산 제사와 벽돌 위 분향은 예언자가 보기에는 하나님에게 가깝게 만드는 종교행위가 아니라, 하나님의 언약을 위반하고 하나님과 인격적으로 등을 지게 만드는 패역행위였다. 이 패역행위가 바벨론 유배를 초래했던 포로기 이전 시대의 죄악상을 과거회상 기법으로 회고하는 것인지, 아니면 바벨론 포로기 이후 새롭게 시작된 가나안 재정착시대 이후에 벌어진 우상숭배인지를 알기는 어렵다. 만일 우리가 3절의 묘사가 예루살렘 성전이 완성된 이후의 어느 시점에 벌어진 상황이라고 본다면, 에스라가 와서 하나님의 율법을 가르쳐야 할 상황과 관련이 있을 것이다. 7절에 비추어볼 때 이 우상숭배는 이전 포로기 이전의 죄악이면서도 동시에 포로기 이후 세대에게까지 계속된 죄악상이라고 봐도 될 것이다.

4절은 패역한 백성이 행하는 동산 제사와 벽돌 위 분향의 실상을 고발한다. 그들은 '무덤 사이의 은밀한 처소에서 밤새우며 제사를 드리고 돼지고기와 부정한 국을 끓여 먹는다.' 무덤 사이라는 것은 모세오경의 시체 접촉 금지계명을 위반할 가능성을 암시한다. 돼지고기는 모세오경의 정결음식법에 따르면 부정한 음식이다. "돼지는 굽은 갈라졌으나 새김질을 못하므로 너희에게 부정하니 너희는 이런 것의 고기를 먹지 말 것이며 그 사체도 만지지 말 것이니라."^{신 14:8; 레 11:6-8} 그런데 패역한 백성은 이 정결음식법을 정면으로 위반한다.

5절은 그들의 자아도취적인 성결 자랑을 비꼬듯이 보도한다. 무덤 사이에 앉아 부정한 돼지고기를 먹으며 가증한 것들로 국을 끓여 먹으면서도 다른 사람에게 자신들 근처에 가까이 오지 말라고 요구한다. "너는 네 자리에 서 있고 내게 가까이 하지 말라. 나는 너보다 거룩함이라." 이런 기막힌 자아도취자들은 하나님을 격분시킨다. "이런 자들은 내 코의 연기요 종일 타는 불이로다." 코의 연기와 타는 불은 하나님의 생생한 분노를 의미한다. 이런 악행은 일단의 패역한 자들의 조상이 범한 것들인데 이것이 책에 기록되어 있다. 아마도 이사야 1-39장을 가리키거나 아모스서나 호세아서를 가리킬 것이다. 6절은 "보라"라는 발어사로 시작한다. 이런 악행은 바벨론 포로들의 이전 조상 세대가 범한 죄들로 현재의 이스라엘에게까지 이어져오는 패역행위들이다. 6절 마지막 소절은 하나님의 임박하고도 확실한 심판집행을 말한다. "내가 잠잠하지 아니하고 반드시 보응하되[쉴람티 (שִׁלַּמְתִּי)] 그들의 품에 보응하리라(쉴람티)." 그들의 "품"은 그들의 우상을 안은 가슴을 가리킨다.

7절은 이 가증한 종교행위가 지금 비난당하는 패역한 백성의 죄악임과 동시에 그들의 조상의 죄악임을 밝힌다. 그 죄는 산당숭배다. 열왕기상하는 이스라엘과 유다의 열왕들이 거의 대부분 산당제사를 유지하고 심지어 장려했다고 보도한다. 이 패역한 백성의 조상도 산 위에서 분향하며 작은 산 위에서 여호와를 능욕했다. 이에 대한 하나님의 응답은 보응이다. "내가 먼저 그들의 행위를 헤아리고"라고 번역된 개역개정은 '내가 그들의 이전(먼저 번) 행위를 헤아려서'라고 바뀌어야 한다. 개역개정은 히브리어 리쇼나(רִאשֹׁנָה)를 마치 시간부사인 것처럼 "먼저"라고 번역한다. 하지만 여기서 리쇼나는 '첫 번째, 이전의'를 의미하는 여성 단수 형용사로서 그 앞에 있는 여성 단수 명사사 퍼울라(פְּעֻלָּה, 행위)를 수식한다. 이전의 죄악까지 합산하여 이 패역한 백성의 품에 보응하시겠다는 것이다.

이 단락은 앞 단락의 어조와 상당히 다르다. 1-7절이 패역한 백성에 대한 신랄한 단죄와 위협적인 심판 신탁이라면, 이 단락은 이사야 40-66장의 중심 음조인 예루살렘과 이스라엘에 대한 위로와 회복, 구원과 갱신의 신탁이다. 앞 단락과 이 단락 사이의 서사적 연결성을 찾기가 쉽지 않다. 앞의 심판과 정죄를 전혀 모르는 것 같은 이 단락의 명랑한 낙관주의적 미래예언을 명료하게 납득하기가 어렵다. 다만 한 가지는 확실하다. 이 단락의 직접적인 청중인 "너희"[11, 13절]는 하나님을 따르는 소수의 "종들"[14-15절]과 확실히 구분되고 있다는 사실이다. 이 단락의 "너희"는 앞 단락의 동산 헌제자들과 벽돌 위 분향자들과 동일한 집단으로 간주된다.

8절은 남은 자[사 6:13]를 통해 당신의 기업을 상속케 하실 하나님의 계획을 말한다. 하나님은 포도를 재배하는 농부들의 잠언을 인용하여 당신의 백성을 일부 살려두실 의향을 말한다. "포도송이에는 즙이 있으므로…… 그것을 상하지 말라. 거기 복이 있느니라"는 농민들의 잠언에 빗대어, 예언자는 포도송이 일부를 남기시려는 하나님의 의도를 말하고 있다(참조. 사 5:1-7). 하나님은 패역한 백성을 심판하시되 "다 멸하지 아니하"신다. 9절은 남은 자에게 기대되는 과업을 말한다. "야곱에게서 씨를 내며 유다에게서 나의 산들을 기업으로 얻을 자를 내리"라. 9절 하반절의 주어는 복수다. '내가 택한 자들이 그것(3인칭 여성 단수 목적 접미어)을 상속할 것이며 나의 종들이 거기에 살 것이라.' '그들이 그것을 상속할 것이다'는 히브리어 이레슈하(יְרֵשׁוּהָ)다. 여기서 이레슈(יָרֵשׁ)는 '상속하다', '얻다'를 의미하는 야라쉬(יָרַשׁ) 동사의 3인칭 남성 단수 완료이며, 하(הָ)는 '그것을'(3인칭 단수 여성 명사 접미어)로 번역된다. 9절 마지막 소절을 제대로 해석하려면 '그것'과 9절의 마지막 소절에 나오는 '거기'가 어딘지를 밝혀야 한다. '산들'이 유력한 후보가 되겠지만 '산'은 남성 명사다. 또한 '산들'은 남성 복수 명사다. 가나안 땅이나 시온이 여성 단수로서 후보이긴 하지만 현재 9절 전후 어디에도 나타나지 않는다. 다만 '산들'이 비록 남성 복수 명사이긴 하지만 이것이 시온이나 가나안 땅을 대표한다고 볼 경우, 여성 단수 명사 접미어 하(ה)가 앞 소절의 '산들'을 가리키는 접미어라고 볼 수 있을 것이다.

10절은 1-7절에 나오는 패역한 백성과 구별되는 백성, 하나님을 찾는 백성을 소개한다. 샤론은 양 떼의 우리가 되겠고 아골 골짜기는 소 떼가 눕는 곳이 될 것이다. 샤론 평야와 아골 골짜기 평지 모두 일급 목초지인데 이것들은 하나님을 찾는 하나님의 백성의 소유가 될 것이다. '하나님을 찾는 하나님의 백성'은 앞 단락의 "나를 찾지 아니한 백성"과 대조되는 집단이다. 하나님은 여기서 1-7절에 나오는 패역한 백성을 "너희"라고 부르고, 하나님을 찾는 백성을 "내 백성"이라고 부른다. 65-66장에서는 이스라엘이, '종교적 주류세력이 된 패역한 백성'과 주류에서 밀려난 하나님의 음성을 감청하고 순종하는 소수파로 나눠서 언급되고 있다. 주류세력은 동산 예배, 무덤 사이에서 경야, 돼지고기 제사, 벽돌 위 분향을 주관하는 자들로서 자신들이 다른 사람들보다 더 거룩하다고 주장한다. 그들은 하나님을 두려워하는 소수파를 하나님의 이름으로 성전제사에서 추방해버린다.[66:5-6]

11-15절은 "너희"라고 불리는 65장의 청중과 하나님이 "내 종들"이라고 부르는 사람들의 미래가 완전히 다를 것을 말한다. 아템(אַתֶּם) 중심으로 11-14절을 직역하면 이렇다. 11절에는 정동사가 없고, 모두 정관사 하(ה)가 붙어 있는 능동 분사형으로 구성되어 있다. 11-14절에는 2인칭 남성 복수 대명사 아템(אַתֶּם)이 여러 차례 상황절을 이끌고 있다. 아템 상황절은 "너희"의 운명과 "내 종들"의 운명이 얼마나

대조적으로 갈라지는지를 부각시키는 기능을 한다.

> **11** 그리고 너희(아템) 야웨를 버린 자들, 나의 성산을 잊어버린 자들,
>
> 갓(행운의 신)에게 상을 편 자들,
>
> 므니(운명의 신)에게 섞은 술을 가득히 채운 자들이여!
>
> **13** 이러므로 주 여호와께서 이와 같이 말씀하시니라. 보라, 나의 종들은
>
> 먹을 것이다. 하지만 너희는(아템) 주릴 것이니라. 보라, 나의 종들은 마
>
> 실 것이다. 하지만 너희는(아템) 갈할 것이니라. 보라, 나의 종들은 기뻐
>
> 할 것이다. 하지만 너희는(아템) 수치를 당할 것이니라
>
> **14** 보라, 나의 종들은 마음이 즐거우므로 노래할 것이다. 하지만 너희는
>
> (아템) 마음이 슬프므로 울고 심령이 상하므로 통곡할 것이다.

11절은 이 신탁의 예상 청중인 너희(아템)를 단도직입적으로 야
웨를 버린 자들, 하나님의 성산을 잊어버린 자들, 갓(행운의 신[1])에게
상을 편 자들, 므니(운명의 신)에게 섞은 술을 가득히 채운 자들이라
고 단죄한다. 12절은 그들에 대한 하나님의 심판 처분을 말한다. 하
나님은 그들을 칼에 붙여 구푸리고 죽임을 당케 하실 것이다. 그들은
65:2에서 말한 것처럼 하나님이 하루 종일 불러도 대답하지 아니하
며 하나님이 말해도 듣지 아니하고 하나님 목전에서 악을 행하고 하
나님이 기뻐하시지 않은 일을 기꺼이 선택했기 때문이다. '칼에 붙인
다'라고 번역된 히브리어는 마니티 에트켐 라헤렙(מָנִיתִי אֶתְכֶם לַחֶרֶב)
이다. 여기서 마니티(מָנִיתִי)는 '처분하다, 운명에 처하다'를 의미하는
마나 동사(מָנָה)의 1인칭 단수 완료다. '내가 너희를 칼에 죽을 운명으
로 정했다.' 마니티와 '므니'(מְנִי)라는 운명의 신[2] 이름 사이에 어희수
사법이 여기에 작용하고 있다. 므니 숭배자들은 칼에 마니티(칼에 처
분당하는 운명)될 것이다.

13절은 이런 영적 불통에 빠진 완악한 당신의 패역백성에게 내릴 심판 처분과 하나님을 찾고 부른 '하나님의 종들'에게 주실 구원을 각각 말한다. 앞에서 살펴보았듯이 13절은 아템, "너희"를 세 번이나 사용한다. '보라, 나의 종들은 먹을 것이다. 하지만 너희는(아템) 주릴 것이니라. 보라, 나의 종들은 마실 것이다. 하지만 너희는(아템) 갈할 것이니라. 보라, 나의 종들은 기뻐할 것이다. 하지만 너희는(아템) 수치를 당할 것이니라.'

14절도 아템을 한번 사용하며 13절의 주제를 병렬적으로 전개하고 있다. 앞에서처럼 "보라"는 놀라울 정도의 상황 반전을 도입하는 발어사다. 지금은 '너희'의 전성기요 독무대일지 몰라도 곧 '내 종들'이 신원되고 '너희가' 몰락할 것이다. 13절에서 세 차례, 14절에 한 차례 사용된 발어사 힌네(הִנֵּה)는 놀라운 상황 반전을 암시한다. '이전까지는 내 종들이 마음이 슬프고 심령이 상했고 너희는 마음이 즐거워 노래했지만 이제는 상황이 달라졌다. 나의 종들은 마음이 즐거워 노래할 것이다. 하지만 너희는 마음의 애통으로 울부짖으며(차아크), 심령의 부서짐으로 통곡할 것이다.'

15절은 "너희"의 유산이 더욱 수치스럽게 기억될 것을 말한다. '너희, 패역백성이 남겨 놓은 이름은 하나님의 택한 종들에게 저줏거리로 남겨질 것이다.' 므니 헌제자, 갓 헌제자는 이스라엘 역사에서 '저주받은 자'의 대명사로 기억된다는 말이다. 그 증거가 이사야 65장에 있다. 므니, 갓에게 제사 드린 자는 영원한 수치를 뒤집어쓴 채 성경 독자들에게 불쾌를 안겨준다. 주 여호와께서 1인칭 대명사 '아니'를 앞세워 패역자들을 심판하실 의지를 피력하신다. '다른 이가 아니라 나 자신이 너(2인칭 단수)를 죽이고 내 종들에 대해서는 한 다른 이름이 붙여져 불릴 것이다.' 패역백성과 하나님의 백성을 영구적으로 분리시킨다는 말이다.

16절은 일반적 잠언인데 행운의 신 갓과 운명의 신 므니에게 제사 드린 자들을 겨냥한 잠언이다. 갓과 므니에게 제사 드리는 자들은 진리의 하나님을 등진 채 복을 구한 자들이다. 이들의 결국은 칼에 죽을 운명이다. 그러나 하나님께서는 땅에서 자기를 위하여 복을 구하는 자는 진리의 하나님을 향하여 복을 구할 것이요 땅에서 맹세하는 자는 진리의 하나님으로 맹세해야 한다고 확언하신다. "진리의 하나님"은 히브리어로 엘로헤 아멘(אֱלֹהֵי אָמֵן)이다. 진리의 하나님께 복을 구하고 진리의 하나님으로 맹세한 자들에게는 열매가 있다. 왜냐하면 그들에게 닥쳤던 환난이 잊혀졌고, 하나님의 눈앞에 숨겨졌기 때문이다. 16절은 예루살렘과 이스라엘의 화려한 부활과 영화로운 승귀를 다루는 60-62장과 희미하게 연결된다.

예루살렘에 창조하실 새 하늘과 새 땅 • 17-25절

이 단락이 바로 앞 단락과 얼마나 유기적으로 연결되는지 확신하기 어렵다. 17절은 '발어사' 힌네니(הִנְנִי)로 시작한다. 이전 상황과 다른 현실이 개시된다는 암시다. "보라"의 주어가 1인칭 하나님이므로 이후에 나오는 '창조하다'를 의미하는 뽀레(בּוֹרֵא)의 주어도 1인칭 하나님으로 봐야 한다. '보라, 내가 새 하늘과 새 땅을 창조하려고 한다.' 그것은 얼마만큼 새로운 하늘과 새로운 땅의 창조인가? '첫 창조는 기억되거나 마음에 남아있지 않을 정도로 새로운 창조다.' 17절은 전체적으로 이런 의미다. '새 하늘과 새 땅 창조'가 이전 첫 창조가 기억나지 않을 만큼 강력하게 새로운 창조사역이라는 것이다. 여기서 말하는 새 하늘과 새 땅은 요한계시록 21-22장이 말하는 새 하늘과 새 땅과도 어느 정도 거리가 있다. 이 단락의 새 하늘과 새 땅은 묵시문학적 수준의 역사종결적인 종말의 그림이 아니다. 이 단락의 새 하늘과 새 땅은 이상화된 예루살렘의 승귀昇貴와 영화화榮華化를 의미한다. 또한 60:19-20과 주제적인 유사성을 보이면서도 다르다. 60:19-20도 요한계시록 21-22장처럼 첫 창조질서의 발전적 종결을 함의하는 것처럼 보이기 때문이다. 거기에서는 해와 달의 역할이 사라진다. 그런데 이 단락에서는 첫 창조를 폐기하는 그런 의미의(비교. 계 21:1) 새 하늘과 새 땅 창조가 아니다.

18절은 새 하늘과 새 땅 창조의 핵심이 예루살렘의 새로운 창조임을 말한다. 하나님은 스스로 당신이 창조하는 새 하늘과 새 땅이 예루살렘의 갱신이라고 말한다. 하나님은 청중에게 기뻐하며 즐거워하라고 명한다. 언제까지인가? 개역개정의 "영원히"라는 번역은 오역이다. 히브리어 아데-아드 아쉐르(עֲדֵי־עַד אֲשֶׁר)는 '무엇 무엇을 할 때까지'until when를 의미하는 부사어다. 언제까지 기뻐하고 즐거워해야 하느냐 하면, '내가 창조할 때까지, 보라, 내가 예루살렘을 희락으로, 그리고 그의 거민들을 즐거움으로 창조할 때까지다.' 이것이 18절의 정확한 의미. 하나님이 슬픔과 애통이 가득찬 예루살렘을 희락의 화신으로, 그 거민을 즐거움의 화신으로 창조하시는 것, 이것이야말로 새 하늘과 새 땅 창조라는 것이다. 그럼 어떻게 예루살렘을 희락의 화신, 그 거민을 즐거움의 화신으로 창조하실 것인가?

19절이 대답한다. 하나님 자신이 "예루살렘을 즐거워하며 나의 백성을 기뻐하"시는 것이 예루살렘의 희락이요 그 거민의 즐거움이다. 하나님이 즐거워하시는 성읍은 희락이 넘치고 하나님이 기뻐하시는 거민은 즐거움으로 가득찰 수밖에 없다. 그래서 예루살렘에는 우는 소리와 부르짖는 소리가 더 이상 들리지 않을 것이다. 우는 소리, 부르짖는 소리는 공평과 정의가 무너진 사회에서 약자들이 못 살겠다고 하나님께 아우성치는 소리다. 억울하고 원통하다고 소리치며 창조주 하나님께 세상의 군왕과 관원들을 고발하는 소리다. 예루살렘의 관원은 화평(샬롬)이 맡고 감독은 공의(츠다카)가 맡기 때문에 다시는 이런 억울하고 원통한 자들이 안 생긴다. "내가 금을 가지고 놋을 대신하며 은을 가지고 철을 대신하며 놋으로 나무를 대신하며 철로 돌을 대신하며 화평을 세워 관원으로 삼으며 공의를 세워 감독으로 삼으리니 다시는 강포한 일이 네 땅에 들리지 않을 것이요 황폐와 파멸이 네 국경 안에 다시 없을 것이며 네가 네 성벽을 구원이라, 네 성문을 찬송이라 부를 것이라."60:17-18

20절은 희락과 즐거움이 넘치는 예루살렘 거민의 늘어난 평균수명을 말한다. 유아 사망자가 없고, 자연수명을 채우지 못한 채 병사하거나 재난사하는 노인이 다시는 없을 것이다. 오히려 백세에 죽는 자를 요절한 자라 하고, 백세가 못되어 죽는 자는 저주 받은 자라 부를 정도로 장수촌이 될 것이다.

21-23절은 그동안 예루살렘이 혹은 이스라엘 사회의 사회경제적 약자들이 당한 오욕의 역사를 어루만지는 위로다. 21절의 "그들"은 예루살렘 거민들이다. 그들이 가옥을 건축하고 그 안에 살겠고 포도나무를 심고 열매를 먹을 것이다. 21절이 말하는 구원은 소박한 농민의 꿈이 이뤄지는 공평사회다. 이 세상의 가난한 자들, 약소민족은 집을 짓고도 빼앗기며 포도를 심고도 열매를 빼앗기는 강탈 경험에 익숙하다. 그런데 새 예루살렘에서는 그러한 약탈이 없을 것이다.

왕상 4:25; 미 4:4

22절은 21절의 다른 표현이다. 예루살렘 거민들은 다시는 자기의 집과 곡식을 빼앗기지 않을 것이다. 그래서 나무처럼 오래 장수할 것이다. 하나님이 택한 당신의 백성은 자신들의 손으로 일한 것을 길이 누릴 것이기 때문이다. 23절도 21-22절을 반복한다. 그들의 수고가 헛되지 않겠고 그들이 생산한 것이 재난을 당하지 않을 것인데 이 안전과 평화를 맛보면서 예루살렘 거민들, '그들이야말로'(헴마) 여호와

새 하늘과 새 땅을 창조하시는 여호와 하나님

의 복된 자의 자손이요 그들의 후손도 하나님께 복 받은 자손임을 깨닫게 될 것이다.

24절은 예루살렘 거민과 하나님 사이의 긴밀하고 신속한 영적 소통 수준을 말한다. 24절에는 하나님의 1인칭 대명사 아니가 두 번씩이나 상황절을 이끈다. 그만큼 하나님 주도적인 영적 소통의지를 강조한다. "그들이 부르기 전에 내가(아니) 응답하겠고 그들이 말을 마치기 전에 내가(아니) 들을 것이며." 이런 점에서 24절은 58:9 상반절을 생각나게 한다. "네가 부를 때에는 나 여호와가 응답하겠고 네가 부르짖을 때에는 내가 여기 있다 하리라." 65:1-2의 영적 불통 상황이 완전히 해소된 것이다.

25절은 공평과 정의가 완전히 구현된 이상향을 묘사한다. 미가서 3:9-10과 이사야 5:20이 묘사한 시온/예루살렘과 정반대의 예루살렘/시온이다.[3] "야곱 족속의 우두머리들과 이스라엘 족속의 통치자들 곧 정의를 미워하고 정직한 것을 굽게 하는 자들아, 원하노니 이 말을 들을지어다. 시온을 피로 예루살렘을 죄악으로 건축하는도다."[미 3:9-10] "악을 선하다 하며 선을 악하다 하며 흑암으로 광명을 삼으며 광명으로 흑암을 삼으며 쓴 것으로 단 것을 삼으며 단 것으로 쓴 것을 삼는 자들은 화 있을진저."[사 5:20] 바벨론 유배는 이처럼 철저하게 타락한 시온과 예루살렘의 악행을 소거하시기 위한 하나님의 정밀타격이었고 심판이었다. 살아계신 하나님, 역사의 주관자이신 하나님은 억울하게 흘려진 피들과 약자들의 희생으로 건축된 인간의 도성을 반드시 붕괴시키신다. 연약한 자들의 흘려진 피가 마르고 시온의 해가 해처럼 빛날 때까지 정의와 공의를 외치는 당신의 예언자들을 보내시고 보내신다. 그리하여 마침내 시온은 만민을 향도하고 열방을 감화시키는 하나님의 통치보좌로 부상한다. "이리와 어린 양이 함께 먹을 것이며 사자가 소처럼 짚을 먹을 것이며 뱀은 흙을 양식으로 삼을 것이니 나의 성산에서는 해함도 없겠고 상함도 없으리라." 이리, 사자는 어린 양을 잡아먹는 포식자. 이들은 탐관오리, 압제적 군주와 관원을 가리키는 메타포이기도 하다. "가난한 백성을 압제하는 악한 관원은 부르짖는 사자와 주린 곰 같으니라."^{잠 28:15} 느부갓네살은 망자존대하다가 하나님께 징벌을 받아 '소처럼 풀을 먹은 후' 다시 제왕의 총명을 회복하기도 했다.^{단 5:21} 이 주제는 이사야 11장의 메시아 예언과 어느 정도 일맥상통한다. 오마주^{hommage} 기법의 예언 상속이다. 65장의 예언자는 이사야 1-39장의 예언 전통에 정통하며 그것을 존숭한 파생 예언자다. 예언자는 초월적인 영의 격동으로 보통 사람들이 보지 못하는 것을 보고 자연인이라면 발설할 수 없는 무섭고 신랄한 권력비판 담론을 주도한다. 동시에 그는 예언자 전통의 핵심사상과 메시지를 정통으로 이어받는 전통 계승자이기도 하다. 이런 예언 생성의 빛에서 볼 때 이사야 1-66장 전체의 발전과 형성 과정을 이해할 수 있다. 이사야 40-55장, 56-66장의 예언자는 각각 이사야 1-39장의 예언자 이사야를 보존하고 그의 메시지를 자기 시대에 각각 적용하고 재생시킨 문서 의존 파생 예언자들이다. 그들은 주전 8세기 이사야의 시온 회복 비전을 핵심 유산으로 상속했다. 상대적으로 이 두 예언자의 메시아 도래 예언은 희소하다. 이사야 11장은 이런 이상향을 이루는 촉매자가 다윗의 후손 이상왕이라고 보았는데, 65장에는 그런 메시아적 중보자가 나타나지 않는다. 페르시아의 종주권 아래 보호받던 예후다 시절에 독립 왕조를 건설하려는 정치운동으로 오해받을 수 있는 메시아 예언의 명시적 부활은 자제되었을 것이다. 그래서 사자와 어린 양 평화공존의 시대를 이끄는 '메시아'는 65장에서는 끝내 등장하지 않는다. 이사야 61장의 메시아적 종의 페르소나가 당시에 허용된 최대치의 지도자 이미지였을 것이다. 결론적으로 65장은 "여호와께서 말씀하시니라"로 종결된다.

메시지

그동안 서구학자들 중 더러는 이사야 24-27장이 '소묵시록'이며 이사야 65-66장 등에 나타나는 새 하늘과 새 땅 창조 단락은 전前묵시록proto-apocalyptic literature이라고 불렀다. 묵시록은 '고난과 박해 중에 있는 소수파에게 고난의 때가 얼마 남지 않았으니 잘 참으라. 곧 내가 직접 땅에 내려가 악인들을 모두 물리쳐 주겠다'라고 비밀리에 알려주는 하나님의 계시를 기록한 문서를 가리킨다. 묵시록은 역사 안에서 악행자들의 약화나 멸망이 이뤄질 가능성이 전무한 상태에서 하나님이 직접 행동해 악을 소거하는 일종의 종교적 판타지문학이다. 묵시록은 역사종결적이고 시간폐기적인 드라마를 다룬다. 신약성경의 요한계시록이 대표적인 묵시문학이다. 서양학자들 중 일부가 다니엘 7-12장, 스가랴 9-14장, 이사야 65-66장 등을 이런 묵시록의 전단계 문서라고 본다. 그러나 다니엘 7-12장도 페르시아와 그리스의 전쟁을 특수문학 형식으로 기록할 뿐 역사폐기적인 묵시록은 아니다. 스가랴서도 마찬가지다. 특히 이사야 65-66장의 새 하늘 새 땅 예언은 단연코 전묵시록적 본문이 아니다. 일부 그리스도인들은 이상적인 사회를 그리는 예언들이나 매우 고귀한 윤리적, 영적 사회생활을 그리는 산상수훈 같은 말씀은 역사 너머에 있을 일이므로 지상 현실에서 그대로 이루려고 하는 것은 무모하고 위험하다고 말한다. 특히 경제사회적으로 상류층 사람들일수록 사회계층 간의 갈등이 해소되며 포식자와 약탈자가 없는 영구 평화시대가 온다고 말하는 예언들을 받아들이기 힘들어한다. 그런 예언들을 곧이 곧대로 믿고 지금 이 세상에서 실현하려고 하는 사람은 토마스 뮌쩌[4]나 쯔비카우의 예언자들처럼[5] 북독일 일대의 유혈농민폭동을 일으킬 수가 있다고 생각하기 때문이다. 그러나 하나님이 예언자들을 통해 주신 말씀을 지금

이 역사의 현실에서 실천하고 순종해야 할 부담을 배척하고 역사 너머, 시간폐기적인 종말의 시점에 가서야 실천하겠다고 하는 것은 큰 문제다. 예언자들이 꿈꾸는 이상사회는 사자가 어린 양을 포식하고 잡아먹는 현실을 바탕으로 산파된 것이다. 이사야가 말하는 새 하늘과 새 땅은 하나님의 정의와 공의가 완전하게 실현되는 역사 안에서 구축될 미래사회다.

결국 이사야 1-66장 전체의 결론은 새 하늘과 새 땅을 창조하시려는 하나님의 가열찬 분투다. 하나님의 새 하늘과 새 땅 창조는 묵시론적인, 역사폐기적인 종말론이 아니라 역사 속에서 추진되는 세계변혁 사역이다. 이사야가 말하는 하나님의 새 하늘과 새 땅 창조의 핵심은 예루살렘과 시온의 영적 정화와 갱신이다. 시온은 하나님의 공의와 정의가 시내처럼 흘러 더 이상 약자의 부르짖음과 가난한 자의 아우성이 들리지 않는 샬롬 체현 공동체로 거듭나는 것이다. 이런 관점에서 보면 이사야서의 전체 주제는 시온의 영적 갱신과 정화를 통해 추진하는 하나님의 세계 심판 사역, 곧 낡은 세계 심판을 통한 공의와 평화로운 세계 창조다.

헨드리쿠스 베르코프 Hendrikus Berkhof의 『기독교 신앙론 Christian Faith』 52-55장은 "세계의 갱신"을 다룬다.[6] 그는 여기서 기독교 신앙이 왜 세계변혁적이며 하나님의 새 하늘과 새 땅 창조 과업에 동참해야 하는지를 설득력 있게 제시한다. 52장 '신앙에 있어서 세계의 위치'는 개인 성화에서와 마찬가지로 세계의 성화와 갱신이 성경적 비전의 중핵이라고 말한다. 베르코프는 세계의 모든 피조물들과의 창조 언약적 유대 속에 존재하는 인간의 위치에 주목하고 세계 전체의 갱신이 성경의 하나님이 주창하는 비전임을 강조한다. 하나님께서는 인간을 세상 속의 인간으로 창조하셨기 때문이다. 인간의 성화가 하나님의 뜻인 것처럼, 세계의 성화도 하나님의 염원이고 뜻이라는 것이다. 53장

'세계의 성화'에서는 그동안 많은 신학자들이 사회구조(정치경제적 구조) 성화는 불가능하다고 말해왔다는 사실을 비판적으로 검토한다. 그는 성령께서 세계 구조에 대하여 어떻게 활동하시는지를 세 가지로 정리하고 있다. 첫째, 성령도 세계의 창조와 보존에 참여하신다. 둘째, 성화된 사람을 통해서 활동하시는데 이 성화된 사람들이 보다 효과적인 구조를 만드는 것을 통해서 활동하신다. 셋째, 성령에 의해서 그리고 성령의 사람들을 통해서 이루어진 사회정치적 관념이나 구조들이 많은 사람들을 설득해 나감으로써 사회구조 갱신에 참여하신다. 이 상황에서 독특한 것은 기독교인들은 성령의 구조 성화활동을 받아내는 담지자가 되기도 하고 그것에 저항하는 범법자가 되기도 한다는 것이다. 결론적으로 세계 갱신과 변혁은 단순히 새로워진 사람들만이 초래한 변화의 총합이 아니다. 그것은 성령의 세계구조 성화활동과 뜻을 따르는 일반인들까지 연루시키는 에큐메니칼한 활동이다. 그래서 60-65장에는 광범위한 이방인들이 시온의 영화화에, 즉 하나님의 새 하늘과 새 땅 창조 과정에 참여하고 연루된다. 이런 점에서 겉으로 볼 때 기독교회에 가담해 신앙을 명시적으로 표출하지 않는 사람들을 통해서 이뤄지는 사회구조적 성화조차도 성령의 사역이라고 볼 여지가 있다. 그는 인류의 역사 속에 보편적으로 역사하는 성령의 역사에 대한 주목할 만한 논평을 내놓는다.

성령께서는 역시 세상의 창조와 보존에 관여하신다. 인간은 하나님께 버림받은 자가 아니다. 만약 그렇다면 인간은 완전히 지옥 속에서 살아갈 것이기 때문이다. 그러나 세계의 모든 곳에서, 인간의 살아있는 기억 속에서 인간이 살고 있는 사회구조는 사람들로 하여금 그들의 에고티즘과 그들의 무기력에도 불구하고 함께 일하도록 역사하였고 그들이 함께 일하는 이웃을 자기 몸처럼 사랑할 수밖에 없도록, 행동하도록 이끌었다.[7]

베르코프는 여기서 '인간의 에고티즘이 사회구조의 성화를 항상 방해했다. 그러나 그 역설도 또한 진실이다. 에고티즘을 뛰어넘는 인류의 연대와 이웃사랑도 작동한다'고 주장한다. 이 주장의 함의는 세상의 개선과 창조에 책임이 있다고 느끼는 교회 바깥의 사람들도 성령의 세계 성화사역의 촉진자나 도구가 될 수 있다는 것이다. 베르코프는 오히려 기독교인들의 반동적인 역할의 위험성을 날카롭게 지적한다.

> 역으로 믿는 사람들이 오히려 사회구조의 성화를 방해할 수가 있다. 그들의 정신상태mentality와 상황에 매몰되어 이 특별하고도 긴급한 문제에 마음을 닫아버리기 때문이다.…… 세계 갱신은 다만 윤리적으로 갱신들 사람들이 맺은 직접적인 열매가 아니다. 세계 갱신은 그 자신의 길을 따른다. 그런데 이 세계 갱신의 길, 세계 갱신의 노선들도 여전히 성령의 길들이다. 교회의 머리인 그리스도가 모든 인류의 머리도 된다. 그래서 이 인류의 주가 되는 이미지에 충실하는 것은 개인을 위할 뿐만 아니라 전체 인류를 위한 것이고 인류의 공동생활 방식을 위한 것이다. 그러므로 성령은 두 번째 사역(세계 갱신)에 자신의 방향을 전환한다.[8]

여기서 우리는 한국의 일부 교회의 정치적 보수주의 표방이 기독교 신앙의 이름으로 이뤄지는 현실을 생각한다. 사회구조적 정의를 방해하는 사람들은 성령 안에 있지 않고 비기독교적 정치 이데올로기에 결박당하고 있다고 보아야한다. 다시 말해서 사회구조의 성화를 방해하는 그리스도인들은 이념적 결사체다. 이런 이념적 결사체는 성령의 부단한 사역에 노출된 신자들과는 다르다. 그래서 베르코프의 같은 책 54장 '진보와 투쟁'은 성령의 세계변혁 사역을 방해하는 세력을 어떻게 극복할 것인지를 논한다. 베르코프는 사회구조의 진보가 현실적으로 가능할 뿐만 아니라 이루어지고 있다고 말한다.[9] 그에 따르면 유럽에 의해서 세계 각지로 퍼져나가는 여러 가지 변화들, 평등법 사상, 행정, 사법 분리 등 권력 분산과 견제와 균형 등이 사회구조적 성화를 촉진한다. 그는 이 성화가 기독교적 신앙만의 산물이라기보다는 세속주의 산물로 보인다는 점을 인정하면서도 그런 것들을 떠받치는 근본 가치는 기독교적인 기원이라고 주장한다.[10] 마지막으로 베르코프는 인간의 역사가 성취하는 진보에도 한계가 있다는 점을 인정했다. 먼저 예술이나 인간정신, 사랑이나 감정이입에 관해서는 진보에도 한계가 있다. 둘째, 질병이나 슬픔이나 죽음의 문제에도 진보의 한계가 있다.[11] 셋째, 죄의 현실과 죄의 문제에 있어서도 이러한 사회구조의 성화나 역사의 진보는 한계를 가진다.[12] 그러나 이 한계를 인정한다고 해서 우리가 사는 이 세상에서 하나님의 새 하늘과 새 땅 창조 비전에 응답하는 사회적 진보운동을 포기할 이유는 없다.

기독교회의 세계 갱신운동은 세 가지 특징을 가진다. 첫째, 기독교회 자체의 빛과 소금 됨에 충실할 때 촉진된다. 다른 어떤 외생적 프로그램이나 이념을 필요로 하지 않는다. 그 옛날 예언자들이 외치고 이사야가 증폭시키고 나사렛 예수가 이 땅에 점화시킨 하나님 나라 복음에 교회가 사로잡히면 된다. 둘째, 기독교회의 세계 갱신운동은 성령의 운동이다. 성령의 보폭, 성령의 평화와 온유, 설복의 방법으로 이뤄진다. 셋째, 기독교회의 세계 갱신운동은 모든 폭력을 배척하고 사랑, 연대심, 사회적 동정으로 추동된다. 인간 역사 안에 세계 파멸을 막는 완만한 합리성과 동정심을 믿고 그것을 자극하고 활성화시켜야 한다. 하나님을 특정 종교의 기표로 알고 있는 사람들을 상대할 때 인본주의나 인도주의의 오랜 슬로건을 활용할 수 있어야 한다. 해리엇 비처 스토우Harriet Beecher Stowe가 쓴 『톰 아저씨의 오두막』을 보면,

이 세상에는 노예제도를 온존시키려는 체제 순응주의자들도 많았지만, 그것의 악마성과 외롭게 투쟁하는 신적 동정심과 용기를 가진 사람들도 있었다는 것을 알 수 있다. 1862년의 『레미제라블』에서 빅토르 위고도, 단 한 번의 유혈혁명으로 역사의 진보를 성큼 이루려는 사행심보다 일상생활에서 비영웅적으로 발휘되는 동정심, 애휼, 이웃 배려 등이 역사를 완만하게 진보시킨다고 말한다. 이사야의 하나님이 우리에게 제시하신 새 하늘과 새 땅 창조 비전은 지구탈출적인 성간 여행을 떠나는 우주신화가 아니라 세계 내 갱신운동 비전이다.

여기서 한 가지를 유의해야 한다. 이 세계 갱신운동이, 세속 역사가 발하는 역사의 진보와 궤를 같이 한다거나 또는 인간의 노력만으로(계급투쟁이나 폭력혁명 등 권력 의존적 정치행위) 백퍼센트 실현된다는 자신감은 극도로 경계해야 한다. 즉, 이 세계를 갱신하려는 하나님 나라 운동을 유토피아에 대한 광신적 집착으로 축소해서는 안 된다. 한스-요아힘 크라우스가 잘 지적했듯이 하나님 나라 운동은 세계변혁을 지향하지만 그것의 원동력은 인간 밖에서부터 부어지는 우발적 은혜에 의해 실현된다. "하나님 나라는 우주적 변화의 우발적 과정이며, 진화가 아니라 다른 혁명들과는 비길 수 없는 유일한 혁명이고, 내적으로나 외적으로 제한이 없는, 삶과 세계의 모든 영역에 걸친 변혁과 격변이다. 하나님 나라의 변화시키고 갱신하는 능력은 하나님으로부터의 인간 소외의 깊이에까지 이르고, 삶과 공동생활을 파괴하는 근원적인 뿌리를 공격한다는 점에서 다른 모든 변화와 갱신과는 구별된다."[13]

66장.

여호와의 말씀으로 말미암아 떠는 자들아,
그의 말씀을 들을지어다

66

¹ 여호와께서 이와 같이 말씀하시되 하늘은 나의 보좌요 땅은 나의 발판이니 너희가 나를 위하여 무슨 집을 지으랴. 내가 안식할 처소가 어디랴. ² 나 여호와가 말하노라. 내 손이 이 모든 것을 지었으므로 그들이 생겼느니라. 무릇 마음이 가난하고 심령에 통회하며 내 말을 듣고 떠는 자 그 사람은 내가 돌보려니와 ³ 소를 잡아 드리는 것은 살인함과 다름이 없이 하고 어린 양으로 제사 드리는 것은 개의 목을 꺾음과 다름이 없이 하며 드리는 예물은 돼지의 피와 다름이 없이 하고 분향하는 것은 우상을 찬송함과 다름이 없이 행하는 그들은 자기의 길을 택하며 그들의 마음은 가증한 것을 기뻐한즉 ⁴ 나 또한 유혹을 그들에게 택하여 주며 그들이 무서워하는 것을 그들에게 임하게 하리니 이는 내가 불러도 대답하는 자가 없으며 내가 말하여도 그들이 듣지 않고 오직 나의 목전에서 악을 행하며 내가 기뻐하지 아니하는 것을 택하였음이라 하시니라. ⁵ 여호와의 말씀으로 말미암아 떠는 자들아, 그의 말씀을 들을지어다. 이르시되 너희 형제가 너희를 미워하며 내 이름으로 말미암아 너희를 쫓아내며 이르기를 여호와께서는 영광을 나타내사 너희 기쁨을 우리에게 보이시기를 원하노라 하였으나 그들은 수치를 당하리라 하셨느니라. ⁶ 떠드는 소리가 성읍에서부터 들려 오며 목소리가 성전에서부터 들리니 이는 여호와께서 그의 원수에게 보응하시는 목소리로다. ⁷ 시온은 진통을 하기 전에 해산하며 고통을 당하기 전에 남아를 낳았으니 ⁸ 이러한 일을 들은 자가 누구이며 이러한 일을 본 자가 누구이냐. 나라가 어찌 하루에 생기겠으며 민족이 어찌 한 순간에 태어나겠느냐. 그러나 시온은 진통하는 즉시 그 아들을 순산하였도다. ⁹ 여호와께서 이르시되 내가 아이를 갖도록 하였은즉 해산하게 하지 아니하겠느냐. 네 하나님이 이르시되 나는 해산하게 하는 이인즉 어찌 태를 닫겠느냐 하시니라. ¹⁰ 예루살렘을 사랑하는 자들이여, 다 그 성읍과 함께 기뻐하라. 다 그 성읍과 함

께 즐거워하라. 그 성을 위하여 슬퍼하는 자들이여, 다 그 성의 기쁨으로 말미암아 그 성과 함께 기뻐하라. ¹¹ 너희가 젖을 빠는 것 같이 그 위로하는 품에서 만족하겠고 젖을 넉넉히 빤 것 같이 그 영광의 풍성함으로 말미암아 즐거워하리라. ¹² 여호와께서 이와 같이 말씀하시되 보라, 내가 그에게 평강을 강 같이 그에게 뭇 나라의 영광을 넘치는 시내 같이 주리니 너희가 그 성읍의 젖을 빨 것이며 너희가 옆에 안기며 그 무릎에서 놀 것이라. ¹³ 어머니가 자식을 위로함 같이 내가 너희를 위로할 것인즉 너희가 예루살렘에서 위로를 받으리니 ¹⁴ 너희가 이를 보고 마음이 기뻐서 너희 뼈가 연한 풀의 무성함 같으리라. 여호와의 손은 그의 종들에게 나타나겠고 그의 진노는 그의 원수에게 더하리라. ¹⁵ 보라, 여호와께서 불에 둘러싸여 강림하시리니 그의 수레들은 회오리바람 같으리로다. 그가 혁혁한 위세로 노여움을 나타내시며 맹렬한 화염으로 책망하실 것이라. ¹⁶ 여호와께서 불과 칼로 모든 혈육에게 심판을 베푸신즉 여호와께 죽임 당할 자가 많으리니 ¹⁷ 스스로 거룩하게 구별하며 스스로 정결하게 하고 동산에 들어가서 그 가운데에 있는 자를 따라 돼지 고기와 가증한 물건과 쥐를 먹는 자가 다 함께 망하리라. 여호와의 말씀이니라. ¹⁸ 내가 그들의 행위와 사상을 아노라. 때가 이르면 뭇 나라와 언어가 다른 민족들을 모으리니 그들이 와서 나의 영광을 볼 것이며 ¹⁹ 내가 그들 가운데서 징조를 세워서 그들 가운데에서 도피한 자를 여러 나라 곧 다시스와 뿔과 활을 당기는 룻과 및 두발과 야완과 또 나의 명성을 듣지도 못하고 나의 영광을 보지도 못한 먼 섬들로 보내리니 그들이 나의 영광을 뭇 나라에 전파하리라. ²⁰ 나 여호와가 말하노라. 이스라엘 자손이 예물을 깨끗한 그릇에 담아 여호와의 집에 드림 같이 그들이 너희 모든 형제를 뭇 나라에서 나의 성산 예루살렘으로 말과 수레와 교자와 노새와 낙타에 태워다가 여호와께 예물로 드릴 것이요 ²¹ 나는 그 가운데에서 택하여 제사장과 레위인을 삼으리라. 여호와의 말이니라. ²² 내가 지을 새 하늘과 새 땅이 내 앞에 항상 있는 것 같이 너희 자손과 너희 이름이 항상 있으리라. 여호와의 말이니라. ²³ 여호와가 말하노라. 매월 초하루와 매 안식일에 모든 혈육이 내 앞에 나아와 예배하리라. ²⁴ 그들이 나가서 내게 패역한 자들의 시체들을 볼 것이라. 그 벌레가 죽지 아니하며 그 불이 꺼지지 아니하여 모든 혈육에게 가증함이 되리라.

66장은 복합적이다. 언뜻 보면 조화와 응집성이 약해보이는 단편적 예언들의 병렬처럼 보인다. 이사야서 전체의 결론이 되기에도 산만해 보인다. 문학과 신학적 비전 면에서 절정에 이른다는 인상을 주지 못한다. 65장부터 두드러지기 시작하지만 하나님은 이스라엘 공동체 내에 두 개의 갈등하는 집단을 주목하면서 한쪽에게 호의적인 신탁을, 다른 쪽에게는 불길하고 위협적인 신탁을 내리신다. 굳이 단락을 나누자면 66장은 성전제의를 기뻐하지 않으시고 성전부터 심판하시는 하나님,1-6절 모성애 가득찬 어머니로 거듭나는 시온 예찬,7-14절 그리고 만민 심판 중에도 당신의 백성을 모아들이시는 하나님15-24절으로 나뉜다.

성전제의를 기뻐하지 않으시고 성전부터 심판하시는 하나님 • 1-6절

1절은 '코 아마르 아도나이'(כֹּה אָמַר יְהוָה), "여호와께서 이와 같이 말씀하시니라"라는 사자양식 공식구문messenger formula으로 시작한다. 코 아마르 아도나이에서 일단 문장이 끊어진다. 아도나이로 읽히는 신명神名 위에 수직쌍점이 찍혀있다. 자켑-카톤이라고 불리는 악센트 부호다. 세미콜론 정도의 휴지기능을 하는 악센트다. 이후에 이어지는 하나님의 말씀은 성전을 급진적으로 상대화하고 있다. 그동안 선포된 예언들에서는 예루살렘 회복 비전의 중심이 성전 회복이었는데, 여기서 갑자기 성전 자체의 기능에 대한 회의감을 언표한다. 63:15도 예루살렘 성전이 아니라 '하늘'을 '주의 거룩하고 영화로운 처소'라고 말함으로써(참조. 왕상 8:27, 32, 34) 예루살렘 성전 자체를 상대화하는 경향을 보인다. 65:17-25의 새 하늘과 새 땅 비전에도 '성전'

에 대한 언급은 빠져 있다. 64:11은 '아름다운 성전'이 불에 탄 상황을 개탄하고 있다. 이사야 1-66장 전체에서도 예루살렘 성전에 대한 언급이 시온, 예루살렘, 이스라엘에 대한 언급보다 훨씬 빈도가 적다. "성전"은 이사야 6:1, 4, 44:28, 64:11, 66:6에서 언급된다. "여호와의 전"은 이사야 37장과 38장에서 각각 두 차례 언급되는데 히스기야의 기도 처소를 지칭하는 맥락에서 언급된다. 이사야 2:2이 여호와의 전의 영적 영향력을 종말론적 시좌에서 언급한다. (여호와의) "집" 혹은 "내 집"은 56:7에서 두 차례, 60:7에서 한 차례 언급된다. 60:7은 "내 영광의 집"이라고 말한다. 66:1은 (여호와의) "집"을, 66:20은 "여호와의 집"을 언급한다. 예루살렘과 시온의 회복을 절정의 가락으로 노래하는 60-62장에도 '성전' 찬양은 거의 없다. 이사야 40-55장 중에서 성전에 대한 하나님의 중대한 관심을 엿볼 수 있는 대목은 44:28이다. "고레스에 대하여는 이르기를 내 목자라. 그가 나의 모든 기쁨을 성취하리라 하며 예루살렘에 대하여는 이르기를 중건되리라 하며 성전에 대하여는 네 기초가 놓여지리라 하는 자니라."

확실히 이사야 66장은 성전 건축과 봉헌을 엄청난 구원사로 간주하는 역대기, 에스라-느헤미야와는 다른 분위기를 보인다. 그 이유는 아마도 성전을 장악한 주류세력들의 부패와 타락 때문일 것이다. 쿰란 공동체가 남긴 문서들[1QHabPesher]에도 보면 예루살렘 성전 권력을 장악한 자들에 대한 비판으로 읽힐 수 있는 언급들이 다수 발견된다.[1]

1절의 첫 발언은 하샤마임 키스이 붜하아레츠 하돔 라글라이 (הַשָּׁמַיִם כִּסְאִי וְהָאָרֶץ הֲדֹם רַגְלָי)다. "하늘은 나의 보좌요 땅은 나의 발판"이다. 이사야 6장도 예루살렘 성전이 하나님을 온전히 모신 곳이 아니라 하나님의 보좌는 아주 높고 높은 하늘에 있다고 전제한다[사 6:1; 57:15; 참조. 시 103:19-20; 사 14:13-14, "가장 높은 구름"(14절)]. 예루살렘 성전은 지극히 높고 거룩한 보좌에 앉아 계시는 하나님의 옷자락이 주렴처럼 내려와 닿는 천상궁전의 지상부속 건물 정도다. 성전 건축 이야기가 처음 나온 사무엘하 7장과 성전 낙성식 기도문을 담은 열왕기상 8장 또한 예루살렘 성전 자체를 상대화하고 있다. "하나님이 참으로 땅에 거하시리이까. 하늘과 하늘들의 하늘이라도 주를 용납하지 못하겠거든 하물며 내가 건축한 이 성전이오리이까."^{왕상 8:27} 구약성경 어디에도 지상의 건물인 성전을 하나님이 거주하는 집이라고 단언하지 않는다. 이 점에 대한 아크로이드의 통찰은 유익하다.[2]

> 열왕기상 8:27과 이사야 66:1이 인식하는 바처럼, 그리고 열왕기상 8:12-13의 신비로운 시 단락에 나타난 것처럼, 야웨는 하늘의 하나님이시고, 짐짓 성소에 거하거나 이름을 두시지만, 인위적인 방식으로 성소에 묶이지 않는다는 점을 인식해야 한다. 에스겔이 성소를 떠나는 야웨를 강조하고,^{10:18-19; 11:22-23} 그의 돌아오심을 기대할 때,^{43:2ff} 그는 육체적 임재나 부재를 나타낸 것이 아니라, 오히려 성소를 통해 백성의 삶과 안녕을 유지시킨다는 보호용 임재^{protective presence}를 거부한 것이다. 그리고 나중에 언급하겠지만, 학개와 스가랴 1-8장에서 분명히 드러나듯이(참조. 제10장 1, 2), 야웨의 '진정한' 임재는 초기 예언자들이 자주 비판하였던 '매여 있는 임재'^{tied presence} 사상(비교. 미 3:11)과 혼동해서도 안 된다.

1절 하반절은 하나님을 위하여 집, 안식할 처소를 짓겠다는 자들의 야심^{삼하 7:5; 왕상 8:13, 19}을 나무라는 어조의 질문이다. 1절의 청중인 2인칭 복수 "너희"가 누구일까? 65장에서 비난받는 그 "너희"와는 다른 집단인 것처럼 보인다. 그럼에도 불구하고 1절의 이 "너희"도 긍정적인 의미의 하나님의 종들이 아니다. 그들은 성전을 지었다고 자랑하는 자들이거나 그 후손들로서 성전 권력을 장악한 자들로 보인다. 그들은 하나님을 위해 집을 지었다고 주장하거나 성전이 하나님께서

여호와의 말씀으로 말미암아 떠는 자들아 그의 말씀을 들을지어다

안식할 처소라고 주장하는 성전 이데올로기 신봉자들이었을 것이다. 이에 대해 하나님은 하늘과 땅 전체가 하나님의 영광이 충만케 할 성전이라고 답하신다.[사 6:5; 11:9] 하늘이 하나님의 보좌라는 주장은 형이상학이 아니다. 하늘은 하나님이 모든 것을 감찰하고 공평하게 판단하시는 공평과 정의의 보좌라는 말이다. 땅은 하나님의 발등상, 발판이다. 하나님의 발등상/발판은 원수들의 목이다.[시 110:1] 앗수르 전쟁기념 석조물들에는 원수들의 목을 밟고 있는 앗수르 왕 부조물이 발견된다. 하나님의 발등상이 땅이라는 말은 땅과 그 거민들은 하나님의 심판 아래 있다는 말이다.[창 6:1-7; 사 24:1-6, 17-21] 하나님은 땅의 악행과 악인들을 심판하신다는 말이다.

2절은 하늘과 땅이 하나님의 성전이 되는 이유를 말한다. 창조주 하나님의 손으로 창조된 하늘과 땅 그 사이의 만물[콜-츠바암(כָּל-צְבָאָם)]은 하나님을 모시는 집이요 안식처로 작정되었다. "하나님이 그 일곱째 날을 복되게 하사 거룩하게 하셨으니 이는 하나님이 그 창조하시며 만드시던 모든 일을 마치시고 그 날에 안식하셨음이니라."[창 2:3] 하나님의 안식은 인간의 자발적 하나님 신뢰, 하나님 경외, 하나님 사랑과 순종에 의해 가능해진다. 하나님은 절대자이자 창조주이시다. 그런데 하나님은 사랑이시다. 당신의 피조물 인간에게 신뢰받고 사랑받고 경배를 받으시는 것을 기뻐하신다. 하나님은 사랑이신 당신의 성품을 스스로 배반할 수 없다. 그래서 인간의 반역에 마음의 상처를 입으시고 인간의 행동 여하에 영향을 받으시는 상대적이고 인격적인 하나님이 되어주신다. 하나님은 당신을 아는 지식으로 우리를 단련시키고 성장시키기 위해 인간의 세계에 오셔서 인격적인 하나님이 되신다. 피조물 친화적이며 특히 인간에게 최적화되신 인격적인 하나님이 되신다. 인간과 말이 통할 정도로 자기축소와 낮춤을 감수하신다. 하나님의 안식은 인간에게 달려있는 것처럼 하나

사

은 인간의 응답에 지대한 관심을 갖고 계신다. 절대자 하나님이 우주의 먼지보다 더 작은 인간의 반역과 패역 때문에 안식을 빼앗기신다는 것은 신비다.

2-3절은 왜 하나님이 성전에 대해 시큰둥한 태도를 취하시는지를 보여준다. 히브리어 성경에는 2절 상반절("이 모든 것을 지었으므로 그들이 생겼느니라") 바로 뒤에, '느움-아도나이'라는 어구가 덧붙여져 있다. 느움-아도나이(נְאֻם־יְהוָה)는 '이것은 주님의 발언이다'라는 뜻으로, '이상 선포한 모든 말씀은 신언神言이다'라고 확증하는 봉인용 첨기添記다. 개역개정은 무슨 이유에서였는지 이 어구를 2절 맨 앞에 "나 여호와가 말하노라"로 번역했다. 2절 하반절의 히브리어 구문을 직역하면 이렇다. '그리고 내가 이런 사람을 주목하리라. 마음이 가난하고 심령에 통회하며 내 말을 듣고 떠는 자.' 마태복음 5:3에서 되울리는 말씀이다. 하나님은 지금 이스라엘이 하나님의 사랑의 임재를 누리지 못하는 영적 결핍감과 원인이 자신들의 죄악 때문임을 깨닫고 하나님의 말씀을 듣고 떠는 태도를 기대하신다. 하나님의 임재가 떠난 공동체는 하나님의 평강의 지지와 부축을 맛보지 못하기 때문에 가난할 수밖에 없다. 그런데 자신의 영적 궁핍을 직관하고 회개하고 하나님을 극히 삼가고 두려워하는 태도를 갖는 것이 하나님이 보고싶어 하시는 것이다. 성전 체제의 주류들은 하나님의 이런 시선을 전혀 아랑곳하지 않고 희생제사에 몰두한다. 3절은 하나님께 불쾌감을 일으키는 자들의 행태를 말한다. 3절은 마지막 소절, '그들의 가증한 것들을 그들의 영혼이 기뻐한다'를 제외하고는 두 가지 행동을 묘사하는 직유법으로 구성된다. 그런데 비교되는 대상의 짝들이 모두 남성 단수 능동 분사형들로서 시적인 운율과 대구를 이룬다. 직역하면 이렇다.

소 도살자, 사람을 쳐 죽이는 자 같으리.

어린 양을 희생물로 바치는 자, 개목을 꺾는 자 같으리.³

곡식 제사 올려드리는 자, 돼지 피를……

향기로 기억나게 하는 자, 헛것⁴을 축복하는 자 같으리.

심지어 그들은(헴마) 자기의 길을 기꺼이 선택했으며

그들의 가증한 것들을 그들의 영혼이 기뻐한다.

결국 3절은 이사야 1:11-14과 43:22-23을 생각나게 한다(또한 호 5:6). 희생제물로 소를 바치는 자는 결국 종교제사 밖에서는 죄 없는 이웃을 쳐 죽이는 자이며, 어린 양을 희생물로 바치는 자는 개의 목을 꺾는 동물학대자이며, 곡식제사를 바치는 자는 부정한 돼지피를 흘리거나 마시거나 접촉하는 자처럼 부정케 된 자 같다. 하나님의 은혜를 기억나게 할 의도로 향을 태우는 자는 우상에게 복을 구하는 자와 같다. 심지어 3인칭 독립 복수 대명사로 지칭되는 '그들'은 하나님의 말씀 대신에 기꺼이 자기 길을 택한 자들이다. 그들은 자신의 가증한 종교행사를 인해 영혼으로 기뻐하는 총체적인 영적 파탄자다.

4절은 하나님의 거의 비례적 징벌과 심판 처분을 말한다. '그들의 행동을 묘사할 때 사용된 동사 '바하르'(택하다, בָּחַר)는 하나님에게도 사용된다. 4절은 하나님의 1인칭 대명사 아니를 주어로 하는 상황절로 시작한다. 4절의 이 상황절은 3절 상황과 연동되는 부대상황을 도입하는 절이다. 개역개정의 "나 또한 유혹을 그들에게 택하여 주며"는 전적으로 잘못된 번역이다. '심지어 나 또한 그들의 파탄을 택했다.' '하나님이 그들의 영적 일탈과 패역을 기꺼이 선택했다'는 말은, 하나님이 그들의 타락을 '참아 주었다', 혹은 '내버려두었다'는 말이다. 그리고 그들의 타락이 임계점에 도달할 때에 하나님은 그들이 무서워하는 것을 그들에게 임하게 하실 것이다. 이후에 이어지는 소절들은 하나님이 그들을 무섭게 심판하시는 이유를 말한다. 이 소절들을 직역하면 이렇다. '내가 불러도 대답하는 자가 없었다. 내가 말하여도 그들이 듣지 않았다. 그들은 나의 목전에서 악을 행했다. 내가 기뻐하지 아니하는 것을 그들은 기꺼이 선택했다.' 하나님의 좌절과 분노가 점증하는 이유를 잘 보여준다. '그들'은 성전 중심 세력들이다.

5절은 다시 3절의 주제를 잇는다. 5절의 청중은 하나님의 마음에 합한 자들, "여호와의 말씀에 떠는 자들"이다. 5절의 히브리어 문장의 순서는 이렇다. '들으라. 야웨의 말씀을! 그의 말씀에 떠는 자들아! 너희를 미워하며 내 이름을 위한다는 목적으로 너희를 쫓아내는 너희의 형제들이 말하리라. 여호와께서 영광 받으시길! 우리가 너희 기쁨을 볼 수 있도록. 그러나 그들이야말로 수치를 당하리라.' 5절의 대지를 파악하는 것은 어렵지 않다. 성전 권력 장악자들은 야웨의 말씀에 떠는 자들을 미워하고 쫓아낸다. 그러면서 하나님을 거론하며 조롱한다. 말씀에 떠는 자들은 65:13에 나오는 "나의 종들"과 동일인이거나 관련된 인물처럼 보이고, 지금 비난받는 이 성전 체제의 주류들은 65:13에 나오는 "수치를 당할 너희"와 동일집단이거나 관련된 이들인 것으로 보인다. 65:13은 하나님의 종들은 기뻐하고 패역한 우상숭배자들은 수치를 당한다고 말한다. 따라서 5절의 중반에 나오는, '여호와께서 영광 받으시길! 우리가 너희 기쁨을 볼 수 있도록'은 성전 체제의 주류들이 이 경건한 소수파를 축출하면서 내뱉은 조롱이다. '너희가 하나님의 기뻐하는 종들이지. 그래서 너희가 얼마나 잘되는지 보자. 너희가 기뻐하는 모습을 우리도 보고 싶다. 너희가 기뻐하는 날에 너희가 기뻐하는 자들이 될 것이라고 말한 여호와가 영광 받으실 것이다.' 5절의 마지막 소절은 3인칭 남성 복수 대명사 헴(הֵם)이 주어인 상황절이다. '다른 이가 아니라 이 경건한 소수파를 축출한 그들이야말로 수치를 당하리라.'

6절은 왜 이 성전 체제의 주류들이 수치를 당하게 되는지를 말한다. "떠드는 소리가 성읍에서부터 들려오며, 목소리가 성전에서부터" 들려온다. "떠드는 소리"라고 번역된 히브리어 샤온(שָׁאוֹן)은 엄청나게 큰 소리, 굉음이다. 공성퇴를 앞세워 성벽이나 성전을 부서뜨릴 때겔 4:2; 21:22; 26:9 나는 소리다. 또는 침략군들이 모여 내지르는 함성소리이며 강력한 바닷물이 파도를 일으킬 때 내는 거대음역의 소리다. 사 17:12 이것은 여호와께서 그의 원수들에게 보응하는[머샬렘(מְשַׁלֵּם)] 과정에서 발출하신 목소리다. 머샬렘은 '보응하다', '다시 되갚다'를 의미하는 쉴렘(שִׁלֵּם) 동사의 강세능동(피엘) 분사형이다. 하나님은 성전을 부서뜨리심으로써 악한 성전 체제의 종언을 고하신다. 이 성전 파괴 신탁이 바벨론 포로 이전의 예언인데 여기서 다시 쓰인 것인지, 바벨론 포로귀환 이후에 중건된 성전 체제 안에서 누적된 성전 지배자들의 악행에 대한 심판 위협인지 판단하기가 어렵다. 이 예언의 음조는 이사야 1-39장의 음조라기보다는 예레미야의 음조를 되울리는 것처럼 보인다. 6절은 바벨론 유배를 초래한 예루살렘 성전 파괴를 기억하는 과거회상 기법 종류의 말씀처럼 보인다. 1-5절의 종교권력 체제의 주류들이 성전이 파괴되는 멸망을 초래한 것은 바벨론 유배 이전 시기, 즉 예레미야의 시대에 일어난 일이다. 그런데 이사야 66장의 예언자는 자신의 시대의 성전 권력 장악자들의 죄악도 예레미야 시대의 죄악들을 방불케 하는 데자뷰^{既視}현상이라고 봤던 것 같다. '이교적 제사를 드리는 죄'로 인해 하나님의 심판을 받아 열국 중에서 흩어졌다가 '살아남은 자들'은 후에 역설적이게도 한 가지 긍정적 역할을 맡을 것이다. 그들은 자신이 보내진 그 열국 중에서 제사장과 레위인들로 봉직할 수 있는 형제들을 데려오는 역할^{19절}을 하는 것으로 볼 수 있다.

모성애 가득찬 어머니로 거듭나는 시온 예찬 ∙ 7-14절

이 단락은 하나님의 종과 원수를 상정한 채[14절] 시온을 모성애 넘치는 위로자로 만드시는 하나님을 보여준다. 이 단락이 앞 단락과 어떤 관계에 있는지를 파악하기는 어렵다. 주제가 다르고 분위기도 다르다. 이 단락의 주제는 60-62장과 유사하다. 예루살렘으로 몰려드는 열국과 열방의 행렬, 그리고 열국의 재산들이 조공처럼 예루살렘으로 상납되는 광경 등에서 양자는 유사성을 보인다. 이 단락의 청중은 "너희"다. 예루살렘 거민을 지칭하는 것처럼 보이며, 하나님께 비호감을 일으키는 패역자들이거나 우상숭배자들이 아니다. 굳이 분류하자면 마음이 가난하고 심령에 통회하면서 하나님 말씀을 들을 때마다 떠는 자들이거나 그들과 관련된 집단이다. 7-8절은 시온의 회복과 재건이 단기간에 이뤄졌음을 암시한다. 하나님은 시온을 잉태하자마자 아들을 낳은 어머니로 여긴다. '시온은 진통을 하기 전에 해산하며 고통을 당하기 전에 남아를 낳았다.' 시온이 낳은 아들은 시온으로 몰려든 귀환민들을 가리킨다. 시온처럼 산고도 겪지 않고 해산하는 경우가 없다. 8절이 말하듯이 전례가 없는 희한한 일이다. 그런데 시온은 그렇게 해서 자녀를 낳았다. 8절은 시온이 낳은 아들이 '나라'이며 '민족'임을 알 수 있다. 시온은 하루 한순간에 한 나라와 한 민족을 순산했다. 9절은 이 희한한 일이 가능했던 이유는 바로 하나님 때문임을 말한다. 9절의 히브리어 구문을 자세히 살펴보면 그 뜻이 분명해진다. 첫 소절은 부정어가 들어간 의문문이다. 대답은 '아니오'를 기대하는 의문문이다. '바로 내가(아니) (태를) 열어젖혀 놓고는 해산하지 않을까 보냐?'라고 '야웨께서 말씀하셨다.' 9절의 둘째 소절은 임(אם)으로 시작하는 부정 맹세문이다. '임'은 '제발 그런 일은 일어나지 않기를'의 의미를 가진 부정 맹세문을 이끈다. '만일 다른 이가 아

66

여호와의 말씀으로 말미암아 떠는 자들아 그의 말씀을 들을지어다

니라 내가(아니) 해산하게 하는 자인데 제발 (태를) 닫지 않기를'이라고 '네 하나님 여호와께서 말씀하셨다.' 이런 정도의 뜻이다. 8-9절의 요지는 하나님이 시온을 해산하는 여인처럼 만들어 자녀를 순산하게 하셨다는 것이다. '아들'은 시온에 몰려든 귀환민들, 그리고 늘어난 예루살렘 인구를 가리킨다. 이런 점에서 이 두 절은 이사야 54:1을 되울리고 있다. "홀로 된 여인의 자식이 남편 있는 여자의 자식보다 많음이라"라고 "여호와께서 말씀"하셨다.^{사 54:1}

10절은 하루 한순간에 '나라'가 되고 '민족'을 이룬 예루살렘을 기뻐하라는 하나님의 초청을 담고 있다. 개역개정이 다소 어색하게 번역했지만 완벽한 대구를 이루는 운문이다. 직역하면 이렇다. '예루살렘을 기뻐하라. 그 성읍에서 즐거워하라. 예루살렘을 사랑하는 자들이여! 그 성읍과 함께 기뻐하라. 희락! 그 성을 인하여 슬퍼하는 자들이여!' 10절 안에는 구문의 대구를 깨는 명사(희락)가 마지막 소절과 둘째 소절 사이에 끼어 있다. "기뻐하라"는 명령을 받고 있는 "너희"는 하루 한순간에 '나라'와 '민족'을 이룬 시온의 풍성함에서 자양분을 얻는 자들이다.

11절은 10절과 밀접하게 관련되어 있다. 11절은 목적절을 도입하는 르마안(לְמַ֫עַן)으로 시작된다. 11절의 하반절도 동일한 르마안 목적절로 시작된다. '예루살렘을 기뻐하라. 그 성읍에서 즐거워하라.…… 그 성읍과 함께 기뻐하라'라는 명령문에 뒤따라 나오는 르마안 목적절 도입 접속사는 뒤에 나오는 문장을 '무엇 무엇을 할 수 있도록'이라고 번역하게 만든다. 그래서 11절의 상하반절 둘 다 목적절로 번역되어 있다. '예루살렘을 기뻐하라. 그 성읍에서 즐거워하라.…… 그 성읍과 함께 기뻐하라. 너희가 젖을 빠는 것 같이 그 위로하는 품에서 만족할 수 있도록. 그리고 젖을 넉넉히 빤 것 같이 그 영광의 풍성함으로 즐거워할 수 있도록.' 여기서 '영광'은 12절에서처럼 재산이

나 물질적 풍요를 의미할 수 있다. 예루살렘을 즐거워하고 기뻐하는 이유는 예루살렘의 젖(시온이라는 모성의 젖)을 빠는 것처럼 예루살렘의 풍요로 만족을 누리도록 하기 위함이다. 12절은 예루살렘이 젖(물질적 풍요)이 많이 나오는 산모의 가슴으로 비유되는 이유를 말한다. 여호와께서 예루살렘에게 평강을 강 같이, 뭇 나라의 영광(재산)을 넘치는 시내 같이 줄 것이기 때문이다. 그래서 하나님의 종들은 시온의 젖을 빨 것이며 시온의 품에 안기며 그 무릎에서 놀 것이다.[12절] 하나님은 시온이 해산한 자식들(귀환민 포함 늘어난 거주민)에게 젖을 빨려 키우는 엄마인 것처럼 묘사한다.

13절은 시온의 모성애를 말한다. 어머니가 자식을 위로함 같이 젖이 풍성한 엄마처럼 넉넉한 품을 가진 모성애 가득찬 시온이 그의 거민들, 자식을 위로할 것이다. 하나님이 시온의 모성애가 발휘되도록 하시겠다는 말이다. 시온이 그의 자식을 위로하는 것처럼 바로 하나님께서 시온의 거민을 위로하신다. 13절의 둘째 소절은 하나님의 1인칭 대명사 아노키로 시작된다. 아노키 아나헴켐(אָנֹכִי אֲנַחֶמְכֶם). '다른 이가 아니라 나야말로 너희를 위로할 것이다.' 13절에서 세 번 사용되는 '위로하다'라는 히브리어는 나함(נָחַם)이다. 이사야 40:1의 첫 단어[나하무(נַחֲמוּ)]와 같다. 나함은 말로만 마음을 달래는 행위가 아니라 정의와 공의를 바로 세우는 법적 행위다. 악행자에게 응벌을 주고 악행의 피해자들에게 응분의 배상을 베푸는 행위다.

14절은 시온이 낳은 거민들이 성장할 것을 암시한다. 시온이 낳은 거민들, "너희"는 어머니 시온에 넘치는 평강과 영광을 보고 마음이 기뻐서, 뼈가 연한 풀이 무성하게 자라듯이 자랄 것이다. 14절은 13절이 말하는 나함이 실행된다. '여호와의 손은 그의 종들에게 나타나겠고, 그의 진노는 그의 원수들에게 쏟아질 것이다.' 여기서 말하는 원수들은 6절이 말하는 그 '원수들'일 가능성이 크다.

이 단락은 이사야 66장의 마지막 단락이면서 이사야서 전체의 마지막 단락이다. 하나님의 구원이 완전하게 성취되었다는 느낌이나 하나님이 안식을 누리거나 하나님의 자녀들이 더 이상 긴장과 걱정이 없는 낙원 수준의 평강에 도달했다는 인상을 전혀 주지 않는다. 60-62장의 약속이 실현될 가능성이 별로 보이지 않은 채 이사야서가 끝난다. 비록 새 하늘과 새 땅이 도래했다고 하지만 여전히 패역한 자들은 존재한다. 그들의 시체는 죽지 않는 벌레의 먹이가 되고 꺼지지 않는 불에 타겠지만 패역한 자들은 이사야서가 끝날 때까지 존재한다.

15절은 64:1-2의 강청기도에 대한 응답이다. "원하건대 주는 하늘을 가르고 강림하시고 주 앞에서 산들이 진동하기를 불이 섶을 사르며 불이 물을 끓임 같게 하사 주의 원수들이 주의 이름을 알게 하시며 이방 나라들로 주 앞에서 떨게 하옵소서." 15절은 '정녕'을 의미하는 부사어 키(כִּי)와 장면전환을 환기시키는 발어사 힌네(הִנֵּה)로 시작한다. 혹은 키(כִּי)를 '왜냐하면'을 의미하는 이유-원인 접속사로 읽어도 무방하다. 이런 경우 15절은 14절에 대한 원인을 제공하는 셈이다. '여호와의 진노는 그의 원수들에게 쏟아질 것이다.'14절 '왜냐하면, 보라, 여호와께서 불 가운데서 강림하시리니 그의 수레들은 회오리바람 같을 것이며 그가 혁혁한 위세로 진노를 표출하시며 맹렬한 화염으로 책망을 표출하실 것이기 때문이다.'15절 그러나 여기서는 '키'를 '정녕'으로 읽는다. '정녕, 보라, 여호와께서 불 가운데서 강림하시리니 그의 전차들[메르카바(מֶרְכָּבָה)]은 회오리바람 같을 것이며 그가 혁혁한 위세로 진노를 표출하시며 맹렬한 화염으로 책망을 표출하실 것이다.' 개역개정에서 '수레들'로 번역된 히브리어 단어는 에스겔에서 자주 나오는 불전차(메르카바)다. '수레'는 너무 소박한 번역이다. 메르카바는 하나님의 이동식 보좌로서 바벨론 포로들을 호위할 때 타시던 전차다. 에스겔 1장은 이 메르카바를 묘사하는 데 굉장히 공을 들인다.

그동안 하나님의 진노는 인간 채찍과 사람 막대기, 혹은 자연재해나 천재지변 등을 통해 매개적으로 표출되었다. 하나님이 불전차를 타고 화염방사기 수준의 화공火攻으로 당신의 원수들을 징벌하거나 공격하는 일은 거의 없었다. 그런 신적 공격은 인간세상에서 하나님의 진노를 대리해 표출할 매개자나 대리자가 더 이상 발견되지 않을 때 그야말로 온 세상이 악의 세력에게 장악당해 있을 때에야 하나님이 취하실 수 있는 최후의 방법으로 보인다. 하나님이 직접 불전차를 타고 내려오시는 상황은 어떤 집행유예도 기대할 수 없다. 그래서 16절은 하나님의 폭력적 심판 이미지를 여과 없이 보도한다. "여호와께서 불과 칼로 모든 혈육에게 심판을" 집행하시므로 여호와께 죽임당할 자가 많을 것이다. 16절의 히브리어를 직역하면 이렇다. '정녕 여호와의 불 가운데 각각이 심판당하리라[니쉬파트(니팔 분사 남성 단수)]. 그리고 그의 칼 가운데서 각각의 육체에게 심판이 이뤄져서 여호와께 찔려 죽은 자들이 많으리라.' 개역개정은 이런 구문에 개의치 않고 두루뭉술하게 번역한다.

17절은 하나님의 가혹한 심판을 받아 죽게 될 자들을 예시한다. "스스로 거룩하게 구별하며 스스로 정결하게 하고 동산에 들어가서 그 가운데에 있는 자를 따라 돼지고기와 가증한 물건과 쥐를 먹는 자가 다 함께 망하리라. 여호와의 말씀이니라." 이 개역개정 번역은 제일 끝에 나오는 "다 함께"를 설명하기 힘든 번역이다. 17절의 히브리어 문장을 직역하면 이렇다. '스스로를 성별한 자들과 동산에서 분향한 자들은, 돼지고기와 가증한 물건과 쥐를 먹는 자들 한가운데서 다 함께 끝장나리라. 여호와의 발설(느움-아도나이)이다.' 망하는 자들은 세 부류다. 스스로 성별한 자들, 동산에서 분향하는 자들, 그리고 돼지고기, 가증한 음식, 쥐를 먹는 자들이 다 같이 망한다. 이들은 65:3-5에 언급된 패역자들이거나 그들과 같은 부류의 죄인들이다.

곧 동산에서 제사하며 벽돌 위에서 분향하여 내 앞에서 항상 내 노를 일으키는 백성이라. 그들이 무덤 사이에 앉으며 은밀한 처소에서 밤을 지내며 돼지고기를 먹으며 가증한 것들의 국을 그릇에 담으면서 사람에게 이르기를 너는 네 자리에 서 있고 내게 가까이 하지 말라. 나는 너보다 거룩함이라 하나니 이런 자들은 내 코의 연기요 종일 타는 불이로다.

18절은 17절과 자연스럽게 연결되지 않는다. 18절의 "그들"은 17절에서 심판받아 죽게 될 자들일까? 다른 사람들이라면 어디서 갑자기 또 다른 "그들"이 나왔을까? 여기서 "그들"은 앞서 심판받은 "그들"과 같은 집단으로 보인다. 그 이유는 '심판받던 그들 가운데서 도피한 자들'에 대한 언급 때문이다. 이미 하나님은 17절에서 심판받은 "그들의 행위와 사상을" 익숙히 아신다. 하나님의 심판은 오랜 관찰과 파악에 근거한 것이지 우발적이고 충동적인 결정이 아니다. '그들은 심판을 받아 마땅하다.' 그런데 갑자기 "때가 이르면"이라는 말이 등장한다. 히브리어 본문에는 '모을 것'과 '오고 있다'를 의미하는 부정사와 분사형이 등장할 뿐, 때나 날을 가리키는 히브리어 에트나 야밈은 누락되어 있다. 서기관의 실수로 누락된 것으로 보인다. '뭇 나라와 언어가 다른 민족들을 모을…… 오고 있다.' 누가 모으는지 주어가 나오지 않지만, 아마도 주어는 하나님일 것이다.[5] 그동안 60-62장에서 이와 유사한 하나님 주도적인 귀환민 회집에 대한 비전이 제시되었기 때문이다. 하나님이 모으신 뭇 나라와 언어가 다른 민족들이

(예루살렘에 와서) 하나님의 영광을 볼 날이 오고 있다는 것이다. 이때 뭇 나라와 언어가 다른 민족들을 이스라엘로 불러 모을 때 쓸 사람들이 바로 심판받은 패역한 백성들 가운데 살아남아 피한 자들이다. 이 피하여 살아남은 자는 바로 바벨론이나 기타 근동지역에 흩어진 피난민이나 이산민일 것이다. 하나님은 심판받은 그 패역한 백성 가운데 징조를 세워 그들 가운데서 심판에서 살아남아 피한 자들을 해외 선교사로 파송하시겠다는 것이다.[19절] 그들을 여러 나라 곧 다시스와 뿔과 활을 당기는 룻과 및 두발과 야완과 또 하나님의 명성을 듣지도 못하고 하나님의 영광을 보지도 못한 먼 섬들로 보내 하나님의 영광을 뭇 나라에 전파하게 하시겠다는 것이다. 심판에서 살아남은 자들에게 놀라운 사명이 주어진 것이다.

20절은 그 해외로 파송된 도피하여 살아난 자들[펄레팀(פְּלֵיטִים)]의 구체적 사명을 말한다. 20절은 이스라엘 자손이 깨끗한 그릇에 예물을 담아 여호와의 집에 드리는 것처럼, 그 해외에 파송된 "피하여 살아난 자들"[사 4:2 이스라엘의 피난한 자들(펄레타트 이스라엘)]이 해외에 흩어져 사는 이스라엘 형제를 뭇 나라에서 하나님의 성산 예루살렘으로 데려올 것이다. 그들은 해외에서 모은 형제동포들을 말과 수레와 교자와 노새와 낙타에 태워다가 여호와께 예물(민하)로 드릴 것이다.[20절] 해외동포 이스라엘 형제들을 소제로 드린다는 말이다. 실제로 에스라는 2차 포로귀환을 추진하면서 레위인들과 느디님 사람들을 수백명이나 귀환 대열에 합류시켜 데려온다.[스 8:15-20]

21절은 이렇게 바쳐진 해외동포 출신 이스라엘 형제들에게 두신 하나님의 놀라운 계획을 말한다. 하나님께서는 해외에서 귀환한 이스라엘 형제들 가운데서 제사장과 레위인을 택하여 섬기게 하실 것이다. 이것은 '여호와께서 말씀하신 바다'라는 첨언으로 봉인된 말씀이다. 22절은 그들의 제사장직 봉사와 레위인 봉사가 영속될 것을 약속하신다. '내가 지을 새 하늘과 새 땅이 하나님 앞에 항상 있는 것같이, 해외에서 살다가 제사장과 레위인이 된 사람들의 자손과 그들의 이름이 항상 하나님 앞에 있을 것이다.' 히브리어 성경에는 '이것은 여호와의 발설'이라는 첨언이 22절의 상반절 끝에 와 있다. '내가 지을 새 하늘과 새 땅이 하나님 앞에 항상 있는 것 같이—'이것은 여호와의 발설'—해외에서 살다가 제사장과 레위인이 된 사람들의 자손과 그들의 이름이 항상 하나님 앞에 있을 것이다.'

23절은 이 해외교포 출신 제사장과 레위인이 주도하는 정기예배가 계속될 것을 말한다. "매월 초하루와 매 안식일에 모든 혈육이 내 앞에 나아와 예배하리라." 그러나 24절은 긴장을 일으키는 미완료적 종결문이다. "그들이 나가서 내게 패역한 자들의 시체들을 볼 것이라. 그 벌레가 죽지 아니하며 그 불이 꺼지지 아니하여 모든 혈육에게 가증함이 되리라." 세상은 하나님께 정기적으로 예배 드리러 가는 사람들과 패역자들로 갈라져 있다. 이사야서 전체의 마지막 장 마지막 단락은 불타는 패역한 자들의 시체를 뜯어 먹고 사는 벌레가 죽지 않고 불도 꺼지지 않는 불쾌한 장면이다. 이스라엘은 새 하늘과 새 땅에서 하나님을 매월 초하루와 매 안식일마다 예배 드리는 자들(비교. 사 1:13)과 불타는 시체로 전락하는 자들로 분열된다.

이사야서의 마지막 부분 65:2과 66:24에서 언급되는 패역한 자들의 행동이 기시감을 일으킨다. 65:7이 이런 기시감이 생기는 이유를 어느 정도 설명해준다. "너희의 죄악과 너희 조상들의 죄악은 한 가지니 그들이 산 위에서 분향하며 작은 산 위에서 나를 능욕하였음이라. 그러므로 내가 먼저 그들의 행위를 헤아리고 그들의 품에 보응하리라. 여호와가 말하였느니라." 바벨론 유배 이후의 가나안 재정착 시기 이후에 벌어진 영적 타락상의 일단은 66:3에 나온다.

"소를 잡아 드리는 것은 살인함과 다름이 없이 하고 어린 양으로 제사 드리는 것은 개의 목을 꺾음과 다름이 없이 하며 드리는 예물은 돼지의 피와 다름이 없이 하고 분향하는 것은 우상을 찬송함과 다름이 없이 행하는 그들은 자기의 길을 택하며 그들의 마음은 가증한 것을 기뻐한즉." 바벨론 유배 이후에 새롭게 지어진 성전에서 돼지피 제사를 드린다.[65:4] 부정한 음식 돼지고기를 먹는 자들이 '나는 너희보다 더 거룩하다'고 주장한다.[65:5] 이런 후세대의 영적 타락은 이사야 1장에서 언급된 주전 8세기의 영적 타락을 모방하고 계승한다는 것이다.

> 여호와께서 말씀하시되 너희의 무수한 제물이 내게 무엇이 유익하뇨. 나는 숫양의 번제와 살진 짐승의 기름에 배불렀고 나는 수송아지나 어린 양이나 숫염소의 피를 기뻐하지 아니하노라. 너희가 내 앞에 보이러 오니 이것을 누가 너희에게 요구하였느냐. 내 마당만 밟을 뿐이니라. 헛된 제물을 다시 가져오지 말라. 분향은 내가 가증히 여기는 바요 월삭과 안식일과 대회로 모이는 것도 그러하니 성회와 아울러 악을 행하는 것을 내가 견디지 못하겠노라. 내 마음이 너희의 월삭과 정한 절기를 싫어하나니 그것이 내게 무거운 짐이라. 내가 지기에 곤비하였느니라. 너희가 손을 펼때에 내가 내 눈을 너희에게서 가리고 너희가 많이 기도할지라도 내가 듣지 아니하리니 이는 너희의 손에 피가 가득함이라.[1:11-15]

이 피는 기도를 많이 하고 종교활동을 왕성하게 하는 자들의 손에 묻어 있다.[59:3] 59:9-15, 63:15-64:12은 시온에서 슬퍼하는 자들과 여호와의 말씀을 듣고 떠는 자들의 동향을 보도한다. 이스라엘은 종교적 확신으로 악을 범하는 성전 장악 세력, 곧 우상숭배 세력과 여호와의 말씀을 듣고 떨며 성전에서 추방되는 소수파로 나뉘어 있다.

이외에는 65-66장은 이사야 1장의 주제, 단어, 분위기(불타는 이미지) 면에서 어느 정도 수미쌍관 구조로 호응한다. 1장은 시온의 과거, 현재, 미래를 말하고, 65-66장도 시온의 과거와 미래와 현재를 말한다. 1장과 65장 둘 다 우상숭배의 아지트 같은 '동산'을 언급한다. 패역이라는 단어가 1장과 65-66장 두 부분을 다 지배하고 있다.

다만 1장에서 희구되던 예루살렘과 시온의 정화는 아직 미래에 속한 일이 되고 있다.66:10 온 열방, 뭇 나라, 뭇 민족이 제물을 들고 쇄도할 시온의 모습은 이사야서를 다시 한 번 시대적 상상력의 한계에 갇힌 신탁으로 읽도록 유도한다. 이사야서의 마지막 장면은 새롭게 된 예루살렘이 열방을 영적으로 흡인하고 견인하는 향도력 발휘 장면이다. 심지어 야벳 족속의 일부인 야완(그리스), 룻, 두발, 그리고 다시스도 예루살렘 성전으로 찾아오고 야웨의 영광을 보게 될 것이다. 66장은 이미 헬레니즘 시대가 시작된 듯한 인상을 준다. 하지만 알렉산더 대왕이 창조한 헬레니즘 시대의 그리스인들은 아닐 것이다. 두발, 야완, 룻은 확실히 그리스 반도 지역이거나 그것과 관련된 지역이다. 이 지역들이 특정 언급된 것은 마카베오상 1장에서 언급된 그리스와 유대인의 교류 역사를 생각나게 한다. 주전 492년경부터 그리스는 페르시아와 전쟁을 시작했기 때문에 이사야 66장이 기록되던 주전 450년 전후에는 그리스인들도 예루살렘 성전을 찾기 시작했을 수 있다.

메시지

65-66장은 예루살렘 성전과 자신을 이격시키는 하나님의 모습을 보여준다. 동시에 65-66장은 하나님의 백성이 분열되는 과정을 보여준다. 이스라엘은 이제 성전 권력을 장악한 주류와 주류에게 밀린 경건한 소수파로 나뉜다. 이 두 장에서 비난받는 악한 주인공은 패역한 자들65:2; 66:24이며, 격려받고 위로받는 소수파는 새 하늘과 새 땅에서

도 하나님을 섬길 야웨의 종들이다. '야웨의 종들'("나의 종들")로 불리는 소수파는 이스라엘과 유다의 남은 자들로서^{사 6:13} 야웨의 거룩한 산들을 기업으로 받을 자들이다. 하나님은 이 남은 자들을 위해 예루살렘을 새 하늘과 새 땅의 중심으로 재창조하실 것이다. 이들은 59:9-15, 63:15-64:12에서 통회자복 기도를 드리며 여호와의 심판에 화상을 입고 두려워하는 자들이다. 이들은 65장에서 하나님으로부터 "나의 종들"로 불리는 자들이며, 66장에서 "여호와의 말씀으로 말미암아 떠는 자들"로 불리는 자들이다. 이들은 주류 종교와 대립하다가 쫓겨난다. 이사야서의 제일 마지막 부분이 이렇게 성전 권력 장악세력과 그들의 타락상에 동참하지 않다가 쫓겨나는 소수파의 분열이다. 선과 악의 싸움은 이사야서의 마지막까지 해결되지 않는다. 바벨론 귀환포로들 주류는 이전 조상의 죄악들로부터 배우는 바가 없었고 조상의 망령된 행실을 모방하고 있다. 하나님은 이 패역한 자들을 영원히 꺼지지 않는 불에 집어 던지신다. 그들의 이름은 저줏거리가 되고 그들의 시체는 벌레들에게 던져진다. 이처럼 이사야는 대단원의 막을 내리는 것이 아니라 아슬아슬하고 위태로운 긴장을 유지한 채 끝난다. 패역한 다수파와 경건한 소수파, 우상숭배적인 성전파와 추방되는 경건파의 긴장은 2,000년 교회사를 관통하고 있으며, 기독교 전래가 150년이 안 된 한국교회사에도 작동한다. 하나님은 패역한 주류 종교 권력체로부터 경건한 소수파를 추방당하게 함으로써 당신의 거룩한 씨들, 남은 자들을 중심으로 새로운 예루살렘을 꿈꾸신다. 온 세계열방이 하나님의 영광을 보려면 하나님께 지근 거리에 있는 제사장적 공동체가 거룩해야 한다.^{레 10:3} 물론 본문이 교회 분열을 정당화하거나 손쉽게 허락하거나 명령하는 것은 아니다. 하나님의 거룩한 진리를 수호한다는 명분이 교회를 핵분열시켰던 우리나라 교회사를 돌이켜 볼 때 66장 또한 정교한 해석이 필요하다.

'추방당한 자들'만이 하나님이 사용하시는 남은 자들이지, 스스로 자기이익을 도모하는 파당주의자들은 그리스도의 몸된 교회를 해치는 자들이다.^{잠 18:1}

세상에는 많은 종단, 교단, 그리고 교파들이 있다. 크게는 로마 가톨릭, 정교회(그리스 정교회, 시리아 정교회, 러시아 정교회, 이디오피아 정교회), 개신교로 크게 대별된다. 개신교 안에는 장로교, 침례교, 성공회, 감리교, 구세군, 그리스도교, 성결교, 순복음 등이 있고 이 외에도 메노나이트, 퀘이커, 모라비안 등 군소종파들도 넓게 보아 개신교 전통을 유지하며 존재한다. 모든 종단, 교단과 교파들의 형성에 항상 죄악된 주류 권력과 경건한 소수파의 갈등이 개입되었던 것은 아니다. 대부분 다양한 영적 필요에 응답해서 생긴 분파들이다. 이렇게 세상에 다양한 방식으로 존재하는 교회의 다양성은 인종의 다양성과 같은 원리로 설명될 수 있다. 다양성은 흠이 아니라 풍요와 자산이며 칭찬받을 일이라는 것이다. 그래서 다양한 교단과 교파는 인간의 다양한 하나님 경험 열망, 다양한 하나님 예배 열망, 다양한 하나님 향유 방식을 다양하게 충족시키는 면이 있음을 인정할 수 있다. 이처럼 다양한 교파의 존재는 복이다.

그런데 앞서 살펴보았듯이 이사야서의 마지막 장들에서 전개되는 상황은 악한 종교 다수파와 소수파의 갈등이다. 본문은 어떤 점에서 하나님의 의도적 소수파 보호 및 분리를 정당화하고 있다. 이런 경우 대부분은 우상숭배적인 주류가 성전 권력을 차지하고 자신이 제일 거룩하다고 선언하는 사태가 의로운 소수 경건파를 성전에서 추방하는 것으로 갈등이 봉합된다. 이러한 방식의 종교 분열이 신구교 분열이다. 16세기 로마 가톨릭은 도저히 참을 수 없는 무지몽매와 영적 완매^{頑昧}에 빠져 있었다. 교황청의 정경유착적 부패, 성직 매매, 면죄부 발매, 수도원 일탈 등 당시의 가톨릭교회는 엉망진창의 수렁에 빠져 있었다. 자신에게 조금이라도 문제를 제기하는 개혁자 사제와 신학자들을 화형시켰다. 루터보다 한 세기 전에 피렌체의 사보나롤라와 프라하의 얀 후스가 이런 참변을 당했다. 당시의 로마 가톨릭교회는 므니와 갓에게 제사 드리는 우상숭배 집단과 다를 바가 없었다. 로마 가톨릭교회는 프로테스탄트 개신교회를 스스로 산파한 셈이다. 물론 오늘날 로마 가톨릭교회는 1962-1965년의 제2차 바티칸 공의회 이후에 어느 정도 현대화에 적응하며 약간의 자기 성찰적 면모를 갖췄다. 포괄적으로 자신들의 잘못을 유감으로 언급하기도 하고, 이후의 몇몇 교황들은 2,000년 교회사의 중대 과오들을 뉘우친다는 말을 했다. 그럼에도 불구하고 2017년 종교개혁 500주년에도 로마 교황청은 지난 시절 유럽의 종교개혁과 종교전쟁을 촉발시켰던 근원적 모순들을 만들어냈던 가톨릭교회의 죄악들을 회개한다거나 뉘우친다고 하는 공식 성명을 내지 않았다. 이 점은 한국 가톨릭교회도 마찬가지다. 로마 가톨릭은 신구교 일치를 논하기 전에 루터와 쯔빙글리, 존 녹스와 칼빈이 종교개혁 기치를 들 수밖에 없었던 상황을 이해하고 교황의 이름으로 죄를 회개해야 한다. 로마 교황청은 교회의 거룩성을 파괴한 죄들, 중세의 숱한 일탈을 낱낱이 회개하고 가톨릭 타락이 신구교 분리의 원인이 되었음을 인정해야 한다.[6] 물론 개신교도 교회의 일치성을 깨뜨린 죄를 회개하고 참회해야 한다. 주류 이데올로기에 자신을 순치시키는 세속화된 주류 종교권력과 자본주의와 국가주의의 노예가 된 개신교 주류는 그들의 죄악들을 철저하게 뉘우쳐야 한다. 개신교는 자신보다 더 작은 군소 교단들을 박대하고 박해한 죄악들을 회개해야 한다. 이처럼 신구교는 서로를 증오하고 전쟁으로 박멸해서라도 자신이 더 좋은 하나님의 교회임을 입증하려던 지난 시절의 악행들을 철저하게 회개해야 한다. 신구교는 하나님 나라의 대의 아래서 거룩한 성령의 자기부인 능력에 입각해 조금씩 화해하고 가까워져야 한다. 신구교는 하나님 나라의 공평과 정의의 기치 아래, 가난한 자들을 돌보는 영혼 돌봄에, 기후변화와 국제적 정의를 확장하는 일, 시장 전체주의와 약소국을 침탈하는 다국적 기업들의 노략질과 초강대국들의 무기산업을 비판함에 있어서 하나가 될 수 있다. 거룩하신 하나님 앞에서 겸비케 되고 축소된 자에게 '하나됨'과 '평화'는 가능한 현실이 된다.

종교권력의 세계에서 주류란 항상 자기 복무적 자기중심성에 빠질 위험이 있으므로 자기경계를 부단히 일삼아야 한다. 자신이 더 거룩하다고 생각하는 독선은 거룩하신 하나님의 옷자락만 스쳐도 사라져버린다. 자신이 남들보다 더 거룩하다고 주장하는 것은 영적으로 건강하고 순수한 사람의 태도가 될 수 없다. 거룩하신 하나님을 한 번이라도 뜨거운 불꽃으로 경험한 사람들에게는 거룩한 화상이 남는다. 이사야는 입술에 야곱은 환도뼈에 거룩하신 하나님의 현존이 머문다. 바울은 거룩하신 하나님의 아들의 상처를 몸에 지니고 다녔다. 거룩하신 하나님을 진지하게 대면한 사람들은 하나님 앞에서의 존재 멸실적 위축이나 두려움이 뭔지를 안다. 하나님 앞에 거룩한 자는 자기부인적 축소지향성과 부단한 겸비를 갖춘다.

전체 결론

: 인본주의 최고점의 시대에 읽는 이사야 40-66장

이상에서 우리는 하나님을 역사의 주관자라고 선포하면서 우상들과 그분의 결정적인 차이를 역사 기획과 성취 능력의 관점에서 살펴보았다. 이사야 40-66장은 역사의 기획자이자 그 성취를 주도하는 하나님을 증언한다. 그런데 이러한 하나님에 대한 믿음은 현대인들에게 낯설고 심지어 기독교인들에게도 낯선 관념이 되었다. 그리스도인들마저도 역사를 주관하시고 열방의 운명을 관장하시는 하나님의 만유통치권을 쉽게 믿지 못한다. 오늘날은 '하나님'이라는 단어가 사어死語가 되어가고 있는 인본주의 시대다. 인본주의 시대는 '하나님'이라는 언어의 추방과 하나님에 대한 신앙심의 소멸에 의해 특징지어진다. 그런 점에서 금세기에 널리 확산되는 인본주의는 '통속적 무신론'의 다른 이름이기도 하다. 통속적 무신론은 '하나님이 없다'고 주장하거나 '하나님이 없어도 된다', 혹은 '하나님이 없었으면 좋겠다'라고 말하는 무신론이다. 이 경우 무신론은 대부분 하나님 불가지론과 대동소이하다. 그런데 이런 소박한 무신론과 달리 기독교가 진지하게 응답해야 하는 실천적인 함의가 큰 무신론이 있다. 이 후자의 무신론은 특정 정치 이데올로기와 연동되어 반인륜적 만행과 범죄를 정당화하는 무신론이자, 기독교 신앙이 행동으로 맞서야 할 정사와 권세와 어둠의 세상 주관자들의 종교이기도 하다. 이 무신론은 공산주의 국가들에서나 나치즘 같은 20세기의 사상들에서 만개한 무신론이다. 보통 사람들은 통속적 무신론자이며 겉으로 보기에는 기독교에 크게 대적하는 세력을 이루지 않는다. 그러나 하나님을 배척하

전체 결론: 인본주의 최고점의 시대에 읽는 이사야 40-66장

는 통속적 무신론의 형태를 취하는 금세기의 인본주의는 인류의 미래를 걱정하는 최고 수준의 각성된 이성과 양심이 주창하는 사상과 혼합되어 있으며, 따라서 대중 파급력은 지속적이고 크다. 이런 통속적 무신론은 두 갈래로 나타났다.

인문사회과학 분야의 인본주의와 자연과학 분야의 인본주의가 그것이다. 이들의 출발점은 달랐으나 그 결과는 같다. 인문사회과학 분야의 인본주의는 단호하게 신을 거부한다. 인간을 창조했으며 인간의 운명, 행동, 도덕과 가치 등의 결정에 절대적 기준을 갖고 영향을 미친다고 여겨지는 초월적인 신은 인간의 상상언어가 만든 언어의 직조물이라고 본다. 니체와 하이데거¹는 신 혹은 하나님은 '언어'가 만든 허상이라고 주장했고, 칼 마르크스는 신이 지배계급의 통치를 위해 창안된 상부구조 이데올로기라고 보았다. 프로이트는 '신'을 유아기 강박증의 전개과정상 착안된 인간의식의 병리적 잔재라고 본다. 넓게 보면 인문사회분야의 인본주의는 대부분 하나님 담론 비판이며, 크게 보면 형이상학에 기울어진 종교와 기독교 신앙 비판이다. 이런 비판은 성경과 기독교에서도 낯설지 않으며 따라서 기독교 신앙이 공유할 수도 있고 그것에 대해 대응할 수도 있다.

자연과학 분야의 인본주의는 다소 복잡하며 진화를 거듭하고 있다. 그것은 다윈의 진화론부터 오늘날 만개한 진화생물학과 인공두뇌학에 이르기까지, 성경과 기독교가 말하는 초월적이면서 인간에게 영향을 미치는 초자연적 존재로서의 하나님의 자리를 '과학적'인 이유로 배척한다. 진화의 원리로 모든 생명의 기원과 전개양상을 설명한다는 자부심으로 무장된 이 자연과학적 인본주의는, 도덕과 윤리 등 모든 재래의 신학적 쟁점을 신경화학, 생물학적 알고리즘 등으로 환원시켜 해석할 수 있다고 믿는다. 가령, 인간이 왜 사랑을 미움보다 더 높이 평가하는지를 유전자학이나 진화생물학으로 설명할 수 있다고 믿는다. 이런 인본주의적 설명 또한 논리적 정합성 등에서 완벽하지 않지만, 하나님을 대표한다고 믿어지는 종교인들과 기독교인들의 논리보다 훨씬 더 강한 힘을 발휘하고 있는 것처럼 보인다.

하나님을 공부하고 신학을 정교하게 다듬는 데는 연구기금이 모이지 않지만 인류의 생명을 연장시키는 연구나 인간의 우주 식민지를 개척하는 데는 천문학적 연구기금이 모여드는 이유는, 인본주의적 과학의 언어가 신앙과 신학의 언어보다 월등하게 정교하고 체계적이며 확신과 열정에 차있기 때문이다. 그래서인지 인본주의는 지구의 미래, 인간의 미래에 대해 엄청난 연구를 집중시키며 정교한 논리를 생산하는 데 발전을 거듭하고 있는 것처럼 보이고, 하나님을 믿는 기독교인들은 세상 어디에서도 통하지 않는 '소멸된 형이상학적 상상의 언어'놀이에 빠져있는 것처럼 보인다.

이 인본주의적 확신의 시대에 '하나님' 담론은 무슨 의미가 있을까? 저 방대한 인본주의적 확신과 논리로 무장한 학술 업적들의 홍수 앞에서 우리는 과연 기독교 신앙을 지켜낼 수 있을까? 금세기 기독교는 인본주의의 지적 확신과 열정을 어떻게 평가해야 할까? 인본주의의 세계인식은 '하나님이 없다'는 결론을 정당화할 만큼 확실한가? 이러한 질문들을 가슴에 품고 인본주의의 지적 확신과 열정을 비판적으로 검토해보고자 한다.

우선 자연과학적 실험과 관찰에 기반하는 인본주의적 세계인식의 전제들 중 일부를 간략하게 살펴보자. 첫째, '인간의 시간이 유일한 시간이다'라는 이해. 쉽게 말해 '시간'에 대한 인간 이해가 유일한 시간 이해라는 것이다. 인간은 인간 자신이 설정한 일정한 시간대 안에서 원인과 결과를 찾아내는 데 익숙하다. 심지어 초침 단위로 원인-결과 알고리즘을 확인한다. 그런데 하나님의 행동은 우주적 광폭행보이거나 소립자보다 더 작은 단위로 움직이는 극미세 조

정작업일 때가 많아 인간이 설정한 시간대 안에서 이뤄지는 실험과 관찰대상이 되기 힘들다. 하나님은 너무나 크고 긴 시간에 아주 느리게 행동하시거나 너무 짧은 시간에 광속보다 더 빨리 움직이시기에 육안으로는 그 움직임 자체가 보이지 않는다. 시침이 움직이는 것을 볼 수 없듯이, 하나님이 행동하는 모습은 '인간의 눈'에 띄지 않는다. 하나님의 행동은 대부분 여러 층위의, 여러 차원의 피조물의 대리 행동을 통해 매개되기 때문에 더더욱 보이지 않는다. 그래서 하나님이 어떤 사건의 원인자가 되어 역사적 변혁을 기획하고 집행하는 장면이 쉽게 관측되거나 관찰되지 않는다. 하나님의 행동은 무한반복적으로 관찰되거나 실험될 수 없다. 아리스토텔레스나 칸트가 각각 말한 순수오성 개념, 즉 열 가지 혹은 열두 가지 범주로 하나님을 인식할 수 없다. 하나님은 '과학적 지식' 획득 방법으로는 '알 수 없다.' 인간의 감각 경험에 포착된 지각들과 그것들을 해석하는 순수오성의 원인-결과 알고리즘으로는 하나님이 존재하는지 행동하는지 등에 대해 '알 수 없다.' 따라서 자연과학이 하나님의 행동과 관련해서 내릴 수 있는 최고의 결론은 '하나님이 없다'라는 형이상학적 판단이 아니라 불가지론이다.

둘째, '인간의 감각 경험에 포착된 지각들과 그것들을 해석하는 순수오성의 판단으로 지식이 생성되는 과정은 귀납적이어야 한다'라는 전제다. 인간의 감각 경험은 인간의 오감을 자극하는 것들이 '지식'의 구성 요소가 된다. 이런 방식으로 자연과학은 끊임없이 지식의 경계를 확장해왔다. 그런데 이 귀납법의 한계는 세계 안에 일어나는 모든 감각 경험들을 모두 조사하기까지는 결론에 이를 수 없다는 점이다. '화성에는 생명체가 없다'는 결론에 이르려면 화성의 땅과 지표면, 암석층을 모두 뒤져서 조사해야 한다. 따라서 이 우주에는 '하나님이 존재하지 않는다'는 명제는 귀납적인 방식으로 지식을 확장해가는 자연과학자들이 도달할 수 있는 과학적 결론이 아니라 형이상학적 주장이다. 심지어 오늘날에는 자연과학적 지식의 객관성마저 의심에 직면하고 있다. 극소 미립자를 다루는 양자물리학은 '관찰하려는 자의 주관에 따라 객체가 얼마든지 바뀔 수 있는 영역이다'(닐스 보어, 하이젠베르크, 프리쵸프 카프라)라고 단언한다.[2] 지극히 작은 소립자인 양자 영역에서는 관찰자의 주관과 '양자'라는 객관의 교호성으로 지식이 형성된다는 것이다. 즉 과학자가 '보려고 하는' 것이 '보인다'는 것이다. 이것은 무엇을 의미하는가? 하나님을 보려고 하면 얼마든지 우리의 지식 구성에 하나님을 연루시키고도 자연과학이 가능하다는 것이다. 그러므로 귀납적 방법론에 입각하여 자연과학자들이 '하나님이 없다'는 무신론적 교리를 주창할 수는 없다.

성경은 제도적 종교의 폐해를 누구보다 격렬하게 비판한다. 하나님이라는 언어를 텅 빈 언어로 만드는 하나님 이름 남용을 큰 죄악과 허물로 본다. 인문사회 과학자들이 반복적으로 공격하는 형이상학적 언어의 구름 너머에 있는 신이나 하나님 담론을 고대 이스라엘의 예언자들은 가열차게 비판했다. 그들은 오늘날의 인본주의자들이나 관념적 무신론자들을 겨냥했기보다는, 하나님의 이름을 남용하고 오용하는 제도 종교권 내의 하나님 담론 독점자들을 공격했다.[시 14:1; 53:1] 예언자들은 하나님을 매개한다고 하면서 온갖 불의를 일삼는 종교 권력자들과 그들의 비호 아래 정의와 공의를 배척하는 자들을 어리석은 자, 무신론자라고 불렀다. 잠언서는 그들의 어리석음과 완악함에는 '하나님을 두려워하고 삼가는 마음이 들어설 여지가 없다'고 말한다(1:7은 말한다). 이르아트 아도나이 레쉬트 다아트(יִרְאַת יְהוָה רֵאשִׁית דָּעַת). '여호와를 경외하는 것이 지식의 근본이다.' 이때 지식은 자연과학적 백과사전 지식이 아니라 하나님을 아는 지식, 선악을 아는 지식이며,[창 2:17] 사회적으로는 정의와 공의를 행하는 능력[렘 9:24; 22:16]이다.

자기를 두렵게 하는 하나님의 존재를 의식하는 것이 지식이다. 성경은 지상 권력자가 '악을 선하다 하며 선을 악하다'고 말하며 선과 악을 나누는 절대자의 자리를 차지하는 것을 우주의 질서를 무너뜨리는 행위라고 본다.^{사 5:20}

오늘날 자연과학 지식의 팽창과 증대로 인간은 그 옛날 신들이 누리던 특권과 지위를 확보했다고 자신하기에 이르렀다. 유발 하라리가 말하는 '호모 데우스'가 탄생한 것이다. 이처럼 과학적 자신감이 비상하게 고조된 호모 사피엔스에게 가장 어려운 일은 자신보다 높은 존재를 상상하고 두려워하는 일이다. 인본주의 시대에는 두려움, 경외, 자기비판적 성찰능력보다 성취감, 정복감, 자기확장적 표현의지가 예찬되기 때문이다. 그래서 자연과학적 지식의 주관자들이 하나님이 없다는 결론을 내리고 선악 판단을 독점하는 것 또한 고대 이스라엘의 예언자들이 공격한 무신론자들의 행태에 접근하는 모습일수가 있다.

제도 종교권 내부와 외부 세속사회로부터 오는 무신론의 도전에 대한 성경의 입장은 무엇이며 기독교의 응전은 어떠해야 할까? 크게보아 19-20세기에 걸쳐 서구의 지성사가 주창한 '형이상학적 신학' 배격은 정통 기독교가 수용할 수 있는 정당한 비판이다. 성경의 하나님은 서구의 형이상학적 신학이 신봉했던 오즈의 마법사 같은 신이 아니기 때문이다. 성경의 하나님은 형이상학과 이원론에 기댄 모든 종교들을 헛것으로 만들기 위해 성육신한 하나님이시기 때문이다. 하나님은 천지를 창조하신 후부터 인간의 시간 속에 들어오셨다. 영원하신 하나님은 6일 동안 일하시고 7일째 안식하셨다. 영원하신 하나님은 하루 이틀을 세는 '일월년 단위'의 시간 질서 속에 당신을 적응시키신 것이다. 그래서 하나님은 에덴동산을 거니셨고 온 땅에 당신의 영광을 충만하게 분여^{分與}하려고 하셨다. 따라서 형이상학으로 치우친 서구신학을 공격한 것은 성경의 하나님을 공격한 것이 아니다. 그동안 형이상학적 하나님의 질서가 이 땅의 질서를 위한 토대가 된다고 믿었던 형이상학이 텅 빈 언어의 구조물임을 드러낸 니체와 하이데거는, 어차피 참된 성육신적 하나님 나라와 동떨어져 있던 공허한 신학 체계를 공격한 것에 지나지 않기 때문이다. 인간사에서 일어나는 모든 일들을 신의 행동이나 원인에 귀속시키지 않고 설명하려고 했던 그들은, 기껏 성경과 참된 기독교가 어차피 극복하려고 했던 형이상학적이고 이원론적 하나님 담론을 공격했기 때문이다. 더 나아가 현대의 실증주의적 역사가들은 역사적 격변이나 원인추적에 더 이상 하나님 원인을 동원할 수 없다고 말한다. 기적, 이적 등 모든 것들은 신원인론을 정당화할 수 없다는 것이다. 신, 하나님은 신화나 동화, 문학 속에서 존재할 뿐 딱딱한 사실과 증거를 다루는 학문의 세계에서는 더 이상 동원되어서는 안되는 금기어, 텅 빈 언어라는 것이다.

예를 들어, 에드워드 H. 카는 『역사란 무엇인가』 4장 '역사에서의 인과 관계'에서 역사연구는 원인에 관한 연구이며, 역사가는 끊임없이 '왜'라는 질문을 던진다고 전제한다.[3] 카는, 역사적 사건을 촉발시킨 여러 가지 원인들의 우선순위를 정해야 하며 그중에서도 궁극적인 원인이 무엇인지를 결정해야 한다고 말한다. 카는, "역사가와 그의 원인의 관계는 역사가와 그의 사실의 관계와 똑같이 이중적이고 상호적인 성격을 가진다"고 말한다.[4] 카의 경우는 사회경제적 원인, 즉 사회경제적 불평등을 해소하려는 민중의 줄기찬 아우성이 역사적 진보의 궁극 원인이라고 보았다. 카는 궁극적인 원인은 동시에 합리적인 원인이어야 한다고 주장한다. 합리적인 원인은 다른 나라, 다른 시기, 다른 조건에서도 언젠가 적용될 가능성이 있기 때문에 결국 '유익한 일반적인 원인'이 된다는 것이다. 그런데 역사적 사건의 원인으로 지명된 '하나님'은 합리적인 원인이 될 수 없다고 주장하며 모든 기독교 유신론적 역사 해석을 배척한다. 그는 여호수아 10장을 예로 들면서 하나님 원인론적 역사 서술은 역사학에서 수용되기 힘든 종교적 선입견이라고 말한다. 역사적 사건들의 발생 원인을 추적할 때 하나님을 끌어들이는 것은 카드게임에서 조커를 아무 때나 꺼내어 판을 뒤집으려는 것과 같은 반지성적 행위라는 것이다. 확인불가능한 원인인 하나님의 의도와 목적에 기대어 역사적 격변의 원인을 설명하는 것은 학문의 규칙을 위반하는 것이라고 본다.

하지만 카가 주장하듯이, 개별 역사적 사건의 원인을 규명할 때 사회경제적 원인이 제일 중요하고 약자의 아우성과 투쟁이 역사의 진보를 견인한다는 원리를 천명하는 것으로 모든 역사연구가 종결되는 것은 아니다. 그는 이 과정에서 유신론적 역사 해석을 시도하는 신학자들, 특히 니콜라이 베르자예프, 자크 마리땡, 라인홀드 니버를 거명하며 비판하지만, 그가 비판하는 기독교 사상가들은 역사적 사건들의 발생 원인에 대한 규명에 치중했다기보다는 역사의 궁극적 의미나 방향에 대한 성찰을 시도했다. 카와 기독교 사상가들의 관심 분야가 다른 것이다. 역사적 사건들의 발생 원인을 규명하려고 할 때 눈에 보이는 요인들만 고려하는 실증주의적 역사 이해와 성경의 역사 이해는 다르다. 성경은 하나님 원인론을 제시하지만, 실증주의적 역사가들이 역사적 사건의 발생 원인들을 따질 때 고려하는 역사 내재적 요소들을 하나도 부정하지 않는다. 성경의 하나님은 약자의 아우성에 응답하여 노예들을 압제로부터 구출하시는 하나님이며, 사회과학자들이 상상하는 것보다 더 철저한 공평과 정의로 운영되는 나라의 비전을 제시하셨다. 모세와 예언자들이 꿈꾼 이상사회는 역사상 어떤 국가도 꿈꾸거나 실현한 적이 없을 정도로 급진적으로 정의롭고 평화로우며, 사랑과 우애가 넘치는 사회였다. 모세오경의 토지법, 희년법, 면제년법, 이웃사랑과 상호부조적인 율법들은 아무리 발전된 선진국이라도 자신들의 헌법에 반영하지 못하고 있을 만큼 철저하게 정의롭고 공의로운 법령들이다. 진화론은 약자에 우호적인 사상이라 기보다는 강한 자, 환경적응 능력자에게 우호적인 사상이다. 뿐만 아니라 약자의 아우성이 역사의 진보를 견인한다는 원리는 진화론적으로 자명하게 증명된 진리가 아니다. 약자의 아우성이 역사의 진보를 견인한다는 이 원리는 범진화론자들이 말하는 적자생존의 원리도 아니요 환경적응력이 생물의 생존능력이라고 주장하는 진화생물학자들의 공리도 아니다. 공평과 정의를 사랑하시는 하나님이 인간의 역사를 운행하시는 원리의 일부다. 성경은 역사적 사건들을 귀납적으로 관찰하고 추적하여 공평과 정의의 원칙을 이끌어낸 것이 아니라 공평과 정의의 하나님을 아는 지식에 입각해 역사적 사건들의 발생 원인과 경과를 연역적으로 선포했다.

성경은 하나님의 역사 관여를 현대인에게 친숙한 논리로 언표하지 않고 비유적으로나 문학적인 언어로 표현한다. 하나님의 방식은 원인-결과의 단순한 논리로 쉽게 해명할 수 없을 만큼 복합적이기 때문에 하나님의 역사적 주도를 연역적으로 선포한다. 예언자들이 구사하는 하나님 원인론적 역사 해석은 몇 가지 명제로 나뉜다. 첫째, 하나님은 이 세상을 창조하실 때 공평과 정의의 주초 위에 세우셨다. 따라서 한 나라의 지배층의 죄악이 회복불능으로 팽창할 때 당신의 공평과 정의 통치를 복원시키기 위해 그 나라를 멸망시키고 이 민족의 압제를 당하게 하신다. 이 멸망이 오기까지 예언자들은 지상 권력자들을 무섭게 경각시켰다. 둘째, 하나님의 역사 주재는 정의와 공의의 관철이며, 약자들의 아우성에 응답하는 해방과 자유, 평화와 우애의 증진을 목적으로 한다. 셋째, 세계의 모든 나라와 민족들을 정의와 공의를 우선적으로 실현하는 시온을 중심으로 연대하도록 묶어주실 것이다.

예언자들의 견인불발적 기백은 신적 영감의 작용이다. 예언자들의 용감무쌍한 행동은 하나님 원인론적인 역사 해석의 토대였다. 성경의 하나님은 형이상학의 영역에 묶여있는 신이 아니었다. 이사야서는 하나님 원인론적인 역사 해석의 결정판이다. 이사야는 이스라엘과 유다의 멸망 원인을 하나님에 대한 인격적 배반이라고 말한다. 패역 혹은 반역이라고 번역되는 이 행위는 하나님이 인도하는 출애굽 가나안 정착 시도를 반전시켜 출애굽의 구원과 해방을 원천 무효화하는 집단적, 정치사회경제적 정책을 말한다. 출애굽의 하나님, 노예들을 해방시켜 하나님과 언약적인 자유농민으로 변화시켜준 원초적인 해방행위, 원초적 기업基業 선사를 무효화하는 행위를 반역, 패역이라고 규정한다. 이 출애굽 구원을 폐기하도록 선동하고 정당화하는 것들이 바알과 아세라, 몰렉숭배, 하늘여신숭배 등 각종 우상들에 대한 숭배였다. 이 우상숭배자들은 왕실, 지주, 제사장, 장로 등 지배 계층들에서 충원되었고, 이들이 하나님이 선사하신 해방의 토대인 토지정의를 훼손했기에 나라가 망했다고 보는 것이 예언자들의 하나님 원인론적 역사 해석이다. 이스라엘과 유다의 멸망은 지배층의 우상숭배, 야웨 하나님에 대한 반역과 패역 때문이었다고 말하는 예언자들의 하나님 원인론적 역사 해석은, 사회경제적 요인을 역사적 격변의 중심 요인으로 보는 카의 역사 해석의 신학적 표현이라고 말할 수 있다. 예언자들이 지배층의 우상숭배로 인해 나라가 망했다고 말할 때, 그것은 지배층이 토지와 생존권과 관련된 하나님의 출애굽 해방 전통을 폐기했기 때문에 망했다고 말하는 것이다. 환언하면, 지배층이 경자유전의 원칙에 따라 땅을 경작하며 애국심의 세포단위를 형성하던 언약백성의 생존 토대를 파괴했기에 나라가 망했다고 비판한 것이다. 지배층이 언약적 의리(츠다카)를 실천하지 않아, 이스라엘의 사회적 통합과 연대를 지탱하던 자유농민들이 땅을 잃고 유민流民이 되는 지경에 이르고 급기야 나라가 망했다. 고아와 과부와 같은 가난하고 약한 자들의 땅을 차지하고 돌려주지 않는 지배층의 욕망을 견제하고 억제하는 사법 정의(미쉬파트)를 집행하지 않았기 때문에 나라가 망했다고 보는 것이다. 공평과 정의는 공정한 토지 사용과 토지 소산물의 공정한 분배에서 확보되는데 이 중대한 공평과 정의를 붕괴시켜 나라가 망했다고 말하는 예언자들은, 역사적 격변의 궁극원인을 사회경제적 요인들이라고 보는 좌파 역사가들의 사관보다 더 깊고 근본적인 역사관이다.

이처럼 예언자들이 하나님의 심판으로 이스라엘과 유다가 망하는 과정에서 하나님 원인론적 설명을 시도할 때 그것은 사회과학자들과도 소통이 가능한 합리성을 드러낸다. 그런데 카의 실증주의 역사관은 원인 추적이 가능한, 이성의 경계 안에서 설명 가능한 역사적 사건들을 서술할 때만 통한다. 그래서 니콜라이 베르자예프가 『현대 세계의 인간 문명』에서 죄악으로 인해 망한 나라 이스라엘을 다시 회복시키는 역사를 설명하면서 하나님의 사랑, 자비, 용서 등 지극히 신비주의적 용어를 동원할 때, 카는 '인간역사의 의미를 역사 밖에 있는 신비한 존재'로부터 도출하려는 '신비주의'라고 비판하며 반발한다. 이런 해석 틀은 다른 약소국가의 부흥, 회복, 재기를 설명할 때는 동원할 수 없기 때문이라는 것이다. 당연히 카는 예외적이고 특별한 원인, 즉 여호와 하나님의 무궁한 자비와 언약적 사랑에 근거해 역사를 해석하는 것에는 반발할 수밖에 없을 것이다.

이스라엘에 대한 하나님의 비범하고 비상한 사랑과 자비, 그것에 의해 추동된 바벨론 포로들의 복귀, 그리고 이스라엘의 세계사적 지위격상 등은 확실히 인간의 이성으로는 추적할 수 없는 원인, 하나님의 우발적이고 자유의지적인 사랑의 의지에 호소하지 않고는 도저히 설명할 수 없다. 하나님의 행동은 자기원인적 자유의 발동이기에 인본주의 알고리즘으로 해명할 수 없다. 그런 점에서 인본주의적 이성이 역사의 격변 원인을 궁극적으로 해명할 수는 없다. 이런 점에서 기독교 신앙은 이성의 추적 한계를 넘는 하나님의 행위에 의지해 이스라엘의 죄 용서와 국가성의 회복을 설명한다.

이사야는 카가 이해할 수 없는 하나님의 거룩성에 호소하여 이스라엘의 재활복구를 해명한다. 하나님의 사랑은 천문학적으로도 생물학적으로도 원인이 없는 사태다. 하나님의 사랑은 우주의 거대, 극소 질량의 모든 천체와 소립자들, 그리고 인간과 피조물의 모든 활동을 명료하게 설명해주는 유일한 암호다. 하나님의 사랑을 고려하지 않으면 인간에게 최적화된 우주와 지구의 모든 조화를 상상할 수 없다. 인본주의는 '왜 살아야 하는가? 왜 사랑해야 하는가?' 등 인간의 근원적이고 형이상학적인 질문에 대해 영구적으로 대답 불가능한 무기력에 빠져 있다. 진화론이 인간의 생명발전 과정을 설명할 수 있으나, 왜 이렇게 발전하는지, 진화의 목적이 무엇인지는 모른다. 우주천체 물리학이 지구의 역사, 시간의 탄생사를 밝혀낸다 하더라도, 그것들이 도대체 왜 이 우주공간에 생겨났는지 그 목적은 알지 못한다. 목적에 대해 묻는 인간에게 목적에 관한 질문을 무시하는 인본주의는 한계에 부딪혀 있다. 그렇지만 하나님 없이도 지구의 미래를 걱정하고 인간사회를 좀 더 인간답게 만들려고 애쓰는 인본주의자들과 기독교 사이에는 대화와 협력의 여지가 남아 있다. 그들은 성경에서 비판하는, 하나님을 두려워하지 않고 악행을 일삼는 무신론자들과도 다르다. 또한 인본주의자이든 무신론자이든, 하나님을 부정하고 그 하나님에 대한 부정을 행동과 삶으로 철저하고 일관성 있게 실천하는 것은 불가능하다. '하나님은 사랑이시다.' '하나님의 사랑은 자기내어줌이다.' 이것이 기독교의 핵심 메시지인데 어떻게 사랑을 부정하고 살 수 있겠는가? 사랑의 궁극자인 하나님을 부정하는 것은 자신의 피부와 세포, 자기 생명 자체를 부정하고 배척하는 것과 같다. 우리는 우리 세포를 육안으로 볼 수 없다. 이중나선형으로 꼬여 있는 스물세 쌍 염기서열을 볼 수 없고, 우리 몸 안에서 일하는 숱한 미생물을 볼 수 없다. 그런데 우리는 60조 개의 뇌세포 덕분에 운동 후에 쾌감을 누리고, 식사의 기쁨을 누리며, 독서에 몰두하고, 사랑의 환희에 빠진다. 우리가 자기의 몸 안에 있는 소립자 세포를 볼 수 없지만 그것의 존재와 활동에 의지하여 살아가듯이, 하나님은 세포보다 더 극한소립자적인 방식으로 우리 안에 계신다. 인간이 권력의지로 담금질된 초인超人이 되려고 아무리 노력해도 창조주 하나님이 정해주신 생명율법, 행복율법, 평화율법을 벗어날 수가 없다. 영양섭취와 배설법칙, 노동과 안식법, 정결음식법은 하나님이 인간에게 정해주신 생화학적 알고리즘으로, 생명율법에 속한다.

이 신적 규정을 어기면 인간은 죽는다. 인간이 하나님을 배반하면 자기파괴를 초래한다는 말이다. 하나님의 음성은 침묵의 소리다. 침묵이 어찌 소리가 되는가? 엘리야는 하나님의 음성을 극소 데시벨의 침묵 속에서 들었다. 인간의 이성은 하나님의 광폭행보나 하나님의 천지창조 프로젝트 같은 매크로 세계를 관찰하거나 평가할 능력이 없다. 하나님이 어떤 일을 기획하고 집행할 때 동원하는 무수한 요인들을 동시에 고려해 그것들의 인과관계를 파악할 능력이 없다. 특정 사건이 일어나는 이유를 설명할 때, 지리, 기후, 인간개성, 기술의 진보, 메뚜기 같은 자연피조물 등 하나님이 동원하는 요소들은 엄청나게 많다. 하나님이 역사 속에 행하신다는 말은 이처럼 무수한 요인들을 하나님이 적절한 알고리즘 체계 안에 합목적적으로 배치하고 작동시킨다는 말이다. 인본주의적 전제를 가진 역사가들은 이처럼 복합적으로 작동하는 하나님의 의지를 파악할 능력이 없다.

사실 더 근원적으로 생각해보면 어떤 인본주의자들이나 무신론자들도 성경의 하나님과 기독교를 비판하는 데 성공할 수 없다. 리처드 도킨스나 샘 해리스 등 최신판 무신론자들은 기독교가 표방하는 죄와 심판 문제, 역사의 행로에 대한 기독교의 종말론, 기독교윤리와 도덕 주창 등을 공격함으로써 기독교를 인간사회에서 추방하려고 한다. 그러나 그들의 공격은 피상적이다. 그들은 피상적으로 표현된 기독교와 하나님 이해를 공격하는 데 그친다. 그들이 진짜 성경의 하나님과 성경에 증언된 참된 기독교를 비판하려면 사랑의 궁극적 가치를 비판해야 한다. 자기 독생자를 주셔서 인간을 사랑한 하나님을 비판해야 한다. 그들은 역사상에 출현한 기독교나 그리스도인들의 적폐와 모순, 반문명적 죄악들을 얼마든지 비판할 수 있다. 그들은 그리스도인들의 독선, 아집, 배타성, 전쟁 탐닉, 지배층의 이익에 봉사하는 권력숭배주의를 비판할 수 있다. 그들의 기독교 비판은 참된 기독교인들을 각성시키는 데 유익하다. 그러나 그들이 과연 기독교가 내세우는 자기희생적 하나님의 사랑, 자기희생적 그리스도인의 사랑, 사랑의 궁극적 가치, 기독교와 성경의 하나님이 실현시키려는 공평, 정의, 평화를 배척할 수 있는가? 이런 것들보다 폭력, 증오, 전쟁, 탐욕이 더 좋다고 주장할 수 있는가? '나는 이웃사랑을 강조하거나 자기희생적 사랑과 봉사를 중시하는 하나님을 증오한다. 나는 폭력적이고 무질서하고 아수라장으로 만드는 난폭한 신을 사랑한다.' 이렇게 주장하는 무신론자가 과연 존재할 수 있을까? 성경의 무신론자는 시편 14:1-6에 나온다. 공평과 정의, 자비와 사랑을 배척하는 사람이 무신론자다. 하나님의 정의로운 심판을 배척하면서 악행을 밥 먹듯 하는 자들이 무신론자다. 이론적으로 지적으로 제도적인 종교 기독교를 공격하는 것을 보고 하나님을 공격하는 것으로 오해하면 안된다. 니체는 약자를 옹호하는 기독교가 웅혼하고 용감무쌍한 게르만 정신을 병들게 했다고 비판했지만, 그의 삶은 역설적으로 '사랑'과 '영혼의 교감'을 그토록 그리워했다. 니체, 프로이트, 마르크스와 같은 사람들은, 시편 14:1이 말하는 참된 무신론자라기보다는 지나치게 각성한 인본주의자들이었다고 보는 편이 더 정확하다. 심지어 자신을 무신론자라고 칭하는 스위스 작가 알랭 드 보통은 『무신론자를 위한 종교』[5]에서, 기독교의 매력을 인정하면서 무신론자로 살아가기는 힘들다고 고백할 정도다. 슬로베니아의 좌파 지식인 슬라보예 지젝이나 프랑스의 인류학자 르네 지라르 같은 학자들은 무종교인 혹은 무신론자로 분류되겠지만, 그들은 오히려 기독교와 성경의 본질적인 가치와 지향을 보고 인류의 희망은 기독교에 있다고 말한다. 성경과 하나님에 대한 참된 신앙과 실천이 온 인류가 기다리는 복음임을 확신한다면, 예언자들이 그토록 강조하는 하나님을 아는 지식을 온 세상에 알리는 것이 교회와 그리스도인의 긴급한 과업이다. 하나님을 아는 지식은 공평과 정의에 대한 투신과 실천이며, 사자와 어린 양이 함께 사는 사회를 창조하는 능력으로 육화된다. 공평과 정의가 구축된 세상에서는 자유와 평등이 충돌하지 않으며, 빈자와 부자가 으르렁거리며 싸우지 않고 살 수 있다. 이 세계에 출현한 모든 정치사상들이 궁극적으로 가리키는 인류의 이상향이 바로 아브라함이 찾고 찾았던 하나님이 지으시고 경영하시는 하나님의 도성이다.^{창 18:18-19; 히} ^{11:8-16; 12:28} 하나님을 아는 지식으로 가득찬 시민들이 구성하는 사회는 폭압적인 국가기관의 감시와 처벌이 없더라도 이웃사랑이 가능하며 적대감이 해소되는 공동체다. 카가 그토록 열망했던 역사의 궁극적 진보 지점을 예언자들은 이미 오래전에 보았던 "오래된 미래"의 목격자들이었다. 그것은 아브라함이 찾던 하나님의 도성이다.

| **왜 이사야 1-66장을 한 권의 책으로 읽어야 하는가?**[1]

1. 이사야 1-66장의 저작 과정 단상斷想

1-39장은 주전 8세기 이사야가 대부분 당대의 청중에게 구두로 선포한 예언들이며, 40-66장은 소수의 제자들에게 알려주고 봉인한 미래사 예언들이라고 보면, 이사야서의 저자 문제는 더 이상 문제가 되지 않을 수 있다. 그러나 현재의 학계에서 극소수를 제외하고는 현재의 이사야서를 주전 8세기 예루살렘의 예언자 이사야가 단독으로 선포한 예언들을 보존한 책이라고 생각하는 학자는 거의 없다. 구약의 예언은 중세의 노스트라다무스가 발설했다고 알려진 그런 유의 미래사 예언이 아니다. 노스트라다무스는 수백 년 전에 '1999년 7월에 공포의 대왕이 하늘에서 내려오리라'고 예언했는데, 그것이 무슨 맥락에서 누가 들으라고 한 예언인지 분명하지 않았다. 이에 비해 구약예언은 철저하게 청중 실명제이며, 당대 비판적인 담론이었다. 예언은 단지 '미리 말하는 행위'만이 아니라 하나님의 신적 영감에 추동되어 한 나라의 지배층과 유력시민들에게 '하나님의 마음을 대언하는 대변언동'이었다. 하나님의 영감은 수백 년 후에 일어날 일들을 미리 꿰뚫어보는 천리안적 능력이라기보다는, 지배층과 권력자들 앞에서 위축되지 않고 하나님의 메시지를 대언하는 패기를 고취시키는 영감이었다.

　물론 구약성경의 예언에도 하나님과 이스라엘이 맺은 언약의 복원력에 바탕을 둔 미래회복과 구원예언이 있다. 그런데 그것마저도 당대의 청중이 모종의 신앙 결단을 촉구하는 미래예언이었다. 예레미야 32장에는 예레미야가 아나돗 밭을 숙부로부터 사는 일화가 있다. 예레미야가 숙부의 땅을 사주는 행위는 바벨론 제국의 유다 지배가 곧 끝나며 언젠가 바벨론 포로들이 귀환해 유다에 정상적인 토지거래가 있을 것임을 예언하는 행위예언이었다. 이사야의 메시아 시대 도래예언도 미래사에 대한 예언이지만 당대의 왕들을 비판하고 각성시키는 당대 비판 담론으로 기능하는 미래사 예언이었다. 예언자는 본질적으로 막연하게 먼 미래를 미리 말하는 자가 아니라 하나님의 영에 추동되어 하나님의 마음을 대변하는 신적 대언자였다. 이 신적 대언의 90퍼센트 이상이 지배층들의 죄악을 들추어내고 유력거민들과 신정통치의 대리자들에 대한 권력비판이었다.^{사 59:1-2; 미 3:7-8} 당대의 지배층과 유력시민들, 제국들과 열방을 비판하고 경고하고 위협하는 과정에 미래사를 예언하지만 그들은 당대의 청중을 회개시키려는 목적 때문에 미래사(천재지변, 곡물가격 폭락, 전쟁)를 말했다. 그것도 당대의 청중에게 위협이 되는 근접 미래사였다. 만일 주전 8세기 예언자가 이사야 40-66장의 예언으로 당대의 청중에게 말했다면, 이 스물일곱 장의 예언은 그의 당대 청중에게 단 하나도 의미있게 들리지 않았을 것이다. 주전 740-700년에는 바벨론 제국이 존재하지도 않았고, 더구욱 페르시아의 고레스는 존재하지도 않았다. 무너지지도 않은 성전을 향해 '중건되리라'고 예언하는 것은 상상하기 어렵다.

저작권 문제에서 더욱 중요한 사실은, '이사야 1-66장이 주전 8세기의 이사야가 예언한 것만 담은 책이어야 신뢰할 만한 하나님의 말씀'이라는 확신이 생길 수 있다고 보는 입장은 낡은 역사비평적 사고의 잔재라는 것이다. 19세기 말부터 역사비평학자들은 예언서 중에 '운문으로 된 부분은 예언자의 육성을 담은 진정성 있는 하나님의 말

보설
2

씀이요, 산문으로 된 후대의 편집적 추가물은 예언자의 육성을 담지 않았기에 권위가 없으며 정경적 기능도 충분히 수행하지 못한다'고 주장했다.[2] 그런데 이런 주장은 더 이상 정설로 받아들여지지 않는다. 성경 내용 전체가 정경적 권위를 요구하는 실체이지, 각 책의 저작 역사에 대한 지식이 각 책의 영감성, 신언성, 그리고 정경적 권위를 확정하는 것은 아니기 때문이다. 구약성경 대부분은 저자나 저작 연도, 배경 등이 알려져 있지 않다. 그렇다고 구약성경의 정경적 권위와 영감성, 신언성이 감소되는가? 결코 그렇지 않다. '이사야서'라는 제목을 가진 책은, 이사야라는 실존 인물이 실제로 예언한 말씀들로 구성되어 있어야만 하나님 말씀으로 인정되는 것은 아니다.

그럼에도 이사야 1-66장을 주전 8세기 이사야의 예언이라고 보는 입장이 있다. 외경 벤시락(시락서) 48:23-25이 대표적이다. 19세기 역사비평학이 도입되기 전에는 거의 모든 이사야 주석가들도 유사하게 생각했다. 현재 생존한 학자로서 존 오스왈트(John Oswalt)가 이런 주장을 전개한다.[3] 오스왈트는 이사야서 1-66장 전체가 주전 8세기 유다 예언자 이사야의 예언임을 주장한다. 그는 1-39장은 기원전 8세기경 이사야의 동시대인을 위해 선포한 예언을 담고 있으며, 40-55장은 주전 6세기의 바벨론 유배를 전제한 예언이며, 56-66장은 포로귀환을 전제한 예언이라고 말한다.[4]

그런데 주전 8세기 이사야가 이사야서 1-66장을 모두 예언하고 저작까지 했다고 주장하는 학자라도, 현재의 이사야 1-66장이 '주전 8세기 예언자가 만들었던 원본 이사야서'라고 주장하지는 않는다. 누구도 이사야의 육필원고를 확보하지 못하고 있다. 현재 우리에게 남겨진 이사야 1-66장은 사본들의 비교, 보완 등의 작업을 거쳐 만든 '합성 사본'이다. 건전한 이성과 신앙을 가진 대부분의 학자들은 이사야서의 영감성과 신언성, 그리고 정경적 권위를 인정하면서도 현재의 이사야서가 다소 복잡한 과정을 거쳐 형성되었을 것이라는 점을 의심하지 않는다. 이사야 1-66장이 어떤 과정을 거쳐 구두 선포된 신탁에서 이처럼 정돈된 문서 신탁으로 정착했는지에 대해서는 다양한 이론들이 있지만, 이 책의 본질적이고 내재적인 가치를 손상시킬 수는 없다.[5]

본서는 서론에서 이사야 1-66장이 세 명의 '독립적 예언자'가 각각의 시대에 선포한 예언들을 인위적으로 합본한 책이라고 보는 19세기 역사비평학자들의 견해를 받아들이지 않는다는 점을 분명히 했다. 다만 이사야 1-66장이 비교적 긴 저작, 편집 과정을 거쳐 나온 책이며 1-39, 40-55, 56-66장이 각각 다른 세계사적 배경을 전제로 '예언하고 있음'을 주목했다. 소수의 제자들에게 인봉되어 전해진 주전 8세기 이사야의 예언 두루마리^{사 8:16}를 개봉한 후대의 제자들이, 주전 8세기 이사야의 예언 두루마리를 자기 시대에 확장적으로 적용하며 전유^{專有}하는 가운데 이사야 40-66장이 형성되었을 것이라고 추정했다. 40-66장의 저자가 한 명이건 두 명이건 상관없이 이사야 40-66장은 디모데후서 3:16-17과 4:1-2이 정의하는 영감 받은 성경의 정경적 기능을 온전하게 수행한다. 교훈, 책망, 의로 교육하기, 그리스도 안에 있는 구원의 지혜 증언하기, 경계, 경책, 그리고 격려 수행을 완벽하게 수행한다. 결국 이사야서 편집 역사에 대한 분분한 논의는 이사야서 자체의 정경적 권위에 아무런 영향을 미치지 못한다.

서론에서 지적했듯이, 이사야 1-39장, 40-55장, 56-66장은 의도적으로 세 시대상황을 겨냥한 예언으로서, 이 세 부분의 예언을 육성으로 전파한 예언자들은 동일인이 아닐 가능성이 있다. 다만 이사야서 전체를 최종적으로 편집한 집단/개인이 1-2장, 65-66장의 주제를 수미쌍관으로 호응시키는 작업을 최종적으로 주도했을 것이다.

1-2장의 시온의 미래상 관련 예언과 65-66장의 저작자는 동일하다는 것이다. 40-55장의 예언자는 1-39장의 핵심 메시지(주전 740-700년경의 유다와 이스라엘을 향한 신탁)를 이어받아 자신의 시대(주전 540년경)에 적용했던 파생 예언자였다.[6] 이사야 48:16은 하나님의 출바벨론 출갈대아 및 시온 회복 프로그램을 신탁 받은 한 예언자, 즉 야웨의 종을 명시적으로 언급한다. 그는 바벨론에 있는 포로들 중 한 개인 혹은 한 공동체로서, 40-55장에서는 '귀가 열리고 눈이 열려' 하나님의 역사 기획과 성취 능력을 알고 공명하는 '야웨의 종'으로 불린다. 56-66장의 저작자는 이 주전 540년경의 예언자의 예언_{40-55장}을 상속한 예언자로서, 그의 핵심 과업은 시온 회복 프로젝트가 지지부진한 이유, 즉 귀환포로 공동체의 영적 해이와 나태를 지적하면서도 결국 40-55장의 중심 메시지를 다시 재확증하는 것이었다.

요약하면, 이사야 1-66장에 담긴 예언들은 적어도 세 시대에, 세 예언자가 선포하거나 저작한 예언들의 유기적이고 응집적인 편집의 산물이다.[7] 이사야 1-66장은 단 한권의 '책'이 아니라 시온과 이스라엘의 미래를 말한 예언들을 주제별로 집성한 전승이다.[8] 주전 8세기 이사야 예언을 중심으로 결집된 복층적 예언전승인 것이다. 모세오경이 주전 13세기부터 주전 6세기까지의 율법을 통시적이면서도 주제적으로 응집시킨 복층적 율법전승이듯이, 이사야 1-66장은 주전 8세기부터 주전 5세기 중반까지의 이스라엘의 역사를 시온을 중심으로 세워 운문으로 노래한 예언전승이다. 이것은 시온을 승귀昇貴시켜 열방을 하나님께 향도할 제사장 나라와 거룩한 백성으로 산파하시려는 하나님의 비전을 결정화시키는 예언전승이다. 이 복층적 전승은 지층처럼 각각의 말씀이 겨냥한 각 시대상을 보존하고 있다. 이사야서 1-66장은 대체로 주전 8세기 이사야 때 분출된 말씀층과 주전 540년경 전후에 분출된 말씀층, 주전 450년 전후에 분출된 말씀층으로 구분할 수 있다. 동시에 이 복층전승을 통시적으로 가로지르는 중심 주제들이 세 층을 응집시키고 있다. 지층에는 돌들을 뜨겁게 달군 마그마가 흘러간 흔적과, 고대 동식물의 화석과, 격렬하고 거대하게 요동쳤던 태고적 조륙조산운동의 궤적이 새겨져 있다. 마찬가지로 이사야 1-66장에도 각 층을 뜨겁게 달궜던 중심 신탁이 있다. 1-39장은 시온의 굴욕과 징벌, 40-55장은 시온의 복귀와 재활, 56-66장은 시온의 정화와 승귀, 그리고 세계사적 승귀가 각 층의 중심 신탁이다.[9]

그런데 이렇게 구분이 가능한 3층으로 된 지층 같은 이사야 전승이 하나의 전승이 된 이유가 있다. 동일한 화자 하나님, 동일한 신학전승을 담지한 예언자들, 동일한 성향의 청중, 동일한 문제와 쟁점들, 그리고 모든 시대를 관통하여 흐르는 하나님의 일관된 시온 구원과 회복의 요소가 이사야 1-66장을 하나의 책으로 읽게 만든다. 주전 450년 전후에 관통하는 주제들(미쉬파트, 츠다카,[10] 샬롬)과, 그것들을 응집시키는 한분 하나님과 그의 동역자 이스라엘 때문에, 이사야 1-66장은 더욱 더 분명하게 하나의 책으로 해석된다. 이사야 40-66장의 예언들을 추가한 예언자들을 주전 8세기 예언자의 페르소나에 귀속시켜도 될 만큼, 열정, 문제 의식, 신앙적 지향 면에서 세 이사야는 일치를 이룬다. 이처럼 오늘날 이사야 1-66장을 하나의 책으로 읽어야 한다는 정설을 받아들이는 학자들은, 바로 이러한 주제와 목적의 단일성 때문에 하나의 책으로 읽어야 한다는 입장을 견지한다. '주전 8세기부터 주전 3-2세기까지 계속된 확충과 편집의 긴 과정에서 확보된 주제들과 목적들 때문에 1-66장은 하나의 책으로 읽어야 한다'는 것이다.[11] 이사야서 전체의 주제와 목적 둘 다 '하나님 나라'(통치)다. 즉 이사야 1-66장의 중심 스토리는 시온에 성육신한 하나님 나라가 전 세계열방 속에 확장되어 가는 이야기다. 창세기 1장의 하늘과 땅 창조도 하나님 나라 이야기이며, 이사야 65-66장의 새 하늘과 새 땅 창조도 하나님 나라다. 구약성경의 하나님 나라는 역사변혁과 갱신의 원동력이다.

이사야 1-66장은 육하원칙에 따라 서술하지는 않지만, 시편 78편이나 시편 103-105편, 135-136편 등에 나오는 구원사 이야기를 전제하고 있다. 창세기부터 열왕기하까지의 모든 구약성경의 주제, 사건 등이 이사야서에서 인용되거나 인증되거나 암시되어 있다. 창세기의 창조 이야기, 안식일, 아브라함과 야곱 이야기, 출애굽기의 홍해 도강, 시내산 언약 체결, 신명기의 율법전승, 사사기, 사무엘상하의 다윗 이야기, 열왕기서의 우상숭배 이야기 등이 빈도를 달리하며 이사야 1-66장에 고루 흩어져 있다. 40-66장에는 단연 창조와 출애굽기 은유 및 직유가 자주 인증되거나 암시되고 있다. 더 나아가 이사야 40-66장은 예레미야의 반바벨론 신탁전승에 정통해 있다. 이처럼 이사야 1-66장은 구약성경의 골격인 구원사를 외부 참조자료로 활용하며 그 구원사 전통을 익히 아는 청중을 상대로 말한다. 확실히 이 스물일곱 장의 예언자와 청중은 공히 과거의 구원대사들 외에 주전 8세기 예루살렘의 이사야가 선포한 시온 굴욕과 시온 회복 신탁에 대한 일정한 선이해를 공유한다. 그들은 이사야 40-66장을 관통하는 사태인 바벨론 유배 해제와 그 후 약 100여 년간 진행된 시온 회복 프로젝트를 직간접적으로 경험한 세대였다. 이사야 40-66장 중에는 당대의 역사에 대한 이해를 가져야 선명하게 해명되는 말들이 많다는 뜻이다. 그 구절들은 본문 밖에 있는 특정 역사적 정황의 빛 아래서만 해명되며, 그것들을 올바로 해석하기 위해서는 주전 6세기 후반부터 주전 5세기 중반까지의 이스라엘 역사를 어느 정도 숙지할 필요가 있다.[12]

이상에서 본 주석서의 입장은, 베른하르트 둠[B. Duhm]의 '세 책-세 저자 가설'도 수용하기 힘들고, '단일 저자 이사야의 전체저작 가설'도 받아들이기 힘들다는 점을 밝혔다. 주전 8세기 이사야의 원본 예언이 단계적으로 확충되어 최종적으로 오늘날의 이사야서가 되었다고 보았다. 여기서는 독립적이고 대등한 세 예언자의 존재를 상정하지 않았다. 한 명의 예언자 이사야와 그의 예언들을 자신의 시대에 상관시켜 확장한 주전 540년의 예언자를 상정하고 그를 전통-의존적이며 전통-해석적 파생 예언자라고 불렀다. 이 주전 540년경의 예언자는 주전 8세기 이사야의 예언 중 시온 회복에 관한 부분을 당대에 확대 증폭시켜 활성화시킨 예언자였다. 이렇게 이사야 예언은 중층전승을 가진 두루마리로 확장되었다. 끝으로 주전 450년 전후에 나타난 예언자는, 주전 540년경 예언자의 '시온 회복과 신원', 그리고 '이스라엘의 열방 향도 사명' 예언을 집중적으로 확장하고 확충한 파생 예언자였다. 한 명의 독립적인 예언자와 두 명의 파생 예언자가 이사야 예언전승을 형성하기에 이르렀다. 여기서 한 가지 질문이 떠오른다.

왜 이 두 명의 파생 예언자는 자신의 실명 예언 두루마리를 남기지 않고 이사야 예언의 전승보존 확충자로 남게 되었는가? 이 문제는 모든 예언서의 이원 구조, 즉 심판과 구원의 선차적 편집 구조와 관련되어 있다. 현재 정경으로 포함되어 있는 모든 예언서는 앞부분에 집중적으로 심판, 재앙, 위협 신탁이 배치되어 있고, 개별 심판 단락들의 끝이나 책 전체의 마지막 부분에 미래회복과 신원 예언이 배치되어 있다. 구약 예언서들을 정경으로 편찬한 사람들은, 주전 8-6세기 예언자들 대부분은 단지 출구 없는 파멸 선고자가 아니라 영적 갱신과 정화를 위한 심판 예언자였다는 것을 믿었으며 그 점을 강조하고 싶었던 것이다.[13] 심판 신탁에 비하면 분량은 적겠지만, 미래의 독자들이 '미래회복과 구원에 대한 약속'이라고 해석할 정도의 실체 있는 미래 전망을 추가했을 것이다. 바로 이런 이유 때문에 모든 예언서에는 미래회복과 신원에 관한 예언이 조건적 약속의 형태로 주어지고 있다.

그런데 다른 예언서들의 경우 이스라엘의 미래회복과 신원, 그리고 열방 향도 예언이 분량상 적거나 그렇게 두드러지지 않는다. 그러나 이사야서와 에스겔서, 그중에서도 이사야서는 압도적으로 많은 분량의 미래 구원과 회복예언을 포함하고 있다. 왜 유독 이사야서에만 이처럼 다채롭게 미래회복과 신원, 열방 향도 사명이 선명하게 부각되었을까? 이것은 '이사야 1-66장이 이렇게 길어진 것과 두 명의 파생 예언자들은 자신의 실명 예언 두루마리를 남기지 않고 이사야 전승의 일원으로 자신을 숨긴 이유가 무엇일까'라는 질문과 밀접하게 관련되어 있다.

2. 왜 이사야 40-66장의 저자들은 자신들의 실명 예언서를 남기지 않았는가?
이사야 40-66장에 포함된 '미래회복과 구원' 예언의 성격에 대한 단상斷想

신인협력적 노력으로 성취해야 할 미래 구원과 회복 예언들

어휘 빈도 기준으로 보자면 예언서들에서 많이 언급되는 미래회복 시나리오는 시온 회복, 성전과 다윗 왕조 회복, 그리고 이스라엘의 열방 향도적 제사장 지위 회복이다. 그런데 모든 예언서를 관통하는 미래회복 및 구원예언의 절정은 '시온에서 이뤄지는 남북지파들의 연합'이다. 이런 남북지파의 연합으로 이스라엘이 세계열방을 하나님께로 이끄는 제사장적 향도 민족으로 활약하는 것이 바로 '이스라엘의 회복이요 시온의 영화화'다. 이사야 40-66장의 시온과 예루살렘은 '이스라엘 열두 지파 연합체의 영적 구심점'이다. 열두 지파 연합사상은 주전 8세기 이사야의 핵심 근접미래사 예언이었다. 이사야 9, 11장 메시아 예언도 남북 지파들의 화해와 일치를 촉구하는 당대 비판적 예언이었다(9:1-21; 10:20-23; 11:1-16; 14:1-2; 참조. 사 4:2-6). 주전

721년 북왕국이 멸망하고 주전 715년에 왕위에 오른 히스기야의 핵심 통치과제는 열두 지파의 통일과 연합이었고, 이것이 약 100년 후의 요시야에게까지 계승되었다. 이사야 이후의 모든 예언자들의 핵심과업 중 하나는 '열두 지파 체제의 이스라엘 시대'에 대한 향수를 자극하는 것이었다. 주전 8세기 북이스라엘 멸망기 때 유래한 '북이스라엘의 회복 및 미래 구원 예언'이, 주전 520년부터 450년경 사이 어느 시점에 이사야 40-66장 및 예레미야서와 에스겔서 각각의 마지막 편찬작업 과정에 대량으로 삽입되고 추가되었다. 그래서 현재의 예레미야서와 에스겔서에 남겨진 미래회복 예언의 절정도 시온 중심의 남북 지파 연합이었고, 가장 큰 강조점은 '시온 영화화'[14]다. 열두 지파 연합체의 중심인 '시온'이 '영화롭게 되는 것'은 '성전 회복'[15]이나 '다윗 왕국 회복'[16]과 밀접한 관계에 있지만, 이것들 둘보다 더 비중 있게 예언되는 시나리오다.^{사 2:1-4; 4:2-6; 60-62장} 바벨론 유배

가 해제된 이후 시기의 귀환포로들을 사로잡은 핵심 질문은 자신들의 지위와 정체성이었다. '우리는 누구인가? 하나님의 언약보호 아래 있는 이스라엘의 후손인가? 아니면 페르시아의 속주민으로 국가 없이 존재하는 유민流民인가?' 그들은 이 질문의 답을 찾는 과정에서 다윗왕 시절과 그 이전의 열두 지파 통일시대에 자신의 닻을 내리기로 결단했다. 자신들을 남왕국의 남은 자나 북왕국의 남은 자, 즉 남북 대립 시대의 상속자가 아니라 그보다 더 시원적인 과거, 이스라엘 열두 지파 통일왕국의 상속자로 자임한 것이다. 그래서 시온의 승귀와 동심원적인 관계를 맺으며 빈번히 언급되는 미래 구원과 회복 예언은, '다윗 재림/다윗왕적 통치'와 '성전 정화와 승화昇華'다. 그렇게 해서 주전 520년(다윗의 후손에 의한 다윗 왕조 예언을 암시적으로 예언한 학개와 스가랴 시대)-주전 400년(역대기서 편찬시기 전후) 사이의 어느 순간에 시온 승귀와 다윗 통치와 성전 정화 등에 대한 예언이 당시에

읽히고 있던 모든 예언서들에 보완, 삽입되었다.[17] 그 결과 주전 8-6세기 예언자들의 예언서들에는 말미에 혹은 특정 단원의 마지막 부분에 앞의 심판과 재난 예언의 모든 부정적이고 파괴적인 각인효과를 상쇄할 정도로 벅찬 미래 구원과 회복, 그리고 신원과 열방 향도가 예언되어 있다.

원래 심판 예언서에 많은 회복 예언을 추가한 이유는 무엇이었을까? 구원 예언 자체만으로는 독자적인 예언으로 승인받기가 어려웠기 때문이다. 원래 예언자들의 구두 선포는 그 예언이 역사 속에서 성취된 이후에야 책으로 편찬되었다. 신명기 18:22은 한 예언자는 자신의 예언이 성취되어야만 하나님이 보내신 참 예언자라고 인정받는다고 말한다. 재앙 예언자는 그 재앙이 실현된 이후에야 참된 예언자로 정경화되었다. 예레미야가 말한 것처럼,[28:9] '평화'를 예언한 예언자는 '평화'예언이 성취된 후에야 그는 진실로 여호와께 보냄 받은 예언자로 인정받을 수 있었다. 그런데 실제 역사에서 자기 실명으로 예언서를 남긴 사람들은 모두 재앙과 멸망 예언자들이었다. 예언자로 활동한 지 얼마 되지 않아 참 예언자의 자격을 획득한 사람들은 북이스라엘의 몰락을 예언한 아모스와 호세아, 남유다의 굴욕과 대파국적 몰락을 예언한 이사야와 미가였다. 바벨론 유배를 예언한 예레미야와 에스겔은 자신의 예언 성취를 온 몸으로 겪었기에 말할 필요가 없다. 에돔의 멸망을 예언한 오바댜, 니느웨의 멸망을 예언한 나훔 모두 예언자 사역을 시작한 지 얼마 되지 않아 참된 예언자로 인정받았다. 니느웨가 망하자마자 나훔은 참 예언자로 공증 받았고, 에돔이 망하자마자 오바댜도 참 예언자로 인정받았다. 하박국, 요엘, 스바냐도 동일한 과정으로 정경적 예언자로 등재되었다. 이처럼 주전 8-6세기 예언자들은 한결같이 재앙 예언자들이었다. 그래서 그들의 원래 선포는 회복과 구원 신탁보다는 재앙과 위협 예고로 가득찬 심판 신탁이었을 것이라고 보는 학자들의 주장도 단순한 억측이 아니다. 그들은 심판을 예언하면서 동시에 구원을 말하지는 않았을 것이다. 자신의 심판 신탁을 약화시키는 구원과 회복을 동시에 외치는 것은 불가능했을 것이기 때문이다. 그렇다면 현재의 예언서들에는 어떤 계기로 미래회복과 구원 약속이 여기저기(물론 대부분 후반부)에 배치되기 시작했을까?

이 심판 예언 뒤에 혹은 병렬적으로 구원회복 예언이 최종본 예언서들에 배치된 경위를 설명하는 세 가지 가설이 있다. 첫째, 한 재난 예언자가 재앙과 심판 예언을 하는 동시에 미래회복과 구원을 약속하는 예언을 했다고 보는 가설이다. 이 경우 한 예언자가 심판 예언을 하고 나서 얼마 지나지 않아 위로와 회복 예언을 했다면, 그것은 앞서 선포한 자신의 심판 예언의 엄숙성과 확실성, 신언성과 영감성을 약화시켰을 것이다. 즉, 청중을 혼란스럽게 했을 것이다. 둘째, 심판 예언을 한 후 심판이 성취되어 자신의 공동체가 너무 낙담해 있기 때문에 동일한 예언자가 예언사역 후기에 회복과 미래 구원 예언을 더했을 가능성이다. 자신의 심판 신탁이 어느 정도 성취된 것을 보고 긴 예언사역 후기에 곤경에 빠진 백성을 향해 목회적 돌봄 차원에서 미래회복과 구원 약속을 선포했을 가능성이다. 요엘 2:28-32과 스바냐 3:14-20, 호세아 2:14-23, 아모스 9:11-14 등이 동일한 예언자 자신에 의해 후에 덧붙여진 회복 예언으로 간주될 수 있다는 것이다. 그런데 이것은 예언자의 사역이 길게 연장되었다는 전제 하에서만 가능한 가설이다. 즉, 한 예언자가 10년 이상 사역을 했다는 전제가 있어야 한다. 아모스가 주전 750년경에 활동했는데, 두 번째 가설이 가능하려면 아모스가 30년 이상 사역을 했어야 했는데, 그것을 입증하기는 어렵다. 남겨진 아모스의 육성 예언들을 근거로 그의 사역 기간까지 추정하기는 쉽지 않다. 학자들은 아모스가 길어도 1년 정도

짧은 기간만 활동했으리라고 본다. 호세아의 사역기간 또한 길지 않았을 것이다. 그들의 예언들이 다루는 소재나 주제들 자체는 특정 기간의 쟁점들을 중심으로 전개되고 있으므로 그들이 아주 긴 세월 동안 사역하면서 자신의 원심판 예언을 미래회복과 구원 예언으로 보완했을 개연성은 그리 크지 않아 보인다. 나머지 짧은 예언서들의 경우에도 마찬가지다. 예언자들의 전기적, 자서전적 정보가 없기 때문에 예언자들이 각각 얼마나 오랫동안 활동했는지를 알아내기는 힘들다. 아모스서는 1년 정도의 사역에 관한 기록이다. 호세아서는 길어도 10년 미만 사역의 기록이다.

하지만 30년 가까이 혹은 그 이상 기간 활동했던 이사야와 예레미야, 에스겔의 경우에는 구원과 위로의 예언을 후기에 선포했을 가능성을 전적으로 배제할 수는 없다. 따라서 한 재난 예언자 자신이 심판예언을 선포하던 당시에 그 자리에서 당장 미래 구원과 회복을 예고했을 가능성은 배제될지라도, 예언자 자신이 일련의 심판예언의 성취과정을 보면서 자신의 사역 후기에 원심판 예언 두루마리에 위로와 미래회복의 예언을 스스로 첨가했다는 가설은 전혀 불가능한 것은 아니다. 이 문제를 좀 더 철저하게 검토하기 위해 다윗 왕조, 이상왕 다윗에 대한 미래 구원 및 회복 예언을 예거하여 논해보려고 한다.

북왕국이 사실상 멸망한 시점이 주전 732년이다. 아모스가 주전 750년에 활동했다면 그로부터 18년 후인 것이다. 학자들은 통상 아모스가 1년 정도 사역했다고 추정하지만 그가 최대 18년 동안 사역했다고 상정해 보자. 그가 자신이 예언했던 북이스라엘의 몰락을 직접 목격한 후에 18년 만에 자신의 책에다 아모스 9:11을 덧댈 수 있었을 것이다. "그 날에 내가 다윗의 무너진 장막을 일으키고 그것들의 틈을 막으며 그 허물어진 것을 일으켜서 옛적과 같이 세우고." 다만 이런 가능성이 중요하게 고려되어야 하는 경우는, 추가된 미래회복 예언과 한 예언자의 진정한 육성예언 사이에 신학적 연속성이나 일관성이 있어야 한다. 아모스서의 경우에는 아모스가 다윗 왕조의 정통성과 신학적 의미를 이사야만큼 인정하는 사람이었어야 한다는 전제가 성립되어야 한다. 그런데 아모스의 원原예언을 볼 때 예루살렘이나 다윗언약에 대한 어떤 언급도 신뢰 표시도 없다. 아모스가 북이스라엘의 지배층을 비판한 이유는 북왕국의 지배층이 예루살렘 성전에서 떠나 예배를 드렸기 때문이 아니다. 아모스서의 지배층 비판은 예루살렘 성전 이탈왕상 12장이 아니라 북왕국 지배층의 종교행위와 사회정의의 불일치를 겨냥한 것이었다. 아모스는 예루살렘이 아닌 벧엘과 단에서 제사를 드린다고 비난한 적이 없다. 그는 다윗 왕조나 예루살렘 성전에 대한 충성심을 보여준 적이 없다. 따라서 아모스 9:11은 아모스의 원래 사상을 반영하는 것이 될 수 없다. 따라서 아모스의 경우 두 번째 가설도 지지하기 어렵다.

사정은 호세아에서도 마찬가지다. 호세아 3장에서 호세아가 다윗 왕조의 정통성을 인정하는 듯한 발언을 한 것으로 나온다. 호세아 3장의 다윗 언급을, 호세아가 북이스라엘에게 실망한 나머지 다윗 왕조의 신학적 정통성을 수용하는 방향으로 전환했을 가능성으로 설명할 수도 있을 것이다. 하지만 이 다윗왕 영도력 예찬 구절은 호세아의 육성을 반영한 신학 전통과 연속성이 없다. 호세아는 자신의 원原예언에서 출애굽을 암시하는 발언을 하지만 다윗왕의 시성諡聖과 신학적 비중을 가리키거나 암시한 적이 없기 때문이다.

예레미야의 경우에는 23장, 30-33장의 일부 단락이 다윗왕, 이상적인 다윗 후손, 영속적인 다윗 왕조를 명시적으로 언급한다. 그러나 예레미야의 진정성 있는 심판 예언으로 알려진 구절들에서 다윗 왕조를 신화적인 차원에서 지지하거나 재가하는 구절은 없다. 특히 시온에 대한 예레미야서의 긍정적 언급('에브라임 지파가 시온으로 돌아가자'고 말하는 부분) 또한 원래 예레미야 예언의 일부로 단정하기에 무리가 있다. 따라서 이 상황에 비추어볼 때 다윗과 시온에 대한 미래회복 예언들을 예레미야 자신이 후기에 첨가했다고 보기에는 무리가 있다. 그렇지만 예레미야가 바벨론 유배 해제나 새 언약시대 도래를 예언한 것은 사실일 가능성이 크다. 동시대의 예언자 에스겔에서도 유사한 바벨론 성전회복 환상이나 언약갱신 예언이 나오기 때문이다. 에스겔의 경우에도 34장, 37장에 이상왕 다윗의 도래에 대한 예언이 있지만, 이것은 36-37장의 이스라엘 열두 지파 연합시대를 예언하는 전망의 일부이지, 시온과 다윗 왕조의 신학적 승귀를 노래하는 것이라고 볼 수는 없다. 결국 예언자들 중에서 생전에 다윗 왕조의 이상향 형태가 이스라엘을 구원할 것이라고 이야기한 사람은 이사야 밖에는 없다. 이사야만이 이상적인 다윗왕이 와서 나라를 구원한다고 선포했다. 그런데 이것마저도 순수한 미래회복에 대한 예언이었다고 보는 것은 단순화된 해석이다. 그것은 미래의 이상왕을 말하면서 동시에 다윗왕 답지 못한 당대의 왕들에 대한 현실비판적인 담론이었을 것이다. 대부분의 독일 학자들은 이사야 9장, 11장, 32장 모두를 바벨론 포로기 이후에 추가된, 다윗 왕정의 회복 후대 편집물이라고 보지만, 이것을 종말론적인 예언으로 보지 않고 아하스와 히스기야 왕조에 대한 동시대의 정치비판으로 읽는다면, 주전 8세기 이사야 자신의 당대 예언으로 보는 것에 어려움이 없다. 이사야가 당대의 아하스와 히스기야 왕실을 비판하기 위한 담론으로서 다윗왕을 내세웠을 가능성이 크다. 특히 이사야 9, 11장은 일차적으로 미래회복에 대한 예언이 아니라 이상왕이라면 마땅히 성취해야 할 왕도王道를 말한다고 봐야 한다. 9장을 히스기야 즉위식에 선포된 예언이라고 보는 이사야 연구가들의 주장은 설득력이 있다.[18] 이렇게 볼 때 미래회복에 관한 상징적 존재로 다윗을 실제로 언급했건, 당대의 왕들에 대한 비판적 대안 왕도를 제시하기 위해 다윗을 언급했건, 다 윗 왕도^{王道}를 호의적으로 말하는 예언자는 주전 8세기 예언자 이사 야 밖에 없다.

그런데도 다윗을 중심으로 한 미래회복 및 구원 예언이 호세아 3장, 아모스 9장, 그리고 예레미야 23장, 30-33장, 에스겔 34장, 37장 등 에 등장한다. 이것은 무엇을 의미할까? 다윗왕에 관련된 미래회복 및 구원 예언이 예언자들의 진정한 육성을 반영한 예언이 아닐 가능성 이 있다는 것을 암시한다. 바벨론 포로기가 끝난 이후, 초기 바벨론 귀환포로 시대에 귀환포로들 중 일부(학개와 스가랴의 다윗의 후손 스 룹바벨 현양 예언)가 다윗 왕조의 회복을 꿈꾸던 시절, 즉 주전 520년 전후에 다윗왕에 관련된 미래회복 및 구원 예언이 이런 예언서들에 편입되었을 가능성이 크다. 특히 여호야긴의 직계이자 다윗의 후손 인 스룹바벨이 귀환포로 공동체의 지도자로 활동할 때 편입되었을 가능성이 많다. 여기서 우리는 예언서들의 최종본문에 미래회복과 눈부신 구원 약속이 들어오게 된 과정을 설명하는 세 번째 가설을 생 각하지 않을 수 없다.

셋째 가설은 예언서의 미래회복 예언의 상당 부분을 이처럼 바벨 론 귀환포로 공동체의 신학적인 편집 추가물이라고 보는 입장이다. 빈번하게 등장하는 미래 구원 및 회복 관련 주제들을 다 모아보면 예 언서들의 미래회복 예언의 핵심은, '다윗왕적인 인물에 의해 열두 지 파가 연합되어 시온(예루살렘 성전)을 중심으로 세계열방을 향도하는 제사장적 역할을 맡게 되는 미래상'이다. 이 중에서 모든 미래회복 시나리오를 구현할 주체가 다윗왕적 지도자였다.[19] 그래서 '다윗왕 의 도래' 예언이 모든 예언서들에 포함되는 데 기여했을 인물로는 주 전 520년경 활동한 예언자 스가랴를 떠올리게 된다. 그는 스룹바벨 을 다윗왕의 후손이라고 거의 직설적으로 인정하는 발언을 한다.^{슥 4장}

이런 다윗왕 희구적인 분위기에서 재난과 심판 예언들로 가득찬 주전 8-6세기 예언서들에 미래회복 및 구원 약속들이 추가되었다. 재난과 심판 예언자들의 자기수정적인 부록 예언 형식으로 원심판 예언들 사이에, 옆에, 앞에, 혹은 뒤에 배치되었다.[20]

본서는 대체로 이 셋째 가설을 따른다. 하지만 원래 예언서에는 이스라엘의 회복에 대한 어떠한 희망적 예언도 없었다고 단언하지는 않는다. 오히려 심판 예언자들의 예언행위의 목적 자체가 나라/왕국 멸절을 통보하는 데 있지 않고 하나님과 이스라엘의 계약갱신을 위한 발판을 마련하는 데 있었다면, 이미 심판 예언들 안에도 미래회복에 대한 메시지가 내포되었을 가능성이 크다. 그런데 미래회복에 대한 예언들은 비유적이거나 암시적 계시수납 양식을 통해 전달되었다는 사실이 중요하다.[렘 31:26] 미래회복과 구원 예언은 탈혼상태, 꿈, 그리고 기타 비유적 행동으로 수납된다. 에스겔의 탈혼적 환상여행은 그가 미래회복 예언을 수납하는 방식이었다. 예레미야의 새 언약 예언은 잠 속에서 받은 계시였다. "내가 깨어 보니 내 잠이 달았더라."[렘 31:26] 또한 구원 및 회복 예언은 언제 어떻게 수납되었는지를 알려주는 일지별, 상황별 참조자료[reference]가 누락되어 있다.[겔 36-37장] 그래서 미래회복 예언은 실선 예언이 아니라 점선 예언이라고 칭할 수 있으며 오히려 미래 전망에 가깝다. 크고 굵은 글자의 심판 예언 사이에 가는 점선으로 작은 글자체의 '미래회복 예언들'이 견인되는 방식으로 배치되었다. 비유하자면, 심판 예언은 50포인트의 굵은 글씨로 쓰인 예언으로서 확실히 성취되어 정경화된 공식 증언이었다. 이스라엘에 관한 심판 예언자들의 예언 중에서 성취되지 않은 것은 없었다. 나훔, 오바댜, 에스겔의 심판 예언들은 모두 실현되었다. 아무리 짧은 예언서들이라도 심판과 재난 예언자들은 자신들의 실명으로 예언서를 남겼다. 그런데 구원과 회복 예언은 가는 점선 10포인트 수준의 예언이었다. 그만큼 성취가 불확실한 예언이었고, 예언을 듣는 자가 어떻게 듣는지에 따라서 성취될 수도 있고, 성취되지 않을 수도 있는 허공 중에 걸린 예언이었다. 그래서 어느 누구도 미래회복과 구원 예언만을 가지고는 실명 예언 두루마리를 남기지 못했을 것이다. 대부분의 미래 구원과 회복 예언은 심판 예언의 파생물이었던 것이다.

이처럼 심판 예언서들에 보삽된 미래 구원 및 회복 예언을 심판 예언에 대한 응답적이고 파생적인 예언이라고 보는 이유는, 앞서 말했듯이, 미래회복 및 구원 예언은 청중의 반응여부에 상관없이 성취되는 심판 예언과 달리 일정한 조건 안에서 그 성취 여부가 결정되기 때문이다. 미래회복 및 구원 예언은 이미 집행된 심판을 전사前史로 의식하는 한에서 의미 있게 들린다. 이사야 40:1의 "위로하라"는 예언은 '바벨론 유배'라는 전사를 전제하지 않으면 의미 없게 들린다. 미래 구원과 회복 예언의 성격 자체가 심판 예언의 속편이 될 수밖에 없는 것이다. 더 많은 경우 구원 및 미래회복 예언은 바벨론 포로들이 귀환한 이후에 이전의 '성취된 재난 및 심판 예언서들'을 정경화하는 과정에서, '심판 너머에 있는 하나님의 후속 행동'에 대한 신앙적 기대감을 고취시키고 독자들의 적극적인 순종을 이끌어내기 위하여 추가되었다. 바벨론 귀환포로들은 유다 멸망 이전의 재난 예언자들의 예언 두루마리에서 분명히 문자적으로는 '재난과 심판'예언을 읽으면서, 그 속에서 '재난과 심판에서 살아남은 자신들의 시대에 두신 하나님의 미래회복과 눈부신 구원 약속'까지 읽어내었다. 재난의 예언과 성취를 담은 재난 예언서들을 모두 미래회복과 구원에 대한 약속 예언으로 치환해 읽었다. 요즘 식으로 말하면 독자반응 해석을 시도한 것이다.

뿐만 아니라 미래회복과 구원 등 '평화'예언자는 생전에 그 평화의 성취를 보며 청중에게 자신의 예언이 옳았음을 공증하지 못하면 참된 예언자로 승인받지 못했다. 그래서 감히 미래 구원과 회복 신탁을 심판 신탁만큼 명료하게 받아 자신의 이름으로 예언서를 먼저 산출한 예언자는 없다. 평화와 구원을 예언하는 자들의 진정성 여부는 당대 시점에서는 상대적으로 판단하기가 어려웠다. 따라서 구원 예언과 관련하여 한 독립된 예언자 저자가 나타나, '이것이 예언자 ○○가 하나님께 받은 묵시다'(환상이다)라고 말하며 기명 예언서 두루마리를 산출할 수가 없었다. 미래 구원 및 회복 예언을 하는 예언자들이 대안으로 선택한 것이 이미 존재하는 두루마리에 자신의 구원 및 미래회복 예언을 각주처럼 보삽하는 것이었다. 이들은 원심판 예언자들의 예언 안에 '암시적으로 혹은 비유적으로 언표된 미래회복 및 구원 예언'을 자신들이 받은 예언들을 추가함으로써 확충했다.[21] 이렇게 해서 오늘날 우리가 가진 예언서의 모양을 갖추게 되었다. 구약 39권에 들어와 있는 16권의 예언서들은 이원적 구조로 편집되어 있다. 심판과 재난의 굵은 실선 예언과, 그것들 너머에 있을 '새 출발, 새 시대'를 명시적으로나 암시적으로 내다보는 가는 점선의 구원과 회복 예언으로 구성되어 있다. 다만 이 미래 구원과 회복 예언의 성취 여부는 청중의 응답 여부에 달려있다는 방식으로 읽혔다. 이상에서 살펴본 것처럼 미래 구원 및 회복 예언은 이전에 성취되고 집행된 혹은 곧 실현될 심판 예언에 대한 청중의 반응으로 파생된 예언이었다.

이사야의 예언 두루마리 아래 자신을 숨긴 예언자들

이런 이유 때문에 이사야 40-66장의 저자(저자들)는 동시대의 청중, 이미 심판을 맛본 세대에게, 심판보다는 미래회복과 눈부신 구원 예언을 '실현될 약속'의 이름으로 선포했다. 그들은 주전 8세기 이사야의 원原예언 안에 갈무리되어 있던 미래회복 메시지를 확장적으로 해석하고 확충했기에 스스로 실명 예언 두루마리를 남기려고 하지 않았다. 그들의 예언은 이사야의 원예언에 대한 응답이었고, 원예언의 의미를 동시대에 해석해준 해석학적 파생 예언이기 때문이었다. 이 사야 40-60장의 저자들은 자신들을 독립적인 예언자라고 밝히지 않았다. 48:16의 "나" 혹은 이사야 61장에 나오는 "나"는 예언자적 인물을 지칭하지만 실명으로 자기를 밝히는 예언자는 아니다. "나"는 개인 저자 예언자일 수도 있지만, 그보다는 '이상화된 집단 이스라엘'을 가리키는 말일 것이다. "나"는 예언자의 비전 속에 착상된 이상적인 왕적 치유자이거나 이상적인 하나님의 종을 가리킨다.[22]

그렇다면 미래회복 및 구원 예언은 결정론적일까? 자가성취적 응답을 요구하는가? 미래회복 및 구원 예언은 발화자와 청중의 교감이 함께 만들어가는 실재 창조적인 발화행위다. 예를 들어, 한 예언자가 어떤 청년에게 '너는 이번 봄학기에 전 과목을 A+를 받아 큰 장학금을 받게 될 것이다'라고 예언했다고 가정해보자. 형식상으로 이 예언은 청년에게 일종의 구원 예언이다. 그런데 이러한 구원 예언은 듣는 사람의 반응과 상관없이 기계적으로 성취되는 예언일까? 아니면 듣는 사람에게 그런 복된 미래를 성취하도록 크게 분발하라는 요구를 담은 신인협력적인 예언인가? 후자일 것이다. 청년이 나태하게 살아도 모든 과목에 A+ 성적을 받는다는 뜻이 아니라, '너는 이번 봄학기에 매우 열심히 공부해 모든 과목에서 A+를 받고 큰 장학금을 받을 정도로 노력하라'는 요구를 내포한 예언이다.

마찬가지로 모든 미래회복과 미래 구원 예언은 비대칭적이긴[23] 하지만 신인협력적인 구조를 갖고 있다. 모든 미래회복과 구원 예언은 근원적으로 '그 성취가 확실히 보증된 예언'이 될 수가 없다. 왜? 모든 미래회복과 구원 예언은 성취되기 위해 신인협력적인 노력, 즉 듣는 자에게 그 약속을 주신 하나님의 열심에 비례하는 응답적인 믿음과 노력을 요구하기 때문이다. "주 여호와께서 이같이 말씀하셨느니

라. 그래도 이스라엘 족속이 이같이 자기들에게 이루어 주기를 내게 구하여야 할지라"(겔 36:37; 참조. 신 30:1-15).[24] 그래서 누구도 그 자체로 무조건적으로 성취되는 구원 예언을 외칠 수가 없다. 만일 어떤 예언자가 구원과 미래회복을 예언했는데 아무도 응답해주지 않으면 그의 구원 예언은 거짓으로 판명되고 자신은 거짓 예언자로 낙인찍힐 것이다. 그러면 미래회복 및 구원 예언을 성취하려면 이스라엘은 어떤 응답을 보여야 했는가?

완료된 심판 예언서를 읽고 미래회복과 구원 예언을 원예언 두루마리들에 보삽해 정경 예언서들을 선先심판 후後구원 이원구조로 만들었던 바벨론 귀환포로들은, '회개'가 선심판에서 후구원으로 가는 길목에서 인간이 보여야 하는 응답이라고 봤다. 요나서에 그들의 회개신학이 들어있다. 요나서는 불순종한 요나(유배 이전의 이스라엘)가 큰 물고기 뱃속(바벨론)에 빠져있다가 크게 회개하여 3일 만에 생환해 열방 향도 사명을 완수한 이야기다. 요나서에서처럼, 아무리 무서운 심판 예언마저도 청중이 예기치 않게 회개하면 성취되지 않는다. 요나서는 인간의 회개로 하나님의 결정이 취소되어 해피엔딩으로 끝나기 때문에 단순히 예언이 아닌, 교훈으로 격상되었다. 요나서 안에 바벨론 귀환포로 공동체가 모든 심판 예언서에 미래회복 예언을 덧댄 논리가 들어있다.[25] '모든 심판 예언은 더 이상 우리를 옴짝달싹하지 못하게 옥죄는 운명론적 신탁이 아니다. 우리의 민첩하고 거족적인 회개를 통해 하나님의 심판 결정은 취소될 수 있다. 우리는 회개하여 재활복구됨으로써 열방 향도 사명을 수행할 수 있다.' 이처럼 회개는 바벨론 귀환포로 공동체의 중심신학 주제였다. 바벨론 포로기 전후의 신앙적 관심을 반영하고 있는 신명기 30장, 요나서, 예레미야서, 역대기서 모두 회개를 강조했다. 바벨론 포로 공동체가 권위 있는 예언서들에다 일제히 미래회복과 구원 약속을 예언의 형식으로 덧대면서 '회개'를 부각시킨 이유는, 심판의 폐허에서 눈부신 미래로 가는 길은 회개밖에 없다고 믿었기 때문이다. '하나님이 우리에게 집행했던 심판에서 빠져 살아날 길이 있다. 심판과 경고 예언을 어떻게 듣느냐에 달려있다. 바로 요나처럼 우리도 회개하면 부활할 수 있다.'

이제 결론을 맺고자 한다. 미래회복 예언은 '내가 어떻게 하든지 성취되는 예언이 아니라, 그것에 믿음으로 혹은 회개로 반응해야 성취된다고 믿어졌기 때문에,' 바벨론 포로기 이후에 등장한 예언자들은 구원 및 미래회복 예언만을 담은 독립적인 실명 예언서를 남기지 않았다. 모든 회복 예언은 심판 예언에 대한 응답과 해석이었지, 심판 예언만큼 그 성취 여부를 확인해 그것의 신적 기원을 검증할 수 있을 정도로 확실한 예언은 아니었다.

아직도 이사야 40-66장에 나오는 시온에 대한 미래회복 예언의 상당수는 성취되지 않았다. 이것은 무엇을 의미할까? 하나님이 절대 주권적 성취 의지를 가지고, 심판 예언처럼 구원과 회복 예언을 홀로 성취시킬 수 없다는 뜻이다. 미래회복 예언은 응답수반적인 예언이고 그 성취는 신인협력적인 틀 안에서만 가능하기 때문이다. 미래 구원과 회복에 관한 예언은 그 자체로 독자적인 예언이라 볼 수 없다. 그래서 아브라함 요슈아 헤셸은 『예언자들』에서 '미래회복과 구원 약속'을 참다운 예언으로 다루지도 않는다. 그렇다고 해서 앞에서 강조했듯이 구약 예언자들이 미래회복과 미래 구원에 대한 어떤 예언도 하지 않았다고 말하는 것은 단연코 아니다. 예언자들이 비록 미래회복과 구원에 대해 예언했을지라도, 심판 예언의 압도적인 엄중성과 분량에 비해 매우 적게 이야기했고, 미래회복과 구원에 대해서는 암시적으로나 비유적으로, 혹은 비지시적으로 말했다는 것이다.

주전 8세기 이사야의 미래 구원과 회복 예언: 40-66장의 파생 예언의 단초

이사야 40-66장은 대부분이 미래회복과 구원에 대한 파생 예언들이다. 이사야 40-66장의 파생 예언은, 주전 8세기 예언자 이사야의 '시온 중심의 이스라엘 열두 지파 연합' 비전에서 촉발되었다. 주전 8세기 이사야는 기필코 '시온에 하나님의 세계통치 거점'이 세워질 것이라는 믿음을 끝까지 고수한 시온전승 신봉자였다. 그는 다윗의 이상적 후계자 왕이 시온을 중심으로 열두 지파를 다시 일치시켜 공평과 정의의 신세계를 열 것을 실제로 희구하고 언표했다. 그는 주전 721년 북이스라엘의 국가적 멸망이 열 지파 망실이 아니라 오히려 시온 중심의 열두 지파 연합시대를 열 기회가 된다고 보았다. 이사야는 하나님께서 이스라엘 열두 지파 모두를 하나로 모으시려는 시대에 살았다. 당시의 유다왕 히스기야는 북이스라엘의 열 지파를 모으려고 노력했다. 자신의 왕세자의 이름을 므낫세라고 부름으로써 히스기야는 북왕국의 핵심 지파 므낫세를 입양하려는 야심을 드러냈다. 히스기야는 또한 북이스라엘 지파들을 배려해 그들의 역법에 따라 유대력 1월 14일이 아니라 2월 14일에 유월절을 축성^{祝聖}했고, 북지파들("단에서 브엘세바까지")에게 유월절 초청장을 발송했다.^{대하 30:1-12} "너희는 아브라함과 이삭과 야곱의 하나님 여호와께로 돌아오라. 그리하면 그가 남은 자, 곧 앗수르 왕의 손에서 벗어난 자에게로 돌아오시리라."^{대하 30:6} 마지막으로 히스기야는 '왕에게 속함'(למלך)이라는 표지를 가진 자신의 왕실 제작 항아리들을 북이스라엘 영토까지 다 퍼뜨렸다. 히스기야의 전통을 이어받아서 요시야는 이스라엘 전역을 통치하기 위해 므깃도까지 출병해 이집트의 군사적 전진을 견제하려고 했다.^{대하 35:22-24} 이사야 외에 아모스, 호세아, 미가 등 다른 주전 8세기 예언자들도 열두 지파를 하나의 이스라엘로 규정하고 있었다. 에브라임과 다른 북이스라엘 지파들도 시온에 돌아와 남유다와 하나가

되는 환상이 모든 예언서들이 그리는 미래회복과 구원의 절정이다. "에브라임 산 위에서 파수꾼이 외치는 날이 있을 것이라. 이르기를 너희는 일어나라. 우리가 시온에 올라가서 우리 하나님 여호와께 나아가자 하리라."렘 31:6 이것이 모든 예언서에 시온/다윗/성전 관련 미래회복과 구원 예언이 들어오게 된 배경이다.

이것이 바로 이사야서 1-66장을 시온 중심의 이스라엘의 미래 사명을 노래하는 서사시로 읽을 수 있게 만드는 실마리다. 이사야서는 열두 지파가 하나가 되고 시온과 예루살렘이 승귀되어 열방에 대한 제사장적 향도력을 발휘할 시대를 꿈꾼다. 이 과정에서 시온의 영적 갱신과 승화가 두드러진다. 이제 시온은 다윗의 개인 영지가 아니며 분열된 유다 왕국의 본거지도 아니다. 시온은 열두 지파 이스라엘의 핵심 영토이면서사 4:2-6; 33:17-24; 35:10 하나님이 온 세계열방을 통치하는 거점도시로 승격된다.사 2:1-4; 60:1-14; 61:6-9; 62:1-2; 66:18-21 이사야 60-62장이 시온 융기 예언의 정점을 대표한다. 이스라엘 열두 지파가 연합해 시온을 공의와 정의의 도성으로 변화시키는 때에, 이스라엘 신원,[26] 회복, 세계적 융기와 열방 향도가 동시에 실현된다.

세대주의자들은 이런 미래회복과 구원 예언을 문자주의로 해석하여 반드시 '민족 단위의 이스라엘'과 그 영토인 '예루살렘'에서 성취될 예언이라고 본다.[27] 그런데 앞서 말했듯이, 미래회복과 구원 예언의 성취 여부는 청중의 반응에 달려 있다. 예레미야 31:26이 말하듯이 구원 예언은 암시적 또는 몽환적 채널을 통해 받았기 때문에 심판 예언만큼 그 성취의 확실성이 담보되지 않는다. 또 에스겔 36:37이 말씀하듯이, 미래회복과 구원 예언은 이스라엘의 창의적인 응답에 그 성취 여부가 달려 있다. 따라서 미래 구원 예언에 대해서는 문자적 해석은 신중해야 한다. 일부 극단적 세대주의자들은 이스라엘 영화화와 관련된 예언서의 모든 미성취 예언들도 언젠가 성취될 것을 믿고 재림 예수의 예루살렘 재림도 문자적으로 해석하면서, 이런 예언들과 충돌하는 현실정치적 사태들을 친이스라엘적 편향성을 보이면서 해석하려고 한다. 심지어 이스라엘 민족이 알 악사 모스크[Al-Aqsa Mosque]를 부수고 제3성전을 짓는 것도 하나님의 미래회복 시나리오에 들어가 있으니 환영한다고 하는 데까지 나아가기도 한다.[28] 일부 극단적인 세대주의자들은 예루살렘에 지어진 새 성전에서 재림 예수를 기다리는 시나리오까지 착상한다. 그들은 에스겔 40-48장도 믿고, 스바냐 3:14-20도 믿으며, 이사야 2:1-4도 믿는다. 에스겔 40-48장의 예언이 성취되면 아랍과 이스라엘의 전쟁은 불가피할 것이다. 그러면 온 세계열방은 평화의 토라를 배우러 시온의 성전산으로 몰려들기보다는 전쟁을 하러 모일 것이다. 이스라엘의 영광스러운 미래와 관련된 모든 미성취 예언들을 문자적으로 해석하고 그것들의 성취 여부가 하나님의 신적 주도성에 달려 있다고 생각하는 세대주의자들은, 세계평화를 꿈꾸는 시온 승귀[昇貴] 예언을 세계전쟁을 부추기는 선동으로 곡해할 수 있다. 현실 국가 이스라엘이든 교회든 상관없이, 먼저 세계평화를 주도할 토라사상을 백퍼센트 구현해야 이사야 2:1-4가 그리는 미래상은 실현될 수 있다.

하나님의 미래 구원 예언은 '내가 믿음으로 듣고 아멘'할 때만 성취되는 예언이다. 심판 예언은 신인협력적 토대가 필요하지 않다. 심판의 대리자는 고대근동의 다른 나라들이기 때문에 그들은 이스라엘 민족의 협력을 필요로 하지 않는다. 그러나 미래 예언은 그것을 듣고 수용하고 공감하는 자들의 능동적 응답의 틀 안에서 성취될 수밖에 없다. 하나님이 능력이 없으셔서 우리에게 신인협력적 기조를 원하시는 것은 아니다. 하나님과 인간의 쌍방언약적인 조건성 때문이다. 하나님이 우리 인간을 언약의 동반자로 대우하시기 때문에 그런 요구를 하신다. 미래회복 예언은 본질적으로 쌍방적이고 비대칭적이지만, 신인협력적 틀 안에서 성취될 수 있다. 하나님과 우리가 언약관계 안에 있고, 하나님과 우리는 언약의 동반자다. 미래회복 예언이 성취되지 않았다고 해서 그것을 거짓 예언이라 말하면 안 된다. 구약시대 때 불순종했던 이스라엘 민족이 지금이라도 예언자들이 말하는 예언의 일부를 영접하며 그 예언대로 살아 순종하면 미래회복 예언은 성취될 수 있다. 이사야 2:2-3을 예로 들 수 있다. "말일에 여호와의 전의 산이 모든 산 꼭대기에 굳게 설 것이요 모든 작은 산 위에 뛰어나리니 만방이 그리로 모여들 것이라. 많은 백성이 가며 이르기를 오라, 우리가 여호와의 산에 오르며 야곱의 하나님의 전에 이르자. 그가 그의 길을 우리에게 가르치실 것이라. 우리가 그 길로 행하리라 하리니 이는 율법이 시온에서부터 나올 것이요 여호와의 말씀이 예루살렘에서부터 나올 것임이니라."

이 예언은 이스라엘 민족의 응답 없이는 성취될 수 없는 예언이다. 이처럼 미래회복과 구원 예언은 그 성취의 부담을 듣는 사람에게 넘기는 예언이다. 미래회복 예언은 하나님의 압도적인 신적 격려가 있다는 점에서는 비대칭적이지만, 여전히 신인협력적 구조를 갖고 있다. 모든 미래회복 예언은 서구의 많은 책들이 말하는 것처럼 거짓예언이 아니다. 그것들은 거짓 예언, 종적을 감춘 실종된 예언이 아니라, 비대칭적이지만 신인협력적 응답을 기대하는 예언이며 아직까지 성취를 기다리고 있는 예언이다. 예를 들어 이사야 53장이 예수님의 응답으로 메시아 예언으로 공증되기까지 오랜 시간을 기다렸듯이, 모든 미래 구원과 회복 예언은 응답을 기다리는, 즉 미래에 대해 열려 있는 예언이다. 현대 이스라엘 국가가 이사야 2:1-4을 자기 시대를 향한 말씀으로 듣길 원한다면, 팔레스타인에 대한 무력항쟁의 잔악하고 압제적인 태도가 아니라 이방인을 포용하며 다양성을 인정하는 국가로 거듭 태어나야 할 것이다. 임마누엘 레비나스나 폴 리쾨르 같은 사람들은 특별히 정체성의 풍요로움을 위하여 타자성을 품을 것을 강조했다. 레비나스나 리쾨르에 따르면, 내가 잠재적으로 타자성을 받아들이면 내 정체성이 타자성을 통해 풍요로워지고 확장된다. 따라서 내가 만나는 타자성은 내 정체성의 외연 확장을 암시하는 지표다. 그들은 타자성이 자아동일성과 대립되는 개념이 아니라, 타자성 안에서 자아의 미래를 보고, 자아의 실현을 본다. 타자성이 정체성의 교정, 보정, 보완, 확장을 촉발시킨다는 것이다. 그러므로 타자 수용적인 안목이 매우 중요한 것이다.[29]

우리는 여기서 시온 융기와 열두 지파 이스라엘의 회복과 세계사적 사명수행에 대한 예수님의 접근을 깊이 생각해야 한다. 예수님은 이사야 1-66장 안에서 당신의 메시아 노정을 발견하고 그 발자취를 따랐다. 열두 지파의 연합체가 된 이스라엘이 온 열방을 하나님께 화목시키는 과업, 이것이 예수님이 깨달은 이스라엘의 사명이자 자신의 사명이었다.[고후 5:21] 예수님은 단지 정치권력체인 다윗 왕조를 회복하려고 한 것이 아니라, 다윗의 공평과 정의 통치력을 극대로 만개시키려고 하셨다. 예수님이야말로 이사야의 비전에 따라 열두 지파를 회복하려고 하셨다. 그래서 예수님은 사마리아를 사랑하시고, 그곳에서도 하나님을 영과 진리로 드리는 예배가 회복되길 원하셨다. 예수님은 정치 실체 다윗 왕조가 아니라 다윗왕적 지도력을 회복해 열두 지파를 모아 성령감화의 공동체인 비정치, 비군사적 조직인 '회중'이자 '백성'을 창조하길 원하셨다.[30] 다윗 왕조의 회복이 아닌, 원시적인 열두 지파 연합체 이스라엘이 예수님이 꿈꾼 미래상이었다. 열두 지파의 회복을 다윗 왕조의 회복이라고 해석한 사람이 바로 마태였다. 그러나 양자는 엄밀하게 말하면 다르다. 마태는 열두 지파의 회복과 다윗왕적 이상 구현 비전을 통합한다. 마태복음 19:28에서는 열두 지파를 심판하는 열두 보좌가 등장한다. 그러나 마태는 베드로의 신앙고백 반석 위에 왕조가 아니라 '내 교회'를 세우실 메시아 예수님을 분명히 선포한다. 세계만민의 으뜸이 되려는 자는 하나님 안에서 가장 작은 자, 많은 사람을 위해 자신의 목숨을 대속물로 주려는 그리스도의 길을 따라야 한다. 이사야서는 예수님과 바울을 불러내는 하나님의 계시였다.[31] 예수님 때문에 예루살렘과 시온은 세계사에 가장 높은 지점에 위치하는 구원사의 영봉으로 융기했다. 지금도 문자적이건 영적이건, 전 세계만민이 이스라엘의 과거사를 공부하고 예루살렘의 평화를 위해 간구한다. 이사야서 1-66장은 지금 우리 시대에도 이 세계에 공평과 정의, 평화를 정착시키는 사명으로 독자들을 불러낸다.

주 · 참고문헌

주

저자 서문

주

1. 1947년부터 1956년까지 이스라엘 쿰란동굴에서 발견된 이사야서 사본은 모두 21편 정도다. 신명기와 시편과 함께 가장 많은 사본들이 발견된 책이 이사야서다. 1QIsaᵃ는 주전 150-125년 사이에 필사된 사본으로 간주된다 [Emanuel Tov, "The Text of Isaiah at Qumran," in Craig C. Broyles and Craig A. Evans, eds., *Writing and Reading the Scroll of Isaiah: Studies of an Interpretive Tradition*, vol. 2 (Vetus Testamentum Supplements 70/2; Leiden; Brill, 2014), 491-513(특히 491-493)].

2. Brevard S. Childs, *Isaiah: A Commentary* (Louisville, KY.: Westminster John Knox Press, 2001).

3. Brevard S. Childs, *The Struggle to Understand Isaiah as Christian Scripture* (Grand Rapids, MI.: Wm. B. Eerdmans, 2004). 이 책은 칠십인역부터 교부들과 종교개혁자들의 이사야 주석들을 거쳐 최근의 이사야서 연구저작물들을 해석사의 관점에서 개관한다. 차일즈는 이사야서에 대한 기독교적 해석을 특징짓는 일곱 가지 관심을 정리한다: 성서의 권위 옹호, 성서의 문자적 의미와 영적 의미의 동시 추구, 신구약을 상응시키는 해석, 성서의 영적 저작성과 인간 저작성의 조화, 그리스도를 예언하는 성경 예언 주목, 역사의 변증법적 전개, 역사와 최종본문으로서의 성경에 대한 주목.

751

서론

1. 이 단원의 논의는 다음 네 책의 정보에 빚지고 있다: Martin Noth, *The History of Israel* (London: Adam-Charles Black, 1958), 288-354; 『이스라엘의 역사』, 박문재 역(고양: 크리스찬다이제스트), 2008. 존 브라이트, 『이스라엘의 역사 下』, 김윤주 역(왜관: 분도출판사, 1979), 144-291; 피터 R. 아크로이드, 『이스라엘의 포로와 회복』, 이윤경 역(서울: 기독교문서선교회, 2019), 1장 "포로기"(24-42), 2장 "포로기의 역사적 상황"(43-67), 8장 "포로기의 예언과 회복에 대한 이상"(161-184); Peter Dubovsky, Dominik Markl, Jean-Pierre Sonnet (eds.), *The Fall of Jerusalem and the Rise of the Torah* (Tübingen: Mohr Ziebeck, 2016). 이 마지막 책의 기고자인 앙겔리카 베르레융(Angelika Berlejung)은 창 11:1-9의 시날 땅의 바벨탑 붕괴사건은 출바벨론 명령을 반향(反響)하고 있다고 본다("Living in the Land of Shinar Reflections on Exile in Genesis 11:1-9?" 89-112). 이 책의 첫 장 글을 기고한 이스라엘 핀켈스타인(Israel Finkelstein)은 "Jerusalem and Judah 600-200 BCE.: Implications for Understanding Pentateuchal Texts" (3-18)에서 주전 586-350년 사이에 저작 활동의 증거가 거의 없다고 주장하며, 모세오경의 자료들은 철기시대 말기(포로기 이전 왕국) 또는 주전 2세기 하스모니안 왕조 때 저작되었을 것이라고 주장한다. 그는 창 14장의 멜기세덱 본문은 하스모니안 왕조시대 저작물이라고 본다.

2. 사 40-55장에서 고레스를 가리키는 예언으로 간주되는 구절들은 다음과 같다: 41:2-3 동방에서 일깨워진 의인, 25 북방에서 오게 한 자; 44:24-45:13 고레스 실명 언급; 48:14 여호와가 사랑하는 자.

3. 바벨론 유배기가 신학적으로 창조적이었는가를 다룬 책으로는 Walter Brueggemann, *Deep Memory, Exuberant Hope: Contested Truth in a post-Christian World*, P. D. Miller ed. (Minneapolis, MN.: Fortress, 2000), 그리고 이 책에서 영감을 받아 썼다고 고백하는 리 비치(Lee Beach), 『유배된 교회』, 김광남 역(서울: 새물결플러스, 2017)가 있다. 두 책 모두 바벨론 유배기간에 이스라엘은 자신의 정체성을 잃을 위기에 처했을 때, '거룩한 백성'이 되는 길이 무엇인지를 깨닫게 되었다고 주장한다.

4. 아크로이드의 연구 대상은 주전 540-500년대에 산출된 구약문서들에 국한되어 있으며 역대기나 느헤미야서는 연구 범위에서 제외된다(위의 책, 38).

5. 오택현, "제2이사야와 신명기 역사에 반영된 바벨론 제국의 상황," 「신학논단」 26 (1999/2), 407. 각주 21.

6. 브라이트에 의하면 여호야긴은 주전 595/594년에 일어난 반(反)바벨론 소요 사태로 투옥되었다. 이 바벨론 정변의 실체에 대해서는 아크로이드, 위의 책, 44쪽

의 각주 4에 언급된 D. J. Wiseman, *Chronicles of Chaldean Kings (626-556 BC) in the British Museum* (London: Trustees of the British Museum, 1956)을 보라.

7. 존 레벤슨은 여호야긴의 석방이 다윗 왕위로의 복귀나 다윗 왕조의 회복을 암시하는 거대희망의 점화점이 아니라 왕상 8:50에 언급된 솔로몬 기도에 대한 응답이라고 해석한다. "주께 범죄한 백성을 용서하시며 주께 범한 그 모든 허물을 사하시고 그들을 사로잡아 간 자 앞에서 그들로 불쌍히 여김을 얻게 하사 그 사람들로 그들을 불쌍히 여기게 하옵소서." 그러나 그는 이 석방이 암시적으로는 '다윗의 후손은 아직 살아있고 건재하다'는 점을 말한다고 본다[Jon D. Levenson, "The Last Verses in Kings," *Journal of Biblical Literature* 103/3 (1984), 353-361].

8. 나일강 하류지역 엘레판틴(Elephantine) 섬에 거주한 이스라엘 사람들은 이집트의 남부국경을 수비하는 군대로서 느헤미야 시대에 자신들의 성전 건설에 지원을 요청하는 편지를 예루살렘에 보냈다(주전 408년경). 그들은 신명기의 배타적 야웨 예배 율법에 아랑곳하지 않고 야웨 외에 다른 세 여신도 숭배하는 다신 숭배 신전을 엘레판틴에 세웠다. 그러면서도 그들은 유월절, 무교절 등 전통 축제들을 지켰다.

9. 예루살렘이 파괴당할 즈음에(주전 586년), 암몬, 모압, 에돔은 바벨론에게 아직 복속되지 않았다(렘 40:14). 주전 587년에 유대인들이 암몬, 모압, 에돔 등으로 도피했다(렘 40:11-14, 모압, 암몬, 에돔은 유대인들의 대규모 일시 피난처; Flavius Josephus, *Antiquities*, Ind. X. 9.7. §§181). 암몬과 모압은 느부갓네살 재위 23년에 바벨론에 복속되었다.

10. 이 점은 노트나 브라이트 모두 일치하는 부분이다(브라이트, 위의 책, 144-145).

11. Dubovsky, Markl, and Sonnet eds., *The Fall of Jerusalem and the Rise of the Torah*에 실린 여러 논문들을 참조하라. 예를 들면, 레스터 그랩(Lester L. Grabbe)은 "The Last Days of Judah and the Roots of the Pentateuch. What Does History Tell Us?"(19-45)에서 모세오경의 상당수가 바벨론 포로기 경험을 반영한다고 주장한다. 예루살렘 몰락과 바벨론 유배가 많은 문전 및 구전 전승들을 문서로 남기도록 촉발한 결정적인 계기이며, 창세기의 요셉 이야기는 주전 7-6세기의 이집트 거주 유대인들에게 유래했다고 본다(30).

12. Noth, *The History of Israel*, 291, 294-295. 이런 역대기 기자의 입장과 달리 마틴 노트는 옛 북이스라엘의 가나안 잔류파가 이스라엘의 중심이라고 주장한다. 노트는 이스라엘 왕국의 지배-상류층이 옛 북이스라엘 왕조 땅에 살았다고 보는 역대기서 저자의 견해를 중시하는 것처럼 보인다. 실상 고레스의 포고령(스 1:2-4; 6:3-5)에는 포로민의 고토 송환에 대해서는 어떤 언급도 없으며 이스라엘 고토에 지파의 대부분이 잔존했고 예루살렘(거룩한 처소)에서 이

미 예배, 제사를 드리고 있었기에, 성전 재건 명령이 포로들의 고토 귀환을 필연적으로 초래한 것은 아니었다는 것이다. 그에 따르면 가나안 땅에 남아있던 옛 지파들의 후손들이 거룩한 예루살렘의 처소와 더불어 수적인 다수를 구성했을 뿐만 아니라 이스라엘의 진짜 핵심을 대표했다. 노트의 견해는 포로로 잡혀간 자들이 하나님께 소중한 이스라엘의 대표자라고 보는 예레미야의 입장과 충돌한다(24장의 두 광주리의 비유).

13. John J. Ahn, *Exile as Forced Migrations: a Sociological, Literary, and Theological Approach on the Displacement and Resettlement of the Southern Kingdom of Judah* (Berlin/New York: De Gruyter, 2011). 존 안(Ahn)도 바벨론 포로들은 신분이 다양한 사람들로 구성되었지만 본질적으로 바벨론 포로의 대다수는 다소 강압적인 방식으로 이주한 사람들이라고 본다. 이 책은 바벨론 포로들을 1세대, 1.5세대, 2세대, 3세대 네 소집단으로 분류하고 각 세대가 직면한 문제 상황이 달랐다고 주장한다. 각 세대의 문제의식을 대표하는 성경구절들은 시 137편(1세대), 렘 29장(1.5세대), 사 43장(2세대: 소수파 의식), 민 32장(3세대: 에스라 8:21의 이방여인과의 혼인 문제를 다룬다고 본다)이라고 본다.

14. 에스겔서에서 자주 언급되는 포로들의 거주지 중 하나가 델아빕(Tel-Abib) (3:15)인데 그 외 다른 지역이 언급되기도 한다(스 2:59 "델멜라와 델하르사와 그룹과 앗단과 임멜"= 느 7:61).

15. Ralph W. Klein, *Israel in Exile: A Theological Interpretation* (Philadelphia, PA.: Fortress Press, 1979), 9-22.

16. 주전 597, 587, 582년에 세 차례에 걸쳐 4,600여명이 잡혀갔다(렘 52:28-30).

17. 나보니두스는 하란 근처의 테만(Teman)에서 통치하며 자신의 아들 벨사살(단 5장)을 수도에 허수아비 왕으로 앉혀놓고 섭정 역할을 했다.

18. 제2이사야의 활동 연대에 대한 논의를 보기 위해서는 오택현, "제2이사야와 신명기 역사에 반영된 바벨론 제국의 상황," 401-419을 참조하라. 오택현은 베른하르트 둠 같은 학자들의 주류 의견에 동의해 나보니두스 말기, 즉 주전 540년경에 제2이사야가 활동했다고 본다. 이는 원래 베른하르트 둠이 처음 주창한 견해이기도 하다. 그는 제2이사야를 바벨론 거주 예언자라고 보았다. 그런데 이런 둠의 견해는 최근 이사야 연구가들에 의해 점점 체계적으로 반박당하고 있다. 제2이사야를 '유다'에서 활동한 예언자라고 보는 학자들의 최근 연구 동향을 보려면 Cat Quine, "Reading 'the House of Jacob' in Isaiah 48:1-11 in Light of Benjamin," *Journal of Biblical Literature* 137/2 [2018], 339-357 (특히 341)을 참조하라. 캣 콰인은 이사야 48:1-11의 저자는 유다의 베냐민 지파 거주민, 구체적으로는 벧엘 근처의 유다 지파 거민들을 겨냥한 말씀이라고 보며 이 신탁의 발설자는 바벨론이 아니라 유다 거주 예언자라고 주장한다.

19. 그리스-페르시아 전쟁은 주전 492년부터 449년 사이에 발생한 여러 차례의 전쟁으로 초기 전쟁은 페르시아가 그리스 도시국가들을 침략하러 원정을 떠난 전쟁들이다. 특히 주전 490-479년 사이에 페르시아의 두 차례 그리스 본토 침략 원정이 격렬한 전쟁으로 이어졌다["Greco-Persian Wars (492-449 BC)," *Encyclopaedia Britannica*].

20. 일부 학자들(브라이트)은 대상 3:17-18에 근거해 세스바살을 여호야긴의 아들 세낫살(Shenazzar)과 동일시한다. "사로잡혀 간 여고냐의 아들들은 그의 아들 스알디엘과 말기람과 브다야와 세낫살과 여가먀와 호사마와 느다뱌요." 다른 일부 학자들(노트)은 이것에 대해 회의적이다.

21. 고레스의 둘째 아들이자 2대 왕 캄비세스가 죽자 종교지도자 가우마타 (Gaumata)는 왕위 계승자였으나 이미 죽은 캄비세스의 동생 바르디야(Bardiya, 일명 스메르디스)라고 참칭하며 스스로 왕이라고 선포했다가 다리우스에 의해 살해당했다("Bardiya", *Encyclopaedia Britannica*).

22. 노트, 위의 책, 294. 노트는 성서적 근거를 제시하지 않고 스룹바벨이 정치적 모반 혐의로 페르시아에 의해 제거되었다고 본다. 하지만 우리는 에스라 4:17-19이 노트의 추측을 어느 정도 지지한다고 본다. "왕이 방백 르훔과 서기관 심새와 사마리아에 거주하는 그들 동관들과 강 건너편 다른 땅 백성에게 조서를 내리니 일렀으되 너희는 평안할지어다. 너희가 올린 글을 내 앞에서 낭독시키고 명령하여 살펴보니 과연 이 성읍이 예로부터 왕들을 거역하며 그 중에서 항상 패역하고 반역하는 일을 행하였으며." 스 4:8에 언급된 방백 르훔과 서기관 심새가 올린 상소문 중 '반역'이 스룹바벨을 왕으로 옹립하려는 움직임을 언급하는 것이 아닌가 생각된다.

23. 바벨론 귀환포로 공동체 내에서 이스라엘을 재조직할 계획이 있었다. 에스겔 40-48장 부록은 이런 비전을 가진 사람들이 편집했다. 물론 이 계획은 종말론적 질서를 반영할 뿐 역사적 현실을 무시한다.

24. 고레스 이래로 페르시아의 이스라엘에 대한 우호적 정책의 이면에는 이런 계산이 작용하고 있었다. '팔레스틴은 이집트 국경 근처에 있었고, 예후다 같은 충성스런 속주를 국경에 배치하는 것이 페르시아에게 유리하다. 유다는 대(對)이집트 견제를 위한 페르시아 속주가 될 수 있다'(노트, 위의 책, 303-305). 존 브라이트도 노트를 인용하며 그의 의견에 동조한다. 이 견해가 최근의 페르시아 연구자들(존 버퀴스트 등)에게도 계승된다.

25. Jon L. Berquist, *Judaism in Persia's Shadow: a Social and Historical Approach* (Minneapolis, MN.: Fortress Press, 1995).

26. 이사야 56-66장이 이방 여인들과 결혼하는 예루살렘 제사장들과 유다 장로들의 일탈을 언급하지 않는 것으로 보아 이 열한 장은 주전 450년경 이전 상

황을 다루는 것처럼 보인다.

27. Samuel E. Balentine, *The Torah's Vision of Worship* (Minneapolis, MN.: Fortress Press, 1999).

28. 승귀(昇貴)는 거룩하게 승화되고 존귀하게 변화되는 것을 가리키는 신학적 개념이다.

29. Bernhard Duhm, *Das Buch Jesaja, übersetzt und erklärt* [Göttingen: Vandenhoeck and Ruprecht, 1902(orig. 1892)], pp. vii-viii, 255, 355. 둠은 제2이사야는 주전 540년경 활동했고, 제3이사야는 예루살렘 성전 체제가 고착화되었을 만큼 훨씬 더 늦은 시대에 활동했다고 본다. 둠은 적어도 이사야 1-39장과 40-66장은 따로 존재한 적이 있었으며, 이 둘의 결합이 벤시락의 「집회서」 저작(주전 190년경 저작) 직전 시점인 주전 210-200년경에 이뤄졌을 것이라고 본다. 우리가 편의상 그를 '세 이사야 가설 주창자'라고 부르긴 하지만 둠이 '단순한 세 이사야 가설'을 주창한 것은 아니었다. 둠은 1-12장, 13-23장, 24-27장을 다시 세분화해서 다루었고, 이사야 42, 49, 50, 53장의 종의 노래들 또한 제2이사야와 유기적으로 연결되지 않는다는 점도 지적했다. 오늘날 둠이 제안한 '세 이사야 삼분가설'(1-39장, 40-55장, 56-66장)을 그대로 따르는 학자들은 아무도 없지만, 그의 분석은 여전히 중요한 통찰을 준다. 최근 이사야 연구가들은 34-35장이 사실상 1-33장과 나머지를 구분하는 전환장이라고 보기도 한다(아크로이드, 위의 책, 161-162). 1-2장, 6장, 13-14장은 적어도 이사야 40-66장이 추가되어 전체 이사야서가 편찬되었을 때 함께 추가되었을 가능성을 제기하는 학자들도 많다.

30. 이사야 1-66장 저자의 단일성과 복수성 논의와 각각의 주장에 담긴 주석적 함의를 참조하려면 김회권, 『성서주석 이사야 I』 (서울: 대한기독교서회, 2006) 서론(1-17)을 보라.

31. 즉, 이사야 1-66장의 최종 편찬 저자이기도 했을 40-66장의 저자/저자들은 미래회복과 구원 예언의 실현 여부가 그 예언들을 받는 청중의 응답 여부에 달려있다는 것을 의식했기 때문에 자신들의 미래회복과 구원 신탁을 기존에 존재하던 이사야 두루마리에 추가했다. 이 문제에 대한 더 자세한 논의는 본서의 보설(補說) 2를 참조하라. 본서의 입장과 유사한 입장은 Hugh G. M. Williamson, *The Book Called Isaiah: Deutero-Isaiah's Role in Composition and Redaction* (Oxford: Oxford University Press, 1994)이다. 윌리암슨은 오랫동안 봉인되어 있던 주전 8세기 예언자의 심판 예언 두루마리를 읽고 자신의 시대에 확장적으로 상관시킨 소위 제2이사야(특히 40-50장 예언 선포자)야말로 현재 모습의 이사야 1-66장 전체 구조와 편집 방향에 결정적인 영향을 미쳤다고 주장한다.

32. Frank M. Cross, "The Council of Yahweh in Second Isaiah," *Journal of Near Eastern Studies* 12/4 (October 1953), 274-277(특히 276). 이 '외치는 자'가 설령 제2이사야라고 하더라도 그는 자신이 독자적인 소명을 받은 예언자라고 내세우기보다는 이사야 6장에서 소명을 받았던 이사야 예언자의 메아리 역할을 하는 자라는 의식을 드러내고 있다. 이런 예언자의 자의식을 간취하는 데에는 40장이 이사야 6장의 천상어전회의 장면을 방불케 하는지 또는 그렇지 않는지는 별 의미가 없다.

33. 제2이사야, 제3이사야는 '외치는 자의 소리' 속에 자신들을 감춘 셈이었다.

34. 알렉산더가 죽자 이집트 중심의 프톨레미 왕조와 시리아 중심의 셀류키드 왕조가 들어서 이스라엘 고토를 차례로 지배한다. 이스라엘은 처음에는 프톨레미 왕국의 지배를 받다가 주전 2세기경부터 셀류키드 왕국의 지배 아래 들어갔다.

35. 이때 최소한 이사야 1-2장, 13-14장, 35장이 이사야 40-66장과 거의 동일한 시기에 기존의 이사야 두루마리에 추가되었을 것이다. 이사야 1-2장은 이미 이사야 60-66장의 시온의 미래 비전을 예기하고 있다. 이사야 1-66장에 대한 편집사가 완벽하게 재구성되지 않는다고 해서 이사야의 해석이 불가능한 것은 아니다. 이사야 1-66장의 최종 저작 과정에 대한 다양한 견해에도 불구하고 본서가 추정하는 정도의 역사적 배경을 염두에 두고 주석하는 것은 결코 무리한 시도가 아니다.

주

40장. 내 백성을 위로하라

1. 39장과 40장 사이의 공백을 메우기 위하여 예레미야서, 에스겔서, 그리고 바벨론 포로기 삶을 노래한 시편들(예레미야애가)을 참조할 수 있다.

2. 1절 첫 소절의 히브리어 구문을 음역하면 '나하무 나하무 암미 요마르 엘로헤켐'이다. 개역개정은 "너희의 하나님이 이르시되 너희는 위로하라 내 백성을 위로하라"라고 번역한다. 그런데 '내 백성'이 '위로하라'의 목적어가 되려면 목적격 도입 접사 '에트'('et)가 그 '암미'(내 백성) 앞에 있어야 한다. '에트'는 특정된 직접목적어를 표시하는 접사이기 때문이다. 개역개정처럼 번역하려면 히브리어 구문이 '나하무 나하무 에트 암미'라고 되어 있어야 하는데 히브리어 구문은 '나하무 나하무 암미'라고 되어 있다. 이런 경우 '암미'('ammi)는 호격, '내 백성이여!'로 번역될 수도 있다. '위로하라 위로하라 내 백성이여'라고 해도 된다는 말이다. 물론 1절 첫 소절이 산문이 아니라 시문이기 때문에 직접목적어 도입접사 '에트' 없이 '암미'를 목적어로 봐도 된다. 즉 개역개정처럼 "위로

하라 내 백성을 위로하라"라고 번역해도 전혀 불가능한 것은 아니다. 시문에서는 '에트'가 생략되므로 두 가지 해석 모두 가능하기 때문이다. 다만 '위로하라'라는 동사의 인칭과 성수 때문에 호격(呼格)으로 번역하는 것이 좀 더 정확한 번역이 될 수 있다. '위로하라'로 번역된 히브리어 '나하무'(naḥămû)는 '나함'(nāḥam) 동사의 2인칭 남성복수. '위로하라'는 명령을 들은 청중은 2인칭 복수 '내 백성'이라는 의미다. 이런 경우 '내 백성'이 위로할 대상은 예루살렘이다. '내 백성'은 바벨론 귀환 포로들로, 하나님의 구원과 해방을 최초로 알리는 사신(使臣)들을 가리킨다. 그들은 하나님이 고레스를 일으켜 바벨론을 멸망시키셨다는 사실과 이제 포로들을 고토로 복귀시키실 것이라는 계획을 먼저 통보받은 바벨론 포로들이다. 이런 읽기를 지지하는 증거가 이사야 40:9에도 나온다. 9절 개역개정을 보면 "아름다운 소식을 시온에 전하는 자여, 너는 높은 산에 오르라. 아름다운 소식을 예루살렘에 전하는 자여"라는 문장이 나온다. 이 개정개역 번역은 히브리어 구문을 반영하지 못한 해석이다. 9절의 이 소절을 직역하면 이런 뜻이다. '아름다운 소식을 전하는 너 시온이여, 높은 산에 스스로 오르라(ʿălî-lākh). 아름다운 소식을 전하는 너 예루살렘이여, 힘써 네 소리를 높이라'(hārîmîqôlēkh). '오르라', '높이라'는 둘 다 2인칭 여성단수 명령어이며, 스스로를 의미하는 전치사 '라크'는 2인칭 여성접미어를 갖고 있다. '네 소리'의 '네'도 2인칭 여성단수대명사 접미어이다. 시온과 예루살렘은 듣는 자이면서 동시에 전하는 자가 되어야 한다는 말이다. 그러니까 예루살렘과 시온은 '내 백성'(귀환 포로들)에게 먼저 위로를 받고 자신도 위로자가 되어야 한다는 의미다. 결국 9절은 위로받는 자가 위로하는 자가 되는 과정을 보여준다[김회권, 『내 백성을 위로하라』(서울: 성서유니온, 2022), 21-23].

3. 우리는 바벨론 유배가 70년 동안이었는지 여부에 대해 생각해볼 필요가 있다. 주전 609년(요시야 왕 전사)부터 바벨론의 이스라엘 지배가 시작되었다고 하면, 주전 538년은 바벨론이 이스라엘을 실제로 지배한 지 거의 70년이 된다. 또는 주전 586년 2차 바벨론 유배부터 성전 중건과 봉헌이 이뤄진 주전 515년까지를 염두에 둔 발언일 수 있다. 역대하 36:21은 70년의 바벨론 유배를 7년에 한 번씩 돌아오는 땅의 안식년과 히브리 동포들의 채무탕감, 인신해방 명령(출 21:1-4; 23:10-13; 레 25:1-7)을 열 번 어긴 것에 대한 하나님의 일괄집행이라고 본다. "이에 토지가 황폐하여 땅이 안식년을 누림 같이 안식하여 칠십년을 지냈으니 여호와께서 예레미야의 입으로 하신 말씀이 이루어졌더라." 물론 70년을 상징적으로 이해할 수도 있다.

4. 바벨론 포로생활은 이스라엘 자신의 죄악에 대한 징벌 이상의 의미를 갖는다는 생각이 제사장과 레위인 출신 포로들 가운데서 배태되었을 가능성이 있다. 53장은 동물희생 제사신학에 정통한 사람만이 묘사할 수 있는 드라마이기 때

문이다.

5. 크리스토퍼 지츠(Christopher R. Seitz)는 6절에서 "내가 무엇으로 외치리이까"라고 묻는 사람이 제2이사야라고 말한다. 그도 F. M. 크로스처럼 40장을 제 2이사야의 소명 드라마로 읽는다["The Divine Council: Temporal Transition and New Prophecy in the Book of Isaiah," *Journal of Biblical Literature* 109/2 (1990), 235-38, 245]. 그런데 중요한 것은 40장이 하나의 독립적인 예언자의 페르소나를 소개하는 것이 아니라 하나의 역할을 이어받으려고 외치는 자의 목소리를 등장시킨다는 점이다. 40장의 외치는 자는 스스로를 이사야 6장의 예언자의 심판 예언 사역의 결과를 수습하는 응답적 예언자라고 자임하는 것처럼 보인다.

6. 사 7:7-9 아람과 이스라엘의 에차(עצה); 10:7 앗수르 왕의 에차; 14:24-27 앗수르의 에차; 19:3 애굽의 에차; 29:15; 30:1 히스기야 왕실의 에차; 36:5 히스기야의 에차; 46:10 하나님의 에차; 참조. 렘 50:45 바벨론에 대한 여호와의 계획(아차트 아도나이 아쉐르 야아츠 엘-바벨).

7. 활점(活點, mappiq)이 붙어 있는 히브리어 단어 ה는 여성 단수 접미어를 가리킨다. 별도의 모음 없이 단어 끝에 헤(ה)가 올 경우 발음 되지 않지만, 발음이 된다는 것을 표시하기 위해 헤(ה) 안에 찍는 점을 활점이라고 부른다.

주

8. 퍼올라토는 앞 절의 사카르와 대구를 이루기 때문에 '과업'이라고 번역한다(참조. BDB, p. 821).

9. 십자가에 달려 돌아가신 예수님과 요한계시록에 나타나는 예수님 이미지는 정반대다. 십자가에 돌아가신 예수님은 일종의 개기일식과 같다. 개기일식처럼 하나님의 임재가 가려졌다. 어둠이 세상을 지배했다고 되어있다. 언제? 예수님이 십자가에 달리신 그 시간이다. 그러나 요한계시록에 나오는 예수님은 거룩한 폭력으로 지상의 모든 폭력을 해체하고 무효화시키신다. 주석 같은 발에 완전한 승리의 면류관을 쓰신 예수님이 말씀 검을 입에 물고 계신다. 하나님은 강한 자로 나타나 역사의 중심무대를 장악하셔서 세계의 군왕들을 제압하시고, 역사를 혼돈으로 몰아넣던 유혹자 옛 뱀을 다시 감금하신다. 모든 악한 선단과 상고들과 하나님을 향해 높아진 모든 것들을 초토화시키는 강력한 하나님이 요한계시록이 그리는 일찍 죽임을 당한 어린양의 위력이다.

10. 12절의 셋째 소절의 히브리어 구문은 다소 이상하다. 직역하면 '모든 것이 되에, 땅의 흙이!'다. '흙'으로 번역된 히브리어 아파르(עפר)는 그리스어 번역본들(칠십인역, 아퀼라역, 데오도션역, 심마쿠스역)에 모두 누락되어 있다. 아파르가 있건 없건 의미상에는 큰 차이가 없어 맛소라 본문을 존중하기로 한다.

11. 여기에 이사야 1-39장의 중심 주제인 에차(עצה, 도모, 모략, 계획)가 나타난다. 여기서 에차(עצה)는 현실정치적 함의보다는 거의 지혜문학적 용도로 사용된다.

12. 열왕기상 22장과 이사야 6장은 하나님이 천상어전회의에서 만조백관을 거느리고 심사숙고하며 '모략'을 짜는 장면을 보여준다.

13. 오라흐 미쉬파트는 '적합하고 바른 길'을 의미한다(BDB, p. 1049).

14. 마이클 S. 하이저, 『보이지 않는 세계: 성경의 초자연적 세계관 회복하기』, 손현선 역(서울: 좋은씨앗, 2019), 2부 "하나님의 권속", 3장 "하나님의 수행단", 4장 "유일하신 하나님"(34-60).

15. 바벨론의 신화나 그리스-로마의 신화에서는 최고 권능을 가진 신과 지혜의 신은 대개 달랐고 최고의 신은 지혜의 신(열둘하나 지혜는 더 많은 신)의 자문을 받아 결정했다. 바벨론의 최고신 마르둑도 지혜의 신에게 자문을 받는다[R. N. Whybray, *The Heavenly Counsellor in Isaiah XL 13-14; a Study of the Sources of the Theology of Deutero-Isaiah* (Cambridge: Cambridge University Press, 1971), 64-77].

16. 이톨(יטיל)을 '든다'를 의미하는 히브리어 동사 나탈(נטל)의 니팔형 3인칭 남성 복수[이톨루(יטלו)]로 읽는다[BHS(칠십인역, 아퀼라, 테오도션, 심마쿠스, 시리아역 모두 니팔형 3인칭 남성 복수)의 제안]. 이렇게 읽으면 바로 앞 소절의 니팔 동사인 '간주되도다'[네흐샤부(נחשבו)]와 좋은 대구를 이룬다.

17. 20절의 '궁핍한 자'로 번역된 하므수칸(הַמְסֻכָּן)은 '가난하다'를 의미하는 상태 동사 사칸(סכן)의 강세수동(푸알) 남성 분사로 본다. '제물(터루마)을 바치는 데 있어서 가난한 자' 정도의 의미가 된다. 하지만 므수칸은 우상 제작용 나무를 의미하는 아카드어 무수카누(musukkanu)의 동등어로 본다면 뒤에 나오는 '썩지 않는 나무'를 수식하는 말이 될 수 있다[cf. H. R. Cohen, *Biblical Hapax Legomena in the Light of Akkadian and Ugaritic* (SBLDS 37; Missoula, MT.: Scholars Press, 1978), 133]. 이런 경우 '혹자는 나무 거제물을 드리기 위해 썩지 않는 나무를 선택한다' 정도의 의미다.

18. 이런 입장을 개진한 학자는 유대인 성서학자 아델레 베를린이다[Adele Berlin, "Did Jews Worship Idols in Babylonia?" in Gersho Galil, Mark Geller, Alan Millard eds., *Home and Exile* (VTS 130; Leiden & Boston: Brill, 2009), 323-333]. 아델레 베를린은 신명기 4:28; 28:36, 64는 유배 중에 실제 일어날 우상숭배에 대한 경고나 위협이 아니라 문학적인 상투관용어라고 보고 실제 포로기를 다룬 어떤 문서에도 바벨론 포로들이 실제로 우상을 숭배했다는 사실을 명시하지 않는다는 사실과 시편 44편은 그런 사실 자체를 부인한다는 사실을 근거로 제시한다. 또한 실제 우상숭배에 대한 가장 맹렬한 탄핵 단락인 사 43:22-24을 바벨론 유배를 초래했던 과거 조상들의 우상숭배에 대한 과거회상적 탄핵으로 분류한다(324).

19. 쿰란의 이사야서 전질 사본, 벤시락 48:23-25의 이사야 위로 예언 강조, 예수님의 이사야 61장 인증과 인용, 예수와 바울의 광범위한 이사야서 인용.

20. 마가복음 외에 다른 세 복음서도 요한의 선구적 활동을 소개한다(마 3:1-15; 눅 3:1-18; 요 1:19-28).

21. 예수의 경우는 "때가 찼고"가 세례 요한의 케뤼그마 앞에 붙어있고, "복음을 믿 으라"는 초청이 첨가되어 있다. 예수는 천국 도래가 심판을 넘는 기쁜 소식임 을 강조한 것이다. 심판을 피할 길, 즉 그것은 복음을 믿는 길이라는 점을 강조 한 것이다.

22. 이 장면은 엘리야의 면모를 방불케 하는 상황이다. 세례요한이 자신을 재림 엘 리야 정도로 자임했을 가능성도 있으며 예수님은 한두 차례 정도 그를 엘리야 의 재림이라고 말했다(비교. 왕하 1:8; 마 11:13-14; 17:10-13).

23. 귀환포로 공동체의 평탄작업을 진두지휘하는 느헤미야의 지도력이 대표적인 주의 길 평탄작업이다(참조. 느 5장).

24. 개역개정은 이 부한 자와 가난한 자 순서를 뒤집어서 히브리어 원문대로 바로 잡았다.

25. '서로 마주치듯이 뒤섞여 살다'를 의미하는 파가쉬(נגש) 동사의 니팔 완료형 3인 칭 복수[니퍼가슈(נִפְגָּשׁוּ)] 형태다. '함께 살다'를 의미하기보다는 서로를 주목하 며 가깝게 붙어 산다는 것을 의미한다.

26. 딘(דִּין)은 재판이나 송사의 사정을 가리킨다.

주

41장. 두려워하지 말라, 내가 너를 굳세게 하리라

1. 체데크를 '의인'이라고 번역하는 것이 지나치다고 생각하는 사람은 '의'(義)를 불렀다고 번역해도 무방하다. 이사야 40-66장에서는 추상명사를 의인화시킨 사례가 뒤로 갈수록 자주 나온다. '평화'를 관원으로, 공의를 감독자로 세우시 는 하나님이시다.

2. 현재 맛소라 본문대로 읽으면 '굴복시키다', '항복시키다'를 의미하는 라다드 (רדד) 동사의 3인칭 단수 미완료형 '야르드'(יָרְדְּ)이다. 우리는 BHS 비평장치에 있는 것처럼 칠십인역과 심마쿠스역을 따라, '요리드'(יוֹרִיד)라고 읽는다(쿰란 이 사야 사본 1QIsᵃ도 마찬가지). 요리드는 '내려오다'를 의미하는 야라드(ירד)의 히 필 미완료 3인칭 남성 단수형이다. '왕좌에서 내려오게 하다'의 의미다. 라다드 로 읽든 야라드로 읽든 의미상에는 큰 차이가 없다.

3. 아마도 개역개정은 45:13, "내가 공의로 그를 일으킨지라"와 조화를 이루기 위 해 이처럼 번역한 것으로 보인다.

4. 44:28-45:6 고레스 명시적 언급; 46:11 고레스를 동쪽으로 오는 새로 은유; 48:14-16 야웨가 사랑하는 자로 명시.

5. 개역개정 3절의 하반절, "그의 발로 가 보지 못한 길을 안전히 지났나니"라는
    표현에 대해서는 어떤 주석가는 정복자가 너무 빨리 진격하기 때문에 아예 발
    을 딛지도 않고 지나가는 것을 과장법으로 묘사하는 것이라고 보기도 한다
    [Christopher R. North, *The Second Isaiah: Introduction, Translation and Commentary to
    Chapters XL-LV* (Eugene, OR.: Wipf and Stock Publishers, 1964), 9].

6. William Moran, "The Ancient Near Eastern Background of the Love of God
    in Deuteronomy," *Catholic Biblical Quarterly* 25 [1963], 77-87; Jacqueline
    E. Lapsley, "Feeling Our Way: Love for God in Deuteronomy," *Catholic
    Biblical Quarterly* 65/3 [July 2003], 350-369. 재클린 랩슬리의 논문은 윌리암
    모란의 논문을 업데이트한 논의를 담고 있으며 취지는 대동소이하다.

7. 원래 이 구원 신탁은 앗수르로 끌려간 북이스라엘 포로들에게 들려준 주전 8세
    기 이사야의 구원 신탁(사 11:10-16)이었을 가능성이 큰데, 주전 538년 전후
    의 소위 제2이사야가 바벨론 포로들에게 재사용했을 것이다[김회권, "예언서들:
    정경 그리고 성경신학," J. G. McConville 논문 논평, 「헤르메네이아 투데이」 23 (2002.
    12), 30-33]. 청중이 '야곱'이라는 점을 고려하면 이런 추정이 더욱 가능하다.
    이스라엘이나 야곱은 분열되기 전 열두 지파 이스라엘을 총칭하거나 북이스
    라엘 열 지파를 가리키는 용어들이다. 유다의 포로들에게 야곱이나 야곱의 자
    손이라고 부르는 것은 상상하기 힘들다.

8. '보다'를 의미하는 동사 샤아(שָׁעָה)의 강세재귀형(히트파엘형 2인칭 남성 미완료)
    으로 '낙담하다'는 의미다. 여기서 히트파엘형은 '반복적 성향'을 표현하는 것
    으로 볼 수 있다. 이스라엘이 '낙담하는 것'이 성향으로 자리 잡았음을 암시한
    다. 원래 히트파엘형은 티트샤아인데 알파벳 쉰(שׁ)과 타우(ת)가 자리를 교체하
    는 원리(metathesis)에 따라 티쉬타(תִּשְׁתָּע)로 변했다. 그런데 HALOT(p. 1671)
    은 이 동사를 '두려워하다'를 의미하는 샤타(שׁתע) 동사의 칼형으로 보고, 앞 소
    절의 알-티라와 대구를 이루는 것으로 읽을 것을 제안한다. '두려워하다'를 의
    미하는 샤타 동사가 등재되어 있지 않은 BDB 발간 이후에 발견된 우가릿 문
    서에서 유사한 동근어를 찾아 이런 주장을 펼친다. 어떻게 보든 10절의 의미
    가 크게 달라지지는 않는다.

9. 임마츠, 아자르, 타마크 세 동사는 모두 완료형인데 이것은 강하게 하는 행위,
    도와주는 행위, 붙드는 행위가 미래시점에 반드시 완료될 것을 확실하게 표
    현하는 완료용법이다. 주로 하나님의 약속을 묘사할 때 사용되는 완료용법
    인데 번역시 미래에 완료될 것을 강조하는 부사어들을 추가해야만 정확하게
    번역될 수 있다('결국', '끝내', '끝까지' 등)[A. B. Davidson and John Mauchline, *An
    Introductory Hebrew Grammar* (26th ed.; Edinburgh: T&T Clark, 1966), 193-195].

10. 아프(אַף)는 점층적 대구를 도입하는 부사어다. '더군다나', '게다가', '더욱이' 등

의 의미가 가미된 부사어다.

11. 15절 상반절의 히브리어 구문을 융통성 있게 이해한 결과다. 히브리어 문장을 음역하고 직역하면 이렇다. 힌네 삼티크 러모라그 하루츠 하다쉬 바알 피피요트(הִנֵּה שַׂמְתִּיךְ לְמוֹרַג חָרוּץ חָדָשׁ בַּעַל פִּיפִיּוֹת), '보라 내가 너(여성 단수)를 날카로운 타작기로 만들 것이다. 새로운 두 날의 소유자.' 이 소절의 마지막에 붙어있는 히브리어 하다쉬 바알 피피요트(חָדָשׁ בַּעַל פִּיפִיּוֹת)는 '새로운, 그리고 두 날의 주인'이라고 번역된다. BHS 본문에서 하다쉬(חָדָשׁ) 위에는 휴지 악센트 부호인 자켐카톤이 붙어있어 여기서 새롭게 끊어 읽어야 한다는 것을 의미한다. 그렇다면 하다쉬 바알 피피요트는 타작기가 얼마나 강력하고 위력적인지를 강조적으로 묘사하기 위해 타작기의 이가 한 번도 사용되지 않은 새 날인데다가 두 날이라는 사실을 강조하는 셈이다. 산들을 가루로 만들 정도로 강력한 새 양날을 가진 타작기라는 뜻이다. 개역개정의 "보라, 내가 너를 이가 날카로운 새 타작기로 삼으리니"라는 번역은 타작기의 이를 수식하는 '새로운'을 '타작기' 전체를 수식하는 형용사로 간주한다.

12. 23절의 넷째 소절의 첫 단어 뷔니쉬타아(וְנִשְׁתָּעָה)로 시작되는 마지막 두 절은 목적절로 해석되는 것이 더 낫다. 앞의 '아프-테티부 뷔타레우'[복을 내리든지 화를 내리라(אַף-תֵּיטִיבוּ וְתָרֵעוּ)]가 명령형의 의미를 담은 미완료이거나 초청명령(jussive, '할지어다'로 번역)이기 때문에 뒤따라오는 뷔접속사 미완료 문장은 목적 종속절('우리가 다같이 놀라고 볼 수 있도록')로 읽어야 한다. 개역개정은 마지막 소절의 동사 순서를 바꾸어 번역한다. 뷔니쉬타아(וְנִשְׁתָּעָה)와 뷔니르에(וְנִרְאֶה)는 우리가 '놀라고 그리고 볼 수 있도록'으로 번역되어야 한다. 문제는 뷔니쉬타아의 원형으로 추정되는 단어가 샤타(שׁתע)인데 여기 외에는 나타나지 않는 동사라는 사실이다. 그래서 BHS 비평장치는 이 문제를 두 가지로 해결하려고 한다. 첫째, '보다'를 의미하는 샤아(שׁאה) 동사의 히트파엘형이라고 본다(주 8 참고). 그래서 비평장치는 뷔니쉬트아(וְנִשְׁתָּעָה)로 고칠 것을 제안한다. 이렇게 고치면 '낙담 중에 쳐다볼 수 있도록'의 의미가 된다. 둘째 제안은 '당황하게 되다'를 의미하는 아랍어 동근어 샤티아(šati'a)에서 샤타 동사가 존재한다고 추정하는 것이다. 둘째 제안이 더 나아 보인다. 개역개정은 순서는 바꼈지만 이 둘째 제안을 따르는 것으로 보인다.

13. '택하다'를 의미하는 동사 바하르(בחר)의 3인칭 남성 단수 미완료형 이브하르(יִבְחַר)의 주어는 '너희의 행사'[파알켐(פָּעֳלְכֶם)]다.

14. 개역개정은 "너희를 택한 자는 가증하니라"고 번역하지만 마지막 소절의 히브리어 구문 '토에바 이브하르'(תּוֹעֵבָה יִבְחַר)는 해석하기가 다소 어렵다. 주어는 3인칭 남성 단수다. 토에바는 '가증한 대상'을 의미하는 3인칭 여성 단수다. 따라서 토에바가 주어가 될 수는 없다. 주어가 될 수 있는 후보는 '행위', '행사'를

주

의미하는 3인칭 남성 단수 명사인 포알(פעל) 밖에 없다. 그렇다면 '너희의 행위가 가증한 짓을 즐겨한다'라고 번역할 수 있다. 개역개정과는 의미상의 차이가 크지는 않다.

15. 성 아우구스티누스, 『하나님의 도성』, 조호연. 김종흡 역(고양: 크리스챤다이제스트, 2004) 2-7권에 나오는 로마의 여러 신들의 우상적 성격에 대한 논의를 참조하라. 또한 김회권, 『하나님의 도성. 그 빛과 그림자』(서울: 비아토르, 2018)의 2-7권에 대한 자세한 해설을 참조하라.

16. 까를로 까레토, 『도시의 광야』, 김윤주 역(서울: 분도출판사, 1980).

17. 김영한, 『안토니우스에서 베네딕트까지』(서울: 기독교학술원, 2011); 아달베르 함만, 『교부들의 길』, 이연학 역(서울: 성바오로, 2010).

18. 토니 캠폴로/메리 달링, 『친밀하신 하나님. 행동하시는 하나님』, 윤종석 역(서울: 복 있는 사람, 2004). 이 책의 주지는 하나님께 은밀하고 친밀하게 동행하는 성도는 반드시 하나님의 행동에도 동참해 세상과 광장으로 나오게 된다는 것이다. 이 진리를 예증한 성도들의 일화들을 소개한다.

19. 엄두섭, 『수도생활의 향기』(서울: 보이스사, 1989). 이 책은 한국의 소돔-고모라 친화적인 세속적 그리스도인들을 비판하는 경종이다.

20. 월터 윙크(Walter Wink)는 '어떤 폭력도 해방과 구원을 가져오지 못한다'는 신념으로 폭력이 하나님의 역사변혁적 수단으로 사용되는 상황에 대해 문제의식을 가진다. 요한계시록을 제외한 신약성경 어디에서도 폭력의 고귀한 사용을 정당화하지는 않는다. 윙크는 오늘날 대중문화, 정치, 국제관계 등의 모든 폭력숭배의 뿌리가 고대 바벨론 창조설화 「에누마 엘리쉬」라고 본다["The Myth of Redemptive Violence," *The Bible in Transmission: A Forum for Change in Church and Culture*, (Spring 1999), 1-4]. 산상수훈적 평화 이상과 구약의 이 도발적 상상력을 어떻게 상관시킬 것인가는 중요한 해석학적 과제다. 또 다른 한편 발터 벤야민(Walter Benjamin)은 불의한 공적인 법 체제(대개 신화에 근거한 법 체제)의 파괴적 폭력으로부터 인간의 존엄을 지켜내기 위한 '신적 폭력'(구체제를 전복하는 혁명적 폭력과 비혁명적 전통법 파괴폭력)의 불가피성을 제기한다. 그는 동시에 이 신적 폭력이 초래한 사회변동도 새로운 억압적 법으로 무장되지 않으면 안되는 악순환에 빠지는 역설적 현상을 지적한다. 그는 인간의 충돌하는 이익들을 불완전하게나마 조정하고 다루려면 폭력(법적 강제력)은 불가피하고 본다[Luis Guzmán, "Benjamin's Divine Violence: Unjustifiable Justice," *The New Centennial Review* 14/2(Fall 2014), 49-64]. 벤야민은 혁명적 폭력이건 대항적 폭력이건 상관없이 이 지상에서는 최소한의 정의를 구현하는 데도 폭력이 요청된다는 현실주의를 수용하는 것처럼 보인다. 그렇다고 그의 입장이 폭력숭배나 미화는 아니다. 그런데 예언자들은 이방의 정복군주들이 하나님의 세계심

판 대리자로 사용되는 것에 대해 기탄없이 솔직하다.

21. 김능우, "중세(中世) 아랍 시(詩)에 나타난 '몽골과 이슬람 세계와의 충돌'에 관한 연구: 13세기 초-15세기 초,"「韓國中東學會論叢」 28/2(2008), 163-194 (특히 166, 172).

22. 미로슬라브 볼프, 라이언 맥커닐린츠, 『행동하는 기독교. 어떻게 공적 신앙을 실천할 것인가』, 김명희 역(서울: IVP, 2017).

23. 장 지오노, 『나무를 심는 사람들』, 김경온 역(서울: 두레, 2005). 고독한 양치기 엘제아르 부피엘이 1차 세계대전이 끝난 후 어느 날 프랑스의 프로방스 지역 해발 1,000미터의 알프스 기슭에서 참나무를 30년 이상 심어 마침내 한 마을을 재생시키는 감동적인 이야기다. 이 이야기는 황량한 땅에 물을 끌어들이는 숲의 힘에 대한 상상력을 고취시킨다.

42장. 내 마음에 기뻐하는 나의 종을 보라

1. 사 53장에서 야웨의 종의 사역 때문에 뒤늦게 눈이 열린 '맹인 이스라엘'과 열방과 열왕 모두가, '이스라엘의 고난과 회복은 하나님 자신의 기획이었음'을 깨닫게 될 것이다.

2. BHS 비평장치에 따르면 칠십인역은 '보라' 뒤에 '야곱'을 병기하고 있으며 '내가 택한 사람' 앞에 '이스라엘'을 넣어두고 있다. 기독교 학자들은 야웨의 종의 노래를 이스라엘이 아니라 그리스도에게만 적용하려는 경향이 많은데, 이는 본문상의 지지를 받기 힘들다. '종'은 이상적으로는 이스라엘을 대표하는 바벨론 포로들을 가리키면서 궁극적으로 나사렛 예수를 가리킨다.

3. 김세윤, "이사야 42장과 바울의 소명,"『바울신학과 새 관점』(서울: 두란노, 2002), 176-177.

4. 중국의 유교경전 『주역(周易)』은 하나님의 비의한 역사변동 원리를 추구하고자 귀납적으로 더듬어가는 정신적 분투를 보여준다.

5. 예레미야 1:12에 따르면 하나님은 당신의 말씀이 역사 속에 효력을 나타내도록 감찰하신다[쇼케드(שֹׁקֵד)].

6. 실제로 고대 수메르 문명이 꽃피었던 니푸르, 우르, 우룩 등이 지금은 완전히 사막 같은 광야에 버려져 있다. 주전 30-24세기경, 즉 수메르 문명이 번성하던 시기에는 이 도시들은 티그리스강과 유프라테스강이 지나가던 길목에 위치하고 있어서 번성했으나, 두 강이 흘러가는 줄기가 오늘날처럼 바뀌는 바람에 지금은 버려진 땅에 폐허로 남게 되었다. 예언자는 여기서 자연조건의 변화를 주도하시는 하나님의 주권적 의지를 강조한다. 이런 상황에 비추어볼 때 15절

이 묘사하듯이 강이 흐르던 곳이 섬만 남는 육지가 되고 못들은 마른 땅이 될 수 있다.

7. 19절의 셋째 소절에 나오는 단어 '므슐람'(מְשֻׁלָּם)은 그 자체로는 뜻이 잘 통하지 않는 단어다. BDB(p. 1023)는 샬람[שָׁלַם ('평화롭다')] 동사의 푸알(강세수동) 남성 단수 분사형으로 보고 '평화의 언약 안에 있는 자'라고 해석한다. 존 오스왈트는 이 제안을 받아들인다[John N. Oswalt, *The Book of Isaiah*, vol. 2 (NICOT; Grand Rapids, MI.: Eerdmans, 1998), 128 n. 59]. 그러나 BHS의 제안대로 '보내다'를 의미하는 동사 샬라흐(שָׁלַח)의 푸알(강세수동) 남성 분사인 므슐라흐(מְשֻׁלָּח)에 1인칭 단수 접미어가 붙어 므슐라히(מְשֻׁלָּחִי='나의 보낸 자')로 고쳐 읽는 것이 더 낫다. 그러면 앞 소절의 말아키(מַלְאָכִי='내 사자')와도 좋은 대구를 이룬다.

8. BHS 비평장치의 자음본문은 '보다'라는 동사의 2인칭 완료 남성 단수형 라요트(רָאִיתָ)로 표기[더 정확한 읽기는 라이타(רָאִיתָ)]하지만, 케레(권고독법)는 부정사 절대형[라오트(רָאוֹת)]이다. 어떻게 읽든 의미상 큰 차이는 없지만 부정사 절대형 권고독법 라오트로 읽는다. 뒷소절의 '(귀를) 열다'를 의미하는 부정사 절대형 파코아흐와 시적 대구를 이룬다는 점에서 라오트 읽기가 더 낫다.

9. 히브리어 동사는 '지키다'를 의미하는 샤마르(שָׁמַר)이지만 이 단어는 여기서 '유의치 않다' 정도의 의미라고 간주된다[NIV: "but have paid no attention"(주의를 기울이지 않았다)].

10. 비평장치의 권고에 따라 뷔야디르(וְיַאְדִּיר)를 뷔야디레하[וְיַאְדִּירֶהָ('그것을 영화롭게 하다')]로 고쳐 읽는다.

11. 호림(חֹרִים)은 구덩이들을 가리킨다.

보설 1. '야웨의 종'이 누구인가?

1. 44:21-26도 약간 다른 의미의 종(예언자=주전 8세기 이사야)의 사명을 언급한다. 여기서는 '하나님의 계획만이 결국 성취된다'는 확신이 예루살렘의 중건과 관련하여 부각된다. 44:21 "야곱아, 이스라엘아, 이 일을 기억하라. 너는 내 종이니라. 내가 너를 지었으니 너는 내 종이니라. 이스라엘아, 너는 나에게 잊혀지지 아니하리라.…… 여호와께서 이 일을 행하셨으니…… 그의 종의 말을 세워 주며 그의 사자들의 계획을 성취하게 하며 예루살렘에 대하여는 이르기를 거기에 사람이 살리라 하며 유다 성읍들에 대하여는 중건될 것이라. 내가 그 황폐한 곳들을 복구시키리라 하며"(예루살렘, 유다 중건 예언).

2. Ivan Engnell, "The 'Ebed Yahweh Songs and the Suffering Messiah in

766

Deutero-Isaiah," *Bulletin of the John Rylands Library* 31/1(Jan. 1948), 54-96.
이반 엥그넬은 이사야 53장이 구약성서에서 단연코 가장 중요한 본문이라고
주장하며(73), 이 대속적 고난사상은 고대근동의 어떤 종교에서도 유비를 찾
기가 힘들다고 말한다.

3. 심지어 예수님은 이 네 편의 종의 노래 본문 외에 이사야 61:1-4을 자신에게
적용하여 다섯 본문 모두가 하나의 실재를 가리키는 것으로 해석할 가능성을
열어주셨다.

4. 사 53장의 고난받는 종의 정체성에 대한 다양한 해석들과 추가적인 논의들을
보려면 다음 세 책을 참조할 수 있다: Johannes Lindblom, *The Servant Songs
in Deutero-Isaiah; a New Attempt to Solve an Old Problem* (Lund : C. W. K.
Gleerup, 1951); Christopher R. North, *The Suffering Servant in Deutero-Isaiah:
an Historical and Critical Study* (London : Oxford University Press, 1956); Bernd
Janowski and Peter Stuhlmacher (eds)., *The Suffering Servant: Isaiah 53 in
Jewish and Christian Sources* (trans. Daniel P. Bailey; Grand Rapids, MI.: William
B. Eerdmans, 2004). 앞의 두 책은 이사야 53장에 대한 베른하르트 둠의 견해
(42, 49, 50, 53장을 제2이사야와 구분하여 독립된 자료로 취급)에서 크게 벗어나지
않는다. 마지막 책은 고난받는 종을 이스라엘로 보려는 유대교 학자들의 견해
와 그를 예수 그리스도와 곧바로 연관시키려는 기독교 학자들의 해석들을 비
교하는 데 유익하다.

주

43장. 나는 여호와라, 나 외에 구원자가 없느니라

1. 3절의 마지막 소절, 애굽, 구스, 스바의 대속물 처분 언급은 페르시아의 고레
스가 이스라엘 포로들에게 해방을 허락하고 애굽, 구스, 스바에 대해서 적대적
경계 자세를 유지했음을 암시하는 말로도 들릴 수 있다.

2. Gregory K. Beale, *We Become What We Worship: A Biblical Theology of Idolatry*
(Downers Grove, IL.: IVP Academic, 2008). 이 책은 2014년 한국어로 번역되었다
[『예배자인가 우상숭배자인가』, 김재영/성기문 역(서울: 새물결플러스, 2014)].

3. 스페인이나 프랑스에서 발견된 동굴벽화는 아무리 이른 시기로 잡아도 2만 년
전 이상의 고대유물일 수는 없다(알타미라, 라스코 동굴).

4. 함석헌이 1927년에 창간된 「성서조선」에 투고하기 시작한 글, '성서적 입장에
서 본 조선 역사' 칼럼은 조선의 역사를 하나님이 주신 고난 섭리라는 관점에
서 개관한 역사철학이다. 후에는 『뜻으로 본 한국역사』 (서울: 한길사, 2003)로
수정되어 출간되었다. 김구의 『백범일지』 또한 '우리나라 역사에 두신 하나님

의 뜻'을 성찰하는 데 유익하다. 역사의 주관자 하나님에 대한 신앙이 없는 곳에서는 모두 다 자기 민족을 영웅시하는 민족미화서사 밖에 더 이상 기대할 것이 없다. 52만 6천자의 한자로 쓰인 그 방대한 사마천의 『사기(史記)』도 이 세계를 상대로 중국(한나라)이 감당해야 할 사명담론을 제시하지 못한다.

5. 요나서는 이 진리를 회화적으로 묘사한다. 다시스로 가는 뱃길을 가로막은 거대한 폭풍의 원인과 목적을 알고 있는 요나 외에는 아무도(선장과 선주 포함) 폭풍을 진정시킬 해법을 제시하지 못한다. 처음에는 사공들이 각기 자신이 믿는 신들의 이름으로 기도하다가(욘 1:5) 마지막 순간에는 오로지 요나의 하나님 야웨의 이름으로 기도하게 된다(욘 1:14, 16).

6. 본서에서는 아노키 야웨, 아노키 아도나이를 호환한다. 야웨를 함부로 발음하지 않으려는 랍비들의 신명(神名) 경외전승 때문에 신명 대신 아도나이(Master, Lord)를 대신 사용한다.

7. 성서적 주장의 진리성 입증은 자연과학적 실험이나 관찰 등으로 이뤄지는 것이 아니라 '역사의 법정'에 제출되는 증언의 진실성과 설득력 정도에 따라 실현 여부가 결정된다고 보는 월터 브루그만(Walter Brueggemann)은 이 '증언'(advocacy) 비유를 이사야 40-66장에서 발견하고 있다[*Theology of the Old Testament: Testimony, Dispute, Advocacy* (Minneapolis, MN.: Fortress Press, 2005)]. 그는 성서 내에 있는 다양한 증언들(핵심 증언, 대항 증언, 이방인들의 증언, 육화된 증언)을 구분한다. 이 책은 하나님 관련 진리는 입증하는 것이 아니라 삶, 행동, 문화 등을 다 동원해 '증언'하고 '옹호'해야 할 진리라는 점을 잘 지적한다. 토마스 아퀴나스처럼 신 존재를 증명하려는 태도보다 하나님 나라의 가치를 옹호하는 행위가 포스트모던 시대에 더 효과적인 전도 전략이라는 것이다.

8. 김회권, 『하나님 나라 신학으로 읽는 모세오경』 (서울: 복 있는 사람, 2017), 789-790.

9. 그런데 BHS비평장치의 제안대로 '그들의 배들 안에서'를 의미하는 빠오니요트(בָּאֳנִיּוֹת)에 모음점을 약간 달리 찍으면 "애곡들로"를 의미하는 빠아니요트(בַּאֲנִיּוֹת)로 고쳐 읽을 수 있다. 이런 경우 넷째 소절은, '갈대아인들로 말하자면 그들의 즐거운 노래들은 애곡들로 (변하리라)'로 번역된다. 어떻게 번역하든 의미상의 차이는 크지 않다.

10. 이사야 쿰란 사본 1QIsaᵃ에서는 "길들"을 의미하는 나티보트(נתיבות)로 읽을 수 있음을 제안하나 굳이 그럴 필요가 없다. 둘 다 이 문맥에서는 가능하다.

11. 블렌킨숍도 같은 취지로 사 43:22-24을 해석한다[Joseph Blenkinsopp, *Isaiah 40-55* (ABC; New York, NY.: Doubleday, 2002), 231]. 그런데 일부 학자들은 22-24절이 바벨론 유배를 초래한 이전 시대의 죄악에 대한 단죄가 될 수 없는 이유를 들어 본서의 의견을 반박한다. 이들은 바벨론 유배를 초래한 죄악

은 부적절한 제의가 아니라 삶과 괴리된 과잉제의였다는 예언자들의 비난들 (사 1:11-14; 렘 6:20; 암 4:4-5, 5:21-23)을 고려해, 22-24절을 이스라엘의 종교 의식 자체의 무용성-시기와 상관없이-에 대한 비판이라고 본다. 독자들이 어 떤 것을 취하든지 본문의 의도를 파악하는 데는 혼란을 느끼지 않을 것이다(C. R. North, *Second Isaiah*, 127; R. Whybray, *Isaiah 40-66*, 91).

12. HALOT(p. 590)에 따르면 멀리체카(네 교사들)는 신정통치의 대리자들(선지자 들, 제사장들, 왕들)을 통칭하는 단어다. 이들은 일반 백성 앞에서는 교사이지만, 또한 하나님을 비방하는 자들로 단죄 받았다. NASB는 'your spokesmen'(네 대변자들)이라고 번역한다. 어떻게 번역하든 이 절의 대지에는 변함이 없다.

44장. 우상을 비웃으시는 이스라엘의 창조자요 구속자인 야웨 하나님

1. BHS 비평장치의 제안대로 5절의 둘째 소절의 이크라(칼형 3인칭 미완료, '그가 부를 것이다')를 니팔형(수동) 미완료로 고쳐 읽어야 한다(심마쿠스 역본). 이런 경우에 이크라(יִקְרָא)는 익카레(יִקָּרֵא)가 된다. '야곱의 이름으로 불리게 될 것이 다.' 바벨론 포로들이 이스라엘 열두 지파의 대표자가 되고 그들이 이스라엘/ 야곱의 명실상부한 후손이 된다는 것이다. 4-5절은 바벨론 유배 이후에 편찬 된 모든 예언서의 주 청중이 모두 '이스라엘'로 바뀌게 된 과정을 추정하는 데 도움이 된다(이사야, 예레미야, 에스겔의 주 청중이 모두 '이스라엘'이다).

2. 5절의 넷째 소절에 나오는 마지막 동사 여칸네(피엘, '칭호를 갖는다')는 BHS 비 평장치의 제안에 따라 여쿤네(푸알, '칭하여 질 것이다')으로 고쳐 읽어야 한다(시 리아역, 타르굼, 불가타 역 모두 푸알형으로 수정한다).

3. 7절의 셋째 소절을 음역하고 직역하면 이렇다. 미쑤미 암-올람. 뷔오티요트 (מִשּׂוּמִי עַם-עוֹלָם וְאֹתִיּוֹת), '내가 영원의 백성을 세운 후부터. 그리고 장차 올 일들.' 올람에 악센트인 아트나 부호가 붙어 있어서 일단 여기서 문장이 끝나야 한 다. 미쑤미 암-올람과 뷔오티요트는 다른 의미 단락을 구성한다는 것이다. 고 대 역본들이나 사본들이 이 어색한 맛소라 본문을 수정하려고 시도하지 않았 지만, 우리는 BHS 비평장치의 권고대로 다음과 같이 고쳐 읽는 것이 더 낫다 고 본다. 고친 본문을 음역하면 이렇다: 미 히쉬미아 메올람 오티요트(מִי הִשְׁמִיעַ מֵעוֹלָם אֹתִיּוֹת), '누가 처음부터 장차 올 일을 듣게 하였는가?' 하지만 의미상의 큰 차이가 없기에 독자들의 혼란을 최소화하기 위해 어색한 맛소라 본문을 그 대로 받는다.

4. 개역개정이 '겁내지 말라'고 번역한 맛소라 본문은 알-티르후(אַל-תִּרְהוּ)다. HALOT(p. 437)은 이 단어의 어근을 아랍어 동근어(wariha)에서 찾아 야라흐

주

(יהר)라는 동사를 상정한다. 그 뜻은 '어안이 벙벙해지다'라는 의미다. 쿰란 이사야 전질사본(1QIsaᵃ)처럼 티르우(תיראו)라는 단어가 부식되어 생긴 현상이라고 보는 게 좋다. 맛소라 본문의 알-티르후는 알-티르우의 부식 결과라는 것이다.

5. 아크로이드, 『이스라엘의 포로와 회복』, 71-72.

6. Trevin Wax, *This is Our Time* (Nashville, TN.: B&H Publishing Group, 2017), 15-41. 이 책은 2019년 한국어로 번역되었다. [트레빈 왁스, 『디스 이즈 아워 타임』, 김희권 역(서울: 한국장로교출판사, 2019)].

7. 25절의 "헛된 말을 하는 자들"로 번역된 히브리어는 바딤(בַּדִּים)(BDB, p, 95 III)인데 여기 외에 구약에 네 차례 나오는 말이다(욥 11:3; 사 16:6; 렘 48:30; 50:36). 이 바딤은 고대 메소포타미아의 점쟁이를 의미하는 아카드어 마르 바리(mār bāri)의 복수형 바림(bārim)과 닮아보인다. 바리는 메소포타미아의 대표적인 영적 중개인 사제들인 바루(baru-priests)를 생각나게 한다[R. R. Wilson, *Prophecy and Society in Ancient Israel* (Philadelphia, PA.: Fortress, 1975), 93-98]. 오스왈트는 여기서 한 걸음 더 나가 이사야서가 아카드어 바루를 조롱하기 위해 어희수사법을 구사했다고 보는데 다소 무리한 추측으로 보인다(*Isaiah 2*, 189, n. 79).

8. 여기서 말하는 아차트(עֲצָת)는 에차(עֵצָה)의 복수형으로서 그동안 예언자들에게 의해 선포된 하나님의 역사 기획과 계획들을 총칭하는 말이다(HALOT, p. 867). 대표적인 하나님의 에차는 사 46:10에 언급된다.

9. 고레스 칙령이 반포된 이후에도 니푸르(Nippur) 근처의 바벨론에 남아 경제적으로 터를 잡은 유대인들 800명의 이름을 가진 무라슈 문서가 19세기 말에 펜실베니아 대학 발굴팀에 의해 발견되었다. 이 문서는 두 가지 정보를 준다. 첫째, 유대인들 중 경제적으로 자리를 잡았거나 바벨론 사람들과 사업거래를 튼 사람들은 초기 가나안 귀환대열에 동참하지 않았다. 둘째, 주전 5세기 중반 경에는 바벨론 잔류 유대인들은 상당히 성공해서 에스라-느헤미야의 포로귀환 때에 모종의 재정지원을 제공했을 가능성이 있다[William W. Hallo, David B. Ruderman, and Michael Stanislawski eds., *Heritage: Civilization and the Jews: Source Reader* (New York: Praeger, 1984), 48-49].

10. Beale, 위의 책, 11.

11. Beale, 위의 책, 16.

12. Beale, 위의 책, 41.

13. Beale, 위의 책, 52.

14. 그레고리 K. 비일, 『예배자인가 우상숭배자인가』, 김재영, 성기문 역(서울: 새물결플러스, 2014), 425.

15. Beale, *We Become What We Worship*, 72.

45장. 창조의 하나님, 구속의 하나님

1. Leo G. Perdue, Warren Carter, *Israel and Empire*, Coleman A. Baker ed. (London et al.: Bloomsbury, 2015), 97-98.

2. 고레스 칙령을 담은 원통형 실린더에 실린 바벨론 신 마르둑의 포고문과 이사야 41:2, 25, 44:24-45:13의 언어가 유사한 점을 드러낸다. 바벨론의 마지막 왕 나보니두스의 '달신 숭배'로 나보니두스를 내치기로 한 마르둑은 고레스에 대해 다음과 같이 말한다. "(마르둑) 안샨의 왕 고레스의 이름을 불렀고 그를 세계의 통치자라고 선언했다······ 마르둑은 그의 행동들과 그의 의로운 마음을 기쁨으로 바라보았다. 그러므로 그로 하여금 그의 도성 바벨론을 향해 진군하도록 명령했다"(*ANET*, The Cyrus Cylinder, 315-316).

3. "험한 곳"이라고 번역된 히브리어는 하두림(הֲדוּרִים)인데 '영화롭다', '화려하게 장식하다', '솟아오르다' 등을 의미하는 히브리어 하다르의 칼 수동 분사 남성 복수형이다. '화려하게 솟아오른 것들' 정도의 의미다. 화려하게 솟아오른 탑들이나 건축물들을 가리키는 말로 이해하면 현재 맥락에 어느 정도 잘 어울리는 말이다. 그런데 '험한 곳'이라고 번역한 개역개정은 아무래도 의심스럽다. 물론 BDB가 이 단어의 의미영역 중 하나로 험한 곳(crooked place)이라는 뜻을 추가해 두었으나 하두림에서 '험한 곳'이라는 의미가 어떻게 도출되는지에 대한 설명은 제공하지 않는다. 오히려 BHS 비평장치의 권고에 따라 '산'을 의미하는 히브리어 하르(הַר)의 중복 복수형 하라림(הֲרָרִים, '산들')으로 고쳐 읽으면 문맥상 잘 들어맞는다. 우리는 하두림이 '험한 곳' 대신에 '높이 솟아오른 건물들', 즉 나라의 명예를 드높일 정도의 신전 등을 가리킨다고 본다. 하나님이 높이 솟아오른 건축물들을 파괴해 평지가 되게 하신다는 의미다(사 2:12-23).

4. 요한계시록 14장에 어린양의 인을 맞은 14만4천 명이 이 전설을 의식하는 것처럼 보인다.

5. 존 브라이트는 바벨론 잔류파가 바벨론에 적응을 잘해 부유해진 사람들이라고 판단한다(위의 책, 190-192).

6. 아크로이드, 『이스라엘의 포로와 회복』, 71-72.

7. 아크로이드, 위의 책, 71.

8. 아브라함 요슈아 헤셸, 『예언자들』, 이현주 역(서울: 삼인, 2008), 370.

9. 이런 정복군주들이 과연 모든 정복전쟁에서 하나님께서 세계만민에게 공의를 베풀기 위해 세운 종의 역할을 했다고 볼 수 있는지는 논란의 여지가 있다. 예컨대 칭기스칸과 그의 휘하 장군들이 이사야가 칭찬하는 고레스급 세계 심판자들이었다고 보기 힘들 정도로 잔인한 약탈을 일삼기도 했기 때문이다. 그러나 이런 정복군주들과 그 부하들은 자신들도 모르는 사이에 세계만민에 대한

주

하나님의 심판을 대리하는 역할을 맡았을 수도 있다. 이런 섭리를 인정한다고 해서 우리가 모든 잔인한 정복자들의 탐욕에 찬 정복과 약탈을 정당화하거나 미화해서는 안 된다.

46장. 하나님의 기뻐하신 뜻이 이뤄지리라

1. 벨은 수메르의 최고신 엔릴(Enlil) 휘하의 신이었다가 나중에 마르둑 계보로 편입되어 마르둑의 두 번째 이름이 되었다(HALOT, p. 132).

2. John Goldingay, *The Message of Isaiah 40-55* (London et al.: T&T Clark International, 2005), 302.

3. 일부 학자들은 주전 540년경 제2이사야가 바벨론 제국의 마지막 왕인 나보니두스가 오랜만에 민심을 수습하기 위해 그동안 폐지했던 바벨론 신년 축제 때에 여러 지방 신전에 안치되었던 신상들을 수레에 실어 바벨론 중앙 신전으로 운반하는 모습을 목격하고 진술한 장면이라고 보기도 한다(오택현, "제2이사야와 신명기 역사에 반영된 바벨론 제국의 상황," 413-414).

4. 히트오샤슈(הִתְאֹשָׁשׁוּ)는 '남자'를 의미하는 단어 이쉬(אִישׁ)에서 파생된 동사인 아샤쉬(אשׁשׁ)의 히트폴렐형이다(HALOT, p. 100). 히트폴렐형으로 사용될 때 이 동사는 '용기를 내다', '남자답게 행동하다'라는 의미를 갖는다. 앞의 명령형 동사 즈카루 뒤에 오는 등위접속사절은 목적절로 번역해야 한다. '이것을 기억하라 너희가 대장부처럼 행동할 수 있도록'이라는 의미다.

5. 포쉬임(פֹּשְׁעִים)은 '반역하다'를 의미하는 동사 파샤(פָּשַׁע)의 남성 능동 복수 분사형이다.

6. 이사야에서 '에차'가 사용되는 대표적인 구절들은 다음과 같다: 7:5; 8:10; 9:5; 11:2; 14:24-27; 19:17; 28:29; 29:15; 30:1; 46:10.

47장. 하나님에 대항하는 교만의 화신 바벨론아, 흑암으로 들어가라

1. '아무리 무수한 주술과 많은 주문을 빌릴지라도'라고 번역된 히브리어 구문(9절)은 쁘롭 커샤파이크 쁘오츠마트 하바라이크 므오드(בְּרֹב כְּשָׁפַיִךְ בְּעָצְמַת חֲבָרַיִךְ מְאֹד)다. 전치사 쁘(בְּ)는 두 경우 모두에서 '그럼에도 불구하고'의 의미를 갖는다(BDB p. 90 III.7). 12절에는 두 명사의 어순이 바뀐 채 사용된다[바하바라이크 우브롭 커샤파이크(בַּחֲבָרַיִךְ וּבְרֹב כְּשָׁפַיִךְ)].

2. BDB, p. 1005. HALOT은 샤하드라는 동사가 재앙을 미리 막아내는 제

772

의 행위를 가리킨다고 말하며, 샤하르를 샤하드로 고쳐 읽을 것을 제안한다 (HALOT, p. 1466).

3. 강승일, "고대 메소포타미아의 점성술과 구약성경에 나타나는 그 흔적들,"「서양고대사연구」29 (2011년 12), 7-33(특히 14).

4. "기록된 글자는 이것이니 곧 메네 메네 데겔 우바르신이라. 그 글을 해석하건대 메네는 하나님이 이미 왕의 나라의 시대를 세어서 그것을 끝나게 하셨다 함이요 데겔은 왕을 저울에 달아 보니 부족함이 보였다 함이요 베레스는 왕의 나라가 나뉘어서 메대와 바사 사람에게 준 바 되었다 함이니이다 하니"(단 5:25-28).

5. 64절의 '나의 재난' 구절은 60절의 '바벨론에 닥칠 모든 재난'[콜-하라 아쉐르 타보 엘-바벨(כָּל-הָרָעָה אֲשֶׁר-תָּבוֹא אֶל-בָּבֶל)]과 호응한다. 그런데 64절의 개역개정 번역인 "바벨론이 나의 재난 때문에 이같이 몰락하여"는 원문의 뜻을 다소 희미하게 한다. "나의 재난"이라고 번역된 히브리어 구문은 '내가 그녀를 쳐서 초래하는 재난'[하라아 아쉐르 아노키 메비 알레하(הָרָעָה אֲשֶׁר אָנֹכִי מֵבִיא עָלֶיהָ)]으로 번역될 수 있다.

48장. 바벨론에서 나와서 갈대아인들을 피하라

주

1. 이사야 61장에 등장하는 "나"와 어떤 관계가 있는지는 더 자세한 연구가 필요한 문제다.

2. 개역개정은 현재 맛소라 히브리어 본문을 취하지 않고 BHS 비평장치의 제안대로 수정된 본문을 취한다. 현재 히브리어 밈메 여후다(מִמֵּי יְהוּדָה)를 그대로 두면 '유다의 물들로부터'로 번역해야 한다. 이대로 두면 말이 잘 통하지 않는다. 그래서 BHS 비평장치는 밈메(מִמֵּי)를 밈므에(מִמְּעֵי)로 수정한다. 밈므에 여후다는 '유다의 내장들로부터' 혹은 '유다의 허리로부터' 정도의 의미가 된다.

3. 10절의 둘째 소절의 히브리어는 '나는 너를 선택했다'를 의미하는 쁘하르티카(בְּחַרְתִּיךָ)다. 이 경우 첫째 소절의 '연단하다'는 동사와 대구가 이뤄지지 않는다. BHS 비평장치가 보여주듯이 쿰란 이사야 전질사본(1QIsaᵃ)은 '나는 너를 시험했다'를 의미하는 빠한티카(בחנתיכה)로 읽는다. 이렇게 수정하는 것이 더 낫지만 현재의 맛소라 본문을 그대로 유지해도 말이 전혀 되지 않는 것은 아니기 때문에 개역개정을 따르기로 한다.

4. 16절의 '나'를 14-15절에서 하나님의 동역자로 언급되는 고레스를 가리키는 말로 이해하려는 일부 주석가들의 견해는 받아들이기 힘들다. 야웨께서 고레스에게 당신의 영을 보내셨다고 보는 견해는 이사야 40-66장의 신학적 상상

력의 경계를 뛰어넘는 상상으로 보인다.

5. 이사야 50:4-5은 아무리 가르쳐도 귀가 열리지 않는 이스라엘 대다수와 달리 야웨의 종은 '야웨께 귀를 열고 배우는 자'로 소개한다. 야웨의 종은 48:17-18에 나오는 불량 제자들과는 전혀 다르다.

6. 외경 「토빗」, 「벨과 용」, 「수산나 이야기」, 그리고 구약성경의 「에스더」, 「느헤미야」, 「에스라」 등을 보면 바벨론 제국과 페르시아 제국의 전환기를 거치면서 신앙을 유지하는 소수의 남은 자들이 있었음을 짐작할 수 있다. 주후 4세기 이후부터 결집되었을 가능성이 큰 「바벨론 탈무드」를 볼 때 유다의 포로 후손들은 나름대로 야웨 하나님에 대한 유일신 신앙을 보존하는 데 열정을 가졌다는 점 또한 인정된다.

7. 창세기 11:1-9의 바벨탑 붕괴사건은 렘 50-51장, 사 13-14장, 46-48장, 단 2-5장에 나오는 바벨론 제국 멸망 충격의 과거투사적 기록으로 볼 수 있다. 렘 51:53("가령 바벨론이 하늘까지 솟아오른다 하자. 높은 곳에 있는 피난처를 요새로 삼더라도 멸망시킬 자가 내게로부터 그들에게 임하리라")과 사 14:13-14("내가 하늘에 올라 하나님의 뭇 별 위에 내 자리를 높이리라. 내가 북극 집회의 산 위에 앉으리라.……가장 높은 구름에 올라가 지극히 높은 이와 같아지리라")은 창 11:4("그 탑 꼭대기를 하늘에 닿게 하여 우리 이름을 내고")에 투사되어 있다. 시날 평지의 바벨탑(창 11:2)은 느부갓네살이 두라 평지에 세운 금신상을 예기케 한다(단 3:1).

49장. 이방의 빛 이스라엘

1. 현재 맛소라 본문, 리브조-네페쉬(לִבְזֹה־נֶפֶשׁ)는 '사람을 멸시하는 자' 혹은 '생명을 멸시하는 자'의 의미를 갖는다. 고난을 심하게 받아 사는 것 자체를 멸시하는 자가 된 사람을 가리키는 말이다. 그런데 개역개정은 BHS 비평장치의 제안에 따라 쿰란 이사야 사본(1QIsa^a)과 같이 리브조-네페쉬를 리버주이-네페쉬(לִבְזוּי־נֶפֶשׁ)라고 고친다. 이런 경우 '사람에게 멸시를 당한 자'라는 뜻을 가진다.

2. BHS 비평장치의 제안에 따라 피엘 분사형인 머타엡('멸시하는 자')도 문맥에 맞지 않기 때문에 푸알(강세수동형)로 수정하는 것이 낫다. 개역개정도 이 수정 제안을 받아들였다. 이런 경우 리머타엡(לִמְתָעֵב)은 리머토압[לִמְתֹעָב('멸시를 받는 자에게')]으로 수정되어야 한다.

3. 쿰란 이사야서 사본은 시님을 시닌("Syene")으로 읽는데 이 경우 오늘날의 이집트 아스완 근처를 가리키는 지역이다. NRSV도 이런 입장(Syene)을 취한다. 이런 경우 바벨론 포로들과 정치적으로 대척점에 섰던 유다 지배층들이 피신했다

774

가 다시 돌아와 바벨론 귀환포로들과 하나가 되는 미래상을 제시하는 셈이다.

4. 개역개정은 히브리어 본문 차디크[צַדִּיק(의인)]를 난외주에서 '의인'이라고 따로 번역해 두고 정작 본문에서는 '승리자'라고 번역한다. 그런데 차디크는 결코 승리자를 의미할 수 없다. 현재 히브리어 본문으로는 맥락이 성립되지 않는 상황이다. 그래서 BHS 비평장치는 쿰란 이사야 사본, 시리아역, 불가타역 등을 참조해서 25절의 둘째 소절에도 나오는 '두려운 자'라고 번역된 히브리어 아리츠(עָרִיץ)로 고쳐 읽을 것을 제안한다. 그러면 24절의 첫 두 소절은 이렇게 번역된다. '용사가 빼앗은 것을 어떻게 도로 빼앗으며 두려운 자에게 사로잡힌 자들이 어떻게 풀려날 수 있을까?'

50장. 굴욕적 고난 가운데에서도 순종하는 야웨의 종

1. '돕다', '지탱시키다'를 의미하는 히브리어 우트(עוּת)는 여기에서만 사용된다 (BDB, p. 736). BHS 비평장치는 '목양하다'를 의미하는 리르오트(לִרְעוֹת)로 수정할 것을 제안하는데 굳이 그럴 필요가 없다. 맛소라 본문을 그대로 취한다.

2. 또 다른 한편 이사야 9:18-20은 불꽃의 인도를 받는 자들을 묘사한다. "대저 악행은 불 타오르는 것 같으니 곧 찔레와 가시를 삼키며 빽빽한 수풀을 살라 연기가 위로 올라가게 함과 같은 것이라. 만군의 여호와의 진노로 말미암아 이 땅이 불타리니 백성은 불에 섶과 같을 것이라. 사람이 자기의 형제를 아끼지 아니하며 오른쪽으로 움킬지라도 주리고 왼쪽으로 먹을지라도 배부르지 못하여 각각 자기 팔의 고기를 먹을 것이며." 여기서 불에 타는 이미지가 부각된다. 이 불의 이미지는 빛이 없는 사람들과 대조된다. 불타는 자들은 스스로 불꽃 같은 발광체 역할을 하려고 하며 자구책을 찾는 사람들이다.

51장. 진노의 잔을 다 마신 예루살렘이여, 깰지어다, 일어설지어다

1. 개역개정은 대개 히브리어 미쉬파트를 정의, 체데크(츠다카)를 공의라고 번역하는데 여기서는 그 원칙이 다 무너진 채 매우 혼란스럽게 번역된다. 참고로 개역개정 이전의 개역한글은 대체로 미쉬파트를 공평, 혹은 공도로, 체데크(츠다카)를 의라고 번역했다. 개역한글 구분이 좀 더 원어에 가깝다.

2. 머누다흐(מְנֻדָּח)는 '강한 바람에 흩날려 흩어지는 상황'을 묘사하는 나다흐 (נָדָח)의 강세수동(푸알) 남성 단수 분사형이다. 8:22은 북이스라엘 중 앗수르로 유배된 사람들을 가리킨다(주로 요단 동편 지파들과 스불론, 납달리, 갈릴리 일대

유력자들이 앗수르로 잡혀갔고 그들도 바벨론 포로들의 귀환 때에 함께 돌아왔을 수도 있다(49:12 "어떤 사람은…… 시님 땅에서 오리라").

3. 사 5:7, 16와 28:17 등 대부분 미쉬파트를 '정의'로 '체데크/츠다카'를 '공의'로 번역한다.

4. 아데미 여신 숭배로 10만 명이 부유한 생업을 유지하던 에베소는 바울의 하나님 나라 복음을 극렬하게 대적한다. 고대 에베소에서 아데미 여신숭배는 화폐 제조, 수공업 길드, 상업유통, 정치, 문화 등 모든 영역을 지배하고 관장했다.

5. 바벨론 창조설화인 「에누마 엘리쉬」에 나오는 얍수, 티아맛과 그의 조력자 킹구 같은 신들이 창조주 마르둑 신이 패퇴시키는 적수들이다[Jon D. Levenson, *Creation and the Persistence of Evil* (Princeton, NJ.: Princeton University Press, 1988) 14-20(특히 20)].

6. 창 1:9은 욥기 38:10-11에 나오는 '물들'에 대한 하나님의 2인칭 명령 문장을 3인칭 간접 명령(jussive)으로 바꾸어 표현하고 있다. '하늘들 아래의 물들을 한 곳으로 가두는 창조사역'을 말하는 맛소라 본문의 창 1:9 첫 소절은 '할지어다'로 번역될 수 있는 간접 명령문이다.

7. 이 문제에 관한 종합적인 연구서는 Nick Wyatt, *Myths of Power: a Study of Royal Myth and Ideology in Ugaritic and Biblical Tradition* (Münster: Ugarit-Verlag, 1996)이다.

8. 히브리어 구문에서는 아노키가 두 번 나온다. 서기관의 필사과정에서 생긴 오류처럼 보인다.

9. 16절의 청중 2인칭 단수는 이상화된 이스라엘(바벨론 포로들), 즉 야웨의 종을 가리킨다. 야웨의 종은 하나님의 출바벨론 출갈대아 계획을 알고 공감하며 그것을 동포들에게 확신시켜야 할 사명을 띠고 있다. 그 이상화된 이스라엘, 즉 야웨의 종은 시온에게 '너는 내 백성이다'라는 하나님의 메시지를 전해야 한다. 1-15절의 청중이 다소 비판적인 분위기 속에서 야웨의 신탁을 듣고는 있지만, 이 청중이 16절이 상정하는 청중이기도 하다.

10. 예레미야애가가 예외에 속한다.

11. 아버지 세대의 우상숭배로 인해 자녀세대가 당하는 영적 피해를 묘사한 아모스 8:11-14에 대한 자세한 논의를 보려면 김회권, 『청년설교 4』(서울: 복 있는 사람, 2019), 15-22을 참조하라.

52장. 시온이여, 깰지어다, 깰지어다

1. "받들어 높이 들려서"라고 번역된 히브리어 야룸(יָרוּם)은 시적 음률(음보, meter)

을 깨는 불필요한 추가물처럼 보인다. 아마도 사 6:1의 람 뷔니싸(וְנִשָּׂא רָם), '높이 들린'(하나님의 보좌를 수식하는 말)에 영향을 받은 서기관의 추가처럼 보인다.

2. 맛소라 본문과는 달리 2개의 중세 사본, 시리아역, 타르굼과 같이 3인칭 단수 남성 접미사로 읽는 것이 더욱 적당할 것이다(14절을 보라).

3. 미쉬하트(מִשְׁחַת)는 구체적인 상태를 표현하는 형용사(abstractum pro concreto)로 사용되는 추상명사이며, 여기서는 '망가짐'(corruption)을 의미한다(BDB, p. 1007-8).

4. BHS는 이 절 전체를 53:2 뒤로 배치하는 것을 권고한다.

5. 에른스트 빌헬름 헹스텐베르크(E. W. Hengstenberg) 등 많은 주석가들은 삽입 어구로 처리한다[*Christology of the Old Testament, and a Commentary on the Messianic Predictions* (Edinburgh: T&T Clark, 1970), vol. 1, 580]. E.W.헹스텐베르크, 『구약의 기독론』, 원광연 역(고양: 크리스찬다이제스트, 1998).

6. 동사 나자(נָזָה)의 히필형[야제(יַזֶּה)]은 '뿌리다'(피나 물)라는 의미로 사용된다. 이런 경우 '그가 많은 열방에게 (피) 뿌리다'(참조. 레 4:6; 9-10)라는 의미로 사용될 수 있다(Peshitta와 Vulgate의 번역). 이렇게 '뿌리다'라고 번역하면 앞의 소절(삽입절 바로 앞)과 시적 병행관계를 깨뜨린다. BHS 비평장치는 칠십인역을 따라 "많은 열방"을 주어로 읽으라고 제안한다. 이런 경우 야제(יַזֶּה)를 이주(יָזֻר) 혹은 이르거주(וְיִרְגְּזוּ)로 고쳐 읽어야 한다. 어떤 번역도 불충분하다. 하지만 개역개정이나 NIV처럼 '그가'를 주어로 삼아 '그가 많은 열방을 놀라게 하리라'로도 읽을 수 있다. 다만 15절의 키 접속사절의 첫 단어인 야제(יַזֶּה)는 나자 동사의 히필형으로 간주되어 "뿌리다"로 번역하는 경우 고난의 종이 자신의 피를 열방에게 뿌리는 제사장적 면모를 상상해보는 것이 가능하다.

53장. 그가 찔림은 우리의 허물을 인함이요-고난받는 종의 노래

1. 53장의 주석은 2003년 10월호 「개혁신학」에 실린 아래 논문("예수의 역사적 실재성과 그 의미: 구약신학의 관점에서," 36-64쪽)을 수정증보하되, 중요한 몇 군데를 수정한 글이다. 이 개혁신학의 논문을 목회자용으로 각주 없이 축약한 원고가 두란노 『HOW주석 24 이사야2』에 실렸음을 밝힌다. 본 주석서의 53장 주석은, "우리"의 정체성, "고난받는 종이 고난받는 이유", 그리고 53장에 대한 유대교의 해석과 기독교의 해석의 차이 등에 대한 논의를 새롭게 보완했다.

2. 일단 편의상 우리는 본문을 이사야 40-55장의 맥락에서 연구할 것이다. 40-55장의 청중은 바벨론에 있는 사람들이거나 적어도 가나안에 안정되게 정착하기 이전 단계의 바벨론 포로들이다. 56-66장은 다시 가나안에 정착한

사람들을 청중으로 전제한다. 그들은 이미 중건된 성전에서 희생제사를 드리고 있다. 56장은 안식일의 바른 준수를 언급한다. 폴 핸슨은 그들이 에스라-느헤미야 시대(주전 450년경)보다 앞선 시기의 청중일 것이라고 추측한다[Paul D. Hanson, *The Dawn of Apocalyptic: The Historical and Sociological Roots of Jewish Apocalyptic Eschatology*, (Philadelphia, PA: Fortress Press, 1979), 32-45].

3. 화자는 이제까지 야웨의 종을 통하여 선포된 예언을 들었지만 순종하지 않았던 하나님의 백성들, 참회하는 백성들을 가리킨다.

4. BHS의 제안대로 일인칭 복수 접미사로 읽는다.

5. 하달 이쉼(חֲדַל אִישִׁים)을 직역하면 '사람들 중의 한 사람이기를 그치는'(참조. 시 39:5) 정도의 의미다.

6. 개역개정에서 "질고를 아는 자"로 번역된 히브리어 여두아 홀리(יְדוּעַ חֹלִי)는 '질고에 익숙한 자'라는 뜻에 가깝다. 여두아는 '알다'를 의미하는 히브리어 야다(יָדַע) 남성 단수 수동 분사형이다. '무엇 무엇에 익숙하게 된' 이라는 뜻이다. 질고를 몸에 달고 다닐 만큼 늘 고통에 시달리는 자를 의미한다.

7. 여기서 말하는 '질고'(疾故)는 손상된 몸 전신에 퍼진 파생된 고통을 의미한다 (왕상 22:34; 렘 6:7; 10:19).

8. 마쓰테르(מַסְתֵּר)는 동사적 실사(substantivum verbale)로서 '감춤'을 의미한다.

9. 4c절과 5a절은 인칭대명사의 강조적 표현에 의하여 대구를 이룬다: '우리들이 야말로 생각하였다. 그러나 그는.'

10. '징벌'이라고 번역된 무싸르(מוּסָר)는 징계(chastisement)를 의미하지 않고 응보적인 징벌을 의미한다(Hengstenberg, 위의 책, 594).

11. '치료하다'라는 히브리어 동사 라파(רָפָא)와 전치사 러(לְ)가 연결되어 사용된 경우는 이사야 6:10과 여기 밖에 없다(여기서는 니팔형 단순 과거).

12. 앞의 시제들 대부분은 단순 과거형(preterite) 시제를 사용하는데 왜 여기서는 미완료 시제 이프타흐(יִפְתַּח)를 사용하는지에 대하여 학자들 사이에 논란이 있어 왔다. 야웨의 종의 항속적인 고난을 영원한 현재형(히브리어에서는 미완료)으로 표현하고자 하는 의도가 반영되어 있을 것이다.

13. 이 구절은 7b절의 중복오사(dittography: 한 번 쓴 것을 다시 한 번 쓰는 서기관의 실수)의 결과처럼 보인다(참조. BHS). 음률상, 내용상 이 구절은 여기서 필요 없다.

14. 오체르(עֹצֶר)는 '옥죄임', '억압'을 의미하는데 뒤에 나오는 미쉬파트(מִשְׁפָּט)를 수식하는(즉 어떤 재판인지를 규정) 말로 해석한다. 즉 형식은 '재판'인데 내용상 억압적 재판이라는 것이다.

15. 맛소라 본문의 '내 백성'이라는 읽기보다는 BHS의 제안대로 '그들의 패역한 죄악'으로 읽는다. '내 백성'[암미(עַמִּי)]은 밉페샤(מִפֶּשַׁע)의 어미로 읽혀야 한다.

16. 라모(לָמוֹ)를 3인칭 남성 단수어미(to him)로 보는 학자와 라헴(3인칭 복수 어미,

to them)의 시적 변이형이라고 보는 학자들로 나뉜다. 여기서 우리는 내용상 단수로 볼 수밖에 없다(비슷한 경우로 신 33:2; 참조. 사 44:15)

17. 흔히 전치사로 사용되는 알(עַל)이 여기서는 양보접속사(BDB, p. 752; GKC 160c) 혹은 이유 접속사로 사용되었다고 보아야 한다. 헹스텐베르크는 전치사 알 이하의 절을 오직 9b절과 연결시키며(그가 부자 묘실 옆에 묻힌 이유는), 이유 접속사로 본다(Hengstenberg, 위의 책, 600). 사실은 양보 혹은 이유 접속사 둘 다 가능하다. 하지만 우리는 헹스텐베르크의 입장을 취한다.

18. BHS의 제안처럼 수동(pual)형으로 읽는다[투삼(תֻּשַּׂם)]. 개역개정은 이 절의 주어를 '야웨'라고 읽는데 본문상의 근거가 약하다.

19. 개역개정이나 NIV는 '앎'에 해당하는 쁘다토(בְּדַעְתּוֹ)를 바로 뒤따라 나오는 절과 연결시키나, 우리는 그것을 '의롭게 하다'인 야츠디크(יַצְדִּיק) 대신에 '그가 만족하리라'인 이스바(יִשְׂבָּע)와 연결시킨다. 왜냐하면 '보다'와 '알다'는 동사적 개념들이 자주 병행관계를 이루기 때문이다. 쁘다토를 뒤따라 나오는 절과 연결시키면 시적 음률을 깨뜨리는 해석이 된다.

20. 인칭대명사가 접속사 뒤에 나오는 상황절로서 '그러나 그는'의 의미를 가진다.

21. G. Adam Smith, *The Expositor's Bible-The Book of Isaiah*, vol. 2 (New York: A. C. Armstrong, 1899), 343. 헹스텐베르크는 우리를 '믿는 교회'라고 본다 (*Christology of the Old Testament*, vol. 1., 587). 히트지히(Hitzig)는 화자인 '우리'를 예언자들이라고 보며, 기세브레히트(Giesebrecht)는 이방인들이라고 본다. 문맥상, '우리'는 야웨의 종을 배척하고 박해했다가 그의 대속적 고난과 죽음 때문에 평화를 누리게 된 이스라엘 백성, 즉 양심 각성자들을 가리킨다. 기독교 신학적인 관점에서 보면 '우리'는 그리스도의 대속적 고난과 죽음을 인하여 양심의 각성을 경험하고 하나님께 돌이킨 신자들이다.

22. 화자는 이제까지 야웨의 종을 통하여 선포된 예언을 들었지만 순종하지 않았던 하나님의 백성들, 참회하는 백성들을 가리킨다.

23. Hengstenberg, 위의 책, 588.

24. 어떤 학자들은 바벨론 포로들 중 좀 더 주체적으로 바벨론 유배가 자신들의 죄악에 대한 하나님의 정당한 형벌이라고 간주하는 사람들(스 9장, 느 9장, 단 9장의 참회기도를 드리는 자들)이거나 이런 신실한 참회자들의 자녀세대를 가리키는 것으로 보기도 한다[Ian L. Koole, *Isaiah III* (trans. Anthony P. Runia; Leuven: Peeters, 1998), 276].

25. Baruch A. Levine, *The JPS Torah Commentary. Leviticus* (Philadelphia et al.: The Jewish Publication Society, 1989), 250-253. 레빈은 아사셀을 레위기 17:7이 언급하던 염소신(이스라엘이 음란하게 섬기던 숫염소)과 거의 동일시한다. 그는 광야에 결박된 '숫염소 귀신'(JPS Hebrew-English Bible, "goat-demon"; NIV, "goat

idols"; 개역개정 "숫염소")을 아사셀이라고 본다. 에녹1서 6-13장에서 아사셀은 천상에서 추방된(창 6:1-4) 대천사급 영물로 나온다. 라파엘 대천사에 의해 광야에 결박당해 광야의 악령으로 활동하는 자였다. 숫염소 신은 원래 애굽인이 섬기던 풍요와 다산의 신(Pan)이었다[요세푸스(Josephus)의 『아피온 반박문』 2. 7] [C. F. Keil & F. Delitzsch, *Biblical Commentary on the Old Testament. Leviticus* (Grand Rapids, MI.: Eerdmans, 1968), 409].

26. 이사야서는 북이스라엘 백성의 앗수르 유배에 대해서는 하나님이 허락하신 징벌 이상이었다고 보았으나 유다 포로들의 바벨론 유배는 하나님의 공변된 징벌이었다고 본다.

27. "누가 그의 대물림(대를 이어갈 자손을 볼 것을) 생각이나 하였는가?" 정도의 의미일 것이다. 아마도 나머지 이스라엘 백성들은 야웨의 종이 산 자의 땅에서 끊어질 것이라고 생각했을 것이다.

28. 헹스텐베르크, 위의 책, 600.

29. 어떤 학자들은(루터와 칼빈까지) 여기서 말하는 "부자"[아쉬르(עָשִׁיר)]는 "악인" [르사임(רְשָׁעִים)] 혹은 "억압자"[아리츠(עָרִיץ)]와 유사한 단어라고 주장하나, 본문의 문맥상 무리한 해석이다. 오히려 악인들과 함께 묻힐 뻔하였으나(악인들 중 하나처럼 수치스러운 죽음을 당하였으나) 결국은 "부자"의 묘실에 묻혔다. 즉 우리는 여기서 하나님에 의한 운명 역전의 실마리를 발견한다.

30. 과연 이사야 53장의 고난의 종은 '우리'라고 불리는 화자와 '많은 무리'의 고통을 대신당하는 '대리적 고통 감수자'인지 그들의 죄를 대속하는 '대속적 고통 감수자'인지에 대한 논의는 아직도 분분하다. 박성호는 이 문제에 대한 독일 학계의 의견을 잘 종합해서 사 53장의 '고난받는 종'은 타인의 고통과 형벌을 대리하는 자이지 예수 그리스도 같은 대속적 고통감수자는 아니라고 본다. 전자는 대리되는 사람을 배제하는 대리고통 감수자이며, 후자는 대리되는 사람을 포함하는 대리고통 감수자라고 보았다. 예수는 피대리자를 포함하는 대리고통 감수자의 죽음을 죽었기에 대속적 고통 감수자라고 이해될 여지를 남겼다고 본다. 즉 초대교회 사도들과 복음서 기자들은 나사렛 예수의 죽음이 사 53장의 문자적 성취 이상임을 간파했다는 것이다. 예수 그리스도의 죽음의 대속적 성격은 신약성서적 해석의 결과 부각되었다는 것이다[박성호, "The Suffering Servant Jesus: Christian Interpretation (Interpretatio Christiana) of the Early Church on the Fourth Servant Song (Isa 52:13-53:12)," *Canon & Culture: A Journal of Biblical Interpretation in Context* 11 (2017년 1월), 194-199).

31. Smith, *The Book of Isaiah*, 350.

32. 중세기 스페인 거주 유대인 랍비 라쉬[Rashi (Rabbi Solomon ben Isaac, 1040-1105)] 이래 정통 랍비 유대교에서는 이사야 53장의 고난받는 종은 온 열방을

위해 거룩한 백성으로 살아가며 거룩하신 하나님께 더 가혹한 징계를 받은 '이스라엘 민족'을 가리킨다고 주장해 왔다(2017년에 벌어진 마이클 브라운 Michael Brown과의 논쟁에서 정통 유대교 랍비 Yisroel Chayim Blumental이 반복한 주장). 이 라쉬 해석에 대한 반론은 메시아닉 유대인들(Messianic Jews, '메시아 대망 유대인들')에 의해서 끊임없이 제기되어 왔는데 유대인들과 아랍인들에게 예수님이 메시아임을 증거하는 에이탄 바르(Eitan Bar)가 최근(2019년 1월)에 출간한 한 책은 라쉬 이전의 많은 유대인들이 사실 이사야 53장을 메시아 예언으로 읽었다는 주장을 전개했다[*Refuting Rabbinic Objections to Christianity and Jesus and Messianic Prophecies* (Tel Aviv: One for Israel, 2019); 김창주, "유대교와 이사야 53장: 의인의 대속적인 고난을 어떻게 이해할까?"「신학사상」121 (2003년 6월), 122-125]. 이 책은 이사야 53장 외에 사 7:14, 시 22편, 슥 12:10, 단 9장 등 대표적인 메시아 예언 구절들을 메시아 예수아(Yeshua)를 가리키는 구절들로 해석한다. 라쉬의 금지 이전에 53장을 메시아 예언으로 본 유대교 전통들을 자세히 예거한다: 「요나단 타르굼」, 욤 키푸르(대속죄일) 기도문, 랍비 이츠악 아브라바넬, 조하르의 책(The Book of Zohar), 여러 미드라쉬 및 탈무드(Tractate Sotah 14, Midrash Rabbah Parasha 5, Midrash Tanhuma, Midrash Konen, Yalkut Shimoni). 하지만 여전히 랍비 유대교 전통을 따르는 학자들은 '이스라엘의 고난'을 말하는 본문들을 '특정 인물'에게 적용시키는 것은 견강부회라고 생각한다. 정통 랍비 유대교는 '다른 사람의 죄' 때문에 대신 벌을 받는 것은 인정하지만 다른 사람의 죄를 용서할 힘까지 가진 '대신 받는 고난'은 하나님의 성품에 맞지 않는다고 주장한다.

33. '인자'라는 용어가 가장 빈번하게 나오는 에스겔서와 다니엘 7:13이 예수님의 인자 호칭 사용을 설명할 때 인증되는 구약성경이다. 그런데 시편을 보면 '인자'라는 말이 창세기적 언어임을 알 수 있다. 인자라는 말은 히브리어로 벤 아담(בֶּן־אָדָם)이다. 시편 80:17과 시편 8편은 '아담'이 최초의 인자라고 말한다. 인자는 하나님 우편 보좌에 앉은 대리자, 부왕(副王)을 가리킨다. 하나님 우편 보좌에 앉아서 왕명출납하며 하나님을 대리하는 통치자, 대언자가 '인자'였다. 에스겔서에서 하나님이 에스겔을 '인자'라고 부를 때 이런 의미의 '인자'였다. "주의 오른쪽에 있는 자 곧 주를 위하여 힘 있게 하신 인자에게 주의 손을 얹으소서"(시 80:17). 다윗 왕조의 왕정신학에 따르면(시 110:1) "주의 오른쪽에 있는 자(인자)"는 왕을 가리킨다. 시편 8:4을 보면 아담이 최초로 선택받은 자이기 때문에 아담이 왕적 존재로 부르심을 받았다는 것을 알 수 있다. "사람이 무엇이기에 주께서 그를 생각하시며 인자가 무엇이기에 주께서 그를 돌보시나이까." 시편 8:4의 인자도 벤 아담이다. 다니엘서 7:13의 "인자와 같은 이"로 번역된 아람어는 커바르 에노쉬(כְּבַר אֱנָשׁ)인데 이것은 정확하게 히브리어 벤 아

주

담을 의미한다. 다니엘서 7:13을 보면 "인자와 같은 이"가 왕의 명령을 받아 지상에서 하나님 백성을 모으는 일을 수행한다. 이런 의미의 최초의 인자는 아담이었던 것이다. 그래야 하나님께서 아담에게 통치사명을 수여하는(창 1:26-28) 이유가 해명된다. 정리하면 '인자'는 야웨 하나님의 명령을 수행하는 인간적 중개자를 가리키는데, 주로 왕을 가리킨다. 인자 사명은 아담으로부터 예수 그리스도까지 여러 사람들에게 수행되었고 에스겔도 그중의 한 명 인자다. 하나님 우편 보좌에 계시면서 이 땅에 마지막 인자 사명을 수행하는 분이 예수님이다. 복음서에서 예수님을 자신을 가리켜 아흔 번 정도 스스로를 '인자'라고 부른다. 그중에서도 마태복음 26:64의 "인자가 권능의 우편에 앉아 있는 것과……너희가 보리라"라는 구절을 시편 80:17의 "주의 오른쪽에 있는 자 곧 주를 위하여 힘있게 하신 인자"라는 구절을 연결시켜보면 인자가 아담적 부왕 그리스도, 하나님의 그리스도를 가리키는 것이 더욱 분명해진다. 아담의 최초의 지위는 그냥 인간이 아니라 하나님의 부왕이었다. 탈무드의 기록을 보면 하나님이 아담에게 광채로 영광의 옷을 입혔다는 말이 나온다. 데이빗 플루서(David B. Flusser) 같은 유대인 학자는 「12족장 예언」 중 아담의 아들 아벨이 처음으로 벤 아담으로 불리고 종말의 심판자로 하나님께 지명되었다는 사실을 지적하며 벤 아담의 원조를 아벨이라고 본다[David B. Flusser, R. Steven Notley, *The Sage from Galilee* (Grand Rapids, MI.: Eerdmans, 2007)]. 종말에 오실 심판자로서의 '인자' 이미지는 위경 「에녹서」에서 두드러진다. 요약컨대, 예수님의 인자 호칭은 구약과 위경 전통까지 다 포함하는 '인자'라는 것이다. 예수님의 인자 호칭은 세 가지를 의미한다. 첫째, 인자는 아담적 부왕으로서 하나님의 지상통치의 대리자다. 둘째, 인자는 구약의 모든 인자들이 걸어갔던 발자취를 따르는 고난의 종이다. 하나님의 왕명을 출납하고 그것을 관철시키는 과정에서 환난과 고통을 자초하기 때문에 인자의 고난은 필연적이다. 셋째, 인자는 자신이 당한 고난을 바탕으로 종말의 심판자가 되신다.

54장. 하나님의 무궁한 긍휼로 회복되는 영광스러운 예루살렘

1. 스랍 천사들은 이 하나님 영광의 피조세계 확산이 엄중한 심판을 예기한다고 본다.
2. 메시아닉 유대인들의 자발적 이스라엘 선교활동을 주도하는 단체는 텔아비브를 중심으로 활동하는 One for Israel이다. 여기서 나온 책에는 Sett D. Postell, Eitan Bar, Erez Soref, and Michelle Shelfer, *Reading Moses, Seeing Jesus: How the Torah Fulfills its Goal in Yeshua* (Tel Aviv: One for Israel, 2017)가 있다. 한국

인 저자가 쓴 책으로는 정진호, 『땅똥, 박부장입니다』 (서울: 홍성사, 2017)가 있다. 이 책은 저자가 중앙아시아 실크로드를 직접 여행하면서 만난 메시아닉 유대인들에 대한 소감을 담고 있다.

3. Gary M. Bretton-Granatoor, "The Presbyterians' Judaism problem," *Jewish Journal* 27 (2014년 6월).

4. Paul van Buren, "Probing the Jewish-Christian Reality," *Christian Century* (1981/6월), 665-668.

5. 2017년 유대인 선교를 강력하게 주장해 정통 유대인들의 반발을 산 마이클 브라운(Michael Brown)과 논쟁을 벌이며 이런 입장을 널리 펴는 유대인 랍비 이스로엘 하임 블루멘탈(Y. C. Blumental)의 *The Real Jewish Messiah* (온라인 강의안)를 보라.

6. 대럴 L. 보크 & 미치 글레이저 외 공저, 『이스라엘 민족, 영토, 그리고 미래』, 김진섭, 권혁승 역(서울: East Wind, 2014).

7. 물론 위에서 언급한 블루멘탈 같은 랍비는 이런 입장도 철저하게 배격한다.

8. 보크 & 글레이저 외 공저, 위의 책, 115-142(특히 138-139).

9. (1) 유배로부터의 귀환; (2) 새로운 다윗 통치 하에서 통일되는 남과 북; (3) 회개, 용서, 새 언약, 성령님의 선물과 연관된 주제; (4) 시온과 성전의 회복; (5) 열방의 예배.

10. 계 21장의 새 예루살렘에는 '성전'이 없다는 점에서 계시록의 미래상은 에스겔 40-48장의 미래상과 충돌한다. '미래회복' 예언을 문자적으로 해석해서는 안 되는 이유가 여기에 있다.

11. 보크 & 글레이저 외 공저, 위의 책, 289-318(특히 289).

12. 세대주의의 여러 분파들의 세부적 차이들과 그 차이들을 상쇄시키는 공통점에 대한 자세한 논의를 보려면, 피터 J. 젠트리 & 스티븐 J. 웰룸, 『언약과 하나님 나라』, 김귀탁 역(서울: 새물결플러스, 2017), 52-64, 69을 보라. 젠트리와 웰룸은 세대주의를 고전적 세대주의, 수정 세대주의, 점진적 세대주의로 구분하지만 이들의 공통점은 이스라엘의 땅에 대한 약속이 문자적으로 실현된다고 믿는 종말론이라고 말한다.

13. 팔레스타인의 입장에서 이스라엘-팔레스타인 분쟁사를 이해하려면, 일란 파페, 『팔레스타인 현대사: 하나의 땅, 두 민족』, 유강은 역(서울: 후마니타스, 2009)을 참조하라. 하나님께서는 부국강병을 추구하는 이스라엘의 국수주의적 정책에 희생되는 소수파 인종들을 '옛날의 이스라엘 백성' 보시듯이 보살피실 것이다.

14. 박혜영, "마흐무드 다르위시(Mahmoud Darwish), 시(詩)로 되찾는 고향, 팔레스타인," 「녹색평론」 97 (2007년 11-12월), 94-106.

15. 같은 논지의 글을 2003년 9월 15일에 영국언론 「가디언(*The Guardian*)」에 기

고했다("The End of Zionism"). 그는 시온이즘의 두 기둥은 정의의 길과 윤리적 지도력인데 이 둘 다 작동불능상태가 되었다고 진단하며 개탄한다. 네타냐후의 대(對)아랍 강경책의 지속적인 비판자이며 감시자다.

16. '민족국가' 이스라엘 국가건설에 대한 한나 아렌트의 반대와 이스라엘-아랍의 양원제 연방국 제안의 함의는 미국 뉴욕의 뉴스쿨의 정치학 교수 앤드류 아라토의 Public Seminar에 기고한 다음 글에서 자세히 논의되고 있다. Andrew Arato, "Hannah Arendt, Constitutionalism and the Problem of Israel/Palestine," (2014년 1월 2일). '민족국가' 이스라엘 건국에 대한 아렌트의 비판적인 논의를 보려면, *The Origins of Totalitarianism*, (New York: Meridian Books, 1950), 290, 299을 보라.

55장. 만민의 인도자와 명령자로 세우심을 받은 다윗

1. 유발 하라리, 『호모 데우스』, 김명주 역(서울: 김영사, 2017).

56장. 이방인들을 환영하는 예루살렘 성전, 만민의 기도처

1. 에스겔서와 스가랴에서도 이런 논쟁적 분위기가 감지된다. 이 문제에 대하여 좀 더 자세한 참조를 원하면 Paul D. Hanson, *The Dawn of Apocalyptic*, 69 와 Robert R. Wilson, *Prophecy and Society in Ancient Israel* (Philadelphia, PA.: Fortress, 1975), 307을 참조하라.

2. 폴 핸슨은 사독 계열의 제사장 집단과 이상주의적인 레위인-묵시가들의 대결이라고 본다.

3. 아마도 바벨론에 눌러앉으려는 사람들과 돌아오려는 사람들의 긴장일 것이다.

4. 40-55장과 56-66장을 제2이사야와 제3이사야로 나눈 학자는 베른하르트 둠(Bernhard Duhm)이다. 둠 이래로 학자들은 40-55장과 56-66장을 나눈다. 그러나 엄격하게 따지면 40-55장과 56-66장 안에는 역사적 상황을 제외하고는 많은 주제적 연결점들이 발견된다는 점을 놓쳐서는 안 된다.

5. 개역한글, '너희 우상으로 구원하게 하라'가 더 나은 번역이다. 개역개정의 번역은 구문을 무시한 번역이다.

6. 대체로 하나님의 백성들에게는 평강의 소식이 전달되나 악인에게는 평강(치료)이 없다. 58:3-8에 나오는 과시적 금식자들은 의를 행하지 않는 위선적인 종교들임이 드러난다(59:1-8). 57-59장을 긴밀하게 하나로 묶는 주제는 평

강(치료)의 주제다.

7. 그러나 전체적으로 56-66장이 핸슨이 강조하는 만큼의 분명한 갈등-사독 계열의 제사장 그룹과 레위인 묵시가들의 갈등-을 충분히 표시하는지는 좀 더 면밀한 연구가 필요하다. 핸슨에 의하면 레위인 묵시가들이 40-55장에 근거하여 56-66장을 산출한 집단이다. 그들은 에스겔 40-48장에 근거한 사독 계열의 시온 재건 프로그램에 반대하면서 좀 더 유토피아적이고 급진적인 시온 건설을 기도하는 사람들로 규정된다(The Dawn of Apocalyptic, 70-74, 153-159).

8. 이사야는 가난한 자에게 쉼을 주고 그들에게 의(신적 친절과 자비)를 베푸는 것이 국방력을 강화하는 것보다는 더 확실한 공동체의 안전보장임을 빈번하게 역설했다.

9. 그런데 개역개정은 1절의 하반절에서는 '츠다카'를 '공의'라고 번역하고 있다. 일관성이 부족한 번역이다.

10. 김회권, 『성서주석 이사야 I』, 157-158.

11. 하나님은 피엘 능동 분사형으로 묘사되고 있다. 머카베츠 니드헤 이스라엘(מְקַבֵּץ נִדְחֵי יִשְׂרָאֵל). '이스라엘의 쫓겨난 자들을 모으시는 이.' 하나님이 여기서 피엘 능동 분사형(מְקַבֵּץ)으로 묘사되는 것은 하나님이 북이스라엘 지파들을 다시 고토로 모아들이는 것에 지속적 관심을 보이고 실제로 그들을 고토로 복귀시켜왔음을 암시한다. 앗수르로 유배된 북이스라엘 포로들도 앗수르가 바벨론 제국에게 망하는 순간부터 바벨론 포로로 신분이 바뀌었기 때문에 가장 넓은 의미의 바벨론 포로에는 북이스라엘의 앗수르 포로들도 포함된다고 봐야 한다.

12. 8절의 둘째, 셋째 소절의 음역과 직역은 이렇다. 오드 아카베츠 알라브 러니커 바차브(עוֹד אֲקַבֵּץ עָלָיו לְנִקְבָּצָיו). '여전히 나는 그에게로, 이미 모아진 그의 사람들에게 모을 것이다.' '모으다'라는 동사의 목적어로 전치사 러(לְ) 이하에 나오는 '이미 모아진 그의 사람들'을 생각하면 이미 바벨론 어딘가에 모여 사는 북이스라엘 출신 포로들을 가리킬 수 있다. 이런 경우 이미 모아진 이 북지파 출신 포로들을 유다 출신 바벨론 포로들과 합치겠다는 뜻일 수도 있다. 아니면 '이미 모아진 그의 사람들'이 바벨론에서 귀환한 유다 포로들을 가리키는 단어로 간주하면 여기서는 목적어가 없는 셈이 된다. 이런 경우 7절에 나오는 이방인, 만민이 하나님이 모아들이실 행위의 목적어가 될 수도 있다. 전체 맥락에서 볼 때 후자 해석이 이사야 56장 분위기에서 더 잘 맞아 보인다. 그러나 어떻게 해석하든 8절의 대지가 달라지지는 않는다.

13. 개역개정에서 "꿈꾸는 자들"로 번역된 히브리어 호짐(הֹזִים)의 의미가 분명하지 않다. BDB는 이상한 동근어를 구실로 '꿈을 꾸다'라는 의미를 갖는 동사 하자(הָזָה)를 상정해 호짐이 남성 단수 능동 복수형이라고 보는데

(p. 223), 이는 무리한 시도라고 생각된다. 오히려 우리는 BHS 비평장치의 제 안과 쿰란 이사야 사본(1QIsaᵃ)의 읽기에 비추어 맛소라 본문의 서기관이 히브 리어 헤트(ח)를 헤(ה)로 오기하는 과정에서 호짐(הוזים)이 생겼다고 본다. 원래 단어였을 호짐(הוזים)은 '보다'라는 동사 하자(חזה)의 남성 단수 능동 분사형이 다. 호짐(הוזים)은 '보는 자들', '선견자들'이라는 의미가 된다. 이런 관점에서 보 면 파수꾼들은 게으르고 피상적인 예언자 집단을 가리키는 것으로 해석될 수 있다. 개역개정으로 읽든 이렇게 수정된 방식으로 읽든 의미상의 차이는 없다.

58장. 오래 황폐된 곳을 재건하고 역대의 파괴된 기초를 중건하는 세대

1. 밈머카(ממך)를 "네게서 날 자들"(후손들)이라고 번역한 개역개정의 번역은 전 혀 불가능한 번역은 아니지만 지나친 번역이다.
2. "여호와 안에서 즐거움을 얻을 것이라"는 표현은 히브리어 티트안낙 알-아도 나이(תתענג על-יהוה)다. 아녹(ענג) 동사의 히트파엘(강세재귀형)형이다(시 37:4). 이 어구는 하나님이 주시는 평화와 번영 속에서 하나님의 거룩한 현존과 임재 를 누리는 경지를 말한다.
3. 김영도, "도나투스주의 논쟁에 나타난 어거스틴의 은총의 수단(교회) 이해," 「신학과 목회」 24 (2005년 1월), 53-82. 이 글은 배교한 주교들이 베푸는 세례 는 효력이 없으므로 그들에게 세례 받은 사람들은 다시 세례를 받아야 한다 고 주장하는 도나투스에 대항하는 아우구스티누스의 사효론 주장의 탄생 배 경을 다룬다.

59장. 시온에 임하시는 이스라엘의 구속자

1. Seyoon Kim, "The 'Mystery' of Rom 11.25-6 Once More," *New Testament Studies* 43 (1997), 412-429. 김세윤은 바울이 20절에서 유대인들의 종말론적 구원을 확신하게 된 과정을 이 논문에서 자세히 논증한다. 다메섹 도상 소명 비전에서부터 이방 선교사의 사명을 받았다고 확신하게 되는 과정에서 이사 야 6, 45장, 49장, 59장 등이 바울에게 끼친 영향을 설득력 있게 논한다.
2. 역사가 과연 직선적 전진과 진보만 거듭하는가, 그렇지 않은가를 따지는 사람 들도 있지만 에드워드 카 같은 사회경제사적인 역사가들은 전반적으로 역사 는 진보하고 있다고 주장한다. '자연환경에 대한 지배력의 증가'와 '함께 사는 능력의 증가'를 기준으로 내세울 때 진보한다는 것이다[에드워드 H. 카, 『역사란

무엇인가』, 김택현 역(서울: 까치글방, 1985)].

60장. 의롭게 된 내 백성이 영원히 땅을 차지하리라

1. John Goldingay, *Approaches to Old Testament Interpretation* (Downers Grove, IL.: IVP, 1981), 58. 1920-30년대 미국 프린스턴 신학대학원의 조직신학 교수 찰스 핫지와 성서신학 교수였던 게르할더스 보스가 일찍이 구속계시의 점진적 발전을 주장했다. Charles Hodge, *Systematic Theology 1* (Peabody, MA.: Hendrickson, 2003), 446; 『조직신학 1』, 김귀탁 역(고양: 크리스찬다이제스트), 2002.; Geerhardus Vos, *Biblical Theology: Old and New Testaments* (Grand Rapids, MI.: W. B. Eerdmans, 1948) 『성경신학』, 원광연 역(고양: 크리스찬다이제스트), 2017, Part I 5장 계시의 주요 특질 중 1절 "구속계시의 역사적 점진 발전."

2. 글렌 스타센, 데이비드 거쉬 공저, 『하나님의 통치와 예수 따름의 윤리』, 신광은, 박종금 공역(대전: 대장간, 2011).

3. 1907년 평양대부흥회에 관해 미국 선교사 윌리엄 블레어(William N. Blair)가 1910년에 미국장로교회 해외선교부에 보낸 보고서는, 한국인들의 종교적 감수성, 유교로 단련된 도덕감, 경전 존중의식, 그리고 고난과 굴욕에 가득찬 3천 년의 역사가 그들로 하여금 복음을 잘 받아들이게 한다고 보았다["The Korea Pentecost And Other Experiences on the Mission Field" (https://archive.org/details/koreapentecostOOblai), 10-14]. 이 보고서를 확장한 책이 *Gold in Korea* (New York: The PCUSA, 1946)이다. 특히 블레어는 유교의 도덕과 윤리 강조는 모세오경 같은 몽학선생 노릇을 잘하고 있다고 본다. 이 책에서 블레어는 한국의 금광은 일본에게 빼앗겼지만 하나님께서 복음의 금광, 성령부흥의 금광을 한국인에게 선사하셨다고 보았다.

4. 언더우드의 기도시로 알려진 이 기도문을 어휘, 구문, 어조 등의 면에서 언더우드가 썼다고 보기에는 무리가 있을 수 있으나(옥성득, "'언더우드의 기도문은 허구' 교계 파문", LA 중앙일보 미주판 4면), 전체적으로 2천 명 이상의 해외 선교사들이 당시의 조선을 위해 드렸던 기도였을 것이라는 의미에서, 해외선교사들의 대표자인 언더우드의 마음이 들어간 기도문이라고 봐도 크게 손색이 없어보인다. "뵈지 않는 조선의 마음"(1885년의 언더우드 기도시): "주여! 지금은 아무것도 보이지 않습니다. 주님, 메마르고 가난한 땅 나무 한그루 시원하게 자라오르지 못하고 있는 땅에 저희들을 옮겨와 심으셨습니다.…… 보이는 것은 고집스럽게 얼룩진 어둠 뿐입니다. 어둠과 가난과 인습에 묶여 있는 조선 사람 뿐입니다.…… 저희들이 우리 영혼과 하나인 것을 깨닫고, 하늘 나라의 한 백

성, 한 자녀임을 알고 눈물로 기뻐할 날이 있음을 믿나이다." 기도문의 끝에는
"저희들이 우리 영혼과 하나인 것을 깨닫고"라는 기도가 나온다. 이것은 언더
우드가 말한 어둠이 빛의 대적자라는 뜻이 아님을 짐작케 한다[편집자의 글, 「기
독교사상」 527 (2002년 11월), 230].

61장. 주 여호와의 영이 내게 임하셨으니

1.   61장의 주석은 저자의 다음 학술 논문과 일부 내용이 겹칠 수 있음을 미리 밝
     힌다: 김회권, "이사야 61장 1~11절에 나타난 선교신학: 시온과 열방의 관계
     에 대한 주석적 고찰," 「선교와 신학」 13 (2004년 6월), 141-170. 물론 많은 부
     분에서 수정과 보완이 이뤄졌음을 밝힌다.

2.   특히 60:17-18(예루살렘 성의 안전 보장을 우의적으로 표현하는 단락), 60:21(나의
     백성이 의롭게 영원히 땅/기업을 차지할 것을 예언), 61:4-6(시온 재건시 이방인들의 참
     여를 예언하는 단락)은 이사야 40-55장 주제보다 더 진전된 주제이며 56-66장
     에만 독특하게 부각되는 주제들이다. 이 단락들에는 의고체 문체(archaic style)
     도 사라진다.

3.   폴 핸슨(Paul D. Hanson)은 60-62장이 음률적, 문체적, 주제적인 관점에서 아
     주 긴밀하게 연결된 하나의 삼부작 문학적 단위임을 증명하려고 한다(위의 책,
     46쪽).

4.   주후 1세기의 「타르굼 요나단(Targum Jonathan)」의 저자라고 알려진 요나단 벤
     우찌엘(Yonatan ben Uzziel)은 이사야 53장을 메시아와 관련시켜 읽었는데 고
     난 요소보다 메시아의 영광에 방점을 찍어 해석했으며, 본문을 상당히 개변해
     서 읽었다. 김창주는 「타르굼 요나단」도 이 고난의 종을 이스라엘과 등치시켜
     읽었다고 해석한다("유대교와 이사야 53장: 의인의 대속적인 고난을 어떻게 이해할
     까?" 115-117). 오랜 시간이 흐른 후 유대인 랍비 아바르넬은 요나단 벤 우찌엘
     의 의견을 지지했고, 중세 카발라신학의 경전격인 「조하르의 책(The Book of the
     Zohar)」도 같은 입장을 취했다. 중세기의 스페인 거주 유대인 랍비 라쉬(Rashi)
     는 이사야 53장이 개인 메시아에 관한 예언이 아니라 이스라엘 민족 전체의
     고난의 성격을 말한 본문이라고 보는 입장을 유대인들에게 퍼뜨렸고, 이것은
     지금까지 정통 유대교인들에게까지 계승되고 있다(Eitan Bar, Refuting Rabbinic
     Objections to the Messiah).

5.   61장과 40-55장과의 문학적 주제 관련성은 학자들에 의하여 인정되고 있다.
     61:1-3은 이사야 40, 42, 49장과 긴밀하게 연결되어 있다. 61장과 제2이사야
     와의 관련성을 입증하는 단어들(표현들)은 다음과 같다: '야웨의 영', '아름다운

소식', '환난 당한 자'(the afflicted; 40, 42, 49장), 감옥 문을 열어젖힘, 모든 사람들을 위로함, 시온, 허약한 영(40, 42장), 공평과 의(46장), 야웨의 심으신 바 됨, 이방인들/외국인들, 야웨의 찬송, 갑절의 몫(40장), 야웨를 기뻐하다, 영원한 언약, 보응, 정원, 황폐화된 폐허들(49장), 역대에 파괴된 기초(58장), 양 떼를 먹임(49장: 이방인과 이스라엘의 관계).

6.　61장의 "나"와 42:1-4, 7; 49:2, 9; 50:4; 51:16에 언급된 '나'를 비교해 보면 61장의 '나'는 왕이나 제사장에 좀 더 가까운 지도자적 면모를 보인다.

7.　쉬부임(שְׁבוּיִם)은 단순히 (바벨론에) '포로된 자들'을 가리키는 것이 아니라 58:6의 경우처럼 귀환포로 공동체 안에서 발생한 채무관계 때문에 몸이 구속당한 (노예는 자신의 몸을 판 사람-느헤미야 5장 참조) 사람들을 가리키는 것으로 보인다. '갇힌 사람들'이라고 번역된 아수림(אֲסוּרִים)도 거의 비슷한 처지의 사람들을 가리킬 것이다(참조. 49:9은 '바벨론 포로된 자'들을 가리킨다).

8.　드로르(דְּרוֹר)를 단순히 '자유'(freedom, NIV)로 옮기는 것은 다소 추상적인 번역처럼 보인다. 이 단어는 많은 경우에 면제년(신 15장), 혹은 희년(레 25장)과 관련해 사용되기 때문에 "빚 탕감에서 오는 자유"라고 번역한다.

9.　칠십인역은 아수림(אֲסוּרִים) 대신에 사 42:7을 고려해서인지 이붸림(עִוְרִים, 눈먼 자들)이라고 읽는다(BDB, p. 824). 칠십인역을 따르는 눅 4:18은 "눈먼 자"라고 번역한다.

10.　현재 히브리어 본문의 퍼카흐-코아흐(פְּקַח־קוֹחַ)는 그 자체로는 뜻이 통하지 않는다. BHS(BDB)의 제안(칠십인역 및 중세 사본들의 읽기)대로 한 단어 퍼케흐코아흐[פְּקַחְקוֹחַ, opening (of the eyes)] 혹은 퍼코아흐(פְּקוֹחַ)로 읽어야 한다. 둘 다 문이나 눈을 '활짝 열어젖힘', 즉 지하 감옥 같은 어둠으로부터의 '석방'을 의미한다. 여기서 우리는 앞 소절과의 대구 관계를 고려하여 후자를 취한다.

11.　개역개정은 '하나님이'라는 단순 주어를 '하나님이여'라는 호격으로 번역하는데, 이는 다소 지나치다.

12.　페르시아 제국 치하의 유대인은 네 차례 금식한 것으로 전해진다(예루살렘 성이 함락되기 시작한 날, 함락 완료일, 성전이 불탄 날, 그달리야 암살일)[오택현, "제3이사야에 나타난 미쉬파트(מִשְׁפָּט)," 「신학과 목회」 31 (2009년 5월), 110]. 여기서 말하는 금식이 레위기 16장의 금식일 제정과 관련되었을 가능성도 있다.

13.　이 구절은 마 5:4의 산상수훈의 '애통하는 자들'이 복되다[마카리오이 호이 펜둔테스 호티 아우토이 파라클레데손타이(μακάριοι οἱ πενθοῦντες, ὅτι αὐτοὶ παρακληθήσονται.)]는 선언의 의미를 문맥에 맞춰 해석하도록 돕는다. 시온의 공평과 정의가 사라진 것 때문에 '애통하는 자들'[호이 펜둔테스(οἱ πενθοῦντες)]이 예수님이 산상수훈에서 의도하신 사람들이다. 이들은 '의에 주리고 목마른 사람들'이기도 하다.

주

14. 앞 절의 '슬퍼하는 모든 사람들을' 구체적으로 적시하기 위하여 '시온의 슬퍼하는 자들'이라는 표현이 전승과정에서 삽입된 것처럼 보인다(BHS). 이 삽입 때문에 이 절의 시적 음률과 평행이 깨뜨려진다.

15. "재"[에페르(אֵפֶר)]와 "화관"[garland, 페에르(פְּאֵר)]은 어희작용(wordplay)을 일으킨다.

16. 찬송의 "옷"[마아테(מַעֲטֵה)]은 뒷소절의 '야웨의 심으심'[마타(מַטַּע)]과 어희작용(wordplay)을 일으킨다.

17. 마 5:4의 애통하는 자들은 63:15-19, 64:5-12에 나오는 애통하는 자들을 염두에 둔 말씀이다.

18. 2인칭 복수 대명사 아템(אַתֶּם)이 독립적으로 사용된다. 이방인들과 이스라엘 백성의 달라진 운명을 강조한다.

19. 카보드(כָּבוֹד, 재물, 영광)를 앞 소절의 하일(חֵיל)과 대구어로 읽어야 하기에 여기서 재물, 풍요로운 것의 의미로 번역한다.

20. 우리는 여기서 BHS의 제안처럼 마라(מרא = מרה, be well-fed)의 히트파엘형인 티트마라유(תִּתְמְרָיוּ) 혹은 티트마라우(תִּתְמְרָאוּ)로 읽는다(BDB, p. 597). 그러나 개역개정, NIV, RSV, 1QIsaᵃ 등은 아마르 동사의 히트파엘형인 티트야마루(תִּתְיַמְּרוּ)로 읽는데(BDB, p. 56), 이런 번역은 앞 소절과의 시적 대구를 깨뜨리는 읽기처럼 보인다.

21. 우리는 66:21에서 56-66장의 예언의 배후에 있는 사람들이 교포 출신 귀환포로 공동체에서 일어난 예언자들일 가능성을 열어놓을 수 있을 것이다.

22. 레위인들과 세속지파들의 상호의존에 대한 논의는 Patrick D. Miller, 『신명기』, 김회권 역(현대성서주석 시리즈; 서울: 장로교출판사, 1999), 238-240에 빚지고 있다.

23. BHS의 제안대로 보쉐트(בֹּשֶׁת)로 읽는다. 2인칭 복수 접미사나 3인칭 복수 접미사가 붙어야 할 이유가 없다. 뒷소절의 커림마(כְּלִמָּה: 인칭 접미사 어미가 없다)와 비교해보면 보쉐트(בֹּשֶׁת)에 2인칭 남성 복수 소유 접미사[켐(כֶּם)]가 붙을 필요가 없다. 따라서 맛소라 본문의 보쉐트켐(בָּשְׁתְּכֶם)보다 보쉐트로 읽는 것이 좋다.

24. 7절의 첫 미쉐네(מִשְׁנֶה)는 7b절의 미쉐네(מִשְׁנֶה) 때문에 생긴 중복 오사처럼 보인다. 이것은 시적인 음률을 깨뜨릴 뿐만 아니라 그 다음 단어 컬리마(כְּלִמָּה, 능욕)와 타하트(תַּחַת)의 연결을 가로막는다. 따라서 7a절의 미쉐네는 삭제되어야 한다.

25. 본서에는 대체로 개역개정을 따라 미쉬파트를 '정의', 츠다카/체데크를 '공의'라고 번역하지만 경우에 따라 미쉬파트를 '공평', 츠다카/체데크를 '의/라고 번역한다. 개역개정 이전의 개역한글은 대체로 미쉬파트를 공평, 공도라고 번역

하고 츠다카/체데크를 의라고 번역했다.

26. 현 맛소라의 쁘올라(בְּעוֹלָה: in/by/with burning offering, BDB, p. 750) 대신에 일부 중세 맛소라 사본과 쿰란, 시리아역, 타르굼 등과 함께 '불의 안에서', '불의하게'를 의미하는 쁘아뷜라(בְּעַוְלָה)로 읽는다. 마찬가지로 칠십인역도 우리의 읽기와 비슷하게 읽는다[엑스 오디키아스(ἐξ ἀδικιας=out of injustice)]. BDB (p. 732)에 의하면 아뷜라(עַוְלָה)는 잔인한 불법행위를 의미한다. 우리의 읽기가 문맥상(시적 평행) 더 잘 맞는 것처럼 보인다.

27. 60:10, 12은 이런 입장보다 한 걸음 더 나아간다. 상당히 제국주의적 종주국가로서의 자긍심이 엿보이는 본문이다: "내가 노하여 너를 쳤으나 이제는 나의 은혜로 너를 긍휼히 여겼은즉 이방인들이 네 성벽을 쌓을 것이요 그들의 왕들이 너를 섬길 것이며…… 너를 섬기지 아니하는 백성과 나라는 파멸하리니 그 백성들은 반드시 진멸되리라."

28. 현 맛소라 본문의 동사 여카헨(יְכַהֵן)은 '제사장 노릇하다'라고 번역될 수 있는데 이렇게 읽으면 이 소절은 해석하기가 어렵다. 그래서 우리는 BHS의 제안처럼 '단장하다'를 의미하는 야킨(יָכִין)으로 수정한다.

29. 대천덕, 『토지와 경제정의』, 전강수, 홍종락 역(서울: 홍성사, 2003). 이 책 11-14장이 이 문제를 다루고 있다.

30. 도날드 E. 밀러, 테쓰나오 야마모리 공저, 『왜 섬기는 교회에 세계가 열광하는가? 기독교적 사회참여의 새로운 모델, 성령운동』, 김성건, 정종현 역(서울: 교회성장연구소, 2008). 이 책은 오순절 성령운동이 세계 각처에서 일으키는 변혁운동의 사례들을 발굴하고 분석한다. 4장 '개인과 사회를 변화시키는 운동'은 특히 인상적이다. 물론 이들이 수집한 변혁운동들 대부분이 사회복지, 혹은 부조 차원의 사회참여이며 예언자적 비판은 여전히 부족하다. 성령의 위로사역은 피해자에게 반창고를 붙여주는 사역이 아니라, 약자들의 몸을 으깨는 법과 제도, 권력의 몽둥이를 무력화하는 일을 포함한다. 그래서 하나님의 성령에 추동된 사람들은 자신도 주체하지 못하는 위험지역으로 뛰어들다가 고초를 겪는다. 이와 관련해 미로슬라브 볼프와 라이언 매커널리린츠의 『행동하는 기독교 어떻게 공적 신앙을 실천할 것인가』는 예언자적 기독교 사회운동도 예시한다.

62장. 시온의 의가 빛 같이, 예루살렘의 구원이 횃불 같이 나타날 때까지 나는 쉬지 아니하리라

1. 여기에 바알-아세라의 거룩한 혼인으로 땅의 풍요가 실현된다는 바알종교에

대한 비판이 작동한다. 바알과 아세라의 혼인이 아니라 야웨와 아내인 이스라엘의 영적 연합이 땅의 풍요를 창조한다는 것이다. 61:10-11에도 동일한 바알-아세라 종교비판이 이뤄진다. "내가 여호와로 말미암아 크게 기뻐하며 내 영혼이 나의 하나님으로 말미암아 즐거워하리니…… 신랑이 사모를 쓰며 신부가 자기 보석으로 단장함 같게 하셨음이라. 땅이 싹을 내며 동산이 거기 뿌린 것을 움돋게 함 같이 주 여호와께서 공의와 찬송을 모든 나라 앞에 솟아나게 하시리라."

2. NRSV는 이 수정 제안에 따라 '너의 건축자(builder, 야웨)가 너를 취하겠고'라고 번역한다.

3. 저자와 거의 같은 생각을 가진 주석가는 오스왈트다(Oswalt, *Isaiah 2*, 581).

4. 6절의 파수꾼과 1절의 '나'는 동일인인가? 그렇지 않은가? 관점에 따라 62:1-6의 전체 의미가 약간 달라질 수 있다. 만일 62:1의 '나'가 하나님이라면 6절의 인간 파수꾼은 하나님처럼 쉬지 않고 경성하여 시온이 정의와 공의로 세워지는 것을 감독하는 역할을 맡는다고 해석하면 된다. 그런데 62:1의 '나'가 만일 6절에 세워진 그 인간 파수꾼을 의미한다면 인간 파수꾼이 훨씬 중대한 의미를 갖게 된다. 시온에 의와 구원이 백퍼센트 실현될 때까지 '쉬지 않으리라'는 1절의 결심은 하나님의 결심이 아니라 하나님이 세우신 인간 파수꾼의 결심이라는 말이 된다. 이런 읽기는 시온의 의와 구원이 완전히 구현되기까지 인간 파수꾼의 분투가 얼마나 중요한지를 가르쳐준다는 점에서 유익이 있다. 두 해석 다 가능하지만 위의 읽기가 좀 더 적극적 읽기인 것은 사실이다.

5. 박영호, 『에클레시아: 에클레시아에 담긴 시민공동체의 유산과 바울의 비전』 (서울: 새물결플러스, 2018). 또한 사도 바울의 에베소 선교사역이 그레코-로만 도시 문명을 얼마나 근원적으로 뒤흔든 사회변혁운동인지를 보려면, Ben Witherington III, *The Acts of the Apostles. A Socio-Rhetorical Commentary* (Grand Rapids, MI.: Wm. B. Eerdmans, 1988), 51, 59, 102, 138-140을 참조하라. 이 책은 바울의 하나님 나라 복음이 아데미 여신숭배로 유지되던 에베소를 얼마나 크게 요동치게 했는지를 자세히 분석한다.

6. 알리스터 맥그래스, 『종교개혁 시대의 영성』, 박규태 역(서울: 좋은씨앗, 2005), 55-70.

7. 봐이틀링은 '의로운 자들의 연맹'(the League of the Just)을 결성해 초기 마르크스와 엥겔스를 계도할 정도로 현실정치적인 투쟁가였다. 기독교적 공산주의 이상을 실현하기 위해 정치적 투쟁의 불가피성을 강조했다는 점에서 봐이틀링은 생시몽, 푸리에, 오웬 등의 공상적 사회주의와는 약간 다른 노선을 주창했다.

8. 카, 『역사란 무엇인가』, 165.

9. Alexis de Tocqueville, *Democracy in America* vol. 1, trans. Henry Reeve [Philadelphia, PA.: A Penn State Electronic Classics Series Publication, 2002(orig. 1835)], 16. 1831년에 미국을 방문했던 토크빌은 미국에서 일어나는 혁명적 평등화를 보면서 아메리카의 발전을 신의 섭리와 뜻으로 설명한다.

10. 칼 F. 헨리,『복음주의자의 불편한 양심』, 박세혁 역(서울: IVP, 2009).

63장. 만민을 심판하여 선민을 신원하시는 하나님

1. '장엄해졌다'로 번역된 히브리어 하두르(הָדוּר)는 '장엄하다'를 의미하는 상태 동사 하다르(הָדַר)의 남성 단수 수동 분사형이다.

2. 3절의 마지막 소절, "내 의복을 다 더럽혔음이니"라고 번역된 히브리어 구문은 붜콜-말부샤이 에그알티(וְכָל־מַלְבּוּשַׁי אֶגְאָלְתִּי)다. '물들이다'를 의미하는 가알 동사(גָּאַל, HALOT, p. 170)의 1인칭 미완료형 어두 자음 알렙(א)이 붙어있는데 어미는 1인칭 완료형 어미(תִּי)가 붙어있다. 이대로는 말이 안 된다. 그래서 BHS 비평장치는 두 가지 수정 제안을 한다. 쿰란 이사야 사본들과 심마쿠스, 데오도 션, 시리아역, 불가타역에 의거해 완료형으로 고쳐 읽거나[게알티(גָּאַלְתִּי)] BHS 자체의 수정안을 제시한다. BHS의 수정안은 에그알티를 히필형으로 고쳐 읽는 것이다[히그알티(הִגְאַלְתִּי)]. 개역개정은 아마 전자의 역본들을 따라 고쳐 번역했을 것이다. 둘 다 가능하다.

3. 헤셸,『예언자들』, 6, 7, 10장.

4. 개역개정이 "자기 앞의 사자"로 번역한 히브리어는 말아크 파나브(מַלְאַךְ פָּנָיו)다. NIV는 '그의 현존 천사'("the angel of his presence")라고 번역한다. 이 하나님 현존 천사는 출애굽기 14:19에 언급되는 '하나님의 천사'를 가리킨다. 출애굽기 33:14-15과 신명기 4:37에는 이 어구의 약식표현이 등장한다. 출애굽기 33:14은 '내 얼굴이 갈 것이며'라고 말한다. 신명기 4:37의 개역개정은 생략하고 있지만 '그의 현존으로'라는 어구가 맛소라 본문에 있다. "큰 권능으로" 바로 앞에 '그의 현존'으로라는 어구가 있다. 여기도 천사적 중재자를 암시하고 있다. 11절 이하의 애가 기도문이 모세의 때를 상기하는 것을 볼 때 모세 구원사에 등장하는 하나님의 현존천사가 다시 언급되는 것은 이상하지 않다.

5. "떠나게 하다"라는 동사는 히브리어 타아 동사(תָּעָה)의 히필(사역) 미완료형 2인칭 남성 단수 타트에누(תַּתְעֵנוּ)다. 타아 동사의 히필형이 소극적 의미에서 '방황하게 하는 것을 내버려둔다' 정도의 의미를 가질 때도 있으나(렘 50:6) 대부분은 적극적인 의미에서 하나님이 방황하게 하시는 주동자 역할을 하는 상황을 묘사할 때 사용된다. 하나님은 지속적인 불순종과 불신앙의 길을 걷는 당신의 백성

주

을 멸망에 이르도록 적극적으로 교란하신다. 즉 하나님의 참된 말씀이 일탈되고 어긋난 당신의 백성을 교란시키는 효과를 내게 하신다(사 3:12; 9:15; 30:28; 참조, 창 20:13; 왕하 21:9; 욥 12:24-25; 잠 12:26; 렘 23:13, 32; 호 4:12; 암 2:4; 미 3:5).

6. James L. Kugel, *The Bible As It Was* (Cambridge, MA.: Harvard University Press, 1999), 63-66(Cain's Sevenfold Punishment).

7. Dominic S. Irudayaraj, *Violence, Otherness and Identity in Isaiah 63:1-6: The Trampling One Coming from Edom* (London et al.: Bloomsbury, 2017).

64장. 통회자복 애가-여호와여, 너무 분노하지 마시오며 죄악을 영원히 기억하지 마시옵소서

1. 맛소라 본문으로는 4절, 개역개정으로는 5절의 하반절 구문은 현재 그대로 두고 해석하기가 쉽지 않다. 개역개정 5절의 히브리어 문장을 직역하면 이렇다. '보라, 다른 이가 아니라 당신께서 화가 나셨습니다. 우리는 죄를 지었습니다. 그것들['당신의 길들'(드라케카=דְּרָכֶיךָ)]에 대해 오랫동안. 그런데 우리는 구원받았습니다.' 문제가 되는 것은 마지막 소절, '그런데 우리는 구원을 받았습니다'[뷔니바쉐아(וַנִּוָּשֵׁעַ)]이다. 죄를 오랫동안 지어온 '우리'에게 하나님이 진노하시는 것이 당연하다. 왜 갑자기 구원을 주시는가? 맛소라 본문을 두고는 말이 안 된다. 뿐만 아니라 "우리가 어찌 구원을 얻을 수 있으리이까"라는 개역개정의 번역도 맛소라 본문을 갖고 생각해낼 수 없는 오역이다. 결국 마지막 소절 뷔니바쉐아를 다르게 읽어야 한다는 것을 의미한다. BHS 비평장치는 두 가지 제안을 한다. 첫째, 칠십인역을 따라 '우리는 범죄하였습니다'를 의미하는 히브리어 반니퍼샤(וַנִּפְשַׁע)로 고치는 것이다. NRSV는 이 제안을 따른다. 둘째, '우리는 사악했습니다'를 의미하는 히브리어 반니르샤(וַנִּרְשַׁע)로 고쳐 읽는 것이다. 둘 중 하나로 고쳐 읽는 것이 낫지만 이 수정된 읽기가 5절 전체의 대지에 중대한 차이를 가져오지 않기 때문에 개역개정을 따른다.

2. 개역개정이 7절의 마지막 소절을 '우리가 소멸되게 하셨다'라고 번역한 것은 지나치다.

65장. 새 하늘과 새 땅을 창조하시는 여호와 하나님

1. 갓은 행운을 관장하는 신으로 로마의 포르투나 여신 같은 이방신이다(HALOT, p. 176).

2. 므니는 운명을 관장한다고 믿어진 이방의 신 이름이다(HALOT, p. 602).

3. Hans Walter Wolff, *Mit Micha reden* (München: Chr. Kaiser Verlag, 1978), 168-169.

4. 토마스 뮌쩌(Thomas Münzer, 1489?-1525). 종교개혁 시기에 활동한 독일의 급진 개혁가이자 성령직통 계시를 주장했던 재세례파 지도자다. 민중이 압제자에게서 해방된 신정 정치를 실현하려고 농민 반란을 이끌다가 루터에게 격렬하게 정죄를 당했으며 처형당했다.

5. 쯔비카우의 선지자들(Zwickau prophets)은 쯔비카우 출신의 급진적 개혁주의자 세 명을 일컫는 말로, 1522년 비텐베르크 소요의 주동자들이다. 성령의 직통계시를 주장하며 농민 반란을 선동했다.

6. 헨드리쿠스 베르코프, 『기독교 신앙론』, 신경수 역(서울: 크리스챤다이제스트, 1999), 507-508.

7. 베르코프, 위의 책, 507.

8. Hendrikus Berkhof, *Christian Faith: an Introduction to the Study of the Faith*, (Grand Rapids, MI.: Wm. B. Eerdmans, 1979), 508, para. 3.

9. Berkhof, *Christian Faith*, 513; 베르코프, 『기독교 신앙론』, 823.

10. 알리스터 맥그래스의 『기독교 그 위험한 사상의 역사』, 오스 기니스의 『기독교 르네상스』도 같은 주장을 전개하고 있다.

11. 유발 하라리는 『호모 데우스』에서 호모 사피엔스는 기아, 전쟁, 역병을 극복했고 차세대 최고의 기업가적 투자와 모험은 인간불멸 프로젝트일 것이라고 예견한다.

12. Berkhof, *Christian Faith*, 514; 베르코프, 『기독교 신앙론』, 825.

13. 한스-요아킴 크라우스, 『조직신학: 자유의 나라로서의 하느님 나라』, 박재순 역(서울: 한국신학연구소, 1986), 30.

66장. 여호와의 말씀으로 말미암아 떠는 자들아, 그의 말씀을 들을지어다

1. 1QHab Pesher는 하박국 1-2장에 대한 주석으로서 "의의 교사"와 "악한 제사장"의 갈등을 언급한다.

2. 아크로이드, 『이스라엘의 포로와 회복』, 56.

3. 출 13:13, 34:20, 그리고 신 21:1-9은 속량되지 못한 당나귀, 공동체 전체의 죄책 면책을 위해 바치는 암소 제물의 목을 꺾는 관습을 말한다. 개는 제물도 아닌데, 어설픈 희생제사는 제물로 사용될 수도 없는 개의 목을 꺾어 희생제물로 사용하는 것과 같다는 비판이다.

4. '헛것'으로 번역된 히브리어 아웬(אָוֶן)은 우상을 함의하는 단어로 자주 사용된다(HALOT, p. 22; BDB, p. 20).

5. "내가 그들의 행위와 사상을 아노라. 때가 이르면"이라고 번역된 18절의 첫 소절의 히브리어 구문은 문제 투성이다. 직역하면 이렇다. '그리고 나, 그들의 행위들과 그들의 사상들, 오고 있다.' 본문 부식이 심하게 일어난 것처럼 보인다. 주어인 '나'의 서술어 동사가 없다. 영어성경 NRSV는 '안다'라는 말을 집어넣는다. 또한 '오고 있다'라고 번역될 수 있는 동사 '오다'를 의미하는 보(בוֹא)의 여성 분사형 바아(בָּאָה)의 주어가 무엇인지 확실하지 않다. NASB는 '때'를 의미하는 '에트'(עֵת)를 삽입해, '때가 이르리니'라는 문장을 만들어 넣는다. 개역개정도 이 수정을 따른다. 어떻게 고쳐도 명료하게 의미가 살아나지 않는다. 구약성경의 본문들이 이런 부식을 거쳐서 우리에게 전달되었기에 본문해석에는 자유로운 추측이 개입될 여지가 많다.

6. 이런 점에서 로마 가톨릭은 신구교 분리를 역사적, 신학적으로 분석한 개신교 신학자 칼 하임(Karl Heim)의 1926년 저서 『개신교의 본질(Das Wesen des evangelische Christentums)』의 주장에 응답할 책임이 있다. 이 책은 정선희, 김회권 역으로 2018년에 한국어로 번역되었다[『개신교의 본질』(서울: 복 있는 사람, 2018)].

전체 결론. 인본주의 최고점의 시대에 읽는 이사야 40-66장

1. Martin Heidegger, *Sein und Zeit* (Tübingen: Max Niemeyer Verlag, 1993), 334-371. 하이데거가 형이상학적 기독교신학에 끼친 영향을 보려면, John Macquarrie, *Heidegger and Christianity: The Hensley Henson Lectures 1993-94* (New York, NY.: Continuum, 1934), 6, 114, 130-132을 참조하라.

2. 김균진, "현실의 객관성에 대한 양자물리학의 토의와 신학적 의미," 『신학논단』 41 (2005년 1월), 123-152(144).

3. 카, 『역사란 무엇인가』, 135.

4. 카, 위의 책, 156.

5. 알랭 드 보통, 『무신론자를 위한 종교』, 박중서 역(서울: 청미래, 2011).

보설 2. 왜 이사야 1-66장을 한 권의 책으로 읽어야 하는가?

1. 이 단원의 논의는 다음 논문에 일부 빚지고 있다: J. Clinton McCann, Jr., "The

Book of Isaiah-Theses and Hypotheses," *Biblical Theology Bulletin: Journal of Bible and Culture* 33/3 (2003), 88-94. 클린턴 맥칸은 이사야서 최근 연구 동향에서 널리 수용되는 세 가지 정설과 곧바로 수용될 가능성이 큰 세 가지 가설을 소개한다. 세 가지 정설은 다음과 같다: (1) 이사야서는 하나의 책으로 읽히고 해석되어야 한다. (2) 이사야서의 복합적 통일성은 확장된 편집 과정의 결과다. 이 복합성은 이사야서의 통일성이 획일성이 아니며 심지어 모순과 상충되는 주장들을 아우르는 모순병치적 통일성이다. (3) 대조와 모순을 품은 이사야적 통일성은 이사야 1-66장이 최종적으로 형성되는 데 관여한 긴 전승 과정을 중시하도록 만들며, 예언서들에서(그리고 전체 성경에서) 계시된 하나님이 무시간적인 교조를 강요하는 하나님이 아니라, 살아있는 상황에 최적화된 말씀을 주시는 역동적인 하나님임을 계시한다. 특정 상황과 전통에서 언표된 하나님의 말씀은 무시간적인 교리가 아니라 특정 상황을 겨냥한 하나님의 살아있는 음성이라는 것이다. 예를 들면, 시온의 멸망 불가피성을 말하는 미가서 3:12과 시온의 승귀를 말하는 미가서 4:1은 모순이 아니라 각각 다른 전통을 대표하는 음성들이라는 것이다.

세 가지 가설은 다음과 같다: (1) 이사야서는 모든 나라들에 대해 통치권을 주장하며 정의, 공의, 그리고 평화를 전세계적 차원에서 관철시키려는 하나님을 계시한다. (2) 하나님의 사람들은 전 세계적 평화 창조를 의미하는 이사야적 세계화에 참여하도록 초청받았다. (3) 비록 예언자들이 때때로 파멸 선고자로 보였을지라도 최종본에서는 회개 설교자로 제시된다. 6:9-13의 이사야 소명은 나중에 눈먼 자가 눈이 열리고, 귀 먹은 자가 귀가 열리는 시대에 대한 상서로운 미래 예언에 의해 상쇄된다.

2. 베른하르트 둠 시기의 역사비평적 학자들은 18세기 말 영국성공회 주교이자 옥스퍼드 대학교 문학교수였던 로버트 로우드의 히브리 시가 형식에 대한 강의에 영향을 받아 예언자의 구두육성과 후대의 산문적 추가물을 구분했다[Robert Lowth, *Lectures on the Sacred Poetry of the Hebrews* (Edinburgh: Walker & Greig, 1787)]. 로버트 로우드는 히브리어 시문은 철저한 음률과 음보를 의식한 시인들에 의해 저작되었다고 주장했다.

3. 존 오스왈트 외에 구약학자이자 아일랜드 교회 지도자였던 존 알렉산더 모티어(John A. Motyer)도 이런 입장을 견지했다: *The Prophecy of Isaiah: An Introduction & Commentary* (Downers Grove, IL.: InterVarsity Press, 1993); *Isaiah* (Tyndale Old Testament Commentaries series; Downers Grove, IL.: InterVarsity Press, 1999).

4. John N. Oswalt, *The Book of Isaiah, vol. 1-2* (New International Commentary on the Old Testament series; Grand Rapids, MI.: Eerdmans, 1986/1998).

주

5. 구두 선포에서 문서 예언서로 정착되는 과정에 대한 논의를 참조하려면, R. E. Clements, "Prophecy as Literature: a Reappraisal," in D. G. Miller ed., *The Hermeneutical Quest: Essays in Honor of J. L. Mays for His Sixty-Fifth Birthday* (Allison Park, Pa.: Pickwick Publications, 1986), 56-76을 보라. 북이스라엘 청중에게 구두로 처음 선포된 호세아의 메시지가 책으로 편집되어 남왕국 청중에게 소개될 때 남왕국 청중의 관심과 문제 의식을 반영한 편집이 불가피했다. 현재의 모든 예언서는 구두 선포의 육성도 간직하지만 책을 만든 편찬자들의 정경화 의도도 반영하고 있다.

6. Duhm, *Das Buch Jesaja*, 255. 둠은 제2이사야가 자신을 감춘 이유를 두 가지로 생각한다. 첫째, 그는 비전을 보고 해석한 예언자가 아니라 '야웨의 음성을 듣는' 예언자였다. 그는 이미 '보여진 비전'(주전 8세기 예언자는 비전을 본 예언자)을 해석하는 '듣는 예언자'였다는 것이다. 둘째, 제2이사야가 앞선 예언자(주전 8세기 예언자 이사야)의 심판 예언이 성취된 것을 전제로 했다는 점에서 자신을 내세우기보다는 감추는 전략을 썼다. 제2이사야는 자신의 예언 성격이 앞서 성취된 심판 예언의 후속편임을 의식했다는 것이다.

7. 브레바드 S. 차일즈의 2001년 이사야 전체 주석이 "세 책 이사야서" 주석 전통을 뒤집었다[*Isaiah, A Commentary* (OTL: Louisville, KY.: Westminster John Knox Press, 2001)].

8. '전승'(tradition)은 '조상이 후손에게 전달해주는 교훈, 가르침, 계명, 지혜의 보고'(寶庫)를 가리킨다. 긴 시간을 두고 축적된 일련의 신앙고백, 구원사 이야기, 율법들을 총칭하는 말이다. 모세오경은 현대적인 의미의 단일 저자의 책이라기보다는 공동체가 결집한 모든 신앙 전범들을 보존하는 '전승'이다. 이사야도 단순한 한 권의 책이 아니며 전승이다. 조상들로부터 후손들에게 전해질 때마다 전승에는 추가와 보완이 일어난다. 이런 의미의 전승 형성 과정을 자세히 연구하려면, Michael Fishbane, *Biblical Interpretation in Ancient Israel* (New York, NY.: Oxford University Press, 1985)를 참조하라.

9. 위의 맥칸 논문(2003년)이 다루지 않는 중요한 독일 학자가 울리히 베르게스 (Ulrich Berges)다. 그의 1998년 교수자격취득 논문에서 베르게스는 슈텍의 방법론에 의거해 이사야서의 저작 과정을 탐구한다. 그는 통시적 질문을 갖고 편집층을 연구하면서도 시온을 중심으로 강력하게 응집된 이사야서 최종본문을 해석한다. 그는 전체 이사야서 전체를 7막의 드라마로 본다(1-12, 13-27, 28-35, 36-39, 40-55, 56-66). 그는 7막의 드라마 안에서 발견되는 본문 상호적 언급과 지시들이 너무 많아 단일 저작으로 읽지 않을 수 없다고 주장한다. 다만 그는 제2이사야, 제3이사야 구분을 축자적으로 따르지 않는다. 40-55장은 귀환포로 중 성전찬양대원 출신 레위인의 예언이며, 56-66장은 주전 8세기 이

사야의 시온 예언 전승을 이어받아 확충한, 보다 더 후대의 저자가 생성한 저작이라고 본다[*Das Buch Jesaja* (Freiburg et al. : Herder, 1998), 11-49, 535-546].

10. 이사야 1-39장, 40-55장, 56-66장을 미쉬파트(정의)의 관점에서 한 책으로 읽는 시도에 대한 논의를 보려면, 오택현, "제3이사야에 나타난 미쉬파트 (משפט)"를 참조하라. 오택현은 세 부분에서 사용된(1-39장 22회, 40-55장 11회, 56-66장 9회) 미쉬파트의 의미가 약간씩 다르며 제3이사야의 미쉬파트는 묵시문학적 심판을 의미한다고 주장한다(101, 122).

11. 맥칸은 주제와 목적의 단일성 때문에 이사야 1-66장을 하나의 책으로 읽어야한다는 여러 학자들을 언급한다(David Carr; B. S. Childs; Ronald E. Clements; R. Rendtorff; Chr. Seitz; Hans O. Steck). 본서의 입장과 가장 유사한 학자는 맥칸이자세히 소개한 슈텍이다. 이사야서가 긴 편집 과정을 거쳐 완성되고 그 편집의 층위들을 추적해 연대를 추정하는 것의 중요성에도 불구하고 여전히 이사야서는 하나의 책으로 연구되고 읽히고, 해석되어야 한다고 주장하는 슈텍의입장에 이의를 제기하기는 어렵다. 슈텍은 '이사야서 전체의 역사적인 편집 과정을 탐구하는 공시적 읽기'를 주장한다[*The Prophetic Books and Their Theological Witness* (St. Louis, MO.: Chalice Press, 2000), 20]. 그에 의하면, 오직 해석자들이 최종 모습의 이사야서의 틀(shape)과 윤곽들을 의식할 때에만이 전제들과 선입관들('1-39장 전체 혹은 자료 대부분, 심지어 1-12장도 주전 8세기 이사야에서부터유래했다')에 굴복하지 않고 이사야서의 확충 과정을 분류할 수 있다.

12. 서론에 있는 '바벨론 유배 전후의 역사'를 참조하라.

13. 여기서는 이렇게 추가된 미래회복 및 구원 예언이 원래의 예언자 자신의 후기예언인지 후대의 편집자가 자기 시대 독자를 위해 추가했는지는 상관없다.

14. '시온 영화화' 관련 예언들은 슥 9-14장, 습 3:14-17, 사 2:1-4, 18:7, 미 4:1-4과 사 60-66장에 집중적으로 나타나며 '이스라엘 및 시온 재선택' 예언은 사 14:1-2, 27:12과 슥 8:3-5에 나온다.

15. 성전 회복 예언은 겔 40-48장과 사 60-66장에 나온다.

16. 다윗 관련 미래 예언들은 암 9:11-14, 호 3장, 렘 23, 31-33장, 겔 34장, 37장, 사 9-11장, 55장에 나온다.

17. 데이빗 잔젠(David Janzen)은 역대기 저작 시기를 주전 4세기(주전 400년 이후)로 설정하는 점에서 본서의 입장과 다르지만 역대기서의 저작 목적이 예후다에 페르시아 제국의 피후견 왕조(옛 다윗 왕조의 후신)를 세우려는 것이었다고주장한다는 점에서 본 주석서의 입장을 지지한다. 열두 지파를 통솔하는 다윗왕적인 지도력과 레위 지파의 지도력을 공히 현양하는 예언들이 역대기 저작전후 시기에 예언서들에 보삽되었을 가능성이 그만큼 더 커진다[*Chronicles and the Politics of Davidic Restoration: A Quiet Revolution* (London et al.: Bloomsbury T&T

Clark, 2017)]. 예레미야서의 새 언약 단락의 끝에는 다윗 가문과 레위 가문의 양두 체제 리더십을 영구적으로 시성하는 구절들이 나온다(렘 33:19-26).

18. 김회권, 『성서주석 이사야 I』, 238-239. 알브레히트 알트(A. Alt), 게르하르트 폰 라드(Gerhard von Rad), 지미 로버츠(J. J. M. Roberts) 등 이사야 연구자들은 히스기야 대관식을 계기로 선포된 예언이라고 본다. 이런 주장을 본격적으로 내세운 학자는 알트다["Jesaja 8, 23-9, 6. Befreiunsnacht und Krönungstag," in *Kleine Schriften zur Geschichte des Volkes Israel* (München: C. H. Beck, 1953), 29-49].

19. 에스겔의 원예언(40-48장)에서는 제사장의 지도력이 오히려 크게 부각되고 있으며 회복된 성전을 주도하는 제사장적 지도력과 동역하는 왕은 멜렉(מֶלֶךְ)이 아니라 '방백' 즉 나시(נָשִׂיא)로 불린다. 전제 왕권을 휘두르는 왕이 아니라 행정지도자 정도의 의미다(43장). 개역개정은 이 나시(נָשִׂיא)라는 히브리어를 '왕' 혹은 '군주'라고 번역한다(45-46장).

20. 이 과정에서 개별 예언서마다 미래회복 시나리오가 편차를 보이는 것은 자연스럽게 보인다. 예레미야는 영(靈) 민주주의적 야웨의 백성 공동체의 영적 자발성 만개를 이상적인 미래 구원이라고 보았고(31:34; 참조. 민 11:29 모든 사람에 하나님의 영이 임하길 기원하는 모세; 욜 2:28-32 영의 대중적 분여시대 예고; 행 2:16-21 영 민주주의 실현), 사독 계열의 제사장 에스겔은 성전회복과 그것의 생명소 생사역이 미래회복의 절정이라고 보았다(40-48장). 대체로 이런 분위기 속에서 바벨론 귀환포로 공동체가 이전의 심판과 재난 중심의 예언서들을 다양한 미래 구원과 회복에 관한 예언들을 보삽했을 것이다.

21. 원래 모든 예언서에는 심판 예언만 있었다고 주장하는 학자들(Hans W. Wolff, Othmar Keel)이 한때는 예언서 연구의 대세를 이루었지만, 최근에는 심판+회복 예언이 처음부터 병렬해 있었다고 주장하는 학자들의 입장이 우세해지는 중이다. 이 두 번째 입장을 가진 학자들은 처음부터 재난 통고 및 심판 예언의 목적이 민족멸절 통보였던 예언은 없었다고 주장한다.

22. 주전 190년경 저작된 「벤시락」이라는 외경(「집회서」)에서 벤시락은 1-66장 전체가 주전 8세기 이사야의 예언이라고 말하며 이사야가 구원에 관한 많은 예언을 했다고 증언한다. 하지만 이것은 1-66장의 저자가 이사야라고 믿던 그시대의 문서 전통을 수용한 말이지, 예언서의 전기적 자료에 근거한 실증주의적 역사 진술이 아니다. 하나님은 예언자들을 통해 미래(근접미래)에 대해 예언하지만 수백 년 후의 일들을 아무 맥락 없이 예언하는 노스트라다무스 유의 예언자들을 세상에 파송하시지는 않는다.

23. 여전히 하나님의 은혜가 압도적으로 더 큰 역할을 한다는 의미다.

24. 예레미야가 예언한 새 언약 시대에도 새 언약이 성취되려면 여전히 이스라엘의 말씀 순종이 필수적으로 요청된다.

25. 리 비치(Lee Beach), 『유배된 교회』, 141, 143, 148. 리 비치도 요나서의 기도가 유배지에서 드려진 기도의 전형을 따른다는 점에서 이런 주장을 한다.

26. 이스라엘이 신원되고 하나님이 이스라엘의 기도를 들으시고 응답하시는 날 이 오면 열방은 수치를 당한 나머지 이스라엘을 하나님의 종으로 인정하게 될 것을 예언하는 구절들은 다음과 같다: 사 18:3; 30:26; 35:2; 40:5; 41:20; 42:6; 44:23; 45:6, 14; 49:6, 13, 23; 52:9, 10; 55:5; 60:3; 61:3; 62:2; 65:25; 66:18; 렘 3:17; 31:6, 9, 10; 33:9; 겔 20:41; 36:23, 36; 37:28; 38:23; 39:7, 27; 욜 3:16; 옵 1, 21; 미 4:1; 7:16; 습 2:11; 3:9; 슥 8:23; 13:2; 14:9; 시 9:9-10; 22:28-29; 46:10-11; 67:2-3; 69:35-36; 76:8-9; 83:18; 96:10-11; 97:8-9; 98:2-3; 108:5-6; 126:2-3).

27. Charles Caldwell Ryrie, *Dispensationalism Today* (Chicago: Moody Press, 1965), 137. 재림이 언제 일어날 것인지에 대한 견해에서는 이견을 보이지만 존 넬 슨 다아비(John Nelson Darby, 1800-1882년) 이래로 대부분의 세대주의자들 (C. I. Scofield, Harry A. Ironside, Lewis Sperry Chafer, William R. Newell, Miles J. Stanford)은 '이스라엘 민족과 예루살렘'에서 실현될 예언들(대부분 사 40-66장 에 있다)이 남아 있다고 믿는다.

28. Charles W. Colson, *Kingdoms in Conflict* (Grand Rapids, MI.: Zondervan, 1989). 이 책은 미국의 우익행동주의 크리스천들, 특히 친이스라엘적 보수기독교회의 세대주의 종말론에 대한 비판을 담고 있다. 이 책의 서문에서 저자는 이스라엘 우익정당 리쿠드당에서 알 악사 이슬람 모스크를 폭파하고 제3성전을 지으려 는 야심을 우려하는 백악관 긴급안전보장회의 장면을 가상적으로 묘사한다.

29.
「법철학연구」 23/1 (2020년), 169-208, 특히 184-196.

30. 예수님이 품은 열두 지파 회복 비전은 위경인 「희년서」, 「12족장 예언」 등에도 잘 나온다. 여기에 보면 12족장이 열두 보좌에 앉아 온 이스라엘을 심판하는 비전이 나온다.

31. Seyoon Kim, "The 'Mystery' of Rom 11.25-6 Once More," 412. 김세윤은 바 울이 이스라엘 동포들을 선교할 때 부딪혔던 마음의 완악함을 이사야 6장과 49장의 빛 아래서 해석하여, '일시적 완악함'으로 해석했다는 점을 강조한다.

주

참고문헌

강승일. "고대 메소포타미아의 점성술과 구약성경에 나타나는 그 흔적들." 「서양고대사연구」 29 (2011): 7-33.

김균진. "현실의 객관성에 대한 양자물리학의 토의와 신학적 의미." 「신학논단」 41 (2005): 123-152.

김능우. "중세(中世) 아랍 시(詩)에 나타난 '몽골과 이슬람 세계와의 충돌'에 관한 연구: 13세 기 초-15세기 초." 韓國中東學會論叢 28/2 (2008): 163-194.

김세윤. 『바울신학과 새 관점』. 서울: 두란노, 2002.

김영도. "도나투스주의 논쟁에 나타난 어거스틴의 은총의 수단(교회) 이해." 「신학과 목회」 24 (2005): 53-82.

김영한. 『안토니우스에서 베네딕트까지』. 서울: 기독교학술원, 2011.

김창주. "유대교와 이사야 53장: 의인의 대속적인 고난을 어떻게 이해할까?." 「신학사상」 121 (2003): 101-131.

김회권. "예언서들: 정경 그리고 성경신학." J. G. McConville 논문 논평. 「헤르메네이아 투데 이」 23 (2002): 30-33.

_____. "이사야 61장 1~11절에 나타난 선교신학: 시온과 열방의 관계에 대한 주석적 고 찰." 「선교와 신학」 13 (2004): 141-170.

_____. 『성서주석 이사야 I』. 서울: 대한기독교서회, 2006.

_____. 『하나님 나라 신학으로 읽는 모세오경』. 서울: 복 있는 사람, 2017.

_____. 『하나님의 도성. 그 빛과 그림자』, 서울: 비아토르, 2018.

_____. 『내 백성을 위로하라』, 서울: 성서유니온, 2022.

대천덕. 『토지와 경제정의』, 전강수, 홍종락 역, 서울: 홍성사, 2003.

박성호. "The Suffering Servant Jesus: Christian Interpretation (Interpretatio Christiana) of the Early Church on the Fourth Servant Song (Isa 52:13-53:12)," *Canon & Culture: A Journal of Biblical Interpretation in Context* 11 (2017): 169-211.

박영호. 『에클레시아: 에클레시아에 담긴 시민공동체의 유산과 바울의 비전』, 서울: 새물결 플러스, 2018.

박혜영. "마흐무드 다르위시(Mahmoud Darwish), 시(詩)로 되찾는 고향, 팔레스타인," 「녹색 평론」 97 (2007): 94-106.

엄두섭. 『수도생활의 향기』, 서울: 보이스사, 1989.

오택현. "제2이사야와 신명기 역사에 반영된 바벨론 제국의 상황," 「신학논단」 26 (1999): 401-419.

_____. "제3이사야에 나타난 미쉬파트(משפט)," 「신학과 목회」 31 (2009년 5월): 101-122.

정진호. 『땅동, 박부장입니다』, 서울: 홍성사, 2017.

Ackroyd, Peter R. *Exile and Restoration*, Louisville: Westminster John Knox Press, 1968; 이 윤경 역, 『이스라엘의 포로와 회복』, 서울: 기독교문서선교회, 2019.

Ahn, John J. *Exile as Forced Migrations: a Sociological, Literary, and Theological Approach on the Displacement and Resettlement of the Southern Kingdom of Judah*, Berlin/New York: De Gruyter, 2011.

Alt, A. "Jesaja 8, 23-9, 6. Befreiunsnacht und Krönungstag," in *Kleine Schriften zur Geschichte des Volkes Israel*, München: C. H. Beck, 1953, 29-49.

Arato, Andrew. "Hannah Arendt, Constitutionalism and the Problem of Israel/Palestine," in Public Seminar. (2014).

Arendt, Hannah. *The Origins of Totalitarianism*, New York: Meridian Books, 1950; 박미애, 이진우 역, 『전체주의의 기원 1, 2』, 서울: 한길사, 2006.

St. Augustine. *The City of God*, trans. Marcus Dods. Peabody: Hendrickson, 2009; 조호연, 김종흡 역, 『하나님의 도성』, 고양: 크리스챤다이제스트, 2004.

Bar, Eitan. *Refuting Rabbinic Objections to Christianity and Jesus and Messianic Prophecies*, Tel Aviv: One for Israel, 2019.

Balentine, Samuel E. *The Torah's Vision of Worship*, Minneapolis, MN.: Fortress Press, 1999.

Beale, Gregory K. *We Become What We Worship: A Biblical Theology of Idolatry*, Downers Grove, IL.: IVP Academic, 2008; 김재영, 성기문 역, 『예배자인가 우상숭배자인가』, 서울: 새물결플러스, 2014.

참고문헌

Beech, Lee. *The Church in Exile: Living in Hope After Christendom*, Downers Grove, IL.: IVP, 2015; 김광남 역, 『유배된 교회』, 서울: 새물결플러스, 2017.

Berges, Ulrich. *Das Buch Jesaja*, Freiburg et al.: Herder, 1998.

Berkhof, Hendrikus. *Christian Faith: an Introduction to the Study of the Faith*, Grand Rapids, MI.: Wm. B. Eerdmans, 1979; 신경수 역, 『기독교 신앙론』, 서울: 크리스챤 다이제스트, 1999.

Berlin, Adele. "Did Jews Worship Idols in Babylonia?" in Gersho Galil, Mark Geller, Alan Millard eds., *Homeland and Exile*, VTS 130; Leiden & Boston: Brill, 2009.

Berquist, Jon L. *Judaism in Persia's Shadow: a Social and Historical Approach*, Minneapolis, MN.: Fortress Press, 1995.

Blair, William N. "The Korea Pentecost And Other Experiences on the Mission Field," (https://archive.org/details/koreapentecostOOblai).

Blenkinsopp, Joseph. *Isaiah 40-55*, ABC; New York, NY.: Doubleday, 2002.

Bock, Darrel and Glazer, Mitch, et al. *The People, the Land, and the Future of Israel: Israel and the Jewish People in the Plan of God*, Grand Rapids: Kregel Publication, 2014; 김진섭, 권혁승 역, 『이스라엘 민족, 영토, 그리고 미래』, 서울: East Wind, 2014.

Bretton-Granatoor, Gary M. "The Presbyterians' Judaism problem," *Jewish Journal* 27 (2014).

Bright, John. *A History of Israel*, Louisville: Westminster John Knox Press, 1959; 김윤주 역, 『이스라엘의 역사 下』, 왜관: 분도출판사, 1979.

Brueggemann, Walter. *Deep Memory, Exuberant Hope: Contested Truth in a post-Christian World*, ed. P. D. Miller. Minneapolis, MN.: Fortress, 2000.

_____. *Theology of the Old Testament: Testimony, Dispute, Advocacy*, Minneapolis, MN.: Fortress Press, 2005; 류호영, 류호준 역, 『구약신학』, 서울: 기독교문서선교회, 2003.

Buren, Paul van. "Probing the Jewish-Christian Reality," *Christian Century* (1981): 665-668.

Campolo, Tony. and Darling, Mary A. *The God of Intimacy and Action*, San Francisco: Jossey-Bass, 2008; 윤종석 역, 『친밀하신 하나님, 행동하시는 하나님』, 서울: 복 있는 사람, 2009.

Carr, Edward H. *What is History?* New York: Vintage, 1961; 김택현 역, 『역사란 무엇인가』, 서울: 까치글방, 1985.

Childs, Brevard S. *Isaiah. A Commentary*, OTL; Louisville: Westminster John Knox Press, 2001.

_____. *The Struggle to Understand Isaiah as Christian Scripture*, Grand Rapids, MI.: Eerdmans, 2004.

Clements, R. E. "Prophecy as Literature: a Reappraisal," in D. G. Miller ed. *The Hermeneutical Quest: Essays in Honor of J. L. Mays for His Sixty-Fifth Birthday*, Allison Park, PA.:

Pickwick Publications, 1986, 56-76.

Cohen, Harold Robert. *Biblical Hapax Legomena in the Light of Akkadian and Ugaritic*, SBLDS 37; Missoula, MT.: Scholars Press, 1978.

Colson, Charles W. *Kingdoms in Conflict*, Grand Rapids, MI.: Zondervan, 1989.

Cross, Frank M. "The Council of Yahweh in Second Isaiah," *Journal of Near Eastern Studies* 12/4 (1953): 274–277.

Davidson, A. B. and Mauchline, John. *An Introductory Hebrew Grammar*, 26th ed.; Edinburgh: T&T Clark, 1966.

Dubovsky, Peter, Markl, Dominik, Sonnet, Jean-Pierre eds. *The Fall of Jerusalem and the Rise of the Torah*, Tübingen: Mohr Ziebeck, 2016.

Duhm, Bernhard. *Das Buch Jesaja übersetzt und erklärt*, Göttingen: Vandenhoeck and Ruprecht, 1902.

_____. *Das Buch Jesaja übersetzt und erklärt*, Göttingen: Vandenhoeck and Ruprecht, 4th ed. 1922 (orig. 1892).

Encyclopaedia Britanicca, "Greco-Persian Wars, 492–449 BC."

Engnell, Ivan. "The 'Ebed Yahweh Songs and the Suffering Messiah in Deutero-Isaiah," *Bulletin of the John Rylands Library* 31/1 (1948): 54-96.

Fishbane, Michael. *Biblical Interpretation in Ancient Israel*, New York, NY.: Oxford University Press, 1985.

Flusser, David B. and Notley, R. Steven. *The Sage from Galilee*, Grand Rapids, MI.: Eerdmans, 2007.

Gentry, Peter J. and Wellum, Steven J. *Kingdom through Covenant: A Biblical-Theological Understanding of the Covenants*, Wheaton: Crossway, 2012; 김귀탁 역, 『언약과 하나님 나라』, 서울: 새물결플러스, 2017.

Giono, Jean. *The Man Who Planted Trees*, Motreal: Société Radio-Canada, 1987; 김경온 역, 『나무를 심는 사람들』, 서울: 두레, 2005.

Goldingay, John. *Approaches to Old Testament Interpretation*, Downers Grove, IL.: IVP, 1981.

_____. *The Message of Isaiah 40-55*, London et al.: T&T Clark International, 2005.

Guzmán, Luis. "Benjamin's Divine Violence: Unjustifiable Justice," *The New Centennial Review* 14/2 (2014): 49-64.

Hamman, Adalbert. *How to Read the Church Fathers*, Norwich: Hymns Ancient & Modern; 2012; 이연학 역, 『교부들의 길』, 서울: 성바오로, 2010.

Hanson, Paul D. *The Dawn of Apocalyptic: The Historical and Sociological Roots of Jewish Apocalyptic Eschatology*, Philadelphia, PA.: Fortress, 1980.

Harari, Yuval Noah. 김명주 역, 『호모 데우스』, 서울: 김영사, 2017.

Heidegger, Martin. *Sein und Zeit*, Tübingen: Max Niemeyer Verlag, 1993.

Heim, Karl. 정선희, 김회권 역, 『개신교의 본질(*Das Wesen des evangelische Christentums*)』, 서울: 복 있는 사람, 2018.

Heiser, Michael S. 손현선 역, 『보이지 않는 세계: 성경의 초자연적 세계관 회복하기』, 서울: 좋은씨앗, 2019.

Hengstenberg, Ernst Wilhelm. *Christology of the Old Testament, and a Commentary on the Messianic Predictions*, Edinburgh : T&T Clark, 1970.

Heschel, Abraham Joshua. *The Prophets*, New York: HarperCollins, 1962; 이현주 역, 『예언자들』, 서울: 삼인, 2008.

Hodge, Charles. *Systematic Theology 1*, Peabody, MA.: Hendrickson, 2003.

Irudayaraj, Dominic S. Violence, *Otherness and Identity in Isaiah 63:1-6: The Trampling One Coming from Edom*, London et al.: Bloomsbury, 2017.

Janzen, David. *Chronicles and the Politics of Davidic Restoration: A Quiet Revolution*, London et al.: Bloomsbury T&T Clark, 2017.

Josephus, Flavius. *Jewish Antiquities*, 김지찬 역, 『유대 고대사』, 서울: 생명의말씀사, 1987.

Keil, C. F. & Delitzsch, F. *Biblical Commentary on the Old Testament. Leviticus*, Grand Rapids, MI.: Eerdmans, 1968.

Kim, Seyoon. "The 'Mystery of Rom 11.25-6 Once More," *New Testament Studies* 43 (1997): 412-429.

Klein, Ralph W. *Israel in Exile: A Theological Interpretation*, Philadelphia, PA.: Fortress Press, 1979.

Koole, Ian L. *Isaiah III*, trans. Anthony P. Runia; Leuven: Peeters, 1998.

Kraus, Hans-Joachim. 박재순 역, 『조직신학: 자유의 나라로서의 하느님 나라』, 서울: 한국신학연구소, 1986.

Kugel, James L. *The Bible As It Was*, Cambridge, MA.: Harvard University Press, 1999.

Lapsley, Jacqueline E. "Feeling Our Way: Love for God in Deuteronomy," *Catholic Biblical Quarterly* 65/3 (2003): 350-369.

Levenson, Jon D. "The Last Verses in Kings," *Journal of Biblical Literature* 103/3 (1984): 353-361.

_____. *Creation and the Persistence of Evil*, Princeton, NJ.: Princeton University Press, 1988.

Levine, Baruch A. *The JPS Torah Commentary. Leviticus*, Philadelphia et al.: The Jewish Publication Society, 1989.

McCann, Jr., J. Clinton. "The Book of Isaiah-Theses and Hypotheses," *Biblical Theology Bulletin: Journal of Bible and Culture* 33/3 (2003): 88-94.

Macquarrie, John. *Heidegger and Christianity: The Hensley Henson Lectures 1993-94*, New York, NY.: Continuum, 1934.

McGrath, Alister. *Roots that Refresh*, London: Hodder & Stoughton, 1992; 박규태 역, 『종교 개혁 시대의 영성』, 서울: 좋은씨앗, 2005.

Miller, Patrick, D. *Deuteronomy*, Interpretation; Louisville: Westminster John Knox, 1990; 김회권 역, 『신명기』, 현대성서주석 시리즈; 서울: 장로교출판사, 1999.

Miller, Donald E. and Yamamori, Tetsunao. *Global Pentecostalism: The New Face of Christian Social Engagement*, Oakland: University of California Press, 2007; 김성건, 정종현 역, 『왜 섬기는 교회에 세계가 열광하는가? 기독교적 사회참여의 새로운 모델, 성령운동』, 서울: 교회성장연구소, 2008.

Moran, William. "The Ancient Near Eastern Background of the Love of God in Deuteronomy," *Catholic Biblical Quarterly* 25 (1963): 77-87.

Motyer, John A. *The Prophecy of Isaiah: An Introduction & Commentary*, Downers Grove, IL.: InterVarsity Press, 1993.

_____. *Isaiah*. Tyndale Old Testament Commentaries series; Downers Grove, IL,: InterVarsity Press, 1999.

North, Christopher R. *The Second Isaiah: Introduction, Translation and Commentary to Chapters XL-LV*, Eugene, OR.: Wipf and Stock Publishers, 1964.

Noth, Martin. *The History of Israel*, London: Adam-Charles Black, 1958.

Oswalt, John N. *The Book of Isaiah*, vol. 1-2, NICOT; Grand Rapids, MI.: Eerdmans, 1986/1998.

Pappe, Ilan. *A History of Modern Palestine: One Land, Two Peoples*, Cambridge: Cambridge University Press, 2004; 유강은 역, 『팔레스타인 현대사: 하나의 땅, 두 민족』, 서울: 후마니타스, 2009.

Perdue, Leo G. and Carter, Warren. *Israel and Empire*, ed. Coleman A. Baker, London et al.: Bloomsbury, 2015.

Postell, Sett D., Bar, Eitan, Soref, Erez, Shelfer, Michelle, *Reading Moses, Seeing Jesus: How the Torah Fulfills its Goal in Yeshua*, Tel Aviv: One for Israel, 2017.

Quine, Cat. "Reading 'the House of Jacob' in Isaiah 48:1-11 in Light of Benjamin," *Journal of Biblical Literature* 137/2 (2018): 339-357.

Ryrie, Charles Caldwell. *Dispensationalism Today*, Chicago: Moody Press, 1965.

Seitz, Christopher R. "The Divine Council: Temporal Transition and New Prophecy in the Book of Isaiah," *Journal of Biblical Literature* 109/2 (1990): 229-247.

Smith, G. Adam. *The Expositor's Bible-The Book of Isaiah*, vol. 2, New York: A. C. Armstrong, 1899.

Stassen Glen H. and Gushee, David P. *Kingdom Ethics: Following Jesus in Contemporary Context*, Grand Rapids, MI.: Wm. B. Eerdmans, 2003; 신광은, 박종금 역, 『하나님의 통치와 예수 따름의 윤리』, 대전: 대장간, 2011.

Steck, Hans Odil. *The Prophetic Books and Their Theological Witness*, trans. J. D. Nogalski; St. Louis, MO.: Chalice Press, 2000.

Tocqueville, Alexis de. *Democracy in America*, vol. 1, trans. Henry Reeve; Philadelphia, PA.: A Penn State Electronic Classics Series Publication, 2002 (orig. 1835).

Tov, Emanuel. "The Text of Isaiah at Qumran," in *Writing and Reading the Scroll of Isaiah*, vol. 2, Vetus Testamentum Supplements 70/2; Leiden; Brill, 2014, 491-513.

Volf, Miroslav and McAnnally-Linz, Ryan. *Public Faith in Action: How to Think Carefully, Engage Wisely, and Vote with Integrity*, Grand Rapids: Brazos Press, 2016; 김명희 역, 『행동하는 기독교: 어떻게 공적 신앙을 실천할 것인가』, 서울: IVP, 2017.

Vos, Geerhardus. *Biblical Theology: Old and New Testaments*, Grand Rapids, MI.: Wm. B. Eerdmans, 1948.

Wax, Trevin. *This is Our Time*, Nashville, TN.: B&H Publishing Group, 2017; 김희권 역, 『디스 이즈 아워 타임: 우리 시대의 진면목』, 서울: 한국장로교출판사, 2019.

Williamson, Hugh G. M. *The Book Called Isaiah: Deutero-Isaiah's Role in Composition and Redaction*, Oxford: Oxford University Press, 1994.

Wilson, R. R. *Prophecy and Society in Ancient Israel*, Philadelphia, PA.: Fortress, 1975.

Wink, Walter. "The Myth of Redemptive Violence," *The Bible in Transmission: A Forum for Change in Church and Culture* (Spring 1999): 1-4.

Wiseman, D. J. *Chronicles of Chaldean Kings (626-556 BC) in the British Museum*, London: Trustees of the British Museum, 1956.

Whybray, Roger Norman. *The Heavenly Counsellor in Isaiah XL 13-14; a Study of the Sources of the Theology of Deutero-Isaiah*, Cambridge: Cambridge University Press, 1971.

Witherington III, Ben. *The Acts of the Apostles: A Socio-Rhetorical Commentary*, Grand Rapids, MI.: Wm. B. Eerdmans, 1988.

Wolff, Hans W. *Mit Micha reden*, München: Chr. Kaiser Verlag, 1978.

Wyatt, Nick. *Myths of Power: a Study of Royal Myth and Ideology in Ugaritic and Biblical Tradition*, Münster: Ugarit-Verlag, 1996.